KB042953

한국 고대사 관련
동아시아 사료의
연대기적 집성

원 문

643년
~760년

정호섭 외 10인

주류성

한국 고대사 관련 동아시아 사료의 연대기적 집성
원문 (中) 643년~760년

펴낸이   최병식
엮은이   정호섭 외
펴낸날   2018년 12월 28일
주류성출판사 www.juluesung.co.kr
06612   서울시 서초구 강남대로 435 주류성빌딩 15층
전   화   02-3481-1024
전   송   02-3482-0656
이메일   juluesung@daum.net

책값   25,000원

ISBN 978-89-6246-379-8   94910
978-89-6246-377-4 94910 (세트)

● 본 연구는 한국학중앙연구원의 한국학분야 토대연구지원사업 지원과제임
(과제번호 : AKS-2013-KFR-123000)

한국 고대사 관련
동아시아 사료의
연대기적 집성

원 문

643년
~760년

정호섭 외 10인

한국 고대사 관련 동아시아 사료의 연대기적 집성
원문 (中) 643년~760년

643(癸卯/신라 선덕왕 12 仁平 10/고구려 보장왕 2/백제 의자왕 3/唐 貞觀 17/倭 皇極 2)

백제 고구려 신라

(唐太宗貞觀)十七年正月朔 薛延陀百濟高麗新羅吐谷渾康國女國 (…) 各遣使獻方物 (『冊府元龜』970 外臣部 15 朝貢 3)

신라 　　春正月 遣使大唐獻方物 (『三國史記』5 新羅本紀 5)[1]

고구려 　(春正月) 遣使入唐朝貢 (『三國史記』21 高句麗本紀 9)[2]

백제 　　春正月 遣使入唐朝貢 (『三國史記』28 百濟本紀 6)[3]

신라 　　春正月 新羅遣使如唐朝貢 (『三國史節要』8)[4]

고구려 　(春正月) 高勾麗遣使如唐朝貢 (『三國史節要』8)[5]

백제 　　(春正月) 百濟遣使如唐朝貢 (『三國史節要』8)[6]

고구려 　春正月 封父爲王 (『三國史記』21 高句麗本紀 9)

고구려 　(春正月) 高勾麗王追尊其父大陽爲王 (『三國史節要』8)

백제 　　三月辛亥朔癸亥 災難波百濟客館堂與民家屋 (『日本書紀』24 皇極紀)

신라 　　三月 入唐求法高僧慈藏還 (『三國史記』5 新羅本紀 5)

신라 　　三月 慈藏還自唐 (『三國史節要』8)

신라 　　貞觀十七年癸卯十六日 將唐帝所賜 經像袈裟幣帛而還國 以建塔之事聞於上善德王議 於群臣 群臣曰 請工匠於百濟 然後方可 乃以寶帛請於百濟 匠名阿非知 受命而來 經 營木石 伊干龍春[一作龍樹]幹蠱 率小匠二百人 初立刹柱之日 匠夢本國百濟滅亡之狀 匠於心疑停手 忽大地震動 晦冥之中 有一老僧一壯士 自金殿門出 乃之其柱 僧與壯 士皆隱不現 匠於是改悔 畢成其塔 刹柱記云 鐵盤已上高四十二尺 己下一百八十三尺

---

1) 이 기사에는 일자 표기가 없으나, 『冊府元龜』外臣部에 의거하여 정월 1일로 편년하였다.
2) 이 기사에는 일자 표기가 없으나, 『冊府元龜』外臣部에 의거하여 정월 1일로 편년하였다.
3) 이 기사에는 일자 표기가 없으나, 『冊府元龜』外臣部에 의거하여 정월 1일로 편년하였다.
4) 이 기사에는 일자 표기가 없으나, 『冊府元龜』外臣部에 의거하여 정월 1일로 편년하였다.
5) 이 기사에는 일자 표기가 없으나, 『冊府元龜』外臣部에 의거하여 정월 1일로 편년하였다.
6) 이 기사에는 일자 표기가 없으나, 『冊府元龜』外臣部에 의거하여 정월 1일로 편년하였다.

慈藏以五臺所授舍利百粒 分安於柱中 幷通度寺戒壇 及大和寺塔 以副池龍之請[大和寺在阿曲縣南 今蔚州 亦藏師所創也] 樹塔之後 天地開泰 三韓爲一 豈非塔之靈蔭乎 後高麗王將謀伐羅 乃曰新羅有三寶 不可犯也 何謂也 皇龍丈六 幷九層塔 與眞平王賜玉帶 遂寢其謀 周有九鼎 楚人不敢北窺 此之類也

讚曰 鬼拱神扶壓帝京 輝煌金碧動飛甍 登臨何秪九韓伏 始覺乾坤特地平

又海東名賢安弘撰東都成立記云 新羅第二十七代 女王爲主 雖有道無威 九韓侵勞 若龍宮南皇龍寺建九層塔 則後國之災可鎭 第一層日本 第二層中華 第三層吳越 第四層托羅 第五層鷹遊 第六層靺鞨 第七層丹國 第八層女狄 第九層穢貊 又按國史及寺中古記 眞興王癸酉創寺後 善德王代 貞觀十九年乙巳 塔初成 三十二孝昭王卽位七年 聖曆元年戊戌六月霹靂[寺中古記云 聖德王代 誤也 聖德王代無戊戌] 第三十三聖德王代庚申歲重成 四十八景文王代戊子六月 第二霹靂 同代第三重修 至本朝光宗卽位五年癸丑十月 第三霹靂 顯宗十三年辛酉 第四重成 又靖宗二年乙亥 第四霹靂 又文宗甲辰年 第五重成 又惠宗末年乙亥 第五霹靂 肅宗丙子 第六重成 又高宗十六年戊戌冬月 西山兵火 塔寺丈六殿宇皆災 (『三國遺事』3 塔像 4 皇龍寺九層塔)7)

| 신라 | 貞觀十七年 慈藏法師載三藏四百餘函來 安于通度寺 (『三國遺事』3 塔像 4 前後所藏舍利)8) |

| 신라 | 師 以貞觀十七年來到此山 欲覩眞身 三日晦陰 不果而還 復住元寧寺 乃見文殊云 至葛蟠處 今淨嵒寺是[亦載別傳] (『三國遺事』3 塔像 4 五臺山萬眞身)9) |

| 신라 | 貞觀十七年癸卯 本國善德王上表乞還 詔許引入宮 賜絹一領 雜綵五百端 東宮亦賜二百端 又多禮貺 藏以本朝経像未充 乞齎藏経一部 洎諸幡幢花蓋 堪爲福利者 皆載之 旣至 洎擧國欣迎 命住芬皇寺[唐傳作王芬] 給侍稠渥 一夏請至宮中 講大乘論 又於皇龍寺 演菩薩戒本七日七夜 天降甘澍 雲霧暗靄 覆所講堂 四衆咸服其異 朝廷議曰 佛教東漸 雖百千齡 其於住持修奉 軌儀闕如也 非夫綱理 無以肅清 啓勅藏爲大國統 凡僧尼一切規猷 惣委僧統主之 [按北齊 天寶中 國置十統 有司奏宜甄異之 於是 宣帝以法上法師爲大統 餘爲通統 又梁陳之間 有國統州統國都州都僧都僧止10)都維乃萋名 惣属昭玄曺 曺即領僧尼官名 唐初又有十大德之盛 新羅真덩王十一年庚午 以安藏法師爲大書省一人 又有小書省二人 明年辛木11) 以高麗惠亮法師爲國統 亦云寺主 寶良法師爲大都維那一人 及州統九人 郡統十八人萋 至藏更置大國統一人 蓋非常職也 亦猶夫禮郎爲大角干金庾信大大角干 後至元聖大王元年 又置僧官名 政法典 以大舍一人 史二人爲司 揀僧中有才行者衆之 有故即替 無定年限 故今紫衣之徒 亦律寺之別也 郷傳云 藏入唐太宗迎至式12)乾殿 請講華嚴 天降甘露 開爲國師云者 妄矣 唐傳與國史皆無文] 藏值斯嘉會 勇激弘通 令僧尼五部各增奮學 半月說戒 冬春惣試 令知持犯 置貟管維持之 又遣巡使 歷撿外寺 誡礪僧失 嚴餙経像爲恒式 一代護法 於斯盛矣 如夫子自衞返魯 樂正雅頌 各淂13)其冝 當此之際 國中之人 受戒奉佛 十室八九 祝髪請度 歲月增至 乃創通度寺 築戒壇以度四来[戒壇事已出上] 又改营生緣里第亢寧寺 設落成會 講雜花萬偈 感五十二女現身證聽 使門人植樹如其數 以旌厥異 因号知識樹 (『三國遺事』4 義解 5 慈藏定律)14) |

| 신라 | 貞觀十七年 本國請還 啓勅蒙許 引藏入宮 賜納一領雜綵五百段 東宮賜二百段 仍於 |

7) 이 기사에는 월 표기가 없으나, 『三國史記』新羅本紀 등에 의거하여 3월로 편년하였다.
8) 이 기사에는 월 표기가 없으나, 『三國史記』新羅本紀 등에 의거하여 3월로 편년하였다.
9) 이 기사에는 월 표기가 없으나, 『三國史記』新羅本紀 등에 의거하여 3월로 편년하였다.
10) '正'의 오기로 보인다.
11) '未'의 오기이다.
12) 고려 2대 임금 혜종의 이름인 '武'자를 피휘한 것이다.
13) '得'의 오기로 보인다.
14) 이 기사에는 월 표기가 없으나, 『三國史記』新羅本紀 등에 의거하여 3월로 편년하였다.

弘福寺爲國設大齋 大德法集 幷度八人 又敕太常九部供養 藏以本朝經像彫落未全 遂
得藏經一部幷諸妙像幡花蓋 具堪爲福利者 齎還本國 旣達鄉壤 傾國來迎 一代佛法
於斯興顯 王以藏景仰大國 弘持正敎 非夫綱理 無以肅淸 乃敕藏爲大國統 住王芬寺
寺卽王之所造 又別築精院 別度十人 恒充給侍 又請入宮 一夏講攝大乘論 晚又於皇
龍寺講菩薩戒本 七日七夜 天降甘露 雲霧奄藹 覆所講堂 四部興嗟 聲望彌遠 及散席
日 從受戒者 其量雲從 因之革屬 十室而九 藏屬斯嘉運 勇銳由來 所有衣資 並充檀
捨 惟事頭陀 蘭若綜業 正以靑丘佛法東漸百齡 至於住持修奉蓋闕 乃與諸宰伯祥評紀
正 時王臣上下 僉議攸歸 一切佛法須有規猷 並委僧統 藏令僧尼五部各增舊習 更置
綱管 監察維持 半月說戒 依律懺除 春冬總試 令知持犯 又置巡使 遍歷諸寺 誡勵說
法 嚴飾佛像 營理衆業 鎭以爲常 據斯以言 護法菩薩 卽斯人矣 又別造寺塔十有餘所
每一興建 合國俱崇 藏乃發願曰 若所造有靈 希現異相 便感舍利在諸巾鉢 大衆悲慶
積施如山 便爲受戒 行善遂廣 又以習俗服章中華有革 藏惟歸崇正朔義豈貳心 以事商
量擧國咸遂 通改邊服一准唐儀 所以每年朝集位在上蕃 任官遊踐並同華夏 據事以量
通古難例 撰諸經戒疏十餘卷 出觀行法一卷 盛流彼國 (『續高僧傳』24 護法 下 唐新
羅國大僧統 釋慈藏 5(圓勝))15)

신라 백제	王之十二年癸卯歲 欲歸本國 頂辭南山圓香禪師 禪師謂曰 吾以觀心 觀公之國 皇龍寺建九層窣堵波 海東諸國 渾降汝國 慈藏持語而還以聞乃命 監君 伊干龍樹 大匠 <百>濟阿<非>等 率小匠二百人 造斯塔焉[鐫字僧聰惠] (「皇龍寺利柱本記」)16)
신라	按寺中所傳 古記云 慈藏法師初至五臺 欲覩眞身 於山麓 結茅而住 七日不見 而到妙梵山 創淨岩寺 (『三國遺事』3 塔像 4 臺山月精寺 五類聖衆)17)
고구려	三月 蘇文告王曰 三敎譬如鼎足 闕一不可 今儒釋並興 而道敎未盛 非所謂備天下之道術者也 伏請遣使於唐 求道敎以訓國人 大王深然之 奉表陳請 太宗遣道士叔達等八人 兼賜老子道德經 王喜 取僧寺館之 (『三國史記』21 高句麗本紀 9)18)
고구려	(三月) 高勾麗蘇文告王曰 三敎譬如鼎足 闕一不可 今儒釋並興 而道敎未盛 請遣使於唐 求道敎 王奉表陳請 帝遣道士叔達等八人 兼賜老子道德經 王喜 館於佛寺 (『三國史節要』8)
백제	(夏四月)庚子 筑紫大宰 馳驛奏曰 百濟國主兒翹岐弟王子 共調使來 (『日本書紀』24 皇極紀)
고구려	(六月)丁亥 太常丞鄧素使高麗還 請於懷遠鎭增戍兵以逼高麗19) 上曰 遠人不服 則修文德以來之20) 未聞一二百戍兵 能威絶域者也 (『資治通鑑』197 唐紀 13 太宗文武大聖大廣孝皇帝 中之下)
고구려	(唐太宗貞觀)十七年 太嘗丞鄧素使高麗還 請於懷遠鎭 加戍兵以逼高麗 帝謂之曰 遠方不至 則修文德以來之 未聞一二百戍卒 能威絶域者也 仁義忠信 不理於內 兵甲士卒 遠勞於外 有國之深忌 朕所不取也 (『冊府元龜』46 帝王部 46 智識)21)

---

15) 이 기사에는 월 표기가 없으나, 『三國史記』 新羅本紀 등에 의거하여 3월로 편년하였다.
16) 이 기사에는 월 표기가 없으나, 『三國史記』 新羅本紀 등에 의거하여 3월로 편년하였다.
17) 이 기사에는 연대 표기가 없으나, 『三國史記』 新羅本紀 등에 의거하여 善德王12년(643) 3월로 편년하였다.
18) 『三國遺事』에는 寶藏王元年(642)으로 되어 있다.
19) 使 疏史翻 麗 力知翻
20) 論語孔子之言
21) 이 기사에는 월일 표기가 없으나, 『資治通鑑』에 의거하여 6월 9일(丁亥)로 편년하였다.

고구려 六月己卯朔辛卯 筑紫大宰 馳驛奏曰 高麗遣使來朝 群卿聞而 相謂之曰 高麗 自己亥年不朝 而今年朝也 (『日本書紀』24 皇極紀)

백제 (六月)辛丑 百濟進調船 泊于難波津 (『日本書紀』24 皇極紀)

고구려 (閏六月庚申) 上曰 蓋蘇文弑其君而專國政[22] 誠不可忍 以今日兵力 取之不難 但不欲勞百姓 吾欲且使契丹靺鞨擾之 何如[23] 長孫無忌曰 蓋蘇文自知罪大 畏大國之討 必嚴設守備 陛下少爲之隱忍[24] 彼得以自安 必更驕惰 愈肆其惡 然後討之 未晚也 上曰善[25] 戊辰 詔以高麗王藏爲上柱國遼東郡王高麗王 遣使持節冊命[26] (『資治通鑑』197 唐紀 13 太宗文武大聖大廣孝皇帝 中之下)

고구려 (唐太宗貞觀)十七年閏六月戊辰 帝曰 蓋蘇文殺其王 而奪爾政 誠不可忍 今日國家兵力 取之不難 朕不欲勞費 故未動衆也 朕將勅契丹 靺鞨以擾之 何如 司空房玄齡曰 臣觀古之列國 無不以強凌弱 以衆暴寡 今陛下撫養蒼生 將士勇銳 力有餘而不用之 所謂止戈爲武者也 司徒長孫無忌曰 蓋蘇文自知殺君罪大 懼恐大國 且聖王之來 四夷使曲在彼 又高麗王未有表疏告難 陛下且賜璽書以隱之 其旣獲自安 必當順以聽命 更恣無君之心 後而責之 未晚也 帝曰 善 (『冊府元龜』991 外臣部 36 備禦 4)

고구려 (高麗傳) 帝聞建武爲下所殺 惻然 帝不欲因喪伐罪 乃拜藏爲高麗王[十七年六月戊辰] (『玉海』194 兵捷 紀功 碑銘附)

고구려 閏六月 唐太宗曰 蓋蘇文弑其君而專國政 誠不可忍 以今日兵力 取之不難 但不欲勞百姓 吾欲使契丹靺鞨擾之 何如 長孫無忌曰 蘇文自知罪大 畏大國之討 嚴設守備 陛下姑爲之隱忍 彼得以自安 必更驕惰 愈肆其惡 然後討之 未晚也 帝曰 善 遣使持節備禮冊命 詔曰 懷遠之規 前王令典 繼世之義 列代舊章 高句麗國王臧 器懷韶敏 識宇詳正 早習禮敎 德義有聞 肇承藩業 誠款先著 宜加爵命 允玆故實 可上柱國遼東郡公高句麗王 (『三國史記』21 高句麗本紀 9)[27]

고구려 閏六月 帝曰 蓋蘇文弑其君 而專國政 誠不可忍 以今日兵力 取之不難 但不欲勞百姓 吾欲使契丹靺鞨擾之 何如 長孫無忌曰 蘇文自知罪大 畏大國之討 嚴設守備 陛下姑爲之隱忍 彼得以自安 必更驕惰 愈肆其惡 然後討之 未晚也 帝曰 善 遣使持節備禮冊命 詔曰 懷遠之規 前王令典 繼世之義 列代舊章 高勾麗王臧 器懷韶敏 識宇詳正 早習禮敎 德義有聞 肇承藩業 誠款先著 宜加爵命 允玆故實 可上柱國遼東郡公高勾麗王 (『三國史節要』8)[28]

고구려 (唐太宗貞觀)十七年閏六月 詔曰 懷遠之規 前王令典 繼世之義 列代舊章 高麗王嗣子藏[29] 器懷韶敏 識宇詳正 早習禮敎 德義有聞 肇承藩業 誠款先著 宜加爵命 允玆故實 可上柱國 封遼東郡王高麗王 遣使持節冊命 (『冊府元龜』964 外臣部 9 冊封 2)[30]

고구려 (貞觀)十七年 封其嗣王藏爲遼東郡王高麗王 (『舊唐書』199上 列傳 149上 東夷 高麗)[31]

---

22) 見上卷十六年
23) 契 欺訖翻 又音喫 靺鞨 音末曷
24) 爲 于僞翻
25) 觀此 則知帝之雄心未嘗一日不在高麗也
26) 麗 力知翻 使 疏吏翻
27) 이 기사에는 일자 표기가 없으나, 『資治通鑑』등에 의거하여 윤6월21일(戊辰)로 편년하였다.
28) 이 기사에는 일자 표기가 없으나, 『資治通鑑』등에 의거하여 윤6월21일(戊辰)로 편년하였다.
29) 姓高 名藏
30) 이 기사에는 일자 표기가 없으나, 『資治通鑑』등에 의거하여 윤6월21일(戊辰)로 편년하였다.
31) 이 기사에는 월일 표기가 없으나, 『資治通鑑』등에 의거하여 윤6월21일(戊辰)로 편년하였다.

고구려	帝聞建武爲下所殺 惻然遣使者持節弔祭 或勸帝可遂討之 帝不欲因喪伐罪 乃拜藏爲遼東郡王高麗王 (『新唐書』220 列傳 145 東夷 高麗)32)

백제	秋七月己酉朔辛亥 遣數大夫於難波郡 檢百濟國調與獻物 於是 大夫問調使曰 所進國調 欠少前例 送大臣物 不改去年所還之色 送群卿物 亦全不將來 皆違前例 其狀何也 大使達率自斯副使恩率軍善 俱答諮曰 卽今可備 自斯 質達率武子之子也 (『日本書紀』24 皇極紀)

신라 백제 고구려

九月庚辰 新羅遣使言百濟攻取其國四十餘城 復與高麗連兵33) 謀絶新羅入朝之路 乞兵救援34)

上命司農丞相里玄奬齎璽書賜高麗35)曰 新羅委質國家 朝貢不乏36) 爾與百濟各宜戢兵37) 若更攻之 明年發兵擊爾國矣 (『資治通鑑』197 唐紀 13 太宗文武大聖大廣孝皇帝 中之下)38)

신라 고구려 백제

(唐太宗貞觀十七年)九月庚辰 新羅遣使言 高麗 百濟侵凌臣國 累遭攻襲數十城 兩國連兵 期之必取 將以今玆九月大擧 臣社稷必不獲全 謹遣陪臣 歸命大國 願乞編師 以存救援 帝謂使人曰 我實哀爾爲三國所侵 所以頻遣使人 和爾三國 高麗 百濟旋踵翻悔 意在呑滅 而分爾土宇 爾國設何奇謀 以免顚越 使人曰 臣王事窮計盡 唯告急大國 冀以全之 帝曰 我少發邊兵 總契丹 靺鞨 直入遼東 爾國自解 可緩爾一年之圍 此後知無繼兵 還肆侵侮 然四國俱擾 於爾未安 此爲一策 我又能給爾數千朱袍丹幟 二國兵至 逮而陳之 彼見者以爲我兵 必皆奔走 此爲二策 百濟國負海之險 不修兵械 男女分雜 好相宴聚 我以數十百船 載以甲卒 銜枚汎海 直襲其地 爾國以婦人爲主 爲隣國輕侮 失主延寇 靡歲休寧 我遣一宗枝 以爲爾國主 而自不可獨往 當遣兵營護 待爾國安 任爾自守 此爲四策 爾宜思之 將從何事 使人但唯而無對 帝嘆其庸鄙非乞師告急之才也

於是 遣司農丞相里玄奬 齎璽書賜高麗曰 新羅委命國家 朝貢不闕 爾與百濟宜卽戢兵 若更攻之 明年當出師 擊爾國矣 (『冊府元龜』991 外臣部 36 備禦 4)

신라 고구려 백제

(高麗傳) 會新羅遣使者上書 九月庚辰 言高麗百濟連兵 將見討 謹歸命天子 (『玉海』194 兵捷 紀功 碑銘附)

신라 고구려 백제

秋九月 遣使大唐上言 高句麗百濟侵凌臣國 累遭攻襲數十城 兩國連兵 期之必取 將以今玆九月大擧 下國社稷必不獲全 謹遣陪臣歸命大國 願乞偏師 以存救援 帝謂使人曰 我實哀爾爲二國所侵 所以頻遣使人 和爾三國 高句麗百濟旋踵翻悔 意在呑滅而分爾土宇 爾國設何奇謀以免顚越 使人曰 吾王事窮計盡 唯告急大國 冀以全之 帝曰 我少發邊兵 摠契丹靺鞨直入遼東 爾國自解 可緩爾一年之圍 此後知無繼兵 還肆侵侮

---

32) 이 기사에는 연대 표기가 없으나, 『資治通鑑』 등에 의거하여 貞觀17년(643) 윤6월21일(戊辰)로 편년하였다.

33) 使 疏吏翻 復 扶又翻

34) 朝 直遙翻 下同

35) 相里 姓 玄奬 名 姓譜 皐陶之後爲理氏 商末 理證孫仲師遭難 去王姓里 至里克爲晉所誅 其妻攜少子逃居相城 因爲相里氏

36) 質 職日翻

37) 戢 阻立翻

38) 『三國史記』百濟本紀에는 11월, 『三國史記』新羅本紀에는 善德王11년(642) 8월로 되어 있다.

四國俱擾 於爾未安 此爲一策 我又能給爾數千朱袍丹幟 二國兵至 建而陳之 彼見者
以爲我兵 必皆奔走 此爲二策 百濟國恃海之嶮 不修機械 男女紛雜 互相燕聚 我以數
十百船 載以甲卒 銜枚泛海 直襲其地 爾國以婦人爲主 爲鄰國輕侮 失主延寇 靡歲休
寧 我遣一宗支 與爲爾國主 而自不可獨王 當遣兵營護 待爾國安 任爾自守 此爲三策
爾宜思之 將從何事 使人但唯而無對 帝嘆其庸鄙非乞師告急之才也 (『三國史記』5 新
羅本紀 5)[39]

고구려 신라 백제

秋九月 新羅遣使於唐言 百濟攻取我四十餘城 復與高句麗連兵 謀絶入朝之路 乞兵救
援 (『三國史記』21 高句麗本紀 9)[40]

신라 백제 고구려

秋九月 新羅遣使如唐 上言 臣國累遭百濟攻襲 今百濟復與高句麗連兵 期之必取 將
大擧來伐 社稷必不獲全 謹遣陪臣歸命大國 願乞偏師 以存救援 帝謂使人曰 我實哀
爾爲二國所侵 所以頻遣使人 和爾三國 高勾麗百濟旋踵翻悔 意必吞滅而分爾土宇 爾
國設何奇謀以免顚越 使人曰 吾王事窮計盡 唯告急大國 以冀全之 帝曰 我少發邊兵
惣契丹靺鞨直入遼東 爾國自解 可緩爾一年之圍 此後若兩國知無繼兵 還肆侵侮 於爾
未安 此爲一策 我給爾朱袍丹幟數千 二國兵至 建而陳之 彼見者以爲我師 來援必皆
奔走 此爲二策 百濟恃海之險 不修兵械 男女紛雜 互相燕聚 我以數十百船 載以甲卒
銜枚泛海 直襲其地 可以取之 然爾國以婦人爲主 爲鄰國輕侮 靡歲休寧 我遣一宗支
與爲爾主 而不可獨王 當遣兵營護 待爾國安 任爾自守 此爲三策 爾宜思之 將從何策
使人不能對 帝謂 使人庸鄙 非乞師告急之才也 (『三國史節要』8)[41]

신라 고구려 백제

(貞觀)十七年 遣使上言 高麗百濟 累相攻襲 亡失數十城 兩國連兵 意在滅臣社稷 謹
遣陪臣 歸命大國 乞偏師救助 (『舊唐書』199上 列傳 149上 東夷 新羅)[42]

신라 고구려 백제

(貞觀)十七年 爲高麗百濟所攻 使者來乞師 (『新唐書』220 列傳 145 東夷 新羅)[43]

신라 고구려 백제

(貞觀)十七年 遣使 王言 高麗百濟累相攻襲 亡失數十城 兩國連兵 意在滅臣社稷 謹
遣陪臣 歸命大國 乞偏師救助 (『太平御覽』781 四夷部 2 東夷 2 新羅)[44]

신라 고구려 백제

(唐太宗貞觀)十七年 新羅王遣使上言 高麗百濟累相攻襲 亡失數十城 乞偏師救助 (『
冊府元龜』995 外臣部 40 交侵)[45]

고구려 신라 백제

會新羅遣使者上書言 高麗百濟聯和 將見討 謹歸命天子 帝問 若何而免 使者曰 計窮
矣 惟陛下哀憐 帝曰 我以偏兵率契丹靺鞨入遼東 而國可紓一歲 一策也 我以絳袍丹
幟數千賜而國 至 建以陣 二國見 謂我師至 必走 二策也 百濟恃海 不脩戎械 我以舟
師數萬襲之 而國女君 故爲鄰侮 我以宗室主而國 待安則自守之 三策也 使者計弸取
使者不能對 (『新唐書』220 列傳 145 東夷 高麗)[46]

---

39) 이 기사에는 일자 표기가 없으나, 『資治通鑑』등에 의거하여 9월 4일(庚辰)로 편년하였다.
40) 이 기사에는 일자 표기가 없으나, 『資治通鑑』등에 의거하여 9월 4일(庚辰)로 편년하였다.
41) 이 기사에는 일자 표기가 없으나, 『資治通鑑』등에 의거하여 9월 4일(庚辰)로 편년하였다.
42) 이 기사에는 월일 표기가 없으나, 『資治通鑑』등에 의거하여 9월 4일(庚辰)로 편년하였다.
43) 이 기사에는 월일 표기가 없으나, 『資治通鑑』등에 의거하여 9월 4일(庚辰)로 편년하였다.
44) 이 기사에는 월일 표기가 없으나, 『資治通鑑』등에 의거하여 9월 4일(庚辰)로 편년하였다.
45) 이 기사에는 월일 표기가 없으나, 『資治通鑑』등에 의거하여 9월 4일(庚辰)로 편년하였다.
46) 이 기사에는 연대 표기가 없으나, 『資治通鑑』등에 의거하여 貞觀17년(643) 9월 4일(庚辰)로 편년하였다.

고구려	(秋九月)十五日 夜明不見月 衆星西流 (『三國史記』21 高句麗本紀 9)
고구려	(秋九月) 高勾麗夜明不見月 衆星西流 (『三國史節要』8)[47]

백제 고구려 신라

冬十一月 王與高句麗和親 謀欲取新羅党項城 以塞入朝之路 遂發兵攻之 羅王德曼遣使 請救於唐 王聞之罷兵 (『三國史記』28 百濟本紀 6)[48]

백제 고구려 신라

冬十一月 百濟王與高句麗和親 謀欲取新羅党項城 以塞入朝之路 遂發兵攻之 新羅王遣使請救於唐 乃還 (『三國史節要』8)

신라　(唐太宗貞觀十七年)十一月 吐蕃薛延陁新羅婆羅門同娥西蕃處般啜等國 各遣使獻方物 (『冊府元龜』970 外臣部 15 朝貢 3)

고구려　薛延陁聞思摩渡河北 慮其部落翻附磧北 先蓄輕騎 伺至而擊之 太宗遣使敕止之 時思摩下部衆渡河者凡十萬 勝兵四萬 思摩不能撫衆 皆不惬服 至十七年 相率叛之 南渡河 請分處於勝夏二州之閒 詔許之 思摩遂輕騎入朝 尋授右武衛將軍 (『通典』197 邊防 13 北狄 4 突厥 上)

고구려　貞觀十七年 太宗親征遼東 令太子太傅房元齡 充京城留守 詔曰 公當蕭何之任 朕無西顧之憂矣 軍戎器械戰士糧廩 並委卿處分發遣 東都留守 以蕭瑀爲之 (『唐會要』67 留守)[49]

고구려　太宗貞觀十七年 時征遼東 先遣太嘗卿韋挺於河北諸州徵軍糧 貯於營州 又令太僕少卿蕭銳 於河南道諸州 轉糧入海 (『冊府元龜』498 邦計部 16 漕運)[50]

고구려　(傳) (…) (貞觀)十七年 帝伐高麗 詔率兵破虜 善德使兵五萬 拔水口城以聞 (『玉海』153 朝貢 外夷來朝 內附)[51]

백제　是歲 百濟太子餘豐 以蜜蜂房四枚 放養於三輪山 而終不蕃息 (『日本書紀』24 皇極紀)

644(甲辰/신라 선덕왕 13 仁平 11/고구려 보장왕 3/백제 의자왕 4/唐 貞觀 18/倭 皇極 3)

고구려 백제 신라

(唐太宗貞觀)十八年正月朔 吐谷渾薛延陀吐蕃高麗百濟新羅康國于闐 (…) 遣使獻方物 (『冊府元龜』970 外臣部 15 朝貢 3)

신라	春正月 遣使大唐獻方物 (『三國史記』5 新羅本紀 5)[52]
고구려	春正月 遣使入唐朝貢 (『三國史記』21 高句麗本紀 9)[53]
백제	春正月 遣使入唐朝貢 (『三國史記』28 百濟本紀 6)[54]

---

47) 이 기사에는 일자 표기가 없으나, 『三國史記』 高句麗本紀에 의거하여 9월15일로 편년하였다.
48) 『資治通鑑』 등에는 9월 4일(庚辰), 『三國史記』 新羅本紀 등에는 善德王11년(642) 8월로 되어 있다.
49) 『冊府元龜』 帝王部 등에는 貞觀18년(644) 10월14일(甲寅)로 되어 있다.
50) 『資治通鑑』 등에는 貞觀18년(644) 7월23일(甲午), 『三國史記』 등에는 貞觀18년(644) 7월로 되어 있다.
51) 『三國史記』 등에는 貞觀19년(645) 5월로 되어 있다.
52) 이 기사에는 일자 표기가 없으나, 『冊府元龜』 外臣部에 의거하여 정월 1일로 편년하였다.
53) 이 기사에는 일자 표기가 없으나, 『冊府元龜』 外臣部에 의거하여 정월 1일로 편년하였다.
54) 이 기사에는 일자 표기가 없으나, 『冊府元龜』 外臣部에 의거하여 정월 1일로 편년하였다.

신라	春正月 新羅遣使如唐朝貢 (『三國史節要』8)[55]
고구려	(春正月) 高勾麗遣使如唐朝貢 (『三國史節要』8)[56]
백제	(春正月) 百濟遣使如唐朝貢 (『三國史節要』8)[57]

신라 고구려 백제

(春正月) 太宗遣司農丞相里玄奬齎璽書 賜高句麗 曰 新羅委命國家 朝貢不闕 爾與百濟 宜卽戢兵 若更攻之 明年當出師擊爾國矣 蓋蘇文謂玄奬曰 高句麗新羅怨隙已久 往者隋室相侵 新羅乘釁奪高句麗五百里之地 城邑皆據有之 非返地還城 此兵恐未能已 玄將曰 已往之事 焉可追論 蘇文竟不從 (『三國史記』5 新羅本紀 5)

고구려 신라 백제

(春正月) 帝命司農丞相里玄奬 賚璽書賜王曰 新羅委質國家 朝貢不乏 爾與百濟 各宜戢兵 若更攻之 明年發兵擊爾國矣 玄奬入境 蓋蘇文已將兵擊新羅 破其兩城 王使召之 乃還 玄奬諭以勿侵新羅 蓋蘇文謂玄奬曰 我與新羅怨隙已久 往者隋人入寇 新羅乘釁 奪我地五百里 其城邑皆據有之 自非歸我侵地 兵恐未能已 玄奬曰 旣往之事 焉可追論 今遼東諸城 本皆中國郡縣 中國尚且不言 高句麗豈得必求故地 莫離支竟不從 玄奬還 具言其狀 太宗曰 蓋蘇文弑其君 賊其大臣 殘虐其民 今又違我詔命 不可以不討 (『三國史記』21 高句麗本紀 9)

백제 고구려	(春正月) 太宗遣司農丞相里玄奬 告諭兩國 王奉表陳謝 (『三國史記』28 百濟本紀 6)

고구려 신라 백제

(春正月) 帝命司農丞相里玄奬 賜高勾麗王璽書曰 新羅委質國家 朝貢不乏 爾與百濟 各宜戢兵 若更攻之 明年發兵 擊爾國矣 玄奬入境 蓋蘇文已將兵擊新羅 破其兩城 王使召之 乃還 玄奬諭以旨 蓋蘇文曰 我與新羅釁成已久 往者隋兵伐我 新羅乘隙 奪我地五百里 城邑皆有之 自非歸我侵地 兵恐未能已 玄奬曰 旣住之事 焉可追論 今遼東諸城 本皆中國郡縣 中國尚且置之 高勾麗豈得必求故地 蓋蘇文竟不從 玄奬還 具言其狀 帝曰 蓋蘇文弑其君 賊其大臣 殘虐其民 今又違我詔命 不可以不討 又遣使蔣儼 諭旨 蓋蘇文竟不奉詔 以兵脅使者 不屈 遂囚之窟室中 (『三國史節要』8)

고구려 신라

(正月) 相里玄奬至平壤 莫離支已將兵擊新羅 破其兩城[58] 高麗王使召之 乃還[59] 玄奬諭使勿攻新羅 莫離支曰 昔隋人入寇 新羅乘釁侵我地五百里[60] 自非歸我侵地 恐兵未能已 玄奬曰 旣往之事 焉可追論[61] 至於遼東諸城 本皆中國郡縣[62] 中國尚且不言 高麗豈得必求故地 莫離支竟不從 (『資治通鑑』197 唐紀 13 太宗文武大聖大廣孝皇帝中之下)

고구려

蔣儼 常州義興人 貞觀中 爲右屯衛兵曹叄軍 太宗將征遼東 募使高麗者 衆皆畏憚 儼謂人曰 主上雄略 華夷畏威 高麗小蕃 豈敢圖其使者 縱其凌虐 亦是吾死所也 遂出請行 及至高麗 莫離支置於窟室中 脅以兵刃 終不屈撓 會高麗敗 得歸 太宗奇之 拜朝散大夫 (『舊唐書』185上 列傳 135上 蔣儼)[63]

고구려 신라

又遣司農丞相里玄奬齎 璽書往說諭高麗 令勿攻新羅 蓋蘇文謂玄奬曰 高麗新羅 怨隙已久 往者隋室相侵 新羅乘釁奪高麗五百里之地 城邑 新羅皆據有之 自非反地還城

55) 이 기사에는 일자 표기가 없으나, 『冊府元龜』外臣部에 의거하여 정월 1일로 편년하였다.
56) 이 기사에는 일자 표기가 없으나, 『冊府元龜』外臣部에 의거하여 정월 1일로 편년하였다.
57) 이 기사에는 일자 표기가 없으나, 『冊府元龜』外臣部에 의거하여 정월 1일로 편년하였다.
58) 將 卽亮翻
59) 麗 力知翻 還 從宣翻 又音如字
60) 謂隋煬帝伐高麗時
61) 焉 於虔翻
62) 高麗之地 漢魏皆爲郡縣 晉氏之亂 始與中國絶
63) 이 기사에는 연대 표기가 없으나, 『三國史節要』에 의거하여 貞觀18년(644) 정월로 편년하였다.

	此兵恐未能已 玄奬曰 旣往之事 焉可追論 蘇文竟不從 (『舊唐書』199上 列傳 149上 東夷 高麗)[64]
백제 고구려	太宗遣司農丞相里玄奬 齎書告諭兩蕃 示以禍福 (『舊唐書』199上 列傳 149上 東夷 百濟)[65]
신라 고구려 백제	
	太宗遣相里玄奬齎璽書賜高麗曰 新羅委命國家 不關朝獻 爾與百濟 宜卽戢兵 若更攻 之 明年當出師擊爾國矣 (『舊唐書』199上 列傳 149上 東夷 新羅)[66]
고구려	蔣儼 常州義興人 擢明經第 爲右屯衛兵曹叅軍 太宗將伐高麗 募爲使者 人皆憚行 儼 奮曰 以天子雄武 四夷畏威 蕞爾國敢圖王人 有如不幸 固吾死所也 遂請行 爲莫離支 所囚 以兵脅之 不屈 內窟室中 高麗平 乃得歸 帝奇其節 授朝散大夫 (『新唐書』100 列傳 25 蔣儼)[67]
고구려	初義琰使高麗 其王據榻召見 義琰不拜 曰 吾天子使 可當小國之君 奈何倨見我 王詞 屈 爲加禮 及義琛再使 亦坐召之 義琛匍匐拜伏 時人由是見兄弟優劣 (『新唐書』105 列傳 30 李義琰)[68]
고구려 신라	於是 遣司農丞相里玄奬 以璽書讓高麗且使止勿攻 使未至 而蓋蘇文已取新羅二城 玄 奬諭帝旨 答曰 往隋見侵 新羅乘釁奪我地五百里 今非盡反地 兵不止 玄奬曰 往事烏 足論邪 遼東故中國郡縣 天子且不取 高麗焉得違詔 不從 (『新唐書』220 列傳 145 東夷 高麗)[69]
백제 고구려	帝遣司農丞相里玄奬 齎詔書諭解 (『新唐書』220 列傳 145 東夷 百濟)[70]
백제 고구려	(唐書又曰) 太宗遣司農丞相里玄奬 賁書告諭兩蕃 示以禍福 (『太平御覽』781 四夷部 2 東夷 2 百濟)[71]
고구려 신라	相里玄奬 貞觀中 爲司農丞 使高麗 初至平壤 蓋蘇文已率兵 破新羅兩城 其王遣使召 之 及將兵還國 玄奬謂蘇文曰 主上令高麗罷兵 勿擊新羅 玄奬御命而來 正爲此耳 蘇 文曰 高麗新羅怨隙已久 往者隋室相侵 新羅乘釁奪地高麗五百里城邑 新羅皆據有之 自非反地還城 此兵恐未能已 玄奬曰 旣住之事 焉可追論 至如遼東諸城 舊並中國郡 縣 高麗今必求本地 中國亦湏復疆宇 國家尙且不言 高麗豈得違命 蘇文竟不從 (『冊府 元龜』660 奉使部 9 敏辯 2)[72]
신라 고구려 백제	
	詔遣司農丞相里玄奬 齎璽書 往諭賜高麗 曰 新羅委命國家 不關朝獻 爾與百濟 宜卽 戢兵新羅 蓋蘇文謂玄奬曰 高麗 新羅怨隙已久 往者隋室相侵 新羅乘釁 奪高麗五百 里之地城邑 新羅皆據有之 自非反地還城 此兵恐未能已 玄奬曰 旣住之事 焉可追論 蘇文竟不從 (『冊府元龜』995 外臣部 40 交侵)[73]
백제 고구려	(東夷傳) 帝遣司農丞相里元[74]奬 齎詔解諭之 (『玉海』191 兵捷 兵捷 露布 3 唐神丘 道行軍大摠管蘇定方俘百濟)[75]

---

64) 이 기사에는 연대 표기가 없으나,『三國史記』新羅本紀 등에 의거하여 貞觀18년(644) 정월로 편년하였다.
65) 이 기사에는 연대 표기가 없으나,『三國史記』新羅本紀 등에 의거하여 貞觀18년(644) 정월로 편년하였다.
66) 이 기사에는 연대 표기가 없으나,『三國史記』新羅本紀 등에 의거하여 貞觀18년(644) 정월로 편년하였다.
67) 이 기사에는 연대 표기가 없으나,『三國史節要』에 의거하여 貞觀18년(644) 정월로 편년하였다.
68) 이 기사에는 연대 표기가 없으나, 이의염의 행동을 볼 때 위의 내용은 당 사신 장엄이 토굴에 구속된 무 렵의 일로 판단하여『三國史節要』에 의거하여 貞觀18년(644) 정월로 편년하였다.
69) 이 기사에는 연대 표기가 없으나,『三國史記』新羅本紀 등에 의거하여 貞觀18년(644) 정월로 편년하였다.
70) 이 기사에는 연대 표기가 없으나,『三國史記』新羅本紀 등에 의거하여 貞觀18년(644) 정월로 편년하였다.
71) 이 기사에는 연대 표기가 없으나,『三國史記』新羅本紀 등에 의거하여 貞觀18년(644) 정월로 편년하였다.
72) 이 기사에는 연대 표기가 없으나,『三國史記』新羅本紀 등에 의거하여 貞觀18년(644) 정월로 편년하였다.
73) 이 기사에는 연대 표기가 없으나,『三國史記』新羅本紀 등에 의거하여 貞觀18년(644) 정월로 편년하였다.
74) '元'은 '玄'의 避諱이다.
75) 이 기사에는 연대 표기가 없으나,『三國史記』新羅本紀 등에 의거하여 貞觀18년(644) 정월로 편년하였다.

고구려	(高麗傳) 於是 遣司農丞相里元[76]奬 以璽書責高麗使止勿攻 高麗違詔不從[十八年二月乙巳朔 元奬還] (『玉海』194 兵捷 紀功 碑銘附)[77]
백제	(春正月) 立王子隆爲太子 大赦 (『三國史記』28 百濟本紀 6)
백제	(春正月) 百濟王立子隆爲太子 大赦 (『三國史節要』8)
고구려	二月乙巳朔 玄奬還 具言其狀 上曰 蓋蘇文弑其君 賊其大臣 殘虐其民 今又違我詔命 侵暴鄰國 不可以不討 諫議大夫褚遂良曰 陛下指麾則中原淸晏 顧眄則四夷讋服[78] 威望大矣 今乃渡海遠征小夷 若指期克捷 猶可也 萬一蹉跌[79] 傷威損望 更興忿兵 則安危難測矣 李世勣曰 間者薛延陀入寇[80] 陛下欲發兵窮討 魏徵諫而止 使至今爲患 曏用陛下之策 北鄙安矣 上曰 然 此誠徵之失 朕尋悔之而不欲言 恐塞良謀故也[81] 上欲自征高麗 褚遂良上疏[82] 以爲 天下譬猶一身 兩京 心腹也 州縣 四支也四夷 身外之物也 高麗罪大 誠當致討 但命二三猛將將四五萬衆[83] 仗陛下威靈 取之如反掌耳 今太子新立 年尙幼穉[84] 自餘藩屛 陛下所知[85] 一旦棄金湯之全 蹈遼海之險 以天下之君 輕行遠擧 皆愚臣之所甚憂也 上不聽 時羣臣多諫征高麗者 上曰 八堯九舜 不能冬種 野夫童子 春種而生 得時故也 夫天有其時 人有其功[86] 蓋蘇文陵上虐下 民延頸待救 此正高麗可亡之時也 議者紛紜 但不見此耳 (『資治通鑑』197 唐紀 13 太宗文武大聖大廣孝皇帝 中之上)
고구려 신라	(唐太宗貞觀)十八年九[87]月乙巳 相里玄奬使高麗還 玄奬初至平壤 蓋蘇文破新羅兩城 帝顧謂侍臣曰 高麗莫離支賊殺其主 盡誅大臣 用刑有同坑穽 百姓動轉輒死 怨痛在心 道路以目 天子出師弔伐 湏有其名 因其弑君虐下 取之爲易 諫議大夫褚遂良進曰 陛下兵機神算 人莫能知 昔隋末亂離 手平寇難 及北狄侵邊 西蕃失禮 陛下欲命將擊之 群臣莫不苦諫 唯陛下明略獨斷 卒竝誅夷 海內之人 徼外之國 畏威讋服爲此也 今聞陛下將伐高麗 意皆熒惑 然陛下神武英聲 不比周隋之主 兵若渡遼 事湏克捷 萬一不獲 無以威示遠方 更發怒 再興衆兵 若至於此 安危難測 帝然之 (『冊府元龜』991 外臣部 36 備禦 4)
고구려	(高麗傳) 於是 遣司農丞相里元奬 以璽書責高麗使止勿攻 高麗違詔不從[十八年二月乙巳朔 元奬還] (『玉海』194 兵捷 紀功 碑銘附)
고구려	貞觀十八年二月 太宗謂侍臣曰 高麗莫離支賊殺其主 盡誅大臣 夫出師弔伐 須有其名 因其殺君虐下 取之爲易 諫議大夫褚遂良進曰 兵若度遼 事須剋捷 萬一不獲 無以威柔遠方 必更發怒 再動兵衆 若至於此 安危難測 太宗然之 兵部尙書李勣曰 近者薛延陀犯邊 必欲追擊 但爲魏徵苦諫遂止 向若討伐 延陀無一人生還 可五十年間邊境無事 (『通典』186 邊防 2 東夷 下 高句麗)[88]
고구려	貞觀十八年二月 太宗謂侍臣曰 高麗莫離支賊殺其主 盡誅大臣 用刑有同坑穽 夫出師

---

76) ‘元’은 ‘玄’의 避諱이다.
77) 이 기사에는 연대 표기가 없으나, 『三國史記』新羅本紀 등에 의거하여 貞觀18년(644) 정월로 편년하였다.
78) 眄 眠見翻 讋 之涉翻
79) 蹉 七何翻 跌 徒結翻
80) 謂十五年擊突厥思摩也
81) 塞 悉則翻
82) 上 時掌翻
83) 將 卽亮翻下名將同
84) 穉 直二翻
85) 屛 必郢翻
86) 夫天 音扶
87) ‘九’는 ‘二’의 잘못이다.
88) 이 기사에는 일자 표기가 없으나, 『資治通鑑』등에 의거하여 2월 1일(乙巳)로 편년하였다.

弔伐 須有其名 因其殺虐下人 取之爲易 諫議大夫褚遂良進曰 兵若渡遼 事須剋捷 萬
一不獲 無以威示遠方 必更發怒 再動兵衆 若至於此 安危難測 太宗然之 兵部尚書李
勣曰 近者延陀犯邊 陛下必欲追擊 但爲魏徵之諫 所以遂用其言 此之失機 亦由徵之
誤計 倘若仰申聖策 延陀無一人生還 可五十年間邊境無事 (『唐會要』95 高句麗)[89]

고구려　貞觀十八年二月 太宗謂大臣曰 高麗莫離支 賊殺其主 盡誅大臣 夫出師弔伐須有其名
因其殺君 虐民取之 爲易諫議 大夫褚遂良進曰 兵若渡遼 事須剋捷 萬一不獲 無以示
威遠方 必更發怒 再動兵衆 若至於此 安危難測 太宗然之 兵部尚書李勣曰 近者 薛
延陀犯邊 陛下必欲追擊 但爲魏徵苦諫遂止 向苦討伐 無一人生還 可五十年間 邊境
無事 (『太平寰宇記』173 四夷 2 東夷 2 高勾驪國)[90]

고구려　唐太宗貞觀十八年二月 謂侍臣曰 莫離之賊 弑其主 盡殺大臣 用刑有同坑穽 百姓轉
死 怨痛在心 道路以目夫出師 弔伐須有其名 因其弑君虐下 取之甚易也 (『冊府元龜』
135 帝王部 135 好邊功)[91]

고구려 삼한 대방 현도

褚遂良 散騎常侍亮之子也 (…) 時太宗欲親征高麗 顧謂侍臣曰 高麗莫離支賊殺其王
虐用其人 夫出師弔伐 當乘機便 今因其弑虐 誅之甚易 遂良對曰 陛下兵機神算 人莫
能知 昔隋末亂離 手平寇亂 及北狄侵邊 西蕃失禮 陛下欲命將擊之 羣臣莫不苦諫 陛
下獨斷進討 卒並誅夷 海內之人 徼外之國 畏威懾伏 爲此擧也 今陛下將興師遼東 臣
意熒惑 何者 陛下神武 不比前代人君 兵旣渡遼 指期克捷 萬一差跌 無以威示遠方
若再發忿兵 則安危難測 太宗深然之 兵部尚書李勣曰 近者延陀犯邊 陛下必欲追擊
此時陛下取魏徵之言 遂失機會 若如聖策 延陀無一人生還 可五十年間疆場無事 帝曰
誠如卿言 由魏徵誤計耳 朕不欲以一計不當而尤之 後有良算 安肯矢謀 由是從勣之言
經畫渡遼之師 遂良以太宗銳意三韓 懼其遺悔 翌日上疏諫曰 臣聞有國家者譬諸身 兩
京等於心腹 四境方乎手足 他方絶域若在身外 臣近於坐下 伏奉口敕 布語臣下 云自
欲伐遼 臣數夜思量 不達其理 高麗王爲陛下之所立 莫離支輒殺其主 陛下討逆收地
斯實乘機 關東賴陛下德澤 久無征戰 但命二三勇將發兵四五萬 飛石輕梯 取如迴掌
夫聖人有作 必履常規 貴能克平兇亂 駕馭才傑 惟陛下弘兩儀之道 扇三五之風 提厲
人物 皆思効命 昔侯君集李靖 所謂庸夫 猶能掃萬里之高昌 平千載之突厥 皆是陛下
發蹤指示 聲歸聖明 臣旁求史籍 訖乎近代 爲人之主 無自伐遼 人臣往征 則有之矣
漢朝則荀彘楊僕 魏代則毌丘儉王頎 司馬懿猶爲人臣 慕容眞僭號之子 皆爲其主長驅
高麗 虜其人民 削平城壘 陛下立功同於天地 美化包於古昔 自當超邁於百王 豈止俯
同於六子 陛下昔翦平寇逆 大有爪牙 年齒未衰 猶堪任用 匪唯陛下之所使 亦何行而
不克 方今太子新立 年實幼少 自餘藩屛 陛下所知 今一旦棄金湯之全 渡遼海之外 臣
忽三思 煩愁並集 大魚依於巨海 神龍據於川泉 此謂人君不可輕而遠也 且以長遼之左
或遇霖淫 水潦騰波 平地數尺 夫帶方玄菟 海途深渺 非萬乘所宜行踐 東京太原 謂之
中地 東撝可以爲聲勢 西指足以摧延陀 其於西京 逕路非遠 爲其節度 以設軍謀 繫莫
離支頸 獻皇家之廟 此實處安全之上計 社稷之根本 特乞天慈 一垂省察 太宗不納 (『
舊唐書』80 列傳 30 褚遂良)[92]

고구려　太宗顧謂侍臣曰 莫離支賊弑其主 盡殺大臣 用刑有同坑穽 百姓轉動輒死 怨痛在心
道路以目 夫出師弔伐 須有其名 因其弑君虐下 敗之甚易也 (『舊唐書』199上 列傳 1
49上 東夷 高麗)[93]

---

89) 이 기사에는 일자 표기가 없으나, 『資治通鑑』 등에 의거하여 2월 1일(乙巳)로 편년하였다.
90) 이 기사에는 일자 표기가 없으나, 『資治通鑑』 등에 의거하여 2월 1일(乙巳)로 편년하였다.
91) 이 기사에는 일자 표기가 없으나, 『資治通鑑』 등에 의거하여 2월 1일(乙巳)로 편년하였다.
92) 이 기사에는 연대 표기가 없으나, 『資治通鑑』 등에 의거하여 貞觀18년(644) 2월 1일(乙巳)로 편년하였다.
93) 이 기사에는 연대 표기가 없으나, 『資治通鑑』 등에 의거하여 貞觀18년(644) 2월 1일(乙巳)로 편년하였다.

고구려 대방 현도

褚遂良字登善 (…) 帝欲自討遼東 遂良固勸無行 一不勝 師必再興 再興 爲忿兵 兵忿
者 勝負不可必 帝然可 會李勣詆其計 帝意遂決東 遂良懼 上言 臣請譬諸身 兩京 腹
心也 四境 手足也 殊裔絕域 殆非支體所屬 高麗王陛下所立 莫離支殺之 討其逆 夷
其地 固不可失 但遣一二愼將 付銳兵十萬 翔繪雲輣 唾手可取 昔侯君集李靖皆庸人
爾 猶能撅高昌 繆突厥 陛下止發蹤指示 得歸功聖明 前日從陛下平天下 虓士爪臣 氣
力未衰 可驅策 惟陛下所使 臣聞涉遼而左 或水潦 平地淖三尺 帶方玄菟 海壞荒漫
決非萬乘六師所宜行 是時 帝銳意蕩平 不見省 進黃門侍郎 叅綜朝政 (『新唐書』105
列傳 30 褚遂良)[94]

고구려　　　玄奬還奏 帝曰 莫離支殺君 虐用其下如攫穽 怨痛溢道 我出師無名哉 諫議大夫褚遂
良曰 陛下之兵度遼而克固善 萬分一不得逞 且再用師 再用師 安危不可億 兵部尙書
李勣曰 不然 曩薛延陀盜邊 陛下欲追擊 魏徵苦諫而止 向若擊之 一馬不生返 後復畔
擾 至今爲恨 帝曰 誠然 但一慮之失而尤之 後誰爲我計者 (『新唐書』220 列傳 145
東夷 高麗)[95]

고구려　　　唐戎輅 (…) 褚遂良 諫伐高麗 翔繪雲輣[96] 兵車也 (『玉海』146 兵制 車戰)[97]

백제 고구려 신라

(唐太宗貞觀十八年)六月 詔曰 百濟高麗恃其僻遠 每動兵甲 便逼新羅 新羅日蹙 百姓
塗炭 遣使請援 道路相望 朕情深愍念 爰命使者 詔彼兩蕃戢兵敦好 而高麗姦惑 攻擊
未已 若不拯救 豈濟倒懸宜 令營州都督張儉 守左宗衛率高履行等 率幽 營二都督府
兵馬及契丹奚靺鞨 往遼東問罪 屬遼水泛溢 儉等兵不得濟 (『冊府元龜』991 外臣部
36 備禦 4)[98]

백제 고구려　신라

百濟高麗恃其僻遠 每動兵甲 侵逼新羅 新羅日蹙 百姓塗炭 遣使請援 道路相望 朕情
深愍念 爰命使者 詔彼兩蕃 戢兵敦好 而高麗姦惑 攻擊未已 若不拯救 豈濟倒懸 宜
令營州都督張儉守左宗衛率高履行等 率幽營二都督府兵馬及契丹奚靺鞨 往遼東問罪
(『全唐文』7 太宗皇帝 命張儉等征高麗詔)[99]

고구려　　　(四月 (…) 上將征高麗) 秋七月辛卯 敕將作大監[100] 閻立德等詣洪饒江三州 造船四百
艘以載軍糧[101] (『資治通鑑』197 唐紀 13 太宗文武大聖大廣孝皇帝 中之下)

고구려　　　七月甲午 營州都督張儉率幽營兵及契丹奚以伐高麗 (『新唐書』2 本紀 2 太宗)

고구려　　　(七月)甲午 下詔遣營州都督張儉等帥幽營二都督兵及契丹奚靺鞨 先擊遼東以觀其
勢[102] 以太常卿韋挺爲餽運使[103] 以民部侍郎崔仁師副之 自河北諸州皆受挺節度 聽
以便宜從事 又命太僕少卿蕭銳運河南諸州糧入海 銳 瑀之子也 (『資治通鑑』197 唐
紀 13 太宗文武大聖大廣孝皇帝 中之下)[104]

---

94) 이 기사에는 연대 표기가 없으나, 『資治通鑑』등에 의거하여 貞觀18년(644) 2월 1일(乙巳)로 편년하였다.
95) 이 기사에는 연대 표기가 없으나, 『資治通鑑』등에 의거하여 貞觀18년(644) 2월 1일(乙巳)로 편년하였다.
96) 蒲庚反
97) 이 기사에는 연대 표기가 없으나, 『資治通鑑』등에 의거하여 貞觀18년(644) 2월 1일(乙巳)로 편년하였다.
98) 『冊府元龜』外施部 征討에는 7월23일(甲午)로 되어 있다.
99) 이 기사에는 연대 표기가 없으나, 『冊府元龜』外臣部 備禦에 의거하여 貞觀18년(644) 6월로 편년하였다.`
100) [章:十二行本 監作匠 乙十一行本同]
101) 艘 蘇遭翻
102) 帥 讀曰率 契 欺訖翻 又音喫
103) 使 疏吏翻
104) 『冊府元龜』邦計部에는 貞觀17년(643)으로 되어 있다.

고구려 신라 백제

(唐太宗貞觀)十八年七月 太宗以高麗莫離支自殺其主 發兵擊新羅 新羅 盡禮以事國家 數遣使 稽顙請援 乃遣高麗解兵 不從 欲擊之 於是 勑將作大匠閻立德 括州刺史趙元楷 宋州刺史王波利 往洪饒江等州 造船艦四百艘 可以載軍糧 泛海攻戰者 且遣輕騎 數千 至遼東城以觀其勢 甲午 遂下詔曰 百濟高麗恃其僻遠 每動甲兵 侵逼新羅 [新羅]日蹙 百姓塗炭 遣使請援 道路相望 朕情深愍念 爰命使者 詔彼兩蕃 戢兵敦好 而 高麗姦武 攻擊未已 若不拯救 豈濟倒懸 宜令營州都督張儉 守左宗衛率高履行等 率 幽 營二都督府兵馬及契丹奚靺鞨 往遼東問罪 屬遼東水泛溢 儉等兵不能濟 (『冊府元龜』985 外臣部 30 征討 4)[105]

고구려　　秋七月 帝將出兵 勑洪饒江三州 造舡四百艘 以載軍糧 遣營州都督張儉等 帥幽營二都督兵及契丹奚靺鞨 先擊遼東 以觀其勢 以大理鄕韋挺爲餽輸使 自河北諸州皆受挺節度 聽以便宜從事 又命少卿蕭銳 轉河南諸州糧入海 (『三國史記』 21 高句麗本紀 9)[106]

고구려　　秋七月 帝將出兵 勑洪饒江三州 造船四百艘 以載軍糧 遣營州都督張儉等 帥幽營二都督兵及契丹奚靺鞨 先擊遼東 以觀其勢 以大理卿韋挺爲餽輸使 自河北諸州皆受挺節度 聽以便宜從事 又命少卿蕭銳 轉河南諸州糧入海 (『三國史節要』8)[107]

고구려 신라　　新羅數請援 乃下吳船四百柂輸糧 詔營州都督張儉等發幽營兵及契丹奚靺鞨等出討 會遼溢 師還 (『新唐書』220 列傳 145 東夷 高麗)[108]

고구려　　(貞觀)至十八年八月 銳奏稱 海中古大人城 西去黃縣二十三里 北至高麗四百七十里 地多蚯水 山島接連 貯納軍糧 此爲尤便 詔從之 於是 自河南道運轉米糧 水陸相繼 渡海軍糧皆貯此 (『冊府元龜』498 邦計部 16 漕運)

고구려　　(九月)乙未 鴻臚奏 高麗莫離支貢白金[109] 褚遂良曰 莫離支弑其君 九夷所不容[110] 今將討之而納其金 此郜鼎之類也[111] 臣謂不可受 上從之 上謂高麗使者曰 汝曹皆事高武 有官爵 莫離支弑逆 汝曹不能復讎 今更爲之遊說以欺大國 罪孰大焉 悉以屬大理[112] (『資治通鑑』197 唐紀 13 太宗文武大聖大廣孝皇帝 中之下)

고구려　　九月 莫離支貢白金於唐 褚遂良曰 莫離支弑其君 九夷所不容 今將討之而納其金 此郜鼎之類也 臣謂不可受 帝從之 使者又言 莫離支遣官五十入宿衛 帝怒謂使者曰 汝曹皆事高武有官爵 莫離支弑逆 汝曹不能復讎 今更爲之遊說 以欺大國 罪孰大焉 悉以屬大理 (『三國史記』21 高句麗本紀 9)[113]

고구려　　(九月) 高勾麗蓋蘇文貢白金於唐 褚遂良曰 蓋蘇文弑其君 九夷所不容 今將討之而納其金 此郜鼎之類也 臣謂不可受 帝從之 使者又言 蓋蘇文遣官五十入宿衛 帝怒謂使者曰 汝曹皆事高武有官爵 蓋蘇文弑逆 汝曹不能復讎 今更爲之遊說 以欺大國 罪孰大焉 悉以屬大理 (『三國史節要』8)[114]

---

105) 조서 부분은 『冊府元龜』外臣部 備禦에는 6월로 되어 있다.
106) 이 기사에는 일자 표기가 없으나, 『新唐書』本紀 등에 의거하여 7월23일(甲午)로 편년하였다.
107) 이 기사에는 일자 표기가 없으나, 『新唐書』本紀 등에 의거하여 7월23일(甲午)로 편년하였다.
108) 이 기사에는 연대 표기가 없으나, 『新唐書』本紀 등에 의거하여 貞觀18년(644) 7월23일(甲午)로 편년하였다.
109) 臚 陵如翻
110) 後漢書 東方有九夷 曰畎夷于夷方夷黃夷白夷赤夷玄夷風夷陽夷 白虎通 夷者 蹲也 言無禮儀 或云 夷者 抵也 言仁而好生 抵地而出 故天性柔順 易以道禦
111) 春秋 桓公取郜大鼎于宋 納于太廟 非禮也 郜 古到翻
112) 爲 于僞翻 屬 之欲翻
113) 이 기사에는 일자 표기가 없으나, 『資治通鑑』에 의거하여 9월24일(乙未)로 편년하였다.
114) 이 기사에는 일자 표기가 없으나, 『資治通鑑』에 의거하여 9월24일(乙未)로 편년하였다.

고구려	高麗莫離支遣使貢白金 遂良言於太宗曰 莫離支虐弑其主 九夷所不容 陛下以之興兵 將事弔伐 爲遼山之人報主辱之恥 古者 討弑君之賊 不受其賂 昔宋督遺魯君以郜鼎 桓公受之於太廟 臧哀伯諫曰 君人者昭德塞違 今滅德立違 而置其賂器於太廟 百官象 之 其又何誅焉 武王克商 遷九鼎於洛邑 義士猶或非之 而況將昭違亂之賂器 置諸太廟 其若之何 夫春秋之書 百王取法 若受不臣之筐篚 納弑逆之朝貢 不以爲恕 何所致伐 臣謂莫離支所獻 自不得受 太宗納焉 以其使屬吏 (『舊唐書』 80 列傳 30 褚遂良)115)
고구려	莫離支遣使貢金 遂良曰 古者討殺君之罪 不受其賂 魯納郜鼎太廟 春秋譏之 今莫離支所貢不臣之筐 不容受 詔可 以其使屬吏 (『新唐書』 105 列傳 30 褚遂良)116)
고구려	莫離支懼 遣使者內金 帝不納 使者又言 莫離支遣官五十入宿衛 帝怒責使者曰 而等 委質高武 而不伏節死義 又爲逆子謀 不可赦 悉下之獄 (『新唐書』 220 列傳 145 東夷 高麗)117)
고구려	(唐書) 又曰 貞觀中 鴻臚奏 高麗莫支離貢白金 黃門侍郎褚遂良進曰 莫支離虐殺其主 九夷所不容 陛下以之興兵 將事弔伐 爲遼山之人 報主辱之恥 若受其貢 何所致伐 太 宗納焉 (『太平御覽』 812 珍寶部 11 銀)118)
신라 백제	秋九月 王命庾信爲大將軍 領兵伐百濟 大克之 取城七 (『三國史記』 5 新羅本紀 5)
백제 신라	秋九月 新羅將軍庾信領兵來侵 取七城 (『三國史記』 28 百濟本紀 6)
신라 백제	秋九月 新羅王命金庾信爲上將軍 使領兵伐百濟 加兮省熱同火等七城 大克之 因開加 兮津 (『三國史節要』 8)
백제	(秋九月) 百濟遣使如唐朝貢 (『三國史節要』 8)
고구려 삼한	(唐太宗貞觀十八年)十月癸卯 宴雍州父老千一百人于上林苑 帝謂之曰 朕剪除喪亂 海 內乂安 百姓復業 各循其理 而遼東數城 中國舊地 莫離支狼子野心 虐殺其主 朕欲存 其國而弔其人 所以將幸雒陽 有事經畧 安復三韓之地 一二年方還 故詔父老別耳 子 孫從行者 朕躬自巡撫 勿以爲慮 賜百歲以上 氈被袍各一疋 帛十段 粟十石 九十以上 帛五段 粟五石 八十以上 帛三段 粟二石 (『冊府元龜』 109 帝王部 109 宴享)
고구려	(唐太宗貞觀十八年十月)甲寅 車駕幸雒陽宮 (『冊府元龜』 117 帝王部 117 親征 2)
고구려	太宗親征遼東 命玄齡京城留守 手詔曰 公當蕭何之任 朕無西顧之憂矣 軍戎器械 戰 士糧廩 並委令處分發遣 玄齡屢上言敵不可輕 尤宜誡愼 (『舊唐書』 66 列傳 16 房玄 齡)119)
고구려	會伐遼 留守京師 詔曰 公當蕭何之任 朕無西顧憂矣 凡糧械飛輸 軍伍行留 悉裁總之 玄齡數上書勸帝 願毋輕敵 久事外夷 固辭太子太傅 見聽 (『新唐書』 96 列傳 21 房 玄齡)120)
고구려	(傳) (…) 房元121)齡 爲太子太傅 伐遼 留守京師 總糧械飛輸 (『玉海』 182 食貨漕運

---

115) 이 기사에는 연대 표기가 없으나,『資治通鑑』에 의거하여 貞觀18년(644) 9월24일(乙未)로 편년하였다.
116) 이 기사에는 연대 표기가 없으나,『資治通鑑』에 의거하여 貞觀18년(644) 9월24일(乙未)로 편년하였다.
117) 이 기사에는 연대 표기가 없으나,『資治通鑑』에 의거하여 貞觀18년(644) 9월24일(乙未)로 편년하였다.
118) 이 기사에는 연대 표기가 없으나,『資治通鑑』에 의거하여 貞觀18년(644) 9월24일(乙未)로 편년하였다.
119) 이 기사에는 연대 표기가 없으나,『資治通鑑』197 唐紀 13 太宗 中之下의 "(貞觀十八年冬十月)甲寅 車 駕行幸洛陽 以房玄齡留守京師 右衛大將軍工部尙書李大亮副之"에 의거하여 貞觀18년(644) 10월14일(甲寅) 로 편년하였다.『唐會要』에는 貞觀17년(643)으로 되어 있다.
120) 이 기사에는 연대 표기가 없으나,『資治通鑑』197 唐紀 13 太宗 中之下의 "(貞觀十八年冬十月)甲寅 車 駕行幸洛陽 以房玄齡留守京師 右衛大將軍工部尙書李大亮副之"에 의거하여 貞觀18년(644) 10월14일(甲寅) 로 편년하였다.

唐水陸運遞場海運)122)

고구려　　　冬十月 平壤雪色赤 (『三國史記』21 高句麗本紀 9)
고구려　　　冬十月 高勾麗平壤雨雪 色赤 (『三國史節要』8)

고구려　　　(十月) 帝欲自將討之 召長安耆老 勞曰 遼東故中國地 而莫離支賊殺其主 朕將自行經
　　　　　　略之 故與父老 納子若孫 從我行者 我能拊循之 無容恤也 則厚賜布粟 群臣皆勸帝毋
　　　　　　行 帝曰 吾知之矣 去本以趣末 捨高以取下 釋近而之遠 三者爲不祥 伐高句麗是也
　　　　　　然盖蘇文弑君 又戮大臣以逞 一國之人 延頸待救 議者顧未亮耳 於是 北輪粟營州 東
　　　　　　儲粟古大人城 (『三國史記』21 高句麗本紀 9)

고구려　　　唐太宗貞觀十八年十月 帝欲親摠六軍 以度遼海 進封事者 皆勸遣將 不宜親行 帝謂
　　　　　　侍臣曰 夫去本而就末 舍高而取下 失近而之遠 此三者謂之不祥 今國家經略高麗 亦
　　　　　　猶是矣 然則察諸天時而觀乎人事 夫嚴冬之月 欲務稼穡 使八堯運耡 九舜布種 則不
　　　　　　能使之生 青陽之月 土膏脉起 庸夫童子 堪成良稼 所謂天有其時而人有其功也 高麗
　　　　　　逆弑其主 誅戮大臣 而虐用其人 下無措手 而一方之人 延頸思救 弔人伐罪 今也其時
　　　　　　議者云云 但不知耳 (『冊府元龜』117 帝王部 117 親征 2)

고구려　　　於是 帝欲自將討之 召長安耆老勞曰 遼東故中國地 而莫離支賊殺其主 朕將自行經略
　　　　　　之 故與父老約 子若孫從我行者 我能拊循之 毋庸邮也 卽厚賜布粟 羣臣皆勸帝毋行
　　　　　　帝曰 吾知之矣 去本而就末 捨高以取下 釋近而之遠 三者爲不祥 伐高麗是也 然蓋蘇
　　　　　　文弑君 又戮大臣以逞 一國之人延頸待救 議者顧未亮耳 於是北輪粟營州 東儲粟古大
　　　　　　人城 (『新唐書』220 列傳 145 東夷 高麗)123)

고구려　　　(高麗傳) 帝欲自將討之 召耆老勞曰 遼東故中國地 而莫支离賊殺其王 朕將自行經略
　　　　　　之 於是北輪粟營州 東儲粟古大人城 (『玉海』194 兵捷 紀功 碑銘附)124)

고구려　　　(唐太宗貞觀十八年)十一月壬申 至洛陽 (『冊府元龜』117 帝王部 117 親征 2)
고구려　　　十一月 帝至洛陽 (『三國史記』21 高句麗本紀 9 寶臧王 上)125)

고구려　　　貞觀十八年二月 太宗謂侍臣曰 (…) 兵部尚書李勣曰 (…) 至十一月十六日 以刑部尚
　　　　　　書張亮爲平壤道行軍大總管 自萊州泛海趨平壤 又以特進李勣爲遼東道行軍大總管 趨
　　　　　　遼東 兩軍合勢 (『唐會要』95 高句麗)126)

고구려　　　(十一月) 前宜州刺史鄭元璹 已致仕 上以其嘗從隋煬帝伐高麗127) 召詣行在 問之 對
　　　　　　曰 遼東道遠 糧運艱阻 東夷善守城 攻之不可猝下 上曰 今日非隋之比 公但聽之128)
　　　　　　(『資治通鑑』197 唐紀 13 太宗 中之下)129)

---

121) 저본에는 '元'으로 되어 있으나, 宋 의 避諱이므로 '玄'으로 수정해야 한다.
122) 이 기사에는 연대 표기가 없으나, 『資治通鑑』197 唐紀 13 太宗 中之下의 "(貞觀十八年冬十月)甲寅 車
　　駕行幸洛陽 以房玄齡留守京師 右衛大將軍工部尚書李大亮副之"에 의거하여 貞觀18년(644) 10월14일(甲寅)
　　로 편년하였다.
123) 이 기사에는 연대 표기가 없으나, 『三國史記』 高句麗本紀 등에 의거하여 1貞觀18년(644) 10월로 편년하
　　였다.
124) 이 기사에는 연대 표기가 없으나, 『三國史記』 高句麗本紀 등에 의거하여 1貞觀18년(644) 10월로 편년하
　　였다.
125) 이 기사에는 일자 표기가 없으나, 『資治通鑑』197 唐紀 13 太宗 中之下의 "十一月壬申 至洛陽" 등에
　　의거하여 11월 2일(壬申)로 편년하였다.
126) 『新唐書』本紀 등에는 11월24일(甲午), 『舊唐書』本紀에는 11월30일(庚子)로 되어 있다.
127) 鄭元璹仕隋 爲右武候將軍 從伐高麗 璹 殊玉翻
128) 帝所謂恃國家之大 甲兵之强 算略之足 以取勝 欲見威於敵者也
129) 이 기사는 11월 2일(壬申)과 24일(甲午) 사이에 있으므로, 11월 2일~23일로 기간편년하고 마지막날인

고구려	(十一月) 前宜州刺史鄭天璹已致仕 帝以其嘗從隋煬帝伐高句麗 召詣行在 問之 對曰 遼東道遠 糧轉艱阻 東夷善守城 不可猝下 帝曰 今日非隋之比 公但聽之 (『三國史記』 21 高句麗本紀 9 寶臧王 上)130)
고구려	(十一月) 張儉等值遼水漲 久不得濟 上以爲畏懦 召儉詣洛陽 至 具陳山川險易水草美惡131) 上悅 (『資治通鑑』 197 唐紀 13 太宗 中之下)132)
고구려	(貞觀十八年) 蜀遼水泛溢 儉等兵不得濟 (『冊府元龜』 991 外臣部 36 備禦 4)133)
고구려	太宗將征遼東 遣儉率蕃兵先行抄掠 儉軍至遼西 爲遼水汎漲 久而未渡 太宗以爲畏懦 召還 儉詣洛陽謁見 面陳利害 因說水草好惡山川險易 太宗甚悅 仍拜行軍總管 兼領諸蕃騎卒 爲六軍前鋒 (『舊唐書』 83 列傳 33 張儉)134)\
고구려	太宗將征遼東 遣儉率蕃兵先進略地 至遼西 川漲 久未度 帝以爲畏懦 召還 見洛陽宮 陳水草美惡山川險易 幷久不進狀 帝悅 拜行軍總管 使領諸蕃騎 爲六軍前鋒 (『新唐書』 111 列傳 36 張儉)135)
고구려	太宗將有事遼東 儉率蕃兵先行 儉軍至遼西 爲水汎長 未渡 帝以爲畏懦 追赴行在所 儉詣雒陽 面陳利害 因說水草好惡山川險易 帝甚悅 (『冊府元龜』 431 將帥部 93 器度 張儉)136)
고구려	(紀) (正137)觀)十九年二月庚戌 如洛陽宮 以伐高麗[(…) 又召張儉 見洛陽宮 論遼西山小險易 見各傳] (『玉海』 157 宮室宮 1 唐洛陽宮)138)
고구려	(十一月) 上聞洺州刺史程名振善用兵 召問方略 嘉其才敏 勞勉之 曰139) 卿有將相之器140) 朕方將任使 名振失不拜謝 上試責怒 以觀其所爲 曰 山東鄙夫 得一刺史 以爲富貴極邪 敢於天子之側 言語粗疏 又複不拜141) 名振謝曰 疏野之臣 未嘗親奉聖問 適方心思所對 故忘拜耳 舉止自若 應對愈明辯 上乃歎曰 房玄齡處朕左右二十餘年 每見朕譴責餘人 顏色無主142) 名振平生未嘗見朕 朕一旦責之 曾無震慴 辭理不失 真奇士也 即日 拜右驍衛將軍 (『資治通鑑』 197 唐紀 13 太宗 中之下)143)
고구려	太宗將征遼東 召名振問以經略之事 名振初對失旨 太宗動色詰之 名振酬對逾辯 太宗意解 謂左右曰 房玄齡常在我前 每見別嗔餘人 猶顏色無主 名振生平不見我 向來責

23일에 배치하였다.
130) 이 기사에는 월일 표기가 없으나, 『資治通鑑』에 의거하여 11월 2일~23일로 기간편년하고 마지막날인 23일에 배치하였다.
131) 懦 乃臥翻 又奴亂翻 易 以豉翻
132) 이 기사는 11월 2일(壬申)과 24일(甲午) 사이에 있으므로, 11월 2일~23일로 기간편년하고 마지막날인 23일에 배치하였다.
133) 이 기사에는 연대 표기가 없으나, 『資治通鑑』에 의거하여 貞觀18년(644) 11월 2일~23일로 기간편년하고 마지막날인 23일에 배치하였다.
134) 이 기사에는 연대 표기가 없으나, 『資治通鑑』에 의거하여 貞觀18년(644) 11월 2일~23일로 기간편년하고 마지막날인 23일에 배치하였다.
135) 이 기사에는 연대 표기가 없으나, 『資治通鑑』에 의거하여 貞觀18년(644) 11월 2일~23일로 기간편년하고 마지막날인 23일에 배치하였다.
136) 이 기사에는 연대 표기가 없으나, 『資治通鑑』에 의거하여 貞觀18년(644) 11월 2일~23일로 기간편년하고 마지막날인 23일에 배치하였다.
137) 저본에는 '正'으로 되어 있으나, 이 시기의 연호는 '貞觀'이므로 '貞'으로 수정해야 한다.
138) 이 기사에는 연대 표기가 없으나, 『資治通鑑』에 의거하여 貞觀18년(644) 11월 2일~23일로 기간편년하고 마지막날인 23일에 배치하였다.
139) 洺 音名 勞 力到翻
140) 將 即亮翻 相 息良翻
141) 復 扶又翻
142) 此玄齡所以爲忠謹也 處 昌呂翻
143) 이 기사는 11월 2일(壬申)과 24일(甲午) 사이에 있으므로, 11월 2일~23일로 기간편년하고 마지막날인 23일에 배치하였다.

讓 而詞理縱橫 亦奇士也 卽日 拜右驍衛將軍 授平壤道行軍總管 (『舊唐書』83 列傳 33 程名振)[144)]

고구려 太宗征遼東 召問方略 不合旨 帝勃然詰之 名振辯對益詳 帝意解 謂左右曰 房玄齡常在朕前 見朕嗔餘人 色不能主 名振生平未識我 一旦誚讓 而辭吐不屈 奇士哉 拜右驍衛將軍平壤道行軍總管 (『新唐書』111 列傳 36 程名振)[145)]

고구려 (十一月)甲午 張亮爲平壤道行軍大總管 李世勣馬周爲遼東道行軍大總管 率十六總管兵 以伐高麗 (『新唐書』2 本紀 2 太宗)[146)]

고구려 요동 (十一月)甲午 以刑部尙書張亮爲平壤道行軍大總管 帥江淮嶺峽兵四萬[147)] 長安洛陽募士三千 戰艦五百艘 自萊州泛海趨平壤[148)] 又以太子詹事左衛率李世勣爲遼東道行軍大總管 帥步騎六萬及蘭河二州降胡趣遼東[149)] 兩軍合勢並進 (『資治通鑑』197 唐紀 13 太宗文武大聖大廣孝皇帝 中之下)

고구려 요동 (貞觀十八年十一月)甲午 以光祿大夫刑部尙書鄖國公張亮爲使持節平壤道行軍大摠管 以左領軍將軍武水縣伯嘗河瀘州都督戴國公左難當爲副摠管 汾州刺史黃國公舟仁德眉州刺史下傳縣男劉英銀靑光祿大夫行撫州刺史張文翰雲麾將軍行中郎將龐孝恭右驍衛將軍東平郡公程名振 竝爲行軍摠管 以隸之 率江淮嶺硤勁卒四萬 長安洛陽召募三千 戰艦五百艘 自萊州泛海趣平壤 又以特進太子詹事左衛率英國公李勣爲使特節遼東道行軍大摠管 以禮部尙書江夏郡王道宗爲摠管 又以前幽州都督虢國公張士貴右領軍大將軍安國公執失思力右驍衛大將軍張掖郡國公契苾何力右監門大將軍阿史冊彌射右屯衛將軍金城縣公姜德本左武衛將軍金城郡公麴智盛雲麾將軍新鄕縣公吳黑闥營州都督博臨縣男張儉左驍衛中郎將安縣和 竝爲行軍總管以隸之 步騎六萬 幷蘭河二州降胡趣遼東 兩軍合勢 (『冊府元龜』117 帝王部 117 親征 2)

고구려 (太宗紀) (正[150)]觀十八年)十一月甲午 張亮爲平壤道行軍大摠管 李世勣馬周爲遼東道行軍大摠管 率十六總管兵 以伐高麗 (…) (高麗傳) (…) 乃以張亮爲平壤道行軍大摠管以李勣爲遼東道行軍大摠管[甲午] (『玉海』194 兵捷紀功碑銘附 唐駐蹕山紀功破陣圖漢武臺紀功)

고구려 (十一月) 以刑部尙書張亮爲平壤道行軍大摠管 帥江淮嶺硤兵四萬 長安洛陽募士三千 戰艦五百艘 自萊州泛海趣平壤 又以太子詹事左衛率李世勣 爲遼東道行軍大摠管 帥步騎六萬及蘭河二州降胡 趣遼東 兩軍合勢 (『三國史記』21 高句麗本紀 9 寶臧王上)[151)]

고구려 (貞觀十八年)至十一月 以刑部尙書張亮爲平壤道行軍大總管 自萊州泛海趣平壤 又以特進李勣爲遼東道行軍大總管 趣遼東 兩軍合勢 (『通典』186 邊防 2 東夷 下 高句麗)[152)]

고구려 (貞觀十八年)至十一月 以刑部尙書張亮爲平壤道行軍大總管 自萊州泛海趣平壤 又以特進李勣爲遼東道行軍大總管 趣遼東 兩軍合勢 (『太平寰宇記』173 四夷 2 東夷 2 高勾驪)[153)]

---

144) 이 기사에는 연대 표기가 없으나, 『資治通鑑』에 의거하여 貞觀18년(644) 11월 2일~23일로 기간편년하고 마지막날인 23일에 배치하였다.

145) 이 기사에는 연대 표기가 없으나, 『資治通鑑』에 의거하여 貞觀18년(644) 11월 2일~23일로 기간편년하고 마지막날인 23일에 배치하였다.

146) 『唐會要』에는 11월16일, 『舊唐書』本紀에는 11월30일(庚子)로 되어 있다.

147) 硤中諸州 夔硤歸是也 帥 讀曰率 下同

148) 艦 戶黯翻 艘 蘇遭翻 趨 七諭翻

149) 率 所律翻 騎 奇寄翻 降 戶江翻 趣 與趨同 音七喩翻

150) 저본에는 '正'으로 되어 있으나, 이 시기의 연호는 '貞觀'이므로 '貞'으로 수정해야 한다.

151) 이 기사에는 일자 표기가 없으나, 『新唐書』本紀 등에 의거하여 11월24일(甲午)로 편년하였다.

152) 이 기사에는 일자 표기가 없으나, 『新唐書』本紀 등에 의거하여 11월24일(甲午)로 편년하였다.

고구려	(貞觀)十八年 以譴去官 洎朱蒙之緒 玄夷之孼 背誕丸都 梟鏡遼海 王師底伐 屬想人雄 勅爲遼授金紫光祿大夫洛州刺史 (「張士貴 墓誌銘」: 『唐代墓誌滙篇續集』; 『全唐文補遺』1; 『全唐文新編』155; 『唐代墓誌滙篇附考』4)154)
고구려	後帝自將征高麗 以勣爲遼東道行軍大總管 (『新唐書』93 列傳 18 李勣)155)
고구려	帝將伐高麗 亮頻諫 不納 因自請行 詔爲平壤道行軍大總管 (『新唐書』94 列傳 19 張亮)156)
고구려	帝征高麗 詔何力爲前軍總管 (『新唐書』110 列傳 35 諸夷蕃將 契苾何力)157)
고구려	帝幸洛陽 乃以張亮爲平壤道行軍大總管 常何左難當副之 冉仁德劉英行張文幹龐孝泰程名振爲總管 帥江吳京洛募兵凡四萬 吳艘五百 泛海趨平壤 以李勣爲遼東道行軍大總管 江夏王道宗副之 張士貴張儉執失思力契苾何力阿史那彌射姜德本麹智盛吳黑闥爲行軍總管隷之 帥騎士六萬趨遼東 (『新唐書』220 列傳 145 東夷 高麗)
고구려	契苾何力 爲右驍衛大將軍 太宗征遼東 以何力爲前軍總管 (『冊府元龜』384 將帥部 45 褒異 10 契苾何力)158)
고구려	太宗征遼時 爲前軍總管 (『冊府元龜』417 將帥部 78 德義 契苾何力)159)
고구려	公歸罪於洛陽宮 從駕東行 在道蒙授右衛將軍 (「李思摩 墓誌銘」: 『唐代墓誌滙篇續集』; 『全唐文補遺』1; 『全唐文新編』992)160)
고구려	辰服稽誅 偸安鯤塹 帝赫斯怒 親總龍韜 勅公檢校右領軍將軍 仍押左飛騎杖 又領右五馬軍總管 (「鄭廣 墓誌銘」: 『全唐文補遺』2; 1993 『昭陵碑石』; 『唐代墓誌滙篇附考』6; 『全唐文新編』993)161)
고구려	太宗問罪東夷 以公爲遼東道大總管 (「李勣 墓誌銘」: 『唐代墓誌滙篇續集』; 『全唐文補遺』1; 『全唐文新編』201)162)
고구려	(十一月)庚子 命太子詹事英國公李勣爲遼東道行軍總管 出柳城 禮部尙書江夏郡王道宗副之 刑部尙書鄅國公張亮爲平壤道行軍總管 以舟師出萊州 左領軍常何瀘州都督左難當副之 發天下甲士 召募十萬 並趨平壤 以伐高麗 (『舊唐書』3 本紀 3 太宗下)163)
고구려	(唐書曰) (貞觀)十八年十一月 命太子詹事英國公李勣爲遼東道行軍摠管 出柳城 禮部尙書江夏郡王道宗副之 刑部尙書鄅國公張亮爲平壤道行軍摠管 以舟師出萊州 左領軍常何瀘州都督左難當副之 發天下甲士 召募十萬 並趨平壤 以伐高麗 (『太平御覽』10

---

153) 이 기사에는 일자 표기가 없으나, 『新唐書』 本紀 등에 의거하여 11월24일(甲午)로 편년하였다.
154) 이 기사에는 월일 표기가 없으나, 『新唐書』 本紀, 『冊府元龜』 등에 의거하여 11월24일(甲午)로 편년하였다.
155) 이 기사에는 연대 표기가 없으나, 『新唐書』 本紀 등에 의거하여 貞觀18년(644) 11월24일(甲午)로 편년하였다.
156) 이 기사에는 연대 표기가 없으나, 『新唐書』 本紀 등에 의거하여 貞觀18년(644) 11월24일(甲午)로 편년하였다.
157) 이 기사에는 연대 표기가 없으나, 『新唐書』 本紀 등에 의거하여 貞觀18년(644) 11월24일(甲午)로 편년하였다.
158) 이 기사에는 연대 표기가 없으나, 『新唐書』 本紀 등에 의거하여 貞觀18년(644) 11월24일(甲午)로 편년하였다.
159) 이 기사에는 연대 표기가 없으나, 『新唐書』 本紀 등에 의거하여 貞觀18년(644) 11월24일(甲午)로 편년하였다.
160) 이 기사에는 연대 표기가 없으나, 『新唐書』 本紀 등에 의거하여 貞觀18년(644) 11월24일(甲午)로 편년하였다.
161) 이 기사에는 연대 표기가 없으나, 『新唐書』 本紀 등에 의거하여 貞觀18년(644) 11월24일(甲午)로 편년하였다.
162) 이 기사에는 연대 표기가 없으나, 『新唐書』 本紀 등에 의거하여 貞觀18년(644) 11월24일(甲午)로 편년하였다.
163) 『唐會要』에는 11월16일, 『新唐書』 本紀 등에는 11월24일(甲午)로 되어 있다.

9 皇王部 34 唐太宗文皇帝)[164]

고구려　(貞觀)十八年十一月　命太子詹事英國公李勣爲遼東道行軍總管　出柳城　禮部尙書江夏郡王道宗副之　刑部尙書郳國公張亮爲平壤道行軍總管　以舟師出萊州　左領軍常何瀘州都督左難當副之　發天下甲士　召募十萬　並趣平壤　以伐高麗 (『冊府元龜』985 外臣部 30 征討 4)[165]

고구려　李勣 (…) 曹州離狐人也 (…) 本姓徐氏　名世勣 (…) (貞觀)十八年　太宗將親征高麗　授勣遼東道行軍大總管 (『舊唐書』67 列傳 17 李勣)[166]

고구려　以亮爲滄海道行軍大總管　管率舟師 (『舊唐書』69 列傳 19 張亮)[167]

고구려　太宗征遼東　以何力爲前軍總管 (『舊唐書』109 列傳 59 契苾何力)[168]

고구려　爲滄海道行軍大總管 (『冊府元龜』453 將帥部 114 怯懦 張亮)[169]

고구려　(十一月)庚子　諸軍大集於幽州　遣行軍總管姜行本少府少監丘行淹先督衆工造梯衝於安蘿山　時遠近勇士應募及獻攻城器械者不可勝數　上皆親加損益　取其便易[170] 又手詔諭天下　以高麗蓋蘇文弑主虐民　情何可忍　今欲巡幸幽薊　問罪遼碣[171] 所過營頓　無爲勞費　且言　昔隋煬帝殘暴其下　高麗王仁愛其民　以思亂之軍擊安和之衆　故不能成功　今略言必勝之道有五　一曰以大擊小　二曰以順討逆　三曰以治乘亂[172] 四曰以逸待勞　五曰以悅當怨　何憂不克　布告元元　勿爲疑懼[173] 於是凡頓舍供費之具　減者太半 (『資治通鑑』197 唐紀 13 太宗文武大聖大廣孝皇帝 中之下)

고구려　(貞觀十八年十一月)三十日　征遼東之兵　集於幽州 (『通典』186 邊防 2 東夷 下 高句麗)

고구려　貞觀十八年二月　太宗謂侍臣曰 (…) 兵部尙書李勣曰 (…) 至十一月十六日 (…) 以其月之三十日　征遼之兵　集於幽州[安州人彭惠通請出布帛五千段　以資征人　上嘉之　比漢之卜式　拜宣義郎] (『唐會要』95 高句麗)

고구려　(貞觀十八年十一月)三十日　征遼之兵　集於幽州 (『太平寰宇記』173 四夷 2 東夷 2 高勾驪)

고구려　(唐太宗貞觀十八年十一月)庚子　遣行軍摠管姜行本　少府少監丘行淹　先督工匠造梯衝於安蘿山　百姓見往歲擊突厥吐谷渾高昌　並指期摧殄　無不勇於赴敵　爭從召募　矜其膂力者不可勝數　或引佩刀刺股　以示勇決　進攻城器械者　相次于朝堂　太宗皆親加損益　窮其便易　乃手詔示天下　行師用兵　古之嘗道　取亂侮亡　先哲所貴　高麗莫離支蓋蘇文弑逆其主　酷害其臣　竊據邊隅　肆其蜂蠆　朕以君臣之義　情何可忍　若不誅翦遐穢　無以徵肅中華　今欲巡幸幽薊　問罪遼碣　行止之宜　務存節儉　所過營頓　無勞精飾　食唯充飢　不須珍膳　水可涉度者　無暇造橋　路可通行者　不勞修理　御營非近縣　學生老人等無煩迎謁　隋室淪亡　其源可覩　良繇智略乖於遠圖　兵士疲於屢戰　政令失度　上下離心　德澤不加於匹夫　刻薄彌窮於萬姓　當此時也　高麗之主仁愛其人　故百姓仰之如父母　煬帝殘

----

164) 이 기사에는 일자 표기가 없으나,『舊唐書』本紀에 의거하여 11월30일(庚子)로 편년하였다.
165) 이 기사에는 일자 표기가 없으나,『舊唐書』本紀에 의거하여 11월30일(庚子)로 편년하였다.
166) 이 기사에는 월일 표기가 없으나,『舊唐書』本紀에 의거하여 11월30일(庚子)로 편년하였다.
167) 이 기사에는 연대 표기가 없으나,『舊唐書』本紀에 의거하여 貞觀18년(644) 11월30일(庚子)로 편년하였다.
168) 이 기사에는 연대 표기가 없으나,『舊唐書』本紀에 의거하여 貞觀18년(644) 11월30일(庚子)로 편년하였다.
169) 이 기사에는 연대 표기가 없으나,『舊唐書』本紀에 의거하여 貞觀18년(644) 11월30일(庚子)로 편년하였다.
170) 勝 音升 易 以豉翻
171) 碣 其謁翻
172) 治 直吏翻
173) 太宗以高麗爲必可克而卒不克 所謂常勝之家 難與慮敵也

暴其下 故衆庶視之如仇讐 以思亂之軍 擊安樂之卒 務其功也 不亦難乎 何異入水而
惡其濡 踐雪而求無迹 朕緬懷前載 撫躬內省 昔受鉞專征 提戈撥亂 師有經年之擧 食
無盈月之儲 至於賞罰之信 尙非自決 然猶所向風靡 前無橫陣 蕩氛霧於五嶽 翦虎狼
於九野 定海內 拯蒼生 然則行軍用兵 皆億兆所見 豈煩言哉 及端拱巖廊 定策帷辰
身處九重之內 謀決萬里之外 北殄匈奴種落 有若摧枯 西滅吐谷渾高昌 易於拾芥 苞
絶漠而爲苑 跨流沙而爲池 黃帝不服之人 唐堯不臣之域 竝皆委質奉貢 歸風順軌 崇
威啓化之道 此亦天下所共聞也 況今豐稔之年 家給人足 餘糧栖畝 積粟紅倉 雖足以
爲兵儲 猶恐勞於轉運 故多驅牛羊以充軍食 人無裹糧之費 衆有隨身之廩 如斯之事
豈不優於曩日 加以躬先士卒 親決六奇 使攻無所守 戰無所懼 略言必勝之道 蓋有五
焉 一曰以我大而擊其小 二曰以我順而討其逆 三曰以我安而乘其亂 四曰以我逸而敵
其勞 五曰以我悅而當其怨 何憂不尅 何慮不摧 可布告元元 勿爲疑懼耳 太宗憂百姓
勞役 凡有頓舍供費之具 減者大半焉 (『冊府元龜』117 帝王部 117 親征 2)

고구려 신라 백제

(高麗傳) (…) 又發契丹奚新羅百濟諸君長 悉會[庚子 先造梯衝於安蘿山] (『玉海』194
兵捷紀功碑銘附 唐駐蹕山紀功破陣圖漢武臺紀功)

고구려 | (十一月) 大集於幽州 遣行軍摠管江行本少監丘行淹 先督衆士 造梯衝於安羅山 時 遠
近勇士應募及獻攻城器械者 不可勝數 帝皆親加損益 取其便易 又手詔諭天下 以高句
麗蓋蘇文弑主虐民 情何可忍 今欲巡幸幽薊 問罪遼碣 所過營頓 無爲勞費 且言 昔隋
煬帝殘暴其下 高句麗王仁愛其民 以思亂之軍 擊安和之衆 故不能成功 今略言必勝之
道有五 一曰以大擊小 二曰以順討逆 三曰以理乘亂 四曰以逸敵勞 五曰以悅當怨 何
憂不克 布告元元 勿爲疑懼 於是 凡頓舍供備之具 減者太半 (『三國史記』21 高句麗
本紀 9)[174]

고구려 | (十一月) 大集於幽州 遣行軍摠管江行本少監丘行淹 先督衆士 造梯衝於安羅山 時遠
近勇士應募及獻攻城器械者 不可勝數 帝皆親加損益 取其便宜 又手詔諭天下 以高句
麗蓋蘇文弑主虐民 情何可忍 今欲巡幸幽薊 問罪遼碣 所過營頓 無爲勞費 且言 昔隋
煬帝殘暴其下 高句麗王仁愛其民 以思亂之軍 擊安和之衆 故不能成功 今略言必勝之
道有五 一曰以大擊小 二曰以順討逆 三曰以理乘亂 四曰以逸敵勞 五曰以悅當怨 何
憂不克 布告元元 勿爲疑懼 於是 凡頓舍供備之具 減者太半 (『三國史節要』8)[175]

고구려 | 唐 彭惠通 安州人 貞觀十八年 太宗征遼東 惠通請出 布帛五千段 以資征人 太宗嘉
之 比于漢之卜式 拜爲宣義郎 (『冊府元龜』485 邦計部 3 輸財)[176]

고구려 | 詔曰 朕所過 營頓母飾 食母豐怪 水可涉者勿作橋梁 行在非近州縣不得令學生耆老迎
謁 朕昔提戈撥亂 無盈月儲 猶所嚮風靡 今幸家給人足 祗恐勞於轉餉 故驅牛羊以飼
軍 且朕必勝有五 以我大擊彼小 以我順討彼逆 以我安乘彼亂 以我逸敵彼勞 以我悅
當彼怨 渠憂不克邪 (『新唐書』220 列傳 145 東夷 高麗)[177]

고구려 | 行師用兵 古之常道 取亂侮亡 先哲所貴 高麗莫離支蓋蘇文 殺逆其主 酷害其臣 竊據
邊隅 肆其蜂蠆 朕以君臣之義 情何可忍 若不誅翦遐穢 無以澄肅中華 今欲巡幸幽薊
問罪遼碣 行止之宜 務存節儉 所過營頓 無勞精飾 食惟充饑 不須珍膳 水可涉度者
無假造橋 可通行者 不勞修理 御營非近縣學生老人等無煩迎謁 隋室淪亡 其源可觀
良由志略乖於遠圖 兵士疲於屢戰 政令失度 上下離心 德澤不加於匹夫 刻薄彌窮於萬
姓 當此時也 高麗之主 仁愛其人 故百姓仰之如父母 煬帝殘暴其下 故衆庶視之如仇

---

174) 이 기사에는 월일 표기가 없으나, 『資治通鑑』에 의거하여 11월30일(庚子)로 편년하였다.
175) 이 기사에는 월일 표기가 없으나, 『資治通鑑』에 의거하여 11월30일(庚子)로 편년하였다.
176) 이 기사에는 월일 표기가 없으나, 『唐會要』에 의거하여 11월30일로 편년하였다.
177) 이 기사에는 연대 표기가 없으나, 『資治通鑑』 등에 의거하여 貞觀18년(644) 11월30일(庚子)로 편년하였다.

雖 以思亂之軍 擊安樂之卒 務其功也 不亦難乎 何異入水而惡其濡 踐雪而求無迹 朕
緬懷前載 撫躬內省 昔受鉞專征 提戈撥亂 師有經年之擧 食無盈月之儲 至於賞罰之
信 尙非自決 然猶所向風靡 前無橫陣 蕩氛霧於五嶽 翦虎狼於九野 定海內 拯蒼生
然則行軍用兵 皆億兆所見 豈煩言哉 及端拱巖廊 定策帷辰 身處九重之內 謀決萬里
之外 北殄匈奴種落 有若摧枯 西滅吐谷渾高昌 易於拾芥 包絶漠而爲苑 跨流沙而爲
池 黃帝不服之人 唐堯不臣之域 竝皆委質奉貢 歸風順軌 崇威啟化之道 此亦天下所
共聞也 況今豐稔多年 家給人足 餘糧栖畝 積粟紅倉 雖足以爲兵儲 猶恐勞於轉運 故
多驅牛羊 以充軍食 人無裹糧之費 衆有隨身之廩 如斯之事 豈不優於曩日 加以躬先
七萃 親決六奇 使攻無所守 戰無所拒 略言必勝之道 蓋有五焉 一曰 以我大而擊其小
二曰 以我順而討其逆 三曰 以我安而乘其亂 四曰 以我逸而敵其勞 五曰 以我悅而當
其怨 何憂不剋 何慮不摧 可布告元元 勿爲疑懼耳 (『全唐文』7 太宗皇帝 親征高麗手
詔)[178]

고구려　十二月辛丑 武陽懿公李大亮卒於長安[179] 遺表請罷高麗之師 家餘米五斛 布三十匹
親戚早孤爲大亮所養 喪之如父者十有五人[180] (『資治通鑑』197 唐紀 13 太宗文武大
聖大廣孝皇帝 中之下)

고구려　(貞觀)十八年 太宗幸洛陽 令大亮副司空玄齡居中 尋遇疾 太宗親爲調藥 馳驛賜之 臨
終上表 請停遼東之役 (『舊唐書』62 列傳 12 李大亮)[181]

고구려　(貞觀)十八年 幸洛陽 詔副房玄齡居守 玄齡稱 有王陵周勃節 可倚大事 俄寢疾 帝親
和藥 驛賜之 臨終 表請罷遼東役 (『新唐書』99 列傳 24 李大亮)[182]

신라 백제 고구려
　(十二月)甲寅 詔諸軍及新羅百濟奚契丹 分道擊高麗 (『資治通鑑』197 唐紀 13 太宗
文武大聖大廣孝皇帝 中之下)
요동 고구려 예맥 신라 낙랑 백제 부여 현도
　(唐太宗貞觀十八年)十二月甲寅 詔曰 觀乎天道 鼓雷霆以肅萬物 求諸人事 陳金革以
威四方 雖步驟殊時 質文異制 其放殘殺 禁暴虐 戮干紀 討未賓 莫不扶義而申九伐
文德昭於率土 因時而董三令 武功成於止戈
朕祇膺寶曆 君臨寓縣 憑宗社之靈 藉卿士之力 神祇儲祉 夷夏宅心 故上柱國遼東郡
王高麗武 夙披丹款 早奉朝化 忠義之節克著於嵎夷 職貢之典不愆於王會 而其臣莫離
支蓋蘇文包藏凶慝 招集不逞 潛懷異計 奄行弑逆 寃酷纏于滅貊 痛悼徹於諸華 簒彼
藩緖 權其國政 法令無章 賞罰失所 下陵上替 遠怨邇嗟 加以好亂滋甚 窮兵不息 率
其羣凶之徒 屢侵新羅之地 新羅喪土 憂危日深 遠請救援 行李相屬 朕愍其倒懸之急
爰命輕軒之使 備陳至理 喩以休兵 曾不知改 莫邊朝命 窺窬亭障 首鼠窟穴 完聚更切
賦斂尤繁 丁壯盡於鋒刃 羸老弊於板築 久廢耕桑 咸罹饑饉 生肉表異 顯其亡徵 雨血
爲妖 彰其數盡 比室愁苦 闔境哀惶 華髮靑襟 不勝苛政 延頸企踵 思沾王澤 昔有苗
弗率 勞大禹之駕 葛伯仇餉 動成湯之師 況亂嘗巨寇 恣三綱而肆逆 滔天元惡 窮五刑
而莫大者哉 朕以宵衣興慮 日旰忘食 討罪之意旣深於投袂 救人之義彌軫於納隍 類上
帝而戒途 詔夏官而鞠旅 可先遣使持節遼東道行軍大摠管英國公勣 副摠管江夏郡王道

178) 이 기사에는 연대 표기가 없으나, 『資治通鑑』 등에 의거하여 貞觀18년(644) 11월30일(庚子)로 편년하였
다.
179) 卒 子恮翻
180) 喪 息郎翻
181) 이 기사에는 월일 표기가 없으나, 『資治通鑑』에 의거하여 12월 1일(辛丑)로 편년하였다.
182) 이 기사에는 월일 표기가 없으나, 『資治通鑑』에 의거하여 12월 1일(辛丑)로 편년하였다.

宗 士馬如雲 長驅遼左 奮夷嶽之威 屠豕蛇於險瀆 乘建瓴之勢 斬鯨鯢於鏤方 行軍摠
管執失思力 行軍摠管契苾何力率其種落 隨機進討 契丹蕃長於句折 奚蕃長蘇支燕州
刺史李玄正等 各率衆絶其走伏 使持節平壤道行軍大摠管張亮 副摠管嘗何 摠管左難
當等 舟檝相繼 直指平壤 新羅王金善德傾其城邑 竭其府藏 荷不貲之澤 復累葉之讐
出樂浪而衝腹心 臨沃沮而蕩巢穴 百濟王扶餘義慈早著丹欵 深識時機 棄歷稔之私交
贊順動之公戰 臝糧蓄銳 唯命是從 凡此諸軍 萬里齊擧 頓天羅於海浦 橫地網於遼陽
朕然後經塗白狼之右 親巡玄菟之城 執麞皷而戒六軍 載太嘗而麾八陣 使流湯者魚爛
握炭者氷消 誅渠魁於惡稔 弔黎庶於隕角 其或擁衆力攻 或間行自拔 宜弘寬大 各復
農士 有勞者當加其賞 懷能者不滯其才 如其長惡莫悟 迷途遂往 斧鉞旣下 必嬰喪元
之悲 玉石一焚 徒軫噬臍之嘆 具宣朕旨 咸使知聞 (『冊府元龜』117 帝王部 117 親
征 2)

고구려 신라 백제

詔諸軍及新羅百濟奚契丹 分道擊之 (『三國史記』21 高句麗本紀 9 寶臧王 上)[183]

고구려 신라 백제

詔諸軍及新羅百濟奚契丹 分道擊之 (『三國史節要』8)[184]

고구려 신라 백제

又發契丹奚新羅百濟諸君長兵悉會 (『新唐書』220 列傳 145 東夷 高麗)[185]

요동 고구려 예맥 신라 낙랑 백제 부여 현도

觀乎天道 鼓雷霆以肅萬物 求諸人事 陳金革以威四方 雖步驟殊時 質文異制 其放殘
殺 禁暴虐 戮干紀 討未賓 莫不扶義而申九伐 文德昭於率土 因時而董三令 武功成於
止戈 朕祗膺寶歷 君臨寓縣 憑宗社之靈 藉卿士之力 神祇儲祉 夷夏宅心 故上柱國遼
東郡王高麗王高建武 夙披丹款 早奉朝化 忠義之節 克著於峴夷 職貢之典 不愆於王
會 而其臣莫離支蓋蘇文 包藏凶慝 招集不逞 潛懷異計 奄行弑逆 寃酷纏於滅貊 痛悼
徹於諸華 纂彼藩緒 權其國政 法令無章 賞罰失所 下陵上替 遠怨邇嗟 加以好亂滋甚
窮兵不息 率其羣兇之徒 屢侵新羅之地 新羅喪土 憂危日深 遠請救援 行李相屬 朕愍
其倒懸之急 爰命輶軒之使 備陳至理 喩以休兵 曾不知改 莫遵朝命 窺窬亭障 首鼠窟
穴 完聚更切 賦斂尤繁 丁壯盡於鋒刃 臝老弊於板築 久廢耕桑 咸罹饑饉 生肉表異
顯其亡徵 雨血爲妖 彰其數盡 比室愁苦 闔境哀惶 華髮靑衿 不勝苛政 延頸企踵 思
沾王澤 昔有苗弗率 勞大禹之駕 葛伯仇餉 動成湯之師 況亂常巨寇 紊三綱而肆逆 滔
天元惡 窮五刑而莫大者哉 朕所以宵衣興慮 日旰忘食 討罪之意 旣深於投袂 救人之
義 彌軫於納隍 類上帝而戒途 詔夏官而鞠旅 可先遣使持節遼東道行軍大總管英國公
勣副總管江夏郡王道宗 士馬如雲 長驅遼左 奮夷嶽之威 屠豕虵於險瀆 乘建瓴之勢
斬鯨鯢於鏤方 行軍總管執失思力行軍總管契苾何力 率其種落 隨機進討 契丹藩長於
勾折奚藩長蘇支燕州刺史李元正等 各率其衆 絶其走伏 使持節平壤道行軍大總管張亮
副總管常何總管左難當等 舟檝相繼 直指平壤 新羅王金善德 傾其城邑 竭其府藏 荷
不貲之澤 復累葉之讎 出樂浪而衝腹心 臨沃沮而蕩巢穴 百濟王扶餘義慈早著丹款 深
識時機 棄歷稔之私交 贊順動之公戰 臝糧蓄銳 唯命是從 凡此諸軍 萬里齊擧 頓天羅
於海浦 橫地網於遼陽 朕然後經塗白狼之右 親巡元玄菟之城 執麞皷而戒六軍 載太常
而麾八陣 使流湯者魚爛 握炭者氷消 誅渠魁於惡稔 弔黎庶於厥角 其或擁衆立功 或
行閒自拔 宜宏寬大 各復農土 有勞者當加其賞 懷能者不滯其才 如其長惡莫悟 迷途
遂往 斧鉞旣下 必嬰喪元之悲 玉石一焚 徒軫噬臍之嘆 具宣朕旨 咸使知聞 (『全唐文』

183) 이 기사에는 월일 표기가 없으나,『資治通鑑』등에 의거하여 12월14일(甲寅)로 편년하였다.
184) 이 기사에는 월일 표기가 없으나,『資治通鑑』등에 의거하여 12월14일(甲寅)로 편년하였다.
185) 이 기사에는 연대 표기가 없으나,『資治通鑑』등에 의거하여 貞觀18년(644) 12월14일(甲寅)로 편년하였
다.

7 太宗皇帝 命將征高麗詔)[186]

고구려 (十二月)戊午 悉棄俟利苾南渡河 請處於勝夏之間 上許之 羣臣皆以爲 陛下方遠征遼 左 而置突厥於河南 距京師不遠[187] 豈得不爲後慮 願留鎭洛陽 遣諸將東征 上曰 夷 狄亦人耳 其情與中夏不殊[188] 人主患德澤不加 不必猜忌異類 蓋德澤洽 則四夷可使 如一家 猜忌多 則骨肉不免爲讎敵 煬帝無道 失人已久 遼東之役 人皆斷手足以避征 役[189] 玄感以運卒反於黎陽[190] 非戎狄爲患也 朕今征高麗 皆取願行者 募十得百 募 百得千 其不得從軍者 皆憤歎鬱邑 豈比隋之行怨民哉[191] 突厥貧弱 吾收而養之 計其 感恩 入於骨髓 豈肯爲患! 且彼與薛延陀嗜欲略同 彼不北走薛延陀而南歸我 其情可見 矣 顧謂褚遂良曰 爾知起居 爲我志之[192] 自今十五年 保無突厥之患 俟利苾既失衆 輕騎入朝[193] 上以爲右武衛將軍 (『資治通鑑』 197 唐紀 13 太宗文武大聖大廣孝皇帝 中之下)

신라 善德王時 釋生義 常住道中寺 夢有僧 引上南山而行 令結草爲標 至山之南洞 謂曰 我埋此處 請師出安嶺上 既覺 與友人尋所標 至其洞掘地 有石弥勒出 置於三花嶺上 善德王十二年甲辰歲[194] 創寺而居 後名生義寺[今訛言性義寺 忠淡師每歲重三重九 烹茶献供者 是此尊也] (『三國遺事』 3 塔像 4 生義寺石彌勒)

고구려 李靖本名藥師 雍州三原人也 (…) (貞觀)十八年 帝幸其第問疾 仍賜絹五百匹 進位衛 國公 開府儀同三司 太宗將伐遼東 召靖入閣 賜坐御前 謂曰 公南平吳會 北淸沙漠 西定慕容 唯東有高麗未服 公意如何 對曰 臣往者憑藉天威 薄展微効 今殘年朽骨 唯 擬此行 陛下若不棄 老臣病期瘳矣 太宗愍其羸老 不許 (『舊唐書』 67 列傳 17 李靖)

고구려 李靖字藥師 京兆三原人 (…) 帝將伐遼 召靖入 謂曰 公南平吳 北破突厥 西定吐谷渾 惟高麗未服 亦有意乎 對曰 往憑天威 得效尺寸功 今疾雖衰 陛下誠不棄 病且瘳矣 帝憫其老 不許 (『新唐書』 93 列傳 18 李靖)[195]

고구려 唐書曰 太宗將伐遼東 召李靖 入閣 賜坐御前 謂曰 公南平吳會 北淸沙漠 西定慕容 唯東有高麗未服 公意如何 對曰 臣往者憑藉天威 薄展微効 今殘年朽骨 唯擬此行 陛 下若不棄 老臣病其瘳矣 帝愍其羸老 不許 (『太平御覽』 383 人事部 24 壽老)[196]

고구려 閻立德 雍州萬年人 隋殿內少監毘之子也 (…) (貞觀)十八年 從征高麗 (『舊唐書』 77 列傳 27 閻立德)

고구려 (唐書曰) (貞觀)十八年 太宗將伐高麗 命太子留鎭定州 (『太平御覽』 110 皇王部 35 高宗天皇大帝)[197]

---

186) 이 기사에는 연대 표기가 없으나, 『資治通鑑』 등에 의거하여 貞觀18년(644) 12월14일(甲寅)로 편년하였 다.
187) 勝州去京師一千八百三十里 夏州去京師一千一百一十里 處 昌呂翻 夏 戶雅翻
188) 將 即亮翻 夏 戶雅翻
189) 斷 丁管翻
190) 見一百八十二卷 隋煬帝大業九年
191) 行怨民 語法 本之晁錯
192) 走 音奏 爲 于僞翻
193) 騎 奇寄翻 朝 直遙翻
194) 선덕여왕 12년(643)은 계묘년(癸卯年)이고, 갑진년(甲辰年)은 13년(644)이다. 어느 해인지 정확히 알 수 없다.
195) 이 기사에는 연대 표기가 없으나, 『舊唐書』 列傳에 의거하여 貞觀18년(644)으로 편년하였다.
196) 이 기사에는 연대 표기가 없으나, 『舊唐書』 列傳에 의거하여 貞觀18년(644)으로 편년하였다.
197) 『舊唐書』 本紀, 『資治通鑑』에는 貞觀19년(645) 2월17일(乙卯)로 되어 있다.

고구려	至貞觀十八年 以鼇峰竊拚 鯤壑潛游 暫舉靑丘之繳 遽肅玄夷之醜 (「焦海智 墓誌銘」: 『大唐西市博物館藏墓誌』)
고구려	(貞觀)十八年 鳥夷潛△ 龍驂問罪 帝詞興訟 公獻六奇 轅門效節 暗府三略 詔曰 志力 强勇 允膺推薦 特授游擊將軍 (「王敬 墓誌銘」:『唐代墓誌滙篇』;『全唐文補遺』2)
고구려	(貞觀)至十八年 將作大匠閻立德江南造船 召爲判佐 (「强偉 墓誌銘」:『唐代墓誌滙篇 附考』6;『全唐文新編』992)
고구려	於是貞觀十八載也 島夷拒險 不率王略 龍韜授律 肅將天威 太白出高 行師利於中國 王良策馬 車騎滿於遼陽 勒兵待邊 深涉匈奴之地 飭軍成禮 親勞細柳之營 △△△△△ 囚劍客 聲高六郡 選盡百金 將犂穢狛之庭 途出懷覃之境 (「大雲寺碑」:『全唐文新編』 259)
고구려	洎乎歲在强學 年登弱冠 靑襟抱槧 搜覽閱其菁華 朱襮垂纓 總務資其幹蠱 (「李他仁 墓誌銘」:『遠望集』下; 2015『高句麗渤海研究』52)[198]
고구려	公資靈穟穴 漸潤蓬津 英姿磊落而挺生 偉幹蕭森而鬱起 (「高質 墓誌銘」: 2007『신라 사학보』9)[199]

645(乙巳/신라 선덕왕 14 仁平 12/고구려 보장왕 4/백제 의자왕 5/唐 貞觀 19/倭 皇極 4, 大化 1)

백제 신라	(貞觀)十九年正月庚午朔 百濟太子扶餘康信延陁新羅吐谷渾吐蕃契丹奚吐火羅葉護沙 鉢羅葉護于闐同娥康國鞨鞻霅等 遣使來賀 各貢方物 (『冊府元龜』970 外臣部 15 朝 貢 3)
신라	春正月 遣使大唐貢獻方物 (『三國史記』5 新羅本紀 5 善德王)[200]
신라	(春正月) 新羅遣使如唐朝貢 (『三國史節要』8)[201]
백제 신라 고구려	皇帝問柱國帶方郡王百濟王扶餘義慈 (…) 故高麗王高武 早奉朝化 備展誠節 朝貢無 虧 藩禮尤著 其臣莫離支盖蘇文 苞藏姦凶 奄行弑逆 冤酷結於遺裔 悼痛聞於中夏 朕 受命上玄 爲其父母 旣聞此事 甚用愍傷 若不申茲九伐 無以懲肅八表 今先遣大總管 特進太子詹事英國公李勣 董率士馬 直詣遼東 大總管刑部尙書郿國公張亮 總統舟艫 往臨平壤 朕仍親巡遼碣 撫彼黎庶 誅其凶逆 布以威恩 當使三韓之域 五郡之境 因此 蕩定 永得晏然 前得新羅表稱 王與高麗 每興士衆 不遵朝旨 同侵新羅 朕便疑王必與 高麗協契 覽王今表 及問康信 王與高麗不爲阿黨 旣能如此 良副所望 康信又述王意 固請發兵卽與官軍同伐凶惡 朕今興動甲兵 本誅弑君之賊 王志存忠正 情切鷹鸇 旣稱 朕懷 欽歎無已 所發之兵 宜受張亮處分 若討賊之日 能立功勳 王宜錄奏 當加褒獎 然王盡心國家 無所愛惜 速獻子女 深具丹誠 朕旣有事遼左 方弘弔伐 若卽不違來請 受王所獻 便恐四海之議謂朕有所貪求 其女 今且令還 賊平之後 任王更奏 宜知此意 所奏學問僧等請聽恣意出入 及三藩使人等級者知 又請蔣元昌往彼 爲王療患者 元昌 朕先使往益州道 今猶未還 所以未得令向王處 所請僧智照還國者 已依所奏 宜知今令

198) 李他仁이 609년에 출생하였으므로 20세는 628년에 해당되고, 이 뒤에 645년 이후의 행적이 나온다. 644년 이전의 행적이라고 판단되므로, 628~644년으로 기간편년하고 마지막해인 644년에 배치하였다.

199) 고질이 626년에 출생하였고 이 뒤에 645년 이후의 행적이 나온다. 644년 이전의 행적이라고 판단되므로, 626~644년으로 기간편년하고 마지막해인 644년에 배치하였다.

200) 이 기사에는 일자 표기가 없으나, 『冊府元龜』外臣部에 의거하여 1월 1일(庚午)로 편년하였다.

201) 이 기사에는 일자 표기가 없으나, 『冊府元龜』外臣部에 의거하여 1월 1일(庚午)로 편년하였다.

朝散大夫莊元表　副使右衛勳衛旅帥段智君等　往新羅王所　宜速遣人船將送　必令安達　勿使在道　被莫離支等抄截也 (…) 康信今還　指申往意　幷寄王物如別 (『文館詞林』664「貞觀年中撫慰百濟王詔」)202)

신라 고구려　皇帝聞203)柱國樂浪郡王新羅王金善德 (…) 高麗恃其險阻　肆行凶慝　數動干戈　侵王境界　朕愍王在遠遭其充斥　頻命行人示其利害　而凶愚之性　莫肯悛革　故違朕命　曾不休兵　加以　莫離支蓋蘇文　苞藏禍心　乃弑害通於忠良　凶虐被其土境　逆亂既甚　罪釁難容　朕是以大發師徒　往申弔伐　拯彼國之危急　濟遼左之塗炭　剋定之期　在於旦夕　去年　王使人金多遂還日　具有璽書　以水軍方欲進路　今　王遣大達官　將領人船　來相迎引　訝王比來絕無消息　爲是被高麗斷截　爲是不遣使來　引領東顧　每勞虛想　前本欲令禮部尚書江夏郡王道宗　總統水軍　今　道宗別有任使　仍先令光祿大夫刑部尚書張亮　總統舟艫　又令特進太子詹事英國公李勣　亦爲大總管　董率士馬　並水陸俱進　直詣賊庭　計四月上旬之內　當入高麗之境　若同惡相濟　敢拒王師　便肆軍威　俾無遺類　王與高麗　怨隙既重　所部之兵　想裝速久　辦宜與左驍衛長史任義方相知　早令募集應行兵馬　宜受張亮等處分　朕仍令行軍總管守右驍衛將軍東平郡開國公程名振等　爲張亮前軍
幷遣朝散大夫莊元表　副使右衛勳衛旅帥段智君等　使往彼國　元表等至日　王卽宜遣使到亮等軍所　共爲期會　仍須遣使　速來奏 (…) 朕卽以今月十二日　發洛陽至幽州　便當東巡遼左　觀省風俗　親問疾苦　戮渠魁之多罪　解黎庶之倒懸　被以朝恩　播茲愷澤　當令三韓之使人　五郡士庶　永息風塵之警　長保丘山之安　王早著廼誠　每盡藩禮　干戈所臨　爲王除害　忻悅之情　固當何已　所遣之兵　宜簡精銳　破賊之日　若能立功　具錄聞奏　當加褒獎 (…) 自外並元表所具　幷寄王信物如別 (『文館詞林』664「貞觀年中撫慰新羅王詔」)204)

고구려　春正月　韋挺坐不先行視漕渠　運米六百餘艘至盧思臺側205)　淺塞不能進206)　械送洛陽丁酉　除名　以將作少監李道裕代之　崔仁師亦坐免官 (『資治通鑑』197 唐紀 13 太宗中之下)

고구려　(貞觀)十九年　將有事於遼東　擇人運糧　周又奏挺才堪粗使　太宗從之　挺以父在隋爲營州總管　有經略高麗遺文　因此奏之　太宗甚悅　謂挺曰　幽州以北　遼水二千餘里　遼水二千餘里　無州縣　軍行資糧無所取給　卿宜爲此使　但得軍用不乏　功不細矣　以人部侍郎崔仁師爲副使　任自擇文武官四品十人爲子使　以幽易平三州驍勇二百人　官馬二百匹爲從　詔河北諸州皆取挺節度　許以便宜行事　太宗親解貂裘及中廐馬二匹賜之　挺至幽州　令燕州司馬王安德巡渠通塞　先出幽州庫物　市木造船　運米而進　自桑乾河下至盧思臺去幽州八百里　逢安德還曰　自此之外　漕渠壅塞　挺以北方寒雪　不可更進　遂下米於臺側權貯之　待開歲發春　方事轉運　度大兵至　軍糧必足　仍馳以聞　太宗不悅　詔挺曰　兵尚拙速　不貴工遲　朕欲十九年春大擧　今言二十年運漕　甚無謂也　乃遣繁時令韋懷質往挺所支度軍糧　檢覆渠水　懷質還奏曰　挺不先視漕渠　輒集工匠造船　運米卽下　至盧思臺　方知渠閉　欲進不得　還復水涸　乃便貯之　無達平夷之日　又挺在幽州　日致飲會　實乖至公　陛下明年出師　以臣度之　恐未符聖策　太宗大怒　令將作少監李道裕代之　仍令治書侍御史唐臨馳傳械挺赴洛陽　依議除名　仍令白衣散從 (『舊唐書』77 列傳 27 韋挺)207)

---

202) 이 기사에는 월일 표기가 없으나, 『冊府元龜』外臣部에 의거하여 貞觀19년(645) 1월 1일(庚午)로 편년하였다.

203) 저본에는 '聞'으로 되어 있으나, 내용상 '問'으로 수정해야 한다.

204) 이 기사에는 월일 표기가 없으나, 『冊府元龜』外臣部에 의거하여 貞觀19년(645) 1월 1일(庚午)로 편년하였다.

205) 據舊書 盧思臺去幽州八百里 此漕渠蓋卽曹操伐烏丸所開泉州渠也 上承桑乾河 行 下孟翻 艘 蘇遭翻

206) 塞 悉則翻

고구려		征遼之役 詔太常卿韋挺知海運 仁師爲副 仁師又別知河南水運 仁師以水路險遠 恐遠州所輸不時至海 遂便宜從事 遞發近海租賦以充轉輸 及韋挺以壅滯失期 除名爲民 仁師以運夫逃走不奏 坐免官 旣不得志 遂作體命賦以暢其情 辭多不載 (『舊唐書』 74 列傳 24 崔仁師)208)
고구려		帝將討遼東 擇主餉運者 周言挺才任粗使 帝謂然 挺父故爲營州總管 嘗經略高麗 故札藏家 挺上之 帝悅曰 自幽距遼二千里無州縣 吾軍靡所仰食 卿爲朕圖之 苟吾軍用不乏 是公之功 其自擇文武官四品十人爲子使 取幽易平三州銳士若馬各二百以從 卽詔河北列州皆取挺節度 許以便宜 帝親解貂裘及中廏馬賜之209) 挺遣燕州司馬王安德行渠 作漕艫轉糧 自桑乾水抵盧思臺 行八百里 渠塞不可通 挺以方苦寒 未可進 遂下米臺側 廥之 待凍泮乃運以爲解 卽上言 度王師至 食且足 帝不悅曰 兵寧拙速 無工遲 我明年師出 挺乃度它歲運 何哉 卽詔繁時令韋懷質馳按 懷質還劾 挺在幽州 日置酒 弗憂職 不前視渠長利 卽造船行粟 縣八百里 乃悟非是 欲進則不得 還且水涸 六師所須 恐不如陛下之素 帝怒 遣將作少監李道裕代之 敕治書侍御史唐臨馳傳 械挺赴洛陽 廢爲民 使白衣從 (『新唐書』 98 列傳 23 韋挺)210)
고구려		韋挺 爲太嘗211)卿 先運糧河北 旣失支度 令除名從軍 (『冊府元龜』 453 將帥部 114 怯懦 韋挺)212)
고구려		(韋挺傳) 太宗討遼東 專主餉 詔河北州皆取挺節度許以便宜 帝親解貂裘及中廏馬 賜之 (『玉海』 82 車服冕服 唐賜貂裘)213)
고구려		(列傳) (…) 韋挺 太宗伐遼東 親解貂裘及中廏馬以賜 (『玉海』 82 器用賜予器物 唐賜良馬)214)
신라	백제	(春正月) 庾信自伐百濟還 未見王 百濟大軍復來寇邊 王命庾信 遂不至家 往伐破之 斬首二千級 (『三國史記』 5 新羅本紀 5 善德王)
신라	백제	乙丑215)正月 歸未見王 封人急報百濟大軍來攻我買利浦城 王又拜庾信爲上州將軍 令拒之 庾信聞命卽駕 不見妻子 逆擊百濟軍走之 斬首二千級 (『三國史記』 41 列傳 1 金庾信 上)
신라	백제	(春正月) 金庾信自伐百濟還 未見王 封人急報 百濟大軍來攻我買利浦城 王又拜庾信爲上州將軍 令拒之 庾信聞命 不見妻子而行 逆擊百濟軍走之 斬首二千級216) 還詣王宮 未及歸家 又急告 百濟兵出屯國界 將大擧來侵 王謂庾信曰 國之存亡 繫公一身 不可不煩 公再往 庾信遂行 衆曰 大將軍尙如此 況我輩乎 百濟軍望之 不敢迫乃退 (『三國史節要』 8)
고구려		春正月 李世勣軍至幽州 (『三國史記』 21 高句麗本紀 9 寶臧王 上)217)
고구려		春正月 唐李世勣軍至幽州 (『三國史節要』 8)
고구려		(貞觀)十九年正月 上征遼 (『唐會要』 27 行幸)

---

207) 이 기사에는 월일 표기가 없으나, 『資治通鑑』에 의거하여 1월28일(丁酉)로 편년하였다.
208) 이 기사에는 연대 표기가 없으나, 『資治通鑑』에 의거하여 貞觀19년(645) 1월28일(丁酉)로 편년하였다.
209) 이 앞부분은 『冊府元龜』 邦計部에 貞觀17년(643)의 일로 되어 있다.
210) 이 기사에는 연대 표기가 없으나, 『資治通鑑』에 의거하여 貞觀19년(645) 1월28일(丁酉)로 편년하였다.
211) 저본에는 '嘗'으로 되어 있으나, 『舊唐書』 崔仁師傳에 의거하여 '常'으로 수정해야 한다.
212) 이 기사에는 연대 표기가 없으나, 『資治通鑑』에 의거하여 貞觀19년(645) 1월28일(丁酉)로 편년하였다.
213) 이 기사에는 연대 표기가 없으나, 『資治通鑑』에 의거하여 貞觀19년(645) 1월28일(丁酉)로 편년하였다.
214) 이 기사에는 연대 표기가 없으나, 『資治通鑑』에 의거하여 貞觀19년(645) 1월28일(丁酉)로 편년하였다.
215) 저본에는 '乙丑'으로 되어 있으나, '乙巳'로 수정해야 한다.
216) 이 뒷부분은 『三國史記』 新羅本紀 및 金庾信傳에는 3월로 되어 있다.
217) 『資治通鑑』에는 2월로 되어 있다.

고구려	(貞觀十九年二月己亥) 時帝將征遼 法師請於嵩之少林翻譯 太宗曰 師西去後 騰爲穆 太后 於西京造弘福寺 寺有禪院 可就翻譯 (「三藏法師 塔銘」:『全唐文新編』 742)
고구려	二月庚戌 如洛陽宮 以伐高麗 (『新唐書』 2 本紀 2 太宗)
고구려	(紀) (正觀)十九年二月庚戌 如洛陽宮 以伐高麗[初太宗爲秦王 建德世充平 置酒大會 洛陽宮 論郭孝恪之功 又召張儉 見洛陽宮 論遼西山小險易 見各傳] (『玉海』 157 宮 室宮 1 唐洛陽宮)
고구려	(太宗紀) (正[218]觀)十九年二月庚戌 如洛陽宮 以伐高麗 (『玉海』 194 兵捷紀功碑銘附 唐駐蹕山紀功破陣圖漢武臺紀功)
고구려	(太宗紀) 正[219]觀十九年 自洛陽宮伐高麗 (『玉海』 162 宮室臺 唐紀功漢武臺)[220]
고구려	太宗之伐遼東也 以洛邑衝要 襟帶關河 以瑀爲洛陽宮守 (『舊唐書』 63 列傳 13 蕭 瑀)[221]
고구려	帝將伐高麗 燕洛陽城門 觀屯營敎舞 按新征用武之勢 名曰一戎大定樂[222] 舞者百四 十人 被五采甲 持槊而舞 歌者和之曰 八紘同軌樂 象高麗平而天下大定也 (『新唐書』 21 志 11 禮樂 11)[223]
고구려	貞觀十六年十二月 宴百寮 奏十部樂 (…) 其後 分爲立坐二部 立部伎有八部 一安樂 (…) 五大定樂 亦謂之八紘同軌樂 太宗平遼時作也 (『唐會要』 33 讌樂)[224]
고구려	(會要) 燕樂門大定樂 亦謂之八紘同軌樂 太宗平遼時作也[225] (『玉海』 105 音樂 樂 3 唐寶應長寧樂 廣平太一樂 八紘同軌樂)[226]
고구려	(貞觀)十九年 命刑部尙書張亮爲平壤道行軍大總管 領將軍常何等率江淮嶺硤勁卒四萬 戰船五百艘 自萊州汎海趨平壤 又以特進英國公李勣爲遼東道行軍大總管 禮部尙書江 夏王道宗爲副 領將軍張士貴等率步騎六萬 趨遼東 兩軍合勢 太宗親御六軍以會之 (『 舊唐書』 199上 列傳 149上 高麗)[227]
고구려	(貞觀)十九年 命刑部尙書張亮爲平壤道行軍大摠管 領將嘗[228]何等率江淮嶺硤勁卒四 方 戰船五百艘 自萊州汎海趨平壤 又以特進英國公李勣爲遼東道行軍大摠管 禮部尙 書江夏王道宗爲副 領將軍張仕貴等率步騎六萬 趨遼東 兩軍合勢 太宗親御六軍以會 之 (『冊府元龜』 135 帝王部 135 好邊功)[229]
고구려	(貞觀)十九年 太宗親征高麗 授勣遼東道行軍大總管 (『冊府元龜』 357 將帥部 18 立

---

218) 저본에는 '正'으로 되어 있으나, 이 시기의 연호는 '貞觀'이므로 '貞'으로 수정해야 한다.
219) 저본에는 '正'으로 되어 있으나, 이 시기의 연호는 '貞觀'이므로 '貞'으로 수정해야 한다.
220) 이 기사에는 월일 표기가 없으나, 『舊唐書』 本紀 등에 의거하여 2월12일(庚戌)로 편년하였다.
221) 이 기사에는 연대 표기가 없으나, 『資治通鑑』 197 唐紀 13 太宗 中之下 "(二月)庚戌 上自將諸軍 發洛 陽 以特進蕭瑀爲洛陽宮留守"에 의거하여 貞觀19년(645) 2월12일(庚戌)로 편년하였다.
222) 取一戎衣天下大定之義 舞者 百四十人 被五采甲 持槊而舞 劉昫曰 大定樂出自破陣樂 自破陳舞以下 皆雷 大鼓 雜以龜玆之樂 聲振百里 動蕩山谷 大定樂加金鉦 象平遼東而邊隅大定也 杜佑曰 大定樂歌云 八紘同軌 樂
223) 이 기사에는 연대 표기가 없으나, 『舊唐書』 本紀 등에 의거하여 貞觀19년(645) 2월12일(庚戌)로 편년하 였다.
224) 이 기사에는 貞觀16년(642) 12월로 되어 있으나, 인용한 부분은 그 뒤의 일이다. 『舊唐書』 本紀 및 『新 唐書』 禮樂志 등에 의거하여 貞觀19년(645) 2월12일(庚戌)로 편년하였다.
225) 恐太宗誤
226) 이 기사에는 연대 표기가 없으나, 『舊唐書』 本紀 및 『新唐書』 禮樂志 등에 의거하여 貞觀19년(645) 2월 12일(庚戌)로 편년하였다.
227) 이 기사에는 월일 표기가 없으나, 『舊唐書』 3 本紀 3 太宗 下 "春二月庚戌 上親統六軍 發洛陽" 등에 의거하여 2월12일(庚戌)로 편년하였다.
228) 저본에는 '嘗'으로 되어 있으나, 『舊唐書』 高麗傳에 의거하여 '常'으로 수정해야 한다.
229) 이 기사에는 월일 표기가 없으나, 『舊唐書』 高麗傳에 의거하여 2월12일(庚戌)로 편년하였다.

功 10 李勣)230)

고구려 　　貞觀十九年 授東道行軍大總管 從太宗征遼 (『冊府元龜』 369 將帥部 30 攻取 2 李
　　　　　　勣)231)

고구려 　　(唐書) (貞觀)十九年 命刑部尙書張亮爲平壤道行軍大摠管 領將常何等 率江淮嶺硤勁
　　　　　　卒四萬 戰船五百艘 自萊州汎海趨平壤 又以英國公李勣爲遼東道行軍大摠管 江夏王
　　　　　　道宗爲副 率步騎六萬 趨遼東 兩軍合勢 太宗親御六軍以會之 (『太平御覽』 783 四夷
　　　　　　部 4 東夷 4 高句驪)232)

고구려 　　(貞觀)十九年 授平壤道行軍副大總管 降手勅曰 兵聞拙速 不在工遲 撫衆以恩 臨軍以
　　　　　　信 刑以威之 賞以勸之 如此卽所向無前 何敵有之 (「常子碑」:『全唐文新編』 153;『
　　　　　　全唐文補遺』 7)233)

고구려 　　(二月)乙卯 詔 朕發定州後 宜令皇太子監國 開府儀同三司致仕尉遲敬德上言 陛下親
　　　　　　征遼東 太子在定州 長安洛陽心腹空虛 恐有玄感之變 且邊隅小夷 不足以勤萬乘234)
　　　　　　願遣偏師征之 指期可殄 上不從 以敬德爲左一馬軍總管 使從行 (『資治通鑑』 197 唐
　　　　　　紀 13 太宗 中之下)235)

고구려 　　(貞觀)十九年二月 太宗親征高麗 詔曰 省方之物 旣勞於躬親 監國之重 允屬於儲貳
　　　　　　皇太子治 溫文表德 睿哲日躋 仁孝之誠 彰於溫淸 弦誦之美 著於膠庠 禮義旣茂 徽
　　　　　　猷彌遠 委以賞罰之權 任以軍國之政 詳諸前載 實惟令典 發定州巡遼左之後 宜令治
　　　　　　監國 其宗廟社稷百神 咸令主祭 軍國事務 幷取決斷 時太子太保高士廉侍中劉洎中書
　　　　　　令馬周幷留補佐 太子下令曰 仰惟聖訓 秦以周旋 虛想異人 共康神化 式遵頓纊 分驚
　　　　　　翅車 企覿英靈 欽聞政道 宜頒下州郡 妙簡賢良 其有理識淸通 執心貞固 才高位下
　　　　　　德重位輕 或孝弟力行 素行高於州里 或洪筆麗藻 美譽陳於天庭 或學術該通 博聞千
　　　　　　載 或政事明允 才爲時新 如斯之倫 並堪經務 而韜光勿用 仕進無階 委身蓬蓽 深爲
　　　　　　可歎 所在官僚 精加訪採 庶使垂綸必察 操築無遺 一善弓旌 咸宜擧送 於是 州郡所
　　　　　　擧前似至者數百人 (『冊府元龜』 250 儲宮部 4 監國)236)

고구려 　　(貞觀)十九年 太宗伐高麗 皇太子定州監國 士廉攝太子太傅 仍典朝政 (『舊唐書』 65
　　　　　　列傳 15 高士廉)237)

고구려 　　(貞觀)十九年 太宗親伐高麗 皇太子定州監國 敬宗與高士廉等共知機要 (『舊唐書』 82
　　　　　　列傳 32 許敬宗)238)

고구려 　　及太宗將征高麗 敬德奏言 車駕若自往遼左 皇太子又在定州 東西二京 府庫所在 雖
　　　　　　有鎭守 終是空虛 遼東路遙 恐有玄感之變 且邊隅小國 不足親勞萬乘 伏請委之良將
　　　　　　自可應時摧滅 太宗不納 令以本官行太常卿 爲左一馬軍總管 (『舊唐書』 68 列傳 18
　　　　　　尉遲敬德)239)

고구려 　　太宗征遼 令洎與高士廉馬周留輔皇太子定州監國 仍兼左庶子檢校民部尙書 太宗謂洎
　　　　　　曰 我今遠征 使卿輔翼太子 社稷安危之機 所寄尤重 卿宜深識我意 洎進曰 願陛下無

230) 이 기사에는 월일 표기가 없으나,『舊唐書』高麗傳에 의거하여 2월12일(庚戌)로 편년하였다.
231) 이 기사에는 월일 표기가 없으나,『舊唐書』高麗傳에 의거하여 2월12일(庚戌)로 편년하였다.
232) 이 기사에는 월일 표기가 없으나,『舊唐書』高麗傳에 의거하여 2월12일(庚戌)로 편년하였다.
233) 이 기사에는 월일 표기가 없으나,『舊唐書』高麗傳에 의거하여 2월12일(庚戌)로 편년하였다.
234) 監 工衒翻 尉 紆勿翻 上 時掌翻 乘 繩證翻
235)『太平御覽』皇王部에는 貞觀18년(644)으로 되어 있다.
236) 이 기사에는 일자 표기가 없으나,『資治通鑑』에 의거하여 2월17일(乙卯)로 편년하였다.
237) 이 기사에는 월일 표기가 없으나,『資治通鑑』에 의거하여 2월17일(乙卯)로 편년하였다.『舊唐書』3 本
　　　紀 3 太宗 下에는 "(春二月)乙卯 太子留定州監國 開府儀同三司申國公高士廉攝太子太傅"라고 되어 있다.
238) 이 기사에는 월일 표기가 없으나,『資治通鑑』에 의거하여 2월17일(乙卯)로 편년하였다.『舊唐書』3 本
　　　紀 3 太宗 下에는 "(春二月)乙卯 太子留定州監國 開府儀同三司申國公高士廉攝太子太傅"라고 되어 있다.
239) 이 기사에는 연대 표기가 없으나,『資治通鑑』에 의거하여 貞觀19년(645) 2월17일(乙卯)로 편년하였다.

憂 大臣有愆失者 臣謹卽行誅 太宗以其妄發 頗怪之 謂曰 君不密則失臣 臣不密則失身 卿性疏而太健 恐以此取敗 深宜誠愼 以保終吉 (『舊唐書』74 列傳 24 劉洎)[240]

고구려 　太宗伐遼東 皇太子定州監守 令周與高士廉劉洎留輔皇太子 (『舊唐書』74 列傳 24 馬周)[241]

고구려 　太宗東征 皇太子於定州監國 卽行成本邑也 太子謂行成曰 今者送公衣錦還鄉 於是令有司祀其先人墓 行成因薦鄉人魏唐卿崔寶權馬龍駒張君劫等 皆以學行著聞 太子召見 以其老不任職 皆厚賜而遣之 太子又使行成詣行在所 太宗見之甚悅 賜馬二匹縑三百匹 (『舊唐書』78 列傳 28 張行成)[242]

고구려 　帝伐高麗 皇太子監國駐定州 又攝太傅 同掌機務 太子令曰 寡人資公訓道 而比聽政 據桉對公 情所未安 所司宜別設桉奉太傅 士廉固辭 (『新唐書』95 列傳 20 高儉)[243]

고구려 　及征遼東 詔兼太子左庶子檢校民部尙書 輔皇太子監國 帝曰 以卿輔太子 社稷安危在焉 宜識朕意 洎曰 願無憂 卽大臣有罪 臣謹按法誅之 帝怪其語謬 戒曰 君不密則失臣 臣不密則失身 卿性疏而果 恐以此敗 洎與褚遂良不相中 (『新唐書』99 列傳 24 劉洎)[244]

고구려 　高麗之役 太子監國定州 敬宗與高士廉典機劇 (『新唐書』223上 列傳 148上 姦臣 上 許敬宗)[245]

고구려 예맥 　朕以寡薄 君臨區夏 奉神祇之永命 當億兆之重責 宵衣旰食 憂六宮之未安 寒心銷志 懼一物之失所 濊貊僻遠 豺狼縱毒 元兇尙稽乎天罰 遺黎久陷於坑穽 朕是以發自瀍澗 言巡遼碣 命元戎以先驅 播凱澤於遐裔 省方之務 旣勞於躬親 監國之重 允屬於儲貳 皇太子治 溫文表德 睿哲日躋 仁孝之誠 彰於溫凊 絃誦之美 著於膠庠 禮義旣茂 徽猷彌遠 委以賞罰之權 任以軍國之政 詳諸前載 實惟令典 發定州巡遼左之後 宜令太子治監國 其宗廟社稷百神 咸令主祭 軍國事務 竝取決斷 (『全唐文』7 太宗皇帝 命皇太子監國詔)[246]

고구려 　太宗征遼 兼太子左庶子檢校民部尙書 留輔太子監國 (『全唐文』151 劉洎 序)[247]

고구려 　太宗征高麗 詔以本官行太常卿爲左一馬軍總管 (『全唐文』153 尉遲敬德 序)[248]

고구려 　車駕若自往遼左 皇太子又監國定州 東西二京 府庫所在 雖有鎭守 終自空虛 遼東路遙 空有元感之變 且邊隅小國 不足親勞萬乘 若剋勝 不足爲武 儻或不勝 恐爲所笑 伏請委之良將 自可應時摧滅 (『全唐文』153 尉遲敬德 諫親征高麗疏)[249]

---

240) 이 기사에는 월일 표기가 없으나, 『資治通鑑』에 의거하여 2월17일(乙卯)로 편년하였다. 『舊唐書』3 本紀 3 太宗 下에는 "(春二月)乙卯 太子留定州監國 開府儀同三司申國公高士廉攝太子太傅 與侍中劉洎中書令馬周太子少詹事張行成太子右庶子高季輔五人同掌機務"라고 되어 있다.
241) 이 기사에는 월일 표기가 없으나, 『資治通鑑』에 의거하여 2월17일(乙卯)로 편년하였다. 『舊唐書』3 本紀 3 太宗 下에는 "(春二月)乙卯 太子留定州監國 開府儀同三司申國公高士廉攝太子太傅 與侍中劉洎中書令馬周太子少詹事張行成太子右庶子高季輔五人同掌機務"라고 되어 있다.
242) 이 기사에는 월일 표기가 없으나, 『資治通鑑』에 의거하여 2월17일(乙卯)로 편년하였다. 『舊唐書』3 本紀 3 太宗 下에는 "(春二月)乙卯 太子留定州監國 開府儀同三司申國公高士廉攝太子太傅 與侍中劉洎中書令馬周太子少詹事張行成太子右庶子高季輔五人同掌機務"라고 되어 있다.
243) 이 기사에는 월일 표기가 없으나, 『資治通鑑』에 의거하여 2월17일(乙卯)로 편년하였다. 『舊唐書』3 本紀 3 太宗 下에는 "(春二月)乙卯 太子留定州監國 開府儀同三司申國公高士廉攝太子太傅"라고 되어 있다.
244) 이 기사에는 월일 표기가 없으나, 『資治通鑑』 및 『舊唐書』 劉洎傳에 의거하여 2월17일(乙卯)로 편년하였다.
245) 이 기사에는 월일 표기가 없으나, 『資治通鑑』에 의거하여 2월17일(乙卯)로 편년하였다. 『舊唐書』3 本紀 3 太宗 下에는 "(春二月)乙卯 太子留定州監國 開府儀同三司申國公高士廉攝太子太傅"라고 되어 있다.
246) 이 기사에는 연대 표기가 없으나, 『資治通鑑』에 의거하여 貞觀19년(645) 2월17일(乙卯)로 편년하였다.
247) 이 기사에는 월일 표기가 없으나, 『資治通鑑』 및 『舊唐書』 劉洎傳에 의거하여 2월17일(乙卯)로 편년하였다.
248) 이 기사에는 연대 표기가 없으나, 『資治通鑑』 및 『舊唐書』 尉遲敬德傳에 의거하여 貞觀19년(645) 2월17일(乙卯)로 편년하였다.
249) 이 기사에는 연대 표기가 없으나, 『資治通鑑』 및 『舊唐書』 尉遲敬德傳에 의거하여 貞觀19년(645) 2월17일(乙卯)로 편년하였다.

고구려	屬辰韓負險 獨陰聲敎 憑丸都而擧斧 恃浿水而含沙 太宗爰命六軍 親紆萬乘 觀兵玄菟 問罪白狼 乃授公左一馬軍大總管 (「尉遲融 墓誌銘」:『全唐文新編』992;『全唐文補遺』2;『唐代墓誌滙篇』)[250]
고구려	駕幸遼陽 攝太子太傅公於今上 親居△△外 備尊師之道 (「高儉 塋兆記」:『全唐文新編』152)[251]
고구려	(貞觀十九年二月)丁巳 詔曰 昔望諸列國之相 漢主尙求其後 夷吾 覇者之臣 魏君猶禮其墓 況正直之道 邁靑松而孤絶 忠勇之操 掩白玉而振彩者哉 殷故少師比干 貞一表德 鄰幾成性 以明允之量 屬無妄之辰 玉馬遽馳 愍其邦之殄悴 寶衣將燎 惜其君之覆亡 其義不回 懷忠蹈節 讜言纔發 輕百齡之命 淫刑旣逞 碎七尺之軀 雖復周王封墓 莫救焚圍之禍 孔聖稱仁 寧追剖心之痛 朕自趙魏 問罪遼碣 經途秀麥之墟 緬懷梓林之地 駐蹕而瞻荒隴 願以爲臣 撫躬而想幽泉 思聞其諫 豈可使愼終之義 久闕於往冊 易名之典 無聞於後代 宜錫寵命 以展宿心 可追贈太師 諡曰忠烈 所司崇其墓而葺祠堂 州縣春秋二時 祀以少牢 給隨近五戶 以供灑掃 帝自爲祭文 (『冊府元龜』138 帝王部 138 旌表 2)
고구려	貞觀十九年 東征島夷 師次殷墟 乃下詔追贈殷少師比干爲太師 諡曰忠烈公 遣大臣持節弔贈 申命郡縣 封墓葺祠 置守塚五家 以少牢時享 著於令甲 刻於金石 故比干之忠 益彰 臣子得以述其志也 (「殷太師比干碑」:『全唐文新編』431)[252]
고구려	昔望諸列國之相 漢主尙求其後 夷吾 覇者之臣 魏君猶禮其墓 況乎正直之道 邁靑松而孤絶 忠勇之操 掩白玉而振彩者哉 殷故少師比干 貞一表德 臣鄰成性 以明允之量 屬無妄之辰 玉馬遽馳 愍其邦之殄悴 寶衣將燎 惜其君之覆亡 見義不回 懷忠蹈節 讜言纔發 輕百齡之命 淫刑旣逞 碎七尺之軀 雖復周王封墓 莫救焚原之禍 孔聖稱仁 寧追剖心之痛 固已寃深終古 悼結彼蒼 朕觀風趙北 問罪遼東 經途秀麥之墟 緬懷梓林之地 駐蹕而瞻荒隴 願以爲臣 撫躬而想幽泉 思聞其諫 豈可使盡忠之義 久闕於往冊 揚名之典 無聞於後代 宜錫寵命 以展夙心 可追贈太師 諡曰忠烈公 仍遣三品持節祭告 四品爲副 封崇其墓 修葺祠堂 州縣春秋二時 祀以少牢 給隨近五戶 以供祭享及灑掃 (『全唐文』7 太宗皇帝 追贈殷太師比干諡詔)[253]
고구려	(貞觀)十九年二月 帝自洛陽次定州 謂左右曰 今天下大定 唯遼東未賓 後嗣因士馬盛彊 謀臣導以征討 喪亂方始 朕故自取之 不遺後世憂也 帝坐城門 過兵 人人撫慰 疾病者親視之 敕州縣治療 士大悅 長孫无忌白奏 天下符瑞悉從 而宮官止十人 天下以爲輕神器 帝曰 士度遼十萬 皆去家室 朕以十人從 尙恧其多 公止勿言 帝身屬囊房 結兩籤於鞍 (『新唐書』220 列傳 145 東夷 高麗)[254]
고구려	(高麗傳) (正[255]觀)十九年二月 帝自洛陽次定州 謂左右曰 今天下大定 唯遼東未賓 後嗣因士馬盛强 謀臣導以征討 喪亂方始 朕故自取之 不遺後世憂也[三月丁丑(9) 幸定州 壬辰(24) 發定州 佩弓矢 手結雨衣於御鞍] (『玉海』194 兵捷紀功碑銘附 唐駐蹕山紀功破陣圖漢武臺紀功)

---

250) 이 기사에는 연대 표기가 없으나,『資治通鑑』및『舊唐書』尉遲敬德傳에 의거하여 貞觀19년(645) 2월 17일(乙卯)로 편년하였다.
251) 이 기사에는 연대 표기가 없으나,『資治通鑑』및『新唐書』高儉傳에 의거하여 貞觀19년(645) 2월17일 (乙卯)로 편년하였다.
252) 이 기사에는 월일 표기가 없으나,『冊府元龜』에 의거하여 2월19일(丁巳)로 편년하였다.
253) 이 기사에는 연대 표기가 없으나,『冊府元龜』에 의거하여 貞觀19년(645) 2월19일(丁巳)로 편년하였다.
254)『資治通鑑』에는 3월19일(丁亥),『三國史記』高句麗本紀,『三國史節要』에는 3월의 일로 되어 있다.
255) 저본에는 '正'으로 되어 있으나, 이 시기의 연호는 '貞觀'이므로 '貞'으로 수정해야 한다.

고구려	(二月)是月 李世勣軍至幽州[256] (『資治通鑑』197 唐紀 13 太宗 中之下)[257]
고구려	(貞觀)十九年 帝征遼 二月 李勣所領之衆頓於幽州 詔遣通事舍人盧師讓 齎璽書詣軍中勞勉之 將士咸悅 (『冊府元龜』136 帝王部 136 慰勞)
고구려	(貞觀)十九年二月 征遼 所經州縣高年及鰥寡孤獨篤疾 賜粟帛各有差 (『冊府元龜』80 帝王部 80 慶賜 2)
고구려	(高麗傳) (正[258]觀)十九年二月 帝自洛陽次定州 (…) 朕故自取之 不遺後世憂也[三月丁丑 幸定州 (…)] (『玉海』194 兵捷紀功碑銘附 唐駐蹕山紀功破陣圖漢武臺紀功)
고구려	(貞觀十九年)三月丁丑 幸定州[259] 太宗謂侍臣曰 遼東舊中國之有 自魏涉周 置之度外 隋氏出師者四 喪律而還 殺中國良善 不可勝數 今彼弒其主 恃險驕盈 朕長夜思之而輟寢 將爲中國復子弟之讎 爲高麗討弒君之賊 今九瀛大定 唯此一隅 用將士之餘力 平蕩妖寇耳 然恐於後子孫 或因士馬强盛 必有奇決之士 勸其伐遼 興師遐征 或起喪亂 及朕未老 欲自取之 亦不遺後人也 所以發自雒陽 唯噉肉飯 春蔬不進 慮有勞煩 庶同艱苦 一勞永逸 是後將士每到者 遣於定州北門過 太宗御城門樓撫慰之 皆踴躍歌呼 其人心齊一 自古出師命將 未之有也 (『冊府元龜』117 帝王部 117 親征 2)
고구려	(貞觀)十九年三月 征遼 興駕在定州 將士每到者 遣於定州北門過 太宗御城樓撫慰之 明告賞罰 優勞甚至 悉踊躍歌呼 足蹈手舞 有從卒一人病不能進 太宗召至御林 親加撫慰 付州縣廩療之 是以將士莫不欣然願從其役 有不預征名而請以私裝從軍者 動以千計 皆云 不願受國家官賞 乞於高麗城下 效一旦之命 詔皆不許 其人心齊一 自古出師命將 未之有也 (『冊府元龜』135 帝王部 135 愍征役)[260]
고구려	大唐貞觀中 太宗親征高麗 駕次定州 兵士到者 幸定州城北門 親慰撫之 有從卒一人病不能起 太宗招至牀前 問其所苦 仍勅州縣厚加供給 凡在征人欣然 縱有病者 悅以忘疲 (『通典』152 兵 5 撫士)[261]
고구려	(唐書) 又曰 貞觀中 太宗親征高麗 駕次定州 兵士到者 幸定州城北門 親慰撫之 有從卒一人 病不能起 太宗招至牀前 問其疾苦 仍勅州縣厚加供給 凡在征人欣然 縱有病者 悅以忘疾 (『太平御覽』280 兵部 11 撫士 上)[262]
고구려	如此及鳥夷逆命 鳳蓋東征 行至定州 卽公之本邑 公自以莫府寮 舊顧盼隆重 及獻食上壽 幷進女樂 (「許洛仁碑」:『全唐文新編』991;『昭陵碑錄』中)[263]
고구려	(三月)丁亥 上謂侍臣曰 遼東本中國之地 隋氏四出師而不能得[264] 朕今東征 欲爲中國報子弟之讎[265] 高麗雪君父之恥耳[266] 且方隅大定 惟此未平 故及朕之未老 用士大夫

---

256) 洛陽至幽州一千六百里

257) 『三國史記』,『三國史節要』에는 1월로 되어 있다.

258) 저본에는 '正'으로 되어 있으나, 이 시기의 연호는 '貞觀'이므로 '貞'으로 수정해야 한다.

259) 이 뒷부분은『資治通鑑』에 3월19일(丁亥)로 되어 있다.

260) 이 기사에는 일자 표기가 없으나,『玉海』에 의거하여 3월 9일(丁丑)로 편년하였다.『玉海』28 聖文御集 唐太宗御製의 "(唐太宗貞觀十九年)三月丁丑(9) 幸定州 經北嶽自爲祭文"이라고 되어 있다.

261) 이 기사에는 연대 표기가 없으나,『玉海』에 의거하여 貞觀19년(645) 3월 9일(丁丑)로 편년하였다.『玉海』28 聖文御集 唐太宗御製의 "(唐太宗貞觀十九年)三月丁丑(9) 幸定州 經北嶽自爲祭文"이라고 되어 있다.

262) 이 기사에는 연대 표기가 없으나,『玉海』에 의거하여 貞觀19년(645) 3월 9일(丁丑)로 편년하였다.『玉海』28 聖文御集 唐太宗御製의 "(唐太宗貞觀十九年)三月丁丑(9) 幸定州 經北嶽自爲祭文"이라고 되어 있다. 다만 이 기사에서『唐書』를 인용하고 있으나『新唐書』는『太平御覽』보다 나중에 편찬되었고,『舊唐書』에는 해당하는 기사가 없다. 인용한 부분은『通典』의 내용과 똑같기 때문에『唐實錄』이나『舊唐書』와는 다른 종류의『唐書』등 唐代에 편찬되어 현재 전하지 않는 역사서로 추정된다.

263) 이 기사에는 연대 표기가 없으나,『玉海』에 의거하여 貞觀19년(645) 3월 9일(丁丑)로 편년하였다.『玉海』28 聖文御集 唐太宗御製의 "(唐太宗貞觀十九年)三月丁丑(9) 幸定州 經北嶽自爲祭文"이라고 되어 있다.

264) 隋文帝開皇十八年 伐高麗 煬帝大業八年九年十年 三伐高麗

	餘力以取之 朕自發洛陽 唯噉肉飯[267] 雖春蔬亦不之進 懼其煩擾故也 上見病卒 召至御榻前存慰 付州縣療之 士卒莫不感悅 有不預征名[268] 自願以私裝從軍 動以千計 皆曰 不求縣官勳賞 惟願效死遼東 上不許 (『資治通鑑』197 唐紀 13 太宗 中之下)[269]
고구려	三月 帝至定州 謂侍臣曰 遼東本中國之地 隋氏四出師 而不能得 朕今東征 欲爲中國報子弟之讎 高句麗雪君父之恥耳 且方隅大定 唯此未平 故及朕之未老 用士大夫餘力以取之[270] 帝發定州 親佩弓矢 手結雨衣於鞍後 李世勣軍發柳城 多張形勢 若出懷遠鎭者 而潛師北趣甬道 出我不意 (『三國史記』21 高句麗本紀 9 寶臧王 上)[271]
고구려	三月 帝至定州 謂侍臣曰 遼東本中國之地 隋氏四出師 而不能得 朕今東征 欲爲中國報子弟之讎 高句麗雪君父之恥耳 且方隅大定 唯此未平 故及朕之未老 用士大夫餘力以取之[272] 帝發定州 親佩弓矢 手結雨衣於鞍後 李世勣軍發柳城 多張形勢 若出懷遠鎭者 而潛師北趣甬道 出高句麗不意 (『三國史節要』8)[273]
고구려	三月壬辰 上發定州 以司徒太子太師兼檢校侍中趙國公長孫無忌 中書令岑文本楊師道從 (『舊唐書』3 本紀 3 太宗 下)
고구려	(三月)壬辰 車駕發定州 親佩弓矢 手結雨衣於鞍後 命長孫無忌攝侍中 楊師道攝中書令 李世勣軍發柳城[274] 多張形勢 若出懷遠鎭者[275] 而潛師北趣甬道 出高麗不意 (『資治通鑑』197 唐紀 13 太宗 中之下)
고구려	(貞觀十九年三月)壬辰 車駕發定州 親佩弓矢 手結雨衣於御鞍 後詔司徒長孫無忌攝侍中 吏部尙書楊師道攝中書令 太宗夙綜師旅 躬善兵筭 此行也 攻擊之勢 軍將咸稟成規 至於應變乘機 長孫無忌頗預謀畧 時李勣發陽城 多張形勢 若從懷遠之路 潛引師北趣燕之甬道而進 以高麗不意焉 (『册府元龜』117 帝王部 117 親征 2)
고구려	(唐書曰)(貞觀十九年)三月壬辰 上發定州 以司徒長孫無忌中書令岑文本楊師道從 (『太平御覽』109 皇王部 34 唐太宗文皇帝)
고구려	(高麗傳) (正[276]觀)十九年二月 帝自洛陽次定州 (…) 朕故自取之 不遺後世憂也[三月 (…) 壬辰 發定州 佩弓矢 手結雨衣於御鞍] (『玉海』194 兵捷紀功碑銘附 唐駐蹕山紀功破陣圖漢武臺紀功)
고구려	(貞觀)十九年 太宗征高麗 令無忌攝侍中 (『舊唐書』65 列傳 15 長孫無忌)[277]
고구려	未幾 從征高麗 攝中書令 (『舊唐書』62 列傳 12 楊師道)[278]
고구려	從征高麗 攝中書令 (『新唐書』100 列傳 25 楊師道)[279]
고구려	踰年爲令 從伐遼東 事一委倚 至糧漕最目甲兵凡要料配差序 籌不廢手 由是神用頓耗 容止不常 帝憂曰 文本今與我同行 恐不與同返矣 (『新唐書』102 列傳 27 岑文本)[280]

265) 言中國之人 其父兄死於高麗 今伐之 是爲其子弟報父兄之讎 爲 于僞翻

266) 言蓋蘇文弑其主 而其臣子不能討 恥莫大焉 今討其罪 是爲高麗雪恥

267) 噉 徒濫翻 又徒覽翻

268) 謂不預東征之名籍者

269) 『新唐書』高麗傳에는 2月의 일로 되어 있다.

270) 이 뒷부분은 『舊唐書』本紀 등에 3月24日(壬辰)로 되어 있다.

271) 이 기사에는 일자 표기가 없으나, 『資治通鑑』에 의거하여 3月19日(丁亥)로 편년하였다.

272) 이 뒷부분은 『舊唐書』本紀 등에 3月24日(壬辰)로 되어 있다.

273) 이 기사에는 일자 표기가 없으나, 『資治通鑑』에 의거하여 3月19日(丁亥)로 편년하였다.

274) 柳城縣 營州治所

275) 營州有懷遠守捉城

276) 저본에는 '正'으로 되어 있으나, 이 시기의 연호는 '貞觀'이므로 '貞'으로 수정해야 한다.

277) 이 기사에는 월일 표기가 없으나, 『舊唐書』本紀 등에 의거하여 3月24日(壬辰)로 편년하였다.

278) 이 기사에는 연대 표기가 없으나, 『舊唐書』本紀 등에 의거하여 貞觀19년(645) 3月24日(壬辰)로 편년하였다.

279) 이 기사에는 연대 표기가 없으나, 『舊唐書』本紀 등에 의거하여 貞觀19년(645) 3月24日(壬辰)로 편년하였다.

280) 이 기사에는 연대 표기가 없으나, 『舊唐書』本紀 등에 의거하여 貞觀19년(645) 3月24日(壬辰)로 편년하

고구려	帝征高麗 詔攝侍中 (『新唐書』 105 列傳 30 長孫無忌)281)
고구려	拜中書令 從太宗伐遼 (『全唐文』 150 岑文本 序)282)

신라 백제	三月 還命△於王 未得歸家 又急報百濟復來侵 王以事急 乃曰 國之存亡繫公一身 庶不憚勞 往其圖之 庾信又不歸家 晝夜鍊兵 西行道過宅門 一家男女瞻望涕泣 公不顧而歸 (『三國史記』 5 新羅本紀 5 善德王)
신라 백제	(乙巳)三月 還命王宮 未歸家 又急告百濟兵出屯于其國界 將大擧兵侵我 王復告庾信曰 請公不憚勞遄行 及其未至 備之 庾信又不入家 練軍繕兵向西行 于時 其家人皆出門外待來 庾信過門 不顧而行 至五十步許駐馬 令取漿水於宅 啜之曰 吾家之水尚有舊味 於是軍衆皆云 大將軍猶如此 我輩豈以離別骨肉爲恨乎 及至疆場 百濟人望我兵衛 不敢迫乃退 大王聞之甚喜 加爵賞 (『三國史記』 41 列傳 1 金庾信 上)

신라	三月 創造皇龍寺塔 從慈藏之請也 (『三國史記』 5 新羅本紀 5 善德王)

고구려	夏四月戊戌朔 世勣自通定濟遼水283) 至玄菟284) 高麗大駭 城邑皆閉門自守 (『資治通鑑』 197 唐紀 13 太宗 中之下)
고구려	(貞觀十九年)四月戊戌朔 李勣師自通定濟遼水 至玄菟 所經烽戍皆下之 高麗大駭 城邑各閉門不敢出 (『冊府元龜』 117 帝王部 117 親征 2)
고구려	(高麗傳) (正285)觀十九年)四月[戊戌朔] 李勣濟遼水 高麗皆嬰守 (『玉海』 194 兵捷紀功碑銘附 唐駐蹕山紀功破陣圖漢武臺紀功)
고구려	(貞觀十九年)夏四月 李勣軍渡遼 (『舊唐書』 199上 列傳 149上 高麗)286)
고구려	(貞觀十九年)四月 勣濟遼水 高麗皆嬰城守 (『新唐書』 220 列傳 145 東夷 高麗)287)
고구려	(唐書) (貞觀十九年)夏四月 李勣軍渡遼 (『太平御覽』 783 四夷部 4 東夷 4 高句驪)288)
고구려	及大軍討高麗 令道宗與李勣爲前鋒 濟遼水 (『舊唐書』 60 列傳 10 宗室 江夏王道宗)289)

고구려	夏四月戊戌朔 高麗學問僧等言 同學鞍作得志 以虎爲友 學取其術 或使枯山變爲靑山 或使黃地變爲白水 種種奇術 不可彈究 又虎授其針曰 愼矣愼矣 勿令人知 以此治之 病無不愈 果如所言 治無不差 得志 恒以其針隱置柱中 於後 虎折其柱 取針走去 高麗國 知得志欲歸之意 與毒殺之 (『日本書紀』 24 皇極紀)

고구려	(夏四月)壬寅 遼東道副大總管江夏王道宗將兵數千 至新城290) 折衝都尉曹三良引十餘

였다.

281) 이 기사에는 연대 표기가 없으나, 『舊唐書』 本紀 등에 의거하여 貞觀19년(645) 3월24일(壬辰)로 편년하였다.

282) 이 기사에는 연대 표기가 없으나, 『舊唐書』 本紀 등에 의거하여 貞觀19년(645) 3월24일(壬辰)로 편년하였다.

283) 通定鎮在遼水西 隋大業八年 伐遼所置 甬道 隋起浮橋渡遼水所築 趣 七喩翻 甬 余隴翻

284) 陳壽曰 漢武帝開玄菟郡 治沃沮 後爲夷貊所侵 徙郡句驪縣 西北有遼山 遼水所出

285) 저본에는 '正'으로 되어 있으나, 이 시기의 연호는 '貞觀'이므로 '貞'으로 수정해야 한다.

286) 이 기사에는 일자 표기가 없으나, 『資治通鑑』 등에 의거하여 4월 1일(戊戌)로 편년하였다.

287) 이 기사에는 일자 표기가 없으나, 『資治通鑑』 등에 의거하여 4월 1일(戊戌)로 편년하였다.

288) 이 기사에는 일자 표기가 없으나, 『資治通鑑』 등에 의거하여 4월 1일(戊戌)로 편년하였다.

289) 이 기사에는 연대 표기가 없으나, 『資治通鑑』 등에 의거하여 貞觀19년(645) 4월 1일(戊戌)로 편년하였다.

290) 夏 戶雅翻 將 卽亮翻 下同 考異曰 唐曆 張儉懼敵 不敢深入 江夏王道宗固請將百騎覘賊 帝許之 因問往返幾日 對曰 往十日 周覽十日 返十日 總經一月 望謁陛下 遂秣馬束兵 經歷險阻 直登遼東城南 觀其地形險

騎 直壓城門 城中驚擾 無敢出者291) 營州都督張儉將胡兵爲前鋒 進渡遼水 趨建安城292) 破高麗兵 斬首數千級 (『資治通鑑』197 唐紀 13 太宗 中之下)

고구려　(貞觀十九年四月)壬寅 江夏王道宗率衆數千 至新城 折衝都尉曹三良率十餘騎 直壓其門下 城中驚擾 無敢出者 (『冊府元龜』117 帝王部 117 親征 2)

고구려　夏四月 世勣自通定濟遼水 至玄菟 我城邑大駭 皆閉門自守293) 副大摠管江夏王道宗將兵數千 至新城 折衝都尉曹三良引十餘騎 直壓城門 城中驚擾 無敢出者 營州都督張儉 將胡兵爲前鋒 進度遼水 趨建安城 破我兵 殺數千人 (『三國史記』21 高句麗本紀 9 寶臧王 上)294)

고구려　夏四月 世勣自通定濟遼水 至玄菟 高句麗城邑大駭 皆閉門自守295) 副大摠管江夏王道宗將兵數千 至新城 折衝都尉曹三良引十餘騎 直壓城門 城中驚懼 無敢出者 營州都督張儉 將胡兵爲前鋒 進度遼水 趨建安城 破高句麗兵數千人 (『三國史節要』8)296)

고구려　時有獲高麗候者 稱莫離支將至遼東 詔儉率兵自新城路邀擊之 莫離支竟不敢出 儉因進兵渡遼 趨建安城 賊徒大潰 斬首數千級 以功累封皖城郡公 賞賜甚厚 (『舊唐書』83 列傳 33 張儉)297)

고구려　帝將討高麗 先遣營州都督張儉 輕騎度遼規形勢 儉畏 不敢深入 道宗請以百騎往 帝許之 約其還曰 臣請二十日行 留十日覽觀山川 得還見天子 因秣馬束兵 旁南山入賊地 相易險 度營陣便處 將還 會高麗兵斷其路 更走間道 謁帝如期 帝曰 賁育之勇何以過 賜金五十斤 絹千匹 (『新唐書』78 列傳 3 宗室 江夏郡王道宗)298)

고구려　時高麗候者言 莫離支且至 帝詔儉自新城路邀擊 虜不敢出 儉進度遼 趨建安城 破賊 斬數千級 累封皖城郡公 (『新唐書』111 列傳 36 張儉)299)

고구려　征遼東時 有獲高麗候者 稱莫離支將至遼東 詔儉率兵新城路邀 莫離支竟不敢出 儉因進兵渡遼 趨建安城 賊徒大潰 斬首數千級 以功累封皖城郡公 賞賜甚厚 (『冊府元龜』357 將帥部 18 立功 10 張儉)300)

고구려　(貞觀十九年四月)癸卯 於幽州城南 大饗六軍 太宗御次 詔長孫無忌宣旨 以誓衆曰 古先帝王 爰有征伐 堯戰丹浦 舜伐有苗 文王戡黎 成湯征葛 此四君者 豈樂櫛風沐雨 勞師疲衆 以爲不誅兇殘化不治 不翦暴亂人不安 高麗莫離支虐殺其主 盡戮大臣 自餘黎庶 怨入骨髓 此等皆力不能制 擁在寇城 想望朕師 若思膏雨 高麗滅亡徵兆 人誰不見 時不可失 天不可違 朕豈厭重帷而安暴露 薄華殿而樂風塵 且以弱年行師 頗識權變 今者士卒咸集 戈甲如山 衝棚雲梯 指影可捷 夫農夫勤春 乃始有秋 士卒先力 然後受賞 若能齊力一心 屠城陷敵 高官厚秩 朕不食言 若敢迍逃 違棄營伍 厥身從戮罪及妻孥 此皆邦國之典刑 古今之嘗事 記朕誓言 誠宜自勉 (『冊府元龜』117 帝王部

　　易 安營置陳之所 及還 賊已引兵斷其歸路 道宗擊之盡殪 斬關而出 如期謁見 帝歎曰 賁育之勇 何以過此 賜金五十斤 絹千匹 今從實錄
291) 騎 奇寄翻
292) 自遼東城西行三百里 至建安城 漢平郭縣地 趨 七喻翻
293) 이 앞부분은 『資治通鑑』등에 4월 1일(戊戌)로 되어 있다.
294) 이 기사에는 일자 표기가 없으나,『資治通鑑』등에 의거하여 4월 5일(壬寅)로 편년하였다.
295) 이 앞부분은 『資治通鑑』등에 4월 1일(戊戌)로 되어 있다.
296) 이 기사에는 일자 표기가 없으나,『資治通鑑』등에 의거하여 4월 5일(壬寅)로 편년하였다.
297) 이 기사에는 연대 표기가 없으나,『資治通鑑』등에 의거하여 貞觀19년(645) 4월 5일(壬寅)로 편년하였다.
298) 이 기사에는 연대 표기가 없으나,『資治通鑑』주에 의거하여 貞觀19년(645) 4월 5일(壬寅)로 편년하였다.
299) 이 기사에는 연대 표기가 없으나,『資治通鑑』등에 의거하여 貞觀19년(645) 4월 5일(壬寅)로 편년하였다.
300) 이 기사에는 연대 표기가 없으나,『資治通鑑』등에 의거하여 貞觀19년(645) 4월 5일(壬寅)로 편년하였다.

117 親征 2)

고구려 (高麗傳) (正[301]觀十九年四月) 帝大饗士 帳幽州之南[癸卯] 詔長孫無忌誓師 乃引而東[丁未 發幽州] (『玉海』194 兵捷紀功碑銘附 唐駐蹕山紀功破陣圖漢武臺紀功)

고구려 (貞觀十九年四月) 帝大饗士 帳幽州之南 詔長孫无忌誓師[302] 乃引而東 (『新唐書』220 列傳 145 東夷 高麗)[303]

고구려 古先帝王 爰有征伐 堯戰丹浦 舜伐有苗 文王戡黎 成湯征葛 此四君者 豈樂櫛沐風雨 勞師疲衆 以爲不誅兇殘化不洽 不翦暴亂人不安 高麗莫離支 虐殺其主 盡戮大臣 自餘黎庶 怨入骨髓 此等皆力不能制 擁在寇城 想望朕師 若思膏雨 高麗滅亡徵兆 人誰不見 時不可失 天不可違 朕豈厭重帷而安暴露 薄華殿而樂風塵 且以弱年行師 頗識權變 今者士卒咸集 戈甲如山 衝輣雲梯 指影可捷 夫農夫勤春 乃始有秋 士卒先力 然後受賞 若能齊力一心 屠城陷敵 高官厚秩 朕不食言 若敢逋逃 違棄營伍 厥身從戮 罪及妻孥 此皆邦國之典刑 古今之常事 記朕誓言 誠宜自勉 (『全唐文』10 太宗皇帝 征高麗誓師文)[304]

고구려 舊制 勳官上柱國已下 至武騎尉爲十二等 有戰功者 各隨高下以授 岑文本 謂資高而勳卑者 皆從卑敍 至貞觀十九年四月九日 太宗欲重征遼之賞 因下制 授以勳級 本據有功 若不優異 無由勸奬 今討高麗 其從駕爰及水陸諸軍 戰陣有功者 並特聽從高品 上累加 六軍大悅 (『唐會要』81 勳)[305]

고구려 (高麗傳) (正[306]觀十九年四月) 詔長孫無忌誓師 乃引而東[丁未 發幽州] (『玉海』194 兵捷紀功碑銘附 唐駐蹕山紀功破陣圖漢武臺紀功)

고구려 (夏四月)壬子 李世勣江夏王道宗攻高麗蓋牟城[307] (『資治通鑑』197 唐紀 13 太宗 中之下)

고구려 (貞觀十九年四月)壬子 李勣攻高麗之蓋牟城 (『冊府元龜』117 帝王部 117 親征 2)

고구려 (高麗傳) (正[308]觀十九年四月) 勣攻蓋牟城[壬子] (『玉海』194 兵捷紀功碑銘附 唐駐蹕山紀功破陣圖漢武臺紀功)

고구려 帝伐高麗 悉發酋長與奚首領從軍 (『新唐書』219 列傳 144 契丹)[309]

고구려 (夏四月)癸亥 遼東道行軍大總管英國公李勣攻蓋牟城 破之 (『舊唐書』3 本紀 3 太宗 下)

고구려 (四月)癸亥 李世勣克蓋牟城 (『新唐書』2 本紀 2 太宗)

고구려 (夏四月)癸亥 李世勣等拔蓋牟城 獲二萬餘口糧十餘萬石 (『資治通鑑』197 唐紀 13 太宗 中之下)

고구려 (貞觀十九年四月)癸亥 李勣拔蓋牟城 獲戶口二萬餘人 倉糧十餘萬石 (『冊府元龜』11

---

301) 저본에는 '正'으로 되어 있으나, 이 시기의 연호는 '貞觀'이므로 '貞'으로 수정해야 한다.
302) 이 뒷부분은 『玉海』에 4월10일(丁未)로 되어 있다.
303) 이 기사에는 일자 표기가 없으나, 『冊府元龜』帝王部 등에 의거하여 4월 6일(癸卯)로 편년하였다.
304) 이 기사에는 연대 표기가 없으나, 『冊府元龜』帝王部 등에 의거하여 貞觀19년(645) 4월 6일(癸卯)로 편년하였다.
305) 『冊府元龜』帝王部에는 9월로 되어 있다.
306) 저본에는 '正'으로 되어 있으나, 이 시기의 연호는 '貞觀'이므로 '貞'으로 수정해야 한다.
307) 蓋牟城在遼東城東北 唐取之 以其地爲蓋州 大元遼陽府路有蓋州遼海軍節度 領建安湯地熊岳秀岩四縣
308) 저본에는 '正'으로 되어 있으나, 이 시기의 연호는 '貞觀'이므로 '貞'으로 수정해야 한다.
309) 이 기사에는 연대 표기가 없으나, 『資治通鑑』197 唐紀 13 太宗 中之下의 "(夏四月)丁巳 車駕至北平" 등에 의거하여 貞觀19년(645) 4월20일(丁巳)로 편년하였다.

7 帝王部 117 親征 2)

고구려	(唐書曰) (貞觀十九年夏四月)癸亥 李世勣攻蓋牟城破之 (『太平御覽』109 皇王部 34 唐太宗文皇帝)
고구려	(太宗紀) (正310)觀十九年四月)癸亥 李世勣克蓋牟城 (…) (高麗傳) (正311)觀十九年四月) 拔之[癸亥] 得戶二萬 糧十萬石 以其地爲蓋州 (『玉海』194 兵捷紀功碑銘附 唐駐蹕山紀功破陣圖漢武臺紀功)
고구려	(夏四月) 李世勣江夏王道宗攻盖牟城312) 拔之 獲一萬人糧十萬石 以其地爲盖州 (『三國史記』21 高句麗本紀 9 寶臧王 上)313)
고구려	(夏四月) 李世勣道宗攻盖牟城314) 拔之 獲一萬人糧十萬石 以其地爲盖州 (『三國史節要』8)315)
고구려	(貞觀十九年夏四月) 進攻蓋牟城316) 拔之 獲生口二萬 以其城置蓋州 (『舊唐書』199上 列傳 149上 高麗)317)
고구려	(貞觀十九年四月) 勣攻蓋牟城318) 拔之 得戶二萬糧十萬石 以其地爲蓋州 (『新唐書』220 列傳 145 東夷 高麗)319)
고구려	(貞觀)十九年 太宗親征渡遼 四月 李勣攻拔蓋牟城 獲口二萬 以其城置蓋州 (『通典』186 邊防 2 東夷 下 高句麗)320)
고구려	貞觀十九年四月 李勣攻拔蓋牟城 獲口二萬 以其城置蓋州 (『唐會要』95 高句麗)321)
고구려	(貞觀十九年)四月 李勣收拔盍牟城 獲口二萬 以其城置蓋州 (『太平寰宇記』173 四夷 2 東夷 2 高勾驪)322)
고구려	(貞觀)十九年四月 英國公李勣攻蓋牟城 破之323) (『冊府元龜』985 外臣部 30 征討 4)324)
고구려	(唐書) (貞觀十九年夏四月) 進攻蓋牟城325) 拔之 以其城置蓋州 (『太平御覽』783 四夷部 4 東夷 4 高句驪)326)
고구려	(唐太宗貞觀十九年)四月 行軍總管姜確卒 爲五言詩以悼之 (『玉海』28 聖文御集 唐太宗御製)327)
고구려	(貞觀十九年) 及前軍破蓋牟城 詔挺統兵士鎭蓋牟 示漸用之也 挺城守去大軍懸遠 與高麗新城鄰接 日夜戰鬪 鼓譟之聲不絶 挺不堪其憂 且不平於失職 素與術士公孫常善 乃與常書以敍所懷 會常以他事被拘 自縊而死 索其囊中 得挺書 論城中危蹙 兼有歎悵之辭 太宗以挺怨望 謫爲象州刺史 歲餘卒 年五十八 (『舊唐書』77 列傳 27 韋挺)328)

---

310) 저본에는 '正'으로 되어 있으나, 이 시기의 연호는 '貞觀'이므로 '貞'으로 수정해야 한다.
311) 저본에는 '正'으로 되어 있으나, 이 시기의 연호는 '貞觀'이므로 '貞'으로 수정해야 한다.
312) 이 앞부분은 『資治通鑑』 등에 4월15일(壬子)로 되어 있다.
313) 이 기사에는 일자 표기가 없으나, 『舊唐書』 本紀 등에 의거하여 4월26일(癸亥)로 편년하였다.
314) 이 앞부분은 『資治通鑑』 등에 4월15일(壬子)로 되어 있다.
315) 이 기사에는 일자 표기가 없으나, 『舊唐書』 本紀 등에 의거하여 4월26일(癸亥)로 편년하였다.
316) 이 앞부분은 『資治通鑑』 등에 4월15일(壬子)로 되어 있다.
317) 이 기사에는 일자 표기가 없으나, 『舊唐書』 本紀 등에 의거하여 4월26일(癸亥)로 편년하였다.
318) 이 앞부분은 『資治通鑑』 등에 4월15일(壬子)로 되어 있다.
319) 이 기사에는 일자 표기가 없으나, 『舊唐書』 本紀 등에 의거하여 4월26일(癸亥)로 편년하였다.
320) 이 기사에는 일자 표기가 없으나, 『舊唐書』 本紀 등에 의거하여 4월26일(癸亥)로 편년하였다.
321) 이 기사에는 일자 표기가 없으나, 『舊唐書』 本紀 등에 의거하여 4월26일(癸亥)로 편년하였다.
322) 이 기사에는 일자 표기가 없으나, 『舊唐書』 本紀 등에 의거하여 4월26일(癸亥)로 편년하였다.
323) 時帝親征 此已後 至班師事 具帝王親征門
324) 이 기사에는 일자 표기가 없으나, 『舊唐書』 本紀 등에 의거하여 4월26일(癸亥)로 편년하였다.
325) 이 앞부분은 『資治通鑑』 등에 4월15일(壬子)로 되어 있다.
326) 이 기사에는 일자 표기가 없으나, 『舊唐書』 本紀 등에 의거하여 4월26일(癸亥)로 편년하였다.
327) 이 기사에는 일자 표기가 없으나, 『舊唐書』 本紀 등에 의거하여 4월26일(癸亥)로 편년하였다.
328) 이 기사에는 월일 표기가 없으나, 『舊唐書』 本紀 등에 의거하여 4월26일(癸亥)로 편년하였다.

고구려	(貞觀十九年) 姜確爲左屯衛將軍 遼東之役 以行軍總管督兵 攻蓋牟城 中流矢而卒 時年五十一 太宗甚哀悼之 爲五言詩曰 鑿門初奉衛 伏節始臨戎 振鱗方躍浪 騁翼正凌風 未展六騎術 先虧一簣功 防身不足智 狥命有餘忠 悲騑嘶向路 哀笳咽遠空 悽凉大樹下 流悼滿深衷 時人榮之 子柬嗣以確死王事 拜朝散大夫 (『冊府元龜』 141 帝王部 141 念良臣)329)
고구려	(貞觀十九年) 攻蓋牟城 督軍疾戰 砲車齊奮 石下如雨 梯衝遞進 晝夜不輟330) 拔蓋牟城 獲戶口二萬餘人 倉糧十萬餘石 (『冊府元龜』 369 將帥部 30 攻取 2 李勣)331)
고구려	姜確 爲左屯衛將軍 貞觀十九年 從太宗征遼東 以行軍總管 督兵 攻盖牟城 中流矢以卒 (『冊府元龜』 425 將帥部 86 死事 姜確)332)
고구려	行本從至蓋牟城 中流矢卒 太宗賦詩以悼之 贈左衛大將軍郕國公 諡曰襄 陪葬昭陵 (『舊唐書』 59 列傳 9 姜行本)333)
고구려	克蓋牟城 逢賊兵大至 軍中僉欲深溝保險 待太宗至徐進 道宗曰 不可 賊赴急遠來 兵實疲頓 恃衆輕我 一戰必摧 昔耿弇不以賊遺君父 我旣職在前軍 當須淸道以待輿駕 李勣然之 乃與壯士數十騎直衝賊陣 左右出入 勣因合擊 大破之 太宗至 深加賞勞 賜奴婢四十人 (『舊唐書』 60 列傳 10 宗室 江夏王道宗)334)
고구려	高麗降戶州十四 府九[太宗親征 得蓋牟城 置蓋州] (『新唐書』 43下 志 33下 地理 7下 河北道)335)
고구려	至蓋牟城 中流矢 卒 帝賦詩悼之 贈左衛大將軍郕國公 諡曰襄 陪葬昭陵 子簡嗣 (『新唐書』 91 列傳 16 姜確)336)
고구려	後從太宗征高麗 至蓋牟城 中流矢卒 太宗賦詩以悼之 贈左衛大將軍郕國公 陪葬昭陵 (『冊府元龜』 384 將帥部 45 褒異 10 姜行本)337)
고구려	會李勣擊破蓋牟城 詔挺統兵鎭守 城去大軍百有餘里 與高麗新城隣接 高麗大兵或鼓譟至其城下 挺素無威畧 不堪其憂 乃貽書於道術人公孫嘗 置詞怨望 嘗以他罪自殺 於其篋中得挺所與嘗書 太宗詔挺問之 對多不以實 太宗尤責讓之 乃以宿經驅策 不忍加誅 授朝散大夫守象州刺史 病卒 (『冊府元龜』 453 將帥部 114 怯懦 韋挺)338)
고구려	鑿門初奉律 仗戰始臨戎 振鱗方躍浪 騁翼正凌風 未展六奇術 先虧一簣功 防身豈乏智 殉命有餘忠 (『全唐詩』 1 太宗皇帝 傷遼東戰亡)339)
고구려	五月己巳 平壤道行軍總管程名振克沙卑城 (『新唐書』 2 本紀 2 太宗)
고구려	張亮帥舟師自東萊渡海 襲卑沙城340) 其城四面懸絶 惟西門可上341) 程名振引兵夜至

---

329) 이 기사에는 월일 표기가 없으나, 『舊唐書』 本紀 등에 의거하여 4월26일(癸亥)로 편년하였다.
330) 이 앞부분은 『資治通鑑』 등에 4월15일(壬子)로 되어 있다.
331) 이 기사에는 월일 표기가 없으나, 『舊唐書』 本紀 등에 의거하여 4월26일(癸亥)로 편년하였다.
332) 이 기사에는 월일 표기가 없으나, 『舊唐書』 本紀 등에 의거하여 4월26일(癸亥)로 편년하였다.
333) 이 기사에는 연대 표기가 없으나, 『舊唐書』 本紀 등에 의거하여 貞觀19(645) 4월26일(癸亥)로 편년하였다.
334) 이 기사에는 연대 표기가 없으나, 『舊唐書』 本紀 등에 의거하여 貞觀19(645) 4월26일(癸亥)로 편년하였다.
335) 이 기사에는 연대 표기가 없으나, 『舊唐書』 本紀 등에 의거하여 貞觀19(645) 4월26일(癸亥)로 편년하였다.
336) 이 기사에는 연대 표기가 없으나, 『舊唐書』 本紀 등에 의거하여 貞觀19(645) 4월26일(癸亥)로 편년하였다.
337) 이 기사에는 연대 표기가 없으나, 『舊唐書』 本紀 등에 의거하여 貞觀19(645) 4월26일(癸亥)로 편년하였다.
338) 이 기사에는 연대 표기가 없으나, 『舊唐書』 本紀 등에 의거하여 貞觀19(645) 4월26일(癸亥)로 편년하였다.
339) 이 기사에는 연대 표기가 없으나, 『舊唐書』 本紀 및 『冊府元龜』 등에 의거하여 貞觀19년(645) 4월26일(癸亥)로 편년하였다.
340) 帥 讀曰率

	副總管王文度先登　五月己巳　拔之　獲男女八千口　分遣總管丘孝忠等　曜兵於鴨綠水342) (『資治通鑑』197 唐紀 13 太宗 中之下)
고구려	(貞觀十九年)五月乙343)巳　張亮亞將程名振拔卑沙城　其城四面懸絶　唯西門有攻之勢　名振督軍夜襲之　副總管王文度先登　士卒繼進　城中潰散　虜其男女八千口　分遣總管丘孝忠古神感　耀兵於鴨綠水 (『冊府元龜』117 帝王部 117 親征 2)
고구려	(太宗紀) (正344觀十九年)五月己巳　平壤道行軍摠管程名振　克沙卑城　(…) (高麗傳) (正345觀十九年) 程名振 攻沙卑城　入夜其西城潰[五月己巳]　虜其口八千　游兵鴨綠上 (『玉海』194 兵捷紀功碑銘附 唐駐蹕山紀功破陣圖漢武臺紀功)
고구려	張亮帥舟師　自東萊度海　襲卑沙城　城四面懸絶　惟西門可上　程名振引兵夜至　副摠管王大度先登　五月　城陷　男女八千口沒焉 (『三國史記』21 高句麗本紀 9 寶臧王 上)346)
고구려	張亮率舟師　自東萊度海　襲卑沙城　城四面懸絶　惟西門可上　程名振引兵夜至　副摠管王大度先登　五月　城陷　男女八千口沒焉 (『三國史節要』8)347)
고구려	(貞觀十九年)五月　張亮副將程名振攻沙卑城　拔之　虜其男女八千口 (『舊唐書』199上 列傳 149上 高麗)348)
고구려	(貞觀十九年) 程名振攻沙卑城　夜入其西　城潰　虜其口八千　游兵鴨淥上 (『新唐書』220 列傳 145 東夷 高麗)349)
고구려	自東萊渡海　襲沙卑城　破之　俘男女數千口 (『舊唐書』69 列傳 19 張亮)350)
고구려	前後攻沙卑城　破獨山陣　皆以少擊衆　稱爲名將 (『舊唐書』83 列傳 33 程名振)351)
고구려	引兵自東萊浮海　襲破沙卑城 (『新唐書』94 列傳 19 張亮)352)
고구려	攻沙卑城　破獨山陣　皆以少擊衆　號爲名將 (『新唐書』111 列傳 36 程名振)353)
고구려	貞觀末　爲平壤道行軍總管354)　前後攻沙卑城　破獨山陣　皆以少擊衆　稱爲名將 (『冊府元龜』393 將帥部 54 威名 2 程名振)355)
고구려	王文度　爲征遼副總管　至卑沙城　其城四面懸絶　唯西門有攻取之勢　亞將程名振督軍夜襲　文度先登　士卒繼進　城中潰散　遂拔其城 (『冊府元龜』396 將帥部 57 勇敢 3 王文度)356)

---

341) 上 時掌翻
342) 杜佑曰 鴨綠水 在平壤城西北四百五十里 源出靺鞨長白山 漢書謂之馬訾水 今謂之混同江 李心傳曰 鴨綠水發源契丹東北長白山 鴨綠水之源 蓋古肅愼氏之地 今女眞居之
343) 5월에는 乙巳日이 없다. 『新唐書』本紀 등에 의거하여 '己'로 수정해야 한다.
344) 저본에는 '正'으로 되어 있으나, 이 시기의 연호는 '貞觀'이므로 '貞'으로 수정해야 한다.
345) 저본에는 '正'으로 되어 있으나, 이 시기의 연호는 '貞觀'이므로 '貞'으로 수정해야 한다.
346) 이 기사에는 일자 표기가 없으나, 『新唐書』本紀 등에 의거하여 5월 2일(己巳)로 편년하였다.
347) 이 기사에는 일자 표기가 없으나, 『新唐書』本紀 등에 의거하여 5월 2일(己巳)로 편년하였다.
348) 이 기사에는 일자 표기가 없으나, 『新唐書』本紀 등에 의거하여 5월 2일(己巳)로 편년하였다.
349) 이 기사에는 월일 표기가 없으나, 『新唐書』本紀 등에 의거하여 5월 2일(己巳)로 편년하였다.
350) 이 기사에는 연대 표기가 없으나, 『新唐書』本紀 등에 의거하여 貞觀19(645) 5월 2일(己巳)로 편년하였다.
351) 이 기사에는 연대 표기가 없으나, 『新唐書』本紀 등에 의거하여 貞觀19(645) 5월 2일(己巳)로 편년하였다.
352) 이 기사에는 연대 표기가 없으나, 『新唐書』本紀 등에 의거하여 貞觀19(645) 5월 2일(己巳)로 편년하였다.
353) 이 기사에는 연대 표기가 없으나, 『新唐書』本紀 등에 의거하여 貞觀19(645) 5월 2일(己巳)로 편년하였다.
354) 이 앞부분은 『資治通鑑』에 貞觀18년(644) 11월 2일~23일로 되어 있다.
355) 이 기사에는 연대 표기가 없으나, 『新唐書』本紀 등에 의거하여 貞觀19년(645) 5월 2일(己巳)로 편년하였다.
356) 이 기사에는 연대 표기가 없으나, 『新唐書』本紀 등에 의거하여 貞觀19년(645) 5월 2일(己巳)로 편년하였다.

고구려	(五月己巳) 李世勣進至遼東城下 (『資治通鑑』197 唐紀 13 太宗 中之下)
고구려	(貞觀十九年五月乙[357]巳)是日 李勣進軍於遼東城下 (『冊府元龜』117 帝王部 117 親征 2)
고구려	(五月)庚午 車駕至遼澤 泥淖二百餘里[358] 人馬不可通 將作大匠閻立德布土作橋 軍不留行 (『資治通鑑』197 唐紀 13 太宗 中之下)
고구려	(高麗傳) (正[359]觀十九年五月) 勣逕圍遼東城[360] 帝次遼澤[庚午] (『玉海』194 兵捷紀功碑銘附 唐駐蹕山紀功破陣圖漢武臺紀功)
고구려	(貞觀)十九年五月 征遼 次遼澤 下詔曰 日者隋師渡遼 時非天贊 從軍士卒 骸骨相望 遍于原野 良可哀嘆 掩骼之義 抑惟先典其令 並收瘞之 (『冊府元龜』42 帝王部 42 仁慈)[361]
고구려	從征高麗 及師旅至遼澤 東西二百餘里泥淖 人馬不通 立德塡道造橋 兵馬留礙 太宗甚悅 (『舊唐書』77 列傳 27 閻立德)[362]
고구려	唐書曰 太宗征遼 車駕次遼澤 下詔曰 日者 隋師渡遼 時非天贊 從軍士卒 骸骨相望 遍於原野 良可哀歎 掩骼之義 抑惟先典其令 並收葬之 (『太平御覽』281 兵部 12 撫士 下)[363]
고구려	日者隋師度遼 時非天贊 從軍士卒 骸骨相望 遍於原野 良可哀嘆 掩骼之義 抑惟先典其令 竝收瘞之 (『全唐文』7 太宗皇帝 收瘞征遼士卒詔)[364]
고구려	(五月)壬申 渡澤東 (『資治通鑑』197 唐紀 13 太宗 中之下)
고구려	貞觀十九年 太宗親征高麗 以五月五日 行旣至遼陽 屬高祖忌日 八座奏言 臣等謹按禮云 君子有終身之憂 而無一朝之樂 此所謂星迴歲改 親沒同辰 思其居處 不爲樂事 今陛下親御六軍 已登寇境 庶務繁擁 伏待剖決 可以尊先聖之常經 略近代之公議 望請所有軍機要切 百司依式聞奏 手詔答曰 今旣戎旅大事 不可失在機速 所以仰順古風 俯從今請 (『唐會要』23 忌日)
고구려	(五月)乙亥 遼東道行軍總管張君乂有罪 伏誅 (『新唐書』2 本紀 2 太宗)[365]
고구려	(五月)乙亥 高麗步騎四萬 救遼東 江夏王道宗將四千騎逆擊之[366] 軍中皆以爲衆寡懸絶 不若深溝高壘以俟車駕之至 道宗曰 賊恃衆 有輕我心 遠來疲頓 擊之必敗 且吾屬爲前軍 當淸道以待乘輿 乃更以賊遺君父乎[367] 李世勣以爲然 果毅都尉馬文擧曰 不遇勁敵 何以顯壯士 策馬趨敵 所向皆靡[368] 衆心稍安 旣合戰 行軍總管張君乂退走 唐兵不利 道宗收散卒 登高而望 見高麗陳亂[369] 與驍騎數十衝之[370] 左右出入 李世

---

357) 5월에는 乙巳日이 없다. 『新唐書』本紀 등에 의거하여 '己'로 수정해야 한다.
358) 淖 奴敎翻
359) 저본에는 '正'으로 되어 있으나, 이 시기의 연호는 '貞觀'이므로 '貞'으로 수정해야 한다.
360) 『資治通鑑』 등에는 이 앞부분이 5월 2일(己巳)로 되어 있다.
361) 이 기사에는 일자 표기가 없으나, 『資治通鑑』 등에 의거하여 5월 3일(庚午)로 편년하였다.
362) 이 기사에는 연대 표기가 없으나, 『資治通鑑』 등에 의거하여 貞觀19년(645) 5월 3일(庚午)로 편년하였다.
363) 이 기사에는 연대 표기가 없으나, 『資治通鑑』 등에 의거하여 貞觀19년(645) 5월 3일(庚午)로 편년하였다.
364) 이 기사에는 연대 표기가 없으나, 『資治通鑑』 등에 의거하여 貞觀19년(645) 5월 3일(庚午)로 편년하였다.
365) 『資治通鑑』에는 5월10일(丁丑)로 되어 있다.
366) 騎 奇寄翻 下同 將 卽亮翻 下同
367) 不以賊遺君父 漢耿弇之言 乘 繩證翻 遺 于季翻
368) 勣 渠京翻 趨 七喻翻
369) 陳 讀曰陣

	勣引兵助之 高麗大敗 斬首千餘級 (『資治通鑑』 197 唐紀 13 太宗 中之下)
고구려	(高麗傳) (正[371]觀十九年五月) 高麗發新城國內城郭四方[372] 救遼東 道宗率張君乂逆戰 君乂却道宗 以騎馳之 虜兵辟易 奪其梁 收散率奪 乘高以望見 高麗陣囂急擊之 斬首千餘級 誅君乂以徇[乙亥] (『玉海』 194 兵捷紀功碑銘附 唐駐蹕山紀功破陣圖漢武臺紀功)
고구려	後征高麗 總管張君乂不進擊賊 斬之旗下 (『新唐書』 122 列傳 47 魏元忠)[373]
고구려	馬文擧 爲果毅都尉 太宗征遼 新城國內二城步騎四萬 來援遼東 江夏王道宗率行軍總管張君仁騎四千 逆擊之 及與賊遇 衆寡勢懸 士皆色動 文擧自指其身言于道宗曰 此壯士也 不逢勍寇 安能識健兒哉 道宗目而壯之 文擧遂策馬突進 所當皆斃 衆心始安 (『冊府元龜』 396 將帥部 57 勇敢 3 馬文擧)[374]
고구려	及征高麗也 總管張君乂 擊賊不進 斬之旗下 (『全唐文』 176 魏元忠 上高宗封事)[375]
고구려	五月丁丑 車駕渡遼 (『舊唐書』 3 本紀 3 太宗 下)
고구려	(五月)丁丑 軍于馬首山 (『新唐書』 2 本紀 2 太宗)
고구려	(五月)丁丑 車駕渡遼水 撤橋 以堅士卒之心 軍於馬首山 勞賜江夏王道宗 超拜馬文擧中郎將 斬張君乂[376] 上自將數百騎至遼東城下 見士卒負土塡塹[377] 上分其尤重者 於馬上持之 從官爭負土致城下[378] 李世勣攻遼東城 晝夜不息 旬有二日 上引精兵會之 圍其城數百重[379] 鼓譟聲震天地 (『資治通鑑』 197 唐紀 13 太宗 中之下)[380]
고구려	(貞觀十九年五月)丁丑 車駕渡遼 撤橋梁以堅士卒之心 甲士六萬營於馬首山 (『冊府元龜』 117 帝王部 117 親征 2)
고구려	(唐書曰) (貞觀十九年)五月丁丑 車駕渡遼東 (『太平御覽』 109 皇王部 34 唐太宗文皇帝)
고구려	(實錄) 貞觀十九年五月丁丑 營于馬首山 (『玉海』 151 兵制劍戰鎧甲 唐金甲)
고구려	(舊紀) 正[381]觀十九年五月丁丑 車駕度遼[帝度遼凡十徙營] (…) (高麗傳) (正[382]觀十九年五月) 帝度遼水 營馬首山[丁丑 甲光炫日 藺石如雨] (『玉海』 194 兵捷紀功碑銘附 唐駐蹕山紀功破陣圖漢武臺紀功)
고구려	(五月) 帝至遼澤 泥淖二百餘里 人馬不可通 將作大匠閻立德布土作橋 軍不留行[383] 度澤東[384] (…) 帝度遼水 撤橋以堅士卒之心 軍於馬首山 勞賜江夏王道宗 超拜馬文擧中郎將 斬張君乂 帝自將數百騎 至遼東城下 見士卒負土塡塹 帝分其尤重者於馬上持之 從官爭負土置城下 李世勣攻遼東城 晝夜不息 旬有二日 帝引精兵會之 圍其城

---

370) 驍 堅堯翻
371) 저본에는 '正'으로 되어 있으나, 이 시기의 연호는 '貞觀'이므로 '貞'으로 수정해야 한다.
372) 저본에는 '方'으로 되어 있으나, 『新唐書』 高麗傳에 의거하여 '萬'으로 수정해야 한다.
373) 이 기사에는 연대 표기가 없으나, 『新唐書』 本紀에 의거하여 貞觀19년(645) 5월 8일(乙亥)로 편년하였다. 이 기사는 儀鳳 연간(676~679) 薛仁貴가 吐蕃에게 패배한 것을 추궁하는 상소문의 일부로 魏元忠이 작성한 것이다.
374) 이 기사에는 월일 표기가 없으나, 『新唐書』 本紀에 의거하여 5월 8일(乙亥)로 편년하였다.
375) 이 기사에는 연대 표기가 없으나, 『新唐書』 本紀에 의거하여 貞觀19년(645) 5월 8일(乙亥)로 편년하였다. 이 기사는 儀鳳 연간(676~679) 薛仁貴가 吐蕃에게 패배한 것을 추궁하는 상소문의 일부로 魏元忠이 작성한 것이다.
376) 有功必賞 退懦必誅 則將士知所懲勸矣 勞 力到翻
377) 塹 七豔翻
378) 從 才用翻
379) 重 直龍翻
380) 『新唐書』 本紀 등에는 張君乂의 처형이 5월 8일(乙亥)로 되어 있다.
381) 저본에는 '正'으로 되어 있으나, 이 시기의 연호는 '貞觀'이므로 '貞'으로 수정해야 한다.
382) 저본에는 '正'으로 되어 있으나, 이 시기의 연호는 '貞觀'이므로 '貞'으로 수정해야 한다.
383) 이 앞부분은 『資治通鑑』 등에 5월 3일(庚午)로 되어 있다.
384) 이 앞부분은 『資治通鑑』에 5월 5일(壬申)로 되어 있다.

	數百重 鼓噪聲振天地 (『三國史記』 21 高句麗本紀 9 寶臧王 上)[385]
고구려	(五月) 帝至遼澤 泥淖二百餘里 人馬不可通 將作大匠閻立德布土作橋 軍不留行[386] 度澤東[387] (…) 帝度遼水 撤橋以堅士卒之心 軍於馬首山下 勞賜道宗 超拜馬文擧中郎將 斬張君乂 帝自將數百騎 至遼東城下 見士卒負土塡塹 帝分其尤重者於馬上持之 從官爭負土置城下 李世勣攻遼東城 晝夜不息 旬有二日 帝引精兵會之 圍其城數百里 鼓噪聲振天地 (『三國史節要』 8)[388]
고구려	(貞觀十九年五月) 帝次遼澤 詔曰 頃者 隋師渡遼 時非天贊 從軍士卒 骸骨相望 徧於原野 良可哀歎 掩骼之義 誠爲先典其令 並收瘞之[389] (…) 帝渡遼水 詔撤橋梁 以堅士卒志 帝至遼東城下 見士卒負擔以塡塹者 帝分其尤重者 親於馬上持之 從官悚動 爭齎以送城下 (『舊唐書』 199上 列傳 149上 高麗)[390]
고구려	(貞觀十九年)五月 上渡遼水 詔撤橋梁 以堅士卒之心 (『唐會要』 95 高句麗)[391]
고구려	(唐書) (貞觀十九年)五月 渡遼水 詔徹橋梁 以堅士卒志 帝旣至遼東城下 見士卒負擔 以塡澶者 帝分其尤重者 於馬上載之 從官悚動 爭賚以送城下 (『太平御覽』 783 四夷部 4 東夷 4 高句驪)[392]
고구려	(貞觀十九年) 帝次遼澤 詔瘞隋戰士露骼[393] (…) 帝度遼水 徹杠矴 堅士心 營馬首山 身到城下 見士塡塹 分負之重者 馬上持之 羣臣震懼 爭挾塊以進 (『新唐書』 220 列傳 145 東夷 高麗)[394]
고구려	(貞觀十九年) 車馬渡遼 (『唐會要』 27 行幸)[395]
고구려	(貞觀)十九年 太宗親征 渡遼 (『太平寰宇記』 173 四夷 2 東夷 2 高勾驪)[396]
고구려	貞觀中 太宗又親征 渡遼 破之 (『通典』 185 邊防 1 東夷 上 序略)[397]
고구려	(五月)甲申 上親率鐵騎 與李勣會 圍遼東城 因烈風發火弩 斯須城上屋及樓皆盡 麾戰士令登 乃拔之 (『舊唐書』 3 本紀 3 太宗 下)
고구려	(五月)甲申 克遼東城 (『新唐書』 2 本紀 2 太宗)
고구려	(五月)甲申 南風急 上遣銳卒 登衝竿之末 爇其西南樓[398] 火延燒城中 因麾將士登城 高麗力戰不能敵 遂克之 所殺萬餘人 得勝兵萬餘人 男女四萬口[399] 以其城爲遼州[400] (『資治通鑑』 197 唐紀 13 太宗 中之下)
고구려 백제	(貞觀十九年五月) 初 太宗遣使於百濟 國中採取金漆 用塗鉄甲 皆黃紫引曜 色邁兼金 又以五綵染玄金 製爲山文甲 竝從將軍 甲申 太宗親率甲騎萬餘 金光曜日 與李勣會 於城下 金鼓齊震 旌旗圍其城者數百里 士衆之聲駭天聒地 太宗見南風甚急 遣銳卒 登衝竿之末 爇其西南樓 騰煙扇烈 焚其城中屋宇樓閣 須臾而盡 太宗之發定州也 遺

---

385) 이 기사에는 일자 표기가 없으나,『舊唐書』本紀 등에 의거하여 5월10일(丁丑)로 편년하였다.
386) 이 앞부분은『資治通鑑』등에 5월 3일(庚午)로 되어 있다.
387) 이 앞부분은『資治通鑑』에 5월 5일(壬申)로 되어 있다.
388) 이 기사에는 일자 표기가 없으나,『舊唐書』本紀 등에 의거하여 5월10일(丁丑)로 편년하였다.
389) 이 앞부분은『資治通鑑』등에 5월 3일(庚午)로 되어 있다.
390) 이 기사에는 일자 표기가 없으나,『舊唐書』本紀 등에 의거하여 5월10일(丁丑)로 편년하였다.
391) 이 기사에는 일자 표기가 없으나,『舊唐書』本紀 등에 의거하여 5월10일(丁丑)로 편년하였다.
392) 이 기사에는 일자 표기가 없으나,『舊唐書』本紀 등에 의거하여 5월10일(丁丑)로 편년하였다.
393) 이 앞부분은『資治通鑑』등에 5월 3일(庚午)로 되어 있다.
394) 이 기사에는 월일 표기가 없으나,『舊唐書』本紀 등에 의거하여 5월10일(丁丑)로 편년하였다.
395) 이 기사에는 월일 표기가 없으나,『舊唐書』本紀 등에 의거하여 5월10일(丁丑)로 편년하였다.
396) 이 기사에는 월일 표기가 없으나,『舊唐書』本紀 등에 의거하여 5월10일(丁丑)로 편년하였다.
397) 이 기사에는 연대 표기가 없으나,『唐書』本紀 등에 의거하여 貞觀19년(645) 5월10일(丁丑)로 편년하였다.
398) 爇 如劣翻
399) 勝 音升
400) 今大元遼陽府

自州東每數十里而置一烽 以至遼東城下 烽端多積末葦 須克遼東城訖 爇以報太子 至是太宗知城必下 靡無忌師首戰 馳至烽所爇之 乃靡戰士登城 高麗蒙楯拒戰 天子命拋車飛石 繼中其楯 壯士數百人攢長稍而攻之 高麗兵大潰 其留戰者盡殪 燒死者萬餘人 牛馬犬彘不可勝數 俘其勝兵萬餘 人口四萬 收倉粟五十萬石 以其城爲遼州 (『冊府元龜』117 帝王部 117 親征 2)

고구려　(唐書曰) (貞觀十九年五月)甲申 上親率鐵騎 與世勣會 圍遼東城 因烈風發火弩 斯須城上屋及樓皆盡 靡戰士令登 乃拔之 (『太平御覽』109 皇王部 34 唐太宗文皇帝)

고구려 백제　(實錄) (貞觀十九年五月) 初 太宗遣使於百濟 取金漆塗鐵甲 色邁兼金 又以五采染玄金 製爲山文甲 甲申 太宗親率甲騎萬餘 金光曜日 與李勣會遼東城下 旌旗數百里 (『玉海』151 兵制劒戰鎧甲 唐金甲)

고구려　(太宗紀) (正401)觀十九年五月)甲申 克遼東城 (…) (舊紀) (正402)觀十九年五月)甲申 上親率鐵騎 與李勣圍遼東城 拔之 (…) (高麗傳) (正403)觀十九年五月) 城潰[甲申] 獲勝兵四萬戶糧五十萬石 以其地爲遼州 (『玉海』194 兵捷紀功碑銘附 唐駐蹕山紀功破陣圖漢武臺紀功)

고구려 백제　(五月) 李世勣進至遼東城下404) (…) 王發新城國內城步騎四萬 救遼東 江夏王道宗將四千騎 逆之 軍中皆以爲衆寡懸絶 不若深溝高壘以待車駕之至 道宗曰 賊恃衆有輕我心 遠來疲頓 擊之必敗 當清路以待乘輿 乃更以賊遺君父乎 都尉馬文擧曰 不遇勍敵 何以顯壯士 策馬奔擊 所向皆靡 衆心稍安 旣合戰 行軍摠管張君乂退走 唐兵敗衄 道宗收散卒 登高而望 見我軍陣亂 與驍騎數千衝之 李世勣引兵助之 我軍大敗 死者千餘人405) (…)

城有朱蒙祠 祠有鎖甲銛矛 妄言前燕世天所降 方圍急 飾美女以婦神 巫言 朱蒙悅 城必完 勣列砲車 飛大石過三百步 所當輒潰 吾人積木爲樓 結絙罔 不能拒 以衝車撞陴 屋碎之 時 百濟上金髹鎧 又以玄金爲文鎧 士被以從 帝與勣會 甲光炫日 南風急 帝遣銳卒 登衝竿之末 爇其西南樓 火延燒城中 因揮將士登城 我軍力戰不克 死者萬餘人 見捉勝兵萬餘人 男女四萬口 糧五十萬石 以其城爲遼州 (『三國史記』21 高句麗本紀 9 寶臧王 上)406)

고구려 백제　(五月) 李世勣進至遼東城下407) (…) 高句麗王發新城國內城步騎四萬 救遼東 江夏王道宗將四千騎 逆之 軍中皆以爲衆寡懸絶 不若深溝高壘以待車駕之至 道宗曰 賊恃衆有輕我心 遠來疲頓 擊之必敗 當清路以待乘輿 乃更以賊遺君父乎 都尉馬文擧曰 不遇勍敵 何以顯壯士 策馬奔擊 所向皆靡 衆心稍安 旣合戰 行軍摠管張君乂退走 唐兵敗衄 道宗收散卒 登高而望 見高句麗軍陣亂 與驍騎數千衝之 李世勣引兵助之 高句麗軍大敗 死者千餘人408) (…)

城有朱蒙祠 祠有鎖甲銛矛 妄言前燕世天所降 圍急 飾美女以爲神 巫言 朱蒙悅 城必完 勣列砲車 飛大石過三百步 所當輒潰 高句麗人積木爲樓 結絙罔 不能拒 以衝車撞陴屋碎之 時百濟上金髹鎧 又以玄金爲文鎧 士被以從 帝與勣會 甲光炫日 南風急 帝遣銳卒 登衝竿之末 爇其西南樓 火延燒城中 因揮將士登城 高句麗軍力戰不克 死者萬餘人 見虜勝兵萬餘人 男女四萬口 糧五十萬石 以其城爲遼州 (『三國史節要』8)409)

---

401) 저본에는 ‘正’으로 되어 있으나, 이 시기의 연호는 ‘貞觀’이므로 ‘貞’으로 수정해야 한다.
402) 저본에는 ‘正’으로 되어 있으나, 이 시기의 연호는 ‘貞觀’이므로 ‘貞’으로 수정해야 한다.
403) 저본에는 ‘正’으로 되어 있으나, 이 시기의 연호는 ‘貞觀’이므로 ‘貞’으로 수정해야 한다.
404) 이 앞부분은 『資治通鑑』 등에 5월 2일(己巳)로 되어 있다.
405) 이 앞부분은 『資治通鑑』에 5월 8일(乙亥)로 되어 있다.
406) 이 기사에는 일자 표기가 없으나, 『舊唐書』 本紀 등에 의거하여 5월17일(甲申)로 편년하였다.
407) 이 앞부분은 『資治通鑑』 등에 5월 2일(己巳)로 되어 있다.
408) 이 앞부분은 『資治通鑑』에 5월 8일(乙亥)로 되어 있다.
409) 이 기사에는 일자 표기가 없으나, 『舊唐書』 本紀 등에 의거하여 5월17일(甲申)로 편년하였다.

고구려	(貞觀十九年五月) 是日 李勣進軍於遼東城410) (…) 國內及新城步騎四萬來援遼東 江夏王道宗率騎四千逆擊 大破之 斬首千餘級411) (…) 時李勣已率兵攻遼東城 高麗聞我有抛車 飛三百觔石於一里之外者 甚懼之 乃於城上積木爲戰樓 以拒飛石 勣列車發石以擊其城 所遇盡潰 又推撞車撞其樓閣 無不傾倒 帝親率甲騎萬餘 與李勣會 圍其城 俄而南風甚勁 命縱火焚其西南樓 延燒城中 屋宇皆盡 戰士登城 賊乃大潰 燒死者萬餘人 俘其勝兵萬餘口 以其城爲遼州 初 帝自定州 命每數十里置一烽 屬于遼城 與太子約 克遼東 當擧烽 是日 帝命擧烽 傳入塞 (『舊唐書』199上 列傳 149上 高麗)412)
고구려	(貞觀十九年五月) 上親率甲騎 與李勣攻遼東城 拔之 以其城爲州 (『唐會要』95 高句麗)413)
고구려	(唐書) (貞觀十九年五月) 高麗聞我有抛車 飛三百斤石於一里之外者 甚懼之 乃於城上積木爲戰樓 以拒飛石 勣列車發石以擊其城 所遇盡潰 又推撞車撞其樓閣 無不傾倒 拔其城爲遼州 初 帝自定州 命每十里置一烽 屬于遼城 與太子約 剋遼東 當擧烽 是日 帝命擧烽 (『太平御覽』783 四夷部 4 東夷 4 高句驪)414)
고구려 백제	(貞觀十九年) 勣遂圍遼東城415) (…) 高麗發新城國內城騎四萬救遼東 道宗率張君乂逆戰 君乂却道宗 以騎馳之 虜兵辟易 奪其梁 收散卒 乘高以望 見高麗陣囂 急擊破之 斬首千餘級 誅君乂以徇416) (…) 城有朱蒙祠 祠有鎖甲銛矛 妄言前燕世天所降 方圍急 飾美女以婦神 誣言 朱蒙悅 城必完 勣列抛車 飛大石過三百步 所當輒潰 虜積木爲樓 結絙罔 不能拒 以衝車撞陴屋 碎之 時 百濟上金髤鎧 又以玄金爲山五文鎧 士被以從 帝與勣會 甲光炫日 會南風急 士縱火焚西南 熛延城中 屋幾盡 人死于燎者萬餘 衆登陴 虜蒙盾以拒 士擧長矛舂之 藺石如雨 城遂潰 獲勝兵萬 戶四萬 糧五十萬石 以其地爲遼州 初 帝自太子所屬行在 舍置一烽 約下遼東擧烽 是日 傳燎入塞 (『新唐書』220 列傳 145 東夷 高麗)417)
고구려	(貞觀十九年) 勣又攻遼東城 拔之 以其城爲遼州 (『通典』186 邊防 2 東夷 下 高句麗)418)
고구려	(貞觀十九年) 圍遼東城 破之 以其城爲遼州 (『唐會要』27 行幸)419)
고구려	(貞觀十九年) 勣又攻遼東城 拔之 以其城爲遼州 (『太平寰宇記』173 四夷 2 東夷 2 高勾驪)420)
고구려	(貞觀十九年) 又率騎攻遼東城 城中有鑲甲銛矛有 高麗云 前燕時 於天落下 以保祐其城者 高麗大城 皆立朱蒙廟 蓋其先祖 聞兵將至 粉飾美女 進朱蒙爲婦 日搥牛以祭之 夷巫鼓舞云 朱蒙大悅 城必克全 聞我軍中有抛車 飛三百斤石一里之外者 甚懼之 於是 城上積木編板以戰 數加繩網於其上 以拒飛石 勣列車發石 以擊其城 所遇盡潰 又推撞車 其樓閣無不傾倒 晝夜不息者 旬有三日焉 克遼東城 以爲遼州 (『冊府元龜』369 將帥部 30 攻取 2 李勣)421)
고구려	高麗降戶州十四 府九[太宗親征 (…) 得遼東城 置遼州] (『新唐書』43下 志 33下 地

---

410) 이 앞부분은 『資治通鑑』등에 5월 2일(己巳)로 되어 있다.
411) 이 앞부분은 『資治通鑑』에 5월 8일(乙亥)로 되어 있다.
412) 이 기사에는 일자 표기가 없으나,『舊唐書』本紀 등에 의거하여 5월17일(甲申)로 편년하였다.
413) 이 기사에는 일자 표기가 없으나,『舊唐書』本紀 등에 의거하여 5월17일(甲申)로 편년하였다.
414) 이 기사에는 일자 표기가 없으나,『舊唐書』本紀 등에 의거하여 5월17일(甲申)로 편년하였다.
415) 이 앞부분은 『資治通鑑』등에 5월 2일(己巳)로 되어 있다.
416) 이 앞부분은 『資治通鑑』에 5월 8일(乙亥)로 되어 있다.
417) 이 기사에는 월일 표기가 없으나,『舊唐書』本紀 등에 의거하여 5월17일(甲申)로 편년하였다.
418) 이 기사에는 월일 표기가 없으나,『舊唐書』本紀 등에 의거하여 5월17일(甲申)로 편년하였다.
419) 이 기사에는 월일 표기가 없으나,『舊唐書』本紀 등에 의거하여 5월17일(甲申)로 편년하였다.
420) 이 기사에는 월일 표기가 없으나,『舊唐書』本紀 등에 의거하여 5월17일(甲申)로 편년하였다.
421) 이 기사에는 월일 표기가 없으나,『舊唐書』本紀 등에 의거하여 5월17일(甲申)로 편년하였다.

고구려 백제   (高麗傳) 帝度遼水時 百濟上金髹鎧 又以玄金 爲山五文鎧 士被以從帝 與李勣會 甲
光炫日 (『玉海』151 兵制劒戰鎧甲 唐金甲雕斧明光鎧金髹鎧山文鎧犀甲)423)

고구려 백제   (東夷傳) (貞觀)至十九年 圍遼東 時百濟上金髹鎧 (『玉海』154 朝貢獻方物 唐百濟獻
明光鎧)424)

고구려   (貞觀十九年五月)丙戌 詔曰 五兵爰始 軒皇戰於阪泉 七德攸基 唐帝尅于丹浦 莫不除
翦暴逆 克濟生靈 斥土開疆 威加四海 朕欽承寶曆 削平天下 六合之內 咸以爲家 三
光所臨 義無偏炤 繇是環埤之表 咸淼淼以航深 垓寓之中 盡顒顒而面內 而島夷陪隷
虐殺其君 毒被朝鮮 災流穢貊 幼孤者不勝苛暴 忠槩者仰我來蘇 朕言念匪人 深懷夕
惕 親御戎軒 躬執雲鼓 意在以殺止殺 仁育被於羣生 用刑淸刑 義征戡於不惠 廓滔天
而調雨露 擒獮夏以正封疆 用此佳兵 事非獲已 仰申天罰 遂乃龔行
先命行營大摠管英國公勣行軍總管張儉等 率領驍銳 元戎啓行 北狄西戎之酋 咸爲將
帥 奚霫契丹之旅 皆充甲卒 如貔萬計 躍馬千羣 摠萃遼東之城 攻其南面 副大總管江
夏郡王道宗第一軍摠管虢國公張士貴等 率五陵之勁騎 董六部之良家 分麾引道 攻其
西南 申命前軍虁國公弘基等 分統猛士 塡其濠塹 賊城地險 激梁水以環流 聳堞凌雲
壓頹山而靡懼 於是雲羅四合 地道九攻 危城焌已復隍 湯池俄而失險 猶且析骸窮壘
壁巢幕以偸安 轉骨深溝 坐積薪而待燎 愍其塗炭 申其再造 頻加誨誘 固執迷塗 繇是
猛士衝冠 壯夫挺劒 咸頓首於馬前 請因機而電掃 難違衆議 爰詔許之 乃分命諸軍 四
面雲合 朕登高逈囑 授其節度 又命簡較太嘗卿鄒國公敬德 領黃門之軍樂 奏玄雲之雅
歌 將帥聞而增憤 士卒繇其作氣 于時凍雨初晴 驚風漸急 聊命縱火 數處熠然 焚其樓
雉 竝爲煨燼 合城男子 面縛軍門 取彼渠魁 屬之司敗 千載逋寇 一朝淸蕩 斯竝宗廟
威靈 上玄幽贊 忠臣猛將 盡節陳謀 勁卒勇夫 輕身效命 叶同心力 成此大功 豈朕一
人獨能致此 今玆尅捷 普天之慶 宜令頒下 咸使聞知 (『冊府元龜』117 帝王部 117
親征 2)

고구려   五兵爰始 軒皇戰於阪泉 七德收基 唐帝尅於丹浦 莫不除翦暴逆 克濟生靈 斥土開疆
威加四海 朕欽承寶歷 削平天下 六合之內 咸以爲家 三光所臨 義無偏照 繇是環神之
表 咸淼淼以航深 垓寓之中 盡容容而面內 而島夷陪隷 虐殺其君 毒被朝鮮 災流濊貊
幼孤者不勝苛暴 忠槩者仰我來蘇 朕言念匪人 深懷夕惕 親御戎軒 躬執金鼓 意在以
殺止殺 仁育被於羣生 用刑淸刑 義征戡於不譓 廓滔天而調雨露 擒獮夏以正封疆 用
此佳兵 事非獲已 仰申天罰 遂乃龔行
先命行軍大總管英國公勣行軍總管張儉等 率領驍銳 元戎啓行 北狄西戎之酋 咸爲將
帥 奚霫契丹之旅 皆充甲卒 如貔億計 躍馬千羣 總萃遼東之城 攻其南面 副大總管江
夏郡王道宗第一軍總管虢國公張士貴等 率五陵之勁騎 董六郡之良家 分麾引道 攻其
西面 申命前軍大總管虁國公宏基等 分統猛士 塡其濠塹 賊據城臨險 激梁水以環流
聳堞凌雲 壓頹山而靡懼 於是雲羅四合 地道九攻 危城倏已復隍 湯池俄而失險 猶且
析骸窮壘 壁巢幕以偸安 轉骨深溝 坐積薪而待燎 愍其塗炭 申其再造 頻加誨誘 固執
迷塗 由是猛士衝冠 壯夫挺劍 咸頓首於馬前 請因機而電掃 難違衆議 爰詔許之 乃分
命諸軍 四面雲合 朕登高逈囑 授其節度 又命檢校太常卿鄂國公敬德 領黃門之軍樂
奏元雲之雅歌 將帥聞而增憤 士卒由其作氣 於是凍雨初晴 驚風漸急 聊命縱火 數處

---

422) 이 기사에는 연대 표기가 없으나, 『舊唐書』 本紀 등에 의거하여 貞觀19년(645) 5월17일(甲申)로 편년하
였다.
423) 이 기사에는 연대 표기가 없으나, 『舊唐書』 本紀 등에 의거하여 貞觀19년(645) 5월17일(甲申)로 편년하
였다.
424) 이 기사에는 연대 표기가 없으나, 『舊唐書』 本紀 등에 의거하여 貞觀19년(645) 5월17일(甲申)로 편년하
였다.

熸然 焚其樓雉 竝爲煨燼 合城男子 面縛軍門 取彼渠魁 屬之司敗 千載逋寇 一朝淸蕩 斯竝宗廟威靈 上元幽贊 忠臣猛將 盡節陳謀 勁卒勇夫 輕身效命 協同心力 成此大功 豈朕一人獨能致此 今玆剋捷 普天同慶 宜令頒下 咸使聞知 (『全唐文』 7 太宗皇帝 克高麗遼東城詔)[425]

고구려 (五月)乙未 進軍白巖城 (『資治通鑑』 197 唐紀 13 太宗 中之下)

고구려 (貞觀十九年五月)乙未 師次白巖城 (『冊府元龜』 117 帝王部 117 親征 2)

고구려 (高麗傳) (正[426]觀十九年五月) 進攻白崖[乙未] (『玉海』 194 兵捷紀功碑銘附 唐駐蹕山紀功破陣圖漢武臺紀功)

고구려 (五月)丙申 右衛大將軍李思摩中弩矢 上親爲之吮血 將士聞之 莫不感動[427] 烏骨城遣兵萬餘爲白巖聲援[428] 將軍契苾何力以勁騎八百擊之[429] 何力挺身陷陳 槊中其腰[430] 尙輦奉御薛萬備單騎往救之 拔何力於萬衆之中而還[431] 何力氣益憤 束瘡而戰 從騎奮擊[432] 遂破高麗兵 追奔數十里 斬首千餘級 會暝而罷[433] 萬備 萬徹之弟也 (『資治通鑑』 197 唐紀 13 太宗 中之下)

고구려 思摩遂輕騎入朝 尋授右武衛將軍 從征遼東 爲流矢所中 太宗親爲吮血 其見顧遇如此 (『舊唐書』 194上 列傳 144上 突厥 上 突厥)[434]

고구려 以尙輦奉御從伐高麗 李勣圍白巖 虜遣兵萬餘來援 將軍契苾何力以八百騎苦戰 中槊創甚 爲賊所窘 萬備單馬進救 何力獲免 仕至左衛將軍 (『新唐書』 94 列傳 19 薛萬備)[435]

고구려 (大唐貞觀中) 師次白巖城[436] 將軍李思摩中弩矢 太宗親爲之吮血 由是 從行文武競思奮勵 (『通典』 152 兵 5 撫士)[437]

고구려 思摩遂輕騎入朝 尋授右武衛將軍 從征遼東 爲流矢所中 太宗親爲吮血 其見顧遇如此 (『通典』 197 邊防 13 北狄 4 突厥 上)[438]

고구려 軍次白崖城[439] 爲賊所圍 被矟中腰 瘡重疾甚 太宗自爲傅藥 (『冊府元龜』 384 將帥部 45 褒異 10 契苾何力)[440]

고구려 契苾何力 爲左領軍將軍 時 太宗征遼 李勣攻白巖城[441] 烏骨城遣兵萬餘 爲之聲援 何力以勍騎八百 遇而合戰 何力挺身陷陣 被槊中腰 爲賊所害 尙輦奉御薛萬單馬 而進殺數騎 拔何力于羣賊中 與之俱出 力氣益奮 束瘡而戰 騎士齊奮 賊乃退 何力逐之 轉鬪數十里 斬首千餘及 (『冊府元龜』 396 將帥部 57 勇敢 3 契苾何力)[442]

고구려 (唐書) (貞觀中) 師次白巖城[443] 將軍李思摩中弩矢 太宗親爲之吮血 從行文武競思奮

---

425) 이 기사에는 연대 표기가 없으나, 『冊府元龜』에 의거하여 貞觀19년(645) 5월19일(丙戌)로 편년하였다.
426) 저본에는 ‘正’으로 되어 있으나, 이 시기의 연호는 ‘貞觀’이므로 ‘貞’으로 수정해야 한다.
427) 中 竹仲翻 爲 于僞翻
428) 自登州東北海行 至烏湖島 又行五百里 東傍海壖 過靑泥浦桃花浦杏人浦石人汪橐駝灣 乃至烏骨江
429) 契 欺訖翻 苾 毗必翻
430) 陳 讀曰陣 中 竹仲翻
431) 還 從宣翻 又如字
432) 從 才用翻
433) 暝 莫定翻
434) 이 기사에는 연대 표기가 없으나, 『資治通鑑』에 의거하여 貞觀19년(645) 5월29일(丙申)로 편년하였다.
435) 이 기사에는 연대 표기가 없으나, 『資治通鑑』에 의거하여 貞觀19년(645) 5월29일(丙申)로 편년하였다.
436) 이 앞부분은 『資治通鑑』에 5월28일(乙未)로 되어 있다.
437) 이 기사에는 연대 표기가 없으나, 『資治通鑑』에 의거하여 貞觀19년(645) 5월29일(丙申)로 편년하였다.
438) 이 기사에는 연대 표기가 없으나, 『資治通鑑』에 의거하여 貞觀19년(645) 5월29일(丙申)로 편년하였다.
439) 이 앞부분은 『資治通鑑』에 5월28일(乙未)로 되어 있다.
440) 이 기사에는 연대 표기가 없으나, 『資治通鑑』에 의거하여 貞觀19년(645) 5월29일(丙申)로 편년하였다.
441) 이 앞부분은 『資治通鑑』에 5월28일(乙未)로 되어 있다.
442) 이 기사에는 연대 표기가 없으나, 『資治通鑑』에 의거하여 貞觀19년(645) 5월29일(丙申)로 편년하였다.

	勵 (『太平御覽』 280 兵部 11 撫士 上)444)
고구려	唐契苾阿[明鈔本阿作何 下同]力征遼東 以騎八百 遇賊合戰 被槊中腰 爲賊所窘 尙輦奉御薛萬備單馬入殺賊騎 救阿力於羣賊之中 與之俱出 阿力氣盡 束瘡而戰 賊乃退[出譚賓錄] (『太平廣記』 191 驍勇 1 薛萬備)445)
고구려	仍領蕃兵度遼 攻白崖城 爲流矢所中 主上親觀傳藥 恩越等夷 (「李思摩 墓誌銘」:『唐代墓誌滙篇續集』;『全唐文補遺』 1;『全唐文新編』 992)446)
고구려	祖何力 (…) 高麗逆命 王師問罪 先鋒直進 斬首數千 苦戰被傷 通中者七 主上親問 入帳傳藥 (「契苾嵩 墓誌銘」:『全唐文新編』 997)447)

신라 고구려 백제

夏五月 太宗親征高句麗 王發兵三萬以助之 百濟乘虛 襲取國西七城 (『三國史記』 5 新羅本紀 5 善德王)448)

백제 고구려 신라

夏五月 王聞太宗親征高句麗 徵兵新羅 乘其間 襲取新羅七城 新羅遣將軍庾信來侵 (『三國史記』 28 百濟本紀 6 義慈王)

신라

(五月) 新羅王聞帝親征高句麗 發兵三萬以助之 百濟乘虛 襲取新羅國西七城 新羅王遣金庾信 侵百濟 (『三國史節要』 8)

백제 고구려 신라

及太宗親征高麗 百濟懷二 乘虛襲破新羅十城 (『舊唐書』 199上 列傳 149上 東夷 百濟)449)

신라 고구려

太宗將親伐高麗 詔新羅纂集士馬 應接大軍 新羅遣大臣領兵五萬人 入高麗南界 攻水口城 降之 (『舊唐書』 199上 列傳 149上 東夷 新羅)450)

백제 고구려 신라

聞帝新討高麗 乃間取新羅七城 (『新唐書』 220 列傳 145 東夷 百濟)451)

신라 고구려

亦會帝親伐高麗 詔率兵以披虜勢 善德使兵五萬 入高麗南鄙 拔水口城以聞 (『新唐書』 220 列傳 145 東夷 新羅)452)

고구려 백제　太宗親征高麗 百濟懷二 (『唐會要』 95 百濟)453)

고구려 백제　太宗新征高麗 百濟懷二 (『太平寰宇記』 172 四夷 1 東夷 1 百濟國)454)

고구려 백제 신라

(唐書) 及太宗親征高麗 百濟懷貳 乘虛襲破新羅七城 (『太平御覽』 781 四夷部 2 東夷 2 百濟)455)

---

443) 이 앞부분은 『資治通鑑』에 5월28일(乙未)로 되어 있다.
444) 이 기사에는 연대 표기가 없으나,『資治通鑑』에 의거하여 貞觀19년(645) 5월29일(丙申)로 편년하였다.
445) 이 기사에는 연대 표기가 없으나,『資治通鑑』에 의거하여 貞觀19년(645) 5월29일(丙申)로 편년하였다.
446) 이 기사에는 연대 표기가 없으나,『資治通鑑』에 의거하여 貞觀19년(645) 5월29일(丙申)로 편년하였다.
447) 이 기사에는 연대 표기가 없으나,『資治通鑑』및『冊府元龜』에 의거하여 貞觀19년(645) 5월29일(丙申)로 편년하였다.
448) 『玉海』에는 貞觀17년(643)으로 되어 있다.
449) 이 기사에는 월 표기가 없으나,『三國史記』新羅本紀 등에 의거하여 5월로 편년하였다.
450) 이 기사에는 월 표기가 없으나,『三國史記』新羅本紀 등에 의거하여 5월로 편년하였다.
451) 이 기사에는 연대 표기가 없으나,『三國史記』新羅本紀 등에 의거하여 貞觀19년(645) 5월로 편년하였다.
452) 이 기사에는 연대 표기가 없으나,『三國史記』新羅本紀 등에 의거하여 貞觀19년(645) 5월로 편년하였다.
453) 이 기사에는 연대 표기가 없으나,『三國史記』新羅本紀 등에 의거하여 貞觀19년(645) 5월로 편년하였다.
454) 이 기사에는 연대 표기가 없으나,『三國史記』新羅本紀 등에 의거하여 貞觀19년(645) 5월로 편년하였다.
455) 이 기사에는 연대 표기가 없으나,『三國史記』新羅本紀 등에 의거하여 貞觀19년(645) 5월로 편년하였

신라 고구려	(唐書) 後太宗將親伐高麗 詔新羅纂集士馬 應接大軍 新羅遣大臣領兵五萬 入高麗南界 攻水口城 降之 (『太平御覽』781 四夷部 2 東夷 2 新羅)[456]
신라 고구려	(傳) (…) 帝伐高麗 詔率兵破虜 善德使兵五萬 拔水口城以聞 (『玉海』153 朝貢外夷 內朝內附 唐新羅織錦頌觀釋尊賜晉書)[457]
백제 고구려 신라	
	(東夷傳) (…) 聞帝親討高麗 乃間取新羅七城 (『玉海』191 兵捷露布 3 唐神丘道行軍 大摠管蘇定方俘百濟)[458]

고구려	六月丁酉 克白巖城 (『新唐書』2 本紀 2 太宗)
고구려	六月丁酉 李世勣攻白巖城西南 上臨其西北 城主孫代音潛遣腹心請降[459] 臨城 投刀鉞爲信 且曰 奴願降 城中有不從者 上以唐幟與其使[460]曰 必降者 宜建之城上 代音建幟 城中人以爲唐兵已登城 皆從之
	上之克遼東也 白巖城請降 既而中悔 上怒其反覆 令軍中曰 得城當悉以人物賞戰士[461] 李世勣見上將受其降 帥甲士數十人請曰 士卒所以爭冒矢石 不顧其死者 貪虜獲耳[462] 今城垂拔 柰何更受其降 孤戰士之心[463] 上下馬謝曰 將軍言是也 然縱兵殺人而虜其妻孥[464] 朕所不忍 將軍麾下有功者 朕以庫物賞之 庶因將軍贖此一城 世勣乃退 得城中男女萬餘口 上臨水設幄受其降 仍賜之食 八十以上賜帛有差 他城之兵在白巖者悉慰諭 給糧仗 任其所之
	先是 遼東城長史爲部下所殺 其省事奉妻子 奔白巖[465] 上憐其有義 賜帛五匹 爲長史造靈輿 歸之平壤[466]
	以白巖城爲巖州 以孫代音爲刺史
	契苾何力瘡重[467] 上自爲傅藥 推求得刺何力者高突勃 付何力使自殺之 何力奏稱 彼爲其主 冒白刃刺臣 乃忠勇之士也[468] 與之初不相識 非有怨讎 遂捨之[469] (『資治通鑑』198 唐紀 14 太宗 下之上)
고구려	(貞觀十九年)六月丁酉 李勣攻白巖城西南 太宗臨其西北 城主孫伐音請降 以城爲巖州 (『册府元龜』117 帝王部 117 親征 2)
고구려	太宗貞觀十九年六月 征遼 是月丁酉 攻白巖城 李勣攻其西南 帝臨其西北 城主孫伐音潛令腹心人請降 乃臨堞投刃戲以爲信 曰 奴願降 其中有主者 言曰 以我旗幟示 必降逮之 城主伐音所遣人得而樹之於城 高麗以爲唐兵登也 衆悉從之
	初 遼東之陷也 城中懼而請降 既而中悔 帝怒其反覆 許以城中人物分賜將士 至是 李勣見且受降 率甲卒數十人 請於帝曰 戰士奮厲爭先 不顧矢石者 貪獲虜耳 今城垂拔

다.
456) 이 기사에는 연대 표기가 없으나, 『三國史記』 新羅本紀 등에 의거하여 貞觀19년(645) 5월로 편년하였다.
457) 이 기사에는 연대 표기가 없으나, 『三國史記』 新羅本紀 등에 의거하여 貞觀19년(645) 5월로 편년하였다.
458) 이 기사에는 연대 표기가 없으나, 『三國史記』 新羅本紀 등에 의거하여 貞觀19년(645) 5월로 편년하였다.
459) 降 戶江翻 下同
460) 幟 昌志翻 使 疏吏翻
461) 言以其男女及財物爲賞也
462) 帥 讀曰率 下同 冒 莫比翻 下同
463) 觀世勣此言 蓋少年爲盜之氣習未除耳
464) 孥 音奴
465) 省事 吏職也 自後魏以來有之 賀拔岳之攻尉遲菩薩也 菩薩使省事傳語是也 先 悉薦翻 省 悉景翻
466) 爲 于僞翻 下自爲彼爲汝爲當爲同
467) 契 欺訖翻 苾 毗必翻
468) 刺 七亦翻
469) 怨 於元翻

奈何更許其降　無乃孤將士之心　成黠虜之計　帝下馬而謝曰　將軍言是也　然縱兵殺戮
虜其妻孥　朕所不忍　將軍麾下有功者　朕以庫物賞之　庶因將軍贖此一城　勣乃止　遂受
降　獲士女一萬　勝兵一千四百　倉廩二萬八千石　帝御旌官於水渚　高麗降衆重列而拜者
二千餘人　優勞之　高麗舞躍叫呼　聲震山谷　命太官賜飱　解牲體而羅之　不置刀　高麗手
摯口齧　骨肉俱盡　城中人年八十以上　賜帛各有差　及諸城堡人　帝悉加慰諭　給以糧仗
任其所往　城中父老僧尼貢夷酪昆布米餅蕪荑鼓等　帝悉爲少受　而賜之以帛　高麗喜甚
皆仰天下拜曰　聖天子之恩非所望也 (『冊府元龜』126 帝王部 126 納降)

고구려　(太宗紀) (正[470]觀十九年)六月丁酉　克白巖城 (…) (高麗傳) (正[471]觀十九年) 虜酋孫
伐音 以城降[六月丁酉] 獲男女凡萬兵二千 以其地爲巖州 (『玉海』194 兵捷紀功碑銘
附 唐駐蹕山紀功破陣圖漢武臺紀功)

고구려　(貞觀十九年) 師次白崖城 命攻之[472] 右衛大將軍李思摩中弩矢 帝親爲吮血 將士聞之
莫不感勵[473] 其城因山臨水 四面險絶 李勣以撞車撞之 飛石流矢 雨集城中 六月 帝
臨其西北 城主孫伐音潛遣使請降曰 臣已願降 其中有貳者 詔賜以旗幟曰 必降 建之
城上 伐音擧幟於城上 高麗以爲唐兵登也 乃悉降
初 遼東之陷也 伐音乞降 旣而中悔 帝怒其反覆 許以城中人物分賜戰士 及是 李勣言
於帝曰 戰士奮厲爭先 不顧矢石者 貪虜獲耳 今城垂拔 奈何更許其降 無乃辜將士之
心乎 帝曰 將軍言是也 然縱兵殺戮 虜其妻孥 朕所不忍也 將軍麾下有功者 朕以庫物
賞之 庶因將軍贖此一城 遂受降 獲士女一萬 勝兵二千四百
以其城置巖州 授孫伐音爲巖州刺史 (『舊唐書』199上 列傳 149上 高麗)[474]

고구려　(貞觀十九年)六月 攻拔白巖城 以其城爲巖州 (『通典』186 邊防 2 東夷 下 高句
麗)[475]

고구려　(貞觀十九年)六月 攻拔白巖城 以其城爲巖州 (『唐會要』95 高句麗)[476]

고구려　(貞觀十九年)六月 攻拔白巖城 以其城爲巖州 (『太平寰宇記』173 四夷 2 東夷 2 高
勾驪)[477]

고구려　李世勣進攻白巖城西南 帝臨其西北 城主孫代音潛遣腹心請降 臨城捉刀鉞爲信 曰 奴
願降 城中有不從者 帝以唐幟與其使曰 必降者 宜立之城上 代音立幟 城中人以爲唐
兵已登城 皆從之
帝之克遼東也 白巖城請降 旣而中悔 帝怒其反覆 令軍中曰 得城 當悉以人物 賞戰士
李世勣見帝將受其降 帥甲士數十人 請曰 士卒所以爭冒矢石 不顧其死者 貪虜獲耳
今城垂拔 奈何更受其降 孤戰士之心 帝下馬謝曰 將軍言是也 然縱兵殺人而虜其妻孥
朕所不忍 將軍麾下有功者 朕以庫物賞之 庶因將軍贖此一城 世勣乃退 得城中男女萬
餘口 臨水設幄受其降 仍賜之食 八十以上賜帛有差 他城之兵在白巖者 悉慰諭給糧仗
任其所之
先是 遼東城長史爲部下所殺 其省事奉其妻子 奔白巖 帝憐其有義 賜帛五匹 爲長史
造靈輿 歸之平壤
以白巖城爲巖州 以孫代音爲刺史 (『三國史記』21 高句麗本紀 9 寶臧王 上)[478]

고구려　李世勣進攻白巖城西南 帝臨其西北 城主孫代音潛遣腹心請降 臨城投刀鉞爲信 代音

470) 저본에는 '正'으로 되어 있으나, 이 시기의 연호는 '貞觀'이므로 '貞'으로 수정해야 한다.
471) 저본에는 '正'으로 되어 있으나, 이 시기의 연호는 '貞觀'이므로 '貞'으로 수정해야 한다.
472) 이 앞부분은 『資治通鑑』에 5월28일(乙未)로 되어 있다.
473) 이 앞부분은 『資治通鑑』에 5월29일(丙申)로 되어 있다.
474) 이 기사에는 일자 표기가 없으나, 『新唐書』本紀에 의거하여 6월 1일(丁酉)로 편년하였다.
475) 이 기사에는 일자 표기가 없으나, 『新唐書』本紀에 의거하여 6월 1일(丁酉)로 편년하였다.
476) 이 기사에는 일자 표기가 없으나, 『新唐書』本紀에 의거하여 6월 1일(丁酉)로 편년하였다.
477) 이 기사에는 일자 표기가 없으나, 『新唐書』本紀에 의거하여 6월 1일(丁酉)로 편년하였다.
478) 이 기사에는 월일 표기가 없으나, 『新唐書』本紀에 의거하여 6월 1일(丁酉)로 편년하였다.

願降　而城中有不從者　帝以幟與其使曰　必降者　宜立之城上　代音立幟　城中人以爲唐
兵已登城　皆從之

克遼東也　白巖城請降　旣而中悔　帝怒其反覆　令軍中曰　得城　當悉以人物　賞戰士　李
世勣見帝將受其降　帥甲士數十人　請曰　士卒所以爭冒矢石　不顧其死者　貪虜獲耳　今
城垂拔　奈何更受其降　孤戰士之心　帝下馬謝曰　將軍言是也　然縱兵殺人而虜其妻孥
朕所不忍　將軍麾下有功者　朕以庫物賞之　庶因將軍贖此一城　世勣乃退　得城中男女萬
餘口　臨水設幄受其降　仍賜之食　八十以上賜帛有差　他城之兵在白巖者　悉慰諭給糧仗
任其所之

先是　遼東城長史爲部下所殺　其省事奉其妻子　奔白巖　帝憐其有義　賜帛伍匹　爲長史
造靈輿　歸之平壤

以白巖城爲巖州　以孫代音爲刺史 (『三國史節要』8)[479]

| 고구려 | (貞觀十九年) 進攻白崖城[480]　城負山厓水　險甚　帝壁西北　虜酋孫伐音陰丐降　然城中
不能一　帝賜幟曰　若降　建于堞以信　俄而擧幟　城人皆以唐兵登矣　乃降

初　伐音中悔　帝怒　約以虜口畀諸將　及是　李勣曰　士奮而先　貪虜獲也　今城危拔　不可
許降以孤士心　帝曰　將軍言是也　然縱兵殺戮　略人妻孥　朕不忍　將軍麾下有功者　朕能
以庫物賞之　庶因將軍贖一城乎　獲男女凡萬兵二千　以其地爲巖州　拜伐音爲刺史 (『新
唐書』220 列傳 145 東夷 高麗)[481] |

| 고구려 | (貞觀十九年) 又遼東城長史　爲部下所殺　而省事[482]携其妻子　奔白巖　城降　帝義之　賜
省事帛五疋　仍爲造靈輿　歸平壤 (『冊府元龜』138 帝王部 138 旌表 2)[483] |

| 고구려 | (貞觀十九年) 又師次白巖城[484]　白巖城因山臨水　疊石爲之　四面險絶　其可攻之處　纔
六十步　勣又以衝車撞之　所向摧潰　飛石流矢　雨集城中 (『冊府元龜』369 將帥部 30
攻取 2 李勣)[485] |

| 고구려 | (唐書) (貞觀十九年) 師次白崖城[486]　右衛大將軍李思摩中弩矢　帝親爲吮血　將士聞之
莫不感勵[487]　城主孫伐音遂乞降　以其城置巖州　授伐音爲刺史 (『太平御覽』783 四夷
部 4 東夷 4 高句驪)[488] |

| 고구려 | 軍次白巖城[489]　爲賊所圍　被矟中腰　瘡重疾甚　太宗自爲傳藥[490]　及拔賊城　敕求傷之
者高突勃　付何力自殺之　何力奏言　犬馬猶爲其主　況於人乎　彼爲其主　況致命冒白刃
而刺臣　是其義勇士也　本不相識　豈是冤讎　遂捨之 (『舊唐書』109 列傳 59 契苾何
力)[491] |

| 고구려 | 高麗降戶州十四　府九[太宗親征 (…) 得白崖城　置巖州] (『新唐書』43下 志 33下 地
理 7下 河北道)[492] |

| 고구려 | 次白崖城[493]　中賊矟　創甚　帝自爲傳藥[494]　城拔　得刺何力者高突勃　驅使自殺之　辭曰 |

479) 이 기사에는 월일 표기가 없으나, 『新唐書』本紀에 의거하여 6월 1일(丁酉)로 편년하였다.
480) 이 앞부분은 『資治通鑑』에 5월 28일(乙未)로 되어 있다.
481) 이 기사에는 월일 표기가 없으나, 『新唐書』本紀에 의거하여 6월 1일(丁酉)로 편년하였다.
482) 省事　郡吏也
483) 이 기사에는 월일 표기가 없으나, 『新唐書』本紀에 의거하여 6월 1일(丁酉)로 편년하였다.
484) 이 앞부분은 『資治通鑑』에 5월 28일(乙未)로 되어 있다.
485) 이 기사에는 월일 표기가 없으나, 『新唐書』本紀에 의거하여 6월 1일(丁酉)로 편년하였다.
486) 이 앞부분은 『資治通鑑』에 5월 28일(乙未)로 되어 있다.
487) 이 앞부분은 『資治通鑑』에 5월 29일(丙申)로 되어 있다.
488) 이 기사에는 월일 표기가 없으나, 『新唐書』本紀에 의거하여 6월 1일(丁酉)로 편년하였다.
489) 이 앞부분은 『資治通鑑』에 5월 28일(乙未)로 되어 있다.
490) 이 앞부분은 『資治通鑑』에 5월 29일(丙申)로 되어 있다.
491) 이 기사에는 연대 표기가 없으나, 『資治通鑑』에 의거하여 貞觀19(645) 6월 1일(丁酉)로 편년하였다.
492) 이 기사에는 연대 표기가 없으나, 『資治通鑑』에 의거하여 貞觀19(645) 6월 1일(丁酉)로 편년하였다.
493) 이 앞부분은 『資治通鑑』에 5월 28일(乙未)로 되어 있다.
494) 이 앞부분은 『資治通鑑』에 5월 29일(丙申)로 되어 있다.

고구려	彼爲其主 冒白刃以刺臣 此義士也 犬馬猶報其養 況於人乎 卒捨之 (『新唐書』 110 列傳 35 諸夷蕃將 契苾何力)495)
고구려	次白崖城496) 爲賊所圍 被稍中腰 瘡重疾甚 太宗自爲傅藥497) 及拔賊城 勑求傷之者 高突勃 付何力令自殺之 何力奏言 犬馬猶爲其主 況於人乎 彼爲其主 致命冒白刃而 刺臣者 是義勇也 本不相識 豈是仇讐 遂捨之 (『冊府元龜』 417 將帥部 78 德義 契 苾何力)498)
고구려	(貞觀十九年六月丁酉)是日 於蓋牟城置蓋州 (『冊府元龜』 117 帝王部 117 親征 2)499)
고구려	(六月) 初 莫離支遣加尸城七百人戌蓋牟城 李世勣盡虜之 其人請從軍自效 上曰 汝家 皆在加尸 汝爲我戰 莫離支必殺汝妻子 得一人之力而滅一家 吾不忍也 戊戌 皆廩賜 遣之 (『資治通鑑』 198 唐紀 14 太宗 下之上)
고구려	(貞觀十九年) 初 帝之渡遼也 莫離支遣加尸城七百人戌蓋牟城 李勣盡虜之 其人並隨 軍請自効 帝謂之曰 非不欲爾之力 爾家在加尸 爾爲吾戰 彼將爲戮矣 破一家之妻子 求一人之力用 吾不忍也 戊戌 帝悉令稟食而放還 咸曰 高麗小人 不知所以報天子德 也 (『冊府元龜』 42 帝王部 42 仁慈)500)
고구려	(貞觀十九年六月) 我軍之渡遼也 莫離支遣加尸城七百人戌蓋牟城 李勣盡虜之 其人並 請隨軍自効 太宗謂曰 誰不欲爾之力 爾家悉在加尸 爾爲吾戰 彼將爲戮矣 破一家之 妻子 求一人之力用 吾不忍也 悉令放還 (『舊唐書』 199上 列傳 149上 高麗)501)
고구려	初 莫離支遣加尸城七百人戌盖牟城 李世勣盡虜之 其人請從軍自效 帝曰 汝家皆在加 尸 汝爲我戰 莫離支必殺汝妻子 得一人之力 而滅一家 吾不忍也 皆廩賜遣之 (『三國 史記』 21 高句麗本紀 9 寶臧王 上)502)
고구려	初 蓋蘇文遣加尸城七百人戌盖牟城 李世勣盡虜之 其人請從軍自效 帝曰 汝家皆在加 尸 汝爲我戰 蓋蘇文必殺汝妻子 得一人之力 而滅一家 吾不忍也 皆廩賜遣之 (『三國 史節要』 8)503)
고구려	(貞觀十九年) 莫離支以加尸人七百戌蓋牟 勣俘之 請自効 帝曰 而家加尸 乃爲我戰 將盡戮矣 夷一姓求一人力 不可 稟而縱之 (『新唐書』 220 列傳 145 東夷 高麗)504)
고구려	(唐書) (貞觀十九年) 我軍之渡遼也 莫離支遣加戶城七百人戌蓋牟城 李勣盡虜之 其人 並請隨軍自効 太宗謂曰 詎不欲爾之力 爾家悉在加尸 爾爲吾戰 彼將爲戮矣 破一家 之妻子 取一人之力用 吾不忍也 悉令放還 (『太平御覽』 783 四夷部 4 東夷 4 高句 驪)505)
고구려	(六月)己亥 以蓋牟城爲蓋州 (『資治通鑑』 198 唐紀 14 太宗 下之上)506)
고구려	以盖牟城爲蓋州 (『三國史記』 21 高句麗本紀 9 寶臧王 上)507)

---

495) 이 기사에는 연대 표기가 없으나, 『資治通鑑』에 의거하여 貞觀19년(645) 6월 1일(丁酉)로 편년하였다.
496) 이 앞부분은 『資治通鑑』에 5월28일(乙未)로 되어 있다.
497) 이 앞부분은 『資治通鑑』에 5월29일(丙申)로 되어 있다.
498) 이 기사에는 연대 표기가 없으나, 『資治通鑑』에 의거하여 貞觀19년(645) 6월 1일(丁酉)로 편년하였다.
499) 『資治通鑑』에는 6월 3일(己亥)로 되어 있다.
500) 이 기사는 10월 기사 뒤에 있으나, 『資治通鑑』 등에 의거하면 내용상 6월 2일(戊戌)에 해당한다.
501) 이 기사에는 일자 표기가 없으나, 『資治通鑑』에 의거하여 6월 2일(戊戌)로 편년하였다.
502) 이 기사에는 월일 표기가 없으나, 『資治通鑑』에 의거하여 6월 2일(戊戌)로 편년하였다.
503) 이 기사에는 월일 표기가 없으나, 『資治通鑑』에 의거하여 6월 2일(戊戌)로 편년하였다.
504) 이 기사에는 월일 표기가 없으나, 『資治通鑑』에 의거하여 6월 2일(戊戌)로 편년하였다.
505) 이 기사에는 월일 표기가 없으나, 『資治通鑑』에 의거하여 6월 2일(戊戌)로 편년하였다.
506) 『冊府元龜』 帝王部에는 6월 1일(丁酉)로 되어 있다.

고구려	以蓋牟城爲蓋州 (『三國史節要』8)[508]
고구려	(貞觀十九年六月)庚子 詔曰 上天之道 先德而後刑 王者之師 有征而無戰 是以炎農翦暴 夙沙自縛其君 玄德一興 有苗不固其險 朕勞神濟物 用百姓而爲心 則天弘化 環四海而開宇 義非獲已 繇是擧兵 每蓄哀矜 深存宥罪 自濟遼水 先令告喩 而蓋牟不革其面 遼東猶抗其斧 旣觸天網 遂縱兵鋒 未展鷹揚 已皆魚爛 朕乃鼓行乘勝 師次白巖 兇徒相率 登陴拒守 因山構壘 仰切浮雲 縈澗疏隍 下臨無景 妖氛蝟聚 如憑劍閣之深 同惡鴟張 若負洞庭之險
	乃命行營大總管英國公勣等 統咀彘冠雞之將 率挈黿斬蛟之士 石發甚於星霣 樓毀同於山壞 朕憫彼同焚 情深惻隱 乃親御八駿 幸勑三軍 賊旣倒懸 方思轉禍 積甲齊於熊耳 獲庫方於海陵 建十州之旗 各復於桑梓 反三韓之士 不易於農肆 焚櫬錫爵 驅馳遼浿之間 鑿井耕田 編列卜辰之野 古人有言曰 全國爲上 蓋斯之謂焉 又燕碣土風 素多霖霆 軒皇遭召雨之寇 晉后苦涌水之災 自朕出師 上靈幽贊 旭日澄靄 膚雲輟陰 所指未有堅城 所向乃無完陣 天道人事 義等合符 窮穴傾巢 庶將非遠 宜以大慶 頒示普天 (『冊府元龜』117 帝王部 117 親征 2)
고구려	上天之道 先德而後刑 王者之師 有征而無戰 是以炎農翦暴 夙沙自縛其君 元德一興 有苗不固其險 朕勞神濟物 用百姓而爲心 則天宏化 環四海而開宇 義非獲已 由是擧兵 每蓄哀矜 深存宥罪 自濟遼水 先令告喩 而蓋牟不革其面 遼東猶抗其斧 旣觸天網 遂縱兵鋒 未展鷹揚 已皆魚爛 朕乃鼓行乘勝 師次白巖 兇徒相率 登陴拒守 因山構壘 仰切浮雲 縈澗疏隍 下臨無景 妖氛蝟聚 如憑劍閣之深 同惡鴟張 若負洞庭之險
	乃命行軍大總管英國公勣等 統咀彘冠雞之將 率挈黿斬蛟之士 石發甚於星霣 樓毀同於山壞 朕憫彼同焚 情深惻隱 乃親御八駿 幸勑三軍 賊旣倒懸 方思轉禍 積甲齊於熊耳 獲庾方於海陵 建十州之旗 各復於桑梓 反三韓之士 不易於農肆 焚櫬錫爵 驅馳遼浿之間 鑿井耕田 編列弁辰之野 古人有言曰 全國爲上 蓋斯之謂焉 又燕碣土風 素多霖霆 軒皇遭召雨之寇 晉后苦涌水之災 自朕出師 上靈幽贊 旭日澄靄 膚雲輟陰 所指未有堅城 所向乃無完陣 天道人事 義等合符 窮穴傾巢 庶將非遠 宜以大慶 頒示普天 (『全唐文』7 太宗皇帝 克高麗白巖城詔)[509]
삼한	六月丁酉朔甲辰 中大兄密謂倉山田麻呂臣曰 三韓進調之日 必將使卿讀唱其表 遂陳欲斬入鹿之謀 麻呂臣奉許焉 (『日本書紀』24 皇極紀)
고구려	(六月)丁未 車駕發遼東 (『資治通鑑』198 唐紀 14 太宗 下之上)
고구려	(貞觀十九年六月)丁未 車駕發自遼東 (『冊府元龜』117 帝王部 117 親征 2)
삼한	(六月)戊申 天皇御大極殿 古人大兄侍焉 中臣鎌子連 知蘇我入鹿臣 爲人多疑 晝夜持劍 而敎俳優 方便令解 入鹿臣 笑而解劍 入侍于座 倉山田麻呂臣 進而讀唱三韓表文 於是 中大兄 戒衛門府 一時俱鏁十二通門 勿使往來 召聚衛門府於一所 將給祿 時中大兄 卽自執長槍 隱於殿側 中臣鎌子連等 持弓矢而爲助衛 使海犬養連勝麻呂 授箱中兩劍於佐伯連子麻呂與葛城稚犬養連網田曰 努力努力 急須應斬 子麻呂等 以水送飯 恐而反吐 中臣鎌子連 嘖而使勵 倉山田麻呂臣 恐唱表文將盡 而子麻呂等不來 流汗浹身 亂聲動手 鞍作臣 怪而問曰 何故掉戰 山田麻呂對曰 恐近天皇 不覺流汗 中大兄 見子麻呂等 畏入鹿威 便旋不進曰 咄嗟 卽共子麻呂等 出其不意 以劍傷割入鹿

---

507) 이 기사에는 월일 표기가 없으나, 『資治通鑑』에 의거하여 6월 3일(己亥)로 편년하였다.
508) 이 기사에는 월일 표기가 없으나, 『資治通鑑』에 의거하여 6월 3일(己亥)로 편년하였다.
509) 이 기사에는 연대 표기가 없으나, 『冊府元龜』에 의거하여 貞觀19년(645) 6월 4일(庚子)로 편년하였다.

頭肩 入鹿驚起 子麻呂 運手揮釼 傷其一脚 入鹿轉就御座 叩頭曰 當居嗣位 天之子
也 臣不知罪 乞垂審察 天皇大驚 詔中大兄曰 不知 所作 有何事耶 中大兄 伏地奏曰
鞍作盡滅天宗 將傾日位 豈以天孫代鞍作乎[蘇我臣入鹿 更名鞍作] 天皇卽起入於殿中
佐伯連子麻呂稚犬養連網田 斬入鹿臣 是日 雨下潦水溢庭 以席障子 覆鞍作屍 古人
大兄 見走入私宮 謂於人曰 韓人殺鞍作臣[謂因韓政而誅] 吾心痛矣 卽入臥內 杜門不
出 (『日本書紀』24 皇極紀)

고구려	六月丙辰 師至安市城 (『舊唐書』3 本紀 3 太宗 下)
고구려	(貞觀)十九年六月丙辰 太宗征高麗 次安市城 太白辰星合于東井 史記曰 太白爲主 辰星爲客 爲蠻夷 出相從而兵在野爲戰 (『新唐書』33 志 23 天文 3 五星聚合)
고구려	(六月)丙辰 至安市城510) 進兵攻之 (『資治通鑑』198 唐紀 14 太宗 下之上)
고구려	(貞觀十九年六月)丙辰 次於安市城北 列營進兵以攻之 (『冊府元龜』117 帝王部 117 親征 2)
고구려	(太宗貞觀十九年六月)丙辰 次於安市城北 (『冊府元龜』126 帝王部 126 納降)
고구려	(貞觀十九年六月)丙辰 次於安市城 列營進兵以攻之 詔曰 自莫離支爲主 官以賄成 單貧之家 困於稅斂 一馬匹布 隻菟纖鱗 或進域主 或輸耨薩 其有自給 類加箠楚 編戶饑寒 莫知告訴 至斯責罰 卽用夷刑 反接鞭笞 下手無數 瘡深快意 然後乃已 所以陳兵伐罪 兼暢皇風 使懷附之徒 同霑聲教 息彼貪殘 除其弊俗 今遼東之野 各置州縣 或有舊法 餘風未殄 宜卽禁斷 令邊國憲 (『冊府元龜』159 帝王部 159 革弊)
고구려	(唐書曰) (貞觀十九年)六月景511)辰 師次安市城 (『太平御覽』109 皇王部 34 唐太宗文皇帝)
고구려	(高麗傳) (正512)觀十九年六月) 次安市[丙辰] (…) (會要) 上征遼東 進次安市城513) 名其山爲駐蹕山 (『玉海』194 兵捷紀功碑銘附 唐駐蹕山紀功破陣圖漢武臺紀功)
고구려	自莫離支爲主 官以賄成 單貧之家 困於稅斂 一馬匹布 隻兔纖鱗 或進域主 或輸耨薩 其有自給 類加箠楚 編戶饑寒 莫知告訴 至斯責罰 卽用夷刑 反接鞭笞 下手無數 瘡深快意 然後乃已 所以陳兵伐罪 兼暢皇風 使懷附之徒 同霑聲教 息彼貪殘 除其弊俗 今遼東之野 各置州縣 或有舊法 餘風未殄 宜卽禁斷 令邊國憲 (『全唐文』7 太宗皇帝 禁遼東重刑詔)514)
고구려	(六月)丁巳 高麗別將高延壽高惠眞帥兵十五萬來援安市 以拒王師 李勣率兵奮擊 上自高峯引軍臨之515) 高麗大潰 殺獲不可勝紀516) 延壽等以其衆降 因名所幸山爲駐蹕山 刻石紀功焉517) 賜天下大酺二日 (『舊唐書』3 本紀 3 太宗 下)
고구려 말갈	(六月)丁巳 高麗北部耨薩延壽惠眞帥高麗靺鞨兵十五萬救安市518) 上謂侍臣曰 今爲延壽策有三 引兵直前 連安市城爲壘 據高山之險 食城中之粟 縱靺鞨掠吾牛馬 攻之不可猝下 欲歸則泥潦爲阻 坐困吾軍 上策也519) 拔城中之衆 與之宵遁 中策也 不度智

---

510) 安市 漢古縣 屬遼東郡 舊書薛仁貴傳作安地城
511) 저본에는 '景'으로 되어 있으나, 唐 高祖의 조부인 李昞을 피휘한 것이므로, '丙'에 해당한다.
512) 저본에는 '正'으로 되어 있으나, 이 시기의 연호는 '貞觀'이므로 '貞'으로 수정해야 한다.
513) 이 뒷부분은 『新唐書』本紀 등에 6월23일(己未)로 되어 있다.
514) 이 기사에는 연대 표기가 없으나, 『冊府元龜』에 의거하여 貞觀19(645) 6월20일(丙辰)로 편년하였다.
515) 이 뒷부분은 『資治通鑑』에 6월22일(戊午)로 되어 있다.
516) 이 뒷부분은 『資治通鑑』에 6월23일(己未)로 되어 있다.
517) 이 뒷부분은 『新唐書』本紀 6월25일(辛酉)에 "賜酺三日"이라고 되어 있다.
518) 後漢書東夷傳 高句驪有五族 有消奴部絶奴部順奴部灌奴部桂婁部 賢曰 按今高麗五部 一曰內部 一名黃部 卽桂婁部也 二曰北部 一名後部 卽絶奴部也 三曰東部 一名左部 卽順奴部也 四曰南部 一名前部 卽灌奴部也 五曰西部 一名右部 卽消奴部也 據北史 高麗五部各有耨薩 蓋其酋長之稱也 耨 奴屋翻 新書 高麗大城置耨薩一 比都督也 麗 力知翻 靺鞨 音末曷

能　來與吾戰　下策也520)　卿曹觀之　必出下策　成擒在吾目中矣　高麗有對盧　年老習
事521)　謂延壽曰　秦王內芟羣雄522)　外服戎狄　獨立爲帝　此命世之材　今擧海內之衆而
來　不可敵也　爲吾計者　莫若頓兵不戰　曠日持久　分遣奇兵斷其運道523)　糧食旣盡　求
戰不得　欲歸無路　乃可勝也524)　延壽不從　引軍直進　去安市城四十里

上猶恐其低徊不至　命左衛大將軍阿史那社爾將突厥千騎以誘之525)　兵始交而僞走　高
麗相謂曰　易與耳　競進乘之　至安市城東南八里　依山而陳526)　上悉召諸將問計　長孫無
忌對曰　臣聞臨敵將戰　必先觀士卒之情　臣適行經諸營　見士卒聞高麗至　皆拔刀結旆
喜形於色　此必勝之兵也　陛下未冠527)　身親行陣528)　凡出奇制勝　皆上稟聖謀　諸將奉
成算而已　今日之事　乞陛下指蹤529)　上笑曰　諸公以此見讓　朕當爲諸公商度530)　乃與
無忌等從數百騎　乘高望之　觀山川形勢　可以伏兵及出入之所　高麗靺鞨合兵爲陳　長四
十里531)　江夏王道宗曰　高麗傾國以拒王師　平壤之守必弱　願假臣精卒五千　覆其本根
則數十萬之衆可不戰而降　上不應532)　遣使紿延壽曰　我以爾國強臣弑其主　故來問罪
至於交戰　非吾本心　入爾境　芻粟不給　故取爾數城　俟爾國脩臣禮　則所失必復矣　延壽
信之　不復設備533)　上夜召文武計事　命李世勣將步騎萬五千陳於西嶺　長孫無忌將精兵
萬一千爲奇兵　自山北出於狹谷以衝其後　上自將步騎四千　挾鼓角　偃旗幟　登北山上
勅諸軍聞鼓角齊出奮擊　因命有司張受降幕於朝堂之側534)（『資治通鑑』198　唐紀　14
太宗　下之上）

고구려　말갈　（貞觀十九年六月）丁巳　高麗北部耨薩高惠眞率高麗靺羯之衆十五萬以援安市城　帝謂侍
臣曰　延壽之來也　其策有三　若引兵直前　連安市城以爲壘　據高山之險　食城中之粟　兼
縱靺羯之寇吾牛馬　攻之則不可卒下　欲歸則泥潦爲滯　此其上策　若抽城中之人與之宵
遁　此其中策　若不量其能　近城列陣　將與吾交鋒　此其下策　卿其觀之　是必用下策　若
得縱兵決戰　所謂成擒者也　賊中有一對盧　年習事　謂延壽曰　吾聞中國大亂　英雄竝起
秦王聖武　所向無敵　遂平天下　南面爲帝　北夷請服　西戎獻款　今者傾國而至　唐兵之壯
健者悉來　其鋒不可當也　今爲計者　莫若頓兵不戰　曠日持久　分遣驍雄斷其餽運　不過
旬月軍糧必盡　求戰不得　欲歸無路　此不戰而必取勝也　延壽不從　引軍直進　遣騎候之
云去安市城四十里

太宗以爲兵家之勢以逸待勞　猶慮其低徊不至　詔左衛大將軍阿史那社爾總突厥十騎以
誘之　誡曰　鋒交而佯北　其必乘爾而來也　高麗嘗令靺羯居前　社爾與之纔交而退　高麗
相謂曰　此易與　竟馳進軍於安市城東南八里　依山麓而陣　帝召無忌及侍臣將軍等謂曰
夷兵旣至　塵埃亘數十百里　彼衆我寡　卿等所知　國家猛將謀臣　竝從朕在　破賊萬全之
策云何　無忌奏稱　古來帝王亦有以干戈靜亂　而臨天下者多委將帥　身非英䂓　陛下往時

---
519)　若高延壽出於上策　不知太宗何以應之　唯有江夏王道宗之計策耳
520)　度　徒洛翻
521)　東夷傳　高句驪置官　有相加對盧沛者　陳壽曰　其置官有對盧則不置沛者　有沛者則不置對盧　薛居正曰　高麗
　　　官　其大者號大對盧　比一品　總知國事　對盧以下官　總十一級　列置州縣六十餘　大城置耨薩　比都督　小城置運
　　　使　比刺史
522)　芟　所銜翻
523)　斷　丁管翻
524)　此卽帝所謂上策也
525)　厥　九勿翻　騎　奇寄翻　誘　音酉
526)　易　以豉翻　陳　讀曰陣　下爲陳陳於布陳其陳同
527)　冠　古玩翻
528)　行　戶剛翻
529)　以獵爲喩　指示獸蹤　則狗得以追殺
530)　度　徒洛翻
531)　長　直亮翻
532)　爲上悔不用道宗策張本　夏　戶雅翻
533)　使　疏吏翻　紿　蕩亥翻　復　扶又翻
534)　降　戶江翻　朝　直遙翻　行營備宮省之制　故亦有朝堂

平定海內 年踰成童 莫不披堅執銳 躬先士伍 翦除千紀 救蒼生之命 鴻名遠震 海外咸
服 今所從將士多是幕府舊人 雖復遠涉夷鄉 而善陪神武 橫戈思敵 人百其戰 古人云
將戰 必觀士卒之情 臣適行經諸營 衛士等聞高麗已至 無不抽刀結旆 喜見於色 往平
王充及竇建德等 臣蒙從征 至於奇謀異算 多出睿旨 用陛下妙算 無不就擒 偶違成規
必致負敗 今陛下親臨遼隊 擐甲振嚮 滅高麗之機 在此一舉 臣等愚短 破陣萬全之策
不敢克當 乞陛下指縱 臣等奉以行事 太宗笑謂曰 卿等旣推算於朕 當爲君料量 因與
無忌等 翼數百騎 乘高以觀之 覽其山川 可以用奇兵處 遣紿延壽曰 我以爾强臣簒弒
故來問罪 卽欲交戰 非吾本意 天子入境 芻粟不給 不能於中國轉運 破爾數城以取虜
食 禮苟修則所失必復矣 延壽信之 竟夕而俟 太宗夜召文武 躬自指麾 遣李勣步騎一
萬五千於賊西嶺爲陣 長孫無忌率將軍牛進達等精兵一萬一千 以爲奇兵 自山北於狹谷
出 以衝其後 太宗自率步騎四千 潛鼓角偃旌幟 趨賊營北高峯之上 勅諸軍聞鼓角聲而
齊進 因令所司 張受降幟於朝堂之側曰 明日午時 納降虜於此矣 遂率軍而進 是夜 流
星墜賊營中 (『冊府元龜』 117 帝王部 117 親征 2)

고구려 말갈   貞觀十九年 帝征遼 次安市城[535] 六月丁巳 高麗靺鞨之衆十五萬來援安市城 帝謂侍
臣曰 高延壽之來也 其策有三 若引兵直前 連安市城以爲壘 據高山之險 食城中之粟
兼縱靺鞨 寇吾牛馬 攻之則不可卒下 欲歸則泥潦爲滯 此其上策 若抽城中之人 與之
宵遁 此其中策 若不量其能 近城列陣 將與吾交鋒者 此其下策 卿其觀之 是必用下策
若得縱兵決戰 所謂成擒者也 賊中有一對盧年習事 謂延壽曰 吾聞中國大亂 英雄竝起
秦王聖武 所向無敵 遂平天下 南面爲帝 北夷請服 西戎獻款 今者傾國而至 唐兵之壯
健者悉來 其鋒不可當也 今爲計者 莫若頓兵不戰 曠日持久 分遣驍雄 斷其饋運 不過
旬日 軍糧必盡 求戰不得 欲歸無路 此不戰而取勝也 延壽不從 引軍直進 遣馬候之云
去安市城四十里
帝以爲兵家之勢以逸待勞 猶慮其低個不至 詔左衛大將軍阿史郍社爾 總突厥千騎以誘
之 誠曰 鋒交而佯北 其必乘爾而來也 高麗常令靺鞨居前 社爾與之纔交而退 高麗相
謂曰 此易與耳 競馳進軍於安市城東南八里 依山麓而陳 帝召長孫無忌及侍臣將軍等
謂曰 夷兵旣至 塵埃互數十里 彼衆我寡 卿等所知 國家猛將謀臣 竝從朕在此 破賊萬
全之策云何 無忌奏稱 古來帝王亦有以干戈靜亂 而臨天下者多委將帥 身非經略 陛下
徃時平定海內 年踰成童 莫不披堅執銳 躬先士伍 翦除千紀 救蒼生之命 鴻名遠震 海
外咸服 今所從行將士 多是幕府舊人 雖遠涉夷鄉 而喜陪神武 橫戈思敵 人百其戰 古
人云 將戰 必觀士卒之情 臣適行經諸營 衛士等聞高麗已至 無不抽刀結旆 喜見於色
徃平王世充及竇建德等 臣皆從征 至於奇謀異筭 多出睿旨 用陛下妙筭 無不就擒 偶
違成規 必致負敗 今陛下親臨遼碣 擐甲辰鄉 滅高麗之機 在此一擧 臣等愚短 破陣萬
全之策 不敢克當 特乞陛下指縱 臣等奉以行事 帝笑謂曰 卿等旣推筭於朕 朕當爲君
料量 因與無忌李勣等 翼數百騎 乘高以觀之 見其山川 可以用奇兵處 遣使紿延壽曰
我以爾强臣簒弒 故來問罪 卽欲交戰 非吾本意 天子入境 芻粟不能於中國轉運 破爾
數城以取廩食 禮苟修則所失必復矣 延壽信之 竟夕而俟 帝夜召文武 躬自指麾 遣李
勣步騎一萬五千於賊西嶺爲陳 無忌率將軍牛進達等精兵一萬一千 以爲奇兵 自山北於
狹谷出 以衝其後 帝自率步騎四千 潛鼓角偃旌幟 趨賊營北高峯之上 勅諸將聞鼓角聲
而齊進 因令所司張受降幕於朝堂之側曰 明日午時 納降虜於此矣 遂率軍而進 (『冊府
元龜』 125 帝王部 125 料敵)

고구려   (太宗貞觀十九年六月)丁巳 高麗高惠眞率衆十五萬來援 於安市城東南八里而陣[536] 帝
令李勣 率步卒擊之 高延壽衆退 長孫無忌縱兵乘其後 太宗又引軍臨之 賊大潰 斬首

---

535) 이 앞부분은 『舊唐書』 本紀 등에 6월20일(丙辰)로 되어 있다.
536) 이 뒷부분은 『資治通鑑』 등에 6월22일(戊午)로 되어 있다.

二萬餘級 (『冊府元龜』 126 帝王部 126 納降)

고구려   (唐書曰) (貞觀十九年六月)丁巳 高麗別將高延壽高惠眞帥兵十五萬 來援安市 以拒王師 李世勣率兵奮擊 上自高峯引軍臨之[537] 高麗大潰 殺獲不可勝紀[538] 延壽等以其衆降 因名所幸爲駐蹕山 刻石紀功焉[539] 賜天下大酺二日 (『太平御覽』 109 皇王部 34 唐太宗文皇帝)

고구려 말갈   (舊紀) (正[540]觀十九年)六月丁巳 名所幸山爲駐蹕山 刻石紀功 (…) (高麗傳) (正[541]觀十九年六月) 於是 高麗北部傉薩高延壽南部傉薩高惠眞 引兵及靺鞨衆十五萬來援 丁巳 帝曰 彼若勒兵連安市而壁據高山 取城中粟食之 縱靺鞨略吾牛馬 攻之不可下 此上策也 拔城夜去 此中策也 與吾爭鋒 則擒矣 有大對盧[官名] 爲延壽計曰 吾聞中國亂 豪雄並奮 秦王神武 敵無堅戰無前 遂定天下 南面而帝 北狄西戎罔不臣 今掃地而來 謀臣重將皆在 其鋒不可當 今莫若頓兵曠日 陰遣兵 絶其糧道 不旬日糧盡 欲戰不得 歸則無路 乃可取也 延壽不從 引軍距安市四十里而屯

帝曰 虜墮吾策中矣 命左衛大將軍阿史那社尒 以突厥千騎當之 虜以靺鞨銳兵居前 社尒兵接而北 延壽曰 唐易與耳 進一舍 倚麓而陣 帝詔延壽曰 我以爾有强臣賊殺其主 來問罪 交戰非我意 延壽謂然按甲俟 帝夜召諸將 使李勣率步騎萬五千 陣西嶺當賊 長孫無忌牛進達精兵萬人 出虜背狹谷 以騎四千偃旗趨虜北山上 令諸軍曰 聞鼓聲而縱 張幄朝堂曰 明日日中 納降虜於此 是夜 流星墮延壽營 (『玉海』 194 兵捷紀功碑銘附 唐駐蹕山紀功破陣圖漢武臺紀功)[542]

고구려   (貞觀)十九年 從太宗征遼 至駐蹕陣 頻遭流矢 拔而又進 其所部兵士 人百其勇 盡獲殊勳 (『舊唐書』 109 列傳 59 阿史那社尒)[543]

고구려   從征遼東 中流矢 擺去復戰 所部奮厲 皆有功 (『新唐書』 110 列傳 35 諸夷蕃將 阿史那社尒)[544]

고구려   阿史那社爾 爲右軍大將軍檢校北門左屯營 太宗征高麗駐驛之陣 領屯衛飛騎及長上宿衛之兵 奮不顧命 所向無前 頻遭流矢 拔而又進 其所部兵士人百其勇 (『冊府元龜』 396 將帥部 57 勇敢 3 阿史那社爾)[545]

고구려   (六月)戊午 延壽等獨見李世勣布陳 勒兵欲戰 上望見無忌軍塵起 命作鼓角 擧旗幟 諸軍鼓譟並進 延壽等大懼 欲分兵禦之 而其陳已亂 會有雷電[546] 龍門人薛仁貴[547] 著奇服 大呼陷陳[548] 所向無敵 高麗兵披靡[549] 大軍乘之 高麗兵大潰 斬首二萬餘級 上望見仁貴 召拜游擊將軍[550] 仁貴 安都之六世孫[551] 名禮 以字行 延壽等將餘衆依山自固 上命諸軍圍之 長孫無忌悉撤橋梁 斷其歸路[552] (『資治通鑑』 198 唐紀 14 太宗

---

537) 이 뒷부분은 『資治通鑑』 등에 6월22일(戊午)로 되어 있다.
538) 이 뒷부분은 『新唐書』 本紀 등에 6월23일(己未)로 되어 있다.
539) 이 뒷부분은 『新唐書』 本紀에 6월25일(辛酉)로 되어 있다.
540) 저본에는 '正'으로 되어 있으나, 이 시기의 연호는 '貞觀'이므로 '貞'으로 수정해야 한다.
541) 저본에는 '正'으로 되어 있으나, 이 시기의 연호는 '貞觀'이므로 '貞'으로 수정해야 한다.
542) '舊紀' 부분은 『新唐書』 本紀 등에 6월23일(己未)로 되어 있다.
543) 이 기사에는 월일 표기가 없으나, 『舊唐書』 本紀 등에 의거하여 6월21일(丁巳)로 편년하였다.
544) 이 기사에는 연대 표기가 없으나, 『舊唐書』 本紀 등에 의거하여 貞觀19년(645) 6월21일(丁巳)로 편년하였다.
545) 이 기사에는 연대 표기가 없으나, 『舊唐書』 本紀 등에 의거하여 貞觀19년(645) 6월21일(丁巳)로 편년하였다.
546) 方合戰而雷電皆至
547) 龍門 漢皮氏縣地 後魏曰龍門縣 幷置龍門郡 隋廢郡 以縣屬蒲州 唐武德初 爲泰州治所 貞觀十七年州廢 屬絳州 薛仁貴自編戶應募
548) 著 陟略翻 呼 火故翻
549) 披 普彼翻
550) 唐制 武散階 游擊將軍 從五品下
551) 薛安都爲將 以勇聞於宋魏之間

下之上)

고구려	(貞觀十九年六月)戊午 延壽獨見李勣兵 欲與戰 太宗遙望長孫無忌軍塵起 命鼓角竝作 旗幟齊擧 大懼 將分兵承之 而其陣已亂 時有電雷助我軍威 李勣率步卒一萬擊之 延壽衆退 長孫無忌縱兵乘其後 太宗又引軍臨之 賊因潰 斬首二萬餘級 延壽等率其餘寇 依山自保 迴望我軍擊其黨類 悲號相召 其聲甚哀 於是 詔無忌等引兵圍之 無忌撤川梁以斷其歸路矣 太宗按轡行觀營壘 謂侍臣曰 高麗擧國而來 存亡所繫 一麾而敗 天祐我也 因下馬再拜以謝天 (『冊府元龜』117 帝王部 117 親征 2)
고구려	(貞觀十九年六月)戊午 延壽獨見李勣兵 欲與戰 帝遙望無忌軍塵起 命鼓角竝作旌幟齊擧 賊衆大懼 將分兵承之 而其陣已亂 時有雷電助我軍威 李勣率步卒一萬擊之 延壽衆退 長孫無忌縱兵乘其後 帝又引軍臨之 賊因大潰 斬首三萬餘級 延壽等率其餘寇 依山自保 迴望我軍擊其黨類 悲號相召 其聲甚哀 於是 詔無忌勣等引兵圍之 無忌徹川梁以斷其歸路 帝按軍行觀賊營壘 謂侍臣曰 高麗傾國而來 存亡所繫 一麾而敗 天祐我也 因下馬再拜以謝天 (『冊府元龜』125 帝王部 125 料敵)
고구려	(高麗傳) (正[553]觀十九年六月) 旦日[戊午] 虜視勣軍少 卽戰 帝望無忌軍塵上 命鼓角作兵幟四合 虜煌惑 將分兵禦之 衆已囂 勣以步槊擊敗之 無忌乘其後 帝自山馳下 虜大亂 斬首二萬級 延壽收餘衆 負山自固 無忌勣合圍之 徹川梁斷歸路 帝按轡觀虜營壘曰 高麗傾國來 一麾而破 天贊我也 下馬再拜謝況于天 (『玉海』194 兵捷紀功碑銘 附 唐駐蹕山紀功破陣圖漢武臺紀功)
고구려	旣而三韓放命 六師薄伐 蟻徒雲會 際日域以傾巢 醜類蜂△ 阻蒼波而借一 武旅爭進 鑾駕親臨 公窮率熊羆 先蒙矢石 出左入右 飄若凌風 拔幟斬旗 倏如奔電 聲高百萬 氣勇三軍 言紀丸都 愴國殤之已反 將聞凱奏 痛馬革而先歸 嗚呼哀哉 以貞觀十九年六月廿二日 薨於遼東駐蹕之山 春秋五十有一 (「王君愕 墓誌銘」:『唐代墓誌滙篇續集』;『全唐文補遺』2;『全唐文新編』992; 1993『昭陵碑石』)
고구려	貞觀末 太宗親征遼東 仁貴謁將軍張士貴應募 請從行 至安地 有郞將劉君昻爲賊所圍甚急 仁貴往救之 躍馬徑前 手斬賊將 懸其頭於馬鞍 賊皆懾伏 仁貴遂知名 及大軍攻安地城 高麗莫離支遣將高延壽高惠眞率兵二十五萬來拒戰 依山結營 太宗分命諸將四面擊之 仁貴自恃驍勇 欲立奇功 乃異其服色 著白衣 握戟 腰鞬張弓 大呼先入 所向無前 賊盡披靡卻走 大軍乘之 賊乃大潰 太宗遙望見之 遣馳問先鋒白衣者爲誰 特引見 賜馬兩匹絹四十匹 擢授游擊將軍雲泉府果毅 仍令北門長上 幷賜生口十人 (『舊唐書』83 列傳 33 薛仁貴)[554]
고구려	從太宗征遼東 兼領左屯營兵馬 與高麗戰於駐蹕山 君愕先鋒陷陣 力戰而死 太宗深痛悼之 贈左衛大將軍幽州都督邢國公 賜東園秘器 陪葬昭陵 (『舊唐書』90 列傳 40 王君愕)[555]
고구려	王師攻安市城 高麗莫離支遣將高延壽等率兵二十萬拒戰 倚山結屯 太宗命諸將分擊之 仁貴恃驍悍 欲立奇功 乃著白衣自標顯 持戟 腰鞬兩弓 呼而馳 所向披靡 軍乘之 賊遂奔潰 帝望見 遣使馳問 先鋒白衣者誰 曰 薛仁貴 帝召見 嗟異 賜金帛口馬甚衆 授游擊將軍雲泉府果毅 令北門長上 (『新唐書』111 列傳 36 薛仁貴)[556]
고구려	從太宗征遼 領左屯營兵 與高麗戰駐蹕山 死于陣 贈左衛大將軍幽州都督邢國公 陪葬昭陵 (『新唐書』116 列傳 41 王君愕)[557]

---

552) 斷 丁管翻
553) 저본에는 '正'으로 되어 있으나, 이 시기의 연호는 '貞觀'이므로 '貞'으로 수정해야 한다.
554) 이 기사에는 연대 표기가 없으나, 『資治通鑑』등에 의거하여 貞觀19년(645) 6월22일(戊午)로 편년하였다.
555) 이 기사에는 연대 표기가 없으나, 「王君愕 墓誌銘」에 의거하여 貞觀19년(645) 6월22일로 편년하였다.
556) 이 기사에는 연대 표기가 없으나, 『資治通鑑』등에 의거하여 貞觀19년(645) 6월22일(戊午)로 편년하였다.

고구려	薛仁貴 自太宗遼東之役 以勇敢聞 擢授游擊將軍雲泉府果毅 仍令北門長上 幷賜生口十人 (『冊府元龜』384 將帥部 45 褒異 10 薛仁貴)558)
고구려	王君愕 爲左武衛將軍 從征遼戰傷還 卒於營 太宗深痛悼之 賜東園秘器 陪葬昭陵 墳高六丈 (『冊府元龜』384 將帥部 45 褒異 10 王君愕)559)
고구려	薛仁貴 絳州龍門人也 太宗征遼東 仁貴應募從行 及大軍攻安市城 高麗莫離支遣將高延壽高惠眞率兵一十五萬 來拒戰 依山結營 太宗分命諸將擊之 仁貴自恃驍勇 欲立奇功 乃易其服色著白衣 握戟腰鞬張弓 大呼先入 所向被靡 大軍乘之 賊乃大潰 (『冊府元龜』396 將帥部 57 勇敢 3 薛仁貴)560)
고구려	王君諤 爲左武衛將軍 從太宗征遼東 兼領左屯營兵 與高麗戰於駐驆山 君諤先鋒陷陣 遂與賊短兵相接 賊以鈙斧擊之 墜馬 左右不繼 以至於難還 卒於營 太祖561)深痛惜之 左右坐誅者數人 子及善嗣 拜朝散大夫 (『冊府元龜』425 將帥部 86 死事 王君愕)562)
고구려	唐太宗征遼東 駐蹕于陣 薛仁貴著白衣 握戟橐鞬 張弓大呼 所向披靡 太宗謂曰 朕不喜得遼東 喜得卿也 (『太平廣記』191 驍勇 1 薛仁貴)563)
고구려	貞觀末 太宗親征遼東 仁貴應募從軍 累擢右領軍中郎將 (『全唐文』159 薛仁貴序)564)
고구려	(六月)己未 大敗高麗于安市城東南山 左武衛將軍王君愕死之 (『新唐書』2 本紀 2 太宗)
고구려 말갈	(六月)己未 延壽惠眞帥其衆三萬六千八百人請降565) 入軍門 膝行而前 拜伏請命 上語之曰 東夷少年 跳梁海曲 至於摧堅決勝 故當不及老人 自今復敢與天子戰乎566) 皆伏地不能對 上簡耨薩以下酋長三千五百人 授以戎秩 遷之內地567) 餘皆縱之 使還平壤 皆雙擧手以顙頓地 歡呼聞數十里外568) 收靺鞨三千三百人 悉阬之569) 獲馬五萬匹牛五萬頭鐵甲萬領 他器械稱是570) 高麗擧國大駭 後黃城銀城皆自拔遁去 數百里無復人煙 上驛書報太子 仍與高士廉等書曰 朕爲將如此 何如571) 更名所幸山爲駐蹕山572) (『資治通鑑』198 唐紀 14 太宗 下之上)
고구려 말갈	(貞觀十九年六月)己未 高延壽高惠眞率三萬六千八百人 請降 太宗引入轅門 延壽膝行而前 拜手請命 太宗謂延壽等曰 東夷英少 謃張海曲 至於摧堅破敵 故當不及老人 而今而後更敢與天子戰否 延壽等咸伏地 而不對辭 簡耨薩已下及酋首三千五百人 授以

---

557) 이 기사에는 연대 표기가 없으나,「王君愕 墓誌銘」에 의거하여 貞觀19년(645) 6월22일로 편년하였다.
558) 이 기사에는 연대 표기가 없으나,『資治通鑑』 등에 의거하여 貞觀19년(645) 6월22일(戊午)로 편년하였다.
559) 이 기사에는 연대 표기가 없으나,「王君愕 墓誌銘」에 의거하여 貞觀19년(645) 6월22일로 편년하였다.
560) 이 기사에는 연대 표기가 없으나,『資治通鑑』 등에 의거하여 貞觀19년(645) 6월22일(戊午)로 편년하였다.
561) 저본에는 '祖'로 되어 있으나,『舊唐書』王君愕傳에 의거하여 '宗'으로 수정해야 한다.
562) 이 기사에는 연대 표기가 없으나,「王君愕 墓誌銘」에 의거하여 貞觀19년(645) 6월22일로 편년하였다.
563) 이 기사에는 연대 표기가 없으나,『資治通鑑』 등에 의거하여 貞觀19년(645) 6월22일(戊午)로 편년하였다.
564) 이 기사에는 연대 표기가 없으나,『資治通鑑』 등에 의거하여 貞觀19년(645) 6월22일(戊午)로 편년하였다.
565) 考異曰 實錄云 李勣奏曰 向若陛下不自親行 臣與道宗將數萬人攻安市城未克 延壽等十餘萬抽戈齊至 城內兵士復應開門而出 臣救首救尾 旋踵卽敗 必爲延壽等縛送向平壤 爲莫離支等所笑 今日臣敢謝陛下性命恩澤 帝素狎勣 笑而頷之 按勣後獨將兵取高麗 豈必太宗親行邪 此非史官虛美 乃勣諛辭耳 今不取
566) 語 牛倨翻 少 詩照翻 復 扶又翻 下無復同
567) 酋 慈由翻 長 知兩翻
568) 聞 音問
569) 以靺鞨犯陣也
570) 稱 尺證翻
571) 史言太宗有矜功之心 將 卽亮翻
572) 據舊史 其山本名六山 更 工衡翻

戎秩 遷之內地 餘衆三萬餘人竝釋俘 放還平壤 其謝恩於天子 竝雙舉手 以顙頓地 懽
叫之聲 聞數千里外 鞁羯三千三百人 盡坑殺之 獲馬五萬匹牛五萬頭光明甲一萬領 他
戰器械稱是 遼東道行軍大摠管李勣奏曰 向若陛下不自親行 臣與道宗將數萬人 攻安
市城 未克 延壽等十餘萬抽戈齊至 城內兵士復應開門而出 以救首尾 旋踵即敗 必爲
延壽等縛送 向平壤 爲莫離支等所笑 今日 臣敢謝陛下性命恩澤 太宗素狎勣 笑而領
之 延壽惠眞等敗也 高麗傾國震駭 後黃城及銀城竝自拔 數百里無復人煙 遞驛以報皇
太子 仍書與申國公高士廉等曰 朕爲將如此 何如 皇太子表請曰 伏承聖躬去賊城不踰
百步 臣魂飛膽戰 莫知自處 伏願思宗社之重 以億兆爲心 收雷霆之威 駐矢石之外 臣
之愚誠 敢以死論 及聞此語 報曰 吾初向賊陣 心竝在戰攻 爲憶汝之言 所以不執斧鉞
如其不 爾將大決戰 此後必不親行陣 勿爲憂慮也 因名所幸山爲駐蹕山 令將作造破陣
圖 竝命中書侍郞許敬宗爲文 勒石記其迹 (『冊府元龜』 117 帝王部 117 親征 2)

고구려　　　(貞觀十九年六月)己未 高延壽高惠貞率三萬六千八百人 請降 (『冊府元龜』 125 帝王
部 125 料敵)

고구려 말갈　(太宗貞觀十九年六月)己未 高延壽高惠眞率三萬六千餘人 請降 帝引入轅門 延壽膝行
而前 拜手請命 帝謂延壽等曰 東夷英少 馳張海曲 至於摧堅破敵 故當不及老人 而今
而後 更敢與天子戰否 延壽等 咸伏地而不對辭簡 耨薩已下及酋首三千五百人 授以戎
秩 遷之內地 餘人並釋俘 放還平壤 其謝恩於天子 並雙舉手 以顙頓地 懽叫之聲 聞
數十里外 收鞁鞨三千三百人 盡坑殺之 獲馬五萬匹牛五萬頭光明甲一萬領 他戰器械
稱是 (『冊府元龜』 126 帝王部 126 納降)

고구려 말갈　(太宗紀) (正[573]觀十九年六月)己未 大敗高麗於安市城東南山 (…) (高麗傳) (正[574]觀
十九年六月) 延壽等度勢窮 舉衆降[己未] 入轅門膝而前 拜手請命 帝曰 後敢與天子
戰乎 惶汗不敢對 帝料酋長三千五百悉官之 許內徙 餘衆三萬縱還之 誅鞁鞨三千餘人
獲馬牛十萬明光鎧萬領 高麗震駭 后黃銀二城自拔 去數百里無舍煙 乃驛詔太子 幷賜
諸臣書曰 朕自將若此云何 因號所幸山 爲駐蹕山 圖破陣狀[令將作造破陣圖] 勒石紀
功 (…) (列傳) 楊弘禮 駐蹕之役 領步騎二十四軍 跳出賊背 所向摧靡 帝自山下望其
衆 劉弘基 戰駐蹕山有功 李勣 從戰駐蹕山功多 (『玉海』 194 兵捷紀功碑銘附 唐駐
蹕山紀功破陣圖漢武臺紀功)

고구려 말갈　(貞觀十九年六月) 車駕進次安市城北 列營進兵以攻之[575] 高麗北部傉薩高延壽南部耨
薩高惠貞 率高麗鞁鞨之衆十五萬 來援安市城 賊中有對盧 年老習事 謂延壽曰 吾聞
中國大亂 英雄並起 秦王神武 所向無敵 遂平天下 南面爲帝 北夷請服 西戎獻款 今
者傾國而至 猛將銳卒 悉萃於此 其鋒不可當也 今爲計者 莫若頓兵不戰 曠日持久 分
遣驍雄 斷其饋運 不過旬日 軍糧必盡 求戰不得 欲歸無路 此不戰而取勝也 延壽不從
引軍直進
太宗夜召諸將 躬自指麾 遣李勣率步騎一萬五千於城西嶺爲陣 長孫無忌率牛進達等精
兵一萬一千以爲奇兵 自山北於狹谷出 以衝其後 太宗自將步騎四千 潛鼓角偃旌幟 趨
賊營北高峯之上 令諸軍聞鼓角聲而齊縱 因令所司張受降幕於朝堂之側曰 明日午時
納降虜於此矣 遂率軍而進[576]
明日 延壽獨見李勣兵 欲與戰 太宗遙望無忌軍塵起 令鼓角並作 旗幟齊擧 賊衆大懼
將分兵禦之 而其陣已亂 李勣以步卒長槍一萬擊之 延壽衆敗 無忌縱兵乘其後 太宗又
自山而下 引軍臨之 賊因大潰 斬首萬餘級 延壽等率其餘寇 依山自保 於是命無忌勣
等引兵圍之 撤東川梁以斷歸路 太宗按轡徐行 觀賊營壘 謂侍臣曰 高麗傾國而來 存

亡所繫 一麾而敗 天佑我也 因下馬再拜以謝天[577]

延壽惠眞率十五萬六千八百人請降 太宗引入轅門 延壽等膝行而前 拜手請命 太宗簡 傉薩以下酋長三千五百人 授以戎秩 遷之內地 收靺鞨三千三百 盡坑之 餘衆放還平壤 獲馬三萬疋牛五萬頭明光甲五千領 他器械稱是 高麗國振駭 后黃城及銀城並自拔 數 百里無復人烟 因名所幸山爲駐蹕山 令將作造破陣圖 命中書侍郎許敬宗爲文 勒石以 紀其功[578] 授高延壽鴻臚卿 高惠眞司農卿 (『舊唐書』199上 列傳 149上 高麗)[579]

| 고구려 말갈 | (貞觀十九年六月) 遂引軍次安市城 進兵以攻之[580] 會高麗北部傉薩高延壽南部高惠眞 率靺鞨之衆十五萬來援 於安市城東南八里依山爲陣 上令所司張受降幕於朝堂之側 夜 召文武 躬自指揮 是夜 有流星墜賊營中[581] 明日 及戰 大破之[582] 延壽惠眞 率三萬 六千八百人來降 上以酋首三千五百人 授以戎秩 遷之內地 餘三萬人 悉放還平壤城 靺鞨三千人 幷坑之 獲馬五萬匹牛五萬頭甲一萬領 因名所幸山爲駐蹕山 命許敬宗爲 文 勒石以紀其迹 (『通典』186 邊防 2 東夷 下 高句麗)[583] |

| 고구려 말갈 | (貞觀十九年六月) 遂引軍次安市城 進兵以攻之[584] 會高麗北部耨薩高延壽南部高惠眞 率靺鞨之衆十五萬來援 於安市城東南八里 依山爲陣 上令所司張授降幕於朝堂之側曰 明日午時 納降虜於此 上夜召文武 躬自指麾 是夜 有流星墜賊營中[585] 明日 及戰 大 破之[586] 延壽惠眞率三萬六千八百人來降 上以酋首三千五百人 授以戎秩 遷之內地 餘三萬人 悉放還平壤城 收靺鞨三千三百人 並坑之 獲馬五萬匹牛五萬頭甲一萬領 因 名所幸山爲駐蹕山 命許敬宗爲文 勒石以紀其迹 (『唐會要』95 高句麗)[587] |

| 고구려 말갈 | (貞觀十九年六月) 遂引軍次安市城 進兵以攻之[588] 會高麗北部傉薩高延壽南部高惠眞 率靺鞨之衆十五萬來援 於安市城東南八里 依山爲陣 上令所司張受降幙於朝堂之側 夜召文武 躬自指麾 是夜 有流星墜賊營中[589] 明日 及戰 大破之[590] 延壽惠眞 率三 萬六千八百人來降 上以酋首三千五百人 授以戎秩 遷之內地 餘三萬人 悉放還平壤城 靺鞨三千人 並坑之 獲馬五萬匹牛五萬頭甲一萬領 因名所幸山爲駐蹕山 命許敬宗爲 文 勒石以紀其跡 (『太平寰宇記』173 四夷 2 東夷 2 高勾驪)[591] |

| 고구려 | (貞觀)十九年六月 帝親征高麗 次安市城[592] 高麗別將高延壽等帥兵十五萬 以拒王師 大摠管李世勣率兵奮擊 帝自高峰引軍臨之[593] 殺獲不可勝紀[594] 延壽等以其衆降 因 名所幸爲駐蹕山 刻石紀功焉 (『冊府元龜』12 帝王部 12 告功)[595] |

| 고구려 | (太宗紀) (正[596]觀十九年)六月 敗之於安市城東南山 (『玉海』162 宮室臺 唐紀功漢武 臺)[597] |

---

577) 이 앞부분은 『資治通鑑』 등에 6월22일(戊午)로 되어 있다.
578) 이 뒷부분은 『資治通鑑』에 7월22일(戊子)로 되어 있다.
579) 이 기사에는 일자 표기가 없으나, 『新唐書』 本紀 등에 의거하여 6월23일(己未)로 편년하였다.
580) 이 앞부분은 『舊唐書』 本紀 등에 6월20일(丙辰)로 되어 있다.
581) 이 앞부분은 『舊唐書』 本紀 등에 6월21일(丁巳)로 되어 있다.
582) 이 앞부분은 『資治通鑑』 등에 6월22일(戊午)로 되어 있다.
583) 이 기사에는 일자 표기가 없으나, 『新唐書』 本紀 등에 의거하여 6월23일(己未)로 편년하였다.
584) 이 앞부분은 『舊唐書』 本紀 등에 6월20일(丙辰)로 되어 있다.
585) 이 앞부분은 『舊唐書』 本紀 등에 6월21일(丁巳)로 되어 있다.
586) 이 앞부분은 『資治通鑑』 등에 6월22일(戊午)로 되어 있다.
587) 이 기사에는 일자 표기가 없으나, 『新唐書』 本紀 등에 의거하여 6월23일(己未)로 편년하였다.
588) 이 앞부분은 『舊唐書』 本紀 등에 6월20일(丙辰)로 되어 있다.
589) 이 앞부분은 『舊唐書』 本紀 등에 6월21일(丁巳)로 되어 있다.
590) 이 앞부분은 『資治通鑑』 등에 6월22일(戊午)로 되어 있다.
591) 이 기사에는 일자 표기가 없으나, 『新唐書』 本紀 등에 의거하여 6월23일(己未)로 편년하였다.
592) 이 앞부분은 『舊唐書』 本紀 등에 6월20일(丙辰)로 되어 있다.
593) 이 앞부분은 『舊唐書』 本紀 등에 6월21일(丁巳)로 되어 있다.
594) 이 앞부분은 『資治通鑑』 등에 6월22일(戊午)로 되어 있다.
595) 이 기사에는 일자 표기가 없으나, 『新唐書』 本紀 등에 의거하여 6월23일(己未)로 편년하였다.
596) 저본에는 '正'으로 되어 있으나, 이 시기의 연호는 '貞觀'이므로 '貞'으로 수정해야 한다.

고구려 말갈　帝至安市城　進兵攻之[598]　北部耨薩高延壽南部耨薩高惠眞　帥我軍及靺鞨兵十五萬救
安市　帝謂侍臣曰　今爲延壽策有三　引兵直前　連安市城爲壘　據高山之險　食城中之粟
縱靺鞨掠吾牛馬　攻之不可猝下　欲歸則泥潦爲阻　坐困吾軍　上策也　拔城中之衆　與之
宵遁　中策也　不度智能　來與吾戰　下策也　卿曹觀之　彼必出下策　成擒在吾目中矣　時
對盧高正義年老習事　謂延壽曰　秦王內芟羣雄　外服戎狄　獨立爲帝　此命世之才　今據
海內之衆而來　不可敵也　爲吾計者　莫若頓兵不戰　曠日持久　分遣奇兵　斷其糧道　糧食
旣盡　求戰不得　欲歸無路　乃可勝　延壽不從　引軍直進　去安市城四十里
帝恐其低徊不至　命大將軍阿史那社尒　將突厥千騎以誘之　兵始交而僞走　延壽曰　易與
耳　競進乘之　至安市城東南八里　依山而陣　帝悉召諸將問計　長孫無忌對曰　臣聞臨敵
將戰　必先觀士卒之情　臣適行經諸營　見士卒聞高句麗至　皆拔刀結旆　喜形於色　此必
勝之兵也　陛下未冠　身親行陣　凡出奇制勝　皆上稟聖謀　諸將奉成筭耳　今日之事　乞陛
下指縱　帝笑曰　諸公以此見讓　朕當爲諸公商度　乃與無忌等從數百騎　乘高望之　觀山
川形勢　可以伏兵及出入之所　我軍與靺鞨合兵爲陣　長四十里　帝望之有懼色　江夏王道
宗曰　高句麗傾國以拒王師　平壤之守必弱　願假臣精卒五千　覆其本根　則數十萬之衆
可不戰而降　帝不應　遣使紿延壽曰　我以爾國强臣弒其主　故　來問罪　至於交戰　非吾本
心　入爾境　芻粟不給　故取爾數城　俟爾國修臣禮　則所失必復矣　延壽信之　不復設備
帝夜召文武計事　命李世勣將步騎萬五千陣於西嶺　長孫無忌牛進達將精兵萬一千爲奇
兵　自山北出於狹谷　以衝其後　帝自將步騎四千　挾鼓角偃旗幟登山　帝勅諸軍　聞鼓角
齊出奮擊　因命有司　張受降幕於朝堂之側　是夜　流星墜延壽營[599]
旦日　延壽等獨見李世勣軍少　勒兵欲戰　帝望見無忌軍塵起　命作鼓角擧旗幟　諸軍鼓噪
並進　延壽等懼　欲分兵禦之　而其陣已亂　會　有雷電　龍門人薛仁貴著奇服　大呼陷陣
所向無敵　我軍披靡　大軍乘之　我軍大潰　死者三萬餘人　帝望見仁貴　拜遊擊將軍　延壽
等將餘衆　依山自固　帝命諸軍圍之　長孫無忌悉撤橋梁　斷其歸路[600]
延壽惠眞帥其衆三萬六千八百人　請降　入軍門拜伏請命　帝簡耨薩已下官長三千五百人
遷之內地　餘皆縱之　使還平壤　收靺鞨三千三百人　悉坑之　獲馬五萬匹牛五萬頭明光鎧
萬領　它器械稱是　更名所幸山曰駐蹕山[601]　以高延壽爲鴻臚卿　高惠眞爲司農卿（『三國
史記』21 高句麗本紀 9 寶臧王 上)[602]
고구려 말갈 신라
帝至安市城　進兵攻之[603]　北部耨薩高延壽南部耨薩高惠眞　帥高句麗軍及靺鞨兵十五
萬救安市　帝謂侍臣曰　今爲延壽策有三　引兵直前　連安市城爲壘　據高山之險　食城中
之粟　縱靺鞨掠吾牛馬　攻之不可猝下　欲歸則泥潦爲阻　坐困吾軍　上策也　拔城中之衆
與之宵遁　中策也　不度智能　來與吾戰　下策也　卿曹觀之　彼必出下策　成擒在吾目中矣
時對盧高正義年老習事　謂延壽曰　秦王內芟群雄　外服夷狄　獨立爲帝　此命世之才　今
據海內之衆而來　不可敵也　爲吾計者　莫若頓兵不戰　曠日持久　分遣奇兵　斷其糧道　糧
食旣盡　求戰不得　欲歸無路　乃可勝　延壽不從　引軍直進　去安市城四十里
帝恐其低徊不至　命大將軍阿史那社尒　將突厥千騎以誘之　兵始交而僞走　延壽曰　易與
耳　競進乘之　至安市城東南八里　依山而陣　帝悉召諸將問計　長孫無忌對曰　臣聞臨敵
將戰　必先觀士卒之情　臣適行經諸營見士卒　聞高句麗至　皆拔刀結旆　喜形於色　此必
勝之兵也　陛下未冠　身親行陣　凡出奇制勝　皆上稟聖謨　諸將奉聖筭耳　今日之事　乞陛

597) 이 기사에는 일자 표기가 없으나, 『新唐書』本紀 등에 의거하여 6월23일(己未)로 편년하였다.
598) 이 앞부분은 『舊唐書』本紀 등에 6월20일(丙辰)로 되어 있다.
599) 이 앞부분은 『舊唐書』本紀 등에 6월21일(丁巳)로 되어 있다.
600) 이 앞부분은 『資治通鑑』 등에 6월22일(戊午)로 되어 있다.
601) 이 뒷부분은 『資治通鑑』에 7월22일(戊子)로 되어 있다.
602) 이 기사에는 월일 표기가 없으나, 『新唐書』本紀 등에 의거하여 6월23일(己未)로 편년하였다.
603) 이 앞부분은 『舊唐書』本紀 등에 6월20일(丙辰)로 되어 있다.

下指縱 帝笑曰 諸公以此見讓 朕當爲諸公商度 乃與無忌等從數百騎 乘高望之 觀山川形勢 可以伏兵及出入之所 高句麗軍與靺鞨合兵爲陣 長四十里 帝望之有懼色 江夏王道宗曰 高句麗傾國以抗王師 平壤之守必弱 願假臣精卒五千 覆其本根 則數十萬之衆 可不戰而降 帝不應 遣使給延壽曰 我以爾國强臣弑其主 故來問罪 至於交戰 非吾本心 入爾境芻粟不給 故取爾數城 俟爾國修臣禮 則所失必復矣 延壽信之 不復設備 帝夜召文武計事 命李世勣將步騎萬五千陣於西嶺 長孫無忌牛進達將精兵萬一千爲奇兵 自山北出於狹谷 以衝其後 帝自將步騎四千 挾鼓角偃旗幟登山 帝勅諸軍 聞鼓角齊出奮擊 因命有司 張受降幕於朝堂之側 是夜 流星墜延壽營604)

旦日 延壽等獨見李世勣軍小 勒兵欲戰 帝望見無忌軍塵起 命作鼓角擧旗幟 諸軍鼓噪並進 延壽等懼 欲分兵禦之 而其陣已亂 會 有雷電 龍門人薛仁貴著奇服 大呼陷陣 所向無敵 高句麗披靡 大軍乘之 高句麗軍大潰 死者二萬餘人 帝望見仁貴 拜遊擊將軍 延壽等將餘衆 依山自固 帝命諸軍圍之 長孫無忌悉撤橋梁 斷其歸路605)

延壽惠眞帥其衆三萬六千八百人 請降 入軍門拜伏請命 帝簡耨薩已下官長三千五百人 遷之內地 餘皆縱之 使還平壤 收靺鞨三千三百人 悉坑之 獲馬五萬匹牛五萬頭明光鎧萬領 它器械稱是 更名所幸山曰駐蹕山606) 以高延壽爲鴻臚卿 高惠眞爲司農卿

新羅人薛罽頭 入唐自薦爲左武衛果毅 至遼東 及是戰 深入疾鬪而死 功一等 帝問 是何許人 左右以實對 帝泫然曰 中國人尙畏死 顧望不前 而外國人爲吾死事 何以報其功乎 脫御衣覆之 贈大將軍 以禮葬之 (『三國史節要』8)607)

고구려 　　(貞觀十九年) 太宗大破遼賊於駐蹕山 敬宗立於馬前受旨草詔書 詞彩甚麗 深見嗟賞 (『舊唐書』82 列傳 32 許敬宗)608)

고구려　말갈 　　(貞觀十九年) 次安市609) 於是 高麗北部傉薩高延壽南部傉薩高惠眞 引兵及靺鞨衆十五萬來援 帝曰 彼若勒兵連安市而壁 據高山 取城中粟食之 縱靺鞨略吾牛馬 攻之不可下 此上策也 拔城夜去 中策也 與吾爭鋒 則禽矣 有大對盧爲延壽計曰 吾聞中國亂 豪雄並奮 秦王神武 敵無堅戰無前 遂定天下 南面而帝 北狄西戎罔不臣 今掃地而來 謀臣重將皆在 其鋒不可校 今莫若頓兵曠日 陰遣奇兵絶其饟道 不旬月糧盡 欲戰不得 歸則無路 乃可取也 延壽不從 引軍距安市四十里而屯 帝曰 虜墮吾策中矣 命左衛大將軍阿史那社 以突厥千騎嘗之 虜常以靺鞨銳兵居前 社 兵接而北 延壽曰 唐易與耳 進一舍 倚籬而陣 帝詔延壽曰 我以爾有彊臣賊殺其主 來問罪 卽交戰非我意 延壽謂然 按甲俟 帝夜召諸將 使李勣率步騎萬五千陣西嶺當賊 長孫无忌牛進達精兵萬人出虜背狹谷 帝以騎四千偃幟趨虜北山上 令諸軍曰 聞鼓聲而縱 張幄朝堂曰 明日日中納降虜於此 是夜 流星墜延壽營610)

旦日 虜視勣軍少 卽戰 帝望无忌軍塵上 命鼓角作 兵幟四合 虜惶惑 將分兵禦之 衆已囂 勣以步槊擊敗之 无忌乘其後 帝自山馳下 虜大亂 斬首二萬級 延壽收餘衆負山自固 无忌勣合圍之 徹川梁 斷歸路 帝按轡觀虜營壘曰 高麗傾國來 一麾而破 天贊我也 下馬再拜 謝況于天611)

延壽等度勢窮 卽擧衆降 入轅門膝而前 拜手請命 帝曰 後敢與天子戰乎 惶汗不得對 帝料酋長三千五百人 悉官之 許內徙 餘衆三萬縱還之 誅靺鞨三千餘人 獲馬牛十萬明光鎧萬領 高麗震駭 后黃銀二城自拔去 數百里無舍煙 乃驛報太子 幷賜諸臣書曰 朕

---

604) 이 앞부분은 『舊唐書』本紀 등에 6월21일(丁巳)로 되어 있다.
605) 이 앞부분은 『資治通鑑』등에 6월22일(戊午)로 되어 있다.
606) 이 뒷부분은 『資治通鑑』에 7월22일(戊子)로 되어 있다.
607) 이 기사에는 월일 표기가 없으나, 『新唐書』本紀 등에 의거하여 6월23일(己未)로 편년하였다.
608) 이 기사에는 월일 표기가 없으나, 『新唐書』本紀 등에 의거하여 6월23일(己未)로 편년하였다.
609) 이 앞부분은 『舊唐書』本紀 등에 6월20일(丙辰)로 되어 있다.
610) 이 앞부분은 『舊唐書』本紀 등에 6월21일(丁巳)로 되어 있다.
611) 이 앞부분은 『資治通鑑』등에 6월22일(戊午)로 되어 있다.

自將若此云何　因號所幸山爲駐蹕山　圖破陣狀　勒石紀功[612]　拜延壽鴻臚卿　惠眞司農卿 (『新唐書』220 列傳 145 東夷 高麗)[613]

고구려　(貞觀十九年) 又進次安市城[614]　依山大戰　虜其將帥　因名所幸山爲駐蹕山　遂還　命中書侍郎許敬宗爲文　刻石以記其跡　敬宗曰　聖人與天地合德　山名駐蹕　蓋天意也　乘輿不復東矣 (『唐會要』27 行幸)[615]

고구려　(貞觀十九年) 攻破蓋牟遼東白巖數城　以功封一子爲郡公 (『冊府元龜』357 將帥部 18 立功 10 李勣)[616]

고구려　(唐書) (貞觀十九年) 車駕進次安市城[617]　高麗北部耨薩高延壽南部高惠眞　率高麗靺鞨之衆十五萬來救　引軍直進　太宗夜召諸將　躬自指麾　因令所司張受降幕於朝堂之側曰　明日午時　納降虜於此矣　遂率軍而進[618]　至時果敗二帥之衆　太宗因按轡　觀城營壘　謂侍臣曰　高麗傾國而來　存亡所繫　一麾而敗　天佑我也　因下馬再拜　以謝天[619]　名所幸山爲駐蹕山　令中書侍郎許敬宗爲文　勒石以紀其功 (『太平御覽』783 四夷部 4 東夷 4 高句驪)[620]

고구려　(高麗傳) (…) 正[621]觀十九年　破高麗于駐蹕山 (『玉海』191 兵捷露布 3 唐遼東道行臺大摠管李勣俘高麗獻俘昭陵檄高麗合元殿數俘)[622]

신라 고구려　薛罽頭 (…) 會 太宗文皇帝親征高句麗　自薦爲左武衛果毅　至遼東　與麗人戰駐蹕山下　深入疾鬪而死　功一等　皇帝問是何許人　左右奏新羅人薛罽頭也　皇帝泫然曰　吾人尚畏死　顧望不前　而外國人爲吾死事　何以報其功乎　問從者　聞其平生之願　脫御衣覆之　授職爲大將軍　以禮葬之 (『三國史記』47 列傳 7 薛罽頭)[623]

고구려　太宗征遼東　以弘基爲前軍大總管　從擊高延壽於駐蹕山　力戰有功　太宗屢加勞勉 (『舊唐書』58 列傳 8 劉弘基)[624]

고구려　攻破蓋牟遼東白崖等數城　又從太宗摧殄駐蹕陣　以功封一子爲郡公 (『舊唐書』67 列傳 17 李勣)[625]

고구려　從破高麗於駐蹕山 (『舊唐書』68 列傳 18 尉遲敬德)[626]

고구려　太宗有事遼東　以弘禮有文武材　擢拜兵部侍郎　專典兵機之務　弘禮每入參謀議　出則統衆攻戰　駐蹕之陣　領馬步二十四軍　出其不意以擊之　所向摧破　太宗自山下見弘禮所統之衆　人皆盡力　殺獲居多　甚壯之　謂許敬宗等曰　越公兒郎　故有家風矣　時諸宰相並在定州留輔皇太子　唯有褚遂良許敬宗及弘禮在行在所　掌知機務 (『舊唐書』77 列傳 27 楊弘禮)[627]

---

612) 이 뒷부분은 『資治通鑑』에 7월 22일(戊子)로 되어 있다.
613) 이 기사에는 월일 표기가 없으나, 『新唐書』 本紀 등에 의거하여 6월 23일(己未)로 편년하였다.
614) 이 앞부분은 『舊唐書』 本紀 등에 6월 20일(丙辰)로 되어 있다.
615) 이 기사에는 월일 표기가 없으나, 『新唐書』 本紀 등에 의거하여 6월 23일(己未)로 편년하였다.
616) 이 기사에는 월일 표기가 없으나, 『新唐書』 本紀 및 『舊唐書』 李勣傳 등에 의거하여 6월 23일(己未)로 편년하였다.
617) 이 앞부분은 『舊唐書』 本紀 등에 6월 20일(丙辰)로 되어 있다.
618) 이 앞부분은 『舊唐書』 本紀 등에 6월 21일(丁巳)로 되어 있다.
619) 이 앞부분은 『資治通鑑』 등에 6월 22일(戊午)로 되어 있다.
620) 이 기사에는 월일 표기가 없으나, 『新唐書』 本紀 등에 의거하여 6월 23일(己未)로 편년하였다.
621) 저본에는 '正'으로 되어 있으나, 이 시기의 연호는 '貞觀'이므로 '貞'으로 수정해야 한다.
622) 이 기사에는 월일 표기가 없으나, 『新唐書』 本紀 등에 의거하여 6월 23일(己未)로 편년하였다.
623) 이 기사에는 연대 표기가 없으나, 『新唐書』 本紀 등에 의거하여 善德王14년(645) 6월 23일(己未)로 편년하였다.
624) 이 기사에는 연대 표기가 없으나, 『新唐書』 本紀 등에 의거하여 貞觀19(645) 6월 23일(己未)로 편년하였다.
625) 이 기사에는 연대 표기가 없으나, 『新唐書』 本紀 등에 의거하여 貞觀19(645) 6월 23일(己未)로 편년하였다.
626) 이 기사에는 연대 표기가 없으나, 『新唐書』 本紀 등에 의거하여 貞觀19(645) 6월 23일(己未)로 편년하였다.

고구려	太宗之破高麗 名所戰六山爲駐蹕 播謂人曰 聖人者 與天地合德 山名駐蹕 此蓋以鑾輿不復更東矣 卒如所言 (『舊唐書』189上 列傳 139上 儒學 上 敬播)628)
고구려	破蓋牟遼東白崖等城 從戰駐蹕山 功多 封一子爲郡公 (『新唐書』 93 列傳 18 李勣)629)
고구려	太宗征遼東 拜兵部侍郞 駐蹕之役 領步騎二十四軍跳出賊背 所向摧靡 帝自山下望其衆 袍仗精整 人人盡力 壯之 謂許敬宗曰 越公兒郞 故有家風 時宰相悉留定州輔皇太子 唯褚遂良敬宗弘禮掌行在機務 (『新唐書』106 列傳 31 楊弘禮)630)
고구려	從太宗伐高麗 而帝名所戰山爲駐蹕 播謂人曰 鑾輿不復東矣 山所以名 蓋天意也 後果然 遷太子司議郞 (『新唐書』198 列傳 123 儒學 上 敬播)631)
고구려 말갈	帝伐高麗 其北部反 與高麗合 高惠眞等率衆援安市 每戰 靺鞨常居前 帝破安市 執惠眞 收靺鞨兵三千餘 悉坑之 (『新唐書』219 列傳 144 黑水靺鞨)632)
고구려	貞觀中 爲輔國大將軍 遼東之役 以弘基爲前軍大將軍 從擊高延壽於駐蹕山 力戰有功 累蒙優賞 (『册府元龜』357 將帥部 18 立功 10 劉弘基)633)
고구려	太宗征遼東 以弘基與前軍大總管 從擊高延壽於駐蹕山 力戰有功 太宗屢加勞勉 (『册府元龜』384 將帥部 45 褒異 10 劉弘基)634)
고구려	唐書曰 太宗征遼 岑文本卒于行驛 召許敬宗635) 令草駐蹕山破賊詔書 敬宗立於馬前 俄頃而就 詞甚典麗 深見嗟賞 (『太平御覽』600 文部 16 思疾)636)
고구려	吾初向賊陣 心竝在戰攻 爲憶汝之言 所以不執斧鉞 如其不爾將大決戰 此後必不親行陣 勿爲憂慮也 (『全唐文』10 太宗皇帝 克高麗報皇太子書)637)
고구려	披堅執銳 陷敵先登 雁翼晨開 窮風雲而摧八陣 魚鱗曉布 蹈湯火而入重圍 載奉神麾 躬叅駐蹕 授桴纔振 雜種分朋 獻凱疇勳 榮高列將 (「尉遲融 墓誌銘」:『全唐文新編』992;『全唐文補遺』2;『唐代墓誌滙篇』)638)
고구려	公時隨文武聖皇帝過遼 破駐蹕陣 授上騎都尉 酬懋賞焉 惟公位列爪牙 寄稱心膂 海濱靜亂 江干禦侮 落雁啼猿 投衡拔距 沉謀吞衛 雄姿駕許 僚列所欽 搢紳攸佇 (「焦海智 墓誌銘」:『大唐西市博物館藏墓誌』)639)

---

627) 이 기사에는 연대 표기가 없으나, 『新唐書』本紀 등에 의거하여 貞觀19년(645) 6월23일(己未)로 편년하였다.
628) 이 기사에는 연대 표기가 없으나, 『新唐書』本紀 등에 의거하여 貞觀19년(645) 6월23일(己未)로 편년하였다.
629) 이 기사에는 연대 표기가 없으나, 『新唐書』本紀 등에 의거하여 貞觀19년(645) 6월23일(己未)로 편년하였다.
630) 이 기사에는 연대 표기가 없으나, 『新唐書』本紀 등에 의거하여 貞觀19년(645) 6월23일(己未)로 편년하였다.
631) 이 기사에는 연대 표기가 없으나, 『新唐書』本紀 등에 의거하여 貞觀19년(645) 6월23일(己未)로 편년하였다.
632) 이 기사에는 연대 표기가 없으나, 『新唐書』本紀 등에 의거하여 貞觀19년(645) 6월23일(己未)로 편년하였다.
633) 이 기사에는 연대 표기가 없으나, 『新唐書』本紀 등에 의거하여 貞觀19년(645) 6월23일(己未)로 편년하였다.
634) 이 기사에는 연대 표기가 없으나, 『新唐書』本紀 등에 의거하여 貞觀19년(645) 6월23일(己未)로 편년하였다.
635) 이 앞부분은 『舊唐書』本紀 등에 4월10일(丁未)로 되어 있다.
636) 이 기사에는 연대 표기가 없으나, 『新唐書』本紀 등에 의거하여 貞觀19년(645) 6월23일(己未)로 편년하였다.
637) 이 기사에는 연대 표기가 없으나, 『新唐書』本紀 등에 의거하여 貞觀19년(645) 6월23일(己未)로 편년하였다.
638) 이 기사에는 연대 표기가 없으나, 『新唐書』本紀, 『舊唐書』尉遲敬德傳 등에 의거하여 貞觀19년(645) 6월23일(己未)로 편년하였다.
639) 이 기사에는 연대 표기가 없으나, 『新唐書』本紀 등에 의거하여 貞觀19년(645) 6월23일(己未)로 편년하였다.

고구려	(六月)辛酉 賜酺三日 (『新唐書』 2 本紀 2 太宗)
고구려	上帝明威 鼓雷霆而震曜 先王仗順 用甲兵而弔伐 故能經綸九野 淸滌八荒 二十七征 元王創其鴻業 五十二戰 黃運垂其大名 騰有國之英猷 光列代之通典 朕荷構乾象 大 庇羣生 池濛汜而苑扶桑 紐天紘而疆日域 蠢玆皮服 敢亂天常 但折彼蠆股 何俟五丁 之力 射其雀目 無假萬弩之機 然以先聖救焚 成言援手 自惟己任 是用躬親 故知矢石 交前 非勝巖廊之道 介冑爲飾 不逮旒冕之容 若命將以授戈 愧奉身而役物 爰親征而 沐雨 務勞形以安衆 一義宜鑑 所向弗違 自涉遼陽 受降之城累築 曾未期月 獻凱之歌 日奏 傳烽告捷 異往昔之照甘泉 資敵爲糧 矯向時之挽紅粟

復以今日中攻其安市城 重圍四布 勢同三板之危 縣命短晨 哀其守陴之哭 高麗僞主掃 其境內 罄玆驍銳 咸發從軍 爰自平壤 長驅影援 有徒十五萬 連旗三十里 烟火稽天 若黃虵之吐霧 轂騎橫野 邁赤蟻之爲羣 朕私心計其地形 屈指籌其破日 分命衆將 各 稟新書 臨事設奇 因機制變 行軍大總管李勣 率總管虢國公張士貴等馬步軍十四總管 當其西南面 又命趙國公無忌 率馬步軍二十六總管 馳自東谷 合其來道 抵背扼喉 塞 其歸路 朕乃潛師偃旆 登於北山 候彼交鋒 於玆聳轡 若處中天之闕 俯周官於目前 如 登太岳之岑 觀魯封於掌內 出其不意 凶徒遂擾 初爲一陣 四拒勍軍 及此三分 因而大 潰 流血川溢 滄波爲之暫丹 斬級彌山 髏骨以之成岳 蓋由鏑鋒交下 玉石同湮 雖則可 哀 理無兼濟 其兵將大耨薩延壽惠眞 率其餘衆 一心輸款 但高麗國政本[闕] 二人今總 委僞軍 隻輪不返 大慶允集 益深祗懼 可歸美淸廟 昭告懋功 頒示萬邦 賜酺三日 (『全 唐文』 7 太宗皇帝 破高麗賜酺詔)[640]

고구려	秋七月辛未 上徙營安市城東嶺 (『資治通鑑』 198 唐紀 14 太宗 下之上)[641]
고구려	(貞觀十九年)七月辛未 移營安市城東嶺 (『冊府元龜』 117 帝王部 117 親征 2)

고구려 백제 신라 가야

(秋七月)丙子 高麗百濟新羅 並遣使進調 百濟調使 兼領任那使 進任那調 唯百濟大使 佐平緣福 遇病留津館 而不入於京 巨勢德太臣 詔於高麗使曰 明神御宇日本天皇詔旨 天皇所遣之使 與高麗神子奉遣之使 旣往短而將來長 是故 可以溫和之心 相繼往來而 已 又詔於百濟使曰 明神御宇日本天皇詔旨 始我遠皇祖之世 以百濟國 爲內官家 譬 如三絞之綱 中間以任那國 屬賜百濟 後遣三輪栗隈君東人 觀察任那國堺 是故 百濟 王隨勅 悉示其堺 而調有缺 由是 却還其調 任那所出物者 天皇之所明覽 夫自今以後 可具題國與所出調 汝佐平等 不易面來 早須明報 今重遣三輪君東人馬飼造[闕名] 又 勅 可送遣鬼部達率意斯妻子等 (『日本書紀』 25 孝德紀)

고구려	(秋七月)己卯 詔標識戰死者尸[642] 俟軍還與之俱歸 (『資治通鑑』 198 唐紀 14 太宗 下之上)
고구려	(貞觀)十九年七月壬午 太白入太微 是夜月掩南斗 太白遂犯左執法 光芒相及箕斗間 漢津 高麗地也 太白爲兵 亦罰星也 (『新唐書』 33 志 23 天文 3 月五星凌犯及星變)
고구려	(秋七月)戊子 以高延壽爲鴻臚卿[643] 高惠眞爲司農卿 (『資治通鑑』 198 唐紀 14 太宗

640) 이 기사에는 연대 표기가 없으나, 『新唐書』 本紀에 의거하여 貞觀19년(645) 6월25일(辛酉)로 편년하였
다.
641) 『舊唐書』 高麗傳에는 8월의 일로 되어 있다.
642) 識 音志

	下之上)
고구려 마한	(貞觀)十九年七月 詔曰 西戎賢相 寵光秦冊 北夷嗣子 榮珥漢貂 羈以長纓 用表玄功之大 掩玆宏網 式昭天覆之博 高麗位頭大兄理大夫後部軍主高延壽大兄前部軍主高惠眞等 幷馬韓酋長 鯷海英髦 分義景於扶桑 數鍾天厭 竊封疆於孤竹 自貽神怒 臨危轉禍 率衆來降 申有膝行之敬 成其面縛之禮 向風擧踵 良足可嘉 咸宜收其俊才 嗣鳥官於郯子 錄其成效 映龜組於梅錦 延壽可鴻臚卿 惠眞可司農卿 (『冊府元龜』 170 帝王部 170 來遠)644)
고구려 마한	西戎賢相 寵光秦冊 北夷嗣子 榮珥漢貂 羈以長纓 用表元功之大 掩玆宏網 式昭天覆之博 高麗位頭大兄理大夫後部軍主高延壽大兄前部軍主高惠眞等 幷馬韓酋長 鯷海英髦 分義景於扶桑 數鍾天厭 竊封疆於孤竹 自貽神怒 臨危轉禍 率衆來降 申其膝行之敬 成其面縛之禮 向風擧踵 良足可嘉 咸宜收其俊才 嗣鳥官於郯子 錄其成效 映龜組於梅錦 延壽可鴻臚卿 惠眞可司農卿 (『全唐文』 7 太宗皇帝 授高延壽高惠眞官爵詔)645)
고구려	秋七月 李勣進軍攻安市城 (『舊唐書』 3 本紀 3 太宗 下)646)
고구려	(貞觀)十九年七月 帝征遼東 於安市城 使李勣攻安市 時從行文武亦以爲 推高延壽拾餘萬軍 高麗膽碎 乘破竹之勢 今乃其時 張亮水軍 在卑涉城 召之 信宿相會 直取烏骨 渡鴨淥水 迫其離心 安有機變 掃淸夷貊 在此行耳 獨司徒長孫無忌以爲 天子行師 與諸將有異 事非萬全 不可徼幸 今建安新城賊首十萬 若向烏骨 皆在吾後 不如先破安市 次取建安 獲其兩城 然後長驅而進 萬全之計也 (『冊府元龜』 991 外臣部 36 備禦 4)
고구려	(唐書曰) (貞觀十九年)秋七月 李世勣進軍攻安市城 (『太平御覽』 109 皇王部 34 唐太宗文皇帝)
고구려	上之克白巖也 謂李世勣曰 吾聞安市城險而兵精 其城主材勇 莫離支之亂 城守不服 莫離支擊之不能下 因而與之 建安兵弱而糧少647) 若出其不意 攻之必克 公可先攻建安 建安下 則安市在吾腹中 此兵法所謂城有所不攻者也648) 對曰 建安在南 安市在北 吾軍糧皆在遼東 今踰安市而攻建安 若賊斷吾運道 將若之何649) 不如先攻安市 安市下 則鼓行而取建安耳 上曰 以公爲將650) 安得不用公策 勿誤吾事 世勣遂攻安市 (…) 高延壽高惠眞請於上曰 奴旣委身大國 不敢不獻其誠 欲天子早成大功 奴得與妻子相見 安市人顧惜其家 人自爲戰 未易猝拔651) 今奴以高麗十餘萬衆 望旗沮潰652) 國人膽破 烏骨城耨薩老耄 不能堅守 移兵臨之 朝至夕克 其餘當道小城 必望風奔潰 然後收其資糧 鼓行而前 平壤必不守矣 羣臣亦言 張亮兵在沙城653) 召之信宿可至 乘高麗兇懼654) 幷力拔烏骨城 渡鴨綠水 直取平壤 在此擧矣 上將從之 獨長孫無忌以爲 天子親征 異於諸將 不可乘危徼幸655) 今建安新城之虜 衆猶十萬 若向烏骨 皆躡吾後

---

643) 臚 陵如翻

644) 이 기사에는 일자 표기가 없으나, 『資治通鑑』에 의거하여 7월22일(戊子)로 편년하였다.

645) 이 기사에는 연대 표기가 없으나, 『資治通鑑』에 의거하여 貞觀19년(645) 7월22일(戊子)로 편년하였다.

646) 『舊唐書』 高麗傳에는 8월의 일로 되어 있다.

647) 少 詩沼翻

648) 孫子兵法之言

649) 斷 丁管翻

650) 將 卽亮翻

651) 易 以豉翻

652) 沮 在呂翻

653) 沙城卽卑沙城

654) 兇 許拱翻

655) 徼 古堯翻

不如先破安市 取建安 然後長驅而進 此萬全之策也 上乃止[656] (『資治通鑑』 198 唐紀 14 太宗 下之上)[657]

고구려　(秋七月) 張亮軍過建安城下 壁壘未固 士卒多出樵牧 高麗兵奄至 軍中駭擾 亮素怯 踞胡床 直視不言 將士見之 更以爲勇 總管張金樹等鳴鼓勒兵擊高麗 破之 (『資治通鑑』 198 唐紀 14 太宗 下之上)

고구려　(貞觀十九年) 張亮又與高麗再戰於建安城下 皆破之 於是列長圍以攻焉 (『舊唐書』 199上 列傳 149上 高麗)[658]

고구려　(貞觀十九年) 後 張亮與高麗再戰於建安城下 皆破之 (『冊府元龜』 135 帝王部 135 好邊功)[659]

고구려　進兵頓於建安城下 營壘未固 士卒多樵牧 賊衆奄至 軍衆惶駭 亮素怯懦 無計策 但踞胡床 直視而無所言 將士見之 翻以亮爲有膽氣 其副總管張金樹等乃鳴鼓 令士衆擊賊 破之 太宗知其無將帥材而不之責 (『舊唐書』 69 列傳 19 張亮)[660]

고구려　進至建安 營壁未立 賊奄至 亮不知所爲 踞胡牀直視無所言 衆謂其勇 得自安 於是副將張金樹鼓于軍 士奮擊 因破賊 (『新唐書』 94 列傳 19 張亮)[661]

고구려　進兵屯于建安城下 營壘未固 士卒多樵採 賊衆奄至 軍中惶駭 亮素怯懦 無計策 但踞胡牀 直視而無所言 將士見之 翻以亮有膽氣 故衆情稍安 其副總管張金樹等乃鳴鼓 令士衆擊賊 破之 太宗亦知其無將帥之材而不之責 (『冊府元龜』 453 將帥部 114 怯懦 張亮)[662]

고구려　(貞觀十九年)七月 詔以征遼從行及遼東平壤二道軍人戰死者 各加四級 聽一子承襲 分遣使人就家弔祭 又詔從軍死亡之徒 恐致湮沒 埋人之處 宜立標榜 軍迴之日 各令將還 幷給棺以葬焉 (『冊府元龜』 135 帝王部 135 愍征役)

백제 고구려　(秋八月)癸卯 遣使於大寺喚聚僧尼而詔曰 於磯城嶋宮御宇天皇十三年中 百濟明王奉傳佛法於我大倭 是時 羣臣俱不欲傳 而蘇我稻目宿禰獨信其法 天皇乃詔稻目宿禰使奉其法 於譯語田宮御宇天皇之世 蘇我馬子宿禰追遵考父之風 猶重能仁世之教 而餘臣不信 此典幾亡 天皇詔馬子宿禰而使奉其法 於小墾田宮御宇之世 馬子宿禰奉爲天皇造丈六繡像丈六銅像 顯揚佛教 恭敬僧尼 朕更復思崇正教 光啓大猷 故以沙門狛大法師福亮惠雲常安靈雲惠至 寺主僧旻道登惠隣 而爲十師 別以惠妙法師爲百濟寺寺主 此十師等 宜能教導衆僧 修行釋教 要使如法 凡自天皇至于伴造所造之寺 不能營者 朕皆助作 令拜寺司等興寺主 巡行諸寺 驗僧尼奴婢田畝之實 而盡顯奏 卽以來目臣[闕名]三輪色夫君額田部連甥爲法頭 (『日本書紀』 25 孝德紀)

고구려　八月甲辰 候騎獲莫離支諜者高竹離 反接詣軍門[663] 上召見 解縛問曰 何瘦之甚 對曰 竊道間行[664] 不食數日矣 命賜之食 謂曰 爾爲諜 宜速反命 爲我寄語莫離支[665] 欲知

---

656) 太宗之定天下 多以出奇取勝 獨遼東之役 欲以萬全制敵 所以無功
657) 이 기사에는 월 표기가 없으나, 『舊唐書』 本紀 및 『冊府元龜』에 의거하여 7월로 편년하였다. 본래는 7월~9월18일(癸未) 이전의 월일 미상 기사를 9월에 일괄정리한 일부이다.
658) 이 기사에는 월 표기가 없으나, 『資治通鑑』에 의거하여 7월로 편년하였다.
659) 이 기사에는 월 표기가 없으나, 『資治通鑑』에 의거하여 7월로 편년하였다.
660) 이 기사에는 연대 표기가 없으나, 『資治通鑑』에 의거하여 貞觀19년(645) 7월로 편년하였다.
661) 이 기사에는 연대 표기가 없으나, 『資治通鑑』에 의거하여 貞觀19년(645) 7월로 편년하였다.
662) 이 기사에는 연대 표기가 없으나, 『資治通鑑』에 의거하여 貞觀19년(645) 7월로 편년하였다.
663) 反接 兩手縛之也 騎 奇寄翻 諜 達協翻 下同
664) 間 古莧翻 下同
665) 語 牛倨翻 下語爾同

軍中消息 可遣人徑詣吾所 何必間行辛苦也 竹離徒跣 上賜屬而遣之[666] (『資治通鑑』198 唐紀 14 太宗 下之上)

고구려 　　八月丙午 徙營於安市城南 上在遼外 凡置營 但明斥候 不爲塹壘 雖逼其城 高麗終不敢出爲寇抄[667] 軍士單行野宿如中國焉[668] (『資治通鑑』198 唐紀 14 太宗 下之上)

고구려 　　(貞觀十九年)八月丙午 移營於安市城南 自帝渡遼 凡十徙營 但明斥堠 未嘗爲塹壘 車士從蓋牟遼東等城運糧 單人匹馬 所至野宿 如中國焉 雖賊城 高麗終不敢竊抄[669] 令李勣江夏王道宗攻安市城 六旬不能克 (『冊府元龜』117 帝王部 117 親征 2)

고구려 　　(貞觀十九年)八月 移營安市城東 李勣遂攻安市 擁延壽等降衆營其城下以招之 城中人堅守不動 每見太宗旌麾 必乘城鼓譟以拒焉 帝甚怒 李勣曰 請破之日 男子盡誅 城中聞之 人皆死戰
乃令江夏王道宗築土山 攻其城東南隅 高麗亦埤城增雉以相抗 李勣攻其西面 令抛石撞車壞其樓雉 城中隨其崩壞 卽立木爲柵 道宗以樹條苞壤爲土 屯積以爲山 其中間五道加木 被土於其上 不捨晝夜 漸以逼城 道宗遣果毅都尉傅伏愛 領隊兵於山頂以防敵 土山自高而陟 排其城 城崩 會伏愛私離所部 高麗百人自頹城而戰 遂據有土山而塹斷之 積火縈盾以自固 太宗大怒 斬伏愛以徇 命諸將擊之 三日不能克 (『舊唐書』199上 列傳 149上 高麗)[670]

고구려 　　(唐書)(貞觀十九年)八月 移營安市城東 李勣等攻之 不拔 (『太平御覽』783 四夷部 4 東夷 4 高句驪)

고구려 　　帝之克白巖也 謂李世勣曰 吾聞安市城險而兵精 其城主材勇 莫離支之亂 城守不服 莫離支擊之 不能下 因而與之 建安兵弱而糧少 若出其不意 攻之必克 公可先攻建安 建安下則安市在吾腹中 此兵法所謂 城有所不攻者也 對曰 建安在南 安市在北 吾軍糧皆在遼東 今踰安市而攻建安 若麗人斷吾糧道 將若之何 不如先攻安市 安市下 則鼓行而取建安耳 帝曰 以公爲將 安得不用公策 勿誤吾事 世勣遂攻安市[671]
安市人望見帝旗蓋 輒乘城鼓噪 帝怒 世勣請克城之日 男子皆坑之 安市人聞之 益堅守 攻久不下[672] 高延壽高惠眞請於帝曰 奴旣委身大國 不敢不獻其誠 欲天子早成大功 奴得與妻子相見 安市人顧惜其家 人自爲戰 未易猝拔 今奴以高句麗十餘萬衆 望旗沮潰 國人膽破 烏骨城耨薩老耄不能堅守 移兵臨之 朝至夕克 其餘當道小城 必望風奔潰 然後收其資糧 鼓行而前 平壤必不守矣 羣臣亦言 張亮兵在沙城 召之 信宿可至 乘高句麗恟懼 倂力拔烏骨城 度鴨綠水 直取平壤 在此擧矣 帝將從之 獨長孫無忌以爲 天子親征 異於諸將 不可乘危徼幸 今建安新城之虜衆猶十萬 若回烏骨 皆躡吾後 不如先破安市 取建安 然後長驅而進 此萬全之策也 帝乃止[673]
諸將急攻安市 帝聞城中雞彘聲 謂世勣曰 圍城積久 城中煙火日微 今雞彘甚喧 此必饗士 欲夜出襲我 宜嚴兵備之 是夜 我軍數百人縋城而下 帝聞之 自至城下 召兵急擊 我軍死者數十人 餘軍退走
江夏王道宗督衆築土山於城東南隅 侵逼其城 城中亦增高其城 以拒之 士卒分番交戰 日六七合 衝車礮石壞其樓堞 城中隨立木柵 以塞其缺 道宗傷足 帝親爲之針 築山晝

---

666) 屬 居灼翻 草履也
667) 塹 七豔翻
668) 史言帝威憺絶域 所謂善師者不陳
669) 이 뒷부분은 『舊唐書』 高麗傳에는 8월로 되어 있다.
670) 『資治通鑑』, 『冊府元龜』 帝王部에는 7월 5일(辛未), 『舊唐書』 本紀에는 7월로 되어 있다.
671) 이 앞부분은 『舊唐書』 高麗傳에 8월로 되어 있다.
672) 이 앞부분은 『冊府元龜』에 7월로 되어 있다.
673) 이 앞부분은 『冊府元龜』에 7월로 되어 있다.

夜不息　凡六旬　用功五十萬　山頂去城數丈　下臨城中　道宗使果毅傅伏愛　將兵屯山頂
以備敵　山頹壓城　城崩　會伏愛私離所部　我軍數百人從城缺出戰　遂奪據土山　塹而守
之　帝怒　斬伏愛以徇　命諸將攻之　三日不能克　道宗徒跣詣旗下　請罪　帝曰　汝罪當死
但朕以漢武殺王恢　不如秦穆用孟明　且有破盖牟遼東之功　故特赦汝耳（『三國史記』2
1 高句麗本紀 9 寶臧王 上)[674]

고구려　帝之克白巖也　謂李世勣曰　吾聞安市城險而兵精　其城主材　蓋蘇文之亂　城守不服　蓋
蘇文擊之不能下　因而與之　建安兵弱而糧少　若出其不意　攻之必克　公可先攻建安　建
安下則安市在吾腹中　此兵法所謂　城有所不攻者也　對曰　建安在南　安市在北　吾軍糧
皆在遼東　今踰安市而攻建安　若麗人斷吾糧道　將若之何　不如先攻安市　安市下則鼓行
而取建安耳　帝曰　以公爲將　安得不用公策　勿誤吾事　世勣遂攻安市[675]

安市人望見帝旗盖　輒乘城鼓噪　帝怒　世勣請克城之日　男子皆坑之　安市人聞之　益堅
守　攻久不下[676] 高延壽高惠眞請於帝曰　奴既委身大國　不敢不獻其誠　欲天子早成大
功　奴得與妻子相見　安市人顧惜其家　人自爲戰　未易猝拔　今奴以高句麗十餘萬衆　望
旗沮潰　國人膽破　烏骨城耨薩老耄不能堅守　移兵臨之　朝至夕克　其餘當道小城　必望
風奔潰　然後收其資糧　鼓行而前　平壤必不守矣　群臣亦言　張亮兵在沙城　召之信宿可
至　乘高句麗洶懼　并力拔烏骨城　度鴨綠水　直取平壤　在此舉矣　帝將從之　獨長孫無忌
以爲　天子親征　異於諸將　不可乘危徼幸　今建安新城之虜衆猶十萬　若向烏骨　皆躡吾
後　不如先破安市　取建安然後長驅而進　此萬全之策也　帝乃止[677]

諸將急攻安市　帝聞城中雞彘聲　謂世勣曰　圍城積久　城中煙火日微　今雞彘甚喧　此必
饗士　欲夜出襲我　宜嚴兵備之　是夜　高句麗軍數百人縋城而下　帝聞之　自至城下　召兵
急擊之　高句麗軍死者數十人　餘軍退走

江夏王道宗督衆築土△於城東南隅　侵逼其城　城中亦增高其城以拒之　士卒分番交戰
日六七合　衝車礮石壞其樓堞　城中隨立木柵　以塞其缺　道宗傷足　帝親爲之針　築山晝
夜不息　凡六旬　用功五十萬　山頂去城數丈　下臨城中　道宗使果毅傅伏愛　將兵屯山頂
以備敵　山頹壓城　城崩　會伏愛私離所部　高句麗軍數百人從城缺出戰　遂奪據土山　塹
而守之　帝怒　斬伏愛以徇　命諸將攻之　三日不能克　道宗徒跣詣旗下　請罪　帝曰　汝罪
當死　但朕以漢武殺王恢　不如秦穆用孟明　且有破盖牟遼東之功　故特赦汝耳（『三國史
節要』8)[678]

고구려　（貞觀十九年）候騎獲覘人　帝解其縛　自言不食且三日　命飼之　賜以屬　遣曰　歸語莫離
支　若須軍中進退　可遣人至吾所[679] 帝每營不作塹壘　謹斥候而已　而士運糧　雖單騎
虜不敢鈔[680]

帝與勣議所攻　帝曰　吾聞安市地險而衆悍　莫離支擊不能下　因與之　建安恃險絶　粟多
而士少　若出其不意攻之　不相救矣　建安得　則安市在吾腹中　勣曰　不然　積糧遼東　而
西擊建安　賊將梗我歸路　不如先攻安市　帝曰　善　遂攻之[681] 未能下　延壽惠眞謀曰　烏
骨城耨薩已耄　朝攻而夕可下　烏骨拔　則平壤舉矣　羣臣亦以張亮軍在沙城　召之一昔至
若取烏骨　度鴨淥　迫其腹心　計之善者　无忌曰　天子行師不徼幸　安市衆十萬在吾後　不
如先破之　乃驅而南　萬全勢也　乃止[682]

---

674)　이 기사에는 월 표기가 없으나, 『舊唐書』 高麗傳 등에 의거하여 8월로 편년하였다.
675)　이 앞부분은 『舊唐書』 本紀에 7월로 되어 있다.
676)　이 앞부분은 『冊府元龜』에 7월로 되어 있다.
677)　이 앞부분은 『冊府元龜』에 7월로 되어 있다.
678)　이 기사에는 월 표기가 없으나, 『舊唐書』 高麗傳 등에 의거하여 8월로 편년하였다.
679)　이 앞부분은 『資治通鑑』에 8월 8일(甲辰)로 되어 있다.
680)　이 앞부분은 『資治通鑑』에 8월10일(丙午)로 되어 있다.
681)　이 앞부분은 『舊唐書』 本紀에 7월로 되어 있다.
682)　이 앞부분은 『冊府元龜』에 7월로 되어 있다.

	城中見帝旌麾 輒乘陴譟 帝怒 勣請破日男子盡誅 虜聞 故死戰
	江夏王道宗築距闉攻東南 虜增陴以守 勣攻其西 撞車所壞 隨輒串柵爲樓 帝聞城中鷄
	彘曰 圍久 突無黔煙 今鷄彘鳴 必殺以饗士 虜且夜出 詔嚴兵 丙夜 虜數百人縋而下
	悉禽之
	道宗以樹枚裹土積之 距闉成 迫城不數丈 果毅都尉傅伏愛守之 自高而排其城 城且頹
	伏愛私去所部 虜兵得自頹城出 據而塹斷之 積火縈盾固守 帝怒 斬伏愛 敕諸將擊之
	三日不克 (『新唐書』220 列傳 145 東夷 高麗)[683]
고구려	安市人望見上旗蓋 輒乘城鼓譟 上怒 世勣請克城之日 男女皆阬之 安市人聞之 益堅
	守 攻久不下 (…) 諸軍急攻安市 上聞城中鷄彘聲 謂李世勣曰 圍城積久 城中煙火日
	微 今鷄彘甚喧 此必饗士 欲夜出襲我 宜嚴兵備之 是夜 高麗數百人縋城而下[684] 上
	聞之 自至城下 召兵急擊 斬首數十級 高麗退走
	江夏王道宗督衆築土山於城東南隅 浸逼其城 城中亦增高其城以拒之 士卒分番交戰
	日六七合 衝車礮石[685] 壞其樓堞 城中隨立木柵以塞其缺 道宗傷足 上親爲之針[686]
	築山晝夜不息 凡六旬 用功五十萬 山頂去城數丈 下臨城中 道宗使果毅傅伏愛將兵屯
	山頂以備敵 山頹 壓城 城崩 會伏愛私離所部[687] 高麗數百人從城缺出戰 遂奪據土山
	塹而守之[688] 上怒 斬伏愛以徇 命諸將攻之 三日不能克 道宗徒跣詣旗下請罪 上曰
	汝罪當死 但朕以漢武殺王恢[689] 不如秦穆用孟明[690] 且有破蓋牟遼東之功 故特赦汝
	耳 (『資治通鑑』198 唐紀 14 太宗 下之上)[691]
고구려	(貞觀十九年) 遂移軍於安市城南[692] 久不剋 (『通典』186 邊防 2 東夷 下 高句麗)
고구려	(貞觀十九年) 遂移軍於安市城南[693] 久不剋 (『唐會要』95 高麗)
고구려	(貞觀十九年) 帝營於安市城南[694] 令李勣攻安市城 甚急 城中每見帝旛旗 必乘城鼓噪
	帝怒甚 李勣曰 請破城之日 男子盡坑 城內聞之 人皆死戰
	詔令江夏王道宗督兵築土山 攻其城東南隅 高麗亦裨城增雉以相抗 詔遣衛兵分番攻之
	日六七合 抱石撞車壞其樓雉 城中隨有隳壞 卽立木柵 忽聞城中鷄彘驚鳴 帝謂李勣曰
	圍城多日 城中煙火日微 今鷄猪甚喧 此其饗士也 卿宜嚴兵 虜今夜當出矣 及夜 高麗
	數百人縋城而下 帝聞之 從四五騎至城下 召兵急擊 斬首數十級 高麗奔退 (『冊府元龜
	』125 帝王部 125 料敵)[695]
고구려	(貞觀十九年) 及道宗遣果毅都尉傅伏愛 領隊兵於山頂 以防敵 土山自高而陟 排其城
	城隳 會伏愛私離所 高麗百人 自頹城而戰 遂據有土山而塹斷之 積火縈排 以自守固
	太宗大怒 斬伏愛以徇 命諸將擊之 三日不克 (『冊府元龜』135 帝王部 135 好邊
	功)[696]
고구려	(貞觀十九年)是年 帝征遼 攻安市城 不剋 (『冊府元龜』138 帝王部 138 旌表 2)[697]

---

683) 이 기사에는 월 표기가 없으나, 『舊唐書』 高麗傳 등에 의거하여 8월로 편년하였다.
684) 縋 馳僞翻
685) 礮 與砲同 匹皃翻 壞 音怪
686) 塞 悉則翻 爲 于僞翻
687) 離 力智翻
688) 塹 七艷翻
689) 見十八卷元光二年
690) 秦穆公使孟明帥師東伐 再爲晉師所敗 穆公復用孟明 孟明增脩其政 帥師伐晉 晉人不敢出 遂霸西戎
691) 이 기사에는 월 표기가 없으나, 『舊唐書』 高麗傳 등에 의거하여 8월로 편년하였다. 본래는 7월~9월18
    일(癸未) 이전의 월일 미상 기사를 9월에 일괄정리한 일부이다.
692) 이 앞부분은 『資治通鑑』에 8월10일(丙午)로 되어 있다.
693) 이 앞부분은 『資治通鑑』에 8월10일(丙午)로 되어 있다.
694) 이 앞부분은 『資治通鑑』에 8월10일(丙午)로 되어 있다.
695) 이 기사에는 월 표기가 없으나, 『舊唐書』 高麗傳 등에 의거하여 8월로 편년하였다.
696) 이 기사에는 월 표기가 없으나, 『舊唐書』 高麗傳 등에 의거하여 8월로 편년하였다.
697) 이 기사에는 월 표기가 없으나, 『舊唐書』 高麗傳 등에 의거하여 8월로 편년하였다.

고구려	(貞觀十九年) 勣又攻市安[698]城甚急 城中每見太宗幡旗 必乘城鼓譟 太宗甚怒 勣曰 請破城之日 男子盡坑 城內聞之 人皆死戰
	詔令江夏王道宗督兵築土山 攻其城東南隅 高麗亦禪城增雉以相抗 詔遣衛兵 番次攻之 日六七合 拋石撞車 壞其樓雉 城中隨其壞處 卽立木柵 道宗以樹條包壞爲土 托積土以爲山 其中開五道加木 被土於其上 不捨晝夜 漸以逼城 造山六旬 用工五十萬 山頂去其城數丈 而俯臨城中 道宗遣果毅傳伏愛 領隊屯於山頂以防敵 土山自高而陊 以排其城 城壞 會伏愛私離所部 高麗數百人 自頹城而戰 遂據有土山 而塹斷人 積火縈排以自固 太宗大怒 斬伏愛以徇 命諸將擊之 三日 不能克 (『冊府元龜』369 將帥部 30 攻取 2 李勣)[699]
고구려	(貞觀十九年) 遂移軍於安市城南[700] 久不剋 (『太平寰宇記』173 四夷 2 東夷 2 高勾驪)
고구려	(高麗傳) (正[701]觀十九年) 攻安市城不克 (『玉海』191 兵捷露布 3 唐遼東道行臺大摠管李勣俘高麗獻俘昭陵檄高麗含元殿數俘)[702]
고구려	(高麗傳) (正[703]觀十九年) 又攻安市城不克 (『玉海』194 兵捷紀功碑銘附 唐駐蹕山紀功破陣圖漢武臺紀功)[704]
고구려	又築土山攻安市城 土山崩 道宗失於部署 爲賊所據 歸罪於果毅傳伏愛 斬之 道宗跣行詣旗下 請罪 太宗曰 漢武殺王恢 不如秦穆赦孟明 土山之失 且非其罪 捨而不問 道宗在陣損足 太宗親爲其針 賜以御膳 (『舊唐書』60 列傳 10 宗室 江夏王道宗)[705]
고구려	遂從征遼 攝殿中監 規築土山 破安市城 (『新唐書』100 列傳 25 閻讓)[706]
고구려	唐書曰 太宗征高麗 江夏王道宗 在陣損足 上親爲之針 (『太平御覽』830 資産部 10 針 醫針附)[707]
고구려 말갈	八月 上之伐高麗也 薛延陀遣使入貢[708] 上謂之曰 語爾可汗[709] 今我父子東征高麗 汝能爲寇 宜亟來 眞珠可汗惶恐 遣使致謝 且請發兵助軍 上不許 及高麗敗於駐蹕山 莫離支使靺鞨說眞珠 啗以厚利 眞珠懾服不敢動[710] (『資治通鑑』198 唐紀 14 太宗下之上)[711]
고구려 말갈	俄遣使請率師助伐高麗 以刺帝意 帝引使者謂曰 歸語爾可汗 我父子東征 能寇邊者可卽來 夷男沮縮 不敢謀 以使謝 固請助軍 帝嘉答 高麗莫離支令靺鞨以厚利啗夷男 欲與連和 夷男氣素索 不發 亦會病死 帝爲祭于行 (『新唐書』217下 列傳 142下 薛延陀)[712]
고구려	及太宗拔遼東謝城 破駐蹕之陳 降高延壽 聲震戎狄 而莫離支潛令靺鞨誑惑延陀 啗以厚利 延陀氣攝不敢動 太宗在安市城 謂邊臣曰 以我量之 夷男其死矣 聞者莫測 俄然

---

698) 저본에는 '市安'으로 되어 있으나, 내용상 '安市'로 수정해야 한다.
699) 이 기사에는 월 표기가 없으나, 『舊唐書』高麗傳 등에 의거하여 8월로 편년하였다.
700) 이 앞부분은 『資治通鑑』에 8월10일(丙午)로 되어 있다.
701) 저본에는 '正'으로 되어 있으나, 이 시기의 연호는 '貞觀'이므로 '貞'으로 수정해야 한다.
702) 이 기사에는 월 표기가 없으나, 『舊唐書』高麗傳 등에 의거하여 8월로 편년하였다.
703) 저본에는 '正'으로 되어 있으나, 이 시기의 연호는 '貞觀'이므로 '貞'으로 수정해야 한다.
704) 이 기사에는 월 표기가 없으나, 『舊唐書』高麗傳 등에 의거하여 8월로 편년하였다.
705) 이 기사에는 연대 표기가 없으나, 『舊唐書』高麗傳 등에 의거하여 貞觀19(645) 8월로 편년하였다.
706) 이 기사에는 연대 표기가 없으나, 『舊唐書』高麗傳 등에 의거하여 貞觀19(645) 8월로 편년하였다.
707) 이 기사에는 연대 표기가 없으나, 『舊唐書』高麗傳 등에 의거하여 貞觀19(645) 8월로 편년하였다.
708) 使 疏吏翻
709) 可 從刊入聲 汗 音寒
710) 說 輸芮翻 啗 徒覽翻 又徒濫翻 懾 之涉翻 考異曰 實錄 上謂近臣曰 以我量之 延陀其死矣 聞者莫能測 按太宗雖明 安能料薛延陀之死 今不取
711) 『舊唐書』鐵勒傳에는 冬으로 되어 있다.
712) 이 기사에는 연대 표기가 없으나, 『資治通鑑』에 의거하여 貞觀19年(645) 8월로 편년하였다.

眞珠毗伽可汗死 (『唐會要』96 薛延陀)713)

고구려　初 薛延陀眞珠毗伽可汗遣使請婚 太宗許以女妻之 (…) 帝謂之曰 (…) 吾今不與其女 頗簡使命 諸姓部落 知吾奔之其爭擊延陀必矣 君其志之 旣而李思摩數遣兵 侵掠之 延陀復遣突利失擊思摩 志定襄 掠百姓而去 帝遣英國公李勣援之 遽已出塞而還 帝以 其數 與思摩交兵 乃璽書責讓之 又謂其使人曰 語爾可汗 我天子垃東征高麗 汝若能 寇邊者 但當來也 可汗遣使致謝 復請發兵助軍 帝答以優詔而止其兵 及太宗拔遼東諸 城 破駐驛之陣 降高延壽 聲振戎狄 而莫離支潛令粟鞰鞨 誑惑延陀 啗以厚利 延陀氣 懾 不敢動 (『冊府元龜』991 外臣部 36 備禦 4)714)

고구려　九月癸未 班師 (『新唐書』2 本紀 2 太宗)

고구려　(九月) 上以遼左早寒 草枯水凍 士馬難久留 且糧食將盡 癸未 敕班師 先拔遼蓋二州 戶口渡遼 乃耀兵於安市城下而旋 城中皆屏跡不出715) 城主登城拜辭 上嘉其固守 賜 縑百匹716) 以勵事君 命李世勣江夏王道宗將步騎四萬爲殿717) (『資治通鑑』198 唐紀 14 太宗 下之上)

고구려　(貞觀十九年)九月癸未 太宗以季秋草枯 遼塞寒烈 敕諸軍收攻安市城器械 卽命班師 先遣拔遼蓋巖三州戶口渡遼 乃召馬軍萬騎 步卒數萬 披甲持戟 張旗幟 度其城下而旋 城中皆屏聲偃幟 城主升城拜 手奉辭 太宗嘉其堅守 賜縑百匹 以勵事君者 詔李勣道 宗統馬步數萬人 爲後殿 (『冊府元龜』117 帝王部 117 親征 2)

고구려　(太宗紀) (正718)觀十九年)九月癸未 班師 (…) (高麗傳) (正719)觀十九年) 有詔班師 拔 遼蓋二州之人以歸 (『玉海』194 兵捷紀功碑銘附 唐駐蹕山紀功破陣圖漢武臺紀功)

고구려　至九月不克 乃班師 (『舊唐書』3 本紀 3 太宗 下)720)

고구려　(貞觀十九年)九月 遂班師 先遣遼蓋二州戶口渡遼 乃召兵馬 歷於城下而旋 城主升城 拜辭 太宗嘉其堅守 賜縑百匹 以勵事君者 (『通典』186 邊防 2 東夷 下 高句麗)721)

고구려　(貞觀十九年)九月 遂班師 先遣遼蓋二州戶口渡遼 乃召兵馬 歷于城下而旋 城主昇城 拜辭 太宗嘉其堅守 賜縑百疋 以勵事君者 (『唐會要』95 高句麗)722)

고구려　(貞觀十九年)九月 遂班師 先遣遼蓋二州戶口渡遼 乃召兵馬 歷於城下而旋 城主升城 拜辭 太宗嘉其堅守 賜縑百疋 以勵事君者 (『太平寰宇記』173 四夷 2 東夷 2 高勾 驪)723)

고구려　(唐書曰) (貞觀十九年)至九月不剋 乃班師 (『太平御覽』109 皇王部 34 唐太宗文皇 帝)724)

고구려　(太宗紀) (正725)觀十九年)九月 班師 (『玉海』162 宮室臺 唐紀功漢武臺)726)

고구려　(貞觀十九年) 太宗以遼東倉儲無幾 士卒寒凍 乃詔班師 歷其城 城中皆屏聲偃幟 城主 登城拜手奉辭 太宗嘉其堅守 賜絹百疋 以勵事君之節 (『舊唐書』199上 列傳 149上

---

713) 이 기사에는 연대 표기가 없으나, 『資治通鑑』에 의거하여 貞觀19년(645) 8월로 편년하였다.

714) 이 기사에는 연대 표기가 없으나, 『資治通鑑』에 의거하여 貞觀19년(645) 8월로 편년하였다. 본래는 貞 觀20년(646) 6월15일(乙亥)에 이전 기사를 인용하는 형태로 배치되어 있다. 해당 연대에도 배치하였다.

715) 屛 必郢翻

716) 縑 幷絲繪也

717) 殿 丁練翻

718) 저본에는 '正'으로 되어 있으나, 이 시기의 연호는 '貞觀'이므로 '貞'으로 수정해야 한다.

719) 저본에는 '正'으로 되어 있으나, 이 시기의 연호는 '貞觀'이므로 '貞'으로 수정해야 한다.

720) 이 기사에는 일자 표기가 없으나, 『新唐書』本紀 등에 의거하여 9월18일(癸未)로 편년하였다.

721) 이 기사에는 일자 표기가 없으나, 『新唐書』本紀 등에 의거하여 9월18일(癸未)로 편년하였다.

722) 이 기사에는 일자 표기가 없으나, 『新唐書』本紀 등에 의거하여 9월18일(癸未)로 편년하였다.

723) 이 기사에는 일자 표기가 없으나, 『新唐書』本紀 등에 의거하여 9월18일(癸未)로 편년하였다.

724) 이 기사에는 일자 표기가 없으나, 『新唐書』本紀 등에 의거하여 9월18일(癸未)로 편년하였다.

725) 저본에는 '正'으로 되어 있으나, 이 시기의 연호는 '貞觀'이므로 '貞'으로 수정해야 한다.

726) 이 기사에는 일자 표기가 없으나, 『新唐書』本紀 등에 의거하여 9월18일(癸未)로 편년하였다.

고구려 　　　高麗)727)

고구려 　　　(貞觀十九年) 太宗以遼東倉儲無幾 士卒寒凍 乃詔班師 (『冊府元龜』135 帝王部 135
　　　　　　　好邊功)728)

고구려 　　　(貞觀十九年) 其城中 皆屏聲偃幟 城主升城拜手奉辭 太宗嘉其堅守 賜絹百疋 以勵事
　　　　　　　君之節 (『冊府元龜』138 帝王部 138 旌表 2)729)

고구려 　　　先是 十九年 帝之伐高麗也 以討逆爲名 及破駐蹕陣 帝以御副弓箙 賜莫離支 雖服拜
　　　　　　　御恩 而不遣親近來謝 天子以暮秋邊外 詔六軍班師 莫離支以王城獲全 庶幾可以自免
　　　　　　　滋虐其主 又令伺我邊隙 厥貢疎薄 失藩人臣大國之禮 (『冊府元龜』985 外臣部 30
　　　　　　　征討 4)730)

고구려 　　　(唐書) (貞觀十九年) 乃詔班師 (『太平御覽』783 四夷部 4 東夷 4 高句驪)731)

고구려 　　　(高麗傳) (正732)觀十九年) 班師[其詳見駐蹕山段] (『玉海』191 兵捷露布 3 唐遼東道
　　　　　　　行臺大摠管李勣俘高麗獻俘昭陵檄高麗含元殿數俘)733)

고구려 　　　高麗降戶州十四 府九[太宗親征 (…) 及師還 拔蓋遼二州之人以歸] (『新唐書』 43下
　　　　　　　志 33下 地理 7下 河北道)734)

고구려 　　　(九月)乙酉 至遼東 (『資治通鑑』198 唐紀 14 太宗 下之上)

고구려 　　　(貞觀十九年九月)乙酉 次於遼東城下 城中尙有粟十萬石 軍士取之不能盡 (『冊府元龜
　　　　　　　』117 帝王部 117 親征 2)

고구려 　　　(九月)丙戌 渡遼水 遼澤泥潦 車馬不通 命長孫無忌 將萬人翦草塡道 水深處以車爲梁
　　　　　　　上自繫薪於馬鞘以助役735) (『資治通鑑』198 唐紀 14 太宗 下之上)

고구려 　　　(貞觀十九年九月)丙戌 渡遼水 至渤錯水十里間 遼澤餘潦 車馬不通 詔長孫無忌楊師
　　　　　　　道率文武官寮及征兵萬人 翦草塡道而進 水深之處 以車爲梁道 太宗憂梁道不成 自積
　　　　　　　柴馬上 詣無忌等以助役 (『冊府元龜』117 帝王部 117 親征 2)

고구려 　　　帝以遼左早寒 草枯水凍 士馬難久留 且糧食將盡 勅班師 先拔遼蓋二州戶口度遼 乃
　　　　　　　耀兵於安市城下而旋 城中皆屏跡不出 城主登城拜辭 帝嘉其固守 賜縑百疋 以勵事君
　　　　　　　命世勣道宗 將步騎四萬爲殿736) 至遼東737) 度遼水 遼澤泥潦 車馬不通 命無忌 將萬
　　　　　　　人翦草塡道 水深處以車爲梁 帝自繫薪於馬鞘以助役 (『三國史記』21 高句麗本紀 9
　　　　　　　寶臧王 上)738)

고구려 　　　帝以遼左早寒 草枯水凍 士馬難久留 且糧食將盡 勅班師 先拔遼蓋二州戶口度遼 乃
　　　　　　　耀兵於安市城下而旋 城中皆屏跡不出 城主登城拜辭 帝嘉其固守 賜縑百疋以勵事君
　　　　　　　命世勣道宗將步騎四萬爲殿739) 至遼東740) 度遼水 遼澤泥潦 車馬不通 命無忌 將萬
　　　　　　　人翦草塡道 水深處以車爲梁 帝自繫薪於馬鞘以助役 (『三國史節要』8)741)

---

727) 이 기사에는 월일 표기가 없으나, 『新唐書』 本紀 등에 의거하여 9월18일(癸未)로 편년하였다.
728) 이 기사에는 월일 표기가 없으나, 『新唐書』 本紀 등에 의거하여 9월18일(癸未)로 편년하였다.
729) 이 기사에는 월일 표기가 없으나, 『新唐書』 本紀 등에 의거하여 9월18일(癸未)로 편년하였다.
730) 이 기사에는 월일 표기가 없으나, 『新唐書』 本紀 등에 의거하여 9월18일(癸未)로 편년하였다.
731) 이 기사에는 월일 표기가 없으나, 『新唐書』 本紀 등에 의거하여 9월18일(癸未)로 편년하였다.
732) 저본에는 '正'으로 되어 있으나, 이 시기의 연호는 '貞觀'이므로 '貞'으로 수정해야 한다.
733) 이 기사에는 월일 표기가 없으나, 『新唐書』 本紀 등에 의거하여 9월18일(癸未)로 편년하였다.
734) 이 기사에는 연대 표기가 없으나, 『新唐書』 本紀 등에 의거하여 貞觀19년(645) 9월18일(癸未)로 편년하
　　　였다.
735) 將 卽亮翻 鞘 所交翻 鞭鞘也 按孔穎達禮記正義曰 弓頭爲鞘 此所謂馬鞘 蓋馬鞍頭也
736) 이 앞부분은 『新唐書』 本紀 등에 9월18일(癸未)로 되어 있다.
737) 이 앞부분은 『資治通鑑』 등에 9월20일(乙酉)로 되어 있다.
738) 이 기사에는 월일 표기가 없으나, 『資治通鑑』에 의거하여 9월21일(丙戌)로 편년하였다.
739) 이 앞부분은 『新唐書』 本紀 등에 9월18일(癸未)로 되어 있다.
740) 이 앞부분은 『資治通鑑』 등에 9월20일(乙酉)로 되어 있다.

고구려　(貞觀十九年) 有詔班師 拔遼蓋二州之人以歸　兵過城下　城中屛息偃旗　酋長登城再拜
　　帝嘉其守　賜絹百匹[742]　遼州粟尙十萬斛　士取不能盡[743]　帝至渤錯水　阻淖　八十里車
　　騎不通　長孫无忌楊師道等率萬人斬樵築道　聯車爲梁　帝負薪馬上助役 (『新唐書』220
　　列傳 145 東夷 高麗)[744]

고구려　師還　至遼澤　亘二百里　淖不可通　立德築道爲橋梁　無留行　帝悅　賜予良厚 (『新唐書』
　　100 列傳 25 閻讓)[745]

고구려　(九月) 上之克白巖也　謂李世勣曰 吾聞安市城險而兵精　其城主材勇　莫離支之亂　城守
　　不服　莫離支擊之不能下　因而與之　建安兵弱而糧少[746]　若出其不意　攻之必克　公可先
　　攻建安　建安下　則安市在吾腹中　此兵法所謂城有所不攻者也[747]　對曰 建安在南　安市
　　在北　吾軍糧皆在遼東　今踰安市而攻建安　若賊斷吾運道　將若之何[748]　不如先攻安市
　　安市下　則鼓行而取建安耳　上曰 以公爲將[749]　安得不用公策　勿誤吾事　世勣遂攻安市
　　安市人望見上旗蓋　輒乘城鼓譟　上怒　世勣請克城之日　男女皆阬之　安市人聞之　益堅
　　守　攻久不下　高延壽高惠眞請於上曰　奴旣委身大國　不敢不獻其誠　欲天子早成大功
　　奴得與妻子相見　安市人顧惜其家　人自爲戰　未易猝拔[750]　今奴以高麗十餘萬衆　望旗
　　沮潰[751]　國人膽破　烏骨城耨薩老耄　不能堅守　移兵臨之　朝至夕克　其餘當道小城　必
　　望風奔潰　然後收其資糧　鼓行而前　平壤必不守矣　羣臣亦言　張亮兵在沙城[752]　召之信
　　宿可至　乘高麗兇懼[753]　幷力拔烏骨城　渡鴨綠水　直取平壤　在此擧矣　上將從之　獨長
　　孫無忌以爲　天子親征　異於諸將　不可乘危徼幸[754]　今建安新城之虜　衆猶十萬　若向烏
　　骨　皆躡吾後　不如先破安市　取建安　然後長驅而進　此萬全之策也　上乃止[755]
　　諸軍急攻安市　上聞城中雞彘聲　謂李世勣曰　圍城積久　城中煙火日微　今雞彘甚喧　此
　　必饗士　欲夜出襲我　宜嚴兵備之　是夜　高麗數百人縋城而下[756]　上聞之　自至城下　召
　　兵急擊　斬首數十級　高麗退走
　　江夏王道宗督衆築土山於城東南隅　浸逼其城　城中亦增高其城以拒之　士卒分番交戰
　　日六七合　衝車礮石　壞其樓堞[757]　城中隨立木柵以塞其缺　道宗傷足　上親爲之針[758]
　　築山晝夜不息　凡六旬　用功五十萬　山頂去城數丈　下臨城中　道宗使果毅傅伏愛將兵屯
　　山頂以備敵　山頹　壓城　城崩　會伏愛私離所部[759]　高麗數百人從城缺出戰　遂奪據土山
　　塹而守之[760]　上怒　斬伏愛以徇　命諸將攻之　三日不能克　道宗徒跣詣旗下請罪　上曰
　　汝罪當死　但朕以漢武殺王恢[761]　不如秦穆用孟明[762]　且有破蓋牟遼東之功　故特赦汝

---

741) 이 기사에는 월일 표기가 없으나, 『資治通鑑』에 의거하여 9월21일(丙戌)로 편년하였다.
742) 이 앞부분은 『新唐書』 本紀 등에 9월18일(癸未)로 되어 있다.
743) 이 앞부분은 『冊府元龜』에 9월20일(乙酉)로 되어 있다.
744) 이 기사에는 월일 표기가 없으나, 『資治通鑑』에 의거하여 9월21일(丙戌)로 편년하였다.
745) 이 기사에는 연대 표기가 없으나, 『資治通鑑』에 의거하여 貞觀19년(645) 9월21일(丙戌)로 편년하였다.
746) 少 詩沼翻
747) 孫子兵法之言
748) 斷 丁管翻
749) 將 卽亮翻
750) 易 以豉翻
751) 沮 在呂翻
752) 沙城卽卑沙城
753) 兇 許拱翻
754) 徼 古堯翻
755) 太宗之定天下 多以出奇取勝 獨遼東之役 欲以萬全制敵 所以無功
756) 縋 馳僞翻
757) 礮 與砲同 匹皃翻 壞 音怪
758) 塞 悉則翻 爲 于僞翻
759) 離 力智翻
760) 塹 七豔翻

耳 (『資治通鑑』198 唐紀 14 太宗 下之上)763)

고구려   (貞觀)十九年九月 太白入太微[時太宗平高麗 初下白巖城也] (『唐會要』43 星聚)

고구려   (貞觀)十九年九月 以舊制勳官十二等 有戰功者 隨高下以授之 帝欲隆渡遼之賞 因下
              詔曰 授以勳級 本據有功 若不優異 無緣勸獎 今討高麗 其從駕爰及水陸諸軍戰陣有
              功者 並聽從高品上累加 六軍大悅 (『冊府元龜』63 帝王部 63 發號令 2)764)

고구려   授以勳級 本據有功 若不優異 無由勸奬 今討高麗 其從駕爰及水陸諸軍戰陣有功者
              竝聽從高品上累加 (『全唐文』7 太宗皇帝 賞渡遼戰功詔)765)

고구려   冬十月丙申朔 上至蒲溝 駐馬督塡道 諸軍渡渤錯水766) 暴風雪 士卒沾濕多死者 敕然
              火於道以待之
              凡征高麗 拔玄菟橫山蓋牟磨米遼東白巖卑沙麥谷銀山後黃十城767) 徙遼蓋巖三州戶口
              入中國者七萬人768) 新城建安駐驆三大戰 斬首四萬餘級 戰士死者幾二千人769) 戰馬
              死者什七八 上以不能成功 深悔之 歎曰 魏徵若在 不使我有是行也 命馳驛祀徵以少
              牢770) 復立所製碑771) 召其妻子詣行在 勞賜之772) (『資治通鑑』198 唐紀 14 太宗
              下之上)

고구려   (貞觀十九年)十月丙申朔 次蒲溝 塡路未畢 太宗駐馬以督之 及兵渡渤錯水 暴風降雪
              時甚氷寒 士卒沾凍 馬牛溺於泥水 死者甚多 詔遣積火以待之 渡兵賴以獲濟
              初 太宗軍及李勣之軍入遼也 將十萬人 各有八馱 兩軍戰馬萬匹 及還 戰士死者一千
              二百人 其八馱及戰馬死十七八 張亮水軍七萬人 泛海遭風 溺死者數百人 凡徙遼蓋巖
              三州戶口入內地 前後七萬人 (『冊府元龜』117 帝王部 117 親征 2)

고구려   冬十月 帝至蒲溝 駐馬督塡道 諸軍度渤錯水 暴風雪 士卒沾濕多死者 勅燃火於道以
              待之
              凡拔玄菟橫山盖牟磨米遼東白巖卑沙夾谷銀山後黃十城 徙遼盖巖三州戶口 入中國者
              七萬人 高延壽自降後常憤歎 尋以憂死 惠眞竟至長安 新城建安駐驆三大戰 我軍及唐
              兵馬死亡者甚衆 帝以不能成功深悔之 嘆曰 魏徵若在 不使我有是行也
              論曰 唐太宗聖明不世出之君 除亂比於湯武 致理幾於成康 至於用兵之際 出奇無窮
              所向無敵 而東征之功 敗於安市 則其城主可謂豪傑 非常者矣 而史失其姓名 與楊子
              所云齊魯大臣史失其名 無異 甚可惜也 (『三國史記』21 高句麗本紀 9 寶臧王 上)773)

고구려   冬十月 帝至瀟溝 駐馬督塡道 諸軍度渤錯水 暴風雪 士卒沾濕多死者 勅燃火於道以
              待之
              凡拔玄菟橫山蓋牟磨米遼東白巖卑沙麥谷銀山後黃十城 徙遼蓋巖三州戶口 入中國者

---

761) 見十八卷元光二年
762) 秦穆公使孟明帥師東伐 再爲晉師所敗 穆公復用孟明 孟明增脩其政 帥師伐晉 晉人不敢出 遂霸西戎
763) 이 기사는『舊唐書』本紀 등에 의거하면, 7월~9월18일(癸未) 이전의 월일 미상기사를 모아놓은 것으로
    추정된다. 따라서 해당 월일이라고 추정되는 곳에도 분산배치하였다.
764)『唐會要』에는 4월 9일로 되어 있다.
765) 이 기사에는 연대 표기가 없으나,『冊府元龜』에 의거하여 貞觀19년(645) 9월로 편년하였다.
766) 蒲溝 渤錯水 皆在遼澤中
767) 菟 同都翻 磨 莫臥翻
768) 考異曰 實錄上云 徙三州戶口入內地者 前後七萬人 下癸丑詔書云 獲戶十萬 口十有八萬 蓋幷不徙者言之
    耳
769) 幾 音祁 近也
770) 少 詩照翻
771) 踣碑見上卷十七年
772) 勞 力到翻
773) 이 기사에는 일자 표기가 없으나,『資治通鑑』에 의거하여 10월 1일(丙申)로 편년하였다.

七萬人 高延壽自降後常憤歎 尋以憂死 惠眞竟至長安 新城建安駐蹕三大戰 高句麗軍 及唐兵馬死亡者甚衆 帝以不能成功深悔之 嘆曰 魏徵若在 不使我有是行也

金富軾曰 唐太宗聖明不世出之君 除亂比於湯武 致理幾於成康 至於用兵之際 出奇無 窮 所向無敵 而東征之役 敗於安市 則其城主可謂豪傑 非常者矣 而史失其姓名 與楊 子所云齊魯大臣史失其名 無異 甚可惜也 (『三國史節要』8)774)

고구려	(貞觀十九年) 初入遼也 將十萬人 各有八䭾 兩軍戰馬四萬匹 及還 死者一千二百人 八䭾及戰死者十七八 張亮水軍七萬人 沉海溺死數百人 凡徙遼蓋巖二州戶口入內地 前後七萬餘人 (『唐會要』95 高句麗)775)
고구려	(志) 羈縻州 (…) 以至征高麗而置蓋遼巖三州 (『玉海』 18 地理郡國 下 唐開置州 縣)776)
고구려	(冬十月)丙午 至營州777) 詔遼東戰亡士卒骸骨 並集柳城東南 命有司設太牢 上自作文 以祭之 臨哭盡哀 其父母聞之曰 吾兒死而天子哭之 死何所恨 上謂薛仁貴曰 朕諸將皆老 思得新進驍勇者將之778) 無如卿者 朕不喜得遼東 喜得卿 也 (『資治通鑑』198 唐紀 14 太宗 下之上)
고구려	(貞觀十九年)十月 兵畢度 雪甚 詔屬燎以待濟 始行 士十萬 馬萬匹 逮還 物故裁千餘 馬死十八 船師七萬 物故亦數百779) 詔集戰骸葬柳城 祭以太牢 帝臨哭 從臣皆流涕 (『新唐書』220 列傳 145 東夷 高麗)780)
고구려	(貞觀十九年)十月 征遼班師 次營州 (『冊府元龜』80 帝王部 80 慶賜 2)781)
고구려	及軍還 太宗謂曰 朕舊將並老 不堪受閫外之寄 每欲抽擢驍雄 莫如卿者 朕不喜得遼 東 喜得卿也 (『舊唐書』83 列傳 33 薛仁貴)782)
고구려	師還 帝謂曰 朕舊將皆老 欲擢驍勇付閫外事 莫如卿者 朕不喜得遼東 喜得虓將 遷右 領軍中郎將 (『新唐書』111 列傳 36 薛仁貴)783)
고구려	(唐書) 又曰 太宗征高麗 廻次營州 詔遼東戰死骸骨 並集柳城東南 有司設太牢以祭之 太宗臨哭盡哀 從臣無不流淚 帝親爲文祭之曰 (…) (『太平御覽』 591 文部 7 御製 上)784)
고구려	夫忠烈盡世 往賢明軌 忘身殉國 先哲良規 惟爾等心包鐵石 志烈風霜 勇氣雄圖 衝冠 裂眥 懷忠立節 重義輕生 奮劍提戈 摧城陷陣 冒鋒刃而不顧 赴湯火而如歸 殞命戰塲 殘形寇壘 膏潤原野 身喪名存 搖落寒關 遂非生入 蒼茫雪野 無復餘蹤 涉出塞之前途 掩靈櫬而反骨 歌陽春之往路 黯長夜之歸魂 山川宛其不殊 存亡颯焉非昔 然則身者今 之所重 名者後之所貴 身乃常有 而愚夫怯焉 功則難立 惟烈士成焉 若以一生之短期 收千載之令譽 此聖賢之操也 豈直忠勇者乎 所以按轡停輿 撫膺一慟 嘉乃誠節 痛爾 遺靈 酒俎旣陳 魂其斯享 (『全唐文』10 太宗皇帝 祭征遼戰亡將士文)785)

774) 이 기사에는 일자 표기가 없으나, 『資治通鑑』에 의거하여 10월 1일(丙申)로 편년하였다.
775) 이 기사에는 월일 표기가 없으나, 『資治通鑑』에 의거하여 10월 1일(丙申)로 편년하였다.
776) 이 기사에는 연대 표기가 없으나, 『資治通鑑』에 의거하여 貞觀19년(645) 10월 1일(丙申)로 편년하였다.
777) 營州至洛陽二千九百一十里
778) 將 卽亮翻 驍 堅堯翻
779) 이 앞부분은 『資治通鑑』 등에 10월 1일(丙申)로 되어 있다.
780) 이 기사에는 일자 표기가 없으나, 『資治通鑑』에 의거하여 10월11일(丙午)로 편년하였다.
781) 이 기사에는 일자 표기가 없으나, 『資治通鑑』에 의거하여 10월11일(丙午)로 편년하였다.
782) 이 기사에는 연대 표기가 없으나, 『資治通鑑』에 의거하여 貞觀19년(645) 10월11일(丙午)로 편년하였다.
783) 이 기사에는 연대 표기가 없으나, 『資治通鑑』에 의거하여 貞觀19년(645) 10월11일(丙午)로 편년하였다.
784) 이 기사에는 연대 표기가 없으나, 『資治通鑑』에 의거하여 貞觀19년(645) 10월11일(丙午)로 편년하였다.
    다만 이 기사에서 『唐書』를 인용하고 있으나 『新唐書』는 『太平御覽』보다 나중에 편찬되었고, 『舊唐書』에
    는 해당하는 기사가 없다. 인용한 부분은 『資治通鑑』의 내용과 유사하기 때문에 『唐實錄』이나 『舊唐書』와
    는 다른 종류의 『唐書』 등 唐代에 편찬되어 현재 전하지 않는 역사서로 추정된다.
785) 이 기사에는 연대 표기가 없으나, 『資治通鑑』에 의거하여 貞觀19년(645) 10월11일(丙午)로 편년하였다.

고구려　　太宗伐高麗　至營州　會其君長及老人等　賜物各有差　授其蕃長窟哥爲左武衛將軍 (『舊唐書』199下　列傳　149下　契丹)786)

고구려　　(貞觀十九年十月)癸丑　詔曰　朕聞之　聖人愼罰　觀兵於再駕　明王擧事　制勝於三年　合諸候以討逆　旣擒而且縱　摠海內以除殘　臨行而止殺　其故何哉　信緣上天之德曰生　王者之師曰義　是以綱開三面　干舞七旬　豈有恣欲稜威　取鯨鯤而竭澤　覆巢探穴　罄麑卵以塗原者乎　憬彼島夷之州　僻居鯷壑　晉皇淹駕　纔克一城　隋帝頻卽　淪兵百萬　朕光承寶曆　思救普天　陶化紫宸　法兩儀而導俗　推心黔首　狗萬寓以勞神　纖介不安　終宵輟寢　蠻陬未艾　日旰忘飡　是以遠涉天崖　比焦原而未險　長驅若木　譬平圃以非遙　愼角遼陽　躬親節度　搤金海表　震曜威靈
　　尅其玄菟橫山蓋牟磨米遼東白巖卑沙麥谷銀山後黃等　合一十餘城　凡獲戶六萬　口十有八萬　覆其新城駐蹕建安　合三大陣　前後斬首四萬餘級　降其大將二人　裨將及官人酋帥子弟三千五百　兵士十萬人　竝給程糧　放還本土　又獲馬牛各五萬餘　舘穀十旬　不假贏糧之費　徒兵累萬　咸發兼乘之歌　自夏涉秋　係虜相次　緣燕及雍　襁負不絶　緬惟湯文取亂　嘗懷偃伯之心　虞夏勝殘　寔弘光被之美　有懷戢武　造次何忘　但以賊帥莫離支猶不授首　擧圖未果　志無旋旆　忽屬徵外霜嚴　海濱寒摠　念玆兆衆　便命班師　朕所向必摧　上靈之祐也　所攻無敵　勇夫之力也　方且聊酬玄澤　展大禮於郊禋　賚此勤勞　錄摧鋒於將士　有勳者　別頒榮命　無勳者　竝加優卹　諸渡遼海人應加賞命及優復者　所司宜明爲條例　具狀奏聞　朕將親覽詳　以申後命 (『冊府元龜』117　帝王部　117　親征 2)

고구려　　朕聞之　聖人愼罰　觀兵於再駕　明王擧事　制勝於三年　合諸候以討逆　旣擒而且縱　總海內以除殘　臨行而止殺　其故何哉　信由上天之德曰生　王者之師曰義　是以網開三面　干舞七旬　豈有恣欲稜威　取鯨鯢而竭澤　覆巢探穴　罄麑卵以塗原者乎　憬彼島夷　僻居鯷壑　晉皇淹駕　纔克一城　隋帝頻師　淪兵百萬　朕光承寶歷　司牧普天　陶化紫宸　法兩儀而導俗　推心黔首　徇萬寓以勞神　纖介不安　終宵輟寢　蠻陬未艾　日旰忘飡　是以遠涉天涯　比焦原而未險　長驅若木　譬平圃以非遙　愼角遼陽　躬親節度　搤金海表　震曜威靈
　　尅其元菟橫山蓋牟磨米遼東白巖卑沙麥谷銀山後黃等　合一十城　凡獲戶六萬　口十有八萬　覆其新城駐驛建安　合三大陣　前後斬首四萬餘級　降其大將二人　裨將及官人酋帥子弟三千五百　兵士十萬人　竝給程糧　放還本土　又獲牛馬各五萬　舘穀十旬　不假贏運糧之費　徒兵累萬　咸發兼乘之歌　自夏涉秋　係虜相次　由燕及雍　襁負不絶　緬維湯文取亂　嘗懷偃伯之心　虞夏勝殘　實宏光被之美　有懷戢武　造次何忘　但以賊帥莫離支猶不授首　本圖未果　志無旋旆　忽屬徵外霜嚴　海濱寒沍　念玆兆衆　便命班師　朕所向必摧　上靈之祐也　所攻無敵　勇夫之力也　方且仰酬元澤　展大禮於郊禋　賚此勤勞　錄摧鋒於將士　有勳者　別頒榮命　無勳者　竝加優恤　諸渡遼海人應加賞命及優復者　所司宜明爲條例　具狀奏聞　朕將親爲詳覽　以申後命 (『全唐文』7　太宗皇帝　班師詔)787)

고구려　　(冬十月)丙辰　上聞太子奉迎將至　從飛騎三千人馳入臨渝關788)　道逢太子　上之發定州也　指所御褐袍謂太子曰　俟見汝　乃易此袍耳　在遼左　雖盛暑流汗　弗之易　及秋　穿敗　左右請易之　上曰　軍士衣多弊　吾獨御新衣　可乎　至是　太子進新衣　乃易之
　　諸軍所虜高麗民萬四千口　先集幽州　將以賞軍士　上愍其父子夫婦離散　命有司平其直

---

786) 이 기사에는 연대 표기가 없으나, 『冊府元龜』80 帝王部 80 慶賜 2의 “(貞觀十九年十月)戊申　詔營州刺史　父老及契丹等蕃長已下　各頒賜繪綿綾錦數千萬段”에 의거하여 貞觀19년(645) 10월13일(戊申)로 편년하였다.
787) 이 기사에는 연대 표기가 없으나, 『冊府元龜』에 의거하여 貞觀19년(645) 10월18일(癸丑)로 편년하였다.
788) 漢遼西郡有臨渝縣　唐志　營州有渝關守捉城　杜佑曰　臨渝關在平州盧龍縣城東百八十里　騎　奇寄翻　師古曰　渝　音喻

	悉以錢布贖爲民 讙呼之聲 三日不息[789] (『資治通鑑』198 唐紀 14 太宗 下之上)
고구려	(貞觀十九年十月) 帝總飛騎入臨渝關 皇太子迎道左 初 帝與太子別 御褐袍曰 俟見爾 乃更 袍歷二時弗易 至穿穴 羣臣請更服 帝曰 士皆敝衣 吾可新服邪 及是 太子進絮 衣 乃御
	遼降口萬四千 當沒爲奴婢 前集幽州 將分賞士 帝以父子夫婦離析 詔有司以布帛贖之 原爲民 列拜讙舞 三日不息
	延壽旣降 以憂死 獨惠眞至長安 (『新唐書』220 列傳 145 東夷 高麗)[790]
고구려	(貞觀十九年)十月 班師 詔初攻遼東城 其中抗拒王師 應沒爲奴婢一萬四千口 並遣先集幽州 將分賞戰士 帝念其父母妻子一朝分散 情甚哀之 因命有司平准其直 以布及錢贖爲編戶焉 其衆歡叫之聲 三日不息 及至幽州 夷俘並列於城東 拜道稱謝 舞躍擗地宛轉塵埃 從行者愍之 爲灑淚 (『冊府元龜』42 帝王部 42 仁慈)[791]
고구려	(貞觀十九年) 初 攻陷遼東城 其中抗拒王師 應沒爲奴婢者一萬四千人 並遣先集幽州 將分賞將士 太宗愍其父母妻子一朝分散 令有司準其直 以布帛贖之 敕爲百姓 其衆歡呼之聲 三日不息
	高延壽自降後 常積歎 尋以憂死 惠眞竟至長安 (『舊唐書』199上 列傳 149上 高麗)[792]
고구려	(唐書) (貞觀十九年) 初 攻陷遼東城 其中應沒爲奴婢者一萬四千人 並遣集沒爲將分賞將士 太宗愍其父母妻子一朝分散 令有司准其直 以布帛贖之 敕爲百姓 其衆歡叫之聲 三日不息 (『太平御覽』783 四夷部 4 東夷 4 高句驪)[793]
고구려	(太宗紀) (正[794]觀十九年十月)戊午 次漢武臺 刻石紀功 (…) (舊紀) (正[795]觀十九年) 十月戊午 次漢武臺 刻石以紀功德[二十年三月 至自遼東 獻俘授馘 備法駕凱旋 蠻夷君長 夾道陳] (…) (會要) (…) 遂還[796] 命中書侍郞許敬宗 爲文刻石紀功 敬宗曰[一云敬播] 山名駐蹕 蓋天意也 乘輿不復東矣[敬宗傳 駐蹕山破賊 命草詔馬前] (『玉海』194 兵捷紀功碑銘附 唐駐蹕山紀功破陣圖漢武臺紀功)
고구려	十一月辛未 車駕至幽州 高麗民迎於城東 拜舞呼號[797] 宛轉於地 塵埃彌望 (『資治通鑑』198 唐紀 14 太宗 下之上)
고구려	(貞觀十九年)十一月 至幽州 (『唐會要』95 高句麗)[798]
고구려	(十一月)癸未 平壤道行軍總管張文幹有罪 伏誅 (『新唐書』2 本紀 2 太宗)
고구려	張文幹 行撫州刺史平壤道行軍總管 貞觀十九年 征遼 廻次易州 文幹以渡海多覆舟舡 詔迫逗遛不赴 斬之 (『冊府元龜』445 將帥部 106 逗撓 張文幹)[799]
고구려	(貞觀)十九年 太宗遼東還 發定州 在道不康 泊與中書令馬周入謁 泊周出 遂良傳問起居 泊泣曰 聖體患癰 極可憂懼 遂良誣奏之曰 泊云 國家之事不足慮 正當傳少主行伊

---

789) 讙 許爰翻
790) 이 기사에는 일자 표기가 없으나, 『資治通鑑』에 의거하여 10월21일(丙辰)로 편년하였다.
791) 이 기사에는 일자 표기가 없으나, 『資治通鑑』에 의거하여 10월21일(丙辰)로 편년하였다.
792) 이 기사에는 월일 표기가 없으나, 『資治通鑑』에 의거하여 10월21일(丙辰)로 편년하였다.
793) 이 기사에는 월일 표기가 없으나, 『資治通鑑』에 의거하여 10월21일(丙辰)로 편년하였다.
794) 저본에는 '正'으로 되어 있으나, 이 시기의 연호는 '貞觀'이므로 '貞'으로 수정해야 한다.
795) 저본에는 '正'으로 되어 있으나, 이 시기의 연호는 '貞觀'이므로 '貞'으로 수정해야 한다.
796) 이 앞부분은 『新唐書』本紀 등에 9월18일(癸未)로 되어 있다.
797) 號 戶高翻
798) 이 기사에는 일자 표기가 없으나, 『資治通鑑』에 의거하여 11월 7일(辛未)로 편년하였다.
799) 이 기사에는 월일 표기가 없으나, 『新唐書』本紀에 의거하여 11월19일(癸未)로 편년하였다.

	霍故事 大臣有異志者誅之 自然定矣 太宗疾愈 詔問其故 洎以實對 又引馬周以自明 太宗問周 周對與洎所陳不異 遂良又執證不已 乃賜洎自盡 洎臨引決 請紙筆欲有所奏 憲司不與 洎死 太宗知憲司不與紙筆 怒之 並令屬吏 (『舊唐書』74 列傳 24 劉洎)800)
고구려	驅馬出遼陽 萬里轉旌常 對敵六奇擧 臨戎八陣張 斬鯨澄碧海 卷霧掃扶桑 昔去蘭縈翠 今來桂染芳 雲枝浮碎葉 氷鏡上朝光 廻首長安道 方歡宴栢梁 (『文苑英華』 168 詩 18 應制 1 錫宴 唐太宗 宴中山)801)
고구려	驅馬出遼陽 萬里轉旌常 對敵六寄擧 臨戎八陣張 斬鯨澄碧海 卷霧掃扶桑 昔去蘭縈翠 今來桂染芳 雲芝浮碎葉 氷鏡上朝光 回首長安道 方歡宴柏梁 (『全唐詩』1 太宗皇帝 宴中山)802)
고구려	皇祖雄 忠武將軍 (⋯) 討遼 至中山北頓軍 以趫捷胯馬 (⋯) 以功遷鎭軍大將軍行左武衛將軍上柱國 還軍定州 請地△△ △△州東北七里 子孫因家焉 (「王△△ 墓誌銘」:『全唐文新編』997)803)
신라	冬十一月 拜伊湌毗曇爲上大等 (『三國史記』5 新羅本紀 5 善德王)
신라	冬十一月 新羅拜伊湌毗曇爲上大等 (『三國史節要』8)
고구려 말갈	(貞觀十九年)其冬 太宗拔遼東諸城 破駐蹕陣 而高麗莫離支潛令靺鞨誑惑夷男 啗以厚利 夷男氣懾不敢動 俄而夷男卒 太宗爲之擧哀 (『舊唐書』 199下 列傳 149下 鐵勒)804)
신라	又按國史及寺中古記 眞興王癸酉創寺後 善德王代貞觀十九年乙巳 塔初成 (『三國遺事』3 塔像 4 皇龍寺九層塔)
고구려	(貞觀)十九年 從征遼 道病卒 年六十五 諡曰戴 (『新唐書』198 列傳 123 儒學 上 顏師古)
고구려	(貞觀)十九年 太宗征遼 紀王府叅軍喬寶明以乘輿暴露堅城之下 賊久未平 不勝其憤 因至長安 爲司空房玄齡陳取高麗之算 玄齡表送詣行所 謁太宗 太宗與語 甚奇之 謂曰 安市不降 平壤尙遠 我慮三軍寒凍 已命班師 卿旣遠來 今者欲陳何策 寶明曰 昔魯連飛箭而燕將死 陸賈使越而趙佗順 臣願將命平壤 申喩高麗 高麗承駐蹕之後 心膽破裂 臣得進說 其必面縛而自致耳 若懷不遜 臣請爲傅介子 斷蘇文之首 以降其國 太宗壯其言曰 我之求人 甚於人之求祿 如卿之輩 終不投之死地也 於是 引寶明叅侍從之列 尋守通事舍人 (『冊府元龜』97 帝王部 97 獎善)
고구려	(貞觀)十九年 馬邑愆職 無蹈於驪山之義 龍顏憑怒 有事於遼水之陽 驚雷輷於碣石 洗天兵於海島 (『全唐文』 201 苗神客 大唐故右虞候副率檢校左領軍衛將軍上柱國乙速孤府君碑銘幷序)

---

800) 이 기사에는 월일 표기가 없으나, 『新唐書』2 本紀 2 太宗의 "(十一月)丙戌 次定州"에 의거하여 11월22일(丙戌)로 편년하였다.
801) 이 기사에는 연대 표기가 없으나, "宴中山"이라는 제목 및 『新唐書』2 本紀 2 太宗의 "(十一月)丙戌 次定州"에 의거하여 貞觀19년(645) 11월22일(丙戌)로 편년하였다.
802) 이 기사에는 연대 표기가 없으나, "宴中山"이라는 제목 및 『新唐書』2 本紀 2 太宗의 "(十一月)丙戌 次定州"에 의거하여 貞觀19년(645) 11월22일(丙戌)로 편년하였다.
803) 이 기사에는 연대 표기가 없으나, "還軍定州"이라는 구절 및 『新唐書』2 本紀 2 太宗의 "(十一月)丙戌 次定州"에 의거하여 貞觀19년(645) 11월22일(丙戌)로 편년하였다.
804) 『資治通鑑』에는 8월로 되어 있다.

고구려   (貞觀)十九年 馬邑懲職 無蹈於驪山之義 龍顔憑怒 有事於遼水之陽 驚雷輷於碣石 洗天兵於海島 時高宗天皇大帝 銅樓毓粹 玉裕流溫 中義在懸弓 宜扈於擒縱 而時方主鬯 實資於監撫 乃定州留守 命公△△奉儲闈 (「乙速孤神慶 碑銘」:『全唐文新編』201)

고구려   貞觀十九年 太宗親駈六軍 省方遼碣 千乘雷動 萬騎雲屯 △△△△△△畢集 而高麗賊臣蓋蘇文 獨生携貳 鳩聚亡命 招納姦回 囚其君長 擧兵稱亂 △率蟻衆 敢抗王師 皇赫斯怒 龔行弔伐 兵鋒所到 若破△△ △其遼東盖牟△△△十城 駐△△△新城安地等三△ 虜其大將延壽惠眞 俘其甲卒一十六萬 君身預戎旃 手奉羈靮 前茅後殿 每陣先登 摧强陷堅 同於拉朽 戰勝攻取 △△△△ △賜物 乘馬一疋△△△△△△△弓二張大箭三百隻 竝是供奉御仗 特加褒異 遼東行還 累前後戰功 超拜上柱國 別封黎陽縣開國公 擢授右武衛鳳鳴府左果毅都尉 壓領飛騎於北門長上 (「劉仁願 紀功碑」)

고구려   (貞觀)十九年 率師渡遼 破玄菟等數城大陣 勳賞居多 拜冠軍大將軍 行左屯衛將軍 鑾駕凱旋之日 令公後殿 至幷州 轉右屯衛大將軍 仍領屯騎 (「張士貴 墓誌銘」:『唐代墓誌滙篇續集』;『全唐文補遺』1;『全唐文新編』155;『唐代墓誌滙篇附考』4)

고구려   (貞觀)十九年 鑾輿東指 襲行遼隧 公於定州奉令 乘駟還△ 副梁國公 宮城留守 任寄之重 莫或與京 晨駕凱旋 特蒙勞喩 賜物三百段 檢校右武候大將軍 (「樊興 碑銘」:『全唐文新編』991;『唐文拾遺』62)

고구려   (貞觀)十九年 駕幸遼左 君乃髮起衝冠 投募從戎 施功展効 以君遠過滄海 詔授勳官一轉 (「張羊 墓誌銘」:『全唐文補遺』2;『唐代墓誌滙篇附考』3)

고구려   (貞觀)十九年 督征遼運漕 以强擧飛名 尋拜文州刺史 (「姜絪 墓誌銘」:『全唐文補遺』千唐誌齋新藏專輯)

고구려   貞觀十九年 從駕征遼 以勳授騎都尉 賞物二百段 及師旋凱入 功△當遷 (「徐德 墓誌銘」:『大唐西市博物館藏墓誌』)

고구려   (貞觀)△九年 授△道行軍大總管 △先朝東征 大破駐蹕 (「李勣碑」:『全唐文新編』15)

고구려   (貞觀十九年)其年三月 授左衛涼泉府左果毅都尉 屬以金樞負化 遊魂白浩之墟 玉帳臨戎 出禡靑丘之野 乃以其年 從駕入遼 (「元武壽 墓誌銘」:『大唐西市博物館藏墓誌』)

고구려   (貞觀)十九年 太宗揚鑾蹔撫 淸海俗於三韓 駐蹕聊麾 駭天聲於六漢 侯功叄末將 續預元戎 詔論功授上柱國 封騶虞縣開國男食邑三百戶 (「安附國 神道碑」:『全唐文新編』205;『全唐文』435)

고구려   (貞觀)十九年 駕幸遼左 君乃髮起衝冠 投募從戎 施功展効 以君庶績尤甚 蒙加勳官一轉 (「任素 墓誌銘」:『全唐文新編』992)

신라 고구려   其文集有上太師侍中狀云 (…) 貞觀中 我唐太宗皇帝親統六軍渡海 恭行天罰 高麗畏威請和 文皇受降廻蹕 (『三國史記』46 列傳 6 崔致遠)[805]

고구려   及寶藏王之世 唐太宗親統以六軍來征 又不利而還 (『三國遺事』3 興法 3 寶藏奉老普德移庵)[806]

고구려   彌射從帝征高麗有功 封平壤縣伯 (『新唐書』215下 列傳 140下 突厥 下)[807]

---

805) 이 기사에는 연대 표기가 없으나, "我唐太宗皇帝親統六軍渡海"라는 구절에 의거하여 貞觀19년(645)으로 편년하였다.
806) 이 기사에는 연대 표기가 없으나, "唐太宗親統以六軍來征"이라는 구절에 의거하여 貞觀19년(645)으로 편년하였다.
807) 이 기사에는 연대 표기가 없으나, "從帝征高麗"라는 구절에 의거하여 貞觀19년(645)으로 편년하였다.

고구려	帝伐高麗 大酋蘇支從戰有功 (『新唐書』 219 列傳 144 奚)808)
고구려	(奚傳) (…) 帝伐高麗 大酋從戰有功 (『玉海』 133 官制屬國都護都 唐東夷都護府饒樂 都督府松漠都督府契丹內屬)
고구려	其後分爲立坐二部 立部伎有八部 一安樂 周平齊所作 周代謂之城舞 二太平樂 亦謂 之五方師子舞 三破陳樂 四慶善樂 五大定樂 亦謂之八紘同軌樂 太宗平遼時作也 六 上元樂 高宗所作也 (『唐會要』 33 讌樂)809)
고구려	(李勣傳) (…) 褚遂良 諫伐高麗 翔鐋雲輣[蒲庚反 兵車也]" (『玉海』 146 兵制車戰 唐 戎輅)810)
고구려	唐韋克勤少持金剛經 爲中郎將 從軍伐遼 沒高麗 貞觀中 太宗征遼 克勤少持金剛經 望見官軍 乃夜出投之 暗不知路 乃至心念經 俄見炬火前導 克勤隨火而去 遂達漢軍 [出報應記] (『太平廣記』 53 報應 1 韋克勤)811)
고구려	太宗征遼 作飛梯臨其城 有應募爲梯首者 城中矢石如雨 因競爲先登 英公李世勣指之 謂中書舍人許敬宗 此人豈不大健 敬宗曰 非健 要是未解思量 帝聞 將罪之[出國史纂 異] (『太平廣記』 493 雜錄 1 許敬宗)812)
고구려	始祖拔野 貞觀中 從太宗討高麗有功 爲沙陁都督 (『全唐文』 103 後唐太祖 序)813)
고구려	往以貞觀年中 天臨問罪 祖乃歸誠款塞 率旅賓庭 爰賞忠規 載班淸級 因玆儁裔族茂 京都 (「高提昔 墓誌銘」:『歷史學報』 2013-3)814)
고구려	屬肅愼猖蹶 丸都阻化 太宗文皇帝躬行弔罰 君名挂羽林之班 位列金吾之後 瓜牙左右 侍衛帷幄 而醜類鴟張 凶徒蟻聚 君乃攬繁弱 接忘歸 飛鞚揮鞭 直突而潰 應絃而倒者 鱗鱗相屬 (「武希玄 墓誌銘」:『全唐文補遺』 3;『全唐文新編』 992)815)
고구려	東罰島夷 驂駕遼右 控弦則箭開伏石 按劍卽陳不當鋒 大樹坐△ 丹車絳闕 冊而受職 功簡帝心 勳庸必著 (「韓藝 墓誌銘」:『唐代墓誌滙篇』;『全唐文補遺』 1;『全唐文新編 』 992)816)
고구려	開營俋月 掩玄兔以屠城 揮刃浮星 踰白狼而靜祲 凱旋之日 詔檢校右武候將軍 加上 柱國 (「鄭廣 墓誌銘」:『全唐文補遺』 2; 1993『昭陵碑石』;『唐代墓誌滙篇附考』 6;『 全唐文新編』 993)817)

---

808) 이 기사에는 연대 표기가 없으나, "帝伐高麗"라는 구절에 의거하여 貞觀19년(645)으로 편년하였다.
809) 이 기사에는 연대 표기가 없으나, "太宗平遼"라는 구절에 의거하여 貞觀19년(645)으로 편년하였다.
810) 이 기사에는 연대 표기가 없으나, "諫伐高麗"라는 구절에 의거하여 貞觀19년(645)으로 편년하였다.
811) 이 기사에는 연대 표기가 없으나, "從軍伐遼"라는 구절에 의거하여 貞觀19년(645)으로 편년하였다.
812) 이 기사에는 연대 표기가 없으나, "太宗征遼"라는 구절에 의거하여 貞觀19년(645)으로 편년하였다.
813) 이 기사에는 연대 표기가 없으나, "從太宗討高麗有功"이라는 구절에 의거하여 貞觀19년(645)으로 편년 하였다.
814) 이 기사에는 연대 표기가 없으나, "貞觀年中 天臨問罪"라는 구절에 의거하여 貞觀19년(645)으로 편년하 였다.
815) 이 기사에는 연대 표기가 없으나, "太宗文皇帝躬行弔罰"이라는 구절에 의거하여 貞觀19년(645)으로 편 년하였다.
816) 이 기사에는 연대 표기가 없으나, "驂駕遼右"라는 구절에 의거하여 貞觀19년(645)으로 편년하였다.
817) 이 기사에는 연대 표기가 없으나, "掩玄兔以屠城"이라는 구절에 의거하여 貞觀19년(645)으로 편년하였 다.

고구려	貞觀年 陪駕討遼 蠢尒牛加 跨柳城而作鎮 安玆豕荐 擁蓬渚而爲池 公涉靑丘而繳大風 指玄免而摧偃月 魯連夷雜 無取千金 馮異論功 高居大樹 公殉肌膚於士重 辭爵賞於君輕 飲至策勳 裁取驍騎 方陪萬玉 邇遊東岱之魂 無驗雙仙 遂落西山之景 (「宇文幹 墓誌銘」:『大唐西市博物館藏墓誌』)[818]
고구려	太宗文皇帝威中杖鉞 誓衆於海東 △△ 皇太子出△△△ △△於△北 公以奇謀沈勇 入輔中山 轂軔△戈 無△下武 不然者 必將凌浿水勒丸都 叁王帳之嘉謀 △△△△△△ △△△△△△ 公△△台△ △△△△ 方淸梓嶺 式靜△昌 △△徧裨 莫非英選 以公爲子總管 (「劉孝節 墓誌銘」:『全唐文補遺』3;『全唐文新編』993;『新中國出土墓誌 陝西』1下)[819]
고구려	屬遼陽放命 戎車薄伐 滄波浩蕩 佇樓船以濟師 百萬長驅 資贏糧於漕運 奉勅充大使 於江淮已南造船 仍除少府少監 兼支度軍糧入遼 頻奉手勅 深蒙慰勞 軍還 勳加上柱國 封華陽縣開國伯 食邑五百戶 (「楊緘 墓誌銘」:『全唐文補遺』 千唐誌齋新藏專輯)[820]
고구려	旣而天子按劍 親事遼陽 三韓方梗 六軍不振 君中權制勝 後拒無前 氣壓三屬之師 劍出萬人之敵 親經八十餘戰 身被七十二瘡 殿而不奔 繄君是賴 以功加上柱國 (「王道智 墓誌銘」:『唐代墓誌滙篇』;『全唐文新編』993)[821]
고구려	及玄夷背誕 黃鉞徂征 江夏王任總元戎 公亦擢居裨將 我則長驅獸落 直濟遼河 彼亦近率蟻徒 來嬰險瀆 營連偃月 陣擁高雲 當時偏將先奔 中權獨進 孤軍當陷澤之險 正馬乘旋濘之危 戰士星離 于夷霧合 公挺衝星之劍 迴駐日之戈 一呼而潰重圍 再擧而登萬級 朝鮮遂衄 王旅用康 此又功之勳也 賜物一千段 馬十疋 除長上折衝 名超樿俎之間 功著旗常之表 (「曹欽 墓誌銘」:『全唐文補遺』3;『唐代墓誌滙篇續集』;『全唐文新編』993)[822]
고구려	太宗文皇帝維地垂則 維天闡化 睠崑丘之不賓 弔東夷之多僻 長轂亙野 雷動玄免之郊 高鋒簇雲 電照狼河之曲 君履義爲基 資忠成行 精窮飮石 勇冠蒙輪 征旆纔臨 羣兇褫魄 (「件欽 墓誌銘」:『唐代墓誌滙篇附考』8;『全唐文新編』993;『全唐文補遺』6)[823]
고구려	太宗文皇帝操斗 極把鉤陳 因百姓之心 問三韓之罪 勝殘去殺 上憑宗廟之威 禁暴戢姦 下藉熊羆之用 公丹心白刃 本自輕生 六郡三河 由來重氣 烏江討逆 剖項籍於五侯 鹿野懲奸 磔蚩尤於四宰 (「魏哲 神道碑」:『全唐文新編』194)[824]
고구려	太宗薄伐遼東 而君陪麾薊北 (「王大禮 墓誌銘」:『唐代墓誌滙篇續集』;『全唐文補遺』1;『全唐文新編』175)[825]
고구려	聖駕雷動 問罪東夷 公銜命風馳 (…) 遼東奉見 詔隆獎飾 仍授上柱國 (「阿史那忠 墓誌銘」:『全唐文補遺』1;『全唐文新編』175;『唐代墓誌滙篇』)[826]

---

818) 이 기사에는 연대 표기가 없으나, "陪駕討遼"라는 구절에 의거하여 貞觀19년(645)으로 편년하였다.
819) 이 기사에는 연대 표기가 없으나, "太宗文皇帝威中杖鉞 誓衆於海東"이라는 구절에 의거하여 貞觀19년(645)으로 편년하였다.
820) 이 기사에는 연대 표기가 없으나, "屬遼陽放命 戎車薄伐"이라는 구절에 의거하여 貞觀19년(645)으로 편년하였다.
821) 이 기사에는 연대 표기가 없으나, "旣而天子按劍 親事遼陽"이라는 구절에 의거하여 貞觀19년(645)으로 편년하였다.
822) 이 기사에는 연대 표기가 없으나, "江夏王任總元戎"이라는 구절에 의거하여 貞觀19년(645)으로 편년하였다.
823) 이 기사에는 연대 표기가 없으나, "雷動玄免之郊"라는 구절에 의거하여 貞觀19년(645)으로 편년하였다.
824) 이 기사에는 연대 표기가 없으나, "太宗文皇帝操斗 … 問三韓之罪"라는 구절에 의거하여 貞觀19년(645)으로 편년하였다.
825) 이 기사에는 연대 표기가 없으나, "太宗薄伐遼東"이라는 구절에 의거하여 貞觀19년(645)으로 편년하였다.
826) 이 기사에는 연대 표기가 없으나, "聖駕雷動 問罪東夷"이라는 구절에 의거하여 貞觀19년(645)으로 편년하였다.

고구려 백제	旣而句麗百濟 互相侵逼 處月焉耆 各爲脣齒 肆回邪於荒裔 軫弔伐於皇情 (「阿史那忠碑」:『全唐文新編』991)[827]	
삼한 고구려	屬三韓阻化 王嶮稽誅 六軍問罪 皇輿徙蹕 君以飮羽之藝 建蒙輪之奇 親奉羈靮 亟展誠效 以軍功加騎都尉 (「閻莊 墓誌銘」:『全唐文補遺』5;『全唐文新編』201)[828]	
고구려	永徽元年 從太宗文武聖皇帝討遼 蒙授勳官武騎尉 (「韓仁楷 墓誌銘」:『全唐文補遺』2;『唐代墓誌滙篇』;『全唐文新編』994)[829]	
고구려	屬玄夷而鼓孽 君乃風情直上 壯氣橫秋 占募九都 義陪雲伍 於是 荷吳戈而入壘 褫沴霜銷 提酆劍以排營 妖氛星落 嶺雲朝散 破數陣於狼川 邊月晩沉 頹幾城於免堞 旣而風夷載靜 天陣方旋 勳錫榮班 功標厚賞 (「高感 墓誌銘」:『全唐文補遺』5;『全唐文新編』994;『唐代墓誌滙篇續集』)[830]	
고구려	父莫訶友 從破遼還 拜左威衛大將軍左羽林軍上下使持節執失等四州諸軍事執失州刺史上柱國歌禮縣開國子 扈大駕於遼碣 斬鯷首於蒼波 鐵石居心 冰霜挺操 侍奉帷幄 帶礪山河 (「執失善光 墓誌銘」:『全唐文新編』996;『唐代墓誌滙篇續集』)[831]	
고구려	曆至于唐 太宗攬戎 親幸問罪 軍師太震 瓦石俱焚 時夔曾祖行軍大摠管平陽公擐甲先駈 隳拔城邑 生擒其王莫麗支 斬首獲俘 不可勝計 因此 分隷遼東子弟 郡縣散居 公之家 子弟首也 配住安東 (「南單德 墓誌銘」:2015『北方文物』1)[832]	
고구려	曾祖諱躍 太宗撥亂 常從征遼 拜絳州鳳庭府果毅都尉 (「焦希望 神道碑」:『全唐文新編』481)[833]	
고구려	夫唐以憫忠名者 其義何居 相傳唐太宗征△△時 收戰士遺骸 築爲京觀 又傳爲焚經臺 迄今臺基尙峙 (「重修憫忠寺碑記」:『法源寺』)[834]	
고구려	(貞觀)十八年 授遼東道右一軍總管 抗雲梯於鶴表 金湯失固 啓月陣於免城 戈鋌佇戡 策勳有典 茂賞斯行 (「吳廣碑」:『全唐文補遺』1;『全唐文新編』991)[835]	
고구려	(貞觀)十八年 從行洛陽宮 仍屬鳥夷恃險 狼顧不賓 卽從龍麾 恭閒豹略 有勅令統百騎 以叅六軍 公迺鴥勇前驅 爭鳴剿寇 旣成功於拉朽 且命賞于疇庸 卽以勳授右監門中郎將 累加上柱國 (「斛斯政則 墓誌銘」:『全唐文新編』993;『唐代墓誌滙篇續集』)[836]	
고구려	(貞觀)至十八年 江夏王奏君往遼東道征 平賊有功 皇帝乃臨軒召見 睟容有穆 幽滯無晃 爰降絲言 卽授左武衛廉平府長上果毅都尉上柱國 (「張脛 墓誌銘」:『全唐文補遺』千唐誌齋新藏專輯)[837]	

---

827) 이 기사에는 연대 표기가 없으나, "軫弔伐於皇情"이라는 구절에 의거하여 貞觀19년(645)으로 편년하였다.

828) 이 기사에는 연대 표기가 없으나, "王嶮稽誅 六軍問罪 皇輿徙蹕"이라는 구절에 의거하여 貞觀19년(645)으로 편년하였다.

829) 이 기사에는 永徽元年(650)으로 연대 표기가 되었으나, "從太宗文武聖皇帝討遼"이라는 구절의 내용은 貞觀19년(645)에 해당한다. 그에 따라 두 연대에 모두 배치하였다.

830) 이 기사에는 연대 표기가 없으나, "屬玄夷而鼓孽 君乃風情直上 壯氣橫秋 占募九都"이라는 구절과 이 뒷부분에 貞觀20년(646)의 행적이 나온다는 것에 의거하여 貞觀19년(645)으로 편년하였다.

831) 이 기사에는 연대 표기가 없으나, "從破遼還", "扈大駕於遼碣"이라는 구절에 의거하여 貞觀19년(645)으로 편년하였다.

832) 이 기사에는 연대 표기가 없으나, "太宗攬戎 親幸問罪"라는 구절에 의거하여 貞觀19년(645)으로 편년하였다.

833) 이 기사에는 연대 표기가 없으나, "太宗撥亂 常從征遼"라는 구절에 의거하여 貞觀19년(645)으로 편년하였다.

834) 이 기사에는 연대 표기가 없으나, "相傳唐太宗征△△時"라는 구절에 의거하여 貞觀19년(645)으로 편년하였다.

835) 이 기사에는 貞觀18년(644)으로 되어 있으나, 뒤에 貞觀19년(645)의 내용도 포함되어 있으므로 644~645년으로 기간편년하고 마지막해인 645년에 배치하였다.

836) 이 기사에는 貞觀18년(644)으로 되어 있으나, 뒤에 貞觀19년(645)의 내용도 포함되어 있으므로 644~645년으로 기간편년하고 마지막해인 645년에 배치하였다.

고구려	及王赫辰韓 師由渤尾 奮身占募 爲平壤道行軍兵曹 尋而凱捷 躬奉旋駕 西涉泥河 埋 竈稱旨 時蒙賞勞 皆自神衷 (「田仁汪 墓誌銘」: 『唐代墓誌滙篇續集』; 『全唐文新編』 993; 『全唐文補遺』 3; 『隋唐五代墓誌滙篇 陝西』 3)838)
고구려	玄兔月初明 澄輝照遲謁 映雲光暫隱 隔樹光如綴 魄滿桂枝圓 輪虧鏡彩缺 臨城卻影 散 帶暈重圍結 駐蹕俯九都 佇觀妖氣滅 (『初學記』 1 天部 上 月 3)
고구려	玄兔月初明 澄輝照遼碣 映雲光漸隱 隔樹花如綴 魄滿桂枝圓 輪虧鏡彩缺 臨城却影 散 帶暈重圍結 駐蹕俯丸都 佇觀妖氛滅 (『文苑英華』 152 詩 2 天部 2 唐太宗 遼城 望月)
고구려	玄兔月初明 澄輝照遼碣 映雲光暫隱 隔樹花如綴 魄滿桂枝圓 輪虧鏡彩缺 臨城卻影 散 帶暈重圍結 駐蹕俯九都 停[一作佇]觀妖氛滅 (『全唐詩』 1 太宗皇帝 遼城望月)
발해 숙신	春山臨渤海 征旅輟晨裝 廻瞰盧龍塞 斜瞻肅愼鄉 洪波迥地軸 孤嶼映雲光 落日驚濤 上 浮天駭浪長 仙臺隱螭駕 水府泛黿梁 碣石朝煙滅 之罘歸鴈翔 北巡非漢后 東幸異 秦皇 搴旌羽林客 跋距少年場 龍擊驅遼水 鵬飛出帶方 將擧靑丘繳 安訪白霓裳 (『文 苑英華』 170 詩 20 應制 3 巡幸 1 楊師道 奉和唐太宗春日望海)
발해 숙신	春山臨渤海 征旅輟晨裝 回瞰盧龍塞 斜瞻肅愼鄉 洪波迴地軸 孤嶼映雲光 落日驚濤 上 浮天駭浪長 仙臺隱螭駕 水府泛黿梁 碣石朝煙滅 之罘歸鴈翔 北巡非漢后 東幸異 秦皇 搴旗[一作旌]羽林客 跋距少年場 龍[一作電]擊驅遼水 鵬飛出帶方 將擧靑丘繳 安訪白霓裳 (『全唐詩』 34 楊師道 奉和聖製春日望海)
고구려	韓夷偨奉賾 憑險亂天常 乃神弘廟略 橫海剪呑航 電野淸玄菟 騰笳振白狼 連雲飛巨 艦 編石架浮梁 周遊臨大壑 降望極遐荒 挑門通山抃 蓬渚降霓裳 驚濤含蜃闕 駭浪掩 晨光 靑丘絢春組 丹谷耀華桑 長驅七萃卒 成功百戰場 俄且旋戎路 飮至肅巖廊 (『文 苑英華』 170 詩 20 應制 3 巡幸 1 許敬宗 奉和唐太宗春日望海)
고구려	韓夷偨奉賾 憑險亂天常 乃神弘廟略 橫海剪呑航 電[一作雷]野淸玄菟 騰笳振白狼 連 雲飛巨艦 編石架浮梁 周游臨大壑 降望極遐荒 桃門通山抃 蓬渚降霓裳 驚濤含蜃闕 駭浪掩晨光 靑丘絢春組 丹谷耀華桑 長驅七萃卒 成功百戰場 俄且旋戎路 飮至肅巖 廊 (『全唐詩』 35 許敬宗 奉和春日望海)
고구려	煙生遙鴈隱 月落半崖陰 連山驚鳥亂 隔岫斷猿吟 (『文苑英華』 172 詩 22 應制 5 歲 時 唐太宗 遼東山夜臨秋)
고구려	煙生遙岸隱 月落半崖陰 連山驚鳥亂 隔岫斷猿吟 (『全唐詩』 1 太宗皇帝 遼東山夜臨 秋)
신라	沙門釋玄奘 本名褘 俗姓陳氏 陳留人也 (…) 旣承明命返迻京師 遂召證義 大德諳解 大小乘經論爲時輩所推者一十一人至 卽京弘福寺沙門靈閏沙門文備 羅漢寺沙門慧貴 實際寺沙門明琰 寶昌寺沙門法祥 靜法寺沙門普賢 法海寺沙門神昉 廓州法講寺沙門 道深 汴州演覺寺沙門玄忠 蒲州普救寺沙門神泰 綿州振響寺沙門敬明等 綴文大德九 人至 卽京普光寺沙門栖玄 弘福寺沙門明濬 會昌寺沙門辯機 終南山豊德寺沙門道宣

---
837) 이 기사에는 貞觀18년(644)으로 되어 있으나, 뒤에 貞觀19년(645)의 내용도 포함되어 있으므로 644~
645년으로 기간편년하고 마지막해인 645년에 배치하였다.
838) 이 기사에는 연대 표기가 없으나 "及王赫辰韓"을 貞觀18년(644)으로 "躬奉旋駕"를 貞觀19년(645)으로
파악하여, 644~645년으로 기간편년하고 마지막해인 645년에 배치하였다.

	簡州福聚寺沙門靖邁　蒲州普救寺沙門行友　棲巖寺沙門道卓　幽州昭仁寺沙門慧立　洛州天宮寺沙門玄則等　字學大德一人至　卽京大總持寺沙門玄應　證梵語梵文大德一人至　卽京大興善寺沙門玄謨　其年五月方操貝葉開演梵文　創譯大菩薩藏經 (『開元釋敎錄』8 總括群經錄　上之8 沙門釋玄奘　神昉)839)
신라	(玄奘)　旣承明命返迹京師　遂召證義　大德諳解　大小乘經論爲時輩所推者一十一人至　卽京弘福寺沙門靈潤沙門文備　羅漢寺沙門惠貴　實際寺沙門明琰　寶昌寺沙門法祥　靜法寺沙門普賢　法海寺沙門神昉　鄜州法講寺沙門道深　汴州演覺寺沙門玄忠　蒲州普救寺沙門神泰　線州振響寺沙門敬明等 (『貞元新定釋敎目錄』12 總集群經錄　上之12 沙門釋玄奘　神昉)
고구려	儀鳳年　汝州梁縣北　有梁村劉氏男　失名　先因從征東討高麗　沒爲奴　於遼海東岸牧馬 (『弘贊法華傳』10 書寫　8 唐汝州梁縣　劉老)840)

646(丙午/신라 선덕왕 15 仁平 13/고구려 보장왕 5/백제 의자왕 6/唐 貞觀 20/倭 大化 2)

고구려	(貞觀)二十年正月　征遼還　幸幷州　庚辰　引從官及太原父老宴　賜物有差　因下詔曰　太原之地　興運所階　全晉之人　義深惟舊　自朕恭膺寶曆　二紀于玆　何嘗不御辰長懷　想崤陵之風雨　臨軒遠感　念大麓之雲雷　當於此時　乃忘身而拯溺　寔賴同德　並贏糧而樂推　役不踰年　遂淸區域　諒繇成都之衆　謳訟闡虞帝之功　戰牧之徒　歌舞興周王之業　仗玆協力　竟至升平　懷彼勤勞　何忘晷刻　旣同垂拱之暇　再省創業之方　周歷郊原　宛如疇昔　訪其父老　已多長謝　不見所識　魏后遂以興嗟　恤彼故人　漢皇因而式宴　前王是日　哀樂交懷　在朕深衷　義符於此　是用具陳廣樂　共申高宴　取譬還譙之賞　同彼幸代之情　仍曲赦幷州　管內大辟已下繫囚見徒　皆赦除之　常赦所不免者　不在赦例 (『冊府元龜』84 帝王部 84 赦宥 3)
고구려	(貞觀)二十年　帝征遼還　幸幷州　引從官及太原父老宴　賜物有差　因下詔曰　太原之地　興運所階　全晉之人　義深惟舊　自朕恭膺寶曆　二紀于玆　何嘗不御辰長懷　想崤陵之風雨　臨軒遠感　念大麓之雲雷　當於此時　乃忘身而拯溺　實賴同德　幷贏糧而樂推　役不踰年　遂淸區域　諒由成都之衆　謳訟闡虞帝之功　戰牧之徒　歌舞興周王之業　仗玆協力　竟至昇平　懷彼勤勞　何忘晷刻　旣因垂拱之暇　再省創業之方　周歷郊原　宛如疇昔　訪其父老　已多長謝　不見所識　魏后遂以興嗟　恤彼故人　漢高因而式宴　前王是日　哀樂交懷　在朕深衷　義符於此　是用具陳廣樂　共申高宴　取譬還譙之賞　同彼幸代之情　仍曲赦幷州　管內大辟已下繫囚見徒　皆赦除之　常赦所不免者　不在赦例　又以前銀靑光祿大夫遼山縣伯溫昂爲金紫光祿大夫　保晉陽之舊也 (『冊府元龜』172 帝王部 172 求舊 2)841)
고구려	太原之地　興運所階　全晉之人　義深惟舊　自朕恭膺寶歷　二紀於玆　何嘗不御辰長懷　想崤陵之風雨　臨軒遠感　念大麓之雲雷　當於此時　乃忘身而拯溺　實賴同德　垃贏糧而樂推　役不踰年　遂淸區域　諒由成都之衆　謳訟闡虞帝之功　戰牧之徒　歌舞興周王之業　仗玆協力　竟至升平　懷彼勤勞　何忘晷刻　旣因垂拱之暇　再省創業之方　周歷郊原　宛如疇昔　訪其父老　已多長謝　不見所識　魏后遂以興嗟　恤彼故人　漢皇因而式宴　前王是日　哀樂交懷　在朕深衷　義符於此　是用具陳廣樂　共申高宴　取譬還譙之賞　同彼幸代之情　仍曲赦幷州　管內大辟已下繫囚見徒　皆赦除之　常赦所不免者　不在赦例 (『全唐文』8 太宗皇帝　征遼還宴賜父老詔)842)

---

839) 唐　太宗　貞觀19年
840) 이 뒤에 고구려를 공격하여 馬邑城을 빼앗았다는 기사가 있는데, 이는 龍朔元年(661)의 일이다. 그러므로 그보다 이전의 고구려 원정이므로, 645년일 가능성이 매우 높다.
841) 이 기사에는 월일 표기가 없으나,『冊府元龜』에 의거하여 1월17일(庚辰)로 편년하였다.

고구려	(貞觀)二十年正月 吐谷渾吐蕃高麗石國 (…) 並遣使貢獻 (『冊府元龜』970 外臣部 15 朝貢 3)843)
고구려	(貞觀十九年)明年春 藏遣使者上方物 且謝罪 獻二妹口 帝敕還之 謂使者曰 色者人所 重 然愍其去親戚以傷乃心 我不取也 (『新唐書』220 列傳 145 東夷 高麗)844)
고구려	二月甲午 從伐高麗無功者 皆賜勳一轉 (『新唐書』2 本紀 2 太宗)

고구려 백제 임나 신라

(春二月甲午朔戊申) 高麗百濟任那新羅 並遣使貢獻調賦 (『日本書紀』25 孝德紀)

고구려	春二月 太宗還京師 謂李靖曰 吾以天下之衆 困於小夷何也 靖曰 此道宗所解 帝顧問 道宗具陳在駐蹕時 乘虛取平壤之言 帝悵然曰 當時恖恖吾不憶也 (『三國史記』22 高 句麗本紀 10 寶臧王 下)845)
고구려	春二月 帝還京師 謂李靖曰 吾以天下之衆 困於小夷何也 靖曰 此道宗所解 帝顧問 道宗具陳在駐蹕時 乘虛取平壤之策 帝悵然曰 當時恖恖吾不省也 (『三國史節要』9)
고구려	三月己巳 車駕至京師 (『舊唐書』3 本紀 3 太宗 下)846)
고구려	三月己巳 至自高麗 (『新唐書』2 本紀 2 太宗)
고구려	三月己巳 車駕還京師847) 上謂李靖曰 吾以天下之衆困於小夷 何也 靖曰 此道宗所 解848) 上顧問江夏王道宗 具陳在駐蹕時乘虛取平壤之言 上悵然曰 當時匇匇吾不憶 也849) (『資治通鑑』198 唐紀 14 太宗 下之上)
고구려	(貞觀)二十年三月 至自遼東 獻俘授馘 備法駕 具凱旋之禮 蠻夷君長及京邑士女 夾道 陳設 觀者塡噎 咸稱萬歲 (『冊府元龜』12 帝王部 12 告功)850)
고구려	(貞觀)二十年三月 車駕至自遼東 獻俘授馘 備法駕 具凱旋禮 蠻夷君長及京邑士女 夾 道陳 觀者塡塞 咸稱萬歲 (『冊府元龜』117 帝王部 117 親征 2)851)
고구려	(會要) (正852)觀)二十年三月 至自遼東 獻俘授馘 備法駕 具凱旋之禮 (『玉海』194 兵 捷獻功 唐獻俘太廟)853)
고구려	(舊紀) (正854)觀十九年)十月戊午 次漢武臺 刻石以紀功德[二十年三月 至自遼東 獻俘 授馘 備法駕凱旋 蠻夷君長 夾道陳] (『玉海』194 兵捷紀功碑銘附 唐駐蹕山紀功破陣 圖漢武臺紀功)855)
고구려	車駕自遼還 請解太保 仍同中書門下 (『舊唐書』63 列傳 13 蕭瑀)856)

---

842) 이 기사에는 연대 표기가 없으나, 『冊府元龜』에 의거하여 貞觀20년(646) 1월17일(庚辰)로 편년하였다.
843) 『資治通鑑』에는 5월23일(甲寅), 『三國史記』 高句麗本紀, 『三國史節要』에는 5월의 일로 되어 있다.
844) 이 기사에는 월 표기가 없으나, 『冊府元龜』外臣部에 의거하여 1월로 편년하였다.
845) 『舊唐書』本紀, 『新唐書』本紀, 『資治通鑑』에는 3월 7일(己巳)의 일로 되어 있다.
846) 『三國史記』 高句麗本紀, 『三國史節要』에는 2월의 일로 되어 있다.
847) 幷州至京師一千三百六十里
848) 解 戶買翻
849) 是役也 不唯不用乘虛取平壤之策 乘勝取烏骨之策亦不用也
850) 이 기사에는 일자 표기가 없으나, 『舊唐書』本紀 등에 의거하여 3월 7일(己巳)로 편년하였다.
851) 이 기사에는 일자 표기가 없으나, 『舊唐書』本紀 등에 의거하여 3월 7일(己巳)로 편년하였다.
852) 저본에는 '正'으로 되어 있으나, 이 시기의 연호는 '貞觀'이므로 '貞'으로 수정해야 한다.
853) 이 기사에는 일자 표기가 없으나, 『舊唐書』本紀 등에 의거하여 3월 7일(己巳)로 편년하였다. 다만 현재 의 『唐會要』에는 보이지 않는 기사이다.
854) 저본에는 '正'으로 되어 있으나, 이 시기의 연호는 '貞觀'이므로 '貞'으로 수정해야 한다.
855) 이 기사에는 일자 표기가 없으나, 『舊唐書』本紀 등에 의거하여 3월 7일(己巳)로 편년하였다.
856) 이 기사에는 연대 표기가 없으나, 『舊唐書』本紀 등에 의거하여 貞觀20년(646) 3월 7일(己巳)로 편년하

고구려　　　會高麗敗　得歸　太宗奇之　拜朝散大夫 (『舊唐書』 185上 列傳 135上 良吏 上 蔣
　　　　　　嚴)857)

고구려　　　(貞觀)二十年三月庚午 詔曰 朕粤在眇年 時逢道喪 懷生之類 盡塗原野 是用痛心疾首
　　　　　　攘袂救焚 以戰場爲俎司 以干戈爲章服 夕不遑息 寧濟四方 饑不及餐 推移一紀 幸賴
　　　　　　上玄幽贊 下士宅心 承天嗣曆 勵精求政 蠲百王之積弊 振千祀之頹綱 旰食宵衣 百齡
　　　　　　行半 泊手至道方泰 塗蓼邊侵 自罹九年以來 亟罹哀恤 又屬高麗逆亂 毒被韓夷 微物
　　　　　　不安 無忌隱惻 遂復躬行弔伐 遠涉遐荒 時歷暄寒 體親風雨 雖復澄氛海外 有慰深衷
　　　　　　久倦征途 乃多虛弊 方今兆庶殷阜 六合廓淸 垂拱無爲 允在茲日 而皇太子治令德遠
　　　　　　彰 所有機務 可令斷決 百辟卿士 咸宜受其節度 朕當親調五藥 暫屛萬機 三數月間
　　　　　　且自怡攝 (『冊府元龜』 259 儲宮部 4 監國)
고구려　　　朕粤在眇年 時逢道喪 懷生之類 盡塗原野 是用痛心疾首 攘袂救焚 以戰場爲俎豆 以
　　　　　　干戈爲章服 夕不遑息 寧濟四方 飢不及餐 推移一紀 幸賴上元幽贊 下土宅心 承天嗣
　　　　　　歷 勵精求政 蠲百王之積弊 振千祀之頹綱 旰食宵衣 百齡行半 泊乎至道方泰 荼蓼邊
　　　　　　侵 自十九年以來 亟罹哀恤 又屬高麗逆亂 毒被韓夷 微物不安 無忘隱惻 遂復躬行弔
　　　　　　伐 遠涉遐荒 時歷暄寒 體親風雨 雖復澄氛海外 有慰深衷 久倦征途 乃多虛弊 方今
　　　　　　兆庶殷阜 六合廓淸 垂拱無爲 允在茲日 而皇太子治令德遠彰 所有機務 可令斷決 百
　　　　　　辟卿士 咸宜受其節度 朕當親調五藥 暫屛萬機 三數月間 且自怡攝 (『全唐文』 8 太
　　　　　　宗皇帝 令皇太子斷決機務詔)858)

신라　　　(貞觀)二十年閏三月四日 詔 令修史所 更撰晉書 銓次舊聞 裁成義類 其所須可依修五
　　　　　　代史故事 若少 學士量事追取 於是 司空房元齡 中書令褚遂良 太子左庶子許敬宗 掌
　　　　　　其事 又中書舍人來濟 著作郎陸元仕 著作郎劉子翼 主客郎中盧承基 太史令李淳風
　　　　　　太子舍人李義府薛元超 起居郎上官儀 主客員外郎崔行功 刑部員外郎辛邱馭 著作郎
　　　　　　劉允之 光祿寺主簿楊仁卿 御史臺主簿李延壽 校書郎張文恭 並分功撰錄 又令前雅州
　　　　　　刺史令狐德棻 太子司儀郎敬播 主客員外郎李安期 屯田員外郎李懷儼 詳其條例 量加
　　　　　　考正 以臧榮緖晉書爲本 捃摭諸家及晉代文集 爲十紀十志七十列傳三十載紀 其太宗
　　　　　　所著宣武二帝及陸機王羲之四論 稱制旨焉 房元齡已下 稱史臣 凡起例皆播獨創焉 以
　　　　　　其書賜皇太子及新羅使者 各一部 (『唐會要』 63 史館 上 修前代史)
신라　　　(會要) 正859)觀二十年閏三月四日 詔宜令修史所 更撰晉書 銓次舊聞 裁成義類 如修
　　　　　　五代史故事 於是 司空房玄齡 中書令褚遂良 太子左庶子許敬宗 掌其事 來濟陸元佐
　　　　　　劉子翼李淳風李義府薛元超上官儀崔行功辛玄馭劉胤之楊仁卿李延壽張文恭 並分功撰
　　　　　　錄 令狐德棻敬播李安儀李懷儼 詳其條例 以臧榮緖晉書爲本 爲十紀十志七十列傳三
　　　　　　十載記 其太宗所著宣武二帝及陸機王羲之四論 稱制旨焉 房玄齡已下稱史臣 凡起例
　　　　　　皆播獨創 其以書賜皇太子及新羅使者各一部[案修史事 志有二十一人 會要止有二十人
　　　　　　無趙弘智名] (『玉海』 46 藝文正史 唐御撰晉書)

고구려　　　(閏三月)戊戌 罷遼州都督府及巖州860) (『資治通鑑』 198 唐紀 14 太宗 下之上)

<hr>

　　　였다.
857) 이 기사에는 연대 표기가 없으나, 『舊唐書』 本紀 등에 의거하여 貞觀20년(646) 3월 7일(己巳)로 편년하
　　　였다.
858) 이 기사에는 연대 표기가 없으나, 『冊府元龜』에 의거하여 貞觀20년(646) 3월 8일(庚午)로 편년하였다.
859) 저본에는 ‘正’으로 되어 있으나, 이 시기의 연호는 ‘貞觀’이므로 ‘貞’으로 수정해야 한다.
860) 伐高麗所得二州

고구려	至貞觀十年四月五日 授勳上騎都尉 仍錫物三百段 (「高感 墓誌銘」:『全唐文補遺』5; 『全唐文新編』994;『唐代墓誌滙篇續集』)
고구려	五月甲寅 高麗王藏及莫離支蓋金遣使謝罪[861] 幷獻二美女 上還之 金 卽蘇文也 (『資治通鑑』198 唐紀 14 太宗 下之上)[862]
고구려	夏五月 王及莫離支蓋金遣使謝罪 幷獻二美女 帝還之 謂使者曰 色者人所重 然憫其去親戚以傷乃心 我不取也 (『三國史記』22 高句麗本紀 10 寶臧王 下)[863]
고구려	夏五月 高句麗遣使謝罪 拜獻二美女 帝還之 謂使者曰 色者人所重 然憫其去親戚 我不取也 (『三國史節要』9)[864]
고구려	(貞觀)二十年 高麗遣使來謝罪 幷獻二美女 太宗謂其使曰 歸謂爾主 美色者 人之所重 爾之所獻 信爲美麗 憫其離父母兄弟於本國 留其身而忘其親 愛其色而傷其心 我不取也 並還之 (『舊唐書』199上 列傳 149上 高麗)[865]
고구려	(唐書) 又曰 貞觀二十年 高麗遣使來謝罪 幷獻二美女 太宗謂其使曰 歸謂爾主 美色者 人之所重 爾之所獻 信爲美麗 憫其離父母兄弟於本國 留其身而忘其親 愛其色而傷其心 我不取也 並還之 (『太平御覽』783 四夷部 4 東夷 4 高句驪)[866]
고구려	(夏五月) 東明王母塑像 泣血三日 (『三國史記』22 高句麗本紀 10 寶臧王 下)
고구려	(夏五月) 高句麗東明王母塑像 泣血三日 (『三國史節要』9)
고구려	(貞觀)二十年六月乙亥 鐵勒僕骨同羅 共擊薛延陀多彌可汗 (…) 初 薛延陀眞珠毗伽可汗遣使請婚 太宗許以女妻之 (…) 帝謂之曰 (…) 吾今不與其女 頗簡使命 諸姓部落知吾奔之其爭擊延陀必矣 君其志之 旣而李思摩數遣兵 侵掠之 延陀復遣突利失擊思摩 志定襄 掠百姓而去 帝遣英國公李勣援之 遽已出塞而還 帝以其數 與思摩交兵 乃璽書責讓之 又謂其使人曰 語爾可汗 我天子垃東征高麗 汝若能寇邊者 但當來也 可汗遣使致謝 復請發兵助軍 帝答以優詔而止其兵 及太宗拔遼東諸城 破駐驛之陣 降高延壽 聲振戎狄 而莫離支潛令粟靺鞨 誑惑延陀 啗以厚利 延陀氣懾 不敢動 (『冊府元龜』991 外臣部 36 備禦 4)
고구려	貞觀二十年毛[867]月 吐藩遣其大臣祿祿[868]東贊 奉表曰 聖天子平定四方 日月所炤之國 並爲臣妾 而高麗恃遠 闕於臣禮 天子自領百萬 渡遼致討 隳城陷陣 指日凱旋 夷狄纔聞天子發駕 少選之間 已聞歸國 鴈飛迅越 不及陛下速疾 奴忝預子壻 喜百當夷 夫鵝 猶鴈也 故作金鵝奉獻 其鵝黃金鑄成 高七尺 中可實酒三斛 (『冊府元龜』970 外臣部 15 朝貢 3)
고구려	唐書曰 貞觀二十年 吐藩遣其大臣祿東贊 奉表曰 聖天子定四方 日月所照之國 並爲臣妾 而高麗恃遠 闕於臣禮 天子自領百萬 渡遼致討 隳城陷陣 指日凱旋 奴纔聞陛下發駕 少選之間 已聞歸國 鴈飛迅越 不及陛下速疾 奴忝預子壻喜百常夷 夫鵝猶鴈也 故作金鵝奉獻 其鵝黃金鑄成 高七尺 中可實酒三斛 (『太平御覽』919 羽族部 6 鵝)[869]

---

861) 使 疏吏翻 下同
862)『新唐書』高麗傳에는 春의 일로 되어 있다.
863) 이 기사에는 일자 표기가 없으나,『資治通鑑』에 의거하여 5월23일(甲寅)로 편년하였다.
864) 이 기사에는 일자 표기가 없으나,『資治通鑑』에 의거하여 5월23일(甲寅)로 편년하였다.
865) 이 기사에는 월일 표기가 없으나,『資治通鑑』에 의거하여 5월23일(甲寅)로 편년하였다.
866) 이 기사에는 월일 표기가 없으나,『資治通鑑』에 의거하여 5월23일(甲寅)로 편년하였다.
867) 저본에는 '毛'로 되어 있으나, 宋本에는 '七'로 되어 있다. 그에 따라 7월에 배치하였다.
868) 저본에는 '祿祿'으로 되어 있으나,『舊唐書』등에 의거하여 '祿'을 하나만 남기고 하나는 삭제해야 한다.

고구려	太宗伐遼東還 遣祿東贊來賀 奉表曰 聖天子平定四方 日月所照之國 並爲臣妾 而高麗恃遠 闕於臣禮 天子自領百萬 度遼致討 隳城陷陣 指日凱旋 夷狄纔聞陛下發駕 少進之間 已聞歸國 雁飛迅越 不及陛下速疾 奴忝預子壻 喜百常夷 夫鵝 猶雁也 故作金鵝奉獻 其鵝黃金鑄成 其高七尺 中可實酒三斛 (『舊唐書』196上 列傳 146上 吐蕃 上)870)
고구려	帝伐遼還 使祿東贊上書曰 陛下平定四方 日月所照 並臣治之 高麗恃遠 弗率於禮 天子自將度遼 隳城陷陣 指日凱旋 雖鴈飛于天 無是之速 夫鵝猶鴈也 臣謹冶黃金爲鵝 以獻 其高七尺 中實酒三斛 (『新唐書』216上 列傳 141上 吐蕃 上)871)
고구려	(唐書) 又曰 太宗伐遼東還 弄讚遣祿東贊 來賀奉表曰 聖天子平定四方 日月所照之國 並爲臣妾 而高麗恃遠 闕於臣禮 天子自領百萬 渡遼致討 隳城陷陣 指日凱還 夷狄繞聞陛下發駕 少進之間 已聞歸國 鷹飛迅越 不及陛下速疾 奴忝預子壻喜百常夷 夫鵝猶鴈也 故作金鵝奉獻 其鵝黃金鑄成 高七尺 中可實酒三斛 (『太平御覽』798 四夷部 19 西戎 7 吐蕃)872)
고구려	(傳) (…) 帝伐遼還 使祿東贊上書曰 天子自將度遼 隳城陷陣 指日凱旋 雖鴈飛于天 無是之速 夫鵝猶鴈也 臣請治黃金爲鵝以獻 其高七尺 中實酒三斛 (『玉海』154 朝貢 獻方物 唐吐蕃獻黃金鵝金琲寶器)873)
신라 가야	九月 遣小德高向博士黑麻呂於新羅 而使貢質 遂罷任那之調 黑麻呂 更名玄理 (『日本書紀』25 孝德紀)
고구려 신라	(冬十月) 上自高麗還 蓋蘇文益驕恣 雖遣使奉表 其言率皆詭誕 又待唐使者倨慢 常窺伺邊隙 屢敕令勿攻新羅 而侵陵不止 壬申 詔勿受其朝貢 更議討之874) (『資治通鑑』198 唐紀 14 太宗 下之上)
고구려 신라	(貞觀)二十年十月壬申 詔曰 高麗餘燼 謂能悔禍 故遣停兵 全其巢穴 而兇頑成性 殊未革心 前後表聞類多不實 每懷詭誑 罪極難宥 見朕使人 又虧蕃禮 所令誨云 莫擾新羅 口云從命 侵凌不止 積其姦惡 嘗苞禍心 蓋天攸棄 豈宜馴養 自今已后 勿聽朝貢 (『冊府元龜』996 外臣部 41 責讓)
고구려 신라	初 帝將還 帝以弓服賜盖蘇文 受之不謝 而又益驕恣 雖遣使奉表 其言率皆詭誕 又待唐使者倨傲 常窺何邊隙 屢勑令不攻新羅而侵凌不止 太宗詔勿受其朝貢 更議討之 (『三國史記』22 高句麗本紀 10 寶臧王 下)875)
고구려 신라	初 帝將還 以弓服賜盖蘇文 受之不謝 而又益驕恣 雖遣使奉表 其言率皆詭誕 又待唐使者倨傲 常窺何邊隙 帝雖屢勑勿攻新羅 而侵凌不止 帝詔勿許朝貢 更議討之 (『三國史節要』9)876)
고구려	(貞觀十九年明年) 初 師還 帝以弓服賜盖蘇文 受之 不遣使者謝 於是 下詔削棄朝貢 (『新唐書』220 列傳 145 東夷 高麗)877)
고구려 신라	高麗餘燼 謂能悔禍 故遣停兵 全其巢穴 而兇頑成性 殊未革心 前後表聞 類多不實 每懷詭誑 罪極難宥 見朕使人 又虧蕃禮 所令每云莫擾新羅 口云從命 侵凌不止 積其

---

869) 이 기사에는 월 표기가 없으나, 『冊府元龜』에 의거하여 7월로 편년하였다.
870) 이 기사에는 연대 표기가 없으나, 『冊府元龜』에 의거하여 貞觀20(646) 7월로 편년하였다.
871) 이 기사에는 연대 표기가 없으나, 『冊府元龜』에 의거하여 貞觀20(646) 7월로 편년하였다.
872) 이 기사에는 연대 표기가 없으나, 『冊府元龜』에 의거하여 貞觀20(646) 7월로 편년하였다.
873) 이 기사에는 연대 표기가 없으나, 『冊府元龜』에 의거하여 貞觀20(646) 7월로 편년하였다.
874) 使 疏史翻 伺 相吏翻 朝 直遙翻
875) 이 기사는 월일 표기가 없으나, 『資治通鑑』 등에 의거하여 10월14일(壬申)로 편년하였다.
876) 이 기사는 월일 표기가 없으나, 『資治通鑑』 등에 의거하여 10월14일(壬申)로 편년하였다.
877) 이 기사는 월일 표기가 없으나, 『資治通鑑』 등에 의거하여 10월14일(壬申)로 편년하였다.

姦惡　嘗包禍心　蓋天攸棄　豈宜馴養　自今已後　勿聽朝貢 (『全唐文』8　太宗皇帝　絶高麗朝貢詔)878)

신라 백제　其父沈那 (…) 仁平中　白城郡出兵　往抄百濟邊邑　百濟出精兵急撃之　我士卒亂退　沈那獨立拔劒　怒目大叱　斬殺數十餘人　賊懼不敢當　遂引兵而走　百濟人指沈那曰　新羅飛將　因相謂曰　沈那尙生　莫近白城 (『三國史記』47　列傳 7　素那)879)

647(丁未/신라 선덕왕 16, 진덕왕 1 太和 1/고구려 보장왕 6/백제 의자왕 7/唐 貞觀 21/倭 大化 3)

신라　春正月　毗曇廉宗等謂女主不能善理　因謀叛擧兵　不克 (『三國史記』5　新羅本紀 5　善德王)

신라　春正月　新羅大臣毗曇廉宗等謂女主不能善理　擧兵欲廢之　王自內禦之　毗曇等屯於明活城　王師營於月城　攻守十日不解　夜有大星落月城　毗曇等謂士卒曰　吾聞落星之下　必有流血　此殆女主敗衄之兆　士卒呼吼　聲振天地　王聞之恐懼失次　庾信見王曰　吉凶無常　惟人所召　故紂以赤雀亡　魯以獲麟衰　高宗以雉雊興　鄭公以龍鬪昌　故知德勝於妖　則星辰變異　不足畏也　請王勿憂　乃造偶人　抱火載於風鳶而颺之　若上天然　翌日　使人傳言於路曰　昨夜　落星還上　使賊軍疑焉　又刑白馬　祭於落星之地　呪曰　天道則陽剛而陰柔　人道則君尊而臣卑　苟或易之卽爲大亂　今毗曇等以臣而謀君　自下而犯上　此所謂亂臣賊子　人神所同娙　天地所不容　今天若無意於此　而反見星怪於王城　此臣之所疑惑而不喩者也　惟天之威　從人之欲　善善惡惡　無作神羞　於是　督諸將卒奮擊之　毗曇等敗走 (『三國史節要』9)

신라　(善德大王)十六年丁未　是善德王末年　眞德王元年也　大臣毗曇廉宗謂女主不能善理　擧兵欲廢之　王自內禦之　毗曇等屯於明活城　王師營於月城　攻守十日不解　丙夜　大星落於月城　毗曇等謂士卒曰　吾聞落星之下必有流血　此殆女主敗績之兆也　士卒呼吼聲振地　大王聞之　恐懼失次　庾信見王曰　吉凶無常　惟人所召　故紂以赤雀亡　魯以獲麟衰　高宗以雉雊興　鄭公以龍鬪昌　故知德勝於妖　則星辰變異不足畏也　請王勿憂　乃造偶人　抱火載於風鳶而颺之　若上天然　翌日　使人傳言於路曰　昨夜落星還上　使賊軍疑焉　又刑白馬祭於落星之地　祝曰　天道則陽剛而陰柔　人道則君尊而臣卑　苟或易之　卽爲大亂　今毗曇等以臣而謀君　自下而犯上　此所謂亂臣賊子　人神所同疾　天地所不容　今天若無意於此　而反見星怪於王城　此臣之所疑惑而不喩者也　惟天之威　從人之欲　善善惡惡　無作神羞　於是督諸將卒奮擊之　毗曇等敗走　追斬之　夷九族 (『三國史記』41　列傳 1　金庾信 上)880)

신라　別記云　是王代　鍊石築瞻星臺 (『三國遺事』1　紀異 2　善德王知幾三事)881)

신라　新羅作瞻星臺　累石爲之　上方下圓　通其中　人由中而上　高數丈 (『三國史節要』9)

신라　第二十九太宗大王　名春秋　姓金氏　龍樹[一作龍春]角干　追封文興大王之子也　妣眞平大王之女天明夫人　妃文明皇后文姬　卽庾信公之季妹也　初文姬之姊寶姬　夢登西岳捨溺　瀰滿京城　旦與妹說夢　文姬聞之謂曰　我買此夢　姊曰　與何物乎　曰鬻錦裙可乎　姊

---

878) 이 기사에는 연대 표기가 없으나, 『資治通鑑』 등에 의거하여 貞觀20년(646) 10월14일(壬申)로 편년하였다.
879) 이 기사에는 연대 표기가 없으나, 仁平 연간(634~646)의 일이므로 그에 따라 기간편년하고 마지막해인 646년에 배치하였다.
880) 이 기사에는 월 표기가 없으나, 『三國史記』 新羅本紀 등에 의거하여 1월로 편년하였다.
881) 이 기사에는 연대 표기가 없으나, 善德代의 일이므로, 재위기간인 632~647년으로 기간편년하고 647년의 사망기사 앞에 배치하였다.

日諾 妹開襟受之 姊曰 疇昔之夢傳付於汝 妹以錦裙酬之 後旬日庾信與春秋公 正月
午忌日[見上射琴匣事 乃崔致遠之說] 蹴鞠于庾信宅前[羅人謂蹴鞠爲弄珠之戲] 故踏春
秋之裙 裂其襟紐 請曰 入吾家縫之 公從之 庾信命阿海奉針 海曰 豈以細事輕近貴公
子乎 因辭[古本云因病不進] 乃命阿之 公知庾信之意 遂幸之 自後數數來往 庾信知其
有娠 乃嘖之曰 爾不告父母而有娠何也 乃宣言於國中 欲焚其妹 一日俟善德王遊幸南
山 積薪於庭中 焚火烟起 王望之問何烟 左右奏曰 殆庾信之焚妹也 王問其故 曰爲其
妹無夫有娠 王曰 是誰所爲 時公昵侍在前 顏色大變 王曰 是汝所爲也 速往救之 公
受命馳馬 傳宣沮之 自後現行婚禮 (『三國遺事』1 紀異 1 太宗春秋公)882)

신라 　　釋良志 未詳祖考鄉邑 唯現迹於善德王朝 錫杖頭掛一布帒 錫自飛至檀越家 振拂而鳴
戶知之納齋費 帒滿則飛還 故名其所住曰錫杖寺 其神異莫測皆類此 旁通雜譽 神妙絶
比 又善筆札 靈廟丈六三尊天王像幷殿塔之瓦 天王寺塔下八部神將 法林寺主佛三尊
左右金剛神等 皆所塑也 書靈廟法林二寺額 又嘗彫磚造一小塔 竝造三千佛 安其塔置
於寺中致敬焉 其塑靈廟之丈六也 自入定以正受所對爲揉式 故傾城士女爭運泥土 風
謠云 來如來如來如 來如哀反多羅 哀反多矣徒良 功德修叱如良來如 至今土人舂相役
作皆用之 蓋始于此 像(初)成之費 入穀二萬三千七百碩[或(云)(改)金時租] 議曰 師可
謂才全德充 而以大方隱於末技者也
　　讚曰 齋罷堂前錫杖閑 靜裝爐鴨自焚檀 殘經讀了無餘事 聊塑圓容合掌看 (『三國遺事』
4 義解 5 良志使錫)883)

신라 　　善德王德曼 遘疾彌留 有興輪寺僧法惕 應詔侍疾 久而無效 時有密本法師 以德行聞
於國 左右請代之 王詔迎入內 本在宸仗外 讀藥師經 卷軸纔周 所持六環 飛入寢內
刺一老狐與法惕 倒擲庭下 王疾乃瘳 時本頂上發五色神光 觀者皆驚
　　又承相金良圖爲阿孩時 忽口噤體硬 不言不逐 每見一大鬼率小鬼來 家中凡有盤肴 皆
啖嘗之 巫覡來祭 則群聚而爭侮之 圖雖欲命撤 而口不能言 家親請法流寺僧亡名來轉
經 大鬼命小鬼 以鐵槌打僧頭仆地 嘔血而死 阿數日 遣使邀本 使還言 本法師受我請
將來矣 衆鬼聞之 皆失色 小鬼曰 法師至將不利 避之何幸 大鬼侮慢自若曰 何害之有
俄而有四方大力神 皆屬金甲長戟 來捉群鬼縛去 次有無數天神 環拱而待 須臾本至
不待開經 其疾乃治 語通身解 具說件事 良圖因此篤信釋氏 一生無怠 塑成興輪寺吳
堂主彌勒尊像左右菩薩 竝滿金畫其堂 本嘗住金谷寺
　　又金庾信嘗與一老居士交厚 世人不知其何人 于時公之戚秀天 久染惡疾 公遣士診衛
適有秀天之舊 名因惠師者 自中岳來訪之 見居士而慢侮之曰 相汝形儀 邪佞人也 何
得理人之疾 居士曰 我受金公命 不獲已爾 惠曰 汝見我神通 乃奉爐咒香 俄頃五色雲
旋遶頂上 天花散落 士曰 和尙通力不可思議 弟子亦有拙技 請試之 願師乍立於前 惠
從之 士彈指一聲 惠倒迸於空 高一丈許 良久徐徐倒下 頭卓地 屹然如植橛 旁人推挽
之不動 士出去 惠猶倒卓達曙 明日秀天使扣於金公 公遣居士往救乃解 因惠不復賣技
　　讚曰 紅紫紛紛幾亂朱 堪嗟魚目誑愚夫 不因居士輕彈指 多小巾襲盛砆砆 (『三國遺事』5
神呪 6 密本摧邪)884)

신라 　　(春正月)八日 王薨 諡曰善德 葬于狼山[唐書云 貞觀二十一年卒通鑑云 二十五卒 以

882) 이 기사에는 연대 표기가 없으나, 善德王代의 일이므로, 재위기간인 632~647년으로 기간편년하고 647
　　년의 사망기사 앞에 배치하였다.
883) 이 기사에는 연대 표기가 없으나, 善德王代의 일이므로, 재위기간인 632~647년으로 기간편년하고 647
　　년의 사망기사 앞에 배치하였다.
884) 이 기사에는 연대 표기가 없으나, 善德王代의 일이므로, 재위기간인 632~647년으로 기간편년하고 647
　　년의 사망기사 앞에 배치하였다.

本史考之通鑑誤也]

論曰 臣聞之 古有女媧氏 非正是天子 佐伏羲理九州耳 至若呂雉武曌 値幼弱之主 臨朝稱制 史書不得公然稱王 但書高皇后呂氏則天王后武氏者 以天言之 則陽剛而陰柔 以人言之 則男尊而女卑 豈可許姥嫗出閨房 斷國家之政事乎 新羅扶起女子 處之王位 誠亂世之事 國之不亡幸也 書云牝雞之晨 易云羸豕孚蹢躅 其可不爲之戒哉 (『三國史記』5 新羅本紀 5 善德王)885)

신라	眞德王立 名勝曼 眞平王母弟國飯[一云國芬]葛文王之女也 母朴氏 月明夫人 勝曼姿質豐麗 長七尺 垂手過膝 (『三國史記』5 新羅本紀 5 眞德王)
신라	(春正月) 新羅王德曼薨 諡曰善德 葬于狼山 王平日 預言死期 至其日果薨 世稱王知其三事 蓋謂見畫花知無香 聞蛙知兵及 此預言死期爾 於是 眞平王母弟國飯之女勝曼立 長七尺垂手過膝 (『三國史節要』9)
신라	第二十八眞德女王[名勝曼 金氏 父眞平王之弟國其安葛文王 母阿尼夫人朴氏 奴追△△△△葛文王之女也 或云月明 非也 丁未立 治七年] (『三國遺事』1 王曆)886)
고구려 신라	春正月戊子朔壬寅 射於朝庭 是日 高麗新羅 竝遣使 貢獻調賦 (『日本書紀』25 孝德紀)
신라	正月十七日 誅毗曇 坐死者三十人 (『三國史記』5 新羅本紀 5 眞德王)
신라	(春正月) 新羅毗曇伏誅 連坐者三十人 (『三國史節要』9)
고구려 백제	(實錄) (…) (正887)觀)二十一年正月己未888) 鐵勒回紇俟利發等諸姓朝見 御天成殿 陳十部樂而遣之 傳云 帝坐祕殿 陳十部樂 (『玉海』105 音樂樂 3 唐九部樂十部樂十四國樂二部樂)889)
신라	二月 拜伊飡閼川爲上大等 大阿飡守勝爲牛頭州軍主 (『三國史記』5 新羅本紀 5 眞德王)
신라	二月 新羅以伊飡閼川爲上大等 大阿飡守勝爲牛頭州郡890)主 (『三國史節要』9)
신라	(二月) 唐太宗遣使持節 追贈前王爲光祿大夫 仍冊命王爲柱國 封樂浪郡王 (『三國史記』5 新羅本紀 5 眞德王)
신라	(二月) 唐遣使持節 追贈新羅前王爲光祿大夫 仍冊命王爲柱國 封樂浪郡王 (『三國史節要』9)
신라	(貞觀)二十一年 善德卒 贈光祿大夫 餘官封並如故 因立其妹眞德爲王 加授柱國 封樂浪郡王 (『舊唐書』199上 列傳 149上 新羅)891)
신라	(貞觀)二十一年 善德死 贈光祿大夫 而妹眞德襲王 (『新唐書』220 列傳 145 東夷 新羅)892)
신라	(傳) (貞觀)二十一年 善德死 妹眞德襲王 (『玉海』153 朝貢外夷內朝內附 唐新羅織錦頌觀釋尊賜晉書)893)

---

885) 『舊唐書』本紀에는 貞觀22년(648)의 일로 되어 있다.
886) 이 기사에는 월 표기가 없으나, 『三國史記』新羅本紀 등에 의거하여 1월로 편년하였다.
887) 저본에는 '正'으로 되어 있으나, 이 시기의 연호는 '貞觀'이므로 '貞'으로 수정해야 한다.
888) 貞觀21년(647) 정월에는 己未가 없다. 2월 2일에 해당된다.
889) 고구려와 백제의 樂이 포함되어 있는 十部樂 관련 사료이므로 포함시켰다.
890) 저본에는 '郡'으로 되어 있으나, '軍'으로 수정해야 한다.
891) 이 기사에는 월 표기가 없으나, 『三國史記』新羅本紀 등에 의거하여 2월로 편년하였다.
892) 이 기사에는 월 표기가 없으나, 『三國史記』新羅本紀 등에 의거하여 2월로 편년하였다.

신라	如新羅王德眞 織錦作太平詩 (…) 按本傳 (…) (貞觀)二十一年 善德死 妹眞德立 (『文苑英華辨證』 4 年月 2)[894]
신라	(唐書) 又曰 新羅王善德卒 立其妹眞德爲王 (『太平御覽』 781 四夷部 2 東夷 2 新羅)[895]
신라	新羅王德眞[本傳作眞德] 織錦作太平詩 (…) 按唐書本傳 (…) 善德死 妹眞德襲王 (『文苑英華辨證』 3 人名 4)[896]

고구려	(二月) 上將復伐高麗[897] 朝議以爲 高麗依山爲城 攻之不可猝拔[898] 前大駕親征 國人不得耕種 所克之城 悉收其穀 繼以旱災 民太半乏食 今若數遣偏師 更迭擾其疆場[899] 使彼疲於奔命 釋耒入堡[900] 數年之間 千里蕭條 則人心自離 鴨綠之北 可不戰而取矣 上從之 (『資治通鑑』 198 唐紀 14 太宗 下之上)
고구려	太宗將復行師 朝議以爲 高句麗依山爲城 不可猝拔 前大駕親征 國人不得耕種 所克之城 實收其穀 繼以旱災 民太半乏食 今若數遣偏師 更迭擾其疆場 使彼疲於奔命 釋耒入堡 數年之間 千里蕭條 則人心自離 鴨淥之北 可不戰而取矣 帝從之 (『三國史記』 22 高句麗本紀 10 寶臧王 下)[901]
고구려	帝將復伐高句麗 朝議以謂 高句麗依山爲城 不可猝拔 向者大駕親征 其民不得耕種 所克之城 實收其穀 繼以旱災 民太半乏食 今若數遣偏師 侵迭疆場 使彼疲於奔命 釋耒入堡 數年之間 千里蕭條 則人心自離 鴨淥之北 可不戰而取矣 帝從之 (『三國史節要』 9)[902]
고구려	天子扼腕含怒 終欲取之 中議以爲 高麗城雉依山 攻之不可卒下 往前鑾駕親伐 廢其耕稼 所陷之城 並收其穀 韓師旅炎旱相繼 夷人以猥衆 大半斷粒 若得少兵番次 躁其邊塲 彼瘡痍之殘 疲於奔命 耕夫釋耒 並皆入堡 島夷之邑 千里荒蕪 古人云 金城湯池 非粟不固 若再三如此 高麗必大窘迫 自然逃散 誰肯爲莫離支嬰城 鴨淥水以北 可不戰而取 天子以爲然 故有是命 (『冊府元龜』 985 外臣部 30 征討 4)[903]

고구려	三月戊子 左武衛大將軍牛進達爲靑丘道行軍大總管 李世勣爲遼東道行軍大總管 率三總管兵以伐高麗 (『新唐書』 2 本紀 2 太宗)
고구려	(貞觀)二十一年丁未三月戊子 世勣爲遼東道行軍大總管 (『新唐書』 61 表 1 宰相 上)
고구려	(貞觀二十年)又明年三月 詔左武衛大將軍牛進達爲靑丘道行軍大總管 右武衛將軍李海岸副之 自萊州度海 李勣爲遼東道行軍大總管 右武衛將軍孫貳朗右屯衛大將軍鄭仁泰副之 率營州都督兵 繇新城道以進 (『新唐書』 220 列傳 145 東夷 高麗)[904]
고구려	三月 以左武衛大將軍牛進達爲靑丘道行軍大總管[905] 右武候將軍李海岸副之 發兵萬

---

893) 이 기사에는 월 표기가 없으나, 『三國史記』 新羅本紀 등에 의거하여 2월로 편년하였다.
894) 이 기사에는 월 표기가 없으나, 『三國史記』 新羅本紀 등에 의거하여 2월로 편년하였다.
895) 이 기사에는 연대 표기가 없으나, 『三國史記』 新羅本紀 등에 의거하여 貞觀21(647) 2월로 편년하였다.
896) 이 기사에는 연대 표기가 없으나, 『三國史記』 新羅本紀 등에 의거하여 貞觀21(647) 2월로 편년하였다.
897) 復 扶又翻
898) 朝 直遙翻
899) 數 所角翻 更 工衡翻 塲 音亦
900) 耒 盧對翻
901) 이 기사에는 월 표기가 없으나, 『資治通鑑』에 의거하여 2월로 편년하였다.
902) 이 기사에는 월 표기가 없으나, 『資治通鑑』에 의거하여 2월로 편년하였다.
903) 이 기사에는 연대 표기가 없으나, 『資治通鑑』에 의거하여 貞觀21(647) 2월로 편년하였다.
904) 이 기사에는 일자 표기가 없으나, 『新唐書』 本紀 등에 의거하여 3월 2일(戊子)로 편년하였다.
905) 相如子虛賦曰 夫齊東陼鉅海 觀乎成山 射乎之罘 秋獵乎靑丘 彷徨乎海外 服虔曰 靑丘國在海東三百里 晉天文志有靑丘七星 在軫東南 蠻夷之國也

	餘人 乘樓船自萊州汎海而入 又以太子詹事李世勣爲遼東道行軍大總管 右武衛將軍孫 貳朗等副之 將兵三千人906) 因營州都督府兵 自新城道入 兩軍皆選習水善戰者 配之 (『資治通鑑』 198 唐紀 14 太宗 下之上)907)
고구려	(貞觀)二十一年三月 伐高麗 以左武衛大將軍牛進達爲靑丘道行軍大總管 右武衛大將 軍李海崖爲副 發兵一萬餘人 並樓船戰舸 自萊州泛海而入 又以特進太子詹事英國公 李勣爲遼東道行軍大總管 右武衛將軍孫貳郞左屯衛大將軍鄭仁泰爲副 將配兵三千人 其營州都督府所管兵馬 盡皆隷勣 於是 屬涉遼東 自新城道入 兩軍之發也 並遣慣習 滄波 能以少擊衆者 而配隷焉 (『冊府元龜』 985 外臣部 30 征討 4)908)
고구려	(高麗傳) (正909)觀) 二十一年三月 詔牛進達李勣等 伐高麗910) 取石城而還 (『玉海』 1 91 兵捷露布 3 唐遼東道行臺大摠管李勣俘高麗獻俘昭陵檄高麗含元殿數俘)911)
고구려	以左武衛大將軍牛進達爲靑丘道行軍大摠管 右武衛將軍李海岸副之 發兵萬餘人 乘樓 船 自萊州泛海而入 又以太子詹事李世勣爲遼東道行軍大摠管 右武衛將軍孫貳郞等副 之 將兵三千人 因營州都督府兵 自新城道入 兩軍皆選習水善戰者 配之 (『三國史記』 22 高句麗本紀 10 寶臧王 下)912)
고구려	以左武衛大將軍牛進達爲靑丘道行軍大摠管 右武衛將軍李海岸副之 發兵萬餘人 乘樓 船 自萊州泛海而入 又以太子詹事李世勣爲遼東道行軍大摠管 右武衛將軍孫貳朗等副 之 將兵三千人 因營州都督府兵 自新城道入 兩軍皆選習水善戰者 配之 (『三國史節要 』 9)913)
가야	正914)觀二十一年三月十一日 詔以遠夷各貢方物 其草木雜物有異常者 所司其詳錄焉 按會要 如葉護之蒲萄 康國之金桃 伽國之鬱金香 伽羅之鉢羅花 達國之佛土菜 皆奇 物也 至如環王之大珠 于闐之寶帶 吐蕃之金鵝 高昌之錯刀 又會要所不載者 詳見朝 貢 書目有唐夷狄貢一卷 始於北突厥 終於師子國 而以雜記附焉 並唐正915)觀以來諸 國貢獻等事 (『玉海』 16 地理異域圖書 唐正觀方物錄)
고구려	(五月)庚戌 李世勣克南蘇木底城 (『新唐書』 2 本紀 2 太宗)
고구려	(五月) 李世勣軍旣渡遼 歷南蘇等數城916) 高麗多背城拒戰917) 世勣擊破其兵 焚其羅 郭而還918) (『資治通鑑』 198 唐紀 14 太宗 下之上)919)
고구려	李世勣軍旣度遼 歷南蘇等數城 皆背城拒戰 世勣擊破之 焚其羅郭而還 (『三國史記』 2 2 高句麗本紀 10 寶臧王 下)920)
고구려	李世勣軍旣度遼 歷南蘇等數城 皆背城拒戰 世勣擊敗之 焚其羅郭而還 (『三國史節要』 9)921)

---

906) 將 卽亮翻
907) 이 기사에는 일자 표기가 없으나, 『新唐書』 本紀 등에 의거하여 3월 2일(戊子)로 편년하였다.
908) 이 기사에는 일자 표기가 없으나, 『新唐書』 本紀 등에 의거하여 3월 2일(戊子)로 편년하였다.
909) 저본에는 '正'으로 되어 있으나, 이 시기의 연호는 '貞觀'이므로 '貞'으로 수정해야 한다.
910) 이 뒷부분은 『新唐書』 本紀에 7월11일(乙未)로 되어 있다.
911) 이 기사에는 일자 표기가 없으나, 『新唐書』 本紀 등에 의거하여 3월 2일(戊子)로 편년하였다.
912) 이 기사에는 월일 표기가 없으나, 『新唐書』 本紀 등에 의거하여 3월 2일(戊子)로 편년하였다.
913) 이 기사에는 월일 표기가 없으나, 『新唐書』 本紀 등에 의거하여 3월 2일(戊子)로 편년하였다.
914) 저본에는 '正'으로 되어 있으나, 이 시기의 연호는 '貞觀'이므로 '貞'으로 수정해야 한다.
915) 저본에는 '正'으로 되어 있으나, 이 시기의 연호는 '貞觀'이므로 '貞'으로 수정해야 한다.
916) 前漢書 玄菟郡高句驪縣有南蘇水 西北經塞外
917) 背 蒲妹翻
918) 還 從宣翻 又如字
919) 이 기사에는 일자 표기가 없으나, 『新唐書』 本紀에 의거하여 5월25일(庚戌)로 편년하였다.
920) 이 기사에는 월일 표기가 없으나, 『新唐書』 本紀에 의거하여 5월25일(庚戌)로 편년하였다.
921) 이 기사에는 월일 표기가 없으나, 『新唐書』 本紀에 의거하여 5월25일(庚戌)로 편년하였다.

고구려	(貞觀二十年明年)次南蘇木底 虜兵戰不勝 焚其郛 (『新唐書』 220 列傳 145 東夷 高麗)922)
고구려	(貞觀)二十一年 李勣復大破高麗於南蘇 班師至頗利城 渡白狼黃巖二水 皆由膝以下 勣怪二水狹淺 問契丹遼源所在 云 此二水更行數里 合而南流 卽稱遼水 更無遼源可得也 旋師之後 更議再行 (『通典』 186 邊防 2 東夷 下 高句麗)
고구려	貞觀二十一年 李勣復大破高麗於南蘇 班師至頗利城 渡白狼黃巖二水 皆由膝已下 勣怪二水淺狹 問契丹遼源所在 云 此二水更行數里 卽合南流 卽稱遼水 更無遼源可得也 (『唐會要』 95 高句麗)923)
고구려	(貞觀)二十一年 李勣大破高麗於南蘇 班師至頗利城 渡白狼黃巖二水 皆由膝以下 勣怪二水狹淺 問契丹遼東所出 云 此二水更行數里 合而南流 卽稱遼水 更無遼源可得也 旋師之後 更議再行 (『太平寰宇記』 173 四夷 2 東夷 2 高勾驪)924)
고구려	七月乙未 牛進達克石城 (『新唐書』 2 本紀 2 太宗)
고구려	秋七月 牛進達李海岸入高麗境 凡百餘戰 無不捷 攻石城 拔之 進至積利城下 高麗兵萬餘人出戰 海岸擊破之 斬首二千級 (『資治通鑑』 198 唐紀 14 太宗 下之上)925)
고구려	秋七月 牛進達李海岸入我境 凡百餘戰 攻石城 拔之 進至積利城下 我兵萬餘人出戰 李海岸擊克之 我軍死者三千人 (『三國史記』 22 高句麗本紀 10 寶臧王 下)926)
고구려	秋七月 牛進達李海岸入高句麗境 凡百餘戰 攻石城拔之 進至積利城下 高句麗兵萬餘人出戰 海岸擊克之 高句麗軍死者三千人 (『三國史節要』9)927)
고구려	七月 進達等取石城 進攻積利城 斬級數千 乃皆還 (『新唐書』 220 列傳 145 東夷 高麗)928)
고구려	(貞觀)二十一年七月 牛進達李海崖攻高麗石城 陷之 虜男女數百人 師次積利城下 高麗出軍萬餘人拒戰 海崖等擊破之 斬首一千級 (『冊府元龜』 985 外臣部 30 征討 4)929)
고구려	又二十一年 從征高麗 至駐蹕山 與司徒長孫無忌率軍 出自賊後 先後奮擊 大破之 師旋 拜左武衛大將軍930) 又與右武衛將軍李海岸等 浮海以伐高麗931) 襲破石城 虜男女數百人 進次稽利城 高麗列陣來戰 進達擊之 斬首二千餘級 (『冊府元龜』 358 將帥部 19 立功 11 牛進達)932)
신라	秋七月 遣使入唐謝恩 改元太和 (『三國史記』 5 新羅本紀 5 眞德王)
신라	因明入正理論一卷[見內典錄 商羯羅主菩薩造 貞觀二十一年八月六日 於弘福寺 翻經院譯 沙門知仁[明濬?]筆受] (『開元釋敎錄』 8 總括群經錄 上之8 沙門釋玄奘 智仁知仁智忍)
고구려	貞觀二十一年八月十七日 骨利幹遣使朝貢 獻良馬百匹 其中十四尤駿 太宗奇之 各爲

---

922) 이 기사에는 월일 표기가 없으나, 『新唐書』 本紀에 의거하여 5월25일(庚戌)로 편년하였다.
923) 이 기사에는 월일 표기가 없으나, 『新唐書』 本紀에 의거하여 5월25일(庚戌)로 편년하였다.
924) 이 기사에는 월일 표기가 없으나, 『新唐書』 本紀에 의거하여 5월25일(庚戌)로 편년하였다.
925) 이 기사에는 일자 표기가 없으나, 『新唐書』 本紀에 의거하여 7월11일(乙未)로 편년하였다.
926) 이 기사에는 일자 표기가 없으나, 『新唐書』 本紀에 의거하여 7월11일(乙未)로 편년하였다.
927) 이 기사에는 일자 표기가 없으나, 『新唐書』 本紀에 의거하여 7월11일(乙未)로 편년하였다.
928) 이 기사에는 일자 표기가 없으나, 『新唐書』 本紀에 의거하여 7월11일(乙未)로 편년하였다.
929) 이 기사에는 일자 표기가 없으나, 『新唐書』 本紀에 의거하여 7월11일(乙未)로 편년하였다.
930) 이 앞부분은 『資治通鑑』 등에 貞觀19년(645) 6월21일(丁巳)로 되어 있다.
931) 이 앞부분은 『新唐書』 本紀 등에 3월 2일(戊子)로 되어 있다.
932) 이 기사에는 월일 표기가 없으나, 『新唐書』 本紀에 의거하여 7월11일(乙未)로 편년하였다.

製名 號曰十驥 其一曰騰雲白 二曰皎雪驄 三曰凝露白 四曰元光驄 五曰決波騟 六曰
飛霞驃 七曰發電赤 八曰流金駹 九曰翔麟紫 十曰奔虹赤 上乃敍其事曰 骨利幹獻馬
十匹 特異常倫 觀其骨大叢粗 鬣高意闊 眼如懸鏡 頭若側塼 腿像鹿而差圓 頸比鳳而
增細 後橋之下 促骨起而成峯 側轍之間 長筋密而如瓣 耳根鐵勒 杉材難方 尾本高麗
掘塼非擬 腹平臁小 自勁驅馳之方 鼻大喘疎 不乏往來之氣 殊毛共櫪 狀花蘂之交林
異色同羣 似雲霞之閒彩 仰輪烏而競逐 順緒氣而爭追 噴沫則千里飛紅 流汗則三條振
血 塵不及起 影不暇生 顧見彎弓 逾勁羽而先及 遙瞻伏獸 占人目而前知 骨法異而應
圖 工藝奇而絶象 方馳大宛 固其駑蹇者歟 (『唐會要』72 馬)

| 신라 | 八月 彗星出於南方 又衆星北流 (『三國史記』5 新羅本紀 5 眞德王) |
| 신라 | 八月 新羅彗星出於南方 又衆星北流 (『三國史節要』9) |

고구려	(九月)933)戊戌 敕宋州刺史王波利等發江南十二州工人造大船數百艘 欲以征高麗934) (『資治通鑑』198 唐紀 14 太宗 下之上)
고구려	(貞觀二十一年)九月 遣宋州刺史王波利中郎將丘孝忠 發江南十二州 造入海大船及艘 船三百五十艘 將征高麗 (『冊府元龜』985 外臣部 30 征討 4)935)
고구려	太宗勑宋州刺史王波利等 發江南十二州工人 造大舡數百艘 欲以伐我 (『三國史記』2 2 高句麗本紀 10 寶臧王 下)936)
고구려	帝勑宋州刺史王波利等 發江南十二州工人 造大舡數百艘 欲以伐高句麗 (『三國史節要 』9)937)
고구려	(貞觀)<二>十一年 副虞部員外郎唐遜 造海舫一千艘 其年 勅差副宋州刺史王波利 更 造海船 副丙部員外郎裴明禮 運糧遼碣 (「强偉 墓誌銘」:『唐代墓誌滙篇附考』6;『全 唐文新編』992)938)

신라 백제	冬十月 百濟兵圍茂山甘勿桐岑三城 王遣庾信率步騎一萬以拒之 苦戰氣竭 庾信麾下 丕寧子及其子擧眞入敵陣 急格死之 衆皆奮擊 斬首三千餘級 (『三國史記』5 新羅本紀 5 眞德王)
백제 신라	冬十月 將軍義直帥步騎三千 進屯新羅茂山城下 分兵攻甘勿桐岑二城 新羅將軍庾信 親勵士卒 決死而戰 大破之 義直匹馬而還 (『三國史記』28 百濟本紀 6 義慈王)
신라 백제	(善德大王十六年丁未)冬十月 百濟兵來圍茂山甘勿桐岑等三城 王遣庾信率步騎一萬拒 之 苦戰氣竭 庾信謂丕寧子曰 今日之事急矣 非子誰能激衆心乎 丕寧子拜曰 敢不惟 命之從 遂赴敵 子擧眞及家奴合節隨之 突劒戟力戰死之 軍士望之感勵爭進 大敗賊兵 斬首三千餘級 (『三國史記』41 列傳 1 金庾信 上)
백제 신라	冬十月 百濟將軍義直圍新羅茂山甘勿洞岑三城 王遣金庾信率步騎一萬拒之 百濟兵甚 銳 庾信苦戰力竭 新羅軍中有丕寧子 銳意力戰 庾信謂曰 歲寒然後 知松栢之後彫 今 日事急矣 非子誰能奮勵出奇 以激衆心乎 丕寧子曰 今於稠人廣衆之中 獨屬我 可謂 知己 當以死報之 出語其奴合節曰 今日當上爲國家 下爲知己 死之 子擧眞 幼有壯志 必欲與我俱死 若父子同死不可也 吾死若與擧眞 可收吾骨 橫槊突陣 格殺數人而死

933) 이 기사는 8월 뒤 10월 앞에 배치되어 있으나, 8월에는 戊戌日은 물론 그 앞 기사("立皇子明爲曹王")의
丁酉日도 없다. 따라서 9월의 오류로 파악되는데, 9월의 戊戌日은 15일, 丁酉日은 14일이다. 『新唐書』本
紀에도 "立皇子明爲曹王"은 9월14일(丁酉)로 되어 있다.
934) 十二州 宣潤常蘇湖杭越台婺括江洪也 艘 蘇遭翻 麗 力知翻
935) 이 기사에는 일자 표기가 없으나, 『資治通鑑』에 의거하여 9월15일(戊戌)로 편년하였다.
936) 이 기사에는 월일 표기가 없으나, 『資治通鑑』에 의거하여 9월15일(戊戌)로 편년하였다.
937) 이 기사에는 월일 표기가 없으나, 『資治通鑑』에 의거하여 9월15일(戊戌)로 편년하였다.
938) 이 기사에는 월일 표기가 없으나, 『資治通鑑』에 의거하여 9월15일(戊戌)로 편년하였다.

		擧眞欲赴鬪同死 合節請執轡止之曰 大人有遺命 今負父命 可得爲孝乎 擧眞曰 見父 之死偸生苟存 亦豈得爲孝乎 劒合節臂 突陣亦死 合節曰 所天崩矣 不死何爲 亦交鋒 而死 三軍感激齊進 所向摧陷 斬三千餘級 義直僅以身免 庾信撫三屍 哭甚痛 王哀之 以禮葬之 恩賞甚渥 (『三國史節要』9)

| 신라 백제 | 丕寧子 不知鄕邑族姓 眞德王元年丁未 百濟以大兵來攻茂山甘勿桐岑等城 庾信率步 騎一萬 拒之 百濟兵甚銳 苦戰不能克 士氣索而力憊 庾信知丕寧子有力戰深入之志 召謂曰 歲寒然後 知松栢之後彫 今日之事急矣 非子誰能奮勵出奇 以激衆心乎 因與 之飮酒 以示殷勤 丕寧子再拜云 今於稠人廣衆之中 獨以事屬我 可謂知己矣 固當以 死報之 出謂奴合節曰 吾今日上爲國家 下爲知己 死之 吾子擧眞雖幼年有壯志 必欲 與之俱死 若父子并命 則家人其將疇依 汝其與擧眞好收吾骸骨歸 以慰母心 言畢 卽 鞭馬橫槊 突賊陣 格殺數人而死 擧眞望之欲去 合節請曰 大人有言 令合節與阿郎還 家 安慰夫人 今子負父命棄母慈 可謂孝乎 執馬轡不放 擧眞曰 見父死而苟存 豈所謂 孝子乎 卽以劒擊折合節臂 奔入敵中戰死 合節曰 私天崩矣 不死何爲 亦交鋒而死 軍 士見三人之死 感激爭進 所向挫鋒陷陣 大敗賊兵 斬首三千餘級 庾信收三屍 脫衣覆 之 哭甚哀 大王聞之涕淚 以禮合葬於反知山 恩賞妻子 九族尤渥 (『三國史記』47 列 傳 7 丕寧子)[939] |

| 신라 | 十一月 王親祀神宮 (『三國史記』5 新羅本紀 5 眞德王) |
| 신라 | 十一月 新羅王親祀神宮 (『三國史節要』9) |

고구려	貞觀二十一年十二月乙亥 高麗使第二子莫離支高任武朝貢 因謝罪 帝許納之 (『冊府元 龜』980 外臣部 25 通好)
고구려	冬十二月 王使第二子莫離支任武 入謝罪 帝許之 (『三國史記』22 高句麗本紀 10 寶 臧王 下)[940]
고구려	十二月 高句麗王使第二子莫離支任武 如唐謝罪 (『三國史節要』9)[941]
고구려	十二月 高麗王使其子莫離支任武入謝罪 上許之 (『資治通鑑』198 唐紀 14 太宗 下 之上)[942]
고구려	藏遣子莫離支高任武來朝 因謝罪 (『新唐書』220 列傳 145 東夷 高麗)[943]

| 신라 | 都唯那娘一人 阿尼大都唯那一人 眞興王始以寶良法師爲之 眞德王元年加一人 (『三國 史記』40 雜志 9 職官 下) |

| 신라 | 大書省一人 眞興王以安臧法師爲之 眞德王元年加一人 (『三國史記』40 雜志 9 職官 下) |

| 신라 | 唐貞觀二十一年 其王遣金春秋來朝 拜爲特進 請改章服 以從華制 (『太平寰宇記』17 4 四夷 3 東夷 3 新羅國)[944] |

---

939) 이 기사에는 월 표기가 없으나, 『三國史記』 新羅本紀 등에 의거하여 10월로 편년하였다.
940) 이 기사에는 일자 표기가 없으나, 『冊府元龜』 外臣部에 의거하여 12월23일(乙亥)로 편년하였다.
941) 이 기사에는 일자 표기가 없으나, 『冊府元龜』 外臣部에 의거하여 12월23일(乙亥)로 편년하였다.
942) 이 기사에는 일자 표기가 없으나, 『冊府元龜』 外臣部에 의거하여 12월23일(乙亥)로 편년하였다.
943) 이 기사에는 연대 표기가 없으나, 『冊府元龜』 外臣部에 의거하여 貞觀22년(648) 12월23일(乙亥)로 편년 하였다.
944) 『舊唐書』 本紀, 『資治通鑑』에는 貞觀22년(648) 윤12월 7일(癸未), 『三國史記』 新羅本紀에는 眞德王 2년 (648) 冬, 『舊唐書』 新羅傳, 『新唐書』 新羅傳, 『通典』에는 貞觀22년(648)으로 되어 있다.

신라	(是歲) 新羅遣上臣大阿湌金春秋等 送博士小德高向黑麻呂小山中中臣連押熊 來獻孔雀一隻鸚鵡一隻 仍以春秋爲質 春秋美姿顔善談笑 (『日本書紀』 25 孝德紀)

648(戊申/신라 진덕왕 2 太和 2/고구려 보장왕 7/백제 의자왕 8/唐 貞觀 22/倭 大化 4)

신라 고구려	(貞觀)二十二年正月朔 結骨吐蕃吐谷渾新羅高麗吐火羅康國于闐烏長波斯石國 並遣使朝貢 (『冊府元龜』 970 外臣部 15 朝貢 3)
신라	春正月 遣使大唐朝貢 (『三國史記』 5 新羅本紀 5 眞德王)[945]
고구려	春正月 遣使入唐朝貢 (『三國史記』 22 高句麗本紀 10 寶臧王 下)[946]
신라	春正月 新羅遣使如唐朝貢 (『三國史節要』 9)[947]
고구려	(春正月) 高句麗遣使如唐朝貢 (『三國史節要』 9)[948]
신라	(正月) 新羅王金善德卒 以善德妹眞德爲柱國 封樂浪郡王 遣使册命[949] (『資治通鑑』 198 唐紀 14 太宗 下之上)[950]
신라	(貞觀)二十二年正月 新羅王金善德卒 贈光祿大夫 以善德妹眞德爲柱國 封樂浪郡王 遣使持節册命 (『冊府元龜』 964 外臣部 9 封册 2)
신라	是歲 新羅女王金善德死 遣册立其妹眞德爲新羅王 (『舊唐書』 3 本紀 3 太宗 下)[951]
고구려	(正月)丙午 左武衛大將軍薛萬徹爲靑丘道行軍大總管 以伐高麗 (『新唐書』 2 本紀 2 太宗)
고구려	(正月)丙午 詔以右武衛大將軍薛萬徹爲靑丘道行軍大總管 右衛將軍裴行方副之 將兵三萬餘人及樓船戰艦[952] 自萊州泛海以擊高麗 (『資治通鑑』 198 唐紀 14 太宗 下之上)
고구려	(春正月) 帝詔右武衛大將軍薛萬徹爲靑丘道行軍大摠管 右衛將軍裴行方副之 將兵三萬餘人及樓舡戰艦 自萊州泛海來擊 (『三國史記』 22 高句麗本紀 10 寶臧王 下)[953]
고구려	(春正月) 帝詔右武衛大將軍薛萬徹爲靑丘道行軍大摠管 右衛將軍裴行方副之 將兵三萬餘人及樓船戰艦 自萊州泛海擊高句麗 (『三國史節要』 9)[954]
고구려	(貞觀)二十二年正月 詔授右武衛大將軍薛萬徹爲靑丘道行軍大總管 右衛將軍裴行大爲副 率兵三萬餘人 幷樓船戰艦 自萊州泛海 以擊高麗[955] 萬徹入鴨綠水 俘獲甚衆 (『冊府元龜』 985 外臣部 30 征討 4)[956]
고구려	(貞觀)二十二年 詔右武衛大將軍薛萬徹爲靑丘道行軍大總管 右衛將軍裴行方副之 自海道入 (『新唐書』 220 列傳 145 東夷 高麗)[957]
고구려	(貞觀)二十二年 又遣右武衛大將軍薛萬徹等徃靑丘道伐之[958] 萬徹渡海入鴨淥水 進破

---

945) 이 기사에는 일자 표기가 없으나, 『冊府元龜』 外臣部에 의거하여 1월 1일로 편년하였다.
946) 이 기사에는 일자 표기가 없으나, 『冊府元龜』 外臣部에 의거하여 1월 1일로 편년하였다.
947) 이 기사에는 일자 표기가 없으나, 『冊府元龜』 外臣部에 의거하여 1월 1일로 편년하였다.
948) 이 기사에는 일자 표기가 없으나, 『冊府元龜』 外臣部에 의거하여 1월 1일로 편년하였다.
949) 卒 子恤翻 樂浪 音洛琅 使 疏吏翻
950) 이 기사는 1월18일(己亥)과 25일(丙午) 사이에 있는 일자 미상기사이므로, 1월18일~24일로 기간편년하고 마지막날인 24일에 배치하였다. 『三國史記』 新羅本紀, 『三國史節要』에는 貞觀21년(647) 1~2월, 『舊唐書』 新羅傳, 『新唐書』 新羅傳에는 貞觀21년(647)으로 되어 있다.
951) 이 기사에는 월일 표기가 없으나, 『資治通鑑』에 의거하여 1월18일~24일로 기간편년하고 마지막날인 24일에 배치하였다.
952) 艦 戶黯翻
953) 이 기사에는 일자 표기가 없으나, 『新唐書』 本紀 등에 의거하여 1월25일(丙午)로 편년하였다.
954) 이 기사에는 일자 표기가 없으나, 『新唐書』 本紀 등에 의거하여 1월25일(丙午)로 편년하였다.
955) 이 뒷부분은 『新唐書』 本紀에 6월27일(丙子)로 되어 있다.
956) 이 기사에는 일자 표기가 없으나, 『新唐書』 本紀 등에 의거하여 1월25일(丙午)로 편년하였다.
957) 이 기사에는 월일 표기가 없으나, 『新唐書』 本紀 등에 의거하여 1월25일(丙午)로 편년하였다.

	其泊灼 俘獲甚衆 (『冊府元龜』135 帝王部 135 好邊功)959)
고구려	行方字德備 茂州道行軍總管淸丘道行軍副總管右衛將軍檢校幽州都督襲懷義平公 (『新唐書』71上 表 11上 宰相世系 1上)960)

고구려 백제 신라

(春)二月壬子朔 於三韓[三韓 謂高麗百濟新羅]遣學問僧 (『日本書紀』25 孝德紀)

고구려	(二月)丁卯 詔度遼水有功未酬勳而犯罪者 與成官同 (『新唐書』2 本紀 2 太宗)
신라 백제	(春)三月 百濟將軍義直侵西邊 陷腰車等一十餘城 王患之 命押督州都督庾信以謀之 庾信於是訓勵士卒 將以發行 義直拒之 庾信分軍爲三道 夾擊之 百濟兵敗走 庾信追北 殺之幾盡 王悅 賞賜士卒有差 (『三國史記』5 新羅本紀 5 眞德王)961)
백제 신라	春三月 義直襲取新羅西鄙腰車等一十餘城 (『三國史記』28 百濟本紀 6 義慈王)
백제 신라	三月 百濟將軍義直侵新羅西鄙 陷腰車等十餘城 (『三國史節要』9)
백제 신라	(貞觀)二十二年 又破其十餘城 數年之中 朝貢遂絶 (『舊唐書』199上 列傳 149上 東夷 百濟)962)
백제 신라	(唐書) (貞觀)二十二年 又破其十餘城 數年之中 朝貢遂絶 (『太平御覽』781 四夷部 2 東夷 2 百濟)963)
백제 신라	久之 又奪十餘城 因不朝貢 (『新唐書』220 列傳 145 東夷 百濟)964)
백제 신라	(東夷傳) (…) 久之 又奪十餘城 因不朝貢 (『玉海』191 兵捷露布 3 唐神丘道行軍大摠管蘇定方俘百濟)965)
고구려	(三月) 充容長城徐惠966) 以上東征高麗 西討龜茲 翠微玉華 營繕相繼 又服玩頗華靡 上疏諫 其略曰 以有盡之農功 塡無窮之巨浪 圖未獲之他衆 喪已成之我軍967) 昔秦皇幷呑六國 反速危亡之基 晉武奄有三方 翻成覆敗之業968) 豈非矜功恃大 棄德輕邦 圖利忘危 肆情縱欲之所致乎 是知地廣非常安之術 人勞乃易亂之源也 又曰 雖復茅茨示約969) 猶興木石之疲 和雇取人 不無煩擾之弊 又曰 珍玩伎巧 乃喪國之斧斤970) 珠玉錦繡 寔迷心之酖毒 又曰 作法於儉 猶恐其奢 作法於奢 何以制後 上善其言 甚禮重之 (『資治通鑑』198 唐紀 14 太宗 下之上)971)

958) 이 뒷부분은 『新唐書』本紀에 6월27일(丙子)로 되어 있다.
959) 이 기사에는 월일 표기가 없으나, 『新唐書』本紀 등에 의거하여 1월25일(丙午)로 편년하였다.
960) 이 기사에는 연대 표기가 없으나, 『新唐書』本紀 등에 의거하여 貞觀22년(648) 1월25일(丙午)로 편년하였다.
961) 이 기사의 "王患之 ~ 賞賜士卒有差"는 『三國史記』百濟本紀, 『三國史節要』에는 4월의 일로 되어 있다.
962) 이 기사에는 월 표기가 없으나, 『三國史記』新羅本紀 등에 의거하여 3월로 편년하였다.
963) 이 기사에는 월 표기가 없으나, 『三國史記』新羅本紀 등에 의거하여 3월로 편년하였다.
964) 이 기사에는 연대 표기가 없으나, 『三國史記』新羅本紀 등에 의거하여 貞觀22년(648) 3월로 편년하였다.
965) 이 기사에는 연대 표기가 없으나, 『三國史記』新羅本紀 등에 의거하여 貞觀22년(648) 3월로 편년하였다.
966) 唐會要曰 舊制 昭儀昭容昭媛脩儀脩容脩媛充儀充容充媛各一人 爲九嬪 正二品 晉武帝太康三年 分烏程立長城縣 屬吳興郡 今湖州長興縣是也 惠 徐孝德之女
967) 喪 息浪翻 下喪國同
968) 魏蜀吳三方鼎峙 至晉混一
969) 易 以豉翻 復 扶又翻
970) 伎 渠綺翻 喪 息浪翻
971) 『唐會要』에는 8월로 되어 있다.

고구려	(四月)甲子 烏胡鎭將古神感[972] 將兵浮海擊高麗 遇高麗步騎五千 戰於易山 破之[973] 其夜 高麗萬餘人襲神感船 神感設伏 又破之而還[974] (『資治通鑑』199 唐紀 15 太宗 下之下)
고구려	夏四月 烏胡鎭將古神感將兵浮海來擊 遇我步騎五千 戰於易山 破之 其夜 我軍萬餘人襲神感舡 神感伏發 乃敗 (『三國史記』22 高句麗本紀 10 寶臧王 下)[975]
고구려	(夏四月) 唐烏胡鎭將古神感 將兵浮海來擊高句麗 遇高句麗步騎五千 戰於易山破之 高句麗兵萬餘人夜襲神感船 伏發麗兵破 (『三國史節要』9)[976]
고구려	(貞觀二十二年)四月 烏胡鎭將石神感率兵浮海 直指高麗 領步騎五千 拒戰於易山 短兵纔接 其衆大潰 斬首虜八百餘人 其夜 賊兵萬餘襲神感之船 神感設伏以待之 賊不覺 奮擊 大破之而還 (『冊府元龜』985 外臣部 30 征討 4)
고구려	(貞觀二十二年) 部將古神感與虜戰曷山 虜潰 虜乘暝襲我舟 伏兵破之 (『新唐書』220 列傳 145 東夷 高麗)[977]
백제 신라	夏四月 進軍於玉門谷 新羅將軍庾信逆之 再戰大敗之 (『三國史記』28 百濟本紀 6 義慈王)
백제 신라	夏四月 進至玉門谷 新羅王患之 命押督州都督金庾信禦之 庾信分軍三道夾擊之 百濟兵敗走 庾信追北 殺之幾盡 王悅之 賞賜士卒有差 (『三國史節要』9)
신라	般若波羅蜜多心經一卷[見內典錄第二 與摩訶般若大明呪經等同本 貞觀二十二年五月二十四日 於終南山翠微宮譯 沙門智仁筆受] (『貞元新定釋教目錄』11 總集群經錄 上之11 沙門釋玄奘 智仁知仁智忍)
고구려	(六月)丙子 薛萬徹及高麗戰于泊灼城 敗之 (『新唐書』2 本紀 2 太宗)[978]
고구려	(貞觀二十二年六月)是月 靑丘道軍師薛萬徹渡海 入鴨淥水百餘里 至泊灼城南四十里止營 高麗襲懼 並棄邑居而遁 泊灼城主所失孫率步騎萬餘人 來拒官軍 萬徹遣右衛將軍裴行方 領步卒 折衝尉羅文合 爲援軍繼進 萬徹及諸軍乘之 賊大潰 追奔百餘里 及於陣所失孫 進兵圍之 泊灼城因山設險 阻鴨淥水以爲固 攻之未拔 高麗遣將高文 率馬[979]骨安地諸城兵三萬餘人來援 分置兩陣 萬徹分軍以當之 鋒刃纔接而賊潰 俘獲且盡而還 (『冊府元龜』985 外臣部 30 征討 4)[980]
고구려	(貞觀)二十二年 萬徹又爲靑丘道行軍大總管 率甲士三萬自萊州泛海伐高麗[981] 入鴨綠水 百餘里至泊汋城 高麗震懼 多棄城而遁 泊汋城主所夫孫 率步騎萬餘人拒戰 萬徹遣右衛將軍裴行方 領步卒 爲支軍繼進 萬徹及諸軍乘之 賊大潰 追奔百餘里 於陣斬所夫孫 進兵圍泊汋城 其城因山設險 阻鴨綠水以爲固 攻之未拔 高麗遣將高文 率烏骨安地諸城兵三萬餘人來援 分置兩陣 萬徹分軍以當之 鋒刃纔接而賊大潰 (『舊唐書』69 列傳 19 薛萬徹)[982]

972) 烏胡鎭當置於海中烏胡島 自登州東北海行 過大謝島龜歆島淤島而後至烏湖島 又三百里北渡烏湖海 姓譜周太王去邠適岐 稱古公 因氏焉
973) 易山 新書作曷山 將 卽亮翻 麗 力知翻 騎 奇寄翻
974) 還 從宣翻 又如字
975) 이 기사에는 일자 표기가 없으나,『資治通鑑』에 의거하여 4월14일(甲子)로 편년하였다.
976) 이 기사에는 일자 표기가 없으나,『資治通鑑』에 의거하여 4월14일(甲子)로 편년하였다.
977) 이 기사에는 월일 표기가 없으나,『資治通鑑』에 의거하여 4월14일(甲子)로 편년하였다.
978) 『三國史記』高句麗本紀,『三國史節要』에는 9월의 일로 되어 있다.
979) 저본에는 '馬'로 되어 있으나, 내용상 '烏'로 수정해야 한다.
980) 이 기사에는 일자 표기가 없으나,『新唐書』本紀에 의거하여 6월27일(丙子)로 편년하였다.
981) 이 앞부분은『新唐書』本紀 등에 1월25일(丙午)로 되어 있다.
982) 이 기사에는 월일 표기가 없으나,『新唐書』本紀 등에 의거하여 1월25일(丙午)로 편년하였다.

고구려	(貞觀)二十二年 又遣右武衛將軍薛萬徹等 往靑丘道伐之[983] 萬徹渡海入鴨綠水 進破其泊灼城 俘獲甚衆 (『舊唐書』199上 列傳 149上 高麗)[984]
고구려	貞觀二十二年 以靑丘道行軍總管帥師三萬伐高麗[985] 次鴨淥水 以奇兵襲大行城 與高麗步騎萬餘戰 斬虜將所夫孫 虜皆震恐 遂傅泊汋城 虜衆三萬來援 擊走之 拔其城 (『新唐書』94 列傳 19 薛萬徹)[986]
고구려	(貞觀二十二年) 萬徹度鴨淥 次泊灼城 拒四十里而舍 虜懼 皆棄邑居去 大酋所夫孫拒戰 萬徹擊斬之 遂圍城 破其援兵三萬[987] 乃還 (『新唐書』220 列傳 145 東夷 高麗)[988]
고구려	(高麗傳) (正[989]觀)二十二年 詔薛萬徹等 伐高麗[990] 圍泊灼城 斬大酋一 破其援兵三萬[991] 乃還 (『玉海』191 兵捷露布 3 唐遼東道行臺大摠管李勣俘高麗獻俘昭陵檄高麗含元殿數俘)[992]
고구려	後爲靑丘道行軍大總管 率甲士二萬 自萊州泛海伐高麗[993] 入鴨綠水百餘里 至泊灼城 高麗震懼 多棄城而遁 泊灼城主所夫孫帥步騎萬餘人拒 萬徹遣右衛將軍裴行方 領步卒 爲支軍繼進 萬徹及諸軍乘之 賊大潰 追奔百餘里 於陣斬所夫孫 進兵圍泊灼城 其城因山設險 阻鴨綠水以爲固 攻之未拔 高麗遣將高文 率烏骨安地諸城兵三萬餘人來援 分置兩陣 萬徹分軍以當之 鋒刃纔接而賊大潰 (『冊府元龜』357 將帥部 18 立功 10 薛萬徹)[994]
고구려	(六月) 上以高麗困弊 議以明年發三十萬衆 一擧滅之 或以爲大軍東征 須備經歲之糧 非畜乘所能載 宜具舟艦爲水運 隋末劍南獨無寇盜 屬者遼東之役 劍南復不預及[995] 其百姓富庶 宜使之造舟艦 上從之 (『資治通鑑』199 唐紀 15 太宗 下之下)
고구려	帝謂我困弊 議以明年發三十萬衆 一擧滅之 或以爲 大軍東征 須備經歲之糧 非畜乘所能載 宜具舟艦爲水轉 隋末劍南獨無寇盜 屬者遼東之役 劍南復不預及 其百姓富庶 宜使之造舟艦 帝從之 (『三國史記』22 高句麗本紀 10 寶臧王 下)[996]
고구려	帝謂高句麗困弊 議以明年發三十萬衆 一擧滅之 或以謂 大軍東征 須備經歲之粮 非畜乘所能載 宜具舟艦以輸粮餉 隋末劍南獨無寇盜 屬者遼東之役 又不預 其百姓富庶 宜使之造舟艦 帝從之 (『三國史節要』9)[997]
고구려	(貞觀二十二年) 帝與長孫无忌計曰 高麗困吾師之入 戶亡耗 田歲不收 蓋蘇文築城增陴 下飢臥死溝壑 不勝敝矣 明年以三十萬衆 公爲大總管 一擧可滅也[998] 乃詔劍南大治船 蜀人願輸財江南 計直作舟 舟取縑千二百 巴蜀大騷 邛眉雅三州獠皆反 發隴西峽內兵二萬擊定之[999] 始 帝決取虜 故詔陝州刺史孫伏伽萊州刺史李道裕儲糧械於三

---

983) 이 앞부분은 『新唐書』本紀 등에 1월25일(丙午)로 되어 있다.
984) 이 기사에는 월일 표기가 없으나, 『新唐書』本紀에 의거하여 6월27일(丙子)로 편년하였다.
985) 이 앞부분은 『新唐書』本紀 등에 1월25일(丙午)로 되어 있다.
986) 이 기사에는 월일 표기가 없으나, 『新唐書』本紀에 의거하여 6월27일(丙子)로 편년하였다.
987) 이 뒷부분은 『資治通鑑』에 9월 5일(癸未)로 되어 있다.
988) 이 기사에는 월일 표기가 없으나, 『新唐書』本紀에 의거하여 6월27일(丙子)로 편년하였다.
989) 저본에는 '正'으로 되어 있으나, 이 시기의 연호는 '貞觀'이므로 '貞'으로 수정해야 한다.
990) 이 앞부분은 『新唐書』本紀 등에 1월25일(丙午)로 되어 있다.
991) 이 뒷부분은 『資治通鑑』에 9월 5일(癸未)로 되어 있다.
992) 이 기사에는 월일 표기가 없으나, 『新唐書』本紀에 의거하여 6월27일(丙子)로 편년하였다.
993) 이 앞부분은 『新唐書』本紀 등에 貞觀22(648) 1월25일(丙午)로 되어 있다.
994) 이 기사에는 연대 표기가 없으나, 『新唐書』本紀에 의거하여 貞觀22년(648) 6월27일(丙子)로 편년하였다.
995) 畜 許救翻 乘 繩證翻 艦 戶黯翻 屬 之欲翻 復 扶又翻
996) 이 기사에는 월 표기가 없으나, 『資治通鑑』에 의거하여 6월로 편년하였다.
997) 이 기사에는 월 표기가 없으나, 『資治通鑑』에 의거하여 6월로 편년하였다.
998) 이 뒷부분은 『資治通鑑』에 7월 1일~10일로 되어 있다.
999) 이 뒷부분은 『三國史記』高句麗本紀 등에 9월로 되어 있다.

<table>
<tr><td>고구려</td><td>山浦烏胡島 越州都督治大艎偶舫以待 (『新唐書』220 列傳 145 東夷 高麗)1000)</td></tr>
<tr><td>고구려</td><td>(高麗傳) (正1001)觀二十二年) 帝與長孫無忌計曰 高麗困吾師之入 不勝敝矣 明年以三十萬衆 公爲大摠管 一擧可滅也1002) 乃詔劍南大治船1003) 儲糧械於三山浦烏島 越州治大艎偶舫以待 (『玉海』191 兵捷露布 3 唐遼東道行臺大摠管李勣俘高麗獻俘昭陵檄高麗含元殿數俘)1004)</td></tr>
<tr><td>고구려</td><td>此後烏夷△梗 將起渡遼之軍 轉漕務殷 有事樓船之役 水曹之選 朝議攸歸 遷尙書水部郎中 (「徐德 墓誌銘」:『大唐西市博物館藏墓誌』)1005)</td></tr>
<tr><td>고구려</td><td>秋七月 遣右領左右府長史强偉1006) 於劍南道伐木造舟艦 大者或長百尺 其廣半之 別遣使行水道1007) 自巫峽抵江揚 趣萊州1008) (『資治通鑑』199 唐紀 15 太宗 下之下)1009)</td></tr>
<tr><td>고구려</td><td>(秋七月) 太宗遣左領左右府長史强偉於劍南道 伐木造舟艦 大者或長百尺 其廣半之 別遣使行水道 自巫峽抵江楊 趣萊州 (『三國史記』22 高句麗本紀 10 寶臧王 下)1010)</td></tr>
<tr><td>고구려</td><td>秋七月 帝遣左領左右府長史强偉於劍南道 伐木造舟艦 大者或長百尺 其廣半之 別遣使行水道 自巫峽抵江陽1011) 趣萊州 (『三國史節要』9)1012)</td></tr>
<tr><td>고구려</td><td>太宗再伐高麗 爲舡劍南 諸獠皆半役 雅邛眉三州獠不堪其擾 相率叛 詔發隴右峽兵二萬 以茂州都督張士貴爲雅州道行軍總管 與右衛將軍梁建方平之 (『新唐書』222下 列傳 147下 南蠻 下 南平獠)1013)</td></tr>
<tr><td>고구려 신라</td><td>(七月) 司空梁文昭公房玄齡留守京師1014) 疾篤 上徵赴玉華宮 肩輿入殿 至御座側乃下 相對流涕 因留宮下 聞其小愈則喜形於色 加劇則憂悴1015) 玄齡謂諸子曰 吾受主上厚恩 今天下無事 唯東征未已 羣臣莫敢諫 吾知而不言 死有餘責 乃上表諫1016) 以爲 老子曰 知足不辱 知止不殆 陛下功名威德亦可足矣 拓地開疆亦可止矣 且陛下每決一重囚 必令三覆五奏 進素膳 止音樂者1017) 重人命也 今驅無罪之士卒 委之鋒刃之下 使肝腦塗地 獨不足愍乎1018) 向使高麗違失臣節 誅之可也 侵擾百姓 滅之可也 他日能爲中國患 除之可也 今無此三條而坐煩中國 內爲前代雪恥 外爲新羅報讐 豈非所存者小 所損者大乎1019) 願陛下許高麗自新 焚陵波之船 罷應募之衆 自然華夷慶賴</td></tr>
</table>

1000) 이 기사에는 연대 표기가 없으나, 『資治通鑑』에 의거하여 貞觀22년(648) 6월로 편년하였다.
1001) 저본에는 '正'으로 되어 있으나, 이 시기의 연호는 '貞觀'이므로 '貞'으로 수정해야 한다.
1002) 이 뒷부분은 『資治通鑑』에 7월 1일~10일로 되어 있다.
1003) 이 뒷부분은 『三國史記』高句麗本紀 등에 9월로 되어 있다.
1004) 이 기사에는 연대 표기가 없으나, 『資治通鑑』에 의거하여 貞觀22년(648) 6월로 편년하였다.
1005) 이 기사에는 연대 표기가 없으나, 『資治通鑑』에 의거하여 貞觀22년(648) 6월로 편년하였다.
1006) 領左右府 亦分爲左右 各有長史 此卽左右千牛府也 强 其兩翻 姓也
1007) 長 直亮翻 行 下孟翻
1008) 趣 七喻翻
1009) 이 기사는 7월11일(庚寅) 앞에 있는 일자 미상기사이므로, 7월 1일~10일로 기간편년하고 마지막날인 10일에 배치하였다.
1010) 이 기사에는 일자 표기가 없으나, 『資治通鑑』에 의거하여 7월 1일~10일로 기간편년하고 마지막날인 10일에 배치하였다.
1011) 저본에는 '陽'으로 되어 있으나, '楊'으로 수정해야 한다.
1012) 이 기사에는 일자 표기가 없으나, 『資治通鑑』에 의거하여 7월 1일~10일로 기간편년하고 마지막날인 10일에 배치하였다.
1013) 이 기사에는 연대 표기가 없으나, 『資治通鑑』에 의거하여 貞觀22년(648) 7월 1일~10일로 기간편년하고 마지막날인 10일에 배치하였다.
1014) 守 手又翻
1015) 悴 秦醉翻
1016) 上 時掌翻
1017) 見一百九十三卷五年
1018) 明謹用刑 重人命也 踴躍用兵 則忘人命之爲重矣 引彼形此 玄齡之言可謂深切著明

遠肅邇安 臣旦夕入地 儻蒙錄此哀鳴[1020] 死且不朽 玄齡子遺愛尙上女高陽公主 上謂
公主曰 彼病篤如此 尙能憂我國家 上自臨視 握手與訣 悲不自勝[1021] 癸卯 薨 (『資治
通鑑』199 唐紀 15 太宗 下之下)

고구려 신라 　貞觀二十二年七月 太子太傅知門下省事房元齡謂諸子曰 吾自度危篤 以東討不停 豈
可使吾銜恨入地 遂封表上諫曰 臣詳觀方今爲中國患者 無過突厥 遂能坐運神策 不下
殿堂 大小可汗 相次束手 分典禁衛 執戟行間 其後延陀鴟張 尋就夷滅 鐵勒慕義 請
置州縣 沙漠已北 萬里無塵 如高昌叛渙於流沙 吐渾首竄於積石 偏師薄伐 俱從平蕩
高麗歷代逋誅 莫能討擊 陛下責其逆亂 弑主虐人 親總六軍 問罪遼碣 未經旬日 卽滅
遼東 前後虜獲 數十萬計 分配諸州 無處不滿 雪往代之宿恥 掩崤陵之枯骨 比功較德
萬倍前王 此聖主之所自知 微臣安敢備說 今臣深爲陛下惜之重之 愛之寶之 周易曰
知進退存亡而不失其正者 其惟聖人乎 由此言之 進有退之義 存是亡之幾 得有喪之理
老臣所以爲陛下惜之 蓋謂此也 陛下威名功德 亦可足矣 拓地開疆 亦可止矣 彼高麗
者 邊夷之賤類 不足待以仁義 不可責以常理 古來以魚鼈畜之 宜從闊略 若必欲絶其
種類 恐獸窮則搏 陛下每決死囚 必令三覆五奏 進素食 停音樂 蓋以人命所重 感動聖
慈也 況今兵士之徒 無一罪戾 無故驅之於戰陣之間 委之於鋒刃之下 使肝腦塗地 魂
魄無歸 令其老父孤兒 寡妻慈母 望轊車而掩泣 抱枯骨而摧心 足以變動陰陽 感傷和
氣 實天下之冤痛也 且兵凶器也 戰危事也 不得已而用之 向使高麗違失臣節 而陛下
誅之可也 使失百姓 而陛下滅之可也 久長能爲中國患 而陛下除之可也 有一於此 雖
日殺萬夫 不足爲媿 今無此三條 坐煩中國 內爲舊主雪怨 外爲新羅報讎 豈非所存者
小 所損者大 願陛下遵皇祖老子止足之誠 保後代巍巍之名 發沛然之恩 降寬大之詔
順陽春以布澤 許高麗以自新 臣老病三公 朝夕入地 所恨竟無塵露 微增海嶽 謹罄殘
魂餘息 先代結草之誠 倘蒙錄此哀鳴 卽臣死且不朽 (『唐會要』95 高句麗)[1022]

고구려 신라 　(貞觀二十二年) 玄齡因謂諸子曰 吾自度危篤 而恩澤轉深 若孤負聖君 則死有餘責 當
今天下淸謐 咸得其宜 唯東討高麗不止 方爲國患 主上含怒意決 臣下莫敢犯顏 吾知
而不言 則銜恨入地
　遂抗表諫曰 臣聞兵惡不戢 武貴止戈 當今聖化所覃 無遠不屆 洎上古所不臣者 陛下
皆能臣之 所不制者 皆能制之 詳觀今古 爲中國患害者 無如突厥 遂能坐運神策 不下
殿堂 大小可汗 相次束手 分典禁衛 執戟行間 其後延陀鴟張 尋就夷滅 鐵勒慕義 請
置州縣 沙漠以北 萬里無塵 至如高昌叛換於流沙 吐運首鼠於積石 偏師薄伐 俱從平
蕩 高麗歷代逋誅 莫能討擊 陛下責其逆亂 弑主虐人 親總六軍 問罪遼碣 未經旬月
卽拔遼東 前後虜獲 數十萬計 分配諸州 無處不滿 雪往代之宿恥 掩崤陵之枯骨 比功
較德 萬倍前王 此聖心之所自知 微臣安敢備說 且陛下仁風被於率土 孝德彰於配天
覩夷狄之將亡 則指期數歲 授將帥之節度 則決機萬里 屈指而候驛 視景而望書 符應
若神 算無遺策 擢將於行伍之中 取士於凡庸之末 遠夷單使 一見不忘 小臣之名 未嘗
再問 箭穿七札 弓貫六鈞 加以留情墳典 屬意篇什 筆邁鍾張 辭窮班馬 文鋒旣振 則
管磬自諧 輕翰暫飛 則花蘤競發 撫萬姓以慈 遇羣臣以禮 褒秋毫之善 解呑舟之綱 逆
耳之諫必聽 膚受之訴斯絶 好生之德 焚障塞於江湖 惡殺之仁 息鼓刀於屠肆 鳧鶴荷
稻粱之惠 犬馬蒙帷蓋之恩 降乘吮思摩之瘡 登堂臨魏徵之柩 哭戰亡之卒 則哀動六軍
負塡道之薪 則精感天地 重黔黎之大命 特盡心於度獄 臣心識昏憒 豈足論聖功之深遠
談天德之高大哉 陛下兼衆美而有之 靡不備具 微臣深爲陛下惜之重之 愛之寶之 周易
曰 知進而不知退 知存而不知亡 知得而不知喪 又曰 知進退存亡 不失其正者 惟聖人

1019) 說到此 分明見得高麗不必征 當時在朝之臣諫東征者 未有能及此者也 此是忠誠懇切中流出 爲 于僞翻
1020) 論語 曾子有疾 孟敬子問之 曾子言曰 鳥之將死 其鳴也哀 人之將死 其言也善
1021) 勝 音升
1022) 이 기사에는 일자 표기가 없으나, 『資治通鑑』에 의거하여 7월24일(癸卯)로 편년하였다.

乎 由此言之 進有退之義 存有亡之機 得有喪之理 老臣所以爲陛下惜之者 蓋此謂也
老子曰 知足不辱 知止不殆 謂陛下威名功德 亦可足矣 拓地開疆 亦可止矣 彼高麗者
邊夷賤類 不足待以仁義 不可責以常禮 古來以魚鼈畜之 宜從闊略 若必欲絶其種類
恐獸窮則搏 且陛下每決一死囚 必令三覆五奏 進素食停音樂者 蓋以人命所重 感動聖
慈也 況今兵士之徒 無一罪戾 無故驅之於行陣之間 委之於鋒刃之下 使肝腦塗地 魂
魄無歸 令其老父孤兒寡妻慈母 望轊車而掩泣 抱枯骨以摧心 足以變動陰陽 感傷和氣
實天下冤痛也 且兵者凶器 戰者危事 不得已而用之 向使高麗違失臣節 陛下誅之可也
侵擾百姓 而陛下滅之可也 久長能爲中國患 而陛下除之可也 有一於此 雖日殺萬夫
不足爲愧 今無此三條 坐煩中國 內爲舊王雪恥 外爲新羅報讎 豈非所存者小 所損者
大 願陛下遵皇祖老子止足之誠 以保萬代巍巍之名 發霈然之恩 降寬大之詔 順陽春以
布澤 許高麗以自新 焚凌波之船 罷應募之衆 自然華夷慶賴 遠肅邇安 臣老病三公 旦
夕入地 所恨竟無塵露 微增海獄 謹罄殘魂餘息 預代結草之誠 倘蒙錄此哀鳴 卽臣死
且不朽 太宗見表 謂玄齡子婦高陽公主曰 此人危慇如此 尙能憂我國家 (『舊唐書』66
列傳 16 房玄齡)1023)

고구려 (貞觀)二十二年 司空房玄齡病亟 乃謂諸子曰 當今天下淸謐 咸得其宜 唯東討不庭 方
爲國害 主上含怒意決 臣下莫敢犯顔 吾若不言 可謂銜恨入地 遂封表切諫曰 臣聞兵
惡不戢 武貴止戈 當今聖化所覃 無遠不服 自上古所不臣者 陛下皆能臣之 所不制者
皆能制之 詳觀古今爲中國患害 無過突厥 遂能坐運神冊 不下殿堂 大小可汗 相次束
手 分典禁衛 執戟行間 其後延陀鴟張 尋就夷滅 鐵勒慕義 請置州縣 沙漠之北 萬里
無塵 至如高昌叛渙於流沙 吐渾首竄於積石 偏師薄伐 俱從平蕩 高麗逋誅 莫能討擊
陛下責其逆亂 殺主虐人 親總六軍 問罪遼碣 未經旬日 卽拔遼東 此聖主之所自知 微
臣安敢備說 且陛下仁風被於率土 孝德彰於配天 兼衆美而有之 靡不畢具 微臣深爲陛
下惜之重之 愛之寶之 易曰 知進而不知退 知存而不知亡 又曰 知進退存亡而不失其
正者 其唯聖人乎 由此言之 進有退之義 存是亡之機 得有喪之理 老臣所以爲陛下惜
之 蓋謂此也 老子曰 知足不辱 知止不殆 臣謂陛下威名功德亦可足矣 拓地開疆亦可
止矣 彼高麗者 邊夷賤類 不足待以仁義 不可責以常禮 古來以魚鼈畜之 宜從闊略 若
必欲絶其種類 深恐獸窮則搏 且陛下每決死囚 必命三覆 進素食 停音樂 蓋以人命所
重 感動聖慈 況今兵士之徒 無一罪戾 無故驅之於遼城之閒 委之於鋒刃之下 使肝腦
塗地 魂魄無歸 令其老父孤兒寡婦慈母 覿轊1024)車而掩泣 抱枯骨而摧心 足以變動陰
陽 感傷和氣 實天下之冤痛也 伏願陛下遵皇祖老子止足之誠 以保萬代巍巍之名 許高
麗自新 罷應募之衆 自然華夷慶賴 遠肅邇安 臣老病三公 朝夕入地 謹罄殘魂餘息結
草之誠 儻蒙錄此哀鳴 卽臣死且不朽 (『通典』186 邊防 2 東夷 下 高句麗)1025)

고구려 신라 (貞觀)二十二年 司空房玄齡病亟 乃謂諸子曰 當今天下淸謐 咸得其宜 唯東討不廷 方
爲國害 主上含怒意決 臣下莫敢犯顔 吾若不言 可謂啣恨入地 遂封表諫曰 臣聞 兵惡
不戢 武貴止戈 當今聖化所覃 無遠不薄 上古所不臣者 陛下皆能臣之 所不制者 皆能
制之 詳觀古今 爲中國患害 莫過突厥 遂能坐運神畧 不下殿堂 大小可汗 相次束手
分典禁衛 執戟行間 其後延陀鴟張 尋就夷滅 鐵勒慕義 請置州縣 沙漠以北 萬里無塵
至如高昌叛渙於流沙 吐渾首鼠於積石 偏師薄伐 俱從平蕩 如高麗者 歷代逋誅 莫能
討擊 陛下責其逆亂 弑主虐人 親總六師 問罪遼碣 未經旬月 卽拔遼東 前後虜獲 數
十萬計 分配諸州 無處不滿 雪往代之宿恥 掩嶠陵之枯骨 比功較德 萬倍前王 此聖主
所自知 微臣安敢備說 且陛下仁風被於率土 孝德彰乎配天 兼衆美而有之 靡不備 至
且微臣 深爲陛下惜之重之 愛之寶之 易曰 知進而不知退 知存而不知亡 又曰 知進退

1023) 이 기사에는 월일 표기가 없으나, 『資治通鑑』에 의거하여 7월24일(癸卯)로 편년하였다.
1024) 音衛
1025) 이 기사에는 월일 표기가 없으나, 『資治通鑑』에 의거하여 7월24일(癸卯)로 편년하였다.

存亡而不失其正者 其惟聖人乎 由此言之 進有退之義 存有亡之機 得有喪之理 老臣所以爲陛下惜之 蓋謂此也 老子知足不辱 知止不殆 臣謂陛下威名功德 亦可足矣 拓土開疆 亦可止矣 彼高麗者 邊夷賤類 不足待以仁義 不可責以常禮 古來以魚鼈畜之 宜從寬畧 若必欲絶其種類 深恐獸窮則搏 且陛下每決死囚 必命三覆五奏 進素食 停音樂 蓋以人命所重 感動聖慈也 況今兵士之徒 無一罪戾 無故驅之於戎陣之間 委之鋒刃之下 使肝腦塗地 魂魄無歸 令其老父孤兒寡婦慈母 覘轊車而淹泣 抱枯骨以傷心 足以變動陰陽 感傷和氣 實天下之冤痛也 且兵凶器 戰危事 不得已而用之 向使高麗違失臣節 而陛下誅之可也 侵軼百姓 而陛下夷之可也 久長能爲中國之患 而陛下除之可也 有一於此 雖日殺萬夫 不足爲愧 今無此三條 坐煩中國 內爲舊主雪冤 外爲新羅報讐 豈非所存者小 所損者大 願陛下遵皇祖老子止足之戒 以保萬代巍巍之業 發沛然之恩 降寬大之詔 順陽春以布澤 釋高麗以自新 自然華夷慶賴 遠肅邇安 臣老病三公 朝夕入地 謹罄殘魂餘息結草之誠 蒙錄此哀鳴 卽死且不朽 (『太平寰宇記』173 四夷 2 東夷 2 高勾驪)[1026]

고구려 신라 晚節多病 時帝幸玉華宮 詔玄齡居守 聽臥治事 稍棘 召許肩輿入殿 帝視流涕 玄齡亦感咽不自勝 命尙醫臨候 尙食供膳 日奏起居狀 少損 卽喜見于色 玄齡顧諸子曰 今天下事無不得 惟討高麗未止 上含怒意決 羣臣莫敢諫 吾而不言 抱愧沒地矣 遂上疏曰 上古所不臣者 陛下皆臣之 所不制者 陛下皆制之矣 爲中國患 無如突厥 而大小可汗相次束手 弛辯握刀 分典禁衛 延陀鐵勒 披置州縣 高昌吐渾 偏師掃除 惟高麗歷代逋命 莫克窮討 陛下責其弑逆 身自將六軍 徑荒裔 不旬日拔遼東 虜獲數十萬 殘衆孽君 縮氣不敢息 可謂功倍前世矣 易曰 知進退存亡不失其正者 其惟聖人乎 蓋進有退之義 存有亡之機 得有喪之理 爲陛下惜者此也 傳曰 知足不辱 知止不殆 陛下威名功烈旣 云足矣 拓地開疆亦可止矣 邊夷醜種 不足待以仁義 責以常禮 古者以禽魚畜之 必絶其類 恐獸窮則搏 苟救其死 且陛下每決死罪 必三覆五奏 進疏食 停音樂 以人命之重 爲感動也 今士無一罪 驅之行陣之間 委之鋒鏑之下 使肝腦塗地 老父孤子寡妻慈母望 槥車 抱枯骨 摧心掩泣 其所以變動陰陽 傷害和氣 實天下之痛也 使高麗違失臣節 誅之可也 侵擾百姓 滅之可也 能爲後世患 夷之可也 今無是三者 而坐敝中國 爲舊王雪恥 新羅報仇 非所存小所損大乎 臣願下沛然之詔 許高麗自新 焚陵波之船 罷應募之 衆 卽臣死骨不朽 帝得疏 謂高陽公主曰 是已危惙 尙能憂吾國事乎 (『新唐書』96 列傳 21 房玄齡)[1027]

고구려 신라 臣聞兵惡不戢 武貴止戈 當今聖化所覃 無遠不屈 洎上古所不臣者 陛下皆能臣之 所不制者 皆能制之 詳觀古今爲中國患害 無過突厥 遂能坐運神策 不下殿堂 大小可汗相次束手 分典禁衛 執戟行間 其後延陀鴟張 尋就夷滅 鉄勒慕義 請置州縣 沙漠以北 萬里無塵 至如高昌叛換於流沙 吐渾首鼠於積石 偏師薄伐 俱從平蕩 如高麗者 歷代逋誅 莫能討伐 陛下責其逆亂 殺主虐人 親總六軍 問罪遼碣 未經旬日 卽拔遼東 前後虜獲 數十萬計 分配諸州 無處不滿 雪往代之宿恥 掩崤陵之枯骨 比功較德 萬倍前王 此聖主之所自知 微臣安敢備說 且陛下仁風被於率土 孝德彰乎配天 覩夷狄之將亡 則指期數歲 授將帥之節度 則決機萬里 屈旨而候驛 視景而望書 符應若神 算無遺策 擢將於行伍之中 取士於凡庸之末 遠夷單使 一見不忘 小臣之名 未嘗再問 箭穿七札 弓貫六鈞 加以留情墳典 屬意篇什 筆邁鍾張 辭窮班馬 文鋒旣振 則宮徵自諧 輕翰蹔 飛 則花磕競發 撫萬姓以慈 遇羣臣以禮 褒秋毫之善 解吞舟之網 逆耳之諫必聽 膚受之愬斯絶 好生之德 禁障塞於江湖 惡殺之仁 息鼓刀於屠肆 鳧鶴荷稻粱之惠 犬馬蒙帷蓋之恩 降乘吮思摩之瘡 登堂臨魏徵之柩 哭戰亡之卒 則哀動六軍 負塡道之薪 則

1026) 이 기사에는 월일 표기가 없으나, 『資治通鑑』에 의거하여 7월24일(癸卯)로 편년하였다.
1027) 이 기사에는 연대 표기가 없으나, 『資治通鑑』에 의거하여 貞觀22년(648) 7월24일(癸卯)로 편년하였다.

情感天地 重黔黎之大命 特盡心於庶獄 臣心識昏憒 豈足論聖功之深遠 談天德之高大
哉 陛下兼衆美而有之 靡不備至 微臣深爲陛下惜之重之 愛之寶之 周易曰 知進而不
知退 知存而不知亡 知得而不知喪 又曰 知進退存亡 不失其正者 惟聖人乎 由此言之
進有退之義 存有亡之機 得有喪之理 老臣所以爲陛下惜之者 蓋此謂也 老子曰 知足
不辱 知止不殆 臣謂陛下威名功德 亦可足矣 拓地開疆 亦可止矣 彼高麗者 邊夷賤類
不足待以仁義 不可責以常禮 古來以魚鼈畜之 宜從闊略 若必欲絶其種類 深恐獸窮則
搏 且陛下每決一死囚 必令三覆五奏 進素食停音樂者 蓋以人命所重 感動聖慈也 況
今兵士之徒 無一罪戾 無故驅之於行陣之間 委之於鋒刃之下 使肝腦塗地 魂魄無歸
令其老父孤兒 寡妻慈母 望轊車而掩泣 抱枯骨而摧心 足以變動陰陽 感傷和氣 實天
下之寃痛也 且兵者凶器 戰者危事 不得已而用之 向使高麗違失臣節 而陛下誅之可也
侵擾百姓 而陛下滅之可也 久長能爲中國患 而陛下除之可也 有一於此 雖日殺萬夫
不足爲愧 今無此三條 坐煩中國 內爲舊主雪恥 外爲新羅報讎 豈非所存者小 所損者
大 願陛下遵皇祖老子止足之誡 以保萬代巍巍之名 發霈然之恩 降寬大之詔 順陽春以
布澤 許高麗以自新 焚淩波之船 罷應募之衆 自然華夷慶賴 遠肅邇安 臣老病三公 旦
夕入地 所恨竟無塵露 微增海嶽 謹罄殘魂餘息 豫代結草之誠 儻蒙錄此哀鳴 卽臣死
且不朽 (『全唐文』137 房元齡 諫伐高麗表)[1028]

고구려　秋七月 王都女産子 一身兩頭 (『三國史記』22 高句麗本紀 10 寶臧王 下)

고구려　(秋七月) 高句麗王都女産子 一身兩頭 (『三國史節要』9)

고구려　(貞觀二十二年)八月 徐充容上表曰 竊見頃年已來 力役兼總 東有遼海之軍 西有崑邱
之役 士馬疲於甲冑 舟車倦於轉輸 且召募投戎 去留懷生死之痛 因風阻浪 存沒有漂
溺之危 一夫力耕 卒無數十之穫 一船致損 則傾數萬之糧 是猶運有盡之農功 塡無窮
之巨浪 圖未獲之他衆 喪已成之我軍 雖除兇伐暴 國有常規 然黷武玩兵 先哲所戒 昔
秦王倂呑六國 反速危亡之期 晉武奄有三方 翻成覆敗之業 是知地廣非久安之術 人勞
乃易亂之原 願陛下布澤流仁 矜弊恤乏 減行役之煩 增湛露之惠 (『唐會要』95 高句
麗)[1029]

고구려　願陛下難之 善始者難終 願陛下易之 竊見頃年以來 力役兼總 東有遼海之軍 西有崑
邱之役 士馬疲於甲冑 舟車倦於轉輸 且召募役戎 去留懷死生之痛 因風阻浪 往來有
漂溺之危 一夫力耕 卒無數十之獲 一船致損 則傾數百之糧 是猶運有盡之農工 塡無
窮之巨浪 圖未獲之他衆 喪已成之我軍 雖除凶伐暴 有國常規 然黷武翫兵 先哲所戒
(『全唐文』95 太宗徐賢妃 諫太宗息兵罷役疏)[1030]

고구려　(九月)癸未 薛萬徹等伐高麗還[1031] 萬徹在軍中 使氣陵物 裴行方奏其怨望 坐除名 流
象州[1032] (『資治通鑑』199 唐紀 15 太宗 下之下)

고구려　(貞觀二十二年) 萬徹在軍 仗氣凌物 人或奏之 及謁見 太宗謂曰 上書者論卿與諸將不
協 朕錄功棄過 不罪卿也 因取書焚之 尋爲副將右衛將軍裴行方言其怨望 於是廷驗之
萬徹辭屈 英國公李勣進曰 萬徹職乃將軍 親惟主壻 發言怨望 罪不容誅 因除名徙邊
會赦得還 (『舊唐書』69 列傳 19 薛萬徹)[1033]

1028) 이 기사에는 연대 표기가 없으나, 『資治通鑑』에 의거하여 貞觀22년(648) 7월24일(癸卯)로 편년하였다.
1029) 『資治通鑑』에는 3월로 되어 있다.
1030) 이 기사에는 연대 표기가 없으나, 『唐會要』에 의거하여 貞觀22년(648) 8월로 편년하였다.
1031) 還 從宣翻 又如字
1032) 裴行方副萬徹東伐 見上卷上年 象州 漢潭中中溜縣之地 隋爲始安郡桂林縣 唐武德四年 置象州桂林郡 以
象山名州
1033) 이 기사에는 월일 표기가 없으나, 『資治通鑑』에 의거하여 9월 5일(癸未)로 편년하였다.

고구려	(貞觀二十二年) 萬徹在軍中 任氣不能下人 或有上書言狀者 帝愛其功 直加讓勗而已 卽爲焚書 副將裴行方亦言其怨望 李勣曰 萬徹位大將軍 親主塥 而內懷不平 罪當誅 因詔除籍徙邊 會赦 還 (『新唐書』 94 列傳 19 薛萬徹)[1034]
고구려	薛萬徹 爲靑丘道將軍 伐高麗[1035] 在軍中與副將裴行方不恊 (『冊府元龜』 456 將帥 部 117 不和 薛萬徹)[1036]
신라 백제	(九月)己丑 新羅奏爲百濟所攻 破其十三城 (『資治通鑑』 199 唐紀 15 太宗 下之下)
신라 백제	(貞觀二十二年)九月己丑 新羅爲百濟所攻 破其一十三城 (『冊府元龜』 995 外臣部 40 交侵)
고구려	九月 羣獐渡河西走 羣狼向西行 三日不絶 (『三國史記』 22 高句麗本紀 10 寶臧王 下)
고구려	九月 高句麗群獐渡河西走 群狼向西行 三日不絶 (『三國史節要』 9)
고구려	(九月) 太宗遣將軍薛萬徹等來伐 渡海入鴨淥 至泊灼城南四十里 止營 泊灼城主所夫 孫帥步騎萬餘 拒之 萬徹遣右衛將軍裴行方領步卒及諸軍乘之 我兵潰 行方等進兵圍 之 泊灼城因山設險 阻鴨淥水以爲固 攻之不拔 我將高文率烏骨安地諸城兵三萬餘人 來援 分置兩陣 萬徹分軍以當之 我軍敗潰 (『三國史記』 22 高句麗本紀 10 寶臧王 下)[1037]
고구려	(九月) 帝遣薛萬徹等 渡海入鴨淥 至泊灼城南四十里 止營 泊灼城主所夫孫 帥步騎萬 餘 拒之 萬徹遣右衛將軍裴行方 領步卒及諸軍乘之 高句麗兵潰 行方等進兵圍之 泊 灼城因山設險 阻鴨淥水以爲固 攻之不拔 高句麗將高文 率烏骨安地諸城兵三萬餘人 來援 分置兩陣 萬徹分軍以當之 高句麗軍潰 (『三國史節要』 9)
고구려	(九月) 帝又詔萊州刺史李道裕 轉糧及器械 貯於烏胡島 將欲大擧 (『三國史記』 22 高 句麗本紀 10 寶臧王 下)
고구려	(九月) 帝又詔萊州刺史李道裕 轉粮及器械 貯於烏胡島 將欲大擧 (『三國史節要』 9)
고구려	(貞觀二十二年) 太宗又命江南造大船[1038] 遣陝州刺史孫伏伽召募勇敢之士 萊州刺史 李道裕運糧及器械 貯於烏胡島 將欲大擧以伐高麗 (『舊唐書』 199上 列傳 149上 高 麗)[1039]
고구려	(貞觀二十二年) 太宗命江南造大船[1040] 遣陝州刺史孫伏伽 召募勇敢之士 萊州刺史李 道裕 運糧及器械 貯於烏湖島 將欲大擧以伐高麗 不果行 初 太宗征高麗 雖有功 所損亦甚 謂左右曰 使復有魏徵在 必無此行 (『冊府元龜』 13 5 帝王部 135 好邊功)[1041]
신라	冬 使邯帙許朝唐 太宗勅御使問 新羅臣事大朝 何以別稱年號 帙許言 曾是天朝未頒 正朔 是故先祖法興王以來 私有紀年 若大朝有命 小國又何敢焉 太宗然之 (『三國史記 』 5 新羅本紀 5 眞德王)

1034) 이 기사에는 월일 표기가 없으나, 『資治通鑑』에 의거하여 9월 5일(癸未)로 편년하였다.
1035) 이 앞부분은 『新唐書』 本紀 등에 貞觀22년(648) 1월25일(丙午)로 되어 있다.
1036) 이 기사에는 연대 표기가 없으나, 『資治通鑑』에 의거하여 貞觀22년(648) 9월 5일(癸未)로 편년하였다.
1037) 『新唐書』本紀에는 6월27일(丙子)의 일로 되어 있다.
1038) 이 앞부분은 『資治通鑑』에 7월 1일~10일로 되어 있다.
1039) 이 기사에는 월 표기가 없으나, 『三國史記』 高句麗本紀 등에 의거하여 9월로 편년하였다.
1040) 이 앞부분은 『資治通鑑』에 7월 1일~10일로 되어 있다.
1041) 이 기사에는 월 표기가 없으나, 『三國史記』 高句麗本紀 등에 의거하여 9월로 편년하였다.

신라   冬 新羅使邯帙許如唐 帝勅御使問 新羅臣事大朝 何以別稱年號 帙許對曰 天朝不曾
                頒正朔 自先祖法興王 私有紀年 若大朝有命 小國又何敢焉 帝然之 (『三國史節要』9)

신라   因明正理門論本一卷[見內典錄 大域龍菩薩造 初出與義淨出者同本 貞觀二十三¹⁰⁴²⁾年
                十二月二十五日 於大慈恩寺翻經院譯 沙門知仁筆受] (『開元釋教錄』 8 總括群經錄
                上之8 沙門釋玄奘 智仁知仁智忍)

신라   (十二月閏月)癸未 新羅王遣其相伊贊千金春秋及其子文王來朝 (『舊唐書』 3 本紀 3
                太宗 下)¹⁰⁴³⁾

신라   (閏十二月)癸未 新羅相金春秋及其子文王入見¹⁰⁴⁴⁾ 春秋 眞德之弟也 上以春秋爲特進
                文王爲左武衛將軍 春秋請改章服從中國 內出冬服賜之 (『資治通鑑』 199 唐紀 15 太
                宗 下之下)

신라   (傳) (貞觀二十一年)明年[十二月癸未] 遣子文王及弟伊贊子春秋來朝 拜文王左武衛將
                軍 春秋特進 因請改章服 從中國制 內出珍服賜之 又請國學 觀釋奠講論 帝賜所製晉
                書辭歸 敕三品以上郊餞 (『玉海』153 朝貢外夷內朝內附 唐新羅織錦頌觀釋奠賜晉書)

신라   (貞觀二十二年)十二月 新羅國其相伊贊於金春秋及其子文王來朝 帝遣光祿卿柳亨 持
                節郊勞之 旣至 以春秋爲特進 文王爲左武衛將軍 春秋仍請改其章服 以從中製 於是
                內出珍服 賜春秋等 令府給其將從 (『冊府元龜』 974 外臣部 19 褒異 1)¹⁰⁴⁵⁾

신라   (冬) 遣伊湌金春秋及其子文王朝唐 太宗遣光祿卿柳亨 郊勞之 旣至 見春秋儀表英偉
                厚待之 春秋請詣國學 觀釋奠及講論 太宗許之 仍賜御製溫湯及晉祠碑幷新撰晉書 嘗
                召燕見 賜以金帛尤厚 問曰 卿有所懷乎 春秋跪奏曰 臣之本國 僻在海隅 伏事天朝
                積有歲年 而百濟强猾 屢肆侵凌 況往年大擧深入 攻陷數十城 以塞朝宗之路 若陛下
                不借天兵翦除凶惡 則敝邑人民盡爲所虜 則梯航述職無復望矣 太宗深然之 許以出師
                春秋又請改其章服 以從中華制 於是 內出珍服 賜春秋及其從者 詔授春秋爲特進 文
                王爲左武衛將軍 (『三國史記』5 新羅本紀 5 眞德王)¹⁰⁴⁶⁾

신라 고구려 백제
       (文武王十一年)秋七月二十六日 大唐摠管薛仁貴使琳潤法師寄書曰 (…) 大王報書云
                先王貞觀二十二年入朝 面奉太宗文皇帝恩勅 朕今伐高麗 非有他故 憐你新羅攝乎兩
                國 每被侵陵 靡有寧歲 山川土地 非我所貪 玉帛子女 是我所有 我平定兩國 平壤已
                南百濟土地 並乞你新羅 永爲安逸 垂以計會 賜以軍期 新羅百姓 具聞恩勅 人人畜力
                家家待用 (…) (『三國史記』7 新羅本紀 7 文武王 下)¹⁰⁴⁷⁾

신라   至眞德在位二年 金春秋入唐 請襲唐儀 太宗皇帝詔可之 兼賜衣帶 遂還來施行 以夷
                易華 (『三國史記』33 雜志 2 色服)¹⁰⁴⁸⁾

신라 고구려 백제
       眞德王大和元年戊申 春秋以不得請於高句麗 遂入唐乞師 太宗皇帝曰 聞爾國庾信之
                名 其爲人也如何 對曰 庾信雖少有才智 若不籍天威 豈易除鄰患 帝曰 誠君子之國也
                乃詔許 敕將軍蘇定方 以師二十萬 徂征百濟 (『三國史記』41 列傳 1 金庾信 上)¹⁰⁴⁹⁾

신라 백제   新羅王遣伊湌金春秋及其子文汪如唐 帝遣光祿卿柳亨 郊勞之 旣至 見春秋儀表英偉

1042) 저본에는 '三'으로 되어 있으나, 내용상 '二'로 수정해야 한다.
1043) 『太平寰宇記』에는 貞觀21년(647)으로 되어 있다.
1044) 相 息亮翻 見 賢遍翻
1045) 이 기사에는 일자 표기가 없으나, 『舊唐書』 本紀 등에 의거하여 윤12월 7일(癸未)로 편년하였다.
1046) 이 기사에는 월일 표기가 없으나, 『舊唐書』 本紀 등에 의거하여 윤12월 7일(癸未)로 편년하였다.
1047) 이 기사에는 월일 표기가 없으나, 『舊唐書』 本紀 등에 의거하여 윤12월 7일(癸未)로 편년하였다.
1048) 이 기사에는 월일 표기가 없으나, 『舊唐書』 本紀 등에 의거하여 윤12월 7일(癸未)로 편년하였다.
1049) 이 기사에는 월일 표기가 없으나, 『舊唐書』 本紀 등에 의거하여 윤12월 7일(癸未)로 편년하였다.

厚待之 春秋請詣國學 觀釋奠及講論 帝許之 仍賜御製溫湯 及晉祠二碑文碑幷新撰晉
書 又召燕見 賜以金帛特厚 問曰 卿有所懷乎 春秋奏曰 弊國僻在海隅 服事天朝 積
有歲年 而百濟强猾 屢肆侵凌 往年大擧深入 攻陷數十城 以塞朝觀之路 陛下不借天
兵翦除凶惡 則弊邑梯航述職無復望矣 帝深然之 又問 聞爾國有金庾信者 其爲人何如
對曰 庾信雖小有才智 若不籍天威 豈能除隣患 帝曰 誠君子之國也 乃勑將軍蘇定方
帥師二十萬 征百濟 春秋又請改章服 以從華制 於是 內出珍服 賜春秋及其從者 詔授
春秋爲特進 文汪爲左武衛將軍 (『三國史節要』9)[1050]

신라 고구려 백제

(文武王十一年)秋七月 唐摠管薛仁貴遣僧琳潤致書於王曰 (…) 王報書云 先王貞觀二
十二年入朝 面奉太宗文皇帝恩勅 朕今伐高麗 非有他故 憐你新羅攝乎兩國 每被侵陵
靡有寧歲 山川土地 非我所貪 玉帛子女 是我所有 我平定兩國 平壤已南百濟土地 並
乞你新羅 永爲安逸 垂以計會 賜以軍期 新羅百姓 具聞恩勅 人人畜力 家家待用 (…)
(『三國史節要』10)[1051]

신라

(貞觀)二十二年 眞德遣其弟國相伊贊干金春秋及其子文王來朝 詔授春秋爲特進 文王
爲左武衛將軍 春秋請詣國學 觀釋奠及講論 太宗因賜以所制溫湯及晉祠碑幷新撰晉書
(『舊唐書』199上 列傳 149上 新羅)[1052]

신라

(貞觀二十一年)明年 遣子文王及弟伊贊子春秋來朝 拜文王左武衛將軍 春秋特進 因請
改章服 從中國制 內出珍服賜之 又詣國學 觀釋奠講論 帝賜所製晉書 (『新唐書』220
列傳 145 東夷 新羅)[1053]

신라

大唐貞觀二十二年 其王金春秋來朝 拜爲特進 請改章服以從華制 (『通典』185 邊防
1 東夷 上 新羅)[1054]

신라

(唐書) 貞觀二十二年 其眞德遣其弟國相伊贊于金春秋及其子文王 來朝 春秋請詣國學
觀釋奠及講論 太宗因賜以所製溫湯及晉碑幷新撰晉書 將歸國 (『太平御覽』781 四夷
部 2 東夷 2 新羅)[1055]

신라

(新羅傳) 貞觀二十二年[一本云十三年] 新羅王眞德 遣子文王及弟伊贊子春秋 來朝 因
請改章服 從中國制 又詣國學 觀釋奠講論 (『玉海』113 學校釋奠 釋奠頌)[1056]

신라 고구려 백제

攷其文集有上太師侍中狀云 (…) 此際我武烈大王 請以犬馬之誠 助定一方之難 入唐
朝謁 自此而始 後以高麗百濟踵前造惡 武烈王朝請爲鄕導 (『三國史記』46 列傳 6
崔致遠)[1057]

신라 고구려

在東宮時 欲征高麗 因請兵入唐 唐帝賞其風彩 謂爲神聖之人 固留侍衛 力請乃還 (『
三國遺事』1 紀異 1 太宗春秋公)[1058]

신라

唐貞觀時 女主善德 表請改章服 從唐 故稱爲君子之國 國有雞林州 賈人市香山詩 卽
其都也 (『九華山志』8 志餘門 11 一 雜記)[1059]

1050) 이 기사에는 월일 표기가 없으나,『舊唐書』本紀 등에 의거하여 윤12월 7일(癸未)로 편년하였다.
1051) 이 기사에는 월일 표기가 없으나,『舊唐書』本紀 등에 의거하여 윤12월 7일(癸未)로 편년하였다.
1052) 이 기사에는 월일 표기가 없으나,『舊唐書』本紀 등에 의거하여 윤12월 7일(癸未)로 편년하였다.
1053) 이 기사에는 월일 표기가 없으나,『舊唐書』本紀 등에 의거하여 윤12월 7일(癸未)로 편년하였다.
1054) 이 기사에는 월일 표기가 없으나,『舊唐書』本紀 등에 의거하여 윤12월 7일(癸未)로 편년하였다.
1055) 이 기사에는 월일 표기가 없으나,『舊唐書』本紀 등에 의거하여 윤12월 7일(癸未)로 편년하였다.
1056) 이 기사에는 월일 표기가 없으나,『舊唐書』本紀 등에 의거하여 윤12월 7일(癸未)로 편년하였다.
1057) 이 기사에는 연대 표기가 없으나,『舊唐書』本紀 등에 의거하여 眞德王 2년(648) 윤12월 7일(癸未)로
편년하였다.
1058) 이 기사에는 연대 표기가 없으나,『舊唐書』本紀 등에 의거하여 眞德王 2년(648) 윤12월 7일(癸未)로
편년하였다.
1059) 이 기사에는 연대 표기가 없으나,『舊唐書』本紀 등에 의거하여 貞觀22년(648) 윤12월 7일(癸未)로 편
년하였다.

신라 백제 고구려

論曰 麟史不云乎 公侯之子孫 必復其始 則昔武烈大王爲乙粲時 爲屠獩貊乞師計 將
眞德女君命 陛覲昭陵皇帝 面陳願奉正朔易服章 天子嘉許 庭賜華裝 受位特進 一日
召諸番王子宴 大置酒 堆寶貨 俾恣滿所欲 王乃杯觴則禮以防亂 繒綵則智以獲多 息
辭出 文皇目送而歎曰 國器 及其行也 以御製幷書溫湯晉祠二碑 曁御撰晉書一部賚之
時蓬閣寫是書 裁竟二本上 一錫儲君 一爲我賜 復命華資官 祖道靑門外 則寵之優禮
之厚 設聾盲乎智者 亦足駭耳目 自玆吾土 一變至於魯 (「聖住寺 朗慧和尙塔碑」)[1060]

신라 백제

(眞德王大和元年戊申)時 庾信爲押梁州軍主 若無意於軍事 飮酒作樂 屢經旬月 州人
以庾信爲庸將 譏謗之曰 衆人安居日久 力有餘 可以一戰 而將軍慵惰 如之何 庾信聞
之 知民可用 告大王曰 今觀民心 可以有事 請伐百濟以報大梁州之役 王曰 以小觸大
危將奈何 對曰 兵之勝否 不在大小 顧其人心何如耳 故紂有億兆人 離心離德 不如周
家十亂同心同德 今吾人一意 可與同死生 彼百濟者不足畏也 王乃許之 遂簡練州兵赴
敵 至大梁城外 百濟逆拒之 佯北不勝 至玉門谷 百濟輕之 大率衆來 伏發擊其前後
大敗之 獲百濟將軍八人 斬獲一千級 於是 使告百濟將軍曰 我軍主品釋及其妻金氏之
骨 埋於爾國獄中 今爾稗將八人見捉於我 匍匐請命 我以狐豹首丘山之意 未忍殺之
今爾送死二人之骨 易生八人可乎 百濟仲常[一作忠常]佐平言於王曰 羅人骸骨 留之無
益 可以送之 若羅人失信 不還我八人 則曲在彼 直在我 何患之有 乃掘品釋夫妻之骨
櫝而送之 庾信曰 一葉落 茂林無所損 一塵集 大山無所增 許八人生還
遂乘勝入百濟之境 攻拔嶽城等十二城 斬首二萬餘級 生獲九千人 論功 增秩伊湌 爲
上州行軍大摠管 又入賊境 屠進禮等九城 斬首九千餘級 虜得六百人
春秋入唐 請得兵二十萬來 見庾信曰 死生有命 故得生還 復與公相見 何幸如焉 庾信
對曰 下臣仗國威靈 再與百濟大戰 拔城二十 斬獲三萬餘人 又使品釋公及其夫人之骨
得反鄕里 此皆天幸所致也 吾何力焉 (『三國史記』41 列傳 1 金庾信 上)

신라 백제

春秋見庾信曰 死生有命 故得生還 復與公相見 何幸如焉 庾信曰 庾信仗國威靈 再與
百濟戰 拔城二十 斬獲三萬餘 又使品釋夫妻之骨得返鄕里 此亦天幸 (『三國史節要』
9)

신라

新羅王遣金庾信伐百濟 初庾信在梁州 數月飮酒作樂 若無意於軍旅者 州人謗曰 師中
久安 有餘力 可以一戰 而將軍琓偈 如之何 庾信聞之 知民可用 告大王 伐百濟以報
大梁州之役 王曰 以小觸大 危將奈何 對曰 兵之勝否 不在大小 顧人心何如耳 故紂
有億兆人 離心離德 不如周家十亂同心同德 今吾人一心 可與同死生 百濟不足畏也
王許之 遂進兵大梁城外 百濟兵逆戰 庾信佯北 至玉門谷 百濟輕之 大率衆來追 伏發
掩擊前後 大敗之 獲裨將八人 斬一千級 庾信使告百濟將軍曰 我軍主品釋及其妻金氏
之骨 埋於爾國獄中 今爾裨將八人爲我所擒 匍匐請命 我哀首丘之意 未忍加害 今送
死易生者何如 百濟佐平仲常言於王曰 死骨留之無益 若新羅失信 則曲在彼 乃以品釋
夫妻之骨 櫝還之 庾信許八人還
遂乘勝入百濟之境 攻拔嶽城等十二城 斬首二萬餘級 生獲九千人 又屠進禮等九城 斬
首九千餘級 虜六百人 王論功增庾信秩伊湌 上州行軍大摠管 (『三國史節要』9)

신라

(貞觀)至二十二年 又附新羅奉表 以通起居 (『舊唐書』199上 列傳 149上 倭國)

신라

(唐書曰) (貞觀)至二十二年 又附新羅奉表 以通起居 (『太平御覽』782 四夷部 3 東夷
3 倭)

[1060] 이 기사에는 연대 표기가 없으나, 『舊唐書』 本紀 등에 의거하여 眞德王 2년(648) 윤12월 7일(癸未)로
편년하였다.

신라	是歲 新羅遣使貢調 (『日本書紀』 25 孝德紀)
고구려	(貞觀)十二年 又任子摠管 向遼東經略 以公事除名 其年 更授右武衛神通府左果毅都尉 (「劉仁願 紀功碑」)
신라	禮部 (…) 卿二人 眞德王二年[一云五年]置 (『三國史記』 38 雜志 7 職官 上)
고구려	年十五 授中裏小兄 (「泉男生 墓誌銘」)1061)
고구려	子男生 (…) 遷中裏小兄 猶唐謁者也 (『三國史記』 49 列傳 9 蓋蘇文)1062)
고구려	遷中裏小兄 猶唐謁者也 (『新唐書』 110 列傳 35 諸夷蕃將 泉男生)1063)
고구려	君以奮武建功 募命遼△ 習弦落雁 調矢吟猨 表其勳効之勞 授以爵賞之秩 (「張秀 墓誌銘」:『全唐文新編』 992;『全唐文補遺』 2;『唐代墓誌滙篇附考』 2)1064)
고구려	近以東夷小醜 暫闕朝儀 聖上方命將徂征 問罪遼碣 旣興師旅 實籍賢材 以君謀略可稱 機神爽晤 特配軍所 擬應機須 (「梁基 墓誌銘」:『全唐文新編』 992;『全唐文補遺』 2)1065)
고구려	復征遼△ △騎都尉 (「張團兒 墓誌銘」:『全唐文補遺』 7;『全唐文新編』 992;『唐代墓誌滙篇續集』; 1990 『敦煌吐魯番文獻研究論集』 5)1066)
고구려	屬島夷抗命 天罰將加 扶餘不道 擬爲聲援 於是 分詔貔旅 先取播州 驅風伯而祈期 靜海童而利涉 君詞則啓秀 策乃擅奇 飛檄俟其△才 作氣資其妙策 一戎大定 君有力焉 (「李諤 墓誌銘」:『全唐文新編』 993;『全唐文補遺』 2)1067)
고구려	展効東征 夷徒喪服 (「郭君副 墓誌銘」:『全唐文新編』 993)1068)
고구려	貞觀之日 有事遼陽 選百勝之威雄 占三河之勁勇 君乃棄文士之筆 挺壯夫之劍 舞戟交前 方驗一身之膽 楊桴直指 仍懾九夷之氣 勒勳上柱國 賞物五百段 (「楊大隱 墓誌銘」:『全唐文新編』 993)1069)
고구려	逮乎貞觀之際 占募輸誠 肅鹽澤而靜葱山 截三韓而澄九種 頻邀必勝 累構殊勳 當授上柱國 仍加昭武校尉 (「元師獎 墓誌銘」:『全唐文補遺』 3;『全唐文新編』 994)1070)

1061) 이 기사에는 연대 표기가 없으나, 그의 생몰년이 634~679년이고 15세 때의 일이므로, 648년으로 편년하였다.
1062) 이 기사에는 연대 표기가 없으나,「泉男生 墓誌銘」에 의거하여 648년으로 편년하였다.
1063) 이 기사에는 연대 표기가 없으나,「泉男生 墓誌銘」에 의거하여 648년으로 편년하였다.
1064) 이 기사에는 연대 표기가 없으나, "募命遼△"는 당의 고구려 공격이 이루어진 시기인 645~668년에 해당하고 張秀는 648년에 사망하였다. 그에 따라 645~648년으로 기간편년하고 마지막해인 648년에 배치하였다.
1065) 이 기사에는 연대 표기가 없으나, "募命遼△"는 당의 고구려 공격이 이루어진 시기인 645~668년에 해당하고 梁基는 648년에 사망하였다. 그에 따라 645~648년으로 기간편년하고 마지막해인 648년에 배치하였다.
1066) 이 기사에는 연대 표기가 없으나, "募命遼△"는 당의 고구려 공격이 이루어진 시기인 645~668년에 해당하고 張團兒는 653년에 사망하였다. 648년 이후 653년까지는 고구려를 공격한 기록이 없으므로, 그에 따라 645~648년으로 기간편년하고 마지막해인 648년에 배치하였다.
1067) 이 기사에는 연대 표기가 없으나, 이 앞에 貞觀 5년(631)의 행적이 있고 "屬島夷抗命 天罰將加"라는 구절은 고구려 공격을 의미한다. 그에 따라 貞觀 연간에 고구려 공격이 이루어진 645~648년으로 편년하고 마지막해인 648년에 배치하였다.
1068) 이 기사에는 연대 표기가 없으나, 이 앞에 "貞觀年中"이라는 구절이 있고 "展効東征"라는 구절은 고구려 공격을 의미한다. 그에 따라 貞觀 연간에 고구려 공격이 이루어진 645~648년으로 편년하고 마지막해인 648년에 배치하였다.
1069) 이 기사에는 연대 표기가 없으나, "貞觀之日 有事遼陽"이라는 구절에 의거하여 貞觀 연간에 고구려 공격이 이루어진 645~648년으로 편년하고 마지막해인 648년에 배치하였다.
1070) 이 기사에는 연대 표기가 없으나, 이 앞에 "逮乎貞觀之際"이라는 구절이 있고 "截三韓而澄九種"라는

고구려	父文超 (…) 貞觀中 以有事遼浿 策名勳府 (「馬懷素 墓誌銘」: 『全唐文新編』 996)[1071]
고구려	父胡仁 唐初投筆從戎 掃敵陰山之北 損軀薄伐 鎖氛遼水之東 英略秘傳 勳祿驍騎 (「劉遼 墓誌銘」: 『唐代墓誌滙篇』; 『全唐文補遺』 5)[1072]

649(己酉/신라 진덕왕 3 太和 3/고구려 보장왕 8/백제 의자왕 9/唐 貞觀 23/倭 大化 5)

신라	春正月 始服中朝衣冠 (『三國史記』 5 新羅本紀 5 眞德王)
신라	春正月 新羅始依華制爲冠服 (『三國史節要』 9)
신라	又以習俗服章中華有革 藏惟歸崇正朔 義豈貳心 以事商量 擧國咸逐 通改邊服 一准唐儀 所以每年朝集 位在上蕃 任官遊踐 並同華夏 據事以量 通古難例 (『續高僧傳』 24 護法 下 唐新羅國大僧統 釋慈藏 5(圓勝))[1073]
신라	藏以海東夷俗 必一釐正 以彷佛華夏 故儒林梵苑 至今可觀 皆是藏之遺志焉 (『新修科分六學僧傳』 4 慧學 傳宗科 唐慈藏)[1074]
신라	又以習俗服章華中外革 藏唯歸崇正朔 擧國咸逐 通改邊服 一准唐儀 (『高僧摘要』 3 慈藏)[1075]
신라	(貞觀)二十三年二月癸巳 特進新羅金春秋還國 令三品己上 宴餞之 優禮甚備 (『冊府元龜』 974 外臣部 19 褒異 1)
신라	還國 詔令三品已上燕餞之 優禮甚備 春秋奏曰 臣有七子 願使不離聖明宿衛 乃命其子文注與大監△△ 春秋還至海上 遇高句麗邏兵 春秋從者溫君解 高冠大衣坐於船上 邏兵見以爲春秋 捉殺之 春秋乘小船至國 王聞之 嗟痛 追贈君解爲大阿湌 優賞其子孫 (『三國史記』 5 新羅本紀 5 眞德王)[1076]
신라	將還 詔令三品已上燕餞之 優禮甚備 春秋奏曰 臣有七子 願留一子以備宿衛 乃留文注而還 春秋至海上 遇高句麗邏兵 從者溫君解 高冠大衣 坐於船上 邏兵以爲春秋殺之 春秋乘小船得免 王嘉君解贈大阿湌 優賞其子孫 (『三國史節要』 9)[1077]
신라	將歸國 令三品以上宴餞之 優禮甚稱 (『舊唐書』 199上 列傳 149上 新羅)[1078]
신라	辭歸 敕三品以上郊餞 (『新唐書』 220 列傳 145 東夷 新羅)[1079]

구절은 고구려 공격을 의미한다. 그에 따라 貞觀 연간에 고구려 공격이 이루어진 645~648년으로 편년하고 마지막해인 648년에 배치하였다.

1071) 이 기사에는 연대 표기가 없으나, "貞觀中 以有事遼浿"이라는 구절에 의거하여 貞觀 연간에 고구려 공격이 이루어진 645~648년으로 편년하고 마지막해인 648년에 배치하였다.

1072) 이 기사에는 연대 표기가 없으나, 이 앞에 "唐初投筆從戎"이라는 구절이 있고 "鎖氛遼水之東"라는 구절은 고구려 공격을 의미한다. 그에 따라 貞觀 연간에 고구려 공격이 이루어진 645~648년으로 편년하고 마지막해인 648년에 배치하였다.

1073) 이 기사에는 연대 표기가 없으나, 『三國史記』 新羅本紀 등에 의거하여 眞德王 3년(649) 1월로 편년하였다.

1074) 이 기사에는 연대 표기가 없으나, 『三國史記』 新羅本紀 등에 의거하여 眞德王 3년(649) 1월로 편년하였다.

1075) 이 기사에는 연대 표기가 없으나, 『三國史記』 新羅本紀 등에 의거하여 眞德王 3년(649) 1월로 편년하였다.

1076) 이 기사에는 연대 표기가 없으나, 『冊府元龜』 外臣部에 의거하여 貞觀23(649) 2월18일(癸巳)로 편년하였다.

1077) 이 기사에는 연대 표기가 없으나, 『冊府元龜』 外臣部에 의거하여 貞觀23(649) 2월18일(癸巳)로 편년하였다.

1078) 이 기사에는 연대 표기가 없으나, 『冊府元龜』 外臣部에 의거하여 貞觀23(649) 2월18일(癸巳)로 편년하였다.

1079) 이 기사에는 연대 표기가 없으나, 『冊府元龜』 外臣部에 의거하여 貞觀23(649) 2월18일(癸巳)로 편년하였다.

고구려   太宗貞觀二十三年 有人上書 告萬澈有怨望之詞 於是 廷辯曲直 萬徹辭屈 乃除名流 于蒙州 (『冊府元龜』 456 將帥部 117 不和 薛萬徹)[1080]

고구려   兵者凶器 不得已而用之 故漢光武云 每一發兵 不覺頭鬢爲白 自古以來 窮兵極武 未 有不亡者也 苻堅自恃兵强 欲必吞晉室 興兵百萬 一擧而亡 隋主亦欲取高麗 頻年 勞役 人不勝怨 死於匹夫之手 至如頡利 往歲數來侵我國家 部落疲於征役 遂至滅亡 朕今見此 豈得輒卽發兵 但經歷山險 土多瘴癘 若我兵士疾疫 雖克翦此蠻 亦何所補 言語之間 何足介意 (『全唐文』 9 太宗皇帝 答有司請討林邑詔)[1081]

고구려   夏四月 唐太宗崩 遺詔罷遼東之役
論曰 初 太宗有事於遼東也 諫者非一 又自安市旋軍之後 自以不能成功 深悔之 歎曰 若使魏徵在 不使我有此行也 及其將復伐也 司空房玄齡病中上表 諫以爲 老子曰 知 足不辱 知止不殆 陛下威名功德 旣云足矣 拓地開疆 亦可止矣 且陛下每決一重囚 必 令三復五奏 進素膳 止音樂者 重人命也 今驅無罪之士卒 委之鋒刃之下 使肝腦塗地 獨不足憫乎 嚮使高句麗 違失臣節 誅之可也 侵擾百姓 滅之可也 他日能爲中國患 除 之可也 今無此三條 而坐煩中國 內爲前代雪恥 外爲新羅報讎 豈非所存者小 所損者 大乎 願陛下許高句麗自新 焚凌波之舡 罷應募之衆 自然華夷慶賴 遠肅邇安 梁公將 死之言 諄諄若此 而帝不從 思欲丘墟東域而自快 死而後已 史論曰 好大喜功 勒兵於 遠者 非此之謂乎 柳公權小說曰 駐蹕之役 高句麗與靺鞨合軍 方四十里 太宗望之 有 懼色 又曰 六軍爲高句麗所乘 殆將不振 候者告英公之麾 黑旗被圍 帝大恐 雖終於自 脫 而危懼如彼 而新舊書及司馬公通鑑不言者 豈非爲國諱之者乎 (『三國史記』 22 高 句麗本紀 10 寶臧王 下)[1082]

고구려   夏四月 帝崩 遺詔罷遼東之役
金富軾曰 初太宗有事於遼東也 諫者非一 又自安市旋軍之後 自以不能成功 深悔之 歎曰 若使魏徵在 不使我有此行也 及其將復伐也 司空房玄齡上表諫以爲 老子曰 知 足不辱 知止不殆 陛下威名功德 旣云足矣 拓地開疆 亦可止矣 且陛下每決一重囚 必 令三復五奏 進素膳止音樂者 重人命也 今驅無罪之士卒 委之鋒刃之下 使肝腦塗地 獨不足憫乎 嚮使高句麗 違失臣節 誅之可也 侵擾百姓 滅之可也 他日能爲中國患 除 之可也 今無此三條 而坐煩中國 內爲前代雪恥 外爲新羅報讎 豈非所存者小 所損者 大乎 願陛下許高句麗自新 焚凌波之船 罷應募之衆 自然華夷慶賴 遠肅邇安 梁公將 死之言 諄諄若此 而帝不從 思欲丘墟東域而自快 死而後已 史論曰 好大喜功 勒兵於 遠者 非此之謂乎 柳公權小說曰 駐蹕之役 高句麗與靺鞨合軍 方四十里 太宗望之 有 懼色 又曰 六軍爲高句麗所乘 殆將不振 候者告英公之麾 黑旗被圍 帝大恐 雖終於自 脫 而危懼如此 而新舊書及司馬公通鑑不言者 豈非爲國諱之者乎 (『三國史節要』 9)

신라   五月癸卯朔 遣小花下三輪君色夫大山上掃部連角麻呂等於新羅 (『日本書紀』 25 孝德 紀)

신라   般若波羅蜜多心經一卷[見內典錄第二出 與摩訶般若大明呪經等同本 貞觀二十三年五 月二十四日 於終南山翠微宮譯 沙門知仁筆受] (『開元釋教錄』 8 總括群經錄 上之8 沙門釋玄奘 智仁知仁智忍)

1080) 이 기사에는 월일 표기가 없으나, 太宗이 사망한 4월 이전으로 편년하였다.
1081) 이 기사에는 연대 표기가 없으나, 貞觀元年(627)부터 太宗이 사망한 貞觀23년(649) 4월 이전으로 기간 편년하고, 마지막 부분인 貞觀23년(649) 4월 앞에 배치하였다.
1082) 『舊唐書』 本紀 등에는 5월25일(己巳)로 되어 있다.

고구려	未行而帝崩 (『舊唐書』199上 列傳 149上 高麗)[1083]
고구려	會帝崩 乃皆罷 藏遣使者奉慰 (『新唐書』220 列傳 145 東夷 高麗)[1084]
고구려	(高麗傳) (⋯) 會帝崩 乃罷 (『玉海』191 兵捷露布 3 唐遼東道行臺大摠管李勣俘高麗 獻俘昭陵檄高麗含元殿數俘)[1085]
고구려	夫天命之重 綠錯奉其圖書 天子之尊 赤縣先其司牧 而功兼造化 橋山之樹已陰 業致昇平 蒼梧之駕方遠 至於平寇亂 安黎元 灑洪災 攘大患 黃帝之五十三戰 商湯之二十七征 以此申威 曾何足算 昔者亂階斯永 禍鐘隋季 磬宇凝氛 曈昏辰象 綿區作梗 搖蕩江河 朕拂衣於舞象之年 抽劍於斬蛇之地 雖復妖千王莽 戮首轅車 凶百蚩尤 釁尸軍鼓 垂文暢於炎野 餘勇澄於斗極 前王不闢之土 悉請衣冠 前史不載之鄉 竝爲州縣 再維地軸 更張乾絡 禮義溢於寰瀛 菽粟同於水火 破舟船於靈沼 收干戈於武庫 辛李衛霍之將 咸分土宇 縉紳廊廟之材 共垂帶綬 至於比屋黎元 關河遺老 或贏金帛 或齎倉儲
	朕於天下士大夫 可謂無負矣 朕於天下蒼生 可謂安養矣 自櫛風沐雨 遂成弭沴 憂勞庶政 更起沈痾 況乃漢苦周勤 禹胼堯腊 以矜百姓之所致也 道存物往 人理同歸 掩乎元泉 夫亦何恨矣 皇太子治 大孝通神 自天生德 累經監撫 熟達機務 凡厥百僚 羣公卿士 送往事居 無違朕意 屬纊之後 七日便殯 宗社存焉 不可無主 皇太子卽於柩前卽皇帝位 依周漢舊制 軍國大事 不可停關 尋常閒務 任之有司 文武官人 三品已上 竝三日朝晡哭臨 十五舉音 事畢便出 四品已下 臨於朝堂 其殿中當臨者 非朝夕臨 無得擅哭 諸王爲都督刺史任者 竝來奔喪 濮王萊王 不在來限 其方鎭岳牧 在任官人 各於任所 舉哀三日 其服紀輕重 宜依漢制 以日易月 園陵制度 務從儉約 昔者霸陵不掘 則朕意焉 遼東行事竝停 太原元從人見在者 各賜勳官一級 諸營作土木之功 竝宜停斷 (『全唐文』9 太宗皇帝 遺詔)[1086]
신라 백제	秋八月 百濟將軍殷相率衆來 攻陷石吐等七城 王命大將軍庾信將軍陳春竹旨天存等出拒之 轉鬪經旬 不解 進屯於道薩城下 庾信謂衆曰 今日必有百濟人來諜 汝等佯不知 勿敢誰何 乃使徇于軍中曰 堅壁不動 明日待援軍然後決戰 諜者聞之 歸報殷相 相等謂有加兵 不能不疑懼 於是 庾信等進擊大敗之 殺虜將士一百人 斬軍卒八千九百八十級 獲戰馬一萬匹 至若兵仗 不可勝數 (『三國史記』5 新羅本紀 5 眞德王)
백제 신라	秋八月 王遣左將殷相帥精兵七千 攻取新羅石吐等七城 新羅將庾信陳春天存竹旨等逆擊之 不利 收散卒 屯於道薩城下 再戰 我軍敗北 (『三國史記』28 百濟本紀 6 義慈王)
신라 백제	(眞德王大和)二年秋八月 百濟將軍殷相來攻石吐等七城 王命庾信及竹旨陳春天存等將軍出禦之 分三軍爲五道擊之 互相勝負 經旬不解 至於僵屍滿野 流血浮杵 於是 屯於道薩城下 歇馬餉士 以圖再擊 時有水鳥東飛 過庾信之幕 將士見之以爲不祥 庾信曰 此不足怪也 謂衆曰 今日必有百濟人來諜 汝等佯不知 勿敢誰何 又使徇于軍中曰 堅壁不動 待明日援軍至 然後決戰 諜者聞之 歸報殷相 殷相等謂有加兵 不能不疑懼 於

1083) 이 기사에는 연대 표기가 없으나, 『舊唐書』本紀 貞觀23년(649) 5월25일(己巳)에 "上崩於含風殿 年五十二 遺詔皇太子卽位於柩前 喪紀宜用漢制 秘不發喪"이라고 되어 있는 것 등에 의거하여 貞觀23년(649) 5월25일(己巳)로 편년하였다.

1084) 이 기사에는 연대 표기가 없으나, 『舊唐書』本紀 등에 의거하여 貞觀23년(649) 5월25일(己巳)로 편년하였다.

1085) 이 기사에는 연대 표기가 없으나, 『舊唐書』本紀 등에 의거하여 貞觀23년(649) 5월25일(己巳)로 편년하였다.

1086) 이 기사에는 연대 표기가 없으나, 『舊唐書』本紀 등에 의거하여 貞觀23년(649) 5월25일(己巳)로 편년하였다.

	是 庾信等一時奮擊 大克之 生獲將軍達率正仲士卒一百人 斬佐平殷相達率自堅等十人及卒八千九百八十人 獲馬一萬匹鎧一千八百領 其他器械稱是 及歸還 路見百濟佐平正福與卒一千人來降 皆放之 任其所往 至京城 大王迎門 勞慰優厚 (『三國史記』42 列傳 2 金庾信 中)
백제 신라	秋八月 百濟遣左將殷相帥精兵七千 攻陷新羅石吐等七城 王命大將軍金庾信及竹旨陳春天存等出拒 分三軍爲五道擊之 互相勝否 經旬轉鬪 僵屍滿野 遂進屯道薩城下 歇馬餉士 時有水鳥東飛 過庾信幕 將士以爲不祥 庾信曰 此不足怪也 今日必有百濟人來諜 汝等佯不知 又使徇于軍中曰 堅壁不動 待明日援軍至 然後決戰 諜者聞之 歸報殷相 殷相等謂有加兵 疑懼 於是庾信等奮擊 大克 虜將軍正仲 斬殷相及將士十人 軍卒八千九百八十人 獲馬萬匹 兵械不可勝記 佐平正福與其衆降 庾信皆縱之 凱旋 王迎勞優厚 (『三國史節要』9)
백제	冬十一月 雷 無氷 (『三國史記』28 百濟本紀 6 義慈王)
백제	冬十一月 百濟雷 無氷 (『三國史節要』9)
신라	因明正理門論本一卷[見內典錄 大域龍菩薩造 初出與義淨出者同本 貞觀二十三[1087]年十二月二十五日 於大慈恩寺翻經院譯 沙門知仁筆受] (『開元釋教錄』8 總括群經錄 上之8 沙門釋玄奘 智仁知仁智忍)
신라	因明正理門論本一卷[見內典錄 大域龍樹菩薩造 初出與義淨出者同本 貞觀二十三年十二月二十五日 於大慈恩寺翻經院譯 沙門智仁筆受] (『貞元新定釋敎目錄』11 總集群經錄 上之11 沙門釋玄奘 智仁知仁智忍)
신라	是歲 新羅王遣沙喙部沙湌金多遂爲質 從者卅七人[僧一人 侍郎二人 丞一人 達官郎一人 中客五人 才伎十人 譯語一人 雜傜人十六人 竝卅七人也] (『日本書紀』25 孝德紀)
백제	數年之間 朝貢遂絶 (『唐會要』95 百濟)[1088]
백제	數年之間 朝貢遂絶 (『太平寰宇記』172 四夷 1 東夷 1 百濟國)[1089]
백제	大唐武德貞觀中 頻遣使朝貢 (『通典』185 邊防 1 東夷 上 百濟)[1090]
고구려 백제	高麗百濟樂 (…) 貞觀中 滅二國 盡得其樂 (『唐會要』33 東夷二國樂 高麗百濟)[1091]
고구려 백제	(會要) 高麗百濟樂 (…) 貞觀中 滅二國 盡得其樂 (『玉海』108 音樂四夷樂 唐十四國樂見前十部樂)
고구려 백제	(唐會要)又曰 百濟貞觀中滅 二國盡得其樂 (『太平御覽』567 樂部 5 四夷祭)
고구려	劉仁願 貞觀中 爲右威衛將軍卑列道行軍總管 與司空李勣期會 逗遛不赴 驛召至京

1087) 저본에는 '三'으로 되어 있으나, 내용상 '二'로 수정해야 한다.
1088) 이 기사에는 연대 표기가 없으나, 백제가 唐에 사신을 파견하지 않은 기간이 646~649년이므로 그에 따라 기간편년하고 마지막해인 649년에 배치하였다.
1089) 이 기사에는 연대 표기가 없으나, 백제가 唐에 사신을 파견하지 않은 기간이 646~649년이므로 그에 따라 기간편년하고 마지막해인 649년에 배치하였다.
1090) 이 기사에는 武德(618~626)·貞觀 연간(627~649)으로 되어 있으므로, 618~649년으로 기간편년하고 마지막해인 649년에 배치하였다.
1091) 이 기사에는 貞觀 연간(627~649)으로 되어 있으므로, 627~649년으로 기간편년하고 마지막해인 649년에 배치하였다.

帝謂曰 自古軍法 後期皆死 仁願奏曰 臣前後使四十餘人往李勣處 途路荒梗 悉皆不
達 最後一使始得至大軍 臣又打得延津等七城 欲擊平壤 李勣兵馬邊以旋歸 事有因緣
非臣之咎 帝曰 汝領兵萬餘 咸勁卒 亡城下邑 未有千人 以此分疎 更爲矯詐 遂令搜
出 欲於廟堂斬之 仁願號訴不輟聲 帝以其有鎭守東海之勤 特免死 配流姚州 (『冊府元
龜』 447 將帥部 108 違約 劉仁願)[1092]

고구려 　貞觀年中 遼西柳城靺鞨名帝示階者 年十八時逃入高麗 拾得二寸許銅像 不知何神明
安皮袋中 每有飮噉酒肉 拔出祭之 達高麗捉獲 具說我是北邊靺鞨 不信謂是細作 斫
之三刀不傷皮肉 疑是神人 問有何道術 答曰無也 唯供養神明而已 乃出示之 曰此我
國中佛也 因說本末 看像背上有三刀痕 遂放之令往唐國 彼大有佛事 可諮問也 其人
得信在懷 深厭俗網 今在幽州出家 大聰明有儀止 巡講採聽 隨聞便解 有疑錄出 以問
者皆深隱 遠思者難之 (『續高僧傳』 25 感通 中 幽州北狄帝示階沙門 31)[1093]

신라 고구려 　阿難耶跋摩者 新羅人也 以貞觀年中 出長安之廣脇[王城小[1094]名] 追求正教 親禮聖
蹤 住那爛陀寺 多閑律論 抄寫衆經 痛矣歸心 所期不契 出雞貴之東境 沒龍泉之西裔
卽於此寺無常 年七十餘矣[雞貴者 梵云 矩矩吒醫說[1095]羅 矩矩吒是雞 醫說羅是貴
則高麗國也] 相傳云 彼國敬雞神而取尊 故戴翎羽而表飾矣 西方喚高麗 爲矩矩吒醫說
羅也 那爛陀有池 名曰龍泉 (『大唐西域求法高僧傳』 上 新羅 阿離耶跋摩法師)[1096]

신라 　慧業法師者 新羅人也 在貞觀年中 往遊西域 住菩提寺 觀禮聖蹤 於那爛陀久而聽讀
<義>淨因檢唐本 忽見梁論 下記云 在佛齒木樹下 新羅僧慧業寫記 訪問寺僧 云終於
此 年將六十餘矣 所寫梵本 並在那爛陀寺 (『大唐西域求法高僧傳』 上 新羅 慧業法
師)[1097]

신라 　玄恪法師者 新羅人也 與玄照法師 貞觀年中 相隨而至大覺<寺> 旣伸禮敬 遇疾而亡
年過不惑之期耳 (『大唐西域求法高僧傳』 上 新羅 玄恪法師)[1098]

신라 　慧輪師者 新羅人也 梵名般若跋摩[唐云慧甲] 自本國出家 翹心聖迹 汎舶而陵閩越 涉
步而屆長安 奉勅隨玄照師 西行以充侍者 旣之西國 遍禮聖蹤 居菴摩羅跛國 在信者
寺 住經十載 近住次東邊北方覩貨羅僧寺 元是覩貨羅人爲本國僧所造 其寺巨富
貲[1099]産豐饒 供養喰設餘莫加也 寺名健陀羅山茶 慧輪住此 旣善梵言 薄閑俱舍 來
日尙在 年向四十矣 其北方僧來者 皆住此寺爲主人耳 (『大唐西域求法高僧傳』 上 新
羅 慧輪法師)[1100]

1092) 이 기사에는 貞觀 연간(627~649)으로 되어 있으므로, 627~649년으로 기간편년하고 마지막해인 649
　　　년에 배치하였다. 『新唐書』 劉仁軌傳에는 龍朔 3년(663)으로 되어 있다.
1093) 이 기사에는 貞觀 연간(627~649)으로 되어 있으므로, 627~649년으로 기간편년하고 마지막해인 649
　　　년에 배치하였다.
1094) 저본에는 ‘小’로 되어 있으나, 내용상 ‘山’으로 수정해야 한다.
1095) 저본에는 ‘醫’로 되어 있으나, 내용상 ‘醫’로 수정해야 한다.
1096) 이 기사에는 貞觀 연간(627~649)으로 되어 있으므로, 627~649년으로 기간편년하고 마지막해인 649
　　　년에 배치하였다.
1097) 이 기사에는 貞觀 연간(627~649)으로 되어 있으므로, 627~649년으로 기간편년하고 마지막해인 649
　　　년에 배치하였다.
1098) 이 기사에는 貞觀 연간(627~649)으로 되어 있으므로, 627~649년으로 기간편년하고 마지막해인 649
　　　년에 배치하였다.
1099) 저본에는 ‘貲’로 되어 있으나, 내용상 ‘資’로 수정해야 한다.
1100) 玄照法師와 함께 서쪽으로 갔다고 한다. 玄照法師는 玄恪法師와 동행하였다고 하였기 때문에, 인도를
　　　향한 시기는 대략 貞觀 연간(627~649)으로 보인다. 627~649년으로 기간편년하고 마지막해인 649년에
　　　배치하였다.

신라	新羅國有金果毅 生一男子 從小出家 樂讀法華經 至第二卷 誤燒一字 年十八 忽從夭 喪 還生別處金果毅家 又得出家 卽偏愛讀法華經 至第二卷 每於一字 隨問隨忘 夢有 人云 小師前生 向其鄕某金果毅家生 亦得出家 在彼生時 讀誦法華 誤燒一字 是以今 生隨得忘 彼舊經現存 往彼自看 此小師 依夢向彼尋覓 果得其家 借問投宿 前生父母 依俙欲識 尋訪舊經 乃見第二 實燒一字 小師及前父母 悲喜交幷 二家遂爲親好 彼此 無二 當卽言及州縣 州縣奏聞 擧國傳詠 于今不息 卽貞觀時也 (『弘贊法華傳』9 轉讀 7 唐新羅沙彌)[1101]
요하	漢將本屯營 遼河有戍城 大夫曾取姓 先生曾得名 高枝拂遠鴈 踈影度遥星 不弆攀折 苦 爲入管絃聲 (『文苑英華』323 詩 173 花木 3 杜之松 敬和衛尉于卿柳)[1102]
백제	未弱官 以地籍授達率 (「黑齒常之 墓誌銘」)[1103]
백제	爲百濟達率兼風達郡將 猶唐刺史云 (『三國史記』44 列傳 4 黑齒常之)[1104]
백제	初在本蕃 仕爲達率兼郡將 猶中國之刺史也 (『舊唐書』109 列傳 59 黑齒常之)[1105]
백제	爲百濟達率兼風達郡將 猶唐刺史云 (『新唐書』110 列傳 35 諸夷蕃將 黑齒常之)[1106]
백제	仕百濟爲達率兼郡將 猶中國刺史也[1107] (『資治通鑑』201 唐紀 17 高宗 中之上)[1108]

650(庚戌/신라 진덕왕 4 太和 4/고구려 보장왕 9/백제 의자왕 10/唐 永徽 1/倭 白雉 1)

백제 고구려	(春)二月庚午朔戊寅 穴戶國司草壁連醜經獻白雉曰 國造首之同族贄 正月九日於麻山 獲焉 於是 問諸百濟君 百濟君曰 後漢明帝永平十一年 白雉在所見焉云云 又問沙門 等對曰 耳所未聞 目所未覩 宜赦天下使悅民心 道登法師曰 昔高麗欲營伽藍 無地不 覽 便於一所白鹿徐行 遂於此地營造伽藍 名白鹿薗寺 住持佛法 又白雀見于一寺田庄 國人僉曰 休祥 又遣大唐使者 持死三足烏來 國人亦曰 休祥 斯等雖微 尙謂祥物 況 復白雉 (『日本書紀』25 孝德紀)

백제 고구려 신라

　　　　(春二月)甲申 朝庭隊仗如元會儀 左右大臣百官人等 爲四列於紫門外 以粟田臣飯中等

1101) 이 기사에는 貞觀 연간(627~649)으로 되어 있으므로, 627~649년으로 기간편년하고 마지막해인 649
년에 배치하였다.
1102) 杜之松의 생몰년은 알 수 없다. 단지 그가 隋代(581~618)에 起居舍人이었고, 唐 太宗 貞觀 연간(627
~649)에 河中刺史가 되었다는 기록이 있다. 그에 따라 581~649년으로 기간편년하고 마지막해인 649년
에 배치하였다.
1103) 이 기사에는 연대 표기가 없으나, 그의 생몰년이 630~689년이고 20세 이전의 일이므로, 630~649년
으로 기간편년하고 649년에 배치하였다. 이 앞에는 "府君諱常之 字恒元 百濟人也 (…) 府君少而雄爽 機神
敏絶 所輕者嗜欲 所重者名訓 府深沈 淸不見其涯域 情軌闊達 遠不形其里數 加之以謹慤 重之以溫良 由是
親族敬之 師長憚之 年甫小學 卽讀春秋左氏傳 及班馬兩史 歎曰 丘明恥之 丘亦恥之 誠吾師也 過此何足多
哉"라고 인물평이 되어 있다.
1104) 이 기사에는 연대 표기가 없으나, 「黑齒常之 墓誌銘」에 의거하여 630~649년으로 기간편년하고 649년
에 배치하였다. 이 앞에는 "黑齒常之 百濟西部人 長七尺餘 驍毅有謀略"라고 인물평이 되어 있다.
1105) 이 기사에는 연대 표기가 없으나, 「黑齒常之 墓誌銘」에 의거하여 630~649년으로 기간편년하고 649년
에 배치하였다. 이 앞에는 "黑齒常之 百濟西部人 長七尺餘 驍勇有謀略"라고 인물평이 되어 있다.
1106) 이 기사에는 연대 표기가 없으나, 「黑齒常之 墓誌銘」에 의거하여 630~649년으로 기간편년하고 649년
에 배치하였다. 이 앞에는 "黑齒常之 百濟西部人 長七尺餘 驍毅有謀略"라고 인물평이 되어 있다.
1107) 新羅[百濟]官有十六品 左平一品 達率二品 五方各有方領一人 以達率爲之 方有十郡 郡有將三人 以德率
爲之 德率四品 百濟置官 蓋與新羅略同也 率 所類翻
1108) 이 기사에는 연대 표기가 없으나, 「黑齒常之 墓誌銘」에 의거하여 630~649년으로 기간편년하고 649년
에 배치하였다. 이 앞에는 "初 百濟西部人黑齒常之 長七尺餘 驍勇有謀略[長 直亮翻 驍 堅堯翻]"라고 인물
평이 되어 있다. 본래는 龍朔 3년(663) 9월에 龍朔 2년(662) 7월 1일(戊子)~龍朔 3년(663) 월 일의 전쟁
과정을 일괄요약한 기사의 일부분으로, 黑齒常之에 대한 설명으로 삽입된 것이다.

四人 使執雉輿 而在前去 左右大臣 乃率百官及百濟君豊璋其弟塞城忠勝高麗侍醫毛
治新羅侍學士等而至中庭 (『日本書紀』25 孝德紀)

신라　　　夏四月 下敎 以眞骨在位者執牙笏 (『三國史記』5 新羅本紀 5 眞德王)[1109]
신라　　　夏四月 新羅下敎令 眞骨在位者用牙笏 (『三國史節要』9)

신라 고구려 백제
　　　　　夏四月 新羅遣使貢調[或本云 是天皇世 高麗百濟新羅三國 每年遣使貢獻也] (『日本
　　　　　書紀』25 孝德紀)

신라 백제　六月 遣使大唐 告破百濟之衆 王織錦作五言大平頌 遣春秋子法敏以獻唐皇帝 其辭曰
　　　　　大唐開洪業 巍巍皇猷昌 止戈戎衣定 修文繼百王 統天崇雨施 理物體含章 深仁諧日
　　　　　月 撫運邁時康 幡旗何赫赫 鉦鼓何鍠鍠 外夷違命者 剪覆被天殃 淳風凝幽顯 遐邇競
　　　　　呈祥 四時和玉燭 七曜巡萬方 維嶽降宰輔 維帝任忠良 五三成一德 昭我唐家皇 高宗
　　　　　嘉焉 拜法敏爲大府卿以還 (『三國史記』5 新羅本紀 5 眞德王)
신라 백제　六月 新羅王遣金春秋子法敏如唐 告破百濟 王又自製大平頌 織錦爲紋以獻 其辭曰
　　　　　大唐開洪業 巍巍皇猷昌 止戈戎衣定 修文繼百王 統天崇雨施 理物體含章 深仁諧日
　　　　　月 撫運邁時康 幡旗何赫赫 鉦鼓何鍠鍠 外夷違命者 剪覆披天殃 淳風凝幽顯 遐邇競
　　　　　呈祥 四時和玉燭 七曜巡萬方 維嶽降宰輔 維帝任忠良 五三成一德 昭我唐家皇 帝嘉
　　　　　焉 拜法敏爲大府卿以還 (『三國史節要』9)
신라 백제　高宗永徽元年六月 新羅王金眞德大破百濟之衆 遣使以聞 (『冊府元龜』995 外臣部 4
　　　　　0 交侵)
신라 백제　永徽元年 眞德大破百濟之衆 遣其弟法敏以聞 眞德乃織錦作五言太平頌以獻之 其詞
　　　　　曰 大唐開洪業 巍巍皇猷昌 止戈戎衣定 修文繼百王 統天崇雨施 理物體含章 深仁偕
　　　　　日月 撫運邁陶唐 幡旗旣赫赫 鉦鼓何鍠鍠 外夷違命者 剪覆被天殃 淳風凝幽顯 遐邇
　　　　　競呈祥 四時和玉燭 七曜巡萬方 維岳降宰輔 維帝任忠良 五三成一德 昭我唐家光 帝
　　　　　嘉之 拜法敏爲太府卿 (『舊唐書』199上 列傳 149上 東夷 新羅)[1110]
신라 백제　高宗永徽元年 攻百濟破之 遣春秋子法敏入朝 眞德織錦爲頌以獻曰 巨唐開洪業 巍巍
　　　　　皇猷昌 止戈成大定 興文繼百王 統天崇雨施 治物體含章 深仁諧日月 撫運邁時康 幡
　　　　　旗旣赫赫 鉦鼓何鍠鍠 外夷違命者 剪覆被天殃 淳風凝幽顯 遐邇競呈祥 四時和玉燭
　　　　　七耀巡萬方 維岳降宰輔 維帝任忠良 三五成一德 昭我唐家唐 帝美其意 擢法敏太府
　　　　　卿 (『新唐書』220 列傳 145 東夷 新羅)[1111]
신라 백제　永徽元年 新羅王金眞德大破百濟 遣使金法敏來朝 仍織錦作五言太平詩以獻 帝嘉之
　　　　　拜法敏爲大府卿 (『唐會要』95 新羅)[1112]
신라 백제　永徽元年 其王金眞德大破百濟 遣春秋子法敏以聞 又使獻織錦作五言大平頌[1113] (『太
　　　　　平寰宇記』174 四夷 3 東夷 3 新羅國)[1114]
신라　　　新羅王眞德 以高宗永徽元年 織錦作五言太平頌 以獻之 其詞曰 大唐開洪業 巍巍皇
　　　　　猷昌 止戈戎衣定 修文繼百王 統天崇兩施 理物體含章 深仁諧日月 撫運邁時康 幡旗
　　　　　何赫赫 鉦鼓何鍠鍠 外夷違命者 剪覆被天殃 淳風凝幽顯 遐邇競呈祥 四時和玉燭 七

1109) 『三國遺事』에는 太宗武烈王의 재위기간(654~661)으로 되어 있다.
1110) 이 기사에는 월 표기가 없으나, 『三國史記』新羅本紀 등에 의거하여 6월로 편년하였다.
1111) 이 기사에는 월 표기가 없으나, 『三國史記』新羅本紀 등에 의거하여 6월로 편년하였다.
1112) 이 기사에는 월 표기가 없으나, 『三國史記』新羅本紀 등에 의거하여 6월로 편년하였다.
1113) 原本訛 詩據舊唐書改正
1114) 이 기사에는 월 표기가 없으나, 『三國史記』新羅本紀 등에 의거하여 6월로 편년하였다.

曜巡萬方　維嶽降宰輔　維帝任忠良　五三成一德　昭我唐家　唐帝嘉焉 (『冊府元龜』962 外臣部 7 才智)[1115]

신라 백제　(唐書) 又曰　永徽元年　新羅王眞德大破百濟之衆　遣其弟子法敏以聞　眞德乃織錦作五言太平頌以獻　其詞曰　大唐開洪業　巍巍皇猷昌　止戈戎衣定　修文繼百王　統天崇雨施　理物體含章　深仁諧日月　撫運邁陶唐　幡旗何赫赫　征鼓何鍠鍠　外夷違命者　剪覆被天殃　淳風凝幽顯　遐邇競呈祥　四時和玉燭　七耀巡萬方　維岳降宰輔　帝任忠與良　五三成一德　昭我家大唐　帝嘉之　拜法敏爲太府卿 (『太平御覽』781 四夷部 2 東夷 2 新羅)[1116]

신라 백제　(傳) (…) 唐高宗永徽元年　新羅女王眞德攻百濟　破之[在百濟東南 本辰韓種也　梁普通二年　隨百濟奉獻方物]　遣春秋子法敏入朝　織錦爲頌以獻曰　巨唐開洪業　巍巍皇猷昌　止戈成大定　興文繼百王　統天崇雨施　治物體含章　深仁偕日月　撫運萬時康　幡旗旣赫赫　鉦鼓何煌煌　外夷違命者　翦覆被天殃　淳風凝幽顯　遐邇競呈祥　四時和玉燭　七耀巡萬方　維嶽降宰輔　維帝任忠良　三五成一德　昭我唐家唐　帝美其意　擢法敏太府卿[會要云　永徽元年　新羅王金眞德大破百濟　遣使來朝　仍織錦　作五言太平詩以獻　帝嘉之] (『玉海』153 朝貢外夷內朝內附　唐新羅織錦頌觀釋尊賜晉書)[1117]

신라 백제　新羅王德眞[本傳作眞德] 織錦作太平詩　永徽五年　德眞大破百濟之衆　按本傳 (…) 永徽元年　攻百濟破之　織錦爲頌以獻　五年 死　據此 則永徽五年 當作元年 (『文苑英華辨證』4 年月 2)[1118]

신라　新羅王織錦作詩　理物體含章　理　唐書本傳作治　此在高宗永徽元年　獻詩　當避高宗諱　則理字是 (『文苑英華辨證』8 避諱)[1119]

신라 백제　金眞德　新羅王金眞平女也　平卒無子　嗣立爲王　詩一首
太平詩[永徽元年　眞德大破百濟之衆　織錦作五言太平詩　遣其弟之子法敏以獻]
大唐開鴻業　巍巍皇猷昌　止戈戎衣[一作成大]定　修[一作興]文繼百王　統天崇雨施　理物體舍章　深仁諧日月　撫運邁時康　幡旗旣赫赫　鉦鼓何鍠鍠　外夷違命者　翦覆被大殃　和[一作淳]風凝宇宙 [一作幽顯]　遐邇競呈祥　四時調玉燭　七曜巡萬方　維嶽降宰輔　維帝用[一作任]忠良　三五咸一德　昭我皇家唐[一作唐家光] (『全唐詩』797 金眞德)[1120]

신라　第二十八眞德女王卽位　自製太平歌　織錦爲紋　命使往唐獻之[一本命春秋公爲使　往仍請兵　太宗嘉之許　蘇定方云云者　皆謬矣　現慶前春秋已登位　現慶庚申非太宗 乃高宗之世　定方之來　在現慶庚申　故知織錦爲紋　非請兵時也　在眞德之世 當矣　蓋請放金欽純之時也] 唐帝嘉賞之　改封爲雞林國王　其詞曰　大唐開洪業　巍巍皇猷昌　止戈戎威定　修文契百王　統天崇雨施　理物體含章　深仁諧日月　撫運邁虞唐　幡旗何赫赫　鉦鼓何鍠鍠　外夷違命者　剪覆被天殃　淳風凝幽現　遐邇競呈祥　四時和玉燭　七曜巡萬方　維嶽降輔宰　維帝任忠良　五三成一德　昭我唐家皇 (『三國遺事』1 紀異 1 眞德王)[1121]

신라 백제　如新羅王德眞　織錦作太平詩　新羅王德眞[即新羅王金眞平女也　平死無子　女乃嗣立爲王] 大破百濟之衆　其弟子法敏以聞　按唐書本傳 (…) 妹眞德襲王　攻破百濟　遣弟伊贊子春秋之子法敏入朝　織錦爲頌以獻　據此 則德眞當作眞德　法敏乃眞德弟伊贊子春秋之子也 (『文苑英華辨證』3 人名 4)[1122]

1115) 이 기사에는 월 표기가 없으나, 『三國史記』 新羅本紀 등에 의거하여 6월로 편년하였다.
1116) 이 기사에는 월 표기가 없으나, 『三國史記』 新羅本紀 등에 의거하여 6월로 편년하였다.
1117) 이 기사에는 월 표기가 없으나, 『三國史記』 新羅本紀 등에 의거하여 6월로 편년하였다.
1118) 이 기사에는 월 표기가 없으나, 『三國史記』 新羅本紀 등에 의거하여 6월로 편년하였다.
1119) 이 기사에는 월 표기가 없으나, 『三國史記』 新羅本紀 등에 의거하여 6월로 편년하였다.
1120) 이 기사에는 월 표기가 없으나, 『三國史記』 新羅本紀 등에 의거하여 6월로 편년하였다.
1121) 이 기사에는 연대 표기가 없으나, 『三國史記』 新羅本紀 등에 의거하여 眞德王 4년(650) 6월로 편년하였다.
1122) 이 기사에는 연대 표기가 없으나, 『三國史記』 新羅本紀 등에 의거하여 眞德王 4년(650) 6월로 편년하였다.

고구려	夏六月 盤龍寺普德和尙以國家奉道 不信佛法 南移完山孤大山 (『三國史記』22 高句 麗本紀 10 寶藏王 下)
고구려	高麗本記云 (…) 時普德和尙住盤龍寺 憫左道匹正 國祚危矣 屢諫不聽 乃以神力飛方 丈 南移于完山州[今全州也]孤大山而居焉 卽永徽元年庚戌六月也[又本傳云 乾封二年 丁卯三月三日也] 未幾國滅[以摠章元年戊辰國滅 則計距庚戌十九年矣] 今景福寺有飛 來方丈是也云云[已上國史] 眞樂公留詩在堂 文烈公著傳行世 (『三國遺事』3 興法 3 寶藏奉老普德移庵)
고구려	高句麗僧普德 以其國奉道敎 不信佛法 叛奔百濟孤大山 (『三國史節要』9)[1123]
고구려	僧傳云 釋普德字智法 前高麗龍岡縣人也 詳見下本傳 常居平壤城 有山方老僧 來請 講經 師固辭不免 赴講涅槃經四十餘卷 罷席 至城西大寶山嵓穴下禪觀 有神人來請 宜住此地 乃置錫杖於前 指其地曰 此下有八面七級石塔 掘之果然 因立精舍 曰靈塔 寺 以居之 (『三國遺事』3 塔像 4 高麗靈塔寺)[1124]
고구려	秋七月 霜雹害穀 民饑 (『三國史記』22 高句麗本紀 10 寶藏王 下)
신라	本事經七卷[見內典錄 永徽元年九月十日 於大慈恩寺翻經院譯 至十一月八日畢 沙門 靖邁神昉等筆受] (『貞元新定釋敎目錄』11 總集群經錄 上之11 沙門釋玄奘 智仁知仁 智忍)
신라	本事經七卷[見內典錄 永徽元年九月十日 於大慈恩寺翻經院譯 至十一月八日畢 沙門 靜[1125]邁神昉等筆受] (『開元釋敎錄』8 總括群經錄 上之8 沙門釋玄奘 神昉)
신라	是歲 始行中國永徽年號 論曰 三代更正朔 後代稱年號 皆所以大一統 新百姓之視聽者也 是故 苟非乘時幷起 兩立而爭天下 與夫姦雄乘間而作 覬覦神器 則偏邦小國 臣屬天子之邦者 固不可以私 名年 若新羅以一意事中國 使航貢篚相望於道 而法興自稱年號 或矣 厥後勝愆襲繆 多歷年所 聞太宗之誚讓 猶且因循至是 然後奉行唐號 雖出於不得已 而抑可謂過而能 改者矣 (『三國史記』5 新羅本紀 5 眞德王)
신라	新羅始行 唐永徽年號 金富軾曰 三代改正朔 後代稱年號 皆所以大一統 新百姓之視聽者也 是故 苟非乘時 幷起兩立而爭天下 與夫姦雄乘間而作 覬覦神器 則不可私行年號 若新羅以一意事中 國 使航貢篚相望於道 而法興自稱年號 或矣 厥後承愆襲繆 歷年已久 太宗之誚讓 猶 且因循至是 然後奉行唐號 雖出於不得已 而抑可謂過而能改者矣 (『三國史節要』9)
신라 고구려	按此錄義湘傳云 永徽初 入唐謁智儼 然據浮石本碑 湘武德八年生 卌歲出家 永微元 年庚戌 與元曉同伴欲西入 至高麗有難而迴 (『三國遺事』3 塔像 4 前後所將舍利)
신라 고구려	法師義湘 考曰韓信 金氏 年二十九依京師皇福寺落髮 未幾西圖觀化 遂與元曉道出遼 東 邊戍邏之爲諜者 囚閉者累旬 僅免而還[事在崔侯本傳及曉師行狀等][1126] 永徽初 會唐使舡有西還者 寓載入中國 初止揚州 州將劉至仁請留衙內 供養豊贍 尋 往終南山至相寺 謁智儼 儼前夕夢一大樹生海東 枝葉溥布 來蔭神州 上有鳳巢 登視

1123) 이 기사에는 월 표기가 없으나, 『三國史記』 高句麗本紀에 의거하여 6월로 편년하였다.
1124) 이 기사에는 연대 표기가 없으나, 『三國史記』 高句麗本紀에 의거하여 寶藏王 9년(650) 6월로 편년하였다.
1125) 저본에는 '靜'으로 되어 있으나, 『貞元新定釋敎目錄』에 의거하여 '靖'으로 수정해야 한다.
1126) 이 뒷부분은 『三國遺事』 塔像에 龍朔元年(661)으로 되어 있다.

之 有一摩尼寶珠 光明屬遠 覺而驚異 洒掃而待 湘乃至 殊禮迎際 從容謂曰 吾昨者
之夢 子來投我之兆 許爲入室 雜花妙旨 剖析幽微 儼喜達郢質 克發新致 可謂鉤深索
隱 藍茜沮本色 (『三國遺事』4 義解 5 義湘傳敎)[1127]

백제　　(是歲) 遣倭漢直縣白髮部連鐙難波吉士胡床於安藝國 使造百濟舶二隻 (『日本書紀』2
　　　　5 孝德紀)

고구려　永徽元年 從太宗文武聖皇帝討遼 蒙授勳官武騎尉 (「韓仁楷 墓誌銘」:『全唐文補遺』
　　　　2;『唐代墓誌滙篇』;『全唐文新編』994)[1128]

651(辛亥/신라 진덕왕 5/고구려 보장왕 10/백제 의자왕 11/唐 永徽 2/倭 白雉 2)

신라　　春正月朔 王御朝元殿 受百官正賀 賀正之禮始於此 (『三國史記』5 新羅本紀 5 眞德
　　　　王)
신라　　春正月朔 新羅王御朝元殿 受百官朝賀 賀正之禮始於此 (『三國史節要』9)
신라　　是王代 始行正旦禮 始行侍郎號 (『三國遺事』1 紀異 1 眞德王)[1129]

신라　　二月 改稟主爲執事部 仍拜波珍湌竹旨爲執事中侍 以掌機密事務 (『三國史記』5 新羅
　　　　本紀 5 眞德王)
신라　　二月 新羅改稟主爲執事部 仍拜波珍湌竹旨爲執事中侍 以掌機密 (『三國史節要』9)
신라　　執事省 本名稟主[或云祖主] 眞德王五年 改爲執事部 (…) 中侍一人 眞德王五年置 (『
　　　　三國史記』38 雜志 7 職官 上)[1130]
신라　　是王代 始行正旦禮 始行侍郎號 (『三國遺事』1 紀異 1 眞德王)[1131]

백제 신라　夏六月 百濟新羅 遣使貢調獻物 (『日本書紀』25 孝德紀)

신라　　△△△ 遣波珍湌金仁問 入唐朝貢 仍留宿衛 (『三國史記』5 新羅本紀 5 眞德王)
신라　　永徽二年 仁問年二十三歲 受主[1132]命入大唐宿衛 高宗謂涉海來朝 忠誠可尚 特授左
　　　　領軍衛將軍 (『三國史記』44 列傳 4 金仁問)
신라　　新羅遣波珍湌金仁問如唐 仍留宿衛 仁問春秋第二子也 幼而就學 博覽群書兼涉莊老
　　　　浮屠之說 工隷書 善射御 曉音律 識量宏遠 至是 帝謂涉海來朝忠誠可尚 特授左領軍
　　　　衛將軍 年二十三 (『三國史節要』9)

신라　　調府 (…) 令二人 眞德王五年置 位自衿荷至太大角干爲之 (…) 大舍二人 眞德王置
　　　　(…) 位自舍知至奈麻爲之 (『三國史記』38 雜志 7 職官 上)
신라　　倉部 昔者 倉部之事 兼於稟主 至眞德王五年 分置此司 令二人 位自大阿湌至大角干
　　　　爲之 卿二人 眞德王五年置 (…) 位與兵部大監同 大舍二人 眞德王置 (…) 位與兵部
　　　　大舍同 (…) 史八人 眞德王置 (『三國史記』38 雜志 7 職官 上)

1127) 이 기사에는 연대 표기가 없으나,『三國遺事』塔像에 의거하여 永徽元年(650)으로 편년하였다.
1128) 이 기사에는 永徽元年(650)으로 연대 표기가 되었으나, "從太宗文武聖皇帝討遼"라는 구절의 내용은
　　　貞觀19년(645)에 해당한다. 그에 따라 두 연대에 모두 배치하였다.
1129) 이 기사에는 연대 표기가 없으나,『三國史記』新羅本紀 등에 의거하여 眞德王 5년(651) 1월 1일로 편
　　　년하였다.
1130) 이 기사에는 월 표기가 없으나,『三國史記』新羅本紀 등에 의거하여 2월로 편년하였다.
1131) 이 기사에는 연대 표기가 없으나,『三國史記』新羅本紀 등에 의거하여 眞德王 5년(651) 2월로 편년하
　　　였다.
1132) 저본에는 '主'로 되어 있으나, 내용상 '王'으로 수정해야 한다.

신라	禮部 (…) 卿二人 眞德王二年[一云五年]置 (…) 位與調府卿同 大舍二人 眞德王五年 置 (…) 位與調府大舍同 (…) 史八人 眞德王五年加三人 位與調府史同 (『三國史記』 38 雜志 7 職官 上)
신라	領客府 (…) 令二人 眞德王五年置 位自大阿湌至角干爲之 (『三國史記』 38 雜志 7 職官 上)
신라	左理方府 眞德王五年置 (…) 令二人 位自級湌至迊湌爲之 卿二人 眞德王置 (…) 位 與他卿同 佐二人 眞德王置 (…) 位與司正佐同 (『三國史記』 38 雜志 7 職官 上)
신라	賞賜署 (…) 大舍二人 眞德王五年置 (…) 位自舍知至奈麻爲之 (『三國史記』 38 雜志 7 職官 上)
신라	國學 (…) 大舍二人 眞德王五年置 (…) 位自舍知至奈麻爲之 (『三國史記』 38 雜志 7 職官 上)
신라	音聲署 (…) 大舍二人 眞德王五年置 (…) 位自舍知至奈麻爲之 (『三國史記』 38 雜志 7 職官 上)
신라	工匠府 (…) 主書二人[或云主事 或云大舍] 眞德王五年置 位自舍知至奈麻爲之 史四 人 (『三國史記』 38 雜志 7 職官 上)
신라	彩典 (…) 主書二人 眞德王五年置 位自舍知至奈麻爲之 (『三國史記』 38 雜志 7 職 官 上)
신라	典祀署 (…) 大舍二人 眞德王五年置 位自舍知至奈麻爲之 史四人 (『三國史記』 38 雜志 7 職官 上)
신라	侍衛府 有三徒 眞德王五年置 (『三國史記』 40 雜志 9 職官 下 武官)
신라	新羅置調府 令二人 位自衿荷至太大角干爲之 大舍二人 倉部 令二人 位自大阿湌至 大角干爲之 卿二人 大舍二人 史八人 禮部 卿二人 大舍二人 史八人 領客部 令二人 位自大阿湌至角干爲之 左里方部 令二人 位自級湌至迊湌爲之 卿二人 佐二人 賞賜 署 大舍二人 國學 大舍二人 音聲署 大舍二人 工匠部 主書二人 位自舍知至奈麻爲 之 史四人 彩典 主書二人 位自舍知至奈麻爲之 大舍二人 位自舍知至奈麻爲之 史四 人 侍衛府有三徒 (『三國史節要』 9)

백제 고구려 신라

遣使入唐朝貢 使還 高宗降璽書 諭王曰 海東三國 開基日久 並列疆界 地實犬牙 近 代已來 遂構嫌隙 戰爭交起 略無寧歲 遂令三韓之氓 命懸刀俎 築戈肆愼 朝夕相仍 朕代天理物 載深矜憫 去歲高句麗新羅等使並來入朝 朕命釋玆讎怨 更敦款睦 新羅使 金法敏奏言 高句麗百濟脣齒相依 竟擧干戈 侵逼交至 大城重鎭 並爲百濟所倂 疆宇 日蹙 威力並謝 乞詔百濟 令歸所侵之城 若不奉詔 卽自興兵打取 但得古地 卽請交和 朕以其言旣順 不可不許 昔 齊桓列土諸侯 尙存亡國 況朕萬國之主 豈可不恤危藩 王 所兼新羅之城 並宜還其本國 新羅所獲百濟俘虜 亦遣還王 然後解患釋紛 韜戈偃革 百性獲息肩之願 三蕃無戰爭之勞 比夫流血邊亭 積屍疆場 耕織並廢 士女無聊 豈可 同年而語哉 王若不從進止 朕已依法敏所請 任其與王決戰 亦令約束高句麗 不許遠相 救恤 高句麗若不承命 卽令契丹諸藩度遼 深入抄掠 王可深思朕言 自求多福 審圖良 策 無貽後悔 (『三國史記』 28 百濟本紀 6 義慈王)

백제 고구려 신라

百濟遣使如唐朝貢 使還 帝降璽書 諭王曰 海東三國 開基日久 並列疆界 地實犬牙 近代已來 遂構嫌隙 戰爭交起 略無寧歲 遂令三韓之氓 命懸刀俎 尋戈肆愼 朝夕相仍 朕代天理物 載深矜憫 去歲高句麗新羅等使並來入朝 朕命釋玆讎怨 更敦款睦 新羅使 金法敏奏言 高句麗百濟脣齒相依 竟擧干戈 侵逼交至 大城重鎭 並爲百濟所幷 疆宇 日蹙 威力並謝 乞詔百濟 令歸所侵之城 若不奉詔 卽自興兵打取 但得古地 卽請交和

朕以其言旣順　不可不許　昔齊桓列土諸侯　尙存亡國　況朕萬國之主　豈可不恤危藩　王
所兼新羅之城　並宜還其本國　新羅所獲百濟俘虜　亦遣還王　然後解患釋紛　韜戈偃革
百性獲息肩之願　三蕃無戰爭之勞　比夫流血邊亭　積屍疆場　耕織並廢　士女無聊　豈可
同年而語哉　王若不從進止　朕已依法敏所請　任其與王決戰　亦令約束高句麗　不許遠相
救恤　高句麗若不承命　卽令契丹諸藩度遼　深入抄掠　王可深思朕言　自求多福　審圖良
策　無貽後悔 (『三國史節要』9)

백제 고구려　신라

高宗嗣位　永徽二年　始又遣使朝貢　使還　降璽書與義慈曰　至如海東三國　開基自久　並
列疆界　地實犬牙　近代已來　遂構嫌隙　戰爭交起　略無寧歲　遂令三韓之氓　命懸刀俎
尋戈肆憤　朝夕相仍　朕代天理物　載深矜愍　去歲王及高麗新羅等使並來入朝　朕命釋茲
讎怨　更敦款穆　新羅使金法敏奏書　高麗百濟　脣齒相依　競擧兵戈　侵逼交至　大城重鎭
並爲百濟所幷　疆宇日蹙　威力並謝　乞詔百濟　令歸所侵之城　若不奉詔　卽自興兵打取
但得故地　卽請交和　朕以其言旣順　不可不許　昔齊桓列土諸侯　尙存亡國　況朕萬國之
主　豈可不卹危藩　王所兼新羅之城　並宜還其本國　新羅所獲百濟俘虜　亦遣還王　然後
解患釋紛　韜戈偃革　百姓獲息肩之願　三蕃無戰爭之勞　比夫流血邊亭　積屍疆場　耕織
並廢　士女無聊　豈可同年而語矣　王若不從進止　朕已依法敏所請　任其與王決戰　亦令
約束高麗　不許遠相救恤　高麗若不承命　卽令契丹諸蕃渡遼澤入抄掠　王可深思朕言　自
求多福　審圖良策　無貽後悔 (『舊唐書』199上　列傳　149上　東夷　百濟)

백제 신라 고구려

是歲　百濟遣使入貢　上戒之　使勿與新羅高麗相攻　不然　吾將發兵討汝矣 (『資治通鑑』
199　唐紀　15　高宗　上之上)

백제

(通監)(兼本傳) (…) 永徽二年　百濟入貢 (『玉海』153　朝貢外夷內朝內附　唐高麗請頒
曆)

백제 신라

高宗立　乃遣使者來　帝詔義慈曰　海東三國　開基舊矣　地固犬牙　比者隟爭侵校無寧歲
新羅高城重鎭皆爲王幷　歸窮于朕　丐王歸地　昔齊桓一諸侯　尙存亡國　況朕萬方主　可
不卹其危邪　王所兼城宜還之　新羅所俘亦界還王　不如詔者　任王決戰　朕將發契丹諸國
度遼深入　王可思之　無後悔 (『新唐書』220　列傳　145　東夷　百濟)[1133]

백제

(唐書) 高宗嗣位　始遣使朝貢 (『太平御覽』781　四夷部　2　東夷　2　百濟)[1134]

백제 신라

(東夷傳) (…) 高宗立乃遣使來　帝詔義慈　還新羅城 (『玉海』191　兵捷露布　3　唐神丘
道行軍大摠管蘇定方俘百濟)[1135]

백제 고구려 신라

海東三國　開基日久　竝列疆界　地實犬牙　近代以來　遂構嫌隙　戰爭交起　略無寧歲　遂
令三韓之氓　命懸刀俎　尋戈肆憤　朝夕相仍　朕代天理物　載深矜愍　去歲王及高麗新羅
等使竝來入朝　朕命釋茲讎怨　更敦款穆　新羅使金法敏奏書　高麗百濟　脣齒相依　競擧
兵戈　侵逼交至　大城重鎭　竝爲百濟所幷　疆宇日蹙　威力竝謝　乞詔百濟　令歸所侵之城
若不奉詔　卽自興兵打取　但得故地　卽請交和　朕以其言旣順　不可不許　昔齊桓列土諸
侯　尙存亡國　況朕萬國之主　豈可不恤危藩　王所兼新羅之城　竝宜還其本國　新羅所獲
百濟俘虜　亦遣還王　然後解患釋紛　韜戈偃革　百姓獲息肩之願　三蕃無戰爭之勞　比夫
流血邊亭　積屍疆場　耕織竝廢　士女無聊　豈可同年而語矣　王若不從進止　朕已依法敏
所請　任其與王決戰　亦令約束高麗不許遠相救恤　高麗若不承命　卽令契丹諸蕃　度遼澤
入抄掠　王可深思朕言　自求多福　審圖良策　無貽後悔 (『全唐文』15　高宗皇帝　與百濟
王義慈璽書)[1136]

1133) 이 기사에는 연대 표기가 없으나, 『三國史記』百濟本紀 등에 의거하여 永徽 2년(651)으로 편년하였다.
1134) 이 기사에는 연대 표기가 없으나, 『三國史記』百濟本紀 등에 의거하여 永徽 2년(651)으로 편년하였다.
1135) 이 기사에는 연대 표기가 없으나, 『三國史記』百濟本紀 등에 의거하여 永徽 2년(651)으로 편년하였다.

신라	是歲 新羅貢調使知萬沙飡等 着唐國服 泊于筑紫 朝庭惡恣移俗 訶嘖追還 于時 巨勢大臣 奏請之曰 方今不伐新羅 於後必當有悔 其伐之狀 不須擧力 自難波津 至于筑紫 海裏 相接浮盈艫舳 徵召新羅 問其罪者 可易得焉 (『日本書紀』25 孝德紀)
고구려	十八 授中裏大兄 (「泉男生 墓誌銘」)[1137]
고구려	子男生 (…) 又爲中裏大兄 知國政 凡辭令 皆男生主之 (『三國史記』49 列傳 9 蓋蘇文)[1138]
고구려	又爲中裏大兄 知國政 凡辭令 皆男生主之 (『新唐書』 110 列傳 35 諸夷蕃將 泉男生)[1139]
신라	大鳥知郎足下万拜白之 (1면)
	經中入用思 買白不踓紙一二个 (2면)
	牒垂賜 敎在之 後事者命盡 (3면)
	使內 (4면) (「149호 목간」: 2004 『한국의 고대목간』; 2006 『월성해자2』)[1140]
신라	△習比部上里今[受] ㅓ 南罜上里今[受] 阿今里[不] 岸二里[受] (1면)
	△△[△] △上[受] 尤祝[受] 除井[受] 開池[受] 亦里[受] △△[不△] △△ △里[△] △ (2면)
	△南川[△] △里隅[△] △ (…) △北[△] 多比刀[不有△△]受[代]土[△△] (3면)
	△△里△里[受] 亦居波[受] 麻支[受] ㅓ 牟喙 仲里[受] 新里[受] 上里[受] 下里[受] (4면) (「151호 목간」: 2004 『한국의 고대목간』; 2006 『월성해자2』)
신라	四月一日 典大等敎事 (1면)
	勺舌白故爲△敎事△△ (2면)
	△△△△△△△△ (3면) (「153호 목간」: 2004 『한국의 고대목간』; 2006 『월성해자2』)
신라	△伐使內 生耶死耶 (「156호 목간」: 2004 『한국의 고대목간』; 2006 『월성해자2』)
신라	第八卷第卄三大[人][干] 麻新五衣節草△ (전면)
	△食常△
	△△△△第一卷弟△七大[人][干] 麻△△ (후면) (「158호 목간」: 2004 『한국의 고대목간』; 2006 『월성해자2』)
신라	沙喙巴多屯 (전면)
	文吉廻 (후면) (「160호 목간」: 2004 『한국의 고대목간』; 2006 『월성해자2』)
신라	△遺補構毛道道使 岑然願△ (「164호 목간」: 2004 『한국의 고대목간』; 2006 『월성해자2』)
신라	△
	天雄二兩 蒿 (1면)
	二兩 (2면)
	(…) (3면)

1136) 이 기사에는 연대 표기가 없으나, 『三國史記』百濟本紀 등에 의거하여 永徽 2년(651)으로 편년하였다.
1137) 이 기사에는 연대 표기가 없으나, 그의 생몰년이 634~679년이고 18세 때의 일이므로, 651년으로 편년하였다.
1138) 이 기사에는 연대 표기가 없으나, 「泉男生 墓誌銘」에 의거하여 651년으로 편년하였다.
1139) 이 기사에는 연대 표기가 없으나, 「泉男生 墓誌銘」에 의거하여 651년으로 편년하였다.
1140) 이하의 목간들은 1986년 경주의 월성해자 유적에서 출토되었는데, 해당 유적에는 565~651에 사용된 '典大等'이 기록된 「153호 목간」이 있다. 그에 따라 565~651년으로 기간편년하고 마지막해인 651년에 배치하였다.

(…) (4면) (「167호 목간」: 2004 『한국의 고대목간』; 2006 『월성해자2』)

신라　　　　子年十月 (전면)

作次和內 (후면) (「169호 목간」: 2004 『한국의 고대목간』; 2006 『월성해자2』)

신라　　　　問干板卅五 (「173호 목간」: 2004 『한국의 고대목간』; 2006 『월성해자2』)

652(壬子/신라 진덕왕 6/고구려 보장왕 11/백제 의자왕 12/唐 永徽 3/倭 白雉 3)

신라 고구려 백제

春正月己未朔 吐谷渾新羅高麗百濟 並遣使入貢 (『資治通鑑』 199 唐紀 15 高宗 上之上)

신라 백제 고구려

(永徽)三年春正月朔 吐谷渾新羅百濟高麗 並遣使朝貢 (『冊府元龜』 970 外臣部 15 朝貢 3)

신라 고구려 백제

(通監)(兼本傳) (永徽)三年正月己未朔 吐谷渾新羅高麗百濟 遣使入貢 (『玉海』 153 朝貢外夷內朝內附 唐高麗請頒曆)[1141]

신라　　　　(春正月) 遣使大唐朝貢 (『三國史記』 5 新羅本紀 5 眞德王)[1142]

고구려　　　春正月 遣使入唐朝貢 (『三國史記』 22 高句麗本紀 10 寶臧王 下)[1143]

백제　　　　春正月 遣使入唐朝貢 (『三國史記』 28 百濟本紀 6 義慈王)[1144]

신라　　　　(春正月) 新羅遣使如唐朝貢 (『三國史節要』 9)[1145]

고구려　　　(春正月) 高句麗遣使如唐朝貢 (『三國史節要』 9)[1146]

백제　　　　(春正月) 百濟遣使如唐朝貢 (『三國史節要』 9)[1147]

신라　　　　春正月 以波珍飡天曉爲左理方府令 (『三國史記』 5 新羅本紀 5 眞德王)

신라　　　　春正月 新羅以波珍飡天曉爲左理方府令 (『三國史節要』 9)

신라　　　　三月 京都大雪 (『三國史記』 5 新羅本紀 5 眞德王)

신라　　　　三月 新羅京都大雪 (『三國史節要』 9)

신라　　　　(三月) 王宮南門無故自毀 (『三國史記』 5 新羅本紀 5 眞德王)

신라　　　　(三月) 新羅王宮南門自毀 (『三國史節要』 9)

신라 백제　　(夏四月是月) 新羅百濟 遣使貢調獻物 (『日本書紀』 25 孝德紀)

신라　　　　二弓[或云外弓] 一曰漢山州弓尺 眞德王六年置 (『三國史記』 40 雜志 9 職官 下)

신라　　　　(永徽)三年 眞德卒 爲擧哀 詔以春秋嗣 立爲新羅王 加授開府儀同三司封樂浪郡王 (『舊唐書』 199上 列傳 149上 東夷 新羅)[1148]

고구려　　　勅簡折衝果毅 强明堪統領者 隨機處分 君受△經略 頻度遼東 (「劉仁願 紀功碑」)

1141) 『資治通鑑』에는 동일한 기사가 있으나, 『新唐書』의 高麗傳·百濟傳·新羅傳에는 동일한 기사가 없다.
1142) 이 기사에는 일자 표기가 없으나, 『冊府元龜』 外臣部 등에 의거하여 1월 1일로 편년하였다.
1143) 이 기사에는 일자 표기가 없으나, 『冊府元龜』 外臣部 등에 의거하여 1월 1일로 편년하였다.
1144) 이 기사에는 일자 표기가 없으나, 『冊府元龜』 外臣部 등에 의거하여 1월 1일로 편년하였다.
1145) 이 기사에는 일자 표기가 없으나, 『冊府元龜』 外臣部 등에 의거하여 1월 1일로 편년하였다.
1146) 이 기사에는 일자 표기가 없으나, 『冊府元龜』 外臣部 등에 의거하여 1월 1일로 편년하였다.
1147) 이 기사에는 일자 표기가 없으나, 『冊府元龜』 外臣部 등에 의거하여 1월 1일로 편년하였다.
1148) 『三國史記』 新羅本紀, 『三國史節要』에는 永徽 5년(654) 3월에 기록되어 있다.

고구려	於是 揚麾碧海 飛檄靑丘 載刊不耐之城 重紀丸都之嶠 至永徽三年 靑丘道征 蒙授雲騎尉 公玉帳飛算 石陣頻臨 旣陷九重之圍 遂攘千里之地 (「婁敬 墓誌銘」: 『唐代墓誌滙篇』; 『全唐文補遺』5; 『全唐文新編』993)
고구려	弱冠便有壯志 徇節於遼東道行 橫鐵騎而取 耀霜戈而摧日子 桂婁廓其凶殘 褫穴卷其妖氛 以公擢昭州恭城縣令 遷廣州游安縣令 (「樊文 墓誌銘」: 『唐代墓誌滙篇續集』)[1149]

653(癸丑/신라 진덕왕 7/고구려 보장왕 12/백제 의자왕 13/唐 永徽 4/倭 白雉 4)

백제	春 大旱 民饑 (『三國史記』28 百濟本紀 6 義慈王)
백제	春 百濟大旱 民饑 (『三國史節要』9)

백제 신라	(夏)六月 百濟新羅 遣使貢調獻物 脩治處處大道 (『日本書紀』25 孝德紀)

백제	秋八月 王與倭國通好 (『三國史記』28 百濟本紀 6 義慈王)
백제	秋八月 百濟與倭國通好 (『三國史節要』9)

신라	冬十一月 遣使大唐 獻金摠布 (『三國史記』5 新羅本紀 5 眞德王)
신라	冬十一月 新羅遣使如唐 獻金摠布 (『三國史節要』9)
신라	(永徽四年)十一月 新羅遣使 獻金總布 (『冊府元龜』970 外臣部 15 朝貢 3)

신라	(永徽)四年 詔許歸國覲省 (『三國史記』44 列傳 4 金仁問)

신라 고구려 백제	菩薩示生 在唐新羅國[唐高宗之前 原有高句麗新羅百濟 三國之分 高宗滅高句麗百濟之地 悉歸新羅 倂爲一國 五代時 王建繼之 國號高麗 自明初至今 乃名朝鮮 人多以新羅爲暹羅 實誤]王族 姓金 名喬覺 高宗永徽四年來九華 苦行道迹 世難比倫 識者知爲地藏示現 詳見本志 此不多敍 而拘墟者 不知菩薩分身 塵利世界 應化之迹 每謂此之地藏 (『九華山志』卷首 新序 印光 撰 重新編修九華山志發刊流通序)
신라	按神僧傳云 佛滅度一千五百年 菩薩降迹於新羅國王家 姓金 號喬覺 唐高宗永徽四年 二十四歲 祝髮 攜白犬善聽 航海而來 至江南池州東 靑陽縣九華山 端坐九子山頭 (…) 又按費冠卿化城寺記 (…) 神僧傳 大士於永徽四年來華 時二十四歲 (『九華山志』1 聖迹門 1 六 應化)
신라	金地藏塔 在化城寺西之神光嶺 卽菩薩一期應化安葬全身之肉身塔 金地藏者 唐時新羅國王金憲英之近族也 自幼出家 法名喬覺 於二十四歲時 航海東來 卓錫九華 初棲東巖 土雜半粟 (『九華山志』3 梵刹門 3 一 叢林 金地藏塔)[1150]

고구려	年始志學 本國王 敎小兄位 (「泉男産 墓誌銘」)[1151]

654(甲寅/신라 진덕왕 8, 태종무열왕 1/고구려 보장왕 13/백제 의자왕 14/唐 永徽 5/倭

1149) 이 기사에는 연대 표기가 없으나, 樊文은 632년에 출생하여 651년에 20세가 되었다. 651년에는 당이 고구려를 공격한 기록이 없으므로, 「婁敬 墓誌銘」에 의거하여 652년으로 편년하였다.

1150) 이 기사에는 연대 표기가 없으나, 『九華山志』의 다른 기록들에 의거하여 永徽 4년(653)으로 편년하였다.

1151) 이 기사에는 연대 표기가 없으나, 그의 생몰년이 639~702년이고 15세 때의 일이므로, 653년으로 편년하였다. 이 앞에는 "君諱男産 遼東朝鮮人也 (…) 君斧囊象賢金冊餘慶 生而敏惠 勿則過人"이라고 인물평이 되어 있다.

白雉 5)

백제

<甲>寅年正月九日 奈祇城砂宅智積 慷身日之易往 慨體月之難還 穿金以建珍堂 鑿玉
以立寶塔 巍巍慈容 吐神光以送雲 峩峩悲猊 含聖明以 (「砂宅智積碑」)

신라

二月 遣大唐押使大錦上高向史玄理[或本云 夏五月 遣大唐押使大花下高向玄理] 大使
小錦下河邊臣麻呂 副使大山下藥師惠日 判官大乙上書直麻呂宮首阿彌陀[或本云 判官
小山下書直麻呂] 小乙上岡君宜置始連大伯 小乙下中臣間人連老[老 此云於喩] 田邊
史鳥等 分乘二船 留連數月 取新羅道 泊于萊州 遂到于京 奉覲天子 於是 東宮監門
郭丈擧 悉問日本之地里及國初之神名 皆隨問而答 押使高向玄理 卒於大唐[伊吉博得
言 學問僧惠妙 於唐死 知聰 於海死 智宗 以庚寅年付新羅船歸 覺勝 於唐死 義通
於海死 定惠 以乙丑年付劉德高等船歸 妙位 法謄 學生氷連老人 高黃金 幷十二人
別倭種韓智興趙元寶 今年共使人歸] (『日本書紀』25, 孝德紀)

신라

王之代有閼川公 林宗公 述宗公 虎林公[慈藏之父] 廉長公 庾信公 會于南山亐知巖
議國事 時有大虎走入座間 諸公驚起 而閼川公略不移動 談笑自若 捉虎尾撲於地而殺
之 閼川公膂力如此 處於席首 然諸公皆服庾信之威 新羅有四靈地 將議大事 則大臣
必會其地謀之 則其事必成 一東曰靑松山 二曰南亐知山 三曰西皮田 四曰北金剛山 (『
三國遺事』1 紀異 1 眞德王)[1152]

신라 백제

永徽五年[合從本傳作元年] 新羅王德眞[1153][即新羅王金眞平女也 平卒無子 女乃嗣立
爲王] 大破百濟之衆 其弟子春秋之子法敏以聞 德眞[1154]乃織錦 作五言太平詩 以獻之
其詞曰
大唐開洪業 巍巍皇猷昌 止戈戎衣定 脩文繼百王 統天崇雨施 理物體含章 深仁諧日
月 撫運邁時康 幡旗何赫赫 征[一作鉦]鼓何鍠鍠 外夷違命者 剪覆被天殃 和風凝宇宙
[一作淳風凝幽顯] 遐邇競呈祥 四時調玉燭 七耀巡萬方 維嶽降宰輔 維帝任忠良 五三
成一德 照我皇家唐 (『文苑英華』167 詩 17 帝德 新羅王德眞 織錦作太平歌詩)[1155]

신라 백제

新羅王德眞[本傳作眞德] 織錦作太平詩 永徽五年 德眞大破百濟之衆 按本傳 (…) 永
徽元年 攻百濟破之 織錦爲頌以獻 五年 死 據此 則永徽五年 當作元年 (『文苑英華辨
證』4 年月 2)[1156]

신라

春三月 王薨 諡曰眞德 葬沙梁部 唐高宗聞之 爲擧京於永光門 使大常丞張文收持節
吊祭之 贈開府儀同三司 賜綵段三百 國人謂始祖赫居世至眞德二十八王 謂之聖骨 自
武烈至末王 謂之眞骨 唐令狐澄新羅記曰 其國王族謂之第一骨 餘貴族第二骨 (『三國
史記』5 新羅本紀 5 眞德王)[1157]

신라

太宗武烈王立 諱春秋 眞智王子伊飡龍春[一云龍樹]之子也[唐書以爲眞德之弟 誤也]
母天明夫人 眞平王女 妃文明夫人 舒玄角飡女也 王儀表英偉 幼有濟世志 事眞德 位

1152) 이 기사에는 연대 표기가 없으나, 진덕왕 재위기간(647~654) 중의 일이므로 그에 따라 기간편년하고
마지막해인 654년에 배치하였다.
1153) 저본에는 '德眞'으로 되어 있으나, 『文苑英華辨證』에 의거하여 '眞德'으로 수정해야 한다.
1154) 저본에는 '德眞'으로 되어 있으나, 『文苑英華辨證』에 의거하여 '眞德'으로 수정해야 한다.
1155) 이 기사에는 월 표기가 없으나, 진덕왕 재위기간(647~654) 중의 일이므로 그에 따라 진덕왕이 사망한
3월 기사의 앞에 배치하였다. 『三國史記』新羅本紀 등에는 永徽元年(650) 6월로 되어 있다.
1156) 이 기사에는 월 표기가 없으나, 『文苑英華』에 의거하여 진덕왕이 사망한 3월 기사의 앞에 배치하였다.
1157) 『唐會要』21 陪陵名位에 "昭陵陪葬名氏 越國太妃燕氏 趙國太妃楊氏 紀國太妃韋氏 賢妃鄭氏 才人徐
氏 鄭國夫人 彭城郡夫人 蜀王愔 趙王福 紀王愼 越王貞 嗣紀王澄 曹王明 蔣王惲 淸河公主駙馬程知亮
(…) 右衛大將軍李思摩 薩寶王贊普 新羅王女德眞"이라고 되어 있다.

	歴伊湌 唐帝授以特進 及眞德薨 群臣請閼川伊湌攝政 閼川固讓曰 臣老矣 無德行可稱 今之德望崇重 莫若春秋公 實可謂濟世英傑矣 遂奉爲王 春秋三讓 不得已而就位 (『三國史記』5 新羅本紀 5 太宗武烈王)
신라	春三月 新羅王勝曼薨 群臣請伊餐閼川攝政 閼川固讓曰 臣老夫無德可稱 今之德望莫若金春秋 群臣遂奉爲王 春秋三讓而後卽位 不得已而就位 春秋眞智王子伊餐龍春之子 新羅諡王曰眞德 葬沙梁部 唐聞新羅王薨 爲擧京於永光門 使太常丞張文收持節弔祭 贈開府儀同三司 賜綵殷三百 (『三國史節要』9)
신라	永徽五年 眞德大王薨 無嗣 庾信與宰相閼川伊湌謀 迎春秋伊湌卽位 是爲太宗大王 (『三國史記』42 列傳2 金庾信 中)[1158]
신라	第二十九太宗武烈王[名春秋 金氏 眞智王子龍春卓文興葛文王之子也 龍春一作龍樹 母天明夫人 諡文眞大后 眞平王之女也 妃訓帝夫人 諡文明王后 庾立[1159]之妹 小名文熙也 甲寅立 治七年] (『三國遺事』1 王曆)[1160]
신라	眞德王薨 以永徽五年甲寅卽位 (『三國遺事』1 紀異 1 太宗春秋公)[1161]
신라	夏四月 追封王考爲文興大王 母爲文貞太后 大赦 (『三國史記』5 新羅本紀 5 太宗武烈王)
신라	夏四月 新羅王追尊 考爲文興大王 妣爲文貞太后 大赦 (『三國史節要』9)
고구려	夏四月 人或言 於馬嶺上見神人曰 汝君臣奢侈無度 敗亡無日 (『三國史記』22 高句麗本紀 10 寶臧王 下)
고구려	(夏四月) 高句麗有神人 見於馬領山 謂人曰 汝國君臣奢侈無度 亡無日矣 (『三國史節要』9)
신라	五月 命理方府令良首等 詳酌律令 修定理方府格六十餘條 (『三國史記』5 新羅本紀 5 太宗武烈王)
신라	五月 新羅命理方府令良首等 叄酌律令 定爲理方府格六十餘條 (『三國史節要』9)
신라	(閏五月)壬辰 新羅女王金眞德卒 詔立其弟春秋爲新羅王 (『資治通鑑』199 唐紀 15 高宗 上之上)
신라	(五月) 唐遣使持節備禮 冊命爲開府儀同三司新羅王 (『三國史記』5 新羅本紀 5 太宗武烈王)[1162]
신라	(五月) 唐遣使持節備禮 冊命新羅王爲開府儀同三司新羅王 詔書至 有難解處 有牛頭者能解之 王驚喜 問其姓名 對曰 臣本任那加良人 牛頭也 王曰 見卿頭骨 可稱强首 使製謝表 文工而意盡 王益奇之 稱任生 不名强首 不治生産 家甚貧 王命有司 歲賜新城租一百石 强首奈麻昔諦之子 初其母夢見人有角者有娠 及生頭後有高骨 以兒就示相者 相者曰 吾聞伏羲虎形 女媧蛇身 神農牛頭 皐陶馬口 自古聖賢其相有異 今觀兒首角而又厲相法 面厲無好 頭厲無惡 此必英物乎 父還謂其妻曰 兒子骨法非常 好養之 及壯 知讀書 通曉義理 父欲試其志 問曰 學佛乎 學儒乎 對曰 佛世外敎也 願學儒 父曰 從爾所好 遂就師讀孝經曲禮爾雅文選 所得愈高 强首嘗娶冶家女 父母將以禮改娶之 强

1158) 이 기사에는 월 표기가 없으나, 『三國史記』 新羅本紀 등에 의거하여 3월로 편년하였다.
1159) 저본에는 '立'으로 되어 있으나, 내용상 '信'으로 수정해야 한다.
1160) 이 기사에는 월 표기가 없으나, 『三國史記』 新羅本紀 등에 의거하여 3월로 편년하였다.
1161) 이 기사에는 월 표기가 없으나, 『三國史記』 新羅本紀 등에 의거하여 3월로 편년하였다.
1162) 이 기사에는 일자 표기가 없으나, 『資治通鑑』에 의거하여 윤5월18일(壬辰)로 편년하였다.

	首不可 父怒曰 兒有時名 以微者爲偶 不亦恥乎 强首曰 嘗聞古人之言曰 糟糠之妻 不下堂 貧且賤非所恥也 (『三國史節要』9)[1163]
신라	(永徽)五年閏五月 新羅女王金眞德卒 以其弟國祖金春秋爲新羅王 繼眞德之位 仍拜開 府儀同三司 封樂浪郡王 遣使持節備禮冊命 (『冊府元龜』964 外臣部 9 封冊 2)[1164]
신라	强首 中原京沙梁人也 父昔諦奈麻 其母夢見人有角而妊身 乃生 頭後有高骨 昔諦以 兒就當時所謂賢者 問曰 此兒頭骨如此 何也 答曰 吾聞之 伏羲虎形 女媧蛇身 神農 牛頭 皋陶馬口 則聖賢同類 而其相亦有不凡者 又觀兒首有黶子 於相法 面黶無好 頭 黶無惡 則此必奇物乎 父還謂其妻曰 爾子非常兒也 好養育之 當作將來之國士也 及 壯 自知讀書 通曉義理 父欲觀其志 問曰 爾學佛乎 學儒乎 對曰 愚聞之 佛世外敎也 愚人間人 安用學佛爲 願學儒者之道 父曰 從爾所好 遂就師讀 孝經曲禮爾雅文選 所 聞雖淺近 而所得愈高遠 魁然爲一時之傑 遂入仕歷官 爲時聞人 强首嘗與釜谷冶家之 女野合 情好頗篤 及年二十歲 父母媒邑中之女有容行者 將妻之 强首辭不可以再娶 父怒曰 爾有時名 國人無不知 而以微者爲偶 不亦可恥乎 强首再拜曰 貧且賤非所羞 也 學道而不行之 誠所羞也 嘗聞古人之言 曰 糟糠之妻不下堂 貧賤之交不可忘 則賤 妾所不忍棄者也 及太宗大王卽位 唐使者至 傳詔書 其中有難讀處 王召問之 在王前 一見說釋無疑滯 王驚喜 恨相見之晚 問其姓名 對曰 臣本任那加良人 名字頭 王曰 見卿頭骨 可稱强首先生 使製廻謝唐皇帝詔書表 文工而意盡 王益奇之 不稱名 言任 生而已 强首未嘗謀生 家貧怡如也 王命有司 歲賜新城租一百石 (『三國史記』46 列 傳 6 强首)[1165]
신라	(永徽)五年 眞德死 帝爲擧哀 贈開府儀同三司 賜綵段三百 命太常丞張文收持節弔祭 以春秋襲王 (『新唐書』220 列傳 145 東夷 新羅)[1166]
신라	(永徽)五年 眞德卒 高宗爲擧哀於永光門 使太常卿張文收持節弔祭之 贈開府儀同三司 仍賜綾綵二百段 詔其子春秋嗣位 (『唐會要』95 新羅)[1167]
신라	(五月) 王遣使入唐 表謝 (『三國史記』5 新羅本紀 5 太宗武烈王)
신라	(五月) 新羅遣使奉表如唐 謝恩 (『三國史節要』9)
백제 신라	秋七月甲戌朔丁酉 西海使吉士長丹等 共百濟新羅送使泊于筑紫 (『日本書紀』25 孝 德紀)
고구려 말갈	冬十月 王遣將安固出師及靺鞨兵 擊契丹 松漠都督李窟哥禦之 大敗我軍於新城 (『三 國史記』22 高句麗本紀 10 寶臧王 下)
고구려 말갈	冬十月 高句麗王遣將安固與靺鞨兵 擊契丹 松漠都督李窟哥禦之 大敗高句麗軍於新 城 (『三國史節要』9)
고구려 말갈	十月 高麗遣其將安固將高麗靺鞨兵 擊契丹[1168] 松漠都督李窟哥禦之 大敗高麗於新 城[1169] (『資治通鑑』199 唐紀 15 高宗 上之上)
고구려 말갈	(永徽五年)十月 高麗遣其將安固 率高麗靺鞨兵 侵契丹 松漠都督李窟哥發騎 禦之 戰 于新城 適會大風高麗放箭 風吹垃廻 因而陳亂 契丹乘之 斬首五百級 獲馬七百餘疋 高麗敗走 草乾風勁 契丹又縱火 迫之 颷焰飛起 燒殺人馬甚衆 契丹聚其屍 築爲京觀

1163) 이 기사에는 일자 표기가 없으나, 『資治通鑑』에 의거하여 윤5월18일(壬辰)로 편년하였다.
1164) 이 기사에는 일자 표기가 없으나, 『資治通鑑』에 의거하여 윤5월18일(壬辰)로 편년하였다.
1165) 이 기사에는 월일 표기가 없으나, 『資治通鑑』에 의거하여 윤5월18일(壬辰)로 편년하였다.
1166) 이 기사에는 월일 표기가 없으나, 『資治通鑑』에 의거하여 윤5월18일(壬辰)로 편년하였다.
1167) 이 기사에는 월일 표기가 없으나, 『資治通鑑』에 의거하여 윤5월18일(壬辰)로 편년하였다.
1168) 麗 力知翻 將 卽亮翻 靺鞨 音末曷 契 欺訖翻 又音喫
1169) 窟 苦骨翻 敗 補邁翻

遣使來告捷 帝使宣其露布於朝 以示百僚 (『冊府元龜』995 外臣部 40 交侵)

고구려 말갈 　永徽五年 藏以靺鞨兵 攻契丹 戰新城 大風 矢皆還激 爲契丹所乘 大敗 契丹火野復戰 人死相藉 積尸而冢之 遣使者告捷 高宗爲露布于朝 (『新唐書』220 列傳 145 東夷 高麗)[1170]

고구려 말갈 　(高麗傳) (…) 永徽五年 藏以靺鞨兵 攻契丹 大風 矢還激 大敗 契丹遣使告捷 高宗爲露布于朝 (『玉海』191 兵捷露布 3 唐遼東道行臺大摠管李勣俘高麗獻俘昭陵檄高麗含元殿數俘)[1171]

신라 고구려 백제

永徽五年十二月 遣使獻琥珀瑪瑙 琥珀大如斗 瑪瑙大如五升器 高宗降書慰撫之 仍云 王國與新羅接近 新羅素爲高麗百濟所侵 若有危急 王宜遣兵救之

倭國東海嶼中野人 有耶古波耶多尼三國 皆附庸於倭 北限大海 西北接百濟 正北抵新羅 南與越州相接 頗有絲緜 出瑪瑙 有黃白二色 其琥珀好者 云海中湧出 (『唐會要』99 倭國)[1172]

신라 　(日本傳[兼會要]) (…) 永徽初[五年十二月] 其王孝德獻虎魄太如斗 碼磠若五升器 高宗賜璽書令 出兵援新羅 (『玉海』153 朝貢外夷內朝內附 唐日本遣使入朝請授經)[1173]

신라 고구려 백제

至永徽五年 遣使貢琥珀瑪瑙 琥珀大如斗 瑪瑙大如五升器 高宗降書慰撫之 仍云 本國與新羅接近 新羅數爲高麗百濟所侵 若有危急 王宜遣兵救之 (『太平寰宇記』174 四夷 3 東夷 3 倭國)[1174]

신라 고구려 백제

永徽初 其王孝德卽位 改元曰白雉 獻虎魄大如斗 碼磠若五升器 時新羅爲高麗百濟所暴 高宗賜璽書 令出兵援新羅 (『新唐書』220 列傳 145 東夷 日本)[1175]

신라 　闕衿幢 太宗王元年置 衿色闕 (『三國史記』40 雜志 9 職官 下)

신라 　二闕幢[或云外罽] 一曰漢山州闕幢 太宗王十七[1176]年置 (『三國史記』40 雜志 9 職官 下)

신라 　新羅置闕衿幢 衿色闕 (『三國史節要』9)

신라 　太宗初卽位 有獻猪一頭二身八足者 議者曰 是必幷呑六合瑞也 (『三國遺事』1 紀異 1 太宗春秋公)[1177]

고구려 백제 신라

是歲 高麗百濟新羅遣使奉弔 (『日本書紀』25 孝德紀)

고구려 　永徽五年 除開福府旅師 景操高列 威策駊於三韓 神王肅淸 聲教霑於七澤 (「仵欽 墓

1170) 이 기사에는 월 표기가 없으나, 『三國史記』 高句麗本紀 등에 의거하여 10월로 편년하였다.
1171) 이 기사에는 월 표기가 없으나, 『三國史記』 高句麗本紀 등에 의거하여 10월로 편년하였다.
1172) 이 기사에는 일자 표기가 없으나, 『舊唐書』 本紀의 "十二月癸丑 倭國獻琥珀碼磠 琥珀大如斗 碼磠大如五斗器"에 의거하여 12월12일(癸丑)로 편년하였다.
1173) 이 기사에는 일자 표기가 없으나, 『舊唐書』 本紀에 의거하여 12월12일(癸丑)로 편년하였다.
1174) 이 기사에는 월일 표기가 없으나, 『舊唐書』 本紀에 의거하여 12월12일(癸丑)로 편년하였다.
1175) 이 기사에는 연대 표기가 없으나, 『舊唐書』 本紀에 의거하여 永徽 5년(654) 12월12일(癸丑)로 편년하였다.
1176) 저본에는 '十七'로 되어 있으나, 태종무열왕은 재위 8년만에 사망하였으므로, 『三國史節要』에 의거하여 '元'으로 수정해야 한다.
1177) 이 기사에는 연대 표기가 없으나, 太宗武烈王의 즉위 초이므로 元年(654)으로 편년하였다.

誌銘」:『唐代墓誌滙篇附考』8;『全唐文新編』993;『全唐文補遺』6)

신라　　　　　太尉揚州都督監修國史上柱國△△臣無忌 (…) 左領軍將軍臣 △仁△ (「萬年宮銘 陰記」:『金石萃編』50;『關中金石文字存逸攷』10)[1178]

신라　　　　　新羅 △△郡△ △△德 (「眞德王石像臺座銘文」: 2004『碑林集刊』10)[1179]

655(乙卯/신라 태종무열왕 2/고구려 보장왕 14/백제 의자왕 15/唐 永徽 6/倭 齊明 1)

신라　　　　　春正月 拜伊湌金剛爲上大等 波珍湌文忠爲中侍 (『三國史記』5 新羅本紀 5 太宗武烈王)

신라　　　　　春正月 新羅以伊湌金剛爲上大等 波珍湌文忠爲中侍 (『三國史節要』9)

신라 고구려 백제 말갈

(春正月) 高句麗與百濟靺鞨連兵 侵軼我北境 取三十三城 王遣使入唐求援 (『三國史記』5 新羅本紀 5 太宗武烈王)[1180]

고구려 백제 말갈 신라

春正月 先是 我與百濟靺鞨侵新羅北境 取三十三城 新羅王金春秋遣使於唐求援 (『三國史記』22 高句麗本紀 10 寶臧王 下)

고구려 백제 말갈 신라

(春正月) 高句麗與百濟靺鞨連兵 侵軼新羅北境 取三十三城 王遣使求援於唐 (『三國史節要』9)

고구려 백제 말갈 신라

(春正月) 高麗與百濟靺鞨連兵 侵新羅北境 取三十三城 新羅王春秋遣使求援[1181] (『資治通鑑』199 唐紀 15 高宗 上之上)

신라 백제 고구려 말갈

(永徽)六年 百濟與高麗靺鞨 率兵侵其北界 攻陷三十餘城 春秋遣使 上表求救 (『舊唐書』199上 列傳 149上 東夷 新羅)[1182]

고구려 신라 말갈

(永徽)六年 新羅訴高麗靺鞨奪三十六城 惟天子哀救 (『新唐書』220 列傳 145 東夷 高麗)[1183]

신라 백제 고구려 말갈

(永徽五年)明年 百濟高麗靺鞨共伐取其三十城 使者來請救 (『新唐書』220 列傳 145 東夷 新羅)[1184]

신라 백제 고구려 말갈

(唐書) 又曰 永徽六年 百濟與高麗靺鞨 率兵侵新羅北界 其王春秋遣使 上表求救 (『太平御覽』781 四夷部 2 東夷 2 新羅)[1185]

1178) ‘△仁△’의 부분은 ‘左領軍將軍’ 등에 의거하여 ‘金仁問’으로 추정된다. 제작연대인 654년으로 편년하였다.
1179) 高宗·則天武后의 乾陵에 있는 석상대좌의 명문인데, ‘新羅 樂浪郡王 金眞德’으로 추정된다. 眞德王代 (647~654) 中「太平頌」을 바친 650년 이후에 해당되므로, 650~654년으로 기간편년하고 마지막해인 654년에 배치하였다.
1180)『三國史記』百濟本紀에는 8월의 일로 되어 있다.
1181) 使 疏史翻
1182) 이 기사에는 월 표기가 없으나,『三國史記』新羅本紀 등에 의거하여 1월로 편년하였다.
1183) 이 기사에는 월 표기가 없으나,『三國史記』新羅本紀 등에 의거하여 1월로 편년하였다.
1184) 이 기사에는 월 표기가 없으나,『三國史記』新羅本紀 등에 의거하여 1월로 편년하였다.
1185) 이 기사에는 월 표기가 없으나,『三國史記』新羅本紀 등에 의거하여 1월로 편년하였다.

고구려	(二月)乙丑 營州都督程名振左衛中郞將蘇定方 伐高麗 (『新唐書』3 本紀 3 高宗)[1186]
고구려	二月乙丑 遣營州都督程名振左衛中郞將蘇定方 發兵擊高麗[1187] (『資治通鑑』199 唐紀 15 高宗 上之上)

고구려 신라 백제 말갈

(永徽)六年二月乙丑 遣營州都督程元振左衛中郞將蘇定方等 發兵以討高麗 以侵掠新羅故也[1188] 時 新羅王金春秋表言 高麗與百濟靺鞨相連 侵其北境 已奪三十三城 乞兵救援[1189] 故遣元振等經略之 (『冊府元龜』995 外臣部 40 交侵)

신라 고구려 말갈

(高麗傳) (永徽)六年 新羅訴高麗靺鞨 奪三十六城[1190] 有詔程名振蘇定方 帥師討之 [三[1191]月乙丑] (『玉海』191 兵捷露布 3 唐遼東道行臺大摠管李勣俘高麗獻俘昭陵檄 高麗含元殿數俘)

고구려	二月 高宗遣營州都督程名振左衛中郞將蘇定方 將兵來擊 (『三國史記』22 高句麗本紀 10 寶臧王 下)[1192]

고구려 신라 백제 말갈

(永徽六年)二月 遣營州都督程名振左衛中郞將蘇定方等 發兵一萬 討高麗 以侵掠新羅故也[1193] 時 新羅王金春秋表言 高麗與百濟靺鞨相連 侵其北境 已奪三十三城 乞兵救援[1194] 故遣名振等經略之 (『冊府元龜』986 外臣部 31 征討 5)[1195]

고구려	(永徽六年) 有詔營州都督程名振左衛中郞將蘇定方 率師討之[1196] 至新城 敗高麗兵 火外郛及墟落 引還 (『新唐書』220 列傳 145 東夷 高麗)[1197]
고구려	再遷左衛中郞將 與程名振討高麗[1198] 破之 拜右屯衛將軍臨淸縣公 (『新唐書』 111 列傳 36 蘇定方)[1199]

백제	春二月 修太子宮極侈麗 立望海亭於王宮南 (『三國史記』28 百濟本紀 6 義慈王)
백제	二月 百濟修太子宮極侈麗 立望海亭於王宮南 (『三國史節要』9)

신라 고구려	三月 唐遣營州都督程名振左右衛中郞將蘇定方 發兵擊高句麗 (『三國史記』5 新羅本紀 5 太宗武烈王)[1200]
고구려	三月 唐遣營州都督程名振 左衛中郞將蘇定方 發兵擊高句麗 (『三國史節要』9)
고구려	(永徽六年) 旣而夷陬逆命 與鄰告急 式遏之道 義在驍雄 其年三月 勅令與中郞將李德武 救援新羅 兼行城郭 (「韓仁楷 墓誌銘」:『全唐文補遺』2;『唐代墓誌滙篇』;『全唐文新編』994)

1186) 『三國史記』新羅本紀, 『三國史節要』, 『舊唐書』本紀에는 3월의 일로 되어 있다.
1187) 將 卽亮翻
1188) 이 뒷부분은 『三國史記』新羅本紀 등에 1월로 되어 있다.
1189) 이 뒷부분은 본래대로 2월25일(乙丑)에 해당한다.
1190) 이 앞부분은 『三國史記』新羅本紀 등에 1월로 되어 있다.
1191) 3월에는 乙丑日이 없다. 『新唐書』本紀 등에 의거하여 '二'로 수정해야 한다.
1192) 이 기사에는 일자 표기가 없으나, 『新唐書』本紀 등에 의거하여 2월25일(乙丑)로 편년하였다.
1193) 이 뒷부분은 『三國史記』新羅本紀 등에 1월로 되어 있다.
1194) 이 뒷부분은 본래대로 2월25일(乙丑)에 해당한다.
1195) 이 기사에는 일자 표기가 없으나, 『新唐書』本紀 등에 의거하여 2월25일(乙丑)로 편년하였다.
1196) 이 뒷부분은 『新唐書』本紀 등에 5월13일(壬午)로 되어 있다.
1197) 이 기사에는 월일 표기가 없으나, 『新唐書』本紀에 의거하여 2월25일(乙丑)로 편년하였다.
1198) 이 뒷부분은 『新唐書』本紀 등에 永徽 6년(655) 5월13일(壬午)로 되어 있다.
1199) 이 기사에는 연대 표기가 없으나, 『新唐書』本紀에 의거하여 永徽 6년(655) 2월25일(乙丑)로 편년하였다.
1200) 『三國史記』高句麗本紀에는 2월의 일로 되어 있다.

고구려	三月 營州都督程名振破高麗於貴端水 (『舊唐書』 4 本紀 4 高宗 上)[1201]
고구려	永徽六年 累除營州都督 兼東夷都護 又率兵破高麗於貴端水 焚其新城 殺獲甚衆 (『舊唐書』 83 列傳 33 程名振)[1202]
신라	(三月) 立元子法敏爲太子 庶子文王爲伊湌 老且[1203]爲海湌 仁泰爲角湌 智鏡愷元各爲伊湌 (『三國史記』 5 新羅本紀 5 太宗武烈王)
신라	(三月) 新羅王立元子法敏爲太子 庶子文汪爲伊湌 老旦[1204]爲海湌 仁泰爲角湌 智鏡愷元竝爲伊湌 (『三國史節要』 9)
고구려	五月壬午 及高麗戰于貴端水 敗之 (『新唐書』 3 本紀 3 高宗)[1205]
고구려	夏五月壬午 名振等渡遼水 高麗見其兵少 開門渡貴端水逆戰[1206] 名振等奮擊 大破之 殺獲千餘人 焚其外郭及村落而還 (『資治通鑑』 199 唐紀 15 高宗 上之上)
고구려	(高麗傳) (…) (永徽六年) 至新城 敗高麗兵而還[五月壬午 戰于貴端水 敗之] (『玉海』 191 兵捷露布 3 唐遼東道行臺大摠管李勣俘高麗獻俘昭陵檄高麗含元殿數俘)
고구려	夏五月 名振等渡遼水 吾人見其兵少 開門度貴湍水逆戰 名振等奮擊 大克之 殺獲千餘人 焚其外郭及村落而歸 (『三國史記』 22 高句麗本紀 10 寶臧王 下)[1207]
고구려	夏五月 程名振等渡遼水 高句麗人見其兵少 開門渡貴湍水逆戰 名振等奮擊 大克之 殺獲千餘人 焚其外郭及村落而歸 (『三國史節要』 9)[1208]
고구려	(永徽六年)五月 程名振率兵 渡遼水至高麗 以名振兵少 乃開六城門出兵 渡貴端水與名振合戰 賊徒大敗 奔走過水 欲入城不得 殺獲千餘人 名振縱兵 焚其羅郭及村落而還 (『冊府元龜』 986 外臣部 31 征討 5)[1209]
고구려	遷營州都督 兼東夷都護 擊高麗於貴端水 焚其新城 (『新唐書』 111 列傳 36 程名振)[1210]
백제	夏五月 駬馬入北岳烏含寺 鳴匝佛宇 數日死 (『三國史記』 28 百濟本紀 6 義慈王)[1211]
백제	秋七月己巳朔己卯 於難波朝饗北[北越]蝦夷九十九人東[東陸奧]蝦夷九十五人 幷設百濟調使一百五十人 (『日本書紀』 26 齊明紀)
백제	秋七月 重修馬川城 (『三國史記』 28 百濟本紀 6 義慈王)
백제	秋七月 百濟修馬川城 (『三國史節要』 9)

백제 고구려 신라 말갈

1201) 『新唐書』 本紀에는 5월13일(壬午), 『三國史記』 高句麗本紀, 『三國史節要』에는 5월의 일로 되어 있다.
1202) 이 기사에는 월 표기가 없으나, 『舊唐書』 本紀에 의거하여 3월로 편년하였다.
1203) 저본에는 '且'로 되어 있으나, '旦'으로 수정해야 한다.
1204) 저본에는 '旦'으로 되어 있으나, '且'로 수정해야 한다.
1205) 『舊唐書』 本紀에는 3월의 일로 되어 있다.
1206) 按舊書程名振傳 貴端水當在新城西南 少 詩沼翻
1207) 이 기사에는 일자 표기가 없으나, 『新唐書』 本紀 등에 의거하여 5월13일(壬午)로 편년하였다.
1208) 이 기사에는 일자 표기가 없으나, 『新唐書』 本紀 등에 의거하여 5월13일(壬午)로 편년하였다.
1209) 이 기사에는 일자 표기가 없으나, 『新唐書』 本紀 등에 의거하여 5월13일(壬午)로 편년하였다.
1210) 이 기사에는 연대 표기가 없으나, 『新唐書』 本紀 등에 의거하여 永徽 6년(655) 5월13일(壬午)로 편년하였다.
1211) 『三國遺事』 太宗春秋公에는 顯慶 4년(659)의 일로 되어 있다.

八月 王與高句麗靺鞨侵攻破新羅三十餘城 新羅王金春秋遣使入唐 表稱 百濟與高句
麗靺鞨侵我北界 沒三十餘城 (『三國史記』28 百濟本紀 6 義慈王)[1212]

백제 신라 고구려 말갈

(永徽)六年 新羅王金春秋又表稱 百濟與高麗靺鞨侵其北界 已沒三十餘城 (『舊唐書』
199上 列傳 149上 東夷 百濟)[1213]

백제 신라 고구려 말갈

永徽六年 新羅訴百濟高麗靺鞨取北境三十城 (『新唐書』 220 列傳 145 東夷 百
濟)[1214]

백제 신라 고구려 말갈

(唐書) (永徽)六年 新羅王金春秋上表稱 百濟與高麗靺鞨侵其北界 已沒三十餘城 (『太
平御覽』781 四夷部 2 東夷 2 百濟)[1215]

백제 신라 고구려 말갈

(東夷傳) (…) 永徽六年 新羅訴高麗百濟靺鞨取北境三十城 (『玉海』 191 兵捷露布 3
唐神丘道行軍大摠管蘇定方俘百濟)[1216]

신라 백제

永徽六年乙卯秋九月 庾信入百濟 攻刀比川城克之 是時 百濟君臣奢泰淫逸 不恤國事
民怨神怒 災怪屢見 庾信告於王曰 百濟無道 其罪過於桀紂 此誠順天吊民伐罪之秋也
先是 租未押級湌爲天山縣令 被虜於百濟 爲佐平任子之家奴 從事勤恪 曾無懈慢 任
子憐之不疑 縱其出入 乃逃歸 以百濟之事告庾信 庾信知租未押忠正而可用 乃語曰
吾聞任子專百濟之事 思有以與謀而未由 子其爲我再歸言之 答曰 公不以僕爲不肖 而
指使之 雖死無悔 遂復入於百濟 告任子曰 奴自以謂旣爲國民 宜知國俗 是以出遊累
旬不返 不勝犬馬戀主之誠 故此來耳 任子信之不責 租未押伺間報曰 前者 畏罪不敢
直言 其實往新羅還來 庾信諭我 來告於君曰 邦國興亡 不可先知 若君國亡則君依於
我國 我國亡則吾依於君國 任子聞之 嘿然無言 租未押惶懼而退 待罪數月 任子喚而
問之曰 汝前說庾信之言若何 租未押驚恐而對 如前所言 任子曰 爾所傳 我已悉知 可
歸告之 遂來說兼及中外之事 丁寧詳悉 於是 愈急幷吞之謀 (『三國史記』42 列傳 2
金庾信 中)

신라 백제

九月 新羅金庾信 攻百濟刀比川城 克之 是時 百濟君臣奢淫 不恤國事 民怨神怒 災
怪屢見 庾信告王曰 百濟無道 罪浮桀紂 此誠順天弔伐之秋也 先是 級湌租未坤爲夫
山縣令 被虜於百濟 爲佐平任子家奴 從事勤恪 曾無怠容 任子縱其出入不疑 未坤逃
歸 庾信知其可用 謂曰 吾聞任子專百濟 思與之圖事而難其人 子往語之 未坤曰 公不
以不肖 而指使之 雖死無悔 遂往告任子曰 奴爲國人 宜訪國俗 是以暫出於外 不勝犬
馬戀 故復來耳 任子信之 未坤從容言曰 前者畏罪 不敢直言 實往新羅而還 庾信令我
告於子曰 兩國存亡 不可先知 若子國亡 則子依於我 我國亡 則我依於子 任子嘿然
未坤懼而退 後數月 任子謂未坤曰 若之前言 已悉之可 歸報庾信 未坤遂還告之 言百
濟事甚悉 於是幷吞之謀愈急 (『三國史節要』9)

신라 백제 고구려

金歆運 奈密王八世孫也 父達福迊湌 歆運少遊花郞文努之門 時 徒衆言及某戰死 留
名至今 歆運慨然流涕 有激勵思齊之貌 同門僧轉密曰 此人若赴敵 必不還也 永徽六
年 太宗大王憤百濟與高句麗梗邊 謀伐之 及出師 以歆運爲郞幢大監 於是 不宿於家

1212) 『三國史記』新羅本紀 및 高句麗本紀, 『三國史節要』, 『資治通鑑』에는 1월의 일로 되어 있다.
1213) 이 기사에는 월 표기가 없으나, 『三國史記』百濟本紀에 의거하여 8월로 편년하였다.
1214) 이 기사에는 월 표기가 없으나, 『三國史記』百濟本紀에 의거하여 8월로 편년하였다.
1215) 이 기사에는 월 표기가 없으나, 『三國史記』百濟本紀에 의거하여 8월로 편년하였다.
1216) 이 기사에는 월 표기가 없으나, 『三國史記』百濟本紀에 의거하여 8월로 편년하였다.

風梳雨沐 與士卒同甘苦 抵百濟之地 營陽山下 欲進攻助川城 百濟人乘夜疾驅 黎明
緣壘而入 我軍驚駭顚沛 不能定 賊因亂急擊 飛矢雨集 歆運橫馬握槊待敵 大舍詮知
說曰 今賊起暗中 咫尺不相辨 公雖死 人無識者 況公新羅之貴骨 大王之半子 若死賊
人手 則百濟所誇詫 而吾人之所深羞者矣 歆運曰 大丈夫旣以身許國 人知之與不如一
也 豈敢求名乎 强立不動 從者握轡勸還 歆運拔劍揮之 與賊鬪殺數人而死 於是 大監
穢破少監狄得相與戰死 步騎幢主寶用那聞歆運死 曰 彼骨貴而勢榮 人所愛惜 而猶守
節以死 況寶用那生而無益 死而無損乎 遂赴敵 殺三數人而死 大王聞之傷慟 贈歆運
穢破位一吉湌 寶用那狄得位大奈麻 時人聞之 作陽山歌以傷之

論曰 羅人患無以知人 欲使類聚羣遊 以觀其行義然後擧用之 遂取美貌男子 粧飾之
名花郎以奉之 徒衆雲集 或相磨以道義 或相悅以歌樂 遊娛山水 無遠不至 因此知其
邪正 擇而薦之於朝 故大問曰 賢佐忠臣從此而秀 良將勇卒由是而生者 此也 三代花
郎 無慮二百餘人 而芳名美事 具如傳記 若歆運者 亦郎徒也 能致命於王事 可謂不辱
其名者也 (『三國史記』 47 列傳 7 金歆運)1217)

신라 백제　新羅王憤麗濟侵軼 謀伐之 遂出師 以金歆運爲郎幢大監 欽運聞命卽行 屯百濟陽山下
欲攻助川城 百濟人乘夜來襲 黎明緣壘而入 羅軍驚駭不能定 百濟兵因亂急擊 飛矢雨
集 歆運橫馬握槊以待 大舍詮知語曰 今賊起暗中 咫尺不辨 公雖死 人無識者 況公新
羅之貴骨 大王之寵壻 若死賊手 百濟之所誇詫 我之所深恥 歆運曰 大丈夫旣以身許
國 人之知與不知一也 豈可求名乎 强立不動 從者控馬勸避 歆運以劒揮之 遂突陣鬪
殺數人而死 於是 太監穢破少監狄得 亦相與戰死 步騎幢主寶用那聞歆運死曰 彼骨貴
勢榮 猶不愛死 況予生而無益 死亦何損乎 乃赴敵死 王聞之傷悼 贈歆運穢破一吉湌
寶用那狄得大奈麻 時人作陽山歌以傷之 歆運 奈密王八世孫也 父匝湌達福 歆運少遊
花郎文努之門 時徒衆言及人戰死留名者 歆運爲之慨然流涕 有激勵思齊之志 同門僧
轉密此曰 若人赴敵 必不還也

權近曰 季路問 子行三軍則誰與 孔子曰 暴虎馮河死而無悔者 吾不與也 必也臨事而
懼 好謀而成者乎 是雖因子路之才而告之 然實行師之要道也 不量其衆寡 不察其虛實
不審其形勢 而輕死於賊手 則何益於事哉 殺吾身而可以克敵 則死之可也 生吾身而秖
以辱國 則死之可也 無是二者 則豈可輕吾身 而快賊之心乎 欽運不聽詮知之說 輕死
於敵手 豈非烈於志而短於謀乎 勝敗者兵家之常事也 與其死而無救於敗 孰若不死而
圖效於後日哉 然視畏死而偸生者 則有間矣

是戰有驟徒者 亦死之 驟徒沙梁人 奈麻聚福之子 兄弟三人 長夫果 仲驟徒 季逼實
驟徒嘗出家 名道玉 居實際寺 至是於其徒曰 吾聞爲僧者 上則精術業以復性 次則起
道用以益他 我形桑門而無一善可取 不如從軍殺身以報國 乃脫法衣 著戎服 改名曰驟
徒 蓋謂馳驟爲徒也 遂詣兵部請屬三千幢 隨軍及戰 突陣力鬪 殺數人而死 (『三國史節
要』9)1218)

신라 백제　太宗大王時 百濟來伐助川城 大王興師出戰 未決 於是 道玉語其徒曰 吾聞 爲僧者
上則精術業 以復性 次則起道用 以益他 我形似桑門而已 無一善可取 不如從軍殺身
以報國 脫法衣 著戎服 改名曰驟徒 意謂馳驟而爲徒也 乃詣兵部 請屬三千幢 遂隨軍
赴敵場 及旗鼓相當 持槍劒突陣力鬪 殺賊數人而死 (『三國史記』 47 列傳 7 驟
徒)1219)

신라　　冬十月 牛首州獻白鹿 屈弗郡進白猪 一首二身八足 (『三國史記』 5 新羅本紀 5 太宗

1217) 이 기사에는 월 표기가 없으나, 『三國史記』 金庾信傳 등에 의거하여 9월로 편년하였다.
1218) 이 기사에는 월 표기가 없으나, 『三國史記』 金庾信傳 등에 의거하여 9월로 편년하였다.
1219) 이 기사에는 연대 표기가 없으나, 『三國史記』 金庾信傳 등에 의거하여 太宗武烈王 2년(655) 9월로 편
　　년하였다.

武烈王)

신라　　　　冬十月 新羅牛首州獻白鹿 屈弗郡進白猪 一首二身八足 (『三國史節要』9)

신라　　　　(冬十月) 王女智照下嫁大角湌庾信 (『三國史記』5 新羅本紀 5 太宗武烈王)
신라　　　　(冬十月) 新羅王以女智照 下嫁大角干庾信 (『三國史節要』9)

신라　　　　(冬十月) 立鼓樓月城內 (『三國史記』5 新羅本紀 5 太宗武烈王)
신라　　　　(冬十月) 新羅立鼓樓于月城內 (『三國史節要』9)

고구려 백제 신라

　　　　　是歲 高麗百濟新羅 並遣使進調[百濟大使西部達率餘宜受副使東部恩率調信仁 凡一百
　　　　　餘人] 蝦夷隼人 率衆內屬 詣闕朝獻 新羅 別以及湌彌武爲質 以十二人 爲才伎者 彌
　　　　　武 遇疾而死 (『日本書紀』26 齊明紀)

고구려　　　永徽六年 迴鶻遣兵隨蕭嗣業討高麗 (『舊唐書』195 列傳 145 迴紇)[1220]

고구려　　　大唐永徽中　始於邊方置安東安西安南安北四大都護府　後又加單于北庭都護府[1221]
　　　　　(…) 府置都護一人[1222] 副都護二人[1223] 長史司馬各一人[1224] (『通典』32 職官 14
　　　　　都護)[1225]

백제　　　　(唐書) 又曰 永徽中 薛仁貴平百濟 高宗令別將攝帶方州刺史劉仁軌 留兵鎭守 詔仁貴
　　　　　班師還 高宗勞問之曰 卿在海東 前後奏請 皆合事宜 而雅有文理 卿本武將 何得然也
　　　　　對曰 非臣所能 皆劉仁軌之所爲也 帝深加歎 賞超仁貴六階 正授帶方州刺史
　　　　　仁貴 初平百濟 合境凋殘 殭屍相屬 仁軌始令 收斂骸骨 瘞理弔祭之 校計戶口 署置
　　　　　官長 開通道路 整理村落 補葺堤堰 脩復陂塘 勸課耕種 賑貸貧乏 存問孤老 頒宗廟
　　　　　忌諱位皇家社稷 百濟餘衆 復安生業 仁軌位至中書令 (『太平御覽』277 兵部 8 儒
　　　　　將)[1226]

신라　　　　玄太法師者 新羅人也 梵名薩婆愼若提婆[唐云一切智天] 永徽年內 取吐藩道 經泥波
　　　　　羅 到中印度 禮菩提樹 詳檢經論 旋踵東土行 至土谷渾 達道希師 覆相引致 還向大
　　　　　覺寺 後歸唐國 莫知所終矣 (『大唐西域求法高僧傳』上 新羅 慧業法師)[1227]

백제 삼한　　永徽中 改沙州刺史 屬鼉山亂德 鴻水稽誅 扶桑落日之濱 妖朋蟻結 孤竹尋雲之際 孽
　　　　　黨蜂騰 百濟遺黎 託懸巢而斬氣 三韓別種 附危幕而遊魂 王帳蒐兵 佇責苞茅之貢 金
　　　　　壇令律 將收楛矢之琛 (『王子安集』16) (『文苑英華』971 行狀 1 王勃 常州刺史平原

1220) 『新唐書』本紀, 『資治通鑑』에는 顯慶 6(661) 1월22일(戊午), 『三國史記』高句麗本紀, 『三國史節要』,
　　　『冊府元龜』外臣部에는 顯慶 6(661) 1월로 되어 있다.
1221) 麟德元年 改雲中都護爲單于都護
1222) 掌所統諸蕃慰撫征討斥堠 安輯蕃人及諸賞罰 敍錄勳功 總判府事
1223) 掌貳都護事 其安北單于則置一人
1224) 錄事功曹倉曹戶曹兵曹法曹叅軍各一人 叅軍事三人 其安北單于唯有司馬倉曹兵曹各一人 餘並不置
1225) 이 기사에는 永徽 연간(650~655)으로 되어 있으므로, 650~655년으로 기간편년하고 마지막해인 655
　　　년에 배치하였다.
1226) 이 기사에는 永徽 연간(650~655)으로 되어 있으므로, 650~655년으로 기간편년하고 마지막해인 655
　　　년에 배치하였다. 『三國史記』등에는 顯慶 5(660), 『冊府元龜』등에는 龍朔 3(663)으로 되어 있다.
1227) 이 기사에는 永徽 연간(650~655)으로 되어 있으므로, 650~655년으로 기간편년하고 마지막해인 655
　　　년에 배치하였다.

		郡開國公行狀)1228)
백제	삼한	永徽中 改沙州刺史 屬龘山亂德 鴻水稽誅 扶桑落日之濱 妖朋蟻結 孤竹尋雲之際 孽黨蜂騰 百濟遺黎 託懸巢而斬氣 三韓別種 附危幕而遊魂 玉帳蒐兵 佇責苞茅之貢 金壇令律 將收楛矢之琛 (『全唐文』185 王勃 9 常州刺史平原郡開國公行狀)1229)
부여	진한	頃以扶餘之國 地僻辰韓 據鯨海而不賓 恃鰲山而闕貢 (「馮師訓碑」:『全唐文補遺』3;『全唐文新編』188)1230)

656(丙辰/신라 태종무열왕 3/고구려 보장왕 15/백제 의자왕 16/唐 顯慶 1/倭 齊明 2)

백제	春三月 王與宮人淫荒耽樂 飮酒不止 佐平成忠[或云淨忠]極諫 王怒 囚之獄中 由是無敢言者 成忠瘦死 臨終 上書曰 忠臣死不忘君 願一言而死 臣常觀時察變 必有兵革之事 凡用兵 必擇其地 處上流以延敵 然後可以保全 若異國兵來 陸路不使過沈峴 水軍不使入伎伐浦之岸 據其險隘以禦之 然後可也 王不省焉 (『三國史記』28 百濟本紀 6 義慈王)
백제	春三月 百濟王與宮人淫荒耽樂 飮酒不止 佐平成忠極諫 王怒囚之 由是無敢言者 成忠不食臨死 上書曰 忠臣死不忘君 願一言而死 臣嘗觀時察變 必有兵革之事 凡用兵 必審擇地勢 處上流以應敵 可以保全 敵兵若來 使陸不過沈峴[一云炭峴] 水軍入伎伐浦[一云白江] 據險隘以禦之 然後可也 王不省 遂死獄中 權近曰 自古以來 從諫改過者 未有不興 而拒諫自是者 未有不亡也 義慈之於成忠 不唯諫而不聽 敢繫獄而殺之 以快其心 其致身俘而國滅 非不幸也 卒至敵兵之水陸趣者 已踰於炭峴馬<白>江 而後悔不用其言 亦何及乎 (『三國史節要』9)
백제	耽媱酒色 政荒國危 佐平[百濟爵名]成忠極諫不聽 囚於獄中 瘐困濱死 書曰 忠臣死不忘君 願一言而死 臣嘗觀時變 必有兵革之事 凡用兵 審擇其地 處上流而迎敵 可以保全 若異國兵來 陸路不使過炭峴[一云沈峴 百濟要害之地] 水軍不使入伎伐浦[卽長嵒 又孫梁 一作只火浦 又白江] 據其險隘以禦之 然後可也 王不省 (『三國遺事』1 紀異 2 太宗春秋公)1231)

신라	백제	顯慶元年三月 又破百濟兵 遣使來告 (『唐會要』95 新羅)
신라	백제	顯慶元年三月 先是 百濟發兵 伐新羅 新羅拒戰 破之 殺三千餘人 至是 新羅王金春秋遣使 來告捷 (『冊府元龜』995 外臣部 40 交侵)
신라	백제	(傳) (…) 顯慶元年[三月] 春秋又破百濟兵 遣使來告捷 (『玉海』153 朝貢外夷內朝內附 唐新羅織錦頌觀釋奠賜晉書)1232)

고구려	夏五月 王都雨鐵 (『三國史記』22 高句麗本紀 10 寶臧王 下)
고구려	夏五月 高句麗王都雨鐵 (『三國史節要』9)

신라	新羅金仁問自唐歸 (『三國史節要』9)1233)

1228) 이 기사에는 永徽 연간(650~655)으로 되어 있으므로, 650~655년으로 기간편년하고 마지막해인 655년에 배치하였다.

1229) 이 기사에는 永徽 연간(650~655)으로 되어 있으므로, 650~655년으로 기간편년하고 마지막해인 655년에 배치하였다.

1230) 이 기사에는 연대 표기가 없으나, 내용은 642~661년에 이루어진 고구려의 신라 공격으로 판단되고 이 뒤에 顯慶 4년(659)의 행적이 나오는데 그 이전의 마지막 공격이 655년이다. 그에 따라 642~655년으로 기간편년하고 마지막해인 655년에 배치하였다.

1231) 이 기사에는 연대 표기가 없으나, 『三國史記』百濟本紀 등에 의거하여 太宗武烈王 3년(656) 3월로 편년하였다.

1232) 『新唐書』列傳에는 이 기사가 보이지 않는다.

신라	金仁問自唐歸 遂任軍主 監築獐山城 (『三國史記』 5 新羅本紀 5 太宗武烈王)1234)
신라	太宗大王授以押督州摠管 於是 築獐山城以設險 太宗錄其功 授食邑三百戶 (『三國史記』 44 列傳 4 金仁問)1235)
신라	父永沖 有唐高宗時 與金仁問歸國 帝疇厥庸 拜左武衛大將軍 (『全唐文』 216 陳子昂 館陶郭公姬薛氏墓誌銘)1236)
신라	父永沖 有唐高宗時 與金仁問歸國 帝疇厥庸 拜左武衛將軍 (「薛氏夫人 墓誌銘」: 『全唐文新編』 216)1237)
신라	秋七月 遣子右1238)武衛將軍文王 朝唐 (『三國史記』 5 新羅本紀 5 太宗武烈王)1239)
신라	七月 新羅遣子文汪朝唐 (『三國史節要』 9)
고구려	秋八月癸巳朔庚子 高麗遣達沙等進調[大使達沙 副使伊利之 總八十一人] (『日本書紀』 26 齊明紀)
고구려	九月 遣高麗大使膳臣葉積 副使坂合部連磐鍬 大判官犬上君白麻呂 中判官河內書首[闕名] 小判官大藏衣縫造麻呂 (『日本書紀』 26 齊明紀)
신라	(顯慶元年)十月 新羅王遣其子右武衛將軍文王 來朝 (『冊府元龜』 970 外臣部 15 朝貢 3)1240)
고구려	冬十二月 遣使入唐 賀冊皇太子 (『三國史記』 22 高句麗本紀 10 寶臧王 下)
고구려	冬十二月 高句麗遣使如唐 賀冊皇太子 (『三國史節要』 9)
고구려	(顯慶元年)十二月 高麗王高藏遣使奉表 賀冊皇太子 (『冊府元龜』 970 外臣部 15 朝貢 3)

고구려 백제 신라

　　是歲 於飛鳥岡本更定宮地 時 高麗百濟新羅 並遣使進調 爲張紺幕於此宮地 而饗焉 遂起宮室 天皇乃遷 號曰後飛鳥岡本宮 (『日本書紀』 26 齊明紀)

백제	(是歲) 西海使佐伯連栲繩[闕位階級]小山下難波吉士國勝等 自百濟還 獻鸚鵡一隻 (『日本書紀』 26 齊明紀)
고구려	年十三 改任中裏位頭大兄 (「泉男生 墓誌銘」)1241)
고구려	子男生 (…) 進中裏位頭大兄 (『三國史記』 49 列傳 9 蓋蘇文)1242)

1233) 이 기사는 월 표기가 없으나 5월 기사의 뒤에 7월 기사의 앞에 있으므로, 5~6월로 기간편년하고 6월에 배치하였다.
1234) 이 기사는 월 표기가 없으나, 『三國史節要』에 의거하여 5~6월로 기간편년하고 6월에 배치하였다.
1235) 이 기사는 연대 표기가 없으나, 『三國史節要』에 의거하여 顯慶元年(656) 5~6월로 기간편년하고 6월에 배치하였다.
1236) 이 기사는 연대 표기가 없으나, 『三國史節要』에 의거하여 顯慶元年(656) 5~6월로 기간편년하고 6월에 배치하였다.
1237) 이 기사는 연대 표기가 없으나, 『三國史節要』에 의거하여 顯慶元年(656) 5~6월로 기간편년하고 6월에 배치하였다.
1238) 저본에는 '右'로 되어 있으나, '左'로 수정해야 한다.
1239) 『冊府元龜』外臣部에는 10월로 되어 있다.
1240) 『三國史記』新羅本紀, 『三國史節要』에는 7월로 되어 있다.
1241) 이 기사에는 연대 표기가 없으나, 그의 생몰년이 634~679년이고 23세 때의 일이므로, 656년으로 편년하였다.

고구려	進中裏位鎭[1243]大兄 (『新唐書』 110 列傳 35 諸夷蕃將 泉男生)[1244]
고구려	年十八 敎大兄位 十三等之班次 再擧而昇 二千里之城池 未冠能理 至於烏拙使者翳 屬仙人 雖則分掌機權 固以高惟旌騎 (「泉男産 墓誌銘」)[1245]

657(丁巳/신라 태종무열왕 4/고구려 보장왕 16/백제 의자왕 17/唐 顯慶 2/倭 齊明 3)

백제	春正月 拜王庶子四十一人爲佐平 各賜食邑 (『三國史記』28 百濟本紀 6 義慈王)
백제	春正月 百濟王拜庶子四十一人爲佐平 各賜食邑 (『三國史節要』9)

고구려	顯慶二年二月巳後 禮部尙書許敬宗 常修國史 自掌知國史 記事阿曲 (…) 又白州人龐 孝恭 蠻酋凡品 率鄕兵從征高麗 賊知其懦 襲破之 敬宗又納其寶貨 稱漢將驍健者 唯 蘇定方龐孝恭耳 曹繼叔劉伯英皆出其下 其虛謬也如此 高祖太宗實錄 敬播所修 頗多 詳直 敬宗又輒以己愛憎 曲事刪改 論者尤之 (『唐會要』63 史館雜錄 上)
고구려	蠻酋龐孝泰率兵從討高麗 賊笑其懦 襲破之 敬宗受其金 乃稱屢破賊 唐將言驍勇者唯 蘇定方與孝泰 曹繼叔劉伯英出其下 遠甚 (『新唐書』223上 列傳 148上 姦臣 上 許 敬宗)[1246]

백제	夏四月 大旱 赤地 (『三國史記』28 百濟本紀 6 義慈王)
백제	夏四月 百濟大旱 (『三國史節要』9)

신라	秋七月 一善郡大水 溺死者三百餘人 (『三國史記』5 新羅本紀 5 太宗武烈王)
신라	秋七月 新羅一善郡大水 溺死者三百餘人 (『三國史節要』9)

신라	(秋七月) 東吐含山地燃 三年而滅 興輪寺門自壞 (『三國史記』5 新羅本紀 5 太宗武 烈王)
신라	(秋七月) 新羅東吐含山地燃 三年而滅 (『三國史節要』9)

신라	(秋七月) △△△北巖崩碎爲米 食之如陳倉米 (『三國史記』5 新羅本紀 5 太宗武烈王)
신라	(秋七月) 新羅北巖崩碎爲米 食之如陳倉米 (『三國史節要』9)

신라	大日任典 太宗王四年置 (『三國史記』38 雜志 7 職官 上)
신라	新羅置大日任典 (『三國史節要』9)

고구려	顯慶二年 詔仁貴副程名振於遼東經略 破高麗於貴端城 斬首三千級 (『舊唐書』83 列 傳 33 薛仁貴)[1247]
고구려	顯慶二年 率兵破高麗於貴端水 焚其新城 殺獲甚衆 (『冊府元龜』358 將帥部 19 立 功 11 程名振)
고구려	顯慶二年 詔副程名振於遼東經畧 大破高麗於貴端水 焚其新城 斬三千級 (『冊府元龜』

1242) 이 기사에는 연대 표기가 없으나, 「泉男生 墓誌銘」에 의거하여 656년으로 편년하였다.
1243) 저본에는 '鎭'으로 되어 있으나, 「泉男生 墓誌銘」, 『三國史記』 男生傳에 의거하여 '頭'로 수정해야 한
 다.
1244) 이 기사에는 연대 표기가 없으나, 「泉男生 墓誌銘」에 의거하여 656년으로 편년하였다.
1245) 이 기사에는 연대 표기가 없으나, 그의 생몰년이 639~702년이고 18세 때의 일이므로, 656년으로 편
 년하였다.
1246) 이 기사에는 연대 표기가 없으나, 『唐會要』에 의거하여 顯慶 2년(657) 2월로 편년하였다.
1247) 『三國史記』 高句麗本紀, 『三國史節要』, 『舊唐書』 本紀에는 顯慶 3년(658) 6월의 일로 되어 있다.

	358 將帥部 19 立功 11 薛仁貴)
고구려	高祖[1248]顯慶二年 詔仁貴副程名振於遼東經畧 破高麗 以功封河東縣男 (『冊府元龜』 384 將帥部 45 褒異 10 薛仁貴)
고구려	顯慶中以功封河東縣男 (『全唐文』159 薛仁貴 序)[1249]
신라 백제	是歲 使使於新羅曰 欲將沙門智達間人連御廐依網連稚子等 付汝國使 令送到大唐 新羅不肯聽送 由是 沙門智達等還歸 西海使小華下阿曇連頰垂小山下津臣傴僂[傴僂 此云俱豆磨] 自百濟還 獻駱駝一箇驢二箇 (『日本書紀』26 齊明紀)
고구려	卄四兼授將軍 餘官如故 (「泉男生 墓誌銘」)[1250]

658(戊午/신라 태종무열왕 5/고구려 보장왕 17/백제 의자왕 18/唐 顯慶 3/倭 齊明 4)

신라	春正月 中侍文忠改爲伊湌 文王爲中侍 (『三國史記』5 新羅本紀 5 太宗武烈王)
신라	春正月 新羅以中侍文忠爲伊湌 文汪爲中侍 (『三國史節要』9)
신라 말갈	三月 王以何瑟羅地連靺鞨 人不能安 罷京爲州 置都督以鎭之 又以悉直爲北鎭 (『三國史記』5 新羅本紀 5 太宗武烈王)
신라 말갈	三月 新羅王以何瑟羅地連靺鞨 人不能安 罷京爲州 置都督以鎭之 又以悉直爲北鎭 (『三國史節要』9)
신라	溟州 (…) 善德王時爲小京 置仕臣 太宗王五年 唐顯慶三年 以何瑟羅地連靺鞨 罷京爲州 置軍主以鎭之 (『三國史記』35 雜志 4 地理 2)[1251]
신라	六停 (…) 五曰河西停 本悉直停 太宗王五年罷悉直停 置河西停 衿色綠白 (『三國史記』40 雜志 9 職官 下)[1252]
고구려	六月壬子 程名振及高麗戰于赤烽鎭 敗之 (『新唐書』3 本紀 3 高宗)[1253]
고구려	(高麗傳) (…) 顯慶三年 復遣名振 率薛仁貴攻之 未能克[六月壬子 拔赤烽鎭] (『玉海』191 兵捷露布 3 唐遼東道行臺大摠管李勣俘高麗獻俘昭陵檄高麗含元殿數俘)
고구려	夏六月 唐營州都督兼東夷都護程名振右領軍中郎將薛仁貴 將兵來攻 不能克 (『三國史記』22 高句麗本紀 10 寶臧王 下)[1254]
고구려	夏六月 唐營州都督兼東夷都護程名振右領軍中郎將薛仁貴 將兵攻高句麗 不克 (『三國史節要』9)[1255]
고구려	六月 程名振攻高麗 (『舊唐書』4 本紀 4 高宗 上)[1256]
고구려	六月 營州都督兼東夷都護程名振右領軍中郎將薛仁貴將兵攻高麗之赤烽鎭 拔之 斬首四百餘級 捕虜百餘人 高麗遣其大將豆方婁帥衆三萬拒之 名振以契丹逆擊 大破之 斬首二千五百級[1257] (『資治通鑑』200 唐紀 16 高宗 上之下)[1258]

1248) 저본에는 '祖'로 되어 있으나, 내용상 '宗'으로 수정해야 한다.
1249) 이 기사에는 연대 표기가 없으나, 『舊唐書』列傳 등에 의거해 顯慶 2년(657)으로 편년하였다.
1250) 이 기사에는 연대 표기가 없으나, 그의 생몰년이 634~679년이고 24세 때의 일이므로, 657으로 편년하였다.
1251) 이 기사에는 월 표기가 없으나, 『三國史記』新羅本紀에 의거하여 3월로 편년하였다.
1252) 이 기사에는 월 표기가 없으나, 『三國史記』新羅本紀에 의거하여 3월로 편년하였다.
1253) 『舊唐書』薛仁貴傳에는 顯慶 2년(657)의 일로 되어 있다.
1254) 이 기사에는 일자 표기가 없으나, 『新唐書』本紀에 의거하여 6월 1일(壬子)로 편년하였다.
1255) 이 기사에는 일자 표기가 없으나, 『新唐書』本紀에 의거하여 6월 1일(壬子)로 편년하였다.
1256) 이 기사에는 일자 표기가 없으나, 『新唐書』本紀에 의거하여 6월 1일(壬子)로 편년하였다.
1257) 考異曰 舊書仁貴傳云 顯慶二年 副程名振經略遼東 破高麗於貴端城 斬首三千級 今從實錄
1258) 이 기사에는 일자 표기가 없으나, 『新唐書』本紀에 의거하여 6월 1일(壬子)로 편년하였다.

고구려 (顯定1259))三年六月 營州都督兼東夷都護程名振右領軍郎將薛仁貴率兵 攻高麗之衆烽
鎮 卽拔之 斬首四百餘級 生擒首領以下百餘人 俄而高麗遣其大將立方婁 率衆三萬人
來拒官軍 名振率契丹兵 逆擊大破之 逐北二十餘里 斬首二千五百級 (『冊府元龜』 98
6 外臣部 31 征討 5)1260)

고구려 顯慶三年 詔副程名振經略遼東 破高麗於貴端城 斬首三千級 (『新唐書』 111 列傳 36
薛仁貴)1261)

고구려 顯慶三年 復遣名振率薛仁貴攻之 未能克 (『新唐書』 220 列傳 145 東夷 高麗)1262)

고구려 顯慶三年 長驅遼隧 魚麗不接 已發成擒之機 鶴列纔舒 先揆靡旗之勢 △旋授上柱國
右屯衛高望府左果毅 (「王敬 墓誌銘」:『唐代墓誌滙篇』;『全唐文補遺』2)1263)

고구려 時將軍辛文陵率兵招慰高麗 行至吐護眞水 高麗掩其不備 襲擊敗之 待價與中郎將薛
仁貴受詔經略東蕃 因率所部救之 文陵苦戰 賊漸退 軍始獲全 待價被重瘡 流矢中其
左足 竟不言其功 以足疾免官而歸 (『舊唐書』 77 列傳 27 韋待價)1264)

고구려 時將軍辛文陵招慰高麗 次吐護眞水 爲虜所襲 待價與中郎將薛仁貴率所部兵殺之 文
陵亦苦戰 遂免 待價重創 矢著左足 隱不言 卒以疾免 (『新唐書』 98 列傳 23 韋待
價)1265)

신라 (秋七月) 是月 沙門智通智達 奉勅 乘新羅船 往大唐國 受無性衆生義 於玄奘法師所
(『日本書紀』 26 齊明紀)

신라 兵部 (…) 弟監二人 (…) 太宗王五年 改爲大舍 (『三國史記』 38 雜志 7 職官 上)

신라 新羅改兵部令爲大舍 (『三國史節要』9)

고구려 (顯慶二年)明年 又與梁建方契苾何力於遼東 共高麗大將溫沙門戰於橫山 仁貴匹馬先
入 莫不應弦而倒 高麗有善射者 於石城下射殺十餘人 仁貴單騎直往衝之 其賊弓矢俱
失 手不能擧 便生擒之 (『舊唐書』 83 列傳 33 薛仁貴)1266)

고구려 高宗顯慶中 爲右領軍郎將 與梁建方契苾何力于遼東 其高麗大將溫沙門戰于橫山 仁
貴匹馬先入 莫不應弦而倒 高麗有善射者 于石城下射殺十餘人 仁貴單馬直往衝之 其
賊弓矢俱失 手不能擧 便生擒之 (『冊府元龜』 396 將帥部 57 勇敢 3 薛仁貴)1267)

백제 신라 是歲 (…) 出雲國言 於北海濱魚死而積 厚三尺許 其大如鮐 雀喙針鱗 鱗長數寸 俗曰
雀入於海化而爲魚 名曰雀魚[或本云 至庚申年七月 百濟遣使奏言 大唐新羅幷力伐我
旣以義慈王王后太子爲虜而去 由是 國家以兵士甲卒 陣西北畔 繕修城柵斷塞山川之
兆] 又西海使小花下阿曇連頰垂 自百濟還言 百濟伐新羅 還時馬自行道於寺金堂 晝夜
勿息 唯食草時止[或本云 至庚申年 爲敵所滅之應也] (『日本書紀』 26 齊明紀)

신라 撰諸經戒疏十餘卷 出觀行法一卷 盛流彼國 (『續高僧傳』 24 護法 下 唐新羅國大僧

1259) 저본에는 '定'으로 되어 있으나, 내용상 '慶'으로 수정해야 한다.
1260) 이 기사에는 일자 표기가 없으나, 『新唐書』 本紀에 의거하여 6월 1일(壬子)로 편년하였다.
1261) 이 기사에는 월일 표기가 없으나, 『新唐書』 本紀에 의거하여 6월 1일(壬子)로 편년하였다.
1262) 이 기사에는 월일 표기가 없으나, 『新唐書』 本紀에 의거하여 6월 1일(壬子)로 편년하였다.
1263) 이 기사에는 월일 표기가 없으나, 『新唐書』 本紀에 의거하여 6월 1일(壬子)로 편년하였다.
1264) 이 기사에는 연대 표기가 없으나, 『新唐書』 本紀에 의거하여 顯慶 3년(658) 6월 1일(壬子)로 편년하였
다.
1265) 이 기사에는 연대 표기가 없으나, 『新唐書』 本紀에 의거하여 顯慶 3년(658) 6월 1일(壬子)로 편년하였
다.
1266) 『三國史記』 高句麗本紀, 『三國史節要』에는 顯慶 4년(659) 11월의 일로 되어 있다.
1267) 이 기사에는 연대 표기가 없으나, 『舊唐書』 薛仁貴傳에 의거하여 顯慶 3년(658)으로 편년하였다.

統 釋慈藏 5(圓勝))

신라 　　釋圓測者 未詳氏族也 自幼明敏 慧解縱橫 三藏奘師爲慈恩基師 講新翻唯識論 測賂
　　　　守門者隱聽 歸則緝綴義章 將欲罷講 測於西明寺鳴鐘召衆 稱講唯識 基慊其有奪人之
　　　　心 遂讓測講訓 奘講瑜伽 還同前盜聽受之 而亦不後基也 詁高宗之末 天后之初 應義
　　　　解之選 入譯經館 衆皆推挹 及翻大乘顯識等經 測充證義 與薄塵靈辯 嘉尙攸方其駕
　　　　所著唯識疏鈔 詳解經論 天下分行焉 (『宋高僧傳』4 義解2之1 唐京師西明寺 圓測傳
　　　　(薄塵靈辯))1268)

신라 　　周圓測 幼明敏 講新翻唯識論 旣得時譽 後講新瑜伽論 尤得其指 蓋二論譯畢 奘公私
　　　　爲其弟子基師弘闡 使專其美 而測輒闖竊 以先發之而破其情計 然能以法爲樂如此 (『
　　　　新修科分六學僧傳』23 精進學 義解科 周圓測)1269)

고구려 　　鯨海揚波 天子由其按劍 鼇峰恃險 猛士於是揮戈 蹄林覆巢 鳥飛無路 長城罷築 龍額
　　　　先封 行賞報功 勳加柱國 (「李起宗 墓誌銘」:『全唐文新編』994)1270)

659(己未/신라 태종무열왕 6/고구려 보장왕 18/백제 의자왕 19/唐 顯慶 4/倭 齊明 5)

백제 　　春二月 衆狐入宮中 一白狐坐上佐平書案 (『三國史記』28 百濟本紀 6 義慈王)
백제 　　(現慶四年己未)二月 衆狐入義慈宮中 一白狐坐佐平書案上 (『三國遺事』1 紀異 2 太
　　　　宗春秋公)
백제 　　春二月 百濟衆狐入王宮 (『三國史節要』9)

고구려 　　三月 以左驍衛大將軍郕國公契苾何力往遼東經略 (『舊唐書』4 本紀 4 高宗 上)
고구려 　　顯慶中 爲檀州刺史 邊州素無學校 機敦勸生徒 創立孔子廟 圖七十二子及自古賢達
　　　　皆爲之贊述 會契苾何力東討高麗 軍衆至檀州 而灤河泛漲 師不能進 供其資糧 數日
　　　　不乏 何力全師還 以其事聞 高宗以爲能 超拜司農少卿 兼知東都營田 甚見委遇 (『舊
　　　　唐書』185上 列傳 135上 良吏 上 韋機)1271)
고구려 　　顯慶中 爲檀州刺史 以邊人陋僻 不知文儒貴 乃脩學官 畫孔子七十二子漢晉名儒象
　　　　自爲贊 敦勸生徒 緜是大化 契苾何力討高麗 次灤水 會暴漲 師留三日 弘機輸給資糧
　　　　軍無飢 高宗善之 擢司農少卿 主東都營田苑 宦者犯法 杖乃奏 帝嗟賞 賜絹五十匹
　　　　曰 後有犯 治之 毋奏 遷司農卿 (『新唐書』100 列傳 25 韋弘機)1272)

백제 　　夏四月 太子宮雌雞與小雀交 (『三國史記』28 百濟本紀 6 義慈王)
백제 　　(現慶四年己未)四月 太子宮雌雞與小雀交婚 (『三國遺事』1 紀異 2 太宗春秋公)
백제 　　夏四月 百濟太子宮 雌雞與小雀交 (『三國史節要』9)

신라 백제 　夏四月 百濟頻犯境 (『三國史記』5 新羅本紀 5 太宗武烈王)
백제 신라 　(夏四月) 遣將侵攻新羅獨山桐岑二城 (『三國史記』28 百濟本紀 6 義慈王)

1268) 慈恩寺는 貞觀22년(648)에 건립하였고, 太宗이 勅을 내려 玄奘을 초대 住持로 삼았다. 이후 玄奘은 顯
　　慶 3년(658)에 西明寺로 옮겼다. 따라서 玄奘이 慈恩寺에 주석하고 있었던 기간은 648~658년이 되고 圓
　　測의 盜聽論은 이 기간 동안의 일을 언급한 것이다. 따라서 648~658년으로 기간편년하고 마지막해인
　　658년에 배치하였다.
1269) 이 기사에는 연대 표기가 없으나, 『宋高僧傳』에 의거하여 648~658년으로 기간편년하고 마지막해인
　　658년에 배치하였다.
1270) 이 기사에는 연대 표기가 없으나, 당이 고구려를 공격한 것이 645~668년이고 李起宗은 658년에 사망
　　하였다. 그에 따라 645~658년으로 기간편년하고 마지막해인 658년에 배치하였다.
1271) 이 기사에는 연대 표기가 없으나, 『舊唐書』本紀에 의거하여 顯慶 4년(659) 3월로 편년하였다.
1272) 이 기사에는 연대 표기가 없으나, 『舊唐書』本紀에 의거하여 顯慶 4년(659) 3월로 편년하였다.

백제 신라	(夏四月) 百濟遣將 侵新羅獨山桐岑二城 (『三國史節要』9)

신라 백제	(夏四月) 王將伐之 遣使入唐乞師 (『三國史記』5 新羅本紀 5 太宗武烈王)
신라 백제	(夏四月) 新羅將伐百濟 遣使如唐乞師 (『三國史節要』9)
신라 백제	新羅屢爲百濟所侵 願得唐兵爲援助 以雪羞恥 擬諭宿衛仁問乞師 (『三國史記』44 列傳 4 金仁問)[1273]

백제	五月 王都西南泗沘河 大魚出死 長三丈 (『三國史記』28 百濟本紀 6 義慈王)
백제	(現慶四年己未)五月 泗沘[扶餘江名]岸大魚出死 長三丈 人食之者 皆死 (『三國遺事』1 紀異 2 太宗春秋公)
백제	夏五月 百濟泗沘河 有魚死 長三丈 食者死 (『三國史節要』9)

백제	秋七月丙子朔戊寅 遣小錦下坂合部連石布大仙下津守連吉祥 使於唐國 仍以陸道奧蝦夷男女二人 示唐天子[伊吉連博德書曰 同天皇之世 小錦下坂合部石布連大山下津守吉祥連等二船 奉使吳唐之路 以己未年七月三日 發自難波三津之浦 八月十一日 發自筑紫六津之浦 九月十三日 行到百濟南畔之嶋 嶋名母分明 以十四日寅時 二船相從 放出大海 十五日日入之時 石布連船 橫遭逆風 漂到南海之嶋 嶋名爾加委 仍爲嶋人所滅 便東漢長直阿利麻坂合部連稻積等五人 盜乘嶋人之船 逃到括州 州縣官人 送到洛陽之京 十六日夜半之時 吉祥連船 行到越州會稽縣須岸山 東北風 風太急 廿二日 行到餘姚縣 所乘大船及諸調度之物 留着彼處 潤十月一日 行到越州之底 十月十五日 乘驛入京 十九日 馳到東京 天子在東京 (…) 事了之後 勅旨 國家來年必有海東之政 汝等倭客 不得東歸 遂逗西京 幽置別處 閉戶防禁 不許東西 困苦經年 (…)] (『日本書紀』26 齊明紀)

신라	秋八月 以阿湌眞珠爲兵部令 (『三國史記』5 新羅本紀 5 太宗武烈王)
신라	兵部 令一人 (…) 眞興王五年 加一人 太宗王六年 又加一人 位自大阿湌至太大角干爲之 又得兼宰相私臣 (『三國史記』38 雜志 7 職官 上)[1274]

백제	秋八月 有女屍浮生草津 長十八尺 (『三國史記』28 百濟本紀 6 義慈王)
백제	百濟有女屍浮至生草津 長十八尺 (『三國史節要』9)

신라	九月 何瑟羅州進白鳥 (『三國史記』5 新羅本紀 5 太宗武烈王)
신라	九月 新羅何瑟羅州進白鳥 (『三國史節要』9)

신라	(九月) 公州基郡江中大魚出死 長百尺 食者死 (『三國史記』5 新羅本紀 5 太宗武烈王)
신라	(九月) 新羅公州基郡江中 有魚死 長百尺 食者死 (『三國史節要』9)

고구려	秋九月 九虎一時入城 食人 捕之不獲 (『三國史記』22 高句麗本紀 10 寶臧王 下)
고구려	(九月) 高句麗九虎入城 捕之不獲 (『三國史節要』9)

백제	九月 宮中槐樹鳴 如人哭聲 夜 鬼哭於宮南路 (『三國史記』28 百濟本紀 6 義慈王)

1273) 이 기사에는 연대 표기가 없으나, 『三國史記』新羅本紀 등에 의거하여 太宗武烈王 6년(659) 4월로 편년하였다.
1274) 이 기사에는 월 표기가 없으나, 『三國史記』新羅本紀에 의거하여 8월로 편년하였다.

백제	(現慶四年己未)九月 宮中槐樹鳴 如人哭 夜 鬼哭宮南路上 (『三國遺事』1 紀異 2 太宗春秋公)
백제	(九月) 百濟宮中槐樹鳴 聲如人哭 夜鬼哭於宮南路 (『三國史節要』9)
신라 백제	冬十月 王坐朝 以請兵於唐不報 憂形於色 忽有人於王前 若先臣長春罷郞者 言曰 臣 雖枯骨 猶有報國之心 昨到大唐認得 皇帝命大將軍蘇定方等 領兵以來年五月 來伐百 濟 以大王勤恤如此 故玆控告 言畢而滅 王大驚異之 厚賞兩家子孫 仍命所司 創漢山 州莊義寺 以資冥福 (『三國史記』5 新羅本紀 5 太宗武烈王)[1275]
신라 백제	冬十月 新羅王欲伐百濟 請兵於唐不報 嘗獨坐 憂形於色 若有長春罷郞者曰 臣雖枯 骨 猶懷報國之心 大唐皇帝已命大將軍蘇定方等 領兵以明年五月伐百濟 今大王勤恤 如此 故敢先告之 旣而不見 王異之 厚賞長春罷郞兩家子孫 又創漢山州壯<莊>義寺 以資冥福 長春罷郞嘗死於百濟之戰者也 (『三國史節要』9)
백제	(十一月)癸亥 以邢國公蘇定方爲神丘道總管 劉伯英爲嵎夷道總管 (『舊唐書』4 本紀 4 高宗 上)
고구려	冬十一月 唐右領軍中郞將薛仁貴等 與我將溫沙門戰於橫山 破之 (『三國史記』22 高 句麗本紀 10 寶臧王 下)[1276]
고구려	十一月 唐右領軍中郞將薛仁貴等 與高句麗將溫沙門戰於橫山 破之 (『三國史節要』9)
고구려	(十一月) 右領軍中郞將薛仁貴等 與高麗將溫沙門戰於橫山 破之[1277] (『資治通鑑』20 0 唐紀 16 高宗 上之下)
고구려	(顯慶三年)明年 與梁建方契苾何力 遇高麗大將溫沙多門 戰橫山 仁貴獨馳入 所射皆 應弦仆 又戰石城 有善射者 殺官軍十餘人 仁貴怒 單騎突擊 賊弓矢俱廢 遂生禽之 (『 新唐書』111 列傳 36 薛仁貴)[1278]
신라	司正府 太宗王六年置 (『三國史記』38 雜志 7 職官 上)
백제	現慶四年己未 百濟烏會寺[亦云烏合寺]有大赤馬 晝夜六時 遶寺行道 (『三國遺事』1 紀異 2 太宗春秋公)[1279]
고구려	(是歲) 又高麗使人 持羆皮一枚 稱其價曰 綿六十斤 市司笑而避去 高麗畵師子麻呂 設同姓賓於私家日 借官羆皮七十枚 而爲賓席 客等羞怪而退 (『日本書紀』26 齊明紀)
신라 백제 고구려	
	匹夫 沙梁人也 父尊臺阿湌 太宗大王以百濟高句麗靺鞨轉相親比 爲脣齒 同謀侵奪 求忠勇材堪綏禦者 以匹夫爲七重城下縣令 (『三國史記』47 列傳 7 匹夫)[1280]
고구려	年卄一 加中裏大活 (「泉男産 墓誌銘」)[1281]

1275) 『三國遺事』長春郞罷郞에는 황산벌 전투 때인 太宗武烈王 7년(660) 7월 9일의 일로 되어 있다.
1276) 『舊唐書』薛仁貴傳에는 顯慶 3년(658)의 일로 되어 있다.
1277) 將 卽亮翻 麗 力知翻
1278) 이 기사에는 월 표기가 없으나, 『三國史記』高句麗本紀 등에 의거하여 11월로 편년하였다.
1279) 『三國史記』百濟本紀에는 義慈王 15년(655) 5월의 일로 되어 있다.
1280) 이 기사에는 연대 표기가 없으나, 이후 기사의 '다음해'가 660년에 해당하므로 659년으로 편년하였다.
1281) 이 기사에는 연대 표기가 없으나, 그의 생몰년이 639~702년이고 21세 때의 일이므로, 659년으로 편 년하였다.

신라	寺有神昉法師者 禪支夙茂 智鑑△△ 勤求善兮之方 志窮輪奐之美 不遠千里 百舍忘疲 乃於維揚之郊 得兹長樂之制 規摹允備 積用丕成 (「大雲寺碑」:『全唐文新編』259)[1282]
백제	解褐 除旣母郡佐官 歷稟達郡將 俄轉司軍恩率 居檢察之務 潔擬壺氷 當藻鑒之司 明逾鏡水 (「陳法子 墓誌銘」:『大唐西市博物館藏墓誌』)[1283]
백제	公狼輝襲祉 鷁領生姿 涯濬澄陂 裕光愛日 干牛斗之逸気 芒照星中 搏羊角之英風 影征雲外 (「禰軍 墓誌銘」:『社會科學戰線』2011-7)[1284]

660(庚申/신라 태종무열왕 7/고구려 보장왕 19/백제 의자왕 20/唐 顯慶 5/倭 齊明 6)

고구려	春正月壬寅朔 高麗使人乙相賀取文等一百餘泊于筑紫 (『日本書紀』26 齊明紀)
신라	春正月 上大等金剛卒 拜伊湌金庾信爲上大等 (『三國史記』5 新羅本紀 5)
신라	春正月 新羅上大等金剛卒 以伊湌金庾信代之 (『三國史節要』9)
백제	春二月 王都井水血色 西海濱小魚出死 百姓食之 不能盡 泗沘河水赤如血色 (『三國史記』28 百濟本紀 6)
백제	(現慶)五年庚申春二月 王都井水血色 西海邊小魚出死 百姓食之不盡 泗沘水血色 (『三國遺事』1 紀異 1 太宗春秋公)
백제	二月 百濟王都井水赤如血 西海濱群魚死 百姓食不能盡 泗沘河水赤如血 (『三國史節要』9)
백제	(三月)辛亥 發神丘道軍伐百濟 (『舊唐書』4 本紀 4 高宗 上)
신라 백제	(三月)辛亥 左武衛大將軍蘇定方爲神兵[1285]道行軍大總管 新羅王金春秋爲嵎夷道行軍總管 率三將軍及新羅兵以伐百濟 (『新唐書』3 本紀 3 高宗)[1286]
백제	(三月) 百濟恃高麗之援 數侵新羅[1287] 新羅王春秋上表求救 辛亥 以左武衛大將軍蘇定方爲神丘道行軍大總管[1288] 帥左驍衛將軍劉伯英等[1289]水陸十萬 以伐百濟[1290] 以春秋爲嵎夷道行軍總管[1291] 將新羅之衆 與之合勢[1292] (『資治通鑑』200 唐紀 16 高宗 上之下)
신라 백제	(紀) 顯慶五年三月辛亥 右武衛大將軍蘇定方爲神丘道行軍大摠管 新羅王金春秋爲嵎

1282) 神昉法師는 640~650년대에 당에서 행적이 보인다. 그에 따라 641~659년으로 기간편년하고 마지막해인 659년에 배치하였다.

1283) 旣母郡佐官 취임은 635년 전후로 추정되고, 이 다음에 660년 백제 멸망에 관한 내용이 나온다. 따라서 635~659년으로 기간편년하고 마지막해인 659년에 배치하였다.

1284) 禰軍은 613년에 출생하였고, 이 다음에 顯慶 5년(660)의 행적이 나온다. 그에 따라 613~659년으로 기간편년하고 마지막해인 659년에 배치하였다.

1285) 저본에는 '兵'으로 되어 있으나, 내용상 '丘'로 수정해야 한다.

1286) 蘇定方·劉伯英의 총관 임명은 『舊唐書』本紀에 顯慶 4년(659) 11월21일(癸亥)로 되어 있다.

1287) 數 所角翻

1288) 新書作神兵道

1289) 帥 讀曰率 驍 堅堯翻

1290) 考異曰 舊書定方傳新羅傳皆云 定方爲熊津道大總管 實錄定方傳亦同 今從此年實錄新唐書本紀 又舊本紀唐曆皆云 四年十二月癸亥 以定方爲神丘道大總管 劉伯英爲嵎夷道行軍總管 按定方時討都曼 未爲神丘道總管 舊書唐曆皆誤 今從實錄

1291) 因堯典宅嵎夷曰暘谷而命之

1292) 將 卽亮翻

夷道行軍摠管 率三將軍及新羅兵以伐百濟 (…) (通監) 顯慶五年 百濟恃高麗之援 數
侵新羅 新羅王春秋上表求救 三月辛亥 以左武衛大將軍蘇定方爲神丘道行軍大摠管
帥左驍騎將軍劉伯英等水陸十萬 以伐百濟 以春秋爲嵎夷道行軍摠管 將新羅之衆 與
之合勢 八月 定方引軍 自成山濟海 (『玉海』191 兵捷露布 3 唐神丘道行軍大摠管蘇
定方俘百濟)[1293]

신라 백제　三月 唐高宗命左武衛大將軍蘇定方爲神丘道行軍大摠管 金仁問爲副大摠管 帥左驍衛
將軍劉伯英等水陸十三萬△△伐百濟 勅王爲嵎夷道行軍摠管 何將兵 爲之聲援 (『三國
史記』5 新羅本紀 5)[1294]

신라 백제　三月 唐以左武衛大將軍蘇定方爲神丘道行軍大惣管 金仁問爲副大惣管 帥左驍衛將軍
劉伯英龐孝公右武衛將軍馮士貴等水陸十三萬 伐百濟 勅新羅王爲嵎夷道行軍摠管 爲
之聲援 初 新羅因宿衛金仁問乞師 至是 帝決意討百濟 徵仁問 問道路險易 仁問應對
甚悉 帝悅 勅授副大摠管 以從之 (『三國史節要』9)[1295]

신라 백제 고구려

(顯定[1296])五年三月 以左武衛大將軍蘇定方爲神丘道行軍大總管 率左驍衛將軍劉伯英
右武衛將軍馮士翽左驍衛將軍龐孝泰等 幷發新羅之衆 以討百濟 百濟恃高麗之援 屢
侵新羅故也 (『冊府元龜』986 外臣部 31 征討 5)[1297]

신라 백제　(文武王十一年)秋七月二十六日 大唐摠管薛仁貴使琳潤法師寄書曰 (…) 大王報書云
(…) 至顯慶五年 聖上感先志之未終 成曩日之遺緒 泛舟命將 大發船兵[1298] 先王年衰
力弱 不堪行軍 追感前恩 勉强至於界首 遣某領兵 應接大軍[1299] 東西唱和 水陸俱進
船兵纔入江口 陸軍已破大賊[1300] 兩軍俱到王都 共平一國[1301] 平定已後 先王遂共蘇
大摠菅平章 留漢兵一萬 新羅亦遣弟仁泰 領兵七千 同鎭熊津[1302] 大軍廻後 賊臣福
信起於江西 取集餘燼 圍逼府城 先破外柵 摠奪軍資 復功府城 幾將陷沒[1303] 又於府
城側近四處 作城圍守 於此府城得出入 某領兵往赴解圍 四面賊城 並皆打破 先救其
危 復運粮食 遂使一萬漢兵 免虎吻之危難 留鎭餓軍 無易子而相食 (…) (『三國史記』
7 新羅本紀 7 文武王 下)[1304]

신라 백제　(現慶)五年庚申 遣使仁問請兵唐 高宗詔左虎衛大將軍荊國公蘇定方爲神丘道行策摠管
率左衛將軍劉伯英[字仁遠]左虎衛將軍馮士貴左驍衛將軍龐孝公等 統十三萬兵來征[鄕
記云 軍十二萬二千七百十一人船一千九百隻 而唐史不詳言之] 以新羅王春秋爲嵎夷道
行軍摠管 將其國兵 與之合勢 定方引兵 自城山濟海[1305] 至國西德勿島 羅王遣將軍
金庾信 領精兵五萬以赴之 (『三國遺事』1 紀異 1 太宗春秋公)[1306]

신라 백제　(文武王十一年)秋七月 唐摠管薛仁貴遣僧琳潤致書於王曰 (…) 王報書云 (…) 至顯慶
五年 聖上感先志之未終 成曩日之遺緒 泛舟命將 大發船兵[1307] 先王年衰力弱 不堪

1293) 『通監』의 8월 부분은 본래 8월에 3월10일(辛亥)~8월12일(庚辰)의 전쟁과정을 일괄요약한 기사의 일부
　　분이다.
1294) 이 기사에는 일자 표기가 없으나, 『舊唐書』本紀 등에 의거하여 3월10일(辛亥)로 편년하였다.
1295) 이 기사에는 일자 표기가 없으나, 『舊唐書』本紀 등에 의거하여 3월10일(辛亥)로 편년하였다.
1296) 저본에는 '定'으로 되어 있으나, 내용상 '慶'으로 수정해야 한다.
1297) 이 기사에는 일자 표기가 없으나, 『舊唐書』本紀 등에 의거하여 3월10일(辛亥)로 편년하였다.
1298) 이 뒷부분은 『三國史記』新羅本紀에 6월21일로 되어 있다.
1299) 이 뒷부분은 『三國史記』新羅本紀에 7월 9일로 되어 있다.
1300) 이 뒷부분은 『三國史記』新羅本紀에 7월18일로 되어 있다.
1301) 이 뒷부분은 『三國史記』新羅本紀에 9월 3일로 되어 있다.
1302) 이 뒷부분은 『新唐書』百濟傳에 9월로 되어 있다.
1303) 이 뒷부분은 『三國史記』新羅本紀에 10월30일로 되어 있다.
1304) 이 기사에는 월일 표기가 없으나, 『舊唐書』本紀 등에 의거하여 3월10일(辛亥)로 편년하였다.
1305) 이 뒷부분은 『三國史記』新羅本紀에 6월21일로 되어 있다.
1306) 이 기사에는 월일 표기가 없으나, 『舊唐書』本紀 등에 의거하여 3월10일(辛亥)로 편년하였다.
1307) 이 뒷부분은 『三國史記』新羅本紀에 6월21일로 되어 있다.

	行軍 追感前恩 勉强至於界首 遣某領兵 應接大軍[1308] 東西唱和 水陸俱進 船兵纔入 江口 陸軍已破大賊[1309] 兩軍俱到王都 共平一國[1310] 平定已後 先王遂共蘇大摠管 留漢兵一萬 新羅亦遣弟仁泰 領兵七千 同鎭熊津[1311] 大軍回後 賊臣福信起於河西 取集餘燼 圍逼府城 先破外柵 惣奪軍資 復功府城 幾將陷沒[1312] 又於府城側近四處 作城圍守 於此府城不得出入 某領兵往赴觧圍 四面賊城 並皆打破 先救其危 復運粮 食 遂使一萬漢兵 免虎吻之危難 留鎭餓軍 無易子而相食 (…) (『三國史節要』 10)[1313]
신라 백제	顯慶五年 命左武衛大將軍蘇定方爲熊津道大總管 統水陸十萬 仍令春秋爲嵎夷道行軍 總管 與定方討平百濟[1314] 俘其王扶餘義慈 獻于闕下 (『舊唐書』 199上 列傳 149上 東夷 新羅)[1315]
백제	蘇定方引兵自成山濟海 (『資治通鑑』 200 唐紀 16 高宗 上之下)[1316]
신라 백제	(唐書) 顯慶五年 命左武衛大將軍蘇定方爲熊津道大惣管 統水陸十萬 仍令春秋爲嵎夷 道行軍摠管 與定方討平百濟[1317] 俘其王扶餘義慈 來獻 (『太平御覽』 781 四夷部 2 東夷 2 新羅)[1318]
신라 백제	會 高宗以蘇定方爲神丘道大摠管 率師討百濟 帝徵仁問 問道路險易 去就便宜 仁問 應對尤詳 帝悅 制授神丘道副大摠管 勅赴軍中[1319] 遂與定方濟海 到德物島 主[王]命 太子與將軍庾信眞珠天存等 以巨艦一百艘載兵迎延之[1320] 至能津口 賊瀕江屯兵 戰 破之[1321] 乘勝入其都城滅之[1322] 定方俘王義慈及太子孝王子泰等廻唐 大王嘉尙仁問 功業 授波珍湌 又加角干 (『三國史記』 44 列傳 4 金仁問)[1323]
신라 백제	帝命蘇定方討之 以春秋爲嵎夷道行軍總管[1324] 遂平百濟 (『新唐書』 220 列傳 145 東夷 新羅)[1325]
백제	父明 皇朝明威將軍左武衛郎將上柱國良鄕縣開國男食邑三百戶 平百濟總管 薨於王事 (「召弘安 墓誌銘」: 『大唐西市博物館藏墓誌』)[1326]
숙신	三月 遣阿倍臣[闕名] 率船師二百艘伐肅愼國 阿倍臣以陸奧蝦夷令乘己船到大河側 於是渡嶋蝦夷一千餘屯聚海畔 向河而營 營中二人進而急叫曰 肅愼船師多來將殺我等 之故 願欲濟河而仕官矣 阿倍臣遣船喚至兩箇蝦夷 問賊隱所與其船數 兩箇蝦夷便指 隱所曰 船卄餘艘 卽遣使喚而不肯來 阿倍臣乃積綵帛 兵鐵等於海畔而令貪嗜 肅愼乃

1308) 이 뒷부분은 『三國史記』 新羅本紀에 7월 9일로 되어 있다.
1309) 이 뒷부분은 『三國史記』 新羅本紀에 7월18일로 되어 있다.
1310) 이 뒷부분은 『三國史記』 新羅本紀에 9월 3일로 되어 있다.
1311) 이 뒷부분은 『新唐書』 百濟傳에 9월로 되어 있다.
1312) 이 뒷부분은 『三國史記』 新羅本紀에 10월30일로 되어 있다.
1313) 이 기사에는 월일 표기가 없으나, 『舊唐書』 本紀 등에 의거하여 3월10일(辛亥)로 편년하였다.
1314) 이 뒷부분은 『舊唐書』 本紀 등에 11월 1일(戊午)로 되어 있다.
1315) 이 기사에는 월일 표기가 없으나, 『舊唐書』 本紀 등에 의거하여 3월10일(辛亥)로 편년하였다.
1316) 이 기사에는 월일 표기가 없으나, 『舊唐書』 本紀 등에 의거하여 3월10일(辛亥)로 편년하였다. 본래는 8월에 3월10일(辛亥)~8월12일(庚辰)의 전쟁과정을 일괄요약한 기사의 일부분이다.
1317) 이 뒷부분은 『舊唐書』 本紀 등에 11월 1일(戊午)로 되어 있다.
1318) 이 기사에는 월일 표기가 없으나, 『舊唐書』 本紀 등에 의거하여 3월10일(辛亥)로 편년하였다.
1319) 이 뒷부분은 『三國史記』 新羅本紀에 6월21일로 되어 있다.
1320) 이 뒷부분은 『三國史記』 新羅本紀에 7월 9일로 되어 있다.
1321) 이 뒷부분은 『三國史記』 新羅本紀에 7월12일로 되어 있다.
1322) 이 뒷부분은 『三國史記』 新羅本紀에 9월 3일로 되어 있다.
1323) 이 기사에는 연대 표기가 없으나, 『舊唐書』 本紀 등에 의거하여 太宗武烈王 7년(660) 3월10일(辛亥)로 편년하였다.
1324) 이 뒷부분은 『舊唐書』 本紀 등에 8월12일(庚辰)로 되어 있다.
1325) 이 기사에는 연대 표기가 없으나, 『舊唐書』 本紀 등에 의거하여 顯慶 5년(660) 3월10일(辛亥)로 편년하였다.
1326) 이 기사에는 연대 표기가 없으나, 『舊唐書』 本紀 등에 의거하여 顯慶 5년(660) 3월10일(辛亥)로 편년하였다.

陳船師 繫羽於木 舉而爲旗 齊棹近來停於淺處 從一船裏出二老翁 廻行熟視所積綵帛
等物 便換著單衫 各提布一端 乘船還去 俄而老翁更來脫置換衫 幷置提布 乘船而退
阿倍臣遣數船使喚 不肯來 復於弊賂辯嶋 食頃乞和 遂不肯聽 [弊賂辯 度嶋之別也]
據己柵戰 于時能登臣馬身龍爲敵被殺 猶戰未倦之間 賊破殺己妻子 (『日本書紀』26
齊明紀)

백제	夏四月 蝦蟆數萬集於樹上 王都市人無故驚走 如有捕捉者 僵仆而死 百餘人 亡失財物不可數 (『三國史記』28 百濟本紀 6)
백제	(現慶五年庚申)四月 蝦蟆數萬集於樹上 王都市人無故驚走 如有捕捉 驚仆死者 百餘 亡失財物者無數 (『三國遺事』1 紀異 1 太宗春秋公)
백제	夏四月 百濟蝦蟆數萬集於樹上 都市人相驚走 若有捕逐者 僵仆死者 百計 亡失財物無筭 (『三國史節要』9)
고구려	夏五月辛丑朔戊申 高麗使人乙相賀取文等到難波舘 (『日本書紀』26 齊明紀)
신라	夏五月二十六日 王與庾信眞珠天存等 領兵出京 (『三國史記』5 新羅本紀 5)
신라	五月 新羅王親率金庾信眞珠天存等 出師 (『三國史節要』9)[1327]
신라	太宗大王七年庚申 唐高宗命大將軍蘇定方伐百濟[1328] 欽春受王命 與將軍庾信等 率精兵五萬以應之 (『三國史記』47 列傳 7 金令胤)[1329]
백제	五月 風雨暴至 震天王道讓二寺塔 又震白石寺講堂 玄雲如龍 東西相鬪於空中 (『三國史記』28 百濟本紀 6)
백제	(五月) 時 百濟多變怪 一日 暴風雨 震天王道讓二寺塔及白石寺講堂 又有玄雲如龍鬪於空中者 (『三國史節要』9)
백제	(五月) 有犬如野鹿 自西來至泗沘河岸 向王宮而吠者 王都群犬聚於路 或哭或吠者 又有鬼入宮中 大呼 百濟亡 百濟亡 卽入地中 王使人掘之 深可三尺許 得一龜 背有文曰 百濟同月輪 新羅如月新 王問之 巫解曰 同月輪者滿也 滿則虧 如月新者未滿也 未滿則漸盈 王怒殺之 或曰 同月輪者盛也 如月新者微也 意者國家盛而新羅寢微乎 王喜 (『三國史節要』9)[1330]
백제	(五月是月) 又擧國百姓 無故持兵 往還於道[國老言 百濟國失所之相乎] (『日本書紀』26 齊明紀)
신라	六月十八日 次南川停 定方發自萊州 舳艫千里 隨流東下 (『三國史記』5 新羅本紀 5)
신라	太宗大王七年庚申夏六月 大王與太子法敏將伐百濟 大發兵 至南川而營 (『三國史記』42 列傳 2 金庾信 中)[1331]
신라	六月 新羅王次南川停 蘇定方等引兵 自萊州濟海 舳艫千里 (『三國史節要』9)[1332]
신라	(六月)二十一日 王遣太子法敏 領兵船一百艘 迎定方於德物島 定方謂法敏曰 吾欲以

1327) 이 기사에는 일자 표기가 없으나, 『三國史記』新羅本紀에 의거하여 5월 26일로 편년하였다.
1328) 이 앞부분은 『舊唐書』本紀 등에 3월 10일(辛亥)로 되어 있다.
1329) 이 기사에는 월일 표기가 없으나, 『三國史記』新羅本紀에 의거하여 5월 26일로 편년하였다.
1330) 『三國史記』百濟本紀, 『三國遺事』太宗春秋公에는 6월로 되어 있다.
1331) 이 기사에는 일자 표기가 없으나, 『三國史記』新羅本紀에 의거하여 6월 18일로 편년하였다.
1332) 이 기사에는 일자 표기가 없으나, 『三國史記』新羅本紀에 의거하여 6월 18일로 편년하였다.

七月十日至百濟　南與大王兵會　屠破義慈都城　法敏曰　大王立待大軍　如聞大將軍來
必蓐食而至　定方喜　還遣法敏　徵新羅兵馬　法敏至　言定方軍勢甚盛　王喜不自勝　又命
太子與大將軍庾信將軍品日欽春[春或作純]等　率精兵五萬　應之　王次今突城 (『三國史
記』5 新羅本紀 5)

신라　(六月) 至國西德物島　新羅王遣將軍金庾信　領精兵五萬以赴之 (『三國史記』28 百濟
本紀 6)[1333]

신라　(太宗大王七年庚申夏六月) 時　入唐請師波珍飡金仁問與唐大將軍蘇定方劉伯英　領兵
十三萬　過海到德物島　先遣從者文泉來告　王命太子與將君庾信眞珠天存等　以大船一
百艘　載兵士會之　太子見將軍蘇定方　定方謂太子曰　吾由海路　太子登陸行　以七月十
日會于百濟王都泗沘之城　太子來告大王　率將士行至沙羅之停 (『三國史記』42 列傳
2 金庾信 中)[1334]

신라　(六月) 軍于德物島　定方先遣從者文泉　來報師至　王遣太子法敏大將軍庾信將軍眞珠天
存等　領兵船一百艘　會定方　定方謂法敏曰　定方由海　太子從陸　期以七月某甲　與大王
兵會　直擣義慈都城　可以得志矣　法敏曰　寡君之望大軍久　如聞大將軍命　必蓐食而至
定方喜　遣法敏　歸法敏來言　定方軍勢甚盛　王喜不自勝　又遣法敏庾信品日欽春等　率
精兵五萬　應之　進次今突城 (『三國史節要』9)[1335]

백제　六月　王興寺衆僧皆見若有船楫　隨大水入寺門　有一犬狀如野鹿　自西至泗沘河岸　向王
宮吠之　俄而不知所去　王都群犬集於路上　或吠或哭　移時卽散　有一鬼入宮中　大呼　百
濟亡　百濟亡　卽入地　王怪之　使人掘地　深三尺許有一龜　其背有文曰　百濟同月輪　新
羅如月新　王問之　巫者曰　同月輪者滿也　滿則虧　如月新者未滿也　未滿則漸盈　王怒殺
之　或曰　同月輪者盛也　如月新者微也　意者國家盛而新羅寢微者乎　王喜 (『三國史記』
28 百濟本紀 6)

백제　(現慶五年庚申)六月　王興寺僧皆見如舡楫　隨大水入寺門　有大犬如野鹿　自西至泗沘岸
向王宮吠之　俄不知所之　城中群犬集於路上　或吠或哭　移時而散　有一鬼入宮中　大呼
曰　百濟亡　百濟亡　卽入地　王怪之　使人掘地　深三尺許有一龜　其背有文(曰)　百濟圓月
輪　新羅如新月　問之　巫者云　圓月輪者滿也　滿則虧　如新月者未滿也　未滿則漸盈　王
怒殺之　或曰　圓月輪盛也　如新月者微也　意者國家盛而新羅寢微乎　王喜　太宗聞百濟
國中多怪變 (『三國遺事』1 紀異 1 太宗春秋公)

백제 신라　(六月) 高宗詔　左衛大將軍蘇定方爲神丘道行軍大摠管　率左衛將軍劉伯英右武衛將軍
馮士貴左驍衛將軍龐孝公　統兵十三萬以來征　兼以新羅王金春秋爲嵎夷道行軍摠管　將
其國兵　與之合勢　蘇定方引軍　自城山濟海 (『三國史記』28 百濟本紀 6)[1336]

백제　(六月) 王聞之　會群臣　問戰守之宜　佐平義直進曰　唐兵遠涉溟海　不習水者　在船必困
當其初下陸　士氣未平　急擊之　可以得志　羅人恃大國之援　故有輕我之心　若見唐人失
利　則必疑懼而不敢銳進　故知先與唐人決戰可也　達率常永等曰　不然　唐兵遠來　意欲
速戰　其鋒不可當也　羅人前屢見敗於我軍　今望我兵勢　不得不恐　今日之計　宜塞唐人
之路　以待其師老　先使偏師擊羅軍　折其銳氣　然後伺其便而合戰　則可得以全軍而保國
矣　王猶豫　不知所從　時佐平興首得罪　流竄古馬彌知之縣　遣人問之曰　事急矣　知之何

1333) 이 기사에는 일자 표기가 없으나, 『三國史記』 新羅本紀에 의거하여 6월21일로 편년하였다.
1334) 이 기사에는 일자 표기가 없으나, 『三國史記』 新羅本紀에 의거하여 6월21일로 편년하였다.
1335) 이 기사에는 일자 표기가 없으나, 『三國史記』 新羅本紀에 의거하여 6월21일로 편년하였다.
1336) 『舊唐書』 本紀, 『新唐書』 本紀, 『資治通鑑』은 3월10일(辛亥), 『三國史記』 新羅本紀, 『三國史節要』는 3
월로 되어 있다.

而可乎 興首曰 唐兵旣衆 師律嚴明 況與新羅 共謀掎角 若對陣於平原廣野 勝敗未可
知也 白江[或云伎伐浦]炭峴[或云沉峴] 我國之要路地也 一夫單槍 萬人莫當 宜簡勇士
往守之 使唐兵不得入白江 羅人未得過炭峴 大王重閉固守 待其資糧盡 士卒疲然後奮
擊之 破之必矣 於時 大臣等不信曰 興首久在縲紲之中 怨君而不愛國 其言不可用也
莫若使唐兵入白江 沿流而不得方舟 羅軍升炭峴 由徑而不得幷馬 當此之時 縱兵擊之
譬如殺在籠之雞 離網之魚也 王然之 (『三國史記』28 百濟本紀 6)

백제　　(現慶五年庚申六月) 義慈王聞之 會群臣問戰守之計 佐平義直進曰 唐兵遠涉溟海 不
　　　　習水 羅人恃大國之援 有輕敵之心 若見唐人失利 必疑懼而不敢銳進 故知先與唐人決
　　　　戰可也 達率常永等曰 不然 唐兵遠來 意欲速戰 其鋒不可當也 羅人屢見敗於我軍 今
　　　　望我兵勢 不得不恐 今日之計 宜塞唐人之路 以待師老 先使偏師擊羅 折其銳氣 然後
　　　　伺其便而合戰 則可得全軍而保國矣 王猶預不知所從 時佐平興首得罪 流竄于古馬於
　　　　知之縣 遣人問之曰 事急矣 如(之)何 首曰大槪如佐平成忠之說 大臣等不信曰 興首在
　　　　縲紲之中 怨君而不愛國矣 其言不可用也 莫若使唐兵入白江[卽伎伐浦] 沿流而不得方
　　　　舟 羅軍升炭峴 由徑而不得並馬 當此之時 縱兵擊之 如在籠之雞 罹網之魚也 王曰然
　　　　(『三國遺事』1 紀異 1 太宗春秋公)

백제　　(六月) 百濟王聞之 會群臣 問戰守之宜 佐平義直曰 唐兵不習水艦 遠涉溟海 其憊擊
　　　　之 可以得志 羅人恃大國之援 有輕我心 若唐兵失利 則必疑沮不敢銳進 臣故知先與
　　　　唐人決戰可也 達率常永曰 唐兵遠來 意欲速戰 其鋒不可當也 羅人嘗屢敗於我 今望
　　　　我兵勢 不得不懼 宜莫若塞唐兵之路 以待其老 先使偏師擊羅軍 折其銳氣 然後伺其
　　　　便而擊唐兵 則可以全軍矣 王猶豫不決 佐平興首 嘗得罪 竄于外 王遣人問曰 事急矣
　　　　如之何 興首曰 唐兵旣衆 師律嚴明 況與新羅 爲掎角 若對陣於平原廣野 勝敗未可知
　　　　也 白江炭峴 我國之要衝 一夫單槍 萬人莫當 宜簡勇士往守之 使唐兵不得入白江 羅
　　　　人不得過炭峴 大王重閉固守 待其粮盡卒疲 然後奮擊之 破之必矣 議者皆曰 興首久
　　　　在縲紲之中 怨君而不憂國 其言不可信也 莫若使唐兵入白江 沿流而下 不得方舟 羅
　　　　軍升炭峴 由徑而行 不得並馬 當此之時 縱兵擊之 譬如在籠之雞 離網之魚也 蔑不獲
　　　　矣 王然之 (『三國史節要』9)

신라 백제　　秋七月九日 庾信等進軍於黃山之原 百濟將軍階伯擁兵而至 先據嶮 設三營以待 庾信
　　　　等分軍爲三道 四戰不利 士卒力竭 將軍欽純謂子盤屈曰 爲臣莫若忠 爲子莫若孝 見
　　　　危致命 忠孝兩全 盤屈曰 謹聞命矣 乃入陳 力戰死 左將軍品日 喚子官狀[一云官昌]
　　　　立於馬前 指諸將曰 吾兒年纔十六 志氣頗勇 今日之役 能爲三軍標的乎 △△官昌曰
　　　　唯 以甲馬單槍 徑赴敵陣 爲賊所擒 生致階伯 階伯俾脫冑 愛其少且勇 不忍加害 乃
　　　　嘆曰 新羅不可敵也 少年尚如此 況壯士乎 乃許生還 官狀告父曰 吾入敵中 不能斬將
　　　　搴旗者 非畏死也 言訖 以手掬井水飮之 更向敵陣疾鬪 階伯擒斬首 繫馬鞍以送之 品
　　　　日執其首 流血濕袂曰 吾兒面目如生 能死於王事 幸矣 三軍見之 慷慨有死志 鼓噪進
　　　　擊 百濟衆大敗 階伯死之 虜佐平忠常常永等二十餘人 (『三國史記』5 新羅本紀 5)

신라 백제　　(太宗大王七年庚申)秋七月 至黃山之原 値百濟將軍階伯戰 不利 欽春召子盤屈曰 爲
　　　　臣莫若忠 爲子莫若孝 見危致命 忠孝兩全 盤屈曰 唯 乃入賊陣 力戰死 (『三國史記』
　　　　47 列傳 7 金令胤)[1337]

신라 백제　　秋七月 庾信等進軍黃山原 百濟聞唐羅兵已過白江炭峴 遣將軍階伯 率死士五千拒之
　　　　階伯曰 以一國偏師 當二國之兵 存亡未可知 恐必爲妻子累 與其生辱 不如死快 遂盡
　　　　殺家屬 至黃山 先據險設營 猝遇羅兵 階伯誓衆曰 昔 句踐以五千人破强吳七十萬衆
　　　　今日 諸君宜各奮勵 以報國恩 人皆鏖戰 無不一當千 庾信分軍爲三道 四戰不利 士卒

1337) 이 기사에는 일자 표기가 없으나, 『三國史記』 新羅本紀에 의거하여 7월 9일로 편년하였다.

力竭 將軍欽春 謂子盤屈曰 爲臣莫若忠 爲子莫若孝 見危致命 忠孝兩全 盤屈曰 謹
聞命矣 乃入陣 力戰死 左將軍品日 有子曰官昌 善騎射 時爲副將 品日召官昌 前之
語諸將曰 吾兒年纔十六 志氣頗勇 今日 是立功名取富貴之時也 官昌介馬單槍 徑赴
敵陣 殺數人爲賊所擒 生致階伯 階伯愛其少且勇 不忍殺嘆曰 新羅固多奇士 不可輕
也 少年尙如此 況壯士乎 乃縱還之 官昌語其父曰 今入敵中 不能斬將搴旗 非畏死也
再突陣力戰 階伯又擒斬之 以其首送品日 品日曰 吾兒面目如生 能死於王事 幸矣 三
軍感激 皆有死志 進擊百濟軍 大破之 虜佐平忠常常永等二十餘人 新羅王贈官昌級湌
以禮葬之 賻其家絹布各三十匹穀百石 (『三國史節要』9)[1338]

<table>
<tr><td>백제 신라</td><td>又聞唐羅兵已過白江炭峴 遣將軍堦伯帥死士五千出黃山 與羅兵戰 四合皆勝之 兵寡
力屈 竟敗 堦伯死之 (『三國史記』28 百濟本紀 6)[1339]</td></tr>
<tr><td>신라 백제</td><td>官昌[一云官狀] 新羅將軍品日之子 儀表都雅 少而爲花郎 善與人交 年十六 能騎馬彎
弓 大監某薦之太宗大王 至唐顯慶五年庚申 王出師 與唐將軍侵百濟 以官昌爲副將
至黃山之野 兩兵相對 父品日謂曰 爾雖幼年 有志氣 今日 是立功名取富貴之時 其可
無勇乎 官昌曰 唯 卽上馬橫槍 直擣敵陣 馳殺數人 而彼衆我寡 爲賊所虜 生致百濟
元帥階伯前 階伯俾脫冑 愛其少且勇 不忍加害 乃嘆曰 新羅多奇士 少年尙如此 況壯
士乎 乃許生還 官昌曰 向 吾入賊中 不能斬將搴旗 深所恨也 再入 必能成功 以手掬
井水 飮訖 再突賊陣疾鬪 階佰擒斬首 繫馬鞍送之 品日執其首 袖拭血 曰 吾兒面目
如生 能死於王事 無所悔矣 三軍見之 慷慨有立志 鼓噪進擊 百濟大敗 大王贈位級湌
以禮葬之 賻其家唐絹三十匹二十升布三十匹穀一百石 (『三國史記』 47 列傳 7 官
昌)[1340]</td></tr>
<tr><td>백제 신라</td><td>階伯 百濟人 仕爲達率 唐顯慶五年庚申 高宗以蘇定方爲神丘道大摠管 率師濟海 與
新羅伐百濟[1341] 階伯爲將軍 簡死士五千人拒之曰 以一國之人 當唐羅之大兵 國之存
亡 未可知也 恐吾妻孥沒爲奴婢 與其生辱 不如死快 遂盡殺之 至黃山之野 設三營
遇新羅兵將戰 誓衆曰 昔 句踐以五千人破吳七十萬衆 今之日 宜各奮勵決勝 以報國
恩 遂鏖戰 無不以一當千 羅兵乃却 如是進退至四合 力屈以死 (『三國史記』 47 列傳
7 階伯)[1342]</td></tr>
<tr><td>신라 백제</td><td>(現慶五年庚申) 又聞唐羅兵已過白江炭峴 遣將軍偕伯 帥死士五千出黃山 與羅兵戰
四合皆勝之 然兵寡力盡 竟敗而偕伯死之 (『三國遺事』 1 紀異 2 太宗春秋公)[1343]</td></tr>
<tr><td>신라 백제</td><td>初與百濟兵戰於黃山之役 長春郎罷郎 死於陣中 後討百濟時 見夢於太宗曰 臣等 昔
者爲國亡身 至於白骨 庶欲完護邦國 故隨從軍行無怠而已 然迫於唐帥定方之威 逐於
人後爾 願王加我以小勢 大王驚怪之 爲二魂 說經一日於牟山亭 又爲創壯義寺於漢山
州 以資冥援 (『三國遺事』 1 紀異 2 長春郎罷郎)[1344]</td></tr>
<tr><td>신라 백제</td><td>(秋七月九日)是日 定方與副摠管金仁問等 致伐伐浦 遇百濟兵 逆擊大敗之 庾信等至
唐營 定方以庾信等後期 將斬新羅督軍金文穎[或作永]於軍門 庾信言於衆曰 大將軍不
見黃山之役 將以後期爲罪 吾不能無罪而受辱 必先與唐軍決戰 然後破百濟 乃杖鉞軍
門 怒髮如植 其腰間寶劍自躍出鞘 定方右將董寶亮躡足曰 新羅兵將有變也 定方乃釋</td></tr>
</table>

1338) 이 기사에는 일자 표기가 없으나, 『三國史記』 新羅本紀에 의거하여 7월 9일로 편년하였다.
1339) 이 기사에는 월일 표기가 없으나, 『三國史記』 新羅本紀에 의거하여 7월 9일로 편년하였다.
1340) 이 기사에는 월일 표기가 없으나, 『三國史記』 新羅本紀에 의거하여 7월 9일로 편년하였다.
1341) 이 앞부분은 『舊唐書』 本紀 등에 3월 10일(辛亥)로 되어 있다.
1342) 이 기사에는 월일 표기가 없으나, 『三國史記』 新羅本紀에 의거하여 7월 9일로 편년하였다.
1343) 이 기사에는 월일 표기가 없으나, 『三國史記』 新羅本紀에 의거하여 7월 9일로 편년하였다.
1344) 이 기사에는 연대 표기가 없으나, 황산벌 전투를 기준으로 『三國史記』 新羅本紀에 의거하여 太宗武烈
王 7년(660) 7월 9일로 편년하였다. 『三國史記』 新羅本紀, 『三國史節要』에는 황산벌 전투에 대한 언급 없
이 太宗武烈王 6년(659) 10월로 되어 있다.

	文穎之罪 百濟王子使左平覺伽 移書於唐將軍 哀乞退兵 (『三國史記』 5 新羅本紀 5)
신라 백제	(秋七月) 定方仁問等 沿海到伎伐浦 泥濘不可行 乃布柳席得濟師 百濟合兵熊津口禦之 定方出左涯 乘高而陣 與之戰 百濟軍又大敗 庾信至唐營 定方以後期 將斬庾信督軍金文穎 庾信揚言曰 大將軍不見黃山之役 以後期爲罪 吾不能無罪而受辱 必先與唐軍決戰 然後破百濟 乃杖鉞軍門 怒髮如竪 腰間寶劍自躍 定方右將董寶亮 躡足言曰 新羅兵將有變 定方乃釋文穎 又有鳥回翔於定方營 卜之曰 必傷元帥 定方懼欲止師 庾信謂定方曰 豈可以一鳥之恠 違天時乎 應天順人 伐至不仁 何不祥之有 乃拔劒擬鳥 鳥墜 唐師乘潮 舳艫銜尾 鼓譟而進 (『三國史節要』 9)[1345]
백제 신라	於時 合兵禦熊津口 瀕江屯兵 定方出左涯 乘山而陣 與之戰 我軍大敗 王師乘潮 舳艫銜尾進 鼓而譟 (『三國史記』 28 百濟本紀 6)[1346]
신라 백제	(太宗大王七年庚申) 將軍蘇定方金仁問等 沿海入依[伎]伐浦 海岸泥濘 陷不可行 乃布柳席以出師 唐羅合擊百濟滅之 (『三國史記』 42 列傳 2 金庾信 中)[1347]
신라 백제	(現慶五年庚申) 進軍合兵 薄津口 瀕江屯兵 忽有鳥廻翔於定方營上 使人卜之曰 必傷元帥 定方懼欲引兵而止 庾信謂定方曰 豈可以飛鳥之怪 違天時也 應天順人 伐至不仁 何不祥之有 乃拔神劍擬其鳥 割裂而墜於座前 於是定方出左涯 垂山而陣 與之戰 百濟軍大敗 王師乘潮 軸轤含尾 鼓譟而進 (『三國遺事』 1 紀異 1 太宗春秋公)[1348]
백제	百濟據熊津江口以拒之 定方進擊破之 百濟死者數千人 餘皆潰走 定方水陸齊進 (『資治通鑑』 200 唐紀 16 高宗 上之下)[1349]
백제	(通監) (…) 百濟據熊津江口以拒之 定方進擊破之 百濟死者數千人 餘皆潰走 定方水陸齊進 (『玉海』 191 兵捷露布 3 唐神丘道行軍大摠管蘇定方俘百濟)[1350]
신라 백제	(秋七月)十二日 唐羅軍△△△圍義慈都城 進於所夫里之原 定方有所忌不能前 庾信說之 二軍勇敢 四道齊振 百濟王子又使上佐平致饌餉豐腯 定方却之 王庶子躬與佐平六人詣前乞罪 又揮之 (『三國史記』 5 新羅本紀 5)
백제	(秋七月) 定方將步騎 直趍都城 百濟悉衆拒之 死者又萬計 唐兵乘勝薄城 百濟王知不免 嘆曰 悔不用成忠之言 以至於此 百濟王子隆移書唐將 乞退兵 未幾 唐羅軍圍都城 四道齊進 隆又使上佐平致犒 定方却之 王庶子躬與佐平六人 詣定方乞罪 定方又揮之 (『三國史節要』 9)[1351]
백제	定方將步騎 直趨眞都城 一舍止 我軍悉衆拒之 又敗 死者萬餘人 唐兵乘勝薄城 王知不免 嘆曰 悔不用成忠之言 以至於此 (『三國史記』 28 百濟本紀 6)[1352]
백제	(現慶五年庚申) 定方將步騎 直趨都城 一舍止 城中悉軍拒之 又敗 死者萬餘 唐人乘勝薄城 (『三國遺事』 1 紀異 1 太宗春秋公)[1353]
백제	直趣其都城[1354] 未至二十餘里 百濟傾國來戰 大破之 殺萬餘人 追奔入其郭 (『資治通鑑』 200 唐紀 16 高宗 上之下)[1355]

1345) 이 기사에는 일자 표기가 없으나, 『三國史記』 新羅本紀에 의거하여 7월 9일로 편년하였다.
1346) 이 기사에는 월일 표기가 없으나, 『三國史記』 新羅本紀에 의거하여 7월 9일로 편년하였다.
1347) 이 기사에는 월일 표기가 없으나, 『三國史記』 新羅本紀에 의거하여 7월 9일로 편년하였다.
1348) 이 기사에는 월일 표기가 없으나, 『三國史記』 新羅本紀에 의거하여 7월 9일로 편년하였다.
1349) 이 기사에는 월일 표기가 없으나, 『三國史記』 新羅本紀에 의거하여 7월 9일로 편년하였다. 본래는 8월에 3월10일(辛亥)~8월12일(庚辰)의 전쟁과정을 일괄요약한 기사의 일부분이다.
1350) 이 기사에는 월일 표기가 없으나, 『三國史記』 新羅本紀에 의거하여 7월 9일로 편년하였다. 본래는 8월에 3월10일(辛亥)~8월12일(庚辰)의 전쟁과정을 일괄요약한 기사의 일부분이다.
1351) 이 기사에는 일자 표기가 없으나, 『三國史記』 新羅本紀에 의거하여 7월12일로 편년하였다.
1352) 이 기사에는 월일 표기가 없으나, 『三國史記』 新羅本紀에 의거하여 7월12일로 편년하였다.
1353) 이 기사에는 월일 표기가 없으나, 『三國史記』 新羅本紀에 의거하여 7월12일로 편년하였다.
1354) 北史 百濟都俱拔城 亦曰固麻城 其外更有五方 中方曰古沙城 東方曰得安城 南方曰久知下城 西方曰刀先城 北方曰熊津城 趣 七喩翻
1355) 이 기사에는 월일 표기가 없으나, 『三國史記』 新羅本紀에 의거하여 7월12일로 편년하였다. 본래는 8월

백제	(通監) (…) 直趨眞都城 未至二十餘里 百濟傾國來戰 大破之 殺萬餘人 追奔入其郭 (『玉海』191 兵捷露布 3 唐神丘道行軍大摠管蘇定方俘百濟)[1356]
신라 백제	(秋七月)十三日 義慈率左右夜遁走 保熊津城 義慈子隆與大佐平千福等出降 法敏跪隆 於馬前 唾面罵曰 向者 汝父枉殺我妹 埋之獄中 使我二十年間 痛心疾首 今日汝命在 吾手中 隆伏地無言 (『三國史記』5 新羅本紀 5)
백제	(秋七月) 王與太子孝 率左右夜遁 保熊津城 王宮諸姬 走大王浦嵒石上 墮死者亦衆 次子泰自立爲王 率衆固守 太子之子文思謂隆曰 王與太子 雖幷出城而身見在 叔父泰 擅立爲王 唐兵雖解 我輩安得生全 遂率左右 縋城而出 民皆從之 泰不能止 隆與大佐 平千福等出降 法敏責隆曰 汝父枉殺我妹 埋之獄中 使我二十年閒 痛心疾首 今日汝 命在吾掌握 隆憖钣 定方令兵士攀堞 立唐旗幟 泰窘 開門請命 (『三國史節要』9)[1357]
백제	遂與太子孝 走北鄙 定方圍其城 王次子泰自立爲王 率衆固守 太子子文思謂王子隆曰 王與太子出而叔擅爲王 若唐兵解去 我等安得全 遂率左右 縋而出 民皆從之 泰不能 止 定方令士超堞 立唐旗幟 泰窘迫 開聞請命 (『三國史記』28 百濟本紀 6)[1358]
백제	(現慶五年庚申) 王知不免 嘆曰 悔不用成忠之言 以至於此 遂與太子隆[或作孝 誤也] 走北鄙 定方圍其城 王次子泰自立爲王 率衆固守 太子之子文思謂王泰曰 王與太子出 而叔擅爲王 若唐兵解去 我等安得全 率左右縋而出 民皆從之 泰不能止 定方令士起 堞 立唐旗幟 泰窘迫 乃開門請命 (…) 百濟古記云 扶餘城北角有大岩 下臨江水 相傳 云 義慈王與諸後宮知其未免 相謂曰 寧自盡 不死於他人手 相率至此 投江而死 故俗 云墮死岩 斯乃俚諺之訛也 但宮人之墮死 (『三國遺事』1 紀異 1 太宗春秋公)[1359]
백제	顯慶五年 從幸太原 制授熊津道大總管 率師討百濟 定方自城山濟海[1360] 至熊津江口 賊屯兵據江 定方升東岸 乘山而陣 與之大戰 揚帆蓋海 相續而至 賊師敗績 死者數千 人 自餘奔散 遇潮且上 連舳入江 定方於岸上擁陣 水陸齊進 飛楫鼓譟[1361] 直趣眞都 去城二十許里 賊傾國來拒 大戰破之 殺虜萬餘人 追奔入郭[1362] 其王義慈及太子隆奔 于北境 定方進圍其城 義慈次子泰自立爲王 嫡孫文思曰 王與太子雖並出城 而身見在 叔總兵馬 卽擅爲王 假令漢兵退 我父子當不全矣 遂率其左右投城而下 百姓從之 泰 不能止 定方命卒登城建幟 於是泰開門頓顙[1363] 其大將禰植又將義慈來降 太子隆幷 與諸城主 皆同送款[1364] 百濟悉平 分其地爲六州[1365] 俘義慈及隆泰等獻于東都 (『舊 唐書』83 列傳 33 蘇定方)[1366]
백제	顯慶五年 乃詔左衛大將軍蘇定方爲神丘道行軍大總管 率左衛將軍劉伯英右武衛將軍 馮士貴左驍衛將軍龐孝泰發新羅兵討之 自城山濟海[1367] 百濟守熊津口 定方縱擊 虜 大敗[1368] 王師乘潮帆以進 趣眞都城一舍止 虜悉衆拒 復破之 斬首萬餘級 拔其

에 3월10일(辛亥)~8월12일(庚辰)의 전쟁과정을 일괄요약한 기사의 일부분이다.

1356) 이 기사에는 월일 표기가 없으나, 『三國史記』新羅本紀에 의거하여 7월12일로 편년하였다. 본래는 8월 에 3월10일(辛亥)~8월12일(庚辰)의 전쟁과정을 일괄요약한 기사의 일부분이다.

1357) 이 기사에는 일자 표기가 없으나, 『三國史記』新羅本紀에 의거하여 7월13일로 편년하였다.

1358) 이 기사에는 월일 표기가 없으나, 『三國史記』新羅本紀에 의거하여 7월13일로 편년하였다.

1359) 이 기사에는 월일 표기가 없으나, 『三國史記』新羅本紀 및 『三國史節要』에 의거하여 7월13일로 편년 하였다.

1360) 이 앞부분은 『舊唐書』本紀 등에 3월10일(辛亥)로 되어 있다.

1361) 이 앞부분은 『三國史記』新羅本紀에 7월 9일로 되어 있다.

1362) 이 앞부분은 『三國史記』新羅本紀에 7월12일로 되어 있다.

1363) 이 뒷부분은 『三國史記』新羅本紀에 7월18일로 되어 있다.

1364) 이 뒷부분은 『三國史記』新羅本紀에 8월12일(庚辰)로 되어 있다.

1365) 이 뒷부분은 『舊唐書』本紀 등에 11월 1일(戊午)로 되어 있다.

1366) 이 기사에는 월일 표기가 없으나, 『三國史記』新羅本紀에 의거하여 7월13일로 편년하였다.

1367) 이 앞부분은 『舊唐書』本紀 등에 3월10일(辛亥)로 되어 있다.

1368) 이 앞부분은 『三國史記』新羅本紀에 7월 9일로 되어 있다.

城1369) 義慈挾太子隆走北鄙 定方圍之 次子泰自立爲王 率衆固守 義慈孫文思曰 王
太子固在 叔乃自王 若唐兵解去 如我父子何 與左右縋而出 民皆從之 泰不能止 定方
令士超堞立幟 泰開門降1370) 定方執義慈隆及小王孝演酋長五十八人送京師 平其國五
部三十七郡二百城 戶七十六萬 乃析置熊津馬韓東明金漣德安五都督府 擢酋渠長治
之1371) 命郞將劉仁願守百濟城 左衛郞將王文度爲熊津都督 (『新唐書』220 列傳 145
東夷 百濟)1372)

백제　　高宗顯慶五年 拔百濟之眞都城1373) 初 定方率衆 自城西濟海1374) 趨眞都去城二十餘
里 賊傾國來拒 大戰破之 殺虜萬餘人 追奔入郭1375) 其王義慈及太子隆奔于北境 定
方進圍其城 義慈次子泰自立爲王 率衆還固守 義慈嫡孫文思曰 王與太子雖並出城而
身見在 叔總兵馬 專擅爲王 假令漢退 我父子當不全矣 遂率其左右 投城而下 百姓從
之 泰不能止 定方令兵士登城立幟 於是 泰開門 頓顙請命 (『冊府元龜』369 將帥部
30 攻取 2 蘇定方)1376)

백제　　百濟王義慈及太子隆 逃于北境 定方進圍其城 義慈次子泰 自立爲王 帥衆固守 隆子
文思曰 王與太子皆在 而叔遽擁兵自王1377) 借使能却唐兵 我父子必不全矣 遂帥左右
踰城來降 百姓皆從之 泰不能止 定方命軍士登城立幟 泰窘迫 開門請命 (『資治通鑑』
200 唐紀 16 高宗 上之下)1378)

백제　　出爲神丘道大總管 率師討百濟 自城山濟海1379) 至熊津口 賊瀕江屯兵 定方出左涯
乘山而陣 與之戰 賊敗 死者數千 王師乘潮而上 舳艫銜尾進 鼓而譟1380) 定方將步騎
夾引 直趨眞都城 賊傾國來 酣戰 破之 殺虜萬人 乘勝入其郛1381) 王義慈及太子隆北
走 定方進圍其城 義慈子泰自立爲王 率衆固守 義慈之孫文思曰 王與太子出 而叔豈
得擅爲王 若王師還 我父子安得全 遂率左右縋城下 人多從之 泰不能止 定方使士登
城 建唐旗幟 於是 泰開門請命1382) 其將禰植與義慈降 隆及諸城送款1383) 百濟平1384)
俘義慈隆泰等獻東都 (『新唐書』111 列傳 36 蘇定方)1385)

백제　　(通監) (…) 百濟王義慈及太子隆 逃北境 定方進圍其城 義慈次子泰 自立爲王 帥衆固
守 隆子文思曰 王與太子皆在 而叔季擁兵自王 借使能却唐兵 我父子必不全矣 遂率
左右踰城來降 百姓皆從之 泰不能止 定方命軍士登城立幟 泰窘迫 開門請命 (『玉海』
191 兵捷露布 3 唐神丘道行軍大摠管蘇定方俘百濟)1386)

백제　　(蘇定方傳) 定方爲神丘道大摠管[定方名烈] 率師討百濟 自成山濟海1387) 至熊津口 賊

1369) 이 앞부분은 『三國史記』新羅本紀에 7월12일로 되어 있다.
1370) 이 뒷부분은 『舊唐書』本紀 등에 8월12일(庚辰)로 되어 있다.
1371) 이 뒷부분은 『三國史記』新羅本紀에 9월23일로 되어 있다.
1372) 이 기사에는 월일 표기가 없으나, 『三國史記』新羅本紀에 의거하여 7월13일로 편년하였다.
1373) 이 뒷부분은 『舊唐書』本紀 등에 8월12일(庚辰)로 되어 있다.
1374) 이 앞부분은 『舊唐書』本紀 등에 3월10일(辛亥)로 되어 있다.
1375) 이 앞부분은 『三國史記』新羅本紀에 7월12일로 되어 있다.
1376) 이 기사에는 월일 표기가 없으나, 『三國史記』新羅本紀에 의거하여 7월13일로 편년하였다.
1377) 帥 讀曰率 下同 王 于況翻
1378) 이 기사에는 월일 표기가 없으나, 『三國史記』新羅本紀에 의거하여 7월13일로 편년하였다. 본래는 8월
　　에 3월10일(辛亥)~8월12일(庚辰)의 전쟁과정을 일괄요약한 기사의 일부분이다.
1379) 이 앞부분은 『舊唐書』本紀 등에 3월10일(辛亥)로 되어 있다.
1380) 이 앞부분은 『三國史記』新羅本紀에 7월 9일로 되어 있다.
1381) 이 앞부분은 『三國史記』新羅本紀에 7월12일로 되어 있다.
1382) 이 뒷부분은 『三國史記』新羅本紀에 7월18일로 되어 있다.
1383) 이 뒷부분은 『舊唐書』本紀 등에 8월12일(庚辰)로 되어 있다.
1384) 이 뒷부분은 『舊唐書』本紀 등에 11월 1일(戊午)로 되어 있다.
1385) 이 기사에는 연대 표기가 없으나, 『三國史記』新羅本紀에 의거하여 顯慶 5년(660) 7월13일로 편년하였
　　다.
1386) 이 기사에는 연대 표기가 없으나, 『三國史記』新羅本紀에 의거하여 顯慶 5년(660) 7월13일로 편년하였
　　다. 본래는 8월에 3월10일(辛亥)~8월12일(庚辰)의 전쟁과정을 일괄요약한 기사의 일부분이다.
1387) 이 앞부분은 『舊唐書』本紀 등에 3월10일(辛亥)로 되어 있다.

瀨江屯兵　定方出左涯　乘山而陳　與之戰　賊敗　死數千　王師乘潮而上　舳艫銜尾進　鼓
而譟[1388]　定方將步騎夾引　直趨眞都城　賊傾國來　酣戰　破之　殺虜萬人　乘勝入其
郛[1389]　王義慈及太子隆北走　定方進圍其城　義慈子泰自立爲王　率衆固守　義慈之孫文
思　率左右縋城下　人多從之　泰不能止　定方使士登城　建唐旗幟　於是　泰開門請命[1390]
其將植　與義慈降　隆及諸城送款[1391]　百濟平[1392]　俘義慈隆泰以獻[定方滅三國　皆生執
其王] (『玉海』191 兵捷露布 3 唐神丘道行軍大摠管蘇定方俘百濟)[1393]

고구려　秋七月庚子朔乙卯　高麗使人乙相賀取文等罷歸 (『日本書紀』26 齊明紀)

백제　(秋七月庚子朔乙卯) 又覩貨羅人乾豆波斯達阿　欲歸本土　求請送使曰　願後朝於大國
所以　留妻爲表　乃與數十人　入于西海之路[高麗沙門道顯日本世記曰　七月云云　春秋智
借大將軍蘇定方之手　挾擊百濟亡之　或曰　百濟自亡　由君大夫人妖女之無道　擅奪國柄
誅殺賢良故　召斯禍矣　可不愼歟　可不愼歟　其注云　新羅春秋智　不得願於內臣蓋金　故
亦使於唐　捨俗衣冠　請媚於天子　投禍於隣國　而構斯意行者也　伊吉連博德書云　庚申
年八月　百濟已平之後　九月十二日　放客本國　十九日　發自西京　十月十六日　還到東京
始得相見阿利麻等五人　十一月一日　爲將軍蘇定方等所捉百濟王以下　太子隆等　諸王
子十三人　大佐平沙宅千福國辯成以下卅七人　幷五十許人　奉進朝堂　急引趨天子　天子
恩勅　見前放着　十九日　賜勞　廿四日　發自東京] (『日本書紀』26 齊明紀)

신라 백제　(秋七月)十八日　義慈率太子及熊津方領軍等　自熊津城來降　王聞義慈降 (『三國史記』
5 新羅本紀 5)

신라 백제　其明年庚申秋七月　王與唐師滅百濟　於是　高句麗疾我 (『三國史記』47 列傳 7 匹
夫)[1394]

백제　(秋七月) 於是　義慈率太子孝　自熊津城來　詣定方降　諸城皆降　百濟亡 (『三國史節要』
9)[1395]

백제　於時　王及太子孝與諸城開降 (『三國史記』28 百濟本紀 6)[1396]

백제　第三十一義慈王[庚申　國除　自溫祚癸卯至庚申　六百七十八年] (『三國遺事』1 王
曆)[1397]

백제　(現慶五年庚申) 於是　王及太子隆王子泰大臣貞福　與諸城皆降 (『三國遺事』1 紀異 1
太宗春秋公)[1398]

백제　於是　義慈隆及諸城主皆降[1399] (『資治通鑑』200 唐紀 16 高宗 上之下)[1400]

백제　(通監) (…) 於是　義慈隆及諸城主皆降 (『玉海』191 兵捷露布 3 唐神丘道行軍大摠管
蘇定方俘百濟)[1401]

1388) 이 앞부분은 『三國史記』新羅本紀에 7월 9일로 되어 있다.
1389) 이 앞부분은 『三國史記』新羅本紀에 7월12일로 되어 있다.
1390) 이 뒷부분은 『三國史記』新羅本紀에 7월18일로 되어 있다.
1391) 이 뒷부분은 『舊唐書』本紀 등에 8월12일(庚辰)로 되어 있다.
1392) 이 뒷부분은 『舊唐書』本紀 등에 11월 1일(戊午)로 되어 있다.
1393) 이 기사에는 연대 표기가 없으나, 『三國史記』新羅本紀에 의거하여 顯慶 5년(660) 7월13일로 편년하였
다.
1394) 이 기사에는 일자 표기가 없으나, 『三國史記』新羅本紀에 의거하여 7월18일로 편년하였다.
1395) 이 기사에는 일자 표기가 없으나, 『三國史記』新羅本紀에 의거하여 7월18일로 편년하였다.
1396) 이 기사에는 월일 표기가 없으나, 『三國史記』新羅本紀에 의거하여 7월18일로 편년하였다.
1397) 이 기사에는 월일 표기가 없으나, 『三國史記』新羅本紀에 의거하여 7월18일로 편년하였다.
1398) 이 기사에는 월일 표기가 없으나, 『三國史記』新羅本紀에 의거하여 7월18일로 편년하였다.
1399) 降 戶江翻 幟 昌志翻
1400) 이 기사에는 월일 표기가 없으나, 『三國史記』新羅本紀에 의거하여 7월18일로 편년하였다. 본래는 8월
에 3월10일(辛亥)~8월12일(庚辰)의 전쟁과정을 일괄요약한 기사의 일부분이다.

신라	(秋七月)二十九日 自今突城至所夫里城 遣弟監天福 露布於大唐 (『三國史記』 5 新羅本紀 5)
신라 백제	(秋七月) 新羅王自今突城至所夫里城 定方謂庾信仁問良圖三人曰 吾受命以便宜從事 今欲以所得百濟之地 分公等爲食邑以酬功 何如 庾信曰 大將軍以天兵來 伐不道 雪小國之讎 寡君與一國臣民 方喜抃之不暇 而吾等敢獨受賜以自利乎 遂不受 (『三國史節要』 9)[1402]
신라 백제	(太宗大王七年庚申) 此役也 庾信之功爲多 於是 唐皇帝聞之 遣使褒嘉之 將軍定方謂庾信仁問良圖三人曰 吾受命以便宜從事 今以所得百濟之地 分錫公等爲食邑 以酬厥功 如何 庾信對曰 大將軍以天兵來 副寡君之望 雪小國之讎 寡君及一國臣民 喜抃之不暇 而吾等獨受賜以自利 其如義何 遂不受 (『三國史記』 42 列傳 2 金庾信 中)[1403]
고구려	秋七月 平壤河水血色 凡三日 (『三國史記』 22 高句麗本紀 10)
신라 백제	八月二日 大置酒勞將士 王與定方及諸將坐於堂上 坐義慈及子隆於堂下 或使義慈行酒 百濟佐平等群臣莫不嗚咽流涕 (『三國史記』 5 新羅本紀 5)
신라 백제	八月 新羅王大置酒勞將士 王與定方坐堂上 坐義慈及子隆於堂下 使義慈行酒 百濟群臣莫不嗚咽流涕 (『三國史節要』 9)[1404]
신라 백제	(八月二日)是日 捕斬毛尺 毛尺本新羅人 亡入百濟 與大耶城黔日同謀陷城 故斬之 又捉黔日 數曰 汝在大耶城 與毛尺謀 引百濟之兵 燒亡倉庫 令一城乏食致敗 罪一也 逼殺品釋夫妻 罪二也 與百濟來攻本國 罪三也 以△支解 投其尸於江水 (『三國史記』 5 新羅本紀 5)
신라 백제	(八月二日是日) 百濟餘賊據南岑貞峴△△△城 又佐平正武聚衆庄豆尸原嶽 抄掠唐羅人 (『三國史記』 5 新羅本紀 5)
백제	八月庚辰 蘇定方等討平百濟 面縛其王扶餘義慈 國分爲五部 郡三十七 城二百 戶七十六萬 以其地分置熊津等五都督府 (『舊唐書』 4 本紀 4 高宗 上)[1405]
백제	八月庚辰 蘇定方及百濟戰 敗之 (『新唐書』 3 本紀 3 高宗)
백제	(唐書曰) (顯慶)五年八月庚辰 蘇定方等討平百濟 面縛其王扶餘義慈 國分爲五部 郡三十七城二百 戶七十六萬 以其地分置熊津等五都督府 (『太平御覽』 110 皇王部 35 高宗天皇大帝)
백제	(紀) (顯慶五年)八月庚辰 蘇定方及百濟戰 敗之 (『玉海』 191 兵捷露布 3 唐神丘道行軍大摠管蘇定方俘百濟)
백제	(通鑑) 顯慶五年八月 蘇定方平百濟 百濟故有五部 分統三十七郡二百城七十六萬戶 詔以其地置熊津馬韓東明金漣德安五都督部 幷置帶方州[隷安東都護府 麟德後廢] 以其酋長 爲都督刺史[傳云 左衛中郎將王文度 爲熊津都督 總章元年 劉仁軌 爲熊津道安撫大使 儀鳳元年二月甲戌 徙熊津都督府於建安故城] (『玉海』 133 官制屬國都護都

1401) 이 기사에는 월일 표기가 없으나, 『三國史記』 新羅本紀에 의거하여 7월18일로 편년하였다. 본래는 8월에 3월10일(辛亥)~8월12일(庚辰)의 전쟁과정을 일괄요약한 기사의 일부분이다.
1402) 이 기사에는 일자 표기가 없으나, 『三國史記』 新羅本紀에 의거하여 7월29일로 편년하였다.
1403) 이 기사에는 월일 표기가 없으나, 『三國史記』 新羅本紀에 의거하여 7월29일로 편년하였다.
1404) 이 기사에는 일자 표기가 없으나, 『三國史記』 新羅本紀에 의거하여 8월 2일로 편년하였다.
1405) 『唐會要』에는 8월13일로 되어 있다.

		督 唐百濟五都督府)[1406]
백제 신라		按古典記 (…) 至三十一世義慈王 歷年一百二十二 至唐顯慶五年 是義慈王在位二十年 新羅庾信與唐蘇定方討平之 (『三國史記』 37 雜志 6 地理 4)[1407]
신라 백제		攷其文集有上太師侍中狀云 (…) 至高宗皇帝顯慶五年 勅蘇定方 統十道强兵樓舡萬隻[1408] 大破百濟 乃於基地置扶餘都督府 招緝遺氓 莅以漢官[1409] 以臭味不同 屢聞離叛 遂徙基人於河南 (『三國史記』 46 列傳 6 崔致遠)[1410]
백제 신라		至三十一世義慈王 歷一百二十年 至唐顯慶五年 是義慈王在位二十年 新羅金庾信與蘇定方討平之 百濟國舊有五部 分統三十七郡 二百濟城 七十六萬戶 唐以<其>地分置熊津馬韓東明金連德安等五都督府 仍<以>其酋長爲都督府刺史 (『三國遺事』 2 紀異 2 南扶餘前百濟北扶餘)[1411]
백제		顯慶五年 命左衛大將軍蘇定方統兵討之 大破其國 虜義慈及太子隆小王孝演僞將五十八人等送於京師 上責而宥之 其國舊分爲五部 統郡三十七 城二百 戶七十六萬 至是 乃以其地分置熊津馬韓東明等五都督府 各統州縣 立其酋渠爲都督刺史及縣令 (『舊唐書』 199上 列傳 149上 東夷 百濟)[1412]
백제		高麗降戶州十四 府九[(…) 初 顯慶五年 平百濟 以其地置熊津馬韓東明金連德安五都督府 并置帶方州] (『新唐書』 43下 志 33下 地理 7下 河北道)[1413]
백제		顯慶五年 遣蘇定方討平之 舊有五部 分統三十七郡二百城七十六萬戶 至是 以其地分置熊津馬韓東明等五都督府 仍以其酋渠爲都督府刺史 (『通典』 185 邊防 1 東夷 上 百濟)[1414]
백제		顯慶五年 蘇定方討平之 因虜其王義慈以歸 其地舊有五部 分統三十七郡二百城七十六萬戶 至是 以其地分置熊津馬韓東明金漣[1415]德安等五府都督 以其酋渠爲都督府刺史 (『太平寰宇記』 172 四夷 1 東夷 1 百濟國)[1416]
백제		百濟故有五部 分統三十七郡二百城七十六萬戶 詔以其地 置熊津五都督府[1417] 以其酋長爲都督刺史[1418] (『資治通鑑』 200 唐紀 16 高宗 上之下)[1419]
백제		顯慶五年 授熊津道大總管[1420] 率兵討平百濟 定方前後滅三國 皆生擒其主 賞賜珍寶不可勝紀 (『冊府元龜』 357 將帥部 18 立功 10 蘇定方)[1421]
백제		(唐書) 顯慶五年 命左衛大將軍蘇定方 統兵討之 大破其國[1422] 虜義慈及太子隆小王孝演僞將五十八人等 送於京師[1423] 上責而宥之[1424] 其國舊分爲五部 統郡三十七 城二百 戶七十六萬 至是 乃以其地分置熊津馬韓東明等五都督府 各統州縣 立其酋渠

1406) 이 기사에는 일자 표기가 없으나, 『舊唐書』 本紀 등에 의거하여 8월12일(庚辰)로 편년하였다.
1407) 이 기사에는 월일 표기가 없으나, 『舊唐書』 本紀 등에 의거하여 8월12일(庚辰)로 편년하였다.
1408) 이 앞부분은 『舊唐書』 本紀 등에 3월10일(辛亥)로 되어 있다.
1409) 이 뒷부분은 『三國史記』 新羅本紀에 9월 3일로 되어 있다.
1410) 이 기사에는 월일 표기가 없으나, 『舊唐書』 本紀 등에 의거하여 8월12일(庚辰)로 편년하였다.
1411) 이 기사에는 월일 표기가 없으나, 『舊唐書』 本紀 등에 의거하여 8월12일(庚辰)로 편년하였다.
1412) 이 기사에는 월일 표기가 없으나, 『舊唐書』 本紀 등에 의거하여 8월12일(庚辰)로 편년하였다.
1413) 이 기사에는 월일 표기가 없으나, 『舊唐書』 本紀 등에 의거하여 8월12일(庚辰)로 편년하였다.
1414) 이 기사에는 월일 표기가 없으나, 『舊唐書』 本紀 등에 의거하여 8월12일(庚辰)로 편년하였다.
1415) 原本訛連 據通攷改正
1416) 이 기사에는 월일 표기가 없으나, 『舊唐書』 本紀 등에 의거하여 8월12일(庚辰)로 편년하였다.
1417) 熊津馬韓東明金連德安五都督府
1418) 酋 慈由翻 長 知兩翻
1419) 이 기사에는 월일 표기가 없으나, 『舊唐書』 本紀 등에 의거하여 8월12일(庚辰)로 편년하였다. 본래는 8월에 3월10일(辛亥)~8월12일(庚辰)의 전쟁과정을 일괄요약한 기사의 일부분이다.
1420) 이 앞부분은 『舊唐書』 本紀 등에 3월10일(辛亥)로 되어 있다.
1421) 이 기사에는 월일 표기가 없으나, 『舊唐書』 本紀 등에 의거하여 8월12일(庚辰)로 편년하였다.
1422) 이 뒷부분은 『三國史記』 新羅本紀 등에 9월 3일로 되어 있다.
1423) 이 뒷부분은 『舊唐書』 本紀 등에 11월 1일(戊戌)로 되어 있다.
1424) 이 뒷부분은 『舊唐書』 本紀 등에 8월12일(庚辰)로 되어 있다.

	爲都督刺史及縣令 (『太平御覽』781 四夷部 2 東夷 2 百濟)[1425]
백제	(通監) (…) 百濟故有五部 分統三十七郡二百城七十六萬戶 詔以其地 置熊津等五都督府 以其酋長爲都督刺史 (『玉海』191 兵捷露布 3 唐神丘道行軍大摠管蘇定方俘百濟)[1426]
신라 백제	(東夷傳) (…) 顯慶五年 乃詔左衛大將軍蘇定方 率將軍劉伯英馮士貴龐孝恭等 發新羅兵 討之 自成山濟海[1427] 百濟守熊津口 定方縱擊敗之[1428] 王師乘潮帆以進 趨眞都城 虜悉衆拒 復破之 斬首萬餘級 拔其城[1429] 義慈挾太子隆 走北鄙 定方圍之 次子泰自立爲王 云云同通監 定方令士超堞立幟 泰開門降[1430] 遂執義慈隆及小王孝演酋長五十八人 送京師[一本云 十一月 定方執義慈等 案紀當在十二月 必誤] 平其國五部三十七郡二百城 戶七十六萬 乃析置熊津馬韓東明金漣德安五都督府 (『玉海』191 兵捷露布 3 唐神丘道行軍大摠管蘇定方俘百濟)[1431]
백제	(顯慶)五年 授嵎夷道行軍子摠管 隨邢國公蘇定方 平破百濟 執其王扶餘義慈 竝太子隆及佐平△率以下七百餘人 自外首領古魯都△奉武△扶餘生受延尒普羅等 竝見機而作 立功歸順 或入移絳闕 或入△△△ 合境遺黎 安堵如舊 設官分職 各有司存 (「劉仁願 紀功碑」)[1432]
백제	熊州 本百濟舊都 唐高宗遣蘇定方平之 置熊津都督府 (『三國史記』36 雜志 5 地理 3)[1433]
백제 신라	扶餘郡 本百濟所夫里郡 唐將蘇定方與庾信平之 (『三國史記』36 雜志 5 地理 3)[1434]
백제	百濟 (…) 舊有五部 分統三十七郡 二百城 七十六萬戶 唐以其地分置熊津馬韓東明等五都督府 仍以其酋長爲都督府刺史 (『三國史記』37 雜志 6 地理 4)[1435]
백제	唐顯慶中 遣邢國公蘇定方 平其國 与其主扶餘隆 俱入朝 隷爲萬年縣人也 (「黑齒常之墓誌銘」)[1436]
고구려 백제	國朝李靖平突厥 李勣滅高麗 侯君集覆高昌 蘇定方夷百濟 李敬玄王孝傑婁師德劉審禮 皆是卿相 率兵禦戎 戎平師還 並無久鎭 其在邊境 唯明烽燧 審斥候 立障塞 備不虞而已 實安邊之良算 爲國家之永圖 (『通典』148 兵 1 兵 序 1)[1437]
백제	而百濟 大唐顯慶中 蘇定方滅之 (『通典』185 邊防 1 東夷 上 序略)[1438]
고구려 백제	(鄰侯家傳) (…) 高宗東滅高麗百濟 遷其人於中國 列其地爲州縣 (『玉海』138 兵制 3 唐關內置府十道置府)[1439]

1425) 이 기사에는 월일 표기가 없으나, 『舊唐書』本紀 등에 의거하여 8월12일(庚辰)로 편년하였다.
1426) 이 기사에는 월일 표기가 없으나, 『舊唐書』本紀 등에 의거하여 8월12일(庚辰)로 편년하였다. 『通監』 부분은 본래 8월에 3월10일(辛亥)~8월12일(庚辰)의 전쟁과정을 일괄요약한 기사의 일부분이다.
1427) 이 앞부분은 『舊唐書』本紀 등에 3월10일(辛亥)로 되어 있다.
1428) 이 앞부분은 『三國史記』新羅本紀에 7월 9일로 되어 있다.
1429) 이 앞부분은 『三國史記』新羅本紀에 7월12일로 되어 있다.
1430) 이 앞부분은 『三國史記』新羅本紀에 7월13일로 되어 있다.
1431) 이 기사에는 월일 표기가 없으나, 『舊唐書』本紀 등에 의거하여 8월12일(庚辰)로 편년하였다.
1432) 이 기사에는 월일 표기가 없으나, 『舊唐書』本紀 등에 의거하여 8월12일(庚辰)로 편년하였다.
1433) 이 기사에는 연대 표기가 없으나, 『舊唐書』本紀 등에 의거하여 顯慶 5년(660) 8월12일(庚辰)로 편년하였다.
1434) 이 기사에는 연대 표기가 없으나, 『舊唐書』本紀 등에 의거하여 顯慶 5년(660) 8월12일(庚辰)로 편년하였다.
1435) 이 기사에는 연대 표기가 없으나, 『舊唐書』本紀 등에 의거하여 顯慶 5년(660) 8월12일(庚辰)로 편년하였다.
1436) 이 기사에는 연대 표기가 없으나, 『舊唐書』本紀 등에 의거하여 顯慶 5년(660) 8월12일(庚辰)로 편년하였다.
1437) 이 기사에는 연대 표기가 없으나, 『舊唐書』本紀 등에 의거하여 顯慶 5년(660) 8월12일(庚辰)로 편년하였다.
1438) 이 기사에는 연대 표기가 없으나, 『舊唐書』本紀 등에 의거하여 顯慶 5년(660) 8월12일(庚辰)로 편년하였다.
1439) 이 기사에는 연대 표기가 없으나, 『舊唐書』本紀 등에 의거하여 顯慶 5년(660) 8월12일(庚辰)로 편년

백제	(八月庚辰)　曲赦神丘嵎夷道總管已下　賜天下大酺三日　(『舊唐書』　4　本紀　4　高宗上)1440)

백제	至顯慶五年八月十三日　左衛大將軍蘇定方討平之　虜其王義慈及太子崇將校五十八人送于京師　其國分爲五部　統郡三十七　城二百　戶七十六萬　至是　以其地置熊津馬韓東明金漣德安等五都督　各統州縣　立其酋長爲都督刺史縣令 (『唐會要』 95　百濟)1441)

백제	(八月)癸未　赦神兵1442)道大總管以下軍士及其家　賜民酺三日 (『新唐書』 3　本紀 3　高宗)1443)

백제　　顯慶五年歲在庚申　八月己巳朔十五日癸未　建洛州河南　權懷素書

原夫皇王所以朝萬國制百靈　淸海外而擧天維　宅寶中而恢地絡　莫不揚七德以御遐荒
耀五兵而肅邊徼　雖質文異軌　步驟殊塗　揖讓之與干戈　受終之與革命　皆載勞神武　未
戢佳兵　是知泑水挺祅　九嬰遂戮　洞庭構逆　三苗已誅　若乃式鑒千齡　緬惟萬古　當塗代
漢　典午承曹　至於任重鑿門　禮崇推轂　馬伏波則鑄銅交阯　竇車騎則勒石燕然　竟不能
覆鯤海之奔鯨　絶狼山之封豕　況丘樹磨滅　聲塵寂寥　圓鼎不傳　方書莫紀　蠢玆卉服　竊
命島洲　襟帶九夷　懸隔萬里　恃斯險阨　敢亂天常　東伐親隣　近違明詔　北連逆豎　遠應
梟聲　況外棄直臣　內信祅婦　刑罰所及　唯在忠良　寵任所加　必先詔倖　標梅結怨　杼軸
銜悲　我皇　體二居尊　通三表極　珠衡毓慶　日角騰輝　揖五瑞而朝百神　妙萬物而乘六辯
正天柱於西北　迴地紐於東南　若夫席龍圖裒鳳紀　懸金鏡齊玉燭　拔窮鱗於涸轍　拯危卵
於傾巢　哀此遺甿　慍斯兇醜　未親弔伐　先命元戎　使持節　神丘嵎夷馬韓熊津等一十四
道大摠官　左武衛大將軍　上柱國　邢國公　蘇定方　疊遠構於曾城　派長瀾於委水　叶英圖
於武帳　標秀氣於文昌　架衛霍而不追　府彭韓而高視　趙雲一身之膽　勇冠三軍　關羽萬
人之敵　聲雄百代　捐軀殉國之志　冒流鏑而逾堅　輕生重義之心　踞前鋒而難奪　心懸氷
鏡　鬼神無以秘其形　質邁松筠　風霜不能改其色　至於養士卒撫邊夷　愼四知去三惑　厄
貢氷泉以表潔　含霜栢以凝貞　不言而合詩書　不行而中規矩　將白雲而共爽　與靑松而競
高　遠懷前人　咸有懸德　副大摠管　冠軍大將軍　△△△衛將軍　上柱國　下博公　劉伯英
上△△△　△△風雲　負廊廟之才　懷將相之器　言爲物範　行△士則　詞溫布帛　氣馥芝蘭
績著旗常　調諧鍾律　重平生於晚節　輕尺璧於寸陰　破隗之勳　常似不足　平△△策　口未
涉言　副大摠管　使持節　隴州諸軍事　隴州刺史　上柱國　安夷公　董寶德　△志飄擧　雄圖
傑立　藝包三略　策運後△　△△眞梅　能令魏軍止渴　無勞實纊　終使楚卒忘寒　副大摠管
左領軍將軍　金仁問　氣度溫雅　器識沈毅　無小人之細行　有君子之高風　武旣止戈　文亦
柔遠　行軍長史　中書舍人　梁行儀　雲翹吐秀　日鏡揚輝　風偃搢紳　道光雅俗　鑒淸許郭
望重荀裴　辯箭騰波　控九流於學海　詞條發穎　掩七澤於文亮　△太傅之深謀　未堪捧轡
杜鎭南之遠略　何可扶輪　暫遊鳳池　式淸鯨壑　邢國公　運秘策　縱驍雄　陰羽開偃月之圖
陽文含曉星之氣　龍韜豹鈐　必表於情源　玄女黃公　咸會於神用　況乎稽天蟻聚　迮地蜂
飛　類短狐之含沙　似長虫也之吐霧　連營則犲狼滿道　結陣則梟獍彌山　以此兇徒　守斯
窮險　不知懸縷將絶　墜之以千鈞　累棊先危　壓之以九鼎　于時　秋草衰而寒山淨　凉飈擧
而殺氣嚴　逸足與流電爭飛　疊鼓共奔雷競震　命豊隆而後殿　控列缺以前驅　沴氣妖氛

하였다.
1440) 『新唐書』 本紀에는 8월15일(癸未)로 되어 있다.
1441) 『舊唐書』 本紀, 『新唐書』 本紀에는 8월12일(庚辰)로 되어 있다.
1442) 저본에는 '兵'으로 되어 있으나, 내용상 '丘'로 수정해야 한다.
1443) 『舊唐書』 本紀에는 8월12일(庚辰)로 되어 있다.

掃之以戈戟　崇墉峻堞　碎之以衝棚　左將軍　摠管　右屯衛郎將　上柱國　祝阿師　右一軍
摠管　使持節　淄州刺史　上柱國　于元嗣　地處關河　材包文武　挾山西之壯氣　乘冀北之
浮雲　呼吸則江海停波　嘯咤則風雷絶響　嵎夷道副摠管　右武候中郎將　上柱國　曹繼叔
久預經綸　備嘗艱險　異廉頗之強飯　同充國之老臣　行軍長史　沂州司馬　杜爽　質耀璿峯
芳流桂畹　追風簫電　騁逸轡於西海　排雲擊水　搏勁翮於南溟　驥足既申　鳳池可奪　右一
軍摠管　宣威將軍　行左驍衛郎將　上柱國　劉仁願　資孝爲忠　自家形國　早聞周孔之教
晚習孫吳之書　既負英勇之才　仍兼文吏之道　邢國公　奉緣聖旨　委以斑條　欲令金如粟
而不窺　馬如羊而莫厄頁　右武衛中郎將　金良圖　左一軍摠管　使持節　沂州刺史　上柱國
馬延卿　俱懷鐵石之心　各勵鷹鸇之志　擁三河之勁卒　摠六郡之良家　邢國公　上奉神謀
下專節度　或中權陷陣　或後勁先鋒　出天入地之奇　千變萬化　致遠鉤深之妙　電發風行
星紀未移　英聲載路　邢國公　仁同轉扇　恩甚投醪　逆命者則肅之以秋霜　歸順者則涵之
以春露　一舉而平九種　再捷而定三韓　降劉弘之尺書則千城仰德　發魯連之飛箭則萬里
銜恩　其王扶餘義慈及太子隆　自外王餘孝一十三人　幷大首領　大佐平　沙吒千福　國辯
成以下七百餘人　既入重闈　竝就擒獲　捨之馬革　載以牛車　佇薦司勳　式獻清廟　仍變斯
獷俗　令沐玄猷　露晃褻帷　先擇忠款　烹鮮製錦　必選賢良　庶使剖符續邁於龔黃　鳴絃名
高於卓魯　凡置五都督　卅七州　二百五十縣　戶卄四萬　口六百卄萬　各齊編戶　咸變夷風
夫書東觀紀南宮　所以旌其善　勒彝鼎銘景鍾　所以表其功　陵州長史　判兵曹　賀遂亮　濫
以庸才　謬司文翰　學輕俎豆　氣重風雲　職號將軍　願與廉頗幷列　官稱博士　羞共賈誼爭
衡　不以衰容　猶懷壯節　提戈海外　冀效涓塵　六載賊庭　九摧逋寇　窮歸之隘　意欲居中
乃弁餘詞　敬撝直筆　但書成事　無取浮華　俾夫海變桑田　同天地之永久　洲移鬱島　與日
月而長懸　其銘曰

悠悠邃古　茫茫厥初　人倫草昧　造化權輿　冬巢夏穴　殼飲鶉居　以結以刻　或畋或漁　淳
源既往　大道淪胥　爰及三五　代非一主　揖讓唐虞　革命湯武　上齊七政　下均九土　屢擾
干戈　式清區宇　未漸西被　豈覃東戶　奧我　聖皇　道叶穹蒼　瑩鏡千古　牢籠百王　逖矣遠
徼　遐哉大荒　咸稟正朔　竝預封疆　蠢茲九種　獨隔三光　叛換澤國　憑凌水鄉　天降飛將
豹蔚龍驤　弓含月影　劍動星芒　貔貅百萬　電擧風揚　前誅蟠木　却翦扶桑　氷銷夏日　葉
碎秋霜　赳赳五營　明明三令　仰申廟略　府齊軍政　風嚴草衰　日寒江淨　霜戈夜動　雲旗
曉暎　△戟前驅　吳鉤後勁　巨猾授首　逋誅請命　威惠△△　邊隅已定　嘉樹不翦　甘棠在
詠　花臺望月　貝殿浮空　疎鍾夜鏗　清梵晨通　刊茲寶刹　用紀殊功　拒天關以永固　橫地
軸以無窮（「大唐平百濟國碑銘」）

백제

原夫皇王所以朝萬國　制百靈　清海外而擧天維　宅寰中而恢地絡　莫不揚七德以馭遐荒
耀五兵而肅邊徼　雖質文異軌　步驟殊途　揖讓之與干戈　受終之與革命　皆載勞神武　未
戢佳兵　是知凶水挺妖　九嬰逐斃　洞庭搆逆　三苗已誅　若乃式鑑千齡　緬惟萬古　當塗代
漢　典午承曹　至於任重鼇門　禮崇推轂　馬伏波則鑄銅交阯　竇車騎則勒石燕然　竟不能
覆鯷海之奔鯨　絶狼山之封豕　況邱樹磨滅　聲塵寂寥　圓鼎不傳　方書莫紀　蠢茲卉服　竊
命島洲　襟帶九夷　懸隔萬里　恃斯險阻　敢亂天常　東伐親隣　近違明詔　北連逆豎　遠應
梟聲　況外棄直臣　內信妖婦　刑罰所及　唯在忠良　寵任所加　必先諂倖　摽梅結怨　杼軸
銜悲　我皇體二居尊　通三表極　珠衡毓慶　日角騰輝　輯五瑞而朝百神　妙萬物而乘六辯
正天柱於西北　廻地紐於東南　若夫席龍圖　襃鳳紀　懸金鏡　齊玉燭　拔窮鱗於涸轍　拯危
卵於傾巢　哀此遺甿　愼斯兇醜　未親弔伐　先命元戎　使持節神邱嵎夷馬韓熊津[闕一字]
一十四道大總管左武衛大將軍上柱國邢國公蘇定方　疊遠構於曾城　派長瀾於委水　協英
圖於武帳　標秀氣於文昌　架李霍而不追　俯彭韓而高視　趙雲一身之膽　勇冠三軍　關羽
萬人之敵　聲雄百代　捐軀殉國之志　冒流鏑而逾堅　輕生重義之[闕四字]　而難[闕一字]
心懸水鏡　鬼神無以蔽其形　質過松筠　風霜不能改其色　至於[闕三字]　撫邊夷　愼四知
去三惑　顧氷泉以表潔[闕一字]　霜柏以凝貞　不言而合詩書　不行而[闕三字]　將白雲而共

爽 與靑松而競[闕一字] 遠[闕三字] 咸有懃德 副大總管冠軍大將軍[闕三字] 衛將軍上
柱國下博公劉伯英 上[闕八字] 廊廟之材[闕一字] 將相之器 言爲物範 行成士則 詞溫
布帛 氣馥芝蘭 績著旂常 調諧律呂 重平生[闕三字] 輕尺璧於寸陰 破鬼之勳 常[闕一
字] 不足平[闕一字] 之策[闕一字] 未涉言 副大總管使持節隴州諸軍事隴州刺史上柱國
安夷公[闕六字] 擧雄圖[闕一字] 六藝通三略[闕八字] 能令魏軍止渴無勞[闕八字] 副大
總管左領軍將軍金[闕四字] 溫雅器識沈毅 無小人之細行 有君子之高風 武既止戈 文
亦柔遠 行軍長史中書舍人[闕二字] 儀雲翹吐秀 日鏡揚輝 風偃搢紳 道光雅俗 鑑淸許
郭 望重荀裴 辯箭騰[闕二字] 九流於學海 詞[闕一字] 發穎掩七澤於文[闕二字] 太傅
之深謀 未堪捧轡 杜鎭南之遠略 猶可扶輪[闕二字] 鳳池或淸鯨塹 邢國公運秘鑑 總驍
雄 陰羽開偃月之圖 陽文含曉星之氣 龍韜豹鈐 必表於情源 元女黃公 咸會於神用 況
乎稽天蟻聚[闕一字] 地蜂飛 類短狐之含沙 似長蛇之吐霧 連營則犲狼滿道 結陣則梟
獍彌山 以此兇徒 守斯窮險 不知懸縷將絶 墜之以千鈞 累碁先危 壓之以九鼎 于時秋
草衰而寒山淨 凉飇擧而殺氣嚴 逸足與流電爭飛 疊鼓共奔雷競震 命豊隆而後殿 控列
缺以前驅 沴氣妖氛 掃之以戈戟 崇墉峻堞 碎之以衝[闕一字] 監[闕一字] 軍總管右屯
衛郞將上柱國祝[闕二字] 右一軍總管使持節淄州刺史上柱國[闕一字] 元嗣 地處關河
材包文武 挾山西之壯氣 乘冀北之浮雲 呼吸則江海停波 嘯咤則風雷絶響 嵎夷道副總
管右武衛中郞將上柱國曹繼叔 久預經綸 備嘗艱險 異廉頗之强飯 同充國之老臣 行軍
長史岐州司馬杜爽 質耀璿峯 芳流桂畹 追風簫電 騁逸轡於西海 排雲擊水 搏勁翮於
南溟 驥足既申 鳳池可奪 右一軍總管宣威將軍行左驍衛郞將上柱國劉仁願 資孝爲忠
自家刑國 早聞周孔之敎 晩習孫吳之書 既負英勇之材 仍兼文吏之[闕一字] 邢國公奉
緣聖旨 委以班條[闕二字] 金如粟而不窺 馬如羊而不顧 右武威中郞將金良圖 左一軍
總管使持節沂州刺史上柱國馬[闕六字] 之[闕七字] 之[闕七字] 郡[闕一字] 良邢國公
[闕一字] 奉神[闕二字] 專節度或發揚踦厲 或後勁前鋒 出天入地之奇 千變萬化[闕四
字] 之[闕一字] 電發風行[闕四字] 英聲載路 邢國公[闕五字] 甚投醪 逆命者則肅之以
秋霜 歸順者則潤之以春露 一擧而平九[闕三字] 而掃三韓[闕二字] 元之[闕二字] 則千
城仰德 發[闕二字] 之飛箭 則萬里銜恩[闕六字] 及太子隆[闕二字] 王餘孝一十三人
幷大首領大佐[闕七字] 成以下七百餘人 既入重闔 竝就擒獲[闕四字] 載以牛車[闕] 薦
司勳 式獻淸廟 仍變斯獷俗 令沐宏猷 露晃襄[闕一字] 先[闕三字] 烹鮮製錦 必選賢良
庶使剖符績邁於龔黃[闕三字] 高於卓魯 凡置五都督 卅七州三百五十縣 戶卄四萬 口
六百卄萬 各齊編戶 咸變夷風 大書[闕一字] 觀[闕三字] 所以旌其善 勒辭鼎銘 景鐘所
以表其功[闕一字] 州長史判兵曹賀遂亮 濫以庸材 謬司文翰 學[闕三字] 氣[闕一字]
風雲 職號將軍 願與廉頗之列 官稱博士 猶[闕一字] 賈[闕一字] 之衡 不以衰容 猶[闕
四字] 戈[闕十字] 九[闕十二字] 乃[闕十八字] 桑田同天[闕一字] 永久[闕三字] 島與日
月長懸 其銘曰 悠悠邃古[闕九字] 化權興[闕五字] 歙[闕一字] 居以糸以[闕一字] 或畋
或漁[闕九字] 及[闕二字] 代非一主 揖讓唐虞 革命湯武[闕五字] 均九土 屢擾干戈 式
[闕三字] 未[闕一字] 西[闕六字] 我聖皇 德叶穹蒼[闕二字] 千古[闕六字] 遠徹 遐哉大
荒 咸受正朔[闕三字] 疆[闕六字] 三光 叛族障國 憑凌水鄕 天降飛將 豹[闕一字] 龍
驤 弓彎月影 劍動星芒 貙豼百萬 電擧風揚[闕七字] 桑 氷銷夏日 葉碎秋霜 赳赳武夫
明明號令[闕二字] 廟[闕二字] 齊軍政 風嚴草衰 日[闕二字] 淨霜戈[闕十三字] 勁巨
[闕一字] 授首 逋誅請命[闕四字] 邊隅[闕二字] 嘉樹不翦[闕二十字] 刊[闕三字] 用紀
殊功 拒[闕三字] 永固 回地軸以無[闕一字] (『全唐文』200 賀遂亮 大唐平百濟國碑
銘)[1444]

1444) 이 기사에는 연대 표기가 없으나, 「大唐平百濟國碑銘」에 의거하여 顯慶 5년(660) 8월15일로 편년하였
다.

신라 백제   (八月)二十六日 攻任存大柵 兵多地嶮 不能克 但攻破小柵 (『三國史記』5 新羅本紀 5)

백제   (八月) 蘇定方引兵自成山濟海[1445] 百濟據熊津江口以拒之 定方進擊破之 百濟死者數千人 餘皆潰走 定方水陸齊進[1446] 直趣其都城[1447] 未至二十餘里 百濟傾國來戰 大破之 殺萬餘人 追奔入其郭[1448] 百濟王義慈及太子隆逃于北境 定方進圍其城 義慈次子泰自立爲王 帥衆固守 隆子文思曰 王與太子皆在 而叔遽擁兵自王[1449] 借使能却唐兵 我父子必不全矣 遂帥左右踰城來降 百姓皆從之 泰不能止 定方命軍士登城立幟 泰窘迫 開門請命[1450] 於是 義慈隆及諸城主皆降[1451][1452] 百濟故有五部 分統三十七郡二百城七十六萬戶 詔以其地 置熊津五都督府[1453] 以其酋長爲都督刺史[1454][1455] (『資治通鑑』200 唐紀 16 高宗 上之下)[1456]

백제   (通監) (顯慶五年)八月 定方引軍 自成山濟海[1457] 百濟據熊津江口以拒之 定方進擊破之 百濟死者數千人 餘皆潰走 定方水陸齊進[1458] 直趨眞都城 未至二十餘里 百濟傾國來戰 大破之 殺萬餘人 追奔入其郭[1459] 百濟王義慈及太子隆 逃北境 定方進圍其城 義慈次子泰 自立爲王 帥衆固守 隆子文思曰 王與太子皆在 而叔季擁兵自王 借使能却唐兵 我父子必不全矣 遂率左右踰城來降 百姓皆從之 泰不能止 定方命軍士登城立幟 泰窘迫 開門請命[1460] 於是 義慈隆及諸城主皆降[1461] 百濟故有五部 分統三十七郡二百城七十六萬戶 詔以其地 置熊津等五都督府 以其酋長爲都督刺史[1462] (『玉海』191 兵捷露布 3 唐神丘道行軍大摠管蘇定方俘百濟)[1463]

신라 백제   九月三日 郎將劉仁願以兵一萬人 留鎭泗沘城 王子仁泰與沙湌日原級湌吉那 以兵七千副之 定方以百濟王及王族臣寮九十三人 百生一萬二千人 自泗沘乘船廻唐 金仁問與沙湌儒敦大奈麻中知等偕行 (『三國史記』5 新羅本紀 5)

신라 백제   (太宗大王七年庚申) 唐人諜知我有備 虜百濟王及臣寮九十三人卒二萬人 以九月三日自泗沘泛船而歸 留郞將劉仁願等鎭守之 (『三國史記』42 列傳 2 金庾信 中)

1445) 이 앞부분은『舊唐書』本紀 등에 3월10일(辛亥)로 되어 있다.
1446) 이 앞부분은『三國史記』新羅本紀에 7월 9일로 되어 있다.
1447) 北史 百濟都俱拔城 亦曰固麻城 其外更有五方 中方曰古沙城 東方曰得安城 南方曰久知下城 西方曰刀先城 北方曰熊津城 趣 七喩翻
1448) 이 앞부분은『三國史記』新羅本紀에 7월12일로 되어 있다.
1449) 帥 讀曰率 下同 王 于況翻
1450) 이 앞부분은『三國史記』新羅本紀에 7월13일로 되어 있다.
1451) 降 戶江翻 幟 昌志翻
1452) 이 앞부분은『三國史記』新羅本紀에 7월18일로 되어 있다.
1453) 熊津馬韓東明金連德安五都督府
1454) 酋 慈由翻 長 知兩翻
1455) 이 앞부분은『舊唐書』本紀 등에 8월12일(庚辰)로 되어 있다.
1456) 다른 동일기사들이 3월10일(辛亥), 7월 9일, 7월12일, 7월13일, 7월18일, 8월12일(庚辰) 등에 분산되어 있으므로, 이 기사는 8월에 3월10일(辛亥)~8월12일(庚辰)의 전쟁과정을 요약한 것으로 보인다. 따라서 해당 부분에도 이중배치하였다.
1457) 이 앞부분은『舊唐書』本紀 등에 3월10일(辛亥)로 되어 있다.
1458) 이 앞부분은『三國史記』新羅本紀에 7월 9일로 되어 있다.
1459) 이 앞부분은『三國史記』新羅本紀에 7월12일로 되어 있다.
1460) 이 앞부분은『三國史記』新羅本紀에 7월13일로 되어 있다.
1461) 이 앞부분은『三國史記』新羅本紀에 7월18일로 되어 있다.
1462) 이 앞부분은『舊唐書』本紀 등에 8월12일(庚辰)로 되어 있다.
1463) 다른 동일기사들이 3월10일(辛亥), 7월 9일, 7월12일, 7월13일, 7월18일, 8월12일(庚辰) 등에 분산되어 있으므로, 이 기사는 8월에 3월10일(辛亥)~8월12일(庚辰)의 전쟁과정을 요약한 것으로 보인다. 따라서 해당 부분에도 이중배치하였다.

백제 신라	九月　定方以百濟王義慈及太子孝王子泰隆演及大臣將士八十八人　百性一萬二千八白七人　渡海還　新羅王亦遣弟監天福　告捷　仁問與沙湌儒敦大奈麻中知等　隨定方如唐仍宿衛
	百濟本五部三十七郡二百城七十六萬戶　至是　唐分置熊津馬韓東明金漣德安五都督府各統州縣　擢渠長　爲都督刺史縣令以理之
	命郞將劉仁願　以兵一萬鎭泗沘城 (『三國史節要』9)1464)
백제	定方以王及太子孝王子泰隆演及大臣將士八十八人百性一萬二千八白七人　送京師
	國本有五部三十七郡二百城七十六萬戶　至是　析置熊津馬韓東明金漣德安五都督府　各統州縣　擢渠長　爲都督刺史縣令以理之
	命郞將劉仁願守都城 (『三國史記』28 百濟本紀 6)1465)
백제	(現慶五年庚申) 定方以王義慈及太子隆王子泰王子演及大臣將士八十八人　百姓一萬二千八百七人　送京師
	其國本有五部三十七郡二百城七十六萬戶　至是　析置熊津馬韓東明金漣德安等五都督府　擢渠長爲都督刺史以理之
	命郞將劉仁願守都城 (『三國遺事』1 紀異 2 太宗春秋公)1466)
신라 백제	(顯慶五年) 卽以君爲都護兼知留鎭　新羅王金春秋　亦遣少子金泰　同城固守 (「劉仁願紀功碑」)1467)
백제	九月己亥朔癸卯　百濟遣達率[闕名]沙彌覺從等　來奏曰[或本云　逃來告難] 今年七月　新羅恃力作勢　不親於隣　引構唐人　傾覆百濟　君臣總俘　略無噍類[或本云　今年七月十日　大唐蘇定方　率船師　軍于尾資之津　新羅王春秋智率兵馬　軍于怒受利之山　夾擊百濟相戰三日　陷我王城　同月十三日　始破王城　怒受利山　百濟之東堺也] 於是　西部恩率鬼室福信　赫然發憤　據任射岐山　達率餘自進　據中部久麻怒利城　各營一所　誘聚散卒　兵盡前役　故　以梧戰　新羅軍破　百濟奪其兵　旣而百濟兵翻銳　唐不敢入　福信等遂鳩集同國　共保王城　國人尊曰　佐平福信佐平自進　唯福信起神武之權　興旣亡之國 (『日本書紀』26 齊明紀)
신라 백제	(九月)二十三日　百濟餘賊入泗沘　謀掠生降人　留守仁願出唐羅人　擊走之　賊退上泗沘南嶺　豎四五柵　屯聚伺隙　抄掠城邑　百濟人叛而應者二十餘城　唐皇帝遣左衛中郎將王文度爲熊津都督 (『三國史記』5 新羅本紀 5)
백제	(九月) 百濟餘兵入泗沘　謀掠生降者　留守仁願與新羅人　擊走之　賊退上泗沘南嶺豎柵　屯聚伺隙抄掠　百濟遺衆叛應者二十餘城　帝遣左衛中郎將王文度爲熊津都督　撫其餘衆 (『三國史節要』9)1468)
백제	又以左衛郎將王文度爲熊津都督　撫其餘衆 (『三國史記』28 百濟本紀 6)1469)
백제	(現慶五年庚申) 又左衛郎將王文度爲熊津都督　撫其餘衆 (『三國遺事』1 紀異 1 太宗春秋公)1470)
백제	(顯慶五年) 命左衛郎將王文度爲都統　總兵以鎭之 (『唐會要』95 百濟)1471)
백제	(顯慶五年) 命右衛郎將王文度爲都督　總兵以鎭之 (『太平寰宇記』172 四夷 1 東夷 1

1464) 이 기사에는 일자 표기가 없으나, 『三國史記』 新羅本紀에 의거하여 9월 3일로 편년하였다.
1465) 이 기사에는 월일 표기가 없으나, 『三國史記』 新羅本紀에 의거하여 9월 3일로 편년하였다.
1466) 이 기사에는 월일 표기가 없으나, 『三國史記』 新羅本紀에 의거하여 9월 3일로 편년하였다.
1467) 이 기사에는 월일 표기가 없으나, 『三國史記』 新羅本紀에 의거하여 9월 3일로 편년하였다.
1468) 이 기사에는 일자 표기가 없으나, 『三國史記』 新羅本紀에 의거하여 9월23일로 편년하였다.
1469) 이 기사에는 월일 표기가 없으나, 『三國史記』 新羅本紀에 의거하여 9월23일로 편년하였다.
1470) 이 기사에는 월일 표기가 없으나, 『三國史記』 新羅本紀에 의거하여 9월23일로 편년하였다.
1471) 이 기사에는 월일 표기가 없으나, 『三國史記』 新羅本紀에 의거하여 9월23일로 편년하였다.

	百濟國)[1472]
백제	(唐書) (顯慶五年) 命右衛郎將王文度 爲熊津都督 摠兵以鎭之 (『太平御覽』781 四夷部 2 東夷 2 百濟)[1473]
백제	初 蘇定方旣平百濟 留朗將劉仁願鎭守百濟府城 又以左衛中郎將王文度爲熊津都督 撫其餘衆 (『資治通鑑』200 唐紀 16 高宗 上之下)[1474]
백제	(通鑑) 龍朔元年 初 蘇定方旣平百濟 留其將劉仁願 守百濟府城 又以左衛中郎將王文度 爲熊津都督 撫其餘衆 (『玉海』191 兵捷露布 3 唐熊津道行軍摠管破百濟)[1475]
신라	(秋九月)二十八日 至三年山城傳詔 文度面東立 大王面西立 錫命後 文度欲以宣物授王 忽疾作便死 從者攝位 畢事 (『三國史記』5 新羅本紀 5)
백제	(九月) 至三年山城傳詔 疾作暴死 (『三國史節要』9)[1476]
백제	(顯慶五年九月) 文度濟海卒 (『新唐書』220 列傳 145 東夷 百濟)[1477]
백제	文度濟海卒 (『三國史記』28 百濟本紀 6)[1478]
백제	文度濟海而卒[1479] (『資治通鑑』200 唐紀 16 高宗 上之下)[1480]
백제 신라	(通鑑) (…) 文度濟海而卒 (『玉海』191 兵捷露布 3 唐熊津道行軍摠管破百濟)[1481]
백제	(九月) 帝以劉仁軌代之 (『三國史節要』9)
백제	(顯慶五年九月) 以劉仁軌代之 璋從子福信嘗將兵 乃與浮屠道琛據周留城反 迎故王子扶餘豐於倭 立爲王 西部皆應 引兵圍仁願 (『新唐書』220 列傳 145 東夷 百濟)
백제 신라	以劉仁軌代之 武王從子福信嘗將兵 乃與浮屠道琛據周留城叛 迎古王子扶餘豐 嘗質於倭國者 立之爲王 西北部皆應 引兵圍仁願於都城 詔起劉仁軌檢校帶方州刺史 將王文度之衆 便道發新羅兵 以救仁願 仁軌喜曰 天將富貴此翁矣 請唐曆及廟諱而行曰 吾欲掃平東夷 頒大唐正朔於海表 仁軌御軍嚴整 轉鬪而前 (『三國史記』28 百濟本紀 6)[1482]
고구려 백제	(顯慶)五年 高宗征遼 令仁軌監統水軍 以後期坐免 特令以白衣隨軍自効 時蘇定方旣平百濟 留郎將劉仁願於百濟府城鎭守 又以左衛中郎將王文度爲熊津都督 安撫其餘衆[1483] 文度濟海病卒[1484] 百濟爲僧道琛舊將福信率衆復叛 立故王子扶餘豐爲王 引兵圍仁願於府城 詔仁軌檢校帶方州刺史 代文度統衆 便道發新羅兵合勢以救仁願 轉鬪而前 仁軌軍容整肅 所向皆下 (『舊唐書』84 列傳 34 劉仁軌)[1485]

1472) 이 기사에는 월일 표기가 없으나, 『三國史記』新羅本紀에 의거하여 9월23일로 편년하였다.
1473) 이 기사에는 월일 표기가 없으나, 『三國史記』新羅本紀에 의거하여 9월23일로 편년하였다.
1474) 이 기사에는 연대 표기가 없으나, 『三國史記』新羅本紀에 의거하여 顯慶 5년(660) 9월23일(庚辰)로 편년하였다. 본래는 龍朔元年(661) 3월에 顯慶 5년(660) 9월23일~龍朔元年(661) 3월12일의 전쟁과정을 일괄요약한 기사의 일부분이다.
1475) 이 기사에는 연대 표기가 없으나, 『三國史記』新羅本紀에 의거하여 顯慶 5년(660) 9월23일(庚辰)로 편년하였다. 본래는 龍朔元年(661)에 顯慶 5년(660) 9월23일~11월22일의 전쟁과정을 일괄요약한 기사의 일부분이다.
1476) 이 기사에는 일자 표기가 없으나, 『三國史記』新羅本紀에 의거하여 9월28일로 편년하였다.
1477) 이 기사에는 일자 표기가 없으나, 『三國史記』新羅本紀에 의거하여 9월28일로 편년하였다.
1478) 이 기사에는 월일 표기가 없으나, 『三國史記』新羅本紀에 의거하여 9월28일로 편년하였다.
1479) 卒 子恤翻
1480) 이 기사에는 연대 표기가 없으나, 『三國史記』新羅本紀에 의거하여 9월28일로 편년하였다. 본래는 龍朔元年(661) 3월에 顯慶 5년(660) 9월23일~龍朔元年(661) 3월12일의 전쟁과정을 일괄요약한 기사의 일부분이다.
1481) 이 기사에는 연대 표기가 없으나, 『三國史記』新羅本紀에 의거하여 9월28일로 편년하였다. 본래는 龍朔元年(661)에 顯慶 5년(660) 9월23일~11월22일의 전쟁과정을 일괄요약한 기사의 일부분이다.
1482) 이 기사에는 월 표기가 없으나, 『三國史節要』에 의거하여 9월로 편년하였다.
1483) 이 앞부분은 『三國史記』新羅本紀에 9월23일로 되어 있다.
1484) 이 앞부분은 『三國史記』新羅本紀에 9월28일로 되어 있다.

백제 신라   (顯慶五年) 命右衛郎將王文度爲熊津都督 總兵以鎭之[1486] 文度濟海而卒[1487] 百濟僧
道琛舊將福信率衆據周留城以叛 遣使往倭國 迎故王子扶餘豊立爲王 其西部北部並翻
城應之 時郎將劉仁願留鎭於百濟府城 道琛等引兵圍之 帶方州刺史劉仁軌代文度統衆
便道發新羅兵合契以救仁願 轉鬥而前 所向皆下[1488] 道琛等於熊津江口立兩柵以拒官
軍 仁軌與新羅兵四面夾擊之 賊衆退走入柵 阻水橋狹 墮水及戰死萬餘人 (『舊唐書』1
99上 列傳 149上 東夷 百濟)[1489]

고구려 백제 신라

顯慶五年 伐遼 義府欲斥以罪 使督漕 而船果覆沒 坐免官 白衣隨軍 初 蘇定方旣平
百濟 留郎將劉仁願守其城 左衛中郎將王文度爲熊津都督 撫納殘黨[1490] 文度死[1491]
百濟故將福信及浮屠道琛迎故王子扶餘豊立之 引兵圍仁願 詔仁軌檢校帶方州刺史 統
文度之衆 幷發新羅兵爲援 仁軌將兵嚴整 轉鬥陷陣 所向無前 (『新唐書』 108 列傳 3
3 劉仁軌)[1492]

백제 고구려 탐라

劉仁軌 爲簡較帶方州刺史兼熊津道行軍長史[1493] 顯慶五年 大軍征遼 仁軌仍別領水
軍二萬 襲破倭賊數萬於白江 虜掠船艦四百餘艘 倭賊及眈羅等國 皆遣使詣之 請
降[1494] 初 仁軌將發帶方州 謂人曰 天將富貴此翁耳 於州司 請曆日一卷 幷七廟諱
人怪其故 答曰 擬削平遼海 頒示國家正朔 使夷俗尊奉焉 至果以軍功顯 正除帶方州
刺史 又簡較熊津都督總知留鎭兵馬事 (『冊府元龜』 358 將帥部 19 立功 11 劉仁
軌)[1495]

고구려 백제 탐라

(唐書) (顯慶)五年 大軍征遼 令仁軌監統水軍 以後期免 特令以白衣隨軍自效[1496] 尋
撿校帶方州刺史兼熊津道行軍長史[1497] 仍別領水軍二万 襲破倭賊數万於白波 虜獲舡
艦四百餘艘 倭及眈羅等國 皆遣使詣之 請降[1498] 初 仁軌將發帶方州 謂人曰 天將富
貴此翁耳 乃於州司請歷日一卷幷七廟諱 人怏其故 答曰 擬削平遼海 頒示國家正朔
使夷俗遵奉焉 至是 果以軍功顯 正除帶方州刺史 (『太平御覽』 276 兵部 7 良將 下
劉仁軌)[1499]

백제   仍圖反逆 卽有僞僧道琛僞扞率鬼室福信 出自閭巷 爲其魁首 招集狂狡 堡據任存 蜂
屯蝟起 彌山滿谷 (「唐劉仁願紀功碑」)[1500]

신라 백제   百濟故將福信及浮圖道琛 迎故王子扶餘豊立之 圍留鎭郎將劉仁願於熊津城 唐皇帝詔
仁軌檢校帶方州刺史 統前都督王文度之衆與我兵 向百濟營 轉鬪陷陳[1501] 所向無前
(『三國史記』 6 新羅本紀 6)[1502]

1485) 이 기사에는 월 표기가 없으나, 『三國史節要』에 의거하여 9월로 편년하였다.
1486) 이 앞부분은 『三國史記』 新羅本紀에 9월23일로 되어 있다.
1487) 이 앞부분은 『三國史記』 新羅本紀에 9월28일로 되어 있다.
1488) 이 뒷부분은 『三國史記』 新羅本紀에 10월30일로 되어 있다.
1489) 이 기사에는 월 표기가 없으나, 『三國史節要』에 의거하여 9월로 편년하였다.
1490) 이 앞부분은 『三國史記』 新羅本紀에 9월23일로 되어 있다.
1491) 이 앞부분은 『三國史記』 新羅本紀에 9월28일로 되어 있다.
1492) 이 기사에는 월 표기가 없으나, 『三國史節要』에 의거하여 9월로 편년하였다.
1493) 이 뒷부분은 『新唐書』 本紀 등에 龍朔 3년(663) 9월 8일(戊午)로 되어 있다.
1494) 이 뒷부분은 『三國史節要』 등에 顯慶 5년(660) 9월로 되어 있다.
1495) 이 기사에는 월 표기가 없으나, 『三國史節要』에 의거하여 9월로 편년하였다.
1496) 이 앞부분은 『三國史記』 新羅本紀에 9월23일로 되어 있다.
1497) 이 앞부분은 『三國史節要』 등에 顯慶 5년(660) 9월로 되어 있다.
1498) 이 앞부분은 『新唐書』 本紀 등에 龍朔 3년(663) 9월 8일(戊午)로 되어 있다.
1499) 이 기사에는 월 표기가 없으나, 『三國史節要』에 의거하여 9월로 편년하였다.
1500) 이 기사에는 월 표기가 없으나, 『三國史節要』에 의거하여 9월로 편년하였다.
1501) 저본에는 '陳'으로 되어 있으나, 내용상 '陣'으로 수정해야 한다.
1502) 이 기사에는 연대 표기가 없으나, 『三國史節要』에 의거하여 太宗武烈王 7년(660) 9월로 편년하였다.

백제 신라	初 百濟武王從子福信 將兵與浮屠道琛 據周留城叛 迎故王子豐立爲王 豐嘗質於倭者也 西北部皆應 引兵圍劉仁願於熊津城 時 郎將劉仁軌 坐罪白衣從軍 唐詔以爲檢校帶方州刺史 將前都督王文度之衆 便道發新羅兵 以救仁願 仁軌喜曰 天將富貴此翁矣 請唐曆及廟諱而行曰 吾欲歸平東夷 頒大唐正朔於海表 仁軌御軍嚴整 轉鬪而前 (『三國史節要』 10)[1503]	

백제 신라　百濟僧道琛故將福信聚衆據周留城[1504]　迎故王子豐於倭國而立之[1505]　引兵圍仁願於府城　詔起劉仁軌檢校帶方州刺史[1506]　將王文度之衆　便道發新羅兵以救仁願[1507]　仁軌喜曰　天將富貴此翁矣　於州司請唐曆及廟諱以行[1508]　曰　吾欲掃平東夷　頒大唐正朔於海表　仁軌御軍嚴整　轉鬪而前　所向皆下 (『資治通鑑』 200 唐紀 16 高宗 上之下)[1509]

백제 신라　顯慶中　爲簡較帶万[1510]州刺史　統衆便道　發新羅兵　救劉仁愿[1511]於百濟府城　仁愿[1512]旣至京　高祖謂曰　卿在海東　前後奏請　皆合事宜　而雅有文理　卿武將何得然也　對曰　劉仁軌之詞　非臣所及也　帝深歎賞之　因超加仁軌六階　正授帶万[1513]州刺史 (『冊府元龜』 388 將帥部 49 儒學 劉仁軌)[1514]

백제　旣破百濟餘衆 仁願至京師 高宗謂曰 卿在海東 前後請奏 皆合事宜 而雅有文理 卿本武將 何得然也 對曰 皆是劉仁軌之詞 非臣所及也 帝深歎賞之 因超加仁軌六階 正授帶方州刺史 幷賜京城宅一區 厚賚其妻子 遣使璽書勉之 初 仁軌坐事除名 配軍效力 至是復用 上官儀 謂人曰 劉仁軌 雖遭削黜 而能盡其忠 劉仁願秉節制 而能推其賢 可謂皆君子也 (『冊府元龜』 413 將帥部 74 薦賢 劉仁願)[1515]

백제 고구려　爲帶方州刺史 代劉仁願爲熊津都督 率兵鎭守 漸營屯田 積糧撫士 以經畧高麗 (『冊府元龜』 429 將帥部 90 守邊 劉仁軌)[1516]

백제 고구려　劉仁軌 爲帶方州刺史 平百濟鎭守 葺復戶版 復防堰 勸耕種 營屯田 以經略高麗 (『玉海』 177 食貨屯田 唐甘州屯田)[1517]

백제 신라　(通監) (…) 百濟僧道琛故將福信聚衆據周留城 迎故王子豐於倭國而立之 引兵圍仁願於府城 詔起劉仁軌檢校帶方州刺史 將文度之衆 便道發新羅兵以救仁願 仁軌喜曰 天將富貴此翁矣 於州司請唐曆及廟諱而行 曰 吾欲掃平東夷 頒大唐正朔於海表 仁軌御軍嚴整 轉鬪而前 所向皆平下 (『玉海』 191 兵捷露布 3 唐熊津道行軍摠管破百濟)[1518]

　　본래는 文武王 3년(663) 5월에 太宗武烈王 7년(660) 9월~文武王 3년(663) 10월21일의 전쟁과정을 일괄 요약한 기사의 일부분이다.

1503) 이 기사에는 연대 표기가 없으나, 『三國史節要』에 의거하여 太宗武烈王 7년(660) 9월로 편년하였다. 본래는 文武王 3년(663) 5월에 太宗武烈王 7년(660) 9월~文武王 3년(663) 10월21일의 전쟁과정을 일괄 요약한 기사의 일부분이다.

1504) 將 卽亮翻

1505) 倭 烏禾翻

1506) 帶方州置於百濟界 因古地名以名州 考異曰 僉載云 劉仁願以仁軌檢校帶方州刺史 今從本傳

1507) 將 卽亮翻

1508) 按劉仁軌自靑州刺史白衣從軍 此蓋於靑州州司請之也

1509) 이 기사에는 연대 표기가 없으나, 『三國史節要』에 의거하여 顯慶 5년(660) 9월로 편년하였다. 본래는 龍朔元年(661) 3월에 顯慶 5년(660) 9월23일~龍朔元年(661) 3월12일의 전쟁과정을 일괄요약한 기사의 일부분이다.

1510) 저본에는 '万'으로 되어 있으나, 내용상 '方'으로 수정해야 한다.

1511) 저본에는 '愿'으로 되어 있으나, 내용상 '願'으로 수정해야 한다.

1512) 저본에는 '愿'으로 되어 있으나, 내용상 '願'으로 수정해야 한다.

1513) 저본에는 '万'으로 되어 있으나, 내용상 '方'으로 수정해야 한다.

1514) 이 기사에는 연대 표기가 없으나, 『三國史節要』에 의거하여 顯慶 5년(660) 9월로 편년하였다.

1515) 이 기사에는 연대 표기가 없으나, 『三國史節要』에 의거하여 顯慶 5년(660) 9월로 편년하였다.

1516) 이 기사에는 연대 표기가 없으나, 『三國史節要』에 의거하여 顯慶 5년(660) 9월로 편년하였다.

1517) 이 기사에는 연대 표기가 없으나, 『三國史節要』에 의거하여 顯慶 5년(660) 9월로 편년하였다.

1518) 이 기사에는 연대 표기가 없으나, 『三國史節要』에 의거하여 顯慶 5년(660) 9월로 편년하였다. 본래는

고구려	唐靑州刺史劉仁軌 知海運 失船極多 除名爲民 遂遼東効力 遇病 臥平襄城下 襄幕看 兵士攻城 有一卒直來前頭背坐 叱之不去 仍惡罵曰 你欲看 我亦欲看 何預汝事 不肯 去 須臾 城[原文逸失] (『太平廣記』146 定數 1 劉仁軌)[1519]
백제	百濟歸順 劉仁軌勒兵鎭守 超加六階 正授帶方州刺史 (『全唐文』158 劉仁軌 序)[1520]
백제	(顯慶五年)九月 定方以所俘見 詔釋不誅 (『新唐書』220 列傳 145 東夷 百濟)[1521]
백제	顯慶五年九月 蘇定方降百濟王義慈以獻 (『冊府元龜』974 外臣部 19 褒異 1)
신라 백제	十月九日 王率太子及諸軍 攻尒禮城 (『三國史記』5 新羅本紀 5)
신라 백제	冬十月 新羅王率太子及諸軍 攻尒禮城 (『三國史節要』9)[1522]
신라 백제	(十月)十八日 取其城 置官守 百濟二十餘城震懼 皆降 (『三國史記』5 新羅本紀 5)
신라 백제	(冬十月) 取之 置官守 百濟二十餘城震懼 皆降 (『三國史節要』9)[1523]
신라 백제	(十月)三十日 攻泗沘南嶺軍柵 斬首一千五百人 (『三國史記』5 新羅本紀 5)
신라 백제	(冬十月) 又攻泗沘南嶺軍柵 斬首一千五百級 (『三國史節要』9)[1524]
백제 신라	福信等立兩柵於熊津江口以拒之 仁軌與新羅兵合擊之 我軍退走入柵 阻水橋狹 墮溺 及戰死者萬餘人 (『三國史記』28 百濟本紀 6)[1525]
백제 신라	福信等立兩柵於熊津口 拒之 仁軌與新羅兵合擊之 百濟軍退走入柵 阻水橋狹 墮死者 萬餘人 (『三國史節要』10)[1526]
백제 신라	百濟立兩柵於熊津江口 仁軌與新羅兵合擊 破之 殺溺死者萬餘人[1527] (『資治通鑑』20 0 唐紀 16 高宗 上之下)[1528]
백제 신라	(通監) (…) 百濟立兩柵於熊津江口 仁軌與新羅兵合擊 破之 殺溺死者萬餘人 (『玉海』 191 兵捷露布 3 唐熊津道行軍摠管破百濟)[1529]
신라 고구려	以冬十月 發兵來圍七重城 匹夫守且戰二十餘日 賊將見我士卒盡誠 鬪不內顧 謂不可 猝拔 便欲引還 逆臣大奈麻比歃密遣人告賊 以城內食盡力窮 若攻之 必降 賊遂復戰 匹夫知之 拔劒斬比歃首 投之城外 乃告軍士曰 忠臣義士 死且不屈 勉哉努力 城之存 亡在此一戰 乃奮拳一呼 病者皆起 爭先登 而士氣疲乏 死傷過半 賊乘風縱火 攻城突 入 匹夫與上干本宿謀支美齊等 向賊對射 飛矢如雨 支體穿破 血流至踵 乃仆而死 大 王聞之 哭甚痛 追贈級湌 (『三國史記』47 列傳 7 匹夫)[1530]

龍朔元年(661)에 顯慶 5년(660) 9월23일~11월22일의 전쟁과정을 일괄요약한 기사의 일부분이다.
1519) 이 기사에는 연대 표기가 없으나, 『三國史節要』에 의거하여 顯慶 5년(660) 9월로 편년하였다.
1520) 이 기사에는 연대 표기가 없으나, 『三國史節要』에 의거하여 顯慶 5년(660) 9월로 편년하였다.
1521) 『舊唐書』本紀, 『新唐書』本紀, 『資治通鑑』에는 11월 1일(戊戌)로 되어 있다.
1522) 이 기사에는 일자 표기가 없으나, 『三國史記』新羅本紀에 의거하여 10월 9일로 편년하였다.
1523) 이 기사에는 일자 표기가 없으나, 『三國史記』新羅本紀에 의거하여 10월18일로 편년하였다.
1524) 이 기사에는 일자 표기가 없으나, 『三國史記』新羅本紀에 의거하여 10월30일로 편년하였다.
1525) 이 기사에는 월일 표기가 없으나, 『三國史記』新羅本紀에 의거하여 10월30일로 편년하였다.
1526) 이 기사에는 연대 표기가 없으나, 『三國史記』新羅本紀에 의거하여 太宗武烈王 7년(660) 10월30일로 편년하였다. 본래는 文武王 3년(663) 5월에 太宗武烈王 7년(660) 9월28일~文武王 3년(663) 10월21일의 전쟁과정을 일괄요약한 기사의 일부분이다.
1527) 溺 奴狄翻
1528) 이 기사에는 연대 표기가 없으나, 『三國史記』新羅本紀에 의거하여 顯慶 5년(660) 10월30일로 편년하였다. 본래는 龍朔元年(661) 3월에 顯慶 5년(660) 9월23일~龍朔元年(661) 3월12일의 전쟁과정을 일괄요약한 기사의 일부분이다.
1529) 이 기사에는 연대 표기가 없으나, 『三國史記』新羅本紀에 의거하여 顯慶 5년(660) 10월30일로 편년하였다. 본래는 龍朔元年(661)에 顯慶 5년(660) 9월23일~11월22일의 전쟁과정을 일괄요약한 기사의 일부분이다.

백제	冬十月 百濟佐平鬼室福信 遣佐平貴智等 來獻唐俘一百餘人 今美濃國不破片縣 二郡 唐人等也 又乞師請救 幷乞王子餘豊璋曰[或本云 佐平貴智達率正珍也] 唐人率我蝥賊 來蕩搖我疆場 覆我社稷 俘我君臣[百濟王義慈 其妻恩古 其子隆等 其臣佐平千福國辯 成孫登等 凡五十餘 秋七月十三日 爲蘇將軍所捉 而送去於唐國 蓋是 無故持兵之徵 乎] 而百濟國 遙賴天皇護念 更鳩集以成邦 方今謹願 迎百濟國遣侍天朝王子豊璋 將 爲國主 云云 詔曰 乞師請救 聞之古昔 扶危繼絶 著自恒典 百濟國窮來歸我 以本邦 喪亂靡依靡告 枕戈嘗膽 必存拯救 遠來表啓 志有難奪 可分命將軍百道俱前 雲會雷 動 俱集沙㖨翦其鯨鯢 紆彼倒懸 宜有司具爲與之 以禮發遣云云[送王子豊璋及妻子與 其叔父忠勝等 其正發遣之時 見于七年 或本云 天皇立豊璋爲王 立塞上爲輔 而以禮 發遣焉] (『日本書紀』26 齊明紀)

신라 고구려 十一月一日 高句麗侵攻七重城 軍主匹夫死之 (『三國史記』5 新羅本紀 5)[1531]

고구려 신라 말갈

	十一月 高勾麗攻新羅七重城 軍主匹夫死之 匹夫 沙梁人也 阿湌尊臺之子 初 新羅王 以麗濟靺鞨相爲脣齒 同謀侵奪 求忠勇材堪綏禦者 以匹夫爲七重城下縣令 至是 高勾 麗忌 新羅與唐師滅百濟 圍其城 匹夫且守且戰者二旬 士卒皆殊死力鬪 麗將以謂不可 猝拔 欲引還 大奈麻比歃 密遣人告高勾麗曰 城內食盡力窮 今攻之 必拔 高勾麗復戰 匹夫斬比歃首 乃徇軍士曰 忠臣義士 死且不屈 城之存亡 在此一戰 努力勉哉 羸病者 皆起 爭先赴敵 然士卒飢乏 不可復振 高勾麗乘風縱火 攻之愈急 匹夫與一二將士 戮 力拒戰 矢集其身如蝟 血流至踵 乃死 王聞之 哭甚哀 贈級湌 (『三國史節要』9)[1532]

백제	十一月戊戌朔 邢國公蘇定方獻百濟王扶餘義慈太子隆等五十八人俘於則天門 責而宥 之 (『舊唐書』4 本紀 4 高宗 上)[1533]
백제	十一月戊戌 蘇定方俘百濟王以獻 (『新唐書』3 本紀 3 高宗)
백제	十一月戊戌朔 上御則天門樓[1534] 受百濟俘自其王義慈以下 皆釋之 蘇定方前後滅三 國 皆生擒其主[1535] 赦天下 (『資治通鑑』200 唐紀 16 高宗 上之下)
백제	(紀) (顯慶五年)十二[1536]月戊戌 蘇定方俘百濟王以獻 (…) (通監) (顯慶五年)十一月戊 戌朔 上御則天門樓 受百濟俘自其王義慈以下 皆釋之 (『玉海』191 兵捷露布 3 唐神 丘道行軍大摠管蘇定方俘百濟)
백제	(十一月) 蘇定方以百濟王義慈等見 帝責而宥之 帝慰藉定方 且曰 何不因而伐新羅 定 方曰 新羅其君仁而愛民 其臣忠以事國 下之事上如父兄 國雖小不可謀也 (『三國史節 要』9)[1537]
백제	定方以所俘見 上責而宥之 (『三國史記』28 百濟本紀 6)[1538]
백제	(太宗大王七年庚申) 定方旣獻俘 天子慰藉之曰 何不因而伐新羅 定方曰 新羅其君仁 而愛民 其臣忠以事國 下之人事其上如父兄 雖小不可謀也 (『三國史記』42 列傳 2 金庾信 中)[1539]

1530) 『三國史記』新羅本紀에는 11월 1일, 『三國史節要』에는 11월로 되어 있다.
1531) 『三國史記』匹夫傳에는 10월로 되어 있다.
1532) 이 기사에는 일자 표기가 없으나, 『三國史記』新羅本紀에 의거하여 11월 1일로 편년하였다.
1533) 『新唐書』百濟傳, 『冊府元龜』外臣部에는 9월로 되어 있다.
1534) 唐六典 東都宮城南面三門 中曰應天 後以武后號則天 遂更曰則天也
1535) 謂賀魯都曼義慈也
1536) 12월에는 戊戌日이 없다. 『舊唐書』本紀 등에 의거하여 '一'로 수정해야 한다.
1537) 이 기사에는 일자 표기가 없으나, 『舊唐書』本紀 등에 의거하여 11월 1일(戊午)로 편년하였다.
1538) 이 기사에는 월일 표기가 없으나, 『舊唐書』本紀 등에 의거하여 11월 1일(戊午)로 편년하였다.

백제	(現慶五年庚申) 定方以所俘見 上責而宥之 (『三國遺事』1 紀異 1 太宗春秋公)1540)
신라 백제	(十一月)五日 王行渡雞灘 攻王興寺岑城 七日乃克 斬首七百人 (『三國史記』5 新羅本紀 5)
신라 백제	(十一月) 新羅王自雞灘濟師 攻百濟王興岑城餘賊 七日克之 斬首七百級 (『三國史節要』9)1541)
신라 백제	(十一月)二十二日 王來自百濟 論功 以閼衿卒宣服爲級飡 軍師豆迭爲高干 戰死儒史知末知活寶弘伊屑儒等四人 許職有差 百濟人員並量才任用 佐平忠常常永達率自簡授位一吉飡 充職摠管 恩率武守授位大奈麻 充職大監 恩率仁守授位大奈麻 充職弟監 (『三國史記』5 新羅本紀 5)
신라 백제	(十一月) 師還 論功 以閼衿卒宣服爲級飡 軍師豆迭爲高干 贈戰死者官有差 初置大角干 以大將軍金庾信爲之 在十七位之上 百濟降人 並量才任用 佐平忠常常永達率自簡授一吉飡 恩率武守仁守 授大奈麻 (『三國史節要』9)1542)
신라 백제	大角干[或云大舒發翰] 太宗王七年 滅百濟論功 授大將軍金庾信大角干 於前十七位之上加之 非常位也 (『三國史記』38 雜志 7 職官 上)1543)
백제 신라	(十一月) 初 唐人滅百濟 營於泗沘丘 謀侵新羅 王召群臣問計 有多美公者獻策曰 令我卒詐爲百濟人服 若欲爲賊者 唐人必擊之 因與之戰 可以得志 庾信曰 斯言有理 請從之 王曰 唐人爲我滅敵 而反與之戰 天其佑我耶 庾信曰 犬雖畏其主 踏其脚則反噬之 豈可遇難而不救 自底於亡乎 唐人知新羅有備 乃還 (『三國史節要』9)
신라 백제	(太宗大王七年庚申) 唐人旣滅百濟 營於泗沘之丘 陰謀侵新羅 我王知之 召羣臣問策 多美公進曰 令我民詐爲百濟之人 服其服 若欲爲賊者 唐人必擊之 因與之戰 可以得志矣 庾信曰 斯言可取 請從之 王曰 唐軍爲我滅敵 而反與之戰 天其祐我耶 庾信曰 犬畏其主 而主踏其脚則咬之 豈可遇難而不自救乎 請大王許之 (『三國史記』42 列傳 2 金庾信 中)1544)
고구려	冬十一月 唐左驍衛大將軍契苾何力爲浿江道行軍大摠管 左武衛大將軍蘇定方爲遼東道行軍大摠管 左驍衛將軍劉伯英爲平壤道行軍大摠管 蒲州刺史程名振爲鏤方道摠管 將兵分道來擊 (『三國史記』22 高句麗本紀 10)1545)
고구려	(十一月) 唐以左驍衛大將軍契苾何力爲浿江道行軍大摠管 左武衛大將軍蘇定方爲遼東道行軍大摠管 左驍衛將軍劉伯英爲平壤道行軍大摠管 蒲州刺史程名振爲鏤方道摠管 將兵分道擊高勾麗 (『三國史節要』9)
고구려	(十二月)壬午 左驍衛大將軍契苾何力爲浿江道行軍大總管 蘇定方爲遼東道行軍大總管 左驍衛將軍劉伯英爲平壤道行軍大總管 以伐高麗 阿史德樞賓及奚契丹戰 敗之 (『新唐書』3 本紀 3 高宗)1546)
고구려	(十二月)壬午 以左驍衛大將軍契苾何力爲浿江道行軍大總管1547) 左武衛大將軍蘇定方

1539) 이 기사에는 월일 표기가 없으나, 『舊唐書』本紀 등에 의거하여 11월 1일(戊午)로 편년하였다.
1540) 이 기사에는 월일 표기가 없으나, 『舊唐書』本紀 등에 의거하여 11월 1일(戊午)로 편년하였다.
1541) 이 기사에는 일자 표기가 없으나, 『三國史記』新羅本紀에 의거하여 11월 5일로 편년하였다.
1542) 이 기사에는 일자 표기가 없으나, 『三國史記』新羅本紀에 의거하여 11월22일로 편년하였다.
1543) 이 기사에는 월일 표기가 없으나, 『三國史記』新羅本紀에 의거하여 11월22일로 편년하였다.
1544) 이 기사에는 월 표기가 없으나, 『三國史節要』에 의거하여 11월로 편년하였다.
1545) 『新唐書』本紀, 『資治通鑑』에는 12월16일(壬午)로 되어 있다.
1546) 『三國史記』高句麗本紀, 『三國史節要』에는 11월로 되어 있다.

	爲遼東道行軍大總管　左驍衛將軍劉伯英爲平壤道行軍大總管　蒲州刺史程名振爲鏤方道總管　將兵分道擊高麗　靑州刺史劉仁軌坐督海運覆船　以白衣從軍自效[1548] (『資治通鑑』200 唐紀 16 高宗 上之下)
고구려 백제	(高麗傳) (顯慶三年)後二年[五年十二月壬午] 天子已平百濟　乃以左驍騎大將軍契苾何力右武威大將軍蘇定方　率諸將討之 (『玉海』191 兵捷露布 3 唐遼東道行臺大摠管李勣俘高麗獻俘昭陵檄高麗含元殿數俘)
백제 고구려	按唐書高記　現慶五年庚申　蘇定方等征百濟後　十二月　大將軍契如何爲浿道行軍大摠管　蘇定方爲遼東道大摠管　劉伯英爲平壤道大摠管　以伐高麗 (『三國遺事』2 紀異 2 文虎王法敏)[1549]
고구려 백제	(顯慶三年)後二年　天子已平百濟　乃以左驍衛大將軍契苾何力右武衛大將軍蘇定方左驍衛將軍劉伯英　率諸將出浿江遼東平壤道討之 (『新唐書』220 列傳 145 東夷 高麗)[1550]
고구려	顯慶五年　詔爲使持節長岑道行軍大總管　辰韓俶擾　從旆除殘　契丹縱毒　回戈拯亂　剿玄菟之遊魂　覆黃龍之巨孽　亦旣至止　恩賞兼隆 (「阿史那忠碑」: 『全唐文新編』991)[1551]
고구려	顯慶中　爲浿[1552]江軍行軍大總管　與蘇定方及右驍衛大將軍劉伯英伐高麗　不克 (『新唐書』110 列傳 35 諸夷蕃將 契苾何力)[1553]
고구려	未幾　定方爲遼東道行軍大總管 (『新唐書』111 列傳 36 蘇定方)[1554]
고구려	歷晉蒲二州刺史　鏤方道總管 (『新唐書』111 列傳 36 程名振)[1555]
고구려	屬興師遼碣　以公爲使持節長岑道行軍大總管　元戎長驅　天威遐暢　三山因之而波蕩　九種以之而震驚　契丹在白狼之東　居黃龍之右　近侵奔服　外結鳥夷　公迴師誅翦　應機殄滅　虜獲萬計　三軍無私　蒙賞縑帛　仍於羽林軍檢校 (「阿史那忠 墓誌銘」: 『全唐文補遺』1; 『全唐文新編』175; 『唐代墓誌滙篇』)[1556]
백제	十二月丁卯朔庚寅　天皇幸于難波宮　天皇方隨福信所乞之意　思幸筑紫將遣救軍　而初幸斯備諸軍器 (『日本書紀』26 齊明紀)
백제	王病死　贈金紫光祿大夫衛尉卿　許舊臣赴臨　詔葬孫皓陳叔寶墓側　幷爲竪碑　授隆司稼卿 (『三國史記』28 百濟本紀 6)
백제	(現慶五年庚申) 王病死　贈金紫光祿大夫衛尉卿　許舊臣赴臨　詔葬孫皓陳叔寶墓側　並爲竪碑 (『三國遺事』1 紀異 1 太宗春秋公)
백제	義慈病死　帝贈金紫光祿大夫衛尉卿　許舊臣赴臨　詔葬孫皓陳叔寶墓側　幷竪碑　授子隆司稼卿 (『三國史節要』9)
백제	(顯慶五年) 義慈事親以孝行聞　友于兄弟　時人號海東曾閔　及至京　數日而卒　贈金紫光

1547) 浿水 在高麗國中　驍 堅堯翻 契 欺訖翻 浿 普蓋翻
1548) 考異曰 舊傳云 監統水軍征遼 以後期坐免官 按仁軌從軍乃在百濟 非征遼也 今從張鷟朝野僉載
1549) 이 기사에는 일자 표기가 없으나, 『新唐書』本紀 등에 의거하여 12월16일(壬午)로 편년하였다.
1550) 이 기사에는 월일 표기가 없으나, 『新唐書』本紀 등에 의거하여 12월16일(壬午)로 편년하였다.
1551) 이 기사에는 월일 표기가 없으나, 『新唐書』本紀 등에 의거하여 12월16일(壬午)로 편년하였다.
1552) 저본에는 '沮'로 되어 있으나, 『新唐書』本紀 등에 의거하여 '浿'로 수정해야 한다.
1553) 이 기사에는 연대 표기가 없으나, 『新唐書』本紀 등에 의거하여 顯慶 5년(660) 12월16일(壬午)로 편년하였다.
1554) 이 기사에는 연대 표기가 없으나, 『新唐書』本紀 등에 의거하여 顯慶 5년(660) 12월16일(壬午)로 편년하였다.
1555) 이 기사에는 연대 표기가 없으나, 『新唐書』本紀 등에 의거하여 顯慶 5년(660) 12월16일(壬午)로 편년하였다.
1556) 이 기사에는 연대 표기가 없으나, 『新唐書』本紀 등에 의거하여 顯慶 5년(660) 12월16일(壬午)로 편년하였다.

	祿大夫衛尉卿 特許其舊臣赴哭 送就孫皓陳叔寶墓側葬之 幷爲豎碑 (『舊唐書』199上 列傳 149上 東夷 百濟)
백제	(顯慶五年) 義慈病死 贈衛尉卿 許舊臣赴臨 詔葬孫皓陳叔寶墓左 授隆司稼卿 (『新唐書』220 列傳 145 東夷 百濟)
백제	(顯慶五年) 義慈事親以孝行聞 友于兄弟 時人號爲海東曾閔 及至京 數日病卒 葬于孫皓陳叔寶墓側 (『唐會要』95 百濟)
백제	(顯慶五年) 數日病卒 贈金紫光祿大夫衛尉卿 特許其舊臣赴喪 仍葬於孫皓陳叔寶墓之側 官爲立碑 (『冊府元龜』974 外臣部 19 褒異 1)
백제	義慈卒於唐 唐史有明文 (『三國遺事』1 紀異 1 太宗春秋公)1557)
백제	義慈 事親以至孝聞 友於兄弟 時人號爲東海曾閔 及至京 數日病卒 葬於孫皓陳叔寶墓側 (『太平寰宇記』172 四夷 1 東夷 1 百濟國)1558)
백제	百濟王義慈 事親以行聞 友于兄弟 時人號爲海東曾閔 (『冊府元龜』962 外臣部 7 賢行)1559)
백제	(唐書) 又曰 百濟王義慈 事親以孝行聞 友于兄弟 時人號東海曾閔 及至京 數日而疾卒 贈金紫光祿大夫衛尉卿 特許其舊臣赴哭 送就孫皓陳叔寶墓側 葬之 (『太平御覽』781 四夷部 2 東夷 2 百濟)1560)
백제	父義<慈> 顯慶年 <授>金紫光祿大夫衛尉卿 (「扶餘隆 墓誌銘」)1561)

백제	百濟樂 中宗之代 工人死散 岐王範爲太常卿 復奏置之 是以音伎多闕 舞二人 紫大袖裙襦 章甫冠 皮履 樂之存者 箏笛桃皮篳篥箜篌歌 此二國 東夷之樂也 (『舊唐書』29 志 2 音樂 2)
고구려 백제	高麗百濟樂 宋朝初得之 至後魏大武滅北燕 亦得之而未具 周武滅齊 威振海外 二國各獻其樂 周人列於樂部 謂之國伎 隋文平陳 及文康禮曲 俱得之 百濟 貞觀中 滅二國 盡得其樂 至天后時 高麗樂猶二十五曲 貞元末 唯能習一曲 衣服亦漸失其本風矣 其百濟 至中宗時 工人死散 開元中 岐王範爲太常卿 復奏置焉 文康禮曲者 東晉庾亮 歿後 伎人所作 因以亮諡爲樂之名 流入樂府 至貞觀十一年 黜去之 今亡矣 (『唐會要』33 東夷二國樂 高麗百濟)
백제	(唐會要) 又曰 百濟 貞觀中滅二國 盡得其樂 至天后時 高麗樂猶二十五曲 貞元末 唯能習一曲 衣服亦漸變其土風矣 其百濟 至中宗時 工人死散 開元中 岐王範爲太常卿 復奏置焉 (『太平御覽』567 樂部 5 四夷祭)
고구려 백제	(唐會要) 又曰 高麗百濟樂 宋朝初得之 至後魏太武滅北燕 以得之而未具 周武滅齊 威振海外 二國各獻其樂 周人列於樂部 謂之國伎 隋文平陳 及文康禮 俱得之 (『太平御覽』568 樂部 6 宴樂)
고구려 백제	(志) (…) 唐東夷樂有高麗百濟[二國] 北狄有鮮卑吐谷渾部落稽[三國] 南蠻有扶南天竺南詔驃國[四國] 西戎有高昌龜玆疏勒康國安國[五國] 凡十四國之樂 而八國之伎 列于十部樂[中宗時 百濟樂工亡散 岐王爲太常卿 復奏置之 然音伎多闕] (『玉海』105 音樂樂 3 唐九部樂十部樂十四國樂二部樂)

1557) 이 기사에는 연대 표기가 없으나, 『三國史記』百濟本紀 6 등에 의거하여 顯慶 5년(660)으로 편년하였다.
1558) 이 기사에는 연대 표기가 없으나, 『三國史記』百濟本紀 6 등에 의거하여 顯慶 5년(660)으로 편년하였다.
1559) 이 기사에는 연대 표기가 없으나, 『三國史記』百濟本紀 6 등에 의거하여 顯慶 5년(660)으로 편년하였다.
1560) 이 기사에는 연대 표기가 없으나, 『三國史記』百濟本紀 6 등에 의거하여 顯慶 5년(660)으로 편년하였다.
1561) 이 기사에는 연대 표기가 없으나, 『三國史記』百濟本紀 6 등에 의거하여 顯慶 5년(660)으로 편년하였다.

고구려 백제	(會要) 高麗百濟樂 宋朝初得之 貞觀中 滅二國 盡得其樂 至天后時 高麗樂 猶二十五曲 貞元末 惟能習一曲 衣服亦漸失其本風矣 其百濟 至中宗時 樂工亡散 開元末 岐王範爲太常 復奏置之 (『玉海』 108 音樂四夷樂 唐十四國樂)
백제	顯慶五年 蘇定方討平百濟 常之率所部隨例送降款 時定方縶左王及太子隆等 仍縱兵劫掠 丁壯者多被戮 常之恐懼 遂與左右十餘人遁歸本部 鳩集亡逸 共保任存山 築柵以自固 旬日而歸附者三萬餘人 定方遣兵攻之 常之領敢死之士拒戰 官軍敗績 遂復本國二百餘城 定方不能討而還 (『舊唐書』 109 列傳 59 黑齒常之)
백제	初 黑齒常之嘯聚亡散 旬日間歸附者三萬餘人 定方遣兵攻之 常之拒戰敗之 復取二百餘城 定方不能克 常之與別部將沙吒相如據嶮 以應福信 (『三國史記』 28 百濟本紀 6)[1562]
백제	初 蘇定方討平百濟 達率兼風達郡將黑齒常之 以所部降 定方囚義慈 縱兵大掠 常之懼 與左右十餘人遯去 嘯合逋亡 依任存山自固 不旬日 歸者三萬 定方遣兵攻之 常之拒戰敗之 遂復二百餘城 定方不能克 常之與別部沙吒相如據險 以應福信 (『三國史節要』 10)[1563]
백제	蘇定方平百濟 常之以所部降 而定方囚老王 縱兵大掠 常之懼 與左右酋長十餘人遯去 嘯合逋亡 依任存山自固 不旬日 歸者三萬 定方勒兵攻之 不克 遂復二百餘城 (『三國史記』 44 列傳 4 黑齒常之)[1564]
백제	先是 百濟首領沙吒相如黑齒常之自蘇定方軍迴後 鳩集亡散 各據險以應福信 (『舊唐書』 84 列傳 34 劉仁軌)[1565]
백제	始 定方破百濟 酋領沙吒相如黑齒常之嘯亡散 據險以應福信 (『新唐書』 108 列傳 33 劉仁軌)[1566]
백제	蘇定方平百濟 常之以所部降 而定方囚老王 縱兵大掠 常之懼 與左右酋長十餘人遁去 嘯合逋亡 依任存山自固 不旬日 歸者三萬 定方勒兵攻之 不克 常之遂復二百餘城 (『新唐書』 110 列傳 35 諸夷蕃將 黑齒常之)[1567]
백제	蘇定方克百濟 常之帥所部隨衆降 定方縶其王及太子 縱兵劫掠 壯者多死 常之懼 與左右十餘人遁歸本部 收集亡散 保任存山 結柵以自固 旬月間歸附者三萬餘人 定方遣兵攻之 常之拒戰 唐兵不利 常之復取二百餘城[1568] 定方 不能克而還[1569] 常之與別部將沙吒相如[1570] 各據險以應福信 (『資治通鑑』 201 唐紀 17 高宗 中之上)[1571]
백제 신라	是歲 欲爲百濟將伐新羅 乃勅駿河國 造船 已訖 挽至續麻郊之時 其船 夜中無故 艫

1562) 이 기사에는 연대 표기가 없으나, 『舊唐書』 黑齒常之傳에 의거하여 太宗武烈王 7년(660)으로 편년하였다.

1563) 이 기사에는 연대 표기가 없으나, 『舊唐書』 黑齒常之傳에 의거하여 太宗武烈王 7년(660)으로 편년하였다. 본래는 文武王 3년(663) 11월에 太宗武烈王 7년(660)~神文王 9년(689)의 黑齒常之 관련기록과 전쟁과정을 요약한 기사의 일부분이다.

1564) 이 기사에는 연대 표기가 없으나, 『舊唐書』 黑齒常之傳에 의거하여 顯慶 5년(660)으로 편년하였다.

1565) 이 기사에는 연대 표기가 없으나, 『舊唐書』 黑齒常之傳에 의거하여 顯慶 5년(660)으로 편년하였다. 본래는 백제부흥군의 멸망과정을 서술하는 내용의 일부분으로, 黑齒常之에 대한 설명으로 삽입된 것이다.

1566) 이 기사에는 연대 표기가 없으나, 『舊唐書』 黑齒常之傳에 의거하여 顯慶 5년(660)으로 편년하였다. 본래는 백제부흥군의 멸망과정을 서술하는 내용의 일부분으로, 黑齒常之에 대한 설명으로 삽입된 것이다.

1567) 이 기사에는 연대 표기가 없으나, 『舊唐書』 黑齒常之傳에 의거하여 顯慶 5년(660)으로 편년하였다.

1568) 復 扶又翻

1569) 還 從宣翻 又如字

1570) 沙吒 夷人複姓 吒 陟加翻

1571) 이 기사에는 연대 표기가 없으나, 『舊唐書』 黑齒常之傳에 의거하여 顯慶 5년(660)으로 편년하였다. 본래는 龍朔 3년(663) 9월에 龍朔 2년(662) 7월 1일(戊子)~龍朔 3년(663)의 전쟁과정을 일괄요약한 기사의 일부분으로, 黑齒常之에 대한 설명으로 삽입된 것이다.

<table>
<tr><td></td><td>觗相反 衆知終敗 科野國言 蠅群向西 飛踰巨坂 大十圍許 高至蒼天 或知救軍敗績之
怪 有童謠曰 (『日本書紀』26 齊明紀)</td></tr>
<tr><td>신라</td><td>(顯慶五年)是年 新羅王金眞德卒 帝爲擧哀於永光門 使太嘗[1572]丞張文收 持節弔祭之
賜開府儀同三司 仍賜綾綵三百段 (『冊府元龜』974 外臣部 19 襃異 1)[1573]</td></tr>
<tr><td>백제</td><td>公器宇深沉 幹略宏遠 虛弦落雁 挺劍飛猨 夙稟貞規 早表義節 占風異域 就日長
安[1574] (「禰寔進 墓誌銘」:『中國歷史地理論叢』2006-2)</td></tr>
<tr><td>백제</td><td>去顯慶五年 官軍平本藩日 見機識變 杖劒知歸 似由余之出戎 如金磾之入漢 聖上嘉
歎 擢以榮班 授右武衛滻川府折衝都尉 (「禰軍 墓誌銘」:『社會科學戰線』2011-7)</td></tr>
<tr><td>백제</td><td>官兵以顯慶五祀 弔人遼浿 府君因機一變 請吏明時 恩獎稠疊 仍加賞慰 從其所好 隷
此神州 今爲洛陽人也[1575] (「陳法子 墓誌銘」:『大唐西市博物館藏墓誌』)</td></tr>
<tr><td>백제</td><td>顯慶五年 以平百濟勳 蒙授上柱國 策拜他職 (「李諿 墓誌銘」:『全唐文新編』993;『
全唐文補遺』2)</td></tr>
<tr><td>백제</td><td>顯慶五年 神丘道大總管蘇定方 地均衛霍 術妙孫吳 引公爲入幕之賓 籍公有縱橫之算
掃除穢陌 我有九焉 (「陸仁儉 墓誌銘」:『唐代墓誌滙續集』;『全唐文補遺』5)</td></tr>
<tr><td>백제</td><td>年十七 從文獻公平百濟 功授熊津都督府叅軍 (「劉濬 墓誌銘」:『唐代墓誌滙篇』;『全
唐文補遺』1)[1576]</td></tr>
<tr><td>백제</td><td>平百濟勳至上柱國 築室種樹 琴酒△娛 敦信枕仁 夙恭禮讓 (「孫通 墓誌銘」:『唐代墓
誌滙篇』)[1577]</td></tr>
<tr><td>백제</td><td>顯慶四年 鷄林道大總管蘇定方受制專征 聊申薄伐 知公英略冠衆 奏請同征 挫敵摧兇
果無與匹 策勳命賞 功最居多 (「馮師訓碑」:『全唐文補遺』3;『全唐文新編』188)[1578]</td></tr>
<tr><td>고구려</td><td>父孚受寶蔵王中裏小兄 任南蘇道史 遷陁大兄 任海谷府都督 又遷受太相 任司府大夫
承襲執垧事 (「高乙德 墓誌銘」: 2015『韓國古代史研究』79)[1579]</td></tr>
<tr><td>고구려</td><td>公年纔立志仕彼邦 官受中裏小兄 任貴端道史 (「高乙德 墓誌銘」: 2015『韓國古代史
研究』79)[1580]</td></tr>
</table>

1572) 저본에는 '嘗'으로 되어 있으나, 내용상 '常'으로 수정해야 한다.

1573) 『資治通鑑』에는 永徽 5년(654) 5월18일(壬辰), 『三國史記』 新羅本紀, 『三國史節要』에는 眞德王 8년 (654) 5월, 『新唐書』 新羅傳, 『唐會要』에는 永徽 5년(654)년으로 되어 있다.

1574) 이 뒤의 사적에 대해서는 "式奉文樞 爰陪武帳 腰鞬珥鶡 紆紫懷黃 駈十影於香街 翊九旗於綺禁 豈与夫 日磾之輩由余之儔 議其誠績 較其優劣者矣 方承休寵 荷日用於百年 遽促浮生 奄塵飄於一瞬"라고 기록되어 있다.

1575) 이 뒤의 사적에 대해서는 "(顯慶)六年二月十六日 制授游擊將軍右驍衛政敎府右果毅都尉 乾封二年 除右 衛大平府右果毅都尉 總章二年 改授寧遠將軍右衛龍亭府折衝都尉 咸亨元年 加階定遠將軍 文明元年 又加明 威將軍 職事依舊"라고 기록되어 있다.

1576) 이 기사에는 연대 표기가 없으나, 劉濬은 644년에 출생하여 660년에 17세가 되었다. 그에 따라 顯慶 5년(660)으로 편년하였다.

1577) 이 기사에는 연대 표기가 없으나, "平百濟勳至上柱國"이라는 구절에 의거하여 顯慶 5년(660)으로 편년 하였다.

1578) 이 기사에는 "顯慶四年"이라고 되어 있으나, 뒷부분에는 顯慶 5년(660)의 행적이 포함되어 있다. 그에 따라 659~660년으로 기간편년하고 마지막해인 660년에 배치하였다.

1579) 부친의 활동시기는 보장왕대(642~668)이고, 高乙德은 661년에 당에 귀의하였다. 그에 따라 642~660 년으로 기간편년하고 마지막해인 660년에 배치하였다.

1580) 高乙德은 618년에 출생하였으므로 637년에 성인이 되었다고 판단되고, 이후 그는 661년에 당에 귀의

백제   △城自中可△

                  馬△△ △城自中△ (전면)

                  攻舟嶋城 中卩△△

                  攻負△城 中卩△䝱

                  △ △ (후면) (「283호 목간」: 1985 2004 『한국의 고대목간』)[1581]

백제   那尔△連公 (「317호 목간」: 2000 『한국고고학보』 43; 2004 『한국의 고대목간』)[1582]

백제   二月十一月兵与記 (전면)

                  中方向殳 △ △ (후면) (「285호 목간」: 2004 『한국의 고대목간』)[1583]

백제   嵎夷 (「286호 목간」: 2004 『한국의 고대목간』)

백제   奈率牟氏丁△ 寂信不丁一 △△酒丁一 (전면)

                  △△ △加△△辶東 (후면) (「현내들 85-8호 목간」: 2008 『목간과 문자』 1; 2015 『한국고대문자자료연구』)[1584]

백제   德率首比 (「현내들 91호 목간」: 2008 『목간과 문자』 1; 2015 『한국고대문자자료연구』)

백제   上卩 (「현내들 95호 목간」: 2008 『목간과 문자』 1; 2015 『한국고대문자자료연구』)

백제   漢谷 (「현내들 105호 목간」: 2008 『목간과 문자』 1; 2015 『한국고대문자자료연구』)

백제   五石六十斤 (「쌍북리 173-8번지 194호 목간」: 2011 『목간과 문자』 7; 2015 『한국고대문자자료연구』)[1585]

백제   △四斤一兩 △五斤四兩 (전면)

                  △丁卅四 △婦十三 泊一△ (후면) (「쌍북리 173-8번지 223호 목간」: 2011 『목간과 문자』 7; 2015 『한국고대문자자료연구』)

신라   食流石奈生城上 此本宜城 今受不受郡土 (1면)

                  △受△△△主△△△△△△△△△△ (2면)

                  (판독 불가) (3면)

                  △△△△△△氵一亻辶豆十城△与道△ (4면) (「150호 목간」: 2004 『한국의 고대목간』; 2006 『월성해자2』)[1586]

661(辛酉/신라 태종무열왕 8, 문무왕 1/고구려 보장왕 20/唐 顯慶 6, 龍朔 1/倭 齊明

하였다. 그에 따라 637~660년으로 기간편년하고 마지막해인 660년에 배치하였다.

1581) 이 목간은 1983년에 부여의 관북리 유적에서 출토되어, 7세기의 백제 목간으로 판단된다. 그에 따라 600~660년으로 기간편년하고 마지막해인 660년에 배치하였다.

1582) 이 목간은 1998년에 부여의 쌍북리 102번지 유적에서 출토되어, 7세기의 백제 목간으로 판단된다. 그에 따라 600~660년으로 기간편년하고 마지막해인 660년에 배치하였다.

1583) 이하의 목간들은 2001~2002년에 부여의 관북리 유적에서 출토되어, 7세기의 백제 목간으로 판단된다. 그에 따라 600~660년으로 기간편년하고 마지막해인 660년에 배치하였다.

1584) 이하의 목간들은 2006~2007년에 부여의 쌍북리 현내들 유적에서 출토되어, 7세기의 백제 목간으로 판단된다. 그에 따라 600~660년으로 기간편년하고 마지막해인 660년에 배치하였다.

1585) 이하의 목간들은 2011년에 부여의 쌍북리 173-8번지 유적에서 출토되어, 7세기의 백제 목간으로 판단된다. 그에 따라 600~660년으로 기간편년하고 마지막해인 660년에 배치하였다.

1586) 이 목간은 1985년에 경주의 월성해자 유적에서 출토되었는데, '郡'을 기록하고 있어 550~660년에 제작된 것으로 판단된다. 그에 따라 550~660년으로 기간편년하고 마지막해인 660년에 배치하였다.

7)

백제   春正月丁酉朔丙寅 御船西征 始就于海路 (『日本書紀』 26 齊明紀)

백제   (正月)甲辰 御船到于大伯海 (『日本書紀』 26 齊明紀)

백제   (正月)庚戌 御船 泊于伊豫熟田津石湯行宮[熟田津 此云儞枳柁豆] (『日本書紀』 26 齊明紀)

고구려   春正月乙卯 於河南河北淮南六十七州募得四萬四千六百四十六人 往平壤帶方道行營 (『舊唐書』 4 本紀 4 高宗 上)

고구려   春正月乙卯 募河南北淮南六十七州兵 得四萬四千餘人 詣平壤鏤方行營 (『資治通鑑』 200 唐紀 16 高宗 上之下)

고구려   春正月 唐募河南北淮南六十七州兵 得四萬四千餘人 詣平壤鏤方行營 (『三國史記』 22 高句麗本紀 10)[1587]

고구려   春正月 唐募河南北淮南六十七州兵 得四萬四千餘人 赴平壤鏤方行營 (『三國史節要』 9)[1588]

고구려   正月戊午 鴻臚卿蕭嗣業爲扶餘道行軍總管 以伐高麗 (『新唐書』 3 本紀 3 高宗)

고구려   (春正月)戊午 以鴻臚卿蕭嗣業爲扶餘道行軍總管 帥回紇等諸部兵 詣平壤[1589] (『資治通鑑』 200 唐紀 16 高宗 上之下)

고구려   (春正月) 又以鴻臚卿蕭嗣業爲扶餘道行軍摠管 帥回紇等諸部兵 詣平壤 (『三國史記』 22 高句麗本紀 10)[1590]

고구려   (現慶五年)又明年辛酉正月 蕭嗣業爲扶餘道摠管[1591] 任雅相爲浿江道摠管 率三十五萬軍以伐高麗 (『三國遺事』 2 紀異 2 文虎王法敏)[1592]

고구려   (春正月) 又以鴻臚卿蕭嗣業爲扶餘道行軍摠管 帥回紇等諸部兵 赴平壤 (『三國史節要』 9)[1593]

고구려   龍朔元年正月 以鴻臚卿蕭嗣業爲扶餘道行軍總管 率廻紇等蕃兵 赴平壤 以討高麗 (『冊府元龜』 986 外臣部 31 征討 5)[1594]

신라 백제   春二月 百濟殘賊來攻泗沘城 王命伊飡品日爲大幢將軍 迊飡文王大阿飡良圖阿飡忠常等副之 迊飡文忠爲上州將軍 阿飡眞王副之 阿飡義服爲下州將軍 武欻旭川等爲南川大監 文品爲誓幢將軍 義光爲郎幢將軍 往救之 (『三國史記』 5 新羅本紀 5)

신라 백제   二月 百濟餘兵攻泗沘城 新羅王命伊飡品日爲大幢將軍 匝飡文王大阿飡良圖阿飡忠常等副之 匝飡文忠爲上州將軍 阿飡眞王副之 阿飡義服爲下州將軍 武欻旭川等爲南川大監 文品爲誓幢將軍 義光爲郎幢將軍 往救之 (『三國史節要』 9)

신라 백제   龍朔元年春 王謂百濟餘燼尚在 不可不滅 以伊飡品日蘇判文王大阿飡良圖等爲將軍 往伐之 不克 又遣伊飡欽純[一作欽春]眞欽天存蘇判竹旨等濟師 (『三國史記』 42 列傳 2 金庾信 中)[1595]

1587) 이 기사에는 일자 표기가 없으나,『舊唐書』本紀 등에 의거하여 1월19일(乙卯)로 편년하였다.
1588) 이 기사에는 일자 표기가 없으나,『舊唐書』本紀 등에 의거하여 1월19일(乙卯)로 편년하였다.
1589) 臚 陵如翻 帥 讀曰率 紇 下沒翻
1590) 이 기사에는 일자 표기가 없으나,『新唐書』本紀 등에 의거하여 1월22일(戊午)로 편년하였다.
1591) 이 뒷부분은 『新唐書』本紀 등에 4월16일(庚辰)로 되어 있다.
1592) 이 기사에는 일자 표기가 없으나,『新唐書』本紀 등에 의거하여 1월22일(戊午)로 편년하였다.
1593) 이 기사에는 일자 표기가 없으나,『新唐書』本紀 등에 의거하여 1월22일(戊午)로 편년하였다.
1594) 이 기사에는 일자 표기가 없으나,『新唐書』本紀 등에 의거하여 1월22일(戊午)로 편년하였다.

백제 신라	上表請合新羅圖之 羅王春秋奉詔 遣其將金欽將兵救仁軌等 (『三國史記』 28 百濟本紀 6)[1596]	
신라 백제	上表請合新羅兵攻之 新羅王奉詔 遣其將金欽將兵救仁軌等 (『三國史節要』 10)[1597]	
신라 백제	上詔新羅出兵 新羅王春秋奉詔 遣其將金欽將兵救仁軌等 (『資治通鑑』 200 唐紀 16 高宗 上之下)[1598]	

고구려　　邊烽警楡塞　俠客度桑乾　柳葉開銀鏑　桃花照玉鞍　滿月臨弓影　連星入劍端　不學燕丹客　空歌易水寒 (『駱丞集』 1 送鄭少府入遼共賦俠客遠從戎) (『全唐詩』 78 駱賓王 送鄭少府入遼共賦俠客遠從戎)[1599]

고구려　　三月丙申朔　上與羣臣及外夷宴於洛城門[1600]　觀屯營新敎之舞　謂之一戎大定樂[1601] 時上欲親征高麗 以象用武之勢也 (『資治通鑑』 200 唐紀 16 高宗 上之下)

고구려　　龍朔元年三月一日　上召李勣李義府任雅相許敬宗許圉師張延師蘇定方阿史那忠于闐王伏闍上官儀等　讌於城門　觀屯營新敎之舞　名之曰一戎大定樂　其時　欲親征遼東　以象用武之勢 (『唐會要』 33 諸樂)

고구려　　(志) 高宗將伐高麗　龍朔元年三月[丙申朔] 上召李勣任雅相等 燕洛陽城門 觀屯管敎舞 按親[一作新]征用武之勢 名曰一戎大定樂 舞者百四十人 被五采甲 持槊而舞 歌者和之曰八絃同軌樂 象高麗平而天下大定也 及遼東平 行軍大總管李勣 作夷來[一作美]賓之曲以獻[通典云 大定樂 出自破陣樂 又曰 大定 亦謂之八絃同軌樂 又云 太宗平遼時作[1602] 又云 高宗所造 二者不同]

　　　　　(會要) 龍朔元年三月一日 上召李勣蘇定方等 燕于城門 觀屯營敎舞[按新敎之舞] 名之曰一戎大定樂 皆新征遼東 以象用武之勢[一云名戎衣大定 以象平遼之功] (『玉海』 105 音樂樂 3 唐一戎大定樂八絃同軌樂夷來賓曲)

고구려　　(顯慶)六年三月　上欲伐遼　於屯營敎舞　召李義府任雅相許敬宗許圉師張延師蘇定方阿史那忠于闐王伏闍上官儀等 赴洛城門觀樂 樂名一戎大定樂 賜觀樂者雜綵有差 (『舊唐書』 28 志 8 音樂 1)[1603]

고구려　　帝將伐高麗 燕洛陽城門 觀屯營敎舞 按新征用武之勢 名曰一戎大定樂 舞者百四十人 被五采甲 持槊而舞 歌者和之曰八絃同軌樂 象高麗平而天下大定也 及遼東平 行軍大總管李勣作夷美賓之曲以獻 (『新唐書』 21 志 11 禮樂 11)[1604]

1595) 이 기사에는 "春"으로 되어 있으나,『三國史記』新羅本紀에 의거하여 2월로 편년하였다.
1596) 이 기사에는 연대 표기가 없으나,『三國史記』新羅本紀에 의거하여 顯慶 6년(661) 2월로 편년하였다.
1597) 이 기사에는 연대 표기가 없으나,『三國史記』新羅本紀에 의거하여 太宗武烈王 8년(661) 2월로 편년하였다. 본래는 文武王 3년(663) 5월에 太宗武烈王 7년(660) 9월28일~文武王 3년(663) 10월21일의 전쟁과정을 일괄요약한 기사의 일부분이다.
1598) 이 기사에는 연대 표기가 없으나,『三國史記』新羅本紀에 의거하여 顯慶 6년(661) 2월로 편년하였다. 본래는 龍朔元年(661) 3월에 顯慶 5년(660) 9월23일~龍朔元年(661) 3월12일의 전쟁과정을 일괄요약한 기사의 일부분이다.
1599) 이 시는 高宗 顯慶연간(656~661) 동북 遼陽일대에 군대를 파견할 때 저자가 그의 친구를 송별하면서 쓴 것이라고 한다. 그에 따라 656~661년 2월로 기간편년하고, 마지막 달인 661년 2월에 배치하였다.
1600) 唐六典 洛陽宮城西北出曰洛城西門 其內曰德昌殿 德昌殿南出曰延慶門 又南曰詔暉門 西南曰洛城南門 其內曰洛城殿
1601) 取一戎衣天下大定之義 舞者 百四十人 被五采甲 持槊而舞 劉昫曰 大定樂出自破陳樂 自破陳舞以下 皆雷大鼓 雜以龜玆之樂 聲振百里 動蕩山谷 大定樂加金鉦 象平遼東而邊隅大定也 杜佑曰 大定樂歌云 八絃同軌樂
1602)『玉海』105 音樂樂 3 唐寶應長寧樂廣平太一樂八絃同軌樂에 "(會要) 燕樂門大定樂 亦謂之八絃同軌樂 太宗平遼時作也[恐太宗誤]"라는 부분이 이와 관련되는 내용인 듯하다.
1603) 이 기사에는 일자 표기가 없으나,『資治通鑑』에 의거하여 3월 1일(丙申)로 편년하였다.
1604) 이 기사에는 연대 표기가 없으나,『資治通鑑』에 의거하여 龍朔元年(661) 3월 1일(丙申)로 편년하였다.

신라 백제	三月五日 至中路 品日分麾下軍 先行 往豆良尹[一作伊]城南 相營地 百濟人望陣不整 猝出急擊不意 我軍驚駭潰北 (『三國史記』 5 新羅本紀 5)	
신라 백제	三月 至百濟境 品日分麾下 先至豆良尹城南 相營地 百濟人望軍陣不整 猝出擧之 新羅軍驚潰 (『三國史節要』 9)[1605]	
신라 백제	(三月)十二日 大軍來屯古沙比城外 進攻豆良尹城 一朔有六日 不克 (『三國史記』 5 新羅本紀 5)	
신라 백제	(三月) 大軍繼至 攻豆良尹城 過三旬 不克 (『三國史節要』 9)[1606]	
백제	(龍朔元年)三月 帶方州刺史劉仁軌 大破百濟餘衆於熊津之北 (『冊府元龜』 986 外臣部 31 征討 5)[1607]	
백제 신라	至古泗 福信邀擊 敗之 欽自葛嶺道遁還新羅 不敢復出 尋而福信殺道琛 幷其衆 豐不能制 但主祭而已 (『三國史記』 28 百濟本紀 6)[1608]	
백제 신라	至古泗 福信邀擊 敗之 欽自葛嶺遁還新羅 不敢復出 旣而福信殺道琛 幷其衆 豐不能制 但主祭而已 (『三國史節要』 10)[1609]	
백제	尋而福信殺道琛 幷其兵衆 扶餘豐但主祭而已 (『舊唐書』 199上 列傳 149上 東夷 百濟)[1610]	
백제 신라	至古泗 福信邀擊 敗之[1611] 欽自葛嶺道遁還新羅 不敢復出[1612] 福信尋殺道琛 專總國兵 (『資治通鑑』 200 唐紀 16 高宗 上之下)[1613]	
백제	龍朔中 爲熊津都督 與帶方州刺史劉仁軌 大破百濟餘賊於熊津之東 (『冊府元龜』 366 將帥部 27 機略 6 劉仁願)[1614]	
백제	三月丙申朔庚申 御船還至于娜大津 居于磐瀨行宮 天皇改此 名曰長津 (『日本書紀』 26 齊明紀)	
백제 신라	福信等乃釋都城之圍 退保任存城 新羅人以糧盡 引還 時 龍朔元年三月也 於是 道琛自稱領軍將軍 福信自稱霜岑將軍 招集徒衆 其勢益張 使告仁軌曰 聞大唐與新羅約誓 百濟無問老少 一切殺之 然後以國付新羅 與其受死 豈若戰亡 所以聚結自固守耳 仁軌作書具陳禍福 遣使諭之 道琛等恃衆驕倨 置仁軌之使於外館 嫚報曰 使人官小 我是一國大將 不合參 不答書 徒遣之 仁軌以衆小 與仁願合軍 休息士卒 (『三國史記』 28 百濟本紀 6)	
백제 신라	道琛等乃釋仁願之圍 退保任存城 新羅兵士以糧盡引還 時 龍朔元年三月也 於是道琛	

1605) 이 기사에는 일자 표기가 없으나, 『三國史記』 新羅本紀에 의거하여 3월 5일로 편년하였다.
1606) 이 기사에는 일자 표기가 없으나, 『三國史記』 新羅本紀에 의거하여 3월12일로 편년하였다.
1607) 이 기사에는 일자 표기가 없으나, 『三國史記』 新羅本紀에 의거하여 3월12일로 편년하였다.
1608) 이 기사에는 연대 표기가 없으나, 『三國史記』 新羅本紀에 의거하여 龍朔元年(661) 3월12일로 편년하였다.
1609) 이 기사에는 연대 표기가 없으나, 『三國史記』 新羅本紀에 의거하여 太宗武烈王 8년(661) 3월12일로 편년하였다. 본래는 文武王 3년(663) 5월에 太宗武烈王 7년(660) 9월28일~文武王 3년(663) 10월21일의 전쟁과정을 일괄요약한 기사의 일부분이다.
1610) 이 기사에는 연대 표기가 없으나, 『三國史記』 新羅本紀에 의거하여 龍朔元年(661) 3월12일로 편년하였다.
1611) 將 卽亮翻 敗 補邁翻
1612) 復 扶又翻
1613) 이 기사에는 연대 표기가 없으나, 『三國史記』 新羅本紀에 의거하여 龍朔元年(661) 3월12일로 편년하였다. 본래는 龍朔元年(661) 3월에 顯慶 5년(660) 9월23일~龍朔元年(661) 3월12일의 전쟁과정을 일괄요약한 기사의 일부분이다.
1614) 이 기사에는 연대 표기가 없으나, 『三國史記』 新羅本紀에 의거하여 龍朔元年(661) 3월12일로 편년하였다.

自稱領軍將軍 福信自稱霜岑將軍 招誘叛亡 其勢益張 使告仁軌曰 聞大唐與新羅約誓
百濟無問老少 一切殺之 然後以國付新羅 與其受死 豈若戰亡 所以聚結自固守耳 仁
軌作書 具陳禍福 遣使諭之 道琛等恃衆驕倨 置仁軌之使於外館 傳語謂曰 使人官職
小 我是一國大將 不合自參 不答書遣之 (『舊唐書』199上 列傳 149上 東夷 百濟)

신라 백제　(文武王十一年)秋七月二十六日 大唐摠管薛仁貴使琳潤法師寄書曰 (…) 大王報書云
(…) 至顯慶五年 (…) 至六年 福信徒黨漸多 侵取江東之地 熊津漢兵一千 往打賊徒
被賊摧破 一人不歸 自敗已來 熊津請兵 日夕相繼 新羅多有疫病 不可徵發兵馬 苦請
難違 遂發兵衆 往圍周留城 賊知兵小 遂即來打 大捐兵馬 失利而歸 南方諸城 一時
摠叛 並屬福信 福信乘勝 復圍府城 因即熊津道斷 絶於鹽豉 即募健兒 偸道送鹽 救
其乏困 (…) (『三國史記』7 新羅本紀 7 文武王 下)

신라 백제　(文武王十一年)秋七月 唐摠管薛仁貴遣僧琳潤致書於王曰 (…) 王報書云 (…) 至顯慶
五年 (…) 至六年 福信徒黨漸多 侵取江東之地 熊津漢兵一千 往打賊徒 被賊摧破 一
人不歸 自敗已來 熊津請兵 日夕相繼 新羅多有疫病 不可徵發兵馬 苦請難違 遂發兵
衆 往圍周留城 賊知兵小 遂即來打 大損兵馬 失利而歸 南方諸城 一時摠叛 並屬福
信 福信乘勝 復圍府城 因即熊津道斷 絶於塩豉 即募健兒 偸道送塩 救其乏困 (…)
(『三國史節要』10)

백제 신라　龍朔元年 仁軌發新羅兵往救 道琛立二壁熊津江 仁軌與新羅兵夾擊之[1615] 奔入壁 爭
梁墮溺者萬人 新羅兵還 道琛保任孝城 自稱領軍將軍 福信稱霜岑將軍 告仁軌曰 聞
唐與新羅約 破百濟 無老孺皆殺之 畀以國 我與受死 不若戰 仁軌遣使齎書答說 道琛
倨甚 館使者于外 嫚報曰 使人官小 我 國大將 禮不當見 徒遣之 仁軌以衆少 乃休軍
養威[1616] 請合新羅圖之[1617] 福信俄殺道琛 幷其兵 豐不能制 (『新唐書』220 列傳 1
45 東夷 百濟)[1618]

백제　道琛等乃釋仁願之圍 退保任存城[1619] 尋而福信殺道琛 倂其兵馬[1620] 招誘亡叛 其勢
益張 仁軌 乃與仁願合軍 休息 (『舊唐書』84 列傳 34 劉仁軌)[1621]

백제　信等釋仁願圍 退保任存城[1622] 既而福信殺道琛 幷其衆[1623] 招還叛亡 勢張甚 仁軌
與仁願合 則解甲休士 (『新唐書』108 列傳 33 劉仁軌)[1624]

신라 백제　信等釋仁願圍 退保任存城 既而福信殺道琛 幷其衆 招還叛亡 勢甚張 仁軌與仁願合
解甲休士 乃請益兵 (『三國史記』6 新羅本紀 6)[1625]

백제 신라　福信等乃釋圍 退保任存城 新羅人以糧盡 引還 於是 道琛自稱領軍將軍 福信自稱霜
岑將軍 招集徒衆 其勢益張 使告仁軌曰 聞大唐與新羅 約誓盡殲 百濟遺民 以國付新
羅 與其坐而受死 豈若力戰而圖存 所以聚結 自固守耳 仁軌作書遣使 具陳禍福 琛等
置仁軌使於外館 嫚報曰 使人官卑 我是一國大將 不合相參 不答書 遣還之 仁軌以衆
少 與仁願合軍 休士 (『三國史節要』10)[1626]

1615) 이 앞부분은 『三國史記』新羅本紀에 顯慶 5년(660) 10월30일로 되어 있다.
1616) 이 앞부분은 『三國史記』百濟本紀에 3월로 되어 있다.
1617) 이 앞부분은 『三國史記』新羅本紀에 2월로 되어 있다.
1618) 이 기사에는 월 표기가 없으나, 『三國史記』百濟本紀에 의거하여 3월로 편년하였다.
1619) 이 뒷부분은 『三國史記』新羅本紀에 3월12일로 되어 있다.
1620) 이 뒷부분은 『三國史記』百濟本紀에 3월로 되어 있다.
1621) 이 기사에는 연대 표기가 없으나, 『三國史記』百濟本紀에 의거하여 龍朔元年(661) 3월로 편년하였다.
1622) 이 뒷부분은 『三國史記』新羅本紀에 3월12일로 되어 있다.
1623) 이 뒷부분은 『三國史記』百濟本紀에 3월로 되어 있다.
1624) 이 기사에는 연대 표기가 없으나, 『三國史記』百濟本紀에 의거하여 龍朔元年(661) 3월로 편년하였다.
1625) 이 기사에는 연대 표기가 없으나, 『三國史記』百濟本紀에 의거하여 太宗武烈王 8년(661) 3월로 편년하
　　　였다. 본래는 文武王 3년(663) 5월에 太宗武烈王 7년(660) 9월~文武王 3년(663) 10월21일의 전쟁과정을
　　　일괄요약한 기사의 일부분이다.
1626) 이 기사에는 연대 표기가 없으나, 『三國史記』百濟本紀에 의거하여 太宗武烈王 8년(661) 3월로 편년하
　　　였다. 본래는 文武王 3년(663) 5월에 太宗武烈王 7년(660) 9월28일~文武王 3년(663) 10월21일의 전쟁과

백제 신라	道琛乃釋府城之圍 退保任存城[1627] 新羅糧盡 引還 道琛自稱領軍將軍 福信自稱霜岑 將軍 招集徒衆 其勢益張[1628] 仁軌衆小 與仁願合軍 休息士卒[1629] (『資治通鑑』 200 唐紀 16 高宗 上之下)[1630]
백제	(通鑑) (…) 道琛等乃釋府城之圍 退保任存城 新羅糧盡 引還 道琛自稱領軍將軍 福信 自稱霜岑將軍 招集徒衆 其勢益張 仁軌衆少 與仁願合軍 休息士卒 (『玉海』 191 兵 捷露布 3 唐熊津道行軍摠管破百濟)[1631]
백제	假名盜位 竝△將軍 隳城破邑 漸入中部 堙井刊木 壞宅焚廬 所過殘滅 略無遺噍 凶 威旣逞 人皆脅從 布柵連營 攻圍留連 雲梯俯瞰 地道旁通 擊石飛矢 星奔雨落 晝夜 連戰 朝夕憑陵 自謂興亡繼絶 △△△△△△ 閑然高枕 不與爭鋒 堅甲利兵 以△其弊 賊等 曠日持久 力竭氣衰 君乃陰行間諜 △其卒墮構△△△ △釁待時 鑿門開穴 縱兵 掩襲 (중간의 43자 판독 불가) 柵二城時屬窮冬△△△△ (중략; 제22행부터 제32행 까지 판독 전혀 불가능) 제33행: 제26 · 27자는 ‘二城’으로 판독 제34행: 제22자부터는 ‘害△牒新羅追兵前△△△△△△△△△乘 △△其’로 판독 (「唐劉仁願紀功碑」)[1632]
신라 가야	洎新羅第三十王法敏龍朔元年辛酉三月日 有制曰 朕是伽耶國元君九代孫仇衡王降于 當國也 所率來子世宗之子 率友公之子 庶云匣干之女 文明皇后寔生我者 玆故元君於 幼冲人 乃爲十五代始祖也 所御國者已曾敗 所葬廟者今尙存 合于宗祧 續乃祀事 仍 遺使於黍離之趾 口近廟上上田三十頃 爲供營之資 號稱王位田 付屬本土 王之十七代 孫賡世級干祇稟朝旨 主掌厥田 每歲時釀醪醴 設以餠飯茶菓庶羞等奠 年年不墜 其祭 日不失居登王之所定年內五日也 芬苾孝祀 於是乎在於我 自居登王創位己卯年置便房 降及仇衡朝 末三百三十載之中 享廟禮曲 永無違者 其乃仇衡失位去國 逮龍朔元年辛 酉 六十年之間 享是廟禮或闕如也 美矣哉 文武王[法敏王諡也]先奉尊祖 孝乎惟孝 繼 泯絶之祀復行之也 (『三國遺事』 2 紀異 2 駕洛國記)
백제 신라	(三月) 初 蘇定方旣平百濟 留朗將劉仁願鎭守百濟府城 又以左衛中郎將王文度爲熊津 都督 撫其餘衆[1633] 文度濟海而卒[1634][1635] 百濟僧道琛故將福信聚衆據周留城[1636] 迎 故王子豐於倭國而立之[1637] 引兵圍仁願於府城 詔起劉仁軌檢校帶方州刺史[1638] 將王 文度之衆 便道發新羅兵以救仁願[1639] 仁軌喜曰 天將富貴此翁矣 於州司請唐曆及廟 諱以行[1640] 曰 吾欲掃平東夷 頒大唐正朔於海表 仁軌御軍嚴整 轉鬪而前 所向皆

정을 일괄요약한 기사의 일부분이다.

1627) 任存城在百濟西部任存山 考異曰 實錄或作任孝城 未知孰是 今從其多者
1628) 張 知亮翻
1629) 少 詩沼翻
1630) 이 기사에는 연대 표기가 없으나, 『三國史記』 百濟本紀에 의거하여 龍朔元年(661) 3월로 편년하였다. 본래는 龍朔元年(661) 3월에 顯慶 5년(660) 9월23일~龍朔元年(661) 3월12일의 전쟁과정을 일괄요약한 기사의 일부분이다.
1631) 이 기사에는 연대 표기가 없으나, 『三國史記』 百濟本紀에 의거하여 龍朔元年(661) 3월로 편년하였다. 본래는 龍朔元年(661)에 顯慶 5년(660) 9월23일~龍朔元年(661) 3월의 전쟁과정을 일괄요약한 기사의 일 부분이다.
1632) 이 기사에는 연대 표기가 없으나, 『三國史記』 百濟本紀에 의거하여 龍朔元年(661) 3월로 편년하였다.
1633) 이 앞부분은 『三國史記』 新羅本紀에 顯慶 5년(660) 9월23일로 되어 있다.
1634) 卒 子恤翻
1635) 이 앞부분은 『三國史記』 新羅本紀에 顯慶 5년(660) 9월28일로 되어 있다.
1636) 將 卽亮翻
1637) 倭 烏禾翻
1638) 帶方州置於百濟界 因古地名以名州 考異曰 僉載云 劉仁願以仁軌檢校帶方州刺史 今從本傳
1639) 將 卽亮翻

下[1641] 百濟立兩柵於熊津江口 仁軌與新羅兵合擊 破之 殺溺死者萬餘人[1642][1643] 道琛乃釋府城之圍 退保任存城[1644] 新羅糧盡 引還 道琛自稱領軍將軍 福信自稱霜岑將軍 招集徒衆 其勢益張[1645] 仁軌衆小 與仁願合軍 休息士卒[1646][1647] 上詔新羅出兵 新羅王春秋奉詔 遣其將金欽將兵救仁軌等[1648] 至古泗 福信邀擊 敗之[1649] 欽自葛嶺道遁還新羅 不敢復出[1650] 福信尋殺道琛 專總國兵[1651] (『資治通鑑』 200 唐紀 16 高宗 上之下)[1652]

고구려	四月庚辰 任雅相爲浿江道行軍總管 契苾何力爲遼東道行軍總管 蘇定方爲平壤道行軍總管 蕭嗣業爲扶餘道行軍總管 右驍衛將軍程名振爲鏤方道行軍總管 左驍衛將軍龐孝泰爲沃沮道行軍總管 率三十五軍以伐高麗 (『新唐書』 3 本紀 3 高宗)[1653]
고구려	(龍朔)元年辛酉四月庚辰 雅相爲浿江道行軍大總管 (『新唐書』61 表 1 宰相 上)
고구려	(四月)庚辰 以任雅相爲浿江道行軍總管 契苾何力爲遼東道行軍總管 蘇定方爲平壤道行軍總管 與蕭嗣業及諸胡兵凡三十五軍 水陸分道並進 上欲自將大軍繼之 (『資治通鑑』200 唐紀 16 高宗 上之下)
고구려	龍朔元年四月十六日 兵部尚書任雅相爲浿江道行軍大總管 三十五軍水陸分途 先觀高麗之釁 上將親率六軍以繼之 蔚州刺史李君球上疏曰 臣聞 司馬法曰 國雖大 好戰必亡 天下雖平 忘戰必危 戰者危事 兵者凶器 故聖主明王重行之也 憂人力之盡 恐府庫之殫 懼社稷之危 生中國之患 故古人云 務廣德者昌 務廣地者亡 昔秦始皇好戰不已 至于失國 是不愛其內而務其遠故也 漢武遠討朔方 迨乎萬里 廣拓南海 分爲八郡 終于戶口減半 國用空虛 至于末年 方垂哀痛之詔 自悔其失 彼高麗者 僻側小醜 潛藏山海之間 得其人不足以彰聖化 棄其地不足以損天威 何至於疲中國之人 傾府庫之實 使男子不得耕耘 女子不得蠶織 陛下爲人父母 不垂惻恤之心 傾其有限之貲 貪彼無用之地 設令高麗旣滅 卽不得不發兵鎭守 少發則兵威不足 多發卽人心不安 是乃中國疲於轉戍 萬姓無以聊生 則天下敗矣 天下旣敗 卽陛下何以自安 故臣以爲征之不如不征 滅之不如不滅 惟陛下裁斷焉 (『唐會要』95 高句麗)
고구려	夏四月 以任雅相爲浿江道行軍摠管 契苾何力爲遼東道行軍摠管 蘇定方爲平壤道行軍摠管 與蕭嗣業及諸胡兵凡三十五軍 水陸分道幷進 帝欲自將大軍 蔚州刺史李君球立言 高句麗小國 何至傾中國事之有 如高句麗旣滅 必發兵以守 小發則威不振 多發則人不安 是天下疲於轉戍 臣謂征之未如勿征 滅之未如勿滅 亦會武后諫帝 乃止 (『三國史記』22 高句麗本紀 10)[1654]
고구려	(夏四月) 唐以任雅相爲浿江道行軍摠管 契苾何力爲遼東道行軍摠管 蘇定方爲平壤道

1640) 按劉仁軌自靑州刺史白衣從軍 此蓋於靑州州司請之也
1641) 이 앞부분은 『三國史節要』에 顯慶 5년(660) 9월로 되어 있다.
1642) 溺 奴狄翻
1643) 이 앞부분은 『三國史記』新羅本紀에 顯慶 5년(660) 10월30일로 되어 있다.
1644) 任存城在百濟西部任存山 考異曰 實錄或作任孝城 未知孰是 今從其多者
1645) 張 知亮翻
1646) 少 詩沼翻
1647) 이 앞부분은 『三國史記』百濟本紀에 龍朔元年(661) 3월로 되어 있다.
1648) 이 앞부분은 『三國史記』新羅本紀에 顯慶 6년(661) 2월로 되어 있다.
1649) 將 卽亮翻 敗 補邁翻
1650) 復 扶又翻
1651) 이 앞부분은 『三國史記』新羅本紀에 龍朔元年(661) 3월12일로 되어 있다.
1652) 다른 동일기사들이 顯慶 5년(660) 9월23일, 9월28일, 9월, 10월30일, 龍朔元年(661) 3월, 顯慶 6년(661) 2월, 龍朔元年(661) 3월12일 등에 분산되어 있으므로, 이 기사는 龍朔元年(661) 3월에 顯慶 5년(660) 9월23일~顯慶 6년(661) 3월12일의 전쟁과정을 요약한 것으로 보인다. 따라서 해당 부분에도 이중 배치하였다.
1653) 『舊唐書』 本紀에는 5월 2일(丙申)의 일로 되어 있다.
1654) 이 기사에는 일자 표기가 없으나, 『新唐書』 本紀 등에 의거하여 4월16일(庚辰)로 편년하였다.

行軍摠管　與蕭嗣業及諸胡兵凡三十五軍　水陸分道並進　帝欲自將大軍　蔚州刺史李君
球言　高勾麗小國　何至傾中國事之有　如高勾麗旣滅　必發兵以守　小發則威不振　多發
則人不安　是天下疲於轉戍　臣謂征之未如勿征　滅之未如勿滅　會武后亦諫　乃止 (『三國
史節要』9)[1655]

고구려　龍朔元年四月　詔兼兵部尙書任雅相爲浿江道行軍總管　左衛大將軍契苾何力爲遼東道
行軍總管　左武衛大將軍蘇定方爲平壤道行軍總管　幷率諸蕃軍　將總三十五軍　川陸分
途　先觀高麗之釁　帝將親率六軍　以繼之 (『冊府元龜』986 外臣部 31 征討 5)[1656]

고구려　龍朔元年　大募兵　拜置諸將　天子欲自行　蔚州刺史李君球建言　高麗小醜　何至傾中國
事之有　如高麗旣滅　必發兵以守　少發則威不振　多發人不安　是天下疲於轉戍　臣謂征
之未如勿征　滅之未如勿滅　亦會武后苦邀　帝乃止 (『新唐書』220 列傳 145 東夷 高
麗)[1657]

고구려　至龍朔元年　從總管契苾將軍遼東道行　除檢校果毅　至平壤城鐵山陣　賞緋袍銀帶　授游
擊將軍　檢校果毅同正府領　表勤王也 (「婁敬 墓誌銘」:『唐代墓誌滙篇』;『全唐文補遺』
5;『全唐文新編』993)[1658]

고구려　龍朔元年　浿江道敬奉天規　承尉問罪　君沉戈畵鶂　瞻獨鶩於星樓　水劍浮龍　競先鳴於
月峽　有詔封君上柱國　餘勳十轉 (「仵欽 墓誌銘」:『唐代墓誌滙篇附考』8;『全唐文新
編』993;『全唐文補遺』6)[1659]

고구려　龍朔元年　問罪遼東　鏤方道總管程名振奏公充行軍兵曹　軍謨戰策　多所決勝 (「楊師善
墓誌銘」:『全唐文新編』994;『全唐文補遺』3)[1660]

고구려　龍朔元年　詔爲遼東道行軍大總管 (「契苾嵩 墓誌銘」:『全唐文新編』997)[1661]

고구려　任雅相伐高麗　表爲記室 (『新唐書』202 列傳 127 文藝 中 蕭晶)[1662]

고구려　龍朔中　天子將觀兵於東夷　以復先帝之業　凡居中者　多出守旁郡　是歲　授公朝散大夫
除冀州司馬　又轉魏州司馬　皆知州事 (「楊越 碑銘」:『全唐文新編』214)[1663]

신라 백제　夏四月十九日　班師　大幢誓幢先行　下州軍殿後　至賓骨壤　遇百濟軍　相鬪敗退　死者雖
小　先[1664]亡兵械輜重甚多　上州郞幢遇賊於角山　而進擊克之　遂入百濟屯堡　斬獲二千
級　王聞軍敗大驚　遣將軍金純眞欽天存竹旨　濟師援救　至加尸兮津聞軍退　至加召川乃
還　王以諸將敗績　論罰有差 (『三國史記』5 新羅本紀 5)

신라 백제　夏四月　師還賓骨壤　猝遇百濟軍　戰敗　兵械輜重失亡殆盡　上州郞幢兵遇百濟軍於角山
進擊克之　遂入其屯堡　斬獲二千級　王聞軍敗　遣將軍金純眞欽天存竹旨等救之　至加尸
兮津　聞軍退乃還　王以諸將敗績　論罰有差 (『三國史節要』9)[1665]

백제　夏四月　百濟福信遣上表　乞迎其王子糺解[釋道顯日本世記曰　百濟福信獻書　祈其君糺
解於東朝　或本云　四月　天皇遷居于朝倉宮] (『日本書紀』26 齊明紀)

1655) 이 기사에는 일자 표기가 없으나,『新唐書』本紀 등에 의거하여 4월16일(庚辰)로 편년하였다.
1656) 이 기사에는 일자 표기가 없으나,『新唐書』本紀 등에 의거하여 4월16일(庚辰)로 편년하였다.
1657) 이 기사에는 월일 표기가 없으나,『新唐書』本紀 등에 의거하여 4월16일(庚辰)로 편년하였다.
1658) 이 기사에는 월일 표기가 없으나,『新唐書』本紀 등에 의거하여 4월16일(庚辰)로 편년하였다.
1659) 이 기사에는 월일 표기가 없으나,『新唐書』本紀 등에 의거하여 4월16일(庚辰)로 편년하였다.
1660) 이 기사에는 월일 표기가 없으나,『新唐書』本紀 등에 의거하여 4월16일(庚辰)로 편년하였다.
1661) 이 기사에는 월일 표기가 없으나,『新唐書』本紀 등에 의거하여 4월16일(庚辰)로 편년하였다.
1662) 이 기사에는 연대 표기가 없으나,『新唐書』本紀 등에 의거하여 龍朔元年(661) 4월16일(庚辰)로 편년
하였다.
1663) 이 기사에는 연대 표기가 없으나,『新唐書』本紀 등에 의거하여 龍朔元年(661) 4월16일(庚辰)로 편년
하였다.
1664) 저본에는 '先'으로 되어 있으나, 내용상 '失'로 수정해야 한다.
1665) 이 기사에는 일자 표기가 없으나,『三國史記』新羅本紀에 의거하여 4월19일로 편년하였다.

고구려	(四月)癸巳 皇后抗表諫親征高麗[1666] 詔從之 (『資治通鑑』 200 唐紀 16 高宗 上之下)
고구려	夏五月丙申 命左驍衛大將軍涼國公契苾何力爲遼東道大總管 左武衛大將軍邢國公蘇定方爲平壤道大總管 兵部尚書同中書門下三品樂安縣公任雅相爲浿江道大總管 以伐高麗 (『舊唐書』 4 本紀 4 高宗 上)[1667]
고구려	龍朔元年 又爲遼東道行軍大總管 (『舊唐書』 109 列傳 59 契苾何力)[1668]
고구려	高宗嗣位 又命兵部尚書任雅相左武衛大將軍蘇定方左驍衛大將軍契苾何力等 前後討之 皆無大功而還 (『舊唐書』 199上 列傳 149上 高麗)[1669]
고구려	高宗嗣位 又命兵部尚書任雅相左武衛大將軍蘇定方左驍衛大將軍契苾何力等 前後討之 皆無大功而還 (『冊府元龜』 135 帝王部 135 好邊功)[1670]

신라 고구려 말갈

五月九日[一云十一日] 高句麗將軍惱音信與靺鞨將軍生偕合軍 來攻述川城 不克 移攻北漢山城 列抛車飛石 所當陴屋輒壞 城主大舍冬陁川 使人擲鐵蒺藜於城外 人馬不能行 又破安養寺廩廥 輸其材 隨城壞處 卽構爲樓櫓 結絚綱 懸牛馬皮綿衣 內設弩砲以守 時 城內只有男女二千八百人 城主冬陁川能激勵少弱以敵强大之賊 凡二十餘日 然糧盡力疲 至誠告天 忽有大星落於賊營 又雷雨以震 賊疑懼 解圍而去 王嘉獎冬陁川擢位大奈麻 (『三國史記』 5 新羅本紀 5)

신라 고구려 말갈

王師定百濟 旣還之後 羅王命諸將 追捕百濟殘賊 屯次于漢山城 高麗靺鞨二國兵來圍之 相擊未解 自五月十一日至六月二十二日 我兵危甚 王聞之 議群臣曰 計將何出 猶豫未決 庾信馳奏曰 事急矣 人力不可及 唯神術可救 乃於星浮山 設壇修神術 忽有光耀如大瓮 從壇上而出 乃星飛而北去[因此名星浮山 山名或有別說云 山在都林之南 秀出一峯是也 京城有一人謀求官 命其子作高炬 夜登此山擧之 其夜 京師人望火 人皆謂怪星現於其地 王聞之憂懼 募人禳之 其父將應之 日官奏曰 此非大怪也 但一家子死父泣之兆耳 遂不行禳法 是夜 其子下山 虎傷而死] 漢山城中士卒 怨救兵不至 相視哭泣而已 賊欲攻急 忽有光耀 從南天際來 成霹靂 擊碎砲石三十餘所 賊軍弓箭矛戟籌碎 皆仆地 良久乃蘇 奔潰而歸 我軍乃還 (『三國遺事』 1 紀異 1 太宗春秋公)

고구려 신라 말갈

夏五月 王遣將軍惱音信領靺鞨衆 圍新羅北漢山城 浹旬不解 新羅餉道絶 城中危懼 忽有大星落於我營 又雷雨震擊 惱音信等疑駭引退 (『三國史記』 22 高句麗本紀 10)[1671]

신라 고구려 말갈

五月 高勾麗王遣將軍惱音信與靺鞨將軍生偕合軍 水陸並進 攻新羅述川城 不克 移攻北漢山城 高勾麗營其西 靺鞨屯其東 列抛車飛石 所當陴屋輒壞 城主大舍冬陁川 使人擲鐵蒺藜於城外 人馬不能行 又破安養寺廩廥 輸其材 隨城壞處 卽構爲樓櫓 結絙

1666) 麗 力知翻
1667) 『三國史記』高句麗本紀,『三國史節要』에는 4월의 일로 되어 있다.
1668) 이 기사는 월일 표기가 없으나,『舊唐書』本紀에 의거하여 5월 2일(丙申)로 편년하였다.
1669) 이 기사에는 연대 표기가 없으나,『舊唐書』本紀에 의거하여 龍朔元年(661) 5월 2일(丙申)로 편년하였다.
1670) 이 기사에는 연대 표기가 없으나,『舊唐書』本紀에 의거하여 龍朔元年(661) 5월 2일(丙申)로 편년하였다.
1671) 이 기사에는 일자 표기가 없으나,『三國史記』新羅本紀에 의거하여 5월 9일로 편년하였다.

綱 懸牛馬皮與縣衣 內設弩砲以守 時 城內只有男女二千八百人 冬陁川能激勵以弱敵
強 凡二十餘日 糧盡力疲 至誠告天 忽有大星落於高勾麗營 又震雷之恠 惱音信等疑
懼 解圍而去 新羅王擢冬陁川爲大奈麻 初 庾信聞賊圍城曰 人力旣竭 陰助可資 設壇
祈禱 會有天變 皆謂至誠所感也 庾信嘗見高勾麗諜者 迎謂曰 爾國有何事 諜者不敢
對 庾信曰 但以實告 無畏也 又不言 庾信告之 吾王 上不違天 下不失人 百姓樂業
爾宜還告爾國 遂慰送之 高勾麗聞之曰 新羅雖小 庾信爲相 不可輕也 (『三國史節要』
9)1672)

신라 고구려 말갈

(龍朔元年) 高句麗鞨鞨謂新羅銳兵皆在百濟 內虛可擣 發兵水陸並進 圍北漢山城 高
句麗營其西 鞨鞨屯其東 攻擊浹旬 城中危懼 忽有大星落於賊營 又雷雨震擊 賊等疑
駭 解圍而遁 初 庾信聞賊圍城曰 人力旣竭 陰助可資 詣佛寺設壇祈禱 會有天變 皆
謂至誠所感也 庾信嘗以中秋夜 領子弟立大門外 忽有人從西來 庾信知高句麗諜者 呼
使之前曰 而國有底事乎 其人俯而不敢對 庾信曰 無畏也 但以實告 又不言 庾信告之
曰 吾國王 上不違天意 下不失人心 百姓欣然 皆樂其業 今爾見之 往告而國人 遂慰
送之 麗人聞之曰 新羅雖小國 庾信爲相 不可輕也 (『三國史記』 42 列傳 2 金庾信
中)1673)

신라 (五月九日[一云十一日]) 移押督州於大耶 以阿飡宗貞爲都督 (『三國史記』 5 新羅本紀
5)

신라 (五月) 新羅移押督州於大耶 以阿飡宗貞爲都督 (『三國史節要』 9)1674)

탐라 (五月)丁巳 耽羅始遣王子阿波伎等貢獻 [伊吉連博德書云 辛酉年正月廿五日 還到越
州 四月一日 從越州上路東歸 七日 行到檉岸山明 以八日鷄鳴之時 順西南風 放船大
海 海中迷途 漂蕩辛苦 九日八夜 僅到耽羅之嶋 便卽招慰嶋人王子阿波岐等九人同載
客船 擬獻帝朝 五月廿三日 奉進朝倉之朝 耽羅入朝始於此時 又爲智興傔人東漢草直
足嶋所讒 使人等不蒙寵命 使人等怨徹于上天之神 震死足嶋 時人稱曰 大倭天報之
近] (『日本書紀』 26 齊明紀)

신라 六月 大官寺井水爲血 金馬郡地流血廣五步 (『三國史記』 5 新羅本紀 5)
신라 六月 新羅大官寺井水赤 金馬郡地流血廣五步 (『三國史節要』 9)

신라 是王代 始服中國衣冠牙笏 乃法師慈藏請唐帝而來傳也 (『三國遺事』 1 紀異 1 太宗
春秋公)1675)

신라 (六月) 王薨 諡曰武烈 葬永敬寺北 上號太宗 高宗聞訃 擧哀於洛城門 (『三國史記』 5
新羅本紀 5)1676)

신라 (六月) 新羅王金春秋薨 壽五十九 太子法敏立 上諡曰武烈 廟號太宗 葬永敬寺北 太
宗統一三韓 時和歲豊 京城布一匹直 租三十碩 或五十碩 民謂之聖代 妃文明王后金
氏 庾信之妹也 初 其姊寶姬 夢登西兄山頂 坐旋流徧國內 覺與文明言 文明戲曰 願
買兄夢 因與錦裙爲直 後 武烈與庾信蹴踘 庾信故踐武烈衣紐落之 庾信曰 吾家幸近

1672) 이 기사에는 일자 표기가 없으나,『三國史記』新羅本紀에 의거하여 5월 9일로 편년하였다.
1673) 이 기사에는 월일 표기가 없으나,『三國史記』新羅本紀에 의거하여 5월 9일로 편년하였다.
1674) 이 기사에는 일자 표기가 없으나,『三國史記』新羅本紀에 의거하여 5월 9일로 편년하였다.
1675)『三國史記』新羅本紀 등에는 眞德王 4년(650) 4월로 되어 있다.
1676)『資治通鑑』에는 9월 1일(癸巳)로 되어 있다.

請往綴之　因與俱往置酒　從容喚寶姬來綴　寶姬辭曰　豈可以細事　輕近貴公子乎　文明
乃進綴紐　妃美而艶　武烈悅之　仍請婚　遂生男曰法敏　次仁問　次文汪　次老且　次智境
次愷元　唐高宗聞新羅王訃　擧哀於洛城門 (『三國史節要』9)

신라　　文武王立　諱法敏　太宗王之元子　母金氏文明王后　蘇判舒玄之季女　庾信之妹也　其
妹[1677]夢登西兄山頂　坐旋流徧國內　覺與季言夢　季戲曰　予願買兄此夢　因與錦裙爲直
後數日　庾信與春秋公蹴鞠　因踐落春秋衣紐　庾信曰　吾家幸近　請往綴紐　因與俱往宅
置酒　從容喚寶姬　特針線來縫　其姊有故不進　其季進前縫綴　淡粧輕服　光艶炤人　春秋
見而悅之　乃請婚成禮　則有娠生男　是謂法敏　妃慈儀王后　波珍湌善品之女也　法敏姿
表英特　聰明多智略　永徽初如唐　高宗授以大府卿　太宗元年　以波珍湌爲兵部令　尋封
爲太子　顯慶五年　太宗與唐將蘇定方平百濟　法敏從之　有大功　至是卽位 (『三國史記』
6 新羅本紀 6)

신라　　第三十文武王[名法敏　太宗之子也　母訓帝夫人　妃慈義[一作訥]王后　善品海干之女　辛
酉立　治二十年　陵在感恩寺東海中] (『三國遺事』1 王曆)[1678]

신라 백제　御國八年　龍朔元年辛酉崩　壽五十九歲　葬於哀公寺東　有碑　王與庾信神謀戮力　一統
三韓　有大功於社稷　故廟號太宗　太子法敏　角干仁問　角干文王　角干老且　角干智鏡
角干愷元等　皆文姬之所出也　當時買夢之徵　現於此矣　庶子曰皆知文級干　車得令公
馬得阿干幷女五人　王膳一日飯米三斗　雄雉九首　自庚申年滅百濟後　除晝膳　但朝暮而
已　然計一日米六斗　酒六斗　雉十首　城中市價布一疋租三十碩　或五十碩　民謂之聖代
(『三國遺事』1 紀異 1 太宗春秋公)[1679]

신라　　(六月) 新羅改都督爲摠管 (『三國史節要』9)
신라　　都督九人　智證王六年　以異斯夫爲悉直州軍主　文武王元年改爲摠官 (『三國史記』40
雜志 9 職官 下 外官)[1680]

신라 고구려　六月　入唐宿衛仁問儒敦等至　告王　皇帝已遣蘇定方領水陸三十五道兵　伐高句麗　遂命
王擧兵相應　雖在服　重違皇帝勅命 (『三國史記』6 新羅本紀 6)[1681]

신라 고구려　(龍朔元年)六月　唐高宗皇帝遣將軍蘇定方等　征高句麗　入唐宿衛金仁問受命來告兵期
兼諭出兵會伐 (『三國史記』42 列傳 2 金庾信 中)

고구려 신라 백제
六月　帝遣蘇定方領水陸三十五道兵　伐高勾麗　又遣仁問儒敦等　還新羅　諭出兵會伐
帝謂仁問曰　朕旣滅百濟　除爾國患　今高勾麗負固　與穢貊同惡　違事大之禮　棄善鄰之
義　朕欲遣兵致討　爾歸告國王　出師同伐　以殲垂亡之虜 (『三國史節要』9)

신라 고구려 백제
(文武王十一年)秋七月二十六日　大唐摠管薛仁貴使琳潤法師寄書曰　(…)　大王報書云
(…)　至顯慶五年　(…)　至六年　(…)　至六月　先王薨　送葬纔訖　喪服未除　不能應赴　勅旨
發兵北歸[1682]　含資道摠管劉德敏等至　奉勅　遣新羅　供運平壤軍粮　此時　熊津使人來
具陳府城孤危　劉摠管與某平章自云　若先送平壤軍粮　卽恐熊津道斷　熊津若其道斷　留
鎮漢兵卽入賊手　劉摠管遂共某相隨[1683]　先打瓮山城[1684]　旣拔瓮山　仍於熊津峴造城

1677) 저본에는 ‘妹’로 되어 있으나, 내용상 ‘姊’로 수정해야 한다.
1678) 이 기사에는 월 표기가 없으나, 『三國史記』新羅本紀 등에 의거하여 6월로 편년하였다.
1679) 이 기사에는 월 표기가 없으나, 『三國史記』新羅本紀 등에 의거하여 6월로 편년하였다.
1680) 이 기사에는 월 표기가 없으나, 『三國史節要』에 의거하여 6월로 편년하였다.
1681) 『日本書紀』27 天智紀에는 7월로 되어 있다.
1682) 이 뒷부분은 『三國史記』新羅本紀에 10월29일로 되어 있다.
1683) 이 뒷부분은 『三國史記』新羅本紀에 9월25일로 되어 있다.
1684) 이 뒷부분은 『三國史記』新羅本紀에 9월27일로 되어 있다.

開通熊津道路 (…) (『三國史記』 7 新羅本紀 7 文武王 下)

신라 고구려 백제

(文武王十一年)秋七月 唐摠管薛仁貴遣僧琳潤致書於王曰 (…) 王報書云 (…) 至顯慶
五年 (…) 至六年 (…) 至六月 先王薨 送葬纔訖 喪服未除 不能應赴 勅旨發兵北
歸[1685] 含資道摠管劉德敏等至 奉勅 遣新羅 供運平壤軍粮 此時 熊津使人來 具陳府
城孤危 劉摠管與某平章自云 若先送平壤軍粮 即恐熊津道斷 熊津若其道斷 留鎭漢兵
即入賊手 劉摠管逐共某相隨[1686] 先打瓮山城[1687] 既拔瓮山 仍於熊津造城 開通熊津
道路 (…) (『三國史節要』 10)

신라 백제 고구려

龍朔元年 高宗召謂曰 朕既滅百濟 除爾國患 今高句麗負固 與穢貊同惡 違事大之禮
棄善鄰之義 朕欲遣兵致討 爾歸告國王 出師同伐 以殲垂亡之虜 仁問便歸國 以致帝
命 國王使仁問與庾信等練兵以待 (『三國史記』 44 列傳 4 金仁問)[1688]

신라

緣起經一卷[見翻經圖 出增一阿含第四十六卷異譯 龍朔元年七月九日 於玉華寺八柱亭
譯 沙門神晈[1689]筆受] (『貞元新定釋教目錄』 11 總集群經錄 上之11 沙門釋玄奘 智
仁知仁智忍)

신라

緣起經一卷[見翻經圖 出增一阿含第四十六卷異譯 龍朔元年七月九日 於玉華寺八柱亭
譯 沙門神晈[1690]筆受] (『開元釋教錄』 8 總括群經錄 上之8 沙門釋玄奘 神昉)

신라 고구려

七月十七日 以金庾信爲大將軍 仁問眞珠欽突爲大幢將軍 天存竹旨天品爲貴幢摠管
品日忠常義服爲上州摠管 眞欽衆臣自簡爲下州摠管 軍官藪世高純爲南川州摠管 述實
達官文穎爲首若州摠管 文訓眞純爲河西州摠管 眞福爲誓幢摠管 義光爲郎幢摠管 慰
知爲闕衿大監 (『三國史記』 6 新羅本紀 6)

신라 고구려

秋七月 以金庾信爲大將軍 仁問眞珠欽突爲大幢將軍 天存竹旨天品爲貴幢摠管 品日
忠常義服爲上州摠管 眞欽衆臣自簡爲下州摠管 軍官藪世高純爲南川州摠管 述實達官
文穎爲首若州惣管 文訓眞純爲河西州惣管 眞福爲誓幢惣管 義光爲郎幢惣管 慰知爲
闕衿大監 (『三國史節要』 9)[1691]

고구려

(七月)是月 蘇將軍與突厥王子契苾加力等 水陸二路至于高麗城下 皇太子遷居于長津
宮 稍聽水表之軍政 (『日本書紀』 27 天智紀)[1692]

고구려

(現慶五年明年辛酉)八月甲戌 蘇定方等及高麗 戰于浿江敗亡 (『三國遺事』 2 紀異 2
文虎王法敏)

고구려

八月甲戌 蘇定方及高麗戰于浿江 敗之 (『新唐書』 3 本紀 3 高宗)

고구려

秋七[1693]月甲戌 蘇定方破高麗於浿江 屢戰皆捷 逐圍平壤城 (『資治通鑑』 200 唐紀
16 高宗 上之下)

고구려

(高麗傳) (…) 龍朔元年八月[甲戌] 定方破虜於浿江 奪馬邑山 逐圍平壤 (『玉海』 191

1685) 이 뒷부분은 『三國史記』 新羅本紀에 10월29일로 되어 있다.
1686) 이 뒷부분은 『三國史記』 新羅本紀에 9월25일로 되어 있다.
1687) 이 뒷부분은 『三國史記』 新羅本紀에 9월27일로 되어 있다.
1688) 이 기사에는 월 표기가 없으나, 『三國史記』 新羅本紀에 의거하여 6월로 편년하였다.
1689) 저본에는 '晈'로 되어 있으나, 내용상 '昉'으로 수정해야 한다.
1690) 저본에는 '晈'로 되어 있으나, 내용상 '昉'으로 수정해야 한다.
1691) 이 기사에는 일자 표기가 없으나, 『三國史記』 新羅本紀에 의거하여 7월17일로 편년하였다.
1692) 『三國史記』 新羅本紀, 『三國史記』 金庾信列傳, 『三國史節要』에는 6월로 되어 있다.
1693) 7월에는 甲戌日이 없다. 『新唐書』 本紀에는 8월11일(甲戌)로 되어 있다.

兵捷露布 3 唐遼東道行臺大摠管李勣俘高麗獻俘昭陵檄高麗含元殿數俘)

고구려	秋八月 蘇定方破我軍於浿江 奪馬邑山 遂圍平壤城 (『三國史記』 22 高句麗本紀 1 0)[1694]
고구려	八月 蘇定方破高勾麗軍於浿江 奪馬邑山 遂圍平壤城 (『三國史節要』9)[1695]
고구려	(龍朔元年)八月 定方破虜兵於浿江 奪馬邑山 遂圍平壤 (『新唐書』220 列傳 145 東夷 高麗)[1696]
고구려	(龍朔元年)八月 蘇定方破高麗之衆於浿江 頻戰皆捷 奪其馬邑山 因山爲營 遂爲[1697] 平壤城[1698] (『冊府元龜』986 外臣部 31 征討 5)[1699]
신라 고구려	(龍朔元年) 皇帝命邢國公蘇定方爲遼東道行軍大摠管 以六軍長驅萬里 迲麗人於浿江 擊破之 遂圍平壤 (『三國史記』44 列傳 4 金仁問)[1700]
신라 고구려	裂起 史失族姓 文武王元年 唐皇帝遣蘇定方討高句麗 圍平壤城[1701] 含資道摠管劉德敏傳宣國王 送軍資平壤 (『三國史記』47 列傳 7 裂起)[1702]
고구려	釋法眼 俗姓高 隋齊國公高頴曾孫也 俗字立敬 一名元懌 未出家時 貞觀中 與兄立覽 於他度寺僧明藏處 學讀法華波若 稍似精熟 敬後棄其所習 龍朔元年 征遼還 (『弘贊法華傳』9 轉讀 7 唐洛陽白馬寺 釋法眼)[1703]
고구려	俄徙平壤道[1704] 破高麗之衆於浿江 奪馬邑山爲營 遂圍平壤 (『新唐書』111 列傳 36 蘇定方)[1705]
고구려	郞將吳氏 忘名 東征高麗 破馬邑城 焚燒屋宇 延及寺舍 城外望見 煙雲直上 中有一物 如白帶 高飛入雲 須臾飄墮城東草中 郞將吳君 走馬往視之 見黃書展在地上 就而觀之 乃是法花經第七卷也 於是 將至營中 夜安幕上 忽逢暴雨 明旦收之 一無霑濕 (『弘贊法華傳』10 書寫 8 唐 郞將吳氏)[1706]
신라 백제	八月 大王領諸將 至始飴谷停留 △使來告曰 百濟殘賊 據甕山城遮路 不可前 大王先遣使 諭之 不服 (『三國史記』6 新羅本紀 6)
신라 고구려 백제	(八月) 新羅王率諸將 會伐高勾麗 至始飴谷 有告者曰 百濟殘賊 據甕山城 王先遣使諭之 不服 王行次南川州 鎭守劉仁願 亦自泗沘 會於南川州[1707] 金庾信進圍甕山城 語賊將曰 而國不襲 致大國之討 順命者賞 不順命者戮 今汝等獨守孤城 欲何爲乎 將必塗地 不如早降 非但全驅 富貴可期也 賊曰 城雖小 兵食俱足 士卒義勇 寧爲戰死誓不生降 庾信笑曰 困獸猶鬪 此之謂也 圍不解 (『三國史節要』9)
신라 고구려	(龍朔元年) 於是 文武大王率庾信仁問文訓等 發大兵向高句麗 行次南川州 鎭守劉仁願以所領兵 自泗沘泛船 至鞋浦下陸 亦營於南川州 時 有司報 前路有百濟殘賊 屯聚

1694) 이 기사에는 일자 표기가 없으나, 『新唐書』 本紀 등에 의거하여 8월11일(甲戌)로 편년하였다.
1695) 이 기사에는 일자 표기가 없으나, 『新唐書』 本紀 등에 의거하여 8월11일(甲戌)로 편년하였다.
1696) 이 기사에는 일자 표기가 없으나, 『新唐書』 本紀 등에 의거하여 8월11일(甲戌)로 편년하였다.
1697) 저본에는 '爲'로 되어 있으나, 내용상 '圍'로 수정해야 한다.
1698) 明年三月 勒兵而還
1699) 이 기사에는 일자 표기가 없으나, 『新唐書』 本紀 등에 의거하여 8월11일(甲戌)로 편년하였다.
1700) 이 기사에는 일자 표기가 없으나, 『新唐書』 本紀 등에 의거하여 8월11일(甲戌)로 편년하였다.
1701) 이 뒷부분은 『三國史記』 新羅本紀에 10월29일로 되어 있다.
1702) 이 기사에는 월일 표기가 없으나, 『新唐書』 本紀 등에 의거하여 8월11일(甲戌)로 편년하였다.
1703) 이 기사에는 월일 표기가 없으나, 『新唐書』 本紀 등에 의거하여 8월11일(甲戌)로 편년하였다.
1704) 이 앞부분은 『新唐書』 本紀 등에 龍朔元年(661) 4월16일(庚辰)로 되어 있다.
1705) 이 기사에는 연대 표기가 없으나, 『新唐書』 本紀 등에 의거하여 龍朔元年(661) 8월11일(甲戌)로 편년하였다.
1706) 이 기사에는 연대 표기가 없으나, 『新唐書』 本紀 등에 의거하여 龍朔元年(661) 8월11일(甲戌)로 편년하였다.
1707) 이 뒷부분은 『三國史記』 新羅本紀에 9월25일로 되어 있다.

瓮山城遮路 不可直前 (『三國史記』42 列傳 2 金庾信 中)[1708]

백제　八月 遣前將軍大華下阿曇比邏夫連小華下河邊百枝臣等　後將軍大華下阿倍引田比邏
　　　夫臣 大山上物部連熊大山上守君大石等 救於百濟 仍送兵杖五穀[或本續此末云 別使大
　　　山下狹井連檳榔小山下秦造田來津 守護百濟] (『日本書紀』27 天智紀)

탐라　龍朔元年八月 朝貢使至 (『唐會要』100 耽羅國)
탐라　龍朔元年八月 多蔑國王摩如失利多福國王難修强宜說耽羅國王儒李都羅等　並遣使來
　　　朝 各貢方物 三國皆林邑之南邊海小國也 (『冊府元龜』970 外臣部 15 朝貢 3)
탐라 신라　(日本傳[兼會要]) (…) 龍朔元年八月 儋羅王 遣使入朝 國居新羅武州南島上 (『玉海』
　　　153 朝貢 外夷內朝內附 唐日本遣使入朝請授經)[1709]
탐라 신라　龍朔初 有儋羅者 其王儒李都羅遣使入朝 國居新羅武州南島上 (『新唐書』220 列傳
　　　145 東夷 流鬼)[1710]

신라　九月癸巳朔 特進新羅王春秋卒 以其子法敏爲樂浪郡王新羅王[1711] (『資治通鑑』200
　　　唐紀 16 高宗 上之下)[1712]
신라　(新羅傳) 龍朔元年 王金春秋卒 以其子法敏襲王[九月癸巳朔][1713] 以其國 雞林州大都
　　　督府 授法敏都督 (『玉海』133 官制屬國都護都督 唐龜林都督府雞林大都督府)
신라　龍朔元年九月 特進新羅王金春秋薨 帝遣使帛之 便冊其嗣子法敏爲新羅王 (『冊府元龜
　　　』964 外臣部 9 封冊 2)[1714]
신라　龍朔元年九月 特進新羅王金春秋薨 帝於雒城門擧哀 遣使持節 往弔之 (『冊府元龜』9
　　　74 外臣部 19 褒異 1)[1715]
신라　是歲 新羅王金春秋卒 其子法敏嗣立 (『舊唐書』4 本紀 4 高宗 上)[1716]
신라　龍朔元年 春秋卒 (『舊唐書』199上 列傳 149上 新羅)[1717]
신라　龍朔元年 死 法敏襲王 (『新唐書』220 列傳 145 東夷 新羅)[1718]
신라　龍朔元年 春秋卒 詔以其子法敏嗣位 (『唐會要』95 新羅)[1719]
신라　龍朔元年 以其國爲鷄林州大都督府 授其王法敏都督 (『玉海』191 兵捷露布 3 唐鷄
　　　林道行軍大摠管敗新羅)[1720]

신라 백제　九月十九日 大王進次熊峴停 集諸摠管大監 親臨誓之 (『三國史記』6 新羅本紀 6)
신라 백제　九月 王進次熊峴停 集諸摠管 親臨誓 師涕泣 士皆奮勵 (『三國史節要』9)[1721]

1708) 이 기사에는 월 표기가 없으나, 『三國史節要』에 의거하여 8월로 편년하였다.
1709) 아 기사에는 『新唐書』日本傳에서 인용한 것으로 되어 있으나, 실제로는 바로 아래의 기사처럼 『新唐
　　　書』流鬼傳에서 인용한 것이다.
1710) 이 기사에는 연대 표기가 없으나, 『唐會要』등에 의거하여 龍朔元年(661) 8월로 편년하였다.
1711) 卒 子恎翻 樂浪 音洛琅
1712) 『三國史記』新羅本紀, 『三國史節要』에는 사망은 6월, 책봉은 文武王 2년(662) 1월로 되어 있다.
1713) 이 뒷부분은 『資治通鑑』에는 龍朔3년(663) 4월12일(乙未), 『三國史記』新羅本紀 등에는 文武王3년
　　　(663) 4월로 되어 있다.
1714) 이 기사에는 일자 표기가 없으나, 『資治通鑑』에 의거하여 9월 1일(癸巳)로 편년하였다.
1715) 이 기사에는 일자 표기가 없으나, 『資治通鑑』에 의거하여 9월 1일(癸巳)로 편년하였다.
1716) 이 기사에는 월일 표기가 없으나, 『資治通鑑』에 의거하여 9월 1일(癸巳)로 편년하였다.
1717) 이 기사에는 월일 표기가 없으나, 『資治通鑑』에 의거하여 9월 1일(癸巳)로 편년하였다.
1718) 이 기사에는 월일 표기가 없으나, 『資治通鑑』에 의거하여 9월 1일(癸巳)로 편년하였다.
1719) 이 기사에는 월일 표기가 없으나, 『資治通鑑』에 의거하여 9월 1일(癸巳)로 편년하였다.
1720) 이 기사에는 월일 표기가 없으나, 『資治通鑑』에 의거하여 9월 1일(癸巳)로 편년하였다. 『資治通鑑』에는
　　　龍朔3년(663) 4월12일(乙未), 『三國史記』新羅本紀 등에는 文武王3년(663) 4월로 되어 있다.
1721) 이 기사에는 일자 표기가 없으나, 『三國史記』新羅本紀에 의거하여 9월19일로 편년하였다.

신라 백제   (九月)二十五日 進軍圍甕山城 (『三國史記』6 新羅本紀 6)

신라 백제   (九月) 遂與庾信 合兵圍之 (『三國史節要』9)[1722]

신라 백제   (龍朔元年) 於是 庾信以兵進而圍城 使人近城下 與賊將語曰 而國不龔 致大國之討 順命者賞 不順命者戮 今汝等獨守孤城 欲何爲乎 終必塗地 不如出降 非獨存命 富貴 可期也 賊高聲唱曰 雖蕞爾小城 兵食俱足 士卒義勇 寧爲死戰 誓不生降 庾信笑曰 窮鳥困獸 猶知自救 此之謂也 乃揮旗鳴鼓功之 大王登高見戰士 淚語激勵之 士皆奮 突 鋒刃不顧 (『三國史記』42 列傳 2 金庾信 中)[1723]

신라 백제   (九月)至二十七日 先燒大柵 斬殺數千人 遂降之 論攻 賜角干伊湌爲摠管者劍 迊湌波 珍湌大阿湌爲摠管者戟 已下各一品位 築熊峴城 (『三國史記』6 新羅本紀 6)

신라 백제   (龍朔元年)九月二十七日 城陷 捉賊將戮之 放其民 論功賞賚將士 劉仁願亦分絹有差 (『三國史記』42 列傳 2 金庾信 中)

신라 백제   (九月) 先燒大柵 斬數千人 城陷 獲賊將戮之 論功 賜角干伊湌之爲摠管者劍 匝湌波 珍湌大阿湌之爲摠管者戟 餘賜一級 遂築熊峴城 (『三國史節要』9)[1724]

신라   (九月至二十七日) 上州摠管品日與一牟山郡大守大幢沙戶山郡大守哲川等 率兵攻雨述 城 斬首一千級 百濟達率助服恩率波伽等 與衆降王 賜位助服級湌 仍授古陁耶郡大守 波伽級湌兼賜田宅衣物 (『三國史記』6 新羅本紀 6)

신라   (九月) 新羅上州摠管品日與一牟山郡大守大幢沙戶山郡大守哲川等 率兵攻雨述城 斬 千餘級 百濟達率助服恩率波伽與衆謀降 賜助服級湌 仍授古陁耶郡大守 波伽級湌 又 賜田宅衣物 (『三國史節要』9)[1725]

신라   (龍朔元年九月二十七日) 於是 饗士秣馬 欲往會唐兵 大王前遣太監文泉移書蘇將軍 至是復命 遂傳定方之言曰 我受命萬里 涉滄海而討賊 艤舟海岸 旣踰月矣 大王軍士 不至 粮道不繼 其危殆甚矣 王其圖之 大王問羣臣如之何而可 皆言 深入敵境輸粮 勢 不得達矣 大王患之 吾嗟 庾信前對曰 臣過叨恩遇 忝辱重寄 國家之事 雖死不避 今 日是老臣盡節之日也 當向敵國 以副蘇將軍之意 大王前席 執其手下淚曰 得公賢弼 可以無憂 若今茲之役 罔愆于素 則公之功德 曷日可忘 庾信旣受命 至懸鼓岑之岫寺 齊戒 卽靈室閉戶獨坐 焚香累日夜而後出 私自喜曰 吾今之行 得不死矣 將行 王以手 書告庾信 出彊之後 賞罰專之可也 (『三國史記』42 列傳 2 金庾信 中)

신라   (九月) 新羅王遣大監文泉移書蘇定方 文泉還報曰 定方言 我受命 討賊涉海萬里 艤舟 徘徊 已踰月矣 而王之援兵不至 粮又不繼 吾之殆甚矣 王其圖之 王問群臣 皆以深入 敵境 遠輸粮餉爲難 王深患之 庾信曰 臣叨承恩遇 受國家重寄 死不辭亂 今日是老臣 盡節之日 當赴敵以副蘇將軍之意 王曰 今旣得卿 可無憂矣 出彊之後賞罰 卿可便宜 從事 (『三國史節要』9)[1726]

고구려   九月 蓋蘇文遣其子男生 以精兵數萬守鴨淥 諸軍不得渡 契苾何力至 値氷大合 何力 引衆乘氷 度水 鼓噪而進 我軍潰奔 何力追數十里 殺三萬人 餘衆悉降 男生僅以身免 會 有詔班師 乃還 (『三國史記』22 高句麗本紀 10)

1722) 이 기사에는 일자 표기가 없으나, 『三國史記』新羅本紀에 의거하여 9월25일로 편년하였다.
1723) 이 기사에는 월일 표기가 없으나, 『三國史記』新羅本紀에 의거하여 9월25일로 편년하였다.
1724) 이 기사에는 일자 표기가 없으나, 『三國史記』新羅本紀에 의거하여 9월27일로 편년하였다.
1725) 이 기사에는 일자 표기가 없으나, 『三國史記』新羅本紀에 의거하여 9월27일로 편년하였다.
1726) 이 기사에는 일자 표기가 없으나, 『三國史記』新羅本紀에 의거하여 9월27일로 편년하였다.

고구려	(九月) 高勾麗蓋蘇文 遣其子男生 以精兵數萬守鴨綠 唐諸軍不得渡 契苾何力至 値氷合 引衆乘氷渡水 鼓噪而進 高勾麗軍潰奔 何力追數十里 殺三萬人 餘衆悉降 男生僅以身免 會 帝有詔班師 乃還 (『三國史節要』9)
고구려	(龍朔元年)九月 次于鴨綠水 其地卽高麗之險阻 莫支男生以精兵數萬守之 衆莫能濟 何力始至 會層氷大合 趣卽渡兵 鼓譟而進 賊遂大潰 追奔數十里 斬首三萬級 餘衆盡降 男生僅以身免 會有詔班師 乃還 (『舊唐書』109 列傳 59 契苾何力)
고구려	(九月) 高麗蓋蘇文遣其子男生 以精兵數萬守鴨綠水 諸軍不得渡 契苾何力至 値氷大合 何力引衆乘氷渡水 鼓譟而進 高麗大潰 追奔數十里 斬首三萬級 餘衆悉降[1727] 男生僅以身免 會有詔班師 乃還 (『資治通鑑』200 唐紀 16 高宗 上之下)
고구려	(龍朔元年) 于時九月 水陸兩軍 大會平壤 兵至鴨綠 波濤浩瀚 無舟可濟 恐失王期 仰天而△ 具申忠志 寒風四起 流漸立合 軍衆纔渡 氷隨後銷 高麗謂神 耿恭拜井 魯揚麾戈 精誠所感 信非謬也 旋師錄功 錫甲第一區 加凉國公 (「契苾嵩 墓誌銘」:『全唐文新編』997)
고구려	龍朔元年 隨契苾何力破鴨渌 授游擊將軍左驍衛善信府果毅 (「陽玄基 墓誌銘」:『全唐文補遺』8)[1728]
고구려	龍朔初 復拜遼東道行軍大總管 率諸蕃三十五軍進討 帝欲自率師繼之[1729] 次鴨綠水 蓋蘇文遣男生 以精兵數萬拒險 衆莫敢濟 會氷合 何力引兵譟而濟 賊驚 遂潰 追奔 斬首三萬級 餘衆降 男生脫身走 有詔班師 (『新唐書』110 列傳 35 諸夷蕃將 契苾何力)[1730]
백제	九月 皇太子御長津宮 以織冠授於百濟王子豊璋 復以多臣蔣敷之妹妻之焉 乃遣大山下狹井連檳榔小山下秦造田來津 率軍五千餘衛送於本鄕 於是 豊璋入國之時 福信迎來 稽首奉國朝政 皆悉委焉 (『日本書紀』27 天智紀)
고구려	(龍朔元年) 春秋五十有八 以其年十月十八日 卒於軍所 (「楊師善 墓誌銘」:『全唐文新編』994;『全唐文補遺』3)
신라	冬十月二十九日 大王聞唐皇帝使者至 遂還京 唐使弔慰 兼勑祭前王 贈雜彩五百段 庾信等休兵 待後命 含資道摠管劉德敏至 傳勑旨 輸平壤軍粮 (『三國史記』6 新羅本紀 6)
신라	冬十月 新羅王聞唐遣使來弔祭 未赴麗師而還 庾信等休兵待命 含資道摠管劉德敏至 傳勑旨 輸平壤軍粮 (『三國史節要』9)[1731]
백제	十一月壬辰朔戊戌 以天皇喪 殯于飛鳥川原 自此發哀 至于九日[日本世記云 十一月 福信所獲唐人續守言等 至于筑紫 或本云 辛酉年 百濟佐平福信所獻唐俘一百六口 居于近江國墾田 庚申年 旣云福信 獻唐俘 故 今存注 其決焉] (『日本書紀』26 齊明紀)
신라	(龍朔元年)十二月十日 與副將軍仁問眞服良圖等九將軍 率兵載糧 入高句麗之界 (『三國史記』42 列傳2 金庾信 中)

1727) 降 戶江翻
1728) 이 기사에는 월 표기가 없으나,『三國史記』高句麗本紀 등에 의거하여 9월로 편년하였다.
1729) 이 앞부분은『新唐書』本紀 등에 龍朔元年(661) 4월16일(庚辰)로 되어 있다.
1730) 이 기사에는 연대 표기가 없으나,『三國史記』高句麗本紀 등에 의거하여 龍朔元年(661) 9월로 편년하였다.
1731) 이 기사에는 일자 표기가 없으나,『三國史記』新羅本紀에 의거하여 10월29일로 편년하였다.

신라 백제 고구려

(文武王十一年)秋七月二十六日　大唐摠管薛仁貴使琳潤法師寄書曰（…）　大王報書云
（…）至顯慶五年（…）至六年（…）至十二月　熊津粮盡　先運熊津　恐違勅旨　若送平壤
即恐熊津絶粮　所以差遣老弱　運送熊津　强健精兵　擬向平壤　熊津送粮　路上逢雪　人馬
死盡　百不一歸（…）（『三國史記』7 新羅本紀 7 文武王 下）

신라 백제 고구려

(文武王十一年)秋七月　唐摠管薛仁貴遣僧琳潤致書於王曰（…）　王報書云（…）至顯慶
五年（…）至六年（…）至十二月　熊津粮盡　先運熊津　恐違勅旨　若送平壤　即恐熊津絶
粮　所以差遣老弱　運送熊津　强健精兵　擬向平壤　熊津送粮　路上逢雪　人馬死盡　百不
一歸（…）（『三國史節要』10）

고구려 백제 신라

十二月　高麗言　惟十二月　於高麗國寒極沺凍　故唐軍雲車衝輣　鼓鉦吼然　高麗士率膽
勇雄壯　故更取唐二壘　唯有二塞　亦備夜取之計　唐兵抱膝而哭　銳鈍力竭而不能拔　噬
臍之恥　非此而何[釋道顯云　言春秋之志　正于高麗　而先聲百濟　百濟近侵甚　苦急　故爾
也]（『日本書紀』27 天智紀）

신라　　　開寧郡　古甘文小國也　眞興王十八年　梁[1732)永定元年　置軍主　爲靑州　眞平王時　州廢
　　　　　文武王元年　置甘文郡（『三國史記』34 雜志 3 地理 1）

신라　　　王初卽位　龍朔辛酉　泗沘南海中有死女尸　身長七十三尺　足長六尺　陰長三尺　或云身
　　　　　長十八尺（『三國遺事』2 紀異 2 文虎王法敏）

신라　　　按此錄義湘傳云　永徽初　入唐謁智儼　然據浮石本碑　湘武德八年生（…）至龍朔元年辛
　　　　　酉　入唐　就學於智儼（『三國遺事』3 塔像 4 前後所將舍利）

신라　　　釋元曉　姓薛氏　東海湘州人也　丱䯻之年　惠然入法　隨師稟業　遊處無恒　勇擊義圍　雄
　　　　　橫文陣　仡仡然桓桓然　進無前卻　蓋三學之淹通　彼土謂爲萬人之敵　精義入神　爲若此
　　　　　也　嘗與湘法師入唐　慕奘三藏慈恩之門　厥緣旣差　息心遊往無何　發言狂悖　示跡乖疎
　　　　　同居士入酒肆倡家　若誌公持金刀鐵錫　或製疏以講雜華　或撫琴以樂祠宇　或閭閻寓宿
　　　　　或山水坐禪　任意隨機　都無定檢
　　　　　時國王置百座仁王經大會　遍搜碩德　本州以名望擧進之　諸德惡其爲人　譖王不納　居無
　　　　　何　王之夫人　腦嬰癰腫　醫工絶驗　王及王子臣屬　禱請山川靈祠　無所不至　有巫覡言曰
　　　　　苟遣人往他國求藥　是疾方瘳　王乃發使　泛海入唐　募其醫術　溟漲之中　忽見一翁　由波
　　　　　濤躍出登舟　邀使人入海　覩宮殿嚴麗　見龍王　王名鈐海　謂使者曰　汝國夫人　是靑帝第
　　　　　三女也　我宮中先有金剛三昧經　乃二覺圓通示菩薩行也　今託仗夫人之病爲增上緣　欲
　　　　　附此經　出彼國流布耳　於是將三十來紙　重沓散經　付授使人　復曰　此經渡海中　恐罹魔
　　　　　事　王令持刀裂使人腨腸而內于中　用蠟紙纏縢以藥傅之　其腨如故　龍王言　可令大安聖
　　　　　者　銓次綴縫　請元曉法師　造疏講釋之　夫人疾愈無疑　假使雪山阿伽陀藥力亦不過是
　　　　　龍王送出海面　遂登舟歸國　時王聞而歡喜　乃先召大安聖者黏次焉　大安者不測之人也
　　　　　形服特異　恒在市廛　擊銅鉢唱　言大安大安之聲　故號之也　王命安　安云　但將經來不願
　　　　　入王宮闕　安得經排來成八品　皆合佛意　安曰　速將付元曉講　餘人則否　曉受斯經　正在
　　　　　本生湘州也　謂使人曰　此經以本始二覺爲宗　爲我備角乘將案几　在兩角之間　置其筆硯

1732) 저본에는 '梁'으로 되어 있으나, '永定'은 陳의 연호이므로 '陳'으로 수정해야 한다.

始終於牛車 造疏成五卷 王請剋日於黃龍寺敷演 時有薄徒竊盜新疏 以事白王 延于三
日 重錄成三卷 號爲略疏 泊乎王臣道俗 雲擁法堂 曉乃宣吐有儀 解紛可則 稱揚彈指
聲沸于空 曉復昌言曰 昔日採百椽時 雖不預會 今朝橫一棟處 唯我獨能 時諸名德 俯
顏慚色 伏膺懺悔焉 初曉示跡 無恒化人不定 或擲盤而救衆 或噀水而撲焚 或數處現
形 或六方告滅 亦盃渡誌公之倫歟 其於解性覽無不明矣 疏有廣略二本 俱行本土 略
本流入中華 後有翻經三藏 改之爲論焉

系曰 海龍之宮 自何而有經本耶 通曰 經云 龍王宮殿中 有七寶塔 諸佛所說 諸深義
別 有七寶篋滿中盛之 謂十二因緣 總持三昧等 良以此經 合行世間 復顯大安曉公神
異 乃使夫人之疾 爲起敎之大端者也 (『宋高僧傳』4 義解 2之1 唐新羅國 元曉)[1733]

신라　　　唐元曉 新羅國湘州薛氏子也 丱年入道 隨師遊學無常處 時三藏玄奘公 化王中原 偕
友將造之 事見湘法師傳 因緣旣忤 踪跡逐乖 任性逍遙 一無定止

會王置百座 召名德講仁王經 本州以宿碩聞 或以其行汙譖不納 居無何 夫人病腦癰
醫禱皆莫效 卜曰 宜致神劑赤縣地 於遣使西度海 冥漲中 忽見人邀至龍君所 宮殿
嚴麗 徒從莊蕭 蓋非世間耳目所及 君自稱鈴海 謂使曰 汝夫人靑帝第三女也 其於佛
法尤有願力 金剛三昧經者 乃二覺圓通 示菩薩行也 我嘗得之 而未易流通 今以夫人
之病 而發機焉 則豈惟夫人利益而已 因持刀裂其腨腸 入散經三十許紙 其內外用臘紙
纏藤而傳以他藥 且曰 恐所歷有魔事 故爲此耳 又曰 可請大安聖者詮次綴緝 元曉法
師造疏講釋 如是則雖雪山阿伽陀藥不過也 大安者 形服素詭異 每擊銅盋井市中
唱大
安大安 王至是亟召安 安曰 但將經來 卽以義理釐爲八品而去 然終不肯見王 曉得經
卽疏之牛車上 成五卷 且設几案筆硯於牛兩角間曰 本始二覺 此經指也 姑以表之耳
尋剋日於黃龍寺開闡 浮薄者忌其能 竊之以逃 王命限三日 更出略疏三卷 以急療治
曉宣吐雍容 辯抗敏銳 稱揚彈指 聲沸于空 其曰 昔日採百椽時 雖不預會 今朝橫一棟
處 惟我獨能 所以譏曩者之譜焉 衆有慚色 後不知所終 (『新修科分六學僧傳』28 定
學 證悟科 唐元曉)[1734]

신라　　　唐僧元曉者 海東人 初航海而至 將訪道於名山 獨行荒陂 夜宿塚間渴甚 引手掬于穴
中 得泉甘涼 黎明視之髑髏也 大惡之 盡欲嘔去 忽猛省 大歎曰 心生則種種法生 心
滅則髑髏不二 如來大師曰 三界唯心 豈欺我哉 遂不復求師 卽日還海東 疏華嚴經 大
弘圓頓之敎 予讀其傳至此 追念晉樂廣 酒盃蛇影之事 作偈曰
夜塚髑髏元是水 客盃弓影竟非蛇 箇中無地容生滅 笑把遺編纂縷斜 (『林間錄』 上 元
曉)[1735]

신라　　　金剛三昧經 乃二覺圓通 示菩薩行也 初元曉造疏 悟其以本始二覺爲宗 故坐牛車 置
几案 於兩角之間 據以草文
圓覺經 以皆證圓覺 無時無性爲宗 故經首叙文 不標時處 及考其翻譯之代 史復不書
曉公設事表法 圓覺冥合佛意 其自覺心靈之影像乎 (『林間錄』 上 金剛三昧經圓覺
經)[1736]

신라　　　唐僧元曉者 海東人 初航海而至 將訪道於名山 獨行荒陂 夜宿塚間渴甚 引手掬於穴
中 得泉甘涼 黎明視之髑髏也 大惡之 盡欲嘔去 忽猛省 大嘆曰 心生則種種法生 心
滅則髑髏不二 如來大師曰 三界唯心 豈欺我哉 遂不復求師 還海東 疏華嚴經 (『指月
錄』7 元曉)[1737]

1733) 이 기사에는 연대 표기가 없으나, 『三國遺事』에 의거하여 龍朔元年(661)으로 편년하였다.
1734) 이 기사에는 연대 표기가 없으나, 『三國遺事』에 의거하여 龍朔元年(661)으로 편년하였다.
1735) 이 기사에는 연대 표기가 없으나, 『三國遺事』에 의거하여 龍朔元年(661)으로 편년하였다.
1736) 이 기사에는 연대 표기가 없으나, 『三國遺事』 및 『宋高僧傳』에 의거하여 龍朔元年(661)으로 편년하였
다.
1737) 이 기사에는 연대 표기가 없으나, 『三國遺事』에 의거하여 龍朔元年(661)으로 편년하였다.

신라　釋元曉 姓薛 東海湘州人 三學淹通 彼土謂爲萬人之敵
時國王置百座仁王經大會 徧搜碩德 本州以名望擧進之 王不納 居無何 王之夫人 腦
嬰癰腫 醫工絶驗 王及王子臣屬 禱請山川靈祠 無所不至 有巫覡言曰 苟遣人往他國
求藥 是疾方瘳 王乃發使泛海入唐 募其醫術 溟漲之中 忽見一翁 由波濤躍出登舟 邀
使人入海 覩宮殿嚴麗 見龍王 王名鈐海 謂使者曰 汝國夫人 是靑帝第三女也 我宮中
先有金剛三昧經 乃二覺圓通 示菩薩行也 今託仕夫人之病爲增上緣 欲附此經 出彼國
流布耳 於是將三十來紙 重沓散經 付授使人 復曰 此經渡海中 恐罹魔事 王令持刀裂
使人腨腸而內于中 用蠟紙纏縢以藥傅之 其腨如故 龍王言 可令元曉法師造疏講釋之
夫人疾愈無疑 龍王送出海面 遂登舟歸國 時王聞而歡喜 乃召元曉 造疏成五卷 王請
剋日於黃龍寺敷演 號爲略疏 曉乃宣吐有儀 解紛可則 稱揚彈指 聲沸于空 疏有廣略
二本 俱行本土 略本流中華 後有翻經三藏 改之爲論焉 (『高僧摘要』 4 元曉)[1738]

신라　疏唐初海東元曉者 姓薛氏 東海相州人也 丱髮之年 慧然入法 隨師稟業 遊處不常 勇
擊義圍 雄橫文陣 仡仡桓桓然 進無前却 彼土謂之萬人之敵 嘗與湘法師入唐 厥緣
旣差 息心西往[義湘乃海東華嚴初祖 同曉入唐 夜宿古塚 因達唯心 故曉迴國 湘入唐
往終南 同賢首國師 師至相傳華嚴 歸海東大弘耳]無何 言語狂逸 擧措乖疎 同居士人
酒肆倡家 若志公持金刀鐵錫 或製疏以講雜華 或撫琴以樂祠宇 或閭閻寓宿 或山水坐
禪 任意隨緣 都無定驗
時國王置百座講仁王 徧搜碩德 本州具以名望擧進之 諸德惡其爲人 譖王不納 未幾時
王夫人 腦嬰腫 醫工絶驗 祈禱無靈 俄有巫覡曰 苟遣人它國求藥 方瘳 王發使泛海入
唐求醫 溟漲中忽見一翁 由波躍出登舟 邀使入海 見龍王 名鈐海 謂使者曰 汝國夫人
是靑帝第三女也 我宮中先有金剛三昧經 今託仕夫人之病爲增上緣 欲附此經 彼國流
布 於是特三十來紙 重沓散經 付授使者 復曰 此經處渡海 恐罹魔事 今持刀裂使者腨
腸而內于中 用臘紙縢之以藥傅之 其腨如故 龍王言 可令大安聖者銓次綴縫 請元曉法
師造疏解釋 夫人疾愈無疑 龍王送出海面 正遇入唐船迴 遂登舟歸國 王聞歡喜 乃召
大安聖者粘次焉 大安不測之人也 形服特異 每在市廛 擊銅鉢唱言大安大安之聲 故號
之也 安曰 速將付元曉講得 餘人則否 時曉在湘州 謂使者曰 此經以始本二覺爲宗 爲
我備角乘將按几 在兩角之間 置其筆硯 始終於牛車上 造疏成五卷 又造略疏三卷 於
黃龍寺敷演 王臣道俗 雲擁法堂 乃宣吐有儀 解紛可則 復唱言曰 昔日採百椽時 雖不
預會 今朝橫一棟處 唯我獨能 時諸名德 俯顏慚色 伏膺懺悔焉 初曉示跡難知 化人不
定 或擲盤而救衆 或噀水以撲焚 或數處現形 或六方告滅 亦盃渡誌公之倫也
探玄記云 元曉法師造此經疏 立四敎等言 四諦緣起經等者 卽四諦經也 各一卷等餘小
乘經 詮生空理者也 疏大同天台等者 前二依天台藏通而小異 但各別圓者 以天台以華
嚴兼別 今曉公以華嚴總名爲滿 卽總是圓滿義也 其梵網名一乘分 是曉公新加 故云大
同也 (『華嚴懸談會玄記』 20 海東 元曉)[1739]

신라　歃良州阿曲縣之靈鷲山[歃良 今梁州 阿曲一作西 又云求佛又屈弗 今蔚州置屈弗驛 今
存其名] 有異僧 庵居累紀 而鄕邑皆不識 師亦不言氏名 常講法華 仍有通力
龍朔初 有沙彌智通 伊亮公之家奴也 出家年七歲時 有烏來鳴云 靈鷲去投朗智爲弟子
通聞之 尋訪此山 來憩於洞中樹下 忽見異人出 曰我是普大士 欲授汝戒品 故來爾 因
宣戒訖乃隱 通神心豁爾 智證頓圓 遂前行 路逢一僧 乃問朗智師何所住 僧曰 奚問朗
智乎 通具陳神烏之事 僧莞爾而笑曰 我是朗智 今兹堂前亦有烏來報 有聖兒投師將至
矣 宜出迎 故來迎爾 乃執手而嘆曰 靈烏驚爾投吾 報予迎汝 是何祥也 殆山靈之陰助

1738) 이 기사에는 연대 표기가 없으나, 『三國遺事』에 의거하여 龍朔元年(661)으로 편년하였다.
1739) 이 기사에는 연대 표기가 없으나, 『三國遺事』에 의거하여 龍朔元年(661)으로 편년하였다.

也 傳云山主乃辯才天女 通聞之泣謝 投禮於師 旣而將與授戒 通曰予於洞口樹下已蒙
普賢大士乃授正戒 智嘆曰 善哉汝已親稟大士滿分之戒 我自生年來 夕惕慇懃 念遇至
聖 而猶未能昭格 今汝已受 吾不及汝遠矣 反禮智通 因名其樹曰普賢 通曰 法師住此
其已久如 曰法興王丁未之歲 始寓足焉 不知今幾 通到山之時 乃文武王卽位元年辛酉
歲也 計已一百三十五年矣 (『三國遺事』5 避隱 8 朗智乘雲普賢樹)

고구려 백제　(是歲) 又日本救高麗軍將等 泊于百濟加巴利濱而燃火焉 灰變爲孔有細響 如鳴鏑 或
　　　　　　曰 高麗百濟終亡之徵乎 (『日本書紀』27 天智紀)

백제 고구려　龍朔元年 遼東道行軍摠管蘇定方拔百濟之貞都城 其王義慈來降 遣左衛郎將王文庶齎
　　　　　　璽書 慰勞定方已下將士及百濟百姓 各令安堵如舊 有才者節級錄用 若能便經畧高麗
　　　　　　者 委定方揀擇將士可否聞奏 (『冊府元龜』136 帝王部 136 慰勞)[1740]

백제　　　　(舊紀) (…) 龍朔元年 劉仁軌爲帶方刺史 請唐曆而行 (『玉海』10 律歷歷法 下 唐戊
　　　　　　寅元曆麟德甲子元曆木渾圖經緯曆光宅曆神龍曆)[1741]
백제　　　　(志) (…) 龍朔元年 劉仁軌爲帶方刺史 請唐曆而行 (『玉海』153 朝貢外夷內朝內附
　　　　　　唐高麗請頒曆)[1742]

고구려 백제　(實錄) (…) 龍朔元年 沛王宅宴 奏九部樂 (『玉海』105 音樂樂 3 唐九部樂十部樂十
　　　　　　四國樂二部樂)[1743]

백제 신라　(通監) 龍朔元年 初 蘇定方旣平百濟 留其將劉仁願 守百濟府城 又以左衛中郎將王文
　　　　　　度 爲熊津都督 撫其餘衆[1744] 文度濟海而卒[1745] 百濟僧道琛故將福信聚衆據周留城
　　　　　　迎故王子豐於倭國而立之 引兵圍仁願於府城 詔起劉仁軌檢校帶方州刺史 將文度之衆
　　　　　　便道發新羅兵以救仁願 仁軌喜曰 天將富貴此翁矣 於州司請唐曆及廟諱而行 曰 吾欲
　　　　　　掃平東夷 頒大唐正朔於海表 仁軌御軍嚴整 轉鬪而前 所向皆平下[1746] 百濟立兩柵於
　　　　　　熊津江口 仁軌與新羅兵合擊 破之 殺溺死者萬餘人[1747]
　　　　　　道琛等乃釋府城之圍 退保任存城 新羅糧盡 引還 道琛自稱領軍將軍 福信自稱霜岑將
　　　　　　軍 招集徒衆 其勢益張 仁軌衆少 與仁願合軍 休息士卒[1748] (『玉海』191 兵捷露布
　　　　　　3 唐熊津道行軍摠管破百濟)[1749]

고구려 신라　龍朔元年 爲鴨淥道總管 塵淸鹿塞 霧靜鷄林 策著軍謀 道光戎律 (「張脛 墓誌銘」:『
　　　　　　全唐文補遺』千唐誌齋新藏專輯)

1740) 이 내용은 모두 顯慶 5년(660)의 일이다.
1741) 『三國史節要』 등에는 顯慶 5년(660) 9월로 되어 있다. 이 기사에서는 『舊唐書』本紀를 인용하고 있으
　　　나, 실제 『舊唐書』本紀에는 동일기사가 없다.
1742) 『舊唐書』·『新唐書』曆志에는 동일기사가 없다.
1743) 高句麗와 百濟의 樂이 포함되어 있는 九部樂, 十部樂 사료이다.
1744) 이 앞부분은 『三國史記』 新羅本紀에 顯慶 5년(660) 9월23일로 되어 있다.
1745) 이 앞부분은 『三國史記』 新羅本紀에 顯慶 5년(660) 9월28일로 되어 있다.
1746) 이 앞부분은 『三國史記』 百濟本紀에 顯慶 5년(660) 9월로 되어 있다.
1747) 이 앞부분은 『三國史記』 新羅本紀에 顯慶 5년(660) 10월30일로 되어 있다.
1748) 이 앞부분은 『三國史記』 百濟本紀에 龍朔元年(661) 3월로 되어 있다.
1749) 다른 동일기사들이 顯慶 5년(660) 9월23일, 9월28일, 9월, 10월30일, 龍朔元年(661) 3월 등에 분산되
　　　어 있으므로, 이 기사는 龍朔元年(661)에 顯慶 5년(660) 9월23일~龍朔元年(661) 3월의 전쟁과정을 요약
　　　한 것으로 보인다. 따라서 해당 부분에도 이중배치하였다.

고구려	卄八 任莫離支 兼授三軍大將軍 (「泉男生 墓誌銘」)[1750]
고구려	子男生 (…) 久之 爲莫離支 兼三軍大將軍 (『三國史記』 49 列傳 9 蓋蘇文)[1751]
고구려	久之 爲莫離支 兼三軍大將軍 (『新唐書』 110 列傳 35 諸夷蕃將 泉男生)[1752]
고구려	卄三 遷位頭大兄 累遷中軍主活 (「泉男産 墓誌銘」)[1753]
고구려	暨今大唐龍朔元年 天皇大帝敕發義軍 問罪遼左 公率兵敵戰 遂被生擒 聖上捨其拒抗之愆 許以歸降之禮[1754] (「高乙德 墓誌銘」: 2015 『韓國古代史研究』 79)
고구려	父何力 鎭軍大將軍涼國公 料敵制勝 算無遺策 平遼之功 公乃稱最 (「契苾夫人 墓誌銘」: 『全唐文新編』 996)[1755]

662(壬戌/신라 문무왕 2/고구려 보장왕 21/唐 龍朔 2/倭 天智 1)

신라 고구려	(春正月)十八日 宿風樹村 冰滑道險 車不得行 並載以牛馬 (『三國史記』 6 新羅本紀 6)
신라 고구려	(春正月) 至風樹村 冰滑道險 車不得行 幷駄牛馬 (『三國史節要』 9)[1756]
신라 고구려	(春正月)二十三日 渡七重河 至蒜壤 貴幢弟監星川軍師述川等 遇賊兵於梨峴 擊殺之 (『三國史記』 6 新羅本紀 6)
신라 고구려	壬戌正月二十三日 至七重河 人皆恐懼 不敢先登 庾信曰 諸君若怕死 豈合來此 遂先自上船而濟 諸將卒相隨渡河 入高句麗之境 慮麗人要於大路 遂自險隘以行 至於蒜壤 庾信與諸將士曰 麗濟二國 侵凌我疆場 賊害我人民 或虜丁壯以斬戮之 或俘幼少以奴使之者久矣 其可不痛乎 吾今所以不畏死赴難者 欲藉大國之力 滅二城以雪國讎 誓心告天 以期陰助 而未知衆心如何 故言及之 若輕敵者 必成功而歸 若畏敵則豈免其禽獲乎 宜同心協力 無不以一當百 是所望於諸公者也 諸將卒皆曰 願奉將軍之命 不敢有偸生之心 乃鼓行向平壤 路逢賊兵 逆擊克之 所得甲兵甚多 (『三國史記』 42 列傳 2 金庾信 中)
신라 고구려	(春正月) 至七重河 人皆懼涉 不敢先 庾信曰 諸君若怕死 豈合來此 遂先濟 諸軍繼之 入麗境 慮麗人寇抄 潛從險隘 至蒜壤 人皆困乏 庾信語諸將曰 麗濟二國 爲我世讎 今不畏死赴難者 欲藉大國之力 滅二國以報國讎 諸君宜勉之 皆曰 唯將軍之命 乃鼓行 直趣平壤 貴幢弟監星川軍師述川等 遇麗兵於梨峴 逆擊克之 所得甲兵甚多 (『三國史節要』 9)[1757]
백제	春正月辛卯朔丁巳 賜百濟佐平鬼室福信矢十萬隻 絲五百斤 綿一千斤 布一千端 韋一

1750) 이 기사에는 연대 표기가 없으나, 그의 생몰년이 634~679년이고 28세 때의 일이므로, 661년으로 편년하였다.
1751) 이 기사에는 연대 표기가 없으나, 「泉男生 墓誌銘」에 의거하여 661년으로 편년하였다.
1752) 이 기사에는 연대 표기가 없으나, 「泉男生 墓誌銘」에 의거하여 661년으로 편년하였다.
1753) 이 기사에는 연대 표기가 없으나, 그의 생몰년이 639~702년이고 23세 때의 일이므로, 661년으로 편년하였다.
1754) 이 뒤의 사적에 대해서는 "二年 蒙授右衛藍田府折衝長上 至總章元年 高麗失政東土 歸命西朝 敕以公奉國盡忠 令檢校本土東州長史 至咸亨五年 蒙授左淸道率府頻陽府折衝 至大周天授二年 加授冠軍大將軍 余竝依舊 何期逝水不定 生涯有限"이라고 기록되어 있다.
1755) 이 기사에는 연대 표기가 없으나, "平遼之功"에 의거하여 契苾何力이 고구려 공격에 참가한 645~661년으로 기간편년하고 마지막해인 661년에 배치하였다.
1756) 이 기사에는 일자 표기가 없으나, 『三國史記』 新羅本紀에 의거하여 1월18일로 편년하였다.
1757) 이 기사에는 일자 표기가 없으나, 『三國史記』 新羅本紀에 의거하여 1월23일로 편년하였다.

千張 稻種三千斛 (『日本書紀』 27 天智紀)

| 신라 | 春正月 唐使臣在館 至是 冊命王爲開府儀同三司上柱國樂浪郡王新羅王 (『三國史記』 6 新羅本紀 6) |

| 신라 | 春正月 唐使至新羅 勅祭前王 仍冊王爲開府儀同三司上柱國樂浪郡公新羅王 贈雜彩五百端 (『三國史節要』 9) |

| 신라 | 詔其子太府卿法敏嗣位 爲開府儀同三司上柱國樂浪郡王新羅王 (『舊唐書』 199上 列傳 149上 新羅)[1758] |

| 신라 | (春正月) 拜伊湌文訓爲中侍 (『三國史記』 6 新羅本紀 6) |

| 신라 | (春正月) 新羅以伊湌文訓爲中侍 (『三國史節要』 9) |

신라 고구려 (春正月) 王命庾信 與仁問良圖等九將軍 以車二千餘兩 載米四千石租二萬二千餘石 赴平壤 (『三國史記』 6 新羅本紀 6)

신라 고구려 (春正月) 新羅王遣庾信仁問眞服良圖等九將軍 與留鎭劉仁願 率兵數萬 以車二千餘兩 載米四千石租二萬二千餘石 赴平壤 (『三國史節要』 9)

신라 고구려 백제

(文武王十一年)秋七月二十六日 大唐摠管薛仁貴使琳潤法師寄書曰 (…) 大王報書云 (…) 至龍朔二年正月 劉摠管共新羅兩河道摠管金庾信等 同送平壤軍粮[1759] 當時陰雨連月 風雪極寒 人馬凍死 所將兵粮 不能勝致 平壤大軍 又欲歸還 新羅兵馬 粮盡亦廻 兵士饑寒 手足凍瘃 路上死者 不可勝數[1760] 行至瓠瀘河 高麗兵馬 尋後來趂 岸上列陣 新羅兵士 疲乏日久 恐賊遠趂 賊未渡河 先渡交刃 前鋒暫交 賊徒瓦解 遂收兵歸來[1761] 此兵到家 未經一月 熊津府城 頻索種子 前後所送 數萬餘斛 南運熊津 北供平壤 蕞小新羅 分供兩所 人力疲極 牛馬死盡 田作失時 年穀不熟 所貯倉粮 漕運並盡 新羅百姓 草根猶自不足 熊津漢兵 粮食有餘 又留鎭漢兵 離家日久 衣裳破壞 身無全褐 新羅勸課百姓 送給時服 都護劉仁願 遠鎭孤城 四面皆賊 恒被百濟侵圍 常蒙新羅解救 一萬漢兵 四年衣食新羅 仁願已下 兵士已上 皮骨雖生漢地 血肉俱是新羅 國家恩澤 雖復無涯 新羅効忠 亦足矜憫 (…) (『三國史記』 7 新羅本紀 7 文武王下)

신라 고구려 백제

(文武王十一年)秋七月 唐摠管薛仁貴遣僧琳潤致書於王曰 (…) 王報書云 (…) 至龍朔二年正月 劉摠管共新羅兩河道摠管金庾信等 同送平壤軍粮[1762] 當時陰雨連月 風雪極寒 人馬凍死 所將兵粮 不能勝致[1763] 平壤大軍 又欲歸還 新羅兵馬 粮盡亦回 兵士饑寒 手足凍瘃 路上死者 不可勝數 行至瓠瀘河 高麗兵馬 尋後來趂 岸上列陣 新羅兵士 疲乏日久 恐賊遠趂 賊未渡河 先渡交刃 前鋒暫交 賊徒瓦解 遂收兵歸來[1764] 此兵到家 未經一月 熊津府城 頻索種子 前後所送 數萬餘斛 南運熊津 北供平壤 蕞小新羅 分供兩所 人力疲極 牛馬死盡 田作失時 年穀不熟 所貯倉粮 漕運並盡 新羅百姓 草根猶自不足 熊津漢兵 粮食有餘 又留鎭漢兵 離家日久 衣裳破壞 身無全褐

1758) 이 기사에는 연대 표기가 없으나, 『三國史記』 新羅本紀 등에 의거하여 龍朔 2년(662) 1월로 편년하였다.
1759) 이 뒷부분은 『三國史記』 新羅本紀에 2월 1일로 되어 있다.
1760) 이 뒷부분은 『三國史記』 新羅本紀에 2월 6일로 되어 있다.
1761) 이 뒷부분은 『資治通鑑』 등에 7월로 되어 있다.
1762) 이 뒷부분은 『三國史記』 新羅本紀에 2월 1일로 되어 있다.
1763) 이 뒷부분은 『三國史記』 新羅本紀에 2월 6일로 되어 있다.
1764) 이 뒷부분은 『資治通鑑』 등에 7월로 되어 있다.

新羅勸課百姓 送給時服 都護劉仁願 遠鎭孤城 四面△賊 恒被百濟侵圍 常蒙新羅鮮
救 一萬漢兵 四年衣食新羅 仁願已下 兵士已上 皮骨雖生漢地 血肉俱是新羅 國家恩
澤 雖復無涯 新羅効忠 亦足矜憫 (…) (『三國史要』10)

신라 고구려　麗人固守 故不能克 士馬多死傷 糧道不繼 仁問與留鎭劉仁願率兵 兼輸米四千石租二
萬餘斛赴之 (『三國史記』44 列傳 4 金仁問)[1765]

고구려　春正月 左驍衛將軍白州刺史沃沮道摠管龐孝泰 與蓋蘇文戰於蛇水之上 擧軍沒 與其
子十三人皆戰死 蘇定方圍平壤 會大雪解而退 凡前後之行 皆無大功而退 (『三國史記』
22 高句麗本紀 10)[1766]

고구려　(春正月) 唐左驍衛將軍白州刺史沃沮道摠管龐孝泰 率嶺南水戰之士 軍於蛇水上 高勾
麗蓋蘇文迎擊之 孝泰大敗 或勸突圍 就劉伯英曹繼叔之營 孝泰曰 我伏事兩代 過蒙
恩遇 高勾麗不滅 吾必不還 伯英等何必救我 又我將鄕里子弟五千餘人 今並死盡 豈
爲一身求活耶 蘇文肉薄攻之 死者累萬 箭如蝟毛 孝泰遂與其子十三人皆死之 (『三國
史節要』9)

신라 고구려　二月一日 庾信等至獐塞 距平壤三萬六千步 先遣步騎監裂起等十五人 赴唐營 是日
風雪寒沍 人馬多凍死 (『三國史記』6 新羅本紀 6)

신라 고구려　二月 庾信等至獐塞 道險 距平壤數里 風雪寒沍 人馬疲憊 往往僵仆 庾信袒肩 執策
前驅 衆皆出死力流汗 遂度險阨 麗兵欲要擊之 不能前 庾信以唐軍飢窘 欲先報之而
難其人 召步騎監裂起曰 庾信少與若遊 知若有志節 今欲致意於蘇將軍 子可行乎 裂
起曰 吾雖不肖 濫叨軍職 況辱將軍之命 願備行人之數 遂與軍士仇近等十五人行 麗
人不敢逼 凡兩日至唐營 報定方 定方喜以書謝之 裂起又兩日而回 庾信悅爲級飡 (『三
國史節要』9)[1767]

신라 고구려　(壬戌) 至障塞之險 會 天寒烈 人馬疲憊 往往僵仆 庾信露肩執鞭 策馬以前驅 衆人見
之 努力奔走 出汗不敢言寒 遂過險 距平壤不遠 庾信曰 唐軍乏食窘迫 宜先報之 乃
喚步騎監裂起曰 吾少與爾遊 知爾志節 今欲致意於蘇將軍 而難其人 汝可行否 裂起
曰 吾雖不肖 濫中軍職 況辱將軍使令 雖死之日 猶生之年 遂與壯士仇近等十五人詣
平壤 見蘇將軍曰 庾信等領兵致資糧 已達近境 定方喜以書謝之 (『三國史記』42 列
傳 2 金庾信 中)[1768]

신라 고구려　又古記云 總章元年戊辰[若總章戊辰則李勣之事 而下文蘇定方誤矣 若定方則年號當龍
朔二年壬戌來圍平壤之時也] 國人之所請唐兵 屯于平壤郊而通書曰 急輸軍資 王會群
臣問曰 入於敵國至唐兵屯所 其勢危矣 所請王師粮匱 而不輸其料 亦不宜也 如何 庾
信奏曰 臣等能輸其軍資 請大王無慮 於是 庾信仁問等率數萬人入句麗境 輸料二萬斛
乃還 王大喜 又欲興師會唐兵 庾信先遣然起兵川等二人 問其會期 唐師蘇定方 紙畫
鸞犢二物廻之 國人未解其意 使問於云曉法師 解之曰 速還其兵 謂畫犢畫鸞二切也
於是 庾信廻軍欲渡浿江 令曰後渡者斬之 軍士爭先半渡 句麗兵來掠 殺其未渡者 翌
日 信返追句麗兵 捕殺數萬級 (『三國遺事』1 紀異 1 太宗春秋公)[1769]

신라 고구려　王命大角干金庾信 輸米四千石租二萬二千二百五十石[1770] 到獐塞 風雪沍寒 人馬多

1765) 이 기사에는 연대 표기가 없으나, 『三國史記』新羅本紀 등에 의거하여 龍朔 2년(662) 1월로 편년하였
다.
1766) 『新唐書』本紀, 『資治通鑑』에는 2월18일(戊寅), 『冊府元龜』438 將帥部에는 龍朔 3년(663) 2월로 되
어 있다.
1767) 이 기사에는 일자 표기가 없으나, 『三國史記』新羅本紀에 의거하여 2월 1일로 편년하였다.
1768) 이 기사에는 월일 표기가 없으나, 『三國史記』新羅本紀에 의거하여 2월 1일로 편년하였다.
1769) 이 기사에는 월일 표기가 없으나, 『三國史記』新羅本紀에 의거하여 2월 1일로 편년하였다.
1770) 이 앞부분은 『三國史記』新羅本紀에 1월로 되어 있다.

凍死 麗人知兵疲 欲要擊之 距唐營三萬餘步而不能前 欲移書而難其人 時 裂起以步騎監輔行 進而言曰 某雖駑蹇 願備行人之數 遂與軍師仇近等十五人 持弓劒走馬 麗人望之 不能遮關 凡兩日致命於蘇將軍 唐人聞之 喜慰廻書 裂起又兩日廻 庾信嘉其勇 與級湌位[1771] 及軍還 庾信告王曰 裂起仇近 天下之勇士也 臣以便宜許位級湌 而未副功勞 願加位沙湌 王曰 沙湌之秩 不亦過乎 庾信再拜曰 爵祿公器 所以酬功 何謂過乎 王允之 (『三國史記』47 列傳 7 裂起)[1772]

신라 고구려 (二月)六日 至陽隩 庾信遣阿湌良圖大監仁仙等致軍粮 贈定方以銀五千七百分細布三十匹頭髮三十兩牛黃十九兩 定方得軍粮便罷還 庾信等聞唐兵歸 亦還渡瓠川 高句麗兵追之 廻軍對戰 斬首一萬餘級 虜小兄阿達兮等 得兵械萬數 論功 中分本彼宮財貨田莊奴僕 以賜庾信仁問 (『三國史記』6 新羅本紀 6)

신라 고구려 (二月) 庾信等行抵楊隩 問一老 具悉敵國消息 賜之布帛 辭不受 庾信營楊隩 遣仁問良圖及子軍勝等達唐營 餽軍糧 贈定方銀五千七百分 細布三十四 頭髮三十兩 牛黃十九兩 定方以食盡兵疲 又值大雪 便旋師 良圖以兵八百人 泛海而還 庾信聞唐兵班師 亦還 麗人伏兵 欲要擊之 庾信以鼓繫牛腰 桴繫牛尾 使揮擊有聲 又積柴草燃之 使烟火不絶 示若屯宿 然夜半潛行 至瓢河 急渡休兵 詰朝 麗人覺而追之 庾信拒戰 萬弩俱發 麗軍且却 庾信率勵諸幢將士 分擊敗之 斬首萬餘級 虜小兄阿達兮等五千餘人 得兵械萬 王喜遣使勞之 及至 論功 賜庾信仁問等有差 庾信言於王曰 裂起仇近 天下之勇士也 臣以便宜授級湌 然亦未副功勞 願加沙湌 王曰 沙湌不已過乎 庾信再拜曰 爵祿公器 所以酬功 何謂過乎 王從之 (『三國史節要』9)[1773]

신라 고구려 (壬戌) 庾信等行抵楊隩 見一老人問之 具悉敵國消息 賜之布帛 辭不受而去 庾信營楊隩 遣解漢語者仁問良圖及子軍勝等達唐營 以王旨餽軍糧 定方以食盡兵疲 不能力戰 及得糧 便廻唐 良圖以兵八百人 泛海還國 時 麗人伏兵 欲要擊我軍於歸路 庾信以鼓及桴 繫羣牛腰尾 使揮擊有聲 又積柴草燃之 使煙火不絶 夜半潛行 至瓢河 急渡岸休兵 麗人知之來追 庾信使萬弩俱發 麗軍且退 率勵諸幢將士分發 拒擊敗之 生擒將軍一人 斬首一萬餘級 王聞之 遣使勞之 及至 賞賜封邑爵位有差 (『三國史記』42 列傳 2 金庾信 中)[1774]

신라 고구려 唐人得食 以大雪解圍還 羅人將歸 高句麗謀要擊於半塗 仁問與庾信詭謀夜遁 麗人翌日覺而追之 仁問等廻擊大敗之 斬首一萬餘級 獲人五千餘口而歸 (『三國史記』44 列傳 4 金仁問)[1775]

신라 (二月六日) 靈廟寺災 (『三國史記』6 新羅本紀 6)
신라 (二月) 新羅靈廟寺災 (『三國史節要』9)[1776]

신라 탐라 (二月六日) 耽羅國主佐平徒冬音律[一作津]來降 耽羅自武德以來 臣屬百濟 故以佐平爲官號 至是 降爲屬國 (『三國史記』6 新羅本紀 6)

신라 탐라 (二月) 耽羅國主佐平徒冬音律 來朝新羅 耽羅在南海中 古初無人物 有三神人始降 長曰良乙那 次曰高乙那 三曰夫乙那 一日 三人出獵海濱 得三女及諸駒犢五穀種 三人

1771) 이 뒷부분은 『三國史記』 新羅本紀에 2월 6일로 되어 있다.
1772) 이 기사에는 연대 표기가 없으나, 『三國史記』 新羅本紀에 의거하여 文武王 2년(662) 2월 1일로 편년하였다.
1773) 이 기사에는 일자 표기가 없으나, 『三國史記』 新羅本紀에 의거하여 2월 6일로 편년하였다.
1774) 이 기사에는 연대 표기가 없으나, 『三國史記』 新羅本紀에 의거하여 龍朔 2년(662) 2월 6일로 편년하였다.
1775) 이 기사에는 월일 표기가 없으나, 『三國史記』 新羅本紀에 의거하여 2월 6일로 편년하였다.
1776) 이 기사에는 일자 표기가 없으나, 『三國史記』 新羅本紀에 의거하여 2월 6일로 편년하였다.

以年次分娶之 就泉甘土肥處 卜地居之 良乙那所居曰第一都 高乙那所居曰第二都 夫乙那所居曰第三都 始播五穀 且牧駒犢 日就富庶 後臣屬百濟 故以佐平爲官號 至是來降爲屬國 (『三國史節要』9)[1777]

삼한   皇帝若曰 閭閻任隆 周廬禁切 △忠賢之允著 實韜略之兼優 惟爾冠軍大將軍左驍衛將軍山陽郡開國公劉伯英 志力沈濟 襟情爽烈 早標奇正之術 彌光巡警之功 偃沙巨海 △△△△ △△△△ 功宣六豹 氣掩三韓 折衝之效有聞 爪牙之任攸屬 式疇徽烈 擢衛宸闈 是用命爾爲左監門衛大將軍 封如故 往欽哉 爾其職司 無荒朕命 不虞之寄 可不慎歟
龍朔二年二月八日 (『唐大詔令集』62 大臣 冊群臣 冊劉伯英左監門衛大將軍文)

삼한   閭閻任隆 周廬禁切 [闕]忠賢之允著 實韜略之兼優 惟爾冠軍大將軍左驍衛將軍山陽郡開國公劉伯英 志力沈濟 襟情爽烈 早標奇正之術 彌光巡警之功 偃沙巨海 [闕八字] 功宣六豹 氣壓三韓 折衝之效有聞 爪牙之任攸屬 式疇徽烈 擢衛宸闈 是用命爾爲左監門衛大將軍 勳封如故 往欽哉 爾其職思 無荒朕命 不虞之寄· 可不慎歟 (『全唐文』114 高宗皇帝 冊劉伯英左監門衛大將軍文)[1778]

고구려   (二月)甲戌 司戎太常伯浿江道總管樂安縣公任雅相卒於軍 (『舊唐書』4 本紀 4 高宗 上)

고구려   (二月)戊寅 龐孝泰及高麗戰于蛇水 死之 (『新唐書』3 本紀 3 高宗)[1779]

고구려   (二月)戊寅 左驍衛將軍白州刺史沃沮道總管龐孝泰[1780] 與高麗戰於蛇水之上 軍敗 與其子十三人皆戰死 蘇定方圍平壤久不下 會大雪 解圍而還 (『資治通鑑』200 唐紀 16 高宗 上之下)

고구려   (龍朔元年)明年 龐孝泰以嶺南兵壁蛇水 蓋蘇文攻之 舉軍沒 定方解而歸 (『新唐書』220 列傳 145 東夷 高麗)[1781]

고구려   (高麗傳) (…) (龍朔元年)明年 龐孝恭以嶺南兵壁蛇水 蓋蘇文攻之 舉軍沒 定方解而歸 (『玉海』191 兵捷露布 3 唐遼東道行臺大摠管李勣俘高麗獻俘昭陵檄高麗含元殿數俘)[1782]

고구려   龐孝泰 爲左驍衛將軍 高宗遣將征高麗 孝泰爲沃沮道總管 時 孝泰率令南水戰之士 軍於蛇水之上 高麗蓋蘇文益兵擊之 孝泰大敗 或勸突圍就劉伯英曹繼叔之營 孝泰曰 我伏事國家兩代 過蒙恩遇 高麗不滅 吾必不還 伯英等何必救我 又我將鄉里子弟五千餘人 今並死盡 豈一身自求生邪 賊內薄攻之 死者累萬 箭如蝟毛 遂與其子一十三人皆死之 (『冊府元龜』373 將帥部 34 忠 4 龐孝泰)[1783]

백제   三月庚寅朔癸巳 賜百濟王布三百端 (『日本書紀』27 天智紀)

고구려   (三月癸丑) 蘇定方破高麗于葦島 又進攻平壤城 不克而還 (『舊唐書』4 本紀 4 高宗

1777) 이 기사에는 일자 표기가 없으나, 『三國史記』 新羅本紀에 의거하여 2월 6일로 편년하였다.
1778) 이 기사에는 연대 표기가 없으나, 『唐大詔令集』에 의거하여 龍朔 2년(662) 2월 8일로 편년하였다.
1779) 『三國史記』 高句麗本紀, 『三國史節要』에는 1월, 『册府元龜』 438 將帥部에는 龍朔 3년(663) 2월로 되어 있다.
1780) 白州 本漢合浦縣地 武德四年置南州 六年 改白州 沮 子余翻
1781) 이 기사에는 월일 표기가 없으나, 『新唐書』 本紀 등에 의거하여 2월18일(戊寅)로 편년하였다.
1782) 이 기사에는 월일 표기가 없으나, 『新唐書』 本紀 등에 의거하여 2월18일(戊寅)로 편년하였다.
1783) 이 기사에는 연대 표기가 없으나, 『新唐書』 本紀 등에 의거하여 龍朔 2년(662) 2월18일(戊寅)로 편년하였다.

　　　　　　　上)

고구려　　　　　(龍朔元年)明年三月 勒兵而還 (『册府元龜』986 外臣部 31 征討 5)[1784]

신라 고구려 백제

　　　　初 仁願仁軌等屯熊津城[1785] 上與之敕書 以平壤軍回 一城不可獨固 宜拔就新羅 若
　　　　金法敏藉卿留鎭 宜且停彼 若其不須 卽宜泛海還也 將士咸欲西歸 仁軌曰 人臣徇公
　　　　家之利 有死無貳 豈得先念其私 主上欲滅高麗 故先誅百濟 留兵守之 制其心腹 雖餘
　　　　寇充斥而守備甚嚴 宜礪兵秣馬 擊其不意 理無不克 旣捷之後 士卒心安 然後分兵據
　　　　險 開張形勢 飛表以聞 更求益兵 朝廷知其有成 必命將出師 聲援纔接 凶醜自殲[1786]
　　　　非直不棄成功 實亦永淸海表 今平壤之軍旣還 熊津又拔[1787] 則百濟餘燼 不日更興
　　　　高麗逋寇 何時可滅 且今以一城之地 居敵中央 苟或動足 卽爲擒虜 從入新羅 亦爲羈
　　　　客 脫不如意 悔不可追 況福信凶悖殘虐 君臣猜離 行相屠戮 正宜堅守觀變 乘便取之
　　　　不可動也 衆從之 (『資治通鑑』200 唐紀 16 高宗 上之下)[1788]

고구려 신라 백제

　　　　(通監) (龍朔二年) 初 仁願仁軌等屯熊津城 上與之敕書 以平壤軍回 一城不可獨固 宜
　　　　拔就新羅 若金法敏藉卿留鎭 宜且停彼 若其不須 卽宜泛海還也 將士咸欲西歸 仁軌
　　　　曰 人臣徇公家之利 有死無貳 豈得先念其私 主上欲滅高麗 故先誅百濟 留兵守之 制
　　　　其心腹 雖餘寇充斥而守備甚嚴 宜屬兵秣馬 擊其不意 理無不克 旣捷之後 士卒心安
　　　　然後分兵據險 開張形埶 飛表以聞 更求益兵 朝廷知其有成 必命將出師 聲援才接 凶
　　　　醜自殲 非直不棄成功 實亦永淸海表 今平壤之軍旣還 熊津又拔 則百濟餘燼 不日更
　　　　興 高麗逋寇 何時可滅 今且以一城之地 居敵中央 苟或動足 卽爲禽虜 縱入新羅 亦
　　　　爲羈客 脫不如意 悔不可追 況福信殘虐 君臣猜離 行相屠戮 正宜堅守觀變 乘便取之
　　　　不可動也 衆從之 (『玉海』191 兵捷露布 3 唐熊津道行軍摠管破百濟)[1789]

고구려　　　　　(現慶)七年[1790]壬戌 命定方爲遼東道行軍大摠管[1791] 俄改平壤道[1792] 破高麗之衆於
　　　　　浿江 奪馬邑山爲營 遂圍平壤城[1793] 會大雪解圍還 (『三國遺事』1 紀異 1 太宗春秋
　　　　　公)[1794]

고구려 신라 백제

　　　　時 蘇定方奉詔代高麗 進圍平壤 不克而還 高宗敕書與仁軌曰 平壤軍迴 一城不可獨
　　　　固 宜拔就新羅 共其屯守 若金法敏藉卿等留鎭 宜且停彼 若其不須 卽宜泛海還也 將
　　　　士咸欲西歸 仁軌曰 春秋之義 大夫出疆 有可以安社稷便國家 專之可也 況在滄海之
　　　　外 密邇豺狼者哉 且人臣進思盡忠 有死無貳 公家之利 知無不爲 主上欲吞滅高麗 先
　　　　誅百濟 留兵鎭守 制其心腹 雖妖孽充斥 而備預甚嚴 宜礪戈秣馬 擊其不意 彼旣無備
　　　　何攻不克 戰而有勝 士卒自安 然後分兵據險 開張形勢 飛表聞上 更請兵船 朝廷知其

1784) 이 기사에는 일자 표기가 없으나, 『舊唐書』 本紀에 의거하여 3월24일(癸丑)로 편년하였다.
1785) 考異曰 去歲道琛福信圍仁願於百濟府城 今云尙在熊津城 或者共是一城 不則圍解之後 徙屯熊津城耳
1786) 將 卽亮翻 殲 息廉翻
1787) 拔 謂拔軍就新羅 或拔軍西還也
1788) 이 기사에는 월일 표기가 없으나, 『舊唐書』 本紀에 의거하여 3월24일(癸丑)로 편년하였다. 본래는 龍
　　朔 2년(662) 7월에 龍朔 2년(662) 3월24일(癸丑)~龍朔 3년(663) 6월의 전쟁과정을 일괄요약한 기사의 일
　　부분이다.
1789) 이 기사에는 월일 표기가 없으나, 『舊唐書』 本紀에 의거하여 3월24일(癸丑)로 편년하였다. 본래는 龍
　　朔 2년(662) 7월에 龍朔 2년(662) 3월24일(癸丑)~龍朔 3년(663) 6월의 전쟁과정을 일괄요약한 기사의 일
　　부분이다.
1790) 現慶 즉 顯慶 연호는 6년(661) 3월에 龍朔으로 바뀌었으므로 7년이 없다. 現慶 7년은 龍朔 2년에 해
　　당한다.
1791) 이 앞부분은 『新唐書』 本紀 등에 顯慶 5년(660) 12월16일(壬午)로 되어 있다.
1792) 이 앞부분은 『新唐書』 本紀 등에 龍朔元年(661) 4월16일(庚辰)로 되어 있다.
1793) 이 앞부분은 『新唐書』 本紀 등에 龍朔元年(661) 8월11일(甲戌)로 되어 있다.
1794) 이 기사에는 월일 표기가 없으나, 『舊唐書』 本紀에 의거하여 3월24일(癸丑)로 편년하였다.

有成 必當出師命將 聲援纔接 凶逆自殲 非直不弃成功 實亦永淸海外 今平壤之軍旣
迴 熊津又拔 則百濟餘燼 不日更興 高麗逋藪 何時可滅 且今以一城之地 居賊中心
如其失脚 卽爲亡虜 拔入新羅 又是坐客 脫不如意 悔不可追 況福信兇暴 殘虐過甚
餘豐猜惑 外合內離 鴟張共處 勢必相害 唯宜堅守觀變 乘便取之 不可動也 衆從之 (『
舊唐書』 84 列傳 34 劉仁軌)[1795]

고구려 신라 백제

時 定方伐高麗 圍平壤不克 高宗詔仁軌 拔軍就新羅 與金法敏議去留計 將士咸欲還
仁軌曰 春秋之義 大夫出疆 有可以安社稷便國家者 得專之 今天子欲滅高麗 先誅百
濟 留兵鎭守 制其心腹 雖孽竪跳梁 士力未宗 宜厲兵粟馬 乘無備 擊不意 百下百全
戰勝之日 開張形勢 騰檄濟師 聲援接 虜亡矣 今平壤不勝 熊津又拔 則百濟之燼復炎
高麗之滅無期 吾等雖入新羅 正似坐客 有不如志 悔可得邪 扶餘豐猜貳 表合內攜 勢
不支久 宜堅守伺變以圖之 不可輕動 衆從其議 乃請益兵 (『新唐書』 108 列傳 33 劉
仁軌)[1796]

고구려   會大雪 解圍還 (『新唐書』 111 列傳 36 蘇定方)[1797]

백제 신라 고구려

(龍朔中) 初 蘇定方之軍還也 仁願仁軌等 尙在百濟之熊津城 帝與勅書曰 平壤軍廻
一城不可獨固 宜就拔新羅 共其屯守 若金法敏藉卿等留鎭 宜且停彼 若其不須 卽宜
泛海還也 將士咸欲西歸 劉仁軌曰 春秋之義 大夫出疆 有可以安社稷便國家 專之可
也 況在滄海之外 密通豺狼者哉 且人臣當進思盡忠 有死無二 公家之利 知無不爲 主
上欲呑滅高麗 先誅百濟 留兵鎭守 制其腹心 雖寇孽充斥 而備預甚嚴 宜勵戈秣馬 擊
其不意 彼旣無備 何攻不尅 戰而有勝 士卒自安 然後分兵據險 開張形勢 飛表奏上
更請兵船 朝廷知其有成 必當出師命將 聲援纔接 兇逆自殲 非唯不棄成功 實有永淸
海外 今平壤之軍旣廻 熊津又拔 則百濟餘燼 不日更與 高麗通藪 何時可滅 且今以一
城之地 居賊中心 如其失脚 卽爲亡虜 拔入新羅 又是坐客 脫不如意 悔不可追 況福
信凶暴[1798] 殘虐過甚 餘豐猜惑 外合內離 鴟梟共處 勢必相害 唯宜堅守觀變 乘便取
之 不可動也 衆從之 (『册府元龜』 366 將帥部 27 機略 6 劉仁願)[1799]

고구려 신라   平壤軍廻 一城不可獨固 宜就拔新羅 共其屯守 若金法敏藉卿等留鎭 宜且停彼 若其
不須 卽宜泛海還也 (『全唐文』 14 高宗皇帝 與劉仁軌劉仁願勅)[1800]

신라 백제   三月 大赦 王以旣平百濟 命所司 設大酺 (『三國史記』 6 新羅本紀 6)
신라 백제   三月 新羅王以百濟旣平 大赦 命有司 設大酺 (『三國史節要』 9)

신라 고구려   (三月)是月 唐人新羅人伐高麗 高麗乞救國家 仍遣軍將據疏留城 由是 唐人不得略其
南堺 新羅不獲輸其西壘 (『日本書紀』 27 天智紀)

고구려   夏四月 鼠産於馬尾 釋道顯占曰 北國之人將附南國 盖高麗破而屬日本乎 (『日本書紀』

1795) 이 기사에는 연대 표기가 없으나, 『舊唐書』 本紀에 의거하여 龍朔 2년(662) 3월24일(癸丑)로 편년하였
     다.
1796) 이 기사에는 연대 표기가 없으나, 『舊唐書』 本紀에 의거하여 龍朔 2년(662) 3월24일(癸丑)로 편년하였
     다.
1797) 이 기사에는 연대 표기가 없으나, 『舊唐書』 本紀에 의거하여 龍朔 2년(662) 3월24일(癸丑)로 편년하였
     다.
1798) 福信 扶餘舊將無始
1799) 이 기사에는 연대 표기가 없으나, 『舊唐書』 本紀에 의거하여 龍朔 2년(662) 3월24일(癸丑)로 편년하였
     다.
1800) 이 기사에는 연대 표기가 없으나, 『舊唐書』 本紀에 의거하여 龍朔 2년(662) 3월24일(癸丑)로 편년하였
     다.

27 天智紀)

고구려   龍朔二年四月 上自爲書與遼東諸將請降 敬宗曰 許圉師常自愛書 可于朝堂開示 圉師
                見而驚喜 私謂朝官曰 圉師見古迹多矣 魏晉已後 惟茲二王 然逸少少力而姸 子敬姸
                而少力 今見聖迹 兼絶二王 鳳翥鸞廻 實古今聖書 (『唐會要』 35 書法)

고구려   (會要) 龍朔二年四月 上自爲書與遼東諸將 謂許敬宗曰 許圉師嘗自愛書 可於朝堂開
                示 圉師見而驚喜 私謂朝官曰 圉師見古跡多矣 魏晉以後 惟稱二王 然逸少少力而姸
                子敬姸而少力 今觀聖跡 兼絶二王 鳳翥鸞廻 實古今書聖 圉師傳曰 高宗自書詔 賜遼
                東諸將 (『玉海』 33 聖文御書 唐龍朔與遼東諸將書)

고구려   龍朔中 爲左相 高宗自書詔賜遼東諸將 謂許敬宗曰 圉師愛書 可示之 (『新唐書』 90
                列傳 15 許圉師)[1801]

백제   夏五月 大將軍大錦中阿曇比邏夫連等 率船師一百七十艘 送豊璋等於百濟國 宣勅 以
                豊璋等使繼其位 又豫金策於福信 而撫其背 褒賜爵祿 于時 豊璋等與福信 稽首受勅
                衆爲流涕 (『日本書紀』 27 天智紀)

백제   六月己未朔丙戌 百濟遣達率萬智等 進調獻物 (『日本書紀』 27 天智紀)

백제   (七月戊子) 右威衛將軍孫仁師爲熊津道行軍總管 以伐百濟 (『新唐書』 3 本紀 3 高宗)
백제   (紀) 龍朔二年七月戊子 右威衛將軍孫仁師爲熊津道行軍摠管 伐百濟 (『玉海』 191 兵
                捷露布 3 唐熊津道行軍摠管破百濟)
백제   仁願乃奏請益兵 詔發淄靑萊海之兵七千人以赴熊津[1802] (『資治通鑑』 200 唐紀 16
                高宗 上之下)[1803]
백제   (通監) (龍朔二年) 仁願乃奏請益兵 詔發淄靑萊海之兵七千人 以赴熊津 (『玉海』 191
                兵捷露布 3 唐熊津道行軍摠管破百濟)[1804]
신라 백제   詔遣右威衛將軍孫仁師 率兵四十萬 至德物島 就熊津府城 王領金庾信等二十八[一云
                三十]將軍 與之合 (『三國史記』 6 新羅本紀 6)[1805]
백제 신라   仁願奏請益兵 詔發淄靑萊海之兵七千人 遣左威衛將軍孫仁師 率兵四十萬 至德物島
                就熊津府城 以益仁願之衆 新羅王率金庾信等二十八將 與之合 (『三國史節要』 1
                0)[1806]
백제   詔孫仁師將兵 浮海助之[1807] (『資治通鑑』 201 唐紀 17 高宗 中之上)[1808]

1801) 이 기사에는 연대 표기가 없으나, 『唐會要』 등에 의거하여 龍朔元年(661) 4월로 편년하였다.
1802) 史言劉仁軌能堅忍伺間 待援兵以盡平百濟
1803) 이 기사에는 월일 표기가 없으나, 『新唐書』 本紀에 의거하여 7월 1일(戊子)로 편년하였다. 본래는 龍朔
   2년(662) 7월에 龍朔 2년(662) 3월24일(癸丑)~龍朔 3년(663) 6월의 전쟁과정을 일괄요약한 기사의 일부
   분이다. 다만 龍朔 2년(662) 7월30일(丁巳)의 眞峴城 함락보다 나중에 기록되어 있다.
1804) 이 기사에는 월일 표기가 없으나, 『新唐書』 本紀에 의거하여 7월 1일(戊子)로 편년하였다. 본래는 龍朔
   2년(662) 7월에 龍朔 2년(662) 3월24일(癸丑)~龍朔 3년(663) 6월의 전쟁과정을 일괄요약한 기사의 일부
   분이다. 다만 龍朔 2년(662) 7월30일(丁巳)의 眞峴城 함락보다 나중에 기록되어 있다.
1805) 이 기사에는 연대 표기가 없으나, 『新唐書』 本紀에 의거하여 文武王 2년(662) 7월 1일(戊子)로 편년하
   였다. 본래는 文武王 3년(663) 5월에 太宗武烈王 7년(660) 9월~文武王 3년(663) 10월21일의 전쟁과정을
   일괄요약한 기사의 일부분이다.
1806) 이 기사에는 연대 표기가 없으나, 『新唐書』 本紀에 의거하여 文武王 2년(662) 7월 1일(戊子)로 편년하
   였다. 본래는 文武王 3년(663) 5월에 太宗武烈王 7년(660) 9월~文武王 3년(663) 10월21일의 전쟁과정을
   일괄요약한 기사의 일부분이다.
1807) 將 卽亮翻 下同
1808) 이 기사에는 연대 표기가 없으나, 『資治通鑑』에 의거하여 龍朔 2년(662) 7월 1일(戊子)로 편년하였다.
   본래는 龍朔 3년(663) 9월에 龍朔 2년(662) 7월 1일(戊子)~龍朔 3년(663)의 전쟁과정을 일괄요약한 기사
   의 일부분이다. 다만 龍朔 2년(662) 7월30일(丁巳)의 眞峴城 함락보다 나중에 기록되어 있다.

백제　　　　詔仁師率兵渤海以爲之援 (『冊府元龜』 366 將帥部 27 機略 6 劉仁軌)[1809]

백제　　　　(通監) (…) 詔孫仁師 將兵浮海助之 (『玉海』 191 兵捷露布 3 唐熊津道行軍摠管破百濟)[1810]

백제　　　　(七月) 時百濟王豊與福信等以仁願等孤城無援 遣使謂之曰 大使等何時西還 當遣相送[1811] 仁願仁軌知其無備 忽出擊之 拔其支羅城及尹城大山沙井等柵 殺獲甚衆 分兵守之 (『資治通鑑』 200 唐紀 16 高宗 上之下)[1812]

백제 신라　福信等以仁願等孤城無援 遣使尉之曰 大使等何時西還 當遣相送 (龍朔)二年七月 仁願仁軌等大破福信餘衆於熊津之東 拔支羅城及尹城大山沙井等柵 殺獲甚衆 仍令分兵以鎭守之[1813] 福信等以眞峴城臨江高嶮當衝要 加兵守之 仁軌夜督新羅兵 薄城板堞 比明而入城 斬殺八百人 遂通新羅饟道[1814] 仁願奏請益兵 詔發淄靑萊海之兵七千人 遣左威衛將軍孫仁師 統衆浮海 以益仁願之衆 (『三國史記』 28 百濟本紀 6)[1815]

백제 신라　(龍朔二年)七月 仁願仁軌等率留鎭之兵 大破福信餘衆於熊津之東 拔其支羅城及尹城大山沙井等柵 殺獲甚衆 仍令分兵以鎭守之[1816] 福信等以眞峴城臨江高險 又當衝要 加兵守之 仁軌引新羅之兵乘夜薄城 四面攀堞而上 比明而據其城 斬首八百級 遂通新羅運糧之路[1817] 仁願乃奏請益兵 詔發淄靑萊海之兵七千人 遣左威衛將軍孫仁師統衆浮海赴熊津 以益仁願之衆 (『舊唐書』 199上 列傳 149上 東夷 百濟)[1818]

백제 신라　龍朔二年七月 仁願等破之熊津 拔支羅城[1819] 夜薄眞峴 比明入之 斬首八百級 新羅餉道乃開[1820] 仁願請濟師 詔右威衛將軍孫仁師爲熊津道行軍總管 發齊兵七千往 (『新唐書』 220 列傳 145 東夷 百濟)[1821]

백제　　　　(通監) (龍朔二年七月) 時百濟王豊與福信等以仁願等孤城無援 遣使謂之曰 大使等何時西還 當遣相送 仁願仁軌知其無備 忽出擊之 拔其支羅城及尹城太山沙井等柵 殺獲甚衆 分兵守之 (『玉海』 191 兵捷露布 3 唐熊津道行軍摠管破百濟)[1822]

백제　　　　福信以仁願孤城無援 遣使慰之曰 大使何時西還 當遣相送 仁願仁軌等 大破福信餘衆

1809) 이 기사에는 연대 표기가 없으나, 『資治通鑑』에 의거하여 龍朔 2년(662) 7월 1일(戊子)로 편년하였다. 본래는 龍朔 3년(663)에 龍朔 2년(662) 7월 1일(戊子)~龍朔 3년(663) 9월 8일(戊午)의 전쟁과정을 일괄요약한 기사의 일부분이다. 다만 龍朔 2년(662) 7월30일(丁巳)의 眞峴城 함락보다 나중에 기록되어 있다.

1810) 이 기사에는 연대 표기가 없으나, 『資治通鑑』에 의거하여 龍朔 2년(662) 7월 1일(戊子)로 편년하였다. 본래는 龍朔 3년(663) 9월에 龍朔 2년(662) 7월 1일(戊子)~龍朔 3년(663) 11월 4일의 전쟁과정을 일괄요약한 기사의 일부분이다. 다만 龍朔 2년(662) 7월30일(丁巳)의 眞峴城 함락보다 나중에 기록되어 있다.

1811) 使 疏吏翻 下同

1812) 이 기사에는 일자 표기가 없으나, 앞선 기사가 7월 1일(戊子) 다음 기사가 30일(丁巳)이므로, 그 사이로 기간편년할 수 있다. 따라서 7월 1일~29일로 기간편년하고 마지막날인 29일에 배치하였다. 본래는 龍朔 2년(662) 7월에 龍朔 2년(662) 3월24일(癸丑)~龍朔 3년(663) 6월의 전쟁과정을 일괄요약한 기사의 일부분이다. 다만 龍朔 2년(662) 7월 1일(戊子)의 수군 파견보다 먼저 기록되어 있다.

1813) 이 뒷부분은 『資治通鑑』에 7월30일(丁巳)로 되어 있다.

1814) 이 뒷부분은 『新唐書』 本紀에 7월 1일(戊子)로 되어 있다.

1815) 이 기사에는 일자 표기가 없으나, 『資治通鑑』에 의거하여 7월 1일~29일로 기간편년하고 마지막날인 29일에 배치하였다.

1816) 이 뒷부분은 『資治通鑑』에 7월30일(丁巳)로 되어 있다.

1817) 이 뒷부분은 『新唐書』 本紀에 7월 1일(戊子)로 되어 있다.

1818) 이 기사에는 일자 표기가 없으나, 『資治通鑑』에 의거하여 7월 1일~29일로 기간편년하고 마지막날인 29일에 배치하였다.

1819) 이 뒷부분은 『資治通鑑』에 7월30일(丁巳)로 되어 있다.

1820) 이 뒷부분은 『新唐書』 本紀에 7월 1일(戊子)로 되어 있다.

1821) 이 기사에는 일자 표기가 없으나, 『資治通鑑』에 의거하여 7월 1일~29일로 기간편년하고 마지막날인 29일에 배치하였다.

1822) 이 기사에는 일자 표기가 없으나, 『資治通鑑』에 의거하여 7월 1일~29일로 기간편년하고 마지막날인 29일에 배치하였다. 본래는 龍朔 2년(662) 7월에 龍朔 2년(662) 3월24일(癸丑)~龍朔 3년(663) 6월의 전쟁과정을 일괄요약한 기사의 일부분이다. 다만 龍朔 2년(662) 7월 1일(戊子)의 수군 파견보다 먼저 기록되어 있다.

	於熊津東　拔支羅城及尹城大山沙井等柵　殺獲甚衆　仍分兵鎭守之 (『三國史節要』 10)[1823]
백제 신라	(龍朔中) 時　扶餘豊及福信等　以仁願等孤城無援　遣使謂曰　大使等何時西還　當遣相送也　仁願遂與仁軌　掩其不備出擊之　拔其支離城及尹城大山沙井等柵　殺獲甚衆　仍分兵以鎭守之[1824]　福信等以眞峴城臨江高險　又當衝要　加兵守之　仁軌伺其稍怠　引新羅之兵　乘夜薄城　四面攀草而上　比明而入據其城　遂通新羅軍糧之路[1825]　仁願乃奏請益其兵　詔發淄靑萊海之兵七千人赴熊津　以益仁願之衆 (『册府元龜』 366 將帥部 27 機略 6 劉仁願)[1826]
백제	(七月)丁巳　熊津都督劉仁願帶方州刺史劉仁軌　大破百濟於熊津之東　拔眞峴城 (『資治通鑑』 200 唐紀 16 高宗 上之下)
백제 신라	(通監) (龍朔)二年秋七月丁巳　仁願仁軌　大破百濟於熊津之東　拔眞峴城 (…) 仁軌伺其稍懈　引新羅兵夜傳城下　攀草而上　比明　入據其城　遂通新羅運糧之路 (『玉海』 191 兵捷露布 3 唐熊津道行軍摠管破百濟)[1827]
백제 신라	(七月) 福信等以眞峴城險要　加兵守之　仁軌伺其稍懈　引新羅兵夜傳城下　攀草而上　比明　入據其城[1828]　遂通新羅運糧之路 (『資治通鑑』 200 唐紀 16 高宗 上之下)[1829]
신라 백제	(龍朔二年)七月　熊津都督劉仁願帶方州刺史劉仁軌等　率留鎭之兵及新羅之兵　大破百濟餘賊於熊津之東　拔其眞峴城　斬首八百級 (『册府元龜』 986 外臣部 31 征討 5)[1830]
신라 백제	攻豆陵[一作良]尹城周留城等諸城　皆下之 (『三國史記』 6 新羅本紀 6)[1831]
백제 신라	福信等以眞峴城臨江高險當衝要　加兵守之　仁軌夜督新羅兵　薄城板堞　比明入城　斬殺八百人　遂通新羅饟道 (『三國史節要』 10)[1832]
백제 신라	時　扶餘豊及福信等以眞峴城臨江高險　又當衝要　加兵守之　仁軌引新羅之兵　乘夜薄城　四面攀草而上　比明而入據其城　遂通新羅運糧之路 (『舊唐書』 84 列傳 34 劉仁軌)[1833]
백제 신라	時賊守眞峴城　仁軌夜督新羅兵薄城扳堞　比明　入之　遂通新羅饟道 (『新唐書』 108 列傳 33 劉仁軌)[1834]

1823) 이 기사에는 연대 표기가 없으나, 『資治通鑑』에 의거하여 文武王 2년(662) 7월 1일~29일로 기간편년하고 마지막날인 29일에 배치하였다. 본래는 文武王 3년(663) 5월에 太宗武烈王 7년(660) 9월~文武王 3년(663) 10월21일의 전쟁과정을 일괄요약한 기사의 일부분이다.

1824) 이 뒷부분은 『資治通鑑』에 7월30일(丁巳)로 되어 있다.

1825) 이 뒷부분은 『資治通鑑』에 7월 1일(戊子)로 되어 있다.

1826) 이 기사에는 연대 표기가 없으나, 『資治通鑑』에 의거하여 文武王 2년(662) 7월 1일~29일로 기간편년하고 마지막날인 29일에 배치하였다. 본래는 龍朔 연간(661~663)에 龍朔元年(661) 3월12일~龍朔 2년(662) 7월30일(丁巳)의 전쟁과정을 일괄요약한 기사의 일부분이다. 다만 龍朔 2년(662) 7월 1일(戊子)의 수군 파견보다 먼저 기록되어 있다.

1827) 뒷부분은 본래 龍朔 2년(662) 7월에 龍朔 2년(662) 3월24일(癸丑)~龍朔 3년(663) 6월의 전쟁과정을 일괄요약한 기사의 일부분이다. 다만 龍朔 2년(662) 7월 1일(戊子)의 수군 파견보다 먼저 기록되어 있다.

1828) 伺 相吏翻 懈 古隘翻 傳 音附 上 時掌翻 比 必寐翻

1829) 이 기사에는 일자 표기가 없으나, 『資治通鑑』에 의거하여 7월30일(丁巳)로 편년하였다. 본래는 龍朔 2년(662) 7월에 龍朔 2년(662) 3월24일(癸丑)~龍朔 3년(663) 6월의 전쟁과정을 일괄요약한 기사의 일부분이다. 다만 龍朔 2년(662) 7월 1일(戊子)의 수군 파견보다 먼저 기록되어 있다.

1830) 이 기사에는 일자 표기가 없으나, 『資治通鑑』에 의거하여 7월30일(丁巳)로 편년하였다.

1831) 이 기사에는 연대 표기가 없으나, 『資治通鑑』에 의거하여 文武王 2년(662) 7월30일(丁巳)로 편년하였다. 본래는 文武王 3년(663) 5월에 太宗武烈王 7년(660) 9월~文武王 3년(663) 10월21일의 전쟁과정을 일괄요약한 기사의 일부분이다.

1832) 이 기사에는 연대 표기가 없으나, 『資治通鑑』에 의거하여 文武王 2년(662) 7월30일(丁巳)로 편년하였다. 본래는 文武王 3년(663) 5월에 太宗武烈王 7년(660) 9월~文武王 3년(663) 10월21일의 전쟁과정을 일괄요약한 기사의 일부분이다.

1833) 이 기사에는 연대 표기가 없으나, 『資治通鑑』에 의거하여 龍朔 2년(662) 7월30일(丁巳)로 편년하였다.

1834) 이 기사에는 연대 표기가 없으나, 『資治通鑑』에 의거하여 龍朔 2년(662) 7월30일(丁巳)로 편년하였다.

백제	初 劉仁願劉仁軌旣克眞峴城[1835] (『資治通鑑』201 唐紀 17 高宗 中之上)[1836]
백제	初 仁願與仁軌 旣拔百濟之眞峴城 (『冊府元龜』366 將帥部 27 機略 6 劉仁軌)[1837]
백제	(通鑑) (…) 初 劉仁願劉仁軌旣克眞峴城 (『玉海』191 兵捷露布 3 唐熊津道行軍摠管 破百濟)[1838]

신라	秋七月 遣伊湌金仁問入唐貢方物 (『三國史記』6 新羅本紀 6)
신라	秋七月 新羅遣伊湌金仁問 如唐朝貢 (『三國史節要』9)

고구려 신라 백제

(七月) 初 仁願仁軌等屯熊津城[1839] 上與之敕書 以平壤軍回 一城不可獨固 宜拔就新
羅 若金法敏藉卿留鎭 宜且停彼 若其不須 卽宜泛海還也 將士咸欲西歸 仁軌曰 人臣
徇公家之利 有死無貳 豈得先念其私 主上欲滅高麗 故先誅百濟 留兵守之 制其心腹
雖餘寇充斥而守備甚嚴 宜礪兵秣馬 擊其不意 理無不克 旣捷之後 士卒心安 然後分
兵據險 開張形勢 飛表以聞 更求益兵 朝廷知其有成 必命將出師 聲援纔接 凶醜自
殲[1840] 非直不棄成功 實亦永淸海表 今平壤之軍旣還 熊津又拔[1841] 則百濟餘燼 不
日更興 高麗逋寇 何時可滅 且今以一城之地 居敵中央 苟或動足 卽爲擒虜 從入新羅
亦爲羈客 脫不如意 悔不可追 況福信凶悖殘虐 君臣猜離 行相屠戮 正宜堅守觀變 乘
便取之 不可動也 衆從之[1842] 時百濟王豊與福信等以仁願等孤城無援 遣使謂之曰 大
使等何時西還 當遣相送[1843] 仁願仁軌知其無備 忽出擊之 拔其支羅城及尹城大山沙
井等柵 殺獲甚衆 分兵守之[1844] 福信等以眞峴城險要 加兵守之 仁軌伺其稍懈 引新
羅兵夜傅城下 攀草而上 比明 入據其城[1845] 遂通新羅運糧之路[1846] 仁願乃奏請益兵
詔發淄靑萊海之兵七千人以赴熊津[1847][1848] 福信專權 與百濟王豊浸相猜忌 福信稱疾
臥於窟室 欲俟豊問疾而殺之 豊知之 帥親信襲殺福信[1849] 遣使詣高麗倭國 乞師以拒
唐兵[1850][1851] (『資治通鑑』200 唐紀 16 高宗 上之下)[1852]

고구려 신라 백제

1835) 克眞峴城 見上卷二年
1836) 이 기사에는 연대 표기가 없으나, 『資治通鑑』에 의거하여 龍朔 2년(662) 7월30일(丁巳)로 편년하였다. 본래는 龍朔 3년(663) 9월에 龍朔 2년(662) 7월 1일(戊子)~龍朔 3년(663)의 전쟁과정을 일괄요약한 기사의 일부분이다. 다만 龍朔 2년(662) 7월 1일(戊子)의 수군 파견보다 먼저 기록되어 있다.
1837) 이 기사에는 연대 표기가 없으나, 『資治通鑑』에 의거하여 龍朔 2년(662) 7월30일(丁巳)로 편년하였다. 본래는 龍朔 3년(663)에 龍朔 2년(662) 7월 1일(戊子)~龍朔 3년(663) 9월 8일(戊午)의 전쟁과정을 일괄요약한 기사의 일부분이다. 다만 龍朔 2년(662) 7월 1일(戊子)의 수군 파견보다 먼저 기록되어 있다.
1838) 이 기사에는 연대 표기가 없으나, 『資治通鑑』에 의거하여 龍朔 2년(662) 7월30일(丁巳)로 편년하였다. 본래는 龍朔 3년(663) 9월에 龍朔 2년(662) 7월 1일(戊子)~龍朔 3년(663)의 전쟁과정을 일괄요약한 기사의 일부분이다. 다만 龍朔 2년(662) 7월 1일(戊子)의 수군 파견보다 먼저 기록되어 있다.
1839) 考異曰 去歲道琛福信圍仁願於百濟府城 今云尙在熊津城 或者共是一城 不則圍解之後 徙屯熊津城耳
1840) 將 卽亮翻 殲 息廉翻
1841) 拔 謂拔軍就新羅 或拔軍西還也
1842) 이 앞부분은 『舊唐書』本紀에 3월24일(癸丑)로 되어 있다.
1843) 使 疏吏翻 下同
1844) 이 앞부분은 『資治通鑑』에 7월 1일~29일로 되어 있다.
1845) 伺 相吏翻 懈 古隘翻 傅 音附 上 時掌翻 比 必寐翻
1846) 이 앞부분은 『資治通鑑』에 7월30일(丁巳)로 되어 있다.
1847) 史言劉仁軌能堅忍伺間 待援兵以盡平百濟
1848) 이 앞부분은 『新唐書』本紀에 7월 1일(戊子)로 되어 있다.
1849) 果如劉仁軌所料 帥 讀曰率
1850) 倭 烏禾翻
1851) 이 앞부분은 『日本書紀』에 龍朔 3년(663) 6월로 되어 있다.
1852) 다른 동일기사들이 龍朔 2년(662) 3월24일(癸丑), 7월 1일~29일, 7월30일(丁巳), 7월 1일(戊子), 龍朔 3년(663) 6월 등에 분산되어 있으므로, 이 기사는 龍朔 2년(662) 7월에 龍朔 2년(662) 3월24일(癸丑)~龍朔 3년(663) 6월의 전쟁과정을 요약한 것으로 보인다. 따라서 해당 부분에도 이중배치하였다.

(通鑑) (…) 初 仁願仁軌等屯熊津城 上與之敕書 以平壤軍回 一城不可獨固 宜拔就新
羅 若金法敏藉卿留鎭 宜且停彼 若其不須 卽宜泛海還也 將士咸欲西歸 仁軌曰 人臣
徇公家之利 有死無貳 豈得先念其私 主上欲滅高麗 故先誅百濟 留兵守之 制其心腹
雖餘寇充斥而守備甚嚴 宜厲兵秣馬 擊其不意 理無不克 旣捷之後 士卒心安 然後分
兵據險 開張形執 飛表以聞 更求益兵 朝廷知其有成 必命將出師 聲援才接 凶醜自殲
非直不棄成功 實亦永淸海表 今平壤之軍旣還 熊津又拔 則百濟餘燼 不日更興 高麗
逋寇 何時可滅 今且以一城之地 居敵中央 苟或動足 卽爲禽虜 縱入新羅 亦爲羈客
脫不如意 悔不可追 況福信殘虐 君臣猜離 行相屠戮 正宜堅守觀變 乘便取之 不可動
也 衆從之[1853] 時百濟王豐與福信等以仁願等孤城無援 遣使謂之曰 大使等何時西還
當遣相送 仁願仁軌知其無備 忽出擊之 拔其支羅城及尹城太山沙井等柵 殺獲甚衆 分
兵守之[1854] 仁軌伺其稍懈 引新羅兵夜傅城下 攀草而上 比明 入據其城 遂通新羅運
糧之路[1855] 仁願乃奏請益兵 詔發淄靑萊海之兵七千人 以赴熊津[1856] 福信專權 與百
濟王豐浸相猜忌 福信稱疾 臥於室 欲俟豐問疾而殺之 豐知之 帥親信襲殺福信 遣使
詣高麗倭國 乞師以拒唐兵[1857] (『玉海』 191 兵捷露布 3 唐熊津道行軍摠管破百
濟)[1858]

신라 백제　　八月 百濟殘賊屯聚內斯只城作惡 遣欽純等十九將軍 討破之 (『三國史記』 6 新羅本紀
　　　　　　6)

신라 백제　　八月 百濟殘賊屯聚內斯只城 以叛新羅 遣欽純等十九將軍 討破之 (『三國史節要』 9)

신라　　　　(八月) 大幢摠管眞珠南川州摠管眞欽 詐稱病閑放 不恤國事 遂誅之 幷夷其族 (『三國
　　　　　　史記』 6 新羅本紀 6)

신라　　　　(八月) 新羅大幢摠管眞珠南川州摠管眞欽等 謀叛伏誅 (『三國史節要』 9)

신라　　　　(八月) 沙湌如冬打母 天雷雨震死 身上題須罣堂[罣字未詳]三字 (『三國史記』 6 新羅
　　　　　　本紀 6)

신라　　　　(八月) 震新羅沙湌如冬 如冬嘗毆母 至是 震死 身上有文若須罣堂三字 (『三國史節要
　　　　　　』 9)

신라　　　　(八月) 南川州獻白鵲 (『三國史記』 6 新羅本紀 6)

신라　　　　(八月) 新羅南川州獻白鵲 (『三國史節要』 9)

백제　　　　冬十二月丙戌朔 百濟王豐璋 其臣佐平福信等 與狹井連朴市田來津議曰 此州柔者 遠
　　　　　　隔田畝 土地磽确 非農桑之地 是拒戰之場 此焉久處 民可飢饉 今可遷於避城 避城者
　　　　　　西北帶以古連旦涇之水 東南據深泥巨堰之防 繚以周田 決渠降雨 華實之毛 則三韓之
　　　　　　上腴焉 衣食之源 則二儀之隩區矣 雖曰地卑 豈不遷歟 於是朴市田來津獨進而諫曰
　　　　　　避城與敵所在之間 一夜可行 相近玆甚 若有不虞其悔難及矣 夫飢者後也 亡者先也
　　　　　　今敵所以不妄來者 州柔設置山險盡爲防禦 山峻高而谿隘 守而攻難之故也 若處卑地

1853) 이 앞부분은 『舊唐書』 本紀에 3월24일(癸丑)로 되어 있다.
1854) 이 앞부분은 『資治通鑑』에 7월 1일~29일로 되어 있다.
1855) 이 앞부분은 『資治通鑑』에 7월30일(丁巳)로 되어 있다.
1856) 이 앞부분은 『新唐書』 本紀에 7월 1일(戊子)로 되어 있다.
1857) 이 앞부분은 『日本書紀』에 龍朔 3년(663) 6월로 되어 있다.
1858) 다른 동일기사들이 龍朔 2년(662) 3월24일(癸丑), 7월 1일~29일, 7월30일(丁巳), 7월 1일(戊子), 龍朔
　　　3년(663) 6월 등에 분산되어 있으므로, 이 기사는 龍朔 2년(662) 7월에 龍朔 2년(662) 3월24일(癸丑)~龍
　　　朔 3년(663) 6월의 전쟁과정을 요약한 것으로 보인다. 따라서 해당 부분에도 이중배치하였다.

何以因居而不搖動 及今日乎 遂不聽諫而都避城 (『日本書紀』27 天智紀)

고구려 백제　　十二月戊申 詔以方討高麗百濟[1859] 河北之民 勞於征役 其封泰山 幸東都並停 (『資治
　　　　　　　　通鑑』201 唐紀 17 高宗 中之上)

백제　　　　　是歲 爲救百濟 修繕兵甲 備具船舶 儲設軍粮 (『日本書紀』27 天智紀)

고구려　　　(龍朔元年)明年 又爲遼東道經略大使 賜物一百五十段 金帶一條 駿馬一匹 弭節馳原
　　　　　　　揚鑣式路 △奇兵于近甸 六戎之△克宣 申秘算于遼川 三韓之酋載愓 朝嘉其美 錫以
　　　　　　　崇章 拜左領軍大將軍 (「杜綽碑」:『全唐文新編』201;『唐文拾遺續拾』2; 1993『昭
　　　　　　　陵碑石』)

고구려　　　時當犯塞 方事從戎 卽以龍朔二年 樂浪道征 功叅百戰 遼海息其妖氛 威懾九梯 肅愼
　　　　　　　貢其楛矢 爰從獻凱 式備疇庸 尋授上柱國 (「南郭生 墓誌銘」:『全唐文新編』994;『
　　　　　　　全唐文補遺』2)

고구려　　　釋褐右親衛 弧穿七札 劍敵萬夫 陟玄兔以斬長蛇 望燭龍而斷封豕 (「王嘉 墓誌銘」:『
　　　　　　　唐代墓誌滙篇附考』14)[1860]

663(癸亥/신라 문무왕 3/고구려 보장왕 22/唐 龍朔 3/倭 天智 2)

신라　　　　春正月 作長倉於南山新城 (『三國史記』6 新羅本紀 6)
신라　　　　春正月 新羅作長倉於南山新城 (『三國史節要』10)
신라　　　　王初即位 置南山長倉 長五十步 廣十五步 貯米穀兵器 是爲右倉 天恩寺西北山上 是
　　　　　　　爲左倉 別本云 建福八年辛亥 築南山城 周二千八百五十步 則乃眞德[1861]王代始築
　　　　　　　而至此乃重修爾 (『三國遺事』2 紀異 2 文虎王法敏)[1862]

신라　　　　(春正月) 築富山城 (『三國史記』6 新羅本紀 6)
신라　　　　(春正月) 新羅築富山城 (『三國史節要』10)
신라　　　　又始築富山城 三年乃畢 安北河邊築鐵城 又欲築京師城郭 旣令眞[1863]吏 時義相法師
　　　　　　　聞之 致書報云 王之政敎明 則雖草丘盡[1864]地而爲城 民不敢踰 可以潔災進福 政敎
　　　　　　　苟不明 則雖有長城 災害未消 王扵是正罷其役[1865] (『三國遺事』2 紀異 2 文虎王法
　　　　　　　敏)[1866]

백제 신라　　春二月乙酉朔丙戌 百濟遣達率金受等進調 新羅人燒燔百濟南畔四州 幷取安德等要地
　　　　　　　於是 避城去賊近 故勢不能居 乃還居於州柔 如田來津之所計 (『日本書紀』27 天智
　　　　　　　紀)
신라 백제　　二月 欽純天存領兵 攻取百濟居列城 斬首七百餘級 又攻居勿城沙平城降之 又攻德安
　　　　　　　城 斬首一千七十級 (『三國史記』6 新羅本紀 6)[1867]

1859) 麗 力知翻
1860) 이 기사에는 연대 표기가 없으나, 이 뒤에는 麟德 연간(664~666)의 행적이 나오고 그 이전의 고구려
　　　공격은 645~662년이다. 그에 따라 645~662년으로 기간편년하고 마지막해인 662년에 배치하였다.
1861) 저본에는 '德'으로 되어 있으나, 내용상 '平'으로 수정해야 한다.
1862) 이 기사에는 연대 표기가 없으나, 『三國史記』新羅本紀 등에 의거하여 文武王 3년 정월로 편년하였다.
1863) 저본에는 '眞'으로 되어 있으나, 내용상 '具'로 수정해야 한다.
1864) 저본에는 '盡'으로 되어 있으나, 내용상 '畫'로 수정해야 한다.
1865) 저본에는 '役'으로 되어 있으나, 내용상 '役'으로 수정해야 한다.
1866) 이 기사에는 연대 표기가 없으나, 『三國史記』新羅本紀 등에 의거하여 文武王 3년 정월로 편년하였다.

신라 백제　二月 新羅欽純天存領兵 攻取百濟居列城 斬首七百餘級 攻居勿沙平二城降之 又攻德安城 斬首一千七十級 (『三國史節要』10)1868)

백제　(春二月)是月 佐平福信 上送唐俘續守言等 (『日本書紀』27 天智紀)

고구려　唐蘇定方 爲左驍衛大將軍 高宗龍朔三年二月 定方頓兵于平壤城下 高麗久不送款 屬大雪泥濘 遂解圍 勒兵而退 (『册府元龜』438 將帥部 99 守邊 無功)1869)

신라　三月 遣前將軍上毛野君稚子間人連大盖 中將軍巨勢神前臣譯語三輪君根麻呂 後將軍阿倍引田臣比邏夫大宅臣鎌柄 率二萬七千人 打新羅 (『日本書紀』27 天智紀)

신라　(四月)乙未 置雞林大都督府於新羅國 以金法敏爲之 (『資治通鑑』201 唐紀 17 高宗中之上)

신라　夏四月 大唐以我國爲雞林大都督府 以王爲雞林州大都督 (『三國史記』6 新羅本紀 6)1870)

신라　夏四月 唐以新羅爲雞林州大都督府 以王爲大都督 (『三國史節要』10)1871)

신라　(龍朔)三年四月 詔以新羅國置雞林州大都督府 仍授法敏雞林大都督府 (『唐會要』95 新羅)1872)

신라　(龍朔)三年四月 詔以新羅國爲雞林大都督府 以新羅王金法敏爲雞林州大都督 (『册府元龜』964 外臣部 9 封冊 2)1873)

신라　(傳) (…) 後龍朔三年四月 以其國爲雞林大都督府 授法敏大都督 (『玉海』153 朝貢外夷內朝內附 唐新羅織錦頌觀釋尊賜晉書)1874)

신라　(龍朔)三年 詔以其國爲雞林州都督府 授法敏爲雞林州都督 (『舊唐書』199上 列傳 149上 新羅)1875)

신라　龍朔三年 又以其國爲雞林州 授其王雞林州都督 (『五代會要』13 新羅)1876)

신라　龍朔三年 詔新羅置雞林大都督 (『太平寰宇記』174 四夷 3 東夷 3 新羅國)1877)

신라　(唐書) 又曰 龍朔三年 詔以新羅國爲雞林州都督府 授其王金法敏爲雞林都督 (『太平御覽』781 四夷部 2 東夷 2 新羅)1878)

신라　以其國爲雞林州大都督府 授法敏都督 (『新唐書』220 列傳 145 東夷 新羅)1879)

신라　(鄴侯家傳) (…) 以新羅爲雞林都督府 以波斯爲大疾陵都督府 亦府兵也 (『玉海』138 兵制 3 唐關內置府十道置府)1880)

고구려 백제　夏五月癸丑朔 犬上君[闕名]馳告兵事於高麗而還 見糺解於石城 糺解仍語福信之罪 (『

1867) 이 기사에는 일자 표기가 없으나, 『日本書紀』에 의거하여 2월 2일(丙戌)로 편년하였다.
1868) 이 기사에는 일자 표기가 없으나, 『日本書紀』에 의거하여 2월 2일(丙戌)로 편년하였다.
1869) 『三國史記』 高句麗本紀, 『三國史節要』에는 文武王 2년(662) 1월, 『新唐書』 本紀, 『資治通鑑』에는 龍朔 2년(662) 2월18일(戊寅)로 되어 있다.
1870) 이 기사에는 일자 표기가 없으나, 『資治通鑑』에 의거하여 4월12일(乙未)로 편년하였다.
1871) 이 기사에는 일자 표기가 없으나, 『資治通鑑』에 의거하여 4월12일(乙未)로 편년하였다.
1872) 이 기사에는 일자 표기가 없으나, 『資治通鑑』에 의거하여 4월12일(乙未)로 편년하였다.
1873) 이 기사에는 일자 표기가 없으나, 『資治通鑑』에 의거하여 4월12일(乙未)로 편년하였다.
1874) 이 기사에는 일자 표기가 없으나, 『資治通鑑』에 의거하여 4월12일(乙未)로 편년하였다.
1875) 이 기사에는 월일 표기가 없으나, 『資治通鑑』에 의거하여 4월12일(乙未)로 편년하였다.
1876) 이 기사에는 월일 표기가 없으나, 『資治通鑑』에 의거하여 4월12일(乙未)로 편년하였다.
1877) 이 기사에는 월일 표기가 없으나, 『資治通鑑』에 의거하여 4월12일(乙未)로 편년하였다.
1878) 이 기사에는 월일 표기가 없으나, 『資治通鑑』에 의거하여 4월12일(乙未)로 편년하였다.
1879) 이 기사에는 연대 표기가 없으나, 『資治通鑑』에 의거하여 龍朔3년(663) 4월12일(乙未)로 편년하였다.
1880) 이 기사에는 연대 표기가 없으나, 『資治通鑑』에 의거하여 龍朔3년(663) 4월12일(乙未)로 편년하였다.

日本書紀』27 天智紀)

신라　　　五月 震靈廟寺門 (『三國史記』6 新羅本紀 6)
신라　　　五月 震新羅靈廟寺門 (『三國史節要』10)

신라 백제　(五月) 百濟故將福信及浮圖道琛 迎故王子扶餘豊立之 圍留鎭郎將劉仁願於熊津城 唐
　　　　　皇帝詔仁軌檢校帶方州刺史 統前都督王文度之衆與我兵 向百濟營 轉鬪陷陳[1881] 所
　　　　　向無前[1882] 信等釋仁願圍 退保任存城 旣而福信殺道琛 幷其衆 招還叛亡 勢甚張 仁
　　　　　軌與仁願合 解甲休士[1883] 乃請益兵[1884] 詔遣右威衛將軍孫仁師 率兵四十萬 至德物
　　　　　島 就熊津府城 王領金庾信等二十八[一云三十]將軍 與之合[1885] 攻豆陵[一作良]尹城
　　　　　周留城等諸城 皆下之[1886] 扶餘豊脫身走[1887] 王子忠勝忠志等率其衆降[1888] 獨遲受
　　　　　信據任存城 不下[1889] (『三國史記』6 新羅本紀 6)[1890]

백제 신라　(五月) 初 百濟武王從子福信 將兵與浮屠道琛 據周留城叛 迎故王子豊立爲王 豊嘗質
　　　　　於倭者也 西北部皆應 引兵圍劉仁願於熊津城 時 郎將劉仁軌 坐罪白衣從軍 唐詔以
　　　　　爲檢校帶方州刺史 將前都督王文度之衆 便道發新羅兵 以救仁願 仁軌喜曰 天將富貴
　　　　　此翁矣 請唐曆及廟諱而行曰 吾欲歸平東夷 頒大唐正朔於海表 仁軌御軍嚴整 轉鬪而
　　　　　前[1891] 福信等立兩柵於熊津口 拒之 仁軌與新羅兵合擊之 百濟軍退走入柵 阻水橋狹
　　　　　墮死者萬餘人[1892] 福信等乃釋圍 退保任存城 新羅人以糧盡 引還 於是 道琛自稱領
　　　　　軍將軍 福信自稱霜岑將軍 招集徒衆 其勢益張 使告仁軌曰 聞大唐與新羅 約誓盡殲
　　　　　百濟遺民 以國付新羅 與其坐而受死 豈若力戰而圖存 所以聚結 自固守耳 仁軌作書
　　　　　遣使 具陳禍福 琛等置仁軌使於外館 嫚報曰 使人官卑 我是一國大將 不合相叅 不答
　　　　　書 遣還之 仁軌以衆少 與仁願合軍 休士[1893] 上表請合新羅兵攻之 新羅王奉詔 遣其
　　　　　將金欽將兵救仁軌等[1894] 至古泗 福信邀擊敗之 欽自葛嶺遁還新羅 不敢復出 旣而福
　　　　　信殺道琛 幷其衆 豊不能制 但主祭而已[1895] 福信以仁願孤城無援 遣使慰之曰 大使
　　　　　何時西還 當遣相送 仁願仁軌等 大破福信餘衆於熊津東 拔支羅城及尹城大山沙井等
　　　　　柵 殺獲甚衆 仍分兵鎭守之[1896] 福信等以眞峴城臨江高險當衝要 加兵守之 仁軌夜督
　　　　　新羅兵 薄城板堞 比明入城 斬殺八百人 遂通新羅饟道[1897] 仁願奏請益兵 詔發淄靑
　　　　　萊海之兵七千人 遣左威衛將軍孫仁師 率兵四十萬 至德物島 就熊津府城 以益仁願之
　　　　　衆 新羅王率金庾信等二十八將 與之合[1898] 時福信旣專權 與豊寢相猜忌 福信稱疾

1881) 저본에는 '陳'으로 되어 있으나, 내용상 '陣'으로 수정해야 한다.
1882) 이 앞부분은 『三國史節要』에 太宗武烈王 7년(660) 9월로 되어 있다.
1883) 이 앞부분은 『三國史記』百濟本紀에 太宗武烈王 8년(661) 3월로 되어 있다.
1884) 이 앞부분은 『三國史記』新羅本紀에 太宗武烈王 8년(661) 2월로 되어 있다.
1885) 이 앞부분은 『新唐書』本紀에 文武王 2년(662) 7월 1일(戊子)로 되어 있다.
1886) 이 앞부분은 『資治通鑑』에 文武王 2년(662) 7월30일(丁巳)로 되어 있다.
1887) 이 앞부분은 『日本書紀』에 文武王 3년(663) 8월28일(己酉)로 되어 있다.
1888) 이 앞부분은 『日本書紀』에 文武王 3년(663) 9월 7일(丁巳)로 되어 있다.
1889) 이 앞부분은 『三國史記』新羅本紀에 文武王 3년(663) 10월21일로 되어 있다.
1890) 다른 동일기사들이 太宗武烈王 7년(660) 9월, 8년(661) 3월, 2월, 文武王 2년(662) 7월 1일(戊子), 7월
　　　30일(丁巳), 3년(663) 8월28일(己酉), 9월 7일(丁巳), 10월21일 등에 분산되어 있으므로, 이 기사는 文武王
　　　3년(663) 5월에 太宗武烈王 7년(660) 9월~文武王 3년(663) 10월21일의 전쟁과정을 요약한 것으로 보인
　　　다. 따라서 해당 부분에도 이중배치하였다.
1891) 이 앞부분은 『三國史節要』에 太宗武烈王 7년(660) 9월로 되어 있다.
1892) 이 앞부분은 『三國史記』新羅本紀에 太宗武烈王 7년(660) 10월30일로 되어 있다.
1893) 이 앞부분은 『三國史記』百濟本紀에 太宗武烈王 8년(661) 3월로 되어 있다.
1894) 이 앞부분은 『三國史記』新羅本紀에 太宗武烈王 8년(661) 2월로 되어 있다.
1895) 이 앞부분은 『三國史記』新羅本紀에 太宗武烈王 8년(661) 3월12일로 되어 있다.
1896) 이 앞부분은 『資治通鑑』에 文武王 2년(662) 7월 1일~29일로 되어 있다.
1897) 이 앞부분은 『資治通鑑』에 文武王 2년(662) 7월30일(丁巳)로 되어 있다.

臥於窟室　欲俟豊問疾殺之　豊知之　帥親信　掩殺之　遣使高勾麗倭國　乞師以拒唐兵[1899]　孫仁師中路迎擊　破之　遂與仁願相合　士氣大振[1900]　於是　諸將議所向　或曰加林城水陸之衝　合先擊之　仁軌曰　兵法　避實擊虛　加林嶮而固　攻則傷士　守則曠日周留城百濟巢穴　若克之　諸城自下[1901]　於是　仁師仁願及新羅王帥陸軍進　仁軌及別帥杜爽扶餘隆帥水軍及粮船　自熊津往白江以會陸軍　同趨周留城　遇倭人白江口　新羅軍力戰　四合皆克　焚其船四百艘　烟焰灼天　海水爲赤　豆陵尹周留等諸城　皆下[1902]　豊脫身走　奔高勾麗[1903]　王子忠勝忠志等　帥其衆　與倭人皆降　新羅王謂倭人曰　我與爾國隔海分疆　結好講和　聘問交通　未嘗交搆　何今日與百濟同惡　謀伐我國　今爾軍卒　在我掌握　不忍殺之　歸語爾王　遂縱之　分兵擊諸城　降之[1904]　獨遲受信據任存城　地險城固　粮儲又多　攻之三旬　不下　疲困獻兵[1905] (『三國史節要』 10)[1906]

신라 백제	六月　前將軍上毛野君稚子等　取新羅沙鼻岐奴江二城　百濟王豊璋　嫌福信有謀反心　以革穿掌而縛　時難自決　不知所爲　乃問諸臣曰　福信之罪　既如此焉　可斬以不　於是　達率德執得曰　此惡逆人　不合放捨　福信卽唾於執得曰　腐狗癡奴　王勒健兒　斬而醢首 (『日本書紀』 27 天智紀)
백제	(龍朔三年)　扶餘豊南引倭賊　以拒官軍 (『冊府元龜』 366 將帥部 27 機略 6 劉仁軌)[1907]
백제 고구려	時福信既專權　與豊寢相猜忌　福信稱疾　臥於窟室　欲俟豊問疾殺之　豊知之　帥親信　掩殺之　遣使高勾麗倭國　乞師以拒唐兵 (『三國史節要』 10)[1908]
백제 고구려	福信專權　與百濟王豊浸相猜忌　福信稱疾　臥於窟室　欲俟豊問疾而殺之　豊知之　帥親信襲殺福信[1909]　遣使詣高麗倭國　乞師以拒唐兵[1910] (『資治通鑑』 200 唐紀 16 高宗上之下)[1911]
백제	百濟王豊　南引倭人　以拒唐兵 (『資治通鑑』 201 唐紀 17 高宗 中之上)[1912]
백제	(通監) (…) 福信專權　與百濟王豊浸相猜忌　福信稱疾　臥於室　欲俟豊問疾而殺之　豊知

1898) 이 앞부분은 『新唐書』本紀에 文武王 2년(662) 7월 1일(戊子)로 되어 있다.
1899) 이 앞부분은 『日本書紀』에 文武王 3년(663) 6월로 되어 있다.
1900) 이 앞부분은 『三國史記』金庾信傳에 文武王 3년(663) 7월17일로 되어 있다.
1901) 이 앞부분은 『日本書紀』에 文武王 3년(663) 8월13일(甲午)로 되어 있다.
1902) 이 앞부분은 『新唐書』本紀 등에 文武王 3년(663) 9월 8일(戊午)로 되어 있다.
1903) 이 앞부분은 『日本書紀』에 文武王 3년(663) 8월28일(己酉)로 되어 있다.
1904) 이 앞부분은 『日本書紀』에 文武王 3년(663) 9월 7일(丁巳)로 되어 있다.
1905) 이 앞부분은 『三國史記』新羅本紀에 文武王 3년(663) 10월21일로 되어 있다.
1906) 다른 동일기사들이 太宗武烈王 7년(660) 9월, 10월30일, 8년(661) 3월, 2월, 3월12일, 文武王 2년(662) 7월 1일~29일, 7월30일(丁巳), 7월 1일(戊子), 3년(663) 6월, 7월17일, 8월13일(甲午), 9월 8일(戊午), 8월28일(己酉), 9월 7일(丁巳), 10월21일 등에 분산되어 있으므로, 이 기사는 文武王 3년(663) 5월에 太宗武烈王 7년(660) 9월~文武王 3년(663) 10월21일의 전쟁과정을 요약한 것으로 보인다. 따라서 해당 부분에도 이중배치하였다.
1907) 이 기사에는 월 표기가 없으나, 『日本書紀』에 의거하여 6월로 편년하였다. 본래는 龍朔 3년(663)에 龍朔 2년(662) 7월 1일(戊子)~龍朔 3년(663) 9월 8일(戊午)의 전쟁과정을 일괄요약한 기사의 일부분이다. 다만 龍朔 2년(662) 7월 1일(戊子)의 수군 파견보다 먼저 기록되어 있다.
1908) 이 기사에는 연대 표기가 없으나, 『日本書紀』에 의거하여 文武王 3년(663) 6월로 편년하였다. 본래는 文武王 3년(663) 5월에 太宗武烈王 7년(660) 9월28일~文武王 3년(663) 10월20일의 전쟁과정을 일괄요약한 기사의 일부분이다.
1909) 果如劉仁軌所料 帥 讀曰率
1910) 倭 烏禾翻
1911) 이 기사에는 일자 표기가 없으나, 『日本書紀』에 의거하여 龍朔 3년(663) 6월로 편년하였다. 본래는 龍朔 2년(662) 7월에 龍朔 2년(662) 3월24일(癸丑)~龍朔 3년(663) 6월의 전쟁과정을 일괄요약한 기사의 일부분이다.
1912) 이 기사에는 연대 표기가 없으나, 『日本書紀』에 의거하여 龍朔 3년(663) 6월로 편년하였다. 본래는 龍朔 3년(663) 9월에 龍朔 2년(662) 7월 1일(戊子)~龍朔 3년(663) 11월 4일의 전쟁과정을 일괄요약한 기사의 일부분이다.

之 帥親信襲殺福信 遣使詣高麗倭國 乞師以拒唐兵 (…) 百濟王豐 南引倭人 以拒唐兵 (『玉海』191 兵捷露布 3 唐熊津道行軍摠管破百濟)[1913]

신라 백제　龍朔三年癸亥 百濟諸城潛圖興與復 其渠帥據豆率城 乞帥於倭爲援助 大王親率庾信 仁問天存竹旨等將軍 以七月十七日征討 次熊津州 與鎭守劉仁願合兵 (『三國史記』4 2 列傳 2 金庾信 中)

백제　(龍朔三年) 仁師迎擊破之 遂與仁願之衆相合 兵士大振 (『冊府元龜』366 將帥部 27 機略 6 劉仁軌)[1914]

신라 백제　(文武王十一年)秋七月二十六日 大唐摠管薛仁貴使琳潤法師寄書曰 (…) 大王報書云 (…) 至龍朔三年 摠管孫仁師領兵來救府城 新羅兵馬 亦發同征 行至周留城下[1915] 此 時 倭國船兵 來助百濟 倭船千艘 停在白沙 百濟精騎 岸上守船 新羅驍騎 爲漢前鋒 先破岸陣 周留失膽 遂即降下[1916] 南方已定 廻軍北伐 任存一城 執迷下降[1917] 兩軍 倂力 共打一城 固守拒捍 不能打得 新羅即欲廻還 杜大夫云 準勅旣平已後 共相盟會 任存一城 雖未降下 即可共相盟誓 新羅以爲準勅 旣平已後 共相盟會 任存未降 不可 以爲旣平 又且百濟 姦詐百端 反覆不恒 今雖共相盟會 於後恐有噬臍之患 奏請停盟 (…) (『三國史記』7 新羅本紀 7 文武王 下)[1918]

신라 백제　(文武王十一年)秋七月 唐摠管薛仁貴遣僧琳潤致書於王曰 (…) 王報書云 (…) 至龍朔 三年 摠管孫仁師領兵來救府城 新羅兵馬 亦發同征 行周留城下[1919] 此時 倭國船兵 來助百濟 倭舩千艘 停在白沙 百濟精騎 岸上守船 新羅驍騎 爲漢前鋒 先破岸陣 周 留失膽 遂即降下[1920] 南方已定 回軍北伐 任存一城 執迷不降[1921] 兩軍倂力 共打一 城 固守拒捍 不能打得 新羅即欲回還 杜大夫云 準勅旣平已後 共相盟會 任存一城 雖未降下 即可共相盟誓 新羅以爲準勅 旣平已後 共相盟會 任存未降 不可以爲旣平 又且百濟 姦詐百端 反覆不恤 今雖共相盟會 於後恐有噬臍之患 奏請停盟 (…) (『三 國史節要』10)[1922]

백제　孫仁師中路迎擊 破之 遂與仁願相合 士氣大振 (『三國史節要』10)[1923]

백제　仁師與仁願仁軌合兵 勢大振 (『資治通鑑』201 唐紀 17 高宗 中之上)[1924]

백제　(通監) (…) 仁師與仁願仁軌合軍 勢大振 (『玉海』191 兵捷露布 3 唐熊津道行軍摠管 破百濟)[1925]

1913) 이 기사에는 연대 표기가 없으나, 『日本書紀』에 의거하여 龍朔 3년(663) 6월로 편년하였다. 앞부분은 본래 龍朔 2년(662) 7월에 龍朔 2년(662) 3월24일(癸丑)~龍朔 3년(663) 6월의 전쟁과정을, 뒷부분은 본래 龍朔 3년(663) 9월에 龍朔 2년(662) 7월 1일(戊子)~龍朔 3년(663) 11월 4일의 전쟁과정을 일괄요약한 기 사의 일부분이다.

1914) 이 기사에는 월일 표기가 없으나, 『三國史記』金庾信傳에 의거하여 7월17일로 편년하였다. 본래는 龍 朔 3년(663)에 龍朔 2년(662) 7월 1일(戊子)~龍朔 3년(663) 9월 8일(戊午)의 전쟁과정을 일괄요약한 기사 의 일부분이다.

1915) 이 뒷부분은 『新唐書』本紀 등에 9월 8일(戊午)로 되어 있다.

1916) 이 뒷부분은 『三國史記』新羅本紀에 10월21일로 되어 있다.

1917) 이 뒷부분은 『三國史記』新羅本紀에 11월 4일로 되어 있다.

1918) 이 기사에는 월일 표기가 없으나, 『三國史記』金庾信傳에 의거하여 7월17일로 편년하였다.

1919) 이 뒷부분은 『新唐書』本紀 등에 9월 8일(戊午)로 되어 있다.

1920) 이 뒷부분은 『三國史記』新羅本紀에 10월21일로 되어 있다.

1921) 이 뒷부분은 『三國史記』新羅本紀에 11월 4일로 되어 있다.

1922) 본문의 내용은 『三國史節要』10 文武王11년(671) 추7월 '王報書云'에 보인다.

1923) 이 기사에는 연대 표기가 없으나, 『三國史記』金庾信傳에 의거하여 文武王 3년(663) 7월17일로 편년 하였다. 본래는 文武王 3년(663) 5월에 太宗武烈王 7년(660) 9월28일~文武王 3년(663) 10월21일의 전쟁 과정을 일괄요약한 기사의 일부분이다.

1924) 이 기사에는 연대 표기가 없으나, 『三國史記』金庾信傳에 의거하여 龍朔 3년(663) 7월17일로 편년하였 다. 본래는 龍朔 3년(663) 9월에 龍朔 2년(662) 7월 1일(戊子)~龍朔 3년(663) 11월 4일의 전쟁과정을 일 괄요약한 기사의 일부분이다.

1925) 이 기사에는 연대 표기가 없으나, 『三國史記』金庾信傳에 의거하여 龍朔 3년(663) 7월17일로 편년하였

신라 백제	(龍朔三年)八月十三日 至于豆率城 百濟人與倭入出陣 我軍力戰大敗之 (『三國史記』 42 列傳 2 金庾信 中)	

신라 백제　　秋八月壬午朔甲午 新羅以百濟王斬己良將 謀直入國 先取州柔 於是 百濟知賊所計 謂諸將曰 今聞 大日本國之救將廬原君臣 率健兒萬餘 正當越海而至 願諸將軍等應預 圖之 我欲自往 待饗白村 (『日本書紀』27 天智紀)

백제　　(龍朔三年) 於是 諸將會議 或曰 加林城水陸之衝 請先擊之 仁軌曰 加林險固 急攻則 傷損將士 固守則日用持久 不如先攻周留城 周留賊之巢穴 羣兇所聚 除惡務本 須拔 其源 若克周留城 則諸城自下(『冊府元龜』366 將帥部 27 機略 6 劉仁軌)[1926]

백제　　於是 諸將議所向 或曰 加林城水陸之衝 合先擊之 仁軌曰 兵法 避實擊虛 加林嶮而 固 攻則傷士 守則曠日 周留城百濟巢穴 若克之 諸城自下(『三國史節要』10)[1927]

백제 고구려 신라
而豐果襲殺福信 遣使至高麗倭丐援[1928] 會詔遣右威衛將軍孫仁師率軍浮海而至 士氣 振[1929] 於是 諸將議所向 或曰 加林城水陸之衝 盍先擊之 仁軌曰 兵法避實擊虛 加 林險而固 攻則傷士 守則曠日 周留城 賊巢穴 群凶聚焉 若克之 諸城自下[1930] 於是 仁師仁願及法敏 帥陸軍以進 仁軌與杜爽扶餘隆 繇熊津白江會之 遇倭人白江口 四戰 皆克 焚四百艘 海水爲丹[1931] 扶餘豐脫身走 獲其寶劍[1932] 僞王子扶餘忠勝忠志等率 其衆與倭人降[1933] 獨酋帥遲受信據任存城 未下(『新唐書』108 列傳 33 劉仁軌)[1934]

백제　　諸將以加林城水陸之衝 欲先攻之 仁軌曰 加林險固 急攻則傷士卒 緩之則曠日持久 周留城 虜之巢穴 盡凶所聚 除惡務本[1935] 宜先攻之 若克周留 諸城自下(『資治通鑑』 201 唐紀 17 高宗 中之上)[1936]

백제　　(通監) (…) 諸將以加林城水陸之衝 欲先攻之 仁軌曰 加林險固 急攻則傷士 緩之則曠 日持久 周留城 虜之巢穴 羣兇所聚 除惡務本 宜先攻之 若克周留 諸城自下(『玉海』 191 兵捷露布 3 唐熊津道行軍摠管破百濟)[1937]

백제　　(八月)戊戌 賊將至於州柔 繞其王城 大唐軍將率戰船一百七十艘 陣烈於白村江 (『日 本書紀』27 天智紀)

다. 본래는 龍朔 3년(663) 9월에 龍朔 2년(662) 7월 1일(戊子)～龍朔 3년(663) 11월 4일의 전쟁과정을 일 괄요약한 기사의 일부분이다.
1926) 이 기사에는 월일 표기가 없으나, 『日本書紀』에 의거하여 8월13일(甲午)로 편년하였다. 본래는 龍朔 3 년(663)에 龍朔 2년(662) 7월 1일(戊子)～龍朔 3년(663) 9월 8일(戊午)의 전쟁과정을 일괄요약한 기사의 일부분이다.
1927) 이 기사에는 연대 표기가 없으나, 『日本書紀』에 의거하여 文武王 3년(663) 8월13일(甲午)로 편년하였 다. 본래는 文武王 3년(663) 5월에 太宗武烈王 7년(660) 9월28일～文武王 3년(663) 10월21일의 전쟁과정 을 일괄요약한 기사의 일부분이다.
1928) 이 앞부분은 『日本書紀』에 龍朔 3년(663) 6월로 되어 있다.
1929) 이 앞부분은 『三國史記』 金庾信傳에 龍朔 3년(663) 7월17일로 되어 있다.
1930) 이 뒷부분은 『新唐書』 本紀 등에 龍朔 3년(663) 9월 8일(戊午)로 되어 있다.
1931) 이 뒷부분은 『日本書紀』에 龍朔 3년(663) 8월28일(己酉)로 되어 있다.
1932) 이 뒷부분은 『日本書紀』에 龍朔 3년(663) 9월 7일(丁巳)로 되어 있다.
1933) 이 뒷부분은 『三國史記』 新羅本紀에 龍朔 3년(663) 10월21일로 되어 있다.
1934) 이 기사에는 연대 표기가 없으나, 『日本書紀』에 의거하여 龍朔 3년(663) 8월13일(甲午)로 편년하였다.
1935) 書泰誓之言
1936) 이 기사에는 연대 표기가 없으나, 『日本書紀』에 의거하여 龍朔 3년(663) 8월13일(甲午)로 편년하였다. 본래는 龍朔 3년(663) 9월에 龍朔 2년(662) 7월 1일(戊子)～龍朔 3년(663) 11월 4일의 전쟁과정을 일괄요 약한 기사의 일부분이다.
1937) 이 기사에는 연대 표기가 없으나, 『日本書紀』에 의거하여 龍朔 3년(663) 8월13일(甲午)로 편년하였다. 본래는 龍朔 3년(663) 9월에 龍朔 2년(662) 7월 1일(戊子)～龍朔 3년(663) 11월 4일의 전쟁과정을 일괄요 약한 기사의 일부분이다.

백제	(八月)戊申 日本船師初至者 與大唐船師合戰 日本不利而退 大唐堅陣而守 (『日本書紀』27 天智紀)
백제 고구려	(八月)己酉 日本諸將與百濟王不觀氣象 而相謂之曰 我等爭先 彼應自退 更率日本亂伍中軍之卒 進打大唐堅陣之軍 大唐便自左右夾船繞戰 須臾之際 官軍敗績 赴水溺死者衆 艫舳不得廻旋 朴市田來津仰天而誓 切齒而嗔殺數十人 於焉戰死 是時 百濟王豊璋與數人 乘船逃去高麗 (『日本書紀』27 天智紀)
백제 고구려	(龍朔三年) 百濟僞王扶餘豊走投高麗 (…) 豊脫身而走 獲其寶劍 (『冊府元龜』366 將帥部 27 機略 6 劉仁軌)[1938]
신라 백제	扶餘豊脫身走 (『三國史記』6 新羅本紀 6)[1939]
백제 고구려	豊脫身走 奔高勾麗 (『三國史節要』10)[1940]
백제 고구려	百濟王豊脫身奔高麗 (『資治通鑑』201 唐紀 17 高宗 中之上)[1941]
백제 고구려	(通監) (…) 王豊脫身奔高麗 (『玉海』191 兵捷露布 3 唐熊津道行軍摠管破百濟)[1942]
고구려	(龍朔三年)秋八月戊申 上以海東累歲用兵 百姓困於征調 士卒戰溺死者甚衆 詔罷三十六州所造船 遣司元太常伯竇德玄等分詣十道 問人疾苦 黜陟官吏 (『資治通鑑』 201 唐紀 17 高宗 中之上)
고구려	高宗龍朔三年八月 御內殿 謂侍臣曰 比爲海東負釁 須申弔伐 是數年已來 頻有勞役 所在百姓 誠大辛苦 況緣軍機調發 科喚百端 貪殘之徒 恣意侵暴 兼復造舶 諸州辛苦 更甚 前令借問 異欲知其事實 然四方使至 略不盡言 表疏所陳 皆涉順旨 我密加廉察 在下非無怨咨 如聞隋朝破亡緣爲征役不息 隋亡何必不繇此 相傳其有此議 且越海行兵 備經難阻 或斃鋒刃 或遭沉溺 追想非命 有悼於懷 昔漢武帝征伐四夷 戶口衰減 晚年感悟 封丞相爲富民侯 此卽故事分明 足爲龜鏡 前令三十六州造船舫者 今欲總停 使遠近百姓無役 豈不善邪 卽日下詔曰 朕以寡昧 纂承鴻烈 肅辰嚴廊之上 凝襟華裔之表 馭奔深於日愼 儲祉存於勿休 勉己勵精 詳求大化 往爲奉成先志 雪恥黎元 是以數年之間 稱兵遼海 雖除凶戢暴 義匡諸身 疲人竭財 役興於下 泛滄流而遐濟 踐危途而遠襲 風之競海 或取淪亡 鋒鏑交揮 非有捐仆 顧惟匪德 事有乖於七旬 在躬延責 情致慘於四海 湯年罪己 鑒寐斯在 漢載富人 周旋切念 日者翹車聯映 賁帛相輝 庖鼎之前 猶潛秀異 關柝之下 未盡英奇 傳逸翰於西雍 牣殊寶於東序 此王師薦發 戎務實繁 州縣官僚 緣茲生過 力役無度 賄賂公行 蠹政傷風 莫斯爲甚 前令三十六州造船已備東行者 卽宜並停 凡百在位 宜極言得失 悉無隱 以救不逮 (『冊府元龜』142 帝王部 142 弭兵)

1938) 이 기사에는 월일 표기가 없으나, 『日本書紀』에 의거하여 8월28일(己酉)로 편년하였다.

1939) 이 기사에는 연대 표기가 없으나, 『日本書紀』에 의거하여 文武王 3년(663) 8월28일(己酉)로 편년하였다. 다른 동일기사들이 太宗武烈王 7년(660) 9월, 8년(661) 3월, 2월, 文武王 2년(662) 7월 1일(戊子), 7월 30일(丁巳), 3년(663) 8월28일(己酉), 9월 7일(丁巳), 10월21일 등에 분산되어 있으므로, 이 기사는 文武王 3년(663) 5월에 太宗武烈王 7년(660) 9월~文武王 3년(663) 10월21일의 전쟁과정을 요약한 것으로 보인다. 따라서 해당 부분에도 이중배치하였다.

1940) 이 기사에는 연대 표기가 없으나, 『日本書紀』에 의거하여 文武王 3년(663) 8월28일(己酉)로 편년하였다. 본래는 文武王 3년(663) 5월에 太宗武烈王 7년(660) 9월28일~文武王 3년(663) 10월21일의 전쟁과정을 일괄요약한 기사의 일부분이다.

1941) 이 기사에는 연대 표기가 없으나, 『日本書紀』에 의거하여 龍朔 3년(663) 8월28일(己酉)로 편년하였다. 본래는 龍朔 3년(663) 9월에 龍朔 2년(662) 7월 1일(戊子)~龍朔 3년(663) 11월 4일의 전쟁과정을 일괄요약한 기사의 일부분이다.

1942) 이 기사에는 연대 표기가 없으나, 『日本書紀』에 의거하여 龍朔 3년(663) 8월28일(己酉)로 편년하였다. 본래는 龍朔 3년(663) 9월에 龍朔 2년(662) 7월 1일(戊子)~龍朔 3년(663) 11월 4일의 전쟁과정을 일괄요약한 기사의 일부분이다.

고구려	朕以寡昧 纂承鴻烈 肅晨岩廊之上 凝襟華裔之表 馭奔深於日慎 儲祉存於勿休 勉己 勵精 詳求大化 往為奉成先誌 雪恥黎元 是以數年之間 稱兵遼海 雖除凶戡暴 義匡諸 身 疲人竭財 役興於下 泛滄流而遐濟 踐危途而遠襲 風濤競駭 或取淪亡 鋒鏑交揮 非無捐仆 顧惟匪德 事有乖於七旬 在躬延責 情致慚於四海 湯年罪己 鑒寐斯在 漢載 富人 周旋切念 日者翹車聯映 賁帛相輝 庖鼎之前 猶潛秀異 關柝之下 未盡英奇 傳 逸翰於西雍 刃殊寶於東序 比[1943]王師薦發 戎務實繁 州縣官僚 緣茲生過 力役無度 賄賂公行 蠹政傷風 莫斯為甚 前令三十六州造船 已備東行者 即宜並停 凡百在位 宜 極言得失 悉陳[1944]無隱 以救不逮 仍分遣按察大使 問人疾苦 黜陟官吏 兼司元太常 伯竇德元往河南道 並持節分往 其內外官五品以上 各舉岩藪幽素之士 廣加詢訪 旁求 謠俗 式企英材 充毗闕政 必使八紘之內 咸得朕心 萬寓之中 同夫親覽 宜速頒賜率土 知此意焉 (『全唐文』12 高宗 2 罷諸州造船安撫百姓詔)
백제	九月辛亥朔丁巳 百濟州柔城 始降於唐 是時 國人相謂之曰 州柔降矣 事無奈何 百濟 之名 絶于今日 丘墓之所 豈能復往 但可往於弖禮城 會日本軍將等 相謀事機所要 遂 教本在枕服岐城之妻子等 令知去國之心 (『日本書紀』27 天智紀)
신라 백제	(龍朔三年癸亥) 百濟與倭人皆降 大王謂倭人曰 惟我與爾國隔海分疆 未嘗交構 但結 好講和 聘問交通 何故今日與百濟同惡 以謀我國 今爾軍卒在我掌握之中 不忍殺之 爾其歸告爾王 任其所 分兵擊諸城降之 (『三國史記』42 列傳 2 金庾信 中)[1945]
백제	(龍朔三年) 偽王子扶餘忠志等率士女及倭衆並降 百濟諸城 皆復歸順 (『冊府元龜』36 6 將帥部 27 機略 6 劉仁軌)[1946]
신라 백제	王子忠勝忠志等率其衆降 (『三國史記』6 新羅本紀 6)[1947]
백제 신라	王子忠勝忠志等 帥其衆 與倭人皆降 新羅王謂倭人曰 我與爾國 隔海分疆 結好講和 聘問交通 未嘗交構 何今日與百濟同惡 謀伐我國 今爾軍卒 在我掌握 不忍殺之 歸語 爾王 遂縱之 分兵擊諸城 降之 (『三國史節要』10)[1948]
백제	王子忠勝忠志等帥衆降[1949] 百濟盡平 (『資治通鑑』201 唐紀 17 高宗 中之上)[1950]
백제	(通監) (…) 王子忠勝忠志等帥衆降 百濟盡平 (『玉海』191 兵捷露布 3 唐熊津道行軍 摠管破百濟)[1951]
백제	九月戊午 孫仁師及百濟戰于白江 敗之 (『新唐書』3 本紀 3 高宗)
백제	九月戊午 熊津道行軍總管右威衛將軍孫仁師等 破百濟餘衆及倭兵於白江 拔其周留

1943) 『冊府元龜』142 帝王部 142 弭兵에서는 '此'로 기록하였다.
1944) 『冊府元龜』142 帝王部 142 弭兵에서는 '心'이라 하였다.
1945) 이 기사에는 월일 표기가 없으나, 『日本書紀』에 의거하여 9월 7일(丁巳)로 편년하였다.
1946) 이 기사에는 월일 표기가 없으나, 『日本書紀』에 의거하여 9월 7일(丁巳)로 편년하였다. 본래는 龍朔 3 년(663)에 龍朔 2년(662) 7월 1일(戊子)~龍朔 3년(663) 9월 8일(戊午)의 전쟁과정을 일괄요약한 기사의 일부분이다.
1947) 이 기사에는 연대 표기가 없으나, 『日本書紀』에 의거하여 文武王 3년(663) 9월 7일(丁巳)로 편년하였 다. 본래는 文武王 3년(663) 5월에 太宗武烈王 7년(660) 9월28일~文武王 3년(663) 10월21일의 전쟁과정 을 일괄요약한 기사의 일부분이다.
1948) 이 기사에는 연대 표기가 없으나, 『日本書紀』에 의거하여 文武王 3년(663) 9월 7일(丁巳)로 편년하였 다. 본래는 文武王 3년(663) 5월에 太宗武烈王 7년(660) 9월28일~文武王 3년(663) 10월21일의 전쟁과정 을 일괄요약한 기사의 일부분이다.
1949) 帥 讀曰率 下之帥 皆帥同 降 戶江翻 下同
1950) 이 기사에는 연대 표기가 없으나, 『日本書紀』에 의거하여 龍朔 3년(663) 9월 7일(丁巳)로 편년하였다. 본래는 龍朔 3년(663) 9월에 龍朔 2년(662) 7월 1일(戊子)~龍朔 3년(663) 11월 4일의 전쟁과정을 일괄요 약한 기사의 일부분이다.
1951) 이 기사에는 연대 표기가 없으나, 『日本書紀』에 의거하여 龍朔 3년(663) 9월 7일(丁巳)로 편년하였다. 본래는 龍朔 3년(663) 9월에 龍朔 2년(662) 7월 1일(戊子)~龍朔 3년(663) 11월 4일의 전쟁과정을 일괄요 약한 기사의 일부분이다.

城¹⁹⁵²⁾ (『資治通鑑』 201 唐紀 17 高宗 中之上)

백제　　　(龍朔)三年九月戊午　熊津道行軍摠管右威衛將軍孫仁師等　破百濟餘衆及倭兵於白江
　　　　　拔其周留城 (『玉海』 191 兵捷露布 3 唐熊津道行軍摠管破百濟)

백제 신라　(紀) (龍朔)三年九月戊子¹⁹⁵³⁾ 仁師及百濟戰于白江　敗之 (…) (通鑑) (龍朔)三年九月
　　　　　戊午　熊津道行軍摠管右威衛將軍孫仁師等　破百濟餘衆及倭兵於白江　拔其周留城 (…)
　　　　　於是　仁師仁願與新羅王法敏　將陸軍以進　仁軌與別將杜爽扶餘隆　將水軍及糧船　自熊
　　　　　津入白江　以會陸軍　同趨周留城　遇倭兵於白江口　四戰皆捷　焚其舟四百艘　煙焰灼天
　　　　　海水皆赤 (『玉海』 191 兵捷露布 3 唐熊津道行軍摠管破百濟)¹⁹⁵⁴⁾

백제 신라　龍朔三年　爲帶方州刺史　與熊津道行軍總管右威衛將軍孫仁師熊津都督劉仁願　大破百
　　　　　濟餘衆及賊於白江　拔其周留城 (…) 於是　帥仁願及新羅金法敏　帥陸軍以進　仁軌乃別
　　　　　率杜爽扶餘隆　率水軍及糧船　自熊津江往白江　以會陸軍　同趨周留城　仁軌遇倭兵於白
　　　　　江之口　四戰皆捷　焚其舟四百艘　煙焰漲天　淮水皆赤 (『冊府元龜』 366 將帥部 27 機
　　　　　略 6 劉仁軌)¹⁹⁵⁵⁾

백제 고구려 신라
　　　　　時福信旣專權　與扶餘豐寢相猜忌　福信稱疾　臥於窟室　欲俟豐問疾執殺之　豐知之　帥
　　　　　親信　掩殺福信　遣使高句麗倭國　乞師以拒唐兵¹⁹⁵⁶⁾ 孫仁師中路迎擊　破之　遂與仁願
　　　　　之衆相合　士氣大振¹⁹⁵⁷⁾ 於是　諸將議所向　或曰　加林城水陸之衝　合先擊之　仁軌曰
　　　　　兵法　避實擊虛　加林嶮而固　攻則傷士　守則曠日　周留城百濟巢穴　群聚焉　若克之　諸
　　　　　城自下¹⁹⁵⁸⁾ 於是　仁師仁願及羅王金法敏　帥陸軍進　劉仁軌及別帥杜爽扶餘隆　帥水軍
　　　　　及糧船　自熊津江往白江　以會陸軍　同趨周留城　遇倭人白江口　四戰皆克　焚其舟四百
　　　　　艘　煙炎灼天　海水爲丹¹⁹⁵⁹⁾ 王扶餘豐脫身而走　不知所在　或云奔高句麗　獲其寶
　　　　　劍¹⁹⁶⁰⁾ 王子扶餘忠勝忠志等帥其衆　與倭人並降¹⁹⁶¹⁾ 獨遲受信據任存城　未下 (『三國
　　　　　史記』 28 百濟本紀 6)¹⁹⁶²⁾

신라 백제　於是　仁師仁願及新羅王帥陸軍進　仁軌及別帥杜爽扶餘隆帥水軍及粮船　自熊津往白江
　　　　　以會陸軍　同趨周留城　遇倭人白江口　新羅軍力戰　四合皆克　焚其船四百艘　烟焰灼天
　　　　　海水爲赤　豆陵尹周留等諸城　皆下 (『三國史節要』 10)¹⁹⁶³⁾

백제 고구려 신라 탐라
　　　　　俄而餘豐襲殺福信　又遣使往高麗及倭國　請兵以拒官軍¹⁹⁶⁴⁾ 詔右威衛將軍孫仁師率兵
　　　　　浮海以爲之援　仁師旣與仁軌等相合　兵士大振¹⁹⁶⁵⁾ 於是　諸將會議　或曰　加林城水陸

1952) 倭 烏禾翻
1953) 9월에는 戊子日이 없다. 『新唐書』 本紀 등에 의거하여 '午'로 수정해야 한다.
1954) '於是' 이하는 본래 龍朔 3년(663) 9월에 龍朔 2년(662) 7월 1일(戊子)~龍朔 3년(663) 11월 4일의 전
　　쟁과정을 일괄요약한 기사의 일부분이다.
1955) 이 기사에는 월일 표기가 없으나, 『新唐書』 本紀 등에 의거하여 9월 8일(戊午)로 편년하였다. 본래는
　　龍朔 3년(663)에 龍朔 2년(662) 7월 1일(戊子)~龍朔 3년(663) 9월 8일(戊午)의 전쟁과정을 일괄요약한 기
　　사의 일부분이다.
1956) 이 앞부분은 『日本書紀』에 文武王 3년(663) 6월로 되어 있다.
1957) 이 앞부분은 『三國史記』 金庾信傳에 文武王 3년(663) 7월17일로 되어 있다.
1958) 이 앞부분은 『日本書紀』에 文武王 3년(663) 8월13일(甲午)로 되어 있다.
1959) 이 뒷부분은 『日本書紀』에 文武王 3년(663) 8월28일(己酉)로 되어 있다.
1960) 이 뒷부분은 『日本書紀』에 文武王 3년(663) 9월 7일(丁巳)로 되어 있다.
1961) 이 뒷부분은 『三國史記』 新羅本紀에 文武王 3년(663) 10월21일로 되어 있다.
1962) 이 기사에는 연대 표기가 없으나, 『新唐書』 本紀 등에 의거하여 龍朔 3년(663) 9월 8일(戊午)로 편년
　　하였다.
1963) 이 기사에는 연대 표기가 없으나, 『新唐書』 本紀 등에 의거하여 文武王 3년(663) 9월 8일(戊午)로 편
　　년하였다. 본래는 文武王 3년(663) 5월에 太宗武烈王 7년(660) 9월28일~文武王 3년(663) 10월21일의 전
　　쟁과정을 일괄요약한 기사의 일부분이다.
1964) 이 앞부분은 『日本書紀』에 龍朔 3년(663) 6월로 되어 있다.
1965) 이 앞부분은 『三國史記』 金庾信傳에 龍朔 3년(663) 7월17일로 되어 있다.

之衝 請先擊之 仁軌曰 加林險固 急攻則傷損戰士 固守則用日持久 不如先攻周留城
周留 賊之巢穴 羣兇所聚 除惡務本 須拔其源 若克周留 則諸城自下[1966] 於是 仁師
仁願及新羅王金法敏 帥陸軍以進 仁軌乃別率杜爽扶餘隆 率水軍及糧船 自熊津江往
白江 會陸軍 同趣周留城 仁軌遇倭兵於白江之口 四戰捷 焚其舟四百艘 煙焰漲天 海
水皆赤 賊衆大潰[1967] 餘豊 脫身而走 獲其寶劍[1968] 僞王子扶餘忠勝忠志等率士女及
倭衆幷耽羅國使 一時並降 百濟諸城 皆復歸順[1969] 賊帥遲受信據任存城 不降 (『舊唐
書』84 列傳 34 劉仁軌)[1970]

백제 고구려　신라

時福信既專其兵權 與扶餘豊漸相猜貳 福信稱疾 臥於窟室 將候扶餘豊問疾 謀襲殺之
扶餘豊覺而率其親信掩殺福信 又遣使往高麗及倭國 請兵以拒官軍[1971] 孫仁師中路迎
擊 破之 遂與仁願之衆相合 兵勢大振[1972] 於是 仁師仁願及新羅王金法敏 帥陸軍進
劉仁軌及別帥杜爽扶餘隆 率水軍及糧船 自熊津江往白江 以會陸軍 同趨周留城 仁軌
遇扶餘豊之衆於白江之口 四戰皆捷 焚其舟四百艘 賊衆大潰[1973] 扶餘豊脫身而
走[1974] 僞王子扶餘忠勝忠志等率士女及倭衆並降 百濟諸城 皆復歸順 (『舊唐書』199
上 列傳 149上 東夷 百濟)[1975]

백제 고구려 신라

福信顯國 謀殺豊 豊率親信斬福信 與高麗倭連和[1976] 仁願已得齊兵 士氣振[1977] 乃
與新羅王金法敏率步騎 而遣劉仁軌率舟師 自熊津江偕進 趨周留城 豊衆屯白江口 四
遇皆克 火四百艘[1978] 豊走 不知所在[1979] 僞王子扶餘忠勝忠志率殘衆及倭人請命 諸
城皆復 (『新唐書』220 列傳 145 東夷 百濟)[1980]

백제 신라　於是 仁師仁願與新羅王法敏 將陸軍以進 仁軌與別將杜爽扶餘隆 將水軍及糧船 自熊
津入白江 以會陸軍 同趣周留城[1981] 遇倭兵於白江口 四戰皆捷 焚其舟四百艘 煙炎
灼天[1982] 海水皆赤 (『資治通鑑』201 唐紀 17 高宗 中之上)[1983]

백제　　　(九月)辛酉 發途於牟弖 (『日本書紀』27 天智紀)

백제　　　(九月)癸亥 至弖禮 (『日本書紀』27 天智紀)

1966) 이 앞부분은 『日本書紀』에 龍朔 3년(663) 8월13일(甲午)로 되어 있다.
1967) 이 뒷부분은 『日本書紀』에 龍朔 3년(663) 8월28일(己酉)로 되어 있다.
1968) 이 뒷부분은 『日本書紀』에 龍朔 3년(663) 9월 7일(丁巳)로 되어 있다.
1969) 이 뒷부분은 『三國史記』新羅本紀에 龍朔 3년(663) 10월21일로 되어 있다.
1970) 이 기사에는 연대 표기가 없으나, 『新唐書』本紀 등에 의거하여 龍朔 3년(663) 9월 8일(戊午)로 편년
　　　하였다.
1971) 이 앞부분은 『日本書紀』에 龍朔 3년(663) 6월로 되어 있다.
1972) 이 앞부분은 『三國史記』金庾信傳에 龍朔 3년(663) 7월17일로 되어 있다.
1973) 이 뒷부분은 『日本書紀』에 龍朔 3년(663) 8월28일(己酉)로 되어 있다.
1974) 이 뒷부분은 『日本書紀』에 龍朔 3년(663) 9월 7일(丁巳)로 되어 있다.
1975) 이 기사에는 연대 표기가 없으나, 『新唐書』本紀 등에 의거하여 龍朔 3년(663) 9월 8일(戊午)로 편년
　　　하였다.
1976) 이 앞부분은 『日本書紀』에 龍朔 3년(663) 6월로 되어 있다.
1977) 이 앞부분은 『三國史記』金庾信傳에 龍朔 3년(663) 7월17일로 되어 있다.
1978) 이 뒷부분은 『日本書紀』에 龍朔 3년(663) 8월28일(己酉)로 되어 있다.
1979) 이 뒷부분은 『日本書紀』에 龍朔 3년(663) 9월 7일(丁巳)로 되어 있다.
1980) 이 기사에는 연대 표기가 없으나, 『新唐書』本紀 등에 의거하여 龍朔 3년(663) 9월 8일(戊午)로 편년
　　　하였다.
1981) 趣 七喩翻
1982) 艘 蘇遭翻 炎讀曰焰
1983) 이 기사에는 연대 표기가 없으나, 『新唐書』本紀 등에 의거하여 龍朔 3년(663) 9월 8일(戊午)로 편년
　　　하였다. 본래는 龍朔 3년(663) 9월에 龍朔 2년(662) 7월 1일(戊子)~龍朔 3년(663) 11월 4일의 전쟁과정
　　　을 일괄요약한 기사의 일부분이다.

백제   (九月)甲戌 日本船師 及佐平餘自信達率木素貴子谷那晋首憶禮福留 幷國民等 至於弖禮城 (『日本書紀』27 天智紀)

백제   (九月甲戌)明日 發船始向日本 (『日本書紀』27 天智紀)

백제   (九月) 初 劉仁願劉仁軌旣克眞峴城[1984][1985] 詔孫仁師將兵 浮海助之[1986][1987] 百濟王豊 南引倭人以拒唐兵[1988] 仁師與仁願仁軌合兵 勢大振[1989] 諸將以加林城水陸之衝 欲先攻之 仁軌曰 加林險固 急攻則傷士卒 緩之則曠日持久 周留城 虜之巢穴 盡凶所聚 除惡務本[1990] 宜先攻之 若克周留 諸城自下[1991] 於是 仁師仁願與新羅王法敏 將陸軍以進 仁軌與別將杜爽扶餘隆 將水軍及糧船 自熊津入白江 以會陸軍 同趣周留城[1992] 遇倭兵於白江口 四戰皆捷 焚其舟四百艘 煙炎灼天[1993] 海水皆赤[1994] 百濟王豊脫身奔高麗[1995] 王子忠勝忠志等帥衆降[1996] 百濟盡平[1997] 唯別帥遲受信據任存城 不下[1998][1999]

初 百濟西部人黑齒常之 長七尺餘 驍勇有謀略[2000] 仕百濟爲達率兼郡將 猶中國刺史也[2001][2002] 蘇定方克百濟 常之帥所部隨衆降 定方縶其王及太子 縱兵劫掠 壯者多死 常之懼 與左右十餘人遁歸本部 收集亡散 保任存山 結柵以自固 旬月間歸附者三萬餘人 定方遣兵攻之 常之拒戰 唐兵不利 常之復取二百餘城[2003] 定方 不能克而還[2004] 常之與別部將沙吒相如[2005] 各據險以應福信[2006]

百濟旣敗 皆帥其衆降 劉仁軌使常之相如 自將其衆 取任存城 仍以糧仗助之 孫仁師曰 此屬獸心 何可信也 仁軌曰 吾觀二人皆忠勇有謀 敦信重義 但曏者所託 未得其人 今正是其感激立效之時 不用疑也 遂給其糧仗 分兵隨之 攻拔任存城 遲受信棄妻子奔高麗

詔劉仁軌將兵鎭百濟 召孫仁師劉仁願還 百濟兵火之餘 比屋彫殘[2007] 僵尸滿野 仁軌始命瘞骸骨 籍戶口 理村聚 署官長 通道塗 立橋梁 補隄堰 復陂塘 課耕桑 賑貧乏

1984) 克眞峴城 見上卷二年
1985) 이 앞부분은 『資治通鑑』에 文武王 2년(662) 7월30일(丁巳)로 되어 있다.
1986) 將 卽亮翻 下同
1987) 이 앞부분은 『新唐書』本紀에 文武王 2년(662) 7월 1일(戊子)로 되어 있다.
1988) 이 앞부분은 『日本書紀』에 文武王 3년(663) 6월로 되어 있다.
1989) 이 앞부분은 『三國史記』金庾信傳에 文武王 3년(663) 7월17일로 되어 있다.
1990) 書泰誓之言
1991) 이 앞부분은 『日本書紀』에 文武王 3년(663) 8월13일(甲午)로 되어 있다.
1992) 趣 七喩翻
1993) 艘 蘇遭翻 炎讀曰燄
1994) 이 앞부분은 『新唐書』本紀 등에 文武王 3년(663) 9월 8일(戊午)로 되어 있다.
1995) 이 앞부분은 『日本書紀』에 文武王 3년(663) 8월28일(己酉)로 되어 있다.
1996) 帥 讀曰率 下之帥 皆帥同 降 戶江翻 下同
1997) 이 앞부분은 『日本書紀』에 文武王 3년(663) 9월 7일(丁巳)로 되어 있다.
1998) 帥 所類翻 尉 紆勿翻
1999) 이 앞부분은 『三國史記』新羅本紀에 文武王 3년(663) 10월21일로 되어 있다.
2000) 長 直亮翻 驍 堅堯翻
2001) 新羅[百濟]官有十六品 左平一品 達率二品 五方各有方領一人 以達率爲之 方有十郡 郡有將三人 以德率爲之 德率四品 百濟置官 蓋與新羅略同也 率 所類翻
2002) 이 앞부분은 「黑齒常之 墓誌銘」에 貞觀23년(649)으로 되어 있다.
2003) 復 扶又翻
2004) 還 從宣翻 又如字
2005) 沙吒 夷人複姓 吒 陟加翻
2006) 이 앞부분은 『舊唐書』黑齒常之傳에 顯慶 5년(660)으로 되어 있다.
2007) 比 毗必翻 又毗至翻

백제	養孤老 立唐社稷 頒正朔及廟諱[2008] 百濟大悅 闔境各安其業 然後脩屯田 儲糧糧 訓士卒 以圖高麗[2009]
	劉仁願至京師 上問之曰 卿在海東 前後奏事 皆合機宜 復有文理[2010] 卿本武人 何能如是 仁願曰 此皆劉仁軌所爲 非臣所及也 上悅 加仁軌六階[2011] 正除帶方州刺史 爲築第長安 厚賜其妻子 遣使齎璽書勞勉之[2012] 上官儀曰 仁軌遭黜削而能盡忠[2013] 仁願秉節制而能推賢 皆可謂君子矣[2014] (『資治通鑑』 201 唐紀 17 高宗 中之上)[2015]
	(通監) (龍朔三年九月) 初 劉仁願劉仁軌旣克眞峴城[2016] 詔孫仁師 將兵浮海助之[2017] 百濟王豐 南引倭人 以拒唐兵[2018] 仁師與仁願仁軌合 軍勢大振[2019] 諸將以加林城水陸之衝 欲先攻之 仁軌曰 加林險固 急攻則傷士 緩之則曠日持久 周留城 虜之巢穴 羣兇所聚 除惡務本 宜先攻之 若克周留 諸城自下[2020] 於是 仁師仁願與新羅王法敏 將陸軍以進 仁軌與別將杜爽 扶餘隆將水軍及糧船 自熊津入白江 以會陸軍 同趨周留城 遇倭兵於白江口 四戰皆捷 焚其舟四百艘 煙焰灼天 海水皆赤[2021] 王豐脫身奔高麗[2022] 王子忠勝忠志等帥衆降 百濟盡平[2023] 唯別帥遲受信 據信[2024]存城不下[2025] 仁軌使黑齒常之沙咤相如 攻任存城拔之 遲受信棄妻子 奔高麗
	詔留劉仁軌將兵 鎭百濟 召孫仁師劉仁願還 百濟 兵火之餘 比屋彫殘 僵尸滿野 仁軌始命瘞骸骨 籍戶口 理村聚 置官長 通道塗 立橋梁 補隄堰 復陂塘 課耕桑 賑貧乏 養孤老 立唐社稷 頒正朔及廟諱 百濟大悅 闔境 各安其業[2026][2027] (『玉海』 191 兵捷露布 3 唐熊津道行軍摠管破百濟)[2028]
신라 백제	獨遲受信據任存城 不下 自冬十月二十一日 攻之不克 (『三國史記』 6 新羅本紀 6)
신라 백제	(龍朔三年癸亥) 唯任存城 地險城固 而又粮多 是以攻之三旬 不能下 (『三國史記』 42 列傳 2 金庾信 中)[2029]

2008) 卒如仁軌之志 所謂有志者事竟成也 僵 居良翻 瘞 於計翻 長 知兩翻 賑 津忍翻
2009) 糧 去九翻
2010) 復 扶又翻
2011) 勳有級 官有階
2012) 爲 于僞翻 使 疏吏翻 勞 力到翻
2013) 黜削 謂白衣從軍自效也
2014) 이 앞부분은 『三國史記』 新羅本紀에 龍朔 3년(663) 11월 4일로 되어 있다.
2015) 다른 동일기사들이 龍朔 2년(662) 7월30일(丁巳), 7월 1일(戊子), 龍朔 3년(663) 6월, 7월17일, 8월13일(甲午), 9월 8일(戊午), 8월28일(己酉), 9월 7일(丁巳), 10월21일, 11월 4일, 貞觀23년(649), 顯慶 5년(660), 龍朔 3년(663) 11월 4일 등에 분산되어 있으므로, 이 기사는 龍朔 3년(663) 9월에 貞觀23년(649), 顯慶 5년(660)의 黑齒常之 관련기록과 龍朔 2년(662) 7월 1일(戊子)~龍朔 3년(663) 11월 4일의 전쟁과정을 요약한 것으로 보인다. 따라서 해당 부분에도 이중배치하였다.
2016) 이 앞부분은 『資治通鑑』에 文武王 2년(662) 7월30일(丁巳)로 되어 있다.
2017) 이 앞부분은 『新唐書』 本紀에 文武王 2년(662) 7월 1일(戊子)로 되어 있다.
2018) 이 앞부분은 『日本書紀』에 文武王 3년(663) 6월로 되어 있다.
2019) 이 앞부분은 『三國史記』 金庾信傳에 文武王 3년(663) 7월17일로 되어 있다.
2020) 이 앞부분은 『日本書紀』에 文武王 3년(663) 8월13일(甲午)로 되어 있다.
2021) 이 앞부분은 『新唐書』 本紀 등에 文武王 3년(663) 9월 8일(戊午)로 되어 있다.
2022) 이 앞부분은 『日本書紀』에 文武王 3년(663) 8월28일(己酉)로 되어 있다.
2023) 이 앞부분은 『日本書紀』에 文武王 3년(663) 9월 7일(丁巳)로 되어 있다.
2024) 저본에는 '信'으로 되어 있으나, 내용상 '任'으로 수정해야 한다.
2025) 이 앞부분은 『三國史記』 新羅本紀에 文武王 3년(663) 10월21일로 되어 있다.
2026) 金石錄 有百濟班師碑 麟德元年 馬大斌撰
2027) 이 앞부분은 『三國史記』 新羅本紀에 龍朔 3년(663) 11월 4일로 되어 있다.
2028) 다른 동일기사들이 龍朔 2년(662) 7월30일(丁巳), 7월 1일(戊子), 龍朔 3년(663) 6월, 7월17일, 8월13일(甲午), 9월 8일(戊午), 8월28일(己酉), 9월 7일(丁巳), 10월21일, 11월 4일 등에 분산되어 있으므로, 이 기사는 龍朔 3년(663) 9월에 龍朔 2년(662) 7월 1일(戊子)~龍朔 3년(663) 11월 4일의 전쟁과정을 요약한 것으로 보인다. 따라서 해당 부분에도 이중배치하였다.
2029) 이 기사에는 연대 표기가 없으나, 『三國史記』 新羅本紀에 의거하여 文武王 3년(663) 10월21일로 편년하였다.

백제	獨遲受信據任存城 地險城固 粮儲又多 攻之三旬 不下 疲困猒兵 (『三國史節要』 1 0)[2030]
백제	唯別帥遲受信據任存城 不下[2031] (『資治通鑑』 201 唐紀 17 高宗 中之上)[2032]
백제	(通監) (…) 唯別帥遲受信 據信[2033]存城不下 (『玉海』 191 兵捷露布 3 唐熊津道行軍 摠管破百濟)[2034]

신라	至十一月四日 班師 至舌[一作后]利停 論功行賞有差 大赦 製衣裳 給留鎭唐軍 (『三 國史記』 6 新羅本紀 6)
신라	冬十一月 新羅王還師 至舌利停 大赦 論功行賞有差 遺冬衣于留鎭唐軍 (『三國史節要 』 10)[2035]
신라 백제	(龍朔三年癸亥) 士卒疲固猒[2036]兵 大王曰 今雖一城未下 而諸餘城保皆降 不可謂無 功 乃振旅而還 (『三國史記』 42 列傳 2 金庾信 中)[2037]
백제 신라	至是皆降 仁軌以赤心示之 俾取任存自效 卽給鎧仗糧糒 仁師曰 野心難信 若受甲濟 粟 資寇便也 仁軌曰 吾觀相如常之 忠而謀 因機立功 尙何疑 二人訖取其城 遲受信 委妻子 奔高句麗 餘黨悉平 仁師等振旅還 詔留仁軌統兵鎭守 兵火之餘 比屋凋殘 殭 屍如莽 仁軌始命瘞骸骨 籍戶口 理村聚 署官長 通道塗 立橋梁 補堤堰 復坡塘 課農 桑 賑貧乏 養孤老 立唐社稷 頒正朔及廟諱 民皆悅 各安其所 帝以扶餘隆爲熊津都督 俾歸國 平新羅古憾 招還遺人 (『三國史記』 28 百濟本紀 6)[2038]
백제 고구려	至是 帝遣使招諭 乃詣仁軌降 仁軌以赤心待之 俾取任存自效 卽給鎧仗粮糒 仁師曰 野心難信 若授甲濟粟 是資寇也 仁軌曰 吾觀常之相如二人 忠而有謀 可以因機立功 尙何疑哉 訖用其謀 取任存城 受信委妻子 奔高勾麗 餘黨悉平 (『三國史節要』 1 0)[2039]
백제 신라	孫仁師旣還 帝詔留仁軌統兵鎭守之 百濟兵火之餘 比屋凋殘 僵屍如莽 仁軌始命 瘞 骸骨 籍戶口 理村聚 署官長 通道塗 立橋梁 補堤堰 復陂塘 課農桑 賑貧乏 養孤老 立唐社稷 頒正朔及廟諱 民皆安堵 帝以扶餘隆爲熊津都督 俾還其國 令與新羅釋憾 (『 三國史節要』 10)[2040]
백제 고구려	至是 率其衆降 仁軌諭以恩信 令自領子弟以取任存城 又欲分兵助之 孫仁師曰 相如 等獸心難信 若授以甲仗 是資寇兵也 仁軌曰 吾觀相如常之 皆忠勇有謀 感恩之士 從

2030) 이 기사에는 연대 표기가 없으나, 『三國史記』 新羅本紀에 의거하여 文武王 3년(663) 10월21일로 편년 하였다. 본래는 文武王 3년(663) 5월에 太宗武烈王 7년(660) 9월28일~文武王 3년(663) 10월21일의 전쟁 과정을 일괄요약한 기사의 일부분이다.

2031) 帥 所類翻 尉 紆勿翻

2032) 이 기사에는 연대 표기가 없으나, 『三國史記』 新羅本紀에 의거하여 龍朔 3년(663) 10월21일로 편년하 였다. 본래는 龍朔 3년(663) 9월에 龍朔 2년(662) 7월 1일(戊子)~龍朔 3년(663)의 전쟁과정을 일괄요약한 기사의 일부분이다.

2033) 저본에는 '信'으로 되어 있으나, 내용상 '任'으로 수정해야 한다.

2034) 이 기사에는 연대 표기가 없으나, 『三國史記』 新羅本紀에 의거하여 龍朔 3년(663) 10월21일로 편년하 였다. 본래는 龍朔 3년(663) 9월에 龍朔 2년(662) 7월 1일(戊子)~龍朔 3년(663) 11월 4일의 전쟁과정을 일괄요약한 기사의 일부분이다.

2035) 이 기사에는 일자 표기가 없으나, 『三國史記』 新羅本紀에 의거하여 11월 4일로 편년하였다.

2036) 저본에는 '肰'로 되어 있으나, 내용상 '猒'으로 수정해야 한다.

2037) 이 기사에는 월일 표기가 없으나, 『三國史記』 新羅本紀에 의거하여 11월 4일로 편년하였다.

2038) 이 기사에는 연대 표기가 없으나, 『三國史記』 新羅本紀에 의거하여 文武王 3년(663) 11월 4일로 편년 하였다.

2039) 이 기사에는 연대 표기가 없으나, 『三國史記』 新羅本紀에 의거하여 文武王 3년(663) 11월 4일로 편년 하였다. 본래는 文武王 3년(663) 11월에 太宗武烈王 7년(660)~神文王 9년(689)의 黑齒常之 관련기록과 전쟁과정을 요약한 기사의 일부분이다.

2040) 이 기사에는 월일 표기가 없으나, 『三國史記』 新羅本紀에 의거하여 文武王 3년(663) 11월 4일로 편년 하였다.

我則成 背我必滅 因機立効 在於玆日 不須疑也 於是給其糧仗 分兵隨之 遂拔任存城
遲受信棄其妻子走投高麗 於是 百濟之餘燼悉平 孫仁師與劉仁願振旅而還 詔留仁軌
勒兵鎭守

初 百濟經福信之亂 合境凋殘 殭屍相屬 仁軌始令收斂骸骨 瘞埋弔祭之 修錄戶口 署
置官長 開通塗路 整理村落 建立橋梁 補葺堤堰 修復陂塘 勸課耕種 賑貸貧乏 存問
孤老 頒宗廟忌諱 立皇家社稷 百濟餘衆 各安其業 於是 漸營屯田 積糧撫士 以經略
高麗 仁願旣至京師 上謂曰 卿在海東 前後奏請 皆合事宜 而雅有文理 卿本武將 何
得然也 對曰 劉仁軌之詞 非臣所及也 上深歎賞之 因超加仁軌六階 正授帶方州刺史
幷賜京城宅一區 厚賚其妻子 遣使降璽書勞勉之

仁軌 又上表曰 臣蒙陛下曲垂天奬 棄瑕錄用 授之刺擧 又加連率 材輕職重 憂責更深
常思報効 冀酬萬一 智力淺短 淹滯無成 久在海外 每從征役 軍旅之事 實有所聞 具
狀封奏 伏願詳察 臣看見在兵募 手脚沉重者多 勇健奮發者少 兼有老弱 衣服單寒 唯
望西歸 無心展効 臣聞 往在海西 見百姓人人投募 爭欲征行 乃有不用官物 請自辦衣
糧 投名義征 何因今日募兵 如此儜弱 皆報臣云 今日官府 與往日不同 人心又別 貞
觀永徽年中 東西征役 身死王事者 並蒙敕使弔祭 追贈官職 亦有迴亡者官爵與其子弟
從顯慶五年以後 征役身死 更不借問 往前渡遼海者 旣得一轉勳官 從顯慶五年以後
頻經渡海 不被記錄 州縣發遣兵募 人身少壯 家有錢財 叄逐官府者 東西藏避 並卽得
脫 無錢叄逐者 雖是老弱 推背卽來 顯慶五年 破百濟勳 及向平壤苦戰勳 當時軍將號
令 並言與高官重賞 百方購募 無種不道 泊到西岸 唯聞枷鎖推禁 奪賜破勳 州縣追呼
求住不得 公私困弊 不可言盡 發海西之日 已有自害逃走 非獨海外始逃 又爲征役 蒙
授勳級 將爲榮寵 頻年征役 唯取勳官 牽挽辛苦 與白丁無別 百姓不願征行 特由於此
陛下再興兵馬 平定百濟 留兵鎭守 經略高麗 百姓有如此議論 若爲成就功業 臣聞琴
瑟不調 改而更張 布政施化 隨時取適 自非重賞明罰 何以成功 臣又問 見在兵募 舊
留鎭五年 尙得支濟 爾等始經一年 何因如此單露 並報臣道 發家來日 唯遣作一年裝
束 自從離家 巳經二年 在朝陽甕津 又遣來去運糧 涉海遭風 多有漂失 臣勘責見在兵
募 衣裳單露 不堪度冬者 給大軍還日所留衣裳 且得一冬充事 來年秋後 更無準擬

陛下若欲殄滅高麗 不可棄百濟土地 餘豐在北 餘勇在南 百濟高麗 舊相黨援 倭人雖
遠 亦相影響 若無兵馬 還成一國 旣須鎭壓 又置屯田 事藉兵士 同心同德 兵士旣有
此議 不可膠柱因循 須還其渡海官勳及平百濟向平壤功効 除此之外 更相褒賞 明敕慰
勞 以起兵募之心 若依今日以前布置 臣恐師老且疲 無所成就

臣又見晉代平吳 史籍具載 內有武帝張華 外有羊祜杜預 籌謀策畫 經緯諮詢 王濬之
徒 折衝萬里 樓船戰艦 已到石頭 賈充王渾之輩 猶欲斬張華 以謝天下 武帝報云 平
吳之計 出自朕意 張華同朕見耳 非其本心 是非不同 乖亂如此 平吳之後 猶欲苦繩王
濬 賴武帝擁護 始得保全 不逢武帝聖明 王濬不存首領 臣每讀其書 未嘗不撫心長歎
伏惟陛下旣得百濟 欲取高麗 須外內同心 上下齊奮 擧無遺策 始可成功 百姓旣有此
議 更宜改調 臣恐是逆耳之事 無人爲陛下盡言 自顧老病日侵 殘生詎幾 奄忽長逝 銜
恨九泉 所以披露肝膽 昧死聞奏

上深納其言 又遣劉仁願率兵渡海 與舊鎭兵交代 仍授扶餘隆熊津都督 遣以招輯其餘
衆 扶餘勇者 扶餘隆之弟也 是時走在倭國 以爲扶餘豐之應 故仁軌表言之

於是 仁軌浮海西還 初 仁軌將發帶方州 謂人曰 天將富貴此翁耳 於州司請曆日一卷
幷七廟諱 人怪其故 答曰 擬削平遼海 頒示國家正朔 使夷俗遵奉焉 至是 皆如其言 (『
舊唐書』 84 列傳 34 劉仁軌)[2041]

2041) 이 기사에는 연대 표기가 없으나, 『三國史記』新羅本紀에 의거하여 龍朔 3년(663) 11월 4일로 편년하
였다.

백제 신라　　孫仁師與劉仁願等振旅而還　詔劉仁軌代仁願率兵鎭守　乃授扶餘隆熊津都督　遣還本國 共新羅和親　以招輯其餘衆 (『舊唐書』 199上 列傳 149上 東夷 百濟)[2042]

백제 고구려 신라

　　　　　　至是皆降　仁軌以赤心示之　畀取任存自效　卽給鎧仗糧糒　仁師曰　夷狄野心難信　若受 甲濟粟　資寇便也　仁軌曰　吾觀相如常之忠而謀　因機立功　尙何疑　二人訖拔其城　遲受 信委妻子奔高麗　百濟餘黨悉平　仁師等振旅還　詔留仁軌統兵鎭守

　　　　　　百濟再被亂　殭屍如莽　仁軌始命　瘞埋弔祭焉　葺復戶版　署官吏　開道路　營聚落　復防 堰　賑貧乏　勸課耕種　爲立官社　民皆安其所　遂營屯田　以經略高麗

　　　　　　仁願至京師　帝勞曰　若本武將　軍中奏請　皆有文理　何道而然　對曰　仁軌之辭　非臣所 能　帝歎賞之　超進仁軌六階　眞拜帶方州刺史　賜第一區　厚賚妻子　璽書褒勉

　　　　　　先是　貞觀永徽中　士戰歿者　皆詔使弔祭　或以贈官推授子弟　顯慶後　討伐恩賞殆絶　及 破百濟平壤　有功者皆不甄敍　州縣購募　不願行　身壯家富者　以財叅逐　率得避免　所募 皆傭劣寒憊　無鬪志　仁軌具論其弊　請加慰賚　以鼓士心　又表用扶餘隆　使綏定餘衆　帝 乃以隆爲熊津都督

　　　　　　時　劉仁願爲卑列道總管　詔率兵度海　使代舊屯　與仁軌俱還　仁軌曰　上巡狩方岳　又經 略高麗　方農時　而吏與兵悉被代　新至者未習　萬一蠻夷生變　誰與捍之　不如留舊兵畢 穫　等級遣還　仁軌當留　未可去　仁願不可曰　吾但知準詔耳　仁軌曰　不然　苟利國家　知 無不爲　臣之節也　因陳便宜　願留屯　詔可　由是以仁願爲不忠

　　　　　　始　仁軌任帶方州　謂人曰　天將富貴此翁邪　乃請所頒曆及宗廟諱　或問其故　答曰　當削 平遼海　頒示本朝正朔　卒皆如言 (『新唐書』 108 列傳 33 劉仁軌)[2043]

백제 신라　　仁願勒軍還　留仁軌代守　帝以扶餘隆爲熊津都督　俾歸國　平新羅故憾　招還遺人 (『新唐 書』 220 列傳 145 東夷 百濟)[2044]

백제 고구려　百濟旣敗　皆帥其衆降　劉仁軌使常之相如　自將其衆　取任存城　仍以糧仗助之　孫仁師 曰　此屬獸心　何可信也　仁軌曰　吾觀二人皆忠勇有謀　敦信重義　但曩者所託　未得其人 今正是其感激立效之時　不用疑也　遂給其糧仗　分兵隨之　攻拔任存城　遲受信棄妻子 奔高麗　詔劉仁軌將兵鎭百濟　召孫仁師劉仁願還

　　　　　　百濟兵火之餘　比屋彫殘[2045]　僵尸滿野　仁軌始命瘞骸骨　籍戶口　理村聚　署官長　通道 塗　立橋梁　補隄堰　復陂塘　課耕桑　賑貧乏　養孤老　立唐社稷　頒正朔及廟諱[2046]　百濟 大悅闔境　各安其業　然後脩屯田　儲糧糧　訓士卒　以圖高麗[2047]

　　　　　　劉仁願至京師　上問之曰　卿在海東　前後奏事　皆合機宜　復有文理[2048]　卿本武人　何能 如是　仁願曰　此皆劉仁軌所爲　非臣所及也　上悅　加仁軌六階[2049]　正除帶方州刺史　爲 築第長安　厚賜其妻子　遣使齎璽書勞勉之[2050]　上官儀曰　仁軌遭黜削而能盡忠[2051]　仁 願秉節制而能推賢　皆可謂君子矣 (『資治通鑑』 201 唐紀 17 高宗 中之上)[2052]

───────────────────

2042) 이 기사에는 연대 표기가 없으나, 『三國史記』 新羅本紀에 의거하여 龍朔 3년(663) 11월 4일로 편년하 였다.
2043) 이 기사에는 연대 표기가 없으나, 『三國史記』 新羅本紀에 의거하여 龍朔 3년(663) 11월 4일로 편년하 였다.
2044) 이 기사에는 연대 표기가 없으나, 『三國史記』 新羅本紀에 의거하여 龍朔 3년(663) 11월 4일로 편년하 였다.
2045) 比 毗必翻 又毗至翻
2046) 卒如仁軌之志 所謂有志者事竟成也 僵 居良翻 瘞 於計翻 長 知兩翻 賑 津忍翻
2047) 糧 去九翻
2048) 復 扶又翻
2049) 勳有級 官有階
2050) 爲 于僞翻 使 疏吏翻 勞 力到翻
2051) 黜削 謂白衣從軍自效也
2052) 이 기사에는 연대 표기가 없으나, 『三國史記』 新羅本紀에 의거하여 龍朔 3년(663) 11월 4일로 편년하 였다. 본래는 龍朔 3년(663) 9월에 龍朔 2년(662) 7월 1일(戊子)～龍朔 3년(663) 11월 4일의 전쟁과정을

백제	(通鑑) (…) 仁軌使黑齒常之沙咤相如 攻任存城拔之 遲受信棄妻子 奔高麗 詔留劉仁軌將兵 鎭百濟 召孫仁師劉仁願還
	百濟兵火之餘 比屋彫殘 僵尸滿野 仁軌始命瘞骸骨 籍戶口 理村聚 置官長 通道塗 立橋梁 補隄堰 復陂塘 課耕桑 賑貧乏 養孤老 立唐社稷 頒正朔及廟諱 百濟大悅闔境 各安其業2053) (『玉海』191 兵捷露布 3 唐熊津道行軍摠管破百濟)2054)
백제 고구려	臣蒙陛下曲垂天奬 棄瑕錄用 授之刺擧 又加連帥 材輕職重 憂責更深 嘗思報效 冀酬萬一 智力淺短 淹滯無成 久在海外 每從征役 軍旅之事 實有所聞 輒具狀封奏 伏乞詳察 臣今觀見在兵士 手脚沈重者多 勇健奮發者少 兼有老弱 衣服單寒 唯望西歸 無心展效 臣因往問海西 見百姓人人投募 爭欲征行 乃有不用官物 請自辦衣糧 投名義征 何因今日兵士 如此儜弱 皆報臣云 今日官府 與往日不同 人心亦別 貞觀永徽年中 東西征役 身死王事 竝蒙敕使弔祭 追贈官職 亦有廻亡者官爵與其子弟 從顯慶五年以後 征役身死 更不惜問 往前度遼海者 卽得一轉勳官 從顯慶五年以後 頻經渡海 不被紀錄 州縣發遣百姓充兵者 其身少壯 家有錢財 賂與官府 任自東西藏避 卽竝得脫 無錢用者 雖是老弱 推皆令來 顯慶五年破百濟勳 及向平壤北口戰勳 當時將士號令 竝與高官重賞 百方購募 無種不道 洎到西岸 唯聞枷鎖推禁 奪賜破勳 州縣追呼 求住不得 公私困弊 不可言盡 發海西之日 已有自害逃走 非獨海外始逃 又本爲征役 蒙授勳級 將爲榮寵 頻年征役 唯取勳官 牽挽辛苦 與白丁無別 百姓不願征行 特繇於此 陛下再興兵馬 平定百濟 留兵海外 經略高麗 百姓有此議論 難爲成就功業 臣聞琴瑟不調 改而更張 布政施化 隨時取適 自非重賞明罰 何以成功 臣又問見在兵士 舊留鎭五年 尚得支濟 爾等始經一年 何因如此單露 竝報臣道 發家來日 唯遣作一年裝束 自從離家 已經二年 在朝陽瓮津 又遣來去運糧 涉海遭風 多有漂失 臣勘責見在兵士衣裳 單露不堪度冬者 大軍還日所留衣裳 且得一冬充事 來年秋後 竝無準擬
	陛下若欲殄滅高麗 不可棄百濟土地 餘豐在北 餘勇在南 百濟高麗舊相黨援 倭人雖遠 亦相影響 若無兵馬 還成一國 旣須鎭壓 又置屯田 事藉兵士同心同德 兵士旣有此議 不可膠柱因循 須還其渡海官勳 及平百濟向平壤功效 除此之外 更須褒賞 明勅慰勞 以起兵士之心 若依今日已前處置 臣恐師老且疲 無所成就
	臣又見晉代平吳 史籍具載 內有武帝張華 外有羊祜杜預 籌謀策畫 經緯諮詢 王濬之徒 折衝萬里 樓船戰艦 已到石頭 賈充王渾之輩 猶欲斬張華以謝天下 武帝報云 平吳之計 出自朕意 張華同朕見耳 非其本心 是非不同 乖背如此 平吳之後 猶欲苦繩王濬 賴武帝擁護 始得保全 不逢武帝聖明 王濬不存首領 臣每讀其書 未嘗不撫心長嘆 伏惟陛下旣得百濟 欲取高麗 須內外同心 上下齊奮 擧無遺策 始可成功 百姓旣有此議 更宜改調 臣恐是逆耳之事 無人爲陛下進言 自顧老病日侵 殘生能幾 奄忽長逝 銜恨九泉 所以披露肝膽 昧死奏陳 (『全唐文』158 劉仁軌 陳破百濟軍事表)2055)
신라	冬十一月二十日 至京 賜庾信田五百結 其餘將卒賞賜有差 (『三國史記』42 列傳 2 金庾信 中)
신라	(冬十一月) 至其國 賜庾信田五百結 (『三國史節要』10)2056)

일괄요약한 기사의 일부분이다.

2053) 金石錄 有百濟班師碑 麟德元年 馬大斌撰

2054) 이 기사에는 연대 표기가 없으나, 『三國史記』 新羅本紀에 의거하여 龍朔 3년(663) 11월 4일로 편년하였다. 본래는 龍朔 3년(663) 9월에 龍朔 2년(662) 7월 1일(戊子)~龍朔 3년(663) 11월 4일의 전쟁과정을 일괄요약한 기사의 일부분이다.

2055) 이 기사에는 연대 표기가 없으나, 『舊唐書』 劉仁軌傳에 의거하여 龍朔 3년(663) 11월 4일로 편년하였다.

2056) 이 기사에는 일자 표기가 없으나, 『三國史記』 新羅本紀에 의거하여 11월20일로 편년하였다.

백제 고구려		(冬十一月) 初 蘇定方討平百濟 達率兼風達郡將黑齒常之 以所部降 定方囚義慈 縱兵大掠 常之懼 與左右十餘人遯去 嘯合逋亡 依任存山自固 不旬日 歸者三萬 定方遣兵攻之 常之拒戰敗之 遂復二百餘城 定方不能克 常之與別部沙吒相如據險 以應福信[2057]

至是 帝遣使招諭 乃詣仁軌降 仁軌以赤心待之 俾取任存自效 卽給鎧仗粮糒 仁師曰 野心難信 若授甲濟粟 是資寇也 仁軌曰 吾觀常之相如二人 忠而有謀 可以因機立功 尙何疑哉 訖用其謀 取任存城 受信委妻子 奔高勾麗 餘黨悉平[2058]

常之 百濟西部人 長七尺餘 驍毅有謀略 入唐爲左領軍員外將軍洋州刺史[2059] 累從征伐積功 授爵賞殊等 久之 爲燕然道大摠管 與李多祚等 擊突厥破之 左監門衛中郎將寶璧 欲窮追邀功 詔與常之共討 寶璧獨進 爲虜所覆 擧軍沒 寶璧下吏誅 常之坐無功 會 周興等誣其與鷹揚將軍趙懷節叛 捕繫詔獄 投繯死 常之御下有恩 所乘馬爲士所箠 或請罪之 答曰 何遽以私馬鞭官兵乎 前後賞賜 分麾下無留貲 及死 人皆哀其枉[2060] (『三國史節要』10)[2061]

신라	船府 (⋯) 卿二人 文武王三年置 (『三國史記』38 雜志 7 職官 上)
신라	新羅置船府卿二人 (『三國史節要』10)

백제	龍朔三年 高宗遣使招諭之 常之盡率其衆降 累轉左領軍員外將軍 (『舊唐書』109 列傳 59 黑齒常之)
백제	(唐高宗)龍朔三年 百濟西部人黑齒甞[2062]之來降 常之長七尺餘 驍勇有謀畧 (『册府元龜』997 外臣部 42 狀貌)
백제	龍朔中 高宗遣使招諭 乃詣劉仁軌降 入唐爲左領軍員外將軍徉[2063]州刺史 (『三國史記』44 列傳 4 黑齒常之)[2064]
백제	龍朔中 高宗遣使招諭 乃詣劉仁軌降 累遷左領軍員外將軍洋州刺史 (『新唐書』110 列傳 35 諸夷蕃將 黑齒常之)[2065]
백제	常之 百濟西部人 長七尺餘 驍毅有謀略 入唐爲左領軍員外將軍洋州刺史 累從征伐積功 授爵賞殊等 久之 爲燕然道大摠管 與李多祚等 擊突厥破之 左監門衛中郎將寶璧 欲窮追邀功 詔與常之共討 寶璧獨進 爲虜所覆 擧軍沒 寶璧下吏誅 常之坐無功 會 周興等誣其與鷹揚將軍趙懷節叛 捕繫詔獄 投繯死 常之御下有恩 所乘馬爲士所箠 或請罪之 答曰 何遽以私馬鞭官兵乎 前後賞賜 分麾下無留貲 及死 人皆哀其枉 (『三國史節要』10)[2066]

고구려	龍朔三年 高宗將伐高麗 君球上疏諫曰 臣聞 心之病者 不能緩聲 事之急者 不能安言

2057) 이 앞부분은 『舊唐書』黑齒常之傳에 太宗武烈王 7년(660)으로 되어 있다.
2058) 이 앞부분은 『三國史記』新羅本紀에 文武王 3년(663) 10월21일로 되어 있다.
2059) 이 앞부분은 『舊唐書』黑齒常之傳에 文武王 3년(663)으로 되어 있다.
2060) 이 앞부분은 『舊唐書』黑齒常之傳에 神文王 7년(687)~9년(689)으로 되어 있다.
2061) 다른 동일기사들이 太宗武烈王 7년(660), 文武王 3년(663) 11월 4일, 文武王 3년(663), 神文王 7년(687)~9년(689) 등에 분산되어 있으므로, 이 기사는 文武王 3년(663) 11월에 太宗武烈王 7년(660)~神文王 9년(689)의 黑齒常之 관련기록과 전쟁과정을 요약한 것으로 보인다. 따라서 해당 부분에도 이중배치하였다.
2062) 저본에는 '甞'으로 되어 있으나, 내용상 '常'으로 수정해야 한다.
2063) 저본에는 '徉'으로 되어 있으나, 『新唐書』黑齒常之傳에 의거하여 '洋'으로 수정해야 한다.
2064) 이 기사에는 연대 표기가 없으나, 『舊唐書』黑齒常之傳 등에 의거하여 龍朔 3년(663)으로 편년하였다.
2065) 이 기사에는 연대 표기가 없으나, 『舊唐書』黑齒常之傳 등에 의거하여 龍朔 3년(663)으로 편년하였다.
2066) 이 기사에는 연대 표기가 없으나, 『舊唐書』黑齒常之傳 등에 의거하여 龍朔 3년(663)으로 편년하였다. 본래는 文武王 3년(663) 11월에 太宗武烈王 7년(660)~神文王 9년(689)의 黑齒常之 관련기록과 전쟁과정을 요약한 기사의 일부분이다.

性之慈者 不能隱情 且食君之祿者 死君之事 今臣食陛下之祿矣 其敢愛身乎 臣聞 司馬法曰 國雖大 好戰必亡 天下雖安 忘戰必危 兵者凶器 戰者危事 故聖主明王重行之也 愛人力之盡 恐府庫之殫 懼社稷之危 生中國之患 故古人云 務廣德者昌 務廣地者亡 昔秦始皇好戰不已 至于失國 是不愛其內而務其外故也 漢武遠討朔方 殆乎萬里 廣拓南海 分爲八郡 終於戶口減半 國用空虛 至於末年 方垂哀痛之詔 自悔其失 彼高麗者 辟側小醜 潛藏山海之間 得其人不足以彰聖化 棄其地不足以損天威 何至乎疲中國之人 傾府庫之實 使男子不得耕耘 女子不得蠶織 陛下爲人父母 不垂惻隱之心 傾其有限之貲 貪於無用之地 設令高麗既滅 卽不得不發兵鎮守 少發則兵威不足 多發則人心不安 是乃疲於轉戍 萬姓無聊生也 萬姓無聊 卽天下敗矣 天下既敗 陛下何以自安 故臣以爲征之不如不征 滅之不如不滅 書奏不納 (『舊唐書』 185上 列傳 135上 良吏 上 李君球)[2067]

고구려   臣聞 心之痛[一作病]者 不能緩聲 事之急者 不能安言 性之忠[一作慈]者 不能隱情 且食君之祿者 死君之事 今臣食陛下之祿矣 其敢愛身乎 臣聞 司馬法曰 國雖大 好戰必亡 天下雖平[一作安] 忘戰必危 兵者凶器 戰者危事 故聖主明王重行之也 憂人力之盡 恐府庫之殫 懼社稷之危 生中國之患 故古人云 務廣德者昌 務廣地者亡 昔秦始皇好戰不已 至乎[一作于]失國 是不愛其內而務其外故也 漢武遠討朔方 殆乎萬里 廣拓南海 分爲八郡 終於戶口減半 國用空虛 至於末年 方垂哀痛之詔 自悔其失 彼高麗者 遐荒[一作僻側]小醜 潛藏山海之間 得其人不足以彰聖化 棄其地不足以損天威 何至乎疲中國之人 傾府庫之實 使男子不得耕耘 女子不得蠶織 陛下爲人父母 不垂惻隱之心 傾府庫[二字一作其]有限之貲 貪其[一作於]無用之地 設令高麗既滅 卽不得不發兵鎮守 少發則兵威不足 多發則人心不安 是乃疲於轉戍 萬姓無聊生也 萬姓怨[怨一作無聊]則天下敗矣 天下既敗 陛下何以自安 故臣以爲征之不如不征 滅之不如不滅 (『文苑英華』 694 疏 1 封建 李君球 諫高宗將伐高麗疏)[2068]

고구려   臣聞 心之痛者 不能緩聲 事之急者 不能安言 性之忠者 不能隱情 且食君之祿者 死君之事 今臣食陛下之祿矣 其敢愛身乎 臣聞 司馬法曰 國雖大 好戰必亡 天下雖平 忘戰必危 兵者凶器 戰者危事 故聖主明王重行之也 憂人力之盡 恐府庫之殫 懼社稷之危 生中國之患 故古人云 務廣德者昌 務廣地者亡 昔秦始皇好戰不已 至於失國 是不愛其內而務其外故也 漢武遠討朔方 殆乎萬里 廣拓南海 分爲八郡 終於戶口減半 國用空虛 至於末年 方垂哀痛之詔 自悔其失 彼高麗者 遐荒小醜 潛藏山海之間 得其人不足以彰聖化 棄其地不足以損天威 何至乎疲中國之人 傾府庫之實 使男子不得耕耘 女子不得蠶織 陛下爲人父母 不垂惻隱之心 傾府庫有限之貲 貪其無用之地 設令高麗既滅 卽不得不發兵鎮守 少發則兵威不足 多發則人心不安 是乃疲於轉戍 萬姓無聊生也 萬姓怨則天下敗矣 天下既敗 陛下何以自安 故臣以爲征之不如不征 滅之不如不滅 (『全唐文』 159 李君球 諫高宗將伐高麗疏)[2069]

백제 고구려 신라

龍朔三年 爲帶方州刺史 與熊津道行軍總管右威衛將軍孫仁師熊津都督劉仁願 大破百濟餘衆及賊於白江 拔其周留城[2070] 百濟僞王扶餘豊走投高麗[2071]

初 仁願與仁軌 既拔百濟之眞峴城[2072] 詔仁師率兵渡海 以爲之援[2073] 扶餘豊 南引

2067) 『唐會要』에는 龍朔元年(661) 4월16일, 『三國史記』·『三國史節要』에는 龍朔元年(661) 4월로 되어 있다.
2068) 이 기사에는 연대 표기가 없으나, 『舊唐書』 列傳에 의거하여 龍朔 3년(663)으로 편년하였다.
2069) 이 기사에는 연대 표기가 없으나, 『舊唐書』 列傳에 의거하여 龍朔 3년(663)으로 편년하였다.
2070) 이 앞부분은 『新唐書』 本紀 등에 文武王 3년(663) 9월 8일(戊午)로 되어 있다.
2071) 이 앞부분은 『日本書紀』에 文武王 3년(663) 8월28일(己酉)로 되어 있다.
2072) 이 앞부분은 『資治通鑑』에 文武王 2년(662) 7월30일(丁巳)로 되어 있다.
2073) 이 앞부분은 『新唐書』 本紀에 文武王 2년(662) 7월 1일(戊子)로 되어 있다.

倭賊 以拒官軍[2074] 仁師迎擊破之 遂與仁願之衆相合 兵士大振[2075] 於是 諸將會議
或曰 加林城水陸之衝 請先擊之 仁軌曰 加林險固 急攻則傷損將士 固守則曰用持久
不如先攻周留城 周留賊之巢穴 羣兇所聚 除惡務本 須拔其源 若克周留城 則諸城自
下[2076] 於是 帥仁願及新羅金法敏 帥陸軍以進 仁軌乃別率杜爽扶餘隆 率水軍及糧船
自熊津江往白江 以會陸軍 同趨周留城 仁軌遇倭兵於白江之口 四戰皆捷 焚其舟四百
艘 煙焔漲天 淮水皆赤[2077] 豊脫身而走 獲其寶劍[2078] 僞王子扶餘忠志等率士女及倭
衆並降 百濟諸城 皆復歸順[2079] (『册府元龜』 366 將帥部 27 機略 6 劉仁軌)[2080]

고구러　龍朔三年 從英公破遼 授上杜國 (「張仁楚 墓誌銘」:『全唐文新編』995)
동이　卅一 復爲東臺侍郎 獻封禪書 平東夷策 以事復出爲簡州刺史 (「薛震 墓誌銘」:『全唐
文新編』220;『全唐文補遺』1;『唐代墓誌滙篇續集』)[2081]

고구려　又唐龍朔中 有事遼左行軍 薛仁貴行至隋主討遼古地 乃見山像空曠蕭條絶於行往 問
古老云 是先代所現便圖 寫來京師[具在若圅] (『三國遺事』 3 塔像 4 遼東城育王
塔)[2082]

백제　龍朔年中 授公熊津道惣管 公昔從幕府 早廁戎行 覽兵法於軒轅 受陰陽於呂望 三門
五壘 得破敵之奇謀 大艦雲梯 惣行軍之妙法 故得戰無全陣 野靡堅城 揻金將躍馬暫
臨 衙壁與牽羊相繼 豈惟秋方息亂 遥聞定遠之名 春谷投心 避憑[疑作想]度遼之策 若
斯而已矣 及三軍獻捷 諸將論功 余嘉乃勳 作鎭炎野 授公廣州都督 改封平原公 (『王
子安集』16 常州刺史平原郡開國公行狀) (『文苑英華』971 行狀 1 王勃 常州刺史平
原郡開國公行狀)[2083]

백제　龍朔年中 授公熊津道總管 公昔從幕府 早廁戎行 覽兵法於軒轅 受陰陽於呂望 三門
五壘 得破敵之奇謀 火艦雲梯 總行軍之妙法 故得戰無全陣 野靡堅城 揻金將躍馬暫
臨 衙壁與牽羊相繼 豈惟秋方息亂 遙聞定遠之名 春谷投心 避想度遼之策 若斯而已
矣 及三軍獻捷 諸將論功 帝嘉乃勳 作鎭炎野 授公廣州都督 改封平原公 (『全唐文』1
85 王勃 9 常州刺史平原郡開國公行狀)[2084]

백제　盖聞 龍躍天衢 必藉風雲之力 聖人膺運 亦待將帥之功 方邵△△△△周 衛霍馳節於
強漢 其能繼△歌詠者 惟在劉將軍乎 君名仁願 字士元 雕陰大斌人也 △土開家 △△
建旆於東國 分茅錫讓 王孫杖節於北疆 三楚盛其衣簪 六郡稱其軒冕 分枝布葉可略而

2074) 이 앞부분은 『日本書紀』에 文武王 3년(663) 6월로 되어 있다.
2075) 이 앞부분은 『三國史記』金庾信傳에 文武王 3년(663) 7월17일로 되어 있다.
2076) 이 앞부분은 『日本書紀』에 文武王 3년(663) 8월13일(甲午)로 되어 있다.
2077) 이 앞부분은 『新唐書』 本紀 등에 文武王 3년(663) 9월 8일(戊午)로 되어 있다.
2078) 이 앞부분은 『日本書紀』에 文武王 3년(663) 8월28일(己酉)로 되어 있다.
2079) 이 앞부분은 『日本書紀』에 文武王 3년(663) 9월 7일(丁巳)로 되어 있다.
2080) 다른 동일기사들이 龍朔 3년(663) 9월 8일(戊午), 8월28일(己酉), 2년(662) 7월30일(丁巳), 7월 1일(戊
子), 龍朔 3년(663) 6월, 7월17일, 8월13일(甲午), 9월 8일(戊午), 8월28일(己酉), 9월 7일(丁巳) 등에 분산
되어 있으므로, 이 기사는 龍朔 3년(663)에 龍朔 2년(662) 7월 1일(戊子)~龍朔 3년(663) 9월 8일(戊午)의
전쟁과정을 요약한 것으로 보인다. 따라서 해당 부분에도 이중배치하였다.
2081) 이 기사에는 연대 표기가 없으나, 薛震은 623년에 출생하여 663년에 41세였다. 그에 따라 龍朔 3년
(663)으로 편년하였다.
2082) 이 기사에는 연대 표기가 없으나, ‘龍朔中’에 의거하여 661~663년으로 기간편년하고 마지막해인 663
년에 배치하였다.
2083) 이 기사에는 연대 표기가 없으나, ‘龍朔中’에 의거하여 661~663년으로 기간편년하고 마지막해인 663
년에 배치하였다.
2084) 이 기사에는 연대 표기가 없으나, ‘龍朔中’에 의거하여 661~663년으로 기간편년하고 마지막해인 663
년에 배치하였다.

言 高祖△△ 散騎常侍寧遠將軍徐州大中正彭城穆公 屬魏室不綱 尒朱陵虐 東京淪喪 △△西遷 陪奉鑾輿 徙居關內 尋除鎮北大將軍持節都督河北諸軍事綏州刺史 因官食封 仍代居之△ △鼓△之△ △北州之望 曾祖平 鎮北大將軍朔方郡守綏州刺史上開府儀同三司 襲爵彭城郡開國公 祖懿 周驃騎大將軍儀同三司 隨使持節綏州諸軍事綏州摠管△州刺史雕△郡開國公 父大俱 皇朝使持節曰綏二州摠管十四州諸軍事綏州刺史 尋遷都督 左武衛將軍 右驍衛大將軍 勝夏二州道行軍摠管 冠軍大將軍 鎮北大將軍 上柱國 別封彭城郡開國公 竝桂馥蘭芬 金貞玉潤 名高大樹 譽滿詞林 珪璋閥閱 見於斯矣

君稟度河基 資靈嶽瀆 牆宇凝峻 孝敬日躋 命偶昌期 達時遇主 欽明啓運 光宅普天 太宗文皇帝 乃聖乃神乃文乃武 併呑六合 席卷八荒 博訪群材 用康大寶 英髦特達 幽顯必臻 君以地蔭膏腴 門承勳業 令聞之譽 僉議攸歸 起家爲弘文館學生 △進右親衛 △△△△△△△ 旅力又健 膽氣過人 嘗從出遊 手格猛獸 太宗深歎異之 特加賞賜 卽降恩詔 入仗內供奉 貞觀十九年 太宗親馭六軍 省方遼碣 千乘雷動 萬騎雲屯 △△ △△△△畢集 而高麗賊臣蓋蘇文 獨生携貳 鳩聚亡命 招納姦回 囚其君長 擧兵稱亂 △率蟻衆 敢抗王師 皇赫斯怒 龔行弔伐 兵鋒所到 若破△△ △其遼東盖牟△△△△十城 駐△△△新城安地等三△ 虜其大將延壽惠眞 俘其甲卒一十六萬 君身預戎旃 手奉羈靮 前茅後殿 每陣先登 摧强陷堅 同於拉朽 戰勝攻取 △△△△ △賜物 乘馬一疋△△ △△△△△弓二張 大箭三百隻 竝是供奉御仗 特加褒異 遼東行還 累前後戰功 超拜上柱國 別封黎陽縣開國公 擢授右武衛鳳鳴府左果毅都尉 壓領飛騎於北門長上 十一年 任行軍子摠管 隨英國公李勣 經略延陀 竝迎接車鼻 安撫九姓鐵勒 行還 改授右△衛郎將 依舊△△供奉 廿二年 又任子摠管 向遼東經略 以公事除名 其年 更授右武衛神通府左果毅都尉 廿三年 太宗宮車晏駕 宗廟社稷 不可一日無△ 儲皇諒闇 纂戎△△ 周邦雖舊 厥政惟新 凡百庶寮 勉修其職 君以沐浴聖智材明 被用未踰朞月 又蒙今上 駈使 永徽二年 更入鐵勒撫慰 行隨△ 勅簡折衝果毅 强明堪統領者 隨機處分 君受△ 經略 頻度遼東 五年 授蔥山道行軍子摠管 隨盧國公程知節 討△賀魯 行還 從行洛陽 顯慶元年 遷左驍衛郎將 二年 應詔擧文武高第 △進三階 後入鐵勒安撫 四年 入吐谷渾及吐藩宣勞 五年 授嵎夷道行軍子摠管 隨邢國公蘇定方 平破百濟 執其王扶餘義慈 竝太子隆及佐平△率以下七百餘人 自外首領古魯都△奉武△扶餘生受延尒普羅等 竝見機而作 立功歸順 或入移絳闕 或入△△△ 合境遺黎 安堵如舊 設官分職 各有司存 卽以君爲都護兼知留鎭 新羅王金春秋 亦遣少子金泰 同城固守 雖夷夏有殊 長幼懸隔 君綏和接待 恩若弟兄 功業克就 盖由於△ 然昔周武平殷 商奄續叛 漢定西域 疏勒被圍 餘風未殄久懷 草竊蠻貊之俗 易動難安 況北方逋寇 元來未附 旣見雕戈 東邁錦纜 西浮妖孽 洙張 仍圖反逆 卽有僞僧道琛僞扞率鬼室福信 出自閭巷 爲其魁首 招集狂狡 堡據任存 蜂屯蝟起 彌山滿谷 假名盜位 竝△將軍 隳城破邑 漸入中部 堙井刊木 壞宅焚廬 所過殘滅 略無遺噍 凶威旣逞 人皆脅從 布柵連營 攻圍留連 雲梯俯瞰 地道旁通 擊石飛矢 星奔雨落 晝夜連戰 朝夕憑陵 自謂興亡繼絶 △△△△△△ 閑然高枕 不與爭鋒 堅甲利兵 以△其弊賊等 曠日持久 力竭氣衰 君乃陰行間諜 △其卒墮構 △△△ △釁待時 鑿門開穴 縱兵掩襲 (중간의 43자 판독 불가) 柵二城時屬窮冬△△ △△ (중략: 제22행부터 제32행까지 판독 전혀 불가능)
제33행: 제26·27자는 '二城'으로 판독
제34행: 제22자부터는 '害△牒新羅追兵前△△△△△△△△△乘
△△其'로 판독 (「唐劉仁願紀功碑」)[2085]

2085) 건립연대가 663년으로 추정된다.

삼한	以龍朔年中 攘袂三韓 揚彩九種 蒙授上騎都尉 (「安範 墓誌銘」:『全唐文補遺』7;『全唐文新編』994;『隋唐五代墓誌滙篇 陝西』3)2086)
고구려	往以龍朔年中 三韓霧起 孫泉竊號 據邦墼而挺妖 衛滿稱尊 怙鯨波而起祲 所以天王命將 飮馬遼川 大帝興威 楊兵海島 君斷龜餘象 擒蛟壯節 攀峻堞而先登 上龍城而甲首 所以杞梁殉命 聲傳烈士之篇 周處亡軀 名載忠臣之籍 是故勇不虛死 名不僑立 睿想旁流 皇情下慮 遂授殊勳上騎都尉 降須州縣 迴授子孫 故得令續無窮 功名不朽 (「董師 墓誌銘」:『全唐文新編』994)
고구려 조선	去龍朔年中 屬三韓作梗 憑陵鯷海之隅 九種孤恩 旅拒狼河之外 君乃負霜戈而報國 直下朝鮮 帶月羽以從軍 先摧玄菟 遂以謙自牧 不論大樹之功 怡道安神 追賞小山之志 (「張素 墓誌銘」:『全唐文新編』995)
백제	王事殉躬 龍朔年中 歿於馹貃 魂歸里第 (「苗質 墓誌銘」:『大唐西市博物館藏墓誌』)
고구려	龍朔初 (…) 時高麗餘孼 作梗遼川 詔徵舟師 濟自黃腄 丘君以公有深謀遠算 遂要在中權 同郗超之入幕 類田疇之出塞 閱賞酬庸 拜上柱國 軍罷 勅授昭武校尉營州都督府瀘河鎭將 馬邑蕭條 龍山阻絶 肅恭王事 余病未能 (「王慶 墓誌銘」:『唐代墓誌滙篇』)
고구려 백제	投名占募 討彼凫夷 航海梯山 策名韓貃 展忠誠於日陣 所向莫當 竭力效於雲兵 人罔之敵 遂蒙高策 授上騎都尉 (「張德 墓誌銘」:『唐代墓誌滙篇』;『全唐文補遺』5;『全唐文新編』993)2087)

664(甲子/신라 문무왕 4/고구려 보장왕 23/唐 麟德 1/倭 天智 3)

신라	春正月 金庾信請老 不允 賜几杖 (『三國史記』6 新羅本紀 6)
신라	春正月 新羅金庾信請老 不允 賜几杖 (『三國史節要』10)
신라	(春正月) 以阿湌軍官爲漢山州都督 (『三國史記』6 新羅本紀 6)
신라	(春正月) 新羅以阿湌軍官爲漢山州都督 (『三國史節要』10)
신라	(春正月) 下敎 婦人亦服中朝衣裳 (『三國史記』6 新羅本紀 6)
신라	(春正月) 新羅王下敎 婦人亦服中朝衣裳 自後 男女之服 並同中國 (『三國史節要』10)
신라	文武王在位四年 又革婦人之服 自此已後 衣冠同於中國 (『三國史記』33 雜志 2 色服)2088)
신라	二月 命有司徙民於諸王陵園 各二十戶 (『三國史記』6 新羅本紀 6)
신라	二月 新羅王命有司 徙民守諸王陵園 各二十戶 (『三國史節要』10)
신라 백제	(二月) 角干金仁問伊湌天存與唐勅使劉仁願百濟扶餘隆 同盟于熊津2089) (『三國史記』6 新羅本紀 6)
신라 백제	(二月) 新羅角干金仁問伊湌天存與唐勅使劉仁願百濟夫餘隆 同盟于熊津 (『三國史節要』10)

2086) 이 기사는 龍朔 연간(661~663)이므로, 해당 시기로 기간편년하고 마지막해인 663년에 배치하였다.

2087) 이 기사에는 연대 표기가 없으나, 張德이 사망하는 668년 이전에는 고구려 공격이 645~662년, 백제 공격이 660~663년에 이루어졌다. 그에 따라 645~663년으로 기간편년하고 마지막해인 663년에 배치하였다.

2088) 본 기사에는 月이 나오지 않지만, 『삼국사기』 신라본기에 춘정월로 나온다. 따라서 춘정월로 편년하고 편제하였다.

2089) 저본의 律은 津이 옳다.

| 신라 | 백제 | 至麟德元年 復降嚴勑 責不盟誓 卽遣人於熊嶺築壇 共相盟會 仍於盟處 遂爲兩界 盟
會之事 雖非所願 不敢違勑 (『三國史記』7 新羅本紀 7)2090) |

| 신라 | 백제 | 麟德元年 復降嚴勑 責不盟誓 卽遣人於熊嶺築壇 共相盟會 仍於盟處 遂爲兩界 盟會
之事 雖非所願 不敢違勑 (『三國史節要』10)2091) |

신라	三月 百濟殘衆 據泗沘山城叛 熊州2092)都督發兵 攻破之 (『三國史記』6 新羅本紀 6)
신라	麟德元年甲子三2093)月 百濟餘衆又聚泗沘城反叛 熊州都督發所管兵士攻之 累日霧塞 不辨人物 是故不能戰 使伯山來告之 庾信授之陰謀以克之 (『三國史記』43 列傳 3 金庾信 下)
신라	三月 百濟餘衆又聚泗沘城反 熊津都督發所管兵 攻克之 (『三國史節要』10)

| 신라 | (三月) 地震 (『三國史記』6 新羅本紀 6) |
| 신라 | (三月) 新羅地震 (『三國史節要』10) |

| 신라 | (三月) 遣星川丘日等二十八人 於府城學唐樂 (『三國史記』6 新羅本紀 6) |
| 신라 | (三月) 新羅遣星川丘日等三十八人 於熊津府城學唐樂 (『三國史節要』10) |

| 백제 | 三月 以百濟王善光王等 居于難波 (『日本書紀』27 天智紀) |

| 백제 | 海外國記曰 天智天皇三年四月 大唐客來朝 大使朝散大夫上柱國郭務悰等卅人百濟佐
平禰軍等百餘人 到對馬島 遣大山中采女通信侶僧智辨等 來喚客於別館 於是智辨問
曰 有表書幷獻物以不 使人答曰 有將軍牒書一函幷獻物 乃授牒書一函於智辨等而奉
上 但獻物撿看而不將也 (『善隣国宝記』上 海外國記) |

| 백제 | 夏五月戊申朔甲子 百濟鎭將劉仁願 遣朝散大夫郭務悰等 進表函與獻物 (『日本書紀』
27 天智紀) |

| 신라 | 고구려 | 秋七月 王命將軍仁問品日軍官文穎等 率一善漢山二州兵與府城兵馬 攻高句麗突沙城
滅之 (『三國史記』6 新羅本紀 6) |
| 신라 | 고구려 | 秋七月 新羅王命將軍仁問品日軍官文穎等 率一善漢山二州兵與府城兵 攻高勾麗突沙
城 克之 (『三國史節要』10) |

| 신라 | 八月十四日 地震 壞民屋 南方尤甚 (『三國史記』6 新羅本紀 6) |
| 신라 | 八月 新羅地震 壞民屋 南方尤甚 (『三國史節要』10)2094) |

| 신라 | (八月十四日) 禁人擅以財貨田地施佛寺 (『三國史記』6 新羅本紀 6) |
| 신라 | (八月) 新羅禁人擅施貨財土田于佛寺 (『三國史節要』10)2095) |

2090) 본 기사는 『三國史記』7 新羅本紀 7 문무왕 11년 가을 7월 26일 '大王報書云'에 보인다. 이 내용은
麟德 2년 8월 1일에 있었던 취리산 동맹 이전에 행한 동맹으로, 『삼국사기』신라본기에 따라 2월에 편제
하였다.
2091) 본 기사는 『三國史記』7 新羅本紀 7 문무왕 11년 가을 7월 26일 '大王報書云'에 보인다. 이 내용은
麟德 2년 8월 1일에 있었던 취리산 동맹 이전에 행한 동맹으로, 『삼국사기』新羅本紀에 따라 2월에 편제
하였다.
2092) 저본에는 州로 되어 있으나, 津이 옳다.
2093) 저본에는 '甲子三'이 결각되어 있다.
2094) 본 기사에는 月이 나오지 않지만, 『삼국사기』신라본기에 8월 14일로 나온다. 따라서 8월 14일에 편년
하고 편제하였다.

백제	九月 大山中津守連吉祥大乙中伊岐史博德僧智辨等 稱筑紫大宰辭[實是勅旨]告客等 今見客等來狀者 非是天子使人 百濟鎭將私使 亦復所賚文牒 送上執事私辭 是以使人 不得入國 書亦不上朝廷 故客等自事者 略以言辭奏上耳 (『善隣国宝記』上 海外國記)
백제	冬十月乙亥朔 宣發遣郭務悰等勅 是日中臣內臣遣沙門智祥 賜物於郭務悰 (『日本書紀』27 天智紀)
백제	(冬十月)戊寅 饗賜郭務悰等 (『日本書紀』27 天智紀)
신라 백제 고구려	冬十月庚辰 檢校熊津都督劉仁軌上言[2096] 臣伏覩所存戍兵 疲羸者多 勇健者少[2097] 衣服貧敝 唯思西歸 無心展效 臣問以往在海西 見百姓人人應募 爭欲從軍 或請自辦 衣糧 謂之義征 何爲今日士卒如此 咸言 今日官府與曩時不同 人心亦殊 曩時東西征 役 身沒王事 並蒙敕使弔祭[2098] 追贈官爵 或以死者官爵回授子弟 凡渡遼海者 皆賜 勳一轉 自顯慶五年以來 征人屢經渡海 官不記錄 其死者亦無人誰何[2099] 州縣每發百 姓爲兵 其壯而富者 行錢叅逐 皆亡匿得免[2100] 貧者身雖老弱 被發卽行 頃者破百濟 及平壤苦戰[2101] 當時將帥號令 許以勳賞 無所不至 及達西岸 惟聞枷鎖推禁 奪賜破 勳 州縣追呼 無以自存 公私困弊 不可悉言 以是昨發海西之日 已有逃亡自殘者 非獨 至海外而然也 又本因征役勳級以爲榮寵 而比年出征 皆使勳官挽引[2102] 勞苦與白丁 無殊 百姓不願從軍 率皆由此 臣又問 曩日士卒留鎭五年 尚得支濟 今爾等始經一年 何爲如此單露 咸言 初發家日 惟令備一年資裝 今已二年 未有還期 臣檢校軍士所留 衣 今冬僅可充事 來秋以往 全無準擬 陛下留兵海外 欲殄滅高麗 百濟高麗舊相黨援 倭人雖遠 亦共爲影響 若無鎭兵 還成一國 今旣資戍守 又置屯田 所藉士卒同心同德 而衆有此議 何望成功 自非有所更張 厚加慰勞[2103] 明賞重罰 以起士心 若止如今日 以前處置 恐師衆疲老 立效無日 逆耳之事 或無人爲陛下盡言[2104] 故臣披露肝膽 昧 死奏陳 上深納其言 遣右威衛將軍劉仁願 將兵渡海以代舊鎭之兵[2105] 仍敕仁軌俱還 仁軌謂仁願曰 國家懸軍海外 欲以經略高麗 其事非易[2106] 今收穫未畢 而軍吏與士卒 一時代去 軍將又歸[2107] 夷人新服 衆心未安 必將生變 不如且留舊兵 漸令收穫 辦具 資糧 節級遣還[2108] 軍將且留鎭撫 未可還也 仁願曰 吾前還海西 大遭讒謗云 吾多留 兵衆 謀據海東 幾不免禍[2109] 今日唯知准敕[2110] 豈敢擅有所爲 仁軌曰 人臣苟利於

2095) 본 기사에는 月이 나오지 않지만,『삼국사기』신라본기에 8월 14일로 나온다. 따라서 8월 14일에 편년 하고 편제하였다.
2096) 上 時掌翻
2097) 羸 倫爲翻 少 詩沼翻
2098) 使 疏吏翻
2099) 誰何 問也 問其爲誰 緣何而死也
2100) 謂州縣官發人爲兵 其吏卒之叅陪隨逐者 富民行錢與之 相爲掩蔽 得以亡匿 按元和四年 御史臺奏 比來常 叅官入光範門及中書省 所將叅從人數頗多 叅從 猶叅逐也
2101) 破 百濟 見上卷 顯慶五年 平壤苦戰見龍朔二年 被 皮義翻
2102) 比 毗至翻 挽引 謂挽引舟車
2103) 董仲舒曰 琴瑟不調 必改而更張之 更 工衡翻 勞 力到翻
2104) 處 昌呂翻 爲 于僞翻
2105) 將 卽亮翻
2106) 易 以鼓翻
2107) 將 卽亮翻 下軍將同
2108) 節級 猶今人言節次也
2109) 幾 居希翻
2110) 准 與準同 本朝寇準 爲相省吏避其名 凡文書準字皆去十 後遂因而不改

國　知無不爲　豈恤其私　乃上表陳便宜[2111)]　自請留鎭海東　上從之　仍以扶餘隆爲熊津都尉[2112)]　使招輯其餘衆 (『資治通鑑』 201 唐紀 17 高宗)

신라 백제 고구려

　　至麟德元年　仁軌上表曰　臣蒙陛下曲垂　天奬棄瑕錄用　授之刺擧　又加連帥　材輕職重憂責更深　嘗思報效　冀讎萬一　智力淺短　淹滯無成　久在海外　每從征役　軍旅之事　實有所聞　輒具狀奏　伏乞詳察　臣今觀見在兵士　手脚沉重者多　勇健奮發者小　兼有老弱衣服單寒　唯望西歸　無心展効　臣因往問海西　見百姓人人投募　爭欲征行　乃有不用官物　請自辦衣糧　投名義征　何因今日兵士　如此儜弱　女耕切困也　弱皆報臣云　今日官府與往日不同　人心亦別　貞觀永徽年中　東西征役　身死王事　並蒙勅使弔祭　追贈官職　亦有廻亡者　官爵與其子弟　從顯慶五年以後　征役身死　更不惜問　徃前度遼海者　卽得一轉勳官　從顯慶五年以後　頻經渡海　不被紀錄　州縣發遣百姓充兵者　其身少壯　家有錢財　賂與官府　任自東西藏避　卽並得脫　無錢用者　雖是老弱　推皆令來　顯慶五年　破百濟勳及向平壤北口戰勳　當時將士號令　並與高官重賞　百方購募　無種不道　亦到西岸　唯開枷鏁推禁　奪賜破勳　州縣追呼　求住不得　公私困弊　不可盡言　發海西之日　已有自害逃走　非獨海外始逃　又本爲征役　蒙授勳級　將爲榮寵　頻年征役　唯取勳官　牽挽辛苦　與白丁無別　百姓不願征行　特緣於此　陛下再興兵馬　平定百濟　雷兵海外　經略高麗　百姓有此議論　難爲成就功業　臣聞　琴瑟不調　改而更張　布政施化　隨時取適　自非重賞明罰　何以成功　臣又聞　見在兵士舊　雷鎭五年　尙得支濟　爾等　始經一年　何因如此單露並報臣道　發家來日　唯遣作一年裝束　自從離家　已經二年　在朝陽瓮津　又遣來去運糧涉海遭風　多有漂失　臣勘責　見在兵士　衣裳單露　不堪度冬者　大軍還日　所雷衣裳　且得一冬充事　來年秋後　並無准擬　陛下若欲殄滅高麗　不可棄百濟土地　餘豊在北　餘勇在南　百濟高麗　舊相黨援　倭人雖遠　亦明影響　若無兵馬　還成一國　旣須鎭壓　又置屯田　事籍兵士　同心同德　兵士旣有此議　不可得成功効　除此之外　更須褒賞　明勅慰勞以起兵士之心　若依今日已前處置　臣恐師老且疲　無所成就　臣又見晉伐平吳　史籍具載內有武帝張華　外有羊祜杜預　籌謀策畫　經緯諮詢　王濬之徒　折衝萬里　樓船戰艦　已到石頭　賈充王渾之輩　猶欲斬張華　以謝天下　武帝云　平吳之計　出自朕意　張華同朕見耳非其本心　是非不同　乖背如此　平吳之後　猶欲苦繩　王濬賴武帝擁護　始得保全　不逢武帝聖明　王濬不存首領　臣每讀其書　未嘗不撫心長嘆　伏惟陛下　自旣得百濟已亡　欲取高麗　須內外同心　上下齊奮　擧無遺策　始可成功　百姓旣有此議　更宜改調　臣恐是逆耳之事　無人爲陛下盡言　自顧老病日侵　殘生能幾　奄忽是近　唧恨九泉　所以披露肝膽　昧死奏陳　帝深納其言　遣右威衛將軍劉仁願率兵渡海與舊鎭兵交代　仍授扶餘隆熊津都督遣歸本國　共新羅和親　以招集其衆之　扶餘勇者　扶餘豊之弟也　時走在倭國　以扶餘豊之應　故仁軌表言之 (『冊府元龜』 366 將帥部 27 機略 6 劉仁軌)[2113)]

신라 백제 고구려

　　仁軌又上表曰　臣蒙陛下曲垂天奬　棄瑕錄用　授之刺擧　又加連率　材輕職重　憂責更深常思報効　冀酬萬一　智力淺短　淹滯無成　久在海外　每從征役　軍旅之事　實有所聞　具狀封奏　伏願詳察　臣看見在兵募　手脚沉重者多　勇健奮發者少　兼有老弱　衣服單寒　唯望西歸　心展効　臣聞　往在海西　見百姓人人投募　爭欲征行　乃有不用官物　請自辦衣糧投名義征　何因今日募兵　如此儜弱　皆報臣云　今日官府　與往日不同　人心又別　貞觀永徽年中　東西征役　身死王事者　並蒙敕使弔祭　追贈官職　亦有廻亡者官爵與其子弟　從

2111)　上　時掌翻
2112)　考異曰　實錄作熊津都督　按時劉仁軌檢校熊津都督　豈可復以隆爲之　明年　實錄稱熊津都尉扶餘隆與金法敏盟　今從之
2113)　본 기사에는 月·日이 나오지 않지만, 『資治通鑑』에 檢校熊津都督 劉仁軌가 上表한 것이 10월 6일로 나온다. 따라서 10월 6일에 편년하고 편제하였다.

顯慶五年以後　征役身死　更不借問　往前渡遼海者　旣得一轉勳官　從顯慶五年以後　頻
經渡海　不被記錄　州縣發遣兵募　人身少壯　家有錢財　叄逐官府者　東西藏避　並卽脫
無錢叄逐者　雖是老弱　推背卽來　顯慶五年　破百濟勳及向平壤苦戰勳　當時軍將號令
並言與高官重賞　百方購募　無種不道　泊到西岸　唯聞枷鎖推禁　奪賜破勳　州縣追呼　求
住不得　公私困弊　不可言盡　發海西之日　已有自害逃走　非獨海外始逃　又爲征役　蒙授
勳級　將爲榮寵　頻年征役　唯取勳官　牽挽辛苦　與白丁無別　百姓不願征行　特由於此
陛下再興兵馬　平定百濟　留兵鎭守　經略高麗　百姓有如此議論　若爲成就功業　臣聞琴
瑟不調　改而更張　布政施化　隨時取適　自非重賞明罰　何以成功　臣又問　見在兵募　舊
留鎭五年　尚得支濟　爾等始經一年　何因如此單露　並報臣道　發家來日　唯遣作一年裝
束　自從離家　巳經二年　在朝陽甕津　又遣來去運糧　涉海遭風　多有漂失　臣勘責見在兵
募　衣裳單露　不堪度冬者　給大軍還日所留衣裳　且得一冬充事　來年秋後　更無準擬　陛
下若欲殄滅高麗　不可棄百濟土地　餘豊在北　餘勇在南　百濟高麗　舊相黨援　倭人雖遠
亦相影響　若無兵馬　還成一國　旣須鎭壓　又置屯田　事藉兵士　同心同德　兵士旣有此議
不可膠柱因循　須還其渡海官勳及平百濟向平壤功効　除此之外　更相褒賞　明敕慰勞　以
起兵募之心　若依今日以前布置　臣恐師老且疲　無所成就　臣又見晉代平吳　史籍具載
內有武帝張華　外有羊祜杜預　籌謀策畫　經緯諮詢　王濬之徒　折衝萬里　樓船戰艦　已到
石頭　賈充王渾之輩　猶欲斬張華以謝天下　武帝報云　平吳之計　出自朕意　張華同朕見
耳　非其本心　是非不同　乖亂如此　平吳之後　猶欲苦繩王濬　賴武帝擁護　始得保全　不
逢武帝聖明　王濬不存首領　臣每讀其書　未嘗不撫心長歎　伏惟陛下旣得百濟　欲取高麗
須外內同心　上下齊奮　擧無遺策　始可成功　百姓旣有此議　更宜改調　臣恐是逆耳之事
無人爲陛下盡言　自顧老病日侵　殘生能幾　奄忽長逝　銜恨九泉　所以披露肝膽　昧死聞
奏　上深納其言　又遣劉仁願率兵渡海　與舊鎭兵交代　仍授扶餘隆熊津都督　遣以招輯其
餘衆　扶餘勇者　扶餘隆之弟也　是時走在倭國　以爲扶餘豊之應　故仁軌表言之　於是仁
軌浮海西還　／　初仁軌將發帶方州　謂人曰　天將富貴此翁耳　於州司請曆日一卷　幷七廟
諱　人怪其故　答曰　擬削平遼海　頒示國家正朔　使夷俗遵奉焉　至是皆如其言（『舊唐書』
84 列傳 34 劉仁軌）[2114]

신라 백제 고구려

又表用扶餘隆　使綏定餘衆　帝乃以隆爲熊津都督　時劉仁願爲卑列道總管　詔率兵度海
使代舊屯　與仁軌俱還　仁軌曰　上巡狩方岳　又經略高麗　方農時　而吏與兵悉被代　新至
者未習　萬一蠻夷生變　誰與捍之　不如留舊兵畢穫　等級遣還　仁軌當留　未可去　仁願不
可曰　吾但知準詔耳　仁軌曰　不然　苟利國家　知無不爲　臣之節也　因陳便宜　願留屯　詔
可　由是以仁軌爲不忠　始　仁軌任帶方州　謂人曰　天將富貴此翁邪　乃請所頒曆及宗廟
諱　或問其故　答曰　當削平遼海　頒示本朝正朔　卒皆如言（『新唐書』108 列傳 33 劉
仁軌）

신라 백제 고구려

臣蒙陛下曲垂天奬　棄瑕錄用　授之刺擧　又加連帥　材輕職重　憂責更深　嘗思報效　冀酬
萬一　智力淺短　淹滯無成　久在海外　每從征役　軍旅之事　實有所聞　輒具狀封奏　伏乞
詳察　臣今覩見在兵士　手脚沈重者多　勇健奮發者少　兼有老弱　衣服單寒　唯望西歸　無
心展效　臣因往問海西　見百姓人人投募　争欲征行　乃有不用官物　請自辦衣糧　投名義
征　何因今日兵士　如此儜弱　皆報臣云　今日官府　與往日不同　人心亦別　貞觀永徽年中
東西征役　身死王事　垃蒙敕使弔祭　追贈官職　亦有廻亡者　官爵與其子弟　從顯慶五年
以後　征役身死　更不惜問　往前度遼海者　卽得一轉勳官　從顯慶五年以後　頻經渡海　不

2114) 본 기사에는 年·月·日이 나오지 않지만,『資治通鑑』에 檢校熊津都督 劉仁軌가 上表한 것이 '麟德元年
冬十月 庚辰'으로 나온다. 따라서 664년 10월 6일로 편년하고 편제하였다.

232　한국고대사 관련 동아시아 사료의 연대기적 집성 · 원문 (중)

被紀錄 州縣發遣百姓充兵者 其身少壯 家有錢財 賂與官府 任自東西藏避 卽竝得脫
無錢用者 雖是老弱 推皆令來 顯慶五年破百濟勳 及向平壤北口戰勳 當時將士號令
竝與高官重賞 百方購募 無種不道 洎到西岸 唯聞枷鎖推禁 奪賜破勳 州縣追呼 求住
不得 公私困弊 不可言盡 發海西之日 已有自害逃走 非獨海外始逃 又本爲征役 蒙授
勳級 將爲榮寵 頻年征役 唯取勳官 牽挽辛苦 與白丁無別 百姓不願征行 特緣於此
陛下再興兵馬 平定百濟 留兵海外 經略高麗 百姓有此議論 難爲成就功業 臣聞琴瑟
不調 改而更張 布政施化 隨時取適 自非重賞明罰 何以成功 臣又問見在兵士 舊留鎭
五年 尙得支濟 爾等始經一年 何因如此單露 竝報臣道 發家來日 唯遣作一年裝束 自
從離家 已經二年 在朝陽瓮津 又遣來去運糧 涉海遭風 多有漂失 臣勘責見在兵士衣
裳單露不堪度冬者 大軍還日所留衣裳 且得一冬充事 來年秋後 竝無準擬 陛下若欲殄
滅高麗 不可棄百濟土地 餘豐在北 餘勇在南 百濟高麗舊相黨援 倭人雖遠 亦相影響
若無兵馬 還成一國 旣須鎭壓 又置屯田 事藉兵士同心同德 兵士旣有此議 不可膠柱
因循 須還其渡海官勳 及平百濟向平壤功效 除此之外 更須褒賞 明勅慰勞 以起兵士
之心 若依今日已前處置 臣恐師老且疲 無所成就 臣又見晉代平吳 史籍具載 內有武
帝張華 外有羊祜杜預 籌謀策畫 經緯諮詢 王濬之徒 折衝萬里 樓船戰艦 已到石頭
賈充王渾之輩 猶欲斬張華以謝天下 武帝報云 平吳之計 出自朕意 張華同朕見耳 非
其本心 是非不同 乖背如此 平吳之後 猶欲苦繩王濬 賴武帝擁護 始得保全 不逢武帝
聖明 王濬不存首領 臣每讀其書 未嘗不撫心長嘆 伏惟陛下旣得百濟 欲取高麗 須內
外同心 上下齊奮 擧無遺策 始可成功 百姓旣有此議 更宜改調 臣恐是逆耳之事 無人
爲陛下進言 自顧老病日侵 殘生能幾 奄忽長逝 銜恨九泉 所以披露肝膽 昧死奏陳
(『全唐文』158 劉仁軌 陳破百濟軍事表)

고구려   (冬十月)是月 高麗大臣蓋金終於其國[2115] 遣言於兒等曰 汝等兄弟 和如魚水 勿爭爵
       位 若不知是 必爲隣笑 (『日本書紀』27 天智紀)
고구려   (天智天皇)三年十月 (『類聚國史』93 殊俗部 高麗)

백제   十二月甲戌朔乙酉 郭務悰等罷歸 (『日本書紀』27 天智紀)

백제   十二月 博德 授客等牒書一函 函上著鎭西將軍 日本鎭西筑紫大將軍 牒在百濟國大唐
       行軍摠管 使人朝散大夫郭務悰等至 披覽來牒 尋省意趣 旣非天子使 又無天子書 唯
       是摠管使 乃爲執事牒 牒是私意 唯湏口奏 人非公使 不令入京 云々 (후략) (『善隣国
       宝記』上 海外國記)

백제   麟德初 以人望授折衝都尉 鎭熊津城 大爲士衆所悅 (「黑齒常之墓誌銘」)[2116]

백제 고구려 麟德元年 釋褐補帶方州錄事 俄轉進禮州司馬 途分韓俗 境接燕垂 隱隱兎城 煙烽晝
       警 滔滔狼水 火艦宵浮 盛簡賢才 寄深戎旅 君以雄略 來膺妙選 授熊津軍子總管 加
       朝議郎上柱國行建州邵武縣令 (「靳晑 墓誌銘」:『全唐文補遺』3)

665(乙丑/신라 문무왕 5/고구려 보장왕 24/唐 麟德 2/倭 天智 4)

2115) 『삼국사기』고구려본기에는 보장왕 25년(666) 개금, 즉 蓋蘇文이 죽고 장자 男生이 莫離支가 되었다고
  했으며, 『舊唐書』등 중국 사서에도 乾封 원년(666) 6월 임인에 고려의 막리지 개소문이 죽었다고 하였다.
  한편 천남생묘지명에는 남생이 32살에 막리지가 되었다고 한다. 이 때는 보장왕 24년인 665년이다.
2116) 麟德初는 664~665년이다. 흑치상지가 折衝都尉를 제수받고 부여융과 함께 웅진성으로 돌아가 진수한
  것은 664년이며 665년에 흑치상지는 부여융과 함께 당으로 돌아갔다. 따라서 664년 말에 기사를 배치하
  였다.

신라	春二月 中侍文訓致仕 以伊湌眞福爲中侍 (『三國史記』6 新羅本紀 6)
신라	春二月 新羅中侍文訓致仕 以伊湌福眞代之 (『三國史節要』10)

신라	(春二月) 伊湌文王卒 以王子禮葬之 唐皇帝遣使來弔 兼進贈紫衣一襲腰帶一條彩綾羅 一百匹絹二百匹 王贈唐使者金帛尤厚 (『三國史記』6 新羅本紀 6)
신라	(春二月) 伊湌文汪卒 以禮葬之 帝遣梁冬碧任智高等來弔 兼贈紫衣一襲腰帶一條彩綾 羅一百匹絹二百匹 兼冊庾信奉常正卿平壤郡開國公 食邑二千戶 王贈唐使者金帛優厚 (『三國史節要』10)
신리	麟德二年 高宗遣使梁冬碧任智高等來聘 兼冊庾信奉常正卿卞壤郡開國公食邑二千戶 (『三國史記』43 列傳 3 金庾信 下)[2117]

백제	(春二月)是月 勘校百濟國官位階級 仍以佐平福信之功 授鬼室集斯小錦下[其本位達率] 復以百濟百姓男女四百餘人 居于近江國神前郡 (『日本書紀』27 天智紀)

백제	(三月)是月 給神前郡百濟人田 (『日本書紀』27 天智紀)

신라	(七月) 上命熊津都尉扶餘隆與新羅王法敏釋去舊怨[2118] (『資治通鑑』201 唐紀 17 高 宗)

신라 백제	新羅別記云 文虎[2119]王即位五年乙丑秋八月庚子 王親統大兵 幸熊津城 會假王扶餘 隆作壇 刑白馬而盟 先祀天神及山川之靈 然後歃血爲文而盟曰 往者百濟先王迷於逆 順 不敢[2120]隣好 不睦親姻 結托句麗 交通倭國 共爲殘暴 侵削新羅 破邑屠城 略無 寧歲 天子憫一物之失所 憐百姓之被毒 頻命行人 諭其和好 負險恃遠 侮慢天經 皇赫 斯怒 恭行弔伐 旌旗所指 一戎大定 固可潴宮汚[2121]宅 作誡来裔 塞源拔本 垂訓後昆 懷柔伐叛 先王之令典 興亡繼絶 往哲之通規 事心[2122]師古 傳諸曩冊 故立前百濟王 司農[2123]正卿扶餘隆爲熊津都督 守其祭祀 保其桑梓 依倚新羅 長爲與國 各除宿憾 結好和親 恭承[2124]詔命 永爲潘服 仍遣使人右威衛將軍魯城縣公劉仁願 親臨勸諭 具 宣成旨 約之以婚姻 申之以盟誓 刑牲歃血 共敦終始 分災(巛+太↕)恤患 恩若兄弟 祇 奉綸言 不敢墜失 既盟之後 共保歲寒 若有乖背 二三其德 興兵動衆 侵犯邊陲 神明 鑒之 百殃是降 子孫不育 社稷無宗 禋祀磨滅 罔有遺餘 故作金書鐵契 藏之宗廟 子 孫万代 無或敢犯 神之聽之 是享是福 歃訖埋弊[2125]帛於壇之壬地 藏盟文於大庙 盟 文乃帶方都督劉仁軌作[按上唐史之文 定方以義慈王及太子隆等送京師 今云會扶餘王 隆 則知唐帝宥隆而遣之 立爲熊津都督也 故盟文明言 以此爲驗] (『三國遺事』1 紀異 1 太宗春秋公)[2126]
신라 백제	秋八月庚子 新羅王與勅使劉仁願熊津都督扶餘隆同盟于熊津之就利山 其誓詞曰 往者 百濟先王迷於逆順 不敦鄰好 不睦親姻 結托高勾麗 交通倭國 共爲殘暴 侵削新羅 剝

2117) 본 기사에는 月이 보이지 않지만, 『三國史節要』에는 2월에 편제되어 있다. 따라서 2월로 편년하고 편
제하였다.

2118) 去 羌呂翻

2119) 고려 惠宗의 이름인 武를 避諱했다.

2120) 저본의 敢은 敦이 옳다.

2121) 저본의 汚는 汚가 옳다.

2122) 저본의 心은 必이 옳다.

2123) 저본의 農은 稼가 옳다.

2124) 저본의 承은 承이다.

2125) 저본의 弊는 幣가 옳다.

2126) 『資治通鑑』등에 취리산회맹이 이루어진 것은 8월13일(壬子)로 되어 있다.

邑屠城 略無寧歲 天子憫一物之失所 憐百姓之無辜 頻命行人 諭以和會 負險恃遠 侮
慢天經 皇赫斯怒 糞行弔伐 旌旗所指 一戎大定 固可潴宮汚宅 作誠來裔 扷本塞源
垂訓後昆 然懷柔伐叛 前王之令典 興亡繼絶 往哲之通規 事必師古 傳諸曩冊 故立前
百濟大司稼正卿扶餘隆爲熊津都督 守其祭祀 保其桑梓 依倚新羅 長爲與國 各除宿憾
結好和親 各承詔命 永爲藩服 仍遣使人右威衛將軍魯城縣公劉仁願 親臨勸諭 寔宣成
旨 約之以婚姻 申之以盟誓 刑牲歃血 共敦終始 分災恤患 恩若兄弟 祇奉綸音 不敢
失墜 旣盟之後 共保歲寒 若有背盟 二三其德 興兵動衆 侵犯邊陲 明神監之 百殃是
降 子孫不育 社稷無守 禋祀磨滅 罔有遺餘 故作金書鐵券 藏之宗廟 子孫萬代無敢違
犯 神之聽之 是饗是福 仁軌之辭 也 歃訖 埋牲幣於壇之壬地 藏其書於新羅宗廟 於是
仁軌領新羅使者及百濟耽羅倭人四國使 浮海西還 會祠泰山 隆畏衆携散 亦歸京師 後
儀鳳中 唐以隆熊津都督帶方郡王 遣歸國 安輯餘衆 仍移安東都護府於新城 以統之
隆畏新羅之强 不敢入舊國 寄治高句麗死

權近曰 百濟始祖 糸出扶餘 避地南來 建國稱王 子孫相繼 幾七百年 不可謂貽謀之不
善矣 及至季世 窮奢極欲 妄興功役 任情敗度 枉害忠良 又世仇隣國 縱兵侵軼 使境
內之民殆無寧歲 且不能禮事 中國以致勞師問罪 身被俘虜 遂使宗廟丘墟 亦可以爲永
世之戒矣 (『三國史節要』10)

신라 백제 秋八月 王與勅使劉仁願熊津都叔[2127]扶餘隆 盟于熊津就利山 初百濟 自扶餘璋與高
句麗連和 屢侵[2128]伐封場 我遣使入朝求救 相望于路 及蘇定方旣平百濟 軍廻 餘衆
又叛 王與鎭守使劉仁願劉仁軌等 經略數年 漸平之 高宗詔扶餘隆 歸撫餘衆 及令與
我和好 至是 刑白馬而盟 先祀神祇及**川谷之神** 而後歃血 其盟文曰 往者 百濟先王迷
於逆順 不敦鄰好 不睦親姻 結託高句麗 交通倭國 兵[2129]爲殘暴 侵削新羅 剽邑屠城
略無寧歲 天子憫一物之失所 憐百姓之無辜 頻命行人 遣其和好 負嶮恃遠 侮慢天經
皇赫斯怒 糞行弔伐 旌旗所指 一戎大定 固可潴宮狅[2130]宅 作誠來裔 塞源扷本 垂訓
後昆 然懷柔伐叛 前王之令典 興亡繼絶 往哲之通規 事必師古 傳諸曩冊 故立前百濟
大司稼正卿扶餘隆爲熊津都督 守其祭祀 保其桑梓 依倚新羅 長爲與國 各除宿憾 結
好和親 各承詔命 永爲藩服 仍遣使人右威衛將軍魯城縣公劉仁願 親臨勸誘 寔宣成旨
約之以婚姻 申之以盟誓 刑牲歃血 共敦終始 分災恤患 恩若弟兄 祇奉綸言 不敢失墜
旣盟之後 共保歲寒 若有背盟 二三其德 興兵動衆 侵犯邊陲 明神監之 百殃是降 子
孫不育 社稷無守 禋祀磨滅 罔有遺餘 故作金書鐵券 藏之宗廟 子孫萬代無敢違犯 神
之聽之 是饗是福 劉仁軌之辭也 歃訖 埋牲幣於壇之壬地 藏其書於我之宗廟 (『三國史
記』6 新羅本紀 6)[2131]

백제 신라 麟德二年 與新羅王會熊津城 刑白馬以盟 仁軌爲盟辭 乃作金書鐵契 藏新羅廟中 盟
辭見新羅紀中 仁願等還 隆畏衆携散 亦歸京師 (『三國史記』28 百濟本紀 6)[2132]

신라 백제 (至麟德元年) (…) 又於就利山築壇 對勅使劉仁願 歃血相盟 山河爲誓 畫界立封 永爲
疆[2133]界 百姓居住 各營産業 (『三國史記』7 新羅本紀 7)[2134]

신라 백제 (麟德元年) (…) 又於就利山築壇 對勅使劉仁願 歃血相盟 山河爲誓 畫界立封 永爲疆

2127) 저본의 叔은 督이 옳다.
2128) 저본은 오각되어 있으나, 侵이 옳다.
2129) 저본에는 兵으로 되어 있으나, 共이 옳다.
2130) 저본의 狅은 汙가 맞다.
2131) 이 기사에는 일자 표기가 없으나, 『三國遺事』 등에 의거하여 8월 1일(庚子)로 편년하였다.
2132) 『삼국사기』 백제본기 의자왕 20년조의 내용이다. 본 기사에는 月·日이 나오지 않지만, 『삼국유사』 태종
춘추공조와 『삼국사절요』에 8월1일로 나온다. 따라서 8월 1일로 편년하고 편제하였다.
2133) 저본에는 오각되어 있으나, 疆이 맞다.
2134) 본 기사의 내용은 『삼국사기』 신라본기 문무왕 11년 가을 7월 26일 '大王報書云'에 보인다. 본 기사에
는 年·月·日이 나오지 않지만, 『삼국유사』 태종춘추공조와 『삼국사절요』에 麟德 원년 8월1일로 나온다. 따
라서 인덕 원년 8월 1일로 편년하고 편제하였다. 따라서 665년 8월 1일로 편년하고 편제하였다.

界 百姓居住 各營産業 (…) (『三國史節要』 10)[2135]

신라 백제　八月壬子 同盟于熊津城 (『資治通鑑』 201 唐紀 17 高宗)[2136]

신라 백제　大唐麟德二年秋八月 勅使劉仁願 新羅王及百濟隆 盟于就利山[2137] 其文曰 維大唐麟
德二年歲次己丑八月庚子朔十三日壬子　鷄林州大都督左衛大將軍開府儀同三司柱國
新羅王金法敏 司稼正卿行熊津州都督扶餘隆等 敢昭告于皇天后土山谷神祇 往者百濟
先王 迷於逆順 不敦隣好 不睦親姻 結託高麗 交通倭國 共爲殘暴侵削 新羅剽邑屠城
略無寧歲 丁壯苦於征役 老弱疲於轉輸 脂膏潤於野草 僵屍遍於道路 天子憫一物之失
所憐百姓之無辜 頻命行人 遣其和好 負嶮恃遠 侮慢天經 皇赫斯怒 共行弔伐 旌旗所
指 若火燎原 電掃風驅 一戎大定 威積截於海外 聲敎被於殊方 固可瀦宮汚宅 作軒來
裔 塞源拔本 垂訓後昆 然懷柔伐叛 前王之令典 興亡繼絶 往哲之通規 事必師古 傳
諸曩冊 故授前百濟太子司稼正卿扶餘隆 爲熊津都督 守其祭祀 保其桑梓 依倚新羅
長爲與國 各除宿感 結好和新羅 恭承詔命 永爲藩服 仍遣使人右威衛將軍上柱國魯城
縣開國公劉仁願 親臨勸諭 具宣成旨 約之以婚姻 申之以盟誓 刑牲歃血 共敦終始 分
災恤患 恩若弟兄 奉綸言不敢失墜 旣盟之後 共保歲寒 若有棄信 不恒二三其德 興兵
動衆 侵犯邊陲 明神鑑之百殃 是降使其子孫不育 社稷無守 禋祀磨滅 罔有遺餘 故作
金書鐵契 藏之宗廟 子孫萬代 無或敢犯 神之聽之 是饗是福 (『天地瑞祥志』 20 盟誓)

신라 백제　麟德二年八月 隆到熊津城 與新羅王法敏刑白馬而盟 先祀神祇及川谷之神 而後歃血
其盟文曰 往者百濟先王 迷於逆順 不敦鄰好 不睦親姻 結託高麗 交通倭國 共爲殘暴
侵削新羅 破邑屠城 略無寧歲 天子憫一物之失所 憐百姓之無辜 頻命行人 遣其和好
負險恃遠 侮慢大經 皇赫斯怒 恭行弔伐 旌旗所指 一戎大定 固可瀦宮汚宅 作誡來裔
塞源拔本 垂訓後昆 然懷柔伐叛 前王之令典 興亡繼絶 往哲之通規 事必師古 傳諸曩
冊 故立前百濟太子司稼正卿 扶餘隆爲熊津都督 守其祭祀 保其桑梓 依倚新羅 長爲
與國 各除宿憾 結好和親 恭承詔命 永爲藩服 仍遣使人右威衛將軍魯城縣公劉仁願親
臨勸諭 具宣成旨 約之以婚姻 申之以盟誓 刑牲歃血 共敦終始 分災恤患 恩若弟兄
祇奉綸言 不敢失墜 旣盟之後 共保歲寒 若有棄信不恆 二三其德 興兵動衆 侵犯邊陲
明神鑒之 百殃是降 子孫不昌 社稷無守 禋祀磨滅 罔有遺餘 故作金書鐵契 藏之宗廟
子孫萬代 無或敢犯 神之聽之 是饗是福 劉仁軌之辭也 歃訖 埋幣帛於壇下之吉地 藏
其盟書於新羅之廟 仁願仁軌等旣還 隆懼新羅 尋歸京師 (『舊唐書』 199上 列傳 149
上 東夷 百濟)[2138]

신라 백제　(唐)高宗麟德二年八月 開府儀同三司新羅王金法敏熊津都尉扶餘隆 盟于百濟之熊津城
初百濟 自扶餘璋 與高麗連和 屢侵新羅之地 新羅使入朝 求救 相望於路 及蘇定方旣
平百濟 軍回 餘衆又叛 鎭守使劉仁軌仁願等 經畧數年 漸平之 詔扶餘隆歸撫餘衆 及
令與新羅和好 至是 刑白馬而盟 先祀神祇及川谷之神 而後歃血 其盟文曰 往者 百濟
先王 迷於順逆 不敦隣好 不睦親姻 結託 高麗 交通倭國 共爲殘暴 侵削新羅 剽邑屠
城 畧無寧歲 天子憫一物之失所 憐百姓之無辜 頻命行人 遣其和好 負險恃遠 侮慢天
經 皇赫斯怒 恭行弔伐 旌旗所指 一戎大定 固可瀦宮汚宅 作誡來裔 塞源拔本 垂訓
後昆 然懷柔伐叛 前王之令典 興亡繼絶 往哲之通規 事必師古 傳諸曩冊 故立前百濟
太子司稼正卿扶餘隆 爲熊津都督 守其祭祀 保其桑梓 依倚新羅 長爲與國 各除宿憾

2135) 본 기사의 내용은 『삼국사절요』 문무왕 11년 추7월 '王報書云'에 보인다. 본 기사에는 年·月·日이 나오
　　지 않지만, 『삼국유사』 태종춘추공조와 『삼국사절요』에 麟德 원년 8월1일로 나온다. 따라서 665년 8월 1
　　일로 편년하고 편제하였다.
2136) 『三國遺事』 등에 취리산회맹이 이루어진 것은 8월 1일(庚子)로 되어 있다.
2137) 山百濟地也 由盟改亂山 爲就利山 在只馬縣也
2138) 『天地瑞祥志』에 취리산회맹이 이루어진 것은 '維大唐麟德二年歲次己丑八月庚子朔十三日壬子'로 나온
　　다. 따라서 본문에서는 그 日이 보이지 않지만, 8월 13일로 편년하고 편제하였다.

結好和親 恭承詔命 永爲藩服 仍遣使人右威衛將軍魯城縣公劉仁願 親臨勸諭 具宣成
旨 約之以婚姻 申之以盟誓 刑牲歃血 共敦終始 分災恤患 恩若兄弟 祇奉綸言 不敢
失墜 旣盟之後 共保歲寒 若有背盟 二三其德 興兵動衆 侵犯邊陲 明神監之 百殃是
降 子孫不育 社稷無守 禋祀磨滅 罔有遺餘 故作金書鐵券 藏之宗廟 子孫萬代 無敢
違犯 神之聽之 是享是福 劉仁軌之辭也 軟訖 埋書牲幣於壇之壬地 藏其書於新羅之
廟 (『册府元龜』 981 外臣部 26 盟誓)[2139]

신라 백제   麟德二年八月 法敏與熊津都督扶餘隆盟于百濟之熊津城 其盟書藏于新羅之廟 (『唐會
要』 95 新羅)[2140]

신라 백제   麟德二年 與新羅王會熊津城 刑白馬以盟 仁軌爲盟辭曰 往百濟先王 岡顧逆順 不敦
鄰 不睦親 與高麗倭共侵削新羅 破邑屠城 天子憐百姓無辜 命行人脩好 先王負險恃
遠 侮慢弗恭 皇赫斯怒 是伐是夷 但興亡繼絶 王者通制 故立前太子隆爲熊津都督 守
其祭祀 附杖新羅 長爲與國 結好除怨 恭天子命 永爲藩服 右威衛將軍魯城縣公仁願
親臨厥盟 有貳其德 興兵動衆 明神監之 百殃是降 子孫不育 社稷無守 世世毋敢犯
乃作金書鐵契 藏新羅廟中 仁願等還 隆畏衆攜散 亦歸京師 (『新唐書』 220 列傳 145
東夷 百濟)[2141]

신라 백제   麟德二年 其王法敏與龍津都督夫餘隆 盟於百濟之熊津城 其盟書藏於百濟之廟 (『太平
寰宇記』 174 四夷 3 東夷 3 新羅國)[2142]

신라 백제   往者百濟先王 迷於順逆 不敦隣好 不睦親姻 結托高麗 交通倭國 共爲殘暴 侵削新羅
剽邑屠城 略無寧歲 天子憫一物之失所 憐百姓之無辜 頻命行人 遣其和好 負險恃遠
侮慢天經 皇赫斯怒 恭行弔伐 旌旗所指 一戎大定 固可瀦宮汚宅 作誠來裔 塞源拔本
垂訓後昆 然懷柔伐叛 前王之令典 興亡繼絶 往哲之通規 事必師古 傳諸曩册 故立前
百濟太子司稼正卿扶餘隆爲熊津都督 守其祭祀 保其桑梓 依倚新羅 長爲與國 各除宿
憾 結好和親 恭承詔命 永爲藩服 仍遣使人右威衛將軍魯城縣公劉仁願親臨勸諭 具宣
成旨 約之以婚姻 申之以盟誓 刑牲插血 共敦終始 分災恤患 恩若兄弟 祇奉綸言 不
敢失墜 旣盟之後 共保歲寒 若有背盟 二三其德 興兵動衆 侵犯邊陲 明神鑑之 百殃
是降 子孫不育 社稷無守 禋祀磨滅 罔有遺餘. 故作金書鉄券 藏之宗廟 子孫萬代 無
敢違犯 神之聽之 是享是福 (『全唐文』 158 劉仁軌 盟新羅百濟文)[2143]

신라 백제 탐라
          (八月壬子) 劉仁軌以新羅百濟耽羅倭國使者浮海西還[2144] 會祠泰山 (『資治通鑑』 201
          唐紀 17 高宗)

신라 백제 탐라
          (秋八月) 於是 仁軌領我使者及百濟躭羅倭人四國使 浮海西還 以會祠泰山 (『三國史
          記』 6 新羅本紀 6)[2145]

2139) 『天地瑞祥志』에 취리산회맹이 이루어진 것은 '維大唐麟德二年歲次己丑八月庚子朔十三日壬子'로 나온
다. 따라서 본문에서는 그 日이 보이지 않지만, 8월 13일로 편년하고 편제하였다.
2140) 본 기사에는 日이 나오지 않지만, 『삼국유사』 태종춘추공조와 『삼국사절요』에 8월1일로 나온다. 따라
서 8월 1일로 편년하고 편제하였다.
2141) 본 기사에는 月·日이 나오지 않지만, 『삼국유사』 태종춘추공조와 『삼국사절요』에 8월1일로 나온다. 따
라서 8월 1일로 편년하고 편제하였다.
2142) 본 기사에는 月·日이 나오지 않지만, 『삼국유사』 태종춘추공조와 『삼국사절요』에 8월1일로 나온다. 따
라서 8월 1일로 편년하고 편제하였다.
2143) 본 기사에는 年·月·日이 나오지 않지만 『삼국유사』 태종춘추공조와 『삼국사절요』에 麟德二年 8월1일로
나온다. 따라서 665년 8월 1일로 편년하고 편제하였다.
2144) 耽羅國 一曰儋羅 居新羅武州南島上 初附百濟 後附新羅
2145) 본 기사에는 日이 나오지 않지만, 『資治通鑑』에 八月 壬子(13)로 나온다. 따라서 8월 13일로 편년하
고 편제하였다.

신라 백제 탐라

(麟德二年八月) 于是帶方州刺史劉仁軌領新羅百濟耽羅倭人四國使 浮海西還 以赴大山之下 (『唐會要』 95 新羅)[2146]

신라 백제 탐라

(唐高宗麟德二年八月) 於是 仁軌領新羅百濟耽羅倭人四國使 浮海西還 以赴太山之下 (『冊府元龜』 981 外臣部 26 盟誓)[2147]

신라 백제 탐라

麟德二年 封泰山 仁軌領新羅及百濟耽羅倭四國酋長赴會 高宗甚悅 擢拜大司憲 (『舊唐書』 84 列傳 34 劉仁軌)[2148]

신라 백제 탐라

(麟德二年) 於是 帶方州刺史劉仁軌 領新羅百濟儋羅倭人四國使 浮海而還 以赴泰山之下 (『太平寰宇記』 174 四夷 3 東夷 3 新羅國)[2149]

신라 백제 탐라

(…) 公諱勣 字懋功 本姓徐氏 高平之著族焉 (…) 麟德二載也 有事岱宗 特詔公爲封禪大使 (「大唐故司空太子太師贈太衛揚州大都督上柱國英國公勣墓誌銘并」)[2150]

신라 백제 탐라

及封泰山 仁軌乃率新羅百濟儋羅倭四國酋長赴會 天子大悅 擢爲大司憲 (『新唐書』 108 列傳 33 劉仁軌)[2151]

탐라   天智天皇四年秋八月 (『類聚國史』 99 殊俗部 耽羅)

고구려   (八月壬子) 高麗亦遣太子福男 來侍祠 (『資治通鑑』 201 唐紀 17 高宗)[2152]

신라   (秋八月) 立王子政明爲太子 大赦 (『三國史記』 6 新羅本紀 6)
신라   (秋八月) 新羅王立子政明爲太子 大赦 (『三國史節要』 10)

백제 탐라   秋八月 遣達率答㶱春初 築城於長門國 遣達率憶禮福留達率四比福夫於筑紫國 築大野椽二城 耽羅遣使來朝 (『日本書紀』 27 天智紀)

백제   九月庚午朔壬辰 唐國遣朝散大夫沂州司馬上柱國劉德高等[等謂右戎衛郎將上柱國百濟禰軍朝散大夫柱國郭務悰 凡二百五十四人 七月廿八日 至于對馬 九月廿日 至于筑紫 廿二日 進表函焉] (『日本書紀』 27 天智紀)

고구려   (十月)癸亥 高麗王高藏遣其子福南來朝 (『舊唐書』 4 本紀 4 高宗 上)[2153]

2146) 본 기사에는 日이 나오지 않지만,『資治通鑑』에 八月 壬子(13)로 나온다. 따라서 8월 13일로 편년하고 편제하였다.
2147) 본 기사에는 日이 나오지 않지만,『資治通鑑』에 八月 壬子(13)로 나온다. 따라서 8월 13일로 편년하고 편제하였다.
2148) 본 기사에는 月·日이 나오지 않지만,『資治通鑑』에 八月 壬子(13)로 나온다. 따라서 8월 13일로 편년하고 편제하였다.
2149) 본 기사에는 月·日이 나오지 않지만,『資治通鑑』에 八月 壬子(13)로 나온다. 따라서 8월 13일로 편년하고 편제하였다.
2150)『唐代墓誌滙編續集』. 본 기사에는 月·日이 나오지 않지만,『資治通鑑』에 八月 壬子(13)로 나온다. 따라서 8월 13일로 편년하고 편제하였다.
2151) 본 기사에는 年·月·日이 나오지 않지만,『資治通鑑』에 八月 壬子(13)로 나온다. 따라서 8월 13일로 편년하고 편제하였다.
2152) 본 기사는『삼국사기』와『구당서』『신당서』동이열전에는 666년, 乾封元年의 일로 나오며『舊唐書』高宗本紀에는 665년 10월 癸亥(24)로 나온다.
2153) 본 기사는『삼국사기』와『구당서』『신당서』동이열전에는 666년, 乾封元年의 일로 나오며『資治通鑑』

고구려	(唐書曰) (麟德二年十月)癸亥 高麗王高藏遣其子福男來朝 (『太平御覽』110 皇王部 3 5 唐 高宗天皇大帝)[2154]
고구려	(十月)丙寅 上發東都 從駕文武儀仗 數百里不絶[2155] 列營置幕 彌亘原野 東自高麗 西至波斯烏長諸國[2156] 朝會者 各帥其屬扈從 穹廬毳幕 牛羊駝馬 塡咽道路 時比歲 豊稔[2157] 米斗至五錢 麥豆不列于市 (『資治通鑑』201 唐紀 17 高宗)[2158]
고구려	(十月)丁卯 將封泰山 發自東都 (『舊唐書』4 本紀 4 高宗 上)[2159]
신라 백제 고구려	
	(麟德)二年十月丁卯 帝發東都赴東嶽 從駕文武兵士及儀仗法物相繼數百里 列營置幕 彌亘郊原 突厥於闐波斯天竺國罽賓烏萇崑崙倭國及新羅百濟高麗等諸蕃酋長 各率其 屬扈從 穹廬氈帳及牛羊馬塡候道路 是時頻歲豊稔斗米至五錢 豆麥不列於市 議者以 爲古來帝王封禪 未有若斯之盛者也 (『冊府元龜』36 帝王部 36 封禪 2)
백제	十一月己巳朔辛巳 饗賜劉德高等 (『日本書紀』27 天智紀)
백제	十二月戊戌朔辛亥 賜物於劉德高等 (『日本書紀』27 天智紀)
백제	(十二月)是月 劉德高等罷歸 (『日本書紀』27 天智紀)
신라	冬 以一善居列二州民 輸軍資於河西州 (『三國史記』6 新羅本紀 6)
신라	冬 新羅以一善居列二州民 輸軍資於西河州[2160] (『三國史節要』10)
신라	(冬) 絹布舊以十尋爲一匹 改以長七步廣二尺爲一匹 (『三國史記』6 新羅本紀 6)
신라	(冬) 更定絹布長廣 絹布舊以十尋爲一匹 更以長七步廣二尺爲一匹 (『三國史節要』10)
신라	(冬) 新羅割上州下州地 置歃良州 (『三國史節要』10)
신라	良州 文武王五年 麟德二年 割上州下州地 置歃良州 神文王七年 築城 周一千二百六 十步 景德王改名良州 今梁州 領縣一 巘陽縣 本居知火縣 景德王改名 今因之 (『三國 史記』34 雜志 3 地理 1)[2161]
신라	(…) 按麟德二年間 文武王割上州下州之地 置歃良州 則下州乃今之昌寧郡也 押梁郡 本下州之屬縣上州則今尚州 亦作湘州也 佛地村今屬慈仁縣 則乃押梁之所分開也 (…) (『三國遺事』4 義解 5 元曉不羈)[2162]
신라	釋惠通 氏族未詳 白衣之時 家在南山西麓 銀川洞之口[今南澗寺東里] 一日遊舍東溪 上 捕一獺屠之 骨園中 詰旦亡其骨 跡血尋之 骨還舊穴 抱五兒而 郞望見 驚異久之

에는 665년 八月 壬子(13)로 나온다.

2154) 본 기사는 『삼국사기』와 『구당서』 『신당서』 동이열전에는 666년, 乾封元年의 일로 나오며 『舊唐書』 高宗本紀에는 665년 10월 癸亥(24)로 나온다. 『資治通鑑』에는 665년 八月 壬子(13)로 나온다.

2155) 從 才用翻

2156) 自吐火羅踰五種 至婆羅覩邏 北踰山 行六百里 得 烏萇國 長 讀曰萇

2157) 朝 直遙翻 帥 讀曰率 從 才用翻 比 毗至翻

2158) 『舊唐書』에는 10월 丁卯(28)로 나온다.

2159) 『資治通鑑』에는 10월 丙寅(27)으로 나온다.

2160) 본 기사의 西河州는 河西州로 보아야 한다.

2161) 본 기사는 月이 보이지 않지만, 『三國史節要』에 따라 冬에 편년하고 12월에 편제하였다.

2162) 본 기사는 月이 보이지 않지만, 『三國史節要』에 따라 冬에 편년하고 12월에 편제하였다.

	感嘆躇 便俗出家 易名惠通 往唐謁無畏三藏請業 藏曰 夷之人豈堪法器 遂不開授 通 不堪輕謝去 服勤三載 猶不許 通乃憤 立於庭 頭戴火盆 須臾頂裂聲如雷 藏聞來視之 撤火盆 以指按裂處 誦神 瘡合如平日 有瑕如王字文 因號王和尙 深器之 傳印訣 時 唐室有公主疾病 高宗請救於三藏 擧通自代 通受敎別處 以白豆一斗 銀器中 變白甲 神兵 逐崇不克 又以黑豆一斗 金器中 變黑甲神兵 令二色合逐之 忽有蛟龍走出 疾 遂 龍怨通之逐己也 来本國文仍林 害命尤毒 是時鄭恭奉使於唐 見通而謂曰 師所逐 毒龍 歸本國害甚 速去除之 乃與恭 以麟德二年乙丑還國而黜之 龍又怨恭 乃托之栁 生鄭氏門外 恭不之覺 但賞其葱密 酷愛之 (…) (『三國遺事』5 神呪 6 惠通降龍)2163)
고구려	(…) 卅二 加太莫離支 摠錄軍國 阿衡元首 紹先疇之業 士識歸心 執危邦之權 人無駁 議 于時蘿圖御寓 桔矢褰期 公照花照葶 內有難除之草 爲軼爲楨 外有將顚之樹 遂使 桃海之濱 隳八條於禮讓 蕭墻之內 落四羽於干戈 公情思內款 事乖中執 方欲出撫邊 甿 外巡荒甸 按嵎夷之舊壤 請義仲之新官 二弟產建 一朝兇悖 能忍無親 稱兵內拒 金環幼子 忽就鯨鯢 玉膳長筵 俄辭顧復 公以共氣星分 既飮淚而飛檄 同盟雨集 遂銜 膽而提戈 將屠平壤 用擒元惡 始達烏骨之郊 且破瑟堅之壘 明其爲賊 鼓行而進 仍遺 大兄弗德等奉表入朝 陳其事迹 屬有離叛 德遂稽留 公乃反旆遼東 移軍海北 馳心丹 鳳之闕 飭躬玄菟之城 更遣大兄冉有重申誠効 曠林積怨 先尋關伯之戈 洪池近遊 豈 貪虞叔之劍 皇帝照彼靑丘 亮其丹懇 覽建產之罪 發雷霆之威 丸山未銘 得來表其先 覺 梁水無斁 仲謀憂其必亡 (…) (「泉男生墓誌銘」)2164)
삼한(고구려)	君諱琼 字珍 南陽人也 (…) (麟德二年)其年雄心憤發 募討三韓 設六奇以摧峰 陳萬騎 而克敵 斬獲俘馘 懷百勝以全歸 特簡殊勳 蒙授上柱國 朝野傾簪 衣冠注目 (…) (張 琼 墓誌銘」:『全唐文新編』993;『唐代墓誌滙篇續集』)
고구려	君諱師訓 字邦基 其先長樂郡人也 (…) 麟德二年 擢拜右驍衛郞將 令北門侍奉 押左 營飛騎 又高麗小醜 煮我大猷 蜂飛玄兔之鄕 猬聚白狼之側 欲申弔伐 朝選爲難 公以 譽表良家 名高宿衛 (…) (「馮師訓碑」:『全唐文補遺』3;『全唐文新編』188)
고구려	公諱待賓 安定臨涇人也 (…) 以皇朝麟德二年 補左親衛 從資例也 屬金甲出戰 玉帳 論兵 從命文昌 問罪遼碣 公提戈赴海 投筆從燕 智者有謀 仁者必勇 孤鋒直進 九種 於是克淸 匹馬橫行 三韓由其殄滅 疇庸賞最 我有力焉 俯洽恩波 泛承勳級 卽授上柱 國 (…) (「梁待賓 神道碑」:『全唐文新編』195)
고구려	屬辰韓作梗 王險未淸 司空英國公奏君爲遼東道行軍判官 旌麾之下 衆務雲飛 機牘之 前 繁文冰釋 迨於獻捷 隨例加勳 麟德二年 勅授宣義郞行監察御使 (「張仁禕 墓誌銘 」:『唐代墓誌滙篇』;『全唐文新編』296;『全唐文補遺』1)2165)

666(丙寅/신라 문무왕 6/고구려 보장왕 25/唐 乾封 1/倭 天智 5)

고구려	春正月戊辰朔戊寅 高麗遣前部能婁等進調 (『日本書紀』27 天智紀)
고구려	(天智天皇)五年正月戊辰朔戊寅[十一] (『類聚國史』93 殊俗部 高麗)

2163) 본 기사는 年만 보인다. 따라서 1~12월로 기간 편년하고 12월에 편제하였다.
2164) 본 기사의 '卅二'는 泉男生의 나이가 32살임을 말한다. 이 때를 665년 고구려 보장왕 24년, 당 고종 **麟德 2年으로** 본다. 따라서 665년 1~12월로 기간 편년하고 12월에 편제하였다. 『삼국사기』와 중국 사서 에는 666년 5월에 연개소문이 죽고 천남생이 대막리지가 되었다고 한다. 『日本書紀』天智紀에는 664년 10월에 '高麗大臣 蓋金 終於其國'하였다고 한다.
2165) 이 기사의 앞부분에는 연대 표기가 없으나, "屬辰韓作梗 王險未淸 司空英國公奏君爲遼東道行軍判官" 는 661년의 일이다. 그에 따라 661~665년으로 기간편년하고 마지막해인 665년에 배치하였다.

| 탐라 | (春正月戊辰朔戊寅)是日 耽羅遣王子姑如等貢獻 (『日本書紀』 27 天智紀) |
| 탐라 | (天智天皇)五年正月戊寅[十一] (『類聚國史』 99 殊俗部 耽羅) |

| 백제 | 維乾封元年歲次庚[2166]寅二月戊戌朔二日己亥　皇帝遣司稼正卿扶餘隆以少牢之奠致祭 先聖孔宣父之靈 (…) (『全唐文』 15 高宗皇帝 祭告孔子廟文) |

| 신라 | 春二月 京都地震 (『三國史記』 6 新羅本紀 6) |
| 신라 | 春二月 新羅京師地震 (『三國史節要』 10) |

| 신라 | 麟德三年丙寅三月十日 有人家婢名吉伊 一乳生三子 (『三國遺事』 2 紀異 2 文虎王 法敏) |
| 신라 | 三月 新羅有女一乳生三子 (『三國史節要』 10)[2167] |

| 고구려 | 乾封元年 封泰山畢 宴羣臣 陳九部樂 四月甲辰 景雲閣宴 設九部樂 (『玉海』 105 音 樂·樂 3 唐九部樂·十部樂·十四國樂·二部樂) |

| 신라 | 夏四月 靈廟寺災 (『三國史記』 6 新羅本紀 6) |
| 신라 | 夏四月 新羅靈廟寺災 (『三國史節要』 10) |

| 신라 | (夏四月) 大赦 (『三國史記』 6 新羅本紀 6) |
| 신라 | (夏四月) 新羅大赦 (『三國史節要』 10) |

신라 백제 고구려
(夏四月) 天存之子漢林 庾信之子三光 皆以奈麻入唐宿衛 王以旣平百濟 欲滅高句麗 請兵於唐 (『三國史記』 6 新羅本紀 6)

신라 백제 고구려
(夏四月) 新羅遣奈麻漢林三光如唐宿衞 漢林天存之子 三光庾信之子 王旣平百濟 欲 請兵滅高勾麗 故遣之 帝以三光爲左武衛翊府中部將 (『三國史節要』 10)

| 신라 | 乾封元年 皇帝勅召 庾信長子大阿湌三光 爲左武衛翊府中郞將 仍令宿衛 (『三國史記』 43 列傳 3 金庾信 下)[2168] |

고구려	(夏四月) 高勾麗王遣太子福男如唐 侍祀泰山 (『三國史節要』 10)[2169]
고구려	王遣太子福男[新唐書云男福]入唐 侍祠泰山 (『三國史記』 22 高句麗本紀 10)[2170]
고구려	乾封元年 高藏遣其子入朝 陪位於太山之下 (『舊唐書』 199上 列傳 149上 東夷 高 麗)[2171]

2166) 저본의 庚은 丙이 옳다.
2167) 본 기사는 日이 보이지 않지만, 『삼국유사』 문호왕법민조에는 3월 10일로 나온다. 따라서 3월 10일로 편년하고 편제하였다.
2168) 본 기사는 月이 보이지 않지만, 『삼국사기』와 『三國史節要』에 4월로 나온다. 따라서 4월로 편년하고 편제하였다.
2169) 『삼국사절요』에 4월과 6월 기사 사이에 편제되어 있다. 4월인지 5월인지 잘 알 수 없지만, 4월 기사 바로 다음에 나오므로 4월로 편년하고 편제하였다. 『資治通鑑』에는 麟德 2年 八月 壬子(13)로 나오며 『舊 唐書』 高宗本紀에는 665년 10월 癸亥(24)로 나온다.
2170) 『三國史記』에는 6월 기사 이전에 나온다. 『삼국사절요』에 따라 4월에 편년하고 편제하였다. 『자치통감 』에는 麟德 2年 八月 壬子(13)로 나오며 『舊唐書』 高宗本紀에는 665년 10월 癸亥(24)로 나온다.
2171) 본 기사에는 月이 보이지 않으나, 『삼국사절요』에 따라 4월에 편년하고 편제하였다. 『자치통감』에는 麟德 2年 八月 壬子(13)로 나오며 『舊唐書』 高宗本紀에는 665년 10월 癸亥(24)로 나온다.

고구려	乾封元年 藏遣子男福從天子封泰山還而 (…) (『新唐書』 220 列傳 145 東夷 高麗)[2172]
고구려	(唐書) 又曰 乾封元年 高麗遣其子入朝 陪位於太山之下 (『太平御覽』 783 四夷部 4 東夷 4 高句驪)[2173]
고구려	(高麗傳) 高麗王高藏 遣子男福從封泰山 (『玉海』 98 郊祀封禪 唐高宗封泰山封禪碑錄舞鶴萬歲景雲臺)
신라	(夏四月) 新羅遣金仁問如唐 侍祀泰山 帝加授右驍衛大將軍 食邑四百戶 (『三國史節要』 10)[2174]
신라	仁問又入唐 以乾封元年 扈駕登封泰山 加授右驍衛大將軍 食邑四百戶 (『三國史記』 44 列傳 4 金仁問)[2175]
신라	乾封元年 加授△△△△△△衛△△開國△ (「金仁問碑」)[2176]
고구려	(五月) 高麗泉蓋蘇文卒 長子男生代爲莫離支[2177] 初知國政 出巡諸城 使其弟男建男産 知留後事 或謂二弟曰 男生惡二弟之逼[2178] 意欲除之 不如先爲計 二弟初未之信 又有告男生者曰 二弟恐兄還奪其權 欲拒兄不納 男生潛遣所親往平壤伺之[2179] 二弟收掩 得之 乃以王命召男生 男生懼 不敢歸 男建自爲莫離支 發兵討之 男生走保別城 使其子獻誠詣闕求救 (『資治通鑑』 201 唐紀 17 高宗)[2180]
고구려	(通監[兼本傳]) 乾封元年五月 泉男生率衆 與契丹靺鞨兵內附 遣子獻城詣闕 (『玉海』 153 朝貢 外夷來朝 內附 唐高麗請頒曆)[2181]
고구려	蓋蘇文死 長子男生代爲莫離支 初知國政 出巡諸城 使其弟男建男産 留知後事 或謂二弟曰 男生惡二弟之逼 意欲除之 不如先爲計 二弟初未之信 又有告男生者曰 二弟恐兄還奪其權 欲拒兄不納 男生潛遣所親 往平壤伺之 二弟收掩得之 乃以王命召男生 男生不敢歸 男建自爲莫離支 發兵討之 男生走據國內城 使其子獻誠詣唐求哀 (『三國史記』 22 高句麗本紀 10)[2182]
고구려	蘇文至乾封元年死 子男生 (…) 兼三軍大將軍 加大莫離支 出按諸部 而弟男建男産 知國事 或曰 男生惡君等逼己 將除之 建産未之信 又有謂男生 將不納君 男生遣謀往 男建捕得 卽矯王命召之 男生懼不敢入 男建殺其子獻忠 男生走保國內城 率其衆 與

2172) 본 기사에는 月이 보이지 않으나, 『삼국사절요』에 따라 4월에 편년하고 편제하였다. 『자치통감』에는 麟德 2年 八月 壬子(13)로 나오며 『舊唐書』 高宗本紀에는 665년 10월 癸亥(24)로 나온다.

2173) 본 기사에는 月이 보이지 않으나, 『삼국사절요』에 따라 4월에 편년하고 편제하였다. 『자치통감』에는 麟德 2年 八月 壬子(13)로 나오며 『舊唐書』 高宗本紀에는 665년 10월 癸亥(24)로 나온다.

2174) 『삼국사절요』에 4월과 6월 기사 사이에 편제되어 있다. 4월인지 5월인지 잘 알 수 없지만, 4월 기사 바로 다음에 나오므로 원칙에 따라 4월에 편제하였다.

2175) 『삼국사절요』에 4월과 6월 기사 사이에 편제되어 있다. 4월인지 5월인지 잘 알 수 없지만, 4월 기사 바로 다음에 나오므로 원칙에 따라 4월에 편제하였다.

2176) 『삼국사절요』에 4월과 6월 기사 사이에 편제되어 있다. 4월인지 5월인지 잘 알 수 없지만, 4월 기사 바로 다음에 나오므로 원칙에 따라 4월에 편제하였다.

2177) 卒 子恤翻 長 知兩翻

2178) 惡 烏路翻

2179) 伺 相吏翻

2180) 『日本書紀』 天智紀에는 664년 10월에 '高麗大臣 蓋金 終於其國'하였다고 한다. 「천남생묘지명」에는 천남생이 32살인 665년 고구려 보장왕 24년, 당 고종 麟德 2年에 대막리지가 되었다고 한다. 『舊唐書』 本紀 등에는 6월 7일(壬寅)로 나온다.

2181) 이 기사에서는 『資治通鑑』과 『新唐書』 高麗傳을 인용하고 있으나, '率衆, 與契丹靺鞨兵內附'는 두 문헌에 없는 내용이다.

2182) 본 기사는 6월 기사 이전에 나온다. 따라서 1~5월로 기간 편년하였고, 『資治通鑑』에 따라 5월에 편제하였다. 『日本書紀』 天智紀에는 664년 10월에 '高麗大臣 蓋金 終於其國'하였다고 한다. 「천남생묘지명」에는 천남생이 32살인 665년 고구려 보장왕 24년, 당 고종 麟德 2年에 대막리지가 되었다고 한다.

	契丹靺鞨兵附唐 遣子獻誠訴之 高宗拜獻誠右武衛將軍 賜乘輿馬瑞錦寶刀 使還報 (『三國史記』 49 列傳 9 蓋蘇文)2183)
고구려	乾封元年 高麗莫離支男生爲其弟男建所逐 保於國內城 遣子獻誠詣闕乞師 (『舊唐書』 67 列傳 17 李勣)2184)
고구려	(乾封元年)其年 蓋蘇文死 其子男生 代爲莫離支 與其弟男建男産不睦 各樹朋黨 以相攻擊 男生爲二弟所逐 走據國內城死守 其子獻誠詣闕求哀 詔令左驍衛六2185)將軍契苾何力率兵應接之 男生脫身來奔 詔授特進遼東大都督兼平壤道安撫大使 封玄菟郡公 (『舊唐書』 199上 列傳 149上 東夷 高麗)2186)
고구려	(乾封元年) 蓋蘇文死 子男生代爲莫離支 有弟男建男産相怨 男生據國內城 遣子獻誠入朝求救 蓋蘇文弟淨土亦請割地降 乃詔契苾何力爲遼東道安撫大使 左金吾衛將軍龐同善營州都督高偘爲行軍總管 左武衛將軍薛仁貴左監門將軍李謹行殿而行 (『新唐書』 220 列傳 145 東夷 高麗)2187)
고구려	(乾封元年)其年 蓋蘇文死 其子男生代爲莫離支 與弟<男>建<男産>不睦 爲其所逐 走據國內城 使其子獻城詣闕求哀 (『太平御覽』 783 四夷部 4 東夷 4 高句驪)2188)
고구려	(高麗傳) 乾封元年 蓋蘇文死 子男生 代爲莫離支 與弟男建男産相怨 男生據國內城邊 <遣>子獻誠 入朝求救 蓋蘇文弟亦請割地降 (『玉海』 191 兵捷 兵捷 露布 3 唐遼東道行臺大摠管李勣俘高麗 獻俘昭陵 檄高麗 含元殿數俘)2189)
고구려	泉男生 字元德 高麗蓋蘇文子也 九歲以父任爲先人 遷中裏小兄 猶唐謁者也 又爲中裏大兄 知國政 凡辭令 皆男生主之 進中裏位頭大兄 久之 爲莫離支 兼三軍大將軍 加大莫離支 出按諸部 而弟男建男産知國事 或曰 男生惡君等逼己 將除之 建産未之信 又有謂男生 將不納君 男生遣諜往 男建捕得 卽矯高藏命召 男生懼 不敢入 男建殺其子獻忠 男生走保國內城 率其衆與契丹靺鞨兵內附 遣子獻誠訴諸朝 高宗拜獻誠右武衛將軍 賜乘輿馬瑞錦寶刀 使還報 詔契苾何力率兵援之 男生乃免 授平壤道行軍大總管 兼持節安撫大使 擧哥勿南蘇倉巖等城以降 帝又命西臺舍人李虔繹就軍慰勞 賜袍帶金釦七事 (『新唐書』 110 列傳 35 諸夷蕃將 泉男生)2190)
고구려	初高勾麗蓋蘇文子男生 九歲以蔭補中裏2191)小兄 猶唐謁者也 遷中裏2192)大兄 知國

2183) 본 기사는 月이 보이지 않지만, 『資治通鑑』에 따라 5월로 편년하고 편제하였다. 『日本書紀』 天智紀에는 664년 10월에 '高麗大臣 蓋金 終於其國'하였다고 한다. 「천남생묘지명」에는 천남생이 32살인 665년 고구려 보장왕 24년, 당 고종 麟德 2年에 대막리지가 되었다고 한다.

2184) 본 기사는 月이 보이지 않지만, 『資治通鑑』에 따라 5월로 편년하고 편제하였다. 『日本書紀』 天智紀에는 664년 10월에 '高麗大臣 蓋金 終於其國'하였다고 한다. 「천남생묘지명」에는 천남생이 32살인 665년 고구려 보장왕 24년, 당 고종 麟德 2年에 대막리지가 되었다고 한다.

2185) 저본에는 六으로 되어 있으나, 大가 옳다.

2186) 본 기사는 月이 보이지 않지만, 『資治通鑑』에 따라 5월로 편년하고 편제하였다. 『日本書紀』 天智紀에는 664년 10월에 '高麗大臣 蓋金 終於其國'하였다고 한다. 「천남생묘지명」에는 천남생이 32살인 665년 고구려 보장왕 24년, 당 고종 麟德 2年에 대막리지가 되었다고 한다.

2187) 본 기사는 月이 보이지 않지만, 『資治通鑑』에 따라 5월로 편년하고 편제하였다. 『日本書紀』 天智紀에는 664년 10월에 '高麗大臣 蓋金 終於其國'하였다고 한다. 「천남생묘지명」에는 천남생이 32살인 665년 고구려 보장왕 24년, 당 고종 麟德 2年에 대막리지가 되었다고 한다.

2188) 본 기사는 月이 보이지 않지만, 『資治通鑑』에 따라 5월로 편년하고 편제하였다. 『日本書紀』 天智紀에는 664년 10월에 '高麗大臣 蓋金 終於其國'하였다고 한다. 「천남생묘지명」에는 천남생이 32살인 665년 고구려 보장왕 24년, 당 고종 麟德 2年에 대막리지가 되었다고 한다.

2189) 본 기사는 月이 보이지 않지만, 『資治通鑑』에 따라 5월로 편년하고 편제하였다. 『日本書紀』 天智紀에는 664년 10월에 '高麗大臣 蓋金 終於其國'하였다고 한다. 「천남생묘지명」에는 천남생이 32살인 665년 고구려 보장왕 24년, 당 고종 麟德 2年에 대막리지가 되었다고 한다.

2190) 『三國史節要』에 4월과 6월 기사 사이에 편제되어 있다. 4월인지 5월인지 잘 알 수 없지만, 『資治通鑑』에 따라 乾封 元年 5월로 편년하고 편제하였다. 『日本書紀』 天智紀에는 664년 10월에 '高麗大臣 蓋金 終於其國'하였다고 한다. 「천남생묘지명」에는 천남생이 32살인 665년 고구려 보장왕 24년, 당 고종 麟德 2年에 대막리지가 되었다고 한다.

2191) 저본의 衷은 裏가 맞다.

2192) 저본의 衷은 裏가 맞다.

政 凡辭令 皆主之 進中裏2193)位頭大兄 及蘇文死 男生代爲莫離支 兼三軍大將軍 加
大莫離支 出按諸部 使其弟男建男産留知後事 或謂二弟曰 男生惡君等逼己 將除之
盍先爲計 建産未之信 又有告男生者曰 二弟恐兄將奪其權 欲拒不納 男生潛遣所親
往伺 建産捕獲之 矯王命召男生 男生懼不敢歸 男建殺其子獻忠 自爲莫離支 發兵討
男生 男生走保國內城 交結契丹靺鞨 遣子獻誠于唐求內附 帝拜獻誠右武衛將軍 賜乘
輿馬瑞錦寶刀 而還之 (『三國史節要』10)2194)

고구려　(…) 高麗莫離支男生爲其弟所逐 遣子乞師 (…) (『新唐書』93 列傳 18 李勣)2195)

삼한(고구려)　(…) 君諱玄 字貴主 遼東三韓人也 (…) 公志懷雅略 有先見之明 棄彼遺甿 <從>男生
而仰化 慕斯聖教 自東徙而來王 因而家貫西京 編名赤縣 (…) (「高玄 墓誌銘」: 1999
『박물관연보』10(서울대))2196)

고구려　夏六月 乙未朔戊戌 高麗前部能婁等罷歸 (『日本書紀』27 天智紀)

고구려　(天智天皇五年)六月乙未朔戊戌[四] (『類聚國史』93 殊俗部 高麗)

고구려　六月壬寅 高麗莫離支蓋蘇文死 其子男生繼其父位2197) 爲其弟男建所逐 使其子獻誠
詣闕請降 詔左驍衛大將軍契苾何力率兵以應接之 (『舊唐書』5 本紀 5 高宗 下)

고구려　六月壬寅 高麗泉男生請內附 右驍衛大將軍契苾何力爲遼東安撫大使 率兵援之 左金
吾衛將軍龐同善 營州都督高侃爲遼東道行軍總管 左武衛將軍薛仁貴 左監門衛將軍李
謹行爲後援 (『新唐書』3 本紀 3 高宗)

고구려　六月壬寅 以右驍衛大將軍契苾何力爲遼東道安撫大使 將兵救之 以獻誠爲右武衛將軍
使爲鄕導2198) 又以右金吾衛將軍龐同善營州都督高侃爲行軍總管 同討高麗 (『資治通
鑑』201 唐紀 17 高宗)

고구려　(高麗傳) (乾封元年)六月[壬寅] 乃詔契苾何力爲遼東道安撫大使 龐同善高侃爲行軍摠
管 左武衛大將軍薛仁貴左監門將軍李謹行殿而行 (『玉海』191 兵捷 兵捷 露布 3 唐
遼東道行臺大摠管李勣俘高麗 獻俘昭陵 檄高麗 合元殿數俘)

고구려　六月 高宗命左驍衛大將軍契苾何力 帥兵應接之 男生脫身奔唐 (『三國史記』22 高句
麗本紀 10)2199)

신라　總章戊辰 王統兵 與仁問欽純等 至平壤 會唐兵滅麗 唐帥李勣獲高臧王還國[(…) 乾
封元年丙寅六月 以龐同善 △高臨 薛仁貴 李謹行等爲後援 (…)] (『三國遺事』2 紀
異 2 文虎王法敏)2200)

고구려　六月 帝命左驍衛大將軍契苾何力 以兵應之 (『三國史節要』10)2201)

고구려　(唐高宗)乾封元年六月 詔左驍衛大將軍契苾何力 爲遼東道安撫使 以應接高麗王 初高

2193) 저본의 裏은 裏가 맞다.
2194) 『三國史節要』에 4월과 6월 기사 사이에 편제되어 있다. 4월인지 5월인지 잘 알 수 없지만, 『資治通鑑』
　　에 따라 乾封 元年 5월로 편년하고 편제하였다. 『日本書紀』天智紀에는 664년 10월에 '高麗大臣 蓋金 終
　　於其國'하였다고 한다. 「천남생묘지명」에는 천남생이 32살인 665년 고구려 보장왕 24년, 당 고종 麟德 2
　　年에 대막리지가 되었다고 한다.
2195) 본 기사는 年·月이 보이지 않지만, 『資治通鑑』에 따라 건봉 원년 5월로 편년하고 편제하였다. 『日本書
　　紀』天智紀에는 664년 10월에 '高麗大臣 蓋金 終於其國'하였다고 한다. 「천남생묘지명」에는 천남생이 32
　　살인 665년 고구려 보장왕 24년, 당 고종 麟德 2年에 대막리지가 되었다고 한다.
2196) 본 기사는 年·月이 보이지 않지만, 『資治通鑑』에 따라 건봉 원년 5월로 편년하고 편제하였다. 『日本書
　　紀』天智紀에는 664년 10월에 '高麗大臣 蓋金 終於其國'하였다고 한다. 「천남생묘지명」에는 천남생이 32
　　살인 665년 고구려 보장왕 24년, 당 고종 麟德 2年에 대막리지가 되었다고 한다.
2197) 이 내용은 5월의 내용이다.
2198) 驍 堅堯翻 契 斯訖翻 苾 毗必翻 大使 疏吏翻 將 即亮翻 鄕 讀曰嚮
2199) 본 기사에는 日이 보이지 않지만, 『舊唐書』『新唐書』등에 따라 6월 7일에 편년하고 편제하였다.
2200) 본 기사에는 日이 보이지 않지만, 『舊唐書』『新唐書』등에 따라 6월 7일에 편년하고 편제하였다.
2201) 본 기사에는 日이 보이지 않지만, 『舊唐書』『新唐書』등에 따라 6월 7일에 편년하고 편제하였다.

麗莫離支蓋蘇文死 其長子男生代父 爲莫離支之位 旣初知國政 出巡諸城 使其二弟男
建男産留後知國事 男生旣出 或謂男建等曰 男生惡二弟逼己 意欲除之 不如先以爲計
也 男建等初不信之 又有人謂男生曰 二弟恐兄思奪己權 欲拒兄不納 男生使所親 潛
往平壤以伺焉 男建等知 而掩得之 繇是遞相猜貳 男建等乃以其王命召男生 男生懼
不敢歸 男建等遂發兵討之 男生走 據國內城以自守 其子獻誠詣闕求救 於是 詔何力
率兵赴援 乃授獻誠右武衛大將軍 使爲鄕導 又遣左金吾衛將軍龐同善營州都督高侃等
爲行軍總管 以經畧高麗 (『冊府元龜』986 外臣部 31 征討 5)2202)

고구려　(乾封元年) 詔契苾何力率兵援之 男生乃免 (…) (『三國史記』49 列傳 9 蓋蘇文 附
　　　　男生)2203)

고구려　乾封元年 公又遣子獻誠入朝 帝有嘉焉 遙拜公特進 太大兄如故 平壤道行軍大摠管兼
　　　　使持節按撫大使 領本蕃兵 共大摠管契苾何力等相知經略 公率國內等六城十餘万戶書
　　　　籍轅門 又有木底等三城希風共款 蕞尒危矣 日窮月蹙 (「泉男生墓誌銘」)2204)

고구려　公卽襄公嫡子也 生於小貊之鄕 早有大成之用 地榮門寵 一國罕儔 九歲在本蕃 卽拜
　　　　先人之職 敬上接下 遐邇稱之 美風儀 工騎射 宏宇璟量 幽淵不測 初襄公 按部于外
　　　　公亦從焉 洎建産等兇邪 公甫年十六時 禍起倉卒 議者猶豫 或勸以出鬪 謀無的從 公
　　　　屈指料敵 必將不可 乃勸襄公投國內故都城 安輯僉庶 謂襄公曰 今發使朝漢 具陳誠
　　　　款 國家聞大人之來 必欣然啓納 因請兵馬 合而討之 此萬全決勝計也 襄公然之 謂諸
　　　　夷長曰 獻誠之言 甚可擇 卽日遣首領冉有等入朝 唐高宗手勅慰喩 便以襄公爲東道主
　　　　人 兼授大摠管 公圖去就之計 審是非之策 不踰晷刻 便料安危 故能西引漢兵 東掃遼
　　　　祲 襄公之保家傳國 實公之力也 尋授襄公命 詣京師謝恩天子待之以殊禮 拜右武衛將
　　　　軍 賜紫袍金帶 幷御馬二匹 銜珠佩玉 方均許裒之榮 錫綬班金 更等呼韓之賜 頃之
　　　　遷衛尉正卿 門樹勳績 職惟河海 (「泉獻誠墓誌銘」)2205)

고구려　乾封初 高麗大將泉男生率衆內附 高宗遣將軍龐同善高侃等迎接之 男生弟男建率國人
　　　　逆擊同善等 詔仁貴統兵爲後援 同善等至新城 夜爲賊所襲 仁貴領驍勇赴救 斬首數百
　　　　級 同善等又進至金山 爲賊所敗 高麗乘勝而進 仁貴橫擊之 賊衆大敗 斬首五萬餘級
　　　　遂拔其南蘇木底蒼巖等三城 始與男生相會 高宗手敕勞之曰 金山大陣 凶黨實繁 卿身
　　　　先士卒 奮不顧命 左衝右擊 所向無前 諸軍賈勇 致斯克捷 宜善建功業 全此令名也
　　　　仁貴乘勝 領二千人進攻扶餘城 諸將咸言兵少 仁貴曰 在主將善用耳 不在多也 遂先
　　　　鋒而行 賊衆來拒 逆擊大破之 殺獲萬餘人 遂拔扶餘城 扶餘川四十餘城 乘風震慴 一
　　　　時送款 仁貴便並海略地 與李勣大會軍于平壤城 高麗旣降 詔仁貴率兵二萬人與劉仁
　　　　軌於平壤留守 仍授右威衛大將軍 封平陽郡公 兼檢校安東都護 移理新城 撫恤孤老
　　　　有幹能者 隨才任使 忠孝節義 咸加旌表 高麗士衆莫不欣然慕化 (…) 尋而高麗衆相率
　　　　復叛 詔起仁貴爲鷄林道總管以經略之 (…) (『舊唐書』83 列傳 33 薛仁貴)2206)

고구려　乾封初 高麗泉男生內附 遣將軍龐同善高侃往慰納 弟男建率國人拒弗納 乃詔仁貴率
　　　　師援送同善 至新城 夜爲虜襲 仁貴擊之 斬數百級 同善進次金山 衂虜不敢前 高麗乘
　　　　勝進 仁貴擊虜斷爲二 衆卽潰 斬馘五千 拔南蘇木底蒼巖三城 遂會男生軍 手詔勞勉
　　　　仁貴負銳 提卒二千進攻扶餘城 諸將以兵寡勸止 仁貴曰 在善用 不在衆 身帥士 遇賊
　　　　輒破 殺萬餘人 拔其城 因旁海略地 與李勣軍合 扶餘旣降 它四十城相率送款 威震遼
　　　　海 有詔仁貴率兵二萬與劉仁軌鎭平壤 拜本衛大將軍 封平陽郡公 檢校安東都護 移治

2202) 본 기사에는 日이 보이지 않지만,『舊唐書』『新唐書』등에 따라 6월 7일에 편년하고 편제하였다.
2203) 본 기사에는 月·日이 보이지 않지만,『舊唐書』『新唐書』등에 따라 6월 7일에 편년하고 편제하였다.
2204) 본 기사에는 月·日이 보이지 않지만,『舊唐書』『新唐書』등에 따라 6월 7일에 편년하고 편제하였다.
2205) 본 기사에는 月·日이 보이지 않지만,『舊唐書』『新唐書』등에 따라 6월 7일에 편년하고 편제하였다.
2206) 본 기사에는 年·月·日이 보이지 않지만,『舊唐書』『新唐書』등에 따라 乾封元年 6월 7일에 편년하고 편
　　제하였다.

新城 撫孤存老 檢制盜賊 隨才任職 襃崇節義 高麗士衆皆欣然忘亡 (…) (『新唐書』 1
11 列傳 36 薛仁貴)[2207]

고구려 蓋蘇文死 其子男生嗣立 爲其弟男建所逐 使其子獻誠詣闕 (『通典』 186 邊防 2 東夷
下 高句麗)[2208]

고구려 蓋蘇文死 其子男生嗣立 爲其弟建所逐 使其子獻誠詣闕 (『太平寰宇記』 173 四夷 2
東夷 2 高勾驪國)[2209]

고구려 (薛仁貴傳) 乾封初 高麗泉男生 內附 遣將軍龐同善高偘 往慰納 弟男建 率國人拒弗
納 乃詔仁貴 率師援送同善 至新城 夜爲虜襲 仁貴擊之 斬數百級 同善進次金山 衂
虜 虜不敢前 高麗 乘勝進 仁貴擊之 斬數百級 衆卽潰 斬馘五千 拔南蘇木底蒼巖三
城 遂會男生軍 仁貴負銳 提卒二千進 攻扶餘城 諸將以兵寡勸止 仁貴曰 在善用 不
在衆 殺賊萬餘人 拔其城 與李勣軍合 扶餘旣降 它四十城相連送欵 威震遼海 有詔仁
貴 率兵二萬 與仁軌鎭平壤 拜安東都護 移治新城 撫孤制盜 隨才任職 高麗士衆 皆
欣然忘亡 (『玉海』 191 兵捷 兵捷 露布 3 唐遼東道行臺大摠管李勣俘高麗 獻俘昭陵
檄高麗 含元殿數俘)[2210]

고구려 (通監[兼本傳]) (乾封元年)六月 賜乘輿馬瑞錦寶刀 (『玉海』 153 朝貢 外夷來朝 內附
唐高麗請頒曆)[2211]

고구려 秋八月 王以男建爲莫離支兼知內外兵馬事 (『三國史記』 22 高句麗本紀 10)
고구려 秋八月 高勾麗王以男建爲莫離支 兼知內外兵馬事 (『三國史節要』 10)

고구려 九月 帝詔男生 授特進遼東都督兼平壤道安撫大使 封玄菟郡公 (『三國史記』 22 高句
麗本紀 10)
고구려 九月 帝詔男生授特進遼東都督兼平壤道行軍大摠管持節安撫大使玄菟郡公 男生舉哥
勿南蘇倉巖等城以降 帝又命西臺舍人李虔繹 就軍慰勞 賜袍帶金釦七事 (『三國史節要
』 10)
고구려 (乾封元年) 授平壤道行軍大摠官兼持節安撫大使 舉哥勿南蘇倉巖等城以降 帝又命西
臺舍人李虔繹 就軍慰勞 賜袍帶金釦七事 (…) (『三國史記』 49 列傳 9 蓋蘇文)[2212]

신라 고구려 總章戊辰 王統兵 與仁問欽純等 至平壤 會唐兵滅麗 唐帥李勣獲高臧王還國[(…) (乾
封元年)九月 龐同善及高麗 戰敗之 (…)] (『三國遺事』 2 紀異 2 文虎王法敏)
고구려 九月 龐同善及高麗戰 敗之 (『新唐書』 3 本紀 3 高宗)
고구려 (乾封元年)九月 同善破高麗兵 男生率師來會 詔拜男生[2213]特進遼東大都督兼平壤道
安撫大使 封玄菟郡公 又以李勣爲遼東道行軍大總管兼安撫大使 與契苾何力龐同善幷
力 詔獨孤卿雲由鴨淥道 郭待封積利道 劉仁願畢列道 金待問海谷道 並爲行軍總管
受勣節度 轉燕趙食餉遼東 (『新唐書』 220 列傳 145 東夷 高麗)

2207) 본 기사에는 年·月·日이 보이지 않지만, 『舊唐書』『新唐書』등에 따라 乾封元年 6월 7일에 편년하고 편
제하였다.
2208) 본 기사에는 年·月·日이 보이지 않지만, 『舊唐書』『新唐書』등에 따라 乾封元年 6월 7일에 편년하고 편
제하였다.
2209) 본 기사에는 年·月·日이 보이지 않지만, 『舊唐書』『新唐書』등에 따라 乾封元年 6월 7일에 편년하고 편
제하였다.
2210) 본 기사에는 月·日이 보이지 않지만, 『舊唐書』『新唐書』등에 따라 6월 7일에 편년하고 편제하였다.
2211) 이 기사에서는 『資治通鑑』과 『新唐書』 高麗傳을 인용하고 있으나, 두 문헌에 없는 내용이다.
2212) 본 기사에는 月이 보이지 않지만, 『三國史記』 등에 따라 9월에 편년하고 편제하였다.
2213) 諸本에는 ‘同善’으로 되어 있으나, ‘男生’이 옳다. 『新唐書』卷110「泉男生傳」및 『舊唐書』「高句麗傳」에
의거하여 고친다.

고구려	九月 龐同善大破高麗兵 泉男生帥衆與同善合 詔以男生爲特進遼東大都督兼平壤道安撫大使 封玄菟郡公[2214] (『資治通鑑』 201 唐紀 17 高宗)
고구려	(唐高宗乾封元年)九月 龐同善大破高麗 男生率所親 會同善之軍 (『册府元龜』 986 外臣部 31 征討 5)
고구려	(高麗傳) (乾封元年)九月 同善破高麗兵 男生帥師來會 (『玉海』 191 兵捷 兵捷 露布 3 唐遼東道行臺大摠管李勣俘高麗 獻俘昭陵 檄高麗 含元殿數俘)
고구려	(乾封元年) 冬十月己酉 命司空英國公勣爲遼東道行軍大總管 以伐高麗 (『舊唐書』 5 本紀 5 高宗 下)[2215]
고구려	(唐書曰) (乾封元年)冬十月己酉 司空英國公勣爲遼東道行軍大摠管 以伐高麗 (『太平御覽』 110 皇王部 35 唐 高宗天皇大帝)[2216]
고구려	(高麗傳) (乾封元年)十月 詔以李勣 爲遼東道行軍大摠管兼安撫大使 與何力同善幷力 詔獨孤卿雲 由鴨綠道 郭待封積利道 劉仁願畢列道 金待問海谷道 並爲行軍摠管 受勣節度 (『玉海』 191 兵捷 兵捷 露布 3 唐遼東道行臺大摠管李勣俘高麗 獻俘昭陵 檄高麗 含元殿數俘)[2217]
고구려	乾封元年 又爲遼東道行軍大總管兼安撫大使 高麗有衆十五萬 屯於遼水 又引靺鞨數萬據南蘇城 何力奮擊 皆大破之 斬首萬餘級 乘勝而進 凡拔七城 乃迴軍會英國公李勣於鴨綠水 共攻辱夷大行二城 破之 勣 頓軍於鴨綠柵 何力引蕃漢兵五十萬先臨平壤 勣仍繼至 共拔平壤城 執男建[2218] 虜其王還 (『舊唐書』 109 列傳 59 契苾何力)[2219]
고구려	蓋蘇文死 男生爲弟所逐 使子詣闕請降 乃拜何力爲遼東道行軍大總管安撫大使經略之 副李勣同趨高麗 勣已拔新城 留何力守 時高麗兵十五萬屯遼水 引靺鞨數萬衆據南蘇城 何力奮擊 破之 斬首萬級 乘勝進拔八城 引兵還 與勣會合 攻辱夷大行二城 克之 進拔扶餘 勣勒兵未進 何力率兵五十萬先趨平壤 勣繼進 攻凡七月 拔之 虜其王以獻 (『新唐書』 111 列傳 35 諸夷蕃將 契苾何力)[2220]
고구려	乾封元年 又爲遼東道行軍大總管兼安撫大使 高麗有衆十五萬屯於遼水 又引靺鞨數萬據南蘇城 何力奮擊 皆大破之 斬首萬餘級 乘勝而進 凡拔七城乃廻軍 會英國公李勣於鴨綠水 共攻辱夷大行 二城 破之 勣頓軍於鴨綠柵 何力引蕃漢兵五十萬 先臨平壤 勣仍繼至 拔平壤城 執男建 虜其王還 (『册府元龜』 358 將帥部 19 立功 11 契苾何力)[2221]
고구려	乾封元年十月二十一日 李勣平高麗還 上令領高藏等俘囚 便道獻于昭陵 仍備軍容 奏凱歌于京城 獻于太廟 (『唐會要』 14 獻俘)
고구려	(會要) 乾封元年十月二十一日[2222] 李勣平高麗還 上令領高藏等 便道獻于昭陵 備軍

2214) 帥 讀曰率 使 疏吏翻 下同 菟 同都翻
2215) 『舊唐書』 高宗本紀 등에는 10月 己酉로 나오며 『舊唐書』 동이열전 등에는 11월이라고 하였다. 『新唐書』 고종본기에는 12월 기유라고 하였다.
2216) 『舊唐書』 高宗本紀 등에는 10月 己酉로 나오며 『舊唐書』 동이열전 등에는 11월이라고 하였다. 『新唐書』 고종본기에는 12월 기유라고 하였다.
2217) 『舊唐書』 高宗本紀 등에는 10月 己酉로 나오며 『舊唐書』 동이열전 등에는 11월이라고 하였다. 『新唐書』 고종본기에는 12월 기유라고 하였다. 『新唐書』 高麗傳에는 동일기사가 9월로 되어 있다.
2218) 男建 殘宋本作勇建 殿局廣本作勇健 據册府卷三五八 通鑑 卷二0 一改.
2219) 『舊唐書』 高宗本紀 등에는 10月 己酉로 나오며 『舊唐書』 동이열전 등에는 11월이라고 하였다. 『新唐書』 고종본기에는 12월 기유라고 하였다.
2220) 『舊唐書』 高宗本紀 등에는 10月 己酉로 나오며 『舊唐書』 동이열전 등에는 11월이라고 하였다. 『新唐書』 고종본기에는 12월 기유라고 하였다.
2221) 『舊唐書』 高宗本紀 등에는 10月 己酉로 나오며 『舊唐書』 동이열전 등에는 11월이라고 하였다. 『新唐書』 고종본기에는 12월 기유라고 하였다.
2222) 册府元龜 亦云 總章 元年 (668)

容 奏凱歌 獻於太廟 (『玉海』 194 兵捷 獻功 唐獻俘太廟)

고구려	冬十月甲午朔己未 高麗遣臣乙相奄鄒等進調[大使臣乙相奄鄒副使達相遁二位玄武若光等] (『日本書紀』 27 天智紀)
고구려	(天智天皇五年)十月甲午朔己未[廿六] (『類聚國史』 93 殊俗部 高麗)
고구려	(乾封元年)十一月 命司空英國公李勣爲遼東道行軍大總管 率裨將郭待封等以征高麗 (『舊唐書』 199上 列傳 149上 東夷 高麗)[2223]
고구려	(乾封元年)十一月 命英國公李勣率郭侍封等以征之 (『太平御覽』 783 四夷部 4 東夷 4 高句驪)[2224]
고구려	(唐高宗)乾封元年十一月 命英國公李勣爲遼東行軍大摠管 率裨將郭待封等以征高麗 (『册府元龜』 135 帝王部 135 好邊功)[2225]
고구려	總章戊辰 王統兵 與仁問欽純等 至平壤 會唐兵滅麗 唐帥李勣獲高臧王還國[(…) (乾封元年)十二月己酉 以李勣爲遼東道行臺[2226]大捴管 率六捴管兵 以伐高麗 (…)] (『三國遺事』 2 紀異 2 文虎王法敏)[2227]
고구려	十二月己酉 李勣爲遼東道行臺大總管 率六總管兵 以伐高麗 (『新唐書』 3 本紀 3 高宗)[2228]
고구려	(乾封)元年丙寅十二月癸[2229]酉 勣爲遼東道行軍大總管 (『新唐書』 61 表 1 宰相上)[2230]
고구려	冬十二月己酉 以李勣爲遼東道行軍大總管[2231] 以司列少常伯安陸郝處俊副之[2232] 以擊高麗 龐同善契苾何力並爲遼東道行軍副大總管兼安撫大使如故 其水陸諸軍總管幷運糧使竇義積獨孤卿雲郭待封等 並受勣處分[2233] 河北諸州租賦悉詣遼東給軍用 待封孝恪之子也[2234] (『資治通鑑』 201 唐紀 17 高宗)[2235]
고구려	(紀) 乾封元年十二月己酉 李勣爲大摠管 率六摠管兵 以伐高麗 (『玉海』 188 兵捷 檄書 下 唐遼東道行臺大摠管檄高麗)[2236]
고구려	(紀) 乾封元年十二月己酉 李勣爲遼東道行臺大摠管 率六摠管兵 以伐高麗 (『玉海』 191 兵捷 兵捷 露布 3 唐遼東道行臺大摠管李勣俘高麗 獻俘昭陵 檄高麗 含元殿數

2223) 『舊唐書』 高宗本紀 등에는 10月 己酉로 나오며 『舊唐書』 동이열전 등에는 11월이라고 하였다. 『新唐書』 고종본기에는 12월 기유라고 하였다.
2224) 『舊唐書』 高宗本紀 등에는 10月 己酉로 나오며 『舊唐書』 동이열전 등에는 11월이라고 하였다. 『新唐書』 고종본기에는 12월 기유라고 하였다.
2225) 『舊唐書』 高宗本紀 등에는 10月 己酉로 나오며 『舊唐書』 동이열전 등에는 11월이라고 하였다. 『新唐書』 고종본기에는 12월 기유라고 하였다.
2226) 저본의 臺는 軍이 옳다.
2227) 『舊唐書』 高宗本紀 등에는 10月 己酉로 나오며 『舊唐書』 동이열전 등에는 11월이라고 하였다. 『新唐書』 고종본기에는 12월 기유라고 하였다.
2228) 『舊唐書』 高宗本紀 등에는 10月 己酉로 나오며 『舊唐書』 동이열전 등에는 11월이라고 하였다. 『新唐書』 고종본기에는 12월 기유라고 하였다.
2229) 본문의 癸는 己가 옳다.
2230) 『舊唐書』 高宗本紀 등에는 10月 己酉로 나오며 『舊唐書』 동이열전 등에는 11월이라고 하였다. 『新唐書』 고종본기에는 12월 기유라고 하였다.
2231) 章 十二行本管下有兼安撫大使五字 乙十一行本同 孔本同 張校同 退齋校同]
2232) 安陸縣 漢屬 江夏郡 宋分屬安陸郡 隋唐屬安州 處昌呂翻
2233) 處 昌呂翻 分 扶問翻
2234) 郭孝恪事太宗 戰死於龜玆
2235) 『舊唐書』 高宗本紀 등에는 10月 己酉로 나오며 『舊唐書』 동이열전 등에는 11월이라고 하였다. 『新唐書』 고종본기에는 12월 기유라고 하였다.
2236) 『舊唐書』 高宗本紀 등에는 10月 己酉로 나오며 『舊唐書』 동이열전 등에는 11월이라고 하였다. 『新唐書』 고종본기에는 12월 기유라고 하였다.

	俘)2237)
고구려	冬十二月 唐以李勣爲遼東道行軍大摠管 以司列少常伯安陸 郝處俊副之 以擊高句麗 (『三國史記』6 新羅本紀 6)2238)
고구려	冬十二月 高宗以李勣爲遼東道行軍大摠管兼安撫大使 以司列少常伯安陸郝處俊副之 龐同善契苾何力 並爲遼東道行軍副大摠管兼安撫大使 其水陸諸軍摠管 幷轉糧使竇義 積獨孤卿雲郭待封等 並受勣處分 河北諸州租賦 悉詣遼東給軍用 (『三國史記』22 高 句麗本紀 10)2239)
고구려	冬十二月 帝以李勣爲遼東道行軍大摠管兼安撫大使 以司列少常伯安陸郝處俊副之 龐 同善契苾何力並爲遼東道行軍副大摠管兼安無2240)大使 其水陸諸軍摠管幷轉糧使竇義 積獨孤卿雲郭待封等 並受勣處分 河北諸州租賦 悉詣遼東給軍用 以擊高勾麗 (『三國 史節要』10)2241)
고구려	(唐高宗乾封元年)十二月 命司空英國公李勣 爲遼東道行軍大總管兼爲遼東安撫大使 左金吾衛將軍龐同善左驍衛大將軍契苾何力 並依舊 爲遼東道安撫大使 其水陸諸軍總 管幷粮運使竇義積獨孤卿雲郭待封 及募兵以上 並受勣處分 以討高麗 河北道諸州租 稅 總起遼東 以給軍用 於是 水陸分道 以赴平壤 (『册府元龜』986 外臣部 31 征討 5)2242)
고구려	(通監) (…) 乾封元年 李勣爲遼東道行軍大總管兼安撫大使 (『玉海』132 官制 使 唐 安撫使 安撫大使)2243)
고구려	公諱敬 字仁恭 其先齊國人也 (…) 至乾封元年 復從契苾將軍遼東道行 檢校子總管 幷知折衝事 (「婁敬 墓誌銘」: 『唐代墓誌滙篇』; 『全唐文補遺』5; 『全唐文新編』99 3)2244)
고구려	公諱哲 字知人 鉅鹿陽曲人也 (…) 乾封元年 詔加明威將軍 本官如故 (…) 是歲也 詔 公爲遼東道行軍總管 軍營對日 兵氣橫天 開玉堂而按部 坐金城而勒陣 闕鞏之甲 犀 兕七重 艅艎之船 舳艫千里 駕黿梁於聖海 秦皇息鞭石之威 泛黿釣於仙洲 愚叟罷移 山之力 然後風行電卷 斬將屠城 (…) (「魏哲 神道碑」: 『全唐文新編』194)2245)
고구려	公名勣 字懋功 (…) 尋授靈州道按撫大使 破延陁於烏德山 (…) 故勞公暮年 出征外域 乃以公爲遼東道安撫大使行軍大總管 (…) 縱間諜以知窮 因鄕導而乘隙 殄玆寇壘 不 藉九攻之勞 獲彼凶渠 唯恃七擒之術 傾源拔奔 海罄山空 萬代逋誅 一朝淸蕩 (…) (「 李勣碑」: 『全唐文新編』15)2246)
고구려	諱師訓 字邦基 其先長樂郡人也 (…) 乾封元年 制爲積利道總管 統彼舟軍 旣而蕩泛

2237) 『舊唐書』高宗本紀 등에는 10月 己酉로 나오며 『舊唐書』동이열전 등에는 11월이라고 하였다. 『新唐書』고종본기에는 12월 기유라고 하였다.

2238) 본 기사에는 日이 보이지 않지만, 『新唐書』高宗本紀 등에 12월 己酉(18)로 나온다. 따라서 12월 18일 로 편년하고 편제하였다.

2239) 본 기사에는 日이 보이지 않지만, 『新唐書』高宗本紀 등에 12월 己酉(18)로 나온다. 따라서 12월 18일 로 편년하고 편제하였다.

2240) 본 기사의 無는 撫가 옳다.

2241) 본 기사에는 日이 보이지 않지만, 『新唐書』高宗本紀 등에 12월 己酉(18)로 나온다. 따라서 12월 18일 로 편년하고 편제하였다.

2242) 본 기사에는 日이 보이지 않지만, 『新唐書』高宗本紀 등에 12월 己酉(18)로 나온다. 따라서 12월 18일 로 편년하고 편제하였다.

2243) 본 기사에는 日이 보이지 않지만, 『新唐書』高宗本紀 등에 12월 己酉(18)로 나온다. 따라서 12월 18일 로 편년하고 편제하였다.

2244) 본 기사에는 日이 보이지 않지만, 『新唐書』高宗本紀 등에 12월 己酉(18)로 나온다. 따라서 12월 18일 로 편년하고 편제하였다.

2245) 본 기사에는 日이 보이지 않지만, 『新唐書』高宗本紀 등에 12월 己酉(18)로 나온다. 따라서 12월 18일 로 편년하고 편제하였다.

2246) 본 기사에는 日이 보이지 않지만, 『新唐書』高宗本紀 등에 12월 己酉(18)로 나온다. 따라서 12월 18일 로 편년하고 편제하였다.

	標功 乘波展效 克彰懿積 進級增茅 (…) (「馮師訓碑」: 『全唐文補遺』 3; 『全唐文新編』 188)[2247]
고구려	(…) 君諱仁儉 字乾迪 河南洛陽人也 (…) 尋乾封元年 加授遊擊將軍 遼隊殘魂 尚潛山谷 朝庭以公爲經略使 彌餘寇 勒九都者 我諸將之功也 (…) (「陸仁儉 墓誌銘」: 『唐代墓誌滙篇續集』; 『全唐文補遺』 5)[2248]
고구려 신라	(冬十二月) 高句麗貴臣淵淨土 以城十二戶七百六十三口三千五百四十三來投 淨土及從官二十四人給衣物糧料家舍 安置王都及州府 其八城完 並[2249]遣士卒鎭守 (『三國史記』 6 新羅本紀 6)[2250]
고구려 신라	(冬十二月) 高勾麗貴臣淵淨土 率從官二十四人 以城十二戶 七百六十三口 三千五百四十三 投新羅 新羅給衣糧田宅 分置中外 其十二城並遣士卒鎭守 (『三國史節要』 10)
고구려	(會要[兼實錄等書]) (乾封元年)十二月 親祠南郊 以高麗平 昭告上帝 (『玉海』 194 兵捷 獻功 唐獻俘太廟)[2251]
백제	是冬 京都之鼠 向近江移 以百濟男女二千餘人 居于東國 凡不擇緇素 起癸亥年 至于三歲 竝賜官食 倭漢沙門智由 獻指南車 (『日本書紀』 27 天智紀)
백제 신라	至麟德三年已後 其地爲新羅靺鞨所分 百濟之種遂絶 (『唐會要』 95 百濟)
백제 신라	至麟德三年 其舊地沒於新羅 城旁餘衆 後漸衰弱 散投突厥及靺鞨 其王夫餘隆 竟不敢還舊國土 地盡沒於新羅靺鞨 扶餘氏君長 因之遂絶 義慈 事親以至孝 聞友於兄弟 時人號爲東海曾閔 及至京數日 病卒 葬於孫皓陳叔寶墓側 (『太平寰宇記』 172 四夷 1 東夷 1 百濟國)
고구려	往以三韓未附 鯷壑驚波 九種猶迷 鼇津駭浪 公荷霜戈而奮武 揮星劍以臨戎 勇若鱄諸 捷如慶忌 遂授公勳官上護軍 酬勞効也 (「龐德威 墓誌銘」: 『唐代墓誌滙篇』; 『全唐文補遺』 3; 『唐文拾遺』 17; 『全唐文新編』 259)[2252]
고구려	于時朱蒙遺孽 靑丘誕命 旣乖楛矢之盡 復阻桂樓之兵 得來幾諫 頻攀鏤檻 耿蘷偏討 屢刻豊碑 于時授公柵州都督兼總兵馬 管一十二州高麗 統卌七部靺鞨 (「李他仁 墓誌銘」: 『遠望集』 下; 2015 『高句麗渤海研究』 52)[2253]

667(丁卯/신라 문무왕 7년/고구려 보장왕 26/唐 乾封 2/倭 天智 6)

고구려	(乾封元年)明年[2254]正月 勣引道次新城 合諸將謀曰 新城 賊西鄙不先圖 餘城未易下

2247) 본 기사에는 日이 보이지 않지만, 『新唐書』 高宗本紀 등에 12월 己酉(18)로 나온다. 따라서 12월 18일로 편년하고 편제하였다.

2248) 본 기사에는 日이 보이지 않지만, 『新唐書』 高宗本紀 등에 12월 己酉(18)로 나온다. 따라서 12월 18일로 편년하고 편제하였다.

2249) 저본에는 缺刻되어 있다.

2250) 본 기사는 이적 등이 고구려를 공격한 사실과 함께 적고 있다. 하지만 『삼국사절요』에는 본 기사를 이적 등이 고구려를 공격한 사실과 구분하고 있다. 따라서 그 사실은 분리하여 두었다.

2251) 이 기사에서는 『唐會要』를 인용하고 있으나, 해당되는 기사를 찾을 수 없다. 『唐實錄』 등 현재 전하지 않는 다른 책에서 인용한 부분이라고 생각된다.

2252) 이 기사에는 연대 표기가 없으나, 당 태종의 고구려 원정이 645년이고 방덕위는 666년에 사망하였다. 그에 따라 645~666년으로 기간편년하고 마지막해인 666년에 배치하였다.

2253) 이 기사에는 연대 표기가 없으나, 당 태종의 고구려 원정이 645년이고 이 뒤에 667년의 행적이 나온다. 그에 따라 645~666년으로 기간편년하고 마지막해인 666년에 배치하였다.

2254) 본문의 明年은 건봉 2년을 말한다.

　　　　　　　逐壁西南山 臨城 城人縛戌酋出降 勣進拔城十有六 郭待封以舟師濟海 趨平壤 (『新唐
　　　　　　　書』220 列傳 145 東夷 高麗)2255)

고구려　　　　(高麗傳) (乾封元年)明年2256)正月 勣次新城 合諸將謀曰 新城賊西鄙不先圖 餘城未易
　　　　　　　下 逐壁西南山 臨城 城人縛戎酋出降 勣進拔城十有六 郭待封以舟師濟海 南趨平壤
　　　　　　　(『玉海』191 兵捷 兵捷 露布 3 唐遼東道行臺大摠管李勣俘高麗 獻俘昭陵 檄高麗
　　　　　　　含元殿數俘)

고구려 백제 신라
　　　　　　　春二月壬辰朔戊午 (…) 是日 以皇孫大田皇女 葬於陵前之墓 高麗百濟新羅 皆奉哀於
　　　　　　　御路 (…) (『日本書紀』27 天智紀)

고구려　　　　(天智天皇)六年二月壬辰朔戊午[廿七] (『類聚國史』93 殊俗部 高麗)

고구려　　　　(乾封)二年二月 勣度遼至新城 謂諸將曰 新城是高麗西境鎭城 最爲要害 若不先圖 餘
　　　　　　　城未易可下 逐引兵於新城西南 據山築柵 且攻且守 城中窘迫 數有降者 自此所向克
　　　　　　　捷 高藏及男建遣太大兄男産將首領九十八人 持帛幡出降 且請入朝 勣以禮延接 男建
　　　　　　　猶閉門固守 (『舊唐書』199上 列傳 149上 東夷 高麗)2257)

고구려　　　　(乾封)二年二月 勣至新城 謂諸將曰 新城是高麗西境鎭城 最爲要害 若不先圖 餘未易
　　　　　　　可下 逐引兵於城西南 據山築柵 且攻且守 城中窘急 數有降者 自此所向克捷 高藏及
　　　　　　　男建將首領九十八人 持帛幡出降 請使入朝 勣以禮延接 男建猶閉門固守 (『太平御覽』
　　　　　　　783 四夷部 4 東夷 4 高句驪)

고구려　　　　李勣 (…) 爲遼東行軍總管 勣拔高麗之新城 遣副將契苾何力引兵守之 勣初
　　　　　　　渡遼 謂諸將曰 新城是高麗西境鎭城 最爲要害 若不先圖 餘城未易 可下 逐引兵於新
　　　　　　　城西南 據山築柵 且戰且守 於是 城中人扶仇等縛其城主 開門請降 勣逐引兵進破一
　　　　　　　十六城 (『册府元龜』366 將帥部 27 機略 6 李勣)2258)

고구려　　　　(乾封元年)明秊 召入朝 遷遼東大都督玄菟郡公 賜第京師 因詔還軍 與李勣攻平壤 入
　　　　　　　禽王 帝詔遣子 即遼水勞賜 還 進右衛大將軍卞國公 年四十六卒 男生純厚有禮 奏對
　　　　　　　敏辯 善射藝 其初至 伏斧鑕待罪 世以此稱焉 (『三國史記』49 列傳 9 蓋蘇文 附 男
　　　　　　　生)2259)

고구려　　　　明年 召入朝 詔所過州縣傳舍作鼓吹 右羽林將軍李同以飛騎仗廷寵 遷遼東大都督玄
　　　　　　　菟郡公 賜第京師 因詔還軍 與李勣攻平壤 使浮屠信誠內間 引高麗銳兵潛入 禽高藏
　　　　　　　詔遣子齎手制金皿 即遼水勞賜 還進右衛大將軍卞國公 賜寶器宮侍女二馬八十 (『新唐
　　　　　　　書』110 列傳 35 諸夷蕃將 泉男生)2260)

고구려　　　　(乾封)二年 奉勅追公入朝 (「泉男生墓誌銘」)2261)

고구려　　　　高麗本記云 (…) 時普德和尙住盤龍寺 憫左道匹正 國祚危矣 屢諫不聽 乃以神力飛方
　　　　　　　丈 南移于完山州[今全州也]孤大山而居焉 即永徽元年庚戌六月也[又本傳云 乾封二年
　　　　　　　丁卯三月三日也] (…) 今景福寺有飛來方丈是也云云[已上國史] 眞樂公留詩在堂 文烈

─────────────────
2255) 『新唐書』高宗本紀·『資治通鑑』건봉 2년조에는 9월 辛未(22?)와 12월 辛未(14?)로 되어 있고, 『舊唐
　　　書』東夷列傳 高句麗조에는 2월로 나온다.
2256) 본문의 明年은 건봉 2년을 말한다.
2257) 『新唐書』高宗本紀·『資治通鑑』乾封 2年條에는 9월 辛未(14)와 12월 辛未(14?)로 되어 있고, 『新唐
　　　書』東夷列傳 高句麗조에는 正月로 나온다.
2258) 이 기사에는 월 표기가 없으나, 『舊唐書』高句麗傳 등에 의거하여 2월로 편년하였다.
2259) 이 기사에는 월 표기가 없으나, 『舊唐書』高句麗傳 등에 의거하여 2월로 편년하였다.
2260) 이 기사에는 월 표기가 없으나, 『舊唐書』高句麗傳 등에 의거하여 2월로 편년하였다.
2261) 이 기사에는 월 표기가 없으나, 『舊唐書』高句麗傳 등에 의거하여 2월로 편년하였다.

公著傳行世 (…) (『三國遺事』3 興法 3 寶藏奉老 普德移庵)

탐라　秋七月己未朔己巳 耽羅遺佐平椽磨等貢獻 (『日本書紀』27 天智紀)
탐라　(天智天皇)六年己未朔己巳[十一] (『類聚國史』99 殊俗部 耽羅)

고구려　公諱敬 字仁恭 其先齊國人也 (…) 以乾封二年七月日 薨於軍中 春秋五十有三 (「婁敬 墓誌銘」:『唐代墓誌滙篇』;『全唐文補遺』5;『全唐文新編』993)

신라　秋七月 大酺三口 (『三國史記』6 新羅本紀 6)
신라　秋七月 新羅大酺三日 (『三國史節要』10)

신라 고구려　(秋七月) 唐皇帝勅以智鏡愷元爲將軍 赴遼東之役 王即以智鏡爲波珍飡 愷元爲大阿飡 又皇帝勅以日原大阿飡爲雲麾將軍 王命於宮庭 受命 (『三國史記』6 新羅本紀 6)
신라 고구려　(秋七月) 帝勅新羅以智鏡愷元日原爲將軍 赴遼東 王即以智鏡爲波珍飡 愷元爲大阿飡 日原爲雲麾將軍 (『三國史節要』10)

신라　(秋七月) 遣大奈麻汁恒世 入唐朝貢 (『三國史記』6 新羅本紀 6)

신라 고구려　(秋七月) 高宗命劉仁願金仁泰從卑列道 又徵我兵 從多谷海谷二道 以會平壤 (『三國史記』6 新羅本紀 6)
신라 고구려　(秋七月) 帝命劉仁願金仁泰 從卑列道 攻高勾麗 又徵新羅兵 從多谷海谷二道 會平壤 (『三國史節要』10)

고구려　(紀) (乾封)二年八月辛未 李勣及高麗戰于新城敗之 (『玉海』191 兵捷 兵捷 露布 3 唐遼東道行臺大摠管李勣俘高麗 獻俘昭陵 檄高麗 合元殿數俘)[2262]

신라　秋八月 王領大角干金庾信等三十將軍 出京 (『三國史記』6 新羅本紀 6)
신라　八月 新羅王親帥金庾信等三十將軍 出師 (『三國史節要』10)

고구려　(九月)辛未 李勣及高麗戰于新城 敗之 (『新唐書』3 本紀 3 高宗)[2263]
고구려 신라　(九月)辛未 李勣拔高麗之新城 使契苾何力守之 初度遼 謂諸將曰 新城 高麗西邊要害 不先得之 餘城未易取也[2264] 遂攻之 城人師夫仇等縛城主開門降[2265] 勣引兵進擊 一十六城皆下之 龐同善高侃尚在新城 泉男建遣兵襲其營 左武衛將軍薛仁貴擊破之 侃進至金山 與高麗戰 不利 高麗乘勝逐北 仁貴引兵橫擊 大破之 斬首五萬餘級[2266] 拔南蘇木底蒼巖三城[2267] 與泉男生軍合 郭待封以水軍自別道趣平壤 勣遺別將馮師本載糧仗以資之[2268] 師本船破 失期 待封軍中飢窘 欲作書與勣 恐爲虜所得 知其虛實 乃作離合詩以與勣[2269] 勣怒曰 軍事方急 何以詩爲 必斬之 行軍管記通事舍人元[2270]萬

2262) 『新唐書』東夷列傳 高句麗조에는 '正月'로, 『舊唐書』東夷列傳 高句麗조에는 2월로, 『新唐書』에는 九月 辛未로 나온다. 『玉海』에는 八月 辛未로 나온다.
2263) 『新唐書』東夷列傳 高句麗조에는 '正月'로, 『舊唐書』東夷列傳 高句麗조에는 2월로, 『자치통감』에는 12월 辛未(14?)로 되어 있다.
2264) 易 以豉翻
2265) 降 戶江翻
2266) 新書 作斬馘五千
2267) 三城後皆置爲州
2268) 趣 七喩翻 將 即亮翻
2269) 離合詩 離析字畫 合之成文 以見其意

頃爲釋其義[2271] 勣乃更遣糧仗赴之 萬頃作檄高麗文曰 不知守鴨綠之險 泉男建報曰
謹聞命矣 卽移兵據 鴨綠津 唐兵不得渡 上聞之 流萬頃於嶺南 郝處俊在高麗城下 未
及成列 高麗奄至 軍中大駭 處俊據胡床 方食乾糒[2272] 潛簡精銳 擊敗之[2273] 將士服
其膽略 (『資治通鑑』201 唐紀 17 高宗)

고구려 　秋九月 李勣拔新城 使契苾何力守之 勣初渡遼 謂諸將曰 新城高句麗西邊要害 不先
得之 餘城未易取也 遂攻之 城人師夫仇等 縛城主開門降 勣引兵進擊 一十六城皆下
龐同善高侃尙在新城 泉男建遣兵襲其營 左武衛將軍薛仁貴擊破之 侃進至金山 與我
軍戰敗 我軍乘勝逐北 薛仁貴引兵橫擊之 殺我軍五萬餘人 拔南蘇木氐蒼嵒三城 與泉
男生軍合 郭待封以水軍 自別道趣平壤 勣遣別將馮師本 載糧仗以資 師本舡破失期
待封軍中飢窘 欲作書與勣 恐爲他所得 知其虛實 乃作離合詩以與勣 勣怒曰 軍事方
急 何以詩爲 必斬之 行軍管記通事舍人元萬頃 爲釋其義 勣乃更遣糧仗赴之 萬頃作
檄文曰 不知守鴨淥之險 泉男建報曰 謹聞命矣 即移兵據鴨淥津 唐兵不得度 高宗聞
之 流萬頃於嶺南 郝處俊在安市城下 未及成列 我軍三萬掩至 軍中大駭 處俊據胡床
方食乾糒 簡精銳擊敗之 (『三國史記』22 高句麗本紀 10)[2274]

고구려 　(九月) 李勣拔高勾麗新城 使契苾何力守之 勣初度遼 謂諸將曰 新城高勾麗西邊要害
不先得之 餘城未易取也 遂攻之 城人師夫仇等 縛城主開門降 勣引兵進擊 十六城皆
下之 龐同善高侃尙在新城 泉男建遣兵襲其營 左武衛將軍薛仁貴擊破之 侃進至金山
與高勾麗軍戰敗 高勾麗軍乘勝逐北 薛仁貴引兵橫擊之 殺五萬餘人 拔南蘇木氐蒼嵒
三城 與男生軍合 郭待封以水軍自別道 趣平壤 勣遣別將馮師本 載糧仗以資之 師本
舡破失期 待封軍中飢窘 欲作書與勣 恐爲他所得知其虛實 乃作離合詩以與勣 勣怒曰
軍事方急 何以詩爲 必斬之 行軍管記通事舍人元萬頃爲釋其義 勣乃更遣糧仗 萬頃作
檄文曰 不知守鴨淥之險 男建報曰 謹聞命矣 即移兵據鴨淥津 唐兵不得度 帝聞之 流
萬頃於嶺南 郝處俊在安市城下 未及成列 高勾麗軍三萬掩至 軍中大駭 處俊據胡床
方食乾糒 簡精銳 擊敗之 (『三國史節要』10)[2275]

고구려 　(唐高宗乾封)二年九月 李勣發高麗之新城 遣副將契苾何力守之 勣遂引兵進破一十六
城 (『册府元龜』986 外臣部 31 征討 5)[2276]

고구려 　乾封二年 (…) 屬高麗反叛 詔司空李勣爲浿江道大總管 以處俊爲副 嘗次賊城 未遑置
陣 賊徒奄至 軍中大駭 處俊獨據胡床 方餐乾糒 乃潛簡精銳擊敗之 將士多服其膽略
(『舊唐書』84 列傳 34 郝處俊)[2277]

고구려 　乾封中 伐高麗 裨將郭待封以水軍別道赴平壤城 又遣別帥馮師本 齎軍糧舟行 以爲之
援 師本中路船破失期 待封欲作書與勣 恐高麗知其救兵不至 乘危迫之 乃作離合詩
以遺勣 勣不達其意 怒曰 軍機急切 何用詩爲 必斬以狥 行軍管記通事舍人元萬頃白
勣曰 此離合文也 勣始悟 即日遣偏軍 持糧伏 以援之 待封遂濟海 (『册府元龜』414
將帥部 75 赴援 李勣)[2278]

고구려 　元萬頃 洛陽人 (…) 乾封中 從英國公李勣征高麗 爲遼東道總管記室 別帥馮本以水軍
援裨將郭待封 船破失期 待封欲作書與勣 恐高麗知其救兵不至 乘危迫之 乃作離合詩

2270) 章 十二行本元上有河南二字 乙十一行本同 張校同 云無註本亦無
2271) 管記 掌軍中書檄 爲 于僞翻
2272) 胡床 卽今之交床 乾 音干 糒 音備
2273) 敗 補邁翻
2274) 이 기사에는 일자 표기가 없으나, 『新唐書』本紀 등에 의거하여 9월14일(辛未)로 편년하였다.
2275) 이 기사에는 일자 표기가 없으나, 『新唐書』本紀 등에 의거하여 9월14일(辛未)로 편년하였다.
2276) 이 기사에는 일자 표기가 없으나, 『新唐書』本紀 등에 의거하여 9월14일(辛未)로 편년하였다.
2277) 이 기사에는 월일 표기가 없으나, 『新唐書』本紀 등에 의거하여 9월14일(辛未)로 편년하였다.
2278) 이 기사에는 연대 표기가 없으나, 『新唐書』本紀 등에 의거하여 乾封 2년(667) 9월14일(辛未)로 편년
　　하였다.

贈勳 勳不達其意 大怒曰 軍機急切 何用詩爲 必斬之 萬頃爲解釋之 乃止 勳嘗令萬頃作文檄高麗 其語有譏高麗 不知守鴨綠之隘 莫離支報云 謹聞命矣 遂移兵固守鴨綠 官軍不得入 萬頃坐是流于嶺外 (『舊唐書』190中 列傳 140中 元萬頃)[2279]

고구려	元萬頃 後魏京兆王子推裔 (…) 從李勣征高麗 管書記 勣命別將郭待封以舟師赴平壤 馮師本載糧繼之 不及期 欲報勣 而恐爲諜所得 萬頃爲作離合詩遺勣 勣怒曰軍機切遽 何用詩爲欲斬待封 萬頃言狀 乃免 又使萬頃草檄讓高麗 而譏其不知守鴨淥之險 莫離支報曰謹聞命 徙兵固守 軍不得入 高宗聞之 投萬頃嶺外(『新唐書』201 列傳 126 文藝 上 元萬頃)[2280]
고구려	(元萬頃傳) 從李勣征高麗 管書記 使萬頃草檄 責高麗 (『玉海』188 兵捷檄書 下 唐遼東道行臺大摠管檄高麗)[2281]
고구려	元萬頃爲遼東道管記 作檄文 譏議高麗 不知守鴨綠之險 莫离支報云 謹聞命矣 遂移兵守之 萬頃坐是 流于嶺南[出譚賓錄] (『太平廣記』493 雜錄 1 元萬頃)[2282]
고구려	元萬頃 洛陽人 後魏 景穆皇帝之裔 起家通事舍人 乾封中 從英國公李勣征高麗 令作檄文 萬頃譏其不知守鴨綠之險 莫離支報曰 謹聞命矣 遂移兵守鴨綠 兵不得入 坐流嶺外 (『全唐詩』1函 9册)[2283]
고구려	金山大陣 兇黨實繁 卿身先士卒 奮不顧命 左衝右擊 所向無前 諸軍賈勇 致斯剋捷 宜善建功業 全此令名也 (『全唐文』14 高宗皇帝 賜薛仁貴手勅)[2284]

신라	九月 至漢城停 以待英公 (『三國史記』6 新羅本紀 6)
신라	九月 至漢城停 待李勣軍 (『三國史節要』10)

고구려	(通監[兼本傳]) (乾封)二年秋 賜袍帶金釦七事 (『玉海』153 朝貢 外夷來朝 內附 唐高麗請頒曆)[2285]

신라 고구려	冬十月二日 英公到至平壤城北二百里 差遣尒同兮村主大奈麻江深 率契丹騎兵八十餘人 歷阿珍含城至漢城 移書以督兵期 大王從之 (『三國史記』6 新羅本紀 6)
신라 고구려	冬十月 李勣到平壤城北二百里 遣大奈麻江深 率契丹騎兵八十餘人 歷阿珍含城至漢城 移書督新羅兵 新羅王從之 (『三國史節要』10)[2286]
신라 고구려	至乾封二年 聞大摠管英國公逐 某往漢城州 遣兵集於界首 新羅兵馬 不可獨入 先遣細作三度 船相次發遣 覘候大軍 細作廻來 並云 大軍未到平壤 且打高麗七重城 開通道路 佇待大軍來至 其城垂垂欲破 英公使人江深來云 奉大摠管處分 新羅兵馬不須打城 早赴平壤 卽給兵粮 遣令赴會 行至水谷城 聞大軍已廻 新羅兵馬 遂卽抽來 (『三國史記』7 新羅本紀 7)[2287]

2279) 이 기사에는 연대 표기가 없으나, 『新唐書』本紀 등에 의거하여 乾封 2년(667) 9월14일(辛未)로 편년하였다.

2280) 이 기사에는 연대 표기가 없으나, 『新唐書』本紀 등에 의거하여 乾封 2년(667) 9월14일(辛未)로 편년하였다.

2281) 이 기사에는 연대 표기가 없으나, 『新唐書』本紀 등에 의거하여 乾封 2년(667) 9월14일(辛未)로 편년하였다.

2282) 이 기사에는 연대 표기가 없으나, 『新唐書』本紀 등에 의거하여 乾封 2년(667) 9월14일(辛未)로 편년하였다.

2283) 이 기사에는 연대 표기가 없으나, 『新唐書』本紀 등에 의거하여 乾封 2년(667) 9월14일(辛未)로 편년하였다.

2284) 이 기사에는 연대 표기가 없으나, 『新唐書』本紀 등에 의거하여 乾封 2년(667) 9월14일(辛未)로 편년하였다.

2285) 이 기사에서는 『資治通鑑』과 『新唐書』高麗傳을 인용하고 있으나, 두 문헌에 없는 내용이다.

2286) 본 기사에는 日이 보이지 않지만, 『三國史記』에 10월 2일로 되어 있다. 따라서 10월 2일에 편년하고 편제하였다.

신라 고구려 　 至乾封二年 管英國公征遼 某往漢城州 遣兵集於界首 新羅兵馬 不可獨入 先遣細作 三度 舩相次發遣 覘候大軍 細作回來 並云 大軍未到平壤 且打高麗七重城 開通道路 佇待大軍來至 其城垂垂欲破 英公使人江深來云 奉大摠管處分 新羅兵馬不須打城 早 赴平壤 即給兵粮 遣令赴會 行至水谷城 聞大軍已回 新羅兵馬 遂即抽來 (『三國史節 要』10)[2288]

고구려 　 冬十月 高麗大兄男生 出城巡國 於是 城內二弟 聞側助士大夫之惡言 拒而勿入 由是 男生奔入大唐 謀滅其國 (『日本書紀』27 天智紀)

고구려 　 (天智天皇六年)十月 (『類聚國史』93 殊俗部 高麗)

백제 　 十一月丁巳朔己丑 百濟鎭將劉仁願 遣熊津都督府熊山縣令上柱國司馬法聰等 送大山 下境部連石積等於筑紫都督府 (『日本書紀』27 天智紀)

신라 　 十一月十一日 至獐塞 聞英公歸 王兵亦遇 仍授江深位級湌 賜粟五百石 (『三國史記』 6 新羅本紀 6)

신라 　 十一月 王至獐塞 聞勣歸 亦還 仍授江深級湌 賜粟五百石 (『三國史節要』10)[2289]

백제 　 (十一月丁巳朔)己巳 司馬法聰等罷歸 以小山下伊吉連博德大乙下笠臣諸石 爲送使 (『 日本書紀』27 天智紀)

고구려 　 (唐書又曰 乾封二年)十一月 拔平壤城 虜高藏男建等 至京師 獻俘於含元宮 乃分其地 置都督府九州四十二縣一百 又置安東都護府以統之 擢其酋渠有功者 授都督刺史及縣 令 與華人叅理 仍遣左武衛將軍 薛仁貴 摠兵鎭之 自是高氏君長遂絶 (『太平御覽』7 83 四夷部 4 東夷 4 高句驪)[2290]

고구려 　 高宗乾封初 爲遼東道行軍摠管 拔平壤城 虜其王還 授鎭軍大將軍行左衛大將軍 徙封 梁國公 (『册府元龜』384 將帥部 45 襃異 19 契苾何力)[2291]

고구려 　 何力率兵五十萬 先趨平壤 勣繼進攻 凡七月拔之 虜其王以獻 (『新唐書』110 列傳 3 5 諸夷蕃將 契苾何力)[2292]

고구려 　 (契苾何力傳) 率兵五十萬 先趨平壤 勣繼進攻 凡二月拔之 虜其王以獻 (『玉海』191 兵捷 兵捷 露布 3 唐遼東道行臺大摠管李勣俘高麗 獻俘昭陵 檄高麗 含元殿數 俘)[2293]

탐라 　 閏十一月丁亥朔丁酉 以錦十四匹纈十九匹緋廿四匹紺布廿四端桃染布五十八端斧廿六 鈗六十四刀子六十二枚 賜椽磨等 (『日本書紀』27 天智紀)

탐라 　 (天智天皇六年)冬閏十一月丁亥朔丁酉[十一] (『類聚國史』99 殊俗部 耽羅)

신라 　 十二月 中侍文訓卒 (『三國史記』6 新羅本紀 6)

2287) 본 기사에는 月·日이 보이지 않지만, 『三國史記』에 10월 2일로 되어 있다. 따라서 10월 2일에 편년하고 편제하였다.
2288) 본 기사에는 月·日이 보이지 않지만, 『三國史記』에 10월 2일로 되어 있다. 따라서 10월 2일에 편년하고 편제하였다.
2289) 본 기사에는 日이 보이지 않지만, 『三國史記』에 11월 11일로 나온다. 따라서 11월 11일에 편년하고 편제하였다.
2290) 『舊唐書』 高麗傳에는 總章元年(668) 11월로 되어 있다.
2291) 이 기사에는 연대 표기가 없으나, 『太平御覽』에 의거하여 乾封 2년(667) 11월로 편년하였다.
2292) 이 기사에는 연대 표기가 없으나, 『太平御覽』에 의거하여 乾封 2년(667) 11월로 편년하였다.
2293) 이 기사에는 연대 표기가 없으나, 『太平御覽』에 의거하여 乾封 2년(667) 11월로 편년하였다.

신라   十二月 新羅中侍文訓卒 (『三國史節要』10)

신라   (十二月) 唐留鎭將軍劉仁願 傳宣天子勅命 助征高句麗 仍賜王大將軍旌節 (『三國史記』6 新羅本紀 6)

신라   (十二月) 唐命留鎭將軍劉仁願 令新羅王助征高勾麗 仍賜王大將軍旌節 (『三國史節要』10)

신라   右理方府 文武王七年置 令二人 卿二人 佐二人 大舍二人 史十人 (『三國史記』38 雜志 7 職官 上)

신라   新羅置右理方府 令二人 卿二人 佐二人 大舍二人 史十人 (『三國史節要』10)

신라   王初即位 龍朔 辛酉 泗沘南海中有死女尸 身長七十三尺 足長六尺 陰長三尺 或云身長十八尺 在封軌[2294]二年丁卯 (『三國遺事』2 紀異 2 文虎王法敏)

신라   乾封二年 卒 唐帝悼之 贈左驍騎大将軍幽州都督 諡曰莊[已上唐史文] (『三國遺事』1 紀異 1 太宗春秋公)

신라   乾封二年 卒 年七十六 高宗聞而傷惜 謂侍臣曰 蘇定方於國有功 例合褒贈 卿等不言 遂使哀榮未及 興言及此 不覺嗟悼 遽下詔贈幽州都督 諡曰莊 (『舊唐書』83 列傳 33 蘇定方)

신라   乾封二年 卒 年七十六 帝悼之 責謂侍臣曰 定方於國有功 當褒贈 若等不言 何邪 乃贈左驍衛大將軍幽州都督 諡曰莊 (『新唐書』111 列傳 36 蘇定方)

고구려   公諱哲 字知人 鉅鹿陽曲人也 (…) (乾封)二年 詔加上柱國 仍檢校安東都護 (…) (「魏哲 神道碑」:『全唐文新編』194)

고구려   高宗乾封初 爲右相兼檢校太子左中護 累前後戰功 封樂城縣男 (『册府元龜』384 將帥部 45 褒異 19 劉仁軌)

고구려   大摠管英公 三秦推穀 万里授柯 奉皇帝之新書 遵廟堂之上略 公辯亡有預見 梁水之一星處須知歸 識魏軍之百日 遂率所部效款轅門 微子入周 後機增覗 陳平棄楚 先覺未△ (「李他仁 墓誌銘」:『遠望集』下; 2015『高句麗渤海硏究』52)

고구려   負扛鼎之雄材 鬱拔山之壯氣 有勅△其驍勇 討以遼東 (「高玄 墓誌銘」: 1999『박물관연보』10(서울대))[2295]

고구려   年登弱冠 志蘊雄圖 學劍可敵於萬人 彎弧有工於七札 在藩任三品位頭大兄兼大將軍 屬禩起遼賓 釁萌韓壤 妖星夕墜 毒霧晨蒸 (「高質 墓誌銘」: 2007『신라사학보』9)[2296]

고구려   祖敬父直 或孝德動天 馳名於樂浪 或忠勤濟物 譽表於夫餘[2297] (「李隱之 墓誌銘」: 2

2294) 저본의 封軌은 乾封이 옳다.
2295) 고현은 666년 남생을 따라 당에 귀의하였고, 당의 고구려 공격은 667년에 시작되었다. 그에 따라 666
~667년으로 기간편년하고 마지막해인 667년에 배치하였다.
2296) 고질은 626년에 출생하였으므로 20세는 645년에 해당되고, 이 뒤에 668년의 행적이 나온다. 667년 이
전의 행적이라고 판단되므로, 645~667년으로 기간편년하고 마지막해인 667년에 배치하였다.
2297) 이 뒤의 사적에 대해서는 "勇武旣自於天然 果斷寧由於學得 異夫子之入夢 且歎山頹 殊仙客之延齡 還

015 『韓國古代史探究』 21)[2298]

고구려	曾祖前 本蕃三品位頭大兄 祖式 二品莫離支 獨知國政及兵馬事 父量 三品柵城都督 位頭大兄兼大相 幷材望雄傑 匡翊本蕃 聲芬暢遠 播聞中國 (「高質 墓誌銘」: 2007 『신라사학보』 9)[2299]

668(戊辰/신라 문무왕 8/고구려 보장왕 27/唐 乾封 3, 總章1/倭 天智 7)

신라	戊辰年正月十二日朋南漢城道使 (…) (「二聖山城 出土 木簡」 全面)[2300]
신라	須城道使村主前南漢城 (…) (「二聖山城 出土 木簡」 側面)[2301]
신라	△△蒲△△△△△△ (…) (「二聖山城 出土 木簡」 後面)[2302]

고구려	(春正月)壬子 以右相劉仁軌爲遼東道副大總管 (『舊唐書』 5 本紀 5 高宗 下)
고구려	正月 壬子 劉仁軌爲遼東道副大總管兼安撫大使浿江道行軍總管 (『新唐書』 3 本紀 3 高宗)
고구려	(總章)元年戊辰正月壬子 仁軌爲遼東道行軍副總管兼安撫大使浿江道行軍總管 (『新唐書』 61 表 1 宰相 上)
고구려	春正月壬子 以右相劉仁軌爲遼東道副大總管 (『資治通鑑』 201 唐紀 17 高宗)
고구려	春正月 以右相劉仁軌爲遼東道副大摠管 郝處俊金仁問副之 (『三國史記』 22 高句麗本紀 10)[2303]
고구려	春正月 李勣帥師伐高勾麗 以右相劉仁軌爲遼東道副大摠管 郝處俊金仁問副之 使仁問徵兵於新羅 (『三國史節要』 10)[2304]
고구려	劉仁軌 (…) (乾封)三年 爲熊津道安撫大使兼浿江道總管 副司空李勣討平高麗 (『舊唐書』 84 列傳 34 劉仁軌)[2305]
고구려	總章元年 爲熊津道安撫大使 兼浿江道總管 副李勣討高麗 平之 (『新唐書』 108 列傳 33 劉仁軌)[2306]
고구려	(通監[兼實錄等書]) (…) 總章元年 劉仁軌爲遼東道安撫大使 (『玉海』 132 官制 使 唐安撫使 安撫大使)[2307]

요동	二月戊午 遼東道破薛賀水五萬人 陣斬首五千餘級 獲生口三萬餘人 器械牛馬不可勝計 (『舊唐書』 5 本紀 5 高宗 下)
고구려	(二月) 泉男建復遣兵五萬人 救扶餘城 與李勣等遇於薛賀水 合戰 敗死者三萬餘人 勣

嗟海變 嗚呼哀哉"라고 기록되어 있다.

2298) 조부·부친의 행적은 연대를 알 수 없으나, 연령 등을 고려하면 영류왕~보장왕대(618~668)로 판단된다. 668년에 당에 귀의하였으므로 618~667년으로 기간편년하고 마지막해인 667년에 배치하였다.
2299) 증조~부친의 행적은 연대를 알 수 없으나, 연령 등을 고려하면 영양왕~보장왕대(590~668)로 판단된다. 668년에 당에 귀의하였으므로 590~667년으로 기간편년하고 마지막해인 667년에 배치하였다.
2300) 608년으로 보기도 한다.
2301) 608년으로 보기도 한다.
2302) 608년으로 보기도 한다.
2303) 본 기사에는 日이 보이지 않지만, 『舊唐書』·『舊唐書』 高宗本紀 등에는 정월 28일로 나온다. 따라서 정월 28일로 편년하고 편제하였다.
2304) 본 기사에는 日이 보이지 않지만, 『舊唐書』 등에는 정월 28일로 나온다. 따라서 정월 28일로 편년하고 편제하였다.
2305) 본 기사에는 月·日이 보이지 않지만, 『舊唐書』 등에는 정월 28일로 나온다. 따라서 정월 28일로 편년하고 편제하였다.
2306) 본 기사에는 月·日이 보이지 않지만, 『舊唐書』 등에는 정월 28일로 나온다. 따라서 정월 28일로 편년하고 편제하였다.
2307) 본 기사에는 月·日이 보이지 않지만, 『舊唐書』 등에는 정월 28일로 나온다. 따라서 정월 28일로 편년하고 편제하였다.

進攻大行城 (『三國史記』22 高句麗本紀 10)[2308]

고구려　(二月) 男建復遣兵五萬人 救扶餘城 與李勣等遇於薛賀水合戰 敗死者三萬餘人 勣進攻大行城 (『三國史節要』10)[2309]

고구려　(二月) 泉男建復遣兵五萬人救扶餘城[2310] 與李勣等遇於薛賀水[2311] 合戰 大破之 斬獲三萬餘人 進攻大行城 拔之 (『資治通鑑』201 唐紀 17 高宗)[2312]

고구려　(乾封三年二月) 男建以兵五萬襲扶餘 勣破之薩賀水上 斬首五千級 俘口三萬 器械牛馬稱之 進拔大行城 劉仁願與勣會 後期 召還當誅 赦流姚州 契苾何力會勣軍于鴨淥 拔辱夷城 悉師圍平壤 (『新唐書』220 列傳 145 東夷 高麗)[2313]

고구려　(高麗傳) (乾封三年二月) 男建以兵五萬襲扶餘 勣破之薩賀水上 斬首五千級 俘口三萬 器械牛馬稱之 進拔大行城 契苾何力 會勣軍鴨綠 拔辱夷城 悉師圍平壤 (『玉海』191 兵捷 兵捷 露布 3 唐遼東道行臺大摠管李勣俘高麗 獻俘昭陵 檄高麗 含元殿數俘)[2314]

고구려　(二月)壬午 李勣敗高麗 克扶餘南蘇木底蒼巖城 (『新唐書』3 本紀 3 高宗)

고구려　二月壬午 李勣等拔高麗扶餘城[2315] 薛仁貴既破高麗於金山 乘勝將三千人將攻扶餘城 諸將以其兵少 止之 仁貴曰 兵不在多 顧用之何如耳 遂爲前鋒以進 與高麗戰 大破之 殺獲萬餘人 遂拔扶餘城 扶餘川中四十餘城皆望風請服 (『資治通鑑』201 唐紀 17 高宗)

고구려　(紀) 摠[總]章元年二月壬午 李勣敗高麗克扶餘南蘇木底蒼城巖城 (『玉海』191 兵捷 兵捷 露布 3 唐遼東道行臺大摠管李勣俘高麗 獻俘昭陵 檄高麗 含元殿數俘)

고구려　二月 李勣等拔我扶餘城 薛仁貴旣破我軍於金山 乘勝 將三千人 將攻扶餘城 諸將以其兵少止之 仁貴曰 兵不必多 顧用之何如耳 遂爲前鋒以進 與我軍戰勝之 殺獲我軍 遂拔扶餘城 扶餘川[2316]中四十餘城皆請服 (『三國史記』22 高句麗本紀 10)[2317]

고구려　二月 李勣等拔高勾麗扶餘城 薛仁貴旣破高勾麗軍於金山 乘勝將三千人 將攻扶餘城 諸將以其兵少 止之 仁貴曰 兵不必多 顧用之何如耳 遂爲前鋒進 與高勾麗戰 克之 遂拔扶餘城 扶餘川中四十餘城皆請降 (『三國史節要』10)[2318]

고구려　(乾封)三年二月 勣率仁貴拔扶餘城 它城三十皆納款 同善偘守新城 男建遣兵襲之 仁貴救偘 戰金山 不勝 高麗鼓而進 銳甚 仁貴橫擊 大破之 斬首五萬級 拔南蘇木底蒼岩三城 引兵略地 與勣會 (『新唐書』220 列傳 145 東夷 高麗)[2319]

고구려　(唐高宗乾封)三年二月 李勣及薛仁貴 進拔高麗之扶餘城 時偏將龐同善高侃等爲後殿 尙在新羅高麗男建遣救新城 夜襲同善 仁貴率援軍 以破之 侃等移軍 進至金山 爲賊所敗 高麗乘勝而進 仁貴等橫擊之 賊大敗 斬首五萬餘級 遂拔其南蘇木底蒼嵓等三城 與男生之軍 相會仁貴 乘勝領二千人 將攻餘城 諸將以兵少止之 仁貴曰 在善用耳 不

2308)『舊唐書』高宗 本紀에 2월 4일로 나온다. 따라서 2월 4일로 편년하고 편제하였다.
2309)『舊唐書』高宗 本紀에 2월 4일로 나온다. 따라서 2월 4일로 편년하고 편제하였다.
2310) 復 扶又翻
2311) 新書作薩賀水
2312)『舊唐書』高宗 本紀에 2월 4일로 나온다. 따라서 2월 4일로 편년하고 편제하였다.
2313)『舊唐書』高宗 本紀에 2월 4일로 나온다. 따라서 2월 4일로 편년하고 편제하였다.
2314)『舊唐書』高宗 本紀에 2월 4일로 나온다. 따라서 2월 4일로 편년하고 편제하였다.
2315) 扶餘國之故墟 故城存其名
2316) 저본에는 川으로 되어 있으나, 州가 옳다.
2317) 본 기사에는 日이 보이지 않지만,『新唐書』등에 2월28일로 나온다. 따라서 2월28일로 편년하고 편제하였다.
2318) 본 기사에는 日이 보이지 않지만,『新唐書』등에 2월28일로 나온다. 따라서 2월28일로 편년하고 편제하였다.
2319) 본 기사에는 日이 보이지 않지만,『新唐書』등에 2월28일로 나온다. 따라서 2월28일로 편년하고 편제하였다.

	在多也 遂先鋒而行 敗衆來拒逆擊 大破之 殺獲萬餘人 餘城旣降 扶餘州內四十餘城 一時送款 (『册府元龜』 986 外臣部 31 征討 5)[2320]
고구려	(高麗傳) (乾封)三年[2321]二月 勣率仁貴 拔扶餘城 它城三十皆納款 同善偪守新城 男建遣兵襲之 仁貴救偪 戰金山不勝 高麗鼓而進 銳甚 仁貴橫擊大破之 斬首五萬級 拔南蘇木底蒼巖三城 引兵略地 與勣會 (『玉海』 191 兵捷 兵捷 露布 3 唐遼東道行臺大摠管李勣俘高麗 獻俘昭陵 檄高麗 含元殿數俘)[2322]
고구려	乾元[封]三年 李勣攻拔扶餘城 遂與諸軍相會 (『唐會要』 95 高句麗)[2323]
고구려	高宗總章元年 遣司空李勣攻拔扶蘇城 一時來降 遂與諸軍相會 (『太平寰宇記』 173 四夷 2 東夷 2 高勾驪國)[2324]
고구려	(二月) 侍御史賈言忠奉使 自遼東還 帝問 軍中云何 對曰 必克 昔先帝問罪 所以不得志者 虜未有釁也 諺曰軍無媒 中道回 今男生元[2325]弟鬩狠 爲我嚮導 虜之情僞我盡知之 將忠士力 臣故曰必克 且高句麗秘記曰 不及九百年 當有八十大將 滅之 高氏自漢有國 今九百年 勣年八十矣 虜仍荐饑 人常[2326]掠賣 地震裂 狼狐入城 蚡穴於門 人心危駭 是行不再擧矣 (『三國史記』 22 高句麗本紀 10)
고구려	(二月) 侍御史賈言忠奉使自遼東還 帝問 軍中云何 對曰 必克 昔先帝問罪 所以不得志者 虜未有釁也 諺曰 軍無媒中道回 今男生兄弟鬩狠 爲我鄕導 虜之情僞 我盡知之 將忠士力 臣故曰必克 且高勾麗秘記曰 不及九百年 當有八十大將滅之 高氏自漢有國 今九百年 勣年八十矣 虜仍荐饑 人常掠賣 地震裂 狼狐入城 蚡穴於門 人心危駭 是行不再擧矣 (『三國史節要』 10)
고구려	(二月) 侍御史洛陽賈言忠奉使自遼東還[2327] 上問以軍事 言忠對曰 高麗必平 上曰 卿何以知之 對曰 隋煬帝 東征而不克者 人心離怨故也[2328] 先帝東征而不克者 高麗未有釁也[2329] 今高藏微弱 權臣擅命 蓋蘇文死 男建兄弟內相攻奪 男生傾心內附 爲我鄕導[2330] 彼之情僞 靡不知之 以陛下明聖 國家富强 將士盡力 以乘高麗之亂 其勢必克 不俟再擧矣 且高麗連年饑饉 妖異屢降[2331] 人心危駭 其亡可翹足待也 上又問 遼東諸將孰賢[2332] 對曰 薛仁貴勇冠三軍 龐同善雖不善鬪 而持軍嚴整 高侃勤儉自處 忠果有謀 契苾何力沈毅能斷 雖頗忌前[2333] 而有統御之才 然夙夜小心 忘身憂國 皆莫及李勣也 上深然其言 (『資治通鑑』 201 唐紀 17 高宗)
고구려	(乾封三年二月) 侍御史賈言忠計事還 帝問軍中云何 對曰 必克 昔先帝問罪 所以不得志者 虜未有釁也 諺曰 軍無媒 中道回 今男生兄弟鬩很 爲我鄕導 虜之情僞 我盡知之 將忠士力 臣故曰必克 且高麗秘記曰 不及九百年 當有八十大將滅之 高氏自漢有

2320) 본 기사에는 日이 보이지 않지만, 『新唐書』 등에 2월28일로 나온다. 따라서 2월28일로 편년하고 편제하였다.
2321) 乾封三年(668), 卽總章元年(668)
2322) 본 기사에는 日이 보이지 않지만, 『新唐書』 등에 2월28일로 나온다. 따라서 2월28일로 편년하고 편제하였다.
2323) 본 기사에는 月·日이 보이지 않지만, 『新唐書』 등에 2월28일로 나온다. 따라서 2월28일로 편년하고 편제하였다.
2324) 본 기사에는 月·日이 보이지 않지만, 『新唐書』 등에 2월28일로 나온다. 따라서 2월28일로 편년하고 편제하였다.
2325) 저본에는 元으로 되어 있으나, 兄이 맞다.
2326) 저본에는 常으로 되어 있으나, 相이 맞다.
2327) 使 疏吏翻
2328) 事見隋煬帝紀
2329) 事見太宗紀 釁 許覲翻
2330) 鄕 讀曰嚮
2331) 妖 於喬翻
2332) 謂征遼東之諸將也
2333) 冠 古玩翻 處 昌呂翻 沈 持林翻 斷 丁亂翻 忌前 忌人在己前也

國 今九百年 勳年八十矣 虜仍荐飢 人相掠賣 地震裂 狼狐入城 蚡穴於門 人心危駭
是行不再舉矣 (『新唐書』220 列傳 145 東夷 高麗)

고구려　(高麗傳 乾封三年[2334]二月) 侍御史賈志言計事還 帝問軍中云何 對曰 必克 昔先帝問
罪 所以不得志者 虜未有釁也 今男生兄弟閱很 爲我鄉道 虜之情僞 我盡知之 將忠士
力 臣故曰 必克 且高麗秘記曰不及九百年 當有八十大將滅之 高氏自漢有國 今九百
年 勳年八十矣 虜仍荐飢 地震裂 狼狐入城 蚡穴於門 人心危駭 是行不再舉矣 (『玉海
』191 兵捷 兵捷 露布 3 唐遼東道行臺大摠管李勣俘高麗 獻俘昭陵 檄高麗 含元殿
數俘)

고구려　(乾元[封]三年) 時侍御史賈言忠充支度遼東軍糧使還 上問以軍事 言忠畫其山川地勢
且言遼東可平之狀 上問曰 卿何以知其可平也 對曰 昔隋主親率六軍 覆於遼東者 人
事然也 煬帝無道 軍政嚴酷 舉國皆役 天下離心 元感一倡 狼狽而返 身死國亡 自取
之也 及先帝親征問罪 所以不得志者 高麗未有釁也 今高麗已失其政 人心不附 男生
兄弟 相爲攻擊 脫身來奔 爲我鄉導 彼之情僞 盡知之矣 以國家富强 陛下明聖 將士
盡心 滅之必矣 且臣聞高麗秘記云 不及千年 當有八十老將來滅之 自前漢之高麗氏
卽有國土 及今九百年矣 李勣年登八十 亦與其記符同 又高麗頻歲飢荒 賣鬻男女 無
故地裂 狼狐入城 蚡鼠穴于國門之下 夷俗信妖 迭相驚駭 天意如此 人事如彼 臣竊以
爲是行不再舉矣 上曰 卿觀遼東諸將孰賢 對曰 李勣先祖舊臣 聖鑒所悉 龐同善雖非
鬪將 而持軍嚴整 薛仁貴勇冠三軍 威名遠震 高侃勤儉自處 忠果有餘 契苾何力沈毅
持重 統御之才 雖頗有忌前之癖 而臨事能斷 然諸將夙夜小心 忘身憂國者 莫逮於李
勣 上深然其言 (『唐會要』95 高句麗)[2335]

고구려　(高宗總章元年) 時副御史賈言志[充]度支遼東軍糧使回 上問以軍事 言充盡其山川地勢
且言遼東可平之狀 上問曰 卿何以知其可平也 對曰 昔隋主親率六軍 覆於遼東者 人
事然也 煬帝無道 軍政嚴酷 舉國授役 天下離心 元感一唱 狼狽而還 身死國亡 自取
之也 及先帝親征問罪 所以不得志者 高麗未有釁也 諺曰 賊無媒中道回 今高麗失其
政 人心不附 男女兄弟內離 遞相攻擊 脫身來奔 爲我鄉導 彼之情僞 盡知之矣 以國
家富强 陛下明聖 將士盡力 滅之必矣 且聞高麗秘記云 不及九百年 當有八十老將 來
滅之 自前漢末高麗氏 卽有國土 及今已九百矣 李勣年八十 亦與符記相同 又高麗頻
歲饑荒 賣鬻男女 無故地裂 狼狐入城 蚡鼠穴於門閫之下 夷俗言妖遞相警怖 天意如
此 人事如彼 臣竊以爲是行不再舉矣 上曰 卿觀遼東諸將孰賢 對曰 李勣 先朝舊臣
聖鑒所悉 龐同善 雖非鬪將 而持軍嚴整 薛仁貴勇冠三軍 威名遠振 高侃勤儉自處 果
敢有餘 契苾何力沈毅持重 有統御之才 雖頗有忌前之癖 而臨事斷 然諸將夙夜小心
忘身憂國者 莫逮於李勣 上深然其言 (『太平寰宇記』173 四夷 2 東夷 2 高勾驪
國)[2336]

고구려　(通鑑) (乾封二年)明年 召入朝 (『玉海』153 朝貢 外夷來朝 內附 唐高麗請頒曆)[2337]
고구려　賈言忠 爲侍御史 高宗 乾封中 裨將薛仁貴旣降扶餘川 遂治海嵒地 與行軍摠管李勣
大軍相會 時言忠受詔 往遼東 支度軍粮使廻 帝問以軍事 言忠畫其山川地勢 且言遼
東可平之狀 帝問曰 卿何以知其可平也 對曰 昔隋主親率六軍 覆於遼東 左者人事然
也 煬帝無道 軍政嚴酷 舉國受殃 天下離心 玄感一唱 狼狽而返 身死國滅 自取之也
先帝親往問罪 其所以不得者 高麗未有釁也 諺曰 賊無曆隄 中道廻 今高藏久矣其政
人心不附 男生兄弟內離 遞相攻擊 脫來奔 願爲鄉導 彼之情僞 盡知之矣 以國家富疆
陛下明聖 將士齊力 滅之必矣 且臣聞高麗秘記云 不及九百年 當有八十將來滅之 自

2334) 乾封三年 卽總章元年
2335) 저본에는 月이 보이지 않으나, 다른 기록에는 2월로 나온다. 따라서 2월로 편년하고 편제하였다.
2336) 저본에는 月이 보이지 않으나, 다른 기록에는 2월로 나온다. 따라서 2월로 편년하고 편제하였다.
2337) 저본에는 月이 보이지 않으나, 다른 기록에는 2월로 나온다. 따라서 2월로 편년하고 편제하였다.

前漢之末 高氏節有國事 及今九百年矣 李勣年登八十 亦與其記符同 又高麗頻歲饑荒
賣鬻男女 無故地裂 狼狐入城 蚡鼠穴於國門之下 夷俗信妖 遞相驚駭 天意如此 人事
如彼 臣切爲以是行不再擧矣 帝曰 卿觀遼東諸將孰賢 對曰 李勣先朝舊臣 聖鑒所悉
龐同善雖非門將 而持軍政嚴整 薛仁貴勇冠三軍 威名遠振 高侃勤儉自處 忠果有謀
契苾何力沉毅持重 有統御之才 雖頗有忌前之癖 而臨事能斷 然諸將夙夜小心 忘身憂
國者 莫及於李勣 帝深然其言 (『册府元龜』655 奉使部 4 智識)[2338]

| 고구려 | 賈曾 河南洛陽人也 父言忠 乾封中爲侍御史 時朝廷有事遼東 言忠奉使往支軍糧 及
還 高宗問以軍事 言忠畫其山川地勢 及陳遼東可平之狀 高宗大悅 又問諸將優劣 言
忠曰 李勣先朝舊臣 聖鑒所悉 龐同善雖非鬪將 而持軍嚴整 薛仁貴勇冠三軍 名可振
敵 高侃儉素自處 忠果有謀 契苾何力沉毅持重 有統御之才 然頗有忌前之癖 諸將夙
夜小心 忘身憂國 莫過於李勣者 高宗深然之 (『舊唐書』190中 列傳 140中 賈曾)[2339] |

| 고구려 | 賈曾 河南洛陽人 父言忠 (…) 方事遼東 奉使稾軍餉 還 奏上山川道里 幷陳高麗可破
狀 帝問 諸將材否 對曰 李勣舊臣 陛下所自悉 龐同善雖非鬪將 而持軍嚴 薛仁貴票
勇冠軍 高侃忠果而謀 契苾何力性沈毅 雖忌前 有統御才 然夙夜小心 忘身憂國 莫逮
於勣者 帝然所許 衆亦以爲知言 (『新唐書』119列傳 44 賈曾)[2340] |

| 신라 | 春 阿麻來服 (『三國史記』6 新羅本紀 6)[2341] |
| 신라 | (二月) 阿麻降于新羅 (『三國史節要』10) |

| 신라 | (春) 遣元器與淨土入唐 淨土留不歸 元器還 有勅 此後禁獻女人 (『三國史記』6 新羅
本紀 6)[2342] |
| 신라 | (二月) 新羅遣使獻美女 元器及淨土于唐 帝勿受 仍勅勿獻女 (『三國史節要』10) |

| 신라 | 三月 拜波珍湌智鏡爲中侍 (『三國史記』6 新羅本紀 6) |
| 신라 | 三月 新羅以波珍湌智鏡爲中侍 (『三國史節要』10) |

| 신라 | (三月) 置比列忽州 仍命波珍湌龍文爲摠管 (『三國史記』6 新羅本紀 6) |
| 신라 | (三月) 新羅置比列忽州 仍命波珍湌龍文爲摠管 (『三國史節要』10) |

| 고구려 | 夏四月丙辰 有彗星見於畢昴之間 乙丑 上避正殿 減膳 詔內外羣官各上封事 極言過
失 於是羣臣上言 星雖孛而光芒小 此非國眚 不足上勞聖慮 請御正殿 復常饌 帝曰
朕獲奉宗廟 撫臨億兆 譴見于天 誠朕之不德也 當責躬修德以禳之 羣臣復進曰 星孛
于東北 此高麗將滅之徵 帝曰 高麗百姓 卽朕之百姓也 旣爲萬國之主 豈可推過於小
蕃 竟不從所請 乙亥 彗星滅 (『舊唐書』5 本紀 5 高宗 下) |
| 고구려 | 夏四月丙辰 彗星見于五車[2343] 上避正殿 減常膳 撤樂 許敬宗等奏請復常 曰 彗星東 |

2338) 저본에는 건봉 연간으로 나오나, 『자치통감』 등에 건봉3년, 총장원년 2월로 나온다. 따라서 668년 2월
로 편년하고 편제하였다.
2339) 저본에는 건봉 연간으로 나오나, 『자치통감』 등에 건봉3년, 총장원년 2월로 나온다. 따라서 668년 2월
로 편년하고 편제하였다.
2340) 저본에는 건봉 연간으로 나오나, 『자치통감』 등에 건봉3년, 총장원년 2월로 나온다. 따라서 668년 2월
로 편년하고 편제하였다.
2341) 春으로 나오지만, 다음 기사가 3월 기사이고 『三國史節要』에는 2월로 나온다. 따라서 2월에 편년하고
편제하였다.
2342) 春으로 나오지만, 다음 기사가 3월 기사이고 『三國史節要』에는 2월로 나온다. 따라서 2월에 편년하고
편제하였다.
2343) 五車 五星 五帝車舍也 五帝坐也 主天子五兵 一曰主五穀豊耗 西北大星曰天庫 主太白 主秦 次東北曰獄
主辰星 主燕趙 次東星曰天倉 主歲星 主魯衛 次東南曰司空 主塡星 主楚 次西南曰卿星 主熒惑 主魏 五星

	北 高麗將滅之兆也 上曰 朕之不德 謫見于天 豈可歸咎小夷 且高麗百姓 亦朕之百姓 也 不許 戊辰 彗星滅 (『資治通鑑』201 唐紀 17 高宗)[2344]
고구려	夏四月 彗星見於畢昴之間 唐許敬[2345]宗曰 彗見東北 高句麗将滅之兆也 (『三國史記』 22 高句麗本紀 10)[2346]
고구려	(夏四月) 高勾麗彗星見於畢昴之閒 唐許敬宗曰 彗見東北 高勾麗將滅之兆也 (『三國 史節要』10)[2347]
고구려	總章元年四月 彗見五車 上避正殿 減膳 令內外五品已上上封事 極言得失 許敬宗曰 星雖孛而光芒小 此非國眚 不足上勞聖慮 請御正殿 復常膳 不從 敬宗又進曰 星孛于 東北 王師問罪 高麗將滅之徵 帝曰 我爲萬國主 豈移過於小蕃哉 二十二日星滅 (『舊 唐書』36 志 16 天文 下)
고구려	總章元年夏四月 彗星見於五車 許敬宗以爲星孛於東北 王師問罪 此高麗將滅之徵 (『 唐會要』95 高句麗)[2348]
백제	夏四月乙卯朔庚申 百濟遣末都師父等進調 (『日本書紀』27 天智紀)
백제	(夏四月)庚午 末都師父等罷歸 (『日本書紀』27 天智紀)
신라	夏四月 彗星守天舩 (『三國史記』6 新羅本紀 6)
신라	夏四月 新羅彗星守天舩 (『三國史節要』10)
신라	(乾封三年)至五月 劉右相來 發新羅兵馬 同赴平壤 某亦往漢城州 檢校兵馬 此時 蕃 漢諸軍 摠集虵水 男建出兵 欲決一戰 新羅兵馬 獨爲前鋒 先破大陣 平壤城中 挫鋒 縮氣 於後 英公更取新羅驍騎五百人 先入城門 遂破平壤 克成大功 於此 新羅兵士並 云 自征伐已經九年 人力殫盡 終始平兩國 累代長望 今日乃成 必當國蒙盡忠之恩 人 受効力之賞 英公漏云 新羅前失軍期 亦須計定 新羅兵士得聞此語 更增怕懼 又立功 軍將 並錄入朝 已到京下 卽云 今新羅並無功 夫軍將歸來 百姓更加怕懼 又卑列之城 本是新羅 高麗打得三十餘年 新羅還得此城 移配百姓 置官守捉 又取此城 還與高麗 且新羅自平百濟 迄定高麗 盡忠効力 不負國家 未知何罪 一朝遺棄 雖有如此寃枉 終 無反叛之心 (『三國史記』7 新羅本紀 7)[2349]
신라	(乾封三年)至五月 劉右相來 發新羅兵馬 同赴平壤 某亦往漢城州 檢校兵馬 此時 蕃 漢諸軍 摠集蛇水 男建出兵 欲決一戰 新羅兵馬 獨爲前鋒 先破大陣 平壤城中 挫鋒 縮氣 於後 英公更取新羅驍騎五百人 先入城門 遂破平壤 克成大功 於此 新羅兵士並 云 自征伐已經九年 人力殫盡 終始平兩國 累代長望 今日乃成 必當國蒙盡忠之恩 人 受効力之賞 英公漏云 新羅前失軍期 亦須計定 新羅兵士得聞此語 更增怕懼 又立軍 功 將並錄入朝 已到京下 即云 今新羅並無功 夫軍將歸來 百姓更加怕懼 又卑列之城 本是新羅 高麗打得三十餘年 新羅還得此城 移配百姓 置官守捉 又取此城 還與高麗

有變 皆以其所占之 據舊紀 五車在昴畢間 見 賢遍翻 下同 彗 祥歲翻

2344) 저본에는 日이 나오지 않지만, 『舊唐書』에 따라 4월 2일부터 11일사이로 나온다. 따라서 2~11로 기 간 편년하고 11일에 편제하였다.

2345) 저본에는 판독 불가능한 글자이나, 敬으로 읽는다.

2346) 저본에는 日이 나오지 않지만, 『舊唐書』에 따라 4월 2일부터 11일사이로 나온다. 따라서 2~11로 기 간 편년하고 11일에 편제하였다.

2347) 저본에는 日이 나오지 않지만, 『舊唐書』에 따라 4월 2일부터 11일사이로 나온다. 따라서 2~11로 기 간 편년하고 11일에 편제하였다.

2348) 저본에는 日이 나오지 않지만, 『舊唐書』에 따라 4월 2일부터 11일사이로 나온다. 따라서 2~11로 기 간 편년하고 11일에 편제하였다.

2349) 본 기사의 내용은 『三國史記』 新羅本紀 문무왕 11년 가을 7월 26일 '大王報書云'에 나온다.

且新羅自平百濟 迄定高麗 盡忠効力 不負國家 未知何罪 一朝遺棄 雖有如此寃枉 終無反叛之心 (『三國史節要』10)[2350]

| 신라 | 至乾封三年 遣大監金寶嘉入海 取英公進止 奉處分 新羅兵馬 赴集平壤 (『三國史記』7 新羅本紀 7)[2351] |

至乾封三年 遣太監監金寶嘉入海 取英公進止 奉處分 新羅兵馬 赴集平壤 (『三國史節要』10)[2352]

신라　　六月十二日　遼東道安撫副大使遼東行軍副大摠管兼熊津道安撫大使行軍摠管右相檢校大[2353]子左中護上柱國樂城縣開國男劉仁軌 奉皇帝勅旨 與宿衛沙飡金三光 到党項津 王使角干金仁問 廷迎之以大禮 於是 右相約束訖 向泉岡 (『三國史記』6 新羅本紀 6)

신라　　六月 遼東道安撫副大使遼東行軍副大摠管 兼熊津道安撫大使行軍摠管 左[2354]相檢校太子左中護 上柱國樂城縣開國男 劉仁軌奉勅 與宿衛沙飡金三光 到党項津 新羅王使角干金仁問 備禮迎之 仁軌約束訖 (『三國史節要』10)[2355]

신라　　(六月)二十一日 以大角干金庾信爲大幢大摠管 角干金仁問欽純天存文忠迊飡眞福波珍飡智鏡大阿飡良圖愷元欽突爲大幢摠管 伊飡陳純[一作春]竹旨 爲京停摠管 伊飡品日迊飡文訓天[2356]阿飡天品爲貴幢摠管 伊飡仁泰爲卑列道摠管 迊飡軍官大阿飡都儒阿飡龍長爲漢城州行軍摠管 迊飡崇信大阿飡文穎阿飡福世爲卑列城州行軍摠管 波珍飡宣光阿飡長順純長爲河西州行軍摠管 波珍飡宜福阿飡天光爲誓幢摠管 阿飡日[2357]原興元爲闐衿幢摠管 (『三國史記』6 新羅本紀 6)

신라　　(六月) 王以大角干金庾信爲大摠管 角干金仁問欽純天存文忠迊飡眞福波珍飡智鏡大阿飡良圖愷元欽突爲大幢摠管 伊飡陳純竹旨爲京停摠管 伊飡日品大阿飡天品爲貴幢摠管 伊飡仁泰爲卑列道摠管 迊飡軍官大阿飡都儒阿飡龍長爲漢城州行軍摠管 迊飡崇信大阿飡文穎阿飡福世爲卑列城州行軍摠管 波珍飡宣光阿飡長順純長爲河西州行軍摠管 波珍飡宜福阿飡天光爲誓幢摠管 阿飡日原興元爲闐衿幢摠管 (『三國史節要』10)[2358]

신라　　摠章元年戊辰 唐高宗皇帝 遣英國公李勣 興師伐高句麗 遂徵兵於我 文武大王 欲出兵應之 遂命 欽純仁問爲將軍 欽純 告王曰 若不與庾信同行 恐有後悔 王曰 公等三臣 國之寶也 若摠向敵場 儻有不虞之事 而不得歸 則其如國何 故欲留庾信守國 則隱然若長城 終無憂矣 欽純 庾信之弟 仁問 庾信之外甥 故尊事之 不敢抗 至是告庾信曰 吾等不材今從大王 就不測之地 爲之奈何 願有所指誨 荅曰 夫爲將者作國之干城君之爪牙 決勝否於矢石之間 必上得天道 下得地理 中得人心 然後可得成功 今我國以忠信而存 百濟以慠慢而亡 高句麗以驕滿而殆 今若以我之直 擊彼之曲 可以得志 況憑大國明天子之威稜哉 往矣勉焉 無墮乃事 二公拜曰 奉以周旋 不敢失墮 文武大王旣與英公 破平壤 還到南漢州 謂羣臣曰 昔者百濟明禮王在古利山 謀侵我國 庾信之祖 武力角干 爲將逆擊之 乘勝俘其王及宰相四人與士卒 以折其衝 又其父舒玄 爲

2350) 본 기사의 내용은 『三國史節要』 문무왕 11년 추7월 '王報書云'에 나온다.
2351) 본 기사의 내용은 『三國史記』 新羅本紀 문무왕 11년(671) 가을 7월 26일 '大王報書云'에 나온다. 五月보다 앞선 기사이다. 따라서 1~5월로 기간편년하고 5월에 편제하였다.
2352) 본 기사의 내용은 『三國史節要』 문무왕 11년 추7월 '王報書云'에 나온다. 五月보다 앞선 기사이다. 따라서 1~5월로 기간편년하고 5월에 편제하였다.
2353) 저본의 大는 太가 옳다.
2354) 저본의 左는 右가 맞다.
2355) 본 기사는 日이 나오지 않지만, 『三國史記』에 6월 11일로 나온다. 따라서 6월 11일에 편년하고 편제하였다.
2356) 저본의 天은 大가 옳다.
2357) 저본의 曰은 日이 맞다.
2358) 『三國史記』 신라본기에는 6월 21일로 나온다. 따라서 6월 21일에 편년하고 편제하였다.

良州捴管 屢與百濟戰 挫其銳使不得犯境 故邊民安農桑之業 君臣無宵旰之憂 今庾信
承祖考之業爲社稷之臣 出將入相 功績茂焉 若不倚賴公之一門 國之興亡未可知也 其
於職賞 冝如何也 羣臣曰 誠如王旨 (『三國史記』43 列傳 3 金庾信 下)[2359]

신라　又古記云 總章元年戊辰[若總章戊辰則李勣之事 而下文蘇定方 誤矣 若定方則年号當
龍朔二年壬戌來圍平壤之時也] 國人之所請唐兵(6월 21일) 屯于平壤郊而通書 急輸
軍資 王會群臣問曰 入於敵國至 唐兵屯所 其勢危矣 所請王師粮匱 而不輸其料 亦不
冝也 如何 庾信奏曰 臣等能輸其軍資 請大王無慮 於是庾信仁問等率數万人 入句麗
境 輸料二万斛乃還 王大喜 / 又欲興師會唐兵 庾信先遣 然起兵川等一[2360]人 問其
會期 唐帥蘇定方 紙畫鸞犢二物迴之 國人未解其意 使問於元曉法師 解之曰 速還其
兵 謂畫[2361]犢畫鸞二切也 於是庾信 迴軍欲渡浿江 今[2362]曰 後渡者斬之 軍士[2363]
爭先半渡 句麗兵來掠殺其未渡者 翌日信返追句麗兵 捕殺數万級 (『三國遺事』1 紀異
1 太宗春秋公)[2364]

신라 고구려　(六月)二十二日 府城劉仁願 遣貴于[2365]未肹 告高句麗大谷△漢城等二郡十二城歸服
王遣一吉湌眞功稱賀 (『三國史記』6 新羅本紀 6)
신라 고구려　(六月) 府城劉仁願遣貴于[2366]未肹于新羅 告高勾麗大谷漢城等 二郡十二城歸服 新羅
王遣一吉湌眞功賀之 (『三國史節要』10)[2367]

신라　(六月二十二日) 仁問天存都儒等 領一善州等七郡及漢城州兵馬 赴唐軍營 (『三國史記
』6 新羅本紀 6)
신라　(六月) 新羅仁問天存都儒等 領 善州等七郡及漢城州兵 先赴唐營 (『三國史節要』 1
0)[2368]

신라　(六月)二十七日 王發京 赴唐兵 (『三國史記』6 新羅本紀 6)
신라　(六月) 王繼發 (『三國史節要』10)[2369]

신라 고구려　(六月)二十九日 諸道捴管發行 王以庾信病風 留京 仁問等遇英公 進軍於嬰留山下[嬰
留山在今西京北二十里) (『三國史記』6 新羅本紀 6)
신라 고구려　(六月) 令諸道捴管領兵從之 初庾信以病不行 王命欽純仁問爲將 欽純告王曰 若庾信
不行 恐有後悔 王曰 卿等三人 皆國之寶 若偕行 萬一蹉跌 則其如國何 若留庾信則
隱然爲國長城 吾無憂矣 欽純庾信之弟 仁問庾信之甥 語庾信曰 吾等皆不材 今從大
王 就不測之地 願聞指誨 庾信曰 夫將者 國之干城 君之瓜牙 決勝否於矢石之間 必
上得天道 下得地理 中得人心 然後乃可成功 今我國以忠信而存 百濟以慠慢而亡 高
勾麗以驕滿而殆 今日以我之直 擊彼之曲 何憂不克 況仗明天子之威 伐至不仁哉 勗

2359) 『三國史記』 신라본기에는 6월 21일로 나온다. 따라서 6월 21일에 편년하고 편제하였다.
2360) 저본에는 一로 되어 있으나, 二가 맞다.
2361) 저본의 畵는 書가 맞다.
2362) 저본의 今은 令이 맞다.
2363) 저본의 土는 士가 옳다.
2364)
2365) 저본에는 于로 되어 있으나, 干이 맞다.
2366) 저본에는 于로 되어 있으나, 干이 맞다.
2367) 본 기사에는 日이 보이지 않지만, 『三國史記』에는 6월 22일로 나온다. 따라서 6월 22일로 편년하고 편
제하였다.
2368) 본 기사에는 日이 보이지 않지만, 『三國史記』에는 6월 22일로 나온다. 따라서 6월 22일로 편년하고 편
제하였다.
2369) 본 기사에는 日이 보이지 않지만, 『三國史記』에는 6월 27일로 나온다. 따라서 6월 27일로 편년하고 편
제하였다.

	旣克大行城 諸道軍皆與勣會 進至鴨淥柵 高勾麗拒戰 勣敗之 追奔二百餘里 拔辱夷城 諸城降者相繼 契苾何力先引兵 至平壤城下 勣軍繼之 仁問等遇勣 進軍於嬰留山下 (『三國史節要』 10)[2370]
신라 고구려	秋七月十六日 王行次漢城州 敎諸摠管 往會大軍 文穎等遇高句麗兵於虵川之原 對戰大敗之 (『三國史記』 6 新羅本紀 6)
신라 고구려	秋七月 新羅王次漢城州 兵凡二十萬 遣諸摠管往會唐軍 文穎遇麗兵於蛇川原 與戰大敗之 (『三國史節要』 10)[2371]
고구려	秋七月 高麗從越之路 遣使進調 風浪高 故不得歸 (『日本書紀』 27 天智紀)
고구려	(天智天皇七年)七月 (『類聚國史』 93 殊俗部 高麗)
고구려	八月辛酉 卑列道行軍總管右威衛將軍劉仁願坐征高麗逗留 流姚州 (『資治通鑑』 201 唐紀 17 高宗)
신라	摠章元年戊辰 高宗皇帝遣英國公李勣 帥師伐高句麗 又遣仁問徵兵於我 文武大王與仁問出兵二十萬 行至北漢山城 王住此 先遣仁問等 領兵會唐兵 擊平壤月餘 執王臧 仁問使主[2372]跪於英公前 數其罪 王再拜 英公禮答之 卽以王及男産男建男生等還 文武大王以仁問英略勇功特異常倫 賜故大琢角干朴紐食邑五百戶 高宗亦聞仁問屢有戰功 制曰 爪牙良將 文武英材 制爵疏封 尤宜嘉命 仍加爵秩 食邑二千戶 自後 侍衛宮禁 多歷年所 (『三國史記』 44 列傳 4 金仁問)
신라	總章元年戊辰 王統兵 與仁問欽純等 至平壤 會唐兵滅麗 唐帥李勣獲高臧王還國[王之性[2373]姓高 故云高臧 按唐書高記 現[2374]慶五年庚申 蘇定方等 征百濟 後十二月 大将軍契如何爲浿道行軍大捴管 蘇定方爲遼東道大捴管 劉伯英爲平壤道大捴管 以伐高麗 又明年辛酉正月 蕭嗣業爲扶餘[2375]道捴管 任雅相爲浿江道捴管 率三十五万軍 以伐高麗 八月甲戌 蘇定方等 及高麗 戰于浿江敗亡 乾封元年丙寅 六月 以龐同善△高臨薛仁貴李謹行等爲後援 九月 龐同善及高麗 戰敗之 十二月己酉 以李勣爲遼東道行軍[2376]大捴管 率六捴管兵 以伐高麗 總章元年戊辰九月癸巳李勣獲高臧王 十二月丁巳 獻俘[2377]于帝 上元元年甲戌二月 劉仁軌爲雞林道捴管 以伐新羅 而鄕古記云 唐遣陸路将軍孔恭 水路将軍有相 與[2378]新羅 金庾信等滅之 而此云仁問欽純等 無庾信未詳] 時唐之游兵 諸将兵 有留鎮而将謀襲我者 王覺之 發兵之 (『三國遺事』 2 紀異 2 文虎王法敏)
고구려	中書舍人郭正一[2379]破平壤 得一高麗婢 名玉素 極姝豓 令專知財物庫 正一夜須漿水

2370) 본 기사에는 日이 보이지 않지만, 『三國史記』에는 6월 29일로 나온다. 따라서 6월 29일로 편년하고 편제하였다.
2371) 본 기사에는 日이 보이지 않지만, 『三國史記』에는 7월 16일로 나온다. 따라서 7월 16일로 편년하고 편제하였다.
2372) 저본의 主는 王이 맞다.
2373) 저본의 性은 姓이 맞다.
2374) 저본의 現은 顯이 옳다.
2375) 저본의 餘는 餘가 옳다.
2376) 저본의 臺는 軍이 옳다.
2377) 저본의 浮는 俘가 옳다.
2378) 저본의 興은 與가 옳다.
2379) 貞觀 연간에 進士가 되었고, 中書舍人·弘文館學士를 역임하였다. 永隆2年(681)에 祕書少監·檢校中書侍郎이 되었다.

粥 非玉素煮之不可 玉素乃毒之而進 正一急曰 此婢藥我 索土漿甘草服之 良久乃解
覓婢不得 並失金銀器物餘十事 錄奏 勅令長安萬年捉 不良脊爛 求賊鼎沸 三日不獲
不良主帥魏昶有策略 取舍人家奴 選年少端正者三人 布衫籠頭至街 縛衛士四人 問十
日內已來 何人覓舍人家 衛士云 有投化高麗留書 遣付舍人捉馬奴 書見在 檢云 金城
坊中有一空宅 更無語 不良往金城坊空宅 並搜之 至一宅 封鎖甚密 打鎖破開之 婢及
高麗並在其中 栲問 乃是投化高麗共捉馬奴藏之 奉勅斬於東市 <出朝野僉載> (『太平
廣記』171 精察 1 郭正一)

고구려　九月癸巳 司空英國公勣破高麗 拔平壤城 擒其王高藏及其大臣男建等以歸 境內盡降
其城一百七十 戶六十九萬七千 以其地爲安東都護府 分置四十二州 (『舊唐書』5 本紀
5 高宗 下)[2380]

고구려　九月癸巳 李勣敗 高麗王高藏 執之 (『新唐書』3 本紀 3 高宗)

고구려　九月癸巳 李勣拔平壤 勣既克大行城 諸軍出他道者皆與勣會 進至鴨綠柵 高麗發兵拒
戰 勣等奮擊 大破之 追奔二百餘里 拔辱夷城 諸城遁逃及降者相繼[2381] 契苾何力先
引兵至平壤城下 勣軍繼之 圍平壤月餘 高麗王藏遣泉男產帥首領九十八人 持白幡詣
勣降 勣以禮接之[2382] 泉男建猶閉門拒守 頻遣兵出戰 皆敗 男建以軍事委僧信誠 信
誠密遣人詣勣 請爲內應 後五日 信誠開門 勣縱兵登城鼓譟 焚城四月[2383] 男建自刺
不死[2384] 遂擒之 高麗悉平 (『資治通鑑』201 唐紀 17 高宗)

고구려　(唐書曰) 總章元年九月癸巳 司空英國公勣破高麗 拔平壤城 擒其王高藏及其大臣男建
等以歸 境內盡降 其城一百七十 (『太平御覽』110 皇王部 35 唐 高宗天皇大帝)

고구려　九月十二日 拔平壤城 虜其王高拜男逮男產等以歸 下其國 下城百七十戶六十九萬七
千 (『太平寰宇記』173 四夷 2 東夷 2 高勾驪國)

고구려　(紀) (摠[2385]章元年)九月癸巳 李勣敗高麗王高藏執之 (『玉海』191 兵捷 兵捷 露布 3
唐遼東道行臺大摠管李勣俘高麗 獻俘昭陵 檄高麗 含元殿數俘)

고구려　秋九月 李勣拔平壤 勣既克大行城 諸軍出他道者 皆與勣會 進至鴨淥柵 我軍拒戰 勣
等敗之 追奔二百餘里 拔辱夷城 諸城遁逃及降者相繼 契苾何力先引兵至平壤城下 勣
軍繼之 圍平壤 月餘 王臧遣泉男產 帥首領九十八人 持白幡 詣勣降 勣以禮接之 泉
男建猶閉門拒守 頻遣兵出戰 皆敗 男建以軍事委浮圖信誠 信誠與小將烏沙饒苗等 密
遣人詣勣 請爲內應 (『三國史記』22 高句麗本紀 10)[2386]

고구려　九月 與唐軍合圍平壤城月餘 高勾麗王先遣泉男產 帥首領九十八人 持白幡詣勣請降
勣以禮接之 泉男建猶閉門拒守 頻遣兵出戰 皆敗 男建以軍事委浮圖信誠 信誠與小將
烏沙饒苗等 密遣人詣勣 請爲內應 (『三國史節要』10)[2387]

고구려　總章元年[2388]九月 勣又移營於平壤城南 男建頻遣兵出戰 皆大敗 男建下捉兵總管僧
信誠 密遣人詣軍中 許開城門爲內應 (『舊唐書』199上 列傳 149上 東夷 高麗)[2389]

2380) 『舊唐書』東夷列傳에는 11월로 나온다.
2381) 降 戶江翻 下同
2382) 帥 讀曰率
2383) 月 當作角 否則作周
2384) 刺 七亦翻
2385) 저본의 摠은 總이 맞다.
2386) 본 기사에는 日이 나오지 않지만, 『三國遺事』 등에 9월 12일로 나온다. 따라서 9월 12일로 편년하고
편제하였다.
2387) 본 기사에는 日이 나오지 않지만, 『三國遺事』 등에 9월 12일로 나온다. 따라서 9월 12일로 편년하고
편제하였다.
2388) 諸本에는 '九年'으로 되어 있으나, 『舊唐書』4 高宗本紀에 의거하여 '元年'으로 고친다.
2389) 본 기사에는 日이 나오지 않지만, 『三國遺事』 등에 9월 12일로 나온다. 따라서 9월 12일로 편년하고
편제하였다.

고구려	(乾封三年)九月 藏遣男産率首領百人樹素幡降 且請入朝 勣以禮見 而男建猶固守 出戰數北 大將浮屠信誠遣諜約內應 (『新唐書』 220 列傳 145 東夷 高麗)2390)
고구려	(總章元年)九月 李勣拔平壤城 虜高藏男建等 (『唐會要』 95 高句麗)2391)
고구려	(唐高宗)總章元年九月 李勣進軍 拔高麗之平壤城 遼東悉平 初勣既破大行城 諸軍盡會 契苾何力拔南蘇等八城 會勣於鴨淥柵 合軍以攻辱夷城 又援之 何力引蕃漢兵五十萬人 逼平壤 勣軍繼至 高藏遣男産 帥首領九十八人 持白幡 詣勣乞降 請便入朝謝罪 勣以禮接之 男建猶閉門固守 勣乃移兵於平壤之側 以逼之 男建頻遣兵出戰 皆大敗 男建下主兵總管 僧信誠密遣人詣軍 許開城門爲內應 (『册府元龜』 986 外臣部 31 征討 5)2392)
고구려	(高麗傳) (乾封三年2393))九月 藏遣男産 率首領百人降 且請入朝 男建猶固守 出戰數北 大將浮屠信誠 遣諜約內應 門啓 兵譟而入 男建自刺 執藏男建等 凡五部 百七十六城 戶六十九萬 詔勣 獻俘昭陵 (『玉海』 191 兵捷 兵捷 露布 3 唐遼東道行臺大摠管李勣俘高麗 獻俘昭陵 檄高麗 含元殿數俘)2394)
고구려	總章元年 命勣爲遼東道行軍總管 率兵二萬略地至鴨綠水 賊遣其弟來拒戰 勣縱兵擊敗之 追奔二百里 至於平壤城 男建閉門不敢出 賊中諸城駭懼 多拔人衆遁走 降款者相繼 勣又引兵圍平壤 遼東道副大總管劉仁軌郝處俊將軍薛仁貴並會於平壤 犄角圍之 (『舊唐書』 67 列傳 17 李勣)2395)
고구려	高宗總章元年 爲遼東道行軍大總管 率兵平高麗 (『册府元龜』 357 將帥部18 立功10 李勣)2396)
고구려	(…) 詔勣爲遼東道行軍大總管 率兵二萬討之 破其國 執高藏男建等 裂其地州縣之 詔勣獻俘昭陵 明先帝意 具軍容告于廟 (…) (『新唐書』 93 列傳 18 李勣)2397)
고구려	至唐高宗時 乃滅之 (『太平寰宇記』 170 河北道 東夷總序)2398)
신라	秋九月壬午朔癸巳 新羅遣沙㖨級湌金東嚴等進調 (『日本書紀』 27 天智紀)
고구려	總章元年九月十四日 遼東道行軍總管司空李勣平遼東 其高麗舊有五部 一百七十六城 六十九萬七千戶 (『唐會要』 73 安東都護府)
고구려	(地理志[兼通監會要]) 河北道 安東上都護府 總章元年九月十四日 李勣平高麗 上命先以高藏等 獻于昭陵 具軍容 奏凱歌 入京師 獻于太廟 (『玉海』 133 官制 屬國 都護都督 唐安東上都護府 又見兵捷類 李勣俘高麗)
고구려	安東都護府 總章元年九月 司空李勣平高麗 高麗本五部 一百七十六城 戶六十九萬七

2390) 본 기사에는 日이 나오지 않지만, 『三國遺事』 등에 9월 12일로 나온다. 따라서 9월 12일로 편년하고 편제하였다.

2391) 본 기사에는 日이 나오지 않지만, 『三國遺事』 등에 9월 12일로 나온다. 따라서 9월 12일로 편년하고 편제하였다.

2392) 본 기사에는 日이 나오지 않지만, 『三國遺事』 등에 9월 12일로 나온다. 따라서 9월 12일로 편년하고 편제하였다.

2393) 乾封三年 卽總章元年

2394) 본 기사에는 日이 나오지 않지만, 『三國遺事』 등에 9월 12일로 나온다. 따라서 9월 12일로 편년하고 편제하였다.

2395) 본 기사에는 月·日이 나오지 않지만, 『三國遺事』 등에 9월 12일로 나온다. 따라서 9월 12일로 편년하고 편제하였다.

2396) 본 기사에는 月·日이 나오지 않지만, 『三國遺事』 등에 9월 12일로 나온다. 따라서 9월 12일로 편년하고 편제하였다.

2397) 본 기사에는 年·月·日이 나오지 않지만, 『三國遺事』 등에 總章元年(668) 9월 12일로 나온다. 따라서 總章元年(668) 9월 12일로 편년하고 편제하였다.

2398) 본 기사에는 年·月·日이 나오지 않지만, 『三國遺事』 등에 總章元年(668) 9월 12일로 나온다. 따라서 總章元年(668) 9월 12일로 편년하고 편제하였다.

千 (『舊唐書』 39 19 地理 2 安東都護府)[2399]

고구려　安東上都護府 總章元年 李勣平高麗國 得城百七十六 (『新唐書』 39 志 29 地理 3 安東上都護府)[2400]

고구려　高宗總章元年 遣司空李勣伐高麗 破其都平壤城 擒其王高藏幷男建等 平其國 下城百七十六 戶六十九萬七千 (『通典』 186 邊防 2 東夷 下 高句麗)[2401]

고구려　(秋九月) 後五日 信誠開門 勣縱兵登城 鼓噪焚城 男建[2402]自刺不死 執王及男建等 (『三國史記』 22 高句麗本紀 10)

고구려 신라　(九月) 後五日 信誠開門 勣縱兵登城 鼓噪焚城 男建自刺不死 執王藏及男建 王跪再拜 勣禮答之 高勾麗遂亡 高勾麗 自朱蒙立都紇升骨城 歷四十年 孺留王二十二年 移都國內城 歷四百二十五年 長壽王十五年 移都平壤 歷一百五十六年 平原王二十八年 移都長安城 歷八十三年 寶藏王二十七年而滅 凡七百五年

金軾富[2403]曰 玄菟樂浪夲朝鮮之地 箕子所封 箕子敎其民以禮義田蠶織作 設禁八條 是以其民不相盜 無門戶之閉 婦人貞信不淫 飮食以籩豆 此仁賢之化也 而又天性柔順 異於三方 故孔子悼道不行 欲浮桴於海以居之 有以也夫 然而易之爻二多譽 四多懼 近也 高勾麗自秦漢之後 介在中國東北隅 其北隣皆天子有司 亂世則英雄特起 僭竊名位者也 可謂居多懼之地 而無謙巽之意 侵其封場以讎之 入其郡縣以居之 是故 兵連禍結 略無寧歲 及其東遷 値隋唐之一統 而猶拒詔命以不順 囚王人於土室 其頑然不畏如此 故屢致問罪之師 雖或有時設奇以陷大軍 而終於王降國滅而後止 然觀始末 當其上下和 衆庶睦 雖大國不能以取之 及其不義於國 不仁於民 以興衆怨 則崩潰而不自振 故孟子曰 天時地利 不如人和 乚氏曰 國之興也以福 其亡也以禍 國之興也 視民如傷 是其福也 其亡也 以民爲土芥 是其禍也 有味哉 斯言 夫然則凡有國家者 縱暴吏之驅迫 強宗之聚斂 以失人心 雖欲理而不亂 存而不亡 又何異強酒而惡醉者乎

權近曰 高勾麗本檀君朝鮮之地 後爲箕子所封 箕子敎民禮義 設禁八條 其民不相盜 婦人貞信不淫 飮食以籩豆 孔子欲居之 豈以其尙有仁賢之化也歟 始祖朱蒙來自卒夲 稱王建都 歷年垂於八百 及其季世 奢侈無度 陵夷不振 權臣執國命 敢行弑逆 擅置其君 加以不能交隣以道 互相侵伐 又不能畏天事大 侮慢中國 以致隋唐之兵再擧伐之 君臣被虜 宗社不祀 豈非自取之也 然而蓋蘇文當國 雖極暴戾 政出於一 人心不分 故以唐大宗之神武不測 尙不能得志 及其旣死 二子爭權 骨肉相圖 衆情携貳 攻守無策 八十一歲之將 得以滅之 亦可謂保小國者之永鑑矣 (『三國史節要』 10)

고구려　(總章元年[2404]九月) 經五日 信誠果開門 勣從兵入 登城鼓譟 燒城門樓 四面火起 男建窘急自刺不死 (『舊唐書』 199上 列傳 149上 東夷 高麗)

고구려　(乾封三年九月) 五日 闇啓 兵譟而入 火其門 鬱焰四興 男建窘急 自刺不殊 執藏男建等 收凡五部百七十六城 戶六十九萬 詔勣便道獻俘昭陵 凱而還 (『新唐書』 220 列傳 145 東夷 高麗)

고구려　(唐高宗總章元年九月) 經五日 信誠果開城門 勣縱兵入登城 鼓譟燒城門樓 四面火起 男建窘急 自刺不死 遂虜高藏男建男産等 以歸京師 (『册府元龜』 986 外臣部 31 征討 5)[2405]

2399) 이 기사에는 일자 표기가 없으나, 『唐會要』 등에 의거하여 9월14일로 편년하였다.
2400) 이 기사에는 월일 표기가 없으나, 『唐會要』 등에 의거하여 9월14일로 편년하였다.
2401) 이 기사에는 월일 표기가 없으나, 『唐會要』 등에 의거하여 9월14일로 편년하였다.
2402) 저본은 판독할 수 없으나, 建이 맞다.
2403) 저본의 金軾富은 金富軾이 옳다.
2404) 諸本에는 '九年'으로 되어 있으나, 『舊唐書』 4 高宗本紀에 의거하여 '元年'으로 고친다.
2405) 9월 12일에서 5일 지난 시점이다. 따라서 9월 17일에 편년하고 편제하였다.

신라	九月二十一日 與大軍合圍平壤 高句麗王 先遣泉男産等 詣英公請降 於是 英公以王寶臧 王子福男德男 大臣等二十餘萬口廻唐 角干金仁問大阿湌助州 隨英公歸 仁泰義福藪世天光興元隨行 初 大軍平高句麗 王發漢城指平壤 次肹次壤 聞唐諸將已歸 還至漢城 (『三國史記』6 新羅本紀 6)
신라	(九月) 新羅角干金仁問助州仁泰義福藪世天光興元等隨之 新羅王聞唐兵克平壤 欲往會 次肹次壤 聞唐兵已迴 乃還至漢城 (『三國史節要』10)[2406]
신라	(秋九月)丁未 中臣內臣 使沙門法辨秦筆 賜新羅上臣大角干庾信船一隻 付東嚴等 (『日本書紀』27 天智紀)
신라	(秋九月)庚戌 使布勢臣耳麻呂 賜新羅王輸御調船一隻 付東嚴等 (『日本書紀』27 天智紀)
고구려	(九月) 初帝召男生入朝 遷遼東大都督玄菟郡公 賜第京師 因詔還軍 與李勣攻平壤 至是詔遣子 即遼水勞賜 於是 勣以高勾麗王臧子福男德男大臣等二十餘萬 還京師 (『三國史節要』10)
고구려	總章元年 授使特節遼東大都督上柱國玄菟郡開國公 食邑二千戶 餘官如故 小貊未夷 方傾巢鷇之幕 大君有命 還歸蓋馬之營 其年秋 奉勅共司空英國公李勣相知經略 風驅電激 直臨平壤之城 前哥後舞 遙振崇」堁之堞 公以罰罪吊人 憫其塗地 潛機密搆 濟此膏原 遂與僧信誠等內外相應 趙城拔幟 豈勞韓信之師 鄴扇抽關 自結袁譚之將 其王高藏及男建等咸從俘虜 巢山潛海 共入隄封 五部三韓 竝爲臣妾 遂能立義斷恩 同鄭伯之得儁[2407] 反禍成福 類箕子之疇庸 (「泉男生墓誌銘」)[2408]
고구려	(唐高宗)總章元年十月癸丑 文武官獻食 賀破高麗 帝御玄武門之觀德殿 宴百官 設九部樂 極歡而罷 賜帛各有差 (『冊府元龜』110 帝王部 110 宴享 2)
고구려	(實錄) 總章元年十月癸丑 文武官獻食 賀破高麗 帝御元<玄>武門之觀德殿 宴百官 設九部樂 賜帛 (『玉海』159 宮室 殿 上 唐儀鸞殿 見洛陽宮及養老類)
신라	冬十月二十二日 賜庾信位太大角干 仁問大角干 已外伊湌將軍等並爲角干 蘇判已下並增位一級 大幢少監本得 蛇川戰 功第一 漢山州少監朴京漢 平壤城內 殺軍主述脫 功第一 黑嶽令宣極 平壤城大門戰 功第一 並授位一吉湌 賜租一千石 誓幢幢主金遁山 平壤軍營戰 功第一 授位沙湌 賜租七百石 軍師南漢山北渠 平壤城北門戰 功第一 授位述干 賜粟一千石 軍師斧壤仇杞 平壤南橋戰 功第一 授位述干 賜粟七百石 假軍師比列忽世活 平壤少城戰 功第一 授位高干 賜粟五百石 漢山州少監金相京 蛇川戰死 功第一 贈位一吉湌 賜租一千石 牙述沙湌求律 蛇川之戰 就橋下涉水 出與賊鬪大勝 以無軍令 自入危道 功雖第一而不錄 憤恨欲經死 旁人救之 不得死 (『三國史記』6 新羅本紀 6)
신라	太大角干[或云太大舒發翰] 文武王八年 滅高句麗授留守金庾信以太大角干 賞其元謀也 於前十七位及大角干之上加此位 以示殊尤之禮 (『三國史記』38 雜志 7 職官上)[2409]
신라	(摠章元年戊辰) 於是授太大舒發翰之職 食邑五百戶 仍賜輿杖 上殿不趨 其諸察[2410]

2406) 『三國史記』에 9월 21일로 나온다. 따라서 9월 21일에 편년하고 편제하였다.
2407) 攜로도 읽는다.
2408) 이 기사에는 월 표기가 없으나, 『三國史節要』에 의거하여 9월로 편년하였다.
2409) 이 기사는 그 월·일을 알 수 없으나, 『삼국사기』신라본기에 따라 10월 22일로 편년하고 편제하였다.

	佐 各賜位一級 摠章元年 唐皇帝旣策英公之功 遂遣使宣慰 濟師助戰 兼賜金帛 亦授 詔書於庾信 以褒奬之 且諭入朝 而不果行 其詔書傳於家 至五世孫失焉 (『三國史記』 43 列傳 3 金庾信 下)[2411]
신라	論功行賞 謂群下曰 昔百濟明禮王在古利山 謀侵我國 庾信之祖武力逆擊之 乘勝俘其 王及大臣四人 其父舒玄爲良州摠管 屢與百濟挫其銳 使不得犯境 邊民安農桑之業 君 臣無宵旰之憂 今庾信承祖考之業 爲社稷之臣 出將入相 功績茂焉 今欲賞以殊禮 群 臣曰 誠如聖諭 於是 設太大舒發翰授之 位在大角干之上 食邑五百戶 賜輿杖 上殿不 趨 授仁問大角干 賜食邑五百戶 其餘將士論賞有差 (『三國史節要』 10)[2412]
신라	(冬十月)二十五日 王還國 次褥突驛 國原仕臣龍長大阿湌 私設筵 饗王及諸侍從 及樂 作 奈麻緊周子能晏 年十五歲 呈加耶之舞 王見容儀端麗 召前撫背 以金盞勸酒 賜幣 帛頗厚 (『三國史記』 6 新羅本紀 6)
신라	新羅王之褥突驛 仕臣國原大阿湌龍長 饗王及諸侍從 (『三國史節要』 10)[2413]
고구려	冬十月 李勣將還 高宗命先以王等獻于昭陵 具軍容 奏凱歌入京師 獻于大廟 (『三國史 記』 22 高句麗本紀 10)
고구려	冬十月 李勣將入京師 帝命先以王臧等獻昭陵 具軍容 奏凱歌入京師 獻于大廟 (『三國 史節要』 10)
고구려	(唐高宗)摠章元年十月 司空李勣破高麗 虜高藏男建男産等以歸京師 帝令領高藏等俘 囚便道獻于昭陵 仍備軍容奏凱歌入京城 獻于太廟 (『册府元龜』 12 帝王部 13 告功)
고구려	(十月) 李勣將至 上命先以高藏等獻于昭陵 具軍容 奏凱歌 入京師 獻于太廟 (『資治 通鑑』 201 唐紀 17 高宗)
고구려	摠章元年十月 司空李勣破高麗國 虜其王 下城百七十 戶六十九萬七千二百 (『通典』 7 食貨 7 歷代盛衰戶口)
고구려	都國內 歷四百二十五年 長壽王十五年 移都平壤 歷一百五十六年 平原王二十八年 移都長安城 歷八十三年 寶臧王二十七年而滅[古人記錄 自始祖朱蒙王<至>寶臧王歷 年 丁寧纖悉若此 而或云 故國原王十三年 移居平壤東黃城 城在今西京東木覓山中 不可知然否]『三國史記』 37 雜志 6 地理 4)[2414]
고구려	高麗本記云 (…) 卽永徽元年庚戌六月也 未幾國滅[以摠章元年戊辰 國滅 則計距庚戌 十九年矣] (…) 高宗摠章元年戊辰 右相劉仁軌大將軍李勣新羅金仁問等 攻破國滅 擒 王歸唐 寶藏王庶子孿四千餘家 投于新羅[与国史小殊 故并錄] 太安八年辛未 祐世僧 統到孤大山景福寺飛來方丈 禮普聖師之眞 有詩云 涅槃方等敎 傳受自吾師 云云 至 可惜 飛房後 東明古國危 跋云 高麗藏王感[2415]於道敎 不信佛法 師乃飛房 南至此山 後有神人現於高麗馬嶺 告人云 汝國敗亡無日矣 具如國史 餘具載本傳與僧傳 師有高 弟十一人 無上和尙與弟子金趣等創金洞寺 寂滅·義融二師創珍丘寺 智藪創大乘寺 一 乘與心正大原等創大原寺 水淨創維摩寺 四大與契育等創中臺寺 開原和尙創開原寺

2410) 저본의 察은 寮가 맞다.
2411) 이 기사는 그 월·일을 알 수 없으나, 『삼국사기』 신라본기에 따라 10월 22일로 편년하고 편제하였다.
2412) 『三國史節要』에는 그 월·일을 알 수 없으나, 『삼국사기』 신라본기에 따라 10월 22일로 편년하고 편제
하였다.
2413) 『三國史節要』에는 그 월·일을 알 수 없으나, 『삼국사기』 신라본기에 따라 10월 25일로 편년하고 편제
하였다.
2414) 본 기사는 月이 보이지 않는다. 하지만 『삼국사기』 등에는 10월로 나온다. 따라서 10월로 편년하고 편
제하였다.
2415) 惑의 誤

明德創燕口寺 開心與普明亦有傳 皆如本傳 讚曰 釋氏汪洋海不窮 百川儒老盡朝宗 麗王可笑封沮洳 不省滄溟徒[2416]臥龍 (『三國遺事』 3 興法 3 寶藏奉老 普德移庵)[2417]

고구려	(乾封)三年 爲熊津道安撫大使 兼浿江道總管 副司空李勣討平高麗 (『舊唐書』 84 列傳 34 劉仁軌)[2418]
고구려	總章元年 爲熊津道安撫大使 兼浿江道總管 副李勣討高麗平之 (『新唐書』 108 列傳 33 劉仁軌)[2419]
고구려	高宗總章元年 遣司空李勣伐高麗 破其都平壤城 擒其王高藏幷男建等 平其國 下城百七十六 戶六十九萬七千 (『通典』 186 邊防 2 東夷 下 高句麗)[2420]
고구려	(總章元年)其年 与英國公李勣等凱入京都 策勳飲至 獻捷之日 男建將誅 公內切天倫 請重闇而蔡蔡叔 上感皇睠 就輕典而流共工 友悌之極 朝野斯尙 (「泉男生墓誌銘」)[2421]
고구려	其後破九城 從李勣平高麗 皆有大功 (『册府元龜』 358 將帥部 19 立功 11 薛仁貴)[2422]
고구려	冬十月 大唐大將軍英公 打滅高麗 高麗仲牟王 初建國時 欲治千歲也 母夫人云 若善治國不可得也 但當有七百年之治也 今此國亡者 當在七百年之末也 (『日本書紀』 27 天智紀)
고구려	(天智天皇七年)十月 (『類聚國史』 93 殊俗部 高麗)
신라	十一月辛巳朔 賜新羅王 絹五十匹綿五百斤韋一百枚 付金東嚴等 賜東嚴等物 各有差 (『日本書紀』 27 天智紀)
신라	十一月五日 王以所虜高句麗人七千入京 (『三國史記』 6 新羅本紀 6)
신라	十一月 新羅王以俘虜七千 (『三國史節要』 10)[2423]
신라	(十一月)乙酉 遣小山下道守臣麻呂吉士小鮪於新羅 是日 金東嚴等罷歸 (『日本書紀』 27 天智紀)
신라	(十一月)六日 率文武臣寮 朝謁先祖廟 告曰 祗承先志 與大唐同擧義兵 問罪於百濟高句麗 元凶伏罪 國步泰靜 敢玆控告 神之聽之 (『三國史記』 6 新羅本紀 6)
신라	(十一月) 獻于祖廟 (『三國史節要』 10)[2424]

2416) 徙의 誤
2417) 본 기사는 月이 보이지 않는다. 하지만 『삼국사기』 등에는 10월로 나온다. 따라서 10월로 편년하고 편제하였다.
2418) 본 기사는 月이 보이지 않는다. 그러나 『通典』 食貨 歷代盛衰戶口에는 10월로 나온다. 따라서 10월로 편년하고 편제하였다.
2419) 본 기사는 月이 보이지 않는다. 그러나 『通典』 食貨 歷代盛衰戶口에는 10월로 나온다. 따라서 10월로 편년하고 편제하였다.
2420) 본 기사는 月이 보이지 않는다. 그러나 『通典』 食貨 歷代盛衰戶口에는 10월로 나온다. 따라서 10월로 편년하고 편제하였다.
2421) 본 기사는 月이 보이지 않는다. 하지만 『삼국사기』 등에는 10월로 나온다. 따라서 10월로 편년하고 편제하였다.
2422) 본 기사는 年·月이 보이지 않는다. 그러나 『通典』 食貨 歷代盛衰戶口에는 총장 원년 10월로 나온다. 따라서 668년 10월로 편년하고 편제하였다.
2423) 본 기사에는 日이 보이지 않지만, 『三國史記』에는 11월 5일에 나온다. 따라서 11월 5일로 편년하고 편제하였다.
2424) 본 기사에는 日이 보이지 않지만, 『三國史記』에는 11월 6일에 나온다. 따라서 11월 6일로 편년하고 편

신라	(十一月)十八日 賷死事者 少監已上十△△匹 從者二十匹 (『三國史記』 6 新羅本紀 6)
신라	(十一月) 賷戰死事者有差 (『三國史節要』 10)[2425]
고구려	(總章元年)十一月 拔平壤城 虜高藏男建等 (『舊唐書』 199上 列傳 149上 東夷 高麗)[2426]
고구려	總章元年十一月 拔平壤 (『册府元龜』 135 帝王部 135 好邊功)[2427]
신라	十二月 靈廟寺災 (『三國史記』 6 新羅本紀 6)[2428]
고구려	總章戊辰 王統兵 與仁問欽純等 至平壤 會唐兵滅麗 唐帥李勣獲高藏王還國[(總章元年戊辰) 十二月丁巳 獻浮[2429]于帝 (…)] (『三國遺事』 2 紀異 2 文虎王法敏)
고구려	十二月丁巳 俘高藏以獻 (『新唐書』 3 本紀 3 高宗)
고구려	十二月丁巳 上受俘于含元殿[2430] 以高藏政非已出 赦以爲司平太常伯員外同正[2431] 以泉男産爲司宰少卿[2432] 僧信誠爲銀靑光祿大夫 泉男生爲右衛大將軍 李勣以下 封賞有差 泉男建流黔中[2433] 扶餘豊流嶺南 分高麗五部百七十六城六十九萬餘戶 爲九都督府 四十二州[2434]百縣 置安東都護府於平壤以統之 擢其酋帥有功者爲都督刺史縣令 與華人叁理[2435] 以右威衛大將軍薛仁貴檢校安東都護 總兵二萬人以鎭撫之 (『資治通鑑』 201 唐紀 17 高宗)
고구려	(總章元年)至十二月七日 分高麗地爲九都督府四十二州百縣 置安東都護府於平壤城以統之 擢其酋渠爲都督及刺史縣令 與華人叁理 以右武衛將軍薛仁貴檢校安東都護 總兵二萬以鎭之 (『唐會要』 73 安東都護府)
고구려	(地理志) (總章元年)十二月丁巳七日 上受俘于含元殿 分高麗五部百七十六城六十九萬七千戶 爲九都督府四十二州百縣 置安東都護府於平壤以統之 擢其酋帥有功者爲都督刺史縣令 與華官叁理 以右威衛大將軍薛仁貴檢校安東都護 總兵二萬以鎭撫之 (『玉海』 133 官制 屬國 都護 都督 唐安東上都護府 又見兵捷類 李勣俘高麗)
고구려	(紀) (摠[2436]章元年)十二月丁巳 俘高藏以獻[2437] (『玉海』 191 兵捷 兵捷 露布 3 唐遼東道行臺大摠管李勣俘高麗 獻俘昭陵 檄高麗 含元殿數俘)
고구려	(高麗傳 乾封三年[2438])十二月[丁巳] 帝御含章殿 引見勣等 數俘于廷 赦藏爲司平太常伯 男産司宰少卿 投男建黔州 部其地爲都督府者九 州二十四 縣百 復置安東都護

———————————————

제하였다.

2425) 본 기사에는 日이 보이지 않지만, 『三國史記』에는 11월 18일에 나온다. 따라서 11월 18일로 편년하고 편제하였다.

2426) 『舊唐書』·『新唐書』 高宗本紀宗에 의하면 李勣이 平壤城을 함락시킨 것은 9月 癸巳의 일로 되어 있다.

2427) 『舊唐書』·『新唐書』 高宗本紀宗에 의하면 李勣이 平壤城을 함락시킨 것은 9月 癸巳의 일로 되어 있다.

2428) 『三國史記』에는 12월 7일 보다 앞서 나온다. 따라서 12월 1일에서 6로 기간편년하였고 12월 6일에 편제하였다.

2429) 저본의 浮는 俘가 옳다.

2430) 東內正殿曰含元殿 唐六典曰 含元殿卽 龍首山之東趾 階上高於平地四十餘尺 南去丹鳳門四百餘步 東西廣五百步 殿前玉階三級 每級引出一螭頭 其下爲龍尾道 委蛇屈曲 凡七轉

2431) 司平太常伯 卽工部尙書 按舊書 永徽五年 尙藥奉御蔣孝璋員外特置 仍同正員 員外同正 自此始

2432) 司宰少卿 卽光祿少卿

2433) 黔 音琴

2434) 新城州遼城州哥勿州衛樂州舍利州居素州越喜州去旦州建安州 凡有九都督府 四十二州 存於志者 建安州南蘇蓋牟代那倉巖磨米積利黎山延平木底安市諸北識利拂涅拜漢十四州而已

2435) 酋 慈由翻 帥 所類翻 理 猶治也 時避上名 以治爲理 通鑑因唐史成文

2436) 저본의 摠은 總이 맞다.

2437) 丁卯 郊祭 以高麗平 謝成于天 己巳 謁太廟

2438) 乾封 三年 卽總章元年)

府2439) (『玉海』 191 兵捷 兵捷 露布 3 唐遼東道行臺大摠管李勣俘高麗 獻俘昭陵 檄高麗 含元殿數俘)

고구려	十二月 帝受俘于含元殿 以王政非己出 赦以爲司平太常伯員外同正 以泉男産爲司宰少卿 僧信誠爲銀靑光祿大夫 泉男生爲右衛大將軍 李勣已下封賞有差 泉男建流黔州 (『三國史記』 22 高句麗本紀 10)2440)
고구려	(總章元年)十二月 至京師 獻俘於含元宮 詔以高藏政不由己 授司平太常伯 男産先降 授司宰少卿 男建配流黔州 男生以鄕導有功 授右衛大將軍 封汴國公 特進如故 高麗國舊分爲五部 有城百七十六 戶六十九萬七千 乃分其地置都督府九州四十二縣一百 又置安東都護府 以統之 擢其酋渠有功者 授都督刺史及縣令 與華人叅理百姓 乃遣左武衛將軍薛仁貴總兵鎭之 其後頗有逃散 (『舊唐書』 199上 列傳 149上 東夷 高麗)2441)
고구려	(乾封三年)十二月 帝坐含元殿 引見勣等 數俘于廷 以藏素脅制 赦爲司平太常伯 男産司宰少卿 投男建黔州 百濟王扶餘隆嶺外 以獻誠爲司衛卿 信誠爲銀靑光祿大夫 男生右衛大將軍 何力行左衛大將軍 勣兼太子太師 仁貴威衛大將軍 剖其地爲都督府者九州四十二 縣百 復置安東都護府 擢酋豪有功者授都督刺史令 與華官叅治 仁貴爲都護 總兵鎭之 是歲郊祭 以高麗平 謝成于天 (『新唐書』 220 列傳 145 東夷 高麗)2442)
고구려	總章元年十二月 以高麗平 獻俘于含光殿 大會李勣及部將已下 大陳設于廷 (『唐會要』 14 獻俘)2443)
고구려	(唐)高宗總章元年十二月 破高麗 以僧信誠爲銀靑光祿大夫 賞先降也 特進東代都督玄菟郡公泉南生爲右衛大將軍 進卞國公 賞其鄕導有功也 左驍衛大將軍簡較右羽林軍兼簡較司文正卿郕國公契苾何力爲鎭軍行左衛大將軍 徙封凉國公 司空英國公勣加授兼太子太師 仍加實封 通舊一千一百戶 其嫡孫敬業授朝散大夫 右武衛將軍薛仁貴爲威衛大將軍 封平陽郡公 右監門將軍五原郡公李謹行爲右武衛大將軍 賞平高麗之攻也 (『册府元龜』 128 帝王部 128 明賞 2)2444)
고구려	(會要) 總章元年十二月 高麗平 獻俘于含光殿 (『玉海』 159 宮室 殿 上 唐含光殿)2445)
고구려	(高麗傳) 總章元年 滅高麗 十二月 帝坐含元殿 數俘于庭 (『玉海』 159 宮室 殿 上 唐含元殿 大明殿)2446)
고구려	(會要) 總章元年十二月 高麗平 獻俘于含光殿 (『玉海』 194 兵捷 獻功 唐獻俘太廟)2447)

2439) 咸亨元年四月 其酋鉗牟尋反 立安舜爲王 庚午 詔高偘爲東州道 李謹行燕山道行軍摠管討之 二年 七月 乙未朔 偘破之安市城 三年 十二月 又敗之泉山 俘新羅援兵二千 四年 閏五月 謹行破之於發蘆河 俘馘萬計 凡四年 乃平

2440) 본 기사에는 日이 나오지 않지만, 『三國遺事』와 『新唐書』 등에 12월 7일로 나온다. 따라서 12월 7일로 편년하고 편제하였다.

2441) 본 기사에는 日이 나오지 않지만, 『三國遺事』와 『新唐書』 등에 12월 7일로 나온다. 따라서 12월 7일로 편년하고 편제하였다.

2442) 본 기사에는 日이 나오지 않지만, 『三國遺事』와 『新唐書』 등에 12월 7일로 나온다. 따라서 12월 7일로 편년하고 편제하였다.

2443) 본 기사에는 日이 나오지 않지만, 『三國遺事』와 『新唐書』 등에 12월 7일로 나온다. 따라서 12월 7일로 편년하고 편제하였다.

2444) 본 기사에는 日이 나오지 않지만, 『三國遺事』와 『新唐書』 등에 12월 7일로 나온다. 따라서 12월 7일로 편년하고 편제하였다.

2445) 본 기사에는 日이 나오지 않지만, 『三國遺事』와 『新唐書』 등에 12월 7일로 나온다. 따라서 12월 7일로 편년하고 편제하였다.

2446) 본 기사에는 日이 나오지 않지만, 『三國遺事』와 『新唐書』 등에 12월 7일로 나온다. 따라서 12월 7일로 편년하고 편제하였다.

2447) 본 기사에는 日이 나오지 않지만, 『三國遺事』와 『新唐書』 등에 12월 7일로 나온다. 따라서 12월 7일로 편년하고 편제하였다.

고구려	帝受俘于含元殿 以王臧政非己出 赦以爲司平太常伯負外同正 以泉男産爲司宰少卿 僧信誠爲銀靑光祿大夫 泉男生爲右衛大將軍 男生純厚有禮 奏對敏辨 後以卞國公卒 泉男建流黔州 (『三國史節要』10)[2448]
고구려	(總章元年)其年 蒙授右衛大將軍 進封卞國公 食邑三千戶 特進勳官如故 兼檢校右羽林軍 仍令仗內供奉 降禮承優 登壇引拜 桓珪輯中黃之瑞 羽林光太紫之星 陪奉輦輅 便繁左右 恩寵之隆無所与讓 腎腸之寄莫可爲儔 (「泉男生墓誌銘」)[2449]
고구려	君以摠章元年 襲我冠帶 乃」授司宰少卿 仍」加金紫光祿大夫 員外置同正員 昔王滿懷燕 載得外臣之要 遂成通漢 但聞縹帛之榮 君獨鏘玉於蘽街 腰金於棘署 晨趨北闕 開簪筆於虁龍 夕宿 南隣 雜笙歌於近股 象胥之籍 時莫先之 (「泉男産墓誌銘」)[2450]
고구려	(十二月) 分五部百七十六城六十九萬餘戶 爲九都督府四十二州百縣 置安東都護府於平壤以統之 擢我將帥有功者 爲都督刺史縣令 與華人叅理 以右威衛大將軍薛仁貴檢校安東都護 摠兵二萬人以鎭撫之 是高宗總章元年戊辰歲也 (總章)二年己巳二月 王之庶子安勝率四千餘戶 投新羅 (總章二年)夏四月 高宗移三萬八千三百戶於江淮之南及山南京西諸州空曠之地 至咸亨元年庚午歲夏四月 劒牟岑欲興復國家 叛唐 立王外孫安舜(羅紀作勝)爲主 唐高宗遣大將軍高侃爲東州道行軍摠管 發兵討之 安舜殺劒牟岑奔新羅 (咸亨)二年辛未歲秋七月 高侃破餘衆於安市城 (咸亨)三年壬申歲十二月 高侃與我餘衆戰于白氷[2451]山 破之 新羅遣兵救我 高侃擊克之 虜獲二千人 (咸亨)四年癸酉歲夏閏五月 燕山道摠管大将軍李謹行破我人於瓠瀘河 俘獲數千人 餘衆皆奔新羅 儀鳳二年丁丑歲春二月 以降王爲遼東州都督 封朝鮮王 遣歸遼東 安輯餘衆 東人先在諸州者 皆遣與王俱歸 仍移安東都護府於新城以統之 王至遼東 謀叛 潛與靺鞨通 開曜[2452]元年 召還邛州 以永淳初死 贈衛尉卿 詔送至京師 葬頡利墓左 樹碑其阡 散徙其人於何[2453]南隴右諸州 貧者留安東城傍舊城 往往沒於新羅 餘衆散入靺鞨及突厥 高氏君長遂絶 垂拱二年 以降王孫寶元爲朝鮮郡王 至聖曆初 進左鷹揚衛大將軍 更封忠誠國王 賜[2454]統安東舊部 不行 (聖曆初)明年 以降王子德武爲安東都督 後稍自國 至元和十三年 遣使入唐獻樂工 論曰 玄菟樂浪本朝鮮之地 箕子所封 箕子敎其民以禮義田蠶織作 設禁八條 是以其民不相盜 無門戶之閉 婦人貞信不淫 飮食以籩豆 此仁賢之化也 而又天性柔順 異於三方 故孔子悼道不行 慾浮桴於海以居之 有以也夫 然而易之爻二多譽 四多懼 近也 高句麗自秦漢之後 介在中國東北隅 其北隣皆天子有司 亂世則英雄特起 僭竊名立者也 可謂居多懼之地 而無謙巽之意 侵其封場以讎之 入其郡縣以居之 是故 兵連禍結 略無寧歲 及其東遷 値隋唐之一統 而猶拒詔命以不順 囚王人於土室 其頑然不畏如此

2448) 본 기사에는 月·日이 나오지 않지만, 『三國遺事』와 『新唐書』 등에 12월 7일로 나온다. 따라서 12월 7일로 편년하고 편제하였다.

2449) 본 기사에는 月·日이 나오지 않지만, 『三國遺事』와 『新唐書』 등에 12월 7일로 나온다. 따라서 12월 7일로 편년하고 편제하였다.

2450) 본 기사에는 月·日이 나오지 않지만, 『三國遺事』와 『新唐書』 등에 12월 7일로 나온다. 따라서 12월 7일로 편년하고 편제하였다.

2451) 저본의 氷은 水가 옳다.

2452) 저본의 曜는 耀가 옳다.

2453) 저본의 何는 河가 옳다.

2454) 저본의 賜는 使가 옳다.

故屢致問罪之師 雖或有時設奇以陷大軍 而終於王降國滅而後止 然觀始末 當其上下
和 衆庶睦 雖大國不能以取之 及其不義於國 不仁於民 以興衆怨 則崩潰而不自振 故
孟子曰 天時地利 不如人和 左氏曰 國之興也以福 其亡也以禍 國之興也 視民如傷
是其福也 其亡也 以民爲土芥 是其禍也 有味哉 斯言也 夫然則凡有國家者 縱暴吏之
驅迫 强宗之聚歛[2455] 以失人心 雖欲理而不亂 存而不亡 又何異强酒而惡醉者乎(『三
國史記』22 高句麗本紀 10)[2456]

고구려　(十二月) 分五部百七十六城六十九萬餘戸 爲九都督府四十二州百縣 置安東都護府於
平壤以統之 擢高勾麗將帥有功者爲都督刺史縣令 與華人叅理 以右威衞大將軍薛仁貴
檢校安東都護 摠兵二萬以鎭撫之[高勾麗州郡縣 共一百六十四 漢山州 國原城[一云未
乙省 一云亂長城] 南川縣[一云南買駒城 一云滅烏] 仍斤內郡 述川郡[一云省知買] 骨
乃斤縣 楊根縣[一云△斯斬] 今勿內郡[一云萬弩] 道西縣[一云都蓋] 仍忽 皆次山郡
奴音竹縣 奈兮忽 沙伏忽 蛇山縣 買忽[一云水城] 唐城郡 上忽[一云車忽] 釜山縣[一
云松村活達] 栗木郡[一云肹冬斯] 仍伐奴縣 齊次巴衣縣 買召忽縣[一云弥鄒忽] 獐項
口縣[一云古斯也衣次] 主△吐郡 首尒忽 黔浦縣 童子忽縣[一云仇斯波衣] 平淮押縣
[一云別淮 一作史波唯] 北漢山郡[一云平壤] 骨衣內縣 王逢縣[一云皆伯 漢氏美女迎
安臧王之地 故名王逢△王] 買省郡[一云馬忽] 七重縣[一云難隱別] 波害平史縣[一名
頷蓬] 泉井口縣[一云於乙買串] 述尒忽縣[一云首泥忽] 達乙省縣[漢氏美女於高山頭然
烽火 迎安臧王之處 故後名高烽] 臂城郡[一云馬忽] 內買[一云△尒米] 鐵圓郡[一云毛
乙冬非] 梁骨縣 僧梁縣[一云非勿] 功木達[一云熊閃山] 夫如郡 於斯內縣[一云斧壤]
烏斯含達 阿珍押縣[一云窮岳] 所邑豆縣 伊珍買縣 牛岑郡[一云牛嶺 一云首知衣] 獐
項縣[一云古也忽次] 長淺城縣[一云耶耶 一云夜牙] 麻田淺縣[一云沙波泥忽] 扶蘇岬
若只頭恥縣[一云朔頭 一云衣頭] 屈△岬[一云西△] 冬比忽 德勿縣 津臨城縣[一云烏
阿忽] 穴口郡[一云甲比古次] 冬音奈縣[一云休陰] 高木根縣[一云達乙斬] 首知縣[一云
新知] 大谷郡[一云多知忽] 水谷城縣[一云買旦忽] 十谷縣[一云德頓忽] 冬音忽[一云△
塩城] 刀臘縣[一云雉岳城] 五谷郡[一云弓次云忽] 內米忽[一云池城 一云長城] 漢城郡
[一云漢忽 一云息城 一云乃忽] 鵂鶹城[一云租波衣 一云鵂岩郡] 獐塞縣[一云古所於]
冬忽[一云于冬於忽] 今達[一云薪達 一云息達] 仇乙峴[一云屈遷] 今豊州 闕 今儒州
栗口[一云栗川] 今殷栗縣 長淵 今因之 麻耕伊 今靑松縣 楊岳 今安嶽郡 板麻串 今
嘉禾縣 熊閑伊 今寧縣 甕遷 今甕津縣 付珍伊 今永康縣 鵠島 今白翎鎭 升山 今信
州 加火押 夫斯波衣縣[一云仇史峴] 牛首州[首一作頭 一云首次若 一云烏根乃] 伐力
州<川>縣 橫川縣[一云於斯買] 石+互峴縣 平原郡[北原] 奈吐郡[一云大提] 沙熱伊縣
赤山縣 斤平郡[一云並平] 深川縣[一云伏斯買] 楊口郡[一云要隱忽次] 猪足縣[一云烏
斯迴] 玉岐縣[一云皆次丁] 三峴縣[一云密波兮] 狌川郡[一云也尸買] 大楊管郡[一云馬
斤押] 買谷縣 古斯馬縣 及伐山郡 伊伐支縣[一云自伐支] 藪狌川縣[一云藪川] 文峴縣
[一云斤尸波兮] 母城郡[一云也次忽] 冬斯忽 水入縣[一云買伊縣] 客連郡[客一作各 一
云加兮牙] 赤木縣[一云沙非斤乙] 管述縣 猪蘭峴縣[一云烏生波衣 云云猪守] 淺城郡
[一云比烈忽] 猄谷縣[一云首乙呑] 菁達縣[一云昔達] 薩寒縣 加支達縣 於支呑[一云翼
谷] 買尸達 泉井郡[一云於乙買] 夫斯達縣 東墟縣[一云加知斤] 奈生郡 乙阿旦縣 于
烏縣[一云郁烏] 酒淵縣 何瑟羅州[一云河西良 一云河西] 乃買縣 東吐縣 支山縣 穴山
縣 迆城郡[一云加阿忽] 僧山縣[一云所勿達] 翼峴縣[一云伊文縣] 達忽 猪迆穴縣[一云
烏斯押] 平珍峴縣[一云平珍波衣] 道臨縣[一云助乙浦] 休壤郡[一云金惱] 習比谷[一作
呑] 吐上縣 岐淵縣 鵠浦縣[一云古衣浦] 竹峴縣[一云奈生於] 滿若縣[一云滿兮] 波利

2455) 저본의 歛은 斂이 옳다.
2456) 본 기사에는 日이 나오지 않지만, 『唐會要』 등에 12월 7일로 나온다. 따라서 12월 7일로 편년하고 편
　　제하였다.

縣 于珍也郡 波且縣[一云波豐] 也尸忽郡 助攬郡[一云才攬] 靑已縣 屈火縣 伊火兮縣
于市郡 阿兮縣 悉直郡[一云史直]] (『三國史節要』10)[2457]

고구려　(總章元年)其年十二月 分高麗地爲九都督府四十二州一百縣 置安東都護府於平壤城以
統之 用其酋渠爲都督刺史縣令 令將軍薛仁貴以兵二萬鎭安東府 (…) 初置領羈縻州十
四 戶一千五百八十二 去京師四千六百二十五里 至東都三千八百二十里 新城州都督
府 遼城州都督府 哥勿州都督府 建安州都督府 南蘇州 木底州 蓋牟州 代那州 倉巖
州 磨米州 積利州 黎山州 延津州 安市州 凡此十四州 並無城池 是高麗降戶散此諸
軍鎭 以其酋渠爲都督刺史羈縻之 (『舊唐書』39 19 地理 2 安東都護府)[2458]

고구려　(總章元年)十二月 至新豐 詔取便道俘於昭陵 乃備軍容 奏凱樂 獻於太廟 詔以高藏政
不由己 赦其罪 授司平太常伯 男産授司宰少卿 男建配流黔州 分其地置都督府九 州
四十二 縣一百 又置安東都護府以統之 移其戶二萬八千於內地 (『唐會要』95 高句
麗)[2459]

고구려　攷其文集有上太師侍中狀云 (…) 摠章元年 命英公徐勣 破高句麗 置安東都督府 (…)
(『三國史記』46 列傳 6 崔致遠)[2460]

고구려　(總章元年) 分其地爲都督府九 州四十二 縣一百 置安東都護府於平壤城以統之 用其
酋渠爲都督刺史縣令 (『新唐書』39 志 29 地理 3 安東 上都護府)[2461]

고구려　總章元年 爲安東都護 總兵二萬人 以鎭高麗 仁貴恤孤老儉約 盜賊有幹者隨才任 使
忠孝節義 咸加旌表 高麗人衆 莫不欣然慕化 (『册府元龜』397 將帥部 58 懷撫 薛仁
貴)[2462]

고구려 백제　(…) 高宗時 平高麗百濟 遼海已東 皆爲州 俄而復叛 不入提封 (…) (『舊唐書』38 志
18 地理 1)[2463]

고구려　高麗降戶州十四 府九 (…) 高宗滅高麗 置都督府九 州四十二 後所存州止十四 (…)
南蘇州 蓋牟州 代那州 倉巖州 磨米州 積利州 黎山州 延津州 木底州 安市州 諸北
州 識利州 拂涅州 拜漢州 新城州都督府 遼城州都督府 哥勿州都督府 衛樂州都督府
舍利州都督府 居素州都督府 越喜州都督府 去旦州都督府 建安州都督府 右隸安東都
護府 (『新唐書』43下 志33下 地理 7下 河北道)[2464]

고구려　唐興 初未暇於四夷 自太宗平突厥 西北諸蕃及蠻夷稍稍內屬 卽其部落列置州縣 其大
者爲都督府 以其首領爲都督刺史 皆得世襲 雖貢賦版籍 多不上戶部 然聲敎所曁 皆
邊州都督都護所領 著于令式 今錄招降開置之目 以見其盛 其後或臣或叛 經制不一
不能詳見 突厥回紇党項吐谷渾隸關內道者 爲府二十九 州九十 突厥之別部及奚契丹
靺鞨降胡高麗隸河北者 爲府十四 州四十六 突厥回紇党項吐谷渾之別部及龜茲于闐焉
者疏勒河西內屬諸胡西域十六國隸隴右者 爲府五十一 州百九十八 羌蠻隸劍南者 爲
州二百六十一 蠻隸江南者 爲州五十一 隸嶺南者 爲州九十二 又有党項州二十四 不

2457) 본 기사에는 月·日이 나오지 않지만, 『唐會要』 등에 12월 7일로 나온다. 따라서 12월 7일로 편년하고
편제하였다.
2458) 본 기사에는 月·日이 나오지 않지만, 『唐會要』 등에 12월 7일로 나온다. 따라서 12월 7일로 편년하고
편제하였다.
2459) 다른 기록의 내용으로 볼 때 12월 7일의 사실이므로 12월 7일에 편제하였다.
2460) 본 기사에는 月·日이 나오지 않지만, 『唐會要』 등에 12월 7일로 나온다. 따라서 12월 7일로 편년하고
편제하였다.
2461) 본 기사에는 月·日이 나오지 않지만, 『唐會要』 등에 12월 7일로 나온다. 따라서 12월 7일로 편년하고
편제하였다.
2462) 본 기사에는 月·日이 나오지 않지만, 『唐會要』 등에 12월 7일로 나온다. 따라서 12월 7일로 편년하고
편제하였다.
2463) 본 기사에는 月·日이 나오지 않지만, 『唐會要』 등에 12월 7일로 나온다. 따라서 12월 7일로 편년하고
편제하였다.
2464) 본 기사에는 月·日이 나오지 않지만, 『唐會要』 등에 12월 7일로 나온다. 따라서 12월 7일로 편년하고
편제하였다.

知其隸屬 大凡府州八百五十六 號爲羈縻云 (『新唐書』43下 志 33下 地理 7下 羈縻州)[2465]

고구려　(志) 河北道高宗滅高麗 置都督府九 州四十二[一百縣 會要總章元年十二月七日分] 後所存州止十四 府九 新城遼城哥勿衛樂舍利居素越喜去旦建安州都督府[高麗舊有五部 一百七十六城 六十九萬七千戶 擢酋渠爲都督刺史 與華人參理] 隸安東都護府 (『玉海』133 官制 屬國 都護 都督 唐高麗九都督府)[2466]

고구려 백제 신라

(鄯侯家傳) (…) 高宗東滅高麗百濟 遷其人於中國 列其地爲州縣 以新羅爲雞林都督府 (『玉海』138 兵制·兵制3 唐關內置府·十道置府)[2467]

고구려　十二月丁卯 上祀南郊 告平高麗 以李勣爲亞獻 己巳 謁太廟 (『資治通鑑』201 唐紀 17 高宗)

고구려　(紀 摠[2468]章元年十二月)丁卯 郊祭 以高麗平 謝成于天 己巳 謁太廟 (『玉海』191 兵捷 兵捷 露布 3 唐遼東道行臺大摠管李勣俘高麗 獻俘昭陵 檄高麗 含元殿數俘)[2469]

고구려　(唐高宗總章元年)十二月 帝親祠南郊 以高麗平昭告上帝 (『册府元龜』12 帝王部 13 告功)[2470]

신라　總章元年 百濟於盟會處 移封易標 侵取田地 該我奴婢 誘我百姓 隱藏內地 頻從索取 至竟不還 又通消息云 國家修理船艘 外託征伐倭國 其實欲打新羅 百姓聞之 驚懼不安 又將百濟婦女 嫁與新羅漢城都督朴都儒 同謀合計 偸取新羅兵器 襲打一州之地 賴得事覺 即斬都儒 所謀不成 (『三國史記』7 新羅本紀 7)[2471]

신라　至總章元年 百濟於盟會處 移封易標 侵取田地 詃我奴婢 誘我百姓 隱藏內地 頻從索取 至竟不還 又通消息云 國家修理船艘 外託征伐倭國 其實欲打新羅 百姓聞之 驚懼不安 又將百濟婦女 嫁與新羅漢城都督朴都儒 同謀合計 偸取新羅兵器 襲打一州之地 賴得事覺 即斬都儒 所謀不成 (『三國史節要』10)[2472]

신라　摠章元年 唐皇帝 旣策英公之功 遂遣使宣慰 濟師助戰 兼賜金帛 亦授詔書於庾信 以褒奬之 且諭入朝 而不果行 其詔書傳於家 至五世孫去[2473]焉 (『三國史記』43 列傳 3 金庾信 下)

신라　帝遣使新羅宣慰 兼賜金帛 亦賜庾信書褒奬 又加仁問爵秩仍留宿衛 (『三國史節要』10)

신라　(…) 又著法界圖書印幷略疏括盡一乘樞要 千載龜鏡 競所珎佩 餘無撰述 甞鼎味一臠足矣 圖成總章元年戊辰 是年 儼亦帰寂 如孔氏之絶筆於獲麟矣 世傳湘乃金山寶蓋之

2465) 본 기사에는 月·日이 나오지 않지만,『唐會要』등에 12월 7일로 나온다. 따라서 12월 7일로 편년하고 편제하였다.
2466) 본 기사에는 月·日이 나오지 않지만,『唐會要』등에 12월 7일로 나온다. 따라서 12월 7일로 편년하고 편제하였다.
2467) 본 기사에는 月·日이 나오지 않지만,『唐會要』등에 12월 7일로 나온다. 따라서 12월 7일로 편년하고 편제하였다.
2468) 저본의 摠은 總이 옳다.
2469)『新唐書』本紀에는 "丁卯 有事于南郊"라고 되어 있다.
2470) 이 기사에는 일자 표기가 없으나,『資治通鑑』등에 의거하여 12월17일(丁卯)로 편년하였다.
2471) 본 기사의 내용은『三國史記』7 新羅本紀 7 문무왕 11년 가을 7월 26일 '大王報書云'에 보인다.
2472) 본 기사의 내용은『三國史節要』10 문무왕 11년 추7월 '王報書云'에 보인다.
2473) 저본의 去는 失이 옳다.

	刱有也 徒弟悟眞智通表訓眞定眞藏道融良圓相源能仁義寂等十大德爲領首 皆亞聖也 各有傳 眞嘗處下柯山 鵠嵓寺 每夜伸臂點浮石室燈 通著錐洞記 蓋承親訓 故辭多詣 妙 (…) (『三國遺事』4 義解 5 義湘傳敎)
신라	(…) 據浮石本碑 湘武德八年生 卄歲出家 永微元年庚戌 與元曉同伴欲西入 至高麗有 難而迴 至龍朔元年辛酉入唐 就學於智儼 總章元年 儼遷化 咸亨二年 湘來還新羅 長 安二年壬寅示滅 年七十八 (…)2474) (『三國遺事』3 塔像 4 前後所將舍利)
고구려	總章元年戊辰 唐將李勣統大兵 合新羅 滅高麗 後餘軍留百濟 將襲滅新羅 羅人覺之 發兵拒之高宗聞之赫怒 命薛邦興師將討之 文武王聞之懼 請師開秘法禳之[事在文武王 傳中] 因玆爲神印宗祖 (『三國遺事』5 神呪 6 明朗神印)
신라	是歲 沙門道行 盜草薙劒 逃向新羅 而中路風雨 荒迷而歸 (『日本書紀』27 天智紀)
고구려	總章元年 授鹿陵府長上折衝 仍檢校東柵州都督府長史 (「陽玄基 墓誌銘」:『全唐文補 遺』8)
고구려	<年>卅爲太大莫離支 官以地遷 寵非王署 折風?羽 榮絶句驪之鄕 骨籍施金 寵殊玄菟 之域 屬 唐封遠曁 漢城不守 貊弓入獻 楛矢來王 (「泉男産墓誌銘」)2475)

발해 고구려 신라
	(…) 渤海人武藝曰 昔高麗盛時 士三十萬 抗唐爲敵 則可謂地勝而兵强 至于季木 君 臣昏虐失道 大唐再出師 新羅授助 討平之 其地多入渤海靺鞨 新羅亦得其南境 以置 漢朔溟三州及其郡縣以備九州焉 (…) (『三國史記』37 雜志 6 地理 4)
고구려	高宗天皇大帝室奠獻用鈞天之舞一章 高皇邁道 端拱無爲 化懷獯鬻 兵戢句驪 禮尊封 禪 樂盛來儀 合位媧後 同稱伏羲 (『舊唐書』21 志 1 禮儀 1)2476)
고구려	高皇邁道 端拱無爲 化懷獯鬻 兵賦[一作戢]句驪 禮尊封禪 樂盛來儀 合位媧后 同稱 伏羲 (『全唐詩』1函 3册 郊廟歌辭 鈞天舞)2477)
고구려	魏元忠 宋州宋城人也 本名眞宰 以避則天母號改焉 (…) 又曰 臣聞帝王之道 務崇經 略 經略之術 必仗英奇 自國家良將 可得言矣 李靖破突厥 侯君集滅高昌 蘇定方開西 域 李勣平遼東 雖奉國威靈 亦其才力所致 (…) 文子曰 同言而信 信在言前 同令而行 誠在令外 故商君移木以表信 曹公割髮以明法 豈禮也哉 有由然也 自蘇定方定遼東 李勣破平壤 賞絶不行 勳仍淹滯 數年紛紜 眞僞相雜 縱加沙汰 未至澄淸 臣以吏不奉 法 慢自京師 僞勳所由 主司之過 其則不遠 近在尙書省中 不聞斬一台郎 戮一令史 使天下知聞 天皇何能照遠而不照近哉 神州化首 萬國共尊 文昌政本 四方是則 軌物 宣風 理亂攸在 臣是以披露不已 冒死盡言 且明鏡所以照形 往事所以知今 臣識不稽 古 請以近事言之 貞觀年中 萬年縣尉司馬玄景舞文飾智 以邀乾沒 太宗審其奸詐 棄 之都市 及征高麗也 總管張君乂擊賊不進 斬之旗下 臣以僞勳之罪 多於玄景 仁貴等 敗 重於君乂 向使早誅薛仁貴郭待封 則自余諸將 豈敢失利於後哉 (…) (『舊唐書』92

2474) 『三國遺事』4 義解 5 義湘傳敎와 『三國遺事』2 紀異 2 文虎王法敏조에는 의상이 귀국한 시점을 '함
   형 원년'으로 보고 있다.
2475) 泉男産의 나이 30은 668년에 해당한다.
2476) 가사가 지어진 시기는 719년이지만 내용은 고려멸망 직후로 추측할 수 있다.
2477) 『舊唐書』에 따르면 "高宗天皇大帝室奠獻用鈞天之舞一章"으로 나온다. 가사가 지어진 시기는 719년이
   지만 내용은 고려멸망 직후로 추측할 수 있다.

列傳 42 魏元忠)

고구려　臣聞帝王之道 務崇經略 經略之術 必仗英奇 自國家良將 可得言矣 李靖破突厥 侯君
　　　　集滅高昌 蘇定方開西域 李勣平遼東 雖奉國威靈 亦其才力所致 (…) 文子曰 言而信
　　　　信在言前 同令而行 誠在令外 故商君移木以表信 曹公割髮以明法 豈禮也哉 有由然
　　　　也 自蘇定方定遼東 李勣破平壤 賞絶不行 勳仍淹滯 數年紛紜 眞僞相雜 縱加沙汰
　　　　未至澄淸 臣以吏不奉法 慢自京師 僞勳所由 主司之過 其則不遠 近在尙書省中 不聞
　　　　斬一臺郞 戮一令史 使天下知聞 天皇何能照遠而不照近哉 神州化首 萬國共尊 文昌
　　　　政本 四方是則 軌物宣風 理亂攸在 臣是以披露不已 冒死盡言 且明鏡所以照形 往事
　　　　所以知今 臣職不稽古 請以近事言之 貞觀年中 萬年縣尉司馬元景 舞文飾智 以邀乾
　　　　沒 太宗審其姦詐 棄之都市 及征高麗也 總管張君乂 擊賊不進 斬之旗下 臣以爲僞勳
　　　　之罪 多於元景 仁貴等敗 重於君乂 向使早誅薛仁貴郭待封 則自餘諸將 豈敢失利於
　　　　後哉 (『全唐文』176 魏元忠 上高宗封事)

고구려　渤海靺鞨 本高麗種 唐總章中 高宗平高麗 徙其人散居中國 置州縣于遼外 就平壤城
　　　　置安東都護府以統之 (…) (『五代會要』30 渤海)

고구려　渤海 本號靺鞨 高麗之別種也 唐高宗滅高麗 徙其人散處中國 置安東都護府於平壤以
　　　　統治之 (…) (『新五代史』四夷附錄 渤海)

고구려　渤海本高麗之別種 唐高宗平高麗 徙其人居中國 (…) (『宋史』外國列傳 渤海國)

고구려　君諱字 遼東人也 族高辰卜 價重珣琪 背滄海而來王 仰玄風而入仕 有日磾之聽敏 叶
　　　　駒支之詞令2478) (「高鐃苗 墓誌銘」: 2009『韓國古代史硏究』56)

고구려　英公遂遣公 統其所屬 鼓行同進 公勇冠三軍 凤馳人譽 言成一諾 早絹甿謠 遂使金陣
　　　　五承 遂解迎刀之節 石城九拒俄開 劫敵之扉 無寇於前 卽屠平壤 炎靈四郡 旣入堤封
　　　　裒成九夷 (「李他仁 墓誌銘」: 『遠望集』下; 2015『高句麗渤海硏究』52)

고구려　公誠舊人 實爲謟億 大破平壤 最以先鋒 因之立功 授宜城府左果毅都尉摠管2479) (「高
　　　　玄 墓誌銘」: 1999『박물관연보』10(서울대))

고구려　公在亂不居 見幾而作 矯然擇木 望北林而有歸 翩矣搏扶 指南溟而獨運 乃携率昆季
　　　　歸款聖朝 幷沐隆恩 俱霑美秩2480) (「高質 墓誌銘」: 2007『신라사학보』9)2481)

고구려　公厭海壖之風 慕洛汭之化 重譯納貢 隨牒受官 (「李隱之 墓誌銘」: 2015『韓國古代史

2478) 이 뒤의 사적에 대해서는 "故得隆△恩 允備寵服 攸歸叄遠 曜於文昌 發奇名於下瀨 嗟呼 桃門衆鬼 遂
　　瞰高明蒿里 營魂意悲飄"라고 기록되어 있다.
2479) 이 뒤의 사적에 대해서는 "以公智勇 別奏將行 關塞悚其餘塵 石梁飮其遺箭 頻蒙擢用 授以官班 又奉弘
　　道元年遺制 外官各加一階 蒙授雲麾將軍 本官如故 一從征討 十載方還 忠奈無虧 勛勞有裕 至垂拱二年二月
　　奉勅差行爲神武軍統領 三年四月 大破賊徒薊北 振其英聲燕南 仰其餘烈 俄而蒙授右玉鈐衛中郎將"라고 기
　　록되어 있다.
2480) 이 뒤의 사적에 대해서는 "總章二年四月六日 制授明威將軍行右衛翊府左郎將 其年 又加雲麾將軍行左
　　威衛翊府中郎將 八屯蘭錡 嚴鷥珥以司階 五校鈞陳 肅虎賁而侍闕 亟總軍麾 薦持戎律 攻城野戰 陷敵摧見
　　累效殊功 爰加懋賞 永隆二年 制左威衛將軍 又奉勅單于道行 文明年中 充銀勝道安撫副使 光宅元年 制封
　　柳城縣開國子 食邑四百戶 天授元年 遷冠軍大將軍行左鷹揚衛將軍 進封柳城縣開國公 食邑二千戶 公以鷹揚
　　鶚視之位 授豹略龍韜之任 歷遷衛珠之位 頻驅浴鐵之兵 故得上簡天心 高升國爵 旣而林胡作梗 楡塞驚塵 鴉
　　鏑起於邊亭 觳騎橫於朔野 大君當宁 按龍劍而發雷霆 驍將鏧門 擁虹旗而聚雲雨 制命公爲瀘河道討擊大使
　　仍充淸邊東軍總管 公肅承於旨 電發星驅 徑度滄波 選徒徵騎 雖貙虎叶志 擐甲者爭馳 而蜂蠆盈途 提戈者未
　　集 公以二千餘兵 擊數萬之衆 七擒有效 三捷居多 萬歲通天二年正月 制除左玉鈐衛大將軍左羽林軍上下 公
　　撫巡士衆 推以赤心 宣布威恩 得其死力 解衣推食 惇釐感惠而守陣 挾纊投醪 童孺銜歡而拒敵 上聞旅辰 特
　　降恩徽 有勅稱之曰 高性文旣能脫衣 招携遠藩 宜內出衣一副 幷賜物一百段 又性文下高麗婦女三人 固守城
　　陧 與敵苦戰 各賜衣服一具 幷賚物卅段 但兇狂日熾 救援不臻 衆寡力殊 安危勢倍 城孤地絶 兵盡矢窮 日夜
　　攻圍 卒從陷沒 爲虜所執 詞色凜然 不屈兇威 遂被屠害"라고 기록되어 있다.
2481) 고질이 당에 귀의한 시점은 명시되지 않았으나, 당에서의 활동이 669년부터 시작되는 점 등으로 보아
　　고구려가 멸망하는 668년이라고 판단된다.

探究』21)2482)

고구려	遼服初平 流甿尚梗 式遏之奇 實佇賢良 除安東都護府長史 英略濟時 深機拯物 三韓仰化 九種歸仁 (「柳子陽 墓誌銘」:『大唐西市博物館藏墓誌』)2483)
고구려	總章初 遼東平 司空英國公李勣 擒男建男産以獻 聖旨以國之大禮 王公已下文武陪位者數千人 乃令中書侍郎戴至德喻之於公 令公宣△ (「韋泰眞 墓誌銘」:『全唐文補遺』5;『全唐文新編』994;『隋唐五代墓誌滙篇 洛陽』6)
고구려	總章歲 駒麗負海欺天 國家汎舟討罰 銜急宣之明命 濟懸軍之見糧 董其轉輸 擧於幹職 是役也繫公 遷長安尉 (「王行果 神道碑」:『全唐文新編』264)
요동	荒隅時未通 副相下臨戎 授律星芒動 分兵月暈空 犀皮擁靑橐 象齒飾雕弓 決勝三河勇 長驅六郡雄 登山窺代北 屈指計遼東 佇見燕然上 抽毫頌武功 (『國秀集』上 李嶠 餞薛大夫護邊;『全唐詩』61 李嶠 餞薛大夫護邊)2484)
고구려	乾封 高麗內附 仁貴擊其賊衆大敗 高祖手勅勞之 (『册府元龜』384 將帥部 45 褒異 19 薛仁貴)
신라	釋順璟者 浪郡人也 本土之氏族 東夷之家系 故難詳練 其重譯學聲敎 蓋出天然 況乎因明之學 奘師精硏付受 華僧尚未多達 璟之克通 非其宿殖之力 自何而至於是歟 於乾封年中 因使臣入貢附至 時大乘基歎曰 新羅順璟法師者 聲振唐蕃 學包大小 業崇迦葉 唯執行於杜多 心務薄拘恒馳聲於少欲云云 惜哉 璟在本國 稍多著述 亦有傳來中原者 其所宗法相大乘了義敎也 見華嚴經中 始從發心便成佛已 乃生謗毀不信 或云 當啓手足命弟子輩 扶掖下地 地則徐裂 璟身俄墜 時言生身陷地獄焉 于今有坑廣袤丈餘 實坎窆然 號順璟捼落迦也2485) (『釋門自鏡錄』下 續補 新羅順璟生陷地獄事)2486)
신라	釋順璟者 浪郡人也 本土之氏族 東夷之家系 故難詳練 其重譯學聲敎 蓋出天然 況乎因明之學奘師精硏付受 華僧尚未多達 璟之克通 非其宿殖之力 自何而至於是歟 傳得奘師眞唯識量 乃立決定相違不定量 於乾封年中 因使臣入貢附至 于時奘師長往向及二年 其量云 眞故極成色定離眼識自許初三攝 眼所不攝故猶如眼根 良以三藏隱密周防 非大智不明 璟爲宗云 不離於眼識自許初三攝 眼所不攝故猶如眼識也 如此善成他義 時大乘基覽此作 便見璟所不知 雖然終仰邊僧識見如此 故歎之曰 新羅順璟法師者 聲振唐蕃學包大小 業崇迦葉 唯執行於杜多 心務薄拘 恒馳聲於少欲 旣而蘊藝西夏傳照東夷 名道日新緇素欽揖 雖彼龍象不少 海外時稱獨步 於此量作決定相違基師念遠國之人有茲利慧搪突奘師 暗中機發善成三藏之義 惜哉 璟在本國稍多著述 亦有傳來中原者 其所宗法相大乘了義敎也 見華嚴經中 始從發心 便成佛已 乃生謗毀不信或云 當啓手足 命弟子輩 扶掖下地 地則徐裂 璟身俄墜 時現生身陷地獄焉 于今有坑廣袤丈餘 實坎窆然號順璟捼落迦也 系曰 曲士不可以語道者束其敎也 是故好白者以黑爲汚 好黑者以白爲汚焉 璟怒心尤重 猛利業增 如射箭頃墮在地獄 列高僧品次起穢以自臭耶 通曰 難信之法易速謗誚 謗誚豈唯一人乎 俾令衆所知識者直陷三塗 乃知順

2482) 이은지가 당에 귀의한 시점은 명시되지 않았으나, 그가 655년에 출생하였다는 점을 고려하면 668년 이전으로 보기는 어렵다. 그에 따라 668년으로 편년하였다.
2483) 이 기사에는 연대 표기가 없으나, "遼服初平"에 의거하여 668년으로 편년하였다.
2484) 이 시는 내용상 薛大夫가 薛仁貴를 가리키는 것으로 생각할 때 그가 고구려정벌에 참전하는 것을 송별하며 지은 시로 보인다. 그에 따라 667~668년으로 기간편년하고, 마지막해인 668년에 배치하였다.
2485) 宋僧傳
2486) 順璟의 생몰년 및 행적에 대해서는 알려진 것이 거의 없다. 다만 唐 高宗 乾封年間(666~668)에 당으로 가는 使愼에게 자愼이 쓴 '決定相違不定量'을 唐의 玄裝法師에게 전하려고 하였다고 한다.

璟眞顯敎菩薩也　況乎趙盾爲法受惡　菩薩乃爲法亡身　斯何足怪　君不見尼犍外道一一謗佛　而獨使提婆生陷. 後於法華會上　受記作佛　靜言思之 (『宋高僧傳』 4　義解2之1　唐 新羅國 順璟)[2487]

고구려	憬彼韓濊　長惡不悛 (…)　虔奉聖笇　襲行天討　白羽旣麾　玄夷底定　蕩積秱之逋寇　攄聖皇之宿憤　偃伯韜戈　宇內胥悅　振旅之日　乘輿親郊勞之　禮焉　再戰而傾十角　一擧而滅三韓　諒稟神謀　寔寄英勇　是以　東夷北狄　畏威懷惠　匈奴昔嘗遣使　求識於公 (「李勣墓誌銘」:『唐代墓誌滙篇續集』;『全唐文補遺』 1;『全唐文新編』 201)[2488]
삼한(고구려)	君諱寶△　字孝先　洛陽人也 (…)　洎以三韓肆虐　恃玄菟以蜂飛　九種挺妖　阻黃龍而蝟聚　聖上愍茲萌庶　方申弔伐　君情懷義勇　思運宏謀　△掩金湯　威申玉帳　負吳伐而掃穢　荷越棘以淸塵　故得暢洪伐於生前　播芳名於歿後 (「馬寶△ 墓誌銘」:『全唐文新編』 993;『唐代墓誌滙篇』;『全唐文補遺』 5)[2489]
고구려	君諱玄　字明感　其先太原晉陽人也 (…)　負戈航海　運策舳艫俱濟　叱咤面縛羣兇　功勳旣彰　蒙酬上柱國 (「王玄 墓誌銘」:『全唐文新編』 993)[2490]
고구려	後至討不庭　申命六事之人　以問三韓之罪　制曰　師出遼左　卿可爲北道主人　檢校營州都督　石門山險　銅鼎河流　天文則營室辨方　地象則神臺鎭野　供其行李　鄭國有東道之名　爲我主人　常山當北州之寄　遼東平　以功遷蒲州刺史 (「李沖寂 墓誌銘」:『全唐文新編』 196)[2491]
고구려	東夷群寇　不息干戈　詔公押領延陀等軍　殄除平壤　改授武州覆津縣令 (「元基 墓誌銘」:『全唐文補遺』 千唐誌齋新藏專輯)[2492]
고구려	桃都雜種　桂婁遺噍　憑馬韓之險隔　傲鯷壑之深阻　周王楛矢之貢　闕而不供　漢帝樓船之師　征而不襲　公以幕中神筭　堂上奇兵　出九地而先登　連五符而告捷　掃丸都而塡穢穴　策是攻心　服小貊而降右渠　明同屈指　涉黃龍而獻凱　刑白馬而疇庸　封范陽開國侯遷夏州都督 (「屈突詮 墓誌銘」:『全唐文補遺』 千唐誌齋新藏專輯)[2493]
고구려	時屬北伐獫狁　東平勾麗　屢從元戎　不過柱國　借如燒羌八百級　李廣不侯　辭漢卅年　蘇武封薄　樂天知命　曾無閒然 (「朱靜方 墓誌銘」:『全唐文補遺』 千唐誌齋新藏專輯)[2494]
고구려	祖婁　寄遼爲耨薩　視中之將軍也　軋封東平　得甫天室 (「劉元貞 墓誌銘」:『全唐文補遺』 千唐誌齋新藏專輯)[2495]
고구려	候靑律以輸誠　依白囊而獻款　授雲麾將軍　行左領軍衛翊府中郎將[2496] (「高牟 墓誌銘

2487) 順璟의 생몰년 및 행적에 대해서는 알려진 것이 거의 없다. 다만 唐 高宗 乾封年間(666~668)에 당으로 가는 사愼에게 자愼이 쓴 '決定相違不定量'을 唐의 玄裝法師에게 전하려고 하였다고 한다.
2488) 이 기사에는 연대 표기가 없으나, 李勣이 고구려를 멸망시킬 때 출발한 것이 666년이고 멸망시킨 것이 668년이다. 그에 따라 666~668년으로 기간편년하고 마지막해인 668년에 배치하였다.
2489) 이 기사에는 연대 표기가 없으나, "洎以三韓肆虐 恃玄菟以蜂飛"는 666년의 상황을 가리키고 668년에 고구려가 멸망하였다. 그에 따라 666~668년으로 기간편년하고 마지막해인 668년에 배치하였다.
2490) 이 기사에는 연대 표기가 없으나, 이 앞에 624년에 출생한 王玄의 40세 때 행적이 나와서 664년 이후의 일임을 알 수 있다. 664년 이후 때 고구려와 당의 전쟁은 666년에 시작되어 668년에 종료되었으므로 그에 따라 666~668년으로 기간편년하고 마지막해인 668년에 배치하였다.
2491) 이 기사에는 연대 표기가 없으나, "遼東平"으로 보아 고구려가 멸망한 666~668년의 전쟁이라고 판단된다. 그에 따라 666~668년으로 기간편년하고 마지막해인 668년에 배치하였다.
2492) 이 기사에는 연대 표기가 없으나, "殄除平壤"으로 보아 고구려가 멸망한 666~668년의 전쟁이라고 판단된다. 그에 따라 666~668년으로 기간편년하고 마지막해인 668년에 배치하였다.
2493) 이 기사에는 연대 표기가 없으나, "掃丸都而塡穢穴"로 보아 고구려가 멸망한 666~668년의 전쟁이라고 판단된다. 그에 따라 666~668년으로 기간편년하고 마지막해인 668년에 배치하였다.
2494) 이 기사에는 연대 표기가 없으나, "東平勾麗"로 보아 고구려가 멸망한 666~668년의 전쟁이라고 판단된다. 그에 따라 666~668년으로 기간편년하고 마지막해인 668년에 배치하였다.
2495) 이 기사에는 연대 표기가 없으나, '軋封'은 '乾封'의 오기라고 판단된다. 그에 따라 乾封 연간인 666~668년으로 기간편년하고 마지막해인 668년에 배치하였다.

」: 2013『韓國史學報』53)[2497]

고구려	屬以桑津起浪 俠窟推名 蓬渚翻濤 良家入選 公乃荷筍戈而後殿 執楊戟而前驅 九種以之冰鎖 三韓於焉電散 旣而狼山霧靜 却走馬於蓮峰 鯷壑波淸 返歸牛於桃野 疇庸錫賞 △績論功 校其優劣 唯公稱最 授公上柱國 以酬勳効 (「張成 墓誌銘」：『唐代墓誌滙篇』；『全唐文新編』994；『全唐文補遺』2)[2498]
고구려	由是 屢摧肅愼之孼 頻勤駒驪之魂 收功鶴柱之前 列賞免城之外 以乾封年 授輕車都尉 解褐授宣德郎 行滄州胡蘇縣丞 (「房誕 墓誌銘」：『全唐文新編』995)[2499]
고구려	弱冠預良家之選 奉駕問遼東之罪 班生棄筆 太史壯其英風 商陽手弓 孔子嘉其有禮 授君上騎都尉 (「張仁 墓誌銘」：『全唐文新編』996)[2500]
고구려	從先皇問罪於東夷 策勳驍騎尉 (「段雅 墓誌銘」：『唐代墓誌滙篇』)[2501]
고구려	屬遼△△△ 海隅有事 君乃潛設△策 坐致良謀 △△△而興軍 便似泛舟之役 逗蓬萊而委運 △聞經國之勞 天帝△△△△ 恩詔上柱國 (「張貞 墓誌銘」：『全唐文新編』994；『唐代墓誌滙篇』；『全唐文補遺』7)[2502]
고구려	初浿水△淸 丸都尙霧 公身陪大樹 勳預蒙騏 忠盡喪元之心 賞在酬功之地 因授雲騎尉 轉加陪戎校尉 又更加智果校尉 (「莫義 墓誌銘」：『全唐文補遺』3)[2503]
고구려	復以海若未賓 黏蟬再擾 公韞衝冠之志 重懷辭第之誠 時奉別敕遼東道行 先鋒破鴨淥陣 蒙授上輕車都尉 (「焦海智 墓誌銘」：『大唐西市博物館藏墓誌』)[2504]
고구려	往以三韓作逆 九種不賓 轂月騎以長驅 指霜戈而獨遠 忠烈檠世 志勇三軍 封△之勳旣彰 便授之以上柱國 (「邊眞 墓誌銘」：『全唐文新編』993；『唐代墓誌滙篇』)[2505]
고구려	展茂績於三韓 効奇功於九種 遂乃勳隆都尉 名亞輕車 (「張玄景 墓誌銘」：『唐代墓誌滙篇』)

2496) 이 뒤의 사적에 대해서는 "任隆韜禁 俯蘭錡以申謀 位列爪牙 仰熏風而飲化 轉冠軍將軍 行左豹韜衛大將軍 旣而瘩瘵 旋及隙影 爰馳西山之藥 不追北地之魂 永逝以去"라고 기록되어 있다.

2497) 高牟가 당에 귀의한 시점은 명시되지 않았으나, 그가 640년에 출생한 점을 고려하면 660년 이후라고 추정된다. 그에 따라 660~668년으로 기간편년하고 마지막해인 668년에 배치하였다.

2498) 이 기사에는 연대 표기가 없으나, 張成은 636년에 출생하여 655년부터 전쟁 출전이 가능하다고 생각되고 고구려가 멸망한 것은 668년이다. 그에 따라 652~668년으로 기간편년하고 마지막해인 668년에 배치하였다.

2499) 이 기사에는 연대 표기가 없으나, 房誕은 632년에 출생하여 652년부터 전쟁 출전이 가능하다고 생각되고 뒷부분에 건봉 연간(666~668)의 행적이 나온다. 그에 따라 652~668년으로 기간편년하고 마지막해인 668년에 배치하였다.

2500) 이 기사에는 연대 표기가 없으나, 張仁은 633년에 출생하여 20세가 되는 해는 652년이고, 고구려와 당이 전쟁을 한 것은 645~668년이다. 그에 따라 652~668년으로 기간편년하고 마지막해인 668년에 배치하였다.

2501) 이 기사에는 연대 표기가 없으나, "先皇"은 高宗(재위 649~683)을 가리키고 고구려는 668년에 멸망하였다. 그에 따라 649~668년으로 기간편년하고 마지막해인 668년에 배치하였다.

2502) 이 기사에는 연대 표기가 없으나, 張貞은 627년에 출생하여 647년부터 전쟁 출전이 가능하다고 생각되고 고구려가 멸망한 것은 668년이다. 그에 따라 647~668년으로 기간편년하고 마지막해인 668년에 배치하였다.

2503) 이 기사에는 연대 표기가 없으나, 莫義는 627년에 출생하여 647년부터 전쟁 출전이 가능하다고 생각되고 고구려가 멸망한 것은 668년이다. 그에 따라 647~668년으로 기간편년하고 마지막해인 668년에 배치하였다.

2504) 이 앞에는 645년의 행적이 기록되어 있고, 고구려는 668년에 멸망하였다. 그에 따라 646~668년으로 기간편년하고 마지막해인 668년에 배치하였다.

2505) 이 기사에는 연대 표기가 없으나, 당이 최초로 고구려를 공격한 것은 645년이고 고구려는 668년에 멸망하였다. 그에 따라 645~668년으로 기간편년하고 마지막해인 668년에 배치하였다.

고구려	于時 三韓蟻聚 驚濤阻於白狼 九種鴟張 凝氛晦於玄菟 興師薄伐 命將龔行 擢君爲左二軍兵曹 雖處趙哀之班 恒叄士燮之略 逮乎九圍瓦解 八陣冰銷 頒宴酬庸 式崇峻級 蒙授護軍 (「姬溫 墓誌銘」:『全唐文補遺』3;『全唐文新編』993;『唐代墓誌滙篇續集』)
고구려	復以三韓尙梗 邊隅有事 供軍機要 事資良牧 乃除定州刺史 後充計入朝 (「爾朱義琛 墓誌銘」:『全唐文新編』993;『全唐文補遺』2;『唐代墓誌滙篇』)
고구려	父義 皇朝上柱國 策名事主 委質從軍 旣屬火照甘泉 遂乃風驅樂浪 弓開月滿 劍動星飛 廓妖氣於天山 靜驚波於瀚海 (「張敬玄 墓誌銘」:『唐代墓誌滙篇』)
고구려	便九種强梁 蟻結靑丘之域 三韓叛米奐 鴟張紫塞之△ 君月曒白麾 星奔赤免 不俞晦朔 獻凱而旋 命賞策功 爰登柱國 (「張和 墓誌銘」:『唐代墓誌滙篇』;『全唐文補遺』2;『全唐文新編』994)
고구려	君勇冠三軍 才堪七略 問罪遼碣 蒙授飛騎尉 幷賜布帛 禮也 (「張擧 墓誌銘」:『全唐文新編』994;『唐代墓誌滙篇續集』)
고구려	時河孫作孼 嘯羣凶而擧斧 天子凝威 命將軍而授鉞 君來投入幕 卽預分麾 右陵左澤之形 計之而無失 執銳破堅之策 言之而不窮 校勘酬勳 授上柱國 從班列也 (「成綸 墓誌銘」:『唐代墓誌銘彙編附考』10-313;『唐代墓誌滙篇』)
고구려	夫人王之第三女矣 年且旣笄 歸于鼎族 而竇君外戚之懿 忠烈有聞 幹蠱傳芳 (…) 初遼陽逆命 權烽火不靜 指景飛書 俟君乘駟 立表視晷 均太史之不欺 磨壘而還 審敵人之情僞 於是慶賞居多 特陪凱宴 (「李氏夫人 墓誌銘」:『全唐文補遺』7)
고구려	惟君廉△勇志 竭力丹誠 代△遼東 錄功勳績 美胎後昆 △△嘉焉 (「張愁 墓誌銘」:『唐代墓誌滙篇續集』;『全唐文補遺』3;『全唐文新編』21;『隋唐五代墓誌滙篇 陝西』3)
고구려	逢鳥夷之樂禍 親當矢石 錫以勳庸 受授柱國 旌有功也 (「王玄裕 墓誌銘」:『唐代墓誌滙篇續集』)
고구려	屬東夷屢擾 開徼未 塵驚蓋馬之墟 水激汗黿之浦 聖朝命將 言事恭行 其年 以良家子首從占募 剋殄逋誅 以功授上騎都尉 煞敵爲果 亦已効於忠勤 而擯俗成眞 情不安於躁競 (「李琮 墓誌銘」:『全唐文新編』994)
고구려	父大象 太子右衛率 遼東左二軍總管 兼司元太常伯上柱國 襲封郊國公 元戎大統 軍謀威其連率 宗伯上卿 衣冠揖其風裁 (「張忱 墓誌銘」:『唐代墓誌滙篇』;『全唐文補遺』5;『全唐文新編』21)
고구려	往者三韓作梗 九種挺妖 君卽杖劍狼川 橫戈鯷壑 朝鮮之靜 君有力焉 (「王思訥 墓誌銘」:『唐代墓誌滙篇』;『全唐文補遺』5;『全唐文新編』994)
고구려	屬三韓舊壤 九種遺黎 恃玄菟以稽誅 控滄波以作梗 君以六軍良家 首鷹占募 百夫勇進 剋鬪先鳴 蒙授飛騎 至隆班列也 (「連簡 墓誌銘」:『唐代墓誌滙篇』)
고구려	俄屬卞馬挺妖 黏蟬逆命 狼顧靑丘之塞 鴟張碧海之濱 公杖劍橫行 鸞弓且進 屢奮旗之勇 方申斬將之勞 以功授上輕車都尉 旣而洗兵海島 返斾惟桑 (「樊廉 墓誌銘」:『全唐文新編』994)
고구려	志學未登 群雄逐鹿 負戈擊羽 勇擊叄韓 投募從征 翦俘獻捷 蒙授上柱國 (「牛高 墓誌銘」:『全唐文新編』994;『全唐文補遺』千唐誌齋新藏專輯)
고구려	屬九夷橫叛 七萃徵兵 君乃棄筆從戎 腰韔占募 雙揮雄戟 百發良弓 電策載馳 每摧堅陣 雲梯婁构 屢覆重城 元帥委之以偏裨 天子疇之以柱國 (「李頊 墓誌銘」:『全唐文新編』995;『全唐文補遺』4)
고구려	是時也 靑邱負阻 滄海揚波 乃眷行師 深惟利涉 帝命公爲造船使 赤馬黃龍 萬艘千舳 成之不日 望之如雲 (「鄭仁愷 碑銘」:『全唐文新編』220)
고구려	府君更郎將中郎將各一 將軍大將軍凡四 前後領左右羽林二軍禁營 靑海鴨綠二道總管

	(「李氏夫人 墓誌銘」:『全唐文新編』232)
고구려	祖端 上騎都尉 右衛從善府校尉 靑丘蟻結 玄免蜂飛 執戟前驅 俄然勦截 功高上賞 授以殊勳 (「霍良 墓誌銘」:『全唐文新編』995)
고구려	屬三韓負固 五奴反逆 方命渡△之師 允藉樓舡之勢 以公爲江南△△△使 突冒接連 艨衝繼進 軍容之盛 實有助云 (「豆盧望 碑銘」:『全唐文補遺』7)
고구려	君上柱國 唐授折衝府校尉 壯志橫雲 雄規蓋代 薊門渝水 頻施汗馬之勞 海右遼陽 屢 屬連鷄之陣 冀輸誠於報國 不希賞於徵功 (「李度 墓誌銘」:『全唐文新編』995;『隋唐 五代墓誌滙篇 山西』1)
고구려	方爾祲於馬韓 俗鐵前驅 乃除氛於免堞 制授君騎都尉 (「劉節 墓誌銘」:『全唐文新編』 996;『隋唐五代墓誌滙篇 山西』1)
고구려	祖政 皇齊州歷城令 隨先皇平遼 加游擊將軍隴州閬川府左果毅都尉 (「路循範 墓誌銘 」:『唐代墓誌滙篇』)
고구려	屬海風未靜 以荒大東 爰 (…) 凶醜 有△命征遼 還拜游擊將軍左金吾衛周陽府左果毅 (「△永 墓誌銘」:『唐代墓誌滙篇』)
고구려	<我>皇唐征有遼之不庭 兵戈次玄免之野 君考夫卒慕遠祖融河外納款 遂斬九夷列城之 將 稽顙旌門 扶邑落塗炭之人 歸誠△闕 天書大降 榮寵一門 昆季五人 衣朱拖紫 △ 犁木二州△△<諸>軍事 賜紫金魚袋 (「豆善富 墓誌銘」:『唐代墓誌滙篇』)2506)
고구려	論曰 (…) 方貞觀之世 天下昆蟲草木 咸被其澤 至於日月霜露所至之國 皆款關而修職 直 獨高麗臭離支叛逆阻命 太宗身任千載道德英雄之主 其肯坐視之 留爲子孫憂 而不 少假經略乎 蓋其威德之盛 其勢之必然 非好大喜功之謂也 昔黃帝平蚩尤 七十戰而勝 其亂 高宗伐鬼方 三年而後克 太宗擧偏師而陰山平 臨駐蹕而高麗服 然黃帝高宗 經 孔子而未嘗少貶 (『佛祖歷代通載』1 唐太宗 史贊幷論)2507)
고구려	洎乎唐初 龍飛在天 公之父焉 投化歸本 亦由李陵之在匈奴 還作匈奴之族 蘇武之歸 於漢 卽爲漢代之臣 公之族代播遷 亦其類也 聖主嘉之 賜第京兆 今爲京兆人也 (「王 景曜 墓誌銘」:『全唐文新編』997)2508)
고구려	祖湛 往在海東 養高不仕 不以軒冕爲榮 唯以琴尊自逸 雖室居方丈 而志狹九州 雖跡 處寰中 而情蹤天外 同魯連之遊東海 若四皓之隱南山 (「王景曜 墓誌銘」:『全唐文新 編』997)2509)
고구려	△諱足酉 字足酉 遼東平壤人也 乃効款而住 遂家於洛州永昌縣焉 族本殷家 曰生代 △ △居玄免 獨擅雄蕃 今聲△誠 特隆殊寵2510) (「高足酉 墓誌銘」: 2001『歷史敎育

2506) 당이 최초로 고구려를 공격한 것은 645년이고 고구려는 668년에 멸망하였으므로, 부친의 귀의도 그 사 이에 이루어진 일이라고 생각된다. 그에 따라 645~668년으로 기간편년하고 마지막해인 668년에 배치하 였다.

2507) 본문의 내용은 당 貞觀之世부터 고구려가 멸망하는 내용이다. 따라서 642~668년으로 기간 편년하고 668년에 편제하였다.

2508) 부친이 당에 귀의한 시점은 명시되지 않았으나, 부친의 연령 등을 고려하면 보장왕대(642~668)로 추 정된다. 그에 따라 642~668년으로 기간편년하고 마지막해인 668년에 배치하였다.

2509) 조부의 행적은 연대가 명시되지 않았으나, 조부의 연령 등을 고려하면 보장왕대(642~668)로 추정된다. 그에 따라 642~668년으로 기간편년하고 마지막해인 668년에 배치하였다.

2510) 이 뒤의 사적에 대해서는 "唐總章元年 授明威將軍 守右威衛眞化府折衝都尉 仍長上 △授守左威衛孝義 府折衝都衛 散官如故 貳年 授雲麾將軍 行左武衛翊衛府中朗將 儀鳳四年 授右領軍衛將軍 准永隆元年制 加 勳上柱國 永昌元年 制<授>右玉鈐衛大將軍 並以勳庸見重 武烈稱奇 出靜邊荒 入陪蘭錡 既而葱山動祲 紫 塞驚塵 甘泉見烽火之輝 天子下徵兵之令 大周天授元年 拜公爲鎭軍大將軍行左豹韜衛大將軍 △壇受策 禮逾 韓信 野戰頻勝 事逸張飛 △彼二蕃 如湯沃雪 觀玆再擧 疑是神行 長城絶飲馬之篇 萬里罷輪臺之戍 證聖元

論集』26)[2511]

고구려　　　泊隋原鹿走　唐祚龍興　廓四海而爲家　奄八紘而取俊　府君祖宗　戀恩歸本　屬乎仗內　侍
　　　　　　　衛紫宸　方李陵之在匈奴　遂作匈奴之族　比蘇武之還漢代　長爲漢代之臣　乃祖乃父　有
　　　　　　　孝有忠　勤勞王家　多歷年所 (「高德 墓誌銘」:『全唐文新編』997)[2512]

고구려　　　曾祖瑗　建安州都督 (「高欽德 墓誌銘」:『唐代墓誌滙篇』)[2513]

669(己巳/신라 문무왕 9/唐 總章 2/倭 天智 8)

신라　　　　春正月 以信惠法師爲政官大書省 (『三國史記』6 新羅本紀 6)

신라　　　　春正月 以僧信惠爲政官大書省 (『三國史節要』10)

신라　　　　(春正月) 唐僧法安來傳天子命 求磁石 (『三國史記』6 新羅本紀 6)

신라　　　　(春正月) 帝遣僧法安來求磁石 (『三國史節要』10)

신라 백제 고구려
　　　　　　　二月二十一日　大王會羣臣　下敎　往者　新羅隔於兩國　北伐西侵　暫無寧歲　戰士曝骨
　　　　　　　積於原野　身首分於庭界　先王愍百姓之殘害　忘千乘之貴重　越海入朝　請兵絳闕　本欲
　　　　　　　平定兩國　永無戰鬪　雪累代之深讎　全百姓之殘命　百濟雖平　高句麗未滅　寡人承克定
　　　　　　　之遺業　終已成之先志　今兩敵旣平　四隅靜泰　臨陣立功者　並已酬賞　戰死幽魂者　追以
　　　　　　　冥資　但囹圄之中　不被泣辜之恩　枷鏁之苦　未蒙更新之澤　言念此事　寢食未安　可赦國
　　　　　　　內　自總章二年二月二十一日昧爽已前　犯五逆罪死已下　今見囚禁者　罪無小大　悉皆放
　　　　　　　出　其前赦已後　犯罪奪爵者　並令依舊　盜賊人　但放其身　更無財物可還者　不在徵限
　　　　　　　其百姓貧寒　取他穀米者　在不熟之地者　子母俱不須還　若在熟處者　至今年收熟　只還
　　　　　　　其本　其子不須還　△△三十日爲限　所司奉行 (『三國史記』6 新羅本紀 6)

신라 백제 고구려
　　　　　　　二月　王會群臣　下敎曰　往者　國家閒於兩國　北伐西侵　暫無寧歲　戰士曝骨積於原野
　　　　　　　先王愍百姓之殘害　越海請兵　本欲平定兩國　雪累代之深恥　全百姓之殘命　百濟雖平
　　　　　　　高麗未滅　寡人克承先志　旣平兩敵　四隅靜泰　臨陣立功者　並已酬賞　并及戰死者　但念
　　　　　　　囹圄之苦　未蒙更新之澤　寢食未安　可赦國內　自今月二十一日昧爽已前　犯五逆罪死已
　　　　　　　下　見囚者　罪無小大　悉皆放出　盜賊無財物可還者　勿徵　百姓貧寒糴人米穀者　待年有
　　　　　　　償之　只還其母　窮歎尤甚者　子母俱免 (『三國史節要』10)[2514]

고구려 신라　　(總章)二年己巳二月　王之庶子安勝　率四千餘戶 投新羅 (『三國史記』22 高句麗本紀
　　　　　　　10)[2515]

　　　年　造天樞成　悅豫子來　彫鐫乃就　干靑霄而直上　表皇王而自得　明珠吐耀　將日月而連輝　祥龍△遊　憑煙雲而
矯首　壯矣哉　遐乎　斯時也　卽封高麗蕃長漁陽郡開國公食邑二千戶　其年　萬州蠻staff作梗　勅以公爲經略大使　氣
罩飄姚　年同獲鑠　時當五月　深入不毛△鄕　路登千仞　必抱忠臣之節　銜命善說　奉旨宣揚　醜虜執迷　聾未能聽
公乃整行伍　列校隊　鳴鞭汗赭　直往摧堅　揮弋駐日　傍截陷腦　死者無暇而致悔　生者受羈而自慚　行我周恩　積
尸京觀　方欲凱歌龜浦　獻捷龍樓　倚望生還　寧知死入"이라고 기록되어 있다.

2511) 고족유는 626년에 출생하였고, 평양 출신으로 항복하였으므로 그 시기는 평양성이 함락되는 668년으로
　　 판단된다. 그에 따라 626~668년으로 기간편년하고 마지막해인 668년에 배치하였다.
2512) 당이 건국된 것은 618년이고 고구려는 668년에 멸망하였으므로, 조상의 귀의도 그 사이에 이루어진 일
　　 이라고 생각된다. 그에 따라 618~668년으로 기간편년하고 마지막해인 668년에 배치하였다.
2513) 증조의 도독 취임시기는 알 수 없으나, 연령 등을 고려하면 영류왕·보장왕대(618~668)로 추정된다. 그
　　 에 따라 618~668년으로 기간편년하고 마지막해인 668년에 배치하였다.
2514) 본 기사에서는 日이 보이지 않지만,『三國史記』에는 2월 21일로 나온다. 따라서 2월 21일로 편년하고
　　 편제하였다.
2515) 본 기사는『三國史記』高句麗本紀 보장왕 27년 12월조에 보인다.

고구려 신라　(二月) 高勾麗庶子安勝 率其衆四千餘戶 來降 (『三國史節要』10)

고구려　總章二年二月 前司空兼大[2516]子大[2517]師英國公李勣等 奏稱 奉勅高麗諸城 堪置都督府及州郡者 宜共男生商量准擬 奏聞件狀如前 勅 依奏 其州郡應須隷屬 宜委遼東道安撫使兼右相劉仁軌 遂便穩分割 仍摠隷[2518]安東都護府 鴨淥水以北 未降十一城 北扶餘城州 本助利非西 節城 本蕪子忽 豐夫城 本肖巴忽 新城州 本仇次忽[或云敦城] �[2519]城 本波尸忽 大豆山城 本非達忽 遼東城州 本烏列忽 屋城州 白石城 多伐嶽州 安市城 舊安十忽[或云丸都城], 鴨淥水以北 已降城十一 椋嵒城 木底城 藪口城 南蘇城 甘勿主城 本甘勿伊忽 凌田谷城 心岳城 本居尸坤[2520] 國內州[一云不耐 或云尉那[2521]嵒城] 屑夫婁城 本肖利巴利忽 朽岳城 本骨尸坤[2522] 橴木城. 鴨淥江以北 逃城七 鈆城 本乃勿忽 面岳城 牙岳城 本皆尸押忽 鷲岳城 本甘彌忽 積利城 本赤里忽 木銀城 本召尸忽 犁[2523]山城 本加尸達忽. 鴨淥以北 打得城三 穴城 本甲忽 銀城 本折忽 似城 本史忽. 都督府一十三縣 嵎夷縣 神丘縣 尹城縣 本悅已[2524] 麟德縣 本古良夫里 散昆縣 本新村 安遠縣 本仇尸波知 賓汶縣 本比勿 歸化縣 本麻斯良 邁羅縣 甘蓋縣 本古莫夫里 奈西縣 本奈西兮 得安縣 本德近支 龍山縣 本古麻山. 東明州四縣 熊津縣 本熊津村 鹵辛縣 本阿老谷 久遲縣 本仇知 富林縣 本伐音村. 支潯州九縣 已[2525]汶縣 本今勿 支潯縣 本只彡村 馬津縣 本孤山 子來縣 本夫首只 解禮縣 本皆利伊 古魯縣 本古麻只 平夷縣 本知留 珊瑚縣 本沙好薩 隆化縣 本居斯勿 魯山州六縣 魯山縣 本甘勿阿 唐山縣 本仇知只山 淳遲縣 本豆尸 支牟縣 本只馬馬知 烏蠶縣 本馬知沙 阿錯縣 本源村. 古四州 本古沙夫里 五縣 平倭縣 本古沙夫村 帶山縣 本大尸山 辟城縣 本辟骨 佐贊縣 本上杜 淳牟縣 本豆奈只 沙泮州 本号[2526]號尸伊城 四縣 牟支縣 本号[2527]尸伊村 無割縣 本毛良夫里 佐魯縣 本上老[2528] 多支縣 本夫只 帶方州 本竹軍城 六縣 至留縣 本知留 軍那縣 本屈奈 徒山縣 本抽山 半那縣 本半奈夫里 竹軍縣 本豆肸 布賢縣 本巴老彌. 分嵯州 本波知城 四縣 貴旦縣 本仇斯珍兮 首原縣 本買省坪 皐西縣 本秋子兮 軍支縣 賈耽古今郡國志云 渤海國南海鴨淥扶餘柵城四府 並是高句麗舊地也 自新羅泉井郡至柵城府 凡三十九驛 (『三國史記』37 雜志 6 地理 4 三國有名未詳地分)

고구려　(二月) 李勣等奏稱 奉勅高麗諸城 堪置都督府及州郡者 宜共男生商量准擬 奏聞如前 勅 依奏 其州郡應須肄属 宜委遼東道安撫使兼右相劉仁軌 遂便穩分割 仍摠隷安東都護府[地志 鴨淥水以北 未降城十一 北扶餘城州 本助利非西 節城 本燕子忽 豊夫城 本肖巳忽 新城州 本仇次忽 或云敦城 桃城 本波尸忽 大豆山城 本非達忽 遼東城州 本鳥列忽 屋城州 白石城 多伐嶽州 安市城 舊安寸忽 或云丸都城 鴨淥水以北 已降城十一 掠嵒城 木底城 藪口城 南蘇城 甘勿主城 本甘勿伊忽 凌田谷城 心岳城 本居尸押 國內州 一云不耐 或云尉那嵒城 屑夫蔞城 本肖利巴利 杅岳城 本骨尸押 橴木

2516) 저본의 大는 太가 옳다.
2517) 저본의 大는 太가 옳다.
2518) 저본에는 誤刻되어 있다.
2519) 저본의 桃는 桃가 옳다.
2520) 저본의坤은 押이 옳다.
2521) 저본에는 誤刻되어 있다.
2522) 저본의坤은 押이 옳다.
2523) 저본에는 誤刻되어 있다.
2524) 저본의 已는 己가 옳다.
2525) 저본의 已는 己가 옳다
2526) 저본의 号는 另이 옳다.
2527) 저본의 号는 另이 옳다.
2528) 저본에는 誤刻되어 있다.

城 鴨淥以北 逃城七 鈆城 本乃勿忽 面岳城 牙岳城 本皆尸押忽 鷲岳城 本甘彌忽 積利城 本赤里忽 木銀城 本召尸忽 梨山城 本加尸達忽 鴨淥以北 打得城三 穴城 本甲忽 銀城 本折忽 似城 本史忽 都督府一十三縣 嵎夷縣 神丘縣 尹城縣 本悅巳 麟德縣 本古良夫里 散昆縣 本新村 安遠縣 本仇尸波知 賓汶縣 本比勿 歸化縣 本麻斯良 邁羅縣 甘蓋縣 本古莫夫里 奈西縣 本奈西兮 得安縣 本德近支 龍山縣 本古麻古 東明州四縣 熊津縣 本熊津材 鹵辛縣 本阿老谷 久遲縣 本仇知 當林縣 本伐音村 支潯州九縣 巳汶縣 本今勿 支潯縣 本只彡村 馬津縣 本孤山 子來縣 本夫首只 解禮縣 本皆利伊 古魯縣 本古麻只 平夷縣 本知留 珊瑚縣 本沙好薩 隆化縣 本居斯勿 魯山州六縣 魯山縣 本甘勿△ 唐山縣 本仇知只山 淳遲縣 本豆尸 支牟縣 本只馬馬知 鳥蚕縣 本馬知沙 阿錯縣 本原村 古四州 本古沙夫里 五縣 平倭縣 本古沙夫村 帶山縣 本大尸山 辟城縣 本辟骨 佐賛縣 本上杜 淳牟縣 本豆奈只 沙泮州 本号尸伊城 四縣 牟支縣 本号尸伊村 無割縣 本毛良夫里 佐魯縣 本上老 多支 本夫只 帶方州 本竹軍城 六縣 至留縣 本知留 軍那縣 本屈奈 徒山縣 本抽山 半那縣 本半奈夫里 竹軍縣 本豆肹 布賢縣 本巴老彌 分嵯州 本波知城 四縣 貴旦縣 本仇斯珍兮 首原縣 本買省坪 皐西縣 本秋子兮 軍支縣 自新羅泉井郡至柵城府 凡三十九驛] (『三國史節要』 10)

고구려　　(…) 又總章二年 英國公李勣奉勑 以高句麗諸城 置都督府及州縣 目録云 鴨綠以北 已降城十一 其一國內城 從平壤至此十七驛 則此城亦在北朝境內 但不知其何所耳 (…) (『三國史記』 37 雜志 6 地理 4)[2529]

탐라　　　三月己卯朔己丑 耽羅遣王子久麻伎等貢獻 (『日本書紀』 27 天智紀)
탐라　　　(天智天皇)八年三月己卯朔己丑[十一] (『類聚國史』 99 殊俗部 耽羅)

탐라　　　(三月)丙申 賜耽羅王五穀種 是日 王子久麻伎等罷歸 (『日本書紀』 27 天智紀)

고구려　　(總章二年)夏四月 高宗移三萬八千三百戶於江淮之南及山南京西諸州空曠之地 (『三國史記』 22 高句麗本紀 10)[2530]
고구려　　夏四月 唐移高勾麗三萬八千三百戶於江淮之南及山南京西諸州空曠之地 留其貧弱者使守安東 (『三國史節要』 10)[2531]
고구려　　(四月) 高麗之民多離叛者 敕徙高麗戶三萬八千二百於江淮之南 及山南京西諸州空曠之地 留其貧弱者 使守安東 (『資治通鑑』 201 唐紀 17 高宗)[2532]
고구려　　(總章)二年 徙高麗民三萬 配江淮以南山南京西 (『通典』 7 食貨 7 歷代盛衰戶口)[2533]
고구려　　(高宗總章)二年 移高麗戶二萬八千二百配江淮以南山南京西 (『通典』 186 邊防 2 東夷 下 高句麗)[2534]
고구려　　(高宗總章)二年 移高麗戶二萬八千二百 配江淮以南山南京西 (『太平寰宇記』 173 四夷 2 東夷 2 高勾驪國)[2535]

2529)『三國史記』 37 雜志 6 地理 4 三國有名未詳地分에 2월로 나온다. 따라서 2월로 편년하고 편제하였다.
2530) 본 기사는『三國史記』高句麗本紀 보장왕 27년 12월조에 보이며,『資治通鑑』등에도 같은 기사가 있다. 그런데『舊唐書』高宗本紀에는 5월 23일 사실로 나온다.
2531) 본 기사는 4월로 나오는데,『三國史記』등에도 같은 기사가 있다. 그런데『舊唐書』高宗本紀에는 5월 23일 사실로 나온다.
2532) 본 기사는 4월로 나오는데,『三國史記』등에도 같은 기사가 있다. 그런데『舊唐書』高宗本紀에는 5월 23일 사실로 나온다.
2533)『三國史記』와『資治通鑑』등에 4월로 나온다. 따라서 4월로 편년하고 편제하였다. 한편 그런데『舊唐書』高宗本紀에는 5월 23일 사실로 나온다.
2534)『三國史記』와『資治通鑑』등에 4월로 나온다. 따라서 4월로 편년하고 편제하였다. 한편 그런데『舊唐書』高宗本紀에는 5월 23일 사실로 나온다.
2535)『三國史記』와『資治通鑑』등에 4월로 나온다. 따라서 4월로 편년하고 편제하였다. 한편 그런데『舊唐

고구려   總章二年 徙高麗民三萬於江淮山南 (『新唐書』220 列傳 145 東夷 高麗)2536)

고구려   五月庚子 移高麗戶二萬八千二百 車一千八十乘 牛三千三百頭 馬二千九百匹 駞六十頭 將入內地 萊營二州般次發遣 量配於江淮以南及山南幷涼以西諸州空閑處安置 (『舊唐書』5 本紀 5 高宗 下)2537)

신라   夏五月 泉共2538)比列忽各2539)連等三郡民饑 發倉賑恤 (『三國史記』6 新羅本紀 6)
신라   五月 民饑發倉賑恤 (『三國史節要』10)

신라   (夏五月) 遣祇珍山級湌等 入唐獻磁石二箱 (『三國史記』6 新羅本紀 6)
신라   (五月) 王遣級湌祇珍山等 如唐獻磁石 (『三國史節要』10)

신라   (夏五月) 又遣欽純角干良圖波珍湌 入唐謝罪 (『三國史記』6 新羅本紀 6)
신라   (五月) 帝怒責王 擅取百濟土地人民 王遣角干欽純波珍湌良圖 如唐謝罪 (『三國史節要』10)

고구려 부여   總章二年八月一日 詔以十月幸涼州 時隴右虛耗 議者咸云 車駕西巡不便 上聞之 召五品以上謂曰 帝王五載一巡狩 羣后四朝 此蓋常禮 朕欲暫幸涼州 今聞在外咸謂非宜 何也 宰臣已下 莫有對者 詳刑大夫來公敏曰 陛下巡幸涼州 遵宣王略 求之故實 未虧令典 但隨時度事 臣下竊有所疑 旣是明制施行 所以不敢塵黷 奉勑顧問 敢不盡言 近高麗雖平 扶餘尙梗 兼西道經略 兵猶未停 且隴右諸州 人戶尤少 供億鸞駕 備擬稍難 臣聞在外 實有竊議 上曰 卿等旣有此言 我止度隴 存問父老 蒐狩卽還 竟下詔停西幸 無何 擢公敏爲黃門侍郎 賞能直言也 (『唐會要』27 行幸)

고구려   (秋八月)辛亥 御延福殿2540) 召五品已上謂曰 自古帝王 莫不巡守2541) 故朕欲巡視遠俗 若果爲不可 何不面陳 而退有後言 何也 自宰相以下莫敢對 詳刑大夫來公敏獨進曰2542) 巡守雖帝王常事 然高麗新平 餘寇尙多 西邊經略 亦未息兵 隴右戶口彫弊 鑾輿所至 供億百端 誠爲未易2543) 外間實有竊議 但明制已行 故羣臣不敢陳論耳 上善其言 爲之罷西巡 爲于僑翻 (『資治通鑑』201 唐紀 17 高宗)

신라   九月丁丑朔丁亥 新羅遣沙湌督儒等進調 (『日本書紀』27 天智紀)

신라   去年九月 具錄事狀 發使奏聞 被漂却來 更發遣使 亦不能達 於後 風寒浪急 未及聞奏 百濟構架奏云 新羅反叛 新羅前失貴臣之志 後被百濟之譖 進退見咎 未申忠款 似是之讒 日經聖聽 不貳之患2544) 曾無一達 使人琳潤至辱書 仰承摠管 犯冒風波 遠來海外 理須發使郊迎 致其牛酒 遠居異城 未獲致禮 時闕迎接 請不爲怪 披讀摠管來書

    書』高宗本紀에는 5월 23일 사실로 나온다.
2536) 『三國史記』와 『資治通鑑』 등에 4월로 나온다. 따라서 4월로 편년하고 편제하였다. 한편 그런데 『舊唐書』高宗本紀에는 5월 23일 사실로 나온다.
2537) 『三國史記』와 『資治通鑑』 등에는 4월로 나온다.
2538) 저본의 共은 정이 옳다.
2539) 저본에는 列忽各이 缺刻되어 있다.
2540) 九成宮中有延福殿
2541) 守 手又翻
2542) 詳刑大夫 卽大理少卿
2543) 易 以豉翻
2544) 저본에는 患으로 되어 있으나, 忠이 맞다.

專以新羅已爲叛逆　既非本心　惕然驚懼　數自功夫　恐被斯辱之譏　緘口受責　亦入不弔
之數　今略陳寃枉　具錄無叛　國家不降一介之使　垂問元由　即遣數萬之衆　傾覆巢穴　樓
船滿於滄海　艫舳連於江口　數彼熊律[2545]　伐此新羅　嗚呼　兩國未定平　蒙指蹤之驅馳
野獸今盡　反見烹宰之侵逼　賊殘百濟　皮[2546]蒙雍齒之賞　殉漢新羅　已見丁公之誅　大
陽之曜　雖不廻光　葵藿本心　猶懷[2547]向日　摠管稟英雄之秀氣　抱將相之高材　七德兼
備　九流涉獵　恭行天罰　濫加非罪　天兵未出　先問元由　綠此來書　敢陳不叛　請摠管審
自商量　具狀申奏　雞林州都督左衛大將軍開府儀同三司上柱國新羅王金法敏白　(『三國
史記』7 新羅本紀 7)[2548]

신라　　　　　去年九月　具錄事狀　發使奏聞　被漂却來　更發遣使　亦不能達　於後　風寒浪急　未及奏
聞　百濟構架奏云　新羅反叛　新羅前失貴臣之心　後被百濟之譖　進退見咎　未申忠欵　似
是之讒　日經聖聽　不貳之忠　曾無一達　使人琳潤至辱書　仰承摠管　犯冒風波　遠來海外
理須發使郊迎　致其牛酒　遠居異城　未獲致禮　時闕迎接　請不爲被㤼　披讀摠管來書　專
以新羅已爲叛逆　既非本心　惕然驚懼　數自功夫　恐被斯辱之譏　緘口受責　亦入不弔之
數　今略陳寃枉　具錄無叛　國家不降一介之使　垂問元由　即遣數萬之衆　傾覆巢穴　樓舩
滿於滄海　舳艫連於江口　救彼熊津　伐此新羅　嗚呼　兩國未定平　蒙指蹤之驅馳　野獸今
盡　反見烹宰之侵逼　賤殘百濟　反蒙雍齒之賞　殉漢新羅　已見丁公之誅　大陽之照　雖不
回光　葵藿本心　猶懷向日　摠管稟英雄之秀氣　抱將相之高材　七德兼備　九流涉躐　恭行
天罰　濫加非罪　天兵未出　先問元由　綠此來書　敢陳不叛　請摠管審自商量　具狀申奏
(『三國史節要』10)[2549]

신라　　　　　冬　唐使到傳詔　與弩師仇珍川沙湌廻　命造木弩　放箭三十步　帝問曰　聞在爾國　造弩射
一千步　今纔三十步　何也　對曰　材不良也　若取材本國　則可以作之　天子降使求之　即
遣福漢大奈麻獻木　乃命改造　射至六十步　問其故　答曰　臣亦不能知其所以然　殆木過
海　爲濕氣所侵者歟　天子疑其故不爲　刦之以重罪而終不盡呈其能　(『三國史記』6 新
羅本紀 6)

신라　　　　　冬　唐遣使　徵與弩師　王遣弩士仇珍山偕使赴朝　帝命造木弩　射不過三十步　帝問珍山
曰　聞在爾國　造弩　射千步　今纔三十步　何耶　對曰　材不良　若取材本國　則可矣　帝遣
使求材　王遣大奈麻福漢　獻之　帝命珍山改造　射至六十步　帝詰之　對曰　臣亦不能知其
所以然　殆木過海爲濕氣所侵歟　帝疑珍山故不盡技　刦以罪　而終不効其能　(『三國史節
要』10)

신라　　　　　(冬) 頒馬阹九[2550]　一百七十四所　屬所內二十二　官十　賜庾信太大角干六　仁問太角干
五　角干七人各三　供[2551]湌五人各二　蘇判四人各二　波珍湌六人　大阿湌十二人各一
以下七十四所　隨宜賜之　(『三國史記』6 新羅本紀 6)

신라　　　　　(…) 既而本國承相金欽純[一作仁問]良圖等　徃囚於唐　高宗将大擧東征　欽純等窪遣湘
誘而先之 (…) (『三國遺事』4 義解 5 義湘傳敎)[2552]

2545) 저본에는 律로 되어 있으나, 津이 옳다.
2546) 저본에는 皮로 되어 있으나 反이 옳다.
2547) 저본에는 懹으로 되어 있으나, 懷가 옳다.
2548) 본 기사의 내용은『三國史記』新羅本紀 문무왕 11년 가을 7월 26일 '大王報書云'에 나온다.
2549) 본 기사의 내용은『三國史節要』문무왕 11년 추7월 '王報書云'에 나온다.
2550) 저본의 九는 凣이 옳다.
2551) 저본의 供은 伊가 옳다.
2552) 5월 이후부터 다음해 정월 사이의 일이다. 따라서 5월부터 12월로 기간편년하고 669년 끝에 배치하였
다.

신라　(總章戊辰)明年　高宗使召仁問等　讓之曰　爾請我兵以滅麗　害之何耶　乃下圓扉鍊兵五
十万　以薛邦爲帥　欲伐新羅　義相師西學入唐　來見仁問　仁問以事論之 (『三國遺事』 2
紀異 2 文虎王法敏)

신라　(…) 以總章二年　附商船達登州岸　分衛到一信士家　見湘容色挺拔　留連門下旣久　有少
女麗服靚粧　名曰善妙　巧媚誨之　湘之心石不可轉也　女調不見答　頓發道心　於前矢大
願言　生生世世　歸命和尙　習學大乘　成就大事　弟子必爲檀越　供給資緣　湘乃徑趨長安
終南山　智儼三藏所　綜習華嚴經　時康藏國師　爲同學也　所謂知微知章　有倫有要　德瓶
云滿　藏海嬉遊 / 乃議迴程　傳法開誘　復至文登舊檀越家　謝其數稔供施　便慕商船　遂
巡解纜　其女善妙　預爲湘辦集　法服幷諸什器　可盈篋笥　運臨海岸　湘船已遠　其女呪之
曰　我本實心　供養法師　願是衣篋　跳入前船　言訖投篋于駭浪　有頃疾風吹之若鴻毛耳
遙望徑跳入船矣　其女復誓之　我願是身　化爲大龍　扶翼舳艫　到國傳法　於是攘袂　投身
于海　將知願力難屈　至誠感神　果然伸形　夭矯或躍　蜿蜒其舟底　寧達于彼岸/ 湘入國
之後　遍歷山川　於駒塵百濟風馬牛不相及地　曰此中地靈山秀　眞轉法輪之所　無何權宗
異部聚徒可半千衆矣　湘黙作之念　大華嚴敎　非福善之地　不可興焉/ 時善妙龍恒隨作
護　潛知此念　乃現大神變於虛空中　化成巨石　縱廣一里蓋于伽藍之頂　作將墮不墮之狀
群僧驚駭　罔知攸趣　四面奔散　湘遂入寺中　敷闡斯經　冬陽夏陰　不召自至者多矣/ 國
王欽重　以田莊奴僕施之　湘言於王曰　我法平等　高下共均　貴賤同揆　涅槃經八不淨財
何莊田之有　何奴僕之爲　貧道以法界爲家　以盂耕待稔　法身慧命　藉此而生矣　湘講樹
開化談叢結果　登堂覩奧者　則智通表訓梵體道身等數人　皆啄巨轂飛出迦留羅鳥焉　湘
貴如說行　講宣之外　精勤修練　莊嚴刹海靡憚暄涼　又常行義淨洗穢法　不用巾帨　立期
乾燥而止　持三法衣瓶鉢之餘　曾無他物　凡弟子請益不敢造次　伺其怡寂　而後啓發　湘
乃隨疑解滯　必無滓核　自是已來　雲遊不定　稱可我心　卓錫而居　學侶蜂屯　或執筆書紳
懷鉛札葉　抄如結集　錄似載言　如是義門　隨弟子爲目　如云道身章是也　或以處爲名如
云錐穴問答等　數章疏皆明華嚴性海毘盧遮那無邊契經義例也　湘終于本國　塔亦存焉
號海東華嚴初祖也 (『宋高僧傳』 4 義解篇 二之一 唐 新羅國 義湘傳)

신라　釋義湘　俗姓朴　雞林府人 (…) 以總章二年　附商船達登州　分衛到一信士家　見湘容色
挺拔　留連門下　旣久　有少女麗服艷粧　名曰善玅　巧媚誨之　湘之心石　不可轉也　女調
不見答　頓發道心　於前矢大願言　生生世世歸命和尙　習學大乘　成就大事　弟子必爲檀
越供給資緣　湘乃徑趨長安終南山　智儼三藏所　綜習華嚴經　時康藏國師爲同學也　乃議
廻程　傳法開誘　復至文登舊檀越家　謝其數稔供施　便募商船　遂巡解纜　其女善玅　預爲
湘辦集法服幷諸什器　可盈篋笥　運臨海岸　湘船已遠　其女呪之曰　我本實心供養法師
願是衣篋　跳入前船　言訖　投篋于駭浪　有頃疾風吹之　遙望徑跳入船矣　其女復誓之　我
願自身化爲大龍　扶翼舳艫　到國傳法　于是攘袂投身于海　果然身形夭矯　或躍蜿蜒　其
舟底寧達于彼岸　湘入國之後　徧歷山川　於駒麗百濟　地靈山秀　眞轉法輪之所　無何權
宗異部　聚徒可半千衆矣　湘黙作是念　大華嚴敎　非福善之地　不可興焉　時善玅龍　恒隨
作護　潛知此念　乃現大神變　於虛空中　化成巨石　縱廣一里　蓋于伽藍之頂　作將墮不墮
之狀　羣僧驚駭　罔知攸趣　四面奔散　湘遂入寺中　敷闡斯經　冬陽夏陰　不召自至者多
國王欽重　講樹開花　談叢結果　登堂覩奧者　則智通表訓梵體道身等數人　皆啄巨轂飛出
迦留羅鳥焉　凡弟子請益　隨疑解滯　必無滓核　自是已來　雲遊不定　卓錫而居　學似蜂屯
執筆懷鉛　抄如結集錄　載言如是義門　隨弟子爲口　如云道身章是也　或以處爲名　如云
錐穴問答等　數章疏皆明華嚴性海毘盧遮那無邊契經義例也　湘終於本國　塔亦存焉　號
海東　華嚴初祖也 (『高僧摘要』 4 義湘)

신라　唐 義湘 新羅國　鷄林府人也 (…) 總章三年　湘獨抵登州　分衛遇富家女子曰善妙者　以

	湘年壯色麗 欲諧匹偶 湘堅拒弗答 善妙因復矢言曰 生生世世獲爲檀越 供給和尙 又 爲弟子 習學大乘 成就大事 湘依長安終南山智儼三藏 硏究華嚴 未幾遂返本國揚化 道經善妙家 將附商舶 卽解纜 而善妙悉出諸衣服什器 素所備物 追餉之 而身造海岸 則船已遠矣 於是善妙復矢曰 如我實有供養心者 則此篋笥 當躍入船中 有頃風飄浪擊 盡輸載無少遺餘 善妙乃復矢之曰 我願此身化爲大龍 挾持和尙 傳度彼國 因自投身濤 波中 俄頭角峥嶸 鱗甲晃耀 雲霧冥晦 而柂牙帆腹 尤覺便利於他日 若其蜿蜒夭矯 時 或見之 旣濟仍徧相攸處 然脫有可者 久爲異宗所據 湘獨念以爲大華嚴敎 誠宜於有福 地興之 舍爾其奚之耶 時善妙龍知其念 遽以神力 於虛空中現巨石 縱廣一里 正覆于 異宗所居之上 勢且隕者 群僧懼其壓 奔駭不敢留 湘卽居之 鬱爲大叢社 幷辭國王所 施莊田奴僕等 湘弘導勤懇 脩練精苦 弟子智通表訓道身梵體等 嗣著述章疏 皆明性海 義例 海東號湘華嚴初祖 竟終于本國(『新修科分六學僧傳』4 慧學 傳宗科 唐 義湘)
백제	是歲 (…) 又以佐平餘自信佐平鬼室集斯等 男女七百餘人 遷居近江國蒲生郡 又大唐 遣郭務悰等二千餘人 (『日本書紀』27 天智紀)
신라	歸義州 總章中置 處海外新羅 隷幽州都督 (『舊唐書』39 志 19 地理 2 歸義州)
고구려	大唐有國之五十一年 皇帝有天下之一十九載也 元惡旣殄 萬宇淸矣 元勳旣輯 萬寶成 矣 以爲周郊上帝 裁延肅愼之賓 漢禮甘泉 未拯朝鮮之亂 想玄功而反側 奉先旨以遲 廻 思答上靈之心 以洽庶黎之望 爰考吉日 遂靜行宮 有司具典 乘輿乃出 撫玄蚪戴翠 鳳 鼉皷按節 鯨鐘疏響 千乘嶽動 萬騎林廻 星陳而天行 雷震而霧合 是時禾登夫太壇 也(『文苑英華』772 帝德上 王勃 拜南郊頌幷序)
고구려	(…) 大唐有國之五十一年 皇帝有天下之一十九載也 元惡旣殄 萬宇淸矣 元勳旣輯 萬 寶成矣 以爲周郊上帝 裁延肅愼之賓 漢禮甘泉 未拯朝鮮之亂 想元功而反側 奉先旨 以遲廻 思答上靈之心 以洽庶黎之望 (…) 敢作頌曰 遼河巨浸 碣石危峯 城分玄菟 塞 接黃龍 憑遐作梗 恃險忘恭 人殘鬼哭 主闇臣凶 有晉不綱 戎麾內逐 (…) (『全唐文』 178 王勃 拜南郊頌 幷序)
고구려	復歸正朔 從英公入朝 特蒙勞勉 蒙授右戎衛將軍 (「李他仁 墓誌銘」;『遠望集』下; 2 015『高句麗渤海硏究』52)

670(庚午/신라 문무왕 10/唐 總章 3, 咸亨 1/倭 天智 9/庚午)

신라	總章三年庚午正月七 漢歧部一山級干[一作成山阿干婢] 一乳生四子 一女三子 國給穀 二百石以賞之 (『三國遺事』2 紀異 2 文虎王法敏)[2553]
요동	(春正月)辛卯 列遼東地爲州縣 (『舊唐書』5 本紀 5 高宗 下)
신라	春正月 高宗許欽純還國 留囚良圖 終死于圓獄 以王擅取百濟土地遺民 皇帝責怒 再 留使者 (『三國史記』6 新羅本紀 6)[2554]
신라	春正月 帝許欽純還國而囚良圖 死于獄 (『三國史節要』10)
신라	以咸亨[2555]元年庚午 還國 聞事於朝 命神印大德明朗 假設密壇法禳之 國乃免 (『三國

2553) 『三國史記』新羅本紀에는 夏6월로 나온다.
2554) 『삼국사절요』에는 문무왕 9년 5월조에 보인다.
2555) 저본의 享은 亨이 옳다.

	遺事』4 義解 5 義湘傳教)2556)
신라	時 相乃東還上聞 王甚悼2557)之 會群臣問防禦策 角干金天尊奏曰 近有明朗法師入龍宮 傳秘法而來 請詔問之 朗奏曰 狼山之南有神遊林 創四大2558)王寺於其地 開設道場則可矣 時有貞州使走報曰 唐兵無數至我境 迴槧海上 王召明朗曰 事已逼至如何 朗曰 以彩帛假搆宜矣 乃以彩帛營寺 草搆五方神像 以瑜珈明僧十二負 明朗爲上首 作文豆婁秘密之法 時唐羅兵未交接 風濤怒起 唐舡皆没於水 後改刱寺 名四天王寺 至今不墜壇席[國史大2559)刱在調露元年己卯] (『三國遺事』2 紀異 2 文虎王法敏)2560)
신라	昔義湘法師 始自唐來還 聞大悲眞身住此海邊崛內 故因名洛山 蓋西域寶陁洛伽山 此云小白華 乃白衣大士眞身住處 故借此名之 齋戒七日 浮座具晨水上 龍天八部侍從 引入崛內 叅禮空中 出水精念珠一貫給之 湘領受而退 東海龍亦獻如意寶珠一顆 師捧出 更齋七日 乃見眞容 謂曰 於座上山頂 雙竹湧生 當其地作殿宜矣 師聞之出崛 果有竹從地湧出 乃作金堂塑像而安之 圓容麗質 儼若天生 其竹還没 方知正是眞身住也 因名其寺曰洛山 師以所受二珠 鎭安于聖殿而去 後有元曉法師 繼踵而來 欲求瞻禮 初至於南郊水田中 有一白衣女人刈稻 師戲請其禾 女以稻荒戲答之 又行至橋下 一女洗月水帛 師乞水 女酌其穢水獻之 師覆棄之 更酌川水而飮之 時野中松上有一靑鳥 呼曰 休醍△2561)和尙 忽隱不現 其松下有一隻脫鞋 師旣到寺 觀音座下又有前所見脫鞋一隻 方知前所遇聖女乃眞身也 故時人謂之觀音松 師欲入聖崛更睹眞容 風浪大作 不得入而去 (『三國遺事』3 塔像 4 洛山二大聖 觀音 正趣 調信)2562)
고구려	君諱寶△ 字孝先 洛陽人也 (…) △總章三年二月十二日 詔授上騎都尉 詔曰 或長驅戰艦 振戎捷於玄夷 或遠泛征艫 濟軍儲於碧海 豈謂綿綸東逝 意移沉石之波 璧彩西遷 終謝流金之影 (…) (「馬寶△ 墓誌銘」:『全唐文新編』993;『唐代墓誌滙篇』;『全唐文補遺』5)
신라 고구려 말갈	三月 沙湌薛烏儒與高句麗太大兄高2563)延武 各率精兵一萬 度鴨淥江至屋骨 △△△ 靺鞨兵 先至皆敦壤待之 (『三國史記』6 新羅本紀 6)
말갈 신라 고구려	三月 靺鞨寇北邊屯皆敦壤 王遣沙湌薛烏儒與故麗將延武 率精兵二萬 渡鴨綠江與戰 大克之 斬獲甚多 唐兵繼至 我兵退保白城 (『三國史節要』10)2564)
고구려	咸亨元年三月 遣使賀平高麗 爾後繼來朝貢 則天時 自言其國近日所出 故號日本國 蓋惡其名不雅而改之 (『唐會要』99 倭國)
고구려	(唐高宗)咸亨元年三月 闔賓國獻方物 倭國王遣使 賀平高麗 (『册府元龜』970 外臣部

2556) 정월보다는 뒤의 일이다. 그리고 의상이 귀국한 것은 『삼국유사』 탑상 전후소장사리조에 인용된 浮石本碑에는 함형 2년에 귀국했다고 한다.
2557) 저본의 悼는 憚가 옳다.
2558) 저본의 大는 天이 옳다.
2559) 저본의 大는 云이 옳다.
2560) 정월보다 뒤의 일이다. 그리고 의상이 귀국한 것은 『삼국유사』 탑상 전후소장사리조에 인용된 浮石本碑에는 함형 2년에 귀국했다고 한다.
2561) 醍의 關
2562) 정월보다 뒤의 일이다. 그리고 의상이 귀국한 것은 『삼국유사』 탑상 전후소장사리조에 인용된 浮石本碑에는 함형 2년에 귀국했다고 한다.
2563) 저본의 '大兄高'는 저본에는 缺刻되어 있다. 그리고 의상이 귀국한 것은 『삼국유사』 탑상 전후소장사리조에 인용된 浮石本碑에는 함형 2년에 귀국했다고 한다.
2564) 저본의 "戰大克之 斬獲甚多 唐兵繼至 我兵退保白城"은 『三國史記』에는 4월 4일로 나온다.

15 朝貢 3)

고구려 (日本傳[兼會要]) (…) 咸亨元年[三月] 遣使賀平高麗 (『玉海』153 朝貢 外夷來朝 內附 唐日本遣使入朝 請授經)

고구려 蝦蛦 (…) (唐)高宗平高麗 倭國遣使來賀 (『佛祖統紀』32 世界名體志 十五之二 東土震旦地理圖 東夷 蝦蛦)[2565]

신라 夏四月四日 對戰 我兵大克之 斬獲不可勝計 唐兵繼至 我兵退保白城 (『三國史記』6 新羅本紀 6)[2566]

고구려 四月庚午 高麗酋長鉗牟岑叛 寇邊 左監門衛大將軍高侃爲東州道行軍總管 右領軍衛大將軍李謹行爲燕山道行軍總管 以伐之 (『新唐書』3 本紀 3 高宗)[2567]

고구려 (高麗傳) 咸亨元年四月 其酋鉗牟尋反 立安舜爲王 庚午 詔高侃 爲東州道 李謹行燕山道 行軍摠管討之 (『玉海』191 兵捷 兵捷 露布 3 唐遼東道行臺大摠管李勣俘高麗 獻俘昭陵 檄高麗 含元殿數俘)

고구려 신라 至咸亨元年庚午歲夏四月 劒牟岑欲興復國家 叛唐 立王外孫安舜[羅紀作勝]爲主 唐高宗遣大將軍高侃爲東州道行軍摠管 發兵討之 安舜殺劒牟岑奔新羅 (『三國史記』22 高句麗本紀 10)[2568]

고구려 신라 (四月) 高麗酋長劍牟岑反 立高藏外孫安舜爲主 以左監門大將軍高侃爲東州道行軍總管[2569] 發兵討之 安舜殺劍牟岑 奔新羅 (『資治通鑑』201 唐紀 17 高宗)[2570]

고구려 신라 말갈

咸亨元年四月 其餘類有酋長劍牟岑者 率衆叛 立高藏外孫安舜爲王 令左衛大將軍高侃討平之 其後餘衆不能自保 散投新羅靺鞨 舊國土盡入於靺鞨 高氏君長遂絶 (『通典』186 邊防 2 東夷 高句麗)[2571]

고구려 至咸亨元年四月 高麗餘衆有酋長劍牟岑者 率衆叛 立高藏外孫安舜爲主 詔左衛大將軍高侃討平之 (『唐會要』73 安東都護府)[2572]

고구려 신라 말갈

咸亨元年四月 其餘類有酋長劍牟岑者 率衆叛 立高麗外孫安爲王 令左衛大將軍高侃討平之 其餘衆不能自保 散投新羅靺鞨 舊土 國盡入於靺鞨 高氏君長遂絶 (『太平寰宇記』173 四夷2 東夷 2 高勾驪國)[2573]

신라 (咸亨元年) 未幾 高麗餘衆叛 起爲鷄林道總管 (『新唐書』111 列傳 36 薛仁貴)[2574]

고구려 大長鉗牟岑率衆反 立藏外孫安舜爲王 詔高侃東州道 李謹行燕山道 並爲行軍總管討

2565) 본 기사에는 그 月을 알 수 없으나, 『唐會要』에는 3월로 되어 있다. 따라서 3월로 편년하고 편제하였다.

2566) 『삼국사절요』에는 3월로 나온다.

2567) 본 기사의 내용은 『三國史記』 高句麗本紀와 중국 정사 등에는 4월의 나오지만, 『三國史記』 新羅本紀에는 6월로 나온다.

2568) 본 기사는 『三國史記』 22 高句麗本紀 10 보장왕 27년 12월조에 보인다. 이 사실이 『新唐書』 등에는 4월 28일로 나온다. 따라서 4월 28일로 편년하고 편제하였다.

2569) 高麗在東 時已列置州府 故曰東州道 監 古衛翻

2570) 본 기사는 日이 보이지 않지만, 『新唐書』에 4월 28일로 나온다. 따라서 4월 28일로 편년하고 편제하였다.

2571) 본 기사는 日이 보이지 않지만, 『新唐書』에 4월 28일로 나온다. 따라서 4월 28일로 편년하고 편제하였다.

2572) 본 기사는 日이 보이지 않지만, 『新唐書』에 4월 28일로 나온다. 따라서 4월 28일로 편년하고 편제하였다.

2573) 본 기사는 日이 보이지 않지만, 『新唐書』에 4월 28일로 나온다. 따라서 4월 28일로 편년하고 편제하였다.

2574) 본 기사는 月·日이 보이지 않지만, 『新唐書』에 4월 28일로 나온다. 따라서 4월 28일로 편년하고 편제하였다.

之 遣司平太常伯楊昉綏納亡餘 (『新唐書』220 列傳 145 東夷 高麗)[2575]

고구려　楊昉 爲司平太常伯 往安東 安撫高麗餘衆 時有高麗酋長鉗牟岑率衆反叛 立高藏外孫 安舜爲主 詔左監門大將軍高侃爲東州道行軍總管 發兵以討之 安舜遽殺鉗牟岑 走投 新羅 防侃始拔安東都護府 自平壤城移於遼東州 (『冊府元龜』 429 將帥部90 拓 土)[2576]

신라 고구려　六月 高句麗水臨城人 年[2577]岑大兄 收合殘民 自窮牟城至浿江南 殺唐官人及僧法安 等 向新羅行 至[2578]西海史冶島 見高句麗大臣淵淨土之子安勝 迎致漢城中 奉以爲君 遣小兄多式等 哀告曰 興滅國繼絶世 天下之公義也 推[2579]大國是望 我國先王目[2580] 失道見滅 今臣等得國貴族安勝 奉以爲君 願作藩屏 永世盡忠 王處之國西金馬渚 (『三 國史記』6 新羅本紀 6)[2581]

신라 고구려 백제　至咸亨元年六月 高麗謀叛 摠殺漢官 新羅即欲發兵 先報熊津云 高麗既叛 不可不伐 彼此俱是帝臣 理須同討凶賊 發兵之事 須有平章 請遣官人來此 共相計會 百濟司馬 禰軍來此 遂共平章云 發兵已後 即恐彼此相疑 宜令兩處官人 互相交質 即遣金儒敦 及府城百濟主薄首彌長貴等 向府平論交質之事 百濟雖許交質 城中仍集兵馬 到彼城 下 夜即來打 (『三國史記』7 新羅本紀 7)[2582]

고구려 신라　夏六月 故高勾麗大兄劒牟岑 欲圖興復 收合殘民至浿江 殺唐官人及僧法安等 向新羅 行 至西海史冶島 見故宗室安勝[或作安舜] 迎致漢城 立爲君 遣小兄多式等 來告曰 我先王臣臧 失道見滅 今臣等得國貴族安勝 奉以爲君 願作藩屏 永世盡忠 臣等聞興 滅繼絶 天下之公義也 惟大國是望 王處之國西金馬渚 帝遣大將軍高偘爲束州道行軍 摠管 發兵討之 安勝殺劒牟岑來奔 (『三國史節要』10)[2583]

고구려 신라 백제　至咸亨元年六月 高麗謀叛 摠殺漢官 新羅即欲發兵 先報熊津云 高麗既叛 不可不伐 彼此俱是帝臣 理須同討凶賊 發兵之事 須有平章 請遣官人來此 共相計會 百濟司馬 禰軍來此 遂共平章云 發兵已後 恐彼此相疑 宜令兩處官人 互相交質 即遣金儒敦及 府城百濟主簿首彌張貴等 向府平論交質之事 百濟雖許交質 城中仍集兵馬 到彼城下 夜則來打 (『三國史節要』10)[2584]

신라　(六月) 漢祇部女人 一産三男一女 賜粟二百石 (『三國史記』6 新羅本紀 6)[2585]
신라　(夏六月) 漢祇部女 一産三男一女 賜粟二百石 (『三國史節要』10)

신라 백제　秋七月 王疑百濟殘衆反覆 遣大阿飡儒敦於熊津都督府 請和 不從 乃遣司馬禰[2586]軍 窺覘 王知謀我 止禰[2587]軍不送 擧兵討百濟 品日文忠衆臣義官天官等 攻取城六十三

2575) 본 기사는 연대가 보이지 않지만,『新唐書』에 咸亨元年(670) 4월 28일로 나온다. 따라서 咸亨元年 (670) 4월 28일로 편년하고 편제하였다.
2576) 본 기사는 연대가 보이지 않지만,『新唐書』에 咸亨元年(670) 4월 28일로 나온다. 따라서 咸亨元年 (670) 4월 28일로 편년하고 편제하였다.
2577) 저본의 年은 牟가 옳다.
2578) 저본에는 至가 缺刻되어 있다.
2579) 저본의 推는 惟가 옳다.
2580) 저본의 目은 以가 옳다.
2581)『三國史記』高句麗本紀와『新唐書』등 중국사서에는 4월로 나온다.
2582) 본 기사의 내용은『三國史記』新羅本紀 문무왕 11년 가을 7월 26일 '大王報書云'에 보인다.
2583)『三國史記』高句麗本紀와『新唐書』등 중국사서에는 4월로 나온다.
2584) 본 기사의 내용은『三國史節要』문무왕 11년 추7월 '王報書云'에 보인다.
2585)『三國遺事』紀異 文虎王法敏조에는 정월 7일로 나온다.
2586) 저본의 稱은 禰가 옳다.

徙其人於內地　天存竹旨等取城七　斬首二千　軍官文穎取城十二　擊狄兵　斬首七千給
獲戰馬兵械甚多　王還　以衆臣義官達官興元等△△△寺營退却　罪當死　赦之免職　倉吉
于△△△△一　各授位級飡　賜租有差 (『三國史記』6 新羅本紀 6)

신라 백제　　初　唐平百濟置熊津都督主之　王多取百濟地　秋七月　王遣大阿飡儒敦於熊津都督府
請和　不從　乃遣司馬彌軍覘我虛實　王知其謀　止彌軍不遣　分遣諸將討百濟　品日文忠
等取六十三城　天存竹旨等取七城　文穎等取十二城　師還　論功有差 (『三國史節要』10)

신라 백제　　熊州　本百濟舊都　唐高宗遣蘇定方平之　置熊津都督府　新羅文武王取其地有之 (『三國
史記』36 雜志 5 地理 3)[2588]

신라 백제　　(咸亨元年)至七月　入朝使金欽純等至　將畫界地　案圖披撿百濟舊地　摠令割還　黃河未
帶　大[2589]山未礪　三四年間　一與一奪　新羅百姓　皆失本望　並云　新羅百濟累代深讎
今見百濟形況　別當自立一國　百年已後　子孫必見呑滅　新羅旣是國家之州　不可分爲兩
國　願爲一家　長無後患 (『三國史記』7 新羅本紀 7)[2590]

신라 백제　　(咸亨元年)至七月　入朝使金欽純等至　將畫界地　案圖披檢百濟舊地　惣令割還　黃河未
帶　太山未礪　三四年間　一與一奪　新羅百姓　皆失本望　並云　新羅百濟累代深讎　今見
百濟形況　別當自立一國　百年已後　子孫必見呑滅　新羅旣是國家之州　不可分爲兩國
願爲一家　長無後患 (『三國史節要』10)[2591]

신라 고구려　(秋七月) 遣沙飡須彌山　封安勝爲高句麗王　其冊曰　維咸亨元年歲次庚午秋八月一日辛
丑　新羅王致命高句麗嗣子安勝　公大[2592]祖中牟王　積德比[2593]山　立切[2594]南海　威風
振於靑丘　仁教被於玄菟　子孫相継　本支不絶　開地千里　年將八百　至於建産兄弟　禍起
蕭墻　釁成骨肉　家國破亡　宗社湮[2595]滅　生人波蕩　無所託心　公避危難於山野　投單身
於鄰國　流離辛苦　迹同晉文　更興亡國　事等衛侯　夫百姓不可以無主　皇天必有以眷命
先王正嗣　唯公而已　主於祭祀　非公而誰　謹遣使一吉飡金順彌山等　就披策命公爲高句
麗王　公宜撫集遺民　紹興舊緒　永爲鄰國　事同昆弟　敬哉敬哉　兼送粳米二千石甲具馬
一匹綾五匹絹細布各十匹綿十五稱　王其領之 (『三國史記』6 新羅本紀 6)[2596]

신라 고구려　又代[2597]高麗　以其國王孫還國　置之眞骨位 (『三國遺事』2 紀異 2 文虎王法敏)[2598]

신라 고구려　八月　王遣沙飡金須彌山　冊安勝爲高勾麗王曰　公之太祖中牟王　積德北山　立功南海
威風振於靑丘　仁教被於玄菟　子孫相繼　本支不絶　開地千里　年將八百　至於建産兄弟
禍起蕭墻　釁成骨肉　家國破亡　宗社湮滅　生人波蕩　無所托心　公避危難於山野　投單身
於鄰國　流離辛苦　迹同晉文　更興亡國　事等衛侯　夫百姓不可以無主　皇天必有以眷命
先王正嗣　唯公而已　主祭非公而誰　謹遣金順彌山等　策命公爲高勾麗王　公宜撫集遺民
紹興舊緒　永爲鄰國　事同昆弟　敬哉　兼遣粳米二千石　甲具馬一匹　綾五匹　絹紬布各十

2587) 저본의 稱은 禰가 옳다.
2588) 이 기사에는 월 표기가 없으나, 『三國史記』 新羅本紀 등에 의거하여 7월로 편년하였다.
2589) 저본에는 大로 되어 있으나 太가 맞다.
2590) 본 기사의 내용은 『三國史記』 新羅本紀 문무왕 11년 가을 7월 26일 '大王報書云'에 보인다.
2591) 본 기사의 내용은 『三國史節要』 문무왕 11년 추7월 '王報書云'에 보인다.
2592) 저본의 大는 太가 옳다.
2593) 저본의 比는 北이 옳다.
2594) 저본의 切은 功이 옳다.
2595) 저본에는 오각되어 있으나, 湮이 맞다.
2596) 『三國史節要』에는 이 내용이 8월에 편제되어 있다.
2597) 伐의 誤
2598) 안승을 진골로 삼은 시기는 알 수 없지만, 안승을 보덕왕으로 봉한 것은 670년이다. 따라서 670년으로
　　　편년하고 편제하였다.

	匹 縣十五稱 (『三國史節要』 10)[2599]

신라　　　秋九月 辛未朔 遣阿曇連頰垂於新羅 (『日本書紀』 27 天智紀)

신라　　　十二月 土星入月 (『三國史記』 6 新羅本紀 6)
신라　　　十二月 土星入月 (『三國史節要』 10)

신라　　　(十二月) 京都地震 (『三國史記』 6 新羅本紀 6)
신라　　　(十二月) 王都地震 (『三國史節要』 10)

신라　　　(十二月) 中侍知鏡退 (『三國史記』 6 新羅本紀 6)
신라　　　(十二月) 中侍知鏡退 (『三國史節要』 10)

신라　　　(十二月) 倭國更号曰[2600]本 自言近日所出以爲名 (『三國史記』 6 新羅本紀 6)
신라　　　(十二月) 倭國更號日本 自言近日所出以爲名 (『三國史節要』 10)

신라　　　(十二月) 漢城州摠官藪世取百濟△△△△△△國 適彼事覺 遣大阿湌眞珠 誅之[十二△
　　　　　△△貢書所六 △△僵事同異可] (『三國史記』 6 新羅本紀 6)

신라　　　村徒典 文武王十年置 苴干一人 宮翁一人 大尺一人 史二人 (『三國史記』 39 雜志 8
　　　　　職官 中)
신라　　　置村徒典 苴于一人 宮翁一人 火尺一人 史二人 (『三國史節要』 10)

신라　　　又置尻驛典 看翁一人 宮翁一人 (『三國史節要』 10)
신라　　　尻驛典 看翁一人 宮翁一人 (『三國史記』 39 雜志 8 職官)[2601]

신라　　　又承相金良圖爲阿孩時 忽口 體硬 不言不逐 每見一大鬼率小鬼來 家中凡有盤肴 皆
　　　　　啖嘗之 巫覡來祭 則群聚而爭侮之 圖雖欲命撤 而口不能言 家親請法流寺僧亡名來轉
　　　　　經 大鬼命小鬼 以鐵槌打僧頭地 嘔血而死 阿數日 遣使邀本 使還言 本法師受我請將
　　　　　來矣 衆鬼聞之 皆失色 小鬼曰 法師至將不利 避之何幸 大鬼侮慢自若曰 何害之有
　　　　　俄而有四方大力神 皆屬金甲長戟 來捉群鬼縛去 次有無數天神 環拱而待 須臾本至
　　　　　不待開經 其疾乃治 語通身解 具說件事 良圖因此篤信釋氏 一生無怠 塑成興輪寺吳
　　　　　堂主 彌勒尊像 左右菩薩 竝滿金 其堂 本嘗住金谷寺 (『三國遺事』 5 神呪 6 密本摧
　　　　　邪)[2602]

고구려　　　既而姜維構禍 復拔成都 穢穴挺妖 俄翻穢境 公又奉詔進討扶餘 重勦渠魁 更承冠帶
　　　　　凱還飮至 帝有嘉焉 遷授同正員右領軍將軍 (「李他仁 墓誌銘」:『遠望集』 下; 2015 『
　　　　　高句麗渤海研究』 52)[2603]

2599) 『三國史記』에는 이 내용이 7월에 편제되어 있다.
2600) 저본에는 曰로 되어 있으나, 日이 옳다.
2601) 이 기사에는 연대 표기가 없으나, 『三國史節要』에 의거하여 文武王 10년(670)으로 편년하였다.
2602) 김양도의 어린시절이야기라고 하여 정확한 연대를 알 수 없지만, 김양도의 사망시점으로 편년하고 편
　　제하였다.
2603) 劍牟岑의 고구려 부흥운동을 진압하는 내용으로 보인다.

백제	僭帝一旦稱臣 仍領大首望數十人 將入朝謁 特蒙恩詔授左戎衛郎将 少選遷右領軍衛中郎将兼檢校熊津都督府司馬 材光千里之足 仁副百城之心 舉燭靈臺 器標於芃栱 懸月神府 芳掩於桂苻 衣錦晝行 冨貴無革 菫蒲夜寢 字育有方[2604] (「禰軍 墓誌銘」: 『社會科學戰線』 2011-7)[2605]

671(辛未/신라 문무왕 11/唐 咸亨 2/倭 天智 10)

고구려	(春正月)丁未 高麗遣上部大相可婁等進調 (『日本書紀』 27 天智紀)
고구려	(天智天皇)十年正月丁未[九] (『類聚國史』 93 殊俗部 高麗)

백제	(春正月)辛亥 百濟鎭將劉仁願 遣李守眞等上表 (『日本書紀』 27 天智紀)

신라	春正月 拜伊湌禮元爲中侍 (『三國史記』 7 新羅本紀 7)
신라	春正月 以伊湌禮元爲中侍 (『三國史節要』 10)

신라 백제	(春正月) 發兵侵百濟 戰於熊津南 幢主夫果死之 (『三國史記』 7 新羅本紀 7)
신라 백제	(春正月) 王發兵踐百濟田禾 遂與百濟人戰於熊津南 幢主夫果死之 (『三國史節要』 10)
신라 백제	驟徒 沙梁人 奈麻聚福之子 史失其姓 兄弟三人 長夫果 仲驟徒 季逼實 (…) 後咸亨二年辛未 文武大王發兵 使踐百濟邊地之禾 遂與百濟人 戰於熊津之南 時夫果以幢主戰死 論功第一 (…) (『三國史記』 47 列傳 7 驟徒)[2606]

신라 말갈	(春正月) 鞨鞻兵來圍舌口城 不克 將退出兵擊之 斬殺三百餘人 (『三國史記』 7 新羅本紀 7)
말갈 신라	(春正月) 鞨鞻兵來圍舌口城 不克而還 我追擊之 斬三百餘級 (『三國史節要』 10)

신라 백제	(春正月) 聞唐兵欲來救[2607]百濟 遣大阿湌眞公阿湌△△△△兵守甕浦 白魚躍入△△△△△△△△△△一寸 (『三國史記』 7 新羅本紀 7)
신라 백제	(春正月) 王聞唐兵欲來救百濟 遣大阿湌眞功等守甕浦 (『三國史節要』 10)

백제	(春正月)是月 以大錦下授佐平餘自信沙宅紹明[法官大輔] 以小錦下 授鬼室集斯[學職頭] 以大山下 授達率谷那晉首[閑兵法] 木素貴子[閑兵法] 憶禮福留[閑兵法] 答㶱春初[閑兵法] 㶱日比子贊波羅金羅金須[解藥] 鬼室集信[解藥] 以小山上 授達率德頂上[解藥] 吉大尙[解藥] 許率母[明五經] 角福牟[閑於陰陽] 以小山下 授餘達率等 五十餘人 童謠云 多致播那播 於能我曳多曳多 那例例騰母 陀麻爾農矩騰岐 於野兒弘儞農俱 (『日本書紀』 27 天智紀)

백제	二月戊辰朔庚寅 百濟遣臺久用善等進調 (『日本書紀』 27 天智紀)

신라	夏四月 震興輪寺南門 (『三國史記』 7 新羅本紀 7)
신라	夏四月 震興輪寺南門 (『三國史節要』 10)

2604) 이 뒤의 사적에 대해서는 "去咸亨三年十一月廿一日詔授右威衛將軍 局影彤闕 飾躬紫陛 亟蒙榮晉 驟歷便繁 方謂克壯淸猷 永綏多祜"라고 기록되어 있다.

2605) 禰軍이 郎將이 된 것은 665년이고, 熊津都督府 司馬로 등장하는 것이 670년이다. 그에 따라 665~670년으로 기간편년하고 마지막해인 670년에 배치하였다.

2606) 본 기사에는 月이 보이지 않으나, 『三國史記』 新羅本紀에 봄 정월로 나온다. 따라서 봄 정월로 편년하고 편제하였다.

2607) 救는 저본에는 오각되어 있다.

백제	六月丙寅朔己巳 宣百濟三部使人所請軍事 (『日本書紀』 27 天智紀)
백제	(六月)庚辰 百濟遣羿眞子等進調 (『日本書紀』 27 天智紀)
신라 백제	六月 遣將軍竹旨等 領兵踐百濟加林城禾 遂與唐兵戰於石城 斬首五千三百級 獲百濟將軍二人 唐果毅六人 (『三國史記』 7 新羅本紀 7)
신라 백제	六月 王遣將軍竹旨等 領兵踐百濟加林城田禾 遂與唐兵戰於石城 斬五千三百級 獲百濟將軍二人 唐果毅六人 (『三國史節要』 10)
신라	(六月)是月 新羅遣使進調 別獻水牛一頭山鷄一隻 (『日本書紀』 27 天智紀)
고구려	秋七月乙未朔 高侃破高麗餘衆於安市城[2608] (『資治通鑑』 202 唐紀 18 高宗)
고구려	(高麗傳) (咸亨)二年七月乙未朔 侃破之安市城 (『玉海』 191 兵捷 兵捷 露布 3 唐遼東道行臺大摠管李勣俘高麗 獻俘昭陵 檄高麗 含元殿數俘)
고구려	(秋七月) 高侃破高勾麗餘衆於安市城 (『三國史節要』 10)[2609]
고구려	咸亨初 高宗幸東都 皇太子於京師監國 盡留侍臣戴至德張文瓘等以輔太子 獨以處俊從 時東州道總管高侃破高麗餘衆於安市城 奏稱有高麗僧言中國災異 請誅之 上謂處俊曰 朕聞爲君上者 以天下之目而視 以天下之耳而聽 蓋欲廣聞見也 且天降災異 所以警悟人君 其變苟實 言之者何罪 其事必虛 聞之者足以自戒 舜立謗木 良有以也 欲箝天下之口 其可得乎 此不足以加罪 特令赦之 (『舊唐書』 84 列傳 34 郝處俊)[2610]
고구려 신라	舜殺鉗牟岑走新羅 侃徙都護府治遼東 破叛兵於安市 (『新唐書』 220 列傳 145 東夷 高麗)[2611]
백제	秋七月丙申朔丙午 唐人李守眞等 百濟使人等 並罷歸 (『日本書紀』 27 天智紀)
신라 백제 고구려	秋七月二十六日 大唐摠管薛仁貴使琳潤法師寄書曰 行軍摠管薛仁貴致書新羅王 淸風萬里 大海三千 天命有期 行遵此境 奉丞機心稍動 窮武邊城 去由也之片言 失侯生之一諾 兄爲逆首 弟作忠臣 遠分花萼之陰 空照相思之月 興言彼此 良增歎詠 先王開府謀猷一國 展轉百城 西畏百濟之侵 北警高麗之寇 地方千里 數處爭鋒 蠶女不及桑時 耘人失其疇序 年將耳順 楡景日侵 不懼舡海之危 遠涉陽侯之險 瀝心華境 頓顙天門 具陳孤弱 明論侵擾 情之所露 聽不勝悲 太宗文皇帝 氣雄天下 神王宇宙 若盤古之九變 同巨靈之一掌 扶傾救弱 日不暇給 哀納先君 矜收所請 輕車駿馬 美衣上藥 一日之內 頻遇殊私 亦旣承恩 對揚軍事 契同魚水 明於金石 鳳鑰千重 鶴關萬戶 留連酒德 讌笑金除 粲論兵馬 分期聲援 一朝大擧 水陸交鋒 于時 塞草分花 楡星上莢 駐驊之戰[2612] 文帝親行 弔人恤隱[2613] 義之深也 旣而 山海異形 日月廻薄[2614] 聖人下武

2608) 麗 力知翻

2609) 『資治通鑑』 등에 7월 1일로 나와, 7월 1일에 편년하고 편제하였다.

2610) 『資治通鑑』 등에 咸亨 2년(671) 7월 1일로 나와, 咸亨 2년(671) 7월 1일에 편년하고 편제하였다.

2611) 『資治通鑑』 등에 咸亨 2년(671) 7월 1일로 나와, 咸亨 2년(671) 7월 1일에 편년하고 편제하였다.

2612) 정관 19년(645) 당태종이 직접 고구려 요동지방을 정벌한 것을 말한다. 보장왕 4년 5월조에 당 태종이 요동을 정벌할 때 머물렀던 산 이름을 주필산이라고 고쳤다고 한다.

2613) 보장왕 4월 5월조에 연수와 혜진이 무리 3만 6천여명을 이끌고 당에 항복하였을 때 당주가 욕살 이하 장관 3500명을 가려서 내지로 옮기고 나머지는 모두 놓아 평양으로 돌아가게 한 기록을 말한다.

2614) 당 태종의 죽음을 말한다. 649년 5월 함원전에서 죽었다. 구당서 태종 23년

王亦承家 巖葛因依 聲塵共舉 洗兵刷馬 咸遵先志 數十年外 中國疲勞 帑藏時開 飛
蒭曰[2615)給 以蒼島之地 起黃圖之兵 貴於有益 貪於無用 豈不知止 恐失先君之信也
今強寇已清 讎人喪國 士馬玉帛 王亦有之 當應心膂不移 中外相輔 銷鏑而化虛室 爲
情自然 貽厥孫謀 以燕翼子 良史之讚 豈不休哉 今王去安然之基 厭守常之策 遠乖天
命 近弃父言 侮暴天時 侵欺鄰好 一隅之地 僻左之陬 率戶徵兵 連年舉斧 孀姬輓粟
稚子屯田 守無所支 進 不能拒 以得神喪 以存補亡 大小不侔 逆順乖叙 亦由持彈而
往 暗於枯井之危 捕蟬而前 不知黃雀之難 此王之不知量也 先王在日 早蒙天睠 審懷
險詖之心 假以披誠之禮 從己私欲 貪天至功 苟希前惠 圖爲後逆 此先君之不長者也
必其誓河若帶 義分如霜 違君之命不忠 背父之心非孝 一身二名 何以自寧 王之父子
一朝振立 此並天情遠及 威力相持 方州連郡 遂爲盤錯 從此 遞蒙冊命 拜以稱臣 坐
治經書 備詳詩禮 聞義不從 見善而輕 聽縱橫之說 煩耳目之神 忽高門之基 延鬼瞰之
責 先君盛業 奉而異圖 內潰疑臣 外招強陣 豈爲智也 又高麗安勝 年尚幼沖 遺壑殘
郛 生人減半 自懷去就之疑 匪堪襟帶之重 仁貴樓舡 竟翼風帆 連旗巡於北岸 矜其舊
日傷弓之羽 未忍加兵 恃爲外援 斯何謬也 皇帝德澤無涯 仁風遠泊 愛同日景 炤若春
華 遠聞消息 悄然不信 爰命下臣 來觀由委 而王不能行人相問 牛酒犒師 遂便隱甲雀
陂 藏兵江口 蚑行林薄 喘息萊丘 潛生自噬之鋒 而無相持之氣 大軍未出 游兵具行
望海浮江 魚驚鳥竄 以此形況 人事可求 沉迷猖惑 幸而知止 夫舉大事者 不貪小利
杖高節者 寄以英奇 必其鸞鳳不馴 豺狼有顧 高將軍之漢騎 李謹行之蕃兵 吳楚棹歌
幽幷惡少 四面雲合 方舟而下 依險築戍 闢地耕田 此王之膏盲也 王若勞者歌 事屈而
頓申 具論所由 明陳彼此 仁貴夙陪大駕 親承委寄 錄狀聞奏 事必昭蘇 何苦怱怱 自
相縈擾 嗚呼 昔爲忠義 今乃逆臣 恨始吉而終凶 怨本同而末異 風高氣切 葉落年悲
憑山遠望 有傷懷抱 王以機晤淸明 風神爽秀 歸以流謙之義 存於順迪之心 血食依時
茅苴不易 占休納祐 王之策也 嚴鋒之間 行人來往 今遣王所部僧琳潤賷書 佇布一二
(『三國史記』 7 新羅本紀 7)

신라 백제 고구려

秋七月 唐摠管薛仁貴遣僧琳潤致書於王曰 新羅王 淸風萬里 大海三千 天命有期 行
遵此境 奉承機心稍動 窮武邊城 去由也之片言 失侯生之一諾 兄爲逆首 弟作忠臣 遠
分花萼之陰 空照相思之月 興言彼此 良增歎詠 先王開府 謀猷一國 展轉百城 西畏百
濟之侵 北警高麗之寇 地方千里 數處爭鋒 蠶女不及桑時 耘人失其疇序 年將耳順 楡
景日侵 不懼舡海之危 遠涉陽侯之險 瀝心華境 頓顙天門 具陳孤弱 明論侵擾 情之所
露 聽不勝悲 太宗文皇帝 氣雄天下 神王宇宙 若盤古之九變 同巨靈之一掌 扶傾救弱
日不暇給 哀納先君 矜收所請 輕車駿馬 美衣上藥 一日之內 頻遇殊私 亦旣承恩 對
揚軍事 契同魚水 明於金石 鳳鑰千里 鶴關萬戶 留連酒德 讌笑金除 爰論兵馬 分期
聲援 一朝大舉 水隆交鋒 于時 塞草分花 楡星上莢 駐蹕之戰 文帝親行 弔人恤隱 義
之深也 旣而 山海異形 日月回薄 聖人下武 王亦承家 巖葛因依 聲塵共舉 洗兵刷馬
咸遵先志 數十年外 中國疲勞 帑藏時開 飛蒭日給 以蒼島之地 起黃圖之兵 貴於有益
貪於無用 豈不知止 恐失先君之信也 今強寇已淸 讎人喪國 士馬玉帛 王亦有之 當應
心膂不移 中外相輔 銷鏑而化虛室 爲情自然 貽厥孫謀 以燕翼子 良史之讚 豈不休哉
今王去安然之基 厭守常之策 遠乖天命 近棄父言 侮暴天時 侵欺鄰好 一隅之地 僻左
之陬 率戶徵兵 連年舉斧 孀姬輓粟 稚子屯田 守無所支 進不能拒 以得神喪 以存補
亡 大小不侔 逆順乖叙 亦由持彈而往 暗於枯井之危 捕蟬而前 不知黃雀之難 此王之
不知量也 先王在日 早蒙天睠 審懷險詖之心 假以披誠之禮 從己私欲 貪天至功 苟希
前惠 圖爲後逆 此先君之不長者也 必其誓河若帶 義分如霜 違君之命不忠 背父之心

2615) 저본의 曰은 日이 옳다.

非孝 一身二名 何以自寧 王之父子 一朝振立 此並天情遠及 威力相持 方州連郡 遂
爲盤錯 從此 遞蒙冊命 拜以稱臣 坐治經書 備詳詩禮 聞義不從 見善而輕 聽縱橫之
說 煩耳目之神 忽高門之基 延鬼瞰之責 先君盛業 奉而異圖 內損疑臣 外招強陣 豈
爲智也 又高麗安勝 年尙幼冲 遺墼殘郛 生人減半 自懷去就之疑 匪堪襟帶之重 仁貴
樓舩 竟翼風帆 連旗巡於北岸 矜其舊日傷弓之羽 未忍加兵 恃爲外援 斯何謬也 皇帝
德澤無涯 仁風遠泊 愛同日景 炤若春華 遠聞消息 悄然不信 爰命下臣 來觀由委 而
王不能行人相問 牛酒犒師 遂便隱甲雀跛 藏兵江口 蚑行林薄 喘息荒丘 潛生自噬之
鋒 而無相持之氣 大軍未出 游兵具行 望海浮江 魚驚鳥竄 以此形況 人事可求 沉迷
猖惑 幸而知止 夫擧大事者 不貪小利 杖高節者 寄以英奇 必其鸞鳳不馴 豺狼有顧
高將軍之漢騎 李謹行之蕃兵 吳楚棹歌 幽幷惡少 四面雲合 方舟而下 依險築戍 闢地
耕田 此王之膏肓也 王若勞者歌 事屈而頓申 具論所由 明陳彼此 仁貴夙陪大駕 親承
委寄 錄狀奏聞 事必昭蘇 何苦忽忽 自相縈擾 鳴呼 昔爲忠臣 今乃逆臣 恨始吉而終
凶 怨本同而末異 風高氣切 葉落年悲 憑山遠望 有傷懷抱 王以機晤淸明 風神爽秀
歸以流謙之義 存於順迪之心 血食依時 茅苴不易 占休納祜 王之策也 嚴鋒之閒 行人
來往 今遣王所部僧琳潤 賚書 佇布一二 (『三國史節要』10)[2616]

신라 고구려 백제

(秋七月二十六日) 大王報書云 先王貞觀二十二年 入朝 面奉太宗文皇帝恩勅 朕今伐
高麗 非有他故 憐你新羅攝乎兩國 每被侵陵 靡有寧歲 山川土地 非我所貪 玉帛子女
是我所有 我平定兩國 平壤已南百濟土地 並乞你新羅 永爲安逸 垂以計會 賜以軍期
新羅百姓具聞恩勅 人人畜力 家家待用 大事未終 文帝先崩 今帝踐祚 復繼前恩 頻蒙
慈造 有踰往日 兄弟及兒 懷金拖紫 榮寵之極 夐古未有 粉身碎骨 望盡驅馳之用 肝
腦塗原 仰報萬分之一 至顯慶五年(660) 聖上感先志之未終 成曩曰[2617]之遺緖 泛舟命
將 大發船兵 先王年衰力弱 不堪行軍 追感前恩 勉強至於界首 遣某領兵 應接大軍
東西唱和 水陸俱進 舩兵纔入江口 陸軍已破大賊 兩軍俱到王都 共平一國 平定已後
先王遂共蘇大揔菅平章 留漢兵一萬 新羅亦遣弟仁泰 領兵七千 同鎭熊津 大軍廻後
賊臣福信起於江西 取集餘燼 圍逼府城 先破外柵 揔奪軍資 復功府城 幾將陷沒 又於
府城側近四處 作城圍守 於此府城得出入 某領兵往赴解圍 四面賊城 並皆打破 先救
其危 復運粮食 遂使一萬漢兵 免虎吻之危難 留鎭餓軍 無易子而相食 至六年(661) 福
信徒黨漸多 侵取江東之地 熊津漢兵一千 往打賊徒 被[2618]賊摧破 一人不歸 自敗已
來 熊津請兵 日夕相繼 新羅多有疫病 不可徵發兵馬 苦請難違 遂發兵衆 徃圍周留城
賊知兵小 遂即來打 大捐兵馬 失利而歸 南方諸城 一時揔叛 並屬福信 福信乘勝 復
圍府城 因即熊津道斷 絶於鹽豉 即募健[2619]兒 偸道送塩 救其乏困 至六月 先王薨
送葬纔訖 喪服未除 不能應赴 勅旨發兵北歸 含資道揔管劉德敏等至 奉勅遣新羅 供
運平壤軍粮 此時 熊津使人來 具陳府城孤危 劉揔管與某平章自云 若先送平壤軍粮
即恐熊津道斷 熊津若其道斷 留鎭漢兵即入賊手 劉揔管遂共某相隨 先打瓮[2620]山城
旣拔瓮山 仍於熊津岾造城 開通熊津道路 至十二月 熊津粮盡 先運熊津 恐違勅旨 若
送平壤 即恐熊津絶粮 所以差遣老弱 運送熊津 強健精兵 擬向平壤 熊津送粮 路上逢
雪 人馬死盡 百不一歸 至龍朔二年正月 劉揔管共新羅兩河道揔管金庾信等 同送平壤

2616) 본 기사에는 日이 보이지 않지만,『三國史記』에 7월 26일로 나온다. 따라서 7월 26일로 편년하고 편
    제하였다.
2617) 저본에는 曰로 되어 있으나, 日이 옳다.
2618) 저본의 柀는 被가 옳다.
2619) 저본의 律은 健이 옳다.
2620) 저본에는 瓮이 오각되어 있다. 甕과 같다.

軍粮　當時陰雨連月　風雪極寒　人馬凍死　所將兵粮　不能勝致　平壤大軍　又欲歸還　新
羅兵馬　粮盡亦廻　兵士饑寒　手足凍瘃　路上死者　不可勝數　行至瓠瀘河　高麗兵馬　尋
後來趁　岸上列陣　新羅兵士　疲乏日久　恐賊遠趁, 賊未渡河　先渡交刃　前鋒暫交　賊徒
瓦解　逐收兵歸來　此兵到家　未經一月　熊津府城　頻索種子　前後所送　數萬餘斛　南運
熊津　北供平壤　蕞小新羅　分供兩所　人力疲極　牛馬死盡　田作失時　年穀不熟　所貯倉
粮　漕運並盡　新羅百姓　草根猶自不足　熊津漢兵　粮食有餘　又留鎭漢兵　離家日久　衣
裳破壞　身無全褐　新羅勸課百姓　送給時服　都護劉仁願　遠鎭孤城　四面皆賊　恒被百濟
侵圍　常蒙新羅解救　一萬漢兵　四年衣食新羅　仁願已下　兵士已上　皮骨雖生漢地　血肉
俱是新羅　國家恩澤　雖復無涯　新羅効忠　亦足矜憫　至龍朔三年　摠管孫仁師領兵來救
府城　新羅兵馬　亦發同征　行至周留城下　此時　倭國舩兵　來助百濟　倭舩千艘　停在白
沙　百濟精騎　岸上守舩　新羅驍騎　爲漢前鋒　先破岸陣　周留失膽　逐卽降下　南方已定
廻軍北伐　任存一城　執迷下降　兩軍倂力　共打一城　固守拒捍　不能打得　新羅卽欲廻還
杜大夫云　準勅　旣平已後　共相盟會　任存一城　雖未降下　卽可共相盟誓　新羅以爲準勅
旣平已後　共相盟會　任存未降　不可以爲旣平　又且百濟　姦詐百端　反覆不恒　今雖共相
盟會　於後恐有噬臍之患　奏請停盟　至麟德元年　復降嚴勅　責不盟誓　卽遣人於熊嶺　築
壇共相盟會　仍於盟處　遂爲兩界　盟會之事　雖非所願　不敢違勅　又於就利山築壇　對勅
使劉仁願　歃血相盟　山河爲誓　畫界立封　永爲疆2621)界　百姓居住　各營産業　至乾封二
年　聞大摠管英国公征遼　某往漢城州　遣兵集於界首　新羅兵馬　不可獨入　先遣細作三
度　舩相次發遣　覘候大軍　細作廻來　並云　大軍未到平壤　且打高麗七重城　開通道路
佇待大軍來至　其城垂垂欲破　英公使人江深來云　奉大摠管處分　新羅兵馬不須打城　早
赴平壤　卽給兵粮　遣令赴會　行至水谷城　聞大軍已廻　新羅兵馬　逐卽抽來　至乾封三年
遣大監金寶嘉入海　取英公進止　奉處分　新羅兵馬　赴集平壤　至五月　劉右相來　發新羅
兵馬　同赴平壤　某亦往漢城州　檢校兵馬　此時　蕃漢諸軍　摠集虵水　男建出兵　欲決一
戰　新羅兵馬　獨爲前鋒　先破大陣　平壤城中　挫鋒縮氣　於後　英公更取新羅驍騎五百人
先入城門　逐破平壤　克成大功　於此　新羅兵士並云　自征伐已經九年　人力殫盡　終始平
兩國　累代長望　今日乃成　必當國蒙盡忠之恩　人受効力之賞　英公漏云　新羅前失軍期
亦須計定　新羅兵士得聞此語　更增怕懼　又立功軍將　並錄入朝　已到京下　卽云　今新羅
並無功　夫軍將歸來　百姓更加怕懼　又卑列之城　本是新羅　高麗打得三十餘年　新羅還
得此城　移配百姓　置官守捉　又取此城　還與高麗　且新羅自平百濟　迄定高麗　盡忠効力
不負國家　未知何罪　一朝遺弃　雖有如此寃枉　終無反叛之心　至摠章元年　百濟於盟會
處　移封易標　侵取田地　該我奴婢　誘我百姓　隱藏內地　頻從索取　至竟不還　又通消息
云　國家修理舩艘　外託征伐倭國　其實欲打新羅　百姓聞之　驚懼不安　又將百濟婦女　嫁
與新羅漢城都督朴都儒　同謀合計　偷取新羅兵器　襲打一州之地　賴得事覺　卽斬都儒
所謀不成　至咸亨元年　六月　高麗謀叛　摠殺漢官　新羅卽欲發兵　先報熊津云　高麗旣叛
不可不伐　彼此俱是帝臣　理須同討凶賊　發兵之事　須有平章　請遣官人來此　共相計會
百濟司馬禰軍來此　遂共平章云　發兵已後　卽恐彼此相疑　宜令兩處官人　互相交質　卽
遣金儒敦及府城百濟主薄首彌長貴等　向府平論交質之事　百濟雖許交質　城中仍集兵馬
到彼城下　夜卽來打　至七月　入朝使金欽純等至　將畫界地　案圖披檢百濟舊地　摠令割
還　黃河未帶　大2622)山未礪　三四年間　一與一奪　新羅百姓　皆失本望　並云　新羅百濟
累代深讎　今見百濟形況　別當自立一國　百年已後　子孫必見呑滅　新羅旣是國家之州
不可分爲兩國　願爲一家　長無後患　去年九月　具錄事狀　發使奏聞　被漂却來　更發遣使
亦不能達　於後　風寒浪急　未及聞奏　百濟構架奏云　新羅反叛　新羅前失貴臣之志　後被

2621) 저본에는 오각되어 있으나, 疆이 맞다.
2622) 저본에는 大로 되어 있으나 太가 맞다.

百濟之譖　進退見咎　未申忠款　似是之讒　日經聖聽　不貳之患[2623]　曾無一達　使人琳潤
至辱書　仰承摠管　犯冒風波　遠來海外　理須發使郊迎　致其牛酒　遠居異城　未獲致禮
時闕迎接　請不爲怪　披讀摠管來書　專以新羅已爲叛逆　旣非本心　惕然驚懼　數自功夫
恐被斯辱之譏　緘口受責　亦入不弔之數　今略陳寃枉　具錄無叛　國家不降一介之使　垂
問元由　卽遣數萬之衆　傾覆巢穴　樓舩滿於滄海　艫舳連於江口　數彼熊律[2624]　伐此新
羅　嗚呼　兩國未定平　蒙指蹤之驅馳　野獸今盡　反見烹宰之侵逼　賊殘百濟　皮[2625]蒙雍
齒之賞　殉漢新羅　已見丁公之誅　大陽之曜　雖不迴光　葵藿本心　猶懷[2626]向日　摠管禀
英雄之秀氣　抱將相之高材　七德兼備　九流涉獵　恭行天罰　濫加非罪　天兵未出　先問元
由　綠此來書　敢陳不叛　請摠管審自商量　具狀申奏　雞林州都督左衛大將軍開府儀同三
司上柱國新羅王金法敏白 (『三國史記』 7 新羅本紀 7)

신라 고구려 백제

(秋七月) 王報書云　先王貞觀二十二年入朝　面奉太宗文皇帝恩勑　朕今伐高麗　非有他
故　憐你新羅攝乎兩國　每被侵陵　靡有寧歳　山川土地　非我所貪　玉帛子女　是我所有
我平定兩國　平壤已南百濟土地　並乞你新羅　永爲安逸　垂以計會　賜以軍期　新羅百姓
具聞恩勑　人人畜力　家家待用　大事未終　文帝先崩　今帝踐祚　復繼前恩　頻蒙慈造　有
踰往日　兄弟及兒　懷金拖紫　榮寵之極　夐古未有　粉身碎骨　望盡驅馳之用　肝腦塗原
仰報萬分之一　至顯慶五年　聖上感先志之未終　成曩日之遺緒　泛舟命將　大發舩兵　先
王年衰力弱　不堪行軍　追感前恩　勉強至於界首　遣某領兵　應接大軍　東西唱和　水陸俱
進　舩兵纔入江口　陸軍已破大賊　兩軍俱到王都　共平一國　平定已後　先王遂共蘇大摠
管　留漢兵一萬　新羅亦遣弟仁泰　領兵七千　同鎭熊津　大軍回後　賊臣福信起於河西　取
集餘燼　圍逼府城　先破外柵　悤奪軍資　復功府城　幾將陷沒　又於府城側近四處　作城圍
守　於此府城不得出入　某領兵往赴鮮圍　四面賊城　並皆打破　先救其危　復運粮食　遂使
一萬漢兵　免虎吻之危難　留鎭餓軍　無易子而相食　至六年　福信徒黨漸多　侵取江東之
地　熊津漢兵一千　往打賊徒　被賊摧破　一人不歸　自敗已來　熊津請兵　日夕相繼　新羅
多有疫病　不可徵發兵馬　苦請難違　遂發兵衆　往圍周留城　賊知兵小　遂即來打　大損兵
馬　失利而歸　南方諸城　一時摠叛　並屬福信　福信乘勝　復圍府城　因即熊津道斷　絶於
塩豉　即募健兒　偸道送塩　救其乏困　至六月　先王薨　送葬纔訖　喪服未除　不能應赴　勑
旨發兵北歸　含資道摠管劉德敏等至　奉勑遣新羅　供運平壤軍粮　此時　熊津使人來　具
陳府城孤危　劉摠管與某平章自云　若先送平壤軍粮　即恐熊津道斷　熊津若其道斷　留鎭
漢兵即入賊手　劉摠管遂共某相隨　先打甕山城　旣拔甕山　仍於熊津造城　開通熊津道路
至十二月　熊津粮盡　先運熊津　恐違勑旨　若送平壤　即恐熊津絶粮　所以差遣老弱　運送
熊津　強健精兵　擬向平壤　熊津送粮　路上逢雪　人馬死盡　百不一歸　至龍朔二年正月
劉摠管共新羅兩河道摠管金庾信等　同送平壤軍粮　當時陰雨連月　風雪極寒　人馬凍死
所將兵粮　不能勝致　平壤大軍　又欲歸還　新羅兵馬　粮盡亦回　兵士饑寒　手足凍瘃　路
上死者　不可勝數　行至瓠瀘河　高麗兵馬　尋後來趁　岸上列陣　新羅兵士　疲乏日久　恐
賊遠趁　賊未渡河　先渡交刃　前鋒暫交　賊徒瓦解　遂收兵歸來　此兵到家　未經一月　熊
津府城　頻索種子　前後所送　數萬餘斛　南運熊津　北供平壤　蕞小新羅　分供兩所　人力
疲極　牛馬死盡　田作失時　年穀不熟　所貯倉粮　漕運并盡　新羅百姓　草根猶自不足　熊
津漢兵　粮食有餘　又留鎭漢兵　離家日久　衣裳破壞　身無全褐　新羅勸課百姓　送給時服
都護劉仁願　遠鎭孤城　四面皆賊　恒被百濟侵圍　常蒙新羅觧救　一萬漢兵　四年衣食新
羅　仁願已下　兵士已上　皮骨雖生漢地　血肉俱是新羅　國家恩澤　雖復無涯　新羅効忠

2623) 저본에는 患으로 되어 있으나, 忠이 맞다.
2624) 저본에는 律로 되어 있으나, 津이 옳다.
2625) 저본에는 皮로 되어 있으나 反이 옳다.
2626) 저본에는 懹으로 되어 있으나, 懷가 옳다.

亦足矜憫 至龍朔三年 揔管孫仁師領兵來救府城 新羅兵馬 亦發同征 行周留城下 此
時 倭國船兵 來助百濟 倭船千艘 停在白沙 百濟精騎 岸上守船 新羅驍騎 爲漢前鋒
先破岸陣 周留失膽 遂即降下 南方已定 回軍北伐 任存一城 執迷不降 兩軍併力 共
打一城 固守拒捍 不能打得 新羅即欲回還 杜大夫云 準勅既平已後 共相盟會 任存一
城 雖未降下 即可共相盟誓 新羅以爲準勅 既平已後 共相盟會 任存未降 不可以爲既
平 又且百濟 姦詐百端 反覆不恤 雖共相盟會 於後恐有噬臍之患 奏請停盟 至麟德
元年 復降嚴勅 責不盟誓 即遣人於熊嶺 築壇共相盟會 仍於盟處 遂爲兩界 盟會之事
雖非所願 不敢違勅 又於就利山築壇 對勅使劉仁願 歃血相盟 山河爲誓 畫界立封 永
爲疆界 百姓居住 各營産業 至乾封二年 聞大揔管英國公征遼 某往漢城州 遣兵集於
界首 新羅兵馬 不可獨入 先遣細作三度 舩相次發遣 覘候大軍 細作回來 並云 大軍
未到平壤 且打高麗七重城 開通道路 佇待大軍來至 其城垂垂欲破 英公使人江深來云
奉大揔管處分 新羅兵馬不須打城 早赴平壤 即給兵粮 遣令赴會 行至水谷城 聞大軍
已回 新羅兵馬 遂即抽來 至乾封三年 遣太監金寶嘉入海 取英公進止 奉處分 新羅兵
馬 赴集平壤 至五月 劉右相來 發新羅兵馬 同赴平壤 某亦往漢城州 檢校兵馬 此時
蕃漢諸軍 揔集蛇水 男建出兵 欲決一戰 新羅兵馬 獨爲前鋒 先破大陣 平壤城中 挫
鋒縮氣 於後 英公更取新羅驍騎五百人 先入城門 遂破平壤 克成大功 於此 新羅兵士
並云 自征伐已經九年 人力殫盡 終始平兩國 累代長望 今日乃成 必當國蒙盡忠之恩
人受効力之賞 英公漏云 新羅前失軍期 亦須計定 新羅兵士得聞此語 更增怕懼 又立
軍功 將並錄入朝 已到京下 即云 今新羅並無功 夫軍將歸來 百姓更加怕懼 又卑列之
城 本是新羅 高麗打得三十餘年 新羅還得此城 移配百姓 置官守捉 又取此城 還與高
麗 且新羅自平百濟 迄定高麗 盡忠効力 不負國家 未知何罪 一朝遺棄 雖有如此冤枉
終無反叛之心 至摠章元年 百濟於盟會處 移封易標 侵取田地 該我奴婢 誘我百姓 隱
藏內地 頻從索取 至竟不還 又通消息云 國家修理舩艘 外託征伐倭國 其實欲打新羅
百姓聞之 驚懼不安 又將百濟婦女 嫁與新羅漢城都督朴都儒 同謀合計 偸取新羅兵器
襲打一州之地 賴得事覺 即斬都儒 所謀不成 至咸亨元年六月 高麗謀叛 揔殺漢官 新
羅即欲發兵 先報熊津云 高麗既叛 不可不伐 彼此俱是帝臣 理須同討凶賊 發兵之事
須有平章 請遣官人來此 共相計會 百濟司馬禰軍來此 遂共平章云 發兵已後 恐彼此
相疑 宜令兩處官人 互相交質 即遣金儒敦及府城百濟主簿首彌張貴等 向府平論交質
之事 百濟雖許交質 城中仍集兵馬 到彼城下 夜則來打 至七月 入朝使金欽純等至 將
畫界地 案圖披檢百濟舊地 惣令割還 黃河未帶 太山未礪 三四年間 一與一奪 新羅百
姓 皆失本望 並云 新羅百濟累代深讎 今見百濟形况 別當自立一國 百年已後 子孫必
見呑滅 新羅既是國家之州 不可分爲兩國 願爲一家 長無後患 去年九月 具錄事狀 發
使奏聞 被漂却來 更發遣使 亦不能達 於後 風寒浪急 未及奏聞 百濟構架奏云 新羅
反叛 新羅前失貴臣之心 後被百濟之譖 進退見咎 未申忠欵 似是之讒 日經聖聽 不貳
之忠 曾無一達 使人琳潤至辱書 仰承揔管 犯冒風波 遠來海外 理須發使郊迎 致其牛
酒 遠居異城 未獲致禮 時闕迎接 請不爲怪 披讀揔管來書 專以新羅已爲叛逆 既非
本心 惕然驚懼 數自功夫 恐被斯辱之譏 緘口受責 亦入不弔之數 今略陳冤枉 具錄無
叛 國家不降一介之使 垂問元由 即遣數萬之衆 傾覆巢穴 樓船滿於滄海 舳艫連於江
口 救彼熊津 伐此新羅 嗚呼 兩國未定平 蒙指蹤之驅馳 野獸今盡 反見烹宰之侵逼
賤殘百濟 反蒙雍齒之賞 殉漢新羅 已見丁公之誅 大陽之照 雖不回光 葵藿本心 猶懷
向日 揔管稟英雄之秀氣 抱將相之高材 七德兼備 九流涉躐 恭行天罰 濫加非罪 天兵
未出 先問元由 緣此來書 敢陳不叛 請揔管審自商量 具狀申奏 (『三國史節要』 1
0)[2627]

2627) 본 기사에는 日이 보이지 않지만, 『三國史記』에 7월 26일로 나온다. 따라서 7월 26일로 편년하고 편

신라   (秋七月二十六日) 置所夫里州 以阿湌眞王爲都督 (『三國史記』 7 新羅本紀 7)

신라   (秋七月) 置所夫里州 以阿湌眞王爲都督 (『三國史節要』 10)[2628]

고구려   八月乙丑朔丁卯 高麗上部大相可婁等罷歸 (『日本書紀』 27 天智紀)

고구려   (天智天皇十年)八月乙丑朔丁卯[三] (『類聚國史』 93 殊俗部 高麗)

고구려   九月 唐將軍高侃等 率蕃兵四萬到平壤 深溝高壘 侵帶方 (『三國史記』 7 新羅本紀 7)[2629]

고구려   九月 侃等卒蕃兵四萬到平壤 深溝高壘 侵帶方 (『三國史節要』 10)[2630]

신라   冬十月六日 擊唐漕舡七十餘艘 捉郎將鉗耳大侯士卒百餘人 其淪沒死者 不可勝數 級湌當千功第一 授位沙湌 (『三國史記』 7 新羅本紀 7)

신라   冬十月 王遣級湌當干等 擊唐漕舡七十餘艘 獲郎將鉗耳大侯 士卒百餘人 溺死者 不可勝數 以功授當干沙湌 (『三國史節要』 10)[2631]

고구려   君諱行節 △△該 太原人也 (…) 屬靑丘背命 玄菟挺災 軍將等以公習戎昭 夙閑韜略 遂表公爲鷄林道判官兼知子營總管 又奏公爲押運使 於是揚舲巨海 鼓棹遼川 風起濤驚 船壞而溺 形沉水府 神往脩文 其化迹之時 卽唐咸亨二年之歲也 春秋四十有一 (…) (「郭行節 墓誌銘」:『唐代墓誌滙篇』;『全唐文補遺』 5)[2632]

신라   冬十月甲子朔庚午 新羅遣沙湌金萬物等進調 (『日本書紀』 27 天智紀)

백제   十一月甲午朔癸卯 對馬國司 遣使於筑紫大宰府言 月生二日 沙門道久筑紫君薩野馬韓嶋勝娑婆布師首磐 四人 從唐來曰 唐國使人郭務悰等六百人 送使沙宅孫登等一千四百人 總合二千人 乘船卅七隻 俱泊於比知嶋 相謂之曰 今吾輩人船數衆 忽然到彼 恐彼防人 驚駭射戰 乃遣道久等 預稍披陳來朝之意 (『日本書紀』 27 天智紀)

신라   (十一月)壬戌 是日 賜新羅王 絹五十匹絁五十匹綿一千斤韋一百枚 (『日本書紀』 27 天智紀)

신라   (十二月癸亥朔)己卯 新羅進調使沙湌金萬物等罷歸 (『日本書紀』 27 天智紀)

신라   後年辛未 唐更遣趙憲爲帥 亦以五万兵來征 又作其法 舡没如前 是時翰林郞朴文俊隨仁問在獄中 高宗 召文俊曰 汝國有何密法 再發大兵無生還者 文俊奏曰 陪臣等來於上國一十餘年 不知本國之事 但遥聞一事 爾厚荷上國之恩 一統三國 欲報之德 新刱天王寺於狼山之南 祝皇壽万年 長開法席而已 高宗聞之大悅 乃遣禮部侍郞樂鵬龜

제하였다.
2628) 본 기사에는 日이 보이지 않지만, 『三國史記』에 7월 26일로 나온다. 따라서 7월 26일로 편년하고 편제하였다.
2629) 이 기사는 문무왕 12년 8월조 기사와 내용이 동일하다. 그리고 『舊唐書』 함형 3년조와 『冊府元龜』 358 장수부 입공조에도 실려 있다.
2630) 이 기사는 문무왕 12년 8월조 기사와 내용이 동일하다. 그리고 『舊唐書』 함형3년조와 『冊府元龜』 358 장수부 입공조에도 실려 있다.
2631) 본 기사는 日이 보이지 않지만, 『三國史記』에는 10월 6일로 나온다. 따라서 10월 6일로 편년하고 편제하였다.
2632) 본 기사는 月日이 보이지 않지만, 『三國史記』에는 10월 6일로 나온다. 따라서 10월 6일로 편년하고 편제하였다.

使於羅 審其寺 王先聞唐使将至 不冝見玆寺 乃別刱新寺於其南 待之 使至曰 必先行香扵皇帝祝壽之所天王寺 乃引見新寺 其使立扵門前曰 不是四天王寺 乃望德遥山之寺 終不入 國人以金一千兩贈之 其使乃還奏曰 新羅刱天王寺 祝皇壽扵新寺而已 因唐使之言 因名望德寺[或系孝昭王代 誤矣] 王聞文俊善奏 帝有寛赦之意 乃命強首先生 作請放仁問表 以舍人遠禹奏扵唐 帝見表流涕 赦仁問慰送之 仁問在獄時 國人爲刱寺名仁容寺 開設觀音道場 及仁問來還 死扵海上 改爲彌陁道場 至今猶存 (『三國遺事』2 紀異 2 文虎王法敏)

신라 백제	湯井郡 本百濟郡 文武王十一年唐咸亨二年 爲州置摠管 咸亨十二年 廢州爲郡 景德王因之 今溫水郡 領縣二 陰峯[一云陰岑]縣 本百濟牙述縣 景德王改名 今牙州 祁梁縣 本百濟屈直縣 景德王改名 今新昌縣 (『三國史記』36 雜志 5 地理 3 熊州)
신라	陞富城郡爲州 置摠管 後復爲郡 (『三國史節要』10)[2633]

신라	兵部 (…) 史十二人 文武王十一年 加二人 十二年 加三人 位自先沮知至大舍爲之 弩幢一人 文武王十一年置 景德王改爲小司兵 惠恭王復故 位與史同 (『三國史記』38 雜志 7 職官 上)
신라	倉部 (…) 史八人 眞德王置 文武王十一年 加三人 (『三國史記』38 雜志 7 職官 上)
신라	乘府 (…) 史九人 文武王十一年 加三人 位與調府史同 (『三國史記』38 雜志 7 職官 上)
신라	司正府 (…) 史十人 文武王十一年 加五人 (『三國史記』38 雜志 7 職官 上)
신라	仲幢 文武王十一年 始置 衿色白 (『三國史記』40 雜志 9 職官 下)
신라	加置兵部史二人 又置弩幢一人 加置倉部史三人 乘部史三人 司正府史五人 始置仲幢 衿色白 百官幢 無衿 四設幢 一曰弩幢 二曰雲梯幢 三曰衝幢 四曰石投幢 無衿 (『三國史節要』10)
신라	百官幢 無衿 (『三國史記』40 雜志 9 職官 下)[2634]
신라	四設幢 一曰弩幢 二曰雲梯幢 三曰衝幢 四曰石投幢 無衿 (『三國史記』40 雜志 9 職官 下)[2635]

신라	(…) 據浮石本碑 湘武德八年生 丱歲出家 永微元年庚戌 與元曉同伴欲西入 至高麗有難而迴 至龍朔元年辛酉入唐 就學於智儼 總章元年 儼遷化 咸享二年 湘來還新羅 長安二年壬寅 示滅 年七十八 (…) (『三國遺事』3 塔像 4 前後所將舍利)[2636]

672(壬申/신라 문무왕 12/唐 咸亨 3/倭 天武 1)

신라 백제	春正月 王遣將攻百濟古省城 克之 (『三國史記』7 新羅本紀 7)
신라 백제	春正月 王遣將攻百濟古省城 克之 (『三國史節要』10)
신라 백제	二月 攻百濟加林城 不克 (『三國史記』7 新羅本紀 7)
신라 백제	二月 攻百濟加林城 不克 (『三國史節要』10)

2633) 『三國史節要』문무왕 11년의 사실로 나온다. 『三國史記』36 雜志 5 地理 3에 "富城郡 本百濟基郡 景德王改名 今因之 領縣二 蘇泰縣 本百濟省大兮縣 景德王改名 今因之 地育縣 本百濟知六縣 景德王改名 今北谷縣"로 나온다.

2634) 이 기사에는 연대 표기가 없으나, 『三國史節要』에 의거하여 文武王11년(671)으로 편년하였다.

2635) 이 기사에는 연대 표기가 없으나, 『三國史節要』에 의거하여 文武王11년(671)으로 편년하였다.

2636) 『三國遺事』4 義解 5 義湘傳教와 『三國遺事』2 紀異 2 文虎王法敏조에는 의상이 귀국한 시점을 함형 원년(670)으로 보고 있다.

신라   春三月壬辰朔己酉　遣內小七位阿曇連稻敷於筑紫　告天皇喪於郭務悰等　於是　郭務悰
等咸著喪服三遍擧哀　向東稽首 (『日本書紀』28 天武紀 上)

신라   (春三月)壬子　郭務悰等再拜進書函與信物 (『日本書紀』28 天武紀 上)

신라   夏五月辛卯朔壬寅　以甲冑弓矢賜郭務悰等　是日　賜郭務悰等物　總合絁一千六百七十
三匹　布二千八百五十二端　綿六百六十六斤 (『日本書紀』28 天武紀 上)

백제   (蓋石)大唐 故左威衛大將軍 祢寔進墓誌之銘
(誌石)大唐 故左威衛大將軍来遠縣開國子柱國 祢公墓誌銘并序
公諱寔進　百濟熊川人也　祖佐平譽多　父佐平思善　幷蕃官正一品　雄毅爲姿　忠厚成性
馳聲滄海　效節靑丘
公器宇深沉　幹略宏遠　虛弦落雁　挺劍飛猨　夙稟貞規　早表義節　占風異域　就日長安
式奉文樞　爰陪武帳　腰鞬珮鶡　紆紫懷黃　駈十影於香街　翊九旗於綺禁　豈与夫日磾之
輩由余之儔　議其誠績　較其優劣者矣
方承休寵　荷日用於百年　遽促浮生　奄塵飄於一瞬　以咸亨三年五月廿五日　因行薨於来
州黃縣　春秋五十有八　恩加詔葬　禮洽飾終　以其年十一月十一日　葬於高陽原　爰命典
司爲其銘曰
溟海之東　遠截皇風　飡和飮化　抱義志承　榮簪紱　接采鵷鴻　星搖寶劍　月滿雕弓　恩光
屢洽　寵服方隆　逝川遽遠　悲谷俄窮　烟含古樹　霜落寒叢　唯天地兮長久　与蘭菊兮 (「祢
寔進 墓誌銘」:『中國歷史地理論叢』2006-2)[2637]

고구려   (夏五月辛卯朔)戊午　高麗遣前部富加抃等進調 (『日本書紀』28 天武紀 上)
고구려   天武天皇元年五月戊午[廿八] (『類聚國史』93 殊俗部 高麗)

신라   (夏五月)庚申　郭務悰等罷歸 (『日本書紀』28 天武紀 上)

백제   (六月辛酉朔)己丑　天皇往和暫　命高市皇子　號令軍衆　天皇亦還于野上而居之　是日　大
伴連吹負　密與留守司坂上直熊毛議之　謂一二漢直等曰　我詐稱高市皇子　率數十騎　自
飛鳥寺北路　出之臨營　乃汝內應之　旣而繕兵於百濟家　自南門出之 (…)　天皇大喜之
因乃命吹負拜將軍 (…) (『日本書紀』28 天武紀 上)

신라 고구려   秋七月 唐將高保[2638]率兵一萬 李謹行率兵三萬 一時至平壤 作八營留屯 (『三國史記』
7 新羅本紀 7)
신라 고구려   秋七月 高偘率兵一萬 李謹行率兵三萬 俱至平壤 作八營留屯 (『三國史節要』10)

신라 고구려   八月 攻韓始城馬邑城 克之 進兵距白水城五百許步 作營 我兵與高句麗兵逆戰 斬首
數千級 高保[2639]等退 追至石門戰之 我兵敗績 大阿湌曉川沙湌義文山世阿湌能申豆
善一吉湌安那含良臣等死之 (『三國史記』7 新羅本紀 7)[2640]
신라 고구려 말갈

2637) 개석에는 大唐 故左威衛大將軍 祢寔進墓誌之銘으로 나온다.
2638) 저본의 保는 侃이 옳다.
2639) 저본의 保는 侃이 옳다.
2640) 이 기사는 문무왕 11년 9월조 기사와 내용이 동일하다. 그리고 『舊唐書』 함형3년조와 『冊府元龜』358
장수부 입공조에도 실려 있다.

	八月 攻韓始馬邑二城 克之 進兵距白水城五百步作營 我兵與高勾麗餘衆逆戰 斬首數千級 高偘等軍與靺鞨 營於石門之野 將軍義福春長等禦之 營於帶方之野 時長槍幢遇唐兵 虜三千餘人 送大將 於是 諸幢謂長槍營獨成功 必得厚賞 吾等不宜逗遛 各引兵去 唐兵與靺鞨 乘其未障擊之 我軍大敗 大阿飡曉川沙飡義文山世阿飡能申豆善一吉飡安那含良臣等死之 被虜者二千人 (『三國史節要』10)[2641]
신라	(八月) 庾信子元述爲裨將 亦欲戰死 其佐淡凌止之曰 大丈夫 非死之難 處死之爲難也 若死而無成 不若生而圖後效 元述曰 男兒不苟生 將何面目以見吾父乎 便欲策馬而走 淡凌輓馬固止之 遂隨上將軍出蕪荑嶺 唐兵追及之 居烈州大監阿珍含謂上將軍曰 公等努力速去 吾年已七十 能得幾時活也 是吾死日也 便横戟 突陣而死 其子亦死 大將軍等微行入京 王聞之 問庾信 軍敗如此 奈何 對曰 唐人之謀 不可測也 宜使將卒各守要害 但元述不惟辱王命 而亦負家訓 可斬也 王曰 元述裨將 不可獨施重刑 乃赦之 元述慚懼 不敢見父 遁於田野 (『三國史節要』10)
신라	初 法敏王 納高句麗叛衆 又據百濟故地有之 唐高宗大怒 遣師來討 唐軍與靺鞨 營於石門之野 王遣將軍義福春長等禦之 營於帶方之野 時長槍幢獨別營 遇唐兵三千餘人 捉送大將軍之營 於是諸幢共言 長槍營獨處成功 必得厚賞 吾等不宜屯聚 徒自勞耳 遂各別兵分散 唐兵與靺鞨 乘其未陣擊之 吾人大敗 將軍曉川義文等死之 庾信子元述爲裨將亦欲戰死 其佐淡凌止之曰 大丈夫非死之難 處死之爲難也 若死而無成 不若生而圖後效 荅曰[2642] 男兒不苟生 將何面目以見吾父乎 便欲策馬而走 淡凌攬轡不放 遂不能死 隨上將軍出蕪荑嶺 唐兵追及之 居烈州大監阿珍含一吉干謂上將軍曰 公等努力速去 吾年已七十 能得幾時活也 此時是吾死日也 便横戟突陣而死 其子亦隨而死 大將軍等微行入京 大王聞之 問庾信曰 軍敗如此 奈何 對曰 唐人之謀 不可測也 宜使將卒各守要害 佀元述不惟辱王命 而亦負家訓 可斬也 大王曰 元述裨將 不可獨施重刑 乃赦之 元述 慙懼不敢見父 隱遁於田園 (『三國史記』43 列傳 3 金庾信 下 附元述)[2643]
고구려	郎將 吳氏 忘名 東征高麗 破馬邑城 焚燒屋宇 延及寺舍 城外望見 煙雲直上 中有一物 如白帶 高飛入雲 須臾飄墮城東草中 郎將吳君 走馬往視之 見黃書展在地上 就而觀之 乃是法花經第七卷也 於是 將至營中 夜安幕上 忽逢暴雨 明旦收之 一無霑濕 (『弘贊法華傳』10 書寫 8 唐 郎將 吳氏)[2644]
신라	(八月) 築漢山州晝長城 周四千三百六十步 (『三國史記』7 新羅本紀 7)
신라	(八月) 築漢山州晝長城 周四千三百六十步 (『三國史節要』10)
신라	九月 彗星七出北方 (『三國史記』7 新羅本紀 7)
신라	九月 彗星七出北方 (『三國史節要』10)
신라 백제	(九月) 王以向者百濟往訴於唐 請兵侵我 事勢急迫 不獲申奏 出兵討之 由是 獲罪大朝 遂遣級飡原川奈麻邊山及所留兵船郎將鉗耳大侯萊州司馬王藝本烈州長史王益熊州都督府司馬禰軍曾山司馬法聰軍士一百七十人 上表乞罪曰 臣某死罪謹言 昔臣危急事若倒懸 遠蒙拯救 得免屠滅 粉身糜骨 未足上報鴻恩 碎首灰塵 何能仰酬慈造 然深讐百濟 逼近臣蕃 告引天兵 滅臣雪恥 臣忙破滅 自欲求存 枉被凶逆之名 遂入難赦之

2641) 이 기사는 문무왕 11년 9월조 기사와 내용이 동일하다. 그리고 『舊唐書』함형3년조와 『冊府元龜』358 장수부 입공조에도 실려 있다.

2642) 저본의 田은 曰이 옳다.

2643) 이 기사에는 연대 표기가 없으나, 『三國史記』新羅本紀 등에 의거하여 文武王12년(672) 8월로 편년하였다.

2644) 馬邑城 함락은 672년 8월이다. 따라서 672년 8월에 편년하고 편제하였다.

<table>
<tr><td></td><td>罪 臣恐事意未申 先後刑戮 生爲逆命之臣 死爲背恩之鬼 謹錄事狀 冒死奏聞 伏願少
垂神聽 炤審元由 臣前代已來 朝貢不絶 近爲百濟 再虧職貢 遂使聖朝 出言命將 討
臣之罪 死有餘刑 南山之竹 不足書臣之罪 褒斜之林 未足作臣之械 潴池宗社 屠裂臣
身 事聽勅裁 甘心受戮 臣櫬轝在側 泥首未乾 泣血待朝 伏聽刑命 伏惟皇帝陛下明同
日月 容光並蒙曲炤 德合乾坤 動植咸被亭毒 好生之德 遠被昆蟲 惡殺之仁 爰流翔泳
儻降服捨之宥 賜全腰領之恩 雖死之年 猶生之日 非所希冀 敢陳所懷 不勝伏劍之志
謹遣原川等 拜表謝罪 伏聽勅旨 某頓首頓首 死罪死罪 兼進貢銀三萬三千五百分 銅
三萬三千分 針四百枚 牛黃百二十分 金百二十分 四十升布六匹 三十升布六十匹 (『三
國史記』7 新羅本紀 7)</td></tr>
</table>

신라 백제	(九月) 王以向者百濟餘孼往訴於唐 請兵侵我 事急不獲申奏 出兵拒之 由是獲罪 遂遣 級飡原州奈麻邊山 送還兵船郎將 鉗耳大侯 萊州司馬王藝 本烈州長史王益 熊州都督 府司馬禰軍 曾山司馬法聰 及軍士一百七十人 上表乞罪曰 臣某死罪謹言 昔臣危急 事若倒懸 遠蒙拯救 得免屠滅 粉身糜骨 不足上報鴻恩 碎首灰塵 何能仰酬慈造 然深 讎百濟 逼近臣蕃 告引天兵 滅臣雪恥 臣懼破滅 自欲求存 枉被凶逆之名 遂入難赦之 罪 臣恐事意未申 先從刑戮 生爲逆命之臣 死爲背恩之鬼 謹錄事狀 冒死奏聞 伏願少 垂神聽 炤審元由 臣前代以來 朝貢不絶 近爲百濟 再虧職貢 遂使聖朝 命將討罪 死 有餘刑 伏惟皇帝陛下明同日月 容光並蒙曲炤 德合乾坤 動植咸被亭毒 好生之德 遠 被昆蟲 惡殺之仁 爰流翔泳 倘降服捨之宥 賜全腰領之恩 雖死之年 猶生之日 非所希 冀 敢陳所懷 謹遣原川等 拜表謝罪 伏聽勅旨 兼進貢銀三百三十五兩 銅三百三十兩 針四百枚 牛黃一兩二錢 金一兩二錢 四十綜布六匹 三十綜布六十匹 (『三國史節要』10）

신라	公諱福延 字△△ 弘農華陰人也 (…) 咸亨三年 有詔以鷄林道行軍長史 遄裝首路 美 疹彌留 優詔追還 俄纏大漸 以其年十一月十三日 歸終于華陰縣之私第 春秋六十有四 (…) (「楊福延 墓誌銘」:『全唐文補遺』9)

신라	冬十一月戊子朔辛亥 饗新羅客金押實等於筑紫 卽日 賜祿各有差 (『日本書紀』28 天 武紀 上)

신라	(十二月戊午朔)壬申 船一隻賜新羅客 (『日本書紀』28 天武紀 上)

신라	(十二月戊午朔)癸未 金押實等罷歸 (『日本書紀』28 天武紀 上)

신라 고구려	(咸亨)三年壬申歲十二月 高侃與我餘衆戰于白氷[2645]山 破之 新羅遣兵救我 高侃擊克 之 虜獲二千人 (『三國史記』22 高句麗本紀 10)[2646]
신라 고구려	十二月 高侃與高麗餘衆戰于白水山 破之 新羅遣兵救高麗 侃擊破之(『資治通鑑』202 唐紀 18 高宗)
신라 고구려	(高麗傳) (咸亨)三年十二月 又敗之泉山 俘新羅援兵二千 (『玉海』191 兵捷 兵捷 露 布 3 唐遼東道行臺大摠管李勣俘高麗 獻俘昭陵 檄高麗 含元殿數俘)
신라 고구려	是冬 左監門大將軍高侃大敗新羅之衆於橫水 (『舊唐書』5 本紀 5 高宗 下)[2647]
신라 고구려	高侃 爲東州道行軍總管左監門大將軍 咸亨三年 與高麗餘衆 戰于白水山 大破之 時

2645) 저본의 氷은 水가 옳다.
2646) 본 기사는 『三國史記』高句麗本紀 보장왕 27년 12월조에 보인다.
2647) 본 기사에는 冬으로 나오지만, 『三國史記』등에 이 내용이 12월에 보인다. 따라서 12월로 편년하고 편
    제하였다.

	新羅還將救高麗 以拒官軍 偘與副將李謹行等 引兵迎擊高麗 斬首三千級 (『册府元龜』 358 將帥部 19 立功 11 高偘)[2648]
고구려 신라	又敗之泉山 俘新羅援兵二千 (『新唐書』 220 列傳 145 東夷 高麗)[2649]
신라	冬 穀貴人飢 (『三國史節要』 10)
신라	是歲 穀貴人飢 (『三國史記』 7 新羅本紀 7)[2650]
신라	扶餘郡 本百濟所夫里郡 唐將蘇定方與庾信平之 文武王十二年 置摠管 景德王改名 今因之 領縣二 石山縣 本百濟珍惡山縣 景德王改名 今石城縣 悅城縣 本百濟悅已縣 景德王改名 今定山縣 (『三國史記』 36 雜志 5 地理 3 熊州)
신라	置扶餘摠管 (『三國史節要』 10)
신라	執事省 (…) 史十四人 文武王十△年 加六人 景德王 改爲郎 惠恭王 復稱史 位自先沮知至大舍爲之(『三國史記』 38 雜志 7 職官 上)
신라	兵部 (…) 弩舍知一人 文武王十二年 始置 景德王 改爲司兵 惠恭王 復稱弩舍知 位自舍知至大舍爲之 史十二人 文武王十一年 加二人 十二年 加三人 位自先沮知至大舍爲之(『三國史記』 38 雜志 7 職官 上)
신라	倉部 (…) 史八人 眞德王置 文武王十一年 加三人 十二年 加七人 孝昭王八年 加一人 景德王十一年 加三人 惠恭王 加八人 (『三國史記』 38 雜志 7 職官 上)
신라	九誓幢 (…) 三曰白衿誓幢 文武王十二年 以百濟民爲幢 衿色白靑 四曰緋衿誓幢 文武王十二年始置長槍幢 孝昭王二年改爲緋衿誓幢 (…) (『三國史記』 40 雜志 9 職官 下)
신라	二罽幢[或云外罽] (…) 二曰牛首州罽幢 文武王十二年 置 衿色皆罽 (『三國史記』 40 雜志 9 職官 下)
신라	五州誓 一曰菁州誓 二曰完山州誓 三曰漢山州誓 衿色紫綠 四曰牛首州誓 五曰河西州誓 衿色綠紫 並文武王十二年置 (『三國史記』 40 雜志 9 職官 下)
신라	新三千幢[一云外三千] 一曰牛首州三千幢 二曰奈吐郡三千幢 文武王十二年 置 三曰奈生郡三千幢 十六年置 衿色未詳 (『三國史記』 40 雜志 9 職官 下)
신라	加置執事省史六人 兵部史三人 位自先沮知至大舍爲之 倉部史七人 始置兵部弩舍知一人 始置白衿誓幢 以百濟民爲幢 衿色白靑 又置緋衿誓幢 是爲長槍幢 又置牛首州罽幢 衿色皆罽 又置五州誓 一曰菁州誓 二曰完山州誓 三曰漢山州誓 衿色紫綠 四曰牛首州誓 五曰河西州誓 衿色綠紫 又置新三千幢 一曰牛首州三千幢 二曰奈吐郡三千幢 (『三國史節要』 10)
백제	咸亨三年 以功加忠武將軍行帶方州長史 尋遷使持節沙泮州諸軍事沙泮州刺史 授上柱國 (「黑齒常之墓誌銘」)
백제	于時日本餘噍 據扶桑以逋誅 風谷遺甿 負盤桃而阻固 萬騎亘野 与盖馬以驚塵 千艘橫波 援原虵而縱浻 以公格謨海左 龜鏡瀛東 特在簡帝 往尸招慰 公徇臣節而投命 歌皇華以載馳 飛汎海之蒼鷹 翥淩山之赤雀 決河皆而天吳静 鏧風隧而雲路通 驚鳧失侶

2648) 본 기사에는 月이 나오지 않지만, 『三國史記』 등에 이 내용이 12월에 보인다. 따라서 12월로 편년하고 편제하였다.
2649) 본 기사에는 연대가 나오지 않지만, 『三國史記』 등에 이 내용이 文武王 12년(672) 12월에 보인다. 따라서 咸亨 3년(672) 12월로 편년하고 편제하였다.
2650) 『三國史節要』에는 冬으로 나온다.

<table>
<tr><td>

濟不終夕　逐能説暢天威　喻以禍福千秋　(「禰軍　墓誌銘」:『社會科學戰線』 2011-7)[2651]

</td></tr>
</table>

백제	父寔進　入朝為歸徳将軍東明州刺史左威衛大将軍　時稱忠謹　家擅勳門　剖竹為符　昔時專寄　馳軒問瘼　是頼仁明　鏖門申百戰之功　登壇應三軍之選 (「禰素士　墓誌銘」: 2012『唐史論叢』14)[2652]
백제	泊子寔進　世官象賢也　有唐受命　東討不庭　即引其王　帰義于高宗皇帝　由是　拜左威衛大将軍　封来遠郡開国公　父子之事珠所會時也　去就之理　合所由道也　語云　賢者避地書云　必有忍　其乃有済　傳曰　不在其身　其在後嗣　是之謂乎 (「禰仁秀　墓誌銘」: 2012『唐史論叢』14)

673(癸酉/신라 문무왕 13/唐 咸亨 4/倭 天武 2)

신라	春正月　大星隕皇龍寺在城中間 (『三國史記』7 新羅本紀 7)
신라	春正月　大星隕　地震　王憂之　庾信進曰　今之變異　厄在老臣　非國家之災也　王請勿憂王曰　若此則寡人憂益甚矣　乃命有司祈禳之 (『三國史節要』10)
신라	咸寧[2653]四年癸酉　是文武大王十三年　春　妖星見地震大王憂之　庾信進曰　今之變異厄在老臣　非國家之災也　王請勿憂　大王曰　若此則寡人所甚憂也　命有司祈禳之 (『三國史記』43 列傳 3 金庾信 下)[2654]
신라	(春正月) 拜強首爲沙湌　歲賜租二百石 (『三國史記』7 新羅本紀 7)
신라	(春正月) 土以強首爲沙湌　乃曰　強首能以文辭　致意於中國及麗濟二邦　我先王請兵於唐　以平麗濟者　雖曰武功　而亦有文辭之助焉　則強首之功　豈可忽也　授是職　仍加歲俸租二百石 (『三國史節要』10)
신라	(…) 強首未嘗謀生　家貧怡如也　王命有司　歲賜新城租一百石　文武王曰　強首文章自任能以書翰致意於中國及麗濟二邦　故能結好成功　我先王請兵於唐　以平麗濟者　雖曰武功　亦由文章之助焉　則強首之功　豈可忽也　授位沙湌　增俸歲租二百石 (『三國史記』46 列傳 6 強首)[2655]
신라	二月　增築西兄山城 (『三國史記』7 新羅本紀 7)
신라	二月　增築西兄山城 (『三國史節要』10)
신라	△△癸酉年四月十五日兮　乃末首△△道△發願敬△供爲△弥次乃△△△正乃末全氏三△△等△五十人知識共國王大臣　及七世父母含靈發願敬造寺知識名記　達率身次願　眞武△　△舍願 (「癸酉銘全氏阿彌陀佛三尊石像」向左側面)
신라	上次乃末三久知乃末兎大舍願　願夫信大△　乃末願久願　惠信師　夫乃末願　林乃末願惠明法師　道使 (「癸酉銘全氏阿彌陀佛三尊石像」後面)
신라	歲△△△年四月十五日爲諸△敬造此石　諸佛△△道作公願　使眞公△　△△願 (「癸酉銘

2651) 백제의 부흥운동이 시작된 것은 660년이고, 禰軍이 사신으로서의 활약을 마치고 귀국하는 것이 672년이다. 그에 따라 660~672년으로 기간편년하고 마지막해인 672년에 배치하였다.

2652) 禰寔進이 당에 들어간 것은 660년이고 사망한 것은 672년이다. 그에 따라 660~672년으로 기간편년하고 마지막해인 672년에 배치하였다.

2653) 저본의 '寧'은 '亨'으로 수정해야 한다.

2654)『삼국사기』에는 春으로 나오지만『三國史節要』에 춘정월로 나온다. 따라서 춘정월로 편년하고 편제하였다.

2655) 본 기사에는 月이 보이지 않지만,『三國史記』新羅本紀에는 춘정월로 되어 있다. 따라서 춘정월로 편년하고 편제하였다.

全氏阿彌陀佛三尊石像」向右側面)

신라　　　全氏△△述況△△二兮△木同心敬造阿彌陀佛觀音大世至 △△道△△上爲△△ 願敬造 △佛△△ 此石佛內外十方 (「癸酉銘全氏阿彌陀佛三尊石像」正面)

신라 백제　　歲在癸酉年四月十五日 香徒釋迦及諸佛菩薩像造 石記△△是者爲國王大 臣及七世父 母法界衆生故敬 (「癸酉銘三尊千佛碑像」向右側面)

신라 백제　　造之 香徒名彌次乃眞 牟氏上生△仁次△ 宣贊不弍使△△ △△△等二百五十人 (「癸 酉銘三尊千佛碑像」向左側面)

고구려 신라　　閏五月丁卯 燕山道總管李謹行破高麗叛黨於瓠瀘河之西 高麗平壤餘衆遁入新羅 (『舊 唐書』5 本紀 5 高宗 下)

고구려 신라　　(咸亨)四年癸酉歲夏閏五月 燕山道摠管大将軍李謹行破我人於瓠瀘河 俘獲數千人 餘 衆皆新羅 (『三國史記』22 高句麗本紀 10)[2656]

고구려 신라　　夏閏五月 唐燕山道摠管大將軍李謹行 破高勾麗餘衆於瓠瀘河 俘獲數千人 餘皆來奔 (『三國史節要』10)[2657]

고구려 신라　　閏五月 燕山道總管 右領軍大將軍李謹行大破高麗叛者於瓠蘆河之西[2658] 俘獲數千人 餘衆皆奔新羅 時謹行妻劉氏留伐奴城 高麗引靺鞨攻之 劉氏擐甲帥衆守城 久之 虜 退[2659] 上嘉其功 封燕國夫人 (『資治通鑑』202 唐紀 18 高宗)[2660]

고구려 신라　　(唐高宗咸亨)四年閏五月 燕山道總管李謹行 破高麗叛黨 於瓠虜河之西 高麗平壤餘衆 遁入新羅 (『册府元龜』986 外臣部 31 征討 5)[2661]

고구려 신라　　(高麗傳) (咸亨)四年閏五月 謹行破之於發蘆河 俘馘萬計 凡四年 乃平 (『玉海』191 兵捷 兵捷 露布 3 唐遼東道行臺大摠管李勣俘高麗 獻俘昭陵 檄高麗 含元殿數 俘)[2662]

고구려 신라　　李謹行 爲燕山道總管右領軍大將軍 咸亨四年 大破高麗叛徒於瓠蘆河之西 俘獲數千 人 自是平壤餘衆 走投新羅 (『册府元龜』358 將帥部 19 立功 11 李謹行)[2663]

고구려 신라　　李謹行破之于發蘆河[2664] 再戰 俘馘萬計 於是平壤痍殘不能軍 相率奔新羅 凡四年乃 平[2665] 始 謹行留妻劉守伐奴城 虜攻之 劉擐甲勒兵守 賊引去 帝嘉之 封燕郡夫人 (『 新唐書』220 列傳 145 東夷 高麗)[2666]

신라 고구려　　(唐書) 又曰 咸亨中 燕山道摠管右領軍大將軍李謹行 大破高麗叛徒於瓠蘆河之西 俘 獲數千人 自是平壤餘衆 走投新羅 時謹行妻劉氏留在代奴城 高麗引靺鞨攻之 劉氏擐 甲率衆 守城久之 賊乃退 上嘉其功 特封爲燕郡夫人 (『太平御覽』202 封建部 5 夫 人)[2667]

2656) 본 기사는 『三國史記』高句麗本紀 10 보장왕 27년 12월조에 보인다. 그리고 『舊唐書』에 閏五月 丁卯 (13)로 나온다, 따라서 정묘(13)로 편년하고 편제하였다.

2657) 『舊唐書』에 閏五月 丁卯(13)로 나온다. 따라서 정묘(13)로 편년하고 편제하였다.

2658) 胡嶠曰 黑車子之北 有牛蹄突厥 人身牛足 其地尤寒 水曰瓠瓤河 夏秋冰厚二尺 秋冬冰徹底 常燒器鎖冰 乃得飲 余按唐書劉仁軌傳 此瓠蘆河 當在高麗南界 新羅七重城之北 燕 因肩翻 下同

2659) 靺鞨 音末曷 擐 音宦 帥 讀曰率

2660) 『舊唐書』에 閏五月 丁卯(13)로 나온다. 따라서 정묘(13)로 편년하고 편제하였다.

2661) 『舊唐書』에 閏五月 丁卯(13)로 나온다. 따라서 정묘(13)로 편년하고 편제하였다.

2662) 『舊唐書』에 閏五月 丁卯(13)로 나온다. 따라서 정묘(13)로 편년하고 편제하였다.

2663) 『舊唐書』에 閏五月 丁卯(13)로 나온다. 따라서 閏五月 정묘(13)로 편년하고 편제하였다.

2664) 『資治通鑑』咸亨 4年(673) 閏5월조에는 '瓠瀘河'의 서쪽이라 하였다. 瓠瀘河는 지금의 임진강으로 비 정된다.

2665) 『三國史記』文武王 14년(674)조에 唐軍이 高句麗 牛岑城을 공격한 기록이 있는데, 아마도 이때까지 고구려의 反唐전쟁이 계속된 듯 하다.

2666) 咸亨中, 즉 함형연간은 670~673년이다. 그런데 본 기사의 내용이 『舊唐書』에 閏五月 丁卯(13)로 나온 다. 따라서 咸亨 四年 閏五月 정묘(13)로 편년하고 편제하였다.

백제	閏六月乙酉朔庚寅 大錦下百濟沙宅昭明卒 爲人聰明叡智 時稱秀才 於是 天皇驚之 降恩以贈外小紫位 重賜本國大佐平位 (『日本書紀』 29 天武紀 下)

탐라	(閏六月乙酉朔)壬辰 耽羅遣王子久麻藝都羅宇麻等朝貢 (『日本書紀』 29 天武紀 下)
탐라	天武天皇二年閏六月乙酉朔壬辰[八] (『類聚國史』 99 殊俗部 耽羅)

신라	(閏六月乙酉朔)己亥 新羅遣韓阿湌金承元阿湌金祇山大舍霜雪等賀騰極 幷遣一吉湌 薩儒韓奈末金池山等 弔先皇喪[一云 調使] 其送使貴干寶眞毛 送承元薩儒於筑紫 (『日本書紀』 29 天武紀 下)

신라	(閏六月乙酉朔) 戊申 饗貴干寶等於筑紫 賜祿各有差 卽從筑紫返于國 (『日本書紀』 29 天武紀 下)

신라	夏六月 虎入大宮庭 殺之 (『三國史記』 7 新羅本紀 7)
신라	六月 虎入宮庭 殺之 (『三國史節要』 10)

신라	(咸寧2668)四年癸酉)夏六月 人或見戎服持兵器數十人 自庾信宅泣而去 俄而不見 庾信 聞之曰 此必陰兵護我者 見我福盡 是以去 吾其死矣 後旬有餘日 寢疾 /大王親臨慰 問 庾信 曰 臣願竭股肱之力 以奉元首 而犬馬之疾至此 今日之後 不復再見龍顔矣 大王泣曰 寡人之有卿 如魚有水 若有不可諱 其如人民何 其如社稷何 /庾信對曰 臣 愚不肖 豈能有益於國家 所幸者 明上用之不疑 任之勿貳 故得攀附王明 成尺寸功 三 韓爲一家 百姓無二心 雖未至大2669)平 亦可謂小康 臣觀自古繼體之君 靡不有初 鮮 克有終 累世功績 一朝墜廢 甚可痛也 伏願殿下知成功之不易 念守成之亦難 疎遠小 人 親近君子 使朝廷和於上 民物安於下 禍亂不作 基業無窮 則臣死且無憾 王泣而受 之 (『三國史記』 43 列傳 3 金庾信 下)

신라	秋七月一日 庾信卒 (『三國史記』 7 新羅本紀 7)
신라	(咸寧2670)四年癸酉)至秋七月一日 薨于私第之正寢 享年七十有九 大王聞訃震慟贈賻 彩帛一千匹租二千石 以供喪事 給軍樂皷吹一百人 出葬于金山原 命有司立碑 以紀功 名 又定入民戶 以守墓焉 妻智炤夫人 太宗大王第三女也 生子五人 長曰三光伊湌 次 元述蘇判 次元貞 海干 次長耳大阿湌 次元望大阿湌 女子四人 又庶子軍勝阿湌 失其 母姓氏 後智炤夫人 落髮衣褐 爲比丘尼 時大王謂夫人曰 今中外平安 君臣高枕而無 憂者 是太大角干之賜也 惟夫人冝其室家 儆誡相成 陰功茂焉 寡人欲報之德 未嘗一 日忘于心 其餽南城租每年一千石 後 興德大王封公爲興武大王 (『三國史記』 43 列傳 3 金庾信 下)
신라	秋七月朔 金庾信卒 年七十九 王震悼 贈賻彩帛一千匹 租二千石 以軍樂鼓吹 葬于金 山原 命有司立碑紀功 置守墓戶 初 人有見兵士數十人具器服 自庾信第號泣而去 俄 而不見 庾信聞之曰 此必陰兵護我者 見我福盡乃去耳 吾其死矣 後旬有餘日疾劇 王 親臨存問 庾信曰 臣願竭股肱之力 以奉元首 而犬馬之疾 至此 今日之後 不復再見龍

2667) 咸亨中, 즉 함형연간은 670~673년이다. 그런데 본 기사의 내용이 『舊唐書』에 閏五月 丁卯(13)로 나온
    다. 따라서 咸亨 四年 閏五月 정묘(13)로 편년하고 편제하였다.
2668) 저본의 '寧'은 '亨'으로 수정해야 한다.
2669) 저본의 大는 太가 옳다.
2670) 저본의 '寧'은 '亨'으로 수정해야 한다.

顔矣 王泣曰 寡人之有卿 如魚之有水 脫有不諱 其如人民社稷何 庾信對曰 臣愚不肖
豈能有益於國家 幸者 明上用之不疑 任之不貳 故得竭心力 成尺寸功 三韓爲一家 百
姓無二心 雖未至大平 亦可謂小康 臣觀 自古繼體之君 靡不有初 鮮克有終 累世功績
一朝墜廢 甚可懼也 伏願 殿下知成功之不易 念守成之亦難 親君子遠小人 使朝廷和
於上 民物安於下 則臣死且無憾 王感泣 妻金氏 太宗王第三女 有子五人 曰三光 曰
元述 曰元貞 曰長耳 曰元望 及庾信卒 元述求見母 母曰 婦人有三從之義 今宜從子
爾旣不得爲子於先君 吾焉得爲爾母乎 遂不見 元述慟哭 擗踊而不能去 夫人終不見焉
元述嘆曰 爲淡凌所誤 乃至於此 遂入大伯山 後唐兵來攻買蘇川城 元述聞之 欲雪前
恥 赴敵力戰有功 以不容於父母 愧恨不仕 終其身 三光繼父執政 裂起就求郡守不許
裂起曰 三光殆以父死 而忘我乎 三光聞之 愧謝 授三年山郡大守 仇近嘗從元貞 築西
原述城 或語元貞曰 仇近怠於職事 元貞杖之 仇近曰 平壤之役 僕與裂起入不測之地
不辱大角干之命 大角干不以仇近爲無能 待以國士 今以浮言而罪之 不亦辱乎 元貞聞
之 終身羞悔

金富軾曰 唐李絳對憲宗曰 遠邪佞進忠直 與大臣言 敬而信 無使小人袭焉 與賢者遊
親而禮 無使不肖預焉 誠哉斯言也 實爲君之要道也 故書曰 任賢勿貳 去邪勿疑 觀夫
新羅之待庾信也 親近而無閒 委任而不貳 謀行言聽 不使怨乎不以 可謂得六五童蒙之
吉 故庾信得以行其志 與上國恊謀 合三土爲一家 能以功名終焉 雖有乙支文德之智略
張保皐之義勇 微中國之書 則泯滅而無聞 若庾信則鄕人稱頌之 至今不亡 士大夫知之
可也 至於蒭童牧竪 亦能知之 則其爲人也 必有以異於人矣 (『三國史節要』10)

신라	至父薨後 求見母氏 母氏曰 婦人有三從之義 今旣寡矣 宜從於子 若元述者 旣不得爲 子於先君 吾焉得爲其母乎 遂不見之 元述 慟哭擗踊而不能去 夫人終不見焉 /元述嘆 曰 爲淡凌所誤 至於此極 乃入大2671)伯山 (『三國史記』43 列傳 3 金庾信 下 附 元 述)
신라	陵在西山毛只寺之北東向走峰 (『三國遺事』1 紀異 1 金庾信)
신라	(秋七月一日) 阿湌大吐謀叛付唐 事泄伏誅 妻孥充賤 (『三國史記』7 新羅本紀 7)
신라	(秋七月朔) 阿湌大吐謀叛附唐 事泄伏誅 (『三國史節要』10)
고구려 신라	(秋八月甲申朔)癸卯 高麗遣上部 位頭大兄 邯子前部大兄碩干等朝貢 仍新羅遣 韓奈 末金利益送高麗使 人于筑紫 (『日本書紀』29 天武紀 下)
고구려	(天武天皇)二年八月癸卯[十]2672) (『類聚國史』93 殊俗部 高麗)
신라 탐라	(秋八月甲申朔)戊申 喚賀騰極使金承元等 中客以上廿七人於京 因命大宰 詔耽羅使人 曰 天皇新平天下 初之卽位 由是 唯除賀使 以外不召 則汝等親所見 亦時寒浪嶮 久 淹留之 還爲汝愁 故宜疾歸 仍在國王及使者久麻藝等 肇賜爵位 其爵者大乙上 更以 錦繡潤飾之 當其國之佐平位 則自筑紫返之 (『日本書紀』29 天武紀 下)
신라	八月 以波珍湌天光爲中侍 (『三國史記』7 新羅本紀 7)
신라	八月 以波珍湌天光爲中侍 (『三國史節要』10)
신라	(八月) 增築沙熱山城 (『三國史記』7 新羅本紀 7)
신라	(八月) 增築沙熱山城 (『三國史節要』10)

2671) 저본의 大는 太가 옳다.
2672) 갑신을 초하루로 하는 계묘일은 10일이 아니라 20일이다.

신라	九月癸丑朔庚辰 饗金承元等於難波 奏種種樂 賜物客有差 (『日本書紀』 29 天武紀 下)

신라	九月 築國原城[古薍長城]北兄山城召文城耳山城首若州走壤城[一名迭巖城]達含郡主岑城居烈州萬興寺山城歃良州骨爭峴城 (『三國史記』 7 新羅本紀 7)
신라	九月 築山城八國原城北兄山城召文城耳山城走壤城主岑城萬興寺山城骨爭峴城 (『三國史節要』10)
신라	中原京 本高句麗國原城 新羅平之 眞興王 置小京 文武王時 築城 周二千五百九十二步 景德王 改爲中原京 今忠州 (『三國史記』 35 雜志 4 地理 2 漢州)[2673]

신라	(九月) 王遣大阿湌徹川等 領兵舩一百艘 鎭西海 唐兵與靺鞨契丹兵來侵北邊 凡九戰 我兵克之 斬首二千餘級 唐兵溺瓠瀘王逢二河 死者不可勝計 (『三國史記』 7 新羅本紀 7)
신라	(九月) 王遣大阿湌徹川等 領兵舩一百艘 鎭西海 唐兵與靺鞨契丹兵來侵北邊 凡九戰 我兵皆克之 斬首二百餘級 唐兵溺瓠瀘王逢二河 死者不可勝數 (『三國史節要』10)

신라	冬十一月壬子朔 金承元罷歸之 (『日本書紀』29 天武紀 下)

고구려	大唐 故左領軍員外將軍 高鐃苗墓誌
	君諱字 遼東人也 族高辰卜 價重珦琪 背滄海而來王 仰玄風而入仕 有日磾之聽敏 叶駒支之詞令 故得隆△恩 允備寵服 攸歸叄遠曜於文昌 發奇名於下瀨
	嗟呼 桃門衆鬼 逐瞰高明 蒿里營魂 意悲飄 忽以咸亨四年十一月十一日 終於私第 恩詔葬於城南原 禮也 有懼陵谷 刊玆琬琰 其銘曰
	降靈玉陰 投誠天關 載荷恩輝 克彰勳伐 忠槃方遠 雄圖遽歇 大樹摧風 祁連照月 鬼伯之隣雖翳 將軍之氣格發 (「高鐃苗 墓誌銘」)

고구려 신라	(冬十一月壬子朔)壬申 饗高麗邯子新羅薩儒等於筑紫大郡 賜祿各有差 (『日本書紀』29 天武紀 下)
고구려	(天武天皇二年)十一月 壬申[廿一] (『類聚國史』93 殊俗部 高麗)

신라 고구려	冬 唐兵攻高句麗牛岑城 降之 (『三國史記』 7 新羅本紀 7)
고구려	冬 唐兵攻高勾麗牛岑城 降之 (『三國史節要』10)

신라 말갈	(冬) 契丹靺鞨兵攻大楊城童子城 滅之 (『三國史記』 7 新羅本紀 7)
말갈 신라	(冬) 契丹靺鞨兵攻大陽城童子城 屠之 (『三國史節要』10)

신라	(冬) 始置外司正 州二人郡一人 初 太宗王滅百濟 罷戍兵 至是復置 (『三國史記』 7 新羅本紀 7)
신라	(冬) 置外司正 州二人 郡一人 (『三國史節要』10)
신라	外司正百三十三人 文武王十三年 置 位未詳 (『三國史記』 40 雜志 9 職官 下)[2674]

2673) 이 기사에는 연대 표기가 없으나, 『三國史記』新羅本紀 등에 의거하여 文武王13년(673) 9월로 편년하였다.

2674) 이 기사에는 월 표기가 없으나, 『三國史記』新羅本紀 등에 의거하여 10~12월로 기간편년하고 마지막 달인 12월에 배치하였다.

신라 백제	百濟人位 文武王十三年 以百濟來人授內外官 其位次視在本国官衔 京官 大奈麻本達率 奈麻本恩率 大舍本德率 舍知本扞率 幢本奈率 大烏本將德 外官 貴干本達率 選干本恩率 上干本德率 干本扞率 一伐本奈率 一尺本將德 (『三國史記』 40 雜志 9 職官 下)
신라 백제	授百濟降人職其位次 視在本國官職 京官 大奈麻本達率 奈麻夲恩率 大舍夲德率 舍知本扞率 幢本奈率 大烏本將德 外官 貴干本達率 選干夲恩率 上干本德率 干本扞率 一伐本奈率 一尺本將德 (『三國史節要』 10)
신라	朔州 (…) 善德王六年 唐貞觀十一年 爲牛首州置軍主[一云 文武王十三年唐咸亨四年 置首若州] (…) (『三國史記』 35 雜志 4 地理 2)
신라	六停 (…) 二曰上州停 眞興王十三年置 至文武王十三年 改爲貴幢 衿色靑赤 (…) 四曰牛首停 本比烈忽停 文武王十三年 罷比烈忽停 置牛首停 衿色綠白 (…) (『三國史記』 40 雜志 9 職官 下)
신라	改上州停爲貴幢 衿色靑赤 罷比烈忽停 置牛首停 衿色綠白 (『三國史節要』 10)
신라	又金庾信嘗與一老居士交厚 世人不知其何人 于時公之戚秀天 久染惡疾 公遣士診衛 適有秀天之舊 名因惠師者 自中岳來訪之 見居士而慢侮之曰 相汝形儀 邪人也 何得理人之疾 居士曰 我受金公命 不獲已爾 惠曰 汝見我神通 乃奉爐香 俄頃五色雲旋頂上 天花散落 士曰 和尚通力不可思議 弟子亦有拙技 請試之 願師乍立於前 惠從之 士彈指一聲 惠倒 於空 高一丈許 良久徐徐倒下 頭卓地 屹然如植 旁人推挽之不動 士出去 惠猶倒卓達曙 明日秀天使 於金公 公遣居士往救乃解 因惠不復賣技 讚曰 紅紫紛紛幾亂朱 堪嗟魚目 愚夫 不因居士輕彈指 多小巾襲 (『三國遺事』 5 神呪 6 密本摧邪)[2675]
신라	又新羅京城東南二十餘里 有遠源寺 諺傳 安惠等四大德 與金庾信金義元金述宗等 同願所創也 四大德之遺骨 皆藏寺之東峰 因號四靈山祖師云 則四大德皆羅時高德 (『三國遺事』 5 神呪 6 明朗神印)
신라	公諱孝斌 字順姓 陸河南洛陽人也 (…) 初咸亨中 王師征遼 公叅是軍事 友人太原王守義 遇疫於海東 路艱寇阻 兵危勢急 公獨顚沛致喪 歸其井邑 歸在安州也 (「唐故贈齊州司馬陸公神道碑」)[2676]
삼한(고구려)	君諱眞 字行感 西京人也 (…) 往以三韓作逆 九種不賓 轂月騎以長驅 指霜戈而獨遠 忠烈檠世 志勇三軍 封△之勳旣彰 便授之以上柱國 (「大唐故上柱國邊君墓誌銘幷序」)[2677]

674(甲戌/신라 문무왕 14/唐 咸亨 5, 上元 1/倭 天武 3)

백제	春正月辛亥朔庚申 百濟王昌成薨 贈小紫位 (『日本書紀』 29 天武紀 下)

2675) 정확한 연대를 알 수 없으므로 김유신의 사망시점으로 편년하고 편제하였다.
2676) 『전당문신편』 230
2677) 邊眞의 생몰년은 620년부터 673년까지이다. 고구려에 파견되었으나, 그것을 알 수 없다. 따라서 이 묘지가 제작된 673년에 편제하였다.

신라 고구려 백제

　　　春正月壬午　以左庶子同中書門下三品劉仁軌爲雞林道大總管[2678]　衛尉卿李弼右領軍
　　　大將軍李謹行副之　發兵討新羅　時新羅王法敏旣納高麗叛衆　又據百濟故地　使人守之
　　　上大怒　詔削法敏官爵　其弟右驍衛員外大將軍　臨海郡公仁問在京師[2679]　立以爲新羅
　　　王　使歸國 (『資治通鑑』202 唐紀 18 高宗)[2680]

신라 고구려 백제

　　　(通監) 上元元年春正月[2681]壬午　以左庶子同中書門下三品劉仁軌爲雞林道大摠管　衛
　　　尉卿李弼右領軍大將軍李謹行副之　發兵討新羅　時新羅王法敏　旣納高麗叛衆　又據百
　　　濟故地　使人守之　上大怒　詔削法敏官爵 (『玉海』191 兵捷 兵捷 兵捷 露布 3 唐雞
　　　林道行軍大摠管敗新羅)

신라 고구려 백제

　　　(春正月) 王納高句麗叛衆　又據百濟故地　使人守之　唐高宗大怒　詔削王官爵　王弟右驍
　　　衛員外大將軍臨海郡公仁問　在京師　立以爲新羅王　使歸國　以左庶子同中書門下三品
　　　劉仁軌爲雞林道大摠管　衛尉卿李弼右領軍大將軍李謹行副之　發兵來討 (『三國史記』
　　　7 新羅本紀 7)

신라 고구려 백제

　　　(春正月) 王納高勾麗叛衆　又據百濟故地　使人守之　帝大怒　詔削王官爵　王弟右驍衛員
　　　外大將軍臨海郡公仁問　在京師　立以爲新羅王　使歸國　以左庶子同中書門下三品劉仁
　　　軌爲雞林道大摠管　衛尉卿李弼　右領軍大將軍李謹行副之　發兵來討 (『三國史節要』1
　　　1)

신라 고구려 백제

　　　上元元年　文武王納高句麗叛衆　又據百濟故地　唐皇帝大怒　以劉仁軌爲雞林道大摠管
　　　發兵來討　詔削王官爵　時　仁問爲右驍衛員外大將軍臨海郡公在京師　立以爲王　令歸國
　　　以代其兄　仍策爲雞林州大都督開府儀同三司　仁問懇辭不得命　遂上道　會　王遣使入貢
　　　且謝罪　皇帝赦之　復王官爵　仁問中路而還　亦復前衛 (『三國史記』44 列傳 4 金仁
　　　問)[2682]

신라　　　春正月　入唐宿衛大奈麻德福　傳學曆術還　改用新曆法 (『三國史記』7 新羅本紀 7)
신라　　　春正月　改用新曆　初大奈麻德福入唐宿衛　學曆術而還　請改用其法　從之 (『三國史節要
　　　』11)

고구려　　　又遷定遠將軍△△衛華池府折衝上柱國檢校安東副都護　大臣憂國　△△未△　志士徇名
　　　馬援當逞　以上元元年春二月一日　寢疾薨於安東府之官舍也　春秋五十有八 (「△永 墓
　　　誌銘」:『唐代墓誌滙篇』)[2683]

신라　　　(咸亨)五年春二月壬午　遣太子左庶子同中書門下三品劉仁軌爲雞林道大總管　以討新羅
　　　仍令衛尉卿李弼右領大將軍李謹行副之 (『舊唐書』5 本紀 5 高宗 下)

2678) 帝以新羅國　爲雞林州
2679) 驍　堅堯翻
2680) 이 해 정월은 신해일이므로 정월에는 임오일이 없다. 다만 신구당서 본기에는 각각 2월 임오(2)라고 되
　　　어 있다. 여기의 정월은 2월의 잘못으로 보인다.
2681) 紀 二月
2682) 본 기사에는 月이 보이지 않지만, 『三國史記』등에 春正月로 나온다. 따라서 춘정월로 편년하고 편제
　　　하였다.
2683) 이 기사의 앞부분에는 연대 표기가 없으나, 安東都護府는 668년에 설치되었다. 그에 따라 668~674년
　　　2월 1일로 기간편년하고 마지막 시기인 674년 2월 1일에 배치하였다.

신라　　　　　上元元年二月壬午 劉仁軌爲雞林道行軍大總管 以伐新羅 (『新唐書』3 本紀 3 高宗)

신라　　　　　(紀) 上元元年二月壬午 劉仁軌爲雞林道行軍大摠管 以伐新羅 (『玉海』191 兵捷 兵捷 兵捷 兵捷 露布 3 唐雞林道行軍大摠管敗新羅)

신라　　　　　總章戊辰 王統兵 與仁問欽純等 至平壤 會唐兵滅麗 唐帥李勣獲高臧王還國[(…) 上元元年甲戌二月 劉仁軌爲雞林道捴管 以伐新羅 而郷古記云 唐遣陸路将軍孔恭 水路将軍有相 興[2684]新羅 金庾信等滅之 而此云仁問欽純等 無庾信 未詳] (『三國遺事』2 紀異 2 文虎王法敏)[2685]

신라　　　　　上元元年二月 新羅王金法敏旣納高句麗叛亡之衆 又封百濟故地 遣兵守之 帝大怒 詔削法敏官爵 遣宰臣劉仁軌討之 仍以法敏弟右驍衛員外大將軍臨海郡公金仁問爲新羅王 時仁問在京師 詔令歸國 以代其兄 仁問行至中路 聞新羅降 仁問乃還 (『唐會要』95 新羅)[2686]

신라　　　　　(唐高宗咸亨)五年二月 遣太子左庶子同中書門下三品劉仁軌爲雞林道大總管 衛尉卿李弼右領軍大將軍李謹行爲副 發兵以討新羅 時新羅王金法敏 旣納高麗叛亡之衆 又封百濟故地 漸使人守之 帝大怒下詔 削奪法敏官爵 仍以其弟右驍衛員外大將軍臨海郡公金仁問 爲新羅王 時仁問在京師 詔令歸國以代其兄 仁問行至中路 聞新羅降 仁問乃還 (『册府元龜』986 外臣部 31 征討 5)[2687]

신라　　　　　劉仁軌 (…) (咸亨)五年 爲鷄林道大總管 東伐新羅 仁軌率兵徑度瓠盧河 破其北方大鎭七重城 以功進爵爲公 幷子姪三人並授上柱國 州黨榮之 號其所居爲樂城鄉 三柱里 (『舊唐書』84 列傳 34 劉仁軌)[2688][2689]

신라　　　　　(上元)元年甲戌 仁軌爲雞林道行軍大總管 (『新唐書』61 表 1 宰相 上)[2690]

신라　　　　　咸亨五年 爲雞林道大總管 東伐新羅 仁軌率兵絶瓠盧河 攻大鎭七重城 破之 進爵爲公 子及兄子授上柱國者三人 州黨榮之 號所居爲樂城鄉三柱里 俄拜尙書左僕射兼太子賓客 仍知政事 吐蕃入寇 命爲洮河道行軍鎭守大使 (『新唐書』108 列傳 33 劉仁軌)[2691]

신라 고구려 백제
　　　　　咸亨五年 納高麗叛衆 略百濟地守之 帝怒 詔削官爵 以其弟右驍衛員外大將軍臨海郡公仁問爲新羅王 自京師歸國 詔劉仁軌爲鷄林道大總管 衛尉卿李弼右領軍大將軍李謹行副之 發兵窮討 (『新唐書』220 列傳 145 東夷 新羅)[2692]

신라 고구려 백제
　　　　　上元元年 法敏納高麗叛亡之衆 又略百濟故地 遣兵守之 帝大怒下詔 削法敏官爵 遣宰臣劉仁軌討之 仍以法敏弟左驍衛員外大將軍臨海郡公仁問爲新羅王 時仁問在京師 詔令歸國 以代其兄 仁問行至中路 聞新羅降 仁問乃還 (『太平寰宇記』174 四夷 3

2684) 저본의 興은 與가 옳다.
2685) 본 기사에는 日이 보이지 않지만, 『舊唐書』등에 春二月 壬午(2)로 나온다. 따라서 2월 2일로 편년하고 편제하였다.
2686) 본 기사에는 日이 보이지 않지만, 『舊唐書』등에 春二月 壬午(2)로 나온다. 따라서 2월 2일로 편년하고 편제하였다.
2687) 본 기사에는 日이 보이지 않지만, 『舊唐書』등에 春二月 壬午(2)로 나온다. 따라서 2월 2일로 편년하고 편제하였다.
2688) 『舊唐書』·『新唐書』高宗本紀 등에는 上元二年 2월로 나온다.
2689) 본 기사에는 月·日이 보이지 않지만, 『舊唐書』등에 春二月 壬午(2)로 나온다. 따라서 2월 2일로 편년하고 편제하였다.
2690) 본 기사에는 月·日이 보이지 않지만, 『舊唐書』등에 春二月 壬午(2)로 나온다. 따라서 2월 2일로 편년하고 편제하였다.
2691) 본 기사에는 月·日이 보이지 않지만, 『舊唐書』등에 春二月 壬午(2)로 나온다. 따라서 2월 2일로 편년하고 편제하였다.
2692) 본 기사에는 月이 보이지 않지만, 『三國史記』등에 春正月로 나온다. 따라서 춘정월로 편년하고 편제하였다.

	東夷 3 新羅國)2693)
신라	咸亨五年 爲雞林道大總管 東伐新羅 仁軌徑度瓠蘆河 破其北方大鎭七重城 (『册府元龜』358 將帥部 19 立功 11 劉仁軌)2694)
신라	(高宗)咸亨五年 爲雞林大總管 東伐新羅 仁軌率兵徑渡瓠蘆河 破其北方大鎭七重城 以功進爵爲公 (『册府元龜』384 將帥部 45 褒異 19 劉仁軌)2695)
신라	(列傳) (…) 劉仁軌 (…) 咸亨五年 東伐新羅破之 (『玉海』161 宮室 堂 唐德星堂 德星社 復禮鄕 鳴珂里 一門六闕 三柱里)2696)
신라 고구려 백제	
	(新羅傳) 咸亨五年 納高麗叛衆 略百濟地守之 帝怒2697) (『玉海』191 兵捷 兵捷 兵捷 露布 3 唐雞林道行軍大摠管敗新羅)2698)
신라	(劉仁軌傳) 咸亨五年 卽上元元年 東伐新羅 率兵絶瓠蘆河 攻大鎭七重城 破之 (『玉海』191 兵捷 兵捷 兵捷 露布 3 唐雞林道行軍大摠管敗新羅)2699)
신라	二月 宮內穿池造山 種花草 養珍禽奇獸 (『三國史記』7 新羅本紀 7)
신라	二月 王於宮內穿池造山 植花卉 養珍禽奇獸 (『三國史節要』11)
삼한(고구려)	君諱玄景 字元暉 本武城人也 (…) 展茂績於三韓 効奇功於九種 遂乃勳隆都尉 名亞輕車 (…) 咸亨五年七月一日 卒於私第 春秋五十有二 卽以其月十四日 窆于邙山之上 禮也 (「大唐故騎都尉張君墓誌銘」)2700)
신라	秋七月 大風毀皇龍寺佛殿 (『三國史記』7 新羅本紀 7)
신라	秋七月 太風毀皇龍寺佛殿 (『三國史節要』11)
고구려	(蓋石) 大唐泉府君故夫人高氏墓誌
	(誌石) 大唐 右驍衛永寧府果毅都尉泉府君 故夫人高氏墓誌
	夫人諱提昔 本國內城人也 原夫蟬冤橘華 疊淸暉於往躅 潢猗湛熊 挺芳烈於蘭闈 曾祖伏仁 大相 水境城道使 遼東城大首領 祖支于 唐易州刺史長岑縣開國伯上柱國 父文恊 宣威將軍右衛高陵府長上折衝都尉上柱國 往以貞觀年中 天臨問罪 祖乃歸誠款塞 率旅賓庭 爰賞忠規 載班淸級 因兹徶裔族茂京都
	夫人卽長上折衝之元女也 德芬蘭莞 聲冠禮闈 博綜情田 遵母儀之雅訓 洞苞靈府 寧女史之弘規
	然而結娀泉門 纔盈晦朔 未諧歸展 俄事淪亡 惟其所生 悲摧玉掌 粤以咸亨五年六月四日 卒於來庭里之私第 春秋卄有六 莫不璧淪朝彩 婺黯宵暉 風碎瑤柯 霜凋玉樹 秦

2693) 본 기사에는 月이 보이지 않지만, 『三國史記』등에 春正月로 나온다. 따라서 춘정월로 편년하고 편제하였다.
2694) 본 기사에는 月·日이 보이지 않지만, 『舊唐書』·『新唐書』高宗本紀 등에는 上元二年 2月로 나온다. 따라서 2월 2일로 편년하고 편제하였다.
2695) 본 기사에는 月·日이 보이지 않지만, 『舊唐書』·『新唐書』高宗本紀 등에는 上元二年 2月로 나온다. 따라서 2월 2일로 편년하고 편제하였다.
2696) 본 기사에는 月·日이 보이지 않지만, 『舊唐書』·『新唐書』高宗本紀 등에는 上元二年 2月로 나온다. 따라서 2월 2일로 편년하고 편제하였다.
2697) 云云同上
2698) 본 기사에는 月·日이 보이지 않지만, 『資治通鑑』에 春正月壬午(31)로 나온다. 따라서 춘정월 임오(31)로 편년하고 편제하였다.
2699) 본 기사에는 月·日이 보이지 않지만, 『舊唐書』·『新唐書』高宗本紀 등에는 上元二年 2月로 나온다. 따라서 2월 2일로 편년하고 편제하였다.
2700) 개석에는 張君誌銘으로 나온다. 張玄景은 생몰년은 623~674년이다. 그는 고구려에 파견되었는데, 그 시기를 알 수 없다. 따라서 묘제명의 제작시기인 674년에 편제하였다.

鏡悲其鸞△ 孔匣詠其龍沉 遂使閭閻宿交 望素車而下泣 里閈親好 輟朱絃以表哀 以上元元年八月卄五日 窆於萬年縣滻川之原 禮也 將恐秋陽遞序 陵谷遷迴 所以圖撰芳猷 樹旌幽壤 其詞曰
弈葉崇構 蟬冕代暉 外諧懿範 內穆蘭闈 如何景落 泉帳孤悽 幽扃永閟 寒龍淒淒 (「高提昔 墓誌銘」:『歷史學報』2013-3)[2701]

| 신라 | 八月 大閱於西兄山下 (『三國史記』7 新羅本紀 7) |
| 신라 | 八月 大閱於西兄山下 (『三國史節要』11) |

| 신라 | 九月 命義安法師爲大書省 (『三國史記』7 新羅本紀 7) |
| 신라 | 九月 王以僧義安爲大書省 (『三國史節要』11) |

신라 　　(九月) 封安勝爲報德王[十年 封安勝高句麗王 今再封 不知報德之言 若歸命等耶 或地名耶] (『三國史記』7 新羅本紀 7)
신라 　　(九月) 封安勝爲報德王 (『三國史節要』11)

신라 　　(九月) 幸靈廟寺前路閱兵 觀阿飡薛秀眞六陣兵法 (『三國史記』7 新羅本紀 7)
신라 　　(九月) 王閱兵於靈廟寺前 阿飡薛秀眞進六陣兵法 (『三國史節要』11)

신라 　　外位 文武王十四年 以六徒眞骨出居於五京 九州 別稱官名 其位視京位 嶽干視一吉飡 述干視沙飡 高干視級飡 貴干視大奈麻 選干[一作撰干]視奈麻 上干視大舍 干視舍知 一伐視吉次 彼日視小烏 阿尺視先沮知 (『三國史記』40 雜志 9 職官 下)
신라 　　置外位 以六徒眞骨出居於五京九州 別稱官號 其位次視內職 嶽干視一吉飡 述干視沙飡 高干視級飡 貴干視大奈麻 選干視奈麻 上干視大舍 干視舍知 一伐視吉次 彼日視小烏 阿尺視先沮知 (『三國史節要』11)

고구려 　　如吾一生 敎人無數 好者竝亡 後傳吾道者 只可十耳 我與神秀 論楞伽經 玄理通快 必多利益 資州智詵白松山 劉主簿 兼有文性 莘州惠藏隨州玄約 憶不見之 嵩山老安 深有道行 潞州法如韶州 惠能揚州高麗僧智德 此竝堪爲人師 但一方人物 (『楞伽師資記』高句麗僧 智德)[2702]
고구려 　　唐朝第五祖弘忍禪師 俗姓周 黃梅人也 (…) 又云 吾一生敎人無數 除惠能餘有十爾 神秀師智詵師智德師玄賾師老安師法如師惠藏師玄約師劉王[2703]薄 雖不離吾左右 汝各一方師也 (『歷代法寶記』唐朝 第五祖 弘忍禪師)

고구려 　　早標擊劍之材 歷踐衛珠之秩 往征遼左 鳥谷於是革音 △△河西 犬戎由其遁迹 逋徒未殄 方佇秘謀 (「李謹行 墓誌銘」:『全唐文補遺』2;『全唐文新編』994;『唐代墓誌滙篇續集』)[2704]

고구려 　　初咸亨中 王師征遼 公叅是軍事 友人太原王守義 遇疫於海東 路艱寇阻 兵危勢急 公獨顚沛致喪 歸其井邑 其在安州也 (「陸孝斌 神道碑」:『全唐文新編』230)[2705]

2701) 서안 비림박물관에 소재하고 있다.
2702) 弘忍禪師의 入寂은 唐 高宗 上元元年(674)이며, 홍인선사가 입적하기 전에 한 말이라고 한다.
2703) 저본의 '王'은 '主'로 수정해야 한다.
2704) 李謹行이 燕山道總管으로 파견되어 劍牟岑의 부흥운동을 진압한 것은 『三國史記』에 文武王12년(672), 중국측 기록에는 咸亨 5년(674)으로 기록되어 있다. 그에 따라 672~674년으로 기간편년하고 마지막해인 674년에 배치하였다.

675(乙亥/신라 문무왕 15/唐 上元 2/倭 天武 4)

백제   春正月丙午朔 大學寮諸學生陰陽寮外藥寮及舍衛女墮羅女百濟王善光新羅仕丁等 捧
                   藥及珍異等物進 (『日本書紀』29 天武紀 下)

신라   春正月 以銅鑄百司及州郡印 頒之 (『三國史記』7 新羅本紀 7)
신라   春正月 頒百司及州郡銅印 (『三國史節要』11)

신라 백제 말갈
                   二月 劉仁軌破我兵於七重城 仁軌引兵還 詔以李謹行爲安東鎭撫大使 以經略之 王乃
                   遣使 入貢且謝罪 帝赦之 復王官爵 金仁問中路而還 改封臨海郡公 然多取百濟地 逐
                   抵[2706]高句麗南境爲州郡 聞唐兵與契丹靺鞨兵來侵 出九軍 待之 (『三國史記』7 新羅
                   本紀 7)[2707]

신라 말갈 고구려
                   二月 劉仁軌破我兵於七重城 又使靺鞨浮海略我南境 斬獲甚衆 仁軌引兵還 詔以李謹
                   行爲安東鎭撫大使 屯買肖城 以經略之 謹行三戰皆克 王乃遣使謝罪 兼獻方物 前後
                   相属 帝赦之 復王官爵 仁問行至中路還 入唐改封臨海郡公 然多取百濟地 逐抵高勾
                   麗南境爲州郡 及聞唐兵與契丹靺鞨兵來侵 出九軍 待之 (『三國史節要』11)[2708]

신라   二月 雞林道行軍大總管大破新羅之衆於七重城 斬獲甚衆 新羅遣使入朝獻方物 伏罪
                   赦之 復其王金法敏官爵 (『舊唐書』5 本紀 5 高宗 下)[2709]

신라   二月 劉仁軌及新羅戰于七重城 敗之 (『新唐書』3 本紀 3 高宗)[2710]

신라 백제 말갈
                   上元二年二月 仁軌破其衆於七重城 以靺鞨兵浮海略南境 斬獲甚衆 詔李謹行爲安東
                   鎭撫大使 屯買肖城 三戰 虜皆北 法敏遣使入朝謝罪 貢筐相望 仁問乃還 辭王 詔復
                   法敏官爵 然多取百濟地 逐抵高麗南境矣 置尙良康熊全武漢朔溟九州 州有都督 統郡
                   十或二十 郡有大守 縣有小守 (『新唐書』220 列傳 145 東夷 新羅)[2711]

신라 말갈   二月 劉仁軌大破新羅之衆於七重城[2712] 又使靺鞨浮海 略新羅之南境 斬獲甚衆 仁軌
                   引兵還[2713] 詔以李謹行爲安東鎭撫大使[2714] 屯新羅之買肖城以經略之 三戰皆捷 新
                   羅乃遣使入貢 且謝罪 上赦之 復新羅王法敏官爵 金仁問中道而還[2715] 改封臨海郡公
                   (『資治通鑑』202 唐紀 18 高宗)[2716]

신라 백제 고구려
                   (上元)二年二月 雞林道行軍大總管劉仁軌 大破新羅之衆于七重城而還 新羅于是遣使
                   入朝伏罪 並獻方物 前後相屬 帝復金法敏官爵 既盡有百濟之地 及高句麗南境 東西
                   約九百里 南北約一千八百里 於界內置上良康熊金武漢朔溟等州 所輸物産 爲諸蕃之

2705) 이 기사에는 연대 표기가 없으나, 咸亨 연간(670~674)이라는 기록에 따라 670~674년으로 기간편년
     하고 마지막해인 674년에 배치하였다.
2706) 저본에는 오각되어 있으나, 抵가 맞다.
2707) 『舊唐書』84 列傳 34 劉仁軌조 등에는 咸亨 五年의 사실로 나온다.
2708) 『舊唐書』84 列傳 34 劉仁軌조 등에는 咸亨 五年의 사실로 나온다.
2709) 『舊唐書』84 列傳 34 劉仁軌조 등에는 咸亨 五年의 사실로 나온다.
2710) 『舊唐書』84 列傳 34 劉仁軌조 등에는 咸亨 五年의 사실로 나온다.
2711) 『舊唐書』84 列傳 34 劉仁軌조 등에는 咸亨 五年의 사실로 나온다.
2712) 重 直龍翻
2713) 靺 音末 鞨 音曷 還 從宣翻 又音如字
2714) 使 疏吏翻 下同
2715) 使 疏吏翻 還 音旋 又如字
2716) 『舊唐書』84 列傳 34 劉仁軌조 등에는 咸亨 五年의 사실로 나온다.

最 (『唐會要』95 新羅)[2717]

신라 말갈 (唐高宗)上元二年二月 劉仁軌大破新羅之衆於七重城 又以靺鞨兵 浮海 而南畧新羅之
南境 斬獲甚衆 仁軌勒兵而還 詔以李謹行 爲安東鎭撫大使 屯兵於新羅之買肖城 以
經畧之 前後三戰 新羅皆敗 新羅 於是 遣使入朝 伏罪 幷獻方物 前後相屬 帝竟許之
復其王金法敏官爵 (『册府元龜』986 外臣部 31 征討 5)[2718]

신라 (紀) (上元)二年二月 戰于七重城敗之 (『玉海』191 兵捷 兵捷 兵捷 露布 3 唐鷄林道
行軍大摠管敗新羅)[2719]

신라 말갈 (通監) 上元二年二月 劉仁軌大敗新羅之衆於七重城 又使靺鞨浮海略新羅之南境 斬獲
甚衆 仁軌 引兵還 詔以李謹行 爲安東鎭撫大使 屯新羅之買肖城 以經略之 三戰皆捷
新羅乃遣使入貢 且謝罪 上赦之 復新羅王法敏官爵 金仁問中道而還 改封臨海郡公 (『
玉海』191 兵捷 兵捷 兵捷 露布 3 唐鷄林道行軍大摠管敗新羅)[2720]

신라 백제 고구려
(上元)二年 鷄林道行軍大總管 劉仁軌 大破新羅之衆於七重城而還 新羅於是遣使入朝
伏罪拜首 貢方物 前後相屬 後加敏官爵 旣盡有百濟之地 及高麗南境 東西約九百里
南北約一千八百里 於界內 置尙良康熊金武漢朔溟等九州 其武州所輸物産 爲新羅之
最 自開耀元年 至於會昌元年 朝貢不絶 (『太平寰宇記』174 四夷 3 東夷 3 新羅
國)[2721]

신라 上元二年乙亥春 阿達城太守級湌漢宣 敎民以某日齊出種麻 不得違令 靺鞨諜者認之
歸告某[2722]酋長 至其日 百姓皆出城在田 靺鞨潜師猝入城 剽掠一城 老幼狼狽 不知
所爲 素那奮刃向賊 大呼曰 爾等知新羅有沈那之子素那乎 固不畏死以圖生 欲鬪者曷
不來耶 遂憤怒突賊 賊不敢迫 但向射之 素那亦射 飛矢如蜂 自辰至酉 素那身矢如猬
遂倒而死 素那妻 加林郡良家女子 初 素那以阿達城鄰敵國 獨行 留其妻而在家 郡人
聞素那死 弔之 其妻哭而對曰 吾夫常曰 丈夫固當兵死 豈可臥牀席死家人之手乎 其
平昔之言如此 今死如其志也 大王聞之 涕泣沾襟曰 父子勇於國事 可謂世濟忠義矣
贈官迊湌 (『三國史記』47 列傳 7 素那)[2723]

신라 (二月) 靺鞨寇阿達城 城主素那逆戰死之 素那白城郡蛇山人 其父沈那 膂力過人 蛇山
境與百濟相錯 故互相攻擊無虛月 沈那每出戰 所向無堅陣 仁平中 白城郡出兵 往抄
百濟邊邑 百濟出精兵急擊之 士卒稍却 沈那獨拔劒 斬殺數十餘人 賊懼不敢當 遂引
兵走 百濟人指沈那爲新羅飛將 因相謂曰 沈那尙生 莫近白城 素那雄豪有父風 初百
濟旣滅 漢州都督都儒 白王遣素那於阿達城 俾禦北鄙 至是 阿達城太守漢宣 令民以
某日齊出種麻 不得違令 靺鞨諜者認之 歸告其酋長 至其日 百姓皆出城在野 靺鞨潜
師猝入城剽掠 老幼狼狽 不知所爲 素那奮刃向賊 大呼曰 爾等知新羅有沈那之子素那
乎 固不畏死以圖生 欲鬪者來 遂奮擊突賊 賊不敢迫 但素那射之 素那亦射 自辰至酉
矢集其身如蝟 遂死之 素那之妻 加林郡女子 素那之赴阿達城也 以近敵國 留在其家
及素那死 人有弔者 妻哭曰 亡人常曰 大丈夫固當死於王事 豈可臥牀第 死家人婦女
之手乎 今死其志也 王聞之 流涕曰 素那父子 可謂世濟忠義矣 贈素那迊湌 (『三國史
節要』11)[2724]

2717) 『舊唐書』84 列傳 34 劉仁軌조 등에는 咸亨 五年의 사실로 나온다.
2718) 『舊唐書』84 列傳 34 劉仁軌조 등에는 咸亨 五年의 사실로 나온다.
2719) 『舊唐書』84 列傳 34 劉仁軌조 등에는 咸亨 五年의 사실로 나온다.
2720) 『舊唐書』84 列傳 34 劉仁軌조 등에는 咸亨 五年의 사실로 나온다.
2721) 본 기사에는 月이 보이지 않지만, 『舊唐書』·『新唐書』高宗本紀 등에는 2월로 나온다. 따라서 2월로 편
　　년하고 편제하였다. 『舊唐書』84 列傳 34 劉仁軌조 등에는 咸亨 五年의 사실로 나온다.
2722) 저본에는 某로 되어 있으나, 其가 옳다.
2723) 『三國史記』新羅本紀에는 秋九月 二十九日로 나온다.

신라	(二月)是月 新羅遣王子忠元大監級湌金比蘇大監奈末金天沖第監大麻朴武摩第監大舍 金洛水等進調 其送使奈末金風那奈末金孝福送王子忠元於筑紫 (『日本書紀』29 天武 紀 下)
신라	(三月乙巳朔)戊午 饗金風那等於筑紫 卽自筑紫歸之 (『日本書紀』29 天武紀 下)
신라	上元二年乙亥三月△日 加具見之也大阿干△八戌(?)待(?) (「川前里書石」 上元 2年銘)
고구려 신라	(三月)是月 高麗遣大兄富干大兄多武等朝貢 新羅遣級湌朴勤修大奈末金美賀進調 (『 日本書紀』29 天武紀 下)
고구려	(天武天皇)四年三月 (『類聚國史』93 殊俗部 高麗)
신라	(夏四月)是月 新羅王子忠元到難波 (『日本書紀』29 天武紀 下)
신라	秋七月癸卯朔己酉 小錦上大伴連國麻呂爲大使 小錦下三宅吉士入石爲副使 遣于新羅 (『日本書紀』29 天武紀 下)
탐라	八月壬申朔 耽羅調使王子久麻伎泊筑紫 (『日本書紀』29 天武紀 下)
탐라	(天武天皇)四年八月壬申朔 (『類聚國史』99 殊俗部 耽羅)
신라	(八月壬申朔)丙申 忠元禮畢以歸之 自難波發船 (『日本書紀』29 天武紀 下)
신라 고구려	(八月壬申朔)己亥 新羅高麗 二國調使饗於筑紫 賜祿有差 (『日本書紀』29 天武紀 下)
고구려	(天武天皇四年)八月己亥[廿九] (『類聚國史』93 殊俗部 高麗)
탐라	九月壬寅朔戊辰 耽羅王姑如到難波 (『日本書紀』29 天武紀 下)
탐라	(天武天皇四年)九月壬申朔戊辰[十七] (『類聚國史』99 殊俗部 耽羅)
신라	秋九月 薛仁貴以宿衛學生風訓之父金眞珠 伏誅於本國 引風訓爲鄕導 來攻泉城 我將 軍文訓等 逆戰勝之 斬首一千四百級 取兵舩四十艘 仁貴解圍退走 得戰馬一千匹 (『三 國史記』7 新羅本紀 7)[2725]
신라	秋九月 薛仁貴以宿衛學生金風訓之父眞珠 在本國誅死 引風訓爲鄕導 來攻泉城 將軍 文訓等逆戰 斬首一千四百級 取兵舩四十艘 仁貴解圍退 得戰馬一千匹 (『三國史節要』 11)
신라	(秋九月)二十九日 李謹行率兵二十萬 屯買肖城 我軍擊走之 得戰馬三萬三百八十匹 其餘兵仗稱是 (『三國史記』7 新羅本紀 7)
신라	(秋九月) 李謹行率兵二十萬 屯買肖城 我軍擊走之 得戰馬三萬三百八十匹 其餘兵仗 稱是 (『三國史節要』11)[2726]
신라	至乙亥年 唐兵來 攻買蘇川城 元述聞之 欲死之 以雪前恥 遂力戰有功賞 以不容於父

2724) 본 기사는 『三國史記』에 春으로 나온다. 따라서 春, 1~3월로 기간 편년하고 3월에 편제하였다.
2725) 다음 기사가 29일 점으로 미루어 1~28일에 있었던 사실이다. 따라서 28일로 편년하였다.
2726) 『三國史記』 新羅本紀에 본 기사의 내용이 9월 29일로 나온다. 따라서 9월 29일로 편년하고 편제하였다.

母 憤恨不仕 以終其身 (『三國史記』43 列傳 3 金庾信 下 附 元述)2727)

신라　　　　(秋九月二十九日) 遣使入唐貢方物 (『三國史記』7 新羅本紀 7)

신라　　　　(秋九月) 王遣使如唐貢方物 (『三國史節要』11)2728)

신라　　　　(唐高宗上元二年)九月 新羅王金法敏 遣使獻方物 (『册府元龜』970 外臣部 15 朝貢
　　　　　　3)2729)

신라　　　　(秋九月二十九日) 緣安北河設關城 又築鐵關城 (『三國史記』7 新羅本紀 7)

신라　　　　(秋九月) 緣安北河設關城 又築鐵關城 (『三國史節要』11)2730)

신라　　　　安北河邊築鐵城2731) (『三國遺事』2 紀異 2 文虎王法敏)

신라 말갈　　(秋九月二十九日) 靺鞨入阿達城劫掠 城主素那逆戰 死之 (『三國史記』7 新羅本紀
　　　　　　7)2732)

신라 말갈　　(秋九月二十九日) 唐兵與契丹靺鞨兵來圍七重城 不克 小守儒冬死之 (『三國史記』7
　　　　　　新羅本紀 7)

신라 말갈　　(秋九月) 唐兵與契丹靺鞨兵來圍七重城 不克 小守儒冬死之 (『三國史節要』11)2733)

신라 말갈　　(秋九月二十九日) 靺鞨又圍赤木城 滅之 縣令脫起率百姓 拒之 力竭俱死 (『三國史
　　　　　　記』7 新羅本紀 7)

신라 말갈　　(秋九月) 靺鞨又圍赤木城 縣令脫起率百姓拒之 力竭俱死 (『三國史節要』11)2734)

신라　　　　(秋九月二十九日) 唐兵又圍石峴城 拔之 縣令仙伯悉毛等 力戰死之 (『三國史記』7
　　　　　　新羅本紀 7)

신라　　　　(秋九月) 唐兵又圍石峴城 縣令仙伯悉毛等 力戰死之 (『三國史節要』11)2735)

신라　　　　(秋九月二十九日) 又我兵與唐兵大小十八戰 皆勝之 斬首六千四十七級 得戰馬二百匹
　　　　　　(『三國史記』7 新羅本紀 7)

신라　　　　(秋九月) 旣而我兵與唐兵大小十八戰 皆克之 斬首六千四十七級 得戰馬二百匹 (『三
　　　　　　國史節要』11)2736)

2727) 본 기사에는 月日이 보이지 않지만, 『三國史記』新羅本紀에 9월 29일로 나온다. 따라서 9월 29일로
　　　편년하고 편제하였다.
2728) 『三國史記』新羅本紀에 본 기사의 내용이 9월 29일로 나온다. 따라서 9월 29일로 편년하고 편제하였
　　　다.
2729) 『三國史記』新羅本紀에 본 기사의 내용이 9월 29일로 나온다. 따라서 9월 29일로 편년하고 편제하였
　　　다.
2730) 『三國史記』新羅本紀에 본 기사의 내용이 9월 29일로 나온다. 따라서 9월 29일로 편년하고 편제하였
　　　다.
2731) 구체적인 시기는 나오지 않으나, 『삼국사기』문무왕 15년조의 철관성 축성 기사에 근거하여 편년하고
　　　편제하였다.
2732) 『三國史記』列傳에는 上元 2년 675년 春으로 나온다.
2733) 『三國史記』新羅本紀에 본 기사의 내용이 9월 29일로 나온다. 따라서 9월 29일로 편년하고 편제하였
　　　다.
2734) 『三國史記』新羅本紀에 본 기사의 내용이 9월 29일로 나온다. 따라서 9월 29일로 편년하고 편제하였
　　　다.
2735) 『三國史記』新羅本紀에 본 기사의 내용이 9월 29일로 나온다. 따라서 9월 29일로 편년하고 편제하였
　　　다.
2736) 『三國史記』新羅本紀에 본 기사의 내용이 9월 29일로 나온다. 따라서 9월 29일로 편년하고 편제하였
　　　다.

신라	調府 (…) 卿二人 文武王十五年 加一人 位與兵部大監同 (『三國史記』 38 雜志 7 職官 上)
신라	兵部 (…) 大監二人 眞平王四十五年 初置 文武王十五年 加一人 景德王 改爲侍郎 惠恭王 復稱大監 位自△湌至阿湌爲之 (…) (『三國史記』 38 雜志 7 職官 上)
신라	禮部 (…) 卿二人 眞德王二年[一云五年] 置 文武王十五年 加一人 位與調府卿同 (『三國史記』 38 雜志 7 職官 上)
신라	乘府 (…) 卿二人 文武王十五年 加一人 位與調府卿同 (『三國史記』 38 雜志 7 職官 上)
신라	領客府 (…) 卿二人 文武王十五年 加一人 位與調府卿同 (『三國史記』 38 雜志 7 職官 上)
신라	司正府 (…) 卿二人 眞興王五年 置 文武王十五年 加一人 位與乘府卿同 (『三國史記』 38 雜志 7 職官 上)
신라	倉部 (…) 卿二人 眞德王五年 置 文武王十五年 加一人 景德王 改爲侍郎 惠恭王 復稱卿 位與兵部大監同 (『三國史記』 38 雜志 7 職官 上)
신라	加置調府卿一人 位與兵部大監同 禮部卿一人 乘府卿一人 領客府卿一人 位並與調府卿同 司正府卿一人 位與乘府卿同 又加置倉部卿一人 (『三國史節要』 11)
신라	三武幢 一曰白衿武幢 文武王十五年 置 (…) (『三國史記』 40 雜志 9 職官 下)
고구려	安東大都護府 舜分靑州爲營州 (…) 大唐置安東都護府 前上元中 移於所2737) (『通典』 180 州郡 10 安東府)
신라	(…) 君諱義 字懷敬 天水人也 (…) 尋屬鳥夷不賓 元戎授鉞 鯤壑利涉 事假樓船 因差君爲造船大使判官 (…) (「趙義 墓誌銘」: 『全唐文新編』 202)2738)
신라	公東討新羅 薦爲將帥 詔公持節鷄林道總管 軍停不行 授沙州刺史 未至改拜肅州 (「王方翼 神道碑」: 『全唐文新編』 228)
신라	及辰韓逆命 方資軍策 起家補鷄林道兵曹 又檢校子營總管 義勇蓋韓白 攻略冠孫吳 尋被兇人譖解 未幾山夷叛 朝廷討之 以君檢校桂府戶曹叄軍事 (「賈隱 墓誌銘」: 『唐代墓誌滙篇』)

676(丙子/신라 문무왕 16/唐 上元 3, 儀鳳 1/倭 天武 5)

삼한(고구려)	公諱義琛 字仲珪 河南洛陽人也 (…) 復以三韓尚梗 邊隅有事 供軍機要 事資良牧 乃除定州刺史 後充計入朝 (…) 以大唐上元三年歲次景子正月廿三日 薨於東都修業坊之私第 春秋八十有五 卽以其年十月乙未朔十五日己酉 葬於洛陽奇坑北原 禮也 (「大唐故銀靑光祿大夫定州刺史上柱國 爾朱府君墓誌」)2739)
탐라	二月庚午朔癸巳 耽羅客賜船一艘 (『日本書紀』 29 天武紀 下)
고구려	二月甲戌 移安東都護府於遼東 (『舊唐書』 5 本紀 5 高宗 下)

2737) 今府於遼東城
2738) 이 기사에는 연대 표기가 없으나, 당이 신라와 전쟁을 하면서 원정군을 편성한 것은 671~675년이다. 그에 따라 671~675년으로 기간편년하고 마지막해인 675년에 배치하였다.
2739) 爾朱義琛의 생몰년은 592~676이다. 그가 고구려에 파견된 시기는 알 수 없다. 따라서 묘지명이 제작된 시기인 676년에 편제하였다.

고구려 백제	二月甲戌 徙安東都護府於遼東故城2740) 先是有華人任2741) 東官者 悉罷之2742) 徙熊津都督府於建安故城 其百濟戶口先徙於徐袞等州者 皆置於建安 (『資治通鑑』202 唐紀 18 高宗)
고구려	至上元三年二月二十八日 移安東都護府於遼東故城 先有華人任官者 悉罷之 (『唐會要』73 安東都護府)
고구려	(地理志[兼通鑑會要]) 上元三年二月二十八日甲戌 徙遼東郡故城2743) (『玉海』133 官制 屬國 都護 都督 唐安東上都護府 又見兵捷類 李勣俘高麗)
고구려 백제	(唐高宗)上元三年二月 帝以高麗餘衆反叛 移安東都護府於遼東故城 先有華人任官者 悉罷之 其百濟百姓先從在涂河及徐袞等州者 權移熊津都督府於建安故城 以處之 (『册府元龜』991 外臣部 36 備禦 4)2744)
고구려	上元三年 徙遼東郡故城 (『新唐書』39 志 29 地理 3)2745)
신라	春二月 高僧義相奉旨 創浮石寺 (『三國史記』7 新羅本紀 7)
신라	春二月 王命僧義相創浮石寺 於大白山 (『三國史節要』11)
신라	儀鳳元年 湘歸大2746)伯山 奉朝旨創浮石寺 敷敞大乘 靈感頗著 (『三國遺事』4 義解 5 義湘傳敎)2747)
신라	(二月)是月 大伴連國摩呂等 至自新羅 (『日本書紀』29 天武紀 下)
탐라	(秋七月丁卯朔)甲戌 耽羅客歸國 (『日本書紀』29 天武紀 下)
신라	秋七月 彗星出北河積水之間 長六七許步 (『三國史記』7 新羅本紀 7)
신라	秋七月 彗星出北河積水之間 長六七丈 (『三國史節要』11)
신라	(秋七月) 唐兵來攻道臨城 拔之 縣令居尸知死之 (『三國史記』7 新羅本紀 7)
신라	(秋七月) 唐兵來攻道臨城 拔之 縣令居尸知死之 (『三國史節要』11)
신라	(秋七月) 作壤宮 (『三國史記』7 新羅本紀 7)
신라	(秋七月) 作壤宮 (『三國史節要』11)
신라	(冬十月乙未朔)甲辰 以大乙上物部連摩呂爲大使 大乙中山背直百足爲小使 遣於新羅 (『日本書紀』29 天武紀 下)
신라	(十一月乙丑朔)丁卯 新羅遣沙湌金淸平請政 幷遣汲湌金好儒第監大舍金欽吉等進調

2740) 考異曰 實錄 咸亨元年 楊昉高侃討安舜 始拔安東都護府 自平壤城移於遼東州 儀鳳元年二月甲戌 以高麗餘衆反叛 移安東都護府於遼東城 蓋咸亨元年言移府者 終言之也 儀鳳元年言高麗反者 本其所以移也 會要無咸亨元年移府事 此年云移於遼東故城 今從之

2741) 章 十二行本任下有安字 乙十一行本同 孔本同 張校同

2742) 先 悉薦翻

2743) (通鑑) 顯慶五年(660) 八月 蘇定方平百濟 百濟故有五部 分統三十七郡 二百城 七十六萬戶 詔以其地置熊津馬韓東明金漣德安五都督部 幷置帶方州[隸安東都護府 麟德(664~665)後廢] 以其酋長 爲都督刺史[傳云左衛中郞將王文度 爲熊津都督 總章元年(668) 劉仁軌爲熊津道安撫大使 儀鳳元年(676) 二月甲戌 徙熊津都督府於建安故城]) (『玉海』133 官制 屬國 都護 都督 唐百濟五都督府)

2744) 본 기사의 내용은 『舊唐書』등에 2월 갑술, 6일로 나온다. 따라서 2월 6일로 편년하고 편제하였다.

2745) 본 기사의 내용은 『舊唐書』등에 2월 갑술, 6일로 나온다. 따라서 2월 6일로 편년하고 편제하였다.

2746) 저본의 大는 太가 옳다.

2747) 본 기사의 내용은 『三國史記』新羅本紀에 春二月로 나온다. 따라서 2월로 편년하고 편제하였다.

其送使奈末被珍那副使奈末好福 送淸平等於筑紫 (『日本書紀』29 天武紀 下)

고구려 신라   (十一月乙丑朔)丁亥 高麗遣大使後部主簿阿于副使前部大兄德富朝貢 仍新羅遣大奈末 金楊原 送高麗使人於筑紫 (『日本書紀』29 天武紀 下)

신라   冬十一月 沙飡施得領舩兵 與薛仁貴戰於所夫里州伎伐浦 敗績 又進大小二十二戰 克 之 斬首四千餘級 (『三國史記』7 新羅本紀 7)

신라   冬十一月 沙飡施得領舩兵 與薛仁貴戰於所夫里州伎伐浦 敗績 又進大小二十二戰 克 之 斬首四千餘級 (『三國史節要』11)

신라   (冬十一月) 宰相陳純乞致仕 不允 賜几杖 (『三國史記』7 新羅本紀 7)

신라   (冬十一月) 宰相陳純乞致仕 不允 賜几杖 (『三國史節要』11)

신라   (十一月)是月 肅愼七人 從淸平等至之 (『日本書紀』29 天武紀 下)

신라   仇七幢 文武王十六年 始置 衿色白 (『三國史記』40 雜志 9 職官 下)

신라   新三千幢[一云外三千] (…) 二曰奈吐郡三千幢 文武王十二年 置 三曰奈生郡三千幢 十六年 置 衿色未詳 (『三國史記』40 雜志 9 職官 下)

신라   始置仇七幢 衿色白 又置奈生郡三千幢 (『三國史節要』11)

신라   儀鳳元年 湘歸太伯山 奉朝旨創浮石寺 敷敞大乘 靈感頗著 (『二國遺事』4 義解 5 義湘傳教)

신라   通後詣義湘之室 升堂覩奧 頗資玄化 寔爲錐洞記主也 元曉住磻高寺時 常往謁智 令 著初章觀文及安身事心論 曉撰訖 使隱士文善奉書馳達 其篇尾述偈云 西谷沙彌稽首 禮 東岳上德高巖前[磻高在靈鷲之西北故 西谷沙彌乃自謂也] 吹以細塵補鷲岳 飛以微 滴投龍淵[云云] 山之東有大和江 乃爲中國大和池龍植福所創 故云龍淵 通與曉皆大聖 也 二聖而 區衣師之 道邁可知 師嘗乘雲往中國淸 山隨衆聽講 俄頃卽還 彼中僧 謂 是隣居者 然罔知攸止 一日令於衆曰 除常住外 別院來僧 各持所居名花異植 來獻道 場 智明日折山中異木一枝歸呈之 彼僧見之 乃曰 此木梵號 提伽 此云林 唯西竺海東 二靈鷲山有之 彼二山皆第十法雲地菩薩所居 斯必聖者也 遂察其行色 乃知住海東靈 鷲也 因此改觀 名著中外 鄕人乃號其庵曰赫木 今赫木寺之北崗有古基 乃其遺趾 靈 鷲寺記云 朗智嘗云此庵趾乃迦葉佛時寺基也 堀地得燈缸二隔 (『三國遺事』5 避隱 8 朗智乘雲 普賢樹)[2748]

신라   法師眞定羅人也 白衣時隷名卒伍 而家貧不娶 部役之餘 傭作受粟 以養孀母 家中計 産 唯折脚一 而已 一日有僧到門 求化營寺鐵物 母以 施之旣而定從外歸 母故之告 且虞子意何如爾 定喜現於色曰 施於佛事 何幸如之 雖無 又何患乃以瓦盆爲釜 熟食 而養之 / 嘗在行伍間 聞人說義湘法師 在太伯山說法利人 卽有嚮慕之志 告於母曰 畢孝之後 當投於湘法師 落髮學道矣 母曰 佛法難遇 人生大速 乃曰畢孝 不亦晚乎 曷若 予不死 以聞道聞 愼勿因循 速斯可矣 定曰 萱堂晚景 唯我在側 而出家 豈敢 忍乎 母曰 噫爲我防出家 令我便墮泥黎也 雖生養以三牢七鼎 豈可爲孝 予其衣食於 人之門 亦可守其天年 必欲孝我 莫作爾言 定沈思久之 母卽起 倒囊儲 有米七升 卽

<hr>

2748) 본 기사에서 구체적인 연대는 나오지 않으나, 의상이 태백산에서 불법을 전하고, 소백산 추동에서 강의 하였다는 내용이 있다. 이로 볼 때 본문의 내용은 676년 2월 부석사 창건 이후의 사실로 볼 수 있다.

日畢炊　且曰　恐汝因熟食經而營行慢也　宜在予目下　其一　其六　速行速行　定飲泣固
辭曰　母出家　其亦人子所難忍也　況其杯漿數日之資　盡　而行　天地其謂我何　三辭三
勸之　定重違其志　進途宵征　三日達于太伯山　投湘公剃染爲弟子　名曰眞定　居二年　母
之訃音至　定跏趺入定　七日乃起　說者曰　追傷哀毀之至　殆不能堪　故以定水滌之爾　或
曰　以定觀察母之所生處也　或曰　斯乃如實理薦冥福也　旣出定　以後事告於湘　湘率門
徒歸于小伯山之錐洞　結草爲廬　會徒三千　約九十日　講華嚴大典　門人智通隨講　撮其
樞要　成兩卷　名錐洞記　流通於世　講畢　其母現於夢曰　我已生天矣（『三國遺事』5 孝
善 9 眞定師孝善雙美）[2749]

| 신라 | (…) 公諱思貞　字惟潔　平原高堂人也（…）屬雁塞蜂飛　鷄林螘聚　王赫斯怒　爰整其師
君智略兼優　文武雙美　材爲時榮　△兌△官　△幄運籌　得張陳之妙算　褰旗斬將　盡廉藺
之奇謀　蠢爾△勃　俄然大潰　△△尤著　獻績流△　擢授右鷹揚衛延光府右果毅　尋加游
擊將軍　除左衛德義府右果毅　又以本官加寧遠將軍（「李思貞 墓誌銘」;『唐代墓誌滙篇
續集』;『全唐文補遺』5;『全唐文新編』995）[2750] |

677(丁丑/신라 문무왕 17/唐 儀鳳 2/日本 天武 6)

신라	二月癸巳朔　物部連摩呂　至自新羅（『日本書紀』29 天武紀 下）
고구려	至儀鳳二年二月二日　移安東都護府於新城安置　仍令特進充使鎭府（『唐會要』73 安東都護府）
고구려	安東都護府（…）儀鳳二年　又置於新城（『舊唐書』39 志 19 地理 2）
고구려	安東 上都護府　儀鳳二年　又徙新城（『新唐書』39 志 29 地理 3）
고구려	儀鳳二年　詔安撫遼東　幷置州縣　招流冗　平斂賦　罷力役　民悅其寬（『新唐書』110 列傳 35 諸夷蕃將 泉男生）
고구려 요동	儀鳳二年　奉勅　存撫遼東　改置州縣　求瘼咻隱　禠負如歸劃野　疎彊奠川知正（「泉男生墓誌銘」）

고구려　　　大唐 右領軍將軍 贈右驍衛大將軍 李他仁墓誌銘幷序
楚材晉受　入廊廟而稱賢　趙璧秦徵　動閭閻而表價　傍求俊乂　由余所以東上　內叶股肱
日磾於是南謁　大唐挺埴万寓　弔伐三韓　採翡掇犀　頓綱八條之國　殿中壺外　昇簜三略
之營　稱伐計功　隤茂祉於鐫鼎　繁文縟禮　籍隆寵於登壇者　於李大將軍斯見之矣
君諱他仁　本遼東柵州人也　後移貫雍州之万年縣焉　渤海浮天　丸都槃日　發生受氣　地
居仁愛之鄕　寅賓敬時　星開角亢之舍　狼河兎蝶　建國盛於山川　五族九官　承家茂於鍾
鼎　祖福鄒　本朝大兄　父孟眞　本朝大相　幷以鯤墼　景靈卜韓　英伐國楨人幹　疊祉連花
惟公二穴　龍媒誕靈　君子之國十洲　麟定降祉
公孫之社　童幼群嬉　已綴陶謙之帛　郊原博覽　俄分郈艾之營　器宇卓絶　標置宏遠　駈策
藝能　千櫓道德　泊乎歲在强弱　年登弱冠　靑襟抱槧　搜覽閱其菁華　朱襮垂纓　總務資其
幹蠱　于時朱蒙遺孽　靑丘誕命　旣乖桔矢之盡　復阻桂樓之兵　得來幾諫　頻攀鏤檻　耿夔
偏討　屢刻豊碑　于時授公柵州都督兼總兵馬　管一十二州高麗　統卅七部靺鞨
大摠管英公　三秦推轂　万里授柯　奉皇帝之新書　遵廟堂之上略　公辯亡有預見　梁水之
一星處須知歸　識魏軍之百日　逐率所部效款轅門　微子入周　後機增覘　陳平棄楚　先覺

2749) 본 기사에서 구체적인 연대는 나오지 않으나, 의상이 태백산에서 불법을 전하고, 소백산 추동에서 강의
하였다는 내용이 있다. 이로 볼 때 본문의 내용은 676년 2월 부석사 창건 이후의 사실로 볼 수 있다.
2750) 이 기사에는 연대 표기가 없으나, 당이 신라와 전쟁을 한 것은 671~676년이다. 그에 따라 671~676
년으로 기간편년하고 마지막해인 676년에 배치하였다.

未△ 英公遂遣公 統其所屬 鼓行同進 公勇冠三軍 夙馳人譽 言成一諾 早絹屯謠 遂
使金陣五承 遂解迎刀之節 石城九拒俄開 劫敵之扉 無寇於前 卽屠平壤 炎靈四郡 旣
入堤封 哀成九夷 復歸正朔 從英公入朝 特蒙勞勉 蒙授右戎衛將軍 旣而姜維構禍 復
拔成都 穟穴挺妖 俄翻穢境 公又奉詔進討扶餘 重翦渠魁 更承冠帶 凱還飮至 帝有嘉
焉 遷授同正員右領軍將軍

上元二年歲次丁巳卅三日 遘疾薨於長安之私第 春秋六十有七 晬容尊眆 恨起於聞蠡
交情貴遊 哀緪於聽笛 卽以二年歲次丁丑二月癸巳朔十六日己酉 葬於長安城東之白鹿
原 禮也 惟公風鑒散朗 機神警發 無迕物以損德 不違時以害名 顯危遜於亂邦 旣逃其
累著功名於聖日 復處斯榮 非夫知機其神乎 亦何能預於此也 豈謂光華 尙遠沉滄 出
戰之星 霜露未凝 飄落辭勳 之樹 嗣子 右威衛平皐府果毅乙孫 右驍衛安信府果毅尊
武等 飮血銷肌 茹茶吹棘 寄捃管之幽思 傳倚杵之高名 載刊豐石 式旌窮壤 其詞曰

無閒玉嶺 不耐金城 邑挺人秀 山翹國楨 蟬聯祖德 △弈家聲 復此高胄 居然降精[其
一] 鳳毛五色 驥足千里 藏往慮終 知來鑒始 辭昏謁聖 去危從理 嗚此玉珂 繁于金梐
[其二] 屠城覆陣 九地三門 列衛皇屋 開營帝屯 簡防籍寵 茅廬成尊 巷滿彫戟 庭迴綵
軒[其三] 未窮激楚 俄損館舍 椿落大年 蒿沉厚夜 △隨珠落 蛇因綏化 桃李無言 神祇
不借[其四] 良弓良冶 集蓼集茶 計功待播 聚族陣△ 黃金是刻 翠琬攸圖 旣勒泉宇 將
窮地驢[其五] 崔嵬馬鬣 块莽龍耳 風霜四時 山川万祀 武庫傍睇 皐門直指 懍相如其
若生嗟隨 會之無起[其六]

二男 果毅並是遊擊將軍 儀鳳二年二月十六日 已前摠有九百六十八字 (「李他仁 墓誌
銘」:『遠望集』下; 2015『高句麗渤海研究』52)

고구려 백제　二月丁巳 工部尙書高藏授遼東都督 封朝鮮郡王 遣歸安東府 安輯高麗餘衆 司農卿扶
餘隆熊津州都督 封帶方郡王 令往安輯百濟餘衆 仍移安東都護府於新城 以統之 (『舊
唐書』5 本紀 5 高宗 下)

백제 신라 고구려

劉仁軌引兵自熊津還[2751] 扶餘隆畏新羅之逼 不敢留 尋亦還朝[2752] 二月丁巳 以工部
尙書高藏爲遼東州都督 封朝鮮王[2753] 遣歸遼東 安輯高麗餘衆 高麗先在諸州者 皆遣
與藏俱歸 又以司農卿扶餘隆爲熊津都督 封帶方王 亦遣歸安輯百濟餘衆 仍移安東都
護府於新城以統之[2754] 時百濟荒殘 命隆寓居高麗之境 藏至遼東 謀叛 潛與靺鞨通 召
還 徙邛州而死[2755] 散徙其人於河南隴右諸州 貧者留安東城傍 高麗舊城沒於新羅 餘
衆散入靺鞨及突厥[2756] 隆亦竟不敢還故地 高氏扶餘氏遂亡 (『資治通鑑』202 唐紀 18
高宗天皇大聖大弘孝皇帝)

고구려　儀鳳二年丁丑歲春二月 以降王爲遼東州都督 封朝鮮王 遣歸遼東 安輯餘衆 東人先在
諸州者 皆遣與王俱歸 仍移安東都護府於新城以統之 王至遼東謀叛 潛與靺鞨通 (『三
國史記』22 高句麗本紀 10)

고구려　春二月 唐以降故高勾麗臧王爲遼東州都督 封朝鮮王 遣歸遼東 安輯餘衆 東人先在中
國諸州者 皆遣王俱歸 仍移安東都護府於新城以統之 王至遼東謀叛 潛與靺鞨通 (『三
國史節要』11)

고구려　儀鳳二年二月 工部員外尙書高臧 加授遼東州都督 封朝鮮郡王 遣安輯高麗餘衆 高臧

2751) 見上卷 麟德二年
2752) 朝 直遙飜
2753) 朝音潮 鮮音仙
2754) 去年春 移安東都護府於遼東故城 今又移於新城 統 他綜翻
2755) 麗 力知翻 還 從宣翻 又音如字 靺鞨 音末曷 邛 渠容翻
2756) 厥 九勿翻

既至遼東 潛與靺羯 相通謀叛 事覺召還 配流邛州 幷徙其人 散於河南隴右諸州 貧弱
者留在安東城傍 安置 (『冊府元龜』 998 外臣部 43 姦詐)

백제 신라 발해

儀鳳二年 拜光祿大夫太常員外卿兼熊津都督帶方郡王 令歸本蕃 安輯餘衆時百濟本地
荒毀 漸爲新羅所據 隆竟不敢還舊國而卒 其孫敬 則天朝襲封帶方郡王 授衛尉卿 其
地自此爲新羅及渤海靺羯所分 百濟之種 遂絶 (『舊唐書』 199 上 列傳 149 上 東夷
百濟)

고구려 　　儀鳳二年 授藏遼東都督 封朝鮮郡王 還遼東以安餘民 先編僑內州者皆原遣 徙安東都
護府於新城 藏與靺羯謀反 未及發 召還放邛州 廝其人于河南隴右 弱寠者留安東 (『新
唐書』 220 列傳 145 東夷 高麗)

고구려 백제　儀鳳中 高宗授高藏開府儀同三司遼東都督 封朝鮮王 居安東 鎭本蕃爲主 高藏至安東
潛與靺羯相通謀叛 事覺 召還 配流邛州 幷分徙其人 散向河南隴右諸州 其貧弱者留
在安東城榜 高藏以永淳初卒 贈衛尉卿 詔送至京師 於頡利墓左賜以葬地 兼爲樹碑 (『
舊唐書』 199 上 列傳 149 上 東夷 高麗)

고구려 　　儀鳳中 高宗授高藏遼東都督府 封朝鮮王 居安東 領本蕃爲主 高藏至安東 潛與靺羯
相通謀叛 事覺 召還 配流邛州 以永淳初卒 贈衛尉卿 (『唐會要』 95 高句麗)

백제 신라 고구려 발해

儀鳳時 進帶方郡王 遣歸藩 是時 新羅彊 隆不敢入舊國 寄治高麗死 武后又以其孫敬
襲王 而其地已爲新羅渤海靺羯所分 百濟遂絶 (『新唐書』 220 列傳 145 東夷 百濟)

백제 　　勳庸累著 寵命日隆 遷秩太常卿 封王帶方郡 (「扶餘隆 墓誌銘」)

고구려 　　曾祖 皇朝鮮王 (「高氏夫人 墓誌銘」: 『洛陽新獲墓誌』; 『全唐文補遺』 6; 『全唐文新編
』 997)[2757]

신라 　　三月癸亥朔辛巳 召新羅使人淸平及以下客十三人於京 (『日本書紀』 29 天武紀 下)

신라 　　春三月 觀射於講武殿南門 (『三國史記』 7 新羅本紀 7)
신라 　　三月 王觀射於講武殿南門 (『三國史節要』 11)

신라 　　(春三月) 始置左司祿館 (『三國史記』 7 新羅本紀 7)
신라 　　(三月) 始置左司祿官 監一人 位自奈麻至大奈麻爲之 主書二人 爲自舍知至奈麻爲之
史四人 又置永昌宮成典 皆郞幢爲紫衿誓幢 衿色紫綠 (『三國史節要』 11)
신라 　　左司祿館 文武王十七年置 監一人 位自奈麻至大奈麻爲之 主書二人[或云主事] 位自
舍知至奈麻爲之 史四人 (『三國史記』 38 雜志 7 職官 上)

신라 　　(春三月) 所夫里州獻白鷹 (『三國史記』 7 新羅本紀 7)
신라 　　(三月) 所夫里州獻白鷹 (『三國史節要』 11)

신라 　　(夏四月壬辰朔)乙巳 送使珍那等 饗于筑紫 卽從筑紫歸之 (『日本書紀』 29 天武紀 下)

신라 　　(夏四月壬辰朔)乙巳 送使珍那等 饗于筑紫 卽從筑紫歸之 (『日本書紀』 29 天武紀 下)

백제 　　(五月壬戌朔)甲子 勅大博士百濟人率母 授大山下位 因以封卅戶 (『日本書紀』 29 天
武紀 下)

2757) 이 기사의 증조는 보장왕이다. 677년에 朝鮮郡王이 되었다.

신라	(五月壬戌朔)戊辰 新羅人阿飡朴刺破從人三口僧三人 漂着於血鹿嶋 (『日本書紀』 29 天武紀 下)
신라	(八月辛卯朔)丁巳 金淸平歸國 卽漂着朴刺破等 付淸平等 返于本土 (『日本書紀』 29 天武紀 下)
탐라	(八月辛卯朔)戊午 耽羅遣王子都羅朝貢 (『日本書紀』 29 天武紀 下)
신라	永昌宮成典 文武王十七年置 (『三國史記』 38 雜志 7 職官 上)
고구려	大父元悊 官至安東大都護長史 與太宗有故 賜姓李氏 (「李氏夫人 墓誌銘」:『全唐文新編』 232)[2758]
고구려	祖光嗣 皇安東都護府功曹叅軍 (「李氏夫人 墓誌銘」:『唐代墓誌滙篇』)
고구려	曾祖懷 唐雲麾將軍建安州都督 (「高遠望 墓誌銘」:『全唐文補遺』 千唐誌齋新藏專輯)[2759]
고구려	祖懷 襲爵建安州都督 (「高欽德 墓誌銘」:『唐代墓誌滙篇』)
고구려	祖狄 皇磨米州都督 (「南單德 墓誌銘」: 2015 『北方文物』 1)[2760]
백제	祖汗 入唐爲熊津州都督府長史 父武 中大夫使持節支潯州諸軍事守支潯州刺史 遷忠武將軍行右衛翊府中郎將 並仁明識遠 在政△聞 德治詞宏 邦家共達 (「難元慶 墓誌銘」: 2000 『洛陽出土墓誌研究文集』)[2761]
백제	太妃扶餘氏 諱△ 皇金紫光祿大夫故衛尉卿帶方郡王義慈之曾孫 皇光祿大夫故太常卿襲帶方郡王隆之孫 (「扶餘太妃 墓誌銘」: 2008 『碑林集刊』 13)[2762]

678(戊寅/신라 문무왕 18/唐 儀鳳 3/日本 天武 7)

탐라	(春正月戊午朔)己卯 耽羅人向京 (『日本書紀』 29 天武紀 下)
신라	春正月 置船府令一員 掌船楫事 (『三國史記』 7 新羅本紀 7)
신라	春正月 置船府令一員 掌船楫舊 以兵部大監弟監主之 至是別置焉 (『三國史節要』 11)
신라	舩府 舊以兵部 大監弟監掌舟楫之事 文武王十八年 別置 景德王改爲利濟府 惠恭王復故 令一人位自大阿飡至角于[2763] 爲之 卿二人 文武王三年置 神文王八年加一人 位與調府卿同 大舍二人 景德王改爲主簿 惠恭王復稱 大舍位與調府大舍同 舍知一人

2758) 당이 安東都護府를 설치한 것은 668년이고, 그것이 고구려 지역에서 물러난 것은 677년이다. 그에 따라 668~677년으로 기간편년하고 마지막해인 677년에 배치하였다.
2759) 당이 기미주인 建安州를 설치한 것은 668년이고, 建安州가 고구려 지역에서 물러난 것은 677년이다. 그에 따라 668~677년으로 기간편년하고 마지막해인 677년에 배치하였다.
2760) 당이 기미주인 磨米州를 설치한 것은 668년이고, 磨米州가 고구려 지역에서 물러난 것은 677년이다. 그에 따라 668~677년으로 기간편년하고 마지막해인 677년에 배치하였다.
2761) 조부의 웅진도독부 장사, 부친의 지심주자사(웅진도독부 예하 7주) 취임은 웅진도독부가 설치된 660년부터 마지막으로 존재가 확인되는 677년 사이에 이루어진 것으로 판단된다. 그에 따라 660~677년으로 기간편년하고 마지막해인 677년에 배치하였다.
2762) 증조 의자왕이 衛尉卿 등에 임명된 것은 660년, 조부 부여융이 太常卿 등에 임명된 것은 677년이다. 그에 따라 660~677년으로 기간편년하고 마지막해인 677년에 배치하였다.
2763) '于'는 '干'의 오기이다.

景德王改爲司舟　惠恭王復稱　舍知位與調府舍知同　史八人　神文王元年　加二人　哀莊
王六年省二人 (『三國史記』38 雜志 7 職官 上)

신라　(春正月) 加左右理方府卿各一員 (『三國史記』7 新羅本紀 7)
신라　(春正月) 加置左右理方府卿各一員 位與他卿同 (『三國史節要』11)

신라　(春正月)置北原小京 以大阿湌吳起守之 (『三國史記』7 新羅本紀 7)
신라　(春正月)置北原小京 以大阿湌吳起守之 (『三國史節要』11)

신라　三月 拜大阿湌春長爲中侍 (『三國史記』7 新羅本紀 7)
신라　三月 以大阿湌春長爲中侍 (『三國史節要』11)

신라　夏四月 阿湌天訓爲武珍州都督 (『三國史記』7 新羅本紀 7)
신라　夏四月 阿湌天訓爲武珍州都督 (『三國史節要』11)

신라　五月 北原獻異鳥 羽翮有文 脛有毛 (『三國史記』7 新羅本紀 7)
신라　五月 北原獻異鳥 羽翮有文 脛有毛 (『三國史節要』11)

신라　(九月辛酉) 上將發兵討新羅 侍中張文瓘臥疾在家 自輿入見 諫曰 今吐蕃爲寇 方發兵
　　　西討 新羅雖云不順 未嘗犯邊 若又東征 臣恐公私不勝其弊 上乃止[2764] (『資治通鑑』
　　　202 唐紀 18 高宗天皇大聖大弘孝皇帝)

백제　大唐故右威衛將軍上柱國祢公墓誌銘并序
　　　公諱軍 字溫 熊津嵎夷人也 其先与華同祖 永嘉末 避亂適東 因遂家焉 若夫巍巍鯨山
　　　跨青丘以東峙 淼淼熊水 臨丹渚以南流 浸煙雲以摛英 降之於蕩沃 照日月而搋悲 秀
　　　之於蔽虧 靈文逸文 高前芳於七子 汗馬雄武 擅後異於三韓 華構增輝 英材継響 綿圖
　　　不絶 弈代有聲 曾祖福 祖譽 父善 皆是本藩一品 官号佐平 並緝地義以光身 佩天爵
　　　而勳國 忠侔鐵石 操埒松筠 範物者 道德有成 則士者 文武不墜
　　　公狼輝襲祉 鶿頷生姿 涯濬澄陂 裕光愛日 干牛斗之逸気 芒照星中 搏羊角之英風 影
　　　征雲外 去顯慶五年 官軍平本藩日 見機識變 杖劍知歸 似由余之出戎 如金磾之入漢
　　　聖上嘉歡 擢以榮班 授右武衛瀍川府折衝都尉
　　　于時日本餘噍 據扶桑以逋誅 風谷遺甿 負盤桃而阻固 萬騎亘野 与盖馬以驚塵 千艘
　　　橫波 援原虵而縱沴 以公格謨海左 龜鏡瀛東 特在簡帝 往尸招慰 公徇臣節而投命 歌
　　　皇華以載馳 飛汎海之蒼鷹 翥淩山之赤雀 決河皆而天吳靜 鑿風隧而雲路通 驚鳧失侶
　　　濟不終夕 遂能説暢天威 喩以禍福千秋 僭帝一旦稱臣 仍領大首望數十人 將入朝謁
　　　特蒙恩詔授左戎衛郎將 少選遷右領軍衛中郎将兼檢校熊津都督府司馬 材光千里之足
　　　仁副百城之心 舉燭靈臺 器標於茪械 懸月神府 芳掩於桂苻 衣錦畫行 冨貴無革 蘿蒲
　　　夜寢 字育有方 去咸亨三年十一月廿一日 詔授右威衛將軍 局影彤闕 飾躬紫陛 亟蒙
　　　榮晉 驟歷便繁 方謂克壯清猷 永綏多祐
　　　豈圖曦馳易往 霜凋馬陵之樹 川閼難留 風驚龍驤之水 以儀鳳三年歲在戊寅二月朔戊
　　　子十九日景午遘疾 薨於雍州長安縣之延壽里第 春秋六十有六 皇情念功惟舊 傷悼者
　　　久之 贈絹布三百段 粟三百百升 葬事所須 並令官給 仍使弓口文舘學士兼檢校本衛長
　　　史王行本監護 惟公雅識淹通 溫儀韶峻 明珠不類 白珪無玷 十步之芳 蘭室欽其翯味

2764) 勝 音升

四鄰之彩 桂嶺尚其英華 奄墜扶搖之翼 遽輟連春之景 粵以其年十月甲申朔二日乙酉
葬於雍州乾封縣之高陽里 礼也 駟馬悲鳴 九原長往 月輪夕駕 星精夜上 日落山兮草
色寒 風度原兮松聲響 陟文樹兮可通 随武山兮安仰 愴清風之歇滅 樹芳名於壽像 其
詞曰

胄胤青丘 芳基華麗 脈遠遐邈 会逢時濟 茂族淳秀 弈葉相継 獻款夙彰 隆恩無替[其
一] 惟公苗裔 桂馥蘭芬 緒榮七貴 乃子傳孫 流芳後代 播美来昆 英聲雖歇 令範猶存
[其二] 牖箭驚秋 隙駒遄暮 名将日遠 德随年故 慘松吟於夜風 悲薤哥於朝露 靈輀兮
遽轉 嘶驂兮踟顧 嗟陵谷之貿遷 覬音徽之靡蠹[其三] (「禰軍 墓誌銘」:『社會科學戰線
』2011-7)

고구려 발해 通典云 渤海本栗末靺鞨 至其酋祚榮立國 自號震旦 先天中[玄宗王子] 始去靺鞨號 專
稱渤海 開元七年[己未] 祚榮死諡爲高王 世子襲立明皇賜典冊襲王 私改年號 遂爲海
東盛國 地有五京十五府六十二州 後唐天成初 契丹攻破之 其後爲丹所制[三國史云 儀
鳳三年高宗戊寅 高麗殘孽類聚北依太伯山下 國號渤海 開元二十年間 明皇遣將討之
又聖德王三十二年玄宗甲戌 渤海靺鞨 越海侵唐之登州 玄宗討之 又新羅古記云 高麗
舊將祚榮姓大氏 聚殘兵立國於大伯山南 國號渤海 按上諸文 渤海乃靺鞨之別種 但開
合不同而已 按指掌圖 渤海在長城東北角外] (『三國遺事』1 紀異 1 靺鞨渤海)

신라 至儀鳳三年 徙其人於河南隴右 (『三國史記』46 列傳 6 崔致遠)

신라 是年 新羅送使奈木加良井山奈末金紅世 到于筑紫口 新羅王遣汲湌金消勿大奈末金世
世等 貢上當年之調 仍遣臣井山 送消勿等 俱逢暴風於海中 以消勿等皆散之 不知所
如 唯井山僅得着岸 然消勿等 遂不來焉 (『日本書紀』29 天武紀 下)

679(己卯/신라 문무왕 19/唐 儀鳳 4, 調露 1/倭 天武 8)

신라 春正月壬午朔丙戌 新羅送使加良井山金紅世等向京 (『日本書紀』29 天武紀 下)

고구려 以儀鳳四年正月廿九日 遘疾薨於安東府之官舍 春秋卌有六 震辰傷鼙 台衡怨笛 四郡
由之而罷市 九種因之以輟耕 詔曰 懋功流賞 寵命洽於生前 緗禮贈終 哀榮貫於身後
式甄忠義 豈隔存亡 特進行右衛大將軍 上柱國卞國公泉男生五部酋豪 三韓英傑 機神
穎悟 識具沈遠 秘籌發於鈐謀 宏材申於武藝 僻居荒服 思効款誠 去危就安 允叶變通
之道 以順圖逆 克清遼洍之濱 美勣遐著 崇章荐委 入典北軍 承宴私於紫禁 出臨東陼
光鎮撫於青丘 佇化折風 溘先危露 興言永逝 震悼良深 宜增連率之班 載穆追崇之典
可贈使持節大都督 幷汾箕嵐四州諸軍事 幷州刺史 餘官竝如故 所司備禮 冊命贈絹布
七百段 米粟七百石 凶事葬事所須竝宜官給 務從優厚 賜東園秘器 差京官四品一人攝
鴻臚少卿監護 儀仗鼓吹送至墓所往還 五品一人持節賫璽書吊祭 三日不視事 靈柩到
日 仍令五品已上赴宅 寵贈之厚 存歿增華 哀送之盛 古今斯絶 考功累行 諡曰襄公 (「
泉男生墓誌銘」)

고구려 年四十六卒 男生純厚有禮 奏對敏辯 善射藝 其初至 伏斧鑕待罪 世以此稱焉 (『三國
史記』49 列傳 9 蓋蘇文)

고구려 卒 年四十六 帝爲舉哀 贈幷州大都督 喪至都 詔五品以上官哭之 諡曰襄 勒碑著功
男生純厚有禮 奏對敏辯 善射藝 其初至 伏斧鑕待罪 帝宥之 世以此稱焉 (『新唐書』1
10 列傳 35 諸夷蕃將 泉男生)

고구려 儀鳳四年 丁父憂 哀毀過禮 中使借問 道路相屬 祖母以公 絶漿泣血 益增悷念 每勉
强不從 則爲之輟食 公由是稍加飲啜 以喻慈顏 愛養之深 不獨李虔之祖母 孝感之極

豈止程曾之順孫 (「泉獻誠 墓誌銘」)

| 신라 | 春正月 中侍春長病免 舒弗邯天存爲中侍 (『三國史記』 7 新羅本紀 7) |
| 신라 | 春正月 中侍春長病免 舒弗邯天存代之 (『三國史節要』 11) |

고구려 신라　二月壬子朔 高麗遣上部大相桓父下部大相師需婁等朝貢 因以新羅遣奈末甘勿那 送桓
　　　　　　　父等於筑紫 (『日本書紀』 29 天武紀 下)

| 신라 | 二月 發使略耽羅國 (『三國史記』 7 新羅本紀 7) |
| 신라 | 二月 發使略耽羅國 (『三國史節要』 11) |

| 신라 | (二月) 重修宮闕 頗極壯麗 (『三國史記』 7 新羅本紀 7) |
| 신라 | 修宮闕 頗極壯麗 (『三國史節要』 11) |

| 신라 | 夏四月 熒惑守羽林 (『三國史記』 7 新羅本紀 7) |
| 신라 | 夏四月 熒惑守羽林 (『三國史節要』 11) |

| 신라 | 六月 太白入月 流星犯叄大星 (『三國史記』 7 新羅本紀 7) |
| 신라 | 六月 大白入月 流星犯叄大星 (『三國史節要』 11) |

| 신라 | 秋八月 太白入月 (『三國史記』 7 新羅本紀 7) |
| 신라 | 秋八月 大白入月 (『三國史節要』 11) |

| 신라 | (秋八月) 角干天存卒 (『三國史記』 7 新羅本紀 7) |
| 신라 | (秋八月) 角干金天存卒 (『三國史節要』 11) |

| 신라 | (秋八月) 創造東宮 (『三國史記』 7 新羅本紀 7) |
| 신라 | (秋八月) 創東宮 (『三國史節要』 11) |

| 신라 | (秋八月) 始定內外諸門額號 (『三國史記』 7 新羅本紀 7) |
| 신라 | (秋八月) 始定內外諸門額號 (『三國史節要』 11) |

신라	(秋八月) 四天王寺成 (『三國史記』 7 新羅本紀 7)
신라	(秋八月) 四天王寺成 (『三國史節要』 11)
신라	明年 高宗使召仁問等讓之曰 爾請我兵以滅麗害之何耶 乃下圓扉 鍊兵五十万以薛邦
	爲帥欲伐新羅 時義相師西學入唐來見仁問 仁問以事諭之 相乃東還上聞 王甚憚之 會
	群臣問防禦策 角干金天尊奏曰 近有明朗法師入龍宮傳秘法以[2765]來 請詔問之 朗奏
	曰 狼山之南有神遊林 創四天王寺於其地 開設道場則可矣 時有貞州使走報曰 唐兵無
	數至我境迴槧海上 王召明朗曰 事已逼至如何 朗曰 以彩帛假搆[2766]宜矣 乃以彩帛營
	寺 草搆[2767]五方神像 以瑜珈明僧十二負明朗爲上首 作文豆婁秘密之法 時唐羅兵未
	交接風濤怒起 唐舡皆没於水 後改刱寺名四天王寺 至今不墜壇席[國史大[2768] 改刱在

2765) ‘而’의 오기로 보인다.
2766) ‘構’의 오기로 보인다.
2767) ‘構’의 오기로 보인다.
2768) ‘云’의 오기로 보인다.

調露元年己卯] (『三國遺事』2 紀異 2 文虎王法敏)

| 신라 | (秋八月) 增築南山城 (『三國史記』7 新羅本紀 7) |
| 신라 | (秋八月) 增築南山城 (『三國史節要』11) |

신라   九月戊寅朔癸巳 遣新羅使人等 返之拜朝 (『日本書紀』29 天武紀 下)

고구려 신라   (九月戊寅朔)庚子 遣高麗使人 遣耽羅使人等 返之共拜朝庭 (『日本書紀』29 天武紀 下)

고구려   調露元年九月 有制奪禮 充定襄軍 討叛大使 金革無避 非公所能辭也 使還錄功 授上柱國 (『泉獻誠墓誌銘』)

신라   (冬十月戊申朔)甲子 新羅遣阿湌金項那沙湌薩虆生朝貢也 調物 金銀鐵鼎 錦絹布皮馬狗騾駱駝之類 十餘種 亦別獻物 天皇皇后太子 貢金銀刀旗之類 各有數 (『日本書紀』29 天武紀 下)

고구려   大唐 故特進行右衛大將軍兼檢校右羽林軍仗內供奉上柱國卞國公贈幷州大都督 泉君墓誌銘幷序

中書侍郎兼檢校相王府司馬 王德眞撰 朝議大夫行司勳郎中上騎都尉渤海縣開國男 歐陽通書

若夫虹光韞石 卽任土而輝山 蜃照涵波 亦因川而媚水 洎乎排朱閣登紫蓋 騰輝自遠 踰十乘於華軒 表價增高 裂五城於奧壤 況復珠躔角氏 垂景宿之精芒 碧海之罘 感名山之氣色 擧踵柔順之境 濫觴君子之源 抱俎豆而窺律呂 懷錦繡而登廊廟 移根蟠螯 申大廈之隆材 轉職加庭 奉元戎之切寄 與夫隋珠薦禩 楚璧緘繩 豈同年而語矣 於卞國公斯見之焉

公姓泉 諱男生 字元德 遼東郡平壤城人也 原夫遠系 本出於泉 旣託神以隤祉 遂因生以命族 其猶鳳產丹穴 發奇文於九苞 鶴起靑田 稟靈姿於千載 是以空桑誕懿 虛竹隨波 竝降乾精 式摽人傑 遂使洪源控引 態掩金樞 曾堂延袤 勢臨瓊檻 曾祖子遊 祖太祚 竝任莫離支 父蓋金 任太大對盧 乃祖乃父 良冶良弓 竝執兵鈐 咸專國柄 桂婁盛業 赫然凌替之資 蓬山高視 確乎伊霍之任

公貽厥傳慶 弁幘乃王公之孫 宴翼聯華 沛鄒爲荀令之子 在髫無弄 處卉不羣 乘衛玠之車 塗光玉粹 綴陶謙之帛 里暎珠韜 襟抱散朗 摽置宏博 廣峻不疵於物議 通分無滯於時機 書劍雙傳 提萌与截蒲俱妙 琴碁兩翫 雁行与鶴迥同傾 體仁成勇 靜迅雷於誕據 抱信由衷 亂驚波於禹鑿 天經不匱 敎乃由生 王道無私 忠爲令德 澄陂万頃 游者不測其淺深 繚垣九仞 談者未窺其庭宇 年始九歲 卽授先人 父任爲郎 正吐入榛之辯 天工其代 方昇結艾之榮 年十五授中裏小兄 十八授中裏大兄 年廿三改任中裏位頭大兄 廿四兼授將軍 餘官如故 卅八任莫離支 兼授三軍大將軍 卅二加太莫離支 摠錄軍國 阿衡元首 紹先疇之業 士識歸心 執危邦之權 人無駁議

于時 蘿圖御寓 梐矢襄期 公照花照萼 內有難除之草 爲龢爲楨 外有將顚之樹 遂使桃海之濱 隳八條於禮讓 蕭墙之內 落四羽於干戈 公情思內款 事乖中執 方欲出撫邊甿 外巡荒甸 按嵎夷之舊壤 請羲仲之新官 二弟產建 一朝兇悖 能忍無親 稱兵內拒 金環幼子 忽就鯨鯢 玉膳長筵 俄辭顧復 公以共氣星分 旣飮淚而飛檄 同盟雨集 遂銜膽而提戈 將屠平壤 用擒元惡 始達烏骨之郊 且破瑟堅之壘 明其爲賊 鼓行而進 仍遣大兄弗德等奉表入朝 陳其事迹 屬有離叛 德遂稽留 公乃反旆遼東 移軍海北 馳心丹鳳之

關 飭躬玄菟之城 更遣大兄冉有重申誠効 曠林積怨 先尋闕伯之戈 洪池近遊 豈貪虞
叔之劍 皇帝照彼青丘 亮其丹懇 覽建産之罪 發雷霆之威 丸山未銘 得來表其先覺 梁
水無斁 仲謀憂其必亡
乾封元年 公又遣子獻誠入朝 帝有嘉焉 遙拜公特進 太大兄如故 平壤道行軍大摠管兼
使持節按撫大使 領本蕃兵 共大摠管契苾何力等相知經略 公率國內等六城十餘万戶書
籍轅門 又有木底等三城希風共款 蕞尒危矣 日窮月蹙 二年 奉勅追公入朝 總章元年
授使特節遼東大都督上柱國玄菟郡開國公食邑二千戶 餘官如故 小貊未夷 方傾巢鷇之
幕 大君有命 還歸蓋馬之營 其年秋 奉勅共司空英國公李勣相知經略 風驅電激 直臨
平壤之城 前哥後舞 遙振崇墉之堞 公以罰罪吊人 憫其塗地 潛機密構 濟此膏原 遂與
僧信誠等內外相應 趙城抜幟 豈勞韓信之師 鄴扇抽關 自結袁譚之將 其王高藏及男建
等咸從俘虜 巢山潛海 共入隄封 五部三韓 竝爲臣妾 遂能立義斷恩 同鄭伯之得儁 反
禍成福 類箕子之疇庸 其年 与英國公李勣等凱入京都 策勳飲至 獻捷之日 男建將誅
公內切天倫 請重闇而蔡蔡叔 上感皇睠 就輕典而流共工 友悌之極 朝野斯尚 其年 蒙
授右衛大將軍 進封卞國公食邑三千戶 特進勳官如故 兼檢校右羽林軍 仍令仗內供奉
降禮承優 登壇引拜 桓珪輯中黃之瑞 羽林光太紫之星 陪奉輦輅 便繁左右 恩寵之隆
無所与讓 腎腸之寄 莫可爲儔 儀鳳二年 奉勅存撫遼東 改置州縣 求瘼卹隱 襁負如歸
劃野 疎疆奠川知正
以儀鳳四年正月廿九日 遘疾薨於安東府之官舍 春秋冊有六 震辰傷鼙 台衡怨笛 四郡
由之而罷市 九種因之以輟耕 詔曰 懋功流賞 寵命洽於生前 縟禮贈終 哀榮貴於身後
式甄忠義 豈隔存亡 特進行右衛大將軍上柱國卞國公泉男生 五部酋豪 三韓英傑 機神
穎悟 識具沈遠 秘籌發於鈴謀 宏林申於武藝 僻居荒服 思効款誠 去危就安 允叶變通
之道 以順圖逆 克清遼浿之濱 美勣遐著 崇章荐委 入典北軍 承宴私於紫禁 出臨東陼
光鎮撫於青丘 佇化折風 遄先危露 興言永逝 震悼良深 宜增連率之班 載穆追崇之典
可贈使持節大都督幷汾箕嵐四州諸軍事幷州刺史 餘官竝如故 所司備禮 册命贈絹布七
百段 米粟七百石 凶事葬事所須竝宜官給 務從優厚 賜東園秘器 差京官四品一人攝鴻
臚少卿監護 儀仗鼓吹送至墓所往還 五品一人持節賫璽書吊祭 三日不視事 靈柩到日
仍令五品已上赴宅 寵贈之厚 存歿增華 哀送之盛 古今斯絶 考功累行 諡曰襄公 以調
露元年十二月廿六日壬申 窆於洛陽邙山之原 禮也 哀子衛尉寺卿獻誠 夙奉庭訓 早紆
朝戠 拜前拜後 周魯之寵旣隆 知死知生 吊贈之恩弥縟 茹荼吹棘 踐霜移露 痛迭微之
顯傾 哀負趍之潛度 毀魏墳之舊漆 落漢臺之後素 刊翠琬而傳芳 就黃壚而永固 其詞
曰
三岳神府 十洲仙庭 谷王產傑 山祇孕靈 訏謨國緯 鳥弈人經 錦衣繡服 議罪詳刑[其
一] 伊人間出 承家疊祉 矯矯鳳鶵 昂昂驥子 韞智川積 懷仁岳峙 州牧鷹刀 橋翁授履
[其二] 消灌務擾 鄒盧寄沈 文樞執柄 武轄操鈐 荆樹鶚起 蘆川鴈沈 旣傷反袂 且恨移
衾[其三] 肅影麟洲 輸誠鳳闕 朝命光寵 天威吊伐 殄寇瞻星 行師計月 夷舞歸獻 凱哥
還謁[其四] 彎弧對泣 叫閽祈帝 遽徙秋荼 復開春棣 鏘玉高秩 銜珠近衛 寶劍舒蓮 香
車裹桂[其五] 輕軒出撫 重錦晨遊 抑揚穀穴 堤封亶洲 瞻威仰惠 望景思柔 始襜來軸
俄慌去輈[其六] 劍革勤王 聞鼙悼辰 九原容衛 三河兵士 南望少室 北臨太史 海就泉
通 山隨墓起[其七] 霜露年積 春秋日居 墳圓月滿 野曠風疎 幽壤勒頌 貞珉瘞書 千齡
暐暐 一代丘墟[其八] (「泉男生 墓誌銘」:『譯註 韓國古代金石文』1)

신라 　調露元年 轉鎭軍大將軍行右武威衛大將軍 (『三國史記』44 列傳 4 金仁問)
신라 　唐 以金仁問爲鎭軍大將軍 待[2769]右武威衛大將軍 (『三國史節要』11)

2769) '待'는 '行'의 오기로 보인다.

신라	按我道本碑云 (…) 其京都內 有七處伽藍之墟 (…) 六曰 神遊林[今天王寺 文武王己卯開] (『三國遺事』3 興法 3 阿道基羅)
신라	先是密本之後 有高僧明朗 入龍宮得神印[梵云文豆婁 此云神印] 祖創神遊林[今天王寺] 屢禳 國之寇 今和尚傳無畏之髓 遍歷塵 救人化物 兼以宿命之明 創寺雪怨 密敎之風 於是乎大振 天磨之總持 母岳之 錫院等 皆其流裔也 或云 通俗名尊勝角干 角干乃新羅之宰相峻級 未聞通歷仕之迹 或云 射得豺狼 皆未詳

讚曰 山桃溪杏映籬斜 一經春深兩岸花 賴得郎君閑捕獺 盡敎魔外遠京華 (『三國遺事』 5 神呪 6 惠通降龍)

680(庚辰/신라 문무왕 20/唐 調露 2, 永隆 1/倭 天武 9)

신라	(二月丙午朔)壬申 新羅仕丁八人 返于本土 仍垂恩以賜祿有差 (『日本書紀』29 天武紀 下)
신라	春二月 拜伊湌金軍官爲上大等 (『三國史記』7 新羅本紀 7)
신라	春二月 以伊湌金軍官爲上大等 (『三國史節要』11)
신라	(脫解)在位二十三年建初四年己卯崩 葬疏川丘中 後有神詔 愼埋葬我骨 其髑髏周三尺二寸 身骨長九尺七寸 齒凝如一骨節皆連瑣 所謂天下無敵力士之骨 碎爲塑像安闕內 神又報云 我骨置於東岳 故令安之[一云崩後 二十七世文虎王代 調露二年庚辰三月十五日辛酉夜 見夢於太宗 有老人皃甚威猛曰 我是脫解也 拔我骨於疏川丘塑像安於土含山 王從其言 故至今国祀不絶 即東岳神也云] (『三國遺事』1 紀異 1 第四脫解王)
신라 보덕(고구려)	三月 以金銀器及雜綵百段 賜報德王安勝 遂以王妹妻之[一云 迊湌金義官之女也] 下敎書曰 人倫之本 夫婦攸先 王化之基 繼嗣爲主 王鵲巢位曠 鷄鳴在心 不可久空內輔之儀 永闕起家之業 今良辰吉日 率順舊章 以寡人妹女爲伉儷 王宜共敦心義 式奉宗祧 克茂子孫 永豐盤石 豈不美歟 豈不美歟 (『三國史記』7 新羅本紀 7)
신라 보덕(고구려)	三月 以金銀器及雜綵百段 賜報德王安勝 遂以王兄之女妻之 下敎書曰 人倫之本 夫婦攸先 王化之基 繼嗣爲主 王鵲巢位曠 雞鳴在心 不可久空內輔之儀 永闕起家之業 今良辰吉日 率順舊章 以寡人兄女爲伉儷 王宜共敦心義 式奉宗祧 克茂子孫 永豐盤石 豈不美歟 豈不美歟 (『三國史節要』11)
신라	(夏四月乙巳朔)己巳 饗新羅使人項那等於筑紫 賜祿各有差 (『日本書紀』29 天武紀 下)
고구려	(五月乙亥朔)丁亥 高麗遣南部大使卯問西部大兄俊德等朝貢 仍新羅遣大奈末考那 送高麗使人卯問等於筑紫 (『日本書紀』29 天武紀 下)
신라 고구려(보덕)	夏五月 高句麗王使大將軍延武等上表曰 臣安勝言 大阿湌金官長至 奉宣敎旨 幷賜敎書 以外生公 爲下邑內主 仍以四月十五日至此 喜懼交懷 罔知攸寘 竊以帝女降嬪 王姬適齊 本揚聖德 匪關凡才 臣本庸流 行能無算 幸逢昌運 沐浴聖化 每荷殊澤 欲報無堦 重蒙天寵 降此姻親 遂卽穠華表慶 肅雝成德 吉月令辰 言歸弊館 億載難遇 一

朝獲申 事非望始 喜出意表 豈惟一二父兄 實受其賜 其自先祖已下 寔寵喜之 臣未蒙
教旨 不敢直朝 無任悅豫之至 謹遣臣大將軍太大兄延武 奉表以聞 加耶郡置金官小京
(『三國史記』7 新羅本紀 7)

신라 고구려(보덕)

夏五月 報德王安勝遣其將延武 上表於王曰 臣安勝言 大阿湌金官長至 奉宣教旨 幷
賜教書 以外生女 爲下邑內主 仍以四月十五日至此 喜懼交懷 罔知攸眞 竊以帝女降
嬀 王姬適齊 本揚聖德 匪關凡才 臣本庸流 行能無算 幸逢昌運 沐浴聖化 每荷殊澤
欲報無階 重蒙天寵 降此姻親 遂即穠華表慶 肅雍成德 吉月令辰 言歸弊館 億載難遇
一朝獲申 事非望始 喜出意表 豈惟一二父兄 實受其賜 其自先祖已下 寔寵喜之 臣未
蒙教旨 不敢直朝 無任悅豫之至 (『三國史節要』11)

신라 　　　　　六月甲辰朔戊申 新羅客項那等歸國 (『日本書紀』29 天武紀 下)

고구려 　　　　(十一月壬申朔)乙亥 高麗人十九人 返于本土 是當後岡本天皇之喪 而弔使留之 未還
者也 (『日本書紀』29 天武紀 下)

신라 　　　　(十一月壬申朔)乙未 新羅遣沙湌金若弼大奈末金原升進調 則習言者三人 從若弼至
(『日本書紀』29 天武紀 下)

신라 　　　　加耶郡置金官小京 (『三國史記』7 新羅本紀 7)
신라 　　　　金海小京(…) 文武王二十年 永隆元年 爲小京 (『三國史記』34 雜志 3 地理 1)
신라 　　　　國亡之後 代代稱號不一 新羅第三十一政明王卽位開耀元年辛巳 號爲金官京 置大守
(『三國遺事』2 紀異 2 駕洛國記)[2770]
신라 　　　　置金官小京于加耶郡 (『三國史節要』11)

신라 　　　　賞賜署 (…) 史六人 文武王二十年 加二人 (『三國史記』38 雜志 7 職官 上)
신라 　　　　加置賞賜署史二人 (『三國史節要』11)

681(辛巳/신라 문무왕 21 신문왕 1/唐 永隆 2, 開耀 1/日本 天武 10)

신라 　　　　春正月朔 終日黑暗如夜 (『三國史記』7 新羅本紀 7)
신라 　　　　春正月朔日 無光如夜 (『三國史節要』11)

신라 　　　　(春正月) 沙湌武仙率精兵三千 以戍比列忽 (『三國史記』7 新羅本紀 7)
신라 　　　　(春正月) 命沙湌武仙率精兵三千 戍比列忽 (『三國史節要』11)

신라 　　　　(春正月) 置右司祿館 (『三國史記』7 新羅本紀 7)
신라 　　　　(春正月) 置右司祿館 監一人 主書二人 史四人 (『三國史節要』11)
신라 　　　　右司祿館 文武王二十一年置 監一人 主書二人 史四人 (『三國史記』38 雜志 7 職官
上)

고구려 　　　　(夏四月己亥朔)乙卯 饗高麗客卯問等於筑紫 賜祿有差 (『日本書紀』29 天武紀 下)

백제 　　　　(開耀元年五月)己丑 河源道經略大使黑齒常之將兵擊吐蕃論贊婆於良非川 破之 收其

2770) 여기서는 정명왕 즉 신문왕 원년이라고 했으나, 『삼국사기』 기록에 따라 문무왕 20년에 배치하였다.

糧畜而還[2771] 常之在軍七年 吐蕃深畏之 不敢犯邊 (『資治通鑑』202 唐紀 18 高宗天皇大聖大弘孝皇帝)

고구려　　　(五月己巳朔)甲午 高麗卯問歸之 (『日本書紀』29 天武紀 下)

신라　　　　夏五月 地震 流星犯參大星 (『三國史記』7 新羅本紀 7)
신라　　　　夏五月 地震 流星犯參大星 (『三國史節要』11)

신라　　　　六月己亥朔癸卯 饗新羅客若弼於筑紫 賜祿各有差 (『日本書紀』29 天武紀 下)

신라　　　　六月 天狗落坤方 (『三國史記』7 新羅本紀 7)
신라　　　　六月 天狗落坤方 (『三國史節要』11)

신라　　　　(六月) 王欲新京城 問浮屠義相 對曰 雖在草野茅屋 行正道卽福業長 苟爲不然 雖勞人作城 亦無所益 王乃止役 (『三國史記』7 新羅本紀 7)
신라　　　　(六月) 王欲修京城 問浮屠義相 對曰 苟行正道 雖在草野 福業延長 不然 雖勞人作城 亦無所益 王乃止 (『三國史節要』11)

신라　　　　巨濟郡 文武王初置裳郡 海中島也 (『三國史記』34 雜志 3 地理 1)
신라　　　　初置裳郡於南海島中 (『三國史節要』11)

신라　　　　及壯 文武大王陟爲冢宰 事上以忠 臨民以恕 國人翕然稱爲賢相 (『三國史記』47 列傳 7 金令胤)

신라　　　　中原京 (…) 文武王時築城 周二千五百九十二步 (『三國史記』35 雜志 4 地理 2 新羅)
신라　　　　又欲築京師城郭 旣令眞吏 時義相[2772]法師聞之 致書報云 王之政敎明 則雖草丘畫[2773]地而爲城 民不敢踰 可以潔[2774]災進福 政敎苟不明 則雖有長城 災害未消 王於是正罷其役 (『三國遺事』2 紀異 2 文虎王法敏)
신라　　　　築中原京城 周二天五百九十二步 (『三國史節要』11)

신라　　　　又代[2775]高麗 以其國王孫還國 置之眞骨位[2776] (『三國遺事』2 紀異 2 文虎王法敏)

신라　　　　王一日 召庶弟車得公曰 汝爲冢宰 均理百官 平章四海 公曰 陛下若以小臣爲宰 則臣願潛行國內 示民間[2777]徭役之勞逸 租賦之輕重 官吏之淸濁 然後就職 王聽之 公著緇衣 把琵琶 爲居士形 出京師 經由阿瑟羅州[今溟州]牛首州[今春州]北原京[今忠州] 至於武珍州[今海陽] 巡行里閈 州吏安吉見是異人 邀致其家 盡情供億 至夜 安吉喚妻

2771) 畜 許救翻
2772) 湘의 誤
2773) 畫의 誤
2774) 禳의 誤
2775) 伐의 誤
2776) 안승을 진골로 삼았다는 내용으로 안승이 보덕왕에 봉해진 것은 674년이고 문무왕의 누이와 혼인한 것은 680년이며, 소판에 임명하고 김씨 성을 하사한 것은 신문왕 때인 683년이다. 이에 문무왕대의 일로 기록한 것으로 보아 681년에 편년했다.
2777) 間의 誤

妾三人曰　今玆侍宿客居士者　終身偕老　二妻曰　寧不竝居　何以於人同宿　其一妻曰　公若許終身竝居　則承命矣　從之　詰旦　居士欲辭行時曰　僕京師人也　吾家在皇龍皇聖二寺之間　吾名端午也[俗爲端午爲車衣]　主人若到京師　尋訪吾家幸矣　遂行到京師　居家[2778])宰　國之制　毎以外州之吏一人　上守京中諸曹　注　今之其人也[三]　安吉當次上守至京師　問兩寺之間端午居士之家　人莫知者　安吉久立道左　有一老翁經過　聞其言　良久佇思曰　二寺間一家　殆大內也　端午者乃車得令公也　潛行外郡時　殆汝有緣契乎　安吉陳其實　老人曰　汝去宮城之西歸正門　待宮女出入者告之　安吉從之告　武珍州安吉進於門矣　公聞而走出　携手入宮　喚出公之妃　興[2779])安吉共宴　具饌至五十味　聞於上　以星浮山[一作星損乎山]下　爲武珍州上守繞[2780)]木田　禁人樵採　人不敢近　內外欽羨之　山下有田三十畝　下種三石　此田稔歲　武珍州亦稔　否則亦否云 (『三國遺事』2 紀異 2 文虎王法敏)[2781)]

신라　　文武王代　有沙門名廣德嚴莊二人　友善　日夕約曰　先歸安養者　須告之　德隱居芬皇西里[或云　皇龍寺　有西去房　未知孰是]　蒲鞋爲業　挾妻子而居　莊庵栖南岳大種刀[2782)]耕一　日影拖紅　松陰靜暮　窓外有聲　報云　某已西往矣　惟君好住　速從我来　莊排闥而出　顧之　雲外有天樂聲　光明屬地　明日　歸訪其居　德果亡矣　於是　乃與其婦　收骸同營蒿里　既事　乃謂婦曰　夫子逝矣　偕處何如　婦曰　可　遂留夜宿將欲通焉　婦靳之曰　師求淨土　可謂求魚緣木　莊驚恠問曰　德既乃爾　予又何妨　婦曰　夫子與我　同居十餘載　未甞一夕同床而枕　况觸汚乎　但每夜端身正坐　一聲念阿彌陁佛号　或作十六觀　觀既熟明月入户　時昇其光　加趺於上　竭誠若此　雖欲勿西奚往　夫適千里者　一步可規　今師之觀　可云東矣　西則未可知也　莊愧赧而退　便詣元曉法師處　懇求津要　曉作錚觀法誘之　藏於是潔已悔責　一意修觀　亦得西昇　錚觀在曉師本傳　與海東僧傳中　其婦乃芬皇寺之婢　盖十九應身之一　德甞有歌云　月下伊底亦　西方念丁去賜里遺　無量壽佛前乃　惱叱古音[鄕言云　報言也]　多可支白遺賜立　誓音深史隱尊衣希仰支　兩手集刀花乎白良　願徃生願徃生　慕人有如白遺賜立阿邪　此身遺也置遺　四十八大願成遺賜去 (『三國遺事』5 感通 7 廣德嚴莊)

신라　　神文王代　大德憬興　姓水氏　熊川州人也　年十八出家　遊刃三藏　望重一時　開耀元年　文武王將昇遐　顧命於神文曰　憬興法師可爲國師　不忘朕命　神文卽位　曲爲國老　住三郎寺　忽寢疾彌月　有一尼來謁候之　以華嚴經中善友原病之說爲言曰　今師之疾　憂勞所致　喜笑可治　乃作十一樣面貌　各作俳諧之舞　嵲巉成削　變態不可勝言　皆可脫頤　師之病不覺洒然　尼遂出門　乃入南巷寺[寺在　三郎寺南]而隱　所將杖子　在幀畫十一面圓通像前　一日將入王宮　從者先備於東門之外　鞍騎甚都　靴笠斯陳　行路爲之辟易　一居士[一云 沙門]　形儀疎率　手杖背筐　來憩于下馬臺上　視筐中乾魚也　從者呵之曰　爾着緇衣負觸物耶　僧曰　與其挾生肉於兩股間　皆眞[2783)]三市之枯魚　有何所嫌　言訖起去　興方出門　聞其言　使人追之　至南山文殊寺之門外　拋筐而隱　杖在文殊像前　枯魚乃松皮也　使來告　興聞之嘆曰　大聖來戒我騎畜爾　終身不復騎　興之德馨遺味　備載釋玄本所撰三郎寺碑　甞見普賢章經　彌勒菩薩言　我當來世　生閻浮提　先度釋迦末法弟子　唯除騎馬比丘不得見佛　可不警哉 (『三國遺事』5 感通 7 憬興遇聖)

2778)　冡의 誤
2779)　與의 誤
2780)　燒의 誤
2781)　車得公에 관한 기록은 『삼국유사』에서만 확인되어 문무왕대로 기간편년하고 그 말년에 편재했다.
2782)　'刀'는 '力'의 오기로 보인다.
2783)　'皆眞'는 '背負'의 오기로 보인다.

讚曰 昔賢垂範意彌多 胡乃兒孫莫切瑳 背底枯魚猶可事 那堪他日負龍華 (『三國遺事』 5 感通 7 憬興遇聖)

신라　秋七月一日 王薨 諡曰文武 羣臣以遺言葬東海口大石上 俗傳王化爲龍 仍指其石爲大王石 遺詔曰 寡人運屬紛紜 時當爭戰 西征北討 克定疆封 伐叛招携 聿寧遐邇 上慰宗祧之遺顧 下報父子之宿寃 追賞遍於存亡 疏爵均於內外 鑄兵戈爲農器 驅黎元於仁壽 薄賦省徭 家給人足 民間安堵 域內無虞 倉廩積於丘山 囹圄成於茂草 可謂無愧於幽顯 無負於士人 自犯冒風霜 遂成痼疾 憂勞政教 更結沉痾 運往名存 古今一揆 奄歸大夜 何有恨焉 太子早蘊離輝 久居震位 上從羣宰 下至庶寮 送往之義勿違 事居[2784]之禮莫闕 宗廟之主 不可暫空 太子即於柩前 嗣立王位 且山谷遷貿 人代推移 吳王北山之墳 詎見金鳧之彩 魏主西陵之望 唯聞銅雀之名 昔日萬機之英 終成一封之土 樵牧歌其上 狐兔穴其旁 徒費資財 貽譏簡牘 空勞人力 莫濟幽魂 靜而思之 傷痛無已 如此之類 非所樂焉 屬纊之後十日 便於庫門外庭 依西國之式 以火燒葬 服輕重自有常科 喪制度務從儉約 其邊城鎮遏及州縣課稅 於事非要者 並宜量廢 律令格式有不便者 即便改張 布告遠近 令知此意 主者施行 (『三國史記』 7 新羅本紀 7)[2785]

신라　大王御國二十一年 以永隆二年辛巳崩 遺詔葬於東海中大巖上 王平時常謂智義法師曰 朕身後願爲護國大龍 崇奉佛法 守護邦家 法師曰 龍爲畜報 何 王曰 我厭世間榮華久矣 若麤報爲畜 則雅合朕懷矣 (『三國遺事』 2 紀異 2 文虎王法敏)

신라　法敏以開耀元年卒 其子政明嗣位 (『舊唐書』 199 上 列傳 149 上 東夷 新羅)

신라　開耀元年死 子政明襲王 遣使者朝 (『新唐書』 220 列傳 145 東夷 新羅)

신라　第三十一神文大王 諱政明 金氏 開耀元年辛巳七月七日即位 爲聖考文武大王 創感恩寺扵東海邊[寺中記云 文武王欲鎮倭兵 故始創此寺 未畢而崩 爲海龍 其子神文立 開耀二年畢 排金堂砌下 東向開一穴 乃龍之入寺旋繞之備 盖遺詔之藏骨處 名大王岩 寺名感恩寺 後見龍現形処名利見臺] (『三國遺事』 2 紀異 2 萬波息笛)

신라　秋七月朔 王薨 遺詔曰 寡人運屬紛紜 時當爭戰 西征北討 克定疆封 伐叛招携 聿寧遐邇 上慰宗祧之遺顧 下報父子之宿寃 追賞遍於存亡 疏爵均於內外 鑄兵戈爲農器 驅黎元於仁壽 薄賦省徭 家給人足 民閒安堵 域內無虞 倉廩積於丘山 囹圄成於茂草 可謂無愧於幽顯 無負於士人 自犯冒風霜 遂成痼疾 憂勞政教 更結沉痾 運往名存 古今一揆 奄歸大夜 何有恨焉 太子早蘊離輝 久居震位 上從群宰 下至庶寮 送往之義勿違 事君之禮莫闕 宗廟之主 不可暫空 太子即於柩前 嗣立 且山谷遷貿 人代推移 吳王北山之墳 詎見金鳧之彩 魏主西陵之望 唯聞銅雀之名 昔日萬機之英 終成一封之土 樵牧歌其上 狐兔穴其旁 徒費資財 貽譏簡牘 空勞人力 莫濟幽魂 靜而思之 傷痛無已 如此之類 非所樂焉 屬纊之後十日 便於庫門外庭 依西國之式 以火燒葬 服輕重自有常科 喪制度務從儉約 其邊城鎮遏及州縣課稅 於事非要者 並宜量廢 律令格式有不便者 即便改張 布告遠近 令知此意 主者施行 越七日 太子政明立 上諡曰文武 群臣以遺詔葬東海口大石上 (『三國史節要』 11)

權近曰 葬者藏也 臣子之於君父歿 則必以禮葬之者 由其有不忍之心也 斂之以衣衿 厚之以棺槨 几付於身者必誠必信 無使土親膚焉 欲其不速朽也 火葬之法 出於佛氏 其說以焚炙禽獸 猶以爲罪極 言其報應之慘 至於人死則 必欲焚之 其視至親 不如禽獸 其逆理悖常甚矣 後世之人 惑於其說 而不察也 至有以至親之屍 付之烈焰之中 而焚燒之 其爲不仁至此極矣 今文武王遺命火葬 一時臣子從其亂命 而不知其爲非 至於

2784) ‘居’는 ‘君’의 오기로 보인다.

2785) 『三國遺事』 1 王曆 1에서는 “第三十一神文王[金氏 名政明 字日炤 父文虎王 母慈訥王后 妃神穆王后 金運公之女 辛巳立 理十一年]”이라 하였다.

孝成宣德旣燒其柩 又散骨東海 邪說之惑人 可勝痛哉 (『三國史節要』11)

신라   (七月) 神文王立 諱政明(明之字日怊) 文武大王長子也 母慈儀[一作義]王后 妃金氏 蘇判欽突之女 王爲太子時納之 久而無子 後坐父作亂 出宮 文武王五年 立爲太子 至 是繼位 (『三國史記』8 新羅本紀 8)[2786]

신라   (七月) 唐高宗遣使冊立爲新羅王 仍襲先王官爵 (『三國史記』8 新羅本紀 8)

신라   (七月) 帝遣使冊 王爲新羅王 (『三國史節要』11)

신라   △宮前寢 時年五十六 (결락) 牧哥其上狐△穴其傍 (결락) 燒葬 卽以其月十日火 (결락) 妣 (결락) 天皇大帝 (결락) 王禮也 君王局量 (결락) 國之方 勤恤同於八政 (결락) 實歸 乃百代之賢王 寔千(결락) (「文武王陵碑」)

고구려 신라   (秋七月戊辰朔)辛未 小錦下采女臣竹羅爲大使 當摩公楯爲小使 遣新羅國 是日 小錦 下佐伯連廣足爲大使 小墾田臣麻呂爲小使 遣高麗國 (『日本書紀』29 天武紀 下)

신라   八月 拜舒弗邯眞福爲上大等 (『三國史記』8 新羅本紀 8)

신라   八月 以舒弗邯眞福爲上大等 (『三國史節要』11)

신라   (八月)八日 蘇判金欽突波珍湌興元大阿湌眞功等謀叛伏誅 (『三國史記』8 新羅本紀 8)

삼한   (八月丁卯朔)丙子 詔三韓諸人曰 先日復十年調稅旣訖 且加以歸化初年俱來之子孫 竝 課役悉免焉 (『日本書紀』29 天武紀 下)

신라   (八月)十三日 報德王遣使小兄首德皆 賀平逆賊 (『三國史記』8 新羅本紀 8)

신라   (八月)十六日 下敎曰 賞有功者 往聖之良規 誅有罪者 先王之令典 寡人以眇躬涼德 嗣守崇基 廢食忘餐 晨興晏寢 庶與股肱 共寧邦家 豈圖縗絰之內 亂起京城 賊首欽突 興元眞功等 位非才進 職實恩升 不能克愼始終 保全富貴 而乃不仁不義 作福作威 侮 慢官寮 欺凌上下 比口逞其無厭之志 肆其暴虐之心 招納凶邪 交結近竪 禍通內外 同 惡相資 剋日定期 欲行亂逆 寡人上賴天地之祐 下蒙宗廟之靈 欽突等惡積罪盈 所謀 發露 此乃人神之所共弃 覆載之所不容 犯義傷風 莫斯爲甚 是以追集兵衆 欲除梟獍 或逃竄山谷 或歸降闕庭 然尋枝究葉 並已誅夷 三四日間 囚首蕩盡 事不獲已 驚動士 人 憂愧之懷 豈忘旦夕 今旣妖徒廓淸 遐邇無虞 所集兵馬 宜速放歸 布告四方 令知 此意 (『三國史記』8 新羅本紀 8)

신라   蘇判金欽突 波珍湌興元 大阿湌眞功等 謀叛伏誅 敎曰 賞有功者 往聖之良規 誅有罪 者 先王之令典 寡人以眇躬涼德 嗣守崇基 廢食忘餐 晨興晏寢 庶與股肱 共寧邦家 豈圖縗絰之內 亂起京城 賊首欽突興元眞功等 位非才進 職實恩升 不能克愼始終 保 全富貴 而乃不仁不義 作福作威 侮慢官寮 欺陵上下 比口逞其無猒之志 肆其暴虐之 心 招納凶邪 交結近竪 禍通內外 同惡相資 剋日定期 欲行亂逆 寡人上賴天地之祐 下蒙宗廟之靈 欽突等惡積罪盈 所謀發露 此乃人神之所共棄 覆載之所不容 犯義傷風 莫斯爲甚 是以追集兵衆 欲除梟獍 或逃竄山谷 或歸降闕庭 然尋枝究葉 並已誅夷 三 四日閒 兇徒蕩盡 事不獲已 驚動士人 憂愧之懷 豈忘朝夕 今旣廓淸 遐邇無虞 所集 兵馬 宜速放歸 布告四方 令知此意 欽突王妃金氏之父也 報德王安勝遣使賀誅逆賊 (『 三國史節要』11)

2786) 『三國遺事』1 王曆 1에서는 "第三十一神文王[金氏 名政明 字日炤 父文虎王 母慈訥王后 妃神穆王后 金運公之女 辛巳立 理十一年]"이라 하였다.

신라　　　　(八月丁卯朔丙戌)是日 若弼歸國 (『日本書紀』29 天武紀 下)

신라　　　　(八月)二十八日 誅伊飡軍官 敎書曰 事上之規 盡忠爲本 居官之義 不二爲宗 兵部令
　　　　　　伊飡軍官 因緣班序 逐升上位 不能拾遺補闕 效素節於朝廷 授命忘軀 表丹誠於社稷
　　　　　　乃與賊臣欽突等交涉 知其逆事 曾不告言 旣無憂國之心 更絶徇公之志 何以重居宰輔
　　　　　　濫濁憲章 宜與衆棄以懲後進 軍官及嫡子一人 可令自盡 布告遠近 使共知之 (『三國史
　　　　　　記』8 新羅本紀 8)

신라　　　　(八月) 逆黨兵部令伊飡軍官伏誅 敎曰 事上之規 盡忠爲本 居官之義 不二爲宗 軍官
　　　　　　因緣班序 逐升崇資 不能拾遺補闕 效素節於朝廷 授命忘軀 表丹誠於社稷 乃與賊臣
　　　　　　欽突等交涉 知逆不告 旣無憂國之心 更絶徇公之志 何以重居宰輔 濫濁憲章 宜與衆
　　　　　　棄以懲後來 軍官及嫡子一人 可令自盡 布告遠近 使共知之 (『三國史節要』11)

고구려 신라　九月丁酉朔己亥 遣高麗新羅使人等 共至之拜朝 (『日本書紀』29 天武紀 下)

신라　　　　(冬十月丙寅朔)乙酉 新羅遣沙喙一吉飡金忠平大奈末金壹世貢調 金銀銅鐵錦絹鹿皮細
　　　　　　布之類 各有數 別獻天皇皇后太子 金銀霞錦幡皮之類 各有數 (『日本書紀』29 天武
　　　　　　紀 下)

신라　　　　(開耀元年十月)丁亥 新羅王金法敏薨 仍以其子政襲位 (『舊唐書』5 本紀 5 高宗 下)
신라　　　　(開耀元年十月)丁亥 新羅王法敏卒 遣使立其子政明 (『資治通鑑』202 唐紀 18 高宗
　　　　　　天皇大聖大弘孝皇帝)
신라　　　　開耀元年十月 新羅王金法敏薨 遣冊其子政明爲新羅王 仍襲父官爵 (『冊府元龜』964
　　　　　　外臣部 9 封冊 2)
신라　　　　是月 (…) 新羅使者 至而告曰 國王薨 (『日本書紀』29 天武紀 下)
신라　　　　法敏以開耀元年卒 其子政明嗣位 (『舊唐書』199 上 列傳 149 上 東夷 新羅)
신라　　　　開耀元年死 子政明襲王 (『新唐書』220 列傳 145 東夷 新羅)
신라　　　　開耀元年 法敏卒 遣使冊立其子政明王 仍襲父官爵 (『唐會要』95 新羅)

신라　　　　冬十月 罷侍衛監 置將軍六人 (『三國史記』8 新羅本紀 8)
신라　　　　冬十月 罷侍衛監 置將軍六人 位自級飡至阿飡爲之 大監六人 位自奈麻至阿飡爲之
　　　　　　隊頭十五人 位自舍知至沙飡爲之 項三十六人 位自舍知之大奈麻爲之 卒百十七人 位
　　　　　　自先沮知至大舍爲之 諸軍官將軍共三十六人 掌大幢四人 貴幢四人 漢山停三人 完山
　　　　　　停三人 河西停二人 牛首停二人 位自眞骨上堂至上臣爲之 綠衿幢二人 紫衿幢二人
　　　　　　白衿幢二人 緋衿幢二人 黃衿幢二人 黑衿幢二人 碧衿幢二人 赤衿幢二人 靑衿幢二
　　　　　　人 位自眞骨級飡至角干爲之 (『三國史節要』11)
신라　　　　侍衛府 (…) 將軍六人 神文王元年罷監 置將軍 位自級飡至阿飡爲之 大監六人 位自
　　　　　　奈麻至阿飡爲之 隊頭十五人 位自舍知至沙飡爲之 項三十六人 位自舍知至大奈麻爲
　　　　　　之 卒百十七人 位自先沮知至大舍爲之 (『三國史記』40 雜志 9 武官)

신라　　　　十二月乙丑朔甲戌 小錦下河邊臣子首遣筑紫 饗新羅客忠平 (『日本書紀』29 天武紀
　　　　　　下)

신라　　　　船府 (…) 史八人 神文王元年加二人 (『三國史記』38 雜志 7 職官 上)
신라　　　　加置 船府 史二人 (『三國史節要』11)

신라	本彼宮 神文王元年置 虞一人 私母一人 工翁二人 典翁一人 史二人 (『三國史記』39 雜志 8 職官 中)
신라	置本彼宮 虞一人 私母一人 上翁二人 典翁一人 史二人 (『三國史節要』11)
고구려	開曜2787)元年召還印2788)州 (『三國史記』22 高句麗本紀 10)
고구려	唐召高勾麗降王臧還印州 (『三國史節要』11)
신라 가야	國亡之後 代代稱號不一 新羅第三十一政明王卽位開耀元年辛巳 號爲金官京 置大守 (『三國遺事』2 紀異 2 駕洛國記)2789)

682(壬午/신라 신문왕 2/唐 開耀 2, 永淳 1/倭 天武 11)

신라	(正月乙未朔)乙巳 饗金忠平於筑紫 (『日本書紀』29 天武紀 下)
신라	春正月 親祀神宮 大赦 (『三國史記』8 新羅本紀 8)
신라	春正月 親祀神宮 大赦 (『三國史節要』11)
신라	夏四月 置位和府令二人 掌選擧之事 (『三國史記』8 新羅本紀 8)
신라	夏四月 置位和府二人 掌選擧 又置衿荷臣二人 (『三國史節要』11)
신라	位和府 (…) 衿苛臣二人 神文王二年 始置 (…) 位自伊飡至大角干爲之 (『三國史記』38 雜志 7 職官 上)2790)
신라	(夏四月) 海官朴夙淸告王曰 東海中小山 有一竹 晝分爲二 夜合爲一 王使人取之作笛 號曰萬波息笛 時人以謂吹此笛 風波平 故名之 亦有三竹 皆倣唐笛而爲之 三竹並七調 一平調 二黃鐘調 三二雅調 四越調 五般涉調 六出調 七俊調 大笒三百二十四曲 中笒二百四十五曲 小笒二百九十八曲 (『三國史節要』11)2791)
신라	古記云 神文王時 東海中忽有一小山 形如龜頭 其上有一竿竹 晝分爲二 夜合爲一 王使斫之作笛 名萬波息 雖有此說 怪不可信 (『三國史記』32 雜志 1 樂)2792)
신라	(開耀元年)明年壬午五月朔[一本云 天授元年 誤矣] 海官波珍喰朴夙淸奏曰 東海中有小山 浮來向感恩寺隨波往來 王異之 命日官金春質[一作春日] 占之 曰 聖考今爲海龍 鎭護三韓 抑又金公庾信乃三十三天之一子 今降爲大臣 二聖同德 欲出守城之寶 若陛下行幸海邊 必得無價大寶王喜 (『三國遺事』2 紀異 2 萬波息笛)2793)
신라	第三十一神文大王 諱政明 金氏 開耀元年辛巳七月七日卽位 爲聖考文武大王創感恩寺於東海邊[寺中記云 文武王欲鎭倭兵 故始創此寺 未畢而崩 爲海龍 其子神文立 開耀二年 畢排 金堂砌下東向開一穴 乃龍之入寺旋繞之備 蓋遺詔之藏骨處 名大王岩 寺名感恩寺 後見龍現形處 名利見臺] (『三國遺事』2 紀異 2 萬波息笛)
신라	(開耀元年明年壬午五月)以其月七日 駕幸利見臺 望其山 遣使審之 山勢如龜頭 上有

2787) 『당서(唐書)』에는 '耀'로 되어 있다.
2788) 『당서(唐書)』에는 '邙'으로 되어 있다.
2789) 여기서는 정명왕 즉 신문왕 원년이라고 했으나, 『삼국사기』 기록에 따라 문무왕 20년에도 배치하였다.
2790) 이 기사에는 월 표기가 없으나, 『三國史記』新羅本紀 등에 의거하여 4월로 편년하였다.
2791) 『三國遺事』에는 5월로 되어 있다.
2792) 이 기사에는 연대 표기가 없으나, 『三國史節要』에 의거하여 神文王 2년(682) 4월로 편년하였다.
2793) 『三國史節要』에는 4월로 되어 있다.

	一竿竹 晝爲二 夜合一[一云 山亦晝夜開合如竹] 使來奏之 王御感恩寺宿 (『三國遺事』2 紀異 2 萬波息笛)
신라	(開耀元年明年壬午五月七日)明日午時 竹合爲一 天地震動 風雨晦暗七日 (『三國遺事』2 紀異 2 萬波息笛)
신라	(開耀元年明年壬午五月)至其月十六日 風霽波平 王泛海入其山 有龍奉黑玉帶來獻 迎接共坐 問曰 此山與竹或判或合如何 龍曰 比如一手拍之無聲 二手拍則有聲 此竹之爲物 合之然後有聲 聖王以聲理天下之瑞也 王取此竹 作笛吹之 天下和平 今王考爲海中大龍 庾信復爲天神 二聖同心 出此無價大寶 令我獻之 王驚喜 以五色錦彩金玉酬賽之 勅使斫竹 出海時 山與龍忽隱不現 王宿感恩寺 (『三國遺事』2 紀異 2 萬波息笛)
고구려	(五月癸巳朔)戊申 遣高麗大使佐伯連廣足小使小墾田臣麻呂等 奏使旨於御所 (『日本書紀』29 天武紀 下)
신라	(開耀元年明年壬午五月)十七日 到祇林寺西溪邊 留駕畫饍 太子理恭[卽孝昭大王]守闕 聞此事 走馬來賀 徐察奏曰 此玉帶諸窠皆眞龍也 王曰 汝何知之 太子曰 摘一窠沈水示之 乃摘左邊第二窠沈溪 卽成龍上天 其地成淵 因號龍淵 駕還 以其竹作笛 藏於月城天尊庫 吹此笛則兵退病愈 旱雨雨晴 風定波平 號萬波息笛 稱爲國寶 (『三國遺事』2 紀異 2 萬波息笛)
신라	五月 太白犯月 (『三國史記』8 新羅本紀 8)
신라	太白犯月 (『三國史節要』11)[2794]
고구려 신라	六月壬戌朔 高麗王遣下部助有卦婁毛切大古昻加 貢方物 則新羅遣大那末金釋起 送高麗使人於筑紫 (『日本書紀』29 天武紀 下)
신라	六月 立國學 置卿一人 又置工匠府監一人 彩典監一人 (『三國史記』8 新羅本紀 8)
신라	六月 立國學 屬禮部 置卿一人 又置工匠府監一人 位自大奈麻至級湌爲之 彩典監一人 位自奈麻至大奈麻爲之 (『三國史節要』11)
신라	國學 屬禮部 神文王二年 置 (…) 卿一人 (…) 位與他卿同 (…) 工匠府 (…) 監一人 神文王二年 置 位自大奈麻至級湌爲之 (…) 彩典 (…) 監一人 神文王二年 置 位自奈麻至大奈麻爲之 (『三國史記』38 雜志 7 職官 上)[2795]
신라	卄五日景辰 建碑 (「文武王陵碑」)[2796]
고구려	(八月壬戌朔)甲子 饗高麗客於筑紫 (…) (『日本書紀』29 天武紀 下)
백제	公諱隆 字隆 百濟辰朝人也 元△△孫啓祚 暘谷稱雄 割據一方 跨躡千載 仁厚成俗

2794) 이 기사에는 월 표기가 없으나, 『三國史記』新羅本紀에 의거하여 5월로 편년하였다.
2795) 이 기사에는 월 표기가 없으나, 『三國史記』新羅本紀 등에 의거하여 6월로 편년하였다.
2796) 이 기사에는 연월 표기가 없으나, 文武王 사망(681) 이후 25일이 丙辰(景辰은 避諱)인 달이 神文王 2년(682) 7월이므로 그에 따라 682년 7월25일에 배치하였다.

光揚漢史 忠孝立名 昭彰晉策 祖璋 百濟國王 沖搆清秀 器業不羣 貞觀年 詔授開府
儀同三司柱國帶方郡王 父義慈 顯慶年 授金紫光祿大夫衛尉卿 果斷沈深 聲芳獨劭
趨藁街而沐化 績著來王 登棘署以開榮 慶流遺胤

公幼彰奇表 夙挺瓌姿 氣蓋三韓 名馳兩貊 孝以成性 愼以立身 擇善而行 聞義能徙
不師蒙衛而△發憝工 未學孫吳而六奇閒出 顯慶之始 王師有征 公遠鑒天人 深知逆順
奉珍委命 削袵歸仁 去後夫之凶 革先迷之失 款誠押至 褒賞荐加 位在列卿 榮貫蕃國
而馬韓餘燼 狼心不悛 鴟張遼海之濱 蟻結丸山之域 皇赫斯怒 天兵耀威 上將擁旄 中
權奉律 呑噬之筭 雖稟廟謀 綏撫之方 且資人懿 以公爲熊津都督 封百濟郡公 仍爲熊
津道摠管兼馬韓道安撫大使 公信勇早孚 威懷素洽 招攜邑落 忽若拾遺 翦滅姦匈 有
均沃雪 尋奉明詔 脩好新羅 俄沐鴻恩 陪覲東岳 勳庸累著 寵命日隆 遷秩太常卿 封
王帶方郡 公事君竭力 徇節亡私 屢獻勤誠 得留宿衛 比之秦室 則由余謝美 方之漢朝
則日磾慙德

雖情深匪懈 而美疢維幾 砭藥罕徵 舟壑潛徙 春秋六十有八 薨于私第 贈以輔國大將
軍 謚曰 公植操堅慤 持身謹正 高情獨詣 遠量不羈 雅好文詞 尤翫經籍 慕賢才如不
及 比聲利於遊塵 天不憖遺 人斯胥悼 以永淳元年歲次壬午十二月庚寅朔卄四日癸酉
葬于北芒淸善里 禮也 司存有職 敢作銘云

海隅開族 河孫效祥 崇基峻峙 遠派靈長 家聲克嗣 代業逾昌 澤流瀌水 威稜帶方 餘
慶不孤 英才繼踵 執介貞慤 載其忠勇 徇國身輕 亡家義重 酒邊王會 逐鷹天寵 桂婁
初擾 遼川不寧 薄言攜育 寔賴威靈 信以成紀 仁以爲經 宣風徼塞 侍蹕云亭 爵超五
等 班叅九列 虔奉天階 肅恭臣節 南山匪固 東流遽閱 敢託明旌 式昭鴻烈

大唐 故光祿大夫行太常卿使持節熊津都督帶方郡王 扶餘君墓誌 (「扶餘隆 墓誌銘」: 館
譯註 韓國古代金石文』1)

고구려 발해 신라
　　　高句麗王臧卒於印州 唐贈衛尉卿 詔以尸至京師 葬頡利墓左 樹碑 徙其人於河南隴右
　　　諸州 貧者留安東城傍舊城 往往國兵所沒 餘衆散入靺鞨及突厥 高氏遂絶[渤海人武藝
　　　曰 昔高句麗盛時 士三十萬 抗唐爲敵 則可謂地勝而兵强 至于季末 君臣昏虐失道 大
　　　唐再出師 新羅援助 討平之 其地多入渤海靺鞨 新羅亦得其南境 以置漢朔溟三州及其
　　　郡縣 以備九州焉] (館三國史節要』11)
고구려 신라　　以永淳初死 贈衛尉卿 詔送至京師 葬頡利墓左 樹碑其阡 散徙其人於河南隴右諸州
　　　貧者留安東城傍舊城 往往沒於新羅 餘衆散入靺鞨及突厥 高氏君長遂絶 (館三國史記』
　　　22 高句麗本紀 10)[2797]
고구려　　　高藏以永淳初卒 贈衛尉卿 詔送至京師 於頡利墓左賜以葬地 兼爲樹碑 (館舊唐書』19
　　　9上 列傳 149上 東夷 高麗)[2798]
고구려 신라　　藏以永淳初死 贈衛尉卿 葬頡利墓左 樹碑其阡 舊城往往入新羅 遺人散奔突厥靺鞨
　　　由是 高氏君長皆絶 (館新唐書』220 列傳 145 東夷 高麗)[2799]
고구려　　　高藏至安東 潛與靺鞨相通謀叛 事覺 召還 配流邛州 以永淳初卒 贈衛尉卿 (館唐會要』
　　　95 高句麗)[2800]

683(癸未/신라 신문왕 3/唐 永淳 2, 弘道 1/倭 天武 12)
고구려 백제 신라

2797) 이 기사에는 연대 표기가 없으나, 館三國史節要』에 의거하여 永淳元年(682)으로 편년하였다.
2798) 이 기사에는 연대 표기가 없으나, 館三國史節要』에 의거하여 永淳元年(682)으로 편년하였다.
2799) 이 기사에는 연대 표기가 없으나, 館三國史節要』에 의거하여 永淳元年(682)으로 편년하였다.
2800) 이 기사에는 연대 표기가 없으나, 館三國史節要』에 의거하여 永淳元年(682)으로 편년하였다.

(春正月己丑朔丙午)是日　奏小墾田儛及高麗百濟新羅三國樂於庭中 (『日本書紀』 29 天武紀 下)

신라	春二月 以順知爲中侍 (『三國史記』 8 新羅本紀 8)
신라	春二月 以順知爲中侍 (『三國史節要』 11)

신라	(春二月) 納一吉湌金欽運少女爲夫人　先差伊湌文穎波珍湌三光定期　以大阿湌智常納采 幣帛十五轝 米酒油蜜醬豉脯醢一百三十五轝 租一百五十車 (『三國史記』 8 新羅本紀 8)
신라	(春二月) 初 王爲太子 納金欽突之女爲妃 無子 後坐父 見廢 至是 王將納一吉湌金欽運女爲妃　先遣伊湌文穎波珍湌三光爲聘　又遣大阿湌智常賜幣帛十五轝　米酒饌具百三十五轝 租百五十車 (『三國史節要』 11)

신라	夏四月 平地雪一尺 (『三國史記』 8 新羅本紀 8)
신라	夏四月 雪 平地深一尺 (『三國史節要』 11)

신라	五月七日 遣伊湌文穎愷元抵基宅 冊爲夫人 其日卯時 遣波珍湌大常孫文阿湌坐耶吉叔等 各與妻娘及梁沙梁二部嫗各三十人迎來 夫人乘車 左右侍從 官人及娘嫗甚盛 至王宮北門 下車入內 (『三國史記』 8 新羅本紀 8)
신라	五月 遣伊湌文穎愷元 冊金氏爲妃 命波珍湌大常孫文阿湌坐耶吉叔等　各率其妻與沙梁及梁二部婦人各三十人 迎之 左右侍從甚盛 (『三國史節要』 11)2801)

백제	(秋七月)是月 始至八月 旱之 百濟僧道藏 雩之得雨 (『日本書紀』 29 天武紀 下)

백제	(九月乙酉朔)丁未 倭直栗隈首 (…) 百濟造語造 凡卅八氏 賜姓曰連 (『日本書紀』 29 天武紀 下)

백제 신라	冬十月乙卯朔己未 三宅吉士草壁吉士伯耆造船史壹伎史娑羅羅馬飼造菟野馬飼造 (…) 阿直史高市縣主磯城縣主鏡作造 幷十四氏 賜姓曰連 (『日本書紀』 29 天武紀 下)

신라 보덕	冬十月 徵報德王安勝爲蘇判 賜姓金氏 留京都 賜甲第良田 (『三國史記』 8 新羅本紀 8)
신라 보덕	冬十月 徵報德王安勝爲蘇判 賜第宅 仍賜姓金 (『三國史節要』 11)

신라	(冬十月) 彗星出五車 (『三國史記』 8 新羅本紀 8)
신라	(冬十月) 彗星出五車 (『三國史節要』 11)

신라	(十一月甲申朔)丙申 新羅遣沙湌金主山大那末金長志進調 (『日本書紀』 29 天武紀 下)

신라 고구려　말갈	九誓幢 (…) 五曰黃衿誓幢 神文王三年　以高句麗民爲幢 衿色黃赤　六曰黑衿誓幢　神文王三年　以靺鞨國民爲幢 衿色黑幢 (『三國史記』 40 雜志 9 職官 下)
신라 고구려　말갈	

2801) 이 기사에는 일자 표기가 없으나. 『三國史記』 新羅本紀에 의거하여 5월 7일로 편년하였다.

置黃衿誓幢 以高句麗民爲幢 衿色黃赤 又置黑衿誓幢 以靺鞨國民爲幢 衿色黑赤 (『三國史節要』11)

684(甲申/신라 신문왕 4/唐 嗣聖 1, 文明 1, 光宅 1/倭 天武 13)

신라 　　二月癸丑朔丙子 饗金主山於筑紫 (『日本書紀』29 天武紀 下)

신라 　　(三月癸未朔)乙巳 金主山歸國 (『日本書紀』29 天武紀 下)

신라 　　(夏四月壬子朔)辛未 小錦下高向臣麻呂爲大使 小山下都努臣牛甘爲小使 遣新羅 (『日本書紀』29 天武紀 下)

백제 　　五月辛亥朔甲子 化來百濟僧尼及俗 男女幷廿三人 皆安置于武藏國 (『日本書紀』29 天武紀 下)

고구려 　　(五月辛亥朔)戊寅 三輪引田君難波麻呂爲大使 桑原連人足爲小使 遣高麗 (『日本書紀』29 天武紀 下)

탐라 　　(冬十月己卯朔辛巳)是日 縣犬養連手繰爲大使 川原連加尼爲小使 遣耽羅 (『日本書紀』29 天武紀 下)

신라 　　冬十月 自昏及曙 流星縱橫 (『三國史記』8 新羅本紀 8)
신라 　　冬十月 流星縱橫 徹夜 (『三國史節要』11)

백제 고구려 　　武后又使黑齒常之將江南兵爲孝逸援 進擊 淮陰都梁兵皆敗 (…) 敬業與敬猷之奇求仁賁王輕騎遁江都 悉焚其圖籍 攜妻子奔潤州 潛蒜山下 將入海逃高麗 抵海陵 阻風遺山江中 其將王那相斬之 凡二十五首 傳東都 皆夷其家 (『新唐書』93 列傳 18 李敬業)[2802]

고구려 　　(十一月庚申) 敬業等輕騎走入江都 挈妻子奔潤州 將入海奔高麗 孝逸進屯江都 分遣諸將追之 (『資治通鑑』203 唐紀 19 則天皇后 上之上)
고구려 　　(嗣聖元年) 敬業奔至揚州 與唐之奇杜求仁等乘小舸 將入海投高麗 追兵及 皆捕獲之 (『舊唐書』67 列傳 17 李敬業)[2803]

신라 보덕 　　十一月 安勝族子將軍大文 在金馬渚謀叛 事發伏誅 餘人見大文誅死 殺害官吏 據邑叛 王命將士討之 逆鬪幢主逼實死之 陷其城 徙其人於國南州郡 以其地爲金馬郡[大文或云悉伏] (『三國史記』8 新羅本紀 8)
신라 보덕 　　十一月 安勝族子將軍大文 在金馬渚謀叛 伏誅 餘衆殺官吏 據報德城以叛 王遣將士誅討之 徙其人於國南州郡 以其地爲金馬郡 是戰也 弟監逼實步騎監金令亶死之
　　逼實乃夫果驟徒之弟也 夫果驟徒曾死於王事者 逼實將行於其妻曰 二兄旣死王事 名垂不朽 吾雖不肖 何獨畏死而苟存乎 今日是與爾死別也 及戰 獨出奮擊 斬殺數十人而死 王嘆曰 驟徒能知死所 而激昆季之心 夫果逼實亦能勇於義 奮不顧死 顧不韙歟

2802) 이 기사에는 연대 표기가 없으나, 『新唐書』4 本紀 4 則天皇后의 "十一月辛亥 左鷹揚衛大將軍黑齒常之爲江南道行軍大總管", 『資治通鑑』203 唐紀 19 則天皇后 上之上의 "十一月辛亥 以左鷹揚大將軍黑齒常之爲江南道大總管 討敬業" 등에 의거하여 光宅元年(684) 11월 4일(辛亥)로 편년하였다.
2803) 이 기사에는 연대 표기가 없으나, 『資治通鑑』에 의거하여 光宅元年(684) 11월13일(庚申)로 편년하였다.

皆贈沙湌

令胤乃級湌盤屈之子 角干欽春之孫也 生長世家 以名節自許 將行 語人曰 此行當立
名 以報宗族朋友 至椵岑城南七里 賊將大文結陳待之 士卒皆曰 今凶黨如△燕鼎魚
無持久之心 出萬死僥倖一戰 語曰 窮寇勿迫 疲而擊之 可也 諸將然之 皆引退 令胤
獨憤然欲戰 從者曰 今諸將豈皆偸生惜死者哉 將候賊便也 子獨欲戰可乎 令胤曰 臨
陣無勇 禮經之所誡 有進無退 士卒之常分也 丈夫臨事自決 何必雷同 遂赴敵力鬪死
王嘆曰 有是父有是子 其義烈可嘉 贈賻有加 (『東國史節要』11)

신라 보덕　文明元年甲申 高句麗殘賊據報德城而叛 神文大王命將討之 以逼實爲貴幢第監 臨行
謂其婦曰 吾二兄 旣死於王事 名垂不朽 吾雖不肖 何得畏死而苟存乎 今日與爾生離
終是死別也 好住無傷 及對陣 獨出奮擊 斬殺數十人而死 大王聞之 流涕嘆曰 驟徒知
死所 而激昆弟之心 夫果逼實亦能勇於義 不顧其身 不其壯歟 皆追贈官沙湌 (『東國史
記』47 列傳 7 驟徒)

신라 보덕　令胤生長世家 以名節自許 神文大王時 高句麗殘賊悉伏 以報德城叛 王命討之 以令
胤爲黃衿誓幢步騎監 將行 謂人 吾此行也 不使宗族朋友 聞其惡聲 及見悉伏 出椵
岑城南七里 結陳以待之 或告曰 今此凶黨 譬如鷰巢幕上 魚戱鼎中 出萬死以爭一日
之命耳 語曰 窮寇勿迫 宜左次以待疲極而擊之 可不血刃而擒也 諸將然其言暫退 獨
令胤不肯之而欲戰 從者告曰 今 諸將豈盡偸生之人 惜死之輩哉 而以向者之言爲然者
將俟其隙而得其便者也 而子獨直前 其不可乎 令胤曰 臨陣無勇 禮經之所識 有進無
退 士卒之常分也 丈夫臨事自決 何必從衆 遂赴敵陣 格鬪而死 王聞之 悽慟流涕曰
無是父無是子 其義烈可嘉者也 追贈爵賞尤厚 (『東國史記』47 列傳 7 金令胤)

백제 신라　(十二月戊寅朔)癸未 大唐學生土師宿禰甥白猪史寶然 及百濟役時沒大唐者猪使連子首
筑紫三宅連得許 傳新羅至 則新羅遣大那末金物儒 送甥等於筑紫 (『日本書紀』29 天
武紀 下)

신라　永興寺成典 神文王四年 始置 (『東國史記』38 雜志 7 職官 上)

685(乙酉/신라 신문왕 5/唐 垂拱 1/倭 天武 14)

고구려 백제　二月丁丑朔庚辰 大唐人百濟人高麗人 幷百冊七人賜爵位 (『日本書紀』29 天武紀 下)

신라　三月丙午朔己未 饗金物儒於筑紫 卽從筑紫歸之 仍流着新羅人七口 附物儒還之 (『日
本書紀』29 天武紀 下)

신라　三月 置西原小京 以阿湌元泰爲仕臣 置南原小京 徙諸州郡民戶分居之 (『東國史記』8
新羅本紀 8)

신라　三月 置西原小京 以阿湌元泰爲仕臣 置南原小京 徙諸州郡民居之 (『東國史節要』11)

신라　西原京 神文王五年 初置西原小京 (…)
南原小京 (…) 新[2804]文王五年 初置小京 (『東國史記』36 雜志 5 地理 3)

신라　(三月) 奉聖寺成 (『東國史記』8 新羅本紀 8)

신라　(三月) 創奉聖寺 (『東國史節要』11)

신라　春 復置完山州 以龍元爲摠管 挺居列州以置菁州 始備九州 以大阿湌福世爲摠管 (『東

2804) 저본에는 ‘新’으로 되어 있으나, 내용상 ‘神’으로 수정해야 한다.

國史記』8 新羅本紀 8)

신라   春 復置完山州 以龍元爲摠管 以居列州爲菁州 以大阿飡福世爲摠管 (『三國史節要』1
1)

신라   始與高句麗百濟地錯犬牙 或相和親 或相寇鈔 後與大唐侵滅二邦 平其土地 遂置九州
本國界內置三州 王城東北當唐恩浦路曰尙州 王城南曰良州 西曰康州 於故百濟國界
置三州 百濟故城北熊津口曰熊州 次西南曰全州 次南曰武州 於故高句麗南界置二州
從西第一曰漢州 次東曰朔州 又次東曰溟州 九州所管郡縣 無慮四百五十[方言所謂鄕
部曲等雜所 不復具錄] 新羅地理之廣袤 斯爲極矣 (…)
康州 神文王五年 唐垂拱元年 分居陁州置菁州 (…) (『三國史記』34 雜志 3 地理 1)

신라   全州 (…) 神文王五年 復置完山州 (『三國史記』36 雜志 5 地理 3)

백제 신라 고구려
    百濟 (…) 未幾 新羅盡幷其地 置熊全武三州及諸郡縣 與高句麗南境及新羅舊地爲九
州 (『三國史記』37 雜志 6 地理 4)

신라   (夏四月丙子朔)壬辰 新羅人金主山歸之 (『日本書紀』29 天武紀 下)

신라   夏四月 望德寺成 (『三國史記』8 新羅本紀 8)
신라   夏四月 創望德寺 (『三國史節要』11)

신라   (五月丙子朔)辛未 高向朝臣麻呂都努朝臣牛飼等 至自新羅 乃學問僧觀常靈觀從至之
新羅王獻物 馬二匹犬三頭鸚鵡二隻鵲二隻及種種物 (『日本書紀』29 天武紀 下)

탐라   (八月甲戌朔)癸巳 遣耽羅使人等還之 (『日本書紀』29 天武紀 下)

고구려   (九月甲辰朔)癸亥 遣高麗國使人等還之 (『日本書紀』29 天武紀 下)

고구려   (九月甲辰朔)庚午 化來高麗人等 賜祿各有差 (『日本書紀』29 天武紀 下)

백제   冬十月癸酉朔丙子 百濟僧常輝封卅戶 是僧壽百歲 (『日本書紀』29 天武紀 下)

백제   (冬十月癸酉朔)庚辰 遣百濟僧法藏優婆塞益田直金鍾於美濃 令煎白朮 因以賜絁綿布
(『日本書紀』29 天武紀 下)

백제   (十一月癸卯朔)丙寅 法藏法師金鍾 獻白朮煎 是日 爲天皇招魂之 (『日本書紀』29 天
武紀 下)

신라   (十一月癸卯朔)己巳 新羅遣波珍飡金智祥大阿飡金健勳請政 仍進調 (『日本書紀』29
天武紀 下)

신라   北原京 (…) 神文王五年築城 周一千三十一步 (『三國史記』35 雜志 4 地理 2)
신라   築北原京城 周一千三十一步 (『三國史節要』11)

신라   執事省 (…) 舍知二人 神文王五年置 (…)
調府 (…) 舍知一人 神文王五年置 (…)
位和府 (…) 衿荷臣二人 神文王二年 始置 五年 加一人 (…) 位自伊飡至大角干爲之

(『三國史記』38 雜志 7 職官 上)

신라 置執事省舍知二人 調府舍知一人 加置位和府衿荷臣一人 (『三國史節要』11)

신라 六停 (…) 六曰完山停 本下州停 新文王五年 罷下州停 置完山停 衿色白紫 (『三國史記』40 雜志 9 職官 下)

신라 罷下州停 置完山停 衿色白紫 (『三國史節要』11)

신라 垂拱初年 有中天竺三藏法師日照 遠將梵典來此傳譯 高宗詔太原寺安置 召集京城大德僧 共譯大華嚴密嚴等十餘部經 僧道成薄塵圓測意[2805]應等證義 複禮思玄等執筆惠智等譯語 (『大方廣佛華嚴經感應傳』垂拱初年)[2806]

686(丙戌/신라 신문왕 6/唐 垂拱 2/倭 天武 15, 朱鳥 1)

백제 (春正月壬寅朔癸卯)是日 攝津國人百濟新興 獻白馬瑙 (『日本書紀』29 天武紀 下)

신라 春正月 以伊飡大莊[一作將]爲中侍 (『三國史記』8 新羅本紀 8)

신라 春正月 以伊飡大莊爲中侍 (『三國史節要』11)

신라 (春正月) 置例作府卿二人 (『三國史記』8 新羅本紀 8)

신라 (春正月) 置例作府卿二人 位與司正卿同 令一人 位自大阿飡至角干爲之 (『三國史節要』11)

신라 例作府 (…) 令一人 神文王六年置 位自大阿飡至角干爲之 卿二人 神文王置 位與司正卿同 (『三國史記』38 雜志 7 職官 上)[2807]

신라 (正月)是月 爲饗新羅金智祥 遣淨廣肆川內王直廣參大伴宿禰安麻呂直大肆藤原朝臣大嶋直廣肆境部宿禰鯯魚直廣肆穗積朝臣蟲麻呂等于筑紫 (『日本書紀』29 天武紀 下)

신라 垂拱二年二月十四日 新羅王金政明 遣使請禮記一部幷雜文章 令所司寫吉凶要禮 幷文館詞林 採其詞涉規誡者 勒成五十卷 賜之 (『唐會要』36 蕃夷請經史)[2808]

신라 (會要) (…) 垂拱二年二月十四日 新羅王金政明 遣使請唐禮幷雜文章 令所司寫吉凶要禮 幷於文館詞林 采其詞涉規戒者 勒成五十卷 賜之 (『玉海』54 藝文 總集文章 唐文館詞林)

신라 (傳) (…) 垂拱二年[二月十四日] 遣使朝 丐唐禮及它文辭 武后賜吉凶禮及文辭五十篇[一本云 寫吉凶要禮 幷文館詞林 采其辭涉規誡者 勒成五十卷 賜之] (『玉海』153 朝貢 外夷來朝內附 唐新羅織錦頌觀釋尊賜晉書)

신라 (二月) 遣使入唐 奏請禮記幷文章 則天令所司 寫吉凶要禮 幷於文舘詞林採其詞涉規誡者 勒成五十卷 賜之 (『三國史記』8 新羅本紀 8)[2809]

신라 (二月) 遣使如唐 請禮典幷詞章 武后令有司 寫吉凶要禮 幷採文詞涉於規誡者 勒成五十卷 賜之 (『三國史節要』11)[2810]

2805) 저본에는 '意'로 되어 있으나, '玄'으로 수정해야 한다.
2806) 垂拱(685~688) 초년이므로, 685년으로 편년하였다.
2807) 이 기사에는 월 표기가 없으나, 『三國史記』新羅本紀 등에 의거하여 1월로 편년하였다.
2808) 『太平御覽』에는 垂拱 3년(687)으로 되어 있다.
2809) 이 기사에는 일자 표기가 없으나, 『唐會要』등에 의거하여 2월14일로 편년하였다. 한편 『三國遺事』규장각본에는 "丙戌 遣使入唐 請礼典幷詞章 則天令所司 写吉凶要礼 幷采文詞涉於規戒者 勒成五十卷 賜之"가 가필되어 있다.
2810) 이 기사에는 일자 표기가 없으나, 『唐會要』등에 의거하여 2월14일로 편년하였다.

신라	垂拱二年二月 新羅匀唐禮 武后賜吉凶禮幷文辭五十篇 (『冊府元龜』69 禮儀 禮制 下 唐 顯慶禮永徽五禮)[2811]
신라	垂拱二年 政明遣使來朝 因上表請唐禮一部幷雜文章 則天令所司 寫吉凶要禮 幷於文 館詞林採其詞涉規誡者 勒成五十卷以賜之 (『舊唐書』 199上 列傳 149上 東夷 新 羅)[2812]
신라	(唐書) 又曰: (…) 垂拱二年 遣使來朝 因請唐禮一部幷雜文章 則天令寫吉凶要禮 幷 於文館詞林採其詞涉規誡者 勒成五十卷以賜之 (『太平御覽』 781 四夷部 2 東夷 2 新羅)[2813]
신라	遣使者朝 丐唐禮及它文辭 武后賜吉凶禮幷文詞五十篇 (『新唐書』 220 列傳 145 東 夷 新羅)[2814]

신라	二月 置石山馬山孤山沙平四縣 以泗沘州爲郡 熊川郡爲州 發羅州爲郡 武珍郡爲州 (『三國史記』 8 新羅本紀 8)
신라	二月 置州郡於百濟舊地 以泗沘州爲郡 熊川郡爲州 置都督 廢羅州爲郡 武珍郡爲州 又置石山馬山孤山沙平四縣 (『三國史節要』 11)
신라	熊州 本百濟舊都 (…) 神文王改爲熊川州 置都督 (…) 武州 本百濟地 神文王六年爲武珍州 (『三國史記』 36 雜志 5 地理 3)[2815]

신라	以垂拱二年三月卅日 終於穴寺 春秋七十也 卽於寺之西峰 權宜龕室 未經數日 馬騎 成群 取將髑髏 (…) △萬善和上識中 傳△佛法 能者有九人 皆稱大△ (「高仙寺誓幢和 上塔碑」)

신라	(夏四月庚午朔)壬午 爲饗新羅客等 運川原寺伎樂於筑紫 仍以皇后宮之私稻五千束 納 于川原寺. (『日本書紀』 29 天武紀 下)
신라	(夏四月庚午朔)戊子 新羅進調 從筑紫貢上 細馬一匹騾一頭犬二狗鏤金器 及金銀 霞 錦綾羅 虎豹皮 及藥物之類 幷百餘種 亦智祥健勳等別獻物 金銀霞錦綾羅金器屛風 鞍皮絹布藥物之類 各六十餘種 別獻皇后皇太子及諸親王等之物 各有數 (『日本書紀』 29 天武紀 下)
백제	(五月庚子朔戊申)是日 侍醫百濟人億仁病之臨死 則授勤大壹位 仍封一百戶 (『日本書 紀』 29 天武紀 下)
신라	(五月庚子朔)戊辰 饗金智祥等於筑紫 賜祿各有差 卽從筑紫退之 (『日本書紀』 29 天 武紀 下)
백제	(九月戊戌朔丁卯)是日 百濟王良虞 代百濟王善光而誄之 (…) (『日本書紀』 29 天武紀 下)
신라	冬十月戊辰朔己巳 皇子大津 謀反發覺 逮捕皇子大津 幷捕爲皇子大津所詿誤直廣肆

2811) 이 기사에는 일자 표기가 없으나, 『唐會要』 등에 의거하여 2월14일로 편년하였다.
2812) 이 기사에는 월일 표기가 없으나, 『唐會要』 등에 의거하여 2월14일로 편년하였다.
2813) 이 기사에는 월일 표기가 없으나, 『唐會要』 등에 의거하여 2월14일로 편년하였다.
2814) 이 기사에는 연대 표기가 없으나, 『唐會要』 등에 의거하여 垂拱 2년(686) 2월14일로 편년하였다.
2815) 이 기사에는 월 표기가 없으나, 『三國史記』 新羅本紀 등에 의거하여 2월로 편년하였다.

	八口朝臣音橿小山下壹伎連博德　與大舍人中臣朝臣臣麻呂巨勢朝臣多益須新羅沙門行
	心　及帳内礪杵道作等　卅餘人 (『日本書紀』30 持統紀 稱制前紀)

신라 　　　　(冬十月戊辰朔丙申) 又詔曰　新羅沙門行心　與皇子大津謀反　朕不忍加法　徙飛驒國伽
　　　　　　藍 (『日本書紀』30 持統紀 稱制前紀)

고구려 백제 신라
　　　　　　閏十二月　筑紫大宰　獻三國高麗百濟新羅百姓男女　幷僧尼六十二人 (『日本書紀』30
　　　　　　持統紀 稱制前紀)

신라 보덕　　九誓幢 (…) 七曰碧衿誓幢　神文王六年　以報德城民爲幢　衿色碧黃　八曰赤衿誓幢　神
　　　　　　文王六年　又以報德城民爲幢　衿色赤黑 (『三國史記』40 雜志 9 職官 下)
신라 보덕　　以報德城民爲碧衿誓幢　衿色碧黃　又分爲赤衿誓幢　衿色赤黑 (『三國史節要』11)

신라 고구려　高句麗人位　神文王六年　以高句麗人授京官　量本國官品授之　一吉湌本主簿　沙湌本大
　　　　　　相　級湌本位頭大兄從大相　奈麻本小相狄相　大舍本小兄　舍知本諸兄　吉次本先人　烏
　　　　　　知本自位 (『三國史記』40 雜志 9 職官 下)
신라 고구려　授高句麗降人官爵有差　其授京官　量本國官品授之　一吉湌本主簿　沙湌本大相　級湌本
　　　　　　位頭大兄從臺上　奈麻本小相狄相　大舍本小兄　舍知本諸兄　吉次本先人　烏知本自位 (『
　　　　　　三國史節要』11)

고구려　　垂拱二年　以降王孫寶元爲朝鮮郡王 (『三國史記』22 高句麗本紀 10)
고구려 백제 신라 발해
　　　　　　武后以高臧孫寶元爲朝鮮郡王　又以義慈孫敬襲百濟王　其舊地已爲新羅渤海靺鞨所分
　　　　　　(『三國史節要』11)
고구려　　垂拱二年　又封高藏孫寶元爲朝鮮郡王 (『舊唐書』199上 列傳 149上 東夷 高麗)
백제 신라 발해
　　　　　　武后又以其孫敬襲王　而其地已爲新羅渤海靺鞨所分　國系遂絶 (『三國史記』28 百濟
　　　　　　本紀 6)[2816]
고구려　　垂拱中　以藏孫寶元爲朝鮮郡王 (『新唐書』220 列傳 145 東夷 高麗)[2817]

신라　　　壽拱二年歲次丙戌　茅茨不剪　僅庇經傳 (「淸州 雲泉洞 事蹟碑」)

687(丁亥/신라 신문왕 7/唐 垂拱 3/倭 持統 1)

신라　　　(春正月丙寅朔)甲申　使直廣肆田中朝臣法麻呂與追大貳守君苅田等　使於新羅　赴天皇
　　　　　　喪 (『日本書紀』30 持統紀)

신라　　　春二月　元子生　是日　陰沉昧暗　大雷電 (『三國史記』8 新羅本紀 8)
신라　　　春二月　元子生　是日　天陰曀　大雷電 (『三國史節要』11)

고구려　　三月乙丑朔己卯　以投化高麗五十六人　居于常陸國　賦田受稟　使安生業 (『日本書紀』3

2816) 이 기사에는 연대 표기가 없으나, 『三國史記』高句麗本紀 등에 의거하여 垂拱 2년(686)으로 편년하였
　　　다.
2817) 이 기사에는 연대 표기가 없으나, 『三國史記』高句麗本紀 등에 의거하여 垂拱 2년(686)으로 편년하였
　　　다.

0 持統紀)

신라　　(三月乙丑朔)丙戌 以投化新羅十四人 居于下毛野國 賦田受稟 使安生業 (『日本書紀』
　　　　30 持統紀)

신라　　三月 罷一善州 復置沙伐州 以波珍湌官長爲摠管 (『三國史記』8 新羅本紀 8)
신라　　三月 罷一善州 復置沙伐州 以波珍湌官長爲摠管 (『三國史節要』11)
신라　　尙州 (…) 神文王七年 唐垂拱三年 復置 (…)
　　　　嵩善郡 本一善郡 眞平王三十六年爲一善州 置軍主 神文王七年 州廢 (『三國史記』3
　　　　4 雜志 3 地理 1)2818)

신라　　夏四月甲午朔癸卯 筑紫大宰獻投化新羅僧尼及百姓男女廿二人 居于武藏國 賦田受稟
　　　　使安生業 (『日本書紀』30 持統紀)

신라　　夏四月 改音聲署長爲卿 (『三國史記』8 新羅本紀 8)
신라　　夏四月 改音聲署長二人爲卿 (『三國史節要』11)
신라　　音聲署 (…) 長二人 神文王七年 改爲卿 (『三國史記』38 雜志 7 職官 上)2819)

신라　　(夏四月) 遣大臣於祖廟 致祭曰 王某稽首再拜 謹言太祖大王眞智大王文興大王太宗大
　　　　王文武大王之靈 某以虛薄 嗣守崇基 寤寐憂勤 未遑寧處 奉賴宗廟護持 乾坤降祿 四
　　　　邊安靜 百姓雍和 異域來賓 航琛奉職 刑淸訟息 以至于今 比者 道喪君臨 義乖天鑒
　　　　怪成星象 火宿沉輝 戰戰慄慄 若墜淵谷 謹遣使某官某 奉陳不腆之物 以虔如在之靈
　　　　伏望炤察微誠 矜恤眇末 以順四時之候 無愆五事之徵 禾稼豐而疫癘消 衣食足而禮義
　　　　備 表裏淸謐 盜賊消亡 垂裕後昆 永膺多福 謹言 (『三國史記』8 新羅本紀 8)
신라　　(夏四月) 以星變 遣大臣祭告祖廟曰 嗣王定明稽首再拜 謹言大祖大王眞智大王文興大
　　　　王大宗大王文武大王之靈 定明以虛薄 嗣守崇基 寤寐憂勤 未遑寧處 奉賴宗廟護持
　　　　乾坤降福 四邊安靜 百姓雍和 異域來賓 航琛奉職 刑淸訟息 以至于今 比者 道喪君
　　　　臨 義乖天鑒 怪成星象 火宿沉輝 戰戰慄慄 若墜淵谷 謹遣某官 奉陳不腆之物 以虔
　　　　如在之靈 伏望炤察微誠 矜恤眇末 以順四時之候 無愆五事之徵 禾稼豐而疫癘消 衣
　　　　食足而禮義備 表裏淸謐 盜賊消亡 垂裕後昆 永膺多福 (『三國史節要』11)

신라　　五月 敎賜文武官僚田有差 (『三國史記』8 新羅本紀 8)
신라　　五月 賜文武官僚田有差 (『三國史節要』11)

백제　　(垂拱三年)其年八月 又寇朔州 復以常之爲燕然道大總管 擊賊於黃花堆 大破之 追奔
　　　　四十餘里 賊衆遂散走磧北 (『舊唐書』194上 列傳 144上 突厥 上)2820)
백제　　(八月)是月 突厥寇朔州 燕然道行軍大總管黑齒常之敗之 (『新唐書』4 本紀 4 則天皇
　　　　后)
백제　　(垂拱三年)其年八月 寇朔州 復以常之爲燕然道大總管 擊賊於黃花堆 大破之 追奔四
　　　　十餘里 賊衆遂散走磧北 (『通典』198 邊防典 14 北狄 5 突厥 中)
백제　　垂拱三年八月 突厥骨吐祿元軫寇朔州 嘗之爲燕山道大總管 擊賊於黃花堆 大破之 追
　　　　奔四十餘里 遂散走磧北 (『冊府元龜』358 將帥部 19 立功 11)

2818) 이 기사에는 월 표기가 없으나, 『三國史記』新羅本紀 등에 의거하여 3월로 편년하였다.
2819) 이 기사에는 월 표기가 없으나, 『三國史記』新羅本紀 등에 의거하여 4월로 편년하였다.
2820) 『資治通鑑』에는 7월로 되어 있다.

백제	(垂拱)三年 突厥入寇朔州 常之又充大總管 以李多祚王九言爲副 追躡至黃花堆 大破之 追奔四十餘里 賊散走磧北 (『舊唐書』109 列傳 59 黑齒常之)[2821]
백제	久之 爲燕然道大摠管 與李多祚等擊突厥破之 (『舊國史記』44 列傳 4 黑齒常之)[2822]
백제	久之 爲燕然道大總管 與李多祚王九言等擊突厥骨咄祿元珍於黃花堆 破之 追奔四十里 賊潰歸磧北 (『新唐書』110 列傳 35 諸夷蕃將 黑齒常之)[2823]
신라	(九月壬戌朔)甲申 新羅遣王子金霜林級湌金薩慕及級湌金仁述大舍蘇陽信等 奏請國政 且獻調賦 學問僧智隆附而至焉 筑紫大宰 便告天皇崩於霜林等 卽日 霜林等 皆着喪服 東向三拜 三發哭焉 (『日本書紀』30 持統紀)
신라	秋 築沙伐歃良二州城 (『舊國史記』8 新羅本紀 8)
신라	秋 築沙伐歃良二州城 沙伐城周一千一百九步 歃良城周一千二百六十步 (『舊國史節要』11)
신라	尙州 (…) 神文王七年 唐垂拱三年 復置 築城周一千一百九步 (…) 良州 (…) 神文王七年 築城 周一千二百六十步 (『舊國史記』34 雜志 3 地理 1)[2824]
백제	冬十月庚子 右監門衛中郞將爨寶璧與突厥骨篤祿元珍戰 全軍皆沒 寶璧輕騎遁歸 寶璧見黑齒常之有功 表請窮追餘寇 詔與常之計議 遙爲聲援 寶璧欲專其功 不待常之 引精卒萬三千人先行 出塞二千餘里 掩擊其部落 旣至 又先遣人告之 使得嚴備 與戰遂敗 太后誅寶璧 改骨篤祿曰不卒祿 (『舊治通鑑』204 唐紀 20 則天皇后 上之下)
백제	(垂拱三年) 時有中郞將爨寶璧表請窮追餘賊 制常之與寶璧會 遙爲聲援 寶璧以爲破賊在朝夕 貪功先行 竟不與常之謀議 遂全軍而沒 (『舊唐書』109 列傳 59 黑齒常之)[2825]
백제	(垂拱三年) 右監門衛中郞將爨寶璧又率精兵一萬三千人出塞窮追 反爲骨咄祿所敗 全軍盡沒 寶璧輕騎遁歸 初 寶璧見常之破賊 遽表請窮其餘黨 則天詔常之與寶璧計議 遙爲聲援 寶璧以爲破賊在朝夕 貪功先行 又令人出塞二千餘里覘候 見元珍等部落皆不設備 遂率衆掩襲之 旣至 又遣人報賊 令得設備出戰 遂爲賊所覆 寶璧坐此伏誅 則天大怒 因改骨咄祿爲不卒祿 元珍後率兵討突騎施 臨陣戰死 (『舊唐書』194上 列傳 144上 突厥 上)[2826]
백제	(垂拱三年) 右監門衛中郞將爨寶璧又率精兵萬三千人出塞窮追 反爲骨咄祿所敗 全軍盡沒 寶璧輕騎遁歸 初 寶璧見常之破賊 遽表請窮其餘黨 武太后令常之與寶璧計議 遙爲聲援 寶璧貪功先行 又令人出塞二千餘里覘候 見元珍等部落皆不設備 遂率衆掩襲之 旣至 又遣人報賊 令得設備出戰 遂爲賊所覆 寶璧坐此伏誅 武太后大怒 因改骨咄祿爲不卒祿 元珍後率兵討突騎施 臨陣戰死 (『舊典』198 邊防典 14 北狄 5 突厥中)[2827]
백제	左監門衛中郞將寶璧欲窮追邀功 詔與常之共討 寶璧獨進 爲虜所覆 擧軍沒 寶璧下吏誅 常之坐無功 (『舊國史記』44 列傳 4 黑齒常之)[2828]
백제	會左監門衛中郞將爨寶璧欲窮追要功 詔與常之共計 寶璧獨進 爲虜所覆 擧軍沒 寶璧

2821) 이 기사에는 월 표기가 없으나, 『舊唐書』突厥傳 등에 의거하여 8월로 편년하였다.
2822) 이 기사에는 연대 표기가 없으나, 『舊唐書』突厥傳 등에 의거하여 垂拱 3년(687) 8월로 편년하였다.
2823) 이 기사에는 연대 표기가 없으나, 『舊唐書』突厥傳 등에 의거하여 垂拱 3년(687) 8월로 편년하였다.
2824) 이 기사에는 월 표기가 없으나, 『舊國史記』新羅本紀 등에 의거하여 가을로 편년하였다.
2825) 이 기사에는 월일 표기가 없으나, 『舊治通鑑』에 의거하여 10월 9일(庚子)로 편년하였다.
2826) 이 기사에는 월일 표기가 없으나, 『舊治通鑑』에 의거하여 10월 9일(庚子)로 편년하였다.
2827) 이 기사에는 월일 표기가 없으나, 『舊治通鑑』에 의거하여 10월 9일(庚子)로 편년하였다.
2828) 이 기사에는 연대 표기가 없으나, 『舊治通鑑』에 의거하여 垂拱 3년(687) 10월 9일(庚子)로 편년하였다.

下吏誅 常之坐無功 (『新唐書』110 列傳 35 諸夷蕃將 黑齒常之)2829)

신라　　　十二月辛卯朔庚子 以直廣參路眞人迹見 爲饗新羅勅使 (『日本書紀』30 持統紀)

신라 백제　九誓幢 (…) 九曰靑衿誓幢 神文王七年 以百濟殘民爲幢 衿色靑白 (…)
　　　　　三武幢 (…) 二曰赤衿武幢 神文王七年 置 (『三國史記』40 雜志 9 職官 下)
신라 백제　置赤衿幢 又以百濟殘民爲靑衿誓幢 衿色白 (『三國史節要』11)

신라　　　唐書曰 垂拱三年 新羅王金政明 遣使請禮記一部幷新文章 令所司寫吉凶禮 禮幷於文
　　　　　舘詞林 揖其詞涉規誡者 勒成五十卷 賜之 (『太平御覽』619 學部 13 賜書)2830)

688(戊子/신라 신문왕 8/唐 垂拱 4/倭 持統 2)

신라　　　(春正月庚申朔)壬午 以天皇崩 奉宣新羅金霜林等 金霜林等 乃三發哭 (『日本書紀』3
　　　　　0 持統紀)

신라　　　春正月 中侍大莊卒 伊湌元師爲中侍 (『三國史記』8 新羅本紀 8)
신라　　　春正月 中侍大莊卒 以伊湌元師代之 (『三國史節要』11)

신라　　　二月庚寅朔辛卯 大宰獻新羅調賦 金銀絹布 皮銅鐵之類十餘物 幷別所獻佛像 種種彩
　　　　　絹鳥馬之類十餘種 及霜林所獻金銀彩色種種珍異之物 幷八十餘物 (『日本書紀』30
　　　　　持統紀)

신라　　　(二月庚寅朔)己亥 饗霜林等於筑紫館 賜物各有差 (『日本書紀』30 持統紀)

신라　　　(二月庚寅朔)戊午 霜林等罷歸 (『日本書紀』30 持統紀)

신라　　　二月 加般府卿一人 (『三國史記』8 新羅本紀 8)
신라　　　二月 加般府卿一人 位與調府卿同 (『三國史節要』11)
신라　　　船府 (…) 卿二人 (…) 神文王八年 加一人 位與調府卿同 (『三國史記』38 雜志 7 職
　　　　　官 上)2831)

백제　　　五月戊午朔乙丑 以百濟敬須德那利 移甲斐國 (『日本書紀』30 持統紀)

백제　　　(秋七月丁巳朔)丙子 命百濟沙門道藏請雨 不崇朝 遍雨天下 (『日本書紀』30 持統紀)

탐라　　　(八月丁亥朔)辛亥 耽羅王遣佐平加羅 來獻方物 (『日本書紀』30 持統紀)

탐라　　　九月丙辰朔戊寅 饗耽羅佐平加羅等於筑紫館 賜物各有差 (『日本書紀』30 持統紀)

신라　　　沙門地婆訶羅 唐言日照 中印度人 (…) 以天皇儀鳳初至 天后垂拱末 於兩京東京太原
　　　　　寺及西京弘福寺 譯方廣大莊嚴經一部[二十二卷] 大乘密嚴經一部[三卷] 大乘顯識經一
　　　　　部[二卷] 證契大乘經一部[二卷] 大方廣佛花嚴經續入法界品[一卷] 大乘離文字普光明

2829) 이 기사에는 연대 표기가 없으나, 『資治通鑑』에 의거하여 垂拱 3년(687) 10월 9일(庚子)로 편년하였다.
2830) 『唐會要』 등에는 垂拱 2년(686) 2월14일로 되어 있다.
2831) 이 기사에는 월 표기가 없으나, 『三國史記』 新羅本紀 등에 의거하여 2월로 편년하였다.

藏經[一卷] 大乘遍照光明藏無字法門經[一卷] 大方廣師子吼經[一卷] 大乘百福相經[一卷] 大乘百福莊嚴相經[一卷] 大乘四法經[一卷] 菩薩修行四法經[一卷] 七俱胝佛大心准提陀羅尼經[一卷] 佛頂最勝陀羅尼經[一卷] 最勝佛頂陀羅尼淨除業障經[一卷] 造塔功德經[一卷] 金剛般若波羅密經破取著不壞假名論一部[二卷] 大乘廣五蘊論[一卷] 凡一十八部合三十四卷 沙門戰陀般若提婆譯<語> 沙門慧智證梵語 勅召名德十人助其法化 沙門道成薄塵嘉尙圓測靈辯明恂懷度等證義 沙門思玄復禮等綴文筆受 (『古今譯經圖紀』大唐傳譯之餘 沙門地婆訶羅 圓測)[2832]

신라 　 沙門地婆訶羅 唐言日照 中印度人 (…) 以天皇儀鳳初至 天后垂拱末 於兩京東西太原寺[西太原寺 卽今西崇福寺是也 東太原寺 卽今大福先寺是也]及西京弘福寺 譯大乘顯識經等一十八部 沙門戰陀般若提婆譯語 沙門慧智證梵語 勅召名德十人助其法化 沙門道成薄塵嘉尙圓測靈辯明恂懷度等證義 沙門思玄復禮等綴文筆受 天后親敷睿藻製序標首 光飾像敎傳之不朽也 (『開元釋敎錄』9 總括群經錄 上-9 沙門地婆訶羅 圓測)

신라 　 以天皇儀鳳初至 天后垂拱末 於兩京東西太原寺[西太原寺 卽今西崇福寺是也 東太原寺 卽今太福先寺是也]及西京弘福寺 譯大乘顯識經等一十八部 沙門單陀般若提婆譯語 沙門惠智證梵語 勅召名德十人助其法化 沙門道成薄塵嘉尙圓測靈辯明恂懷度證義 (『貞元新定釋敎目錄』12 總集群經錄 上-12 沙門地婆訶羅 圓測)

신라 　 詒高宗之末 天后之初 應義解之選入譯經館 衆皆推挹 及翻大乘顯識等經 測充證義與薄塵靈辯嘉尙攸方其駕 所著唯識疏鈔 詳解經論 天下分行焉 (『宋高僧傳』4 義解 2-1 唐京師西明寺圓測)[2833]

신라 　 周圓測 (…) 天后初 詔入譯經舘 充證義員 出大乘顯識等經 (『新修科分六學僧傳』23 精進學義 周圓測)[2834]

689(己丑/신라 신문왕 9/唐 永昌 1/倭 持統 3)

신라 　 (春正月甲寅朔)辛酉 新羅使人田中朝臣法麻呂等 還自新羅 (『日本書紀』30 持統紀)

신라 　 春正月 下敎罷內外官祿邑 逐年賜租有差 以爲恒式 (『三國史記』8 新羅本紀 8)

신라 　 春正月 敎罷內外官祿邑 歲賜租有差 (『三國史節要』11)

신라 　 夏四月癸未朔庚寅 以投化新羅人 居于下毛野 (『日本書紀』30 持統紀)

신라 　 (夏四月癸未朔)壬寅 新羅遣級湌金道那等 奉弔瀛眞人天皇喪 幷上送學問僧明聰觀智等 別獻金銅阿彌陀像金銅觀世音菩薩像大勢至菩薩像 各一軀 綵帛錦綾 (『日本書紀』30 持統紀)

신라 　 五月癸丑朔甲戌 命土師宿禰根麻呂 詔新羅弔使級湌金道那等曰 太政官卿等 奉勅奉宣 二年 遣田中朝臣法麻呂等 相告大行天皇喪 時新羅言 新羅奉勅人者 元來用蘇判位 今將復爾 由是 法麻呂等 不得奉宣赴告之詔 若言前事者 在昔難波宮治天下天皇崩時 遣巨勢稻持等 告喪之日 翳湌金春秋奉勅 而言用蘇判奉勅 卽違前事也 又於近江宮治天下天皇崩時 遣一吉湌金薩儒等奉弔 而今以級湌奉弔 亦違前事 又新羅元來

2832) 垂拱(685~688) 말년이므로, 이 기사를 685~688년으로 기간편년하고 마지막해인 688년에 배치하였다.
2833) 이 기사에는 연대 표기가 없으나, 『古今譯經圖紀』 등에 의거하여 685~688년으로 기간편년하고 마지막해인 688년에 배치하였다.
2834) 이 기사에는 연대 표기가 없으나, 『古今譯經圖紀』 등에 의거하여 685~688년으로 기간편년하고 마지막해인 688년에 배치하였다.

	奏云 我國 自日本遠皇祖代 竝舳不干檝 奉仕之國 而今一艘 亦乖故典也 又奏云 自日本遠皇祖代 以淸白心仕奉 而不惟竭忠宣揚本職 而傷淸白 詐求幸媚 是故 調賦與別獻 竝封以還之 然自我國家遠皇祖代 廣慈汝等之德 不可絶之 故彌勤彌謹 戰戰兢兢 修其職任 奉遵法度者 天朝復廣慈耳 汝道那等 奉斯所勅 奉宣汝王 (『日本書紀』30 持統紀)
신라	(六月壬午朔)辛丑 詔筑紫大宰粟田眞人朝臣等 賜學問僧明聰觀智等 爲送新羅師友綿各一百四十斤 (『日本書紀』30 持統紀)
신라	(六月壬午朔)乙巳 於筑紫小郡 設新羅弔使金道那等 賜物各有差 (『日本書紀』30 持統紀)
신라	(秋七月壬子朔) 是日 新羅弔使金道那等罷歸 (『日本書紀』30 持統紀)
신라	秋閏九月二十六日 幸獐山城 (『三國史記』8 新羅本紀 8)
신라	秋閏九月 幸獐山城 (『三國史節要』11)[2835]
백제	(秋閏九月戊申) 周興等誣右武衛大將軍燕公黑齒常之謀反 徵下獄 (『資治通鑑』204 唐紀 20 則天皇后 上之下)
백제	會 周興等誣其與鷹揚將軍趙懷節叛 捕繫詔獄[2836] 投繯死 (『三國史記』44 列傳 4 黑齒常之)[2837]
백제	尋爲周興等誣構 云與右鷹揚將軍趙懷節等謀反 繫獄[2838] 遂自縊而死 (…) 及死 時甚惜之 (『舊唐書』109 列傳 59 黑齒常之)[2839]
백제	會 周興等誣其與右鷹揚將軍趙懷節反 捕繫詔獄[2840] 投繯死 (…) 及死 人皆哀其枉 (『新唐書』110 列傳 35 諸夷蕃將 黑齒常之)[2841]
신라	(秋閏九月) 築西原京城 (『三國史記』8 新羅本紀 8)
신라	(秋閏九月) 築西原京城 (『三國史節要』11)
신라	(秋閏九月) 王欲移都達句伐 未果 (『三國史記』8 新羅本紀 8)
신라	(秋閏九月) 王欲移都達句伐 未果 (『三國史節要』11)
백제	(十月)戊午 殺右武威衛大將軍黑齒常之右鷹揚衛將軍趙懷節 (『新唐書』4 本紀 4 則天皇后)
백제	冬十月戊午 常之縊死 (『資治通鑑』204 唐紀 20 則天皇后 上之下)
신라	但古記云 政明王九年 幸新村 設酺奏樂 笳舞 監六人 笳尺二人 舞尺一人 下辛熱舞 監四人 琴尺一人 舞尺二人 歌尺三人 思內舞 監三人 琴尺一人 舞尺二人 歌尺二人 韓岐舞 監三人 琴尺一人 舞尺二人 上辛熱舞 監三人 琴尺一人 舞尺二人 歌尺二人

2835) 이 기사에는 일자 표기가 없으나, 『三國史記』에 의거하여 윤9월26일로 편년하였다.
2836) 이 뒷부분은 『新唐書』本紀 등에 10월 9일(戊午)로 되어 있다.
2837) 이 기사에는 연대 표기가 없으나, 『資治通鑑』에 의거하여 윤9월29일(戊申)로 편년하였다.
2838) 이 뒷부분은 『新唐書』本紀 등에 10월 9일(戊午)로 되어 있다.
2839) 이 기사에는 연대 표기가 없으나, 『資治通鑑』에 의거하여 윤9월29일(戊申)로 편년하였다.
2840) 이 뒷부분은 『新唐書』本紀 등에 10월 9일(戊午)로 되어 있다.
2841) 이 기사에는 연대 표기가 없으나, 『資治通鑑』에 의거하여 윤9월29일(戊申)로 편년하였다.

	小京舞 監三人 琴尺一人 舞尺一人 歌尺三人 美知舞 監四人 琴尺一人 舞尺二人 (『三國史記』 32 雜志 1 樂)
신라	王幸新村 設酺奏樂 笳舞 監六人 笳尺二人 舞尺一人 下辛熱舞 監四人 琴尺一人 舞尺二人 歌尺三人 思內舞 監三人 琴尺一人 舞尺二人 歌尺二人 韓岐舞 監三人 琴尺一人 舞尺二人 上辛熱舞 監三人 琴尺一人 舞尺二人 歌尺二人 小京舞 監三人 琴尺一人 舞尺一人 歌尺三人 美知舞 監四人 琴尺一人 舞尺二人 時人爲樂工爲尺 (『三國史節要』 11)
신라	三武幢 (…) 三曰黃衿武幢 (神文王)九年 置 (『三國史記』 40 雜志 9 職官 下)
신라	置黃衿武幢 (『三國史節要』 11)
고구려	又以永昌元年 奉勅差令諸州簡高麗兵士[2842] (「高玄 墓誌銘」: 1999 『박물관연보』 10 (서울대))
고구려	遂命公檢校定襄道左果毅 挑戰五千 橫行十萬 富貴自取 擒骨都之左賢 英略克申 斷 匈奴之右臂 解褐 擢授安東都護府錄事叄軍事 (「南郭生 墓誌銘」: 『全唐文新編』 994; 『全唐文補遺』 2)[2843] 695
고구려	北庭無事 旣聞三表之功 東隅未康 復佇八條之績 冊拜銀靑光祿大夫守安東都護 臨五 部之邊邑 輯九種之遺黎 微暘煦而谷春 巨浪銷而海謐 風夷雜舞 陳于上帝之庭 □子 名貂 納於中虞之府 (…) 雖白狼酋長 幷興來暮之哥 而玄免氓黎 恭軫去思之歎 裹足 萬里 叫閽連月 長社之重次冠恂 襃鄕之願留仲嵩 無以逾也 朝廷嘉焉 復拜安東都護 細侯之再臨幷谷 政敎逾新 次公之覆莅潁川 功名若舊 遷瀛州刺史 改封燕郡公 未幾 又除營州都督 城連渤海 地實漁陽 龔遂理繩 還聞德化 張堪秀麥 復起謳謠 爲五部之 儀表 受三公之晜服 俄而戚連凶愍 地居汚染 實惟人望 特簡天心 沐曠然之殊造 承往 哉之寵命 拜泉州刺史 (「屈突詮 墓誌銘」: 『全唐文補遺』 千唐誌齋新藏專輯)[2844] 691
고구려	父詮 皇銀靑光祿大夫瀛州刺史安東都護上柱國燕郡開國公 (「屈突琁 墓誌銘」 『全唐文 補遺』 千唐誌齋新藏專輯)[2845]

690(庚寅/신라 신문왕 10/唐 載初 1, 周 天授 1/倭 持統 4)

신라	(二月戊申朔)戊午 新羅沙門詮吉級飡北助知等五十人歸化 (『日本書紀』 30 持統紀)
신라	(二月戊申朔)壬申 以歸化新羅韓奈末許滿等十二人 居于武藏國 (『日本書紀』 30 持統 紀)

2842) 이 뒤의 사적에 대해서는 "其年七月 又奉勅簡洛州兵士 便充新平道左三軍摠管征行 天授元年△月九日 恩制改授左豹韜衛行中郞將 門題鶴禁 先從去病之班 衛△豹韜 終得廉頗之選 惟公久懷壯節 早負雄圖 刻石 燕然寶憲 愍其遠略 <鑄>銅交阯馬援 媿以宏材"라고 기록되어 있다.
既千載難追 百年易盡 俄悲石折 奄見山頹

2843) 이 기사에는 연대 표기가 없으나, 定襄道에는 調露元年(679), 永隆 2년(681)에 군사가 파견되었고, 이 뒤에 690년의 행적이 나온다. 그에 따라 680~689년으로 기간편년하고 마지막해인 689년에 배치하였다.

2844) 이 기사에는 연대 표기가 없으나, 이 앞에는 고구려 멸망(668)과 관련된 행적이 있고 屈突詮은 690년 에 사망하였다. 그에 따라 668~689년으로 기간편년하고 마지막해인 689년에 배치하였다.

2845) 이 기사에는 연대 표기가 없으나, 「屈突詮 墓誌銘」에 의거하여 668~689년으로 기간편년하고 마지막 해인 689년에 배치하였다.

신라	春二月 中侍元師病免 阿湌仙元爲中侍 (『三國史記』8 新羅本紀 8)
신라	春二月 中侍元師病免 以阿湌仙元代之 (『三國史節要』11)

백제　　　(五月丙子朔)乙酉 百濟男女廿一人歸化 (『日本書紀』30 持統紀)

백제　　　(八月乙巳朔)乙卯 以歸化新羅人等 居于下毛野國 (『日本書紀』30 持統紀)

신라　　　(九月乙亥朔)丁酉 大唐學問僧智宗義德淨願 軍丁筑紫國上陽咩郡大伴部博麻 從新羅
　　　　　送使大奈末金高訓等 還至筑紫 (『日本書紀』30 持統紀)

고구려	天授元年九月 制授左衛大將軍 員外置同正員 餘竝如故 (「泉獻誠墓誌銘」)
고구려	(天授元年)是歲 以右衛大將軍泉獻誠爲左衛大將軍 太后出金寶 命選南北牙善射者五人賭之 獻誠第一 以讓右玉鈐衛大將軍薛咄摩 咄摩復讓獻誠[2846] 獻誠乃奏言 陛下令選善射者 今多非漢官 竊恐四夷輕漢[2847] 請停此射 太后善而從之 (『資治通鑑』204 唐紀 20 則天順聖皇后)[2848]
고구려	(…) 獻誠 天授中以右衛大將軍兼羽林衛 武后嘗出金幣 於文武官內 擇善射者五人 中者以賜之 內史張光輔先讓獻誠爲第一 獻誠後讓右王鈐衛大將軍薛吐摩支 摩支又讓獻誠 旣而 獻誠奏曰 陛下擇善射者 然多非華人 臣恐唐官以射爲恥 不如罷之 后嘉納 論曰 宋神宗與王介甫論事曰 太宗伐高句麗 何以不克 介甫曰 蓋蘇文非常人也 然則蘇文亦才士也 而不能以直道奉國 殘暴自肆 以至大逆 春秋 君弑賊不討 謂之國無人 而蘇文保腰領 以死於家 可謂幸而免者 男生獻誠雖有聞於唐室 而以本國言之 未免爲叛人者矣 (『三國史記』49 列傳 9 蓋蘇文)[2849]
고구려	天授中 則天嘗內出金銀寶物 令宰相及南北衙文武官內擇善射者五人共賭之 內史張光輔先讓獻誠爲第一 獻誠復讓右玉鈐衛大將軍薛吐摩支 摩支又讓獻誠 旣而獻誠奏曰 陛下令簡能射者五人 所得者多非漢官 臣恐自此已後 無漢官工射之名 伏望停寢此射 則天嘉而從之 (『舊唐書』199上 列傳 149上 高麗)[2850]

신라　　　(冬十月甲辰朔)戊午 遣使者 詔筑紫大宰河內王等曰 饗新羅送使大奈末金高訓等 準上
　　　　　送學生土師宿禰甥等送使之例 其慰勞賜物 一依詔書 (『日本書紀』30 持統紀)

백제　　　(冬十月甲辰朔)乙丑 詔軍丁筑後國上陽咩郡人大伴部博麻曰 於天豐財重日足姬天皇七
　　　　　年 救百濟之役 汝爲唐軍見虜 洎天命開別天皇三年 土師連富杅氷連老筑紫君薩夜麻
　　　　　弓削連元寶兒 四人 思欲奏聞唐人所計 緣無衣糧 憂不能達 於是 博麻謂土師富杅等
　　　　　曰 我欲共汝 還向本朝 緣無衣糧 俱不能去 願賣我身 以充衣食 富杅等 依博麻計 得
　　　　　通天朝 汝獨淹滯他界 於今卅年矣 朕嘉厥尊朝愛國 賣己顯忠 故賜務大肆 幷絁五匹
　　　　　綿一十屯布三十端稻一千束水田四町 其水田及至曾孫也 免三族課役 以顯其功 (『日本
　　　　　書紀』30 持統紀)

2846) 咄 當沒翻
2847) 泉獻誠 高麗泉男生之子 薛咄摩 薛延陀之種 故云然
2848) 그 月이 보이지 않지만, 「泉獻誠墓誌銘」에 9월로 나온다. 따라서 9월로 편년하고 편제하였다.
2849) 본문에는 天授中, 즉 천수 연간인 690~691년으로 되어 있다. 그런데 본문의 내용이 『자치통감』에는 천수 원년(690)의 사건으로 기록되어 있으며 「泉獻誠墓誌銘」에 9월로 나온다. 따라서 690년 9월로 편년하고 편제하였다. 『삼국사절요』에는 691년으로 나온다.
2850) 본문에는 天授中, 즉 천수 연간인 690~691년으로 되어 있다. 그런데 본문의 내용이 『자치통감』에는 천수 원년(690)의 사건으로 기록되어 있으며 「泉獻誠墓誌銘」에 9월로 나온다. 따라서 690년 9월로 편년하고 편제하였다. 『삼국사절요』에는 691년으로 나온다.

신라	冬十月置轉也山郡 (『三國史記』8 新羅本紀 8)
신라	初置轉也山郡 (『三國史節要』11)[2851]
신라	南海郡 神文王初置轉也山郡 海中島也 (『三國史記』34 雜志 3 地理 1)[2852]

신라	十一月甲戌朔庚辰 賞賜送使金高訓等 各有差 (『日本書紀』30 持統紀)

신라	十二月癸卯朔乙巳 送使金高訓等罷歸 (『日本書紀』30 持統紀)

신라	載初元年 授輔國大將軍上柱國臨海郡開國公左羽林軍將軍 (『三國史記』 44 列傳 4 金仁問)
신라	唐授金仁問 輔國大將軍上柱國臨海君開國公左羽林軍將軍 (『三國史節要』11)

신라	皆知戟幢 神文王十年始置 衿色黑赤白 (『三國史記』40 雜志 9 職官 下)
신라	三邊守幢[一云邊守] 神文王十年置 一曰漢山邊 二曰牛首邊 三曰河西邊 無衿 (『三國史記』40 雜志 9 職官 下)
신라	置皆知戟幢 衿色黑赤白 三十九餘甲幢 無衿 又置三邊守幢 一曰漢山邊 二曰牛首邊 三曰河西邊 無衿 (『三國史節要』11)

691(辛卯/신라 신문왕 11/周 天授 2/倭 持統 5)

백제	(春正月癸酉朔)己卯 賜公卿飲食衣裳 優賜正廣肆百濟王餘禪廣直大肆遠寶良虞與南典 各有差 (『日本書紀』30 持統紀)

백제	(春正月癸酉朔)乙酉 增封 皇子高市二千戶 通前三千戶 (…) 正廣肆百濟王禪廣百戶 通前二百戶 直大壹布勢御主人朝臣與大伴御行宿禰八十戶 通前三百戶 其餘增封 各有差 (『日本書紀』30 持統紀)

고구려	(天授)二年二月 奉勅充檢校天樞子來使 兼於玄武北門押運大儀銅等 事未畢 會逆賊來俊臣 秉弄刑獄 恃搖威勢 乃密於公處 求金帛寶物 公惡以賄 交杜而不許 因誣陷他罪 卒以非命 春秋卅二 嗚呼 孫秀利石崇之財 符氏及王家之患 遽而皇明燭曜 天波藻濯 雪幽冤以非罪 申渙汗於褒崇 漢帝之恨」誅晁錯 非無太息 晉皇之追贈馬敦 式加榮寵 (「泉獻誠墓誌銘」)
고구려	唐以獻誠爲右衛大將軍兼羽林衛 武后嘗出金幣 賜善射者五人 內史張元輔先讓 獻誠爲第一 獻誠後讓右王鈐[2853]衛大將軍薛吐摩支 摩支又讓獻誠 既而 獻誠奏曰 陛下擇善射者 然多非華人 臣恐唐官以射爲恥 不如罷之 后嘉納 / 來俊臣嘗求貨 獻誠不荅 乃誣其謀叛 縊殺之 后後知其冤 贈右羽林衛大將軍 以禮改葬[2854]
	金富軾曰 宋神宗與王介甫論事 太宗伐高勾麗 何以不克 介甫曰 蓋蘇文非常人也 然則蘇文亦才士也 而不能以直道奉國 殘暴自肆 以至大逆 春秋 君弒賊不討 謂之國無人 而蘇文保要領以死於家 可謂幸而免者 男生獻誠雖有聞於唐室 而以本國言之 未

2851) 『三國史節要』에는 그 月이 표기되어 있지 않지만, 『三國史記』에 따라 10월에 편제하고 편년하였다.

2852) 본문에는 신문왕 초라고 나오지만, 신라본기에 신문왕 10년 겨울 10월로 나온다. 따라서 신문왕 10년 10월로 편년하고 편제하였다.

2853) 원문의 鈴은 鈐이 맞다.

2854) 본문의 "來俊臣嘗求貨 獻誠不荅 乃誣其謀叛 縊殺之 后後知其冤 贈右羽林衛大將軍 以禮改" 는 692년의 정월의 사실이다.

免爲叛人者矣 (『三國史節要』11)[2855]

신라   春三月一日 封王子理洪爲太子 (『三國史記』8 新羅本紀 8)
신라   春三月 封元子理洪爲太子 大赦 (『三國史節要』11)[2856]

신라   (春三月) 十三日 大赦 (『三國史記』8 新羅本紀 8)
신라   (春三月) 大赦 (『三國史節要』11)[2857]

신라   (春三月十三日) 沙火州獻白雀 (『三國史記』8 新羅本紀 8)
신라   (春三月) 沙火州獻白雀 (『三國史節要』11)[2858]

백제   大周 故明威將軍守右衛龍亭府折衝都尉 陳府君墓誌銘幷序
　　　　君諱法子 字士平 熊津西部人也 昔者 承天握鏡 簫韶聞儀鳳之功 列地分珪 卜兆盛鳴
　　　　鳳之繇 其後連橫縱辯 念舊本於思秦 韞智標奇 謀新工於事楚 瓌姿偉望 代有其人 遠
　　　　祖以衰漢末年 越鯨津而避地 胤緒以依韓導日 託熊浦而爲家 虹玉移居 仍存於重價
　　　　驪珍從握 不昧於殊輝 曾祖春 本邦太學正 恩率 祖德止 麻連大郡將 達率 父微之 馬
　　　　徒郡叅司軍 德率 並英靈傑出 雄略該通 麾管一方 績宣於字育 撫綏五部 業劭於甿謠
　　　　君淸識邁於齠年 雅道彰於卯日 析薪流譽 良冶傳芳 解褐 除旣母郡佐官 歷稟達郡將
　　　　俄轉司軍 恩率 居檢察之務 潔擬壺氷 當藻鑒之司 明逾鏡水 官兵以顯慶五祀 弔人遼
　　　　浿 府君因機一變 請吏明時 恩獎稠疊 仍加賞慰 從其所好 隷此神州 今爲洛陽人也
　　　　六年二月十六日 制授游擊將軍右驍衛政敎府右果毅都尉 乾封二年 除右衛大平府右果
　　　　毅都尉 總章二年 改授寧遠將軍右衛龍亭府折衝都尉 咸亨元年 加階定遠將軍 文明元
　　　　年 又加明威將軍 職事依舊 然以大耋貽歡 恒思鼓缶 通人告老 固請懸車 雲路垂津
　　　　日門迴鑒 特聽致仕 以弘止足
　　　　豈謂輔仁無驗 梁木云摧 唐載初元年二月十三日 終於洛陽縣毓財里之私第 春秋七十
　　　　有六 嗚呼哀哉 大周天授二年歲次辛卯三月壬申朔十六日丁酉 卜宅於邙山之原 禮也
　　　　嗣子神山府果毅龍英 痛風枝之不駐 顧煙隧而長懷 爰託微衷 式旌幽壤 其銘曰
　　　　媧川命氏 遼海爲鄕 三韓挺懿 五部馳芳 其一 猗歟哲士 寔惟英彦 達變因機 革心迴
　　　　面 其二 隆班屢徙 促漏方催 長辭日轡 永去泉臺 其三 久客無歸 異邦有宭 瞻言孤隴
　　　　恒悽苦霧 其四 (「陳法子 墓誌銘」: 『大唐西市博物館藏墓誌』)

백제   (夏四月辛丑朔) 賜大學博士上村主百濟大稅一千束 以勸其學業也 (『日本書紀』30 持
　　　　統紀)

백제   五月辛未朔辛卯 褒美百濟淳武微子壬申年功 賜直大叅 仍賜絁布 (『日本書紀』30 持
　　　　統紀)

백제   九月己巳朔壬申 賜音博士大唐續守言薩弘恪 書博士百濟末士善信 銀人廿兩 (『日本書

2855) 『三國史節要』에는 691년 기사의 마지막에 편제하고 있으나, 「泉獻誠墓誌銘」에 따르면 헌성(獻誠)이 우
　　　위대장군(右衛大將軍) 겸 우림위(羽林衛)가 된 것은 690년 9월이며, 그가 죽은 것은 691년 2월로 나온다.
　　　따라서 본 내용을 2월로 편년하고 편제하였다.
2856) 본문에는 3월로 나오지만, 『三國史記』에는 3월 1일로 나온다. 따라서 3월 1일로 편년하고 편제하였다.
2857) 본문에서 봄 3월로 나오지만, 『三國史記』에는 3월 13일로 나온다. 따라서 3월 13일로 편년하고 편제하
　　　였다.
2858) 본문에서 봄 3월로 나오지만, 『三國史記』에는 3월 13일로 나온다. 따라서 3월 13일로 편년하고 편제하
　　　였다.

紀』30 持統紀)

고구려 大周 故冠軍大將軍行左豹韜衛翊府中郎將 高府君墓誌銘并序
君諱玄 字貴主 遼東三韓人也 昔唐家馭曆 并吞天下 四方合應 啓顙來降 而東夷不賓
據靑海而成國 公志懷雅略 有先見之明 棄彼遺甿 <從>男生而仰化 慕斯聖敎 自東徙
而來王 因而家貫西京 編名赤縣 曾祖寶 任本州都督 祖方 任平壤城刺史 父廉 唐朝
贈泉州司馬 竝三韓貴族 積代簪纓 九種名賢 蟬聯冠冕公侯 必復代有人焉
負扛鼎之雄材 鬱拔山之壯氣 有勑△其驍勇 討以遼東 公誠舊人 實爲諳億 大破平壤
最以先鋒 因之立功 授宜城府左果毅都尉摠管 以公智勇 別奏將行 關塞悚其餘塵 石
梁飮其遺箭 頻蒙擢用 授以官班 又奉弘道元年遺制 外官各加一階 蒙授雲麾將軍 本
官如故 一從征討 十載方還 忠赤無虧 勣勞有裕 至垂拱二年二月 奉勑差行爲神武軍
統領 三年四月 大破賊徒薊北 振其英聲燕南 仰其餘烈 俄而蒙授右玉鈴衛中郎將 又
以永昌元年 奉勑差令諸州簡高麗兵士 其年七月 又奉勑簡洛州兵士 便充新平道左三
軍摠管征行 天授元年△月九日 恩制改授左豹韜衛行中郎將 門題鶴禁 先從去病之班
衛△豹韜 終得廉頗之選 惟公久懷壯節 早負雄圖 刻石燕然寶憲 慙其遠略 <鑄>銅交
阯馬援 愧以宏材
旣千載難追 百年易盡 俄悲石折 奄見山頹 以天授元年十月卄六日 遘疾終於神都合宮
之私第 春秋四十有九 嗟乎 風燭不停 悲人長逝 嗚呼哀哉 粤以大周天授二年辛卯十
月朔十八日 遷窆於北邙之原 禮也 泉臺杳杳 終無再見之期 蒿里<綿><綿> 永絶△言
之會 歟桑田之有革 懼陵谷之將移 勒石紀功 遂爲銘曰
昔爲燕寶 今誠漢珍 大唐驍將 隆周壯臣 早從簪紱 傳之搢紳 時稱有裕 代不乏人[其
一] 肅肅勇夫 昂昂詞△ 弱齡岐嶷 北齒忠正 知機其神 背僞歸聖 縱橫儻儻 何慙去病
[其二] 出△絶域 斬將强胡 不惜身命 戰必忘軀 豈唯弓馬 全高智謀 取彼驍健 拔朽摧
枯[其三] 旋凱非遙 歸鞍尙邇 爪牙△佳 歡娛未已 俄纏固疾 魂飛蒿里 素車就駕 朱旗
忽起[其四] 蒿塗寞寞 泉路<悠><悠> 樹悲風起 山寒日收 親戚慟哭 行旅傷憂 墓門一
掩 期以千秋[其五] △△二月 (「高玄 墓誌銘」: 1999 『박물관연보』 10(서울대))

백제 十二月戊戌朔己亥 賜醫博士務大叁德自珍呪禁博士木素丁武沙宅萬首 銀人廿兩 (『日
本書紀』30 持統紀)

신라 築南原城 (『三國史記』8 新羅本紀 8)
신라 築南原城 (『三國史節要』11)

692(壬辰/신라 신문왕 12, 효소왕 1/周 天授 3, 如意 1, 長壽 1/倭 持統 6)

고구려 (正月) 來俊臣求金於左衛大將軍泉獻誠 不得 誣以謀反 下獄 乙亥(9) 縊殺之[2859] (『
資治通鑑』205 唐紀 21 則天順聖皇后)[2860]
고구려 (一月) 乙亥 殺右武威衛大將軍泉獻誠 (『新唐書』4 本紀 4 則天皇后)
고구려 蓋蘇文 (…) 獻誠 (…) 來俊臣嘗求貨 獻誠不答 乃誣其謀叛 縊殺之 (『三國史記』49
列傳 9 蓋蘇文)[2861]
고구려 時酷吏來俊臣嘗求貨於獻誠 獻誠拒而不答 遂爲俊臣所構 誣其謀反 縊殺之 (『舊唐書』
199上 列傳 149上 高麗)[2862]

2859) 下 遲嫁翻 縊
2860) 『삼국사절요』에는 691년으로 기록되어 있다.
2861) 본문의 내용이 『자치통감』과 『구당서』에 장수 원년(692)의 1월 9일의 일련의 사건으로 기록되어 있다.
따라서 692년 1월 9일로 편년하고 편제하였다.

백제	二月丁酉朔丁未 詔諸官曰 當以三月三日 將幸伊勢 宜知此意 備諸衣物 賜陰陽博士沙門法藏道基 銀廿兩 (『日本書紀』30 持統紀)
신라	春 竹枯 (『三國史記』8 新羅本紀 8)
신라	(春) 唐中宗遣使口 勅曰 我太宗文皇帝 神功聖德 超出千古 故上僊之日 廟號大宗 汝国先王金春秋 與之同號尤 爲僭越 須急改稱 王與羣臣同議 對曰 小国先王春秋諡號 偶與聖祖 廟號相犯 勅令改之 臣敢不惟命是從 然念先王春秋 頗有賢德 況生前得良臣金庾信 同心爲政 一統三韓 其爲功業 不爲不多 捐館之際 一国臣民 不勝哀慕 追尊之號 不覺與聖祖相犯 今聞教勅 不勝恐懼 伏望 使臣復命闕庭 以此上聞 後更無別勅 (『三國史記』8 新羅本紀 8)
신라	春 武后遣使來言曰 我太宗文皇帝 神功聖德 超出千古 故廟號太宗 汝國先王金春秋 與之同號 實爲僭越 須急改之 王語使者曰 臣敢不惟命 然念先王春秋頗有賢德 又得良臣金庾信 一統三韓 其功業不爲不多 及薨逝 一國臣民不勝哀慕 追尊之號 不覺相犯 今聞教勅 不勝恐懼 願以此上聞 後更無勅 (『三國史節要』11)
신라	神文王時 唐高宗遣使新羅曰 朕之聖考 得賢臣魏徵李淳風等 協心同德 一統天下 故爲太宗皇帝 汝新羅海外小國 有太宗之號 以僭天子之名 義在不忠 速改其號 新羅王上表曰 新羅雖小國 得聖臣金庾信 一統三國 故封爲太宗 帝見表乃思 儲貳時有天唱空云 三十三天之一人 降於新羅爲庾信 紀在於書 出檢視之 驚懼不已 更遣使許無改太宗之號 (『三國遺事』1 紀異 1 太宗春秋公)[2863]
신라	薛聰 字聰智 祖談捺奈麻 父元曉 初爲桑門 淹該佛書 旣而返本 自號小性居士 聰性明銳 生知道待[術] 以方言讀九經 訓導後生 至今學者宗之 又能屬文 而世無傳者 但今南地 或有聰所製碑銘 文字缺落不可讀 竟不知其何如也 / 神文大王 以仲夏之月 處高明之室 顧謂聰曰 今日 宿雨初歇 薰風微涼 雖有珍饌哀音 不如高談善謔以舒伊鬱 吾子必有異聞 盍爲我陳之 聰曰 唯 臣聞昔花王之始來也 植之以香園 護之以翠幕 當三春而發艶 凌百花而獨出 於是 自邇及遐 艶艶之靈 夭夭之英 無不奔走上謁 唯恐不及 忽有一佳人 朱顔玉齒 鮮粧靚服 伶俜而來 綽約而前 曰 妾履雪白之沙汀 對鏡淸之海 而沐春雨以去垢 快[袂]淸風而自適 其名曰薔薇 聞王之令德 期薦枕於香帷 王其容我乎 又有一丈夫 布衣韋帶 戴白持杖 龍鍾而步 傴僂而來 曰 僕在京城之外 居大道之旁 下臨蒼茫之野景 上倚嵯峨之山色 其名曰白頭翁 竊謂左右供給雖足 膏粱以充腸 茶酒以淸神 巾衍儲藏 須有良藥以補氣 惡右以蠲毒 故曰雖有絲麻 無棄菅蒯 凡百君子 無不代匱 不識 王亦有意乎 或曰 二者之來 何取何捨 花王曰 丈夫之言 亦有道理 而佳人難得 將如之何 丈夫進而言曰 吾謂王聰明識理義 故來焉耳 今則非也 凡爲君者 鮮不親近邪佞 疏遠正直 是以 孟軻不遇以終身 馮唐郎潛而皓首 自古如此 吾其奈何 花王曰 吾過矣 吾過矣 於是 王愀然作色曰 子之寓言 誠有深志 請書之 以謂王者之戒 遂擢聰以高秩 世傳日本國眞人 贈新羅使薛判官詩序云 嘗覽元曉居士所著金剛三昧論 深恨不見其人 聞新羅國使薛 卽是居士之抱孫 雖不見其祖 而喜遇其孫 乃作詩贈之 其詩至今存焉 但不知其子孫名字耳 至我顯宗在位十三歲 天禧五年辛酉 追贈爲弘儒侯 或云 薛聰嘗入唐學 未知然不 (『三國史記』46 列傳 6 薛聰)[2864]

2862) 본문의 내용이 『자치통감』과 『구당서』에 장수 원년(692)의 1월 9일의 일련의 사건으로 기록되어 있다. 따라서 692년 1월 9일로 편년하고 편제하였다.

2863) 본문에서는 신문왕 때라고 되어 있으나 『삼국사기』 신문왕 12년조에 의거하여 692년으로 편년하고 편제하였다.

신라 　王嘗燕居 引薛聰謂曰 今日 宿雨初歇 薰風微涼 高談善謔可以舒鬱 子必有異聞 盍爲
　　　　我陳之 聰曰 唯臣聞昔花王之始來也 植之香園 護以翠幕 當三春而發艶 凌百花而獨
　　　　出 於是 艶艶之靈 夭夭之英 無不奔走上謁 忽有一佳人 名曰薔薇 朱顔玉齒 鮮粧靚
　　　　服 伶俜而來 綽約而前 曰 妾聞王之令德 願薦枕於香帷 王其容我乎 又有一丈夫 名
　　　　曰白頭翁 布衣韋帶 戴白持杖 龍鍾而步 傴僂而來 曰 僕在京城之外 居大道之旁 竊
　　　　謂左右供給 膏粱雖足 巾衍儲藏 須有良藥 故曰雖有絲麻 無棄菅[2865]蒯 不識 王亦有
　　　　意乎 王曰 丈夫之言 亦有道理 而佳人難得 將如之何 丈夫曰 凡爲君者 莫不親近老
　　　　成而興 昵比夭艶而亡 然而夭艶易合 老成難親 是以 夏姬亡陳 西施滅吳 孟軻不遇以
　　　　終身 馮唐郎潛而皓首 自古如此 吾其奈何 花王謝曰 吾過矣 於是 王愀然作色 曰 子
　　　　之言 諷諭深切 請書之以爲戒 遂擢聰高秩 聰字聰智 祖奈麻談捺 父元曉 元曉嘗爲沙
　　　　門 淹該佛書 旣而返本 自號小性居士 娶瑤石宮寡夫人生聰 聰生而明銳 旣長博學 能
　　　　以方言解九經義 訓導後生 又善屬文 (『三國史節要』11)[2866]

신라 　例作府 (…) 卿二人 神文王置 位與司正卿同 (『三國史記』38 雜志 7 職官 上)[2867]
신라 　位和府 (…) 上堂二人 神文王置 聖德王二年加一人 (『三國史記』38 雜志 7 職官
　　　　上)[2868]

신라 　强首 (…) 至神文大王時卒 葬事官供其贈 贈衣物匹段尤多 家人無所私 皆歸之佛事
　　　　其妻乏於食 欲還鄕里 大臣聞之 請王賜租百石 妻辭曰 妾賤者也 衣食從夫 受國恩多
　　　　矣 今旣獨矣 豈敢再辱厚賜乎 遂不受而歸 / 新羅古記曰 文章則强首帝文守眞良圖風
　　　　訓骨番 帝文已下事逸 不得立傳 (『三國史記』46 列傳 6 强首)[2869]

신라 　初 述宗公爲朔州都督使 將歸理[2870]所 時三韓兵亂以騎兵三千護送之 行至竹旨嶺 有
　　　　一居士平理其嶺路 公見之歎美 居士亦善公之威勢赫甚 相感於心 公赴州理[2871]隔一
　　　　朔 夢見居士入于房中 室家同夢驚怪尤甚 翌日使人問其居士安否 人曰 居士死有日矣
　　　　使來還告 其死與夢同日矣 公曰 殆居士誕於吾家爾 更發卒修葬於嶺上北峯 造石彌勒
　　　　一軀安於塚前 妻氏自夢之日有娠 旣誕 因名竹旨 壯而出仕與庾信公爲副帥統三韓 眞
　　　　德太宗文武神文四代爲冢宰 安定厥邦 初得烏谷 慕郞而作歌曰 去隱春皆理米 毛冬居
　　　　叱沙 哭屋尸以憂音 阿冬音乃叱好支賜烏隱 貌史年數就音墮支行齊 目煙廻於尸七史
　　　　伊衣 逢烏支惡知作乎下是 郞也慕理尸心未 行乎尸道尸 蓬次叱巷中 宿尸夜音有叱下
　　　　是 (『三國遺事』2 紀異 2 孝昭王代 竹旨郞)[2872]

2864) 본문에 神文王이 나오지만, 그 연도가 보이지 않는다. 따라서 681년부터 692년까지 기간편년하며 그
　　달은 본문에 仲夏가 보이므로 5월에 편제하였다.
2865) 원문의 管은 菅이 맞다.
2866) 본문에 神文王이 나오며 그 연도가 보이지 않는다. 따라서 681부터 692년까지 기간편년하며 그 달
　　은 『삼국사기』 본문에 仲夏가 보이므로 5월에 편제하였다.
2867) 본문에 神文王이 나온다. 따라서 681부터 692년까지 기간편년하고 신문왕이 죽은 전달인 692년 6월
　　에 편제하였다.
2868) 본문에 神文王이 나온다. 따라서 681부터 692년까지 기간편년하고 신문왕이 죽은 전달인 692년 6월
　　에 편제하였다.
2869) 본문에는 강수가 죽은 것은 신문왕 때라고 한다. 따라서 신문왕 재위 기간인 681~692년으로 기간 편
　　년하고 신문왕이 죽기 전인 달인 6월에 편제하였다. 그런데 『삼국사절요』에는 효소왕 원년에 편제되어 있
　　다.
2870) 治(고려 성종)의 避이다.
2871) 治(고려 성종)의 避이다.
2872) 죽지랑은 진덕, 태종, 문무, 신문 4대에 걸쳐 재상이었다고 한다. 따라서 신문왕 연간으로 기간편년하
　　고 말년에 편제하였다.

신라	神文王代大德憬興姓水氏 熊川州人也 年十八出家遊刃三藏望重一時 開耀元年(681)文武王將昇遐顧命於神文曰 憬興法師可爲國師 不忘朕命 神文卽位曲爲國老住三郎寺 / 忽寢疾彌月 有一尼来謁候之 以華嚴経中善友原病之說爲言曰 今師之疾憂勞所致喜笑可治 乃作十一樣面貌各作俳諧之舞 巉巖成削變態不可勝言 皆可脫頤 師之病不覺洒然 尼遂出門乃入南巷寺[寺在三郎寺南]而隐 所將杖子在幀畫十一面圓通像前 / 一日将入王宮從者先備於東門之外 鞍騎甚都靴笠斯陳行路爲之辟易 一居士[一云沙門] 形儀疎率手杖皆筐来憩于下馬臺上 視筐中乾魚也 從者呵之曰 爾着緇奚負觸物耶 僧曰 與其挾生肉於兩服間皆真三市之枯魚有何所嫌 言訖起去 興方出門聞其言使人追之 至南山文殊寺之門外抛筐而隐 杖在文殊像前 枯魚乃松皮也 使来告 興聞之嘆曰 大聖来戒我騎畜爾 終身不復騎 興之徳馨遺味俗載釋玄本所撰三郎寺碑 嘗見普賢章經彌勒菩薩言 我當来世生閻浮提先度釋迦末法弟子 唯除騎馬比丘不得見佛 可不警哉 讚曰 昔賢垂範意弥多 胡乃児孫莫切瑳 背底枯魚猶可事 那堪他日負龍華 (『三國遺事』5 感通7 憬興遇聖)[2873]
신라	秋七月 王薨 謚曰神文 葬狼山東 (『三國史記』8 新羅本紀 8)
신라	孝昭王 立 諱理洪[一作恭] 神文王太子 母姓金氏 神穆王后 一吉湌金欽運[一云雲]女也 (『三國史記』8 新羅本紀 8)[2874]
신라	秋七月 王薨 謚曰神文 葬狼山東 太子理洪立 (『三國史節要』11)
신라	唐 則天遺使吊祭 仍冊王爲新羅王輔國大將軍行左豹韜尉大將軍雞林州都督 (『三國史記』8 新羅本紀 8)
신라	(秋七月) 武后遺使弔祭 仍冊王爲新羅王輔國大將軍行左豹韜尉大將軍雞林州都督 (『三國史節要』11)
신라	天授三年 政明卒 則天爲之擧哀 遣使弔祭 冊立其子理洪爲新羅王 仍令襲父輔國大將軍 行豹韜衛大將軍雞林州都督 (『舊唐書』199上 列傳 149上 新羅)[2875]
신라	(政明) 死 子理洪襲王 (『新唐書』220 列傳 145 新羅)[2876]
신라	(秋七月) 改左右理方府爲左右議方府 理犯諱故也 (『三國史記』8 新羅本紀 8)
신라	(秋七月) 改左右理方府爲左右議方府 避王諱也 (『三國史節要』11)
신라	左理方府 眞德王五年置 孝昭王元年 避大王諱 改爲議方府 (『三國史記』38 雜志 7 職官 上)[2877]
신라	八月 以大阿湌元宣爲中侍 (『三國史記』8 新羅本紀 8)
신라	八月 以大阿湌元宣爲中侍 (『三國史節要』11)
신라	(八月) 高僧道證自唐迴 上天文圖 (『三國史記』8 新羅本紀 8)
신라	(八月) 僧道證自唐回 上天文圖 (『三國史節要』11)

2873) 경흥은 신문왕대의 고승이다. 신문왕은 681~692년까지 재위하였다. 따라서 681~692년으로 기간편년하고 신문왕이 薨하기 이전에 편제하였다.

2874) 『三國遺事』1 王曆 1 第三十二孝昭王조에는 "名悝恭[一作洪] 金氏 父神文王 母神穆王后 壬辰立 理十年 陵在望德寺東"이라고 하였다.

2875) 그 월이 기재되어 있지 않으나, 『삼국사기』 신문왕 훙년에 따라 7월로 편년하고 편제하였다. 한편 신문왕이 죽고 효소왕이 왕위에 즉위하는 것과 관련해서 『冊府元龜』964 外臣部 9 封冊 2에는 長壽二年(693)의 사실로 나온다.

2876) 연도와 월이 기재되어 있지 않으나, 『삼국사기』 신문왕 훙년 및 효소왕 즉위년에 근거하여 692년 7월로 편년하고 편제하였다.

2877) 月이 기재되어 있지 않으나, 『삼국사기』와 『삼국사절요』에 따라 7월로 편년하고 편제하였다.

신라　　　　鷄林之北岳曰金剛嶺　山之陽有栢栗寺　寺有大悲之像一軀　不知作始　而靈異頗著　或云
　　　　　　是中國之神匠　塑衆生寺像時幷造也　諺云　此大聖曾上忉利天　還來入法堂時　所履石上
　　　　　　脚迹　至今不刓　或云　救夫禮郎還來時之所視迹也　天授三年壬辰九月七日　孝昭王奉大
　　　　　　玄薩喰之子夫禮郎爲國仙　珠履千徒　親安常尤甚 (『三國遺事』3 塔像 4 栢栗寺)

신라　　　　冬十月壬戌朔壬申　授山田史御形務廣肆　前爲沙門　學問新羅 (『日本書紀』30 持統紀)

신라　　　　十一月辛卯朔戊戌　新羅遣級飡朴億德金深薩等進調　賜擬遣新羅使直廣肆息長眞人老
　　　　　　務大貳川內忌寸連等祿　各有差 (『日本書紀』30 持統紀)

신라　　　　(十一月辛卯朔)辛丑　饗祿新羅朴憶德於難波館 (『日本書紀』30 持統紀)

신라　　　　(十二月辛酉朔)甲申　遣大夫等　奉新羅調於五社　伊勢住吉紀伊大倭菟名足 (『日本書紀
　　　　　　』30 持統紀)

신라　　　　醫學 孝昭王元年初置　敎授學生　以本草經甲乙經素問經針經脉經明堂經難經爲之業 (『三國史記』39 雜志 8 職官 中)

신라　　　　置醫學博士二人　敎授學生　以本草甲乙經素問針經脉經明堂經難經爲業　又置律令典
　　　　　　博士六人　藪宮典 大舍二人 史二人 (『三國史節要』11)

신라　　　　沙餐强首卒　王禮葬之　賻贈優厚　其妻盡供喪事乏食　欲還鄕里　王聞之　賜租百石　辭曰
　　　　　　妾賤者也　夫在之日　受國恩多矣　今縱未亡　豈敢再辱厚賜乎　遂不受而去 (『三國史節要
　　　　　　』11)[2878]

신라　　　　△遠雅志　△蘭而△　△△ (「四天王寺址 碑片」1)[2879]
신라　　　　年△　次壬辰 凶△悼 (「四天王寺址 碑片」2)[2880]

신라　　　　及神文王崩孝昭即位　修山陵除葬路　鄭氏之栁當道有司欲伐之　恭恚曰　寧斬我頭莫伐
　　　　　　此樹　有司奏聞　王大怒命司寇曰　鄭恭恃王和尚神術将謀不遜　侮逆王命言斬我頭宜從
　　　　　　所好　乃誅之坑其家　朝議　王和尚與恭甚厚應有忌嫌　宜先圖之　乃徵甲尋捕　通在王望
　　　　　　寺　見甲徒至登屋携砂瓶硏朱筆而呼曰　見我所爲　乃於瓶項抹一畫曰　爾輩宜各見項　視
　　　　　　之皆朱畫相視愕然　又呼曰　若斷瓶項應斷爾項如何　其徒奔走以朱項赴王　王曰　和尚神
　　　　　　通豈人力所能圖　乃捨之　王女忽有疾詔通治之　疾愈王大悅　通因言　恭被毒龍之汚濫膺
　　　　　　國刑　王聞之心悔乃免恭妻孥　拜通爲國師　龍既報寃於恭徃機張山爲熊神　慘毒滋甚民
　　　　　　多梗之　通到山中諭龍授不殺戒　神害乃息　初神文王　發疽背請候於通　通至呪之立活
　　　　　　乃曰　陛下曩昔爲宰官身誤決臧人信忠爲隷　信忠有怨生生作報　今兹惡疽亦信忠所祟
　　　　　　宜爲忠創伽藍　奉寘祐以解之　王深然之　創寺号信忠奉聖寺　寺成空中唱云　因王創寺脫
　　　　　　苦生天怨已解矣[或本載此事於眞表傳中　誤]因其唱地置折怨堂　堂與寺今存 (『三國遺
　　　　　　事』5 神呪 6 惠通降龍)[2881]

2878) 『삼국사절요』에는 효소왕 원년에 편제되어 있으나, 『삼국사기』에는 강수가 죽은 것은 신문왕 때라고
　　　하였다. 따라서 신문왕 재위 기간인 681~692년으로 기간 편년하고 신문왕이 죽기 전인 달인 6월에 편제
　　　하였다.
2879) 비의 제작연대는 사천왕사가 세워진 문무왕대로 추정되나, <비편2>에 보이는 '壬辰'이라는 간지를 고려
　　　하면 孝昭王 1년(692) 이후일 가능성도 있다. 따라서 692년에도 편제하였다.
2880) 비의 제작연대는 사천왕사가 세워진 문무왕대로 추정되나, <비편2>에 보이는 '壬辰'이라는 간지를 고려
　　　하면 孝昭王 1년(692) 이후일 가능성도 있다. 따라서 692년에도 편제하였다.

신라 　　　　　 長壽元年壬辰 孝昭即位 始創望德寺將以奉福唐室 (『三國遺事』5 感通 7 真身受供)

693(癸巳/신라 효소왕 2/周 長壽 2/倭 持統 7)

백제 　　　　　 (春正月辛卯朔)乙巳 以正廣叄 贈百濟王善光 幷賜賻物 (『日本書紀』30 持統紀)

신라 　　　　　 二月庚申朔壬戌 新羅遣沙湌江南韓奈麻金陽元等 來赴王喪 (『日本書紀』30 持統紀)

신라 　　　　　 (二月庚申朔)己丑 以流來新羅人牟自毛禮等卅七人 付賜憶德等(『日本書紀』30 持統紀)

신라 　　　　　 館陶郭公姬 薛氏墓誌銘
　　　　　　　　 姬人姓薛氏 本東明國王金氏之允也 昔金王有愛子 別食於薛 因爲姓焉 世不與金氏爲姻 其高僧皆金王貴臣大人也 父永沖 有唐高宗時 與金仁問歸國 帝疇厥庸 拜左武衛將軍
　　　　　　　　 姬人幼有玉色 發於穠華 若彩雲朝升 微月宵映也 故家人美之 少號仙子 聞嬴臺有孔雀鳳凰之事 瑤情悅之 年十五 大將軍薨 遂剪髮出家 將學金仙之道 而見寶手菩薩 靜心六年 靑蓮不至 乃謠曰 花雲心兮思淑貞 洞寂滅兮不見人 瑤草芳兮思菦菣 將奈何兮<分>靑春 遂返初服而歸我郭公 郭公豪蕩而好奇者也 雜佩以迎之 寶瑟以友之 其相得如靑鳥翡翠之婉孿矣
　　　　　　　　 華繁艶歇 樂極悲來 以長壽二年太歲癸巳二月十七日 遇暴疾而卒於通泉縣之官舍 嗚呼哀哉 郭公恍然 猶若未亡也 寶珠以含之 錦衾而擧之 故國途遙 言歸未迨 留殯於縣之惠普寺之南園 不忘眞也 銘曰
　　　　　　　　 高邱之白雲兮 願一見之何期 哀淑人之永逝 感紺園之春時 願作靑鳥長比翼 魂魄歸來遊故國 (「薛氏夫人 墓誌銘」:『全唐文新編』216)

백제 　　　　　 (三月庚寅朔)甲午 賜大學博士勤廣貳上村主百濟食封卅戶 以優儒道 (『日本書紀』30 持統紀)

신라 　　　　　 天授四年[長壽二年]癸巳暮春之月 領徒遊金蘭到北溟之境 被狄賊所掠而去 門客皆失措而還 獨安常追迹之 是三月十一日也 / 大王聞之驚駭不勝曰 先君得神笛傳于朕躬 今與玄琴藏在內庫 因何國仙忽爲賊俘爲之奈何[琴笛事具載別傳] 時有瑞雲覆天尊庫 王又震懼使撿之 庫內失琴笛二寶 乃曰 朕何不予昨失國仙又亡琴笛 乃囚司庫吏金貞高等五人 (『三國遺事』3 塔像 4 栢栗寺)

신라 　　　　　 (三月庚寅朔)乙巳 賜擬遣新羅使直廣肆息長眞人老勤大貳大伴宿禰子君等 及學問僧辨通神叡等 絁綿布 各有差 又賜新羅王賻物 (『日本書紀』30 持統紀)

신라 　　　　　 (天授四年[長壽二年])四月 募於國曰 得琴笛者賞之一歲租 (『三國遺事』3 塔像 4 栢栗寺)

신라 　　　　　 (天授四年[長壽二年])五月十五日 郎二親就栢栗寺大悲像前 禋祈累夕 忽香卓上得琴笛二寶 而郎常二人來到於像後 二親顚喜問其所由來 郎曰 予自被椋爲波國大都仇羅家

2881) 본문의 '信忠奉聖寺'와 관련해서는 『三國국사기』 신문왕 5년조에 봉성사 완성 기사가 있다.

之牧子 放牧於大烏羅尼野[一本作都仇家奴 牧於大磨之野] 忽有一僧容儀端正 手携琴
笛來慰曰 憶桑梓乎 予不覺跪于前曰 眷戀君親何論其極 僧曰 然則宜從我來 遂率至
海壖 又與安常會 乃批笛爲兩分與二人各乘一隻 自乘其琴泛泛歸來 俄然至此矣 於是
具事馳聞 王大驚使迎郎 隨琴笛入內 施鑄金銀五器二副各重五十兩 摩衲袈裟五領大
綃三千疋 田一萬頃納於寺 用荅慈庥焉 大赦國內 賜人爵三級 復民租三年 主寺僧移
住奉聖 封郎爲大角干[羅之冢宰爵名] 父大玄阿喰爲大大角干 母龍寶夫人爲沙梁部鏡
井宮主 安常師爲大統 司庫五人皆免賜爵各五級 (『三國遺事』3 塔像 4 栢栗寺)

신라　　　六月己未朔 詔高麗沙門福嘉還俗 (『日本書紀』30 持統紀)

신라　　　(天授四年[長壽二年])六月十二日有彗星孛于東方 (『三國遺事』3 塔像 4 栢栗寺)

신라　　　(天授四年[長壽二年]六月)十七日又孛于西方 日官奏曰 不封爵於琴笛之瑞 於是冊号神
笛爲萬萬波波息 彗乃滅 後多靈異文煩不載 世謂安常爲俊永郎徒 不之審也 永郎之徒
唯眞才繁完等知名 皆亦不測人也[詳見別傳] (『三國遺事』3 塔像 4 栢栗寺)

탐라　　　(十一月丙戌朔)壬辰 賜耽羅王子佐平等 各有差 (『日本書紀』30 持統紀)
탐라　　　(持統天皇)七年十一月壬辰[七] (『類聚國史』99 殊俗部 耽羅)

신라　　　九誓幢 (…) 四曰緋衿誓幢 文武王十二年始置長槍幢 孝昭王二年改爲緋衿誓幢 (『三
國史記』40 雜志 9 職官 下)

신라　　　(…) 至孝昭大王代 天授四年癸巳 因失禮郎生还之異 更封號曰万万波波息笛 詳見彼
傳 (『三國遺事』2 紀異 2 万波息笛)

신라　　　(唐)長壽二年 新羅王金政明卒 爲之擧哀 遣使弔祭 冊其子理洪 爲新羅王 仍令襲父輔
國大將軍行左豹韜衛大將軍雞林州都督 (『冊府元龜』964 外臣部 9 封冊 2)[2882]

신라　　　沙門菩提流志 本名達摩流支 唐言法希 天后改爲菩提流志 唐云覺愛 南印度人 (…)
曁天后御極方赴帝京 以長壽二年癸巳創達都邑 卽以其年於佛授記寺譯寶雨經一部[十
卷] 中印度王使沙門梵摩同宣梵本 又於大周東寺及佛授記寺譯 文殊師利所說不思議佛
境界經一部[二卷] 實相般若波羅蜜經[一卷] 大乘金剛髻珠菩薩修行分[一卷] 大乘伽耶
山頂經[一卷] 六字神呪經[一卷] 護命法門神呪經[一卷] 有德女所問大乘經[一卷] 般若
波羅蜜多那經[一卷] 妙慧童女所問經[一卷] 不空羂索呪心經[一卷] 妙德婆羅門女問佛
轉何法輪經[一卷] 智猛長者問經[一卷] 佛入毘耶離除一切鬼病經[一卷] 邪耶經[一卷]
大陀羅尼經[一卷] 文殊師利呪法藏經[一卷] 一字呪王經[一卷] 無迦略曳菩薩造廣大摩
尼秘密善住經[一卷] 釋般若六字三句論[一卷] 已上二十部合三十卷 沙門行感等同譯
沙門戰陀婆羅門李無諂譯語 沙門慧智證譯語 沙門處一等筆受 沙門思玄等綴文 沙門
圓測神英等證義 司賓寺丞孫辟監譯 (『古今譯經圖紀』 大唐傳譯之餘 沙門菩提流志
圓測)
신라　　　沙門菩提流志 本名達摩流支 唐言法希 天后改爲菩提流志 唐云覺愛 南印度人 (…)
曁天后御極方赴帝京 以長壽二年癸巳 創達都邑 卽以其年於佛授記寺譯寶雨經 中印
度王使沙門梵摩同宣梵本 沙門戰陀居士婆羅門李無諂譯語 沙門慧智證譯語 沙門處一

2882) 『三國史記』 등에는 신문왕이 죽고 효소왕이 왕위에 즉위하는 것과 관련해서 692년 7월로 나온다.

等筆受 沙門思玄等綴文 沙門圓測神英等證義 司賓寺丞孫辟監護 (『開元釋敎錄』9 總括群經錄上之九 沙門菩提流志 圓測)

신라 (天后)以長壽二年癸巳創達都邑 [菩提流志]卽以其年於佛授記寺譯寶雨經 中印度王使沙門梵摩同宣梵本 沙門戰陀居士婆羅門李無諂譯 沙門慧智證語 沙門處一等筆受 沙門思玄等綴文 沙門圓測神英等證義 司賓寺亟孫辟監護 (『開元新定釋敎目錄』14 總集群經錄上之十四 沙門菩提流志 圓測)

694(甲午/신라 효소왕 3/周 長壽 3, 延載 1/倭 持統 8)

신라	春正月 親祀神宮 大赦 (『三國史記』8 新羅本紀 8)
신라	春正月 王親祀神宮 大赦 (『三國史節要』11)

신라	(春正月) 以文穎爲上大等 (『三國史記』8 新羅本紀 8)
신라	(春正月) 以文穎爲上大等 (『三國史節要』11)

백제 (三月甲申朔)己亥 詔曰 粵以七年歲次癸巳 醴泉涌於近江國益須郡都賀山 諸疾病人停宿益須寺 而療差者衆 (…) 賜其初驗醴泉者 葛野羽衝百濟土羅羅女 人絁二匹布十端鍬十口 (『日本書紀』30 持統紀)

신라 延載元年四月二十九日 寢疾薨於帝都 享年六十六 訃聞 上震悼 贈襚加等 命朝散大夫行司禮寺大醫署令陸元景 判官朝散郎直司禮寺某等 押送靈柩 (『三國史記』44 列傳 4 金仁問)

신라 夏四月 金仁問在唐卒于唐 武后震悼 贈襚加等 命朝散大夫行司禮寺大醫署令陸元景 判官朝散郎直司禮寺某等 送柩 王追贈太大角干 命有司葬于京西原 仁問七入唐 宿衛凡二十二年 (『三國史節要』11)[2883]

신라 金仁問在唐卒 年六十六 (『三國史記』8 新羅本紀 8)[2884]

발해 延載元年臘月甲戌 突厥黙啜寇靈州 右鷹揚衛大將軍李多祚敗之 (『新唐書』4 本紀 4 則天皇后)

신라	冬 築松岳牛岑二城 (『三國史記』8 新羅本紀 8)
신라	冬 築松岳牛岑二城 (『三國史節要』11)

신라 고려 松岳郡 本高句麗扶蘇岬 孝昭王三年築城 景德王因之 我太祖開國爲王畿 (『三國史記』35 雜志 4 地理 2)[2885]

695(乙未/신라 효소왕 4/周 證聖 1, 天冊萬歲 1, 萬歲登封 1/倭 持統 9)

신라 三月戊申朔己酉 新羅遣王子金良琳補命薩飡朴强國等 及韓奈麻金周漢金忠仙等 奏請國政 且進調獻物 (『日本書紀』30 持統紀)

신라 唐武三思撰 正書 無姓名 證聖元年五月 (「神昉法師 塔銘」: 『金石刻叢編』7)

2883) 『三國史記』44 列傳 4 金仁問조에 김인문은 4월 29일에 죽었다고 하였다. 따라서 본문에서는 4월로 나오지만, 4월 29일로 편년하고 편제하였다.
2884) 본문에는 月·日이 나오지 않지만, 『三國史記』44 列傳 4 金仁問조에 김인문은 4월 29일에 죽었다고 하였다. 따라서 4월 29일로 편년하고 편제하였다.
2885) 본문에는 그 月이 보이지 않지만, 『三國史記』新羅本紀 등에 冬으로 나온다. 따라서 10월~12월로 기간편년하고 12월에 편제하였다.

| 신라 | (秋七月丙午朔)辛未 賜擬遣新羅使直廣肆小野朝臣毛野務大貳伊吉連博德等物 各有差 (『日本書紀』30 持統紀) |

| 신라 | (九月乙巳朔)庚戌 小野朝臣毛野等 發向新羅 (『日本書紀』30 持統紀) |

| 신라 | 以立子月爲正 (『三國史記』8 新羅本紀 8)[2886] |
| 신라 | 武后以建子月爲正 (『三國史節要』11)[2887] |

| 신라 | 拜愷元爲上大等 (『三國史記』8 新羅本紀 8)[2888] |
| 신라 | 拜愷元爲上大等 (『三國史節要』11)[2889] |

| 신라 | 孝昭大王追贈太大角干 命有司 以延載二年十月二十七日 窆于京西原 / 仁問七入大唐 在朝宿衛 計月日凡二十二年 時亦有良圖海湌 六入唐 死于西京 失其行事始末 (『三國史記』44 列傳 4 金仁問) |

| 신라 | 冬十月 京都地震 (『三國史記』8 新羅本紀 8) |
| 신라 | 冬十月 京都地震 (『三國史節要』11) |

| 신라 | (冬十月) 中侍元宣退老 (『三國史記』8 新羅本紀 8) |
| 신라 | (冬十月) 中侍元宣辭老 (『三國史節要』11) |

신라	(冬十月) 置西南二市 (『三國史記』8 新羅本紀 8)
신라	(冬十月) 置西南二市 各置監二人 △△△人 (『三國史節要』11)
신라	西市典 孝昭王四年置 (『三國史記』38 雜志 7 職官 上)[2890]
신라	南市典 亦孝昭王四年置 (『三國史記』38 雜志 7 職官 上)[2891]

| 신라 | 調府 (…) 史八人 孝昭王四年加二人 位與兵部史同 (『三國史記』38 雜志 7 職官 上) |
| 신라 | 加置調府史二人 位與兵部史同 (『三國史節要』11) |

| 고구려 | (…) 公諱足酉 字足酉 遼東平壤人也 (…) 證聖元年 造天樞成 悅像子來 彫鐫乃就 (…) 壯矣哉 遭乎斯時也 卽封高麗蕃將 漁陽郡開國公 食邑二千戶 (…) (「高足酉 墓誌銘」: 2001 『歷史敎育論集』26) |

696(丙申/신라 효소왕 5/周 萬歲登封 2, 萬歲通天 1/倭 持統 10)

| 백제 | (春正月甲申朔)甲寅 以直大肆 授百濟王南典 (『日本書紀』30 持統紀) |

| 신라 | 春正月 伊湌幢元爲中侍 (『三國史記』8 新羅本紀 8) |

2886) 본문에는 10월 이전에 기록되어 있다. 따라서 1~9월로 기간편년하고 9월에 편제하였다.
2887) 본문에는 10월 이전에 기록되어 있다. 따라서 1~9월로 기간편년하고 9월에 편제하였다.
2888) 본문에는 10월 이전에 기록되어 있다. 따라서 1~9월로 기간편년하고 9월에 편제하였다.
2889) 본문에는 10월 이전에 기록되어 있다. 따라서 1~9월로 기간편년하고 9월에 편제하였다.
2890) 본문에는 그 月이 기록되어 있지 않지만, 『三國史記』新羅本紀 등에 10월로 나온다. 따라서 10월로 편년하고 편제하였다.
2891) 본문에는 그 月이 기록되어 있지 않지만, 『三國史記』新羅本紀 등에 10월로 나온다. 따라서 10월로 편년하고 편제하였다.

신라	春正月 以伊湌幢元爲中侍 (『三國史節要』 11)

신라	夏四月 國西旱 (『三國史記』 8 新羅本紀 8)
신라	夏四月 國西旱 (『三國史節要』 11)

발해	萬歲通天年 契丹李盡忠反叛 祚榮與靺鞨乞四比羽各領亡命東奔 保阻以自固 盡忠旣死 則天命右玉鈐衛大將軍李楷固率兵討其餘黨 先破斬乞四比羽 又度天門嶺以迫祚榮 祚榮合高麗靺鞨之衆以拒楷固 王師大敗 楷固脫身而還 屬契丹及奚盡降突厥 道路阻絶 則天不能討 祚榮遂率其衆東保桂婁之故地 據東牟山 築城以居之 祚榮驍勇善用兵 靺鞨之衆及高麗餘燼 稍稍歸之 (『舊唐書』 199下 列傳 149下 北狄 渤海靺鞨)
발해	萬歲通天中 契丹 盡忠殺營州都督趙翽反 有舍利乞乞仲象者 與靺鞨酋乞四比羽及高麗餘種東走 度遼水 保太白山之東北 阻奧婁河 樹壁自固 武后封乞四比羽爲許國公 乞乞仲象爲震國公 赦其罪 比羽不受命 后詔玉鈐衛大將軍李楷固中郞將索仇擊斬之 是時仲象已死 其子祚榮引殘痍遁去 楷固窮躡 度天門嶺 祚榮因高麗靺鞨兵拒楷固 楷固敗還 於是契丹附突厥 王師道絶 不克討 祚榮卽幷比羽之衆 恃荒遠 乃建國 自號震國王 遣使交突厥 地方五千里 戶十餘萬 勝兵數萬 頗知書契 盡得扶餘沃沮弁韓朝鮮海北諸國 (『新唐書』 219 列傳 144 渤海)[2892]
발해	渤海 本號靺鞨 高麗之別種也 唐高宗滅高麗 徙其人散處中國 置安東都護府於平壤以統治之 武后時 契丹攻北邊 高麗別種大乞乞仲象與靺鞨酋長乞四比羽走遼東 分王高麗故地 武后遣將擊殺乞四比羽 而乞乞仲象亦病死 仲象子祚榮立 因幷有比羽之衆 其衆四十萬人 據挹婁 臣于唐 (『新五代史』 74 四夷附錄 3 渤海)
발해	渤海靺鞨 本高麗種 (…) / 至萬歲通天中 契丹李萬榮反 攻陷營府 有高麗別種大舍利乞乞仲象[2893] 與靺鞨反人乞四比羽走保遼東 分王高麗故地 則天封乞四比羽許國公 大舍利乞乞仲象震國公 乞四比羽不受命 則天命將軍李楷固臨陳斬之 時乞乞仲象已死 其子大祚榮繼立 幷有比羽之衆 勝兵丁戶四十餘萬 保據挹婁故地 (『五代會要』 30 渤海)
발해	渤海本高麗之別種 (…) 則天萬歲通天中 契丹攻陷營府 高麗別種大祚榮走保遼東 睿宗以爲忽汗州都督 封渤海郡王 因自稱渤海國 幷有扶餘肅愼等十餘國 歷唐梁後唐 朝貢不絶 (『宋史』 491 列傳 250 外國 7 渤海國)

신라	師諱文雅 字圓測 新羅國王之孫也 (…) / 後被召爲西明寺大德[2894] 撰成唯識論疏十卷 解深密經疏十卷 仁王經疏三卷 金剛般若觀所緣論般若心經無量義經等疏 羽翼秘典 耳目時人 所以贊佐奘公 使佛法東流 大興無窮之敎者也 法師性樂山水 往依終南山雲際寺 又去寺三十餘里 閒居一所 靜志八年[2895] 西明寺僧徒 邀屈還寺 講成唯識論 時有中天竺三藏地婆訶羅 至京奉勅 簡召大德五人 令與譯蜜嚴等經 法師卽居其首 後又召入東都講 譯新華嚴經 卷軸未終 遷化於佛授記寺 實萬歲通天元年七月二十二日也 春秋八十有四 以其月二十五日燔於龍門香山寺北谷 便立白塔 在京學徒 西明寺

2892) 본문에서 만세통천 연간이라 하였으나, 이진충의 난이 696년에 해당하므로, 이 기사를 전체를 696년에 편년하였다. 다만 끝부분에 대조영이 진국왕이라 칭하고 돌궐과 사신 교환을 했다는 내용은 『구당서』에도 보이는데, 『구당서』에는 성력 연간(698~700)의 사건으로 기록되어 있다.

2893) 大姓 舍利官 乞乞仲象名也

2894) 圓測法師가 西明寺의 大德으로 활동한 시기는 顯慶5年(660)에서 乾封2年(667)이고, 總章元年(668)부터 儀鳳元年(676)까지 終南山 雲際寺에서 머물렀다고 하며 儀鳳元年(676)부터 地婆訶羅 등의 譯經 사업에 참여하였다.

2895) 陳景富의 연구에 따르면, '靜志' 8년이란 圓測이 西明寺를 떠나 終南山 雲際寺에 은거한 기간으로, 소위 唯識宗 내부의 慈恩系와 西明系 사이의 모순 및 분쟁과 관계되어 원측이 은거한 것이라고 함. 陳景富, 「圓測與玄奘‧窺基關係小考」, 『東亞研究』 1994-08.

主慈善法師　大薦福寺大德勝莊法師等　當時已患　禮奉無依　遂於香山葬所　分骸一節
盛以寶函石槨　別葬於終南山豊德寺東嶺上　法師嘗昔往遊之地　墓上起塔　塔基内安　舍
利四十九粒　今其路幾不通矣　峭壁巉絶　茂林鬱閉　險僻藏疾　人跡罕到　埋光蔽德　徒有
歲年　孰知歸仰　由是同州龍興寺仁王院廣越法師　勤成志願　以大宋政和五年四月八日
乃就豊德分供養　并諸佛舍利　又葬於興教寺奘公塔之左　創起新塔　規範基公之塔　一體
無異　并基公之塔　即舊而新之　金輪寶鐸層構雙聳　盫如幻成　其下各環以廣廡　神像崇
邃左右以祔奘公焉　俾至者景慕起信　不知何時而已也　及於塔之前　創修獻殿六楹落成
慶賛之日不暇求能成文者　丐余直序其事　繫之以銘
銘曰　貝葉西來兮其功大　教流中區兮斯永賴　法匠有憑兮誠際會　香山迢遙兮悶幽宮　豊
德峻阻兮藏靈蹤　後人依歸兮何適從　有越作緣兮神助力　雙塔屹立兮基是式　以祔奘公
兮豈窮極　終南相高兮峻倚天　盛德巍然兮銘石鐫　來者瞻仰兮千萬年 (『奘三藏師資傳
叢書』下　大周西明寺故大德圓測法師舍利塔銘<幷序>)

신라　　　沙門佛陀波利　唐言覺護　北印度罽賓國人 (…)　波利得經不勝喜躍　將向西明寺　訪得善
　　　　　梵語僧順貞　奏共翻譯　帝允其請　遂對翻經大德圓測共貞翻出　名佛頂尊勝陀羅尼經[一
　　　　　卷]　波利所願已畢　持經梵本入於五臺　于今不出　莫知所之　比諸衆譯此最弘布 (『古
　　　　　今譯經圖紀』大唐傳譯之餘　沙門佛陀波利　圓測)

신라　　　(佛陀)波利得經不勝喜躍　將向西明寺　訪得善梵語僧順貞　奏共翻譯　帝允其請　遂對翻
　　　　　經大德圓測共貞翻出　名佛頂尊勝陀羅尼　與前杜令所翻之者　呪韻經文大同小異 (『元
　　　　　新定釋教目録』12　總集群經録上之十二　沙門佛陀波利　圓測)

697(丁酉/신라 효소왕 6/周 萬歲通天 2, 神功 1/倭 持統 11, 文武 1)

신라　　　秋七月　完山州進嘉禾　異畝同穎 (『國史記』8　新羅本紀 8)
신라　　　秋七月　完山州進嘉禾　異畝同穎 (『國史節要』11)

신라　　　九月　宴羣臣於臨海殿 (『國史記』8　新羅本紀 8)
신라　　　九月　宴群臣於臨海殿 (『國史節要』11)

신라　　　王幸△德寺　設落成會 (『國史節要』11)

신라　　　(冬十月)辛卯　新羅使一吉湌金弼德副使奈麻金任想等　來朝 (『日本紀』1　文武紀)

발해　　　(閏十月)甲寅　以幽州都督狄仁傑爲鸞臺侍郎 (…)　仁傑上疏[2896]以爲　天生四夷　皆在先
　　　　　王封略之外　故東拒滄海　西阻流沙　北橫大漠　南阻五嶺　此天所以限夷狄而隔中外也
　　　　　(…)　近者國家頻歲出師　所費滋廣　西戍四鎭　東戍安東　調發日加[2897]　百姓虛弊 (…)
　　　　　竊謂宜立阿史那斛瑟羅爲可汗　委之四鎭　繼高氏絶國[2898]　使守安東 (…) (『治通鑑』
　　　　　206　唐紀 22　則天順聖皇后)

고구려　　大周　故鎭軍大將軍　高君墓誌銘幷序
　　　　　若夫見機而作存乎　君子慕義而至妙曰通人　前載着之不輕　來代述而尤重　然而越滄波
　　　　　歸赤縣漸大化　列王臣顯顯焉　即高將軍韞之矣
　　　　　△諱足酉　字足酉　遼東平壤人也　乃効款而住　遂家於洛州永昌縣焉　族本殷家　曰生代
　　　　　△　△居玄兔　獨擅雄蕃　今聲△誠　特隆殊寵

2896) 上　時掌翻
2897) 調　徒釣翻
2898) 謂高麗也

唐總章元年　授明威將軍　守右威衛眞化府折衝都尉　仍長上　△授守左威衛孝義府折衝
都衛　散官如故　貳年　授雲麾將軍　行左武衛翊衛府中郎將　儀鳳四年　授右領軍衛將軍
准永隆元年制　加勳上柱國　永昌元年　制<授>右玉鈐衛大將軍　並以勳庸見重　武烈稱奇
出靜邊荒　入陪蘭錡　既而蔥山動祲　紫塞驚塵　甘泉見烽火之輝　天子下徵兵之令　大周
天授元年　拜公爲鎭軍大將軍行左豹韜衛大將軍　△壇受策　禮逾韓信　野戰頻勝　事逸張
飛　△彼二蕃　如湯沃雪　觀玆再擧　疑是神行　長城絶飲馬之篇　萬里罷輪臺之戍　證聖元
年　造天樞成　悅豫子來　彫鐫乃就　干靑霄而直上　表皇王而自得　明珠吐耀　將日月而連
輝　祥龍△遊　憑煙雲而矯首　壯矣哉　邈乎　斯時也　即封高麗蕃長漁陽郡開國公食邑二
千戶　其年　萬州蠻陬作梗　勅以公爲經略大使　氣罩飄姚　年同獲鑠　時當五月　深入不毛
△鄕　路登千仞　必抱忠臣之節　銜命善說　奉旨宣揚　醜虜執迷　聾未能聽　公乃整行伍
列校隊　鳴鞭汗赭　直往摧堅　揮弋駐日　傍截陷腦　死者無暇而致悔　生者受羈而自慙　行
我周恩　積尸京觀

方欲凱歌龜浦　獻捷龍樓　倚望生還　寧知死入　大周天冊萬<歲>元年　邁疾卒於荊州之△
舍　春秋七十　嗚呼哀哉　駟馬悲鳴　三軍飲泣　春人輟相　工婦下△　聖主聞之　良深震悼
贈使持節都督幽易等七州諸軍事幽州刺史　餘如故　仍贈物△伯段　米粟貳伯碩　葬事所
須　並令官給　萬歲通天二年歲次丁酉正月朔己亥八日景△　葬於洛州伊闕縣新城之原
禮也　天庭有隔　侍衛無期　悲宿草於荒堁　泣流光於空度　霜凋細柳　閟幽戶而不春　風驚
大樹　謝明辰而永沒　嗣子帝臣　孝極△前　哀纏△後　看曾叅而不遠　瞻董永而非遙　送葬
之禮　備焉　卜兆之宜　畢矣　賢乃俯就　愚而企及　父子之准式　<君><臣>之綱紀　隣里俊
傑　鄕閭△彦　莫不共造占門　咸加歎息　雖美塞乎天地　不朽憑乎翰△　△禎頌於瑤琨　懸
芳猷於泉戶　其詞曰

挺生秀異　器韞深機　潛鱗東沼　化羽南飛　翔而後集　決而少非　安危在己　欻尔△歸[其
一] 榮朱其衣　貴丹其轂　竭△展効　豊功厚祿　屢執戎麾　頻殲醜族　域中閑暇　壺△△蕭
[其二] 蠻陬作梗　天子徵兵　召君爲將　受命恭行　善說不可　必陣全橫　△亮△入　馬援先
鳴[其三] 方陳獻凱　染玆卑濕　志望生還　寧知死入　看凋細柳　顧然下泣　盖轉悲風　空傳
△級[其四] 天子聞之　良深震悼　贈官顯績　特摽奇操　晗是隨珠　縑稱魯縞　事君盡禮　沒
焉厚報[其五] 長辭白日　永入黃泉　人餘生氣　冢象祁連　冥冥不返　寂寂空然　去矣元帥
何時見天[其六] 一代俄頃　千齡易度　秋栢吟風　春荑泫露　阮籍傷斷　王裒哀慕　魂靈歇
滅　德音何故[其七] (「高足酉 墓誌銘」: 2001『歷史敎育論集』26)

| 신라 | 十一月癸卯　遺務廣肆坂本朝臣鹿田進大壹大倭忌寸五百足於陸路　務廣肆土師宿禰大
麻呂進廣叄習宜連諸國於海路　以迎新羅使于筑紫 (『續日本紀』1 文武紀) |

| 신라 | (長壽)八[2899]年丁酉　設落成會王親駕辦供　有一比丘儀彩踈陋　局束立於庭請曰　貧道亦
望齋　王許赴床杪　將罷王戲調之曰　住錫何所　僧曰琵琶嵓　王曰　此去莫向人言赴國王
親供之齋　僧笑荅曰　陛下亦莫與人言供養眞身釋迦　言訖湧身淩空向南而行　王驚愧馳
上東岡向方遙禮　使徃尋之　到南山叄星谷或云大磧川源石上置錫鉢而隱　使来復命　遂
創釋迦寺於琵琶嵓下　創佛無事於滅影處分置錫鉢焉　二寺至今存　錫鉢亾矣 /　智論第
四云　昔有罽賓三藏行阿蘭若法至一王寺　寺設大會　守門人見其衣服麁幣遮門不前　如
是數數　以衣幣故每不得前　便作防便假借好衣而来　門人見之聽前不禁　既獲詣坐得種
種好食先以與衣　衆人問言　何以爾乎　荅曰　我比數来每不淂入　今以衣故淂此座得種種
食宜以與衣爾　事可同按 /　讚曰　燃香擇佛看新繪　辦供齋僧喚舊知　從此琵琶嵓上月
時時雲掩到潭遲 (『三國遺事』5 感通 7 眞身受供) |

2899) 원문의 八은 六이 맞다.

698(戊戌/신라 효소왕 7/발해 고왕 1/周 聖曆 1/倭 文武 2)

신라	春正月壬戌朔 天皇御大極殿受朝 文武百寮及新羅朝貢使拜賀 其儀如常 (『續日本紀』 1 文武紀)
신라	(春正月)甲子 新羅使一吉湌金弼德等貢調物 (『續日本紀』 1 文武紀)
신라	(春正月)戊寅 供新羅貢物于諸社 (『續日本紀』 1 文武紀)
신라	(春正月)庚辰 遣直廣參土師宿禰馬手 獻新羅貢物于大內山陵 (『續日本紀』 1 文武紀)
신라	春正月 以伊湌體元爲牛頭州摠管 (『三國史記』 8 新羅本紀 8)
신라	春正月 以伊湌體元爲牛頭州摠管 (『三國史節要』 11)
신라	二月壬辰朔甲午 金弼德等還蕃 (『續日本紀』 1 文武紀)
신라	二月 京都地動 大風折木 (『三國史記』 8 新羅本紀 8)
신라	二月 京都地震 大風折木 (『三國史節要』 11)
신라	(二月) 中侍幢元退老 大阿湌順元爲中侍 (『三國史記』 8 新羅本紀 8)
신라	(二月) 中侍幢元告老 以大阿湌順元代之 (『三國史節要』 11)
신라	三月 日本國使至 王引見於崇禮殿 (『三國史記』 8 新羅本紀 8)
신라	三月 日本國使至 王引見於崇禮殿 (『三國史節要』 11)
고구려	至聖曆元年六月三十日 改安東都護府爲安東都督府 以右武衛大將軍高德武爲都督 自是高麗舊戶分散 多投突厥及靺鞨 高氏君長遂絶 其地並沒於諸蕃 (『唐會要』 73 安東都護府)[2900]
고구려	聖曆元年六月三十日 更名安東都督府[高仇 領都督 唐休璟薛訥爲都護] (『玉海』 133 官制·屬國·都護·都督 安東上都護府[又見兵捷類] 李勣俘高麗)
신라	又按國史及寺中古記 (…) 三十二孝昭王即位七年 聖曆元年戊戌六月霹靂[寺中古記云 聖德王代 誤也 聖德王代無戊戌] (『三國遺事』 3 塔像 4 皇龍寺九層塔)
신라	六月 震皇龍寺塔 (『三國史節要』 11)
신라	秋七月 京都大水 (『三國史記』 8 新羅本紀 8)
신라	秋七月 京都大水 (『三國史節要』 11)
고구려	聖曆元年 進授左鷹揚衛大將軍 封爲忠誠國王 委其統攝安東舊戶 事竟不行 (『舊唐書』 199上 列傳 149上 高麗)
고구려	唐進寶元左鷹揚衛大將軍 更封忠誠國王 賜統安東舊部 不行 (『三國史節要』 11)
고구려	至聖曆初 進左鷹揚衛大將軍 更封忠誠國王 賜統安東舊部 不行 (『三國史記』 22 高句麗本紀 10)[2901]

2900) 『舊唐書』 199上 列傳 149上 高麗에는 성력 2년으로 나온다.

고구려	聖曆初 進左鷹揚衛大將軍 更封忠誠國王 使統安東舊部 不行 (『新唐書』220 列傳 145 高麗)2902)

백제	(…) 長子俊 幼丁家難 志雪遺憤 誓命虜庭 投軀漢節 頻展誠效 屢振功名 聖曆元年 冤滯斯鑒 爰下制曰 故左武威衛大將軍檢校左羽林衛上柱國燕國公黑齒常之 早襲衣」冠 備經駈榮 亟摠師律 戴宣績效 往遘飛言 爰從訊獄 幽憤殞命 疑罪不分 比加檢察 曾無反狀 言念非[專] 良深嗟憫 宜從雪免 庶慰埏魂 增以寵章 式光泉壤 可贈左玉鈐衛大將軍 勳封如故 其男游擊將軍行蘭」州廣武鎭將上柱國俊 自嬰家咎 屢效赤誠 不避危亡 捐軀徇國 宜有袞錄 以申優獎 可右豹韜衛翊府左郞將 勳如故 (…) (「黑齒常之墓誌銘」)

발해	(…) 通典云 渤海本栗末2903)靺鞨 至其酋祚2904)榮立國 自號震旦 (…) [(…) 又新羅古記云 高麗舊將祚2905)榮姓大氏 聚殘兵 立國於太伯山南 國號渤海 按上諸文 渤海乃靺鞨之別種 但開合不同而已 按指掌圖 渤海在長城東北角外] 賈耽郡國志云 渤海國之鴨淥南海扶餘橺城四府 並是高麗舊地也 自新羅泉井郡[地理志 朔州領縣 有泉井郡 今湧州] 至橺城府三十九驛 (『三國遺事』1 紀異 1 靺鞨渤海)

699(己亥/신라 효소왕 8/발해 고왕 2/周 聖曆 2/倭 文武 3)

백제	(…) 粤以聖曆二年壹月廿二日 勅曰 燕國公男俊 所請改葬父者 贈物一百段 其葬事幔幕手力一事以上官供 仍令京官六品一人檢校 卽用其年二月十七日 奉遷于邙山南官道北 禮也 (…) (「黑齒常之墓誌銘」)

신라	春正月壬午 京職言 林坊新羅子牟久賣 一産二男二女 賜絁五疋綿五屯布十端稻五百束乳母一人 (『續日本紀』1 文武紀)

백제	大周 故左武威衛大將軍檢校左羽林軍贈左玉鈐衛大將軍燕國公 黑齒府君墓誌文幷序
	太淸上冠 合其道者坤元 至聖高居 叅其用者師律 不有命世之材傑 其奚以應斯數哉 然則求玉榮者 必遊乎密山之上 蘊金聲者 不限乎魯門之下矣
	府君諱常之 字恒元 百濟人也 其先出自扶餘氏 封於黑齒 子孫因以爲氏焉 其家世相承爲達率 達率之職 猶今兵部尙書 於本國二品官也 曾祖諱文大 祖諱德顯 考諱沙次 並官至達率
	府君少而雄爽 機神敏絶 所輕者嗜欲 所重者名訓 府深沈 淸不見其涯域 情軌闊達 遠不形其里數 加之以謹愨 重之以溫良 由是 親族敬之 師長憚之 年甫小學 卽讀春秋左氏傳及班馬兩史 歎曰 丘明恥之 丘亦恥之 誠吾師也 過此何足多哉 未弱冠 以地籍授達率
	唐顯慶中 遣邢國公蘇定方 平其國 与其主扶餘隆 俱入朝 隷爲萬年縣人也 麟德初 以人望授折衝都尉 鎭熊津城 大爲士衆所悅 咸亨三年 以功加忠武將軍行帶方州長史 尋遷使持節沙泮州諸軍事沙泮州刺史 授上柱國 以至公爲己任 以忘私爲大端 天子嘉之 轉左領軍將軍 兼熊津都督府司馬 加封浮陽郡開國公 食邑二千戶 于時 德音在物 朝

2901) 본문에 聖曆初라고 되어 있는데, 성력 연간은 698~699년이다. 그런데 『신당서』고려전에 근거하여 698년으로 편년하고 편제하였다.

2902) 본문에 聖曆初라고 되어 있는데, 성력 연간은 698~699년이다. 그런데 『신당서』고려전에 근거하여 698년으로 편년하고 편제하였다.

2903) 粟末의 잘못이다.

2904) 祚의 잘이다.

2905) 祚의 잘못이다.

望日高

屬蒲海生氛 蘭河有事 以府君充洮河道經略副使 實有寄焉 府君稟質英毅 資性明達
力能翹關 不以力自處 智能禦寇 不以智自聞 每用晦而明 以蒙養正 故其時行山立 具
瞻在焉 至於仁不長姦 威不害物 賞罰有必 勸沮無違 又五校之大經 三軍之元吉 故士
不敢犯其令 下不得容其非 高宗每稱其善 故以士君子處之也 及居西道 大著勳庸 于
時 中書令李敬玄爲河源道經略大使 諸軍取其節度 赤水軍大使尚書劉審禮 既以敗沒
諸將莫不憂懼 府君獨立高崗之功 以濟其難 轉左武衛將軍 代敬玄爲大使 從風聽也
府君傍無聲色 居絶翫好 枕藉經書 有祭遵之樽俎 懷蘊明略 同杜預之旌旗 胡塵肅清
而邊馬肥 漢月昭亮而天狐滅 出師有頌 入凱成歌 遷左鷹揚衛大將軍燕然道副大摠管
垂拱之季 天命將革 骨卒祿狂賊也 既不覩其微 徐敬業逆臣也 又不量其力 南靜淮海
北掃旄頭 並有力焉 故威聲大振 制曰 局度溫雅 機神爽晤 夙踐仁義之途 聿蹈廉貞之
域 言以昭行 學以潤躬 屢摠戎麾 每申誠效 可封燕國公 食邑三千戶 仍改授右武威衛
大將軍神武道經略大使 餘如故 於是 董玆哮勇 剪彼凶狂 胡馬無南牧之期 漢使靜北
遊之望 靈夏衝要 妖羯是瞻 君之威聲 無以爲代 又轉爲懷遠軍經略大使 以遏游氛也
屬禍流群惡 疊起孤標 疑似一彰 玉石斯混 既從下獄 爰隔上穹 義等絶頏 哀同仰藥
春秋六十

長子俊 幼丁家難 志雪遺憤 誓命虜庭 投軀漢節 頻展誠效 屢振功名 聖曆元年 寃滯
斯鑑 爰下制曰 故左武威衛大將軍檢校左羽林衛上柱國燕國公黑齒常之 早襲衣冠 備
經驅榮 亟摧師律 載宣績效 往邁飛言 爰從訊獄 幽憤殞命 疑罪不分 比加檢察 曾無
反狀 言念非專 良深嗟憫 宜從雪免 庶慰壑魂 增以寵章 式光泉壤 可贈左玉鈐衛大將
軍 勳封如故 其男游擊將軍行蘭州廣武鎭將上柱國俊 自嬰家咎 屢效赤誠 不避危亡
捐軀徇國 宜有褒錄 以申優獎 可右豹韜衛翊府左郎將 勳如故

粤以聖曆二年壹月廿二日 勅曰 燕國公男俊 所請改葬父者 贈物一百段 其葬事幔幕手
力一事以上官供 仍令京官六品一人檢校卽用 其年二月十七日 奉遷于邙山南官道北
禮也 惟府君 孤峯偉絶 材幹之表也 懸鏡虛融 理會之臺也 言直而意博 無枝葉之多蔽
謀動而事成 有本末之盡美 夙夜匪懈 心存於事上 歲寒不移 志在於爲下 非君子之所
關 懷必不入於思慮 非先王之所貽 訓必不出於企想 自推轂軍門 建節邊塞 善毀者不
能加惡 工譽者不能增美 智者見之謂之智 仁者見之謂之仁 至於推財忘己 重義先物
雖刎首不顧其利 傾身不改其道 由是 懦夫爲之勇 貪夫爲之廉 猶權衡之不言 而斤兩
定其謬 騏驥之絶足 而駑駘知其遠 至於吏能貞幹 走筆而雙璧自非 鑑賞人倫 守默而
千金成價 固非當世之可效 蓋拔萃之標准也 榮辱必也 死生命也 苟同於歸 何必終於
婦人之手矣 余嘗在軍 得叄義府 感其道 頌其功 乃爲銘曰

談五岳者 不知天台之翠屛也 觀四瀆者 不晤雲洲之丹榮也 恭聞日磾爲漢之韓 亦有里
奚爲秦之梯 苟云明哲 與衆殊絶 所在成寶 何往非晰 惟公之自東兮 如春之揚風兮 文
物資之以動色 聲明佇之以成功兮 悠悠旌旆 肅肅軒蓋 擊鴻鍾鼓鳴籟云 誰之榮伊我德
聲 四郊無戎馬之患 千里捍公侯之城 勳績既展矣 忠義既顯矣 物有忌乎貞剛 行有高
而則傷 中峯落其仞 幽壤淪其光 天下爲之痛 海內哀其良 天鑑斯孔 衰及存亡 余實感
慕 爲之頌章 寄言不朽 風聽無疆 (「黑齒常之 墓誌銘」: 『譯註 韓國古代金石文』1)

| 신라 | 春二月 白氣竟天 星孛于東 (『三國史記』8 新羅本紀 8) |
| 신라 | 春二月 白氣竟天 星孛于東 (『三國史節要』11) |

신라	(春二月) 遣使朝唐貢方物 (『三國史記』8 新羅本紀 8)
신라	(春二月) 遣使如唐朝貢 (『三國史節要』11)
신라	(唐則天聖曆)二年二月 新羅王金理供遣使貢方物 (『冊府元龜』970 外臣部 15 朝貢

3)

| 신라 | 秋七月 東海水血色 五日復舊 (『三國史記』 8 新羅本紀 8) |
| 신라 | 秋七月 東海水赤五日 (『三國史節要』 11) |

고구려　大周故右豹韜衛將軍高君墓誌銘并序
君諱牟 字仇 安東人也 族茂辰韓 雄門譽偃 傳芳穢陌 聲高馬邑 忠勇之操 侍楛矢之
標奇 韓師之能 跨滄波而逞駿 是以早資權略 夙稟樞機 候青律以輸誠 依白囊而獻款
授雲麾將軍 行左領軍衛翊府中郎將 任隆韜禁 俯蘭錡以申謀 位列爪牙 仰熏風而飮化
轉冠軍將軍 行左豹韜衛大將軍
既而痾瘵 旋及隟影 爰馳西山之藥 不追北地之魂 永逝以去 延載元年臘月卅日 薨於
時邑之第 三韓流涕 十部分哀 悲纏東海之東 痛結外荒之外 以聖曆二年八月四日 窆
於洛州合宮縣堺北邙山 之禮也 春秋五十有五 悲笳切逈 靈旌飄空 恐懿迹之遽沉 憎
嘉名之不紀 式憑琰石 以表芳聲 其詞曰
辰韓遼夐 穢陌蒼忙 懷忠效節 仰化歸皇 趨馳武衛 出入鷹揚 榮分列榮 譽滿遐方 將
申茂績 遂奄頹光 悲深閔水 慟切韓鄕 小山落秀 大樹沉芳 墳塋閴寂 松檟悽涼 庶斯
銘之無泯 與懸象以恒彰 (「高牟 墓誌銘」: 2013 『韓國史學報』 53)

| 신라 | 九月 東海水戰 聲聞王都 兵庫中鼓角自鳴 (『三國史記』 8 新羅本紀 8) |
| 신라 | 九月 東海水自擊 聲聞王都 (『三國史節要』 11) |

| 신라 | (九月) △△中鼓角自鳴 (『三國史節要』 11) |

| 신라 | 新村人美朌 得黃金一枚 重百分 獻之 授位南邊第一 賜租一百石 (『三國史記』 8 新羅本紀 8) |

신라	倉部 (…) 租舍知一人 孝昭王八年置 (『三國史記』 38 雜志 7 職官 上)
신라	倉部 (…) 史八人 眞德王置 文武王十一年加三人 十二年加七人 孝昭王八年加一人 (『三國史記』 38 雜志 7 職官 上)
신라	置倉部 租舍知二人 加置史一人 (『三國史節要』 11)

고구려	(聖曆初)明年 以降王子德武爲安東都督 後稍自國 (『三國史記』 22 高句麗本紀 10)
고구려	(聖曆)二年 又授高藏男德武爲安東都督 以領本蕃 自是高麗舊戶在安東者漸寡少 分投突厥及靺鞨等 高氏君長遂絶矣 (『舊唐書』 199上 列傳 149上 高麗)[2906]
고구려	唐以高藏孫德武爲安東都督 (『三國史節要』 11)
고구려	(聖曆初)明年 以藏子德武爲安東都督 後稍自國 (『新唐書』 220 列傳 145 高麗)[2907]

| 발해 | 祚榮驍勇善用兵 靺鞨之衆及高麗餘燼 稍稍歸之 聖曆中 自立爲振國王 遣使通于突厥 (『舊唐書』 199下 列傳 149下 北狄 渤海靺鞨)[2908] |
| 발해 | 渤海靺鞨 本高麗種 (…) 至聖曆中 稱臣朝貢 中宗命侍御史張行岌就往宣慰 號其都爲忽汗州 以祚榮爲忽汗州都督 封渤海郡王 國自是稱渤海 (『五代會要』 30 渤海) |

2906) 『唐會要』 73 安東都護府에는 聖曆 元年(698) 6월 30일로 나온다.
2907) 성력 연간은 698년부터 699년까지로, 聖曆初의 明年 즉 그 다음해가 언제인지 불분명하다. 따라서 『新唐書』 고려전에 근거하여 699년으로 편년하고 편제하였다.
2908) 성력 연간은 698년부터 699까지이다. 따라서 이 기간으로 편년하고 699년으로 편제하였다.

발해   渤海靺鞨 唐聖曆中 高麗別種大祚榮自立爲振國王 (『册府元龜』967 外臣部 12 繼襲
       2)[2909]

삼한 고구려   聖曆二年 鸞臺侍郎狄仁傑上表 請收安東 復其君長曰 (…) 三韓君長 高氏誠爲其主
       願陛下 以存亡繼絶之義 復其故地 (…) (『唐會要』73 安東都護府)
발해   武太后聖曆二年 鸞台侍郎平章事狄仁傑 表請拔安東鎭 復其君長曰 (…) 三韓君長高
       氏爲其主 誠願陛下 存之繼絶之義 復其故地 (…) (『太平寰宇記』173 四夷 2 東夷 2
       高勾驪國)

700(庚子/신라 효소왕 9/발해 고왕 2/唐 聖曆 3, 久視 1/일본 文武 4)

신라   復以立寅月爲正 (『三國史記』8 新羅本紀 8)
신라   武后復以建寅月爲正 (『三國史節要』11)

신라   五月辛酉 以直廣肆佐伯宿禰麻呂 爲遣新羅大使 勤大肆佐味朝臣賀佐麻呂爲小使 大
       少位各一人 大少史各一人 (『續日本紀』1 文武紀)
신라   夏五月 伊湌慶永[永一作玄]謀叛 伏誅 中侍順元緣坐罷免 (『三國史記』8 新羅本紀 8)
신라   夏五月 伊湌慶永謀叛 伏誅 中侍順元坐免 (『三國史節要』11)

신라   夫聖人垂拱 處濁世而育蒼生 至德無爲 應閻浮而濟群有 神文大王 五戒應世 十善御
       民 治定功成 天授三年壬辰七月二日 乘天 所以神睦太后 孝照大王 奉爲宗廟聖靈 禪
       院伽藍 建立二層石塔 聖曆三年庚子六月一日 神睦太后 遂以長辭 高昇淨國 (「皇福寺
       金銅舍利函記)

신라   六月 歲星入月 (『三國史記』8 新羅本紀 8)
신라   六月 歲星入月 (『三國史節要』11)

고구려   久視元年八月 乃下制曰 故左衛大將軍 右羽林衛上下 上柱國 卞國公 泉獻誠 望高蕃
       服 寵被周行 情款深至 器懷溫厚 擢居親近 委以禁兵 誣構奄興 寃刑莫究 歲月遄邁
       狀跡申明 言念過往 良深悼惜 褒崇靡及 宜在追榮 窀穸未周 當須改卜 式加縟禮 以
       慰營魂 可贈右羽林衛大將軍 賜物一百段 葬日量△ 緦幕手力 其男武騎尉 柳城縣開
       國男玄隱 可遊擊將軍 行左玉鈐衛 右司階 員外置同正員 勳封竝如故 賞延于世 畦孟
       之子爲郎 歿而垂聲 隨武之魂可作 有子玄隱玄逸玄靜 踐霜濡露 崩襟殞神 懼今昨遞
       遷 陵谷頹易 乃拓故域 建新墳 簫挽之聲 哀以聞 古來不獨今逆昔 陌上飛旌 空靡靡
       郭門弔客 何紛紛 (「泉獻誠墓誌銘」)

백제   (冬十月)己未 以直大壹石上朝臣麻呂 爲筑紫摠領 直廣參小野朝臣毛野爲大貳 直廣參
       波多朝臣牟後閉爲周防摠領 直廣參上毛野朝臣小足爲吉備摠領 直廣參百濟王遠寶爲
       常陸守 (『續日本紀』1 文武紀)

신라   (冬十月)癸亥 直廣肆佐伯宿禰麻呂等至自新羅 獻孔雀及珍物 (『續日本紀』1 文武紀)

신라   十一月壬午 新羅使薩湌金所毛來赴母王之喪 (『續日本紀』1 文武紀)

신라	張鷟字孝擧 深州陸澤人 祖鷟字文成 聰警絶倫 書無不覽 (…) 鷟下筆敏速 著述尤多 言頗詼諧 是時天下知名 無賢不肖 皆記誦其文 天后朝 中使馬仙童陷默啜 默啜謂仙 童曰 張文成在否 曰 近自御史貶官 默啜曰 國有此人而不用 漢無能爲也 新羅日本東 夷諸蕃 尤重其文 每遣使入朝 必重出金貝以購其文 其才名遠播如此 (『舊唐書』 149 列傳 99 張鷟)2910)
신라	張鷟字孝擧 深州陸澤人 祖鷟字文成 早惠絶倫 爲兒時 夢紫文大鳥 五色成文 止其廷 (…) 武后時 中人馬仙童陷默啜 問文成在否 答曰 近自御史貶官 曰國有此人不用 無 能爲也 新羅日本使至 必出金寶購其文 終司門員外郞 (『新唐書』 161 列傳 86 張鷟)
고구려 신라	(傳) 高麗嘗遣使求歐陽詢書 (…) 新羅日本使至 爲出金寶 求張鷟之文 (『藝海』 154 朝貢 獻方物 唐高麗求書)
신라	張文成 以詞學知名 (…) 應下筆成章 久視中 太官令馬仙童陷默啜 問 張文成何在 仙 童曰 自禦史貶官 默啜曰 此人何不見用也 後暹羅日本使入朝 鹹使人就寫文章而去 其才遠播如此 (『大唐新語』 8 文章 18)
고구려	大周 故壯武將軍行左豹韜衛郞將贈左玉鈴衛將軍 高公墓誌銘[幷序] 夫摠旅行軍陷陣降城者 号良將 有一無二糜軀殞首者 謂臣忠 詳諸結刻已還 弦刱之後 實不雙濟 名罕兩兼 緬尋東觀之書 遐披南史之筆 文才接踵 武士磨肩 其於資父事君 輕身重義 植操於忠貞之表 定志於吉凶之分 雷霆震而不變 風雨晦而未已 在於將軍矣 公諱慈 字智捷 朝鮮人也 先祖隨朱蒙王 平海東諸夷 建高麗國已後 代爲公侯宰相 至 後漢末 高麗與燕慕容戰大敗 國幾將滅 卄代祖密當提戈 獨入斬首尤多 因破燕軍 重 存本國 賜封爲王 三讓不受 因賜姓高 食邑三千戶 仍賜金文鐵券 曰宜令高密子孫 代 代封侯 自非鳥頭白鴨綠竭 承襲不絶 自高麗初立 至國破已來 七百八年卅餘代 代爲 公侯將相不絶 忠爲令德 勇乃義基 建社分茅 回生祚土 無隔遐裔 有道斯行 況乎地蘊 三韓 人承八敎 見危授命 轉敗爲功 國賴其存享七百之綿祚 家嗣其業纂卅之遙基 源 流契郭樸之占 封崇符畢萬之筮 禦侮傳諸冀子 帶礪施於謀孫 此謂立功 斯爲不朽 曾 祖式 本蕃任二品莫離支 獨知國政 位極樞要 職典機權 邦國是均 尊顯莫二 祖量 本 蕃任三品柵城都督位頭大兄兼大相 少稟弓冶 長承基構 爲方鎭之領袖 實屬城之准的 父文 本蕃任三品位頭大兄兼將軍 預見高麗之必亡 遂率兄弟歸款 聖朝奉總章二年四月六日 制授明威將軍行右威衛翊府左郞將 其年十一月四日 奉制授 雲麾將軍行左威衛翊府中郞將 永隆二年四月卄九日 除左威衛將軍 舟僑遂去 知虢公 之祿殃 宮奇族行 見虞邦之不臘 庇身可封之域 鷁弁司階 革面解慍之朝 虎賁陪輦 禁 戒五校威衛 八毛長劒 陸離珮孤宛轉 奉光宅元年十一月卄九日制 封柳城縣開國子食 邑四百戶 累奉恩制加授柳城郡開國公食邑二千戶 桓子之狄臣千室 比此爲輕 武安之 拔郢三都 方兹豈重 公少以父勳 廻授上桂國 又授右武衛長上 尋授遊擊將軍 依舊長 上 又汎加寧遠將軍 依舊長上 又奉恩制 汎加定遠將軍 長上如故 萬歲通天元年五月 奉月勅差 父充瀘河道討擊大使 公奉勅從行 緣破契丹功 授壯武將 軍行左豹韜衛翊府郞將 喬跡中權 立功外域 旣等耿恭之寄旋 露來歙之榮 尋以寇賊憑 陵 晝夜攻逼 坴孤椵闊 糧盡矢殫 視死猶生 志氣弥勵 父子俱陷 不屈賊庭 以萬歲通 天二年五月卄三日 終於磨米城南 春秋卅有三 聖上哀悼 傷慟于懷 制曰 故左金吾衛 大將軍幽州都督高性父男智捷 隨父臨戎 殞身赴難 忠孝兼極 至性高於二連 義勇俱申 遺烈存於九死 永言喪沒 震悼良深 宜加褒贈 式慰泉壞 可左玉玉鈴衛將軍 又奉勅曰 高性父子 忠鯁身亡 令編入史 又奉勅 令准式例葬 粵以聖曆三年臘月十七日 窆於洛

2910) 『大唐新語』의 기록에 마선동과 묵철의 대화가 구시 연간에 있었다고 한 것에 따라 700년에 배치하였
다.

州合宮縣平樂鄕之原 禮也 公忠孝成性 仁智立身 克嗣家風 夙標國望 雖次房之見獲苟宇 宜僚之被脅楚勝 形則可銷 志不可奪 精誠貫日 哀響聞天 爰加死事之榮 載編良史之冊 有子崇德 奉制襲父左豹韜衛翊府郎將 年登小學 才類大成 孝自因心 哀便毁貌 始擇牛亭之坐 爰開之封 將營白鶴之墳 先訪靑鳥之兆 將恐舟壑潛連 陵谷貿遷 雖歸東岱之魂 終紀南山之石 其銘曰

蓬丘趾峻 遼海源長 種落五族 襟帶一方 氣苞渟粹 人号貞良 戎昭致果 胤嗣承芳[其一] 卓矣顯祖 猗哉若人 橫戈靖難 拔劒淸塵 見義能勇 有讓必仁 丹靑信誓 礪帶書紳[其二] 蠢爾犬羊 扇玆凶慝 王子出師 旣成我服 楊飄滄溟 撝戈盃蟹 子孝臣忠 自家形國[其三] 積善無祿 輔德有違 芻狗一致 美惡同依 白狼援絶 黃龍戍稀 李陵長往 溫序思歸 諒日月之更謝 寄琬琰於泉扇[其四] (「高慈 墓誌銘」: 饍譯註 韓國古代金石文』1)

고구려

大周 故鎭軍大將軍行左金吾衛大將軍 贈幽州都督上柱國柳城郡開國公 高公墓誌銘並序

夫策名事主 持身奉國 維風俗者稱文吏 捍封疆者爲武臣 仰覿三古之上 俯觀千載之下 書于竹帛者 其可勝道哉 至於鐵石其心 氷霜其操 犯白刃而無懼 殞蒼璧而如歸 今古悠悠 一二而已 其能致斯美者 抑惟高大將乎

公諱質 字性文 遼東朝鮮人也 靑丘日域 聳曾構而凌霄 滄海谷王 廓長源而繞地 白狼餘祉 箕子之苗裔寔繁 玄鷩殊祥 河孫之派流彌遠 十九代祖密 後漢末 以破燕軍存本國有功 封爲王 三讓不受 因賜姓高氏 食邑三千戶 仍賜金文鐵劵曰 宜令高密子孫 代代承襲 自非烏頭白 鴨淥竭 承襲不絶 曾祖前 本蕃三品位頭大兄 祖式 二品莫離支獨知國政及兵馬事 父量 三品柵城都督位頭大兄兼大相 幷材望雄傑 匡翊本蕃 聲芬暢遠 播聞中國

公資靈穟穴 漸潤蓬津 英姿磊落而挺生 偉幹蕭森而鬱起 年登弱冠 志蘊雄圖 學劍可敵於萬人 彎弧有工於七札 在藩任三品位頭大兄兼大將軍 屬祲起遼賓 釁萌韓壤 妖星夕墜 毒霧晨蒸 公在亂不居 見幾而作 矯然擇木 望北林而有歸 翩矣搏扶 指南溟而獨運 乃携率昆季 歸款聖朝 幷沐隆恩 俱霑美秩

總章二年四月六日 制授明威將軍行右衛翊府左郎將 其年 又加雲麾將軍行左威衛翊府中郎將 八屯蘭錡 嚴鶡珥以司階 五校鉤陳 肅虎賁而侍闕 亟總軍麾 薦持戎律 攻城野戰 陷敵摧見 累效殊功 爰加懋賞 永隆二年 制除左威衛將軍 又奉勅單于道行 文明年中 充銀勝道安撫副使 光宅元年 制封柳城縣開國子 食邑四百戶 天授元年 遷冠軍大將軍行左鷹揚衛將軍 進封柳城縣開國公 食邑二千戶 公以鷹揚鶚視之位 授豹略龍韜之任 歷遷銜珠之位 頻驅浴鐵之兵 故得上簡天心 高升國爵 旣而林胡作梗 榆塞驚塵 鶡鏑起於邊亭 轂騎橫於朔野 大君當寧 按龍劍而發雷霆 驍將鑿門 擁虹旗而聚雲雨 制命公爲瀘河道討擊大使 仍充淸邊東軍總管 公肅承玄旨 電發星驅 徑度滄波 選徒徵騎 雖貊虎叶志 擐甲者爭馳 而蜂蠆盈途 提戈者未集 公以二千餘兵 擊數萬之衆 七擒有效 三捷居多 萬歲通天二年正月 制除左玉鈐衛大將軍左羽林軍上下 公撫巡士衆 推以赤心 宣布威恩 得其死力 解衣推食 惸嫠感惠而守障 挾纊投醪 童孺銜歡而拒敵 上聞旒扆 特降恩徽 有勅稱之曰 高性文旣能脫衣 招携遠藩 宜內出衣一副 幷賜物一百段 又性文下高麗婦女三人 固守城隍 與敵苦戰 各賜衣服一具 幷賚物卅段 但兇狂日熾 救援不臻 衆寡力殊 安危勢倍 城孤地絶 兵盡矢窮 日夜攻圍 卒從陷沒 爲虜所執 詞色凜然 不屈兇威

遂被屠害 以萬歲通天二年五月廿三日 薨於磨米城 春秋七十有二 三軍感之慟哭 百姓哀之涕零 凶訊馳聞 聖情流惻 乃下制曰 將軍死綏 著乎前典 元帥免胄 聞諸往冊 故淸邊東軍總管左玉鈐衛大將軍員外置同正員左羽林衛上下上柱國柳城縣開國公高性文蓬丘徙搆 穟穴分源 携五族而稱賓 按八屯而奉職 恩榮每被 嚴愼克彰 屬蜂仵挺妖 龍

鈴啓秘 親稟絳宮之籌 遠踰滄海之津 執銳戎場 摧鋒虜陣 傍軍關援 前旅挫威 遂虧斬
首之功 奄致糜軀之禍 異李陵之受辱 同溫序之抗誠 言念遺忠 有懷深悼 捨生勤事 實
惜良圖 隆禮飾終 諒惟通範 宜加寵章之贈 式慰泉壤之魂 加贈鎭軍大將軍行左金吾衛
大將軍幽州都督 勳如故 又有敕曰 高性文父子忠鯁身亡 特令編入史冊 奉敕贈物二百
段米粟二百石 緣葬所須 幷令優厚供給 惟公風格峻整 宇量宏深 孝實因心 仁以成性
道符△△ 靜心術而凝貞 智在無雙 動神機而適變 風猷宣於外域 聲問達於中區 去栖
幕之危巢 遙歸大廈 騰漸磐之逸翮 孤戾曾雲 時不利而數有奇 功未成而身奄喪 凌風
勁草 終委翳於嚴霜 負雪寒松 竟摧殘於晚歲 滔滔閱水 俄遷下瀬之舟 寂寂空營 猶識
將軍之樹 粤以聖曆三年臘月十七日 安厝於洛州合宮縣平樂鄉之原 禮也 有子右玉鈴
衛大將軍鞠仁 夙承家慶 早襲朝榮 負酷崩心 銜冤斷骨 踰考叔之純孝 等大連之善喪
三兆可占 旣焚荊而卜地 九原有託 爰樹檟而開塋 白日佳城 是謂縢公之室 黃泉閟戶
宜藏趙掾之銘 其詞曰

箕子八條 奄有淸遼 逐荒蟠木 藉慶綿基 生賢憬服 質耀瓊銑 操凌松竹 宏
器夙成 雄圖早蓄[其一] 遠去夷坰 來賓帝庭 躍鱗紫水 奪羽靑冥 升朝就日 列將儀星
入叅武帳 出撫戎亭 七萃頻擧 三邊載寧[其二] 蘗胡干紀 不臣天子 聖略侮亡 爰戒戎
士 將掃蛇薦 先資鶚視 大總三軍 長驅萬里 轉轂樹塞 運舟蓬水[其三] 甫屆夷陬 師徒
未鳩 暫依城壘 且據咽喉 蜂群易合 貔旅難周 旣類三板 殊無百樓 △嬰睥睨 俄陷仇
讎[其四] 賈勇臨陣 捐生接刃 力屈志雄 身危節峻 冤深戮序 酷踰焚信 壯氣無歇 高風
獨振 生死忠貞 古今昭晉[其五] 光馳白駒 地卜靑鳥 畵轊容與 飛旐縈紆 泉深隧関 野
曠墳孤 天上魂往 人間事殊 金書玉字兮垂芳烈 萬代千年兮長不渝[其六]
朝議大夫行鳳閣舍人韋承慶撰 前右監門衛長上弘農劉從一書 宜州美原縣人姚處瓊鐫
常智琮同鐫 劉郎仁同鐫 聖曆三年歲位庚子臘月辛巳朔十七日丁酉葬 (「高質 墓誌銘」:
2007 『신라사학보』9)

701(辛丑/신라 효소왕 10/발해 고왕 3/唐 久視 2, 大足 1, 長安 1/일본 大寶 1)

신라 (春正月)戊子 新羅大使薩湌金所毛卒 賻絁一百五十疋 綿九百卅二斤 布一百段 小使
級湌金順慶及水手已上 賜祿有差 (『續日本紀』2 文武紀)

고구려 大周 故左衛大將軍右羽林衛上下上柱國卞國公贈右羽林衛大將軍 泉君墓誌銘幷序
朝議大夫行父昌膳部員外郞護軍 梁惟忠撰
君諱獻誠 字獻誠 其先高句驪國人也 夫其長瀾廣派則河之孫 燭後光前乃日之子 柯葉
森鬱 世爲蕃相 曾祖大祚 本國任莫離支 捉兵馬 氣壓三韓 聲雄五部 祖盖金 本國任
太大對盧 捉兵馬 父承子襲 秉權耀寵 父男生 本國任太大莫離之 率衆歸唐 唐任特進
兼使持節遼東大都督右衛大將軍檢校右羽林軍仍仗內供奉上柱國卞國公 贈幷益二州大
都督 諡曰襄 智識明果 機情朗秀 屬屛王在國 不弟鬩墙 有男建男産 同惡相濟 建蓄
捷菑之禍 産包共叔之謀 襄公覩此亂階 不俟終日 以爲國之興也 則君子在位 國之亡
也 則賢人去之 避危邦而不居 通上京而請謁 昆邪之率衆 降漢卽拜列侯 由余之去國
歸秦先優客禮
公卽襄公嫡子也 生於小貊之鄕 早有大成之用 地榮門寵 一國罕儔 九歲在本蕃 卽拜
先人之職 敬上接下 遼右稱之 美風儀 工騎射 宏宇瓌量 幽淵不測 初襄公按部于外
公亦從焉 洎建産等兇邪 公甫年十六時 禍起倉卒 議者猶豫 或勸以出鬪 謀無的從 公
屈指料敵 必將不可 乃勸襄公投國內故都城 安輯酋庶 謂襄公曰 今發使朝漢 具陳誠
款 國家聞大人之來 必欣然啓納 因請兵馬 合而討之 此萬全決勝計也 襄公然之 謂諸
夷長曰 獻誠之言 甚可擇 卽日遣首領冉有等入朝 唐高宗手勅慰喩 便以襄公爲東道主
人 兼授大摠管 公圖去就之計 審是非之策 不踰晷刻 便料安危 故能西引漢兵 東掃遼

襃 襄公之保家傳國 實公之力也
尋授襄公命 詣京師謝恩 天子待之以殊禮 拜右武衛將軍 賜紫袍金帶 幷御馬二匹 銜
珠佩玉 方均許褚之榮 錫綬班金 更等呼韓之賜 頃之 遷衛尉正卿 門樹勳績 職惟河海
儀鳳四年 丁父憂 哀毀過禮 中使借問 道路相屬 祖母以公 絶漿泣血 益增悷念 每勉
强不從 則爲之輟食 公由是稍加飲啜 以喩慈顏 愛養之深 不獨李虔之祖母 孝感之極
豈止程曾之順孫 調露元年九月 有制奪禮 充定襄軍 討叛大使 金革無避 非公所能辭
也 使還錄功 授上柱國 開耀二年 襲封卞國公食邑三千戶 崇建侯之勳 傳賞地之業 永
淳元年 丁祖母憂 以嫡去職 光宅元年十月 制授雲麾將軍 守右衛大將軍員外置同正員
勳封竝如故 又奉其月廿九日勅令右羽林衛上下 心膂大臣 爪牙深寄 汪濊德澤 綢繆恩
獎 垂拱二年三月 奉勅充神武軍大摠管 部領諸色兵 西入寇境 公妙閑風角 深達鳥情
山川起伏之形 原野孤虛之勢 莫不暗符鈴決 洞合胸襟 次廻滿川 賊徒大去 善戰不陣
斯之謂歟 四年九月 奉勅充龍水道大摠管 討豫州反叛 賜綵一百段御馬一匹 尋屬賊平
遂止 天授元年九月 制授左衛大將軍員外置同正員 餘竝如故
二年二月 奉勅充檢校天樞子來使 兼於玄武北門押運大儀銅等 事未畢 會逆賊來俊臣
秉弄刑獄 恃搖威勢 乃密於公處 求金帛寶物 公惡以賄 交杜而不許 因誣陷他罪 卒以
非命 春秋卌二 嗚呼 孫秀利石崇之財 符氏及王家之患 遽而皇明燭曜 天波藻濯 雪幽
寃以非罪 申渙汗於褒崇 漢帝之恨誅晁錯 非無太息 晉皇之追贈馬敦 式加榮寵 久視
元年八月 乃下制曰 故左衛大將軍右羽林衛上下上柱國卞國公泉獻誠 望高蕃服 寵被
周行 情款深至 器懷溫厚 擢居親近 委以禁兵 誣構奄興 寃刑莫究 歲月遄邁 狀跡申
明 言念過往 良深悼惜 褒崇靡及 宜在追榮 窀穸未周 當須改卜 式加縟禮 以慰營魂
可贈右羽林衛大將軍 賜物一百段 葬日量△ 縵幕手力 其男武騎尉柳城縣開國男玄隱
可遊擊將軍行左玉鈐衛右司階員外置同正員 勳封竝如故 賞延于世 睦孟之子爲郎 歿
而垂聲 隨武之魂可作 有子玄隱玄逸玄靜 踐霜濡露 崩襟殞神 懼今昨遞遷 陵谷頹易
乃拓故域 建新墳 簫挽之聲 哀以聞 古來不獨 今逆昔 陌上飛旌 空靡靡 郭門弔客 何
紛紛 粵以大足元年歲次辛丑二月甲辰朔十七日庚申 葬於芒山之舊塋 禮也 膴膴郊原
近接布金之埒 蒼蒼松栢 由來積石之封 其詞曰
濱海之東兮 昔有朱蒙 濟河建國兮 世業崇崇 崇崇世業 扶木枝葉 枝葉伊何 諒曰泉氏
上傳下嗣 孕靈誕祉 皇考有屬 危邦不履 粵自蕃臣 來朝天子 削彼左袵 遊此中國 赫
赫朝章 明明睿德 餐敎沐化 扶仁抱則 列簴撞鍾 軒遊鼎食 公之象賢 秉屬操堅 識綜
機兆 理措冥先 倉卒之際 謨謀在旃 辭戎禍却 還漢功宣 河海之位 爪牙之寄 出入光
暉 頻繁寵賜 凜凜風骨 邕邕禮義 忠孝傳門 山河賞地 居上則忠 用明乃煎 浸潤之漸
誠哉必然 苟曰身歿 能以仁全 光光顯贈 實慰平津 洛陽阡陌 芒山丘隴 悑憶長辭 充
窮奚奉 悲世世兮塵滅 見年年兮樹拱 是故思厚葬之所由 莫不知送終之爲重 (「泉獻誠
墓誌銘」: 『譯註 韓國古代金石文』1)

신라	春二月 彗星入月 (『三國史記』8 新羅本紀 8)
신라	春二月 彗星入月 (『三國史節要』11)
신라	夏五月 靈巖郡太守一吉湌諸逸 背公營私 刑一百杖 入島 (『三國史記』8 新羅本紀 8)
신라	夏五月 靈巖郡太守諸逸有罪 杖流海島 (『三國史節要』11)
고구려	八月壬寅 勅僧惠耀 信成 東樓 竝令還俗復本姓 代度各一人 惠耀姓鯨 名兄麻呂 信 成姓高 名金藏 東樓姓王 名中文 (『續日本紀』2 文武紀)
고구려	(誌石) 周冠軍大將軍行左清道率府頻陽折衝都尉 高乙德墓誌並序

△諱德 卞國東部人也 昔火政龍興 炎靈虜據 三韓競霸 四海騰波 白日降精 朱蒙誕△
大治燕土 正統遼陽 自天而下 因命爲姓 公家氏族 即其後也 門傳軒蓋 經往代而聯榮
宗繼冠纓 歷今辰而疊彩 祖岑 宀阝 受建武太王中裏小兄執垧事 緣教責 追垧事 降黜
外官 轉任經歷數政 遷受遼府都督 即奉教 追受對盧 官依舊執垧事 任評臺之職 父孚
受寶蔵王中裏小兄 任南蘇道史 遷陟大兄 任海谷府都督 又遷受太相 任司府大夫 承
襲執垧事

公年纔立志仕彼邦 官受中裏小兄 任貴端道史 曁兮大唐龍朔元年 天皇大帝敕發義軍
問罪遼左 公率兵敵戰 遂被生擒 聖上捨其拒抗之愆 許以歸降之禮 二年 蒙授右衛藍
田府折衝長上 至總章元年 高麗失政東土 歸命西朝 敕以公奉國盡忠 令檢校本土東州
長史 至咸亨五年 蒙授左清道率府頻陽府折衝 至大周天授二年 加授冠軍大將軍 余垃
依舊

何期逝水不定 生涯有限 至聖曆二年二月八日 遂於所任枕疾而終 春秋八十有二 權殯
私弟 至大足元年九月廿八日 發墳於杜陵之北 合葬 禮也 煙雲黯靉 原野蒼茫 寒泉噎
而含悲 風樹吟而結歎 思既不逮 悼亦何追 爰勒哀銘 式光殲誄

(蓋石) 其詞曰 美哉器幹 盛矣徽猷 衣冠二域 令譽千秋 宗標圖史 代秀英謀 雄懷勝氣
志潔清流[其一] 赴勞不憚 耿心唯恪 武蘊六韜 仁深一諾 吐言蘭蕙 傾心葵藿 生建龍
旌 亡題麟閣[其二] 忽從朝露 長偃夜臺 佳城鬱鬱 玄壤莓莓 林寒葉薄 草腓霜皚 煙凝
柏思 風結松哀[其三] 寂寞神理 蕭條人事 春色靡同 年光是異 幽明永隔 顔倐安值 式
表殲良 鐫諸銘誌[其四] (「高乙德 墓誌銘」: 2015 『韓國古代史研究』79)

신라　　　唐大足初 有士人隨新羅使 風吹至一處 人皆長鬚 語與唐言通 號長鬚國 人物甚盛 棟
宇衣冠 稍異中國 地曰扶桑洲 其署官品 有正長戢波日沒島邐等號 士人歷謁數處 其
國皆敬之 忽一日 有車馬數十 言大王召客 行兩日 方至一大城 甲士門焉 使者導士人
入 伏謁 殿宇高廠 儀衛如王者 見士人拜伏 小起 乃拜士人爲司風長 兼駙馬 其主甚
美 有鬚數十根 士人威勢烜爀 富有珠玉 然每歸 見其妻則不悅 其王多月滿夜則大會
後遇會 士人見嬪姬悉有鬚 因賦詩曰 花無葉不妍 女有鬚亦醜 丈人試遣惣無 未必不
如惣有 王大笑曰 駙馬竟未能忘情於小女頤頷間乎 經十餘年 士人有一兒二女 忽一日
其君臣憂蹙 士人怪問之 王泣曰 吾國有難 禍在旦夕 非駙馬不能救 士人驚曰 苟難可
弭 性命不敢辭也」王乃令具舟 令兩使隨士人 謂曰 煩駙馬一謁海龍王 但言東海第三
汊第七島長鬚國 有難求救 我國絶微 須再三言之 因涕泣執手而別 士人登舟 瞬息至
岸 岸沙悉七寶 人皆衣冠長大 士人乃前 求謁龍王 龍宮狀如佛寺所圖天宮 光明迭激
目不能視 龍王降階迎 士人齊級昇殿 訪其來意 士人且說 龍王卽命速勘 良久 一人自
外白 境內並無此國 士人復哀祈 具言長鬚國在東海第三汊第七島 龍王復叱使者細尋
勘 速報 經食頃 使者返曰 此島鰕合供大王此月食料 前日已追到」龍王笑曰 客固爲鰕
所魅耳 吾雖爲王 所食皆稟天符 不得妄食 今爲客減食 乃令引客視之」見鐵鑊數十如
屋 滿中是鰕 有五六頭 色赤 大如臂 見客跳躍 似求救狀 引者曰 此鰕王也 士人不覺
悲泣 龍王命放鰕王一鑊 令二使送客歸中國 一夕至登州 顧二使 乃巨龍也 (『太平廣記
』469 水族 6 長鬚國)

702(壬寅/신라 효소왕 11, 성덕왕 1/발해 고왕 4/唐 長安 2/일본 大寶 2)

고구려　　大周 故金紫光祿大夫行營繕大匠上護軍遼陽郡開國公 泉君墓誌銘幷序
君諱男產 遼東朝鮮人也 昔者東明感氣 踰浿川而開國 朱蒙孕日 臨淇水而開都 威漸
扶索之津 力制蟠桃之俗 雖星辰海嶽 莫繫於要荒 而俎豆詩書 有通於聲教 承家命氏
君其後也 乃高乃曾 繼中裏之顯位 惟祖惟禰 傳對盧之大名 君斧囊象賢金冊餘慶 生
而敏惠 勿則過人 年始志學 本國王教小兄位 年十八 教大兄位 十三等之班次 再舉而

昇　二千里之城池　未冠能理　至於烏拙使者翳屬仙人　雖則分掌機權　固以高惟旌騎　年廿一　加中裏大活　廿三　遷位頭大兄　累遷中軍主活　卅爲太大莫離支　官以地遷　寵非王署　折風摋羽　榮絶句驪之鄕　骨籍施金　寵殊玄菟之域　屬唐封遠曁　漢城不守　貊弓入獻　楛矢來王

君以摠章元年　襲我冠帶　乃授司宰少卿　仍加金紫光祿大夫員外置同正員　昔王滿懷燕　載得外臣之要　逐成通漢　但聞縑帛之榮　君獨鏘玉於藁街　腰金於棘署　晨趍北闕　閒簪筆於夔龍　夕宿南隣　雜笙歌於近股　象胥之籍　時莫先之　聖曆二年　授上護軍　萬歲天授三年　封遼陽郡開國公　又遷營繕監大匠員外置同正員　坐闥朱門　遂封靑土　列旌旃於榮戟　期帶厲於山河　奄宅嵎夷　逐荒徐服

嗚呼　蠆支啓祚　蕃屛未勤　鯤塹摧鱗　遷舟遽遠　年六十三　大足元年三月廿七日　遘疾薨于私第　以其年四月廿三日　葬於洛陽縣平陰鄕某所　邙山有阡　長沒鍾儀之恨　遼水無極詐聞莊舃之吟　故國途遙　輀車何日　鶴飛自遠　令威之城郭永乖　馬驪空存　滕公之居室長掩　雖黃腸題湊　與天壤而無窮　而玄石紀勳　變陵谷而猶識　其詞曰

於鑠靈海　百川注焉　東明之裔　寔爲朝鮮　威胡制貊　通徐拒燕　憑險負固　厥古莫遷　爰逮有唐　化涵東戶　賓延溟渤　綏懷水滸　藍夷會同　桂婁董溥　惟彼遒長　襲我龜組　逐榮藁街　爰分棘列　甲第朝啓　承明旦謁　勳懋象胥　寵均龍高　遽開靑社　山河內絶　遼陽何許　故國傷心　鍾儀永恨　莊舃悲吟　旌旃啓戟　珮玉腰金　鼓鍾憂眩　遙憶長林　留奏獨思　濟洹爲咎　聲明長畢　佳城永久　託體邙山　遊魂遼勒　銘幽石　瘹傳不朽

通直郎寒城縣開國子　泉光富　年十八

長安二年四月廿三日　葬於洛陽縣界 (「泉男産 墓誌銘」: 『譯註 韓國古代金石文』1)

신라　第三十二孝昭王代　竹曼郎之徒有得烏[一云谷]級干　隸名扵風流黃卷追日仕進　隔旬日不見　郎喚其母問爾子何在　母曰　幢典牟梁益宣阿干以我子差富山城倉直　馳去行急未暇告辭扵郎　郎曰　汝子若私事適彼則不湏尋訪　今以公事進去湏歸享矣　乃以舌餠一合酒一缸卒2911)左人[郷云皆叱知　言奴僕也]而行　郎徒百三十七人亦具儀侍從　到富山城問閽人得烏失奚在　人曰　今在益宣田隨例赴役　郎歸田以所將酒餅饗之　請暇扵益宣將欲偕還　益宣固禁不許　時有使吏侃珍管收推火郡能節租三十石輸送城中　羙郎之重士風味　鄙宣暗塞不通　乃以所領三十石贈益宣助請　猶不許又以珍節舍知騎馬鞍具貽之乃許朝廷花主聞之　遣使取益宣將洗浴其垢醜　宣逃隱掠其長子而去　時仲冬極寒之日　浴洗扵城内池中仍合2912)凍死　大王聞之　勑牟梁里人從官者並合黜遣更不接公署　不著黑衣若爲僧者不合入鍾皷寺中　勑史上侃珍子孫爲枰定戶孫標異之　時圓測法師是海東高德以牟梁里人故不授僧職　初述宗公爲朔州都督使將歸理所　時三韓兵乱以騎兵三千護送之　行至竹旨嶺　有一居士平理其嶺路　公見之歎美　居士亦善公之威勢赫甚相感扵心　公赴州理隔一朔夢見居士入于房中　室家同夢　驚怪尤甚翌日使人同2913)其居士安否　人曰居士死有日矣　使來还告　其死與夢同日矣　公曰　殆居士誕扵吾家爾　更發卒修葬扵嶺上北峯　造石彌勒一軀安扵塚前　妻氏自夢之日有娠既誕因名竹旨　壯而出仕　與庚信公爲副帥統三韓　眞德太宗文武神文四代爲冢宰安定厥邦　初得烏谷慕郎而作歌曰　去隱春皆理米　毛冬居叱沙哭屋尸以憂音　阿冬音乃叱好支賜烏隱　皃史年数就音墮支行齊　目煙迴扵尸七史伊衣　逢烏支惡知乎下是　郎也慕理尸心未行乎尸道尸　蓬次叱巷中宿尸夜音有叱下是2914) (『三國遺事』2 紀異 2 孝昭王代 竹旨郎[亦作竹曼 亦名智官])

2911) ‘率’의 오기로 보인다.
2912) ‘令’의 오기로 보인다.
2913) 문맥상 ‘問’이 옳다.
2914) 정확한 시기를 알 수 없어 효소왕 말년에 기간편년했다.

| 신라 | 淨神王之弟與王爭位 國人廢之 遣將軍四人到山迎之 先到孝明庵前呼萬歲 時有五色雲 七日垂覆 國人尋雲而畢至 排列鹵簿 將邀兩太子而歸 寶川哭泣以辭 乃奉孝明歸 卽位 理國有年[記云 在位二十餘年 盖崩年壽二十六之訛也 在位但十年爾 又神文之弟 爭位事國史無文 未詳] (『三國遺事』3 塔像 4 臺山五萬眞身)[2915] |

신라	大足二年壬寅七月卅七日 孝照大王 登霞 (「皇福寺 金銅舍利函記」)
신라	秋七月 王薨 謚曰孝昭 葬于望德寺東[觀[2916])唐書云 長安二年 理洪卒 諸古記云 壬寅 七月二十七日卒 而通鑑云 大足三年卒 則通鑑誤] (『三國史記』8 新羅本紀 8)
신라	秋七月 王薨 無子 國人立其弟隆基 上謚曰孝昭 葬望德寺東 武后聞王薨 爲之擧哀 輟朝二日 遣使弔慰 冊新王爲新羅王 仍襲將軍都督之號 (『三國史節要』11)
신라	聖德王立 諱興光 本名隆基 與玄宗諱同 先天中改焉[唐書言 金志誠] 神文王第二子 孝昭同母弟也 孝昭王薨 無子 國人立之 唐則天聞孝昭薨 爲之擧哀 輟朝二日 遣使吊 慰 冊王爲新羅王 仍襲兄將軍都督之號 (『三國史記』8 新羅本紀 8)[2917]
신라	理洪以長安二年卒 則天爲之擧哀 輟朝二日 遣立其弟興光爲新羅王 仍襲兄將軍都督 之號 興光本名與太宗同 先天中則天改焉 (『舊唐書』199上 列傳 149上 東夷 新羅)
신라	子理洪襲王 死 弟興光襲王 (『新唐書』220 列傳 145 東夷 新羅)
신라	(唐則天)長安二年 新羅王金理洪卒 則天遣使立其弟興光 爲新羅王 仍襲兄將軍都督之 號 (『冊府元龜』964 外臣部 9 封冊 2)

| 신라 | 淨神太子弟副君在新羅 爭位誅滅 國人遣將軍四人 到五臺山孝明太子前 呼萬歲 卽是 有五色雲 自五臺至新羅 七日七夜浮光 國人尋光到五臺 欲陪兩太子還國 寶叱徒太子 涕泣不歸 陪孝明太子 歸國卽位 在位二十餘年[2918] (『三國遺事』3 塔像 4 溟州[古河 西府也]五臺山寶叱徒太子傳記) |

| 신라 | 九月 大赦 增文武官爵一級 復諸州郡一年租稅 (『三國史記』8 新羅本紀 8) |
| 신라 | 九月 大赦 增文武官爵一級 復諸州郡一年租稅 (『三國史節要』11) |

| 신라 | (九月) 以阿湌元訓爲中侍 (『三國史記』8 新羅本紀 8) |
| 신라 | (九月) 以阿湌元訓爲中侍 (『三國史節要』11) |

| 신라 | 冬十月 歃良州櫟實變爲栗 (『三國史記』8 新羅本紀 8) |
| 신라 | 冬十月 歃良州櫟實變爲栗 (『三國史節要』11) |

| 신라 | 然據浮石本碑 (…) 長安二年壬寅 示滅 年七十八 (『三國遺事』3 塔像 4 前後所將舍 利) |
| 신라 | 終南門人賢首撰搜玄疏 送副本於湘處幷奉書懃懇曰 西京崇福寺僧法藏 致書於海東新 羅華嚴法師侍者 一從分別二十餘年 傾望之誠 豈離心首 加以烟雲萬里 海陸千重 恨 |

2915) 이 기사에 등장하는 인물들의 이름과 왕위 계승과정에 대한 사적은 『삼국사기』에서 확인할 수 없다. 혹 孝明태자의 이름을 같은 뜻으로 보이는 孝昭王으로 보면 효소왕(재위 699~702) 즉위 전의 일로 볼 수 있다. 여기서는 이 기사에 뒤이어 성덕왕 재위 4년 '眞如院' 개창 기사가 이어진 것에 근거하여 성덕왕 즉 위 전의 일로 파악하고 여기에 배치하였다.

2916) '舊'의 오기로 보인다. 『구당서』 신라열전에서는 효소왕이 이 해에 죽었다는 사실을 기록하고 있으나, 『신당서』 신라열전에서는 효소왕이 政明(神文王)에 이어 왕위에 오르고 아우 興光(聖德王)이 왕위를 계승 했다는 사실만 기록했다.

2917) 『三國遺事』1 王曆 1에서는 "第三十三聖德王[名興光 本名隆基 孝昭之母弟也 先妃陪王后 謚嚴貞 元大 △△之女也 後妃占勿王后 謚炤德 順无角干之女 壬寅立 理三十五年 陵在東村南 一云楊長谷]"이라 하였다.

2918) 여기서의 효명태자를 성덕왕으로 보아 성덕왕 즉위 직후에 배치하였다.

　　　　　　　此一身不復再面　抱忄表2919)戀戀　夫何可言　故由夙世同因　今生同業　得於此報　俱沐
　　　　　　　大經　特蒙先師授玆奧2920)典　仰承上人歸鄉之後　開演華嚴　宣揚法界無导緣起　重重帝
　　　　　　　網　新新佛國　利益弘廣　喜躍增深　是知如來滅後　光輝佛日　再轉法輪　令法久住者　其
　　　　　　　唯法師矣　藏進趣無成　周旋寡況　仰念玆典　愧荷先師　隨分受持　不能捨離　希憑此業
　　　　　　　用結來因　但以和尙章疏　義豐文簡　致令後人多難趣入　是以錄和尙微言妙旨　勒成義記
　　　　　　　近因勝詮法師抄寫還鄉　傳之彼土　請上人詳檢臧否　幸示箴誨　伏願當當來世　捨身受身
　　　　　　　相與同於盧舍那　聽受如此無盡妙法　修行如此無量普賢願行　儻餘惡業　一朝顚墜　伏希
　　　　　　　上人不遺宿昔　在諸趣中　示以正道　人信之次　時訪存沒　不具[文載大文類]　湘乃令十刹
　　　　　　　傳敎　太伯山　浮石寺　原州　毗摩羅　伽耶之海卯2921)　毗瑟之玉泉　金井之梵魚　南嶽　華
　　　　　　　嚴寺等是也2922)(『三國遺事』4 義解 5 義湘傳敎)

신라　　　　　湘住皇福寺時　與徒衆繞塔　每步虛而工2923)　不以階升　故其塔不設梯磴　其徒離階三尺
　　　　　　　履空而旋　湘乃顧謂曰　世人見此　必以爲怪　不可以訓世　餘如崔侯所撰本傳
　　　　　　　讚曰　披榛跨海冒煙塵　至相門開接瑞珍　采采雜花我2924)故國　終南太伯一般春2925)(『三
　　　　　　　國遺事』4 義解 5 義湘傳敎)

삼한　　　　　長安二年　改授中大夫岷州諸軍事岷州刺史　若乃策命委質　環衛警於龍樓　賈勇先登　權
　　　　　　　謀逸於龜壑　將軍建節　屯細柳而橫雲　戰士提戈　指扶桑而駐日　神兵作氣　無資一鼓之
　　　　　　　誼　肅愼歸降　坐滅三韓之俗　於是　授公上柱國　甄賞明焉 (「張仁楚 墓誌銘」：『全唐文
　　　　　　　新編』995)

703(癸卯/신라 성덕왕 2/발해 고왕 5/唐 長安 3/일본 大寶 3)

신라　　　　　(春正月)辛未　新羅國遣薩湌金福護　級湌金孝元等　來赴國王喪也 (『續日本紀』3 文武
　　　　　　　紀)

신라　　　　　春正月　親祀神宮 (『三國史記』8 新羅本紀 8)
신라　　　　　春正月　王親祀神宮 (『三國史節要』11)

신라　　　　　(春正月) 遣使入唐貢方物 (『三國史記』8 新羅本紀 8)
신라　　　　　(春正月) 遣使如唐朝貢 (『三國史節要』11)
신라　　　　　(唐則天長安)三年正月 吐藩新羅林邑 並遣使朝貢 (『冊府元龜』970 外臣部 15 朝貢
　　　　　　　3)

고구려　　　　(夏四月)乙未 從五位下高麗若光賜王姓 (『續日本紀』3 文武紀)

신라　　　　　閏四月辛酉朔　大赦天下　饗新羅客于難波館　詔曰　新羅國使薩湌金福護表云　寡君不幸
　　　　　　　自去秋疾　以今春薨　永辭聖朝　朕思　其蕃君雖居異域　至於覆育　允同愛子　雖壽命有終
　　　　　　　人倫大期　而自聞此言哀感已甚　可差使發遣弔贈　其福護等　遙涉蒼波　能遂使旨　朕矜
　　　　　　　其辛勤　宜賜以布帛 (『續日本紀』3 文武紀)

─────────────

2919) 懷의 오기이다.
2920) 奧의 오기이다.
2921) 印의 오기이다.
2922) 이 기사는 692년에도 편년가능하나, 의상의 몰년(702)에 기간편년하여 배치하였다.
2923) 上의 오기이다.
2924) 栽의 오기이다.
2925) 정확한 연대를 알 수 없어 의상 몰년에 배치하였다.

신라　　　　(閏四月己卯) 新羅王金理洪卒 遣使立其弟崇基爲王 (『資治通鑑』207 唐紀 23 則天
　　　　　　順聖皇后中之下)

신라　　　　(長壽2926))三年 遣使來朝 其年 理洪卒 冊立其弟崇基爲王 仍令襲兄輔國大將軍左豹
　　　　　　韜大將軍鷄林州都督 (『唐會要』95 新羅)

신라　　　　五月壬辰 金福護等還蕃 (『續日本紀』3 文武紀)

신라　　　　(五月)癸巳 流來新羅人付福護等還本鄕 (『續日本紀』3 文武紀)

신라　　　　秋七月 靈廟寺災 (『三國史記』8 新羅本紀 8)
신라　　　　秋七月 靈廟寺災 (『三國史節要』11)

신라　　　　(秋七月) 京都大水 溺死者衆 (『三國史記』8 新羅本紀 8)
신라　　　　(秋七月) 京都大水 死者衆 (『三國史節要』11)

신라　　　　(秋七月) 中侍元訓退 阿飡元文爲中侍 (『三國史記』8 新羅本紀 8)
신라　　　　(秋七月) 中侍元訓辭老 阿飡元文代之 (『三國史節要』11)

신라　　　　(秋七月) 日本國使至 摠二百四人 (『三國史記』8 新羅本紀 8)
신라　　　　(秋七月) 日本國使來 (『三國史節要』11)

신라　　　　(秋七月) 遣阿飡金思讓朝唐 (『三國史記』8 新羅本紀 8)
신라　　　　(秋七月) 遣阿飡金思讓如唐 (『三國史節要』11)

백제　　　　八月辛酉 以從五位上百濟王良虞爲伊豫守 (『續日本紀』3 文武紀)

신라　　　　(九月)庚戌 以從五位下波多朝臣廣足爲遣新羅大使 (『續日本紀』3 文武紀)

신라　　　　(冬十月)甲戌 僧隆觀還俗 本姓金 名財 沙門幸甚子也 頗涉藝術 兼知算曆 (『續日本
　　　　　　紀』3 文武紀)

신라　　　　(十月)癸未 天皇御大安殿 詔賜遣新羅使波多朝臣廣足額田人足 各衾一領 衣一襲 又
　　　　　　賜新羅王錦二匹 絁卅匹 (『續日本紀』3 文武紀)

신라　　　　位和府 眞平王三年 始置 (…) 上堂二人 (…) 神文王置 聖德王二年加一人 (『三國史
　　　　　　記』38 雜志 7 職官 上)
신라　　　　加置位和府上堂一人 (『三國史節要』11)

신라　　　　釋法寶 亦三藏奘師學法之神足也 性靈敏利最所先焉 (…) 長安三年 於福先寺京西明
　　　　　　寺 預義淨譯場 寶與法藏勝莊等證義 于時頗露頭角 莫之與京歟 (『宋高僧傳』4 義解
　　　　　　篇 2-1 唐 京兆 大慈恩寺 法寶傳(勝莊))

704(甲辰/신라 성덕왕 3/발해 고왕 6/唐 長安 4/일본 慶雲 1)

2926) 壽는 安의 오자이다.

신라	春正月 熊川州進金芝 (『三國史記』8 新羅本紀 8)
신라	春正月 熊川州進金芝 (『三國史節要』11)
백제	(二月)乙亥 從五位上村主百濟 改賜阿刀連姓 (『續日本紀』3 文武紀)
신라	三月 入唐金思讓廻 獻最勝王經 (『三國史記』8 新羅本紀 8)
신라	夏五月 納乘府令蘇判金元泰之女爲妃 (『三國史記』8 新羅本紀 8)
신라	夏五月 王納蘇判金元泰女爲妃 (『三國史節要』11)
고구려	(長安四年七月) 再思爲相 專以諂媚取容 司禮少卿張同休 易之之兄也 嘗召公卿宴集 酒酣 戲再思曰 楊內史面似高麗 再思欣然 卽翦紙帖巾 反披紫袍 爲高麗舞[2927] 擧坐大笑[2928] 時人或譽張昌宗之美[2929] 曰六郞面似蓮花 再思獨曰 不然 昌宗問其故 再思曰 乃蓮花似六郞耳 (『資治通鑑』207 唐紀 23 則天順聖皇后)
고구려	楊再思 鄭州原武人也 (…) 再思爲御史大夫時 張易之兄司禮少卿同休嘗奏請公卿大臣 宴于司禮寺 預其會者皆盡醉極歡 同休戲曰 楊內史面似高麗 再思欣然 請剪紙自帖於巾 卻披紫袍 爲高麗舞 縈頭舒手 擧動合節 滿座嗤笑 (『舊唐書』90 列傳 40 楊再思)
고구려	楊再思 鄭州原武人 第明經 爲人佞而智 (…) 易之兄司禮少卿同休 請公卿宴其寺 酒酣 戲曰 公面似高麗 再思欣然 翦縠綴巾上 反披紫袍 爲高麗舞 擧動合節 滿坐鄙笑 (『新唐書』109 列傳 34 楊再思)
신라	八月丙辰 遣新羅使從五位上波多朝臣廣足等至自新羅 (『續日本紀』3 文武紀)
신라	(冬十月)辛酉 粟田朝臣眞人等拜朝 正六位上幡文通爲遣新羅大使 (『續日本紀』3 文武紀)
신라	金大問 本新羅貴門子弟 聖德王三年 爲漢山州都督 作傳記若干卷 其高僧傳花郞世記樂本漢山記猶存 (『三國史記』46 列傳 6 金大問)
신라	以金大問爲漢山州都督 大問本貴族 嘗作高僧傳花郞世記樂本漢山記若干卷 (『三國史節要』11)
신라	海東故神行禪師之碑幷序 皇唐衛尉卿國相兵部令兼修城府令伊干金獻貞撰 東溪沙門靈業書 夫法之體也 非名非相 則盲聾智者 莫能觀其趣 心之性也 若存若亡 則童蒙理者 焉可測其源 故有學無學 纔嘗香鉢之飯 二乘三乘 寧得藥樹之菓 言禪那者 卽末還本之妙門 因心階道之玄路 歸之者 銷沙劫之罪 念之者 獲塵刹之德 況乎 經年累代積行成功深之又深 其極致歟 粤若位登五七 聲亘三千 紹佛種傳法燈 卽我神行禪師 受其記焉 禪師俗姓金氏 東京 御里人也 級干常勤之子 先師安弘之兄曾孫 積善薰心 (「斷俗寺神行禪師碑」)[2930]

2927) 唐十部樂有高麗伎 舞者四人 楊再思蓋倣之爲此舞
2928) 坐 祖臥翻
2929) 譽 音余
2930) 같은 비에서 신행선사가 대력 14년인 779년에 입적했다고 하였으므로, 신행선사가 태어나서 32세에 출가하기 전까지를 여기에 배치하였다.

705(乙巳/신라 성덕왕 4/발해 고왕 7/唐 神龍 1/일본 慶雲 2)

신라　　　　春正月 中侍元文卒 以阿湌信貞爲中侍 (『三國史記』8 新羅本紀 8)

신라　　　　春正月 中侍元文卒 以阿湌信貞代之 (『三國史節要』11)

고구려　　　神龍元年二月四日 改安東都督爲安東都護府 (『唐會要』73 安東都護府)

신라　　　　理國有年[記云 在位二十餘年盖崩年壽二十六之訛也 在位但十年尒 又神文之弟爭位事
　　　　　　国史無文　未詳]　以神龍元年[乃唐中宗復位之年　聖德王卽位四年也]乙巳三月初四日
　　　　　　始改創眞如院　大王親率百寮到山　營搆殿堂　竝塑泥像文殊大聖安于堂中　以知識靈卞
　　　　　　等五員　長轉華嚴經　仍結爲華嚴社　長年供費　每歲春秋　各給近山州縣倉租一百石　淨
　　　　　　油一石　以爲恒規　自院西行六千步　至牟尼岾古伊峴外　柴地十五結　栗枝六結　坐位二
　　　　　　結　創置莊舍焉　寶川常汲服其靈洞之水　故晚年肉身飛空　到流沙江外　蔚珍國掌天窟停
　　　　　　止　誦隨求陁羅尼　日夕爲課　窟神現身白云　我爲窟神已二千年　今日始聞隨求眞詮　請
　　　　　　受菩薩戒　旣受已　翌日窟亦無形　寶川驚異　留二十日乃還五臺山神聖窟　又修眞五十年
　　　　　　忉利天神三時聽法　淨居天衆烹茶供獻　四十聖騰空十尺　常時護衛　所持錫杖一日三時
　　　　　　作聲　遶房三匝　用此爲鐘磐　隨時修業　文殊或灌水寶川頂　爲授成道記莂　川將圓寂之
　　　　　　日　留記後來山中所行輔益邦家之事云　此山乃白頭山之大脈　各臺眞身常住之地　靑在
　　　　　　東臺北角下　北臺南麓之末　宜置觀音房　安圓像觀音　及靑地畫一萬觀音像　福田五員
　　　　　　晝讀八卷金經　仁王　般若　千手呪　夜念觀音禮懺　稱名圓通社　赤任南臺南面　置地藏房
　　　　　　安圓像地藏　及赤地畫八大菩薩爲首一萬地藏像　福田五員　晝讀地藏經　金剛般若　夜占
　　　　　　察禮懺　稱金剛社　白方西臺南面　置彌陁房　安圓像無量壽　及白地畫無量壽如來爲首一
　　　　　　萬大勢至　福田五員　晝讀八卷法華　夜念彌陁禮懺　稱水精社　黑地北臺南面　置羅漢堂
　　　　　　安圓像釋迦　及黑地畫釋迦如來爲首五百羅漢　福田五員　晝讀佛報恩經　涅槃經　夜念涅
　　　　　　槃禮懺　稱白蓮社　黃處中臺直[2931]如院中　安泥像文殊不動　後壁安黃地畫毗盧遮那爲
　　　　　　首三十六化形　福田五員　晝讀華嚴經　六百般若　夜念文殊禮懺　稱華嚴社　寶川庵改創
　　　　　　華藏寺　安圓像毗盧遮那三尊及大藏經　福田五員　長門藏經　夜念華嚴神衆　每年設華嚴
　　　　　　會一百日　稱名法輪社　以此華藏寺爲五臺社之本寺　堅固護持　命淨行福田　鎭長香火
　　　　　　則國王千秋　人民安泰　文虎和平　百穀豊穰矣　又加排下院文殊岬寺爲社之都會　福田七
　　　　　　員　晝夜常行華嚴神衆禮懺　上件三十七員齋料衣費　以河西府道內八州之稅　充爲四事
　　　　　　之資　代代君王　不忘遵行幸矣(『三國遺事』3 塔像 4 臺山五萬眞身)

신라　　　　神龍元年三月八日　始開眞如院[云云]　寶叱徒太子常服于洞靈水　肉身登空到流沙江　入
　　　　　　蔚珍大國掌天窟修道　還至五臺神聖窟五十年修道[云云]　五臺山是白頭山之根脈各臺眞
　　　　　　身常住[云云] (『三國遺事』3 塔像 4 溟州[古河西府也]五臺山寶叱徒太子傳記)

신라　　　　三月 遣使入唐朝貢 (『三國史記』8 新羅本紀 8)

신라　　　　三月 遣使如唐朝貢 (『三國史節要』11)

신라　　　　神龍元年三月 新羅王金志誠 遣使來朝 (『冊府元龜』970 外臣部 15 朝貢 3)

신라　　　　(五月)癸卯 幡文造通等自新羅至 (『續日本紀』3 文武紀)

신라　　　　夏五月 旱 (『三國史記』8 新羅本紀 8)

2931) '眞'의 오기로 보인다.

신라	夏五月 旱 (『三國史節要』11)
신라	秋八月 賜老人酒食 (『三國史記』8 新羅本紀 8)
신라	秋八月 賜老人酒食 (『三國史節要』11)
신라	九月 下敎禁殺生 (『三國史記』8 新羅本紀 8)
신라	九月 下敎禁屠殺 (『三國史節要』11)
신라	(九月) 遣使如唐獻方物 (『三國史記』8 新羅本紀 8)
신라	(九月) 遣使如唐朝貢 (『三國史節要』11)
신라	九月 又遣使來獻方物 (『册府元龜』970 外臣部 15 朝貢 3)
신라	(冬十月)丙子 新羅貢調使一吉湌金儒吉等來獻 (『續日本紀』3 文武紀)
신라	冬十月 國東州郡饑 人多流亡 發使賑恤 (『三國史記』8 新羅本紀 8)
신라	冬十月 國東州郡饑 人多流亡 發使賑恤 (『三國史節要』11)
신라	(十一月)己丑 徵發諸國騎兵 爲迎新羅使也 以正五位上紀朝臣古麻呂 爲騎兵大將軍 (『續日本紀』3 文武紀)
신라	(十二月癸酉)是日 新羅使金儒吉等入京 (『續日本紀』3 文武紀)
고구려	安東都護府 (…) 聖曆元年六月 改爲安東都督府 神龍元年 復爲安東都護府 (『舊唐書』39 志 19 地理 2)
고구려	安東上都護府 (…) 聖曆元年 更名安東都督府 神龍元年 復故名 (『新唐書』39 志 29 地理 3)

706(丙午/신라 성덕왕 5/발해 고왕 8/唐 神龍 2/일본 慶雲 3)

신라	春正月丙子朔 天皇御大極殿受朝 新羅使金儒吉等在列 朝廷儀衛有異於常 (『續日本紀』3 文武紀)
신라	(春正月)己卯 新羅使貢調 (『續日本紀』3 文武紀)
신라	(春正月)壬午 饗金儒吉等于朝堂 奏諸方樂于庭 敍位賜祿各有差 (『續日本紀』3 文武紀)
신라	(春正月)丁亥 金儒吉等還蕃 賜其王勅書曰 天皇敬問新羅王 使人一吉湌金儒吉薩湌金今古等至 所獻調物垃具之 王有國以還 多歷年歲 所貢無斁 行李相屬 款誠旣著 嘉尙無已 春首猶寒 比無恙也 國境之內 當垃平安 使人今還 指宣往意 幷寄土物如別 (『續日本紀』3 文武紀)
신라	春正月 伊湌仁品爲上大等 (『三國史記』8 新羅本紀 8)
신라	春正月 以伊湌仁品爲上大等 (『三國史節要』11)
신라	(春正月) 國內饑 發倉廩賑之 (『三國史記』8 新羅本紀 8)

신라   (春正月) 國內饑 發倉廩賑之 (『三國史節要』 11)

신라   (閏正月)戊午 奉新羅調於伊勢太神宮及七道諸社 (『續日本紀』 3 文武紀)

신라   神龍二年景[2932]午三月八日
      △△△△△△
      △△△△△△
      △△△△△△
      △七收土谷△△△
      △△門徒梵兮等
      △△成 (「神龍二年銘 金銅舍利函記」)

신라   三月 衆星西流 (『三國史記』 8 新羅本紀 8)
신라   三月 衆星西流 (『三國史節要』 11)

신라   夏四月 遣使入唐貢方物 (『三國史記』 8 新羅本紀 8)
신라   夏四月 遣使如唐朝貢 (『三國史節要』 11)
신라   (神龍)二年四月 新羅王金隆基 遣使獻方物 (『冊府元龜』 970 外臣部 15 朝貢 3)

신라   神龍二年丙午五月卅日 今主大王 佛舍利四 全金彌陀像六寸一軀 無垢淨光大陀羅尼
      經一卷 安置石塔第二層 以卜以此福田 上資神文大王 神睦太后 孝照大王 代代聖庿
      枕涅盤之山 坐菩提之樹 隆基大王 壽共山河同久 位與軋川等大 千子具足 七寶呈祥
      王后 體類月精 命同劫數 內外親屬 長大玉樹 茂實寶枝 梵釋四王 威德增明 氣力自
      在 天下太平 恒轉法輪 三塗勉難 六趣受樂 法界含靈 俱成佛道 寺主 沙門善倫 蘇判
      金順元 金興宗 特奉教旨 僧令儁 僧令太 韓奈麻阿摸 韓舍季歷 塔典 僧惠岸 僧心尙
      僧元覺 僧玄昉 韓舍一仁 韓舍全極 舍知朝陽 舍知純節 匠 季生 閼溫 (「皇福寺 金銅
      舍利函記」)

백제   大唐故右金吾衛守翊府中郎將上柱國 黑齒府君墓誌銘幷序
      公諱俊 卽唐左領軍衛大將軍燕國公之子焉 分邦海濱 見美玄虛之賦 稱酋澤國 取重太
      沖之詞 熾種落於遐荒 積衣冠於中國 立功立事 懸名於晝月之旗 爲孝爲忠 紀德於繫
      年之史
      曾祖加亥 任本鄉刺史 祖沙子 任本鄉戶部尚書 並玉挺荊山 珠光蔚浦 耀錦衣於日域
      風化大行 撫仙署於天涯 △臺時敍 父常之 爲皇朝左武衛大將軍上柱國燕國公 贈左領
      軍衛大將軍 材冠孤旺 行光金氏 功蓋天地 仲孺之任將軍 賞茂山河 邵爽之封燕國 死
      而可作 褒贈載榮
      公稟訓將門 夙懷武略 陶謙兒戲 卽列旌旗 李廣所居 必圖軍陣 由是 負燕頷之遠略
      挺猿臂之奇工 弱冠以別奏 從梁王獎西道行 以軍功 授游擊將軍 任右豹韜衛翊府左郎
      將 俄遷右金吾衛翊府中郎將上柱國
      高踐連雲之閣 俯從秋省之遊 珥晉代之華貂 盛漢年之車服 方冀七葉貽慶 以享西漢之
      榮 豈圖二豎△△ 俄從北升之名 以神龍二年五月卅三日 遘疾終洛陽縣從善之△ 春秋
      卅一 烏呼 城府颯焉 邦國殄瘁 惟公志氣雄烈 宇量高深 雖太上立功 劬勞苦戰 而數
      奇難偶 竟不封侯 奄及殲良 朝野痛惜 卽以神龍二年歲次景午八月壬寅朔十三日 葬於

2932) 신룡 2년은 병오년이므로 여기의 '景'은 '丙'의 오기로 생각된다.

北邙山原 禮也 途移楚挽 路引周簫 窀穸將開 黃腸邊掩 封崇旣畢 翠栢方深 紀餘恨
於△玉 庶碑字之生金 銘曰

於維后唐 求賢以理 頹當見用 秅侯入仕 西戎孤臣 東夷之子 求如不及 片善斯紀 其
一 紀善奚謂 加之冠纓 忠以立勳 孝以揚名 允矣皇考 早勵清貞 孝哉今嗣 無墜厥聲
其二 厥聲伊何 將門武德 受命分閫 立功異域 克定禍亂 掃除氛慝 哥鍾賞賢 車服表
德 其三 車服伊何 金吾最盛 美矣夫子 膺玆寵命 高閣連雲 華貂疊映 享此積善 冀傳
餘慶 其四 餘慶不延 俄終小年 梁木斯壞 彼蒼者天 挽悲蒿里 簫咽松阡 一埋白日 永
瘞黃泉 其五 (「黑齒俊 墓誌銘」)

신라   (八月)壬辰 以從五位下美努連淨麻呂 爲遣新羅大使 (『續日本紀』3 文武紀)

신라   秋八月 中侍信貞病免 以大阿湌文良爲中侍 (『三國史記』8 新羅本紀 8)
신라   秋八月 中侍信貞病免 以大阿湌文良代之 (『三國史節要』11)

신라   (秋八月) 遣使入唐貢方物 (『三國史記』8 新羅本紀 8)
신라   (秋八月) 遣使如唐朝貢 (『三國史節要』11)
신라   八月 新羅國 並遣使貢獻 (『册府元龜』970 外臣部 15 朝貢 3)

신라   (秋八月) 穀不登 (『三國史記』8 新羅本紀 8)
신라   (秋八月) 穀不登 (『三國史節要』11)
신라   第三十三聖德王 神龍二年丙午歲 禾不登 人民飢甚[2933] (『三國遺事』2 紀異 2 聖德
王)

신라   冬十月 遣使入唐貢方物 (『三國史記』8 新羅本紀 8)
신라   冬十月 遣使如唐朝貢 (『三國史節要』11)
신라   十月 新羅國 又遣使朝貢 (『册府元龜』970 外臣部 15 朝貢 3)

신라   十一月癸卯 賜新羅國王勅書曰 天皇敬問新羅國王 朕以虛薄 謬承景運 漸無練石之才
徒奉握鏡之任 日旰忘飱 翼翼之懷愈積 宵分輟寢 業業之想彌深 冀覃覆載之仁 遐被
寰區之表 況王世居國境 撫寧人民 深秉㤗舟之至誠 長脩朝貢之厚禮 庶磐石開基 騰
茂響於麠岫 維城作固 振芳規於雁池 國內安樂 風俗淳和 寒氣嚴切 比如何也 今故遣
大使從五位下美努連淨麻呂 副使從六位下對馬連堅石等 指宣往意 更不多及 (『續日本
紀』3 文武紀)

신라   十二月 大赦 (『三國史記』8 新羅本紀 8)
신라   十二月 大赦 (『三國史節要』11)

신라   山之東南三千步許 有仙川村 村有二人 其一曰努肹夫得[一作等] 父名月藏 母味勝 其
一曰怛怛朴朴 父名修梵 母名梵摩[鄕傳云 雉山村誤矣 二士之名方言 二家各以二士心
行騰騰苦節二義名之爾] 皆風骨不凡 有域外遐想 而相與友善 年皆弱冠 往依村之東北
嶺外法積房 剃髮爲僧 未幾 聞西南雉山村法宗谷.僧道村有古寺 可以栖[2934]眞 同往大
佛田小佛田二洞 各居焉 夫得寓懷眞庵 一云壞寺[今懷眞洞有古寺基是也] 朴朴居瑠璃

2933) 『삼국유사』에서는 정확한 시간이 나오지 않으나 『삼국사기』에 의거 8월에 배치했다.
2934) 栖의 誤

光寺[今梨山上有寺基是也] 皆挈妻子而居 經營產業 交相來往 棲神安養 方外之志 未
常暫廢 觀身世無常 因相謂曰 腴田美歲良利也 不如衣食之應念而至自然得飽煖也 婦
女屋宅情好也 不如蓮池花藏千聖共遊 鸚鵡孔雀以相娛也 況學佛當成佛 修眞必得眞
今我等既落彩爲僧 當脫略纏結 成無上道 豈宜汨沒風塵與俗輩無異也 遂唾謝人間世
將隱於深谷 夜夢白毫光自西而至 光中垂金色臂 摩二人頂 及覺說夢 與之符同 皆感
嘆久之 遂入白月山無等谷[今南藪洞也] 朴朴師占北嶺師子嵓 作板屋八尺房而居 故云
板房 夫得師占東嶺磊石下有水處 亦成方丈而居焉 故云磊房[鄕傳云 夫得處山北瑠璃
洞 今板房 朴朴居山南法精洞磊房 與此相反 以今驗之 鄕傳誤矣] 各庵而居 夫得勤求
彌勒 朴朴禮念彌陀2935) (『三國遺事』3 塔像 4 南白月二聖 努肹夫得 怛怛朴朴)

707(丁未/신라 성덕왕 6/발해 고왕 9/唐 神龍 3, 景龍 1/일본 慶雲 4)

신라　春正月 民多饑死 給粟人一日三升 至七月 (『三國史記』8 新羅本紀 8)

신라　春正月 民多饑死 給租賑之 人日三升 (『三國史節要』11)

신라　丁未正月初一日至七月三十日 救民給租 一口一日三升爲式 終事而計三十萬五百碩也
王爲太宗大王刱奉德寺2936) 設仁王道場七日 大赦 始有侍中戢[一本系孝成王] (『三國
遺事』2 紀異 2 聖德王)

신라　二月 大赦 賜百姓五穀種子有差 (『三國史記』8 新羅本紀 8)

신라　二月 大赦 賜民穀種有差 (『三國史節要』11)

백제　(五月)癸亥 讚岐國那賀郡錦部刀良 陸奧國信太郡生王五百足 筑後國山門郡許勢部形
見等 各賜衣一襲及鹽穀 初救百濟也 官軍不利 刀良等被唐兵虜 沒作官戶 歷卅餘年
乃免 刀良至是遇我使粟田朝臣眞人等 隨而歸朝 憐其勤苦有此賜也 (『續日本紀』3 文
武紀)

신라　(五月)乙丑 從五位下美努連淨麻呂及學問僧義法義基 摠集 慈定淨達等至自新羅 (『續
日本紀』3 文武紀)

신라　神龍三年 授驃騎大將軍 (『唐會要』95 新羅)

백제　大唐 △部將軍功德記
郭謙光文及書
咨故天龍寺者 兆基有齊 替廡隋季 蓋敎理歸寂 載宅茲山之奧 龕室千萬 彌亘崖岊 因
广增修 世濟其美 夫其峯巒㟄碟 丹翠含棘 灌木蕭森 濫泉霄沸 或叫而合 墍誼譁者
則叅虛之秀麗也 雖緇徒久曠 禪廡荒闃 而邁種德者 陟降避險 固無虛月焉
大唐天兵中軍副使右金吾衛將軍上柱國遵化郡開國公△部珣 本枝東海 世食舊德 相虞
不臘 之奇族行 太上懷邦 由余載格 歷官內外 以貞勤騠徙 天兵重鎭 實佐中軍 于神
龍二年三月 與內子樂浪郡夫人黑齒氏 卽大將軍燕公之中女也 躋京陵 越巨壑 出入坎
窞 牽攀莖蔓 再休再呬 迺詹夫淨域焉 於是 接足禮巳 卻住一面 瞻覬△歷 歎未曾有
相與俱時 發純羨 誓博施 財具富 以△上 奉爲先尊 及見存姻族 敬造三世佛像 幷諸
賢聖 刻彤△相 百福莊嚴 冀籍勝因 圓資居往 暨三年八月 功斯畢焉 夫作而不記 非
盛德也 遵化公 資孝爲忠 △義而勇 顥頜以國 蹇連匪躬 德立△行 事時禮順 塞既清

2935) 뒷 기사에서 3년이 채 못된 709년이라는 구절이 나오므로, 본 기사 전체를 706년에 기간편년했음
2936) 봉덕사의 창건연대에 대해서는 『삼국유사』3 塔像 4 皇龍寺鍾 芬皇寺藥師 奉德寺鍾에서 효성왕 2년
(開元 26년; 738년)이라고 하였다.

只 人亦寧只 大蒐之隙 且閱三乘 然則居業定功 於斯爲盛光昭 將軍之令德 可不務廓
故刻此樂石 以旌厥問 其辭曰
△鑠明德 知終至 而忠信孝敬 元亨利 而摠戎衛服 要荒謐 而乘緣詣覺 歸△△
大唐景龍元年歲在鶉首十月乙丑朔十八日壬午 建
△△△△部選宣德郎昕 次子吏部選上柱國暕 次子上△△△ 次子△△△△△兵部選仲
容 公聲天兵中軍摠管彌義 (「㽵將軍 功德記」: 『譯註 韓國古代金石文』1)

신라	冬十二月 遣使入唐貢方物 (『三國史記』8 新羅本紀 8)
신라	冬十二月 遣使如唐朝貢 (『三國史節要』11)
신라	(景龍元年)十二月 新羅 並遣使朝貢獻 (『冊府元龜』970 外臣部 15 朝貢 3)

708(戊申/신라 성덕왕 7/발해 고왕 10/唐 景龍 2/일본 和銅 1)

신라	春正月 沙伐州進瑞芝 (『三國史記』8 新羅本紀 8)
신라	春正月 沙伐州進瑞芝 (『三國史節要』11)
신라	二月 地震 (『三國史記』8 新羅本紀 8)
신라	二月 地震 (『三國史節要』11)
백제	(三月丙午) 正五位上百濟王遠寶爲左衛士督 (…) 從四位下百濟王南典爲備前守 (『續日本紀』4 元明紀)
신라	夏四月 鎭星犯月 (『三國史記』8 新羅本紀 8)
신라	夏四月 鎭星犯月 (『三國史節要』11)
신라	(夏四月) 大赦 (『三國史記』8 新羅本紀 8)
신라	(夏四月) 大赦 (『三國史節要』11)
신라	(唐中宗景龍二年)十月庚辰 宴新羅使於內殿 勅宰臣及四品以上淸官預焉 (『冊府元龜』974 外臣部 19 褒異 1)[2937]
백제	(蓋石) 大唐 故祢府君墓誌銘
	(誌石) 大唐 故雲麾将軍左武衛将軍上柱國来遠郡開國公 祢府君墓誌銘并序

莫敖以獨啓山林 掩経江漢 子文以三登令尹 遂覇諸侯 人物雄於一方 錫胤昌於萬葉
靈基積派 海島之達荊巫 王潤珠明 卞巖之接随肆 忠為國寶 孝實天資 國有其材 家称
代禄 存諸史冊 可略詳言
公諱素士 字素 楚国瑯琊人也 自鯨魚隕彗 龍馬浮江 拓抜以勁騎南侵 宋公以強兵北
討 乾坤 黷 君子滅跡於屯蒙 海内崩離 賢達違邦而遠逝 七代祖嵩 自淮泗浮於遼陽
遂為熊川人也 曽祖真 帯方州刺史 祖善 随任萊州刺史 父寔進 入朝為歸德將軍東明
州刺史左威衛大将軍 時稱忠謹 家擅勳門 剖竹為符 昔時專寄 馳軒問瘼 是頼仁明 鑒
門申百戦之功 登壇應三軍之選
公以父資入侍 貴族推賢 談笑而坐得軍謨 指麾而暗成行陣 年十五 授遊擊将軍長上

2937) 이 기사는 開元 2년(714)의 일이다. 경룡 2년 10월에는 경진일이 없으며, 이 기사 다음의 기록은 『資
치통감』 211 개원 2년 10월 기사와 동일하다. 또한 경룡 2년 12월 기사 다음에 4월, 6월, 7월, 10월, 12
월 그리고 3년 정월 기사 등이 이어진다. 이 중 6월 이후 기사들은 『舊당서』 등에서 개원 2년 기사와 같
은 내용이다. 이에 『冊府元龜』 본 기록에 따라 경룡 2년조에도 배치하였다.

父宿衛近侍 改授龍泉府右果毅 又改龍原府左果毅臨漳府折衝 加三品左豹韜衛左郎将
又授右鷹揚衛右郎将左監門中郎 長安三年 制充清夷軍副使 蹔迂鳴玉 求蔣濟而従軍
始賀執金 寵伏兒而輔国 加来遠郡公 餘悉如故 神龍元年 授左武衛将軍 曺文重戚 首
應嘉招 荀羨幼年 俄聞奬擢 羽林清禁 上懸郎将之星 高閣連雲 側佇虎賁之直 景龍二
年六月 奉使徐兖等卅九州存撫 絲綸滿路 邦守負弩以先駈 軒盖盈衢 王公傾城而出餞
方冀便宜入奏 對漢制而推多

豈謂夢寐成灾 召秦鑿而不救 景龍二年八月廿九日 卒於徐州之官舍 呼嗚哀哉 即以其
年十一月二日 遷窆於雍州高陽原 礼也 将軍舊壘 忽變新塋 天子臨朝 猶思大樹 公自
幼及長 揚名愛親 寢息無忘於忠誠 言談不逾於礼義 童年結綬 不以地勢嬌人 壯室傳
封 不以勳容傲物 丹墀陛戟 奸臣畏威而寢謀 紫塞揚麾 黠虜聞名而遁去 爪牙是託 蕃
杆攸帰 所謂斯人 邦之良也 子仁秀仁徽仁傑仁彦仁俊等 鎮鋌克葉 幹蠱承家 書劒之
述早成 公侯之資必復 彩衣推孝 未極莱氏之觀 石郭開銘 忽見藤公之兆 茹荼均痛 涙
栢摧心 恐陵谷潜移 蔓山之為漢水 陰陽遷貿 海島之變桑田 庶憑崔瑗之文 遂鏤蔡邕
之石 銘曰

赫赫我祖 奄營南土 令尹稱功 開封建宇 子孫錫胤 英賢楱武 遂啓宗祊 始傳王父[其
一] 蘭閣披圖 儒林振葉 永嘉中圮 名流喪葉 魏氏雄飛 宋公居摂 郊原版蕩 賢人利渉
[其二] 東浮鯨海 北有雄津 休屠侍漢 角里違秦 背乱猒為 觀風識真 千年聖主 累葉名
臣[其三] 皎皎童年 沉沉美量 是標代胄 鬱傾朝望 学劒従軍 昇壇拜将 入侍皇極 出平
夷障[其四] 使車東邁 凶施西飛 悲纏幸輔 痛澈宸闈 地迥墳出 田荒路微 榮華共盡 今
古同歸[其五] 寂寂山門 幽幽泉戸 東望玄覇 西連下柱 楸隴雲愁 松庭月苦 空昔輔漢
永埋征虜[其六] (「禰素士 墓誌銘」: 2012 『韓史論叢』14)

709(己酉/신라 성덕왕 8/발해 고왕 11/唐 景龍 3/일본 和銅 2)

신라　　　春三月 菁州獻白鷹 (『三國史記』8 新羅本紀 8)

신라　　　春三月 菁川²⁹³⁸⁾獻白鷹 (『三國史節要』11)

신라　　　(三月)辛未 取海陸兩道 喚新羅使金信福等 (『續日本紀』4 元明紀)

신라　　　未盈三載 景龍三年己酉四月八日 聖德王卽位八年也 日將夕 有一娘子年幾二十 姿儀
　　　殊妙 氣襲蘭麝 俄然到北庵[鄕傳云南庵] 請寄宿焉 因投詞曰 行逢日落千山暮 路隔城
　　　遙絶四隣 今日欲投庵下宿 慈悲和尚莫生嗔 朴朴曰 蘭若護淨爲務 非爾所取近 行矣
　　　無滯此處 閉門而入[記云 我百念灰冷 無以血囊見試] 娘歸南庵[傳曰北庵] 又請如前
　　　夫得曰 汝從何處 犯夜而來 娘答曰 湛然與大虛同體 何有往來 但聞賢士志願深重德
　　　行高堅 將欲助成菩提 因投一偈曰 日暮千山路 行行絶四隣 竹松陰轉邃 溪洞響猶新
　　　乞宿非迷路 尊師欲指津 願惟從我請 且莫問何人 師聞之驚駭謂曰 此地也非婦女相汚
　　　然隨順衆生 亦菩薩行之一也 況窮谷夜暗 其可忽視歟 乃迎揖庵中而置之 至夜淸心礪
　　　操 微燈半壁 誦念厭厭 及夜將艾 娘呼曰 予不幸適有産憂 乞和尚排備苫草 夫得悲矜
　　　莫逆 燭火殷勤 娘旣産 又請浴 弩肹慚懼交心 然哀憫之情有加無已 又備盆槽 坐娘於
　　　中 薪湯以浴之 旣而槽中之水香氣郁烈 變成金液 弩肹大駭 娘曰 吾師亦宜浴此 肹勉
　　　強從之 忽覺精神爽凉 肌膚金色 視其傍忽生一蓮臺 娘勸之坐 因謂曰 我是觀音菩薩
　　　來助大師成大菩提矣 言訖不現 朴朴謂肹今夜必染戒 將歸听之 旣至 見肹坐蓮臺 作
　　　彌勒尊像 放光明 身彩檀金 不覺扣頭而禮曰 何得至於此乎 肹具敍其由 朴朴嘆曰 我
　　　乃障重 幸逢大聖 而反不遇 大德至仁 先吾著鞭 願無忘昔日之契 事須同攝 肹曰 槽

2938) '川'은 '州'의 오기로 보인다.

有餘液 但可浴之 朴朴又浴 亦如前成無量壽 二聖相對儼然 山下村民聞之 競來瞻仰
嘆曰 希有希有 二聖爲說法要 全身蹋雲而逝 (『三國遺事』3 塔像 4 南白月二聖 努
肹夫得 怛怛朴朴)

| 신라 | (五月乙亥)是日 新羅使金信福等貢方物 (『續日本紀』4 元明紀) |

| 신라 | (五月)壬午 宴金信福等於朝堂 賜祿各有差 并賜國王絹廿疋 美濃絁卅疋 絲二百絇 綿
一百五十屯 是日 右大臣藤原朝臣不比等引新羅使於弁官廳內 語曰 新羅國使 自古入
朝 然未曾與執政大臣談話 而今日披晤者 欲結二國之好成往來之親也 使人等卽避座
而拜 復座而對曰 使等 本國卑下之人也 然受王臣敎 得入聖朝 適從下風 幸甚難言
況引升榻上 親對威顏 仰承恩敎 伏深欣懼 (『續日本紀』4 元明紀) |

| 신라 | 夏五月 旱 (『三國史記』8 新羅本紀 8) |
| 신라 | 夏五月 旱 (『三國史節要』11) |

| 신라 | 六月丙戌朔 金信福等還國 (『續日本紀』4 元明紀) |

신라	六月 遣使入唐貢方物 (『三國史記』8 新羅本紀 8)
신라	六月 遣使如唐朝貢 (『三國史節要』11)
신라	(景龍三年)六月 新羅 (…) 遣使貢方物 (『冊府元龜』970 外臣部 15 朝貢 3)

| 신라 | 秋八月 赦罪人 (『三國史記』8 新羅本紀 8) |
| 신라 | 秋八月 赦 (『三國史節要』11) |

710(庚戌/신라 성덕왕 9/발해 고왕 12/唐 景龍 4, 唐隆 1, 景雲 1/일본 和銅 3)

| 신라 | 春正月 天狗隕三郞寺北 (『三國史記』8 新羅本紀 8) |
| 신라 | 春正月 天狗隕三郞寺北 (『三國史節要』11) |

신라	(春正月) 遣使入唐貢方物 (『三國史記』8 新羅本紀 8)
신라	(春正月) 遣使如唐朝貢 (『三國史節要』11)
신라 고구려	(景龍)四年正月 新羅焉耆南天竺眞臘等國 四月 高麗 各遣使來朝 (『冊府元龜』970 外臣部 15 朝貢 3)

| 신라 | (春正月) 地震 (『三國史記』8 新羅本紀 8) |
| 신라 | (春正月) 地震 (『三國史節要』11) |

| 신라 | (春正月) 赦罪人 (『三國史記』8 新羅本紀 8) |
| 신라 | (春正月) 赦 (『三國史節要』11) |

| 신라 발해 | (中宗時) 又中郞將東夷人毛婆羅炊飯 一夕化爲血 (『新唐書』34 志 24 五行 1 赤眚
赤祥) |

| 고구려 | 高句麗樂 通典云 樂工人紫羅帽 飾以鳥羽 黃大袖 紫羅帶 大口袴 赤皮鞾 五色緇繩
舞者四人 椎髻於後 以絳抹額 飾以金璫 二人黃裙襦赤黃袴 二人赤黃裙襦袴 極長其
袖 烏皮鞾 雙雙幷立而舞 樂用彈箏一 搯箏一 臥箜篌一 竪箜篌一 琵琶一 五絃一 義 |

<table>
<tr><td></td><td>觜笛一 笙一 橫笛一 簫一 小篳篥一 大篳篥一 桃皮篳篥一 腰鼓一 齋鼓一 檐鼓一
唄一 大唐武大后時 尚二十五曲 今唯能習一曲 衣服亦寖衰敗 失其夲風 冊府元龜云
樂有五絃琴箏篳篥橫吹簫鼓之屬 吹蘆以和曲 百濟樂 通典云 百濟樂 中宗之代 工人
死散 開元中 岐王範爲大常卿 復奏置之 是以音伎多闕 舞者二人 紫大袖裙襦章甫冠
皮履 樂之存者 箏笛桃皮篳篥箜篌 樂器之屬 多同於内地 北史云 有鼓角箜篌箏竽箎
笛之樂 (『三國史記』32 雜志 1 樂)[2939]</td></tr>
<tr><td>고구려</td><td>高麗樂 工人紫羅帽 飾以鳥羽 黃大袖 紫羅帶 大口袴 赤皮靴 五色縚繩 舞者四人 椎
髻於後 以絳抹額 飾以金璫 二人黃裙襦 赤黃袴 極長其袖 烏皮靴 雙雙並立而舞 樂
用彈箏一 搊箏一 臥箜篌一 豎箜篌一 琵琶一 義觜笛一 笙一 簫一 小篳篥一 大篳篥
一 桃皮篳篥一 腰鼓一 齊鼓一 檐鼓一 貝一 武太后時尚二十五曲 今惟習一曲 衣服
亦寖衰敗 失其本風 (『舊唐書』29 志 9 音樂 2)</td></tr>
<tr><td>고구려 백제</td><td>至唐 東夷樂有高麗百濟 北狄有鮮卑吐谷渾部落稽 南蠻有扶南天竺南詔驃國 西戎有
高昌龜茲疏勒康國安國 凡十四國之樂 而八國之伎 列於十部樂 中宗時 百濟樂工人
亡散 岐王爲太常卿 復奏置之 然音伎多闕 舞者二人 紫大袖裙襦 章甫冠 衣履 樂有
箏 笛 桃皮觜篥 箜篌 歌而已 (『新唐書』23 志 12 禮樂 12)</td></tr>
<tr><td>고구려 백제</td><td>高麗樂 工人紫羅帽 飾以鳥羽 黃大袖 紫羅帶 大口蔥 赤皮鞾 五色縚繩 舞者四人 椎
髻於後 以絳抹額 飾以金璫 二人黃裙襦 赤黃袴 二人赤黃裙 襦袴 極長其袖 烏皮鞾
雙雙併立而舞 樂用彈箏一 搊箏一 臥箜篌一 豎箜篌一 琵琶一 五絃琵琶一 義觜笛一
笙一 橫笛一 簫一 小篳篥一 大篳篥一 桃皮篳篥一 腰鼓一 齊鼓一 擔鼓一 貝一 大
唐武太后時尚二十五曲 今唯能習一曲 衣服亦寖衰敗 失其本風 百濟樂 中宗之代 工
人死散 開元中 岐王範爲太常卿 復奏置之 是以音伎多闕 舞者二人 紫大袖裙襦 章甫
冠 皮履 樂之存者 箏 笛 桃皮篳篥 箜篌 歌(『通典』146 樂 6 清樂 四方樂 東夷二
國)[2940]</td></tr>
<tr><td>고구려 백제</td><td>高麗百濟樂 宋朝初得之 至後魏大武滅北燕 亦得之 而未具 周武滅齊 威振海外 二國
各獻其樂 周人列於樂部 謂之國伎 隋文平陳 及文康禮曲 俱得之百濟 貞觀中滅二國
盡得其樂至天后時 高麗樂猶二十五曲 貞元末 唯能習一曲 衣服亦漸失其本風矣 其百
濟至中宗時 工人死散 開元中 岐王範爲太常卿 復奏置焉 (『唐會要』33 四夷樂 東夷
二國樂)[2941]</td></tr>
<tr><td>고구려 백제</td><td>(唐會要) 又曰 (…) 至天后時 高麗樂猶二十五曲 貞元末 唯能習一曲 衣服亦漸變其土
風矣 其百濟 至中宗時 工人死散 開元中 岐王範爲太常卿 復奏置焉 (『太平御覽』56
7 樂部 5 四夷祭)[2942]</td></tr>
<tr><td>고구려 백제</td><td>(會要) 高麗百濟樂 宋朝初得之 貞觀中 滅二國 盡得其樂 至天后時 高麗樂 猶二十五
曲 貞元末 惟能習一曲 衣服亦漸失其本風矣 其百濟至中宗時 樂工亡散 開元末 岐王
範爲太常 復奏置之 (『玉海』108 音樂 四夷樂 唐十四國樂)[2943]</td></tr>
</table>

711(辛亥/신라 성덕왕 10/발해 고왕 13/唐 景雲 2/일본 和銅 4)

신라	春三月 大雪 (『三國史記』8 新羅本紀 8)
신라	春三月 大雪 (『三國史節要』11)

2939) 岐王 範 즉 李範이 岐王에 봉해지고 태상경이 된 것은 710년 7월의 일이므로 관련 자료를 일괄하여
    여기에 배치하였다.
2940) 岐王 範 즉 李範이 岐王에 봉해지고 태상경이 된 것은 710년 7월의 일이다.
2941) 岐王 範 즉 李範이 岐王에 봉해지고 태상경이 된 것은 710년 7월의 일이다.
2942) 岐王 範 즉 李範이 岐王에 봉해지고 태상경이 된 것은 710년 7월의 일이다.
2943) 岐王 範 즉 李範이 岐王에 봉해지고 태상경이 된 것은 710년 7월의 일이다.

신라	夏五月 禁屠殺 (『三國史記』8 新羅本紀 8)
신라	夏五月 禁屠殺 (『三國史節要』11)

신라	冬十月 巡狩國南州郡 (『三國史記』8 新羅本紀 8)
신라	冬十月 巡幸國南州郡 (『三國史節要』11)

신라	(冬十月) 中侍文良卒 (『三國史記』8 新羅本紀 8)
신라	(冬十月) 中侍文良卒 (『三國史節要』11)

신라	十一月 王製百官箴 示羣臣 (『三國史記』8 新羅本紀 8)
신라	十一月 王製百官箴 示群臣 (『三國史節要』11)

고구려	(十二月)壬子 從五位下狛朝臣秋麿言 本姓是阿倍也 但當石村池邊宮御宇聖朝 秋麻呂 二世祖比等古臣使高麗國 因卽號狛 實非眞姓 請復本姓 許之 (『續日本紀』5 元明紀)

신라	十二月 遣使入唐貢方物 (『三國史記』8 新羅本紀 8)
신라	十二月 遣使如唐朝貢 (『三國史節要』11)
신라	(景雲二年)十二月 突厥獻食大食新羅林邑獅子國 各遣使獻方物 (『冊府元龜』970 外臣部 15 朝貢 3)

712(壬子/신라 성덕왕 11/발해 고왕 14/唐 太極 1, 延和 1, 先天 1/일본 和銅 5)

신라	春二月 遣使入唐朝貢 (『三國史記』8 新羅本紀 8)
신라	春二月 遣使如唐朝貢 (『三國史節要』11)
신라	(太極元年)二月 新羅突厥 並遣使朝貢 (『冊府元龜』970 外臣部 15 朝貢 3)

신라	三月 以伊飡魏文爲中侍 (『三國史記』8 新羅本紀 8)
신라	三月 以伊飡魏文爲中侍 (『三國史節要』11)

신라	(三月) 大唐遣使盧元敏 勅改王名 (『三國史記』8 新羅本紀 8)
신라	(三月) 唐遣使盧元敏 勅王改名 改以興光 避帝諱也 (『三國史節要』11)
신라	興光本名與太宗[2944]同 先天中則天改焉 (『舊唐書』199上 列傳 149上 東夷 新羅)
신라	先天元年 改名興光 (『唐會要』95 新羅)

신라	夏四月 駕幸溫水 (『三國史記』8 新羅本紀 8)
신라	夏四月 王幸溫水 (『三國史節要』11)

백제	(秋七月)甲申 播磨國大目從八位上樂浪河內 勤造正倉 能效功績 進位一階 賜絁十疋布卅端 (『續日本紀』5 元明紀)

신라	秋八月 封金庾信妻爲夫人 歲賜穀一千石 (『三國史記』8 新羅本紀 8)
신라	八月 封金庾信妻爲夫人 時夫人落髮爲尼 王曰 今中外平安 高枕無憂 太大角干之賜也 夫人儆誠相成 陰功亦多 寡人未嘗忘于心思 欲報之 命歲賜南城租一千石 (『三國史節要』11)

2944) ‘太宗’은 ‘玄宗’의 잘못이다.

신라	妻智炤夫人 太宗大王第三女也 生子五人 長曰三光伊湌 次元述蘇判 次元貞海干 次長耳大阿湌 次元望大阿湌 女子四人 又庶子軍勝阿湌 失其母姓氏 後智炤夫人 落髮衣褐 爲比丘尼時大王謂夫人曰 今中外平安 君臣高枕而無憂者 是太大角干之賜也 惟夫人宜 其室家 徹誠相成 陰功茂焉 寡人欲報之德 未嘗一日忘于心 其餽南城租 每年一千石 (『三國史記』43 列傳 3 金庾信 下)
신라	(九月)乙酉 以從五位下道君首名 爲遣新羅大使 (『續日本紀』5 元明紀)
신라	(冬十月)甲子 遣新羅使等辭見 (『續日本紀』5 元明紀)
신라	(先天元年)十二月 吐蕃新羅 並遣使來朝 (『冊府元龜』971 外臣部 16 朝貢 4)
고구려 발해	通典云 渤海本栗末靺鞨 至其酋祚榮立國 自號震旦 先天中[玄宗王子] 始去靺鞨號 專稱渤海 開元七年[己未] 祚榮死謚爲高王 世子襲立明皇賜典冊襲王 私改年號 遂爲海東盛國 地有五京十五府六十二州 後唐天成初 契丹攻破之 其後爲丹所制[三國史云 儀鳳三年 高宗戊寅 高麗殘孽類聚北依太伯山下 國號渤海 開元二十年間 明皇遣將討之 又聖德王三十二年 玄宗甲戌 渤海靺鞨 越海侵唐之登州 玄宗討之 又新羅古記云 高麗舊將祚榮姓大氏 聚殘兵立國於大伯山南 國號渤海 按上諸文 渤海乃靺鞨之別種 但開合不同而已 按指掌圖 渤海在長城東北角外] (『三國遺事』1 紀異 1 靺鞨渤海)

713(癸丑/신라 성덕왕 12/발해 고왕 15/唐 先天 2, 開元 1/일본 和銅 6)

고구려 발해	(二月) 初 高麗旣亡[2945] 其別種大祚榮徙居營州 及李盡忠反[2946] 祚榮與靺鞨乞四北羽聚衆東走 阻險自固[2947] 盡忠死 武后使將軍李楷固討其餘黨 楷固擊乞四北羽 斬之 引兵踰天門嶺 逼祚榮[2948] 祚榮逆戰 楷固大敗 僅以身免 祚榮遂帥其衆 東據東牟山 築城居之[2949] 祚榮驍勇善戰[2950] 高麗靺鞨之人稍稍歸之 地方二千里 戶十餘萬 勝兵數萬人[2951] 自稱振國王 附于突厥 時奚契丹皆叛 道路阻絶 武后不能討 中宗卽位 遣侍御史張行岌招慰之[2952] 祚榮遣子入侍 至是 以祚榮爲左驍衛大將軍渤海郡王 以其所部爲忽汗州 令祚榮兼都督[2953] (『資治通鑑』210 唐紀 26 玄宗至道大聖大明孝皇帝)
고구려 발해	玄宗先天二年二月 拜高麗大首領高定傅 爲特進 是月 封靺鞨大祚榮爲渤海郡王[2954] (『冊府元龜』964 外臣部 9 封冊 2)
발해	渤海靺鞨 (…) 先天二年 冊拜渤海郡王 仍以其所統爲忽汗州 加授忽汗州都督 (『冊府元龜』967 外臣部 12 繼襲 2)
발해	睿宗先天二年 遣郎將崔訢往 冊拜祚榮爲左驍衛員外大將軍渤海郡王 仍以其所統爲忽

2945) 高麗亡見二百一卷高宗總章元年
2946) 李盡忠反見二百五卷武后萬歲通天元年 風俗通 大姓 大庭氏之後 大款爲顓帝師 按禮記曰 大連善居喪 東夷之子也 蓋東夷之有大姓尙矣 種 章勇翻
2947) 靺鞨 音末曷
2948) 新書 天門嶺在土護眞河北三百里
2949) 東牟山在挹婁國界 地直營州東二千里 南北(北은 與의 오기인듯)新羅以泥河爲境 東窮海 西契丹 帥 讀曰率
2950) 驍 堅堯翻 下同
2951) 勝 音升
2952) 岌 魚及翻
2953) 靺鞨自此盛矣 始去靺鞨 專號勃海
2954) 大祚榮 聖曆千自立 爲振國王 在營州 東二千里 兵數萬人 至是 遣郎將崔訢 往冊命祚榮左驍衛員外大將軍 渤海郡王 仍以其所統爲汗州都督 自是每歲. 최흔을 보내어 대조영을 책봉한 것은 이해

	汗州加授忽汗州都督 自是每歲遣使朝貢 (『舊唐書』199下 列傳 149下 北狄 渤海靺鞨)
발해	玄宗先天二年 遣郞將崔訢往冊拜渤海大祚榮左驍衛員外大將軍渤海郡王 仍以其所統爲忽汗州都督 自是每歲遣使朝賀 (『冊府元龜』170 來遠)
발해	睿宗先天中 遣使拜祚榮爲左驍衛 大將軍渤海郡王 以所統爲忽汗州 領忽汗州都督 自是始去靺鞨號 專稱渤海 (『新唐書』219 列傳 144 北狄 渤海)
신라	春二月 置典祀署 (『三國史記』8 新羅本紀 8)
신라	春二月 置典祀署 屬禮部 監一人 位自奈麻至大奈麻爲之 (『三國史節要』11)
신라	典祀署 屬禮部 聖德王十二年置 監一人 位自奈麻至大奈麻爲之 (『三國史記』38 雜志 7 職官 上)
신라	(春二月) 遣使入唐朝貢 玄宗御樓門以見之 (『三國史記』8 新羅本紀 8)
신라	(春二月) 遣使如唐朝貢 帝御樓門引見 (『三國史節要』11)
신라	(先天二年)二月 新羅室韋 (…) 六月 南天竺新羅 各遣使朝貢 凡夷狄朝貢 太上皇皆御門樓 以見之 (『冊府元龜』971 外臣部 16 朝貢 4)
백제	(夏四月)乙卯 授 (…) 正五位上百濟王遠寶從四位下 (『續日本紀』6 元明紀)
신라	八月辛丑 從五位下道公首名至自新羅 (『續日本紀』6 元明紀)
신라	冬十月 入唐使金貞宗廻 降詔書 封王爲驃騎將軍特進行左威衛大將軍使持節大都督雞林州諸軍事雞林州刺史上柱國樂浪郡公新羅王 (『三國史記』8 新羅本紀 8)
신라	冬十月 唐詔冊王爲驃騎將軍特進行左威衛大將軍使持節大都督雞林州諸軍事雞林州刺史上柱國樂浪郡公新羅王 (『三國史節要』11)
신라	冬十月 中侍魏文請老 從之 (『三國史記』8 新羅本紀 8)
신라	冬十月 中侍魏文辭老 從之 (『三國史節要』11)
신라	十二月 大赦 (『三國史記』8 新羅本紀 8)
신라	十二月 大赦 (『三國史節要』11)
신라	(十二月) 築開城 (『三國史記』8 新羅本紀 8)
신라	(十二月) 築開城 (『三國史節要』11)

714(甲寅/신라 성덕왕 13/발해 고왕 16/唐 開元 2/일본 和銅 7)

신라	春正月 伊飡孝貞爲中侍 (『三國史記』8 新羅本紀 8)
신라	春正月 以伊飡孝貞爲中侍 (『三國史節要』11)
신라	唐玄宗開元二年二月壬寅 新羅王子金守忠來朝 留宿衛 賜宅及帛以寵之 (『冊府元龜』996 外臣部 41 納質)
신라	開元二年二月癸丑 宴突厥使及新羅王子于朝堂 以旱廢樂 (『冊府元龜』110 帝王部 110 宴享 2)
신라	(二月) 遣王子金守忠 入唐宿衛 玄宗賜宅及帛以寵之 賜宴于朝堂 (『三國史記』8 新

羅本紀 8)

신라　　　　(二月) 遣王子守忠 入唐宿衛 帝賜宅及帛以寵之 又賜宴于朝堂 (『三國史節要』11)

신라　　　　二月 改詳文司爲通文博士 以掌書表事 (『三國史記』8 新羅本紀 8)
신라　　　　二月 改詳文司爲通文博士 以掌詞命 (『三國史節要』11)

신라　　　　閏二月 遣級湌朴裕入唐賀正 賜朝散大夫員外奉御還之 (『三國史記』8 新羅本紀 8)
신라　　　　閏二月 遣級湌朴裕如唐朝貢 帝授朝散大夫員外奉御 (『三國史節要』11)
신라　　　　(開元二年二月)是月 拂涅靺鞨首領失異蒙 越喜大首領烏施可蒙 鐵利部落大首領闥許
　　　　　　離等來朝 新羅遣使級食朴裕來賀正 (『冊府元龜』971 外臣部 16 朝貢 4)

발해　　　　勅持節宣勞靺羯使鴻臚卿崔忻 井兩口 永爲記驗 開元二年五月十八日 (「鴻臚井石刻」：
　　　　　　『全唐文新編』987)

신라　　　　夏旱 人多疾疫 (『三國史記』8 新羅本紀 8)
신라　　　　夏旱 人多疾疫 (『三國史節要』11)

발해　　　　(唐玄宗開元二十年)九月 渤海靺鞨寇登州 殺刺史韋俊 命左領軍將軍蓋福順 發兵討之
　　　　　　(『冊府元龜』986 外臣部 31 征討 5)

신라　　　　秋 歃良州山橡實化爲栗 (『三國史記』8 新羅本紀 8)
신라　　　　秋 歃良州 橡實化爲栗 (『三國史節要』11)

고구려　　　開元二年十月二十四日 改平州爲安東都護府 以許欽湊爲之 (『唐會要』73 安東都護
　　　　　　府)

신라　　　　十月庚辰 宴新羅使于內殿 勑宰臣及四品已上諸官預焉 (『冊府元龜』109 帝王部 109
　　　　　　宴享)
신라　　　　唐中宗景龍二年十月庚辰 宴新羅使於內殿 勑宰臣及四品以上淸官預焉 (『冊府元龜』9
　　　　　　74 外臣部 19 褒異 1)[2955]
신라　　　　冬十月 唐玄宗宴我使者于內殿 勑宰臣及四品已上諸官預焉 (『三國史記』8 新羅本紀
　　　　　　8)
신라　　　　冬十月 遣使如唐 帝賜宴于內殿 勑宰臣及四品已上淸[2956]官預焉 (『三國史節要』11)

신라　　　　(十一月)乙未 新羅國遣重阿湌金元靜等廿餘人朝貢 差發畿內七道騎兵合九百九十 爲
　　　　　　擬入朝儀衛也 (『續日本紀』6 元明紀)

신라　　　　(十一月)己亥 遣使迎新羅使於筑紫 (『續日本紀』6 元明紀)

신라　　　　(十二月)己卯 新羅使入京 遣從六位下布勢朝臣人 正七位上大野朝臣東人 率騎兵一百

2955) 『冊府元龜』에서는 이 기사를 景龍 2의 일로 기록하였다. 하지만, 이 기사는 開元 2년(714)의 일이다.
　　　경룡 2년 10월에는 경진일이 없으며, 이 기사 다음의 기록은 『자치통감』211 개원 2년 10월 기사와 동일
　　　하다. 또한 경룡 2년 12월 기사 다음에 4월, 6월, 7월, 10월, 12월 그리고 3년 정월 기사 등이 이어진다.
　　　이 중 6월 이후 기사들은 『신당서』등에서 개원 2년 기사와 같은 내용이다.
2956) '淸'은 '諸'의 오기로 보인다.

	七十迎於三崎 (『續日本紀』6 元明紀)

고구려	安東都護府 (…) 聖曆元年六月 改爲安東都督府 神龍元年 復爲安東都護府 開元二年 移安東都護於平州置 天寶二年 移於遼西故郡城置 至德後廢 初置領縻州十四 戶一千五百八十二 去京師四千六百二十五里 至東都三千八百二十里 新城州都督府 遼城州都督府 哥勿州都督府 建安州都督府 南蘇州 木底州 蓋牟州 代那州 倉巖州 磨米州 積利州 黎山州 延津州 安市州 凡此十四州 並無城池 是高麗降戶散此諸軍鎭 以其酋渠爲都督刺史羈縻之 天寶 領戶五千七百一十八 口一萬八千一百五十六 (『舊唐書』39 志 19 地理 2)
고구려	安東上都護府 (…) 開元二年 徙于平州 (『新唐書』39 志 29 地理 3)

715(乙卯/신라 성덕왕 14/발해 고왕 17/唐 開元 3/일본 和銅 8, 靈龜 1)

백제	(春正月)癸巳 詔曰 今年元日 皇太子始拜朝 瑞雲顯見 宜大赦天下 (…) 內外文武官六位以下 進位一階 又授 (…) 從四位下路眞人大人 巨勢朝臣邑治 大伴宿禰旅人 石上朝臣豊庭 多治比眞人三宅麻呂 百濟王南典 藤原朝臣武智麻呂竝從四位上 (…) 正五位下曾禰連足人 佐伯宿禰百足 百濟王良虞竝正五位上 (『續日本紀』6 元明紀)
신라	(春正月)己亥 宴百寮主典以上竝新羅使金元靜等于中門 奏諸方樂 宴訖 賜祿有差 (『續日本紀』6 元明紀)
신라	(春正月)庚子 賜人射于南闈 新羅使亦在射列 賜綿各有差 (『續日本紀』6 元明紀)
고구려	(正月) 突厥十姓降者前後萬餘帳 高麗莫離支文簡 十姓之壻也 (『資治通鑑 211 唐紀 17 玄宗至道大聖大明孝皇帝)
고구려	(二月) 十姓部落左廂五咄六啜右廂五弩失畢五俟斤 及高麗莫離支高文簡都督跌跌思太等 各率其衆自突厥相繼來奔 前後總二千餘帳 析許州唐州置仙州 (『舊唐書』8 本紀 8 玄宗 上)
고구려	二月 與跌跌都督思泰等亦自突厥帥衆來降 制皆以河南地處之 (『資治通鑑 211 唐紀 17 玄宗至道大聖大明孝皇帝)
고구려	(唐玄宗開元)三年 二月 突厥十姓部落 左廂五咄之啜 右廂五怒失卑五俟斤 及高麗王莫離支高文簡 都督跌思大等 各率其衆 自突厥相繼內屬 前後二千餘帳 (『冊府元龜』977 外臣部 22 降附)
고구려	明年(開元三年) 十姓部落左廂五咄六啜右廂五弩失畢五俟斤及子壻高麗莫離支高文簡都督跌跌思泰等各率其衆 相繼來降 前後總萬餘帳 制令居河南之舊地 授高文簡左衛員外大將軍 封遼西郡王 跌跌思泰爲特進右衛員外大將軍兼 跌跌都督 封樓煩郡公 自餘首領封拜賜物各有差 (『舊唐書』194上 列傳 144上 突厥 上)
고구려	其壻高麗莫離支高文簡 與跌跌都督思太 吐谷渾大酋慕容道奴 郁射施大酋鶡屈頡斤芯悉頡力 高麗大酋高拱毅 合萬餘帳相踵款邊 詔內之河南 引拜文簡左衛大將軍遼西郡王 思太特進右衛大將軍兼跌跌都督樓煩郡公 道奴左武衛將軍兼刺史雲中郡公 鶡屈頡斤左驍衛將軍兼刺史陰山郡公 芯悉頡力左武衛將軍兼刺史鴈門郡公 拱毅左領軍衛將軍兼刺史平城郡公 將軍皆員外置 賜各有差 (『新唐書』215上 列傳 145上 突厥 上)
신라	(三月)甲辰 金元靜等還蕃 勑大宰府 賜綿五千四百五十斤 船一艘 (『續日本紀』6 元明紀)

신라	春三月 遣金楓厚入唐朝貢 (『三國史記』8 新羅本紀 8)[2957]
신라	春三月 遣金楓厚如唐朝貢 (『三國史節要』11)

신라	夏四月 菁州進白雀 (『三國史記』8 新羅本紀 8)
신라	夏四月 菁州進白雀 (『三國史節要』11)

신라	五月 赦 (『三國史記』8 新羅本紀 8)
신라	五月 赦 (『三國史節要』11)

신라	六月 大旱 王召河西州龍鳴嶽居士理曉 祈雨於林泉寺池上 卽雨浹旬 (『三國史記』8 新羅本紀 8)
신라	六月 大旱 王召河西州龍鳴嶽居士理曉 祈雨於林泉寺池上 乃雨十日 (『三國史節要』11)

신라	(秋七月丙午) 尾張國人外從八位上席田君邇近及新羅人七十四家 貫于美濃國 始建席田郡焉 (『續日本紀』6 元明紀)

고구려	(唐中宗景龍三年)[2958]八月丙辰 高麗 吐渾等儲蕃降附 制曰 天亡驕子 胡運其終 國有忠臣 漢封斯在 高麗王莫離支高文簡 都督跌跌思太 吐渾大首領刺史慕容道奴 郁射施大首領鶻屈利斤 大首領刺史芯悉頡力 高麗大首領拱毅等 或遼海貴族 或陰山寵子 智則能勇 權而善謀 從事本藩 頡頑高位 料逆順之道 知變通之節 或誓以沈族 或翻然庇身 共驗郅支之亡 遂觀繇余之入 將軍遇毅 永罷射鵰 使者迎降 果聞乘傳 棄寒苦之地 就陽和之澤 爾其誠哉 朕實休之 宜開土宇之封 式盛壇塲之制 文簡可封遼西郡王 食邑三千戶 行左衛大將軍員外置同正員 賜宅一區 馬四匹 物六百段 跌跌思太可特進行右衛大將軍員外置兼 跌跌都督 封樓煩郡公 食邑三千戶 賜宅一區 馬三匹 物五百段 道奴可左威衛將軍員外置兼刺史 封雲中郡開國公 食邑二千戶 賜宅一區 物四百段 馬兩匹 鶻屈頡斤可左驍衛將軍員外置兼刺史 封陰山郡開國公 食邑二千戶 賜馬兩匹 物二百段 芯悉頡力可左武衛將軍員外置兼刺史 封鴈門郡開國公 食邑二千戶 賜馬兩匹 物四百段 宅一區 拱毅可左領軍衛將軍員外置兼刺史 封平城郡開國公 食邑二千戶 賜馬兩匹 物四百段 鶻屈頡斤妻契苾賜物一百五十段 手力二人 各賜物五十段 (『冊府元龜』974 外臣部 19 褒異 1)
고구려	高麗莫離支高文簡 跌跌都督 跌跌思太 吐谷渾大首領刺史慕容道奴 郁射思大首領鶻屈頡斤 大首領刺史芯悉頡力 高麗大首領高拱毅等 或遼海貴族 或陰山寵裔 知則能勇 權而善謀 從事本藩 頡頑高位 料順逆之道 知變通之節 或誓以沈族 或翻然庇身 共驗郅支之亡 遂觀由余之入 將軍遇敵 永罷射鵰 使者迎降 果聞乘傳 棄寒苦之地 就陽和之澤 爾其誠矣 朕實休之 宜開土宇之封 式盛壇塲之制 文簡可封遼西郡王 食邑三千戶 行左衛大將軍員外置同正員 賜宅一區 馬四匹 物六百段 跌跌思太可特進行右衛大將軍員外置兼 跌跌都督 封樓煩郡公 食邑三千戶 賜宅一區 馬三匹 物五百段 道奴可左威衛將軍員外置兼刺史 封雲中郡開國公 食邑二千戶 賜宅一區 物四百段 馬兩匹 鶻屈頡斤可左驍衛將軍員外置兼刺史 封陰山郡開國公 食邑二千戶 賜馬兩匹 物二百段 芯悉頡力可左武衛將軍員外置兼刺史 封鴈門郡開國公 食邑二千戶 賜馬兩匹 物四

2957) 이 기사는 『冊府元龜』971 外臣部 16 朝貢 4 開元 4년의 기사를 착각하여 잘못 배치한 것으로, 같은 기사가 성덕왕 14년조에도 있다.
2958) 이 기사는 경룡 3년이 아니라, 개원 3년으로 봐야 한다.

百段 宅一區 拱毅可左領軍衛將軍員外置兼刺史 封平城郡開國公 食邑二千户 賜馬兩匹 物四百段 鵲屈頡斤妻契苾賜物一百五十段 手力二人 各賜物五十段 (『全唐文』21 元宗皇帝 賜高麗莫離支及吐谷渾等大首領爵賞制)

신라	秋九月 太白掩庶子星 (『三國史記』8 新羅本紀 8)	
신라	秋九月 太白掩庶子星 (『三國史節要』11)	

신라	冬十月 流星犯紫微 (『三國史記』8 新羅本紀 8)	
신라	冬十月 流星犯紫微 (『三國史節要』11)	

신라	十二月 流星自天倉入大微 赦罪人 (『三國史記』8 新羅本紀 8)	
신라	十二月 流星自天倉入大微 (『三國史節要』11)	

신라	(十二月) 赦罪人 (『三國史記』8 新羅本紀 8)	
신라	(十二月) 赦 (『三國史節要』11)	

신라	(十二月) 封王子重慶爲太子 (『三國史記』8 新羅本紀 8)	
신라	(十二月) 封王子重慶爲太子 (『三國史節要』11)	

716(丙辰/신라 성덕왕 15/발해 고왕 18/唐 開元 4/일본 靈龜 2)

신라　　　　春正月 流星犯月 月無光 (『三國史記』8 新羅本紀 8)
신라　　　　春正月 流星犯月 月無光 (『三國史節要』11)

신라　　　　三月 遣使入唐獻方物 (『三國史記』8 新羅本紀 8)
신라　　　　三月 遣使如唐朝貢 (『三國史節要』11)

신라　　　　(三月) 出成貞[一云嚴貞]王后 賜彩五百匹 田二百結 租一萬石 宅一區 宅買康申公舊居 賜之 (『三國史記』8 新羅本紀 8)
신라　　　　(三月) 出成貞王后 居別第 賜彩五百匹 田二百結 租一萬石 (『三國史節要』11)

신라　　　　(三月) 大風扷木飛瓦 崇禮殿毀 (『三國史記』8 新羅本紀 8)
신라　　　　(三月) 大風扷木飛瓦 崇禮殿毀 (『三國史節要』11)

신라　　　　三月丁亥 新羅遣其臣金楓厚來賀正 授員外郎 放還蕃 (『册府元龜』974 外臣部 19 褒異 1)
신라　　　　(開元四年三月) 新羅遣其臣金楓厚來賀正 (『册府元龜』971 外臣部 16 朝貢 4)
신라　　　　(三月) 入唐賀正使金楓厚欲歸國 授員外郎還之 (『三國史記』8 新羅本紀 8)
신라　　　　(三月) 賀正使金楓厚回 唐帝授員外郎 (『三國史節要』11)

신라　　　　(五月)辛卯 以駿河申斐上摸上總下總常陸下野七國高麗人千七百九十九人 遷于武藏國 始置高麗郡焉 (『續日本紀』7 元明紀)

신라　　　　六月辛亥 正七位上馬史伊麻呂等獻新羅國紫驃馬二疋高五尺五寸 (『續日本紀』7 元明紀)

신라	夏六月 旱 又召居士理曉祈禱 則雨 (『三國史記』8 新羅本紀 8)
신라	夏六月 旱 又召理曉祈禱則雨 (『三國史節要』11)

신라	(夏六月) 赦罪人 (『三國史記』8 新羅本紀 8)
신라	(夏六月) 赦 (『三國史節要』11)

717(丁巳/신라 성덕왕 16/발해 고왕 19/唐 開元 5/일본 靈龜 3, 養老 1)

백제	春正月乙巳 授 (…) 正五位上百濟王良虞從四位下 (『續日本紀』7 元正紀)

신라	春二月 置醫博士筭博士各一員 (『三國史記』8 新羅本紀 8)
신라	春二月 置醫筭博士 各一員 (『三國史節要』11)

신라	三月 創新宮 (『三國史記』8 新羅本紀 8)
신라	三月 創新宮 (『三國史節要』11)

신라	(開元五年)三月 拂涅靺鞨 勃律 新羅 安國 並遣使獻方物 (『冊府元龜』971 外臣部 16 朝貢 4)

신라	夏四月 地震 (『三國史記』8 新羅本紀 8)
신라	夏四月 地震 (『三國史節要』11)

신라	(開元五年)五月 眞臘文單新羅靺鞨中天竺國 並遣使來朝 幷獻方物 (『冊府元龜』971 外臣部 16 朝貢 4)

신라	六月 太子重慶卒 諡曰孝殤 (『三國史記』8 新羅本紀 8)
신라	六月 太子重慶卒 諡曰孝殤 (『三國史節要』11)

신라	秋九月 入唐大監守忠廻 獻文宣王十哲七十二弟子圖 卽置於大學 (『三國史記』8 新羅本紀 8)
신라	秋九月 太監守忠回自唐 上文宣王十哲七十二弟子畫像 命置大學 (『三國史節要』11)

신라	冬十月戊寅 正三位阿倍朝臣宿奈麻呂 正四位下安八萬王 從四位下酒部王 坂合部王 智努王 御原王 百濟王良虞 中臣朝臣人足等 益封各有差 (『續日本紀』7 元正紀)

고구려 백제	(十一月)甲辰 高麗百濟二國士卒 遭本國亂 投於聖化 朝庭憐其絶域 給復終身 (『續日本紀』7 元正紀)
고구려	元正天皇養老元年十一月甲辰 (『類聚國史』193 殊俗部□ 高麗)

718(戊午/신라 성덕왕 17/발해 고왕 20/唐 開元 6/일본 養老 2)

신라	春正月 中侍孝貞退 波珍湌思恭爲中侍 (『三國史記』8 新羅本紀 8)
신라	春正月 中侍孝貞辭 以波珍湌思恭代之 (『三國史節要』11)

신라	二月 王巡撫國西州郡 親問高年及鰥寡孤獨 賜物有差 (『三國史記』8 新羅本紀 8)
신라	二月 王巡撫國西州郡 親問高年及鰥寡孤獨 賜物有差 (『三國史節要』11)

발해	開元六年二月乙酉 靺鞨渤海郡王大祚榮遣其男術藝來朝 授懷化大將軍行左衛大將軍 員外置 留宿衛 (『冊府元龜』974 外臣部 19 褒異 1)
신라	(開元六年)二月戊午 契丹 新羅 米國 石國 靺鞨 鐵利 靺湼蕃守 並遣使來朝 各授守 中郞將 還蕃 (『冊府元龜』974 外臣部 19 褒異 1)
신라	(開元)六年二月 契丹 新羅 米國 石 靺鞨 鐵利 靺湼蕃守 並遣使來朝 (『冊府元龜』9 71 外臣部 16 朝貢 4)
신라	(三月)乙卯 以少納言正五位下小野朝臣馬養 爲遣新羅大使 (『續日本紀』8 元正紀)
신라	三月 地震 (『三國史記』8 新羅本紀 8)
신라	三月 地震 (『三國史節要』11)
신라	(五月)丙辰 遣新羅使等辭見 (『續日本紀』8 元正紀)
신라	夏六月 震皇龍寺塔 (『三國史記』8 新羅本紀 8)
신라	夏六月 震皇龍寺塔 (『三國史節要』11)
신라	(夏六月) 始造漏刻 (『三國史記』8 新羅本紀 8)
신라	(夏六月) 始造漏刻 置漏刻典博士六人 史一人 (『三國史節要』11)
신리	漏刻典 聖德王十七年 始置 博士[2959] 六人 史一人 (『三國史記』38 雜志 7 職官 上)
신라	(夏六月) 遣使入唐朝貢 授守中郞將還之 (『三國史記』8 新羅本紀 8)
신라	(夏六月) 遣使如唐朝貢 (『三國史節要』11)
신라	冬十月 流星自昴入于奎 衆小星隨之 天狗隕艮方 (『三國史記』8 新羅本紀 8)
신라	冬十月 流星自卯入于奎 衆小星隨之 天狗隕艮方 (『三國史節要』11)
신라	(冬十月) 築漢山州都督管內諸城 (『三國史記』8 新羅本紀 8)
신라	(冬十月) 築漢山州都督管內諸城 (『三國史節要』11)
신라	煙舍典 聖德王十七年 置 看翁一人 (『三國史記』39 雜志 8 職官 上)
신라	置烟舍典 看翁一人 又置六部少監典 梁部沙梁部 監郞各一人 大奈麻各一人 大舍各 二人 舍知各一人 梁部史六人 沙梁部史五人 本彼部 監郞一人 監大舍一人 舍知一人 監幢五人 史一人 牟梁部 監臣一人 大舍一人 舍知一人 監幢五人 史一人 漢祇部習 比部 監臣各一人 大舍各一人 舍知各一人 監幢各三人 史各一人 又置食尺典 大舍六 人 史六人 直徒典 大舍六人 舍知八人 史二十六人 置古官家典 幢四尺 鉤尺六人 水 主六人 禾主十五人[2960] (『三國史節要』11)
신라	釋眞表 完山州[今全州牧]萬頃縣人[或作豆乃山縣 或作那山縣[2961] 今萬頃 古名豆[2962]

2959) 정덕본에는 '博士'의 자형이 불분명하나 을해목활자본에 의거하여 기입하였다.
2960) 『삼국사절요』에서 기재한 육부소감전의 설치 시기는 불명이다. 『삼국사기』에서 누각전과 연이어 기록
　　 된 것을 오해하여 같은 해에 설치한 것으로 이해한 듯 하다.
2961) 『삼국유사』4 義解 關東楓岳鉢淵藪石記에는 '那山縣'을 '都那山村'이라 하였다.
2962) '釋' 다음에 글자가 빠져있다.

乃山縣也 貫寧傳釋□[2963]之鄕里云 金山縣人 以寺名及縣名混之也] 父曰 眞乃末 母
吉寶娘 姓井氏[2964] (『三國遺事』 4 義解 5 眞表傳簡)

신라 眞表律師 全州 碧骨郡 都那山村 大井里人也 (『三國遺事』 4 義解 5 關東楓岳鉢淵
藪石記)[2965]

신라 백제 釋眞表者 百濟人也 家在金山 世爲弋獵 表多蹻捷 弓矢最便 (『宋高僧傳』 14 明律篇
4-1 唐 百濟國 金山寺 眞表傳)

신라 백제 唐眞表 百濟國人 世弋獵 表尤蹻捷善射 (『新修科分六學僧傳』 28 定學 證悟科 唐
眞表)

719(己未/신라 성덕왕 18/발해 무왕 仁安 1/唐 開元 7/일본 養老 3)

고구려 (唐玄宗開元)七年正月乙未 封遼西郡王高文簡妻阿史那氏爲遼西郡夫人 文簡東蕃酋長
率衆歸我 故有是寵 (『冊府元龜』 974 外臣部 19 褒異 1)

신라 (正月丙申) 新羅遣使來賀正 (『冊府元龜』 974 外臣部 19 褒異 1)
신라 春正月 遣使入唐賀正 (『三國史記』 8 新羅本紀 8)
신라 春正月 遣使如唐賀正 (『三國史節要』 11)
신라 (正月) 新羅國並遣使來賀正 (『冊府元龜』 971 外臣部 16 朝貢 4)

신라 寺在京城東南二十許里 金堂主勒彌尊像火光後記云 開元七年己未二月十五日 重阿
喰[2966]全[2967]忘[2968]誠 爲亡考仁章一吉干 亡妃觀肖里夫人 敬造甘山寺一所石彌勒一
軀 兼及愷元伊湌 第[2969]懇[2970]誠小舍 玄度師 姊古巴里 前妻古老里 後妻阿好里 兼
庶族及漠一吉喰[2971] 一幢薩喰[2972] 聰敏七[2973]舍 妹首肹買等 同營兹善 亡姊肖里夫
人 古人成之 東海攸友邊散也[古人成之以下 文未詳其意 但存古文而已 下同] 彌陁佛
火光後記云 重阿喰[2974]金志全[2975] 曾以尙衣奉御 又執事侍郎 年六十七 致仕閑居
奉爲國主大王 伊喰[2976]愷元 亡考仁章一吉干 亡妃亡弟小舍梁誠 沙門玄度 亡妻古路
里 亡妹古巴里 又爲妻阿好里等 捨甘山莊田 建伽藍 仍造石彌陁一軀 奉爲亡考仁章
一吉干 古人成之東海攸反邊散也[按帝系 金愷元乃太宗春秋 第六子愷元角干也 乃文
熙之所生也 誠[2977]志全[2978]乃仁章一吉干之子 東海攸反恐法敏葬東海也] (『三國遺事
』 3 塔像 4 南月山[亦名甘山寺])

신라 開元七年己未二月十五日 重阿湌 金志誠 奉爲亡考仁章一吉湌 亡姊觀肖里 敬造甘

2963) 表의 闕字이다.
2964) 『삼국유사』 4 의해 5 眞表傳簡에서 開元 28년(740)에 진표의 나이가 23세라고 하였는데, 『宋高僧傳』
　　　에서도 진표가 개원 연간에 12세의 나이로 출가했다고 하였다. 이에 진표의 나이를 계산하여 편년하였다.
2965) 『삼국유사』 4 의해 5 眞表傳簡에서 開元 28년(740)에 진표의 나이가 23세라고 하였는데, 『宋高僧傳』
　　　에서도 진표가 개원 연간에 12세의 나이로 출가했다고 하였다. 이에 진표의 나이를 계산하여 편년하였다.
2966) 湌의 오기이다.
2967) 金의 오기이다.
2968) 志의 오기이다.
2969) 弟의 오기이다.
2970) 良의 오기이다.
2971) 湌의 오기이다.
2972) 湌의 오기이다.
2973) 大의 오기이다.
2974) 湌의 오기이다.
2975) 誠의 오기이다.
2976) 湌의 오기이다.
2977) 金의 오기이다.
2978) 誠의 오기이다.

	山寺一所 石阿彌陀像一軀 石彌勒像一軀 盖聞至道玄微 不生不滅 能仁眞寂 無去無來 所以顯法應之三身 隨機拯濟 表天師之十號 有願咸成 弟子志誠 生於聖世 歷任榮班 無智略以匡時 僅免罹於刑憲 性諧山水 慕老之逍遙 志重眞宗 希無著之玄寂 年六十有七 致王事於淸朝 遂歸田於閒野 披閱五千言之道德 弃名位而入玄 窮硏十七地之法門 壞色空而俱滅 尋復降旌命於草廬 典邊都之劇務 雖在官而染俗 塵外之心無捨 罄志誠之資業 建甘山之伽藍 伏願以此微誠 上資國主大王 履千年之遐壽 延萬福之鴻休 愷元伊湌公 出有漏之囂埃 證无生之妙果 弟良誠小舍 玄度師 姉古巴里 前妻古老里 後妻阿好里 兼庶兄及漢一吉湌 一憧薩湌 聰敏大舍 妹首肹買里 及无邊法界一切衆生 同出 六塵 咸登十號 縱使誠△ 有盡此願 无窮劫石 已消 尊容不△ 无求不果 有願咸成 如有順此 心願者 庶同營其善因也 亡妳官肖里夫人 年六十六 古人成之 東海欣支邊散之 (「甘山寺 彌勒像 造像記」)
신라	若夫至道者 不生不滅 猶表跡於周宵 能仁者 若去若來 尙流形於漢夢 濫觴肇自西域 傳燈及至東土 遂乃佛日之影 奄日域以照臨 貝葉之文 越浿川而啓發 龍宮錯峙 鴈塔騈羅 舍衛之境在斯 極樂之邦密爾 有重 阿湌金志全 誕靈河岳 降德星辰 性叶雲霞 情友山水 蘊賢材而命代 懷智略以佐時 朝鳳闕而銜綸 則授尙舍奉御 遂雞林而曳綬 則任執事侍郎 年六十七 懸車致仕 避世閑居 侔四皓之高 尙辭榮養性 同兩疎之見機 仰慕無著眞宗 時時讀瑜伽之論 兼愛莊周玄道 日日覽逍遙之篇 以爲報德慈親 莫如十號之力 酬恩聖主 無過三寶之因 故奉爲國主大王 伊湌愷元公 亡考 亡妳 亡弟小舍梁誠 沙門玄度 亡妻古路里 亡妹古寶里 又爲妻阿好里等 捨其甘山莊田 建此伽藍 仍造石阿彌陀像一軀 伏願託此微因 超昇彼岸 四生六道 並證菩提 開元七年 歲在己未 二月十五日 奈麻聰 撰奉敎 沙門釋京融 大舍金驟源△△△亡考仁章 古湌 年卅七 古人成之 東海欣支邊散也 後代追愛人者 此善助在哉 金志全重阿湌 敬生已前 此善業造 歲△十九 庚申年 四月廿二日 長逝爲△之 (「甘山寺 阿彌陀像 造像記」)
신라	(二月)己巳 遣新羅使正五位下小野朝臣馬養等來歸 (『續日本紀』8 元正紀)
발해	(三月丁酉) 渤海靺鞨郡王大祚榮死 其子武藝嗣位 (『舊唐書』8 本紀 8 玄宗 上)
발해	(開元七年三月) 勃海王大祚榮卒[2979] 丙辰 命其子武藝襲位 (『資治通鑑』212 唐紀 28 玄宗至道大聖大明孝皇帝)
발해	(開元)七年三月 忽汗州都督渤海郡王大祚榮卒 遣使撫立其嫡子桂婁郡王大武藝襲爲左驍衛大將軍渤海郡王忽汗州都督 (『冊府元龜』964 外臣部 9 封冊 2)
발해 고구려	開元七年[己未] 祚榮死諡爲高王 世子襲立明皇賜典冊襲王 私改年號 遂爲海東盛國 地有五京十五府六十二州 (『三國遺事』1 紀異 1 靺鞨渤海)
발해	開元七年 祚榮死 玄宗遣使弔祭 乃册立其嫡子桂婁郡王大武藝襲父爲左驍衛大將軍渤海郡王忽汗州都督 (『舊唐書』199下 列傳 149下 北狄 渤海靺鞨)
발해	玄宗開元七年 祚榮死 其國私諡高王 子武藝立 斥大土宇 東北諸夷畏臣之 私改年曰仁安 帝賜典冊襲王幷所領 未幾 黑水靺鞨使者入朝 帝以其地建黑水州 置長史臨總 武藝召其下謀曰 黑水始假道於我與唐通 異時請吐屯於突厥 皆先告我 今請唐官不吾告 是必與唐腹背攻我也 乃遣弟門藝及舅任雅相發兵擊黑水 門藝嘗質京師 知利害 謂武藝曰 黑水請吏而我擊之 是背唐也 唐大國 兵萬倍我 與之産怨 我且亡 昔高麗盛時 士三十萬 抗唐爲敵 可謂雄彊 唐兵一臨 掃地盡矣 今我衆比高麗三之一 王將違之 不

2979) 考異曰 實錄 六月 丁卯 祚榮卒 遣左監門率吳思謙攝鴻臚卿 充使弔祭 按此月丙辰已云祚榮卒 蓋六月方遣思謙弔祭耳

可 武藝不從 兵至境 又以書固諫 武藝怒 遣從兄壹夏代將 召門藝 將殺之 門藝懼 僄
路自歸 詔拜左驍衛將軍 武藝使使暴門藝罪惡 請誅之 有詔處之安西 好報曰 門藝窮
來歸我 誼不可殺 已投之惡地 幷留使者不遣 別詔鴻臚少卿李道邃源復諭旨 武藝知之
上書斥言「陛下不當以妄示天下 意必殺門藝 帝怒道邃復漏言國事 皆左除 而陽斥門藝
以報 (『新唐書』219 列傳 144 北狄 渤海)

발해	開元七年 祚榮死 玄宗遣使冊立其嫡子桂婁郡王大武藝襲父爲左驍衛大將軍渤海王忽汗州都督九姓燕然都督 (『冊府元龜』967 外臣部 12 繼襲 2)
신라	(五月)乙未 新羅貢調使級湌金長言等冊人來朝 (『續日本紀』8 元正紀)
신라	五月丁酉 新羅遣使來朝 卒于路 贈太僕卿 賻絹一百疋 (『冊府元龜』974 外臣部 19 褒異 1)
발해	(開元七年)六月丁卯 靺鞨渤海郡王大祚榮卒 贈特進 賜物五百段 遣左監門率上柱國吳思謙攝鴻臚卿持節充使弔祭 (『冊府元龜』974 外臣部 19 褒異 1)
신라	閏七月癸亥 新羅使人等 獻調物幷驟馬牡牝各一疋 (『續日本紀』8 元正紀)
신라	(閏七月)丁卯 賜宴於金長言等 賜國王及長言等祿有差 是日 以大外記從六位下白猪史廣成 爲遣新羅使 (『續日本紀』8 元正紀)
신라	(閏七月)癸酉 金長言等還蕃 (『續日本紀』8 元正紀)
신라	(八月)癸巳 遣新羅使白猪史廣成等拜辭 (『續日本紀』8 元正紀)
신라	秋九月 震金馬郡彌勒寺 (『三國史記』8 新羅本紀 8)

720(庚申/신라 성덕왕 19/발해 무왕 仁安 2/唐 開元 8/일본 養老 4)

신라	春正月 地震 (『三國史記』8 新羅本紀 8)
신라	春正月 地震 (『三國史節要』11)
신라	(春正月) 上大等仁品卒 大阿湌裴賦爲上大等 (『三國史記』8 新羅本紀 8)
신라	(春正月) 上大等仁品卒 大阿湌裴賦代之 (『三國史節要』11)
신라	三月 納伊湌順元之女爲王妃 (『三國史記』8 新羅本紀 8)
신라	三月 納伊湌順元之女爲妃 (『三國史節要』11)
신라	夏四月 大雨 山崩十三所 雨雹傷禾苗 (『三國史記』8 新羅本紀 8)
신라	夏四月 大雨 山崩十三所 雨雹傷苗 (『三國史節要』11)
신라	五月 命有司埋骸骨 (『三國史記』8 新羅本紀 8)
신라	(五月) 完山州進白鵲 (『三國史記』8 新羅本紀 8)
신라	完山州進白鵲[2980] (『三國史節要』11)

| 신라 | 六月 冊王妃爲王后 (『三國史記』8 新羅本紀 8) |
| 신라 | 六月 冊王妃爲王后 (『三國史節要』11) |

| 발해 | (開元八年八月)是月 冊渤海郡王左驍衛大將軍大武藝嫡男大都利行爲桂婁郡王 (『冊府元龜』964 外臣部 9 封冊 2) |

| 신라 | 秋七月 熊川州獻白鵲 (『三國史記』8 新羅本紀 8) |
| 신라 | 秋七月 熊川州獻白鵲 (『三國史節要』11) |

| 신라 | (秋七月) 蝗蟲害穀 (『三國史記』8 新羅本紀 8) |
| 신라 | (秋七月) 蝗害穀 (『三國史節要』11) |

| 신라 | (秋七月) 中侍思恭退 波珍飡文林爲中侍 (『三國史記』8 新羅本紀 8) |
| 신라 | (秋七月) 中侍思恭免 以波珍飡文林代之 (『三國史節要』11) |

| 신라 | 又按國史及寺中古記 (…) 第三十三聖德王代庚申歲重成 (『三國遺事』3 塔像 4 皇龍寺九層塔) |

721(辛酉/신라 성덕왕 20/발해 무왕 仁安 3/唐 開元 9/일본 養老 5)

| 백제 | (六月辛丑) 從四位上 百濟王南典爲播磨按察使 (『續日本紀』8 元正紀) |

| 신라 | 秋七月 徵何瑟羅道丁夫二千 築長城於北境 (『三國史記』8 新羅本紀 8) |
| 신라 | 秋七月 徵何瑟羅道丁夫二千 築長城於北境 (『三國史節要』11) |

| 발해 | (開元九年)十一月己酉 渤海郡靺鞨大首領鐵利大首領拂涅大首領 (…) 俱來朝 幷拜折衝 放還蕃 (『冊府元龜』971 外臣部 16 朝貢 4) |
| 발해 | (開元九年)十一月己酉 渤海郡靺鞨大首領鐵利大首領拂涅大首領 (…) 俱來朝 並拜折衝 放還蕃 (『冊府元龜』974 外臣部 19 褒異 1) |

| 신라 | (十二月)是月 新羅貢調使大使一吉飡金乾安 副使「金」薩飡金弼等來朝於筑紫 綠太上天皇登遐 從大宰放還 (『續日本紀』8 元正紀) |

| 신라 | 冬 無雪 (『三國史記』8 新羅本紀 8) |
| 신라 | 冬 無雪 (『三國史節要』11) |

| 신라 | 置天文博士 後改爲司天博士[2981] (『三國史節要』11) |

722(壬戌/신라 성덕왕 21/발해 무왕 仁安 4/唐 開元 10/일본 養老 6)

| 신라 | 春正月 中侍文林卒 伊飡宣宗爲中侍 (『三國史記』8 新羅本紀 8) |

2980) 『삼국사절요』에서 이 기사는 여름 4월조에 이어 배치하였고, 달표시가 없다. 『삼국사기』를 따라 5월에 배치하였다.

2981) 『삼국사기』 경덕왕 8년(749) 3월에 '置天文博士一員 漏刻博士六員'이라 한 것으로 보아 천문박사는 749년 설치된 것으로 보인다. 『삼국사절요』에서 이를 성덕왕 20년에 둔 것은 『삼국사기』 직관에서 천문박사 설치 기사가 所內學生이 성덕왕 20년에 두었다는 기록에 뒤이어 나온 것을 오해한 것에 기인한 것으로 여겨진다.

| 신라 | 春正月 中侍文林卒 伊湌宣宗代之 (『三國史節要』11) |

| 백제 | (二月戊戌) 賜正六位上矢集宿禰蟲麻呂田五町 從六位下陽胡史眞身四町 從七位上大倭忌寸小東人四町 從七位下鹽屋連吉麻呂五町 正八位下百濟人成四町 竝以撰律令功也 (『續日本紀』9 元正紀) |

| 신라 | 二月 京都地震 (『三國史記』8 新羅本紀 8) |
| 신라 | 二月 京都地震 (『三國史節要』11) |

| 신라 | 五月己卯 以式部大錄正七位下津史主治麻呂 爲遣新羅使 (『續日本紀』9 元正紀) |

| 신라 | (五月)戊戌 遣新羅使津史主治麻呂等拜朝 (『續日本紀』9 元正紀) |

| 신라 발해 | (開元)十年閏五月戊寅 勅曰我國家寰宇 歷年滋多 九夷同文 四隩來暨 夫其襲冠帶 奉正朔 顒顒然向風而慕化 列于天朝 編於屬國者 蓋亦衆矣 我則潤之以時雨 照之以春陽 淳德以柔之 中孚以信之 玄風旣同 群物滋逐 莫不自天壤 窮海域 厥角以請吏 執贄而來庭 皇唐之德於此爲盛 今外蕃侍子久在京國 雖威惠之及 自遠畢歸 而羈旅之志 重遷斯在 宜命所司勘會諸蕃充職宿衛子弟等 放還歸國 契丹及奚斤[2982]通質子竝卽停追前令 還蕃首領等至幽州且住[2983] 交替者卽旋去 朕欲以禽獸咸若 華夷俱泰 來則納其朝謁之禮 去則隨其生育之恩 椎我至誠 崇彼大順 含弘之施 德莫厚焉 (『冊府元龜』170 帝王部 170 來遠) |
| 신라 발해 | 我國家統一寰宇 歷年滋多 九夷同文 四隩來暨 夫其襲冠帶 奉正朔 禺禺然嚮風而慕化 列於天朝 編於屬國者 蓋亦衆矣 我則潤之以時雨 炤之以春陽 淳德以柔之 中孚以信之 元風旣同 群物玆逐 莫不自天壤 窮海域 厥角以請吏 執贄而來庭 皇唐之德 於此爲盛 今外蕃侍子 久在京國 雖威畏之及 自遠畢歸 而羈旅之志 重遷斯在 宜命所司 勘會諸蕃充質宿衛子弟等 量放還國 契丹及奚延通質子 竝卽停追前令 還蕃首領等 至幽州且住 交替者卽旋去 朕欲以鳥獸咸若 華戎俱泰 來則納其朝謁之禮 去則隨其生育之心 推我至誠 崇彼大順 含宏之施 德莫厚焉 (『全唐文』26 元宗皇帝 放還諸蕃宿衛子弟詔) |

| 신라 | 秋八月 始給百姓丁田 (『三國史記』8 新羅本紀 8) |
| 신라 | 秋八月 始給百姓丁田 (『三國史節要』11) |

신라	十月乙巳 新羅遣大奈麻金仁壹來賀正 幷獻方物 越喜遣首領茂利蒙來朝 幷獻方物 (『冊府元龜』971 外臣部 16 朝貢 4)
신라	冬十月 遣大奈麻金仁壹入唐賀正 幷獻方物 (『三國史記』8 新羅本紀 8)
신라	冬十月 遣大奈麻金仁壹如唐賀正 幷獻方物 (『三國史節要』11)

신라	(冬十月) 築毛伐郡城 以遮日本賊路 (『三國史記』8 新羅本紀 8)
신라	臨關郡 本毛火[一作蚊代]郡 聖德王築城 以遮日本賊路 景德王改名 今合屬慶州 領縣二 (『三國史記』34 雜志 3 地理 新羅)
신라	開元十年壬戌十月 始築關門於毛火郡 今毛火村屬慶州東南境 乃防日本塞垣也 周迴

2982) '斤'은 '延'의 오자로 보인다.
2983) '住'는 '往'의 오자로 보인다.

	六千七百九十二步五尺 役徒三万九千二百六十二人 掌負元真角干 (『三國遺事』2 紀異 2 孝成王)[2984]
신라	(冬十月) 遣角干元眞 築毛伐郡城 以防倭寇 周回六天七百九十二步五尺 (『三國史節要』11)
신라	<1>
	骨估南界
	居七山北界
	受地七步一尺
	<2>
	熊南界
	骨估北界
	受地四步一尺
	八寸
	<3>
	△△北界
	△△△△
	△△△△
	<4>
	押喙南界
	<5>
	金京元千毛主作
	北堺
	受作五步五尺
	<6>
	金京道△
	作北堺
	五步五尺
	<7>
	切火郡北界
	受地十步
	二尺七寸
	<8>
	退火
	南界
	<9>
	西良郡
	<10>
	△△郡
	受地五步△
	尺北界 (「大岵城(關門城) 石刻)」)
발해	(開元十年)十一月辛未 渤海遣使其大臣味勃計來朝 並獻鷹 授大將軍 賜錦袍金魚袋 放還蕃 (『冊府元龜』975 外臣部 20 褒異 2)

2984) 개원 10년은 성덕왕 21년(722)이며, 『三國史記』의 기록과 일치하므로 효성왕대의 일은 아니다.

발해	(開元十年)十一月 渤海遣其大臣味勃計來朝 幷獻鷹 (『冊府元龜』 971 外臣部 16 朝貢 4)

신라	(十二月)庚申 遣新羅使津史主治麻呂等還歸 (『續日本紀』 9 元正紀)

신라	開元十年 頻遣使獻方物 (『唐會要』 95 新羅)

723(癸亥/신라 성덕왕 22/발해 무왕 仁安 5/唐 開元 11/일본 養老 7)

백제	春正月丙子 天皇御中宮 授 (…) 從四位上阿倍朝臣首名 石川朝臣石足 百濟王南典竝正四位下 (…) 正六位下船連大魚 河內忌寸人足 丸連男事 志我閇連阿彌太 越智直廣江 堅部使主石前 高金藏 高志連惠我麻呂竝從五位下 (『續日本紀』 9 元正紀)

신라	春三月 王遣使入唐 獻美女二人 一名抱貞 父天承奈麻 一名貞菀 父忠訓大舍 給以衣着器具奴婢車馬 備禮資遣之 玄宗曰 女皆王姑姊妹 違本屬別本國 朕不忍留 厚賜還之貞菀碑云 孝成六年 天寶元年歸省 未知孰是 (『三國史記』 8 新羅本紀 8)[2985]
신라	春三月 王遣使如唐 獻美女抱貞貞菀 抱貞奈麻天承之女 貞菀大舍忠訓之女 具裝束遣之 帝曰 女皆王姑姊妹 違親属別鄉國 朕不忍留 厚賜還之 (『三國史節要』 11)
신라	十一年四月 新羅王金興光 遣使獻果下馬一匹 及牛黃 人蔘 頭髮 朝霞紬 魚牙紬 鏤鷹鈴 海豹皮 金銀等 興光上言曰 臣鄉居海曲 地處遐陬 元無泉客之珍 本乏賓人之貨 敢將方産之物 塵黷天官 駑蹇之才 滓穢龍廐 竊方燕豕 敢類楚雞 深覺靦顔 彌增戰汗 (『冊府元龜』 971 外臣部 16 朝貢 4)
신라	夏四月 遣使入唐 獻果下馬一匹 牛黃 人蔘 美髢 朝霞紬 魚牙紬 鏤鷹鈴 海豹皮 金銀等 上表曰 臣鄉居海曲 地處遐陬 元無泉客之珍 本乏賓人之貨 敢將方産之物 塵黷天官 駑蹇之才 滓穢龍廐 竊方燕豕 敢類楚雞 深覺靦顔 彌增戰汗 (『三國史記』 8 新羅本紀 8)
신라	夏四月 遣使如唐獻果下馬一匹牛黃人蔘美髢朝霞紬魚牙紬鏤鷹鈴海豹皮金銀等 上表曰 臣鄉居海曲 地處遐陬 元無泉客之珍 本乏賓人之貨 敢將方産之物 塵黷天官 駑蹇之才 滓穢龍廐 竊方燕豕 敢類楚雞 深覺靦顔 彌增戰汗 (『三國史節要』 11)
신라	十二年[2986] 興光遣使獻果下馬二匹牛黃人叄頭髮朝霞紬魚牙納紬鏤鷹鈴海豹皮金銀等 仍上表陳謝 (『唐會要』 95 新羅)
신라	玄宗開元中 數入朝 獻果下馬朝霞紬魚牙紬海豹皮 (『新唐書』 220 列傳 145 東夷 新羅)

신라	(夏四月) 地震 (『三國史記』 8 新羅本紀 8)
신라	(夏四月) 地震 (『三國史節要』 11)

신라	(八月)庚子 新羅使韓奈麻金貞宿 副使韓奈麻昔楊節等一十五人來貢 (『續日本紀』 9 元正紀)

2985) 이 기사는 1) 신라의 미인 헌상, 2) 현종의 귀국 조치, 3) 미인들의 귀국 시점과 이에 대한 다른 설 소개로 이루어졌다. 그런데 이와 관련하여 『新唐書』에서는 開元 연간이라고 하였고, 『冊府元龜』 120 來遠에서는 개원 12(724)년 12월의 일로 전하고 있다. 여기서 『신당서』의 기록은 723년 4월에 배치된 『신당서』 기록에 뒤이은 것이다. 따라서 『삼국사기』의 이 기록이 3월에 배치되는 것은 성립하기 어렵다. 다만 신라가 대당 접근책의 일환으로 723년 3월에 미인 헌상을 결정한 시점으로 파악하고 미인을 대동한 신라 사신의 당나라 도착이 724년 12월로 보는 것도 가능하다.

2986) 기사 내용과 이 뒤에 '至十二年'이 나오므로 여기서 개원 12년은 개원 11년의 오기로 보인다.

신라	(八月)辛丑 宴金貞宿等於朝堂 賜射幷奏諸方樂 (『續日本紀』9 元正紀)

신라	(八月)丁巳 新羅使歸蕃 (『續日本紀』9 元正紀)

부여 고구려	開元十一年 又有達末婁達姤二部首領朝貢 達末婁自言北扶餘之裔 高麗滅其國 遺人度那河 因居之 或曰他漏河 東北流入黑水 (『新唐書』220 列傳 145 東夷 達末婁)

신라	時有新羅通禪師 五力上乘 一門沈入 利行攝俗 德水浮天 贊而演成 恭而有述 (「大雲寺 禪院碑」: 『全唐文』264; 『李北海集』4; 『唐文粹』65)2987)

724(甲子/신라 성덕왕 23/발해 무왕 仁安 6/唐 開元 12/일본 養老 8, 神龜 1)

신라	春 立王子承慶爲太子 大赦 (『三國史記』8 新羅本紀 8)
신라	春 立子承慶爲太子 大赦 (『三國史節要』11)

신라	(春) 熊川州進瑞芝 (『三國史記』8 新羅本紀 8)
신라	(春) 熊川州進瑞芝 (『三國史節要』11)

발해 신라	(十二年二月乙巳) 渤海靺鞨遣其臣賀祚慶 來賀正 新羅遣其臣金武勳 來賀正 (…) 並進階游擊將軍 各賜帛五十疋 放還蕃 (『冊府元龜』975 外臣部 20 褒異 2)
신라	二月 遣金武勳入唐賀正 武勳還 玄宗降書曰 卿 每承正朔 朝貢關庭 言念所懷 深可嘉尚 又得所進雜物等 並踰越滄波 跋涉草莽 物旣精麗 深表卿心 今賜卿錦袍金帶及綵素共二千匹 以答誠獻 至宜領也 (『三國史記』8 新羅本紀 8)
신라	二月 遣金武勳如唐賀正 武勳還 帝勅曰 卿每承正朔 朝貢關庭 言念所懷 深可嘉尚 又得所進雜物等 並踰越滄波 跋涉草莽 物旣精麗 深表卿心 今賜卿錦袍金帶及綵素共二千匹 以答誠獻 至宜領也 (『三國史節要』11)
발해 신라	十二年二月 契丹遣使涅禮來賀正 幷獻方物 奚遣大首領李奚奴等十人 渤海靺鞨遣其臣賀作慶 新羅遣其臣金武勳 (…) 來賀正 各賜帛五十匹 放還蕃 (『冊府元龜』971 外臣部 16 朝貢 4)
신라	(開元)至十二年 遣其臣金武勳來賀正 及武勳還 降書賜之 又使其弟金嗣宗來朝 幷貢方物 (『唐會要』95 新羅)

신라	十二年2988) 興光遣使獻果下馬二匹牛黃人叄頭髮朝霞紬魚牙納紬鏤鷹鈴海豹皮金銀等仍上表陳謝 (『唐會要』95 新羅)

신라	春三月 王遣使入唐 獻美女二人 一名抱貞 父天承奈麻 一名貞菀 父忠訓大舍 給以衣着器具奴婢車馬 備禮資遣之 玄宗曰 女皆王姑姊妹 違本屬別本國 朕不忍留 厚賜還之貞菀碑云 孝成六年 天寶元年歸唐 未知孰是 (『三國史記』8 新羅本紀 8)2989)

2987) 이 기사에는 연대 표기가 없으나, 이 비의 건립연대가 723년이므로 그에 따라 편년하였다.

2988) 기사 내용과 이 뒤에 '至十二年'이 나오므로 여기서 개원 12년은 개원 11년의 오기로 보인다. 이에 개원 11년 723년에도 배치하였음. 다만 이와 같은 기사를 기록한 『冊府元龜』朝貢 4 및 『三國史記』성덕왕 12년조에 의거 4월로 보아 5월 기사 앞에 배치하였음.

2989) 이 기사는 1) 신라의 미인 헌상, 2) 현종의 귀국 조치, 3) 미인들의 귀국 시점과 이에 대한 다른 설 소개로 이루어졌다. 그런데 이와 관련하여 『新唐書』에서는 開元 연간이라고 하였고, 『冊府元龜』120 來遠에서는 개원 12(724)년 12월의 일로 전하고 있다. 여기서 『신당서』의 기록은 723년 4월에 배치된 『신당서』기록에 뒤이은 것이다. 따라서 『삼국사기』의 이 기록이 3월에 배치되는 것은 성립하기 어렵다. 다만 신라

신라	春三月 王遣使如唐 獻美女抱貞貞菀 抱貞奈麻天承之女 貞菀大舍忠訓之女 具裝束遣 之 帝曰 女皆王姑姊妹 違親屬別鄕國 朕不忍留 厚賜還之 (『三國史節要』11)
신라	五月辛酉 新羅賀正使金武勳還蕃 上降書謂新羅王金興光 曰卿每承正朔 朝貢關庭 言 念所懷 深可嘉尚 又得所進雜物等 並踰越滄波 跋涉草莽 物旣精麗 深表卿心 今賜卿 錦袍 金帶及綵素共二千疋 以答誠獻 至宜領也 (『冊府元龜』975 外臣部 20 褒異 2)
신라	五月辛酉 新羅賀正使金武勳還蕃 上降書謂新羅王金興光 曰卿每承正朔 朝貢關庭 言 念所懷 深可嘉尚 又得所進雜物等 並踰越滄波 跋涉草莽 物旣精麗 深表卿心 今賜卿 錦袍 金帶及綵素共二千疋 以答誠獻 至宜領也 (『冊府元龜』980 外臣部 25 通好)
신라	八月丁未 以從五位上土師宿禰豊麻呂爲遣新羅大使 (『續日本紀』9 元正紀)
신라	冬十二月 遣使入唐獻方物 (『三國史記』8 新羅本紀 8)
신라	冬十二月 遣使如唐朝貢 (『三國史節要』11)
신라	(十二月) 契丹新羅王金興光遣使獻方物 (『冊府元龜』971 外臣部 16 朝貢 4)
신라	開元十二年十二月 新羅王金興光獻女二 帝以遠離所親 特加封賞 悉放還國 降書謂曰 卿所進女 皆卿之姑姊妹 容儀淑麗 德行柔婉 自非盡節向風 何能割恩忍愛 然以辭違 本俗 離別所親 念彼遠貢之勞 矜其懷戀之思 雖阻來意 並不忍留 今各加其邑號 賜之 衣服 以達朝恩 宜知朕意 (『冊府元龜』170 帝王部 來遠)
신라	又獻二女 帝曰 女皆王姑姊妹 違本俗 別所親 朕不忍留 厚賜還之 (『新唐書』220 列 傳 145 東夷 新羅)
신라	(冬十二月) 炤德王妃卒 (『三國史記』8 新羅本紀 8)
신라	(冬十二月) 炤德王妃卒 (『三國史節要』11)

725(乙丑/신라 성덕왕 24/발해 무왕 仁安 7/唐 開元 13/일본 神龜 2)

신라	春正月 白虹見 (『三國史記』8 新羅本紀 8)
신라	春正月 白虹見 (『三國史節要』11)
발해	(開元十三年正月) 渤海遣大首領烏借芝蒙黑水靺鞨遣其將五郞子 (…) 并來賀正旦 獻 方物 (『冊府元龜』971 外臣部 16 朝貢 4)[2990]
신라	三月 雪 (『三國史記』8 新羅本紀 8)
신라	三月 雪 (『三國史節要』11)
발해	(開元十三年)四月甲子 渤海首領謁德黑水靺鞨諾箇蒙來朝 並授果毅 放還蕃 (『冊府元 龜』975 外臣部 20 褒異 2)
신라	夏四月 雹 (『三國史記』8 新羅本紀 8)
신라	夏四月 雹 (『三國史節要』11)

가 대당 접근책의 일환으로 723년 3월에 미인 헌상을 결정한 시점으로 파악하고 미인을 대동한 신라 사신
의 당나라 도착이 724년 12월로 보는 것도 가능하다.
2990) 『冊府元龜』975 外臣部 20 褒異 2에 따르면 黑水靺鞨遣其將五郞子가 같은 달 신축일(16)에 방물을
바쳤다고 한 것으로 보아 발해 사신도 이 날에 온 것으로 추정된다.

신라	(夏四月) 中侍宣宗退 伊湌允忠爲中侍 (『三國史記』8 新羅本紀 8)
신라	(夏四月) 中侍宣宗免 伊湌允忠代之 (『三國史節要』11)

신라 　　　　夏五月甲辰 遣新羅使土師宿禰豊麻呂等還歸 (『續日本紀』9 元正紀)

발해 　　　　(開元十三年)五月 渤海王大武藝之弟大昌勃價來朝 授左威衛員外將軍 賜紫袍金帶魚袋 留宿衛 (『冊府元龜』975 外臣部 20 褒異 2)

신라 　　　　冬十月 地動 (『三國史記』8 新羅本紀 8)
신라 　　　　冬十月 地震 (『三國史節要』11)

신라 　　　　(十一月)壬辰 玄宗御朝觀之帳殿 大備陳布 文武百僚 二王後 孔子後 諸方朝集使 岳牧擧賢良及儒生文士上賦頌者 戎狄夷蠻羌胡朝獻之國 突厥頡利發 契丹奚等王 大食謝颶五天十姓 崑崙日本新羅靺鞨之侍子及使 內臣之番 高麗朝鮮王 百濟帶方王 十姓摩阿史那興昔可汗 三十姓左右賢王 日南西竺鑿齒雕題牂柯烏滸之酋長 咸在位 (『唐書』23 志 3 禮儀 3)

726(丙寅/신라 성덕왕 25/발해 무왕 仁安 8/唐 開元 14/일본 神龜 3)

발해 　　　　(開元十四年三月)乙酉 渤海靺鞨王大都利來朝 (『冊府元龜』975 外臣部 20 褒異 2)

발해 신라 　　　四月乙丑 渤海靺鞨工大都利來朝 授左武衛大將軍員外置 留宿衛 勃[2991]羅遣使金忠臣來賀正 賜帛百疋 放還蕃 (『冊府元龜』975 外臣部 20 褒異 2)
신라 　　　　夏四月 遣金忠臣入唐賀正 (『三國史記』8 新羅本紀 8)
신라 　　　　夏四月 遣金忠臣如唐賀正 (『三國史節要』11)
신라 　　　　四月 新羅遣使金忠臣來賀正 (『冊府元龜』971 外臣部 16 朝貢 4)

신라 　　　　五月戊子 新羅遣其弟金欽質來朝 授郎將 放還蕃 (『冊府元龜』975 外臣部 20 褒異 2)
신라 　　　　五月 遣王弟金釿質入唐朝貢 授郎將還之 (『三國史記』8 新羅本紀 8)
신라 　　　　五月 遣王弟金釿質如唐朝貢 帝授郎將遣之 (『三國史節要』11)
신라 　　　　五月 新羅遣使其弟金欽質來朝 (『冊府元龜』971 外臣部 16 朝貢 4)

신라 　　　　夏五月辛丑 新羅使薩湌金造近等來朝 (『續日本紀』9 聖武紀)

신라 　　　　六月辛亥 天皇臨軒 新羅使貢調物 (『續日本紀』9 聖武紀)

신라 　　　　(六月)壬子 饗金造近等於朝堂 賜祿有差 (『續日本紀』9 聖武紀)

신라 　　　　秋七月戊子 金奏勳等歸國 賜璽書曰 勅 伊湌金順貞 汝卿安撫彼境 忠事我朝 貢調使薩湌金奏勳等奏稱 順貞以去年六月卅日卒 哀哉 賢臣守國 爲朕股肱 今也則亡 殲我吉士 故贈賻物黃絁一百疋 綿百屯 不遺爾績 式獎遊魂 (『續日本紀』9 聖武紀)

발해 　　　　(十一月)辛丑 渤海靺鞨遣其子義信來朝 幷獻方物 (『唐書』8 本紀 8 玄宗 上)

2991) '勃'은 '新'의 오기이다.

발해		(開元十四年十一月) 渤海靺鞨王遣其子義信來朝 幷獻方物 (『冊府元龜』 971 外臣部 16 朝貢4)
발해	고구려	(開元)十四年 黑水靺鞨遣使來朝 詔以其地爲黑水州 仍置長史 遣使鎭押 武藝謂其屬曰 黑水途經我境 始與唐家相通 舊請突厥吐屯 皆先告我同去 今不計會 卽請漢官 必是與唐家通謀 腹背攻我也 遣母弟大門藝及其舅任雅發兵以擊黑水 門藝曾充質子至京師 開元初還國 至是謂武藝曰 黑水請唐家官吏 卽欲擊之 是背唐也 唐國人衆兵强 萬倍於我 一朝結怨 但自取滅亡 昔高麗全盛之時 强兵三十餘萬 抗敵唐家 不事賓伏 唐兵一臨 掃地俱盡 今日渤海之衆 數倍少於高麗 乃欲違背唐家 事必不可 武藝不從 門藝兵至境 又上書固諫 武藝怒 遣從兄大壹夏代門藝統兵 徵門藝 欲殺之 門藝遂棄其衆 間道來奔 詔授左驍衛將軍 武藝尋遣使朝貢 仍上表極言門藝罪狀 請殺之 上密遣門藝往安西 仍報武藝云 門藝遠來歸投 義不可殺 今流向嶺南 已遣去訖 及留其使馬文軌葱勿雅 別遣使報之 俄有洩其事者 武藝又上書云 大國示人以信 豈有欺詐之理 今聞門藝不向嶺南 伏請依前殺却 由是鴻臚少卿李道邃源復以不能督察官屬 致有漏洩 左遷道邃爲曹州刺史 復爲澤州刺史 遣門藝暫向嶺南以報之 (『舊唐書』 199下 列傳 149下 北狄 渤海靺鞨)
발해		(開元十四年十二月) 勃海靺鞨王武藝曰 黑水入唐 道由我境 往者請吐屯於突厥[2992] 先告我與我偕行 今不告我而請吏於唐 是必與唐合謀 欲腹背攻我也 遣其母弟門藝與其舅任雅將兵擊黑水[2993] 門藝嘗爲質子於唐[2994] 諫曰 黑水請吏於唐 而我以其故擊之 是叛唐也 唐 大國也 昔高麗全盛之時 强兵三十餘萬 不邊唐命 掃地無遺[2995] 況我兵不及高麗什之一二 一旦與唐爲怨 此亡國之勢也 武藝不從 强遣之[2996] 門藝至境上 復以書力諫 武藝怒 遣其從兄大壹夏代之將兵 召 欲殺之 門藝棄衆 間道來奔[2997] 制以爲左驍衛將軍 武藝遣使上表罪狀門藝 請殺之[2998] 上密遣門藝詣安西 留其使者 別遣使云 已流門藝於嶺南 武藝知之 上表稱大國當示人以信 豈得爲此欺詐[2999] 固請殺門藝 上以鴻臚少卿李道邃 源復不能督察官屬 致有漏泄 皆坐左遷[3000] 暫遣門藝詣嶺南以報之
		臣光曰 王者所以服四夷 威信而已 門藝以忠獲罪 自歸天子 天子當察其枉直 賞門藝而罰武藝 爲政之體也 縱不能討 猶當正以門藝之無罪告之 今明皇威不能服武藝 恩不能庇門藝 顧效小人爲欺詐之語以取困於小國 乃罪鴻臚之漏泄 不亦可羞哉 (『資治通鑑』 213 唐紀 29 玄宗至道大聖大明孝皇帝)
발해		渤海國王武藝 本高麗之別種也 其父祚榮東保桂婁之地 自立爲振國王 以武藝爲桂婁郡王 開元十四年 黑水靺鞨遣使來朝 武藝謂其屬曰 黑水途經我境 始可歸唐 今不言而行 必與大唐通謀 腹背攻我也」 遂遣母弟大門藝 發兵以擊黑水 門藝以充質子至京師 不欲搆怨 乃曰 黑水歸唐而擊之 是背唐也 唐國人衆兵强 萬倍於我 一朝結怨 但恐自取滅亡 昔高麗全盛之時 兵三十餘萬 抗敵唐家 不事賓伏 唐兵一臨 掃盪俱盡 今日渤海之衆 數倍小於高麗 乃欲違背唐家 事必不可」 武藝不從 固違之 門藝又上書諫 武藝怒 遣其從兄大一夏 代門藝統兵 命左右 殺門藝 門藝聞之 遂間道來奔 詔授左驍

2992) 突厥置吐屯以領諸附從之國 厥 九勿翻

2993) 將 卽亮翻 下同

2994) 質 音致

2995) 掃地無遺 言國亡無遺育也 事見太宗·高宗紀 麗 力知翻

2996) 强 其兩翻

2997) 復 扶又翻 夏 戶雅翻 從 才用翻 間 古莧翻

2998) 驍 堅堯翻 使 疏吏翻 上 時掌翻

2999) 詊 居況翻

3000) 唐九寺皆有少卿二人 鴻臚掌四夷之客 故以漏泄爲罪 臚 陵如翻 少 始照翻

衛將軍 後武藝遣使朝貢 上表極言門藝罪狀 請殺之 玄宗遣使往安撫 報武藝曰 門藝
來歸投 義不可殺 今流向嶺南 已遣去訖」乃留其使馬文軌 別遣使報之 俄有泄其事者
武藝又上書曰 大國示人以信 豈有欺誑之理 今聞門藝不向嶺南 伏請殺之 縁是 責鴻
臚少卿李道邃 源復以不能督察官屬 致有漏泄 出道邃曹州刺史 復爲澤州刺史 遣門藝
暫往嶺南以信之 (『冊府元龜』1000 外臣部 45 讐怨)

727(丁卯/신라 성덕왕 26/발해 무왕 仁安 9/唐 開元 15/일본 神龜 4)

신라	春正月 赦罪人 (『三國史記』8 新羅本紀 8)

신라　　　　春正月 赦罪人 (『三國史記』8 新羅本紀 8)
신라　　　　春正月 赦 (『三國史節要』11)

신라　　　　(正月)辛卯 新羅遣使來賀正 授奉御 賜緋袍銀帶魚袋 放還蕃 (『冊府元龜』975 外臣
部 20 褒異 2)
신라　　　　(春正月) 遣使入唐賀正 (『三國史記』8 新羅本紀 8)
신라　　　　(春正月) 遣使如唐 (『三國史節要』11)
신라　　　　(開元)十五年正月 新羅遣使來賀正 (『冊府元龜』971 外臣部 16 朝貢 4)

신라　　　　四月丁未 勅曰 渤海宿衛王子大昌勃價及首領等 久留宿衛 宜放還蕃 庚申 封大昌勃
價襄平縣開國男 賜帛五十疋 首領已下各有差 先是 渤海大王[3001]武藝遣男利行 來朝
并獻貂鼠 至是 乃降書與武藝慰勞之 賜綵練一百疋 (『冊府元龜』975 外臣部 20 褒
異 2)

신라　　　　夏四月 以一吉湌魏元爲大阿湌 級湌大讓爲沙湌 (『三國史記』8 新羅本紀 8)
신라　　　　夏四月 以一吉湌魏元爲大阿湌 級湌大讓爲沙湌 (『三國史節要』11)

발해　　　　(開元十五年)八月 渤海王遣其弟大寶方來朝 (『冊府元龜』971 外臣部 16 朝貢4)

발해　　　　(九月)庚寅 渤海郡王使首領高齊德等八人 來着出羽國 遣使存問 兼賜時服 (『續日本
紀』10 聖武紀)
발해　　　　聖武皇帝神龜四年九月庚寅 (『類聚國史』193 殊俗部 渤海 上)

발해　　　　(十二月丁亥) 渤海郡王使高齊德等八人入京 (『續日本紀』10 聖武紀)
발해　　　　(聖武皇帝神龜四年)十二月丁亥 (『類聚國史』193 殊俗部 渤海 上)

발해　　　　(十二月)丙申 遣使賜高齊德等衣服冠履 渤海郡者舊高麗國也 淡海朝廷七年(668) 冬
十月 唐將李勣伐滅高麗 其後朝貢久絶矣 至是渤海郡王遣寧遠將軍高仁義等廿四人朝
聘 而着蝦夷境 仁義以下十六人竝被殺害 首領齊德等八人僅免死而來 (『續日本紀』1
0 聖武紀)

신라　　　　冬十二月 修永昌宮 (『三國史記』8 新羅本紀 8)
신라　　　　冬十二月 修永昌宮 (『三國史節要』11)

신라　　　　(冬十二月) 上大等裴賦請老 不許 賜几杖 (『三國史記』8 新羅本紀 8)
신라　　　　(冬十二月) 上大等裴賦請老 不許 賜几杖 (『三國史節要』11)

3001) 大王은 王大의 잘못이다.

728(戊辰/신라 성덕왕 27/발해 무왕 仁安 10/唐 開元 16/일본 神龜 5)

발해　　(春正月)庚子 天皇御大極殿 王臣百寮及渤海使等朝賀 (『續日本紀』10 聖武紀)

발해　　正月庚子 天皇御大極殿 王臣百寮及渤海使等朝賀 (『類聚國史』71 歲時 2 元日朝賀)

발해　　(聖武天皇神龜)五年正月庚子 (『類聚國史』193 殊俗部 渤海 上)

발해　　(春正月)甲寅 天皇御中宮 高齊德等上其王書幷方物 其詞曰 武藝啓 山河異域 國土不
同 延聽風猷 但增傾仰 伏惟大王 天朝受命 日本開基 奕葉重光 本枝百世 武藝忝當
列國 濫摠諸蕃 復高麗之舊居 有扶餘之遺俗 但以天崖路阻 海漢悠悠 音耗未通 吉凶
絶問 親仁結援 庶協前經 通使聘隣 始乎今日 謹遣寧遠將軍郎將高仁義游將軍果毅都
尉德周 別將舍航等廿四人 齎狀 幷附貂皮三百張奉送 土宜雖賤 用表獻芹之誠 皮幣
非珍 還慙掩口之誚 主理有限 披瞻未期 時嗣音徽 永敦隣好 於是高齊德等八人竝授
正六位上 賜當色服 仍宴五位已上及高齊德等 賜大射及雅樂寮之樂 宴訖賜祿有差 (『續
日本紀』10 聖武紀)

발해　　(聖武天皇神龜五年正月)甲寅 (『類聚國史』193 殊俗部 渤海 上)

발해　　二月壬午 以從六位下引田朝臣蟲麻呂 爲送渤海客使 (『續日本紀』10 聖武紀)

발해　　(聖武天皇神龜五年)二月壬午 (『類聚國史』193 殊俗部 渤海 上)

발해　　(夏四月)壬午 齊德等八人 各賜綵帛綾綿有差 仍賜其王璽書曰 天皇敬問渤海郡王 省
啓具知 恢復舊壤 聿修曩好 朕以嘉之 宜佩義懷仁監撫有境 滄波雖隔 不斷往來 便因
首領高齊德等還次 付書幷信物綵帛一十疋 綾一十疋 絁廿疋 絲一百絢 綿二百屯 仍
差送使發遣歸鄉 漸熱 想平安好 (『續日本紀』10 聖武紀)

발해　　(聖武天皇神龜五年)四月壬午 (『類聚國史』193 殊俗部 渤海 上)

발해　　(開元十六年四月)癸未 渤海王子留宿衛大都利行卒 贈特進 兼鴻臚卿 賜絹三百匹粟三
百石 命有司弔祭 官造靈輿歸蕃 (『冊府元龜』975 外臣部 20 褒異 2)

발해　　六月庚午 送渤海使使等拜辭 (『續日本紀』10 聖武紀)

발해　　(聖武天皇神龜五年)六月庚午 (『類聚國史』193 殊俗部 渤海 上)

신라　　(秋七月)丙辰 新羅王金興光遣使貢方物 (『舊唐書』8 本紀 8 玄宗 上)

신라　　七月丙辰 新羅金興光使從弟金嗣宗 來朝 且獻方物 授果毅 留宿衛 (『冊府元龜』975
外臣部 20 褒異 2)

신라　　秋七月 遣王弟金嗣宗入唐獻方物 兼表請子弟入國學 詔許之 授嗣宗果毅 仍留宿衛 (『
三國史記』8 新羅本紀 8)

신라　　秋七月 遣王弟金嗣宗如唐朝貢 兼表請遣子弟入國學 詔許之 授嗣宗果毅 仍留宿衛 (『
三國史節要』11)

신라　　開元十六年 遣使來獻方物 又上表請令人就中國學問經敎 上許之 (『舊唐書』 199上
列傳 149上 東夷 新羅)

신라　　(開元十六年) 又使其弟金嗣宗來朝 幷貢方物 (『唐會要』95 新羅)

신라　　又遣子弟入太學學經術 帝間賜興光瑞文錦五色羅紫繡紋袍金銀精器 興光亦上異狗馬
黃金美髢諸物 (『新唐書』220 列傳 145 東夷 新羅)

신라　　(秋七月) 上大等裴賦請老 從之 以伊湌思恭爲上大等 (『三國史記』8 新羅本紀 8)

신라	(秋七月) 上大等裵賦又辭老 從之 以伊飡思恭代之 (『三國史節要』11)

신라	(九月壬寅) 渤海靺鞨菸夫須計來朝 授果毅 放還蕃 (『冊府元龜』975 外臣部 20 褒異 2)

신라	(開元十六年)是年 新羅國遣使來獻方物 (『冊府元龜』971 外臣部 16 朝貢 4)

신라	釋無相 本新羅國人也 是彼土王第三子 於本國正朔年月生 於群南寺落髮登戒 以開元十六年 泛東溟至于中國到京 玄宗召見隷於禪定寺 後入蜀資中謁智詵禪師 有處寂者 異人也 則天曾召入宮 賜磨納九條衣 事必懸知 且無差跌 相未至之前 寂曰 外來之賓 明當見矣 汝曹宜洒掃以待 間一日果至 寂公與號曰無相 中夜授與摩納衣 如是入深溪谷 巖下坐禪 有黑犢二交角盤礴於座下 近身甚急毛手入其袖 其冷如冰捫摸至腹 相殊不傾動 每入定多是五日爲度 忽雪深有二猛獸來 相自洗拭裸臥其前 願以身施其食 二獸從頭至足嗅匝而去 往往夜間坐床下搦虎鬚毛 旣而山居稍久衣破髮長 獵者疑是異獸將射之復止 後來入城市 晝在冢間夜坐樹下 眞行杜多之行也 人漸見重 爲構精舍於亂墓前 長史章仇兼瓊來禮謁之 (『宋高僧傳』19 感通篇 6-2)

729(己巳/신라 성덕왕 28/발해 무왕 仁安 11/唐 開元 17/일본 神龜 6, 天平 1)

신라	春正月 遣使入唐賀正 (『三國史記』8 新羅本紀 8)
신라	春正月 遣使如唐朝貢 (『三國史節要』11)

발해	(開元十七年)二月 渤海靺鞨遣使獻鷹 是月 渤海靺鞨遣使獻鯔魚 (『冊府元龜』971 外臣部 16 朝貢 4)

발해	(開元十七年)三月甲子[3002] 渤海靺鞨王大武藝使其弟大胡雅來朝 授游擊將軍 賜紫袍金帶 留宿衛 (『冊府元龜』975 外臣部 20 褒異 2)

발해	(三月)癸卯 渤海靺鞨遣使獻鯔魚 賜帛二十疋 遣之 (『冊府元龜』975 外臣部 20 褒異 2)
발해	三月 渤海靺鞨遣使獻鯔魚 (『冊府元龜』971 外臣部 16 朝貢 4)

신라	當開元中 逐獸之餘 憩於田畞 間折柳條貫蝦蟆 成串置於水中 擬爲食調 遂入山網捕 因逐鹿由山 北路歸家 全忘取貫蟆歟 至明年春 獵次聞蟆鳴 就水見去 載所貫三十許蝦蟆猶活 表於時歎惋 自責曰 苦哉 何爲口腹 令彼經年受苦 乃絶柳條 徐輕放縱 因發意出家 自思惟曰 我若堂下辭 親室中割愛 難離慾海 莫揭愚籠 由是逃入深山 以刀截髮 苦到懺悔 擧身撲地 志求戒法 誓願要期彌勒菩薩 授我戒法也 夜倍日功 遠旋叩搕 心心無間 念念翹勤 經於七宵 詰旦見地藏菩薩 手搖金錫爲策發敎發戒 緣作受前方便 感斯瑞應 歡喜遍身 勇猛過前 二七日滿 有大鬼現可怖相 而推表墜於巖下 身無所傷 匍匐就登石壇上 加復魔相未休 百端千緒 至第三七日質明 有吉祥鳥鳴曰 菩薩來也 乃見白雲 若浸粉然 更無高下 山川平滿 成銀色世界 兜率天主 逶迤自在 儀衛陸離 圍遶石壇 香風華雨 且非凡世之景物焉爾時慈氏 徐步而行 至於壇所 垂手摩表頂曰 善哉大丈夫 求戒如是 至於再至於三 蘇迷盧可 手攘而卻 爾心終不退 乃爲授

3002) 729년 己巳年 3월 초하루는 辛卯로 갑자일은 없다. 『冊府元龜』에 따르면 이해 2월에 사신을 파견한 기록으로 보아 이 기사는 2월의 사실로 보이며 이때 갑자일은 3일이다.

420 한국고대사 관련 동아시아 사료의 연대기적 집성 - 원문 (중)

	法 表身心和悅 猶如三禪 意識與樂 根相應也 四萬二千福河常流 一切功德 尋發天眼 焉 慈氏躬授三法衣瓦鉢 復賜名曰眞表 (…) (『宋高僧傳』 14 明律篇 4-1 唐 百濟國 金山寺 眞表傳)
신라	開元中 逐獸於野 倦憩壟畝間 見蝦蟆多甚 獨念曰 此不可以羹乎 因取柳條貫三十許 置水深處 復逐獸從別道歸 忘取所貫 明年春 仍以獵至其處 聞蝦蟆聲 就視之 所貫皆 喁喁自若 表大媿責曰 吾以口腹爲物累如此 罪豈可免哉 卽拔所佩刀削髮 遁逃入山懺 悔 且誓願面奉彌勒菩薩授比丘戒 日夜遶旋扣頭流血 心無間斷 如是經于七日七夜 且 見地藏菩薩手持金錫 先爲策發受戒 方便頓覺 歡喜徧身 倍加精進 二七日忽有大鬼 現可怖相 推表墜于重巖之底 而身無所傷 旁峙石壇 匍匐逐登其上 魔撓紛然弗顧 三 七日稍曙 聞鳥音云 菩薩來也 四際白雲若浸粉然 山川平滿 無有高下 成銀色世界 兜 率天主威儀自在 與諸侍衛圍繞石壇 爾時慈氏徐至壇所 手摩表頂曰 善哉大丈夫 求戒 如是 蘇迷盧山 猶可攘却 爾心堅固 不可退墮 讚嘆撫摩 至于再三 而後授法 表則身 心和悅 非世間之樂 所能比也 尋獲天眼 洞見無礙 慈氏躬授三衣瓦鉢 且爲作眞表名 (『新修科分六學僧傳』 28 定學 證悟科 唐 眞表)
신라	年至十二歲 投金山寺 崇濟法師講下 落彩請業 其師嘗謂曰 吾曾入唐 受業於善道三 藏 然後入五臺 感文殊菩薩現受五戒 表啓曰 勤修 幾何得戒耶 濟曰 精至則不過一年 表聞師之言遍遊名岳止錫仙溪山不思議菴 該鍊三業以亡身懺△△△ 初以七宵爲期 五 輪撲石膝腕俱碎雨血喦崖若無聖應 決志捐捨更期七日 二七日終見地藏菩薩現受淨戒 卽開元二十八年庚辰三月十五日辰時也 時齡二十餘三矣 然志存慈氏故不敢中止 乃移 靈山寺[一名邉山又楞伽山] 又懃勇如初 果感弥力現授占察經兩卷 此經乃陳隋間外國 所 非今始出也 慈氏以経搜之耳 幷證果簡子一百八十九介 謂曰 於中第八簡子喩新得 妙戒 第九簡子喩增得具戒 斯二簡子是我手指骨 餘皆沉檀木造喻諸煩惱 汝以此傳法 於世作濟人津筏 表旣受聖莂来住金山. 每歲開壇阪張法施 壇席精嚴末季未之有也[3003] (『三國遺事』 4 義解 5 眞表傳簡)
신라	年至十二 志求出家 父許之 師往金山藪 順濟法師處零染 濟授沙彌戒法 傳教供養次 第秘法一卷 占察善惡業報經二卷曰 汝持此戒法 於彌勒地藏兩聖前 懇求懺悔 親受戒 法 流傳於世 (『三國遺事』 4 義解 5 關東楓岳鉢淵藪石記)[3004]
발해	八月丁卯 渤海靺鞨王 遣其弟大琳來朝 授中郞將 留宿衛 (『冊府元龜』 975 外臣部 2 0 褒異 2)
신라	秋九月 遣使入唐朝貢 (『三國史記』 8 新羅本紀 8)
신라	秋九月 遣使如唐朝貢 (『三國史節要』 11)
신라	皇太子鴻 皇兄開府儀同三司上柱國寧王憲 (…) 特進新羅國王金興光 特進龜玆王天山 郡開國公白孝節 (…) (「慶唐觀紀聖銘碑 題名」: 『八右石刻叢編』 6)[3005]

730(庚午/신라 성덕왕 29/발해 무왕 仁安 12/唐 開元 18/일본 天平 2)

신라	(正月) 靺鞨遣其弟大郞雅來朝賀正 獻方物 波斯國王及新羅國王 各遣使來朝賀正 (『唐 冊府元龜』 971 外臣部 16 朝貢 4)
발해	正月戊寅[3006] 吐蕃 靺鞨遣其弟大郞雅來朝賀正 獻方物 波斯國王 及新羅國王 各遣

3003) 740년에 계를 받았을 때 23세라는 기록을 근거로 여기에 배치하였다.
3004) 『三國유사』 4 의해 5 眞表傳簡에서 開元 28년(740)에 진표의 나이가 23세라고 하였는데, 『宋高僧傳』
에서도 진표가 개원 연간에 12세의 나이로 출가했다고 하였다. 이에 진표의 나이를 계산하여 편년하였다.
3005) 이 기사에는 연대 표기가 없으나, 이 비의 건립연대가 729년이므로 그에 따라 편년하였다.

	使來朝 賀正 各賜帛有差 (『冊府元龜』 975 外臣部 20 褒異 2)
신라	二月甲戌 新羅國王金興光遣姪志蒲 獻小馬五疋 狗一頭 金二千兩 頭髮八十兩 海豹皮十張 乃授志蒲太僕卿 員外置同正員 絹一百疋 紫袍銀鈿帶 魚袋 留宿衛 (『冊府元龜』 975 外臣部 20 褒異 2)
신라	春二月 遣王族志滿朝唐 獻小馬五匹狗一頭金二千兩頭髮八十兩海豹皮十張 玄宗授志滿大僕卿 賜絹一百匹紫袍錦細帶 仍留宿衛 (『三國史記』8 新羅本紀 8)
신라	春二月 遣王族志滿如唐獻小馬五匹狗一頭金二千兩頭髮八十兩海豹皮十張 帝授志滿太僕卿 賜絹一百匹紫袍錦細帶 仍留宿衛 (『三國史節要』11)

발해	(二月)戊寅 渤海靺鞨遣使智蒙來朝 且獻方物 馬三十疋 授中郞將 賜絹二十疋 緋袍銀帶 放還蕃 (『冊府元龜』 975 外臣部 20 褒異 2)
발해	(二月) 渤海靺鞨大首領遣使知蒙來朝 且獻方物 馬三十四 (『冊府元龜』 971 外臣部 16 朝貢 4)

발해	(五月)己酉 渤海靺鞨遣使烏那達利來 獻海豹皮五張貂鼠皮三張馬瑙盃一馬三十四 授以果毅 賜帛 放還蕃 (『冊府元龜』 975 外臣部 20 褒異 2)
발해	(五月)己酉 渤海靺鞨遣使烏那達初來 獻海豹皮五張貂鼠皮三張瑪瑙盃一馬三十四 授以果毅 賜帛 放還蕃 (『冊府元龜』 971 外臣部 16 朝貢 4)

고구려	(蓋石) 大唐故高府君墓誌銘
	(誌石) 唐故陪戎副尉直僕寺 高府君墓誌幷序
	君諱木盧 渤海蓨人也 昔太公輔周 肇開王業 天眷錫命 受封東齊 鍾鼎玉食 七百餘載 後遇田和纂奪 分居荒裔 君之遠祖 避難海隅
	暨我皇唐 大敷淳化 君乃越溟渤 歸桑梓 遂驤首雲路 厠跡天庭 樞典六閑 職司三物 屬中宗孝和皇帝廓淸宇宙 掃祲蕭牆 君當奮袂提戈 御衛宸極 故得名登簡冊 位列珪璋 及蒲柳年侵 桑楡景暮 乃悟電泡而不久 夢幻而非眞 遂棄彼俗纏 宗茲道業 退歸廬里 訓導於家 九族嚴祗 四隣恭恪 實貞松之操 逸秀雲宵 良玉之德 含輝韞匵 開元十八年歲次鶉火七月廿日 遘疾考終於私第 時年八十有一 嗚呼 積善無徵 禍圖不意 墨龜將食 靑鳥入兆 其年八月廿一日 葬于京兆崇道鄕齊禮里白鹿原之右 丹旐啟路 白馬臨塋 黃鳥哀而聲悲 靑松慘而色悴 嗣子左領軍衛京兆府豊閏府折衝都尉仗內供奉借緋長上上柱國履生等 痛深泣血 悲割摧心 卜宅奉周公之儀 封樹遵仲尼之訓 刊刻金石 以旌德銘 銘曰
	白日將落兮蒼天其頹 流景難追兮逝水不迴 永歸蒿里兮長往泉臺 千秋萬歲兮有閉無開 惟見靑松兮暮奄黃埃 痛割骨髓兮五內崩摧 (「高木盧 墓誌銘」: 『唐五代墓誌滙篇 陝西』1; 『全唐文補遺』5; 『唐代墓誌滙篇續集』)

발해	(八月)辛亥 遣渤海使正六位上引田朝臣蟲麻呂等來歸 (『續日本紀』10 聖武紀)
발해	天平二年八月辛亥 (『類聚國史』193 殊俗部 渤海 上)

발해	(九月)癸丑 天皇御中宮 蟲麻呂等獻渤海郡王信物 (『續日本紀』10 聖武紀)
발해	(天平二年)九月癸丑 (『類聚國史』193 殊俗部 渤海 上)

3006) 730년 庚午年 정월 초하루는 丙戌로 무인일은 없다. 같은 기사를 전하는 『冊府元龜』 조공 4에 따라 이 해 정월의 일로 볼 수 있다. 따라서 이 기사는 정월 무자(3), 무인(13), 무신(23) 또는 경인(5) 임인(17), 갑인(29) 등의 오기로 여겨진다.

발해	(九月)丙子 遣使以渤海郡信物 令獻山陵六所 幷祭故太政大臣藤原朝臣墓 (『續日本紀』10 聖武紀)
발해	(天平二年九月)丙子 (『類聚國史』193 殊俗部 渤海 上)
신라	九月 靺鞨新羅國 並遣使朝貢 (『冊府元龜』971 外臣部 16 朝貢 4)
신라	十月庚戌 新羅國遣使來朝 貢獻方物 賜帛有差 (『冊府元龜』975 外臣部 20 褒異 2)
발해	(冬十月)庚戌 遣使奉渤海信物於諸國名神社 (『續日本紀』10 聖武紀)
발해	(天平二年)十月庚戌 (『類聚國史』193 殊俗部 渤海 上)
신라	冬十月 遣使朝唐貢獻方物 玄宗賜物有差 (『三國史記』8 新羅本紀 8)
신라	冬十月 遣使如唐朝貢 帝賜物有差 (『三國史節要』11)

731(辛未/신라 성덕왕 30/발해 무왕 仁安 13/唐 開元 19/일본 天平 3)

신라	(二月)戊午[3007] 新羅遣其臣金志良來賀正 授太僕少卿員外置 賜帛六十匹 放還蕃 降書與新羅金興光曰 所進牛黃及金銀等物 省表具知 卿二明慶祚 三韓善隣 時稱仁義之鄕 代著勳賢之業 文章禮樂 聞君子之風 納款輸忠 効勤王之節 固蕃維之鎭衛 諒中外之儀表 豈殊方悍俗 可同年而語耶 加以慕義克勤 述職愈謹 梯山航海 無倦於阻脩 獻幣貢琛 有常於歲序 守我王度 垂諸國章 乃眷懇誠 深可嘉尙 朕每晨興佇念 宵衣待賢 想見其人 以光啓沃 俟卿觀止 允副所懷 今使至 知嬰疾苦 不遂祇命 言念遐闊 用增憂勞 時候暄和 想痊復也 今賜卿綵綾五百疋帛二千五百疋 宜卽領取 (『冊府元龜』975 外臣部 20 褒異 2)
신라	春二月 遣金志良入唐賀正 玄宗授大僕少卿員外置 賜帛六十匹放還 降詔書曰 所進牛黃及金銀等物 省表具之 卿二明慶祚 三韓善隣 時稱仁義之鄕 世著勳賢之業 文章禮樂 闡君子之風 納款輸忠 效勤王之節 固藩維之鎭衛 諒忠義之儀表 豈殊方憬俗 可同年而語耶 加以慕義克勤 述職愈謹 梯山航海 無倦於阻修 獻幣貢琛 有常於歲序 守我王度 垂諸國章 乃眷懇誠 深可嘉尙 朕每晨興佇念 宵衣待賢 想見其人 以光啓沃 俟卿觀止 允副所懷 今使至 知嬰疾苦 不遂抵命 言念遐闊 用增憂勞 時候暄和 想痊復也 今賜卿綾綵五百匹帛二千五百匹 宜卽領取 (『三國史記』8 新羅本紀 8)
신라	春二月 遣金志良入唐賀正 帝授大僕少卿員外置 賜帛六十匹還之 降詔曰 所進牛黃及金銀等物 省表具之 卿二明慶祚 三韓善隣 時稱仁義之鄕 代著勳賢之業 文章禮樂 闡君子之風 納欵輸忠 效勤王之節 固藩維之鎭衛 諒忠義之儀表 豈殊方憬俗 可同年而語耶 加以慕義克勤 述職愈謹 梯山航海 無倦於阻修 獻幣貢琛 有常於歲序 守我王度 垂諸國章 乃眷懇誠 深可嘉尙 朕每晨興佇念 宵衣待賢 想見其人 以光啓沃 俟卿觀止 允副所依 今使至 知嬰疾苦 不遂抵命 言念遐闊 用增憂勞 時候暄和 想痊復也 今賜卿綾綵五百匹帛二千五百匹 宜卽領取 (『三國史節要』11)
발해	(二月)己未[3008] 渤海靺鞨遣使來朝(賀)正 授將軍 賜帛一百匹 還蕃 (『冊府元龜』975

3007) 731년 辛未年 2월 초하루는 庚辰으로 이 달에는 무오일과 기미일이 없다. 그런데 『冊府元龜』이 기사는 2월 癸卯(24)일 기사에 이어지고, 3월에 무오(10)일이 있어 무오 앞에 3월이 누락된 것으로 보인다. 따라서 여기의 2월 기사는 3월 기사로 볼 수 있다. 결국 김지량의 賀正은 2월에 있었고, 3월 무오일에 관직과 회사품을 받고 귀국길에 올랐다고 이해된다.

3008) 731년 辛未年 2월 초하루는 庚辰으로 이 달에는 기미일이 없다. 그런데 『冊府元龜』이 기사는 2월 癸卯(24)일 기사에 이어지고, 3월에 기미일(11)이 있어 무오 앞에 3월이 누락된 것으로 보인다. 따라서 여기의 2월은 3월의 오기로 보인다.

外臣部 20 褒異 2)

발해   十九年二月 室韋渤海靺鞨新羅 並遣使來賀正 (『冊府元龜』 971 外臣部 16 朝貢 4)[3009]

신라   夏四月 赦 賜老人酒食 (『三國史記』8 新羅本紀 8)
신라   夏四月 赦 賜老人酒食 (『三國史節要』11)

신라   (夏四月) 日本國兵船三百艘 越海襲我東邊 王命將出兵 大破之 (『三國史記』8 新羅本紀 8)
신라   (夏四月) 日本國以兵船三百艘 越海寇東邊 王命將出兵 大破之 (『三國史節要』11)

백제 고구려 신라
       (秋七月)乙亥 定雅樂寮雜樂生員 大唐樂卅九人 百濟樂廿六人 高麗樂八人 新羅樂四人 度羅樂六十二人 諸縣舞八人 筑紫舞廿人 其大唐樂生不言夏蕃 取堪教習者 百濟高麗新羅等樂生竝取當蕃堪學者 但度羅樂 諸縣 筑紫舞生竝取樂戶 (『續日本紀』11 聖武紀)

신라   秋九月 命百官會的門 觀射車弩 (『三國史記』8 新羅本紀 8)
신라   秋九月 命百官會的門 觀射車弩 (『三國史節要』11)

발해   (十月癸巳) 渤海靺鞨工其大姓取珍等百二十人來朝 並授果毅 各賜帛三十匹 放還蕃 (『冊府元龜』975 外臣部 20 褒異 2)
발해   (開元十九年)十月 渤海靺鞨王遣其大姓取珍等一百二十八來朝 (『冊府元龜』971 外臣部 16 朝貢 4)

732(壬申/신라 성덕왕 31/발해 무왕 仁安 14/唐 開元 20/일본 天平 4)

신라   正月王[3010]子 奚歸義王遣其首領細蘇等 來朝 新羅奚 並遣使賀正 (『冊府元龜』971 外臣部 16 朝貢 4)

신라   (正月)庚申 新羅遣使賀正 奚遣使賀正 並授郎將 賜帛有差 放還蕃 (『冊府元龜』975 外臣部 20 褒異 2)

신라   前年(개원 20년) 帝賜興光白鸚鵡雌雄各一 及紫羅繡袍 金銀鈿器物 瑞文繡緋羅 五色羅 綵綾 共三百餘段 (『唐會要』95 新羅)

신라   (春正月甲子) 以從三位多治比眞人縣守爲中納言 以從五位下角朝臣家主爲遣新羅使 (『續日本紀』11 聖武紀)

신라   (春正月)丙寅 新羅使來朝 (『續日本紀』11 聖武紀)

신라   (二月)庚子 遣新羅使等拜朝 (『續日本紀』11 聖武紀)

3009) 이 기사는 앞의 신라와 발해 사신의 하정 기사로 그들의 귀국을 기준으로 3월에 배치한 앞 기사와 달리 賀正을 기준으로 하였기에 2월에 배치한 것으로 보인다. 다만 여기서는 사료 배치 기준에 따라 구체적인 날짜가 기록된 앞의 자료 뒤에 배치하였다.
3010) '王'은 '壬'의 오기로 보인다.

신라   三月戊申 召新羅使韓奈麻金長孫等於大宰府 (『續日本紀』 11 聖武紀)

신라   (夏五月)壬子 新羅使金長孫等卅人入京 (『續日本紀』 11 聖武紀)

신라   (夏五月)庚申 金長孫等拜朝 進種種財物 幷鸚鵡一口 鴝鵒一口 蜀狗一口 獵狗一口 驢二頭 騾二頭 仍奏請來朝年期 (『續日本紀』 11 聖武紀)

신라   (夏五月)壬戌 饗金長孫等於朝堂 詔 來朝之期 許以三年一度 宴訖 賜新羅王幷使人等 祿各有差 (『續日本紀』 11 聖武紀)

신라   六月丁酉 新羅使還蕃 (『續日本紀』 11 聖武紀)

신라   (八月)辛巳 遣新羅使從五位下角朝臣家主等還歸 (『續日本紀』 11 聖武紀)

발해   (九月乙巳) 渤海靺鞨寇登州 殺刺史韋俊 命左領軍將軍蓋福順發兵討之 (『舊唐書』 8 本紀 8 玄宗 上)

발해   九月乙巳 渤海靺鞨寇登州 刺史韋俊死之 左領軍衛將軍蓋福愼伐之 (『新唐書』 5 本紀 5 玄宗)

발해   (九月) 勃海靺鞨王武藝遣其將張文休帥海賊寇登州 靺鞨³⁰¹¹⁾ 殺刺史韋俊 上命右領軍 將軍葛福順發兵討之³⁰¹²⁾ (『資治通鑑』 213 唐紀 29 玄宗至道大聖大明孝皇帝)

발해   (唐玄宗開元二十年)九月 渤海靺鞨寇登州 殺刺史韋俊 命左領軍將軍蓋福順 發兵討之 (『冊府元龜』 986 外臣部 31 征討 5)

발해 신라   (開元)二十年 武藝遣其將張文休率海賊攻登州刺史韋俊 詔遣門藝往幽州徵兵以討之 仍令太僕員外卿金思蘭 往新羅發兵以攻其南境 屬山阻寒凍 雪深丈餘 兵士死者過半 竟無功而還 武藝懷怨不已 密遣使至東都 假刺客刺門藝於天津橋南 門藝格之 不死 詔河南府捕獲其賊 盡殺之 (『舊唐書』 199下 列傳 149下 北狄 渤海靺鞨)

발해 신라   二十年 武藝率海賊攻登州 殺刺史韋俊 詔門藝往幽州徵兵以討之 仍令新羅發十萬人 應接 屬山阻寒雪 竟無功而還 武藝懷怨不已 密遣使至東都 厚賂刺客 遮門藝於天津 橋 格之 不死 詔河南捕獲其賊 盡殺之 (『冊府元龜』 1000 外臣部 45 讐怨)

발해 신라   後十年 武藝遣大將張文休率海賊攻登州 帝馳遣門藝發幽州 兵擊之 使太僕卿金思蘭 使新羅督兵攻其南 會大寒 雪袤丈 士凍死過半 無功而還 武藝望其弟不已 募客入東 都狙刺於道 門藝格之 得不死 河南 捕刺客 悉殺之 (『新唐書』 219 列傳 144 北狄 靺鞨)

신라   冬十二月 以角干思恭伊湌貞宗允忠思仁各爲將軍 (『三國史記』 8 新羅本紀 8)

신라   冬十二月 以角干思恭伊湌貞宗允忠思仁各爲將軍 (『三國史節要』 11)

신라   京城周作典 景德王改爲修城府 惠恭王復故 令五人 聖德王三十一年置 位自大阿湌至 大角干爲之 (『三國史記』 38 雜志 7 職官 上)

신라   置周作典 令五人 位自大阿湌至大角干爲之 (『三國史節要』 11)

3011) 音末曷 將 卽亮翻 帥 讀曰率
3012) 去年春 葛福順方以黨附王毛仲貶 今則仍爲宿衛 蓋毛仲旣誅 福順等復敍用也 開元九年 貶王晙梓州 已而 復爲尚書 復居邊任 事亦類此

신라 발해	開元二十年 怨恨天朝 將兵掩襲登州 殺刺史韋俊 開元二十年 怨恨天朝 將兵掩襲登州 殺刺史韋俊 於是 明皇帝大怒 命内史高品何行成大僕卿金思蘭 發兵過海攻討 仍就加我王金某 爲正大尉持節充寧海軍事雞林州大都督 以冬深雪厚 蕃漢苦寒 勅命迴軍 至今三百餘年 一方無事 滄海晏然 此乃我武烈大王之功也 (『三國史記』 46 列傳 6 崔致遠)
고구려 발해	通典云 渤海本栗末靺鞨 至其酋祚榮立國 自號震旦 先天中[玄宗王子] 始去靺鞨號 專稱渤海 開元七年[己未] 祚榮死諡爲高王 世子襲立明皇賜典冊襲王 私改年號 遂爲海東盛國 地有五京十五府六十二州 後唐天成初 契丹攻破之 其後爲丹所制[三國史云 儀鳳三年 高宗戊寅 高麗殘孽類聚北依太伯山下 國號渤海 開元二十年間 明皇遣將討之 又聖德王三十二年 玄宗甲戌 渤海靺鞨 越海侵唐之登州 玄宗討之 又新羅古記云 高麗舊將祚榮姓大氏 聚殘兵立國於大伯山南 國號渤海 按上諸文 渤海乃靺鞨之別種 但開合不同而已 按指掌圖 渤海在長城東北角外] (『三國遺事』 1 紀異 1 靺鞨渤海)

733(癸酉/신라 성덕왕 32/발해 무왕 仁安 15/唐 開元 21/일본 天平 5)

발해	(正月丁巳) 上遣大門藝詣幽州 發兵 以討勃海王武藝[3013] (『資治通鑑』 213 唐紀 29 玄宗至道大聖大明孝皇帝)
신라 발해	(正月)庚申 命太僕員外卿金思蘭使于新羅[3014] 發兵擊其南鄙 會大雪丈餘 山路阻隘 士卒死者過半 無功而還 武藝怨門藝不已 密遣客刺門藝於天津橋南 不死 上命河南搜捕賊黨 盡殺之[3015] (『資治通鑑』 213 唐紀 29 玄宗至道大聖大明孝皇帝)
신라 발해	正月庚申 命太僕卿員外置同正員金思蘭 使于新羅 思蘭本新羅之行人 恭而有禮 因留宿衛 及是 委以出疆之任 且便之也 (『冊府元龜』 975 外臣部 20 褒異 2)
발해 신라	渤海大武藝與弟門藝戰國中 門藝來 詔與太僕卿金思蘭發范陽新羅兵十萬討之 無功 武藝遣客刺門藝於東都 引兵至馬都山 屠城邑 承玼窒要路 塹以大石 亘四百里 虜不得入 於是流民得還 士少休 脫鎧而耕 歲省度支運錢 (『新唐書』 136 列傳 61 烏承玼)
신라	至二十一年 加興光寧海軍使 其年 命太僕卿員外置同正員金思蘭使於新羅 思蘭本新羅之行人 恭而有禮 因留宿衛 及是委以出疆之任 且便之也 (…) 至是 興光遣使從姪志廉 奉表陳謝 仍奏國內有芝草生 畵圖而獻 (『唐會要』 95 新羅)
신라	開元二十一年 新羅王興光 奏國內芝草生 畵圖以獻 (『玉海』 197 祥瑞 植物 唐芝草圖)
고구려	大唐 故冠軍大將軍行右威衛將軍上柱國金城郡開國公 李公墓誌銘並序 公曰仁德 族李氏 其先蓋樂浪望族 自堯臣類馬 周史猶龍 眞裔散於殊方 保姓傳於弈代 考甲子 皇贈定州別駕 天上降成綸之恩 地下光題輿之寵 公卽別駕府君之元子也 風骨驍奇 器用英遠 智爲甲胄 義作干戈 談王覇則金火生光 說甲兵則旗鼓動色 當昔中宗晏駕 韋氏亂常 將欲毒黎元危宗廟 公於是義形于色 憤起于衷 發皇明 披紫闥 奔走電激 左右風趨 心冠鷹鸇 手刃梟鏡 人祇再色 帝宇廓淸 翊

3013) 考異曰 新書烏承玼傳云 可突干殺其王邵固 降突厥 而奚亦亂 是歲 奚契丹入寇 詔承玼擊之 破於捺祿山 又云 勃海大武藝引兵至馬都山 屠城邑 承玼窒要路 塹以大石 亘四百里 於是流人得還土少休 脫鎧而耕 歲省度支運錢 按韓愈爲烏重胤作廟碑 敍重胤父承洽云 屢破奚契丹 從戰捺祿 走可突干勃海上 至馬都山 吏民逃徙失業 尚書領所部兵塞其道 壁原累石 綿四百里 深高皆三丈 寇不得進 民還其居 歲罷錢三千萬 疑新書約此碑作承玼傳 按新舊紀及勃海傳皆無武藝入寇至馬都山事 或者韓碑云 走可突干勃海上 至馬都山 謂破走可突干勃海上 追之至馬都山耳 二十一年 郭英傑與可突干戰都山 然則都山蓋契丹之地也 吏民逃徙失業 蓋因可突干入寇而然 與上止是一事 新書承之致誤 然未知新書承玼傳中餘事 別據何書

3014) 思蘭 新羅王之侍子 留京師 官爲太僕卿 員外置

3015) 河南 謂河南府 刺 七亦翻

二人以御天 功存社稷 膺四履而列地 封固山河 是用拜公雲麾將軍行右屯衛翊府中郎
將金城縣開國子食邑三百戶 晝巡徼道 環黃屋而竭誠 夜拜殊營 佩紫綬而光寵 是用遷
公右威衛將軍 錫馬承恩 一日三見於天子 以爵馭貴 十卿同祿於諸侯 是用加公冠軍大
將軍 進封開國公 增食二千戶

何居昊天不憖 哲人其萎 山岳收神 日月奄壽 烋以開元十一年正月廿日 薨於醴泉里之
私第 春秋六十有一 嗚呼哀哉 公履謙謙杖翼翼 不軒常而恃 不江海而閑 其生也榮 其
死也慟 匪止隣不相巷不歌 實亦負辰興嗟 同盟畢弔 特勅繒絹二百匹 賻物二百段 米
粟一百石 供喪事也 卽以其年四月十三日 葬於高陽原 禮也 南面近郊 問三龜而一吉
東首顧命 減大樹而小封 金玉靡藏 誠之智也 琴瑟空置 奉之仁也 有子二人 長曰思敬
右驍衛中候 次曰思讓 右驍衛司階 竝七日絶漿 式五月而葬 孺慕罔極 賓拜無容 防地
道而變盈 紀天性於幽隧 銘曰

惟嶽降神 冠軍當仁 忠孝是佩 淸白爲隣 曷其榮也 社稷貴臣 曷其哀也 朝市悲人 生
可續兮 孰不萬春 死可續兮 孰不百身 生不可續 死不可續 歷考古今 誰免風燭 人閱
代兮代閱人 倏兮忽兮一丘塵 舟移壑兮壑移舟 蕭兮索兮九原秋 意氣盡兮萬事罷 泉門
閉兮九重幽 悲夫悲夫空默默 魂兮何悠悠 (「李仁德 墓誌銘」：『唐代墓誌滙篇』)

신라   (六月丁酉) 武藏國埼玉郡新羅人德師等男女五十三人依請爲金姓 (『續日本紀』 11 聖
       武紀)

신라 발해 秋七月 唐玄宗以渤海靺鞨越海入寇登州 遣太僕員外卿金思蘭歸國 仍加授王 爲開府
        儀同三司寧海軍使 發兵擊靺鞨南鄙 會大雪丈餘 山路阻隘 士卒死者過半 無功而還
        金思蘭本王族 先因入朝 恭而有禮 因留宿衛 及是 委以出疆之任 (『三國史記』8 新羅
        本紀 8)

신라 발해 秋七月 帝以渤海靺鞨越海入寇登州 遣太僕員外郎金思蘭歸國 仍授王開府儀同三司寧
        海軍使 發兵擊靺鞨南鄙 諭曰 靺鞨渤海 外稱藩翰 內懷狡猾 今欲出兵問罪 卿亦發兵
        爲掎角 帝又曰 聞舊將金庾信孫允中之賢 可爲將 仍賜允中金帛 於是 王命允中等四
        將 率兵會唐兵軍 伐渤海 會大雪丈餘 山路阻隘 士卒死者過半 無功而還 思蘭本王族
        先因入朝 恭而有禮 因留宿衛 及是乃還 王以允中庾信嫡孫 擢爲大阿湌 寵遇之 王親
        屬頗嫉之 王嘗登月城 與從官置酒爲樂 召允中與焉 左右曰 今宗室戚里 豈無可人 而
        獨召疏遠之臣 臣等竊怪之 王曰 今寡人與卿等 共享太平 庾信之功也 若遐棄之非善
        善及子孫之義也 遂賜允中坐 語庾信勳烈 賜絶影山馬一匹 (『三國史節要』11)

신라 발해 嫡孫允中 仕聖德大王爲大阿湌, 屢承恩顧 王之親屬 頗嫉妬之 時屬仲秋之望 王登月
        城岑頭眺望 乃與侍從官 置酒以娛 命喚允中 有諫者曰 今宗室戚里 豈無好人 而獨召
        疏遠之臣 豈所謂親親者乎 王曰 今寡人與卿等 安平無事者 允中祖之德也 若如公言
        忘弃之則非善善及子孫之義也 遂賜允中密坐 言及其祖平生 日晚告退 賜絶影山馬一
        匹 羣臣觖望而已 開元二十一年 大唐遣使教翰曰 靺鞨渤海 外稱藩翰 内懷狡猾 今欲
        出兵問罪 卿亦發兵 相爲掎角 聞有舊將金庾信孫允中在 湏差此人爲將 仍賜允中金帛
        若干 (『三國史記』43 列傳 3 金庾信)

신라 발해 其後致遠亦嘗奉使如唐 但不知其歲月耳 故其文集有上大師侍中狀云 (…) 開元二十年
        怨恨天朝 將兵掩襲登州 殺刺史韋俊 於是 明皇帝大怒 命內史高品何行成大僕卿金思
        蘭 發兵過海攻討 仍就加我王金某 爲正大尉持節充寧海軍事雞林州大都督 以冬深雪
        厚 蕃漢苦寒 勅命迴軍 至今三百餘年 一方無事 滄海晏然 此乃我武烈大王之功也 (『
        三國史記』46 列傳 6 崔致遠)

신라 발해 開元二十一年癸酉 唐人欲征北狄 請兵新羅 客使六百四人來还國 (『三國遺事』2 紀異
        2 孝成王)

신라 발해   (開元)二十一年 渤海靺鞨越海入寇登州 時興光族人金思蘭先因入朝留京師 拜爲太僕員外卿 至是 遣歸國發兵以討靺鞨 仍加授興光爲開府儀同三司寧海軍使 (『舊唐書』199上 列傳 149上 東夷 新羅)

신라 발해   初 渤海靺鞨掠登州 興光擊走之 帝進興光寧海軍大使 使攻靺鞨 (『新唐書』220 列傳 145 東夷 新羅)

발해 신라   (開元二十一年)是年 渤海靺鞨越海入寇登萊 詔新羅王金興光發兵討之 仍加授興光開府儀同三司寧海軍使 (『冊府元龜』964 封冊 2)

고구려   唐 故宣德郎驍騎尉淄川縣開國子 泉君誌銘
父光祿大夫衛尉卿上柱國卞國公 隱撰文
夫溫良恭儉 人之本也 詩書傳易 敎之宗也 其有摠百行之懿德 稟兩儀之正性 吐納和氣 佩服禮經 體仁義以立身 蘊忠貞而行已 造次不踰於規矩 顚沛必蹈於矜庄 盖古人之所難 匪唯今之所易 兼而有者 其在兹乎
諱毖 字孟堅 京兆萬年人也 曾祖特進卞國襄公男生 祖左衛大將軍卞國莊公獻誠 父光祿大夫衛尉卿卞國公隱 竝繼代承家 榮章疊祉 惟子剋茂貽厥 早着聲芬 年甫二歲 受封淄川縣開國男 尋進封淄川子食邑四百戶 又授驍騎尉 以蔭補太廟齋郎 屬有事於后土 授宣德郎 尋蒙放選 卽開府儀同三司朝鮮王高藏之外孫 太子詹事太原公王暐之子壻
豈△門承鼎 乃△兼△ 姻姬嬋聯 雅度稟乎天姿 詩禮聞於庭訓 加以護學請益 休譽日新 韜鈐遁甲之書 風角鳥情之術 莫不硏幽 洞奧精蹟 探微方將 步天衢以高驤 登太階而論道 何知百齡 儵忽五福之驗 無徵 代 英靈九泉之悲 俄及 粤以開元十七年歲次己巳九月四日 終於京兆府興寧里之私第 春秋二十有二 以開元廿一年歲次癸酉十月甲午朔十六日己酉 遷措於河南府洛陽縣之印山舊塋 禮也 高墳崷岆 望二室於雲端 茂栢蕭森 俯三川於掌內 將恐風移鬱島 海變桑田 式昭貞士之名 用表藤公之室 乃爲銘曰
天之蒼蒼兮 其色正耶 人之悠悠兮 其能久耶 蠢兹萬類兮 生老病死 悟彼百齡兮 今也已矣 生於氣兮 立於空 儵而見兮 忽而終 何賦命之飄索 知造化之無窮
重曰 梁木其壞兮 太山其頹 哲人一去兮 不復再來 幽扃永閟兮 印山之隈 萬古千秋兮 嗚呼哀哉 (「泉毖 墓誌銘」: 『譯註 韓國古代金石文』1)

신라   十二月乙未 新羅王(金)興光遣姪志廉來朝 謝恩也 初 帝賜興光白鸚鵡雄雌各一雙 及紫羅繡袍金銀鈿器物瑞文錦五色羅綵共三百餘段 興光表曰 伏惟陛下 執象開元 聖文神武 應千齡之昌運 致萬物之嘉祥 風雲所通 咸承至德 日月所炤 共被深仁 臣地隔蓬壺 天慈洽遠 鄕聯華夏 睿澤單幽 伏覩瓊文 跪披玉匣 含九霄之雨露 帶五彩之 鴻鸞 辨惠靈禽 素蒼兩妙 或稱長安之樂 或傳聖主之恩 羅錦彩章金銀寶鈿 見之者爛目 聞之者驚心 原其獻款之功 實繇先祖 錫此非嘗[常]之寵 延及未孫 微效若塵 重恩如岳 循涯揣分 何以上酬 詔饗志廉內殿 賜以束帛 (『冊府元龜』975 外臣部 20 褒異 2)

신라   冬十二月 遣王姪志廉 朝唐謝恩 初帝賜王白鸚鵡雄雌各一隻 及紫羅繡袍金銀鈿器物瑞紋錦五色羅綵共三百餘段 王上表謝曰 伏惟陛下 執象開元 聖文神武 應千齡之昌運 致萬物之嘉祥 風雲所通 咸承至德 日月所炤 共被深仁 臣地隔蓬壺 天慈洽遠 鄕睽華夏 睿渥覃幽 伏視瓊文 跪披玉匣 含九霄之雨露 帶五彩之鴻鸞 辯惠靈禽 素蒼兩妙 或稱長安之樂 或傳聖主之恩 羅錦彩章 金銀寶鈿 見之者爛目 聞之者驚心 原其獻欵之功 實由先祖 錫此非常之寵 延及末孫 微效似塵 重恩如嶽 循涯揣分 何以上酬 詔饗志廉內殿 賜以束帛 (『三國史記』8 新羅本紀 8 聖德王)

신라   海東故神行禪師之碑幷序

皇唐衛尉卿國相兵部令兼修城府令伊干金獻貞撰

東溪沙門靈業書

夫法之體也 非名非相 則盲聾智者 莫能觀其趣 心之性也 若存若亡 則童蒙理者 焉可
測其源 故有學無學 纔甞香鉢之飯 二乘三乘 寧得藥樹之菓 言禪邪者 卽末還本之妙
門 因心階道之玄路 歸之者 銷沙劫之罪 念之者 獲塵刹之德 況乎 經年累代積行成功
深之又深 其極致歟 粤若位登五七 聲亘三千 紹佛種傳法燈 卽我神行禪師 受其記焉
禪師俗姓金氏 東京 御里人也 級干常勤之子 先師安弘之兄曾孫 積善薫心 曩因感性
年方壯室 趣於非家 奉事運精律師 五綴一納 苦練二年 更聞法朗禪師 (「斷俗寺 神行
禪師碑」)3016)

| 발해 | 生皇考諱承△ △△△△ △△△△△楊公問罪東夷 請於幕府 以豹略謀於軍事 乃還 恥 受討遼之功 拂衣高蹈 以例授陪戎副尉上護軍 終不言祿節也 (「鄭忠碣」：『全唐文新編 』409)3017) |
| 발해 | 父諱郎 頃屬駒麗跋扈 明詔徵渡遼之將 知文武之不墜 遂棄筆從戎 忠輔皇恩 展奇謀 於塞幕 登城斷布 志不顧軀 仗戟先鋒 同李陵之不返 未及宣功銅柱 烈效燕然 魂銷渤 海之師 骨委遼城之陣 (「馬貞 墓誌銘」：『全唐文補遺』9) |

| 신라 | 新羅像龕 (「新羅像龕銘」：1999 『睦晸尹容鎭教授停年退任紀念論叢』)3018) |

734(甲戌/신라 성덕왕 33/발해 무왕 16 仁安 16/唐 開元 22/日本 天平 6)

| 신라 | (開元)二十二年正月壬子 新羅王興光大臣金端竭丹來賀正 帝於內殿宴之 衛尉少卿員 外 賜緋襴袍平漫銀帶及絹六十疋 放還蕃 (『冊府元龜』975 外臣部 20 褒異 2) |

| 신라 | 春正月 敎百官 親入北門奏對 (『三國史記』8 新羅本紀 8) |
| 신라 | 春正月 王敎百官 入北門進言 (『三國史節要』11) |

| 신라 | (春正月) 入唐宿衛左領軍衛員外將軍金忠信上表曰 臣所奉進止 令臣執節 本國發兵馬 討除靺鞨 有事續奏者 臣自奉聖旨 誓將致命 當此之時 爲替人金孝方身亡 便留臣宿 衛 臣本國王以臣久侍天庭 遣使從姪志廉代臣 今已到訖 臣卽合還 每思前所奉進止 無忘夙夜 陛下先有制 加本國王興光寧海軍大使 錫之旌節 以討凶殘 皇威載臨 雖遠 猶近 君則有命 臣敢不祇 蠢爾夷俘 計己悔禍 然除惡務本 布憲惟新 故出師義貴乎三 捷 縱敵患貽於數代 伏望陛下因臣還國 以副使假臣 盡將天旨 再宣殊裔 豈惟斯怒益 振 固亦武夫作氣 必傾其巢穴 靜此荒隅 遂夷臣之小誠 爲國家之大利 臣等復乘桴滄 海 獻捷丹闈 效毛髮之功 答雨露之施 臣所望也 伏惟陛下圖之 帝許焉 (『三國史記』8 新羅本紀 8) |
| 신라 | (春正月) 金忠信入唐宿衛爲左領軍衛員外將軍 上表曰 臣奉進止 令臣執節 本國發兵 討除靺鞨 有事續奏者 臣自奉聖旨 誓將致命 當此之時 爲替人金孝方身亡 便留臣宿 衛 臣本國王以臣久侍天庭 更遣從姪志廉代臣 今已到訖 臣卽合還 每思前所奉進止 無忘夙夜 陛下先有制 加本國王興光寧海軍大使 錫之旌節 以討凶殘 皇威載臨 雖遠 |

3016) 신행선사는 704년(성덕왕 3)에 태어나, 나이 30세인 733년(성덕왕 32) 출가하였으므로, 이 해에 배치하
였다.
3017) 이 기사에는 연대 표기가 없으나, 발해는 698년에 건국되었고 당과 마지막으로 전쟁을 한 것은 732~
733년이었다. 그에 따라 698~733년으로 기간편년하고 마지막해인 733년에 배치하였다.
3018) 이 상감명의 연대는 7세기 후반~8세기 초반으로 판단된다. 구에 따라 668~733년으로 기간편년하고
마지막해인 733년에 배치하였다.

猶近 君則有命 臣不敢祇 蠢爾夷俘 計己悔禍 然除惡務本 布憲惟新 故出師義貴乎三
捷 縱敵患貽於數代 伏望陛下因臣還國 以副使假臣 盡將天旨 再宣殊裔 豈惟斯怒益
振 固亦武夫作氣 必傾其巢穴 靜此荒隅 遂夷臣之小誠 爲國家之大利 臣等復乘桴滄
海 獻捷丹闕 効毛髮之功 答雨露之施 臣所望也 伏惟陛下圖之 帝許焉 (『國史節要』
11)

신라 말갈 (開元)二十二年二月 新羅王興光從弟左領軍衛員外將軍忠信上表曰 臣所奉進止 令臣
執節 本國發兵馬 討除靺鞨 有事續奏者 臣自奉聖旨 誓將致命 當此之時 爲替人金孝
方身亡 便留臣宿衛 臣本國王以臣久待天庭 遣從姪至廉代臣 今己到訖 臣卽合還 每
思前所奉進旨 無忘夙夜 陛下先有制 加本國王興光寧海軍大使 錫之旌節 以討凶殘
皇威載臨 雖遠猶近 君則有命 臣敢不祇 蠢爾夷俘 計以悔禍 然除惡務本 布憲惟新
故出師義貴乎三申 縱敵患貽於數代 伏望陛下因臣還國 以副使假臣 進將天旨 再宣殊
裔 豈惟斯怒益振 固亦武夫作氣 必傾其巢穴 靜此荒隅 遂夷臣之小誠 爲國家之大利
臣等復乘桴滄海 獻捷丹圍 効毛髮之功 答雨露之施 臣所望也 伏惟陛下圖之 帝許焉
(『冊府元龜』973 外臣部 18 助國討伐)

백제 (三月)壬申 散位從四位下百濟王遠寶卒 (『續日本紀』11 聖武紀)

신라 夏四月 遣大臣金端竭丹 入唐賀正 帝宴見於內殿 授衛尉少卿 賜緋襴袍平漫銀帶及絹
六十四 先時 遣王姪志廉謝恩 獻小馬兩匹狗三頭金五百兩銀二十兩布六十四牛黃二十
兩人蔘二百斤頭髮一百兩海豹皮一十六張 及是 授志廉鴻臚少卿員外置 (『三國史記』8
新羅本紀 8)[3019]

신라 夏四月 遣大臣金端竭丹如唐賀正 帝宴見於內殿 授衛尉少卿 賜緋襴袍平漫銀帶及絹
六十四 又授志廉鴻臚少卿員外置 (『三國史節要』11)

신라 (開元二十二年四月) 新羅王興光遣其大臣金端崛丹 來賀正 先時 興光遣其姪志廉謝恩
獻小馬兩匹狗三頭金百兩銀二千兩布六十疋牛黃二十兩人蔘二百斤頭髮一白兩海豹皮
一十六張 及是 授志廉鴻臚小卿員外置 (『冊府元龜』971 外臣部 16 朝貢 4)

신라 (開元)二十年[3020] 又遣其大臣金端竭丹來賀正 又遣姪志廉來獻方物 授志廉鴻臚少卿
員外置同正員 賜絹百疋 留宿衛 (『唐會要』95 新羅)

백제 大唐 故宣威將軍左衛汾州淸勝府折衝都尉上柱國 難君墓誌銘幷序
君諱元慶 其先卽黃帝之宗也 扶餘之尒類焉 昔伯仲枝分 位居東表 兄弟△政 爰國臣
韓 妙以治民之難 因爲姓矣 孔丘序舜典 所謂歷試諸難 卽其義也 高祖珇 仕遼任達率
官 亦猶今宗正卿焉 祖汗 入唐爲熊津州都督府長史 父武 中大夫使持節支潯州諸軍事
守支潯州刺史 遷忠武將軍行右衛翊府中郎將 並仁明識遠 在政△聞 德治詞宏 邦家共
達
君幼而聰敏 無所不精 尋授游擊將軍行檀州白檀府右果毅直中書省 雖司雄衛 恒理文
軒 俄轉夏州寧朔府左果毅都尉直中書省內供奉 屬邊塵屢起 烽火時驚 以君宿善帷籌
早叅師律 文乃△△△△△△△△軍△弓旌△重 要之綏撫 倒載干戈 遂授朔方軍摠管
君以受命△△ 奇討九姓 於是殲夷 三軍晏然無事 凱歌旋入 高會星樓 天子以祿不足
以酬能 特賜紫金魚袋 衣一襲 物一百匹 △屬羌戎△△ 河西胡亡 俾君招征 降如雨集

3019) 『冊府元龜』 褒異에는 2월20일(壬子)로 되어 있으나, 4월21일(壬子)의 오류일 가능성도 있다.
3020) 이 기사는 『三國史記』8 新羅本紀 8 聖德王 33년(734) 여름 4월조에 있으며, 『唐회요』 본문에 이 기
사 앞에 개원 21년조, 그 뒤에 23년조 기사가 있다. 따라서 이 기사에서 개원 20년은 개원 22년의 잘못으
로 보인다.

△俘操袂 內宴褒功 特賜△六 馬十 物一百匹 受宣威將軍 遷汾州淸勝府折衝都尉 勳
各如故 君植性溫恭 情神道德 無△官賞 恒懷耿潔 恐量不尅位 能不濟時 坐必儼然
目以定體 △人所利 △惠△△永乎

積善無徵 奠楹遄効 露晞朝薤 魂斂夜臺 以開元十一年六月卄八日 薨於汝州龍興縣之
私第 春秋六十有一 夫人丹徒縣君甘氏 左玉鈐衛大將軍羅之長女也 婉娩冲華 柔閑輔
態 柳花浮吹 駐琴瑟而題篇 △色開顏 寫文章於錦緒 作配君子 宜其室家 禮甚梁妻
賢踰班女 荘樓遽掩 桂月△△ 以開元卄二年五月十八日 終於汝州魯山縣之私第 春秋
六十有七 男△△△△極昊天 哀深觸地 屠心叩臆 若壞墻然 粤以大唐開元卄二年十一
四日 合葬於汝州魯山縣東北原 禮也 嗚呼 楚劍雙飛 俱沒沉碑之水 殷△俄合 同墳揮
日之郊 乃爲銘曰

玄黃肇泮 家邦逐興 四方岳立 萬物陶蒸[其一] 達率騰華 遼陽鼎貴 德邁將軍 汾△衝
尉[其二] 氣蓋千古 譽重三韓 子孫孝養 恭惟色難[其三] 國籍英靈 作固邦寧 自△執節
掃孽邊亭[其四] 振旅猶飢 摧兇如渴 以寡當衆 志不可奪[其五] 還宴△筵 陪嬉鴛沼 賞
錫雖多 酬恩不少[其六] 日月徒懸 金玉俱捐 痛纓紫綬 永置黃泉[其七] 夫貴妻尊 鸞潛
鳳奔 楹間徹奠 松下埋魂[其八] 君子所居 賢人之里 魯陽揮戈 唐堯立祀[其九] 烟雲共
暗 山川俱夕 輒慕淸風 敢銘玄石[其十]

以開元卄二年歲次甲戌十一月戊午朔三日庚申書 (「難元慶 墓誌銘」: 2000 『洛陽出土
墓誌硏究文集』)

신라　　　　(十二月)癸巳 大宰府奏 新羅貢調使級伐湌金相貞等來泊 (『續日本紀』11 聖武紀)

발해 신라　　開元二十二年 詔信安王禕率幽州長史趙含章進討 承玼請含章曰 二虜固劇賊 前日戰
　　　　　　而北 非畏我 乃誘我也 公宜畜銳以折其謀 含章不信 戰白城 果大敗 承玼獨按隊出其
　　　　　　右 斬首萬計 可突于奔北矣 渤海大武藝與弟門藝戰國中 門藝來 詔與太僕卿金思蘭發
　　　　　　范陽新羅兵十萬討之 無功 武藝遣客刺門藝於東都 引兵至馬都山 屠城邑 承玼窒要路
　　　　　　塹以大石 亘四百里 虜不得入 於是流民得還 士少休 脫鎧而耕 歲省度支運錢 (『新唐
　　　　　　書』136 列傳 61 烏承玼)

발해 말갈　　開元中 尙書管平盧先鋒軍 屬破奚契丹 從戰捗祿 走可突干 渤海擾海上 至馬都山 吏
　　　　　　民逃徙失業 尙書領所部兵 塞其道 塹原累石 綿四百里 深高皆三丈 寇不得進 民還其
　　　　　　居 歲罷運錢三千萬餘 黑水室韋以騎五千 來屬麾下 邊威益張 (「烏氏廟碑銘」)[3021]

발해　　　　渤海王武藝出海濱 至馬都山 屠陷城邑 公以本營士馬 防遏要害 (「烏承洽神道碑
　　　　　　」)[3022]

735(乙亥/신라 성덕왕 34/발해 무왕 17 仁安 17/唐 開元 23/日本 天平 7)

신라　　　　春正月 熒惑犯月 (『三國史記』8 新羅本紀 8)
신라　　　　春正月 熒惑犯月 (『三國史節要』11)

신라　　　　(春正月) 遣金義忠入唐賀正 (『三國史記』8 新羅本紀 8)
신라　　　　(春正月) 遣金義忠如唐賀正 (『三國史節要』11)
신라　　　　(開元二十三年正月)新羅遣使金義忠等來賀正 (『冊府元龜』971 外臣部 16 朝貢 4)

신라　　　　(開元)二十三年二月癸卯 新羅賀正副使金榮死 贈光祿少卿 (『冊府元龜』975 外臣部

3021) 이 기사에는 연대 표기가 없으나, 『新唐書』烏承玼傳에 의거하여 開元22년(734)으로 편년하였다.
3022) 이 기사에는 연대 표기가 없으나, 『新唐書』烏承玼傳에 의거하여 開元22년(734)으로 편년하였다.

| 신라 | 二月 副使金榮在唐身死 贈光綠少卿 義忠廻 勅賜浿江以南地 (『三國史記』8 新羅本 紀 8)[3023] |
| 신라 | 二月 副使金榮在唐卒 贈光綠少卿 義忠回 勅賜浿江以南地 (『三國史節要』11)[3024] |

신라　　　二月癸卯 新羅使金相貞等入京 (『續日本紀』12 聖武紀)

고구려　　唐故右威衛將軍上柱國 王公墓誌銘并序

觀夫由余入秦曰磾仕漢 楚材晉用 自古稱美 其有才類昔賢用同往彦者 則我王府君其人矣

公諱景曜 字明遠 其先太原人 昔當晉末 鵝出于地 公之遠祖 避難海東 泊乎唐初 龍飛在天 公之父焉 投化歸本 亦由李陵之在匈奴 還作匈奴之族 蘇武之歸於漢 卽爲漢代之臣 公之族代播遷 亦其類也 聖主嘉之 賜第京兆 今爲京兆人也 祖湛 往在海東 養高不仕 不以軒冕爲榮 唯以琴尊自逸 雖室居方丈 而志狹九州 雖跡處寰中 而情蹤天外 同魯連之遊東海 若四皓之隱南山 父排須 皇朝贈安東副大都護 隨會可作 眷眷忉九原之悲 相如可生 凜凜有千年之氣

公忠貞成性 廉直居懷 尤善駕馭 明乎廐牧 初授殿中奉乘 稍轉屯衛中候 俄除率府司階 尋改甘泉果毅 無何 加游擊將軍翊府左郎將 頃之 加中郎超右威衛將軍借紫金魚袋 竝依舊仗內 驅馳紫禁 趨侍丹墀 扈太液而登建章 從長陽而過細柳 作明君之牙爪 爲聖主之腹心 頃緣親累 出爲黨州別駕 天子知治長之非罪 思樂羊之忠赤 特追復舊官 依前仗內 調夏后之二龍 馭周王之八駿 進奉之妙 簡于帝心 雖古之造父王良 無以過也

嗟乎 逝川不捨 朝海之志徒勤 曦光易流 捧日之誠空積 以開元十二年十二月六日 薨于位 享年五十有五 粵以開元卄三年二月卄三日 承詔葬之禮 依周公之儀 與亡妻李氏高氏 合葬于河南平樂原 禮也 李氏先以開元十年十月卄日 終 春秋卅有三 高先以開元卄二年正月卄三日 亡 時年卅有九 竝婦德聿脩 母儀成訓 契栢舟而皆誓 同蕣華而早零 簫成鳳遠 暫分飛於紫霄 劍合龍還 長共盤於黃壤 嗣子右肱 同二連之善喪 泣九泉而頌德 銘曰

翔空矯翼 縱壑騰鱗 猗歟炳靈 鬱爲忠臣 帝澤如海 王言似綸 愼同萬石 勇敵萬人 榮隨歲積 寵爲恩親 赳赳蹻捷 邦家之鈞 曲池旣平 高臺已傾 北軍除籍 西第餘名 人生到此 飲恨吞聲 四大非有 五蘊皆空 宜男依草 少女隨△ 貴賤雖別 存歿情同 魂遊東岱 墳依北邙 常觀鳺鵲 恒瞻鳳凰 情同戀主 志若勤王 隴昏昏兮藏月 山幽幽兮早霜 痛千秋兮萬古 列靑松兮白楊 (「王景曜 墓誌銘」: 『全唐文新編』997)

신라　　　(二月)癸丑 遣中納言正三位多治比眞人縣守於兵部曹司 問新羅使入朝之旨 而新羅國輒改本號曰王城國因玆返却其使 (『續日本紀』12 聖武紀)

발해　　　(開元二十三年三月) 渤海靺鞨王遣其弟蕃來朝 (『冊府元龜』971 外臣部 16 朝貢 4)

백제　　　夏四月戊申 授無位長田王池田王 竝從四位下 正四位下百濟王南典 從四位上多治比眞人廣成 竝正四位上 (…) 正六位上石河朝臣年足多治比眞人伯百濟王慈敬阿倍朝臣繼麻呂 竝從五位下 (…) (『續日本紀』12 聖武紀)

3023) 이 기사에는 일자 표기가 없으나, 『冊府元龜』에 의거하여 2월17일(癸卯)로 편년하였다.
3024) 이 기사에는 일자 표기가 없으나, 『冊府元龜』에 의거하여 2월17일(癸卯)로 편년하였다.

신라	(五月)庚申 天皇御北松林覽騎射 入唐廻使及唐人奏唐國新羅樂弄槍 五位已上賜祿有差 (『續日本紀』12 聖武紀)
말갈	(開元二十三年)八月 鐵利部落拂涅部落越喜部落俱遣使來朝 獻方物 (『冊府元龜』971 外臣部 16 朝貢 4)
신라	(開元二十三年)閏十一月壬辰 新羅王遣從弟大阿飡金相來朝 死于路 帝深悼之 贈衛尉卿 (『冊府元龜』975 外臣部 20 褒異 2)
신라	(開元)二十三年十一月 遣從弟大阿飡金忠相來朝 死于路 贈衛尉卿 (『唐會要』95 新羅)3025)
신라	十二月 新羅遣使朝獻 (『舊唐書』8 本紀 8 玄宗 上)
신라	(開元二十三年)十二月 新羅並遣使來獻方物 (『冊府元龜』971 外臣部 16 朝貢 4)
신라	時善無畏三藏 復將此大毘盧遮那大敎王 傳付大興善寺沙門一行及保壽寺新羅國沙門玄超 (…) 次沙門玄超阿闍梨 復將大毘盧遮那大敎王 及蘇悉地敎 傳付靑龍寺東塔院惠果阿闍梨 阿闍梨又傳付成都府僧惟尙[又云惟明] 汴州辯弘 新羅國僧惠日悟眞 日本國空海 當院僧義滿 (…) 法潤 [付法傳阿闍梨灌頂位者數 百十二人] 或有在京傳持 或有外方弘敎 (『兩部大法相承師資付法記』下)3026)

736(丙子/신라 성덕왕 35/발해 무왕 18 仁安 18/唐 開元 24/日本 天平 8)

백제	(春正月辛丑) 外從五位下三國眞人廣庭當麻眞人鏡麻呂下毛野朝臣帶足 正六位上石川朝臣東人多治比眞人國人百濟王孝忠 竝從五位下 (…) (『續日本紀』12 聖武紀)
신라	(二月)戊寅 以從五位下阿倍朝臣繼麻呂爲遣新羅大使 (『續日本紀』12 聖武紀)
발해	開元二十四年三月乙酉 渤海靺鞨王遣其弟蕃來朝 授太子舍人員外 賜帛三十疋 放還蕃 (『冊府元龜』975 外臣部 20 褒異 2)
신라	夏四月丙寅 遣新羅使阿倍朝臣繼麻呂等拜朝 (『續日本紀』12 聖武紀)
신라	夏六月 遣使入唐賀正 仍附表陳謝曰 伏奉恩勅 賜浿江以南地境 臣生居海裔 沐化聖朝 雖丹素爲心 而功無可効 以忠貞爲事 而勞不足賞 陛下降雨露之恩 發日月之詔 錫臣土境 廣臣邑居 遂使墾闢有期 農桑得所 臣奉絲綸之旨 荷榮寵之深 粉骨糜身 無由上答 (『三國史記』8 新羅本紀 8)
신라	夏六月 遣使如唐賀正 仍附表陳謝曰 伏奉恩勅 賜浿江以南地境 臣生居海裔 沐化聖朝 雖丹素爲心 而功無可効 以忠貞爲事 而勞不足賞 陛下降雨露之恩 發日月之詔 錫臣土境 廣臣邑居 遂使墾闢有期 農桑得所 臣奉絲綸之旨 荷榮寵之深 粉骨糜身 無由上答 (『三國史節要』11)
신라	開元二十四年六月 新羅王金興光遣使賀獻 表曰 伏奉恩勅 浿江以南宜令新羅安置 臣生居海裔 沐化聖朝 雖丹素爲心 而功無可効 以忠正爲事 而勞不足賞 陛下降雨露之

3025) 이 기사에는 일자 표기가 없으나, 『冊府元龜』에 의거하여 閏11월11일(壬辰)로 편년하였다.
3026) 善無畏 三藏이 『大毘盧遮那成佛神變加持經』 7권을 開元12年(725) 洛陽에서 번역하였고 735년에 입적하였으므로, 725~735년으로 기간편년하고 마지막해인 735년에 배치하였다.

	恩 發日月之詔 錫臣土境 廣臣邑居 遂使墾闢有期 農桑得所 臣奉絲綸之音 荷榮寵之深 粉骨糜身 無繇上答 (『册府元龜』971 外臣部 16 朝貢 4)
말갈	(開元二十四年)九月 越喜靺鞨遣獻方物 (『册府元龜』971 外臣部 16 朝貢 4)
신라	冬十一月 遣從弟大阿湌金相朝唐 死于路 帝深悼之 贈衛尉卿 (『三國史記』8 新羅本紀 8)
신라	冬十一月 遣從弟大阿湌金相如唐 卒于路 帝深悼之 贈衛尉卿 (『三國史節要』11)
신라	(冬十一月) 遣伊湌允忠思仁英述 檢察平壤牛頭二州地勢 (『三國史記』8 新羅本紀 8)
신라	(冬十一月) 遣伊湌允忠思仁英述 檢察平壤牛頭二州地勢 (『三國史節要』11)
신라	(冬十一月) 狗登在城鼓樓 吠三日 (『三國史記』8 新羅本紀 8)
신라	(冬十一月) 狗登在城鼓樓 吠三日 (『三國史節要』11)
말갈	開元二十四年十一月癸酉3027) 靺鞨首領聿棄計來朝 授折衝 賜帛五百疋 放還蕃 (『册府元龜』975 外臣部 20 褒異 2)
발해	始 說知集賢院 嘗薦九齡可備顧問 說卒 天子思其言 召爲秘書少監集賢院學士知院事 會賜渤海詔 而書命無足爲者 乃召九齡爲之 被詔輒成 遷工部侍郎知制誥 (『新唐書』126 列傳 51 張九齡)3028)
발해	(張九齡傳) 始 說知集賢院 嘗薦九齡可備顧問 說卒 天子思其言 召爲秘書少監集賢院學士知院事 會賜渤海詔 而書命無足爲者 乃召九齡爲之 被詔輒成[九齡集二十卷] (『玉海』64 詔令 詔策 唐賜渤海詔息兵詔)3029)
발해	渤海國王武藝 違我王命 思絕其詞 中書奏章 不愜上意 命公改作 授筆立成 上甚嘉焉 卽拜尙書工部侍郎兼知制誥 (「張九齡 神道碑」:『全唐文新編』440)3030)

737(丁丑/신라 성덕왕 36, 효성왕 1/발해 무왕 19 仁安 19, 문왕 1 大興 1/唐 開元 25/日本 天平 9)

말갈	開元二十五年正月甲午 大拂涅靺鞨首領九異來朝 授中郎將 放還蕃 (『册府元龜』975 外臣部 20 褒異 2)
신라	(春正月)辛丑 遣新羅使大判官從六位上壬生使主字太麻呂 小判官正七位上大藏忌寸麻呂等入京 大使從五位下阿倍朝臣繼麻呂泊津嶋卒 副使從六位下大伴宿禰三中染病不得入京 (『續日本紀』12 聖武紀)
신라	(開元)二十五年正月 新羅王金興光卒 其子承慶嗣位 遣使來告 帝悼惜久之 贈太子太

3027) 736년 11월에는 癸酉가 없다. 12월28일 癸酉의 오기인 듯하다.
3028) 이 기사에는 연대 표기가 없으나, 張九齡이 秘書監 및 集賢院學士兼副知院事가 된 해는 開元19년 (731)이고, 開元20년(732) 2월에 工部侍郎兼集賢院學士가 되었다. 또 『張九齡集』에 渤海에 내린 詔書 4편 (敕渤海[郡]王大武藝書)이 보이는데, 이 4편은 開元20년(732)~24년(736) 사이에 내려진 것이다. 그에 따라 732~736년으로 기간편년하고 마지막해인 736년에 배치하였다.
3029) 이 기사에는 연대 표기가 없으나, 『新唐書』에 의거하여 732~736년으로 기간편년하고 마지막해인 736 년에 배치하였다.
3030) 이 기사에는 연대 표기가 없으나, 『新唐書』에 의거하여 732~736년으로 기간편년하고 마지막해인 736 년에 배치하였다.

	保 命贊善大夫邢璹攝鴻臚少卿 往其國 行弔祭冊立之禮 興光 新羅王政明之子 理洪之弟也 (『冊府元龜』964 外臣部 9 封冊 2)[3031]
발해	(開元二十五年正月) 渤海靺鞨大首領木智蒙來朝 (『冊府元龜』971 外臣部 16 朝貢 4)
신라	(二月)己未 遣新羅使奏新羅國失常禮不受使旨 於是召五位已上幷六位已下官人摠冊五人于內裏 令陳意見 (『續日本紀』12 聖武紀)
신라	(二月)丙寅 諸司奏意見表 或言 遣使問其由或言 發兵加征伐 (『續日本紀』12 聖武紀)
신라	嫡孫允中 仕聖德大王爲大阿湌 屢承恩顧 王之親屬 頗嫉妬之 時屬仲秋之望 王登月城岑頭眺望 乃與侍從官 置酒以娛 命喚允中 有諫者曰 今宗室戚里 豈無好人 而獨召疎遠之臣 豈所謂親親者乎 王曰 今寡人與卿等 安平無事者 允中祖之德也 若如公言忘棄之 則非善善及子孫之義也 遂賜允中密坐 言及其祖平生 日晚告退 賜絶影山馬一匹 群臣觖望而已 (『三國史記』43 列傳 3 金庾信 下)
신라	聖德王代 純貞公赴江陵太守[今溟州] 行次海汀晝饍 傍有石嶂 如屛臨海 高千丈 上有躑躅花盛開 公之夫人水路見之 謂左右曰 折花獻者其誰 從者曰 非人跡所到 皆辭不能 傍有老翁牽牸牛而過者 聞夫人言折其花 亦作歌詞獻之 其翁不知何許人也 便行二日程 又有臨海亭 晝膳次 海龍忽攬夫人入海 公顚倒躄地 計無所出 又有一老人告曰 故人有言 衆口鑠金 今海中傍生 何不畏衆口乎 宜進界內民 作歌唱之 以杖打岸 則可見夫人矣 公從之 龍奉夫人出海獻之 公問夫人海中事 曰七寶宮殿 所饍甘滑香潔 非人間煙火 此夫人衣襲異香 非世所聞 水路姿容絶代 每經過深山大澤 屢被神物掠攬 衆人唱海歌詞曰 龜乎龜乎出水路 掠人婦女罪何極 汝若悖逆不出獻 入網捕掠燔之喫 老人獻花歌曰 紫布岩乎邊希執音乎手母牛放敎遣 吾肹不喩慚肹伊賜等 花肹折叱可獻乎理音如 (『三國遺事』2 紀異 2 水路夫人)
신라	(二月)戊辰 新羅王興光卒 子承慶襲位 (『資治通鑑』214 唐紀 30 玄宗 中之中)[3032]
신라 발해	(開元二十五年)二月戊辰 新羅國金興光卒 先是 二十二年以渤海靺鞨寇登州 興光發兵助討破 以功遂授興光開府儀同三司寧海使 及卒 帝悼惜久之 贈太子太保 遣贊善大夫攝鴻臚少卿邢璹 往其國 行弔祭 冊立嗣子之禮 帝親制詩序 太子以下及百僚咸賦詩送璹 帝謂璹曰 新羅號爲君子之國 頗知書記 有類中華 卿至彼 宜闡揚經典 使知大國儒敎之盛 又聞其多善奕棊 因令善棊人楊季應與璹等 至彼 大爲蕃人所敬愛 厚賂而還 (『冊府元龜』975 外臣部 20 褒異 2)
신라	(春二月) 王薨 謚曰聖德 葬移車寺南 (『三國史記』8 新羅本紀 8)[3033]
신라	孝成王立 諱承慶 聖德王第二子 母炤德王后 (『三國史記』9 新羅本紀 9)[3034]
신라	王薨 太子承慶立 上謚曰聖險[3035] 葬移居寺南 (『三國史節要』11)[3036]

3031) 『資治通鑑』 등에는 2월24일(戊辰), 『三國史記』 新羅本紀 등에는 2월로 되어 있다.

3032) 『冊府元龜』 封冊에는 1월로 되어 있다.

3033) 이 기사에는 일자 표기가 없으나, 『資治通鑑』에 의거하여 2월24일(戊辰)로 편년하였다.

3034) 이 기사에는 일자 표기가 없으나, 『資治通鑑』에 의거하여 2월24일(戊辰)로 편년하였다. 한편 『三國遺事』1 王曆 1에서는 "第三十四孝成王[金氏 名承慶 父聖德王 母炤德大后 妃惠明王后 眞宗角干之女 丁丑立 理五年 法流寺火葬 骨散東海]"이라 하였다.

3035) 저본에는 '險'으로 되어 있으나, '德'으로 수정해야 한다.

3036) 이 기사에는 일자 표기가 없으나, 『資治通鑑』에 의거하여 2월24일(戊辰)로 편년하였다.

신라	二月 新羅王金興光卒 其子承慶嗣位 遣贊善大夫邢璹攝鴻臚少卿 往弔祭冊立之 (『舊唐書』9 本紀 9 玄宗 下)3037)
신라	(開元)二十五年 興光卒 詔贈太子太保 仍遣左贊善大夫邢璹攝鴻臚少卿 往新羅弔祭 幷冊立其子承慶襲父開府儀同三司新羅王 璹將進發 上製詩序 太子以下及百僚咸賦詩 以送之 上謂璹曰 新羅號爲君子之國 頗知書記 有類中華 以卿學術 善與講論 故選使 充此 到彼宜闡揚經典 使知大國儒敎之盛 又聞其人多善奕碁 因令善碁人率府兵曹楊 季鷹爲璹之副 璹等至彼 大爲蕃人所敬 其國碁者皆在季鷹之下 於是 厚賂璹等金寶及 藥物等 (『舊唐書』199上 列傳 149上 東夷 新羅)3038)
신라	(開元)二十五年 死 帝尤悼之 贈太子太保 命邢璹以鴻臚少卿弔祭 子承慶襲王 詔璹曰 新羅號君子國 知詩書 以卿惇儒 故持節往 宜演經誼 使知大國之盛 又以國人善棋 詔 率府兵曹參軍楊季鷹爲副 國高弈皆出其下 於是 厚遣使者金寶 (『新唐書』220 列傳 145 東夷 新羅)3039)
신라	(開元)二十五年 興光卒 其子承慶嗣位 遣使來告 帝悼惜之 又贈太子太保 命贊善大夫 邢璹攝鴻臚少卿 往其國 行弔祭冊立之禮 (『唐會要』95 新羅)3040)
신라	(唐書)又曰 開元二十五年 新羅王金興光卒 玄宗遣左贊善大夫邢璹 往弔祭 幷冊立其 子承慶爲新羅王 璹將發 上製詩序 太子以下及百僚咸賦詩以送之 謂璹曰 新羅號君子 之國 頗知書記 有類中華 以卿涉學 善於講論 故選充此使 到彼宜闡揚經典 使知大國 儒敎之盛 又聞其人多善奕棊 亦令善棊人率府兵曹楊季鷹爲之副 璹等至 大爲蕃人所 敬 其國棊者皆季鷹之下 於是 厚賂璹等金寶及藥物 (『太平御覽』781 四夷部 2 東夷 2 新羅)3041)
신라	開元二十五年 邢璹冊新羅 上製詩序 太子已下及百寮 賦詩送之[舊史] (『玉海』32 聖 文 御製記序 唐麟德殿宴百僚詩序)3042)
신라	開元中 數入朝 二十五年 承慶襲王 詔邢璹持節往曰 新羅號君子國知詩書 卿宜演經 誼 使知大國之盛[會要云 請禮記幷雜文章] (『玉海』153 朝貢 外夷來朝內附 唐新羅 織錦頌觀釋尊賜晉書)3043)
신라	唐邢璹之使新羅也 還歸 泊于炭山 遇賈客百餘人 載數船物 皆珍翠沈香象犀之屬 直 數千萬 璹因其無備 盡殺之 投於海中而取其物 至京 懼人知也 則表進之 勅還賜璹 璹恣用之 後子縡與王鉷謀反 邢氏遂亡 亦其報也 (『太平廣記』126 報應 25 邢 璹)3044)
신라	春二月 遣沙湌金抱質入唐賀正 旦3045)獻方物 (『三國史記』8 新羅本紀 8)
신라	春二月 遣沙湌金抱質如唐賀正 且獻方物 (『三國史節要』11)
신라	(開元二十五年)二月 新羅遣使沙食3046)金抱質 (…) 並來朝賀正 且獻方物 (『冊府元龜 』971 外臣部 16 朝貢 4)
신라	(春二月) 大赦 (『三國史記』9 新羅本紀 9)

3037) 이 기사에는 일자 표기가 없으나, 『資治通鑑』에 의거하여 2월24일(戊辰)로 편년하였다.
3038) 이 기사에는 월일 표기가 없으나, 『資治通鑑』에 의거하여 2월24일(戊辰)로 편년하였다.
3039) 이 기사에는 월일 표기가 없으나, 『資治通鑑』에 의거하여 2월24일(戊辰)로 편년하였다.
3040) 이 기사에는 월일 표기가 없으나, 『資治通鑑』에 의거하여 2월24일(戊辰)로 편년하였다.
3041) 이 기사에는 월일 표기가 없으나, 『資治通鑑』에 의거하여 2월24일(戊辰)로 편년하였다.
3042) 이 기사에는 월일 표기가 없으나, 『資治通鑑』에 의거하여 2월24일(戊辰)로 편년하였다.
3043) 이 기사에는 월일 표기가 없으나, 『資治通鑑』에 의거하여 2월24일(戊辰)로 편년하였다.
3044) 이 기사에는 연대 표기가 없으나, 『資治通鑑』에 의거하여 開元25년 2월24일(戊辰)로 편년하였다.
3045) 저본에는 '旦'으로 되어 있으나, '且'로 수정해야 한다.
3046) 저본에는 '食'으로 되어 있으나, '湌'으로 수정해야 한다.

신라   (春二月) 大赦 (『三國史節要』11)

신라   (三月)壬寅 遣新羅使副使正六位上大伴宿禰三中等卌人拜朝 (『續日本紀』12 聖武紀)

신라   三月 改司正丞及左右議方府丞 並爲佐 (『三國史記』9 新羅本紀 9)
신라   三月 改司正府丞及左右議方府丞 並爲佐 以犯王諱也 (『三國史節要』11)
신라   司正府 (…) 佐二人 孝成王元年 爲犯大王諱 凡丞改稱佐 (『三國史記』38 雜志 7 職官 上)[3047]

신라   (三月) 以伊湌貞宗爲上大等 阿湌義忠爲中侍 (『三國史記』9 新羅本紀 9)
신라   (三月) 以伊湌貞宗爲上大等 阿湌義忠爲中侍 (『三國史節要』11)

신라   夏四月乙巳朔 遣使於伊勢神宮 大神社 筑紫住吉 八幡二社及香椎宮 奉幣以告新羅無禮之狀 (『續日本紀』12 聖武紀)

발해   (開元二十五年)四月丁未 渤海遣其臣公伯計來獻鷹鶻 授將軍 放還蕃 (『冊府元龜』975 外臣部 20 褒異 2)
발해   開元二十五年四月 渤海遣其臣公伯計來獻鷹鶻 (『冊府元龜』971 外臣部 16 朝貢 4)[3048]

신라   夏五月 地震 (『三國史記』9 新羅本紀 9)
신라   夏五月 地震 (『三國史節要』11)

백제   (秋七月)己丑 散位從四位下百濟王郎虞卒 (『續日本紀』12 聖武紀)

발해   (開元二十五年)八月戊申 渤海靺鞨大首領多蒙固來朝 授左武衛將軍 賜紫袍金帶及帛一百疋 放還蕃 (『冊府元龜』975 外臣部 20 褒異 2)

백제   (九月己亥) 正四位上多治比眞人廣成爲中納言 廣成及百濟王南典 並授從三位 (…) (『續日本紀』12 聖武紀)

신라   秋九月 流星入大微 (『三國史記』9 新羅本紀 9)
신라   秋九月 流星入大微 (『三國史節要』11)

신라   冬十月 入唐沙湌抱質廻 (『三國史記』9 新羅本紀 9)
신라   冬十月 沙湌抱質回自唐 (『三國史節要』11)

신라   十二月 遣使入唐獻方物 (『三國史記』9 新羅本紀 9)
신라   十二月 遣使如唐朝貢 (『三國史節要』11)
신라   (開元二十五年)十二月 新羅國王金承慶遣使獻方物 (『冊府元龜』971 外臣部 16 朝貢 4)

[3047] 이 기사에는 월 표기가 없으나, 『三國史記』新羅本紀 등에 의거하여 3월로 편년하였다.
[3048] 이 기사에는 일자 표기가 없으나, 『冊府元龜』褒異에 의거하여 4월 3일(丁未)로 편년하였다.

발해	(開元)二十五年 武藝病卒 其子欽茂嗣立 詔遣內侍段守簡往册欽茂爲渤海郡王 仍嗣其父爲左驍衛大將軍忽汗州都督 欽茂承詔赦其境內 遣使隨守簡入朝貢獻 (『舊唐書』 199下 列傳 149下 北狄 渤海靺鞨)3049)
발해	(開元)二十五年 武藝病死 其子欽茂嗣立 詔襲其父官爵 (『册府元龜』 967 外臣部 12 繼襲 2)
발해	武藝死 其國私諡武王 子欽茂立 改年大興 有詔嗣王及所領 欽茂因是赦境內 (『新唐書』 219 列傳 144 北狄 渤海)3050)

738(戊寅/신라 효성왕 2/발해 문왕 2 大興 2/唐 開元 26/日本 天平 10)

신라	(春正月)是月 大宰府奏 新羅使級湌金想純等一百卅七人來朝 (『續日本紀』 13 聖武紀)
신라	春二月 唐玄宗聞聖德王薨 悼惜久之 遣左贊善大夫邢璹以鴻臚少卿住吊祭 贈太子太保 且册嗣王 爲開府儀同三司新羅王 璹將發 帝製詩序 太子已下 百寮咸賦詩以送 帝謂璹曰 新羅號爲君子之國 頗知書記 有類中國 以卿惇儒 故持節往 宜演經義 使知大國儒教之盛 又以國人善碁 詔率府兵曹衾軍楊季膺爲副 國高奕皆出其下 於是 王厚贈璹等金寶藥物 (『三國史記』 9 新羅本紀 9)3051)
신라	春二月 帝聞王薨 悼惜久之 遣左贊善大夫邢璹來弔祭 贈太子太保 且册嗣王爲開府儀同三司新羅王 璹將發 帝製詩序 太子已下百寮咸賦詩以送 帝謂璹曰 新羅號爲君子之國 頗知書記 有類中國 以卿惇儒 故持節往 宜演經義 使知大國儒教之盛 又以國人善碁 詔率府兵曹衾軍楊季膺爲副 國高手皆出其下 於是 王厚贈璹等金寶藥物 (『三國史節要』 11)
신라	(春二月) 唐遣使 詔册王妃朴氏 (『三國史記』 9 新羅本紀 9)
신라	(春二月) 唐遣使 詔册王妃朴氏 (『三國史節要』 11)
신라	俄冊其妻朴爲妃 (『新唐書』 220 列傳 145 東夷 新羅)3052)
신라	三月 遣金元玄入唐賀正 (『三國史記』 9 新羅本紀 9)
신라	三月 遣金元玄如唐賀正 (『三國史節要』 11)
신라	(開元二十六年)三月 新羅使其大臣金元玄來賀正 (『册府元龜』 971 外臣部 16 朝貢 4)
백제	(夏四月庚申) 從五位下百濟王孝忠爲遠江守 (…) (『續日本紀』 13 聖武紀)
신라	夏四月 唐使臣邢璹 以老子道德經等文書 獻于王 (『三國史記』 9 新羅本紀 9)
신라	夏四月 唐使臣邢璹 以老子道德經等書 獻于王 權近曰 璹之來也 帝稱爲惇儒 宜演經義 使知大國儒教之盛 而璹之所獻于王 乃老子道德經也 帝以璹誇示儒教之盛 又使善弈3053)者副之 何歟 晉崇老氏虛無之道 又以棊弈3054)廢事爲高致 遂使神州陸沉 今玄宗復蹈其轍 其能免天寶之亂乎 (『三國史節要』

3049) 『資治通鑑』에는 開元26년(738) 윤8월15일(辛巳), 『舊唐書』 本紀에는 開元26년(738)으로 되어 있다.
3050) 이 기사에는 연대 표기가 없으나, 『舊唐書』 渤海靺鞨傳에 의거하여 開元25년(737)으로 편년하였다.
3051) 『舊唐書』·『新唐書』 新羅傳과 『三國史』 권 32에는 開元25년(737)으로 되어 있다.
3052) 이 기사에는 연대 표기가 없으나, 『三國史記』 新羅本紀 등에 의거하여 孝成王 2년(738) 2월로 편년하였다.
3053) 저본에는 '炌'으로 되어 있으나, '弈'으로 수정해야 한다.
3054) 저본에는 '炌'으로 되어 있으나, '弈'으로 수정해야 한다.

11)

신라　(夏四月) 白虹貫日 (『三國史記』 9 新羅本紀 9)

신라　(夏四月) 白虹貫日 (『三國史節要』 11)

신라　(夏四月) 所夫里郡河水變血 (『三國史記』 9 新羅本紀 9)

신라　(夏四月) 所夫里郡河水變赤 (『三國史節要』 11)

신라　(六月)辛酉 遣使大宰賜饗於新羅使金想純等 便卽放還 (『續日本紀』 13 聖武紀)

발해　(開元)二十六年六月二十七日　渤海遣使求寫唐禮及三國志晉書三十六國春秋　許之 (『唐會要』 36 蕃夷請經史)

발해　開元二十六年六月甲子　渤海遣使求寫唐禮及三國志晉書三十六國春秋　許之 (『冊府元龜』 999 外臣部 44 請求)

발해　(會要) 開元二十六年六月二十七日　渤海求寫唐禮　許之 (『渤海』 69 禮儀 禮制 下 唐開元禮開元後禮)

발해　(傳) (…) 玄宗世 朝獻者二十九[(…) (開元)二十六年　渤海遣使求寫唐書及三國志晉國三十六國春秋] (『渤海』 153 朝貢 外夷來朝內附 唐渤海遣子入侍)3055)

발해　八月辛巳3056) 勃海王武藝卒 子欽茂位 (『資治通鑑』 214 唐紀 30 玄宗 中之中)3057)

발해　是歲 渤海靺鞨王大武藝死 其子欽茂嗣立 遣使弔祭册立之 (『舊唐書』 9 本紀 9 玄宗下)3058)

발해　(開元二十<六>年)是年　渤海桂婁郡王大武藝病死 其子大欽茂嗣立 帝降書冊且弔之曰 念卿亡父 素勵誠節 與善無徵 奄至殂謝 興言求往 軫念良深 卿是長嫡 當襲父位 宜全忠孝 以繼前蹤 今故遣使 持節冊命 兼申弔祭冊曰 皇帝若曰 於戲 王者宅中 守在海外 必立藩長 以寧遐荒 咨爾故渤海郡王嫡子大欽茂代承緖業 早聞才幹 昔在爾考 忠於國家 爰逮爾躬 當玆負荷 豈惟立嫡 亦乃擇賢 休問可嘉 寵章宜及 是用命爾爲渤海郡王 爾往欽哉 永爲藩屏 長保忠信 效節本朝 作範殊俗 可不美歟 (『冊府元龜』 964 外臣部 9 封冊 2)3059)

발해　開元二十六年閏八月　渤海靺鞨遣使　獻豹鼠皮一千張乾文魚一百口 (『冊府元龜』 971 外臣部 16 朝貢 4)

백제　唐 皇再從州金紫光祿大夫故衛尉卿 贈荊州大都督嗣虢王妃 扶餘氏墓誌銘並序
　　　朝議郞守中書舍人安定梁涉撰
　　　太妃扶餘氏 諱△ 皇金紫光祿大夫故衛尉卿帶方郡王義慈之曾孫 皇光祿大夫故太常卿襲帶方郡王隆之孫 皇朝請大夫故渭州刺史德璋之女也 家本東方之貴世 生南國之容對春林而紅樹非華 昇畫閣而初陽並照 聞出非常之秀挺 生稀代之賢 德合則不孤 氣同而相感 夫以異姓諸王之淑女 而有維城盤石之宗臣風 人所以好述 易象由其繫應 非蘭芳玉潤 禮備樂和 豈可以宜君子之家 配天人之室 地靈挺茂 齊大晉偶 我所以言歸虢

3055) 이 기사에는 월일 표기가 없으나, 『唐會要』 등에 의거하여 6월27일(甲子)로 편년하였다.
3056) 8월에는 辛巳가 없다. 윤8월15일 辛巳의 오기인 듯하다.
3057) 『舊唐書』 渤海靺鞨傳에는 開元25년(737)으로 되어 있다.
3058) 이 기사에는 월일 표기가 없으나, 『資治通鑑』에 의거하여 윤8월15일(辛巳)로 편년하였다.
3059) 이 기사에는 월일 표기가 없으나, 『資治通鑑』에 의거하여 윤8월15일(辛巳)로 편년하였다.

國王 所以克正閨門

王諱邕 神堯皇帝之曾孫 皇故司徒虢王鳳之孫 皇故曹州刺史定襄公宏之子 同九廟之
繁秘 分五潢之慶流 有朱虛之定計 過河閒之好古 允所謂朝廷之羽儀 國家之藩翰也
其事業有如此者 皆太妃起家而有之曰 開元中有制封爲王妃 惟內之則 實邦之媛 以敬
克修其饋祀 以順能成其緝睦 以正而秉於柔嘉 以德罔聞其妬忌 敬者禮之格 順者義之
和 正者身之經 德者行之△ △後能祭 則致其福惠 必洽於親言 不出於闈閫 教以周於
中外 王所以樂得其賢才 妃故能長守其富貴也 外受方伯 入爲公卿 十年間並亨天祿
宜其淮南得道 王母登仙 還丹不成 爲藥所誤 先王遺世而已久 太妃持門而不失訓 五
子而並良 繼一賢而嗣位 十九年 有制册爲太妃 復以子也

嗚呼 川無停水 歲則閱人 流者非向時之波 來者亦遠行之客 自古皆往 其能長生 以廿
六年八月九日 薨於崇賢之王第 春秋卌九 其年戊寅建子之月既望 歸祔于先王之塋 禮
也 惟王先太妃而薨 備詳于前志 及太妃之同穴 故重載於玆 有子五人 長曰太子家
令虢王巨 賢而樂善 孝以傳國 次曰太子典設郎承昭 又其次曰太子通事舍人承曦 又其
次曰左金吾兵曹承晙 季曰太子典設郎承晊 等士林之秀 公挨之華 自執親之喪 而水漿
不入 猶疑其往 靡所寘哀 懼高陵深谷之遷 謀地久天長之事 以涉忝麟臺之故吏 又鵷
掖之近臣 謂登龍門者 舊見其家風 入鳳池者 常操其綸翰 俾存實錄 敢不直書 但且紀
以歲時 豈望懸諸日月 銘曰

東方君子兮 異姓諸王 克生淑女兮 休有烈光 于歸其誰兮 惟虢之國 其儀可像兮 實內
之則 夫爲天人兮 子亦天人 妃又太妃兮 夫子之因 王既沒兮 妃亦逝 泉適開兮 今復
閉 子子孫孫相繼世

開元廿六年十一月十五日 (「扶餘太妃 墓誌銘」: 2008 『釐林集刊』13)

신라　　寺乃孝成王開元二十六年戊寅 爲先考聖德大王奉福所創也 (『三國遺事』3 塔像 4 皇
　　　　龍寺鐘芬皇寺藥師奉德寺鍾)

739(己卯/신라 효성왕 3/발해 문왕 3 大興 3/唐 開元 27/日本 天平 11)

신라　　春正月 拜祖考廟 (『三國史記』9 新羅本紀 9)
신라　　春正月 王謁祖考廟 (『三國史節要』11)

신라　　(春正月) 中侍義忠卒 以伊飡信忠爲中侍 (『三國史記』9 新羅本紀 9)
신라　　(春正月) 中侍義忠卒 以伊飡信忠代之 王在潛邸 嘗與信忠圍碁於栢樹下 謂曰 他日不
　　　　忘汝 汝亦不改貞操 所有負者 有如此栢樹 未幾 王即位 錄功臣而遺信忠 信忠作歌帖
　　　　於栢樹 樹忽枯 王怪使審之 得歌 大驚曰 幾忘乎角弓矣 召賜信忠爵 栢乃蘇 (『三國史
　　　　節要』11)

신라　　孝成王潛邸時 與賢士信忠 圍碁於宮庭栢樹下 嘗謂曰 他日若忘卿 有如栢樹 信忠興
　　　　拜 隔數月 王即位賞功臣 忘忠而不第之 忠怨而作歌 帖於栢樹 樹忽黃悴 王怪使審之
　　　　得歌獻之 大驚曰 萬機鞅掌 幾忘乎角弓 乃召之賜爵祿 栢樹乃蘇 歌曰 物叱好支栢史
　　　　秋察尸不冬爾屋支墮米 汝於多支行齊教因隱 仰頓隱面矣改衣賜乎隱冬矣也 月羅理影
　　　　支古理因淵之叱 行尸浪 阿叱沙矣以支如支 兒史沙叱望阿乃 世理都 之叱逸烏隱第也
　　　　後句亡 由是寵現於兩朝 (『三國遺事』5 避隱 8 信忠掛冠)[3060]

신라　　(春正月) 善天宮成 (『三國史記』9 新羅本紀 9)
신라　　(春正月) 善天宮成 (『三國史節要』11)

3060) 이 기사에는 연대 표기가 없으나, 『三國史節要』에 의거하여 孝成王 3년(739) 1월로 편년하였다.

신라	(春正月) 賜邢璹黃金三十兩布五十匹人蔘一百斤 (『三國史記』 9 新羅本紀 9)
신라	(春正月) 唐使邢璹還 王贈黃金三十兩布五十匹人蔘一百斤 (『三國史節要』 11)
신라	二月 拜王弟憲英爲波珍湌 (『三國史記』 9 新羅本紀 9)
신라	二月 以王弟憲英爲波珍湌 (『三國史節要』 11)
발해	開元二十七年二月丁未[3061] 渤海王弟大勗進來朝 宴於內殿 授左武衛大將軍 員外置 同正 賜紫袍金帶及帛一百疋 留宿衛 (『冊府元龜』 975 外臣部 20 褒異 2)
발해 말갈	開元二十七年二月 渤海王遣使獻鷹 又拂涅靺鞨遣使獻方物 (『冊府元龜』 971 外臣部 16 朝貢 4)[3062]
신라	三月 納伊湌順元女惠明爲妃 (『三國史記』 9 新羅本紀 9)
신라	三月 王納伊湌順元女爲妃 (『三國史節要』 11)
백제	(夏四月)戊寅 正六位上百濟王敬福授從五位下 (『續日本紀』 13 聖武紀)
고구려	唐 故贈泉州司馬 李公墓誌銘幷序
	公諱隱之 字大取 其先遼東人也 晉尙書令胤卽其枝類 祖敬父直 或孝德動天 馳名於 樂浪 或忠勤濟物 譽表於夫餘
	公厭海壖之風 慕洛汭之化 重譯納貢 隨牒受官 勇武旣自於天然 果斷寧由於學得 異 夫子之入夢 且歎山頹 殊仙客之延齡 還嗟海變
	嗚呼哀哉 春秋五十有一 以大唐神龍元年正月廿五日 寢瘵終於上林里之私第 朝野痛 惜 親故哀傷 帝皇悼懷 贈泉州司馬以成送終之義 遷殯於河南府河南縣平樂鄕之原 夫 人河間縣君劉氏 貞節孤高 孀居荏苒 在家慕克己之德 訓子從擇鄰之規 風樹不停 隙 駒難駐 琴亡鶴去 鏡破鸞沉 嗚呼哀哉 春秋八十有六 以大唐開元廿七年四月五日 寢 疾終于道政里之私第 粵以其年五月壬辰朔五日景申 合葬於公之舊塋西南一里半 禮也 前臨淸洛 川聲夜雜於松風 卻背崇邙 嵐氣曉凝於薤露 嗣子初有 左領軍衛翊府右郎將 仲子懷德 左驍衛翊府右郎將 季子懷敏 代州陽武鎭將等 類高柴之泣血 哀慕充窮 若 顧悌之絕漿 攀號崩迫 畏桑田之改易 慮高岸之淪移 旁求斯文 以作爾誌 其詞曰
	司馬令德 來從異域 人之云亡 天子贈職 志不惑兮 夫人道終 合葬順理 二龍次喪 兩 鳳倫死 情難已兮 三子至孝 七日絕漿 思親勒石 地久天長 不朽芳兮 (「李隱之 墓誌銘 」: 2015 『韓國古代史探究』 21)
신라	夏五月 封波珍湌憲英爲太子 (『三國史記』 9 新羅本紀 9)
신라	夏五月 以波珍湌憲英爲太子 憲英王同母弟也 王無嗣 立爲太子 (『三國史節要』 11)
발해	(秋七月)癸卯 渤海使副使雲麾將軍己珍蒙等來朝 (『續日本紀』 13 聖武紀)
신라	秋九月 完山州獻白鵲 (『三國史記』 9 新羅本紀 9)
신라	秋九月 完山州獻白鵲 (『三國史節要』 11)

3061) 2월에는 丁未가 없다. 3월15일 丁未의 오기인 듯하다.
3062) 이 기사에는 일자 표기가 없으나, 『冊府元龜』 褒異에 의거하여 3월15일(丁未)로 편년하였다.

신라	(秋九月) 狐鳴月城宮中 狗咬殺之 (『三國史記』9 新羅本紀 9)
신라	(秋九月) 狐鳴月城宮中 (『三國史節要』11)

발해	(開元二十七年)十月乙亥 渤海遣使其臣優福子來謝恩 授果毅 賜紫袍銀帶 放還蕃 (『冊府元龜』975 外臣部 20 褒異 2)
발해	開元二十七年十月 渤海遣使其臣受福子來謝恩 (『冊府元龜』 971 外臣部 16 朝貢 4)[3063]

발해	(冬十月)丙戌 入唐使判官外從五位下平郡朝臣廣成 幷渤海客等入京 (『續日本紀』 13 聖武紀)

발해	十一月辛卯 平郡朝臣廣成拜朝 初廣成 天平五年隨大使多治比眞人廣成入唐 六年十月事畢却歸 四船同發從蘇州入海 惡風忽起彼此相失 廣成之船一百一十五人漂着崑崙國 有賊兵來圍遂被拘執 船人或被殺或逃散 自餘九十餘人着瘴死亡 廣成等四人 僅免死得見崑崙王 仍給升糧安置惡處 至七年 有唐國欽州熟崑崙到彼 便被偸載 出來旣歸唐國 逢本朝學生阿倍仲滿 便奏得入朝 請取渤海路歸朝 天子許之 給船糧發遣 十年三月 從登州入海 五月到渤海界 適逢其王大欽茂差使 欲聘我朝 卽時同發 及渡沸海 渤海一船遇浪傾覆 大使胥要德等冊人沒死 廣成等卒遺衆 到著出羽國 (『續日本紀』13 聖武紀)

발해	十二月戊辰 渤海使己珍蒙等拜朝 上其王啓幷方物 其詞曰 欽茂啓 山河杳絶 國土夐遙 佇望風猷 唯增傾仰 伏惟 天皇聖叡 至德遐暢 奕葉重光 澤流萬姓 欽茂忝繼祖業 濫摠如始 義洽情深 每脩隣好 今彼國使朝臣廣業等 風潮失便 漂落投此 每加優賞 欲待來春放廻 使等貪前 苦請乃年歸去 訴詞至重 隣義非輕 因備行資 卽爲發遣 仍差若忽州都督胥要德等充使 領廣業等令送彼國 幷附大蟲皮羆皮各七張 豹皮六張 人參三十斤 蜜三斛進上 至彼請檢領 (『續日本紀』13 聖武紀)

740(庚辰/신라 효성왕 4/발해 문왕 4 大興 4/唐 開元 28/日本 天平 12)

발해 신라	春正月戊子朔 天皇御大極殿受朝賀 渤海郡使新羅學語等同亦在列 但奉翳美人更着袍袴 (…) (『續日本紀』13 聖武紀)

발해	(春正月)甲午 渤海郡副使雲麾將軍己珍蒙等 授位各有差 卽賜宴於朝堂 賜渤海郡王美濃絁卅疋 絹卅疋 絲一百五十絇 調綿三百屯 己珍蒙美濃絁廿疋 絹十疋 絲五十絇 調綿二百屯 自餘各有差 (『續日本紀』13 聖武紀)

발해	(春正月庚子) 又以外從五位下大伴宿禰犬養爲遣渤海大使 (『續日本紀』13 聖武紀)

발해	(春正月)癸卯 天皇御南苑宴侍臣 饗百官及渤海客於朝堂 五位已上賜摺衣 (『續日本紀』13 聖武紀)

발해	(春正月)甲辰 天皇御大極殿南門觀大射 五位已上射了 乃命渤海使己珍蒙等射焉 (『續日本紀』13 聖武紀)

3063) 이 기사에는 일자 표기가 없으나, 『冊府元龜』 褒異에 의거하여 10월16일(乙亥)로 편년하였다.

발해	(春正月)丙辰 遣使就客館 贈渤海大使忠武將軍胥要德從二位 首領無位己闕棄蒙從五位下 并賻調布一百十五端 庸布六十段 (『續日本紀』13 聖武紀)
발해	(春正月)丁巳 天皇御中宮閣門 己珍蒙等奏本國樂 賜帛綿各有差 (『續日本紀』13 聖武紀)
발해	二月己未 己珍蒙等還國 (『續日本紀』13 聖武紀)
백제	(二月)丙子 百濟王等奏風俗樂 授從五位下百濟王慈敬從五位上 正六位上百濟王全福從五位下 (…) (『續日本紀』13 聖武紀)
발해	平盧軍節度使 (…) (開元)二十八年二月 除王斛斯 又加押兩蕃及渤海黑水等四府經略處置使 遂爲定額 (『唐會要』78 諸使 中 節度使[每使管內軍附])
말갈	開元二十八年二月 越喜靺鞨<遣>其臣野古利 來獻方物 鐵利靺鞨遣其臣綿度戶 來獻方物 (『冊府元龜』971 外臣部 16 朝貢 4)
신라	三月辛丑 以外從五位下紀朝臣必登爲遣新羅大使 (『續日本紀』13 聖武紀)
신라	(開元二十八年)三月癸卯 冊新羅國王金承慶妻金氏 爲新羅王妃 (『冊府元龜』975 外臣部 20 褒異 2)
신라	春三月 唐遣使冊夫人金氏爲王妃 (『三國史記』9 新羅本紀 9)[3064]
신라	春三月 唐遣使冊王妃金氏 (『三國史節要』11)[3065]
신라	(開元)至二十八年 冊承慶妻朴氏爲新羅王妃 (『唐會要』95 新羅)[3066]
신라	夏四月戊午 遣新羅使等拜辭 (『續日本紀』13 聖武紀)
신라	[十九] 沙門惠超 於五臺乾明寺 錄出大廣智三藏不空所譯 大乘瑜伽金剛性海曼殊室利千臂千鉢大敎王經 其序文曰 (…) 至開元二十八載歲次庚辰四月十五日 聞奏開元聖上皇於薦福御道場內 (『佛祖歷代通載』14 唐德宗 千臂千鉢文殊經序)
발해	(夏四月)丙子 遣渤海使等辭見 (『續日本紀』13 聖武紀)
신라	[十九] 沙門惠超 於五臺乾明寺 錄出大廣智三藏不空所譯 大乘瑜伽金剛性海曼殊室利千臂千鉢大敎王經 其序文曰 (…) (開元二十八載)至五月五日 奉詔譯經 卽時焚燒香火起首翻譯 三藏演梵本惠超筆授 大乘瑜伽千臂千鉢曼殊室利經法敎 (『佛祖歷代通載』14 唐德宗 千臂千鉢文殊經序)
신라	夏五月 鎭星犯軒轅大星 (『三國史記』9 新羅本紀 9)
신라	夏五月 鎭星犯軒轅大星 (『三國史節要』11)
신라	秋七月 有一緋衣女人 自隷橋下出 謗朝政 過孝信公門 忽不見 (『三國史記』9 新羅本

3064) 이 기사에는 일자 표기가 없으나, 『三國史記』新羅本紀 등에 의거하여 3월17일(癸卯)로 편년하였다.
3065) 이 기사에는 일자 표기가 없으나, 『三國史記』新羅本紀 등에 의거하여 3월17일(癸卯)로 편년하였다.
3066) 이 기사에는 월일 표기가 없으나, 『三國史記』新羅本紀 등에 의거하여 3월17일(癸卯)로 편년하였다.

	紀 9)
신라	秋七月 有一緋衣女人 自隷橋下出 謗朝政 過孝信門 忽不見 (『三國史節要』11)
신라	八月 波珍湌永宗謀叛 伏誅 先是 永宗女入後宮 王絶愛之 恩渥日甚 王妃嫉妬 與族人謀殺之 永宗怨王妃宗黨 因此叛 (『三國史記』9 新羅本紀 9)
신라	八月 波珍湌永宗謀叛 伏誅 先是 永宗女入後宮 王絶愛之 恩渥日甚 王妃嫉妬 與族人謀殺之 永宗怨王妃宗黨 遂叛 (『三國史節要』11)
신라	(九月)乙巳 勅大將軍大野朝臣東人等曰 得奏狀知遣新羅使船來泊長門國 其船上物者便藏當國 使中有人可採用者 將軍宜任用之 (『續日本紀』13 聖武紀)
발해	冬十月戊午 遣渤海郡使外從五位下大伴宿禰犬養等來歸 (『續日本紀』13 聖武紀)
신라	(冬十月)戊辰 遣新羅國使外從五位下紀朝臣必登等還歸 (『續日本紀』13 聖武紀)
발해	(開元二十八年)十月 渤海靺鞨遣使獻貂鼠皮昆布 (『冊府元龜』971 外臣部 16 朝貢 4)
탐라	(十一月)戊子 大將軍東人等言 以今月一日 於肥前國松浦郡 斬廣嗣綱手已訖 菅成以下從人已上 及僧二人者 禁正身置大宰府 其歷名如別 又以今月三日 差軍曹海犬養五百依 發遣 令迎逆人廣嗣之從三田兄人等廿餘人 申云 廣嗣之船從知駕嶋發 得東風往四ケ日 行見嶋 船上人云 是耽羅嶋也 于時東風猶扇 船留海中 不肯進行 漂蕩已經一日一夜 而西風卒起 更吹還船 於是 廣嗣自捧驛鈴一口云 我是大忠臣也 神靈棄我哉 乞賴神力 風波暫靜 以鈴投海 然猶風波彌甚 遂着等保知駕嶋色都嶋矣 廣嗣式部卿馬養之第一子也 (『續日本紀』13 聖武紀)
백제	(十一月甲辰) 從五位下多治比眞人家主阿倍朝臣吾人多治比眞人牛養大伴宿禰祜信備百濟王全福阿倍朝臣佐美麻呂阿倍朝臣蟲麻呂藤原朝臣八束橘宿禰奈良麻呂 竝從五位上 (…) (『續日本紀』13 聖武紀)
신라	(十二月)丙辰 解騎兵司 令還入京 皇帝巡觀國城 晚頭奏新羅樂飛驒樂 (『續日本紀』13 聖武紀)
신라	[十九] 沙門惠超 於五臺(山)乾明寺 錄出大廣智三藏不空所譯 大乘瑜伽金剛性海曼殊室利千臂千鉢大敎王經 其序文曰 (…) (開元二十八載)十二月十五日 才訖 (『佛祖歷代通載』14 唐德宗 千臂千鉢文殊經序)

741(辛巳/신라 효성왕 5/발해 문왕 5 大興 5/唐 開元 29/日本 天平 13)

발해 말갈	開元二十九年二月己巳 渤海靺鞨遣其臣失阿利來賀正 越喜靺鞨遣其部落烏舍利來賀正 黑水靺鞨遣其臣阿布利稽來賀正 皆授郎將 放還蕃 (『冊府元龜』975 外臣部 20 褒異 2)
발해 말갈	開元二十九年二月 渤海靺鞨遣其臣失阿利 越喜靺鞨遣其部落與舍利 黑水靺鞨遣其臣阿布利稽 (『冊府元龜』971 外臣部 16 朝貢 4)3067)

3067) 이 기사에는 일자 표기가 없으나, 『冊府元龜』 褒異에 의거하여 2월17일(己巳)로 편년하였다.

말갈	(開元二十九年)三月 拂涅靺鞨遣首領那棄勃 (…) 並來朝賀正 具獻方物 (『冊府元龜』 971 外臣部 16 朝貢 4)
신라	夏四月 命大臣貞宗思仁 閱弩兵 (『三國史記』 9 新羅本紀 9)
신라	夏四月 命大臣貞宗思仁 閱弩兵 (『三國史節要』 11)
발해	(開元二十九年)四月 渤海靺鞨遣使進鷹及鶻 (『冊府元龜』 971 外臣部 16 朝貢 4)
고구려	(秋七月)辛酉 宴群臣于新宮 奏女樂高麗樂 五位已上賜祿有差 (…) (『續日本紀』 14 聖武紀)
백제	八月丁亥 從五位下多治比眞人木人爲兵部少輔 從四位上長田王爲刑部卿 外從五位下 大伴宿禰御中爲少輔兼大判事 從五位上百濟王慈敬爲宮內大輔 (…) 從五位下百濟王 孝忠爲遠江守 (…) (『續日本紀』 14 聖武紀)

고구려

大唐 故忠武將軍攝右金吾衛郎將上柱國 豆府君墓誌幷序 (개석: 大 故豆府君墓誌銘)
<聞>碣石岳峙 滄溟殊隩 雲雷振鼓 間氣熙和 稟茲神靈 克生賢智 則我府君之謂也
君諱善富 字暉 其先扶風平陵人也 十八世祖統 漢鴈門太守 避族父武之難 亡于朔野
子孫世居焉 至後魏南遷 賜紇豆陵氏 六世祖步蕃 西魏將 鎭河曲 爲北齊神武所破 逐
出奔遼海 後裔因家焉 爲豆氏 <我>皇唐征有遼之不庭 兵戈次玄兎之野 君考夫 卒慕
遠祖融河外納款 逐斬九夷列城之將 稽顙旌門 扶邑落塗炭之人 歸誠△闕 天書大降
榮寵一門 昆季五人 衣朱拖紫 △犂木二州△△<諸>軍事 賜紫金魚袋
君以岳牧子 解△△△△△△軍事 又以△方不靜 朝廷徵任 擢授潞州銅鞮府左<果>毅
都尉 加游擊將軍 △△△兵以臨西戎 亟戰超勝 授上柱國 轉絳州<武>城府左<果><毅>
都尉 開元十三年中 扈從東封 禮畢 加忠武將軍 進絳州古亭府折衝都尉 徐國公蕭嵩
按節朔方 兼巡河右 請爲裨將 時晉州晉安府折衝都尉 玉潔冰雪 歲寒不凋 理有能名
聲華遠播 侍御史郎元昌請監東都大和庫 我皇思帑藏任重 罕有克堪 以君衆推 帝曰兪
往 積行累功 終<始>不替 特攝右金吾衛郎將 依前監庫
竊聞人與者德 天奪者年 嗚呼蒼旻 不吊厥理 以開元卄九年八月七日 侍太夫人之疾
不堪其痛 逐暴殂于洛都皇城右衛率府之官舍 時年五十八 哀慟蕭曹 悲纏寮友 物色改
貫 煙雲失容 緱山不歸 遼城不返 嗣子溫璨 丁茲鍾△ 三朝泣血 一溢寢苫 日月不居
將遷幽室 以開元卄九年八月十八日 葬于洛都河南縣梓澤鄉邙山之原 禮也 恐陵谷遞
遷 紀其蒿里 氏号泯替 刊其卽年 垂諸不朽 以示來世 其詞曰
大漢咸里 魏氏虎臣 分流東派 嗣葉西春 克光厥緒 啓迪後人[其一] 德振聲雄 名動中
外 國藏重任 万邦都會 理劇若閑 永息奸慜[其二] 勳勞大著 榮顯未加 奄及徂逝 人神
所嗟 刊茲貞石 以紀昇遐[其三] (「豆善富 墓誌銘」: 『唐代墓誌滙篇』)

742(壬午/신라 효성왕 6, 경덕왕 1/발해 문왕 6 大興 6/唐 天寶 1/日本 天平 14)

신라	(二月戊寅) 大宰府言 新羅使沙飡金欽英等一百八十七人來朝 (『續日本紀』 14 聖武紀)
신라	(二月)庚辰 詔以新京草創宮室未成 便令右大弁紀朝臣飯麻呂等饗金欽英等於大宰 自 彼放還 (『續日本紀』 14 聖武紀)
신라	[十九] 沙門惠超 於五臺乾明寺 錄出大廣智三藏不空所譯 大乘瑜伽金剛性海曼殊室利

千臂千鉢大敎王經 其序文曰 (…) 天寶元年二月十九日 三藏將此梵本及五天竺阿闍黎
書 並付與梵僧目叉難陀婆伽 令送此經梵本幷書 將與五印土南天竺國師子國本師寶覺
阿闍黎 經今不回 (『佛祖歷代通載』14 唐德宗 千臂千鉢文殊經序)

신라　　　春二月 東北地震 有聲如雷 (『三國史記』9 新羅本紀 9)
신라　　　春二月 東北地震 有聲如雷 (『三國史節要』11)

고구려　　唐 故右龍武軍翊府中郎 高府君墓誌銘幷序
　　　　　觀夫武有七德 射有五善 其有能明之者 則我高府君其人矣
　　　　　府君諱德 字元光 其先渤海人也 漸離之後 自<有>五馬浮江 雙鵝出地 府君先代 避難
　　　　　遼陽 因爲遼陽世族 泊隋原鹿走 唐祚龍興 廓四海而爲家 奄八紘而取俊 府君祖宗 戀
　　　　　恩歸本 屬乎仗內 侍衛紫宸 方李陵之在匈奴 遂作匈奴之族 比蘇武之還漢代 長爲漢
　　　　　代之臣 乃祖乃父 有孝有忠 勤勞王家 多歷年所
　　　　　府君生而倜儻 長而豪雄 以騎射見知 以然諾見重 左客恒滿 罇酒不空 懷輔國之心 陳
　　　　　靜難之略 唐元之初 巨朋間釁 我皇召貔熊 斬梟鏡 從安區宇 立乎大功 聖恩念勞 授
　　　　　平州白楊鎭將 轉鄜州之龍交岐州之杜陽兩府果毅 俄遷陝州之萬歲絳州之長平正平懷
　　　　　州之懷仁同州之洪泉等五府折衝 擢授右武衛翊府郎將 超授定遠將軍右龍武軍翊府中
　　　　　郎賜紫金魚袋長上上柱國內帶弓箭 府君雖官授外府 而身奉禁營 每鑾輿行幸 鳳辰巡
　　　　　遊 校獵從禽 盤遊縱賞 府君常在仗內 親近供奉 簡在帝心 光榮姻族 當言燕鴿有志
　　　　　應爲萬里之侯 何期馬鬣裁封
　　　　　忽作九泉之客 以天寶元年二月△九日 終于東京道政里之私第 春秋六十有七 以其年
　　　　　四月卅三日 遷窆于河南梓澤鄕之原 禮也 嗣子前懷州懷仁府別將等 同二連善喪 誌九
　　　　　泉而頌德 銘曰
　　　　　猗歟豪俠 志力雄强 立功立事 有寵有光 皇恩玉潤 紫綬金章 魂遊東岱 墳依北邙 冥
　　　　　冥玄夜 肅肅白楊 唯凜凜兮壯氣 將地久兮天長 (「高德 墓誌銘」:『全唐文新編』997)

신라　　　夏五月 流星犯參大星 (『三國史記』9 新羅本紀 9)
신라　　　夏五月 流星犯參大星 (『三國史節要』11)

신라　　　(夏五月) 王薨 諡曰孝成 以遺命燒柩於法流寺南 散骨東海 (『三國史記』9 新羅本紀
　　　　　9)
신라　　　景德王立 諱憲英 孝成王同母弟 孝成無子 立憲英爲太子 故得嗣位 妃伊湌順貞之女
　　　　　也 (『三國史記』9 新羅本紀 9)[3068]
신라　　　(夏五月) 王薨 太子憲英立 上諡曰孝成 以遺命燒柩於法流寺南 散骨東海 (『三國史節
　　　　　要』11)

신라　　　(天寶元年)五月 新羅王 並遣使來朝 (『冊府元龜』971 外臣部 16 朝貢 4)

신라　　　冬十月 日本國使至 不納 (『三國史記』9 新羅本紀 9)
신라　　　冬十月 日本國使至 不納 (『三國史節要』11)

신라　　　釋無相 新羅國人也 是彼土王第三子 (…) 相至成都也 忽有一力士 稱捨力伐柴 供僧

─────────────────────────
3068) 『三國遺事』1 王曆 1에서는 "第三十五景德王[金氏 名憲英 父聖德王 母炤德大后 先妃三毛夫人 出宮無
　　後 次妃滿月夫人 諡景垂王后 垂一作穆 依忠角干之女 壬午立 理二十三年 初葬頃只寺西峯 鍊石爲陵 移葬
　　楊長谷中"이라 하였다.

廚用 相之弟 本國新爲王矣 懼其却迴 其國危殆 將遣刺客 來屠之 相已冥知矣 忽曰
供柴賢者 暫來謂之曰 今夜有客曰灼然 又曰 莫傷佛子 至夜 薪者持刀挾席坐禪座之
側 逡巡覺壁上 似有物下 遂躍起揮刀 巨胡身首 分於地矣 後門素有巨坑 乃曳去瘞之
復以土拌滅其跡而去 質明相令召伐柴者謝之 已不見矣 嘗嘗指其浮圖前栢曰 此樹與
塔齊 塔當毀矣 至會昌廢毀正與塔齊 又言 寺前二小池 左羹右飯 齋施時 少則令淘浚
之 果來供設 其神異多此類也 (『神僧傳』7 無相)[3069]

| 신라 | 無相禪師 俗姓金 新羅王之族 家代海東 (…) 後章仇大夫 請開禪法 居淨泉寺 化道衆
生 經二十餘年 (『歷代法寶記』劍南城都府淨泉寺無相禪師) |

743(癸未/신라 경덕왕 2/발해 문왕 7 大興 7/唐 天寶 2/日本 天平 15)

| 신라 | (三月)乙巳 筑前國司言 新羅使薩飡金序貞等來朝 於是 遣從五位下多治比眞人土作
外從五位下葛井連廣成於筑前 檢校供客之事 (『續日本紀』15 聖武紀) |

| 신라 | 春三月 主力公宅牛 一産三犢 (『三國史記』9 新羅本紀 9) |
| 신라 | 春三月 京都有牛 一産五犢 (『三國史節要』12) |

| 신라 | (春三月) 唐玄宗遣贊善大夫魏曜來吊祭
仍冊王爲新羅王 襲先王官爵 制曰 故開府儀同三司使持節大都督鷄林州諸軍事兼持節
寧海軍使新羅王金承慶弟憲英 奕業懷仁 率心常禮 大賢風敎 條理尤明 中夏軌儀 衣
冠素襲 馳海琛而遣使 準雲呂而通朝 代爲純臣 累効忠節 頃者 兄承土宇 沒而絶嗣
弟膺繼及 抑惟常經 是用實懷 優以冊命 宜用舊業 俾承藩長之名 仍加殊禮 載錫漢官
之號 可襲兄新羅王開府儀同三司使持節大都督鷄林州諸軍事兼充持節寧海軍使 幷賜
御註孝經一部 (『三國史記』9 新羅本紀 9)[3070] |
| 신라 | (春三月) 唐贊善大夫魏曜來弔祭
仍冊王爲新羅王 制曰 故開府儀同三司使持節大都督雞林州諸軍事兼持節寧海軍使新
羅王金承慶弟憲英 弈葉懷仁 率心常禮 大賢風敎 條理尤明 中夏軌儀 衣冠素襲 馳海
琛而遣使 準雲呂而通朝 代爲純臣 累効忠節 頃者 兄承土宇 沒而絶嗣 弟膺繼及 抑
惟常經 是用實懷 優以冊命 宜用舊業 俾承藩長之名 仍加殊禮 載錫漢官之號 可襲兄
新羅王開府儀同三司使持節大都督雞林州諸軍事兼充持節寧海軍使 幷賜御注孝經一部
(『三國史節要』12) |

| 신라 | (夏四月)甲午 檢校新羅客使多治比眞人土作等言 新羅使調改稱土毛 書奧注物數 稽之
舊例 大失常禮 太政官處分 宜召水手已上 告以失禮之狀 便卽放却 (『續日本紀』15
聖武紀) |

| 신라 | 夏四月 納舒弗邯金義忠女爲王妃 (『三國史記』9 新羅本紀 9) |
| 신라 | 夏四月 納舒弗邯金義忠女爲妃 (『三國史節要』12) |

| 백제 | (五月癸卯) 從五位下大伴宿禰稻君百濟王孝忠佐味朝臣蟲麻呂巨勢朝臣堺麻呂佐伯宿
禰稻麻呂 竝從五位上 (…) (『續日本紀』15 聖武紀) |

| 신라 | (五月丙寅) 備前國言 邑久郡新羅邑久浦漂着大魚五十二隻 長二丈三尺已下 一丈二尺 |

3069) 天寶元年에 劍南節度使 章仇兼瓊가 無相의 德行을 듣고, 그를 맞이하여 成都에서 禪法을 펼칠 것을
청하였다. 그에 따라 天寶元年(742)으로 편년하였다.
3070) 『冊府元龜』에는 5월로, 『唐會要』에는 天寶 3년(744)으로 되어 있다.

已上 皮薄如紙 眼似米粒 聲如鹿鳴 故老皆云 未嘗聞也 (『續日本紀』15 聖武紀)

신라　(天寶)二年五月 新羅王金承慶卒 弟憲英襲位 制曰 故開府儀同三司使持節大都督鷄林
　　　州諸軍事兼持節寧海軍使新羅王金承慶弟憲英 奕葉懷仁 率心嘗[3071]禮 大賢風敎 條
　　　理尤明 中夏軌儀 衣冠素襲 馳海琛而遣使 準雲呂而通朝 代爲純臣 累效忠節 頃者兄
　　　承土宇 沒而絶嗣 弟膺繼及 抑惟嘗經 是用實懷 優以冊命 宜因舊業 俾承蕃長之名
　　　仍加殊禮 載錫漢官之號 可襲兄新羅國王都[3072]府儀同三司使持節大都督鷄林州諸軍
　　　事兼充持節寧海軍使 (『冊府元龜』965 外臣部 10 封冊 3)[3073]

신라　天寶二年 承慶卒 詔遣贊善大夫魏曜往弔祭之 冊立其弟憲英爲新羅王 幷襲其兄官爵
　　　(『舊唐書』199上 列傳 149上 東夷 新羅)[3074]

신라　承慶死 詔使者臨弔 以其弟憲英嗣王 (『新唐書』220 列傳 145 東夷 新羅)[3075]

신라　又天寶初 使贊善大夫魏曜使新羅 策立幼主 曜年老 深憚之 有客曾到新羅 因訪其行
　　　路 (『太平廣記』481 蠻夷 2 新羅)[3076]

백제　(六月丁酉) 從五位下百濟王敬福爲陸奧守 (…) (『續日本紀』15 聖武紀)

발해　(天寶二年)七月癸亥 渤海王遣其弟蕃來朝 授左領軍衛員外大將軍 留宿衛 (『冊府元龜
　　　』975 外臣部 20 褒異 2)

신라　秋八月 地震 (『三國史記』9 新羅本紀 9)
신라　秋八月 地震 (『三國史節要』12)

신라　(天寶二年)十二月乙巳(10)[3077] 新羅王遣弟來賀正 授左淸道率府員外長史 賜綠袍銀帶
　　　放還蕃 (『冊府元龜』975 外臣部 20 褒異 2)[3078]

신라　冬十二月 遣王弟入唐賀正 授左淸道率府員外長史 賜綠袍銀帶 防還 (『三國史記』9
　　　新羅本紀 9)[3079]

신라　冬十二月 王遣弟如唐賀正 授左淸道率府員外長史 賜綠袍銀帶 還之 (『三國史節要』1
　　　2)[3080]

고구려　安東都護府 (…) 天寶二年 移於遼西故郡城置 (…) 天寶 領戶五千七百一十八 口一萬
　　　　八千一百五十六 (『舊唐書』39 志 19 地理 2)
고구려　安東上都護府 (…) 天寶二年 又徙于遼西故郡城 (『新唐書』39 志 29 地理 3)
고구려　(地理志) (…) 天寶二年 又徙于遼西故郡城 (『渤海』133 官制 屬國都護都督 安東上
　　　　都護府)

744(甲申/신라 경덕왕 3/발해 문왕 8 大興 8/唐 天寶 3/日本 天平 16)

3071) 저본에는 '嘗'으로 되어 있으나, 避諱이므로 '常'으로 수정해야 한다.
3072) 저본에는 '都'로 되어 있으나, '開'로 수정해야 한다.
3073) 『三國史記』등에는 3월로, 『唐會要』에는 天寶 3년(744)으로 되어 있다.
3074) 이 기사에는 월 표기가 없으나, 『冊府元龜』에 의거하여 5월로 편년하였다.
3075) 이 기사에는 연대 표기가 없으나, 『冊府元龜』에 의거하여 天寶 2년(743) 5월로 편년하였다.
3076) 이 기사에는 연대 표기가 없으나, 『冊府元龜』에 의거하여 天寶 2년(743) 5월로 편년하였다.
3077) 743년 12월에는 乙巳가 없다. 11월10일(乙巳)의 오류로 추정된다.
3078) 『唐會要』에는 天寶 3년(744) 10월로, 『冊府元龜』朝貢에는 天寶 3년(744) 12월로 되어 있다.
3079) 이 기사에는 일자 표기가 없으나, 『冊府元龜』에 의거하여 11월10일(乙巳)로 편년하였다.
3080) 이 기사에는 일자 표기가 없으나, 『冊府元龜』에 의거하여 11월10일(乙巳)로 편년하였다.

신라	春正月 以伊湌惟正爲中侍 (『三國史記』 9 新羅本紀 9)
신라	春正月 以伊湌惟正爲中侍 (『三國史節要』 12)

백제	(二月)丙辰 幸安曇江遊覽松林 百濟王等奏百濟樂 詔授無位百濟王女天從四位下 從五位上百濟王慈敬 從五位下孝忠全福 竝正五位下 (『續日本紀』 15 聖武紀)

신라	閏二月 遣使入唐賀正 並獻方物 (『三國史記』 9 新羅本紀 9)
신라	閏二月 遣使如唐賀正 (『三國史節要』 12)
신라	(天寶)三年閏二月 新羅遣使 (…) 並來賀正 幷獻方物 (『冊府元龜』 971 外臣部 16 朝貢 4)

신라	夏四月 親祀神宮 (『三國史記』 9 新羅本紀 9)
신라	夏四月 親祀神宮 (『三國史節要』 12)

신라	(夏四月) 遣使入唐獻馬 (『三國史記』 9 新羅本紀 9)
신라	(夏四月) 遣使如唐獻馬 (『三國史節要』 12)
신라	(天寶三載)是載四月 遣使謝恩 幷獻方物 (『唐會要』 95 新羅)
신라	(天寶三年)四月 新羅 (…) 並遣使 獻馬及寶 (『冊府元龜』 971 外臣部 16 朝貢 4)

백제	九月甲戌 遣巡察使於畿內七道 (…) 正五位下百濟王全福爲山陰道使 (…) (『續日本紀』 15 聖武紀)

고구려	大唐 故雲麾將軍守左龍武軍大將軍上柱國穀陽郡開國公食邑二千 贈使持節都督天水郡諸軍事天水郡太守 劉公墓誌銘幷序
	公諱元貞 其先出自東平憲王 後八代祖軒 仕馮燕爲博士郎中 卒 子孫從燕遷于遼 祖婁 寄遼爲耨薩 視中之將軍也 軋封東平 得甫天室 父順 贈北平郡太守 粤公之十子承休等 余之門人也 恒有德于余 余不忍不記 故記爾矣
	公竭植玄勳 降神平秩東作 乃用唯天與之 厥義厥忠 早賓王友 中裏見孼 籌之一淸 四方大定 天下穆穆 拔未隙也 公有臣妾之職 而無臣妾之住 潛龍雲天干霸 公業不自見免 解褐三品雲麾將軍 公仁之猶然 唯施是慰也 無挾乎爾作 天作也 無挾乎爾生 天生也 天生特絶 不物之有也 且仁不兼己也 義不兼行也 禮不兼樣也 樂不兼習也 忠不兼奉也 孝不兼剋也 貴不惑性也 强而矯之也 爲臣之任有七 强矯以表忠素 斯鬼神不能與之 △天地不能貸之 古之良賢不能借之 書疏籌策不能干之 君子則爾哭 小人則爾歌 小人歌公德 君子哭公恒 公宿衛天室 垣陰部儀 九專使車 六進天秩 凡卅有五載矣 若一時而新之 不穀之以苣 不包之以祿 均薄四海 必善必然 躬諾握聽 令肆于子 子十而張之 足可以售童稚法弟兄也 公職處用奇 專得之以右左 息堅甲而有之於天下也 或任委持靶 莫不爾矣 公擊石搜音 徵分五運 窺播殖之畛 欲以邊人 窮剖生之元 調伸縮紐 鞭節風雨 孤吟雲山 擿黃帝之遺 連構今古 公幼喪母氏 親繼在堂 未之 昏省冬夏 給諾甘脆 而九祖之內 欽之無涯 長公者訝莫乎極 幼公者斅未見及也
	公不幸 以天寶三載二月九日 薨於守官 惟太夫人涕血流趾 不飮不液 則不知所知 奚孝不孝 物情不能俛俛矣 有詔哀弔 賻絹四百疋 粟一百石 贈使持節都督天水郡諸軍事天水郡太守 令有司優護葬事 公名階特絶 德與天幷 亳帛不足△乎成 喉舌不足唱乎善 假刻金石 豈能與乎 天地畢焉 未若公之道也 公神移汎物 寂亡汎物之容 入俗同塵 至乏同塵之候 動而必應 不後不先 何圖一陷綸經 俄崩濟險 使我聾 固能不斷腸 君子必哭也 小人必歌也 於戲 於戲 有去無追 神還大野 子父道移 君子無所措乎心 賢達不

復嘉乎薦　蕭韶無下里之聽　君子有成私之役也　而思之一刻則再刻也　思之一時則再時
也　昨日無往復之期　鼎養乏赴筵之會　黃天黃天　滓腐可損　野叟不滅　國棟奄然　遂以其
年五月卄日　葬於洛陽縣平陰鄉奇溪之北原　歌曰
而松岳兮小有陽　東望溟兮飲太行　夾河洛兮地一藏　奉天勞兮憩北邙　窀穸奄兮不重光
大賢郵兮物感傷　甫奇谷兮三畛强　永爲古兮從此張 (「劉元貞 墓誌銘」；『全唐文補遺』
千唐誌齋新藏專輯)

신라　　　(天寶三載)十月　遣使來賀正　授左淸道率府員外長史　賜綠袍銀帶　放還蕃　自後頻來朝
(『唐會要』95 新羅)3081)

신라　　　(天寶三年)十二月 新羅王遣弟來賀正 (『冊府元龜』971 外臣部 16 朝貢 4)3082)

신라　　　冬 妖星出中天 大如五斗器 浹旬乃滅 (『三國史記』9 新羅本紀 9)
신라　　　冬 妖星出中天 大如五斗器 浹旬乃滅 (『三國史節要』12)

신라　　　天寶三載 承慶卒 命弟憲英嗣位 仍襲開府儀同三司都督雞林州刺史兼持節寧海軍事 (『唐會要』95 新羅)3083)

신라　　　睢陽有新羅僧　號金師　謂錄事叄軍房琬云　太守裴寬當改　琬問何時　曰　明日日午　勅書
　　　　　必至　當與公相見於郡西南角　琬專候之　午前有驛使　而封牒到不是　琬以爲謬也　至午
　　　　　又一驛使送牒來云　裴公改爲安陸別駕　房遽命駕迎僧　身又自去　果於郡西南角相遇　裴
　　　　　召問之　僧云　官雖改　其服不改　然公甥姪各當分散　及後勅至　除別駕　紫綬猶存　甥姪
　　　　　之徒　各分散矣[出定命錄] (『太平廣記』147 定數 2 僧金師)
신라　　　僧金師　新羅人　居睢陽　謂錄事叄軍房琬云　太守裴寬當改　琬問何時　曰　明日午　勅書
　　　　　必至　當與公相見於郡西南角　琬專候之　午前有驛使　兩封牒到不是　琬以爲謬也　至午
　　　　　又一驛使送牒來云　裴公改爲安陸別駕　房遽命駕迎僧　身又自去　果於郡西南角相遇　裴
　　　　　召問僧云　官雖改　其服不改　然公甥姪各當分散　及後勅至　除別駕　紫綬猶存　甥姪之徒
　　　　　各分散矣 (『神僧傳』6 金師)

745(乙酉/신라 경덕왕 4/발해 문왕 9 大興 9/唐 天寶 4/日本 天平 17)
신라　　　春正月 拜伊湌金思仁爲上大等 (『三國史記』9 新羅本紀 9)
신라　　　春正月 以伊湌金思仁爲上大等 (『三國史節要』12)

신라　　　禺金里貧女寶開　有子名長春　從海賈而征　久無音耗　其母就敏藏寺[寺乃敏藏角干捨家
　　　　　爲寺]觀音前克祈七日　而長春忽至　問其由緖　曰　海中風飄舶壞　同侶皆不免　予乘隻板
　　　　　歸泊吳涯　吳人收之　俾耕于野　有異僧如鄉里來　吊慰勤勤　率我同行　前有深渠　僧掖我
　　　　　跳之　昏昏間如聞鄉音與哭泣之聲　見之乃已屆此矣　日晡時離吳　至此纔戌初　卽天寶四
　　　　　年乙酉四月八日也　景德王聞之　施田於寺　又納財幣焉 (『三國遺事』3 塔像 4 敏藏寺)

고구려　　大唐 故雲麾將軍行左龍武軍翊府中郎將 趙郡李公墓誌銘幷序
　　　　　昔杜武庫沉碑漢水　恐深谷爲陵　況乎玄堂冥冥　封樹權雜　安可息其志焉
　　　　　公諱懷 字初有 其先趙郡贊皇人也 昔晉氏乘乾 遼川塵起 帝欲親伐 實要△△ 公十二

3081) 『冊府元龜』에는 12월로, 『三國史記』등에는 天寶 2년(743) 12월로 되어 있다.
3082) 『唐會要』에는 10월로, 『冊府元龜』褒異에는 天寶 2년(743) 11월10일(乙巳)로 되어 있다.
3083) 『三國史記』등에는 天寶 2년(743) 3월로, 『冊府元龜』에는 天寶 2년(743) 5월로 되어 있다.

葉祖敏 爲河內太守 預其選也 克滅之後 遂留拓鎭 俗賴其利 因爲遼東人 至孫胤 擧孝廉 仕至河南尹 加特進 遷尙書令 晉之崇也 曾祖敏 隨襄平郡從事 太宗東幸海關 訪晉尙書令李公之後 僉曰 末孫孜在 帝許大用 盡室公行 爰至長安 未貴而沒 悲夫 其子曰直 直生隱之 贈淸源郡司馬 公則淸源府君之冢子也

公少而純和 長實貞固 內剛外順 後己先人 承家以孝聞 結友以信著 常欲以身許國 宣略濟△ 君門九重 難以聞上 遭中宗棄世 韋氏擅權 鉤陳夜驚 秦城洶洶 公告難皇邸 剪除無遺 國祚中興 實賴先覺 拜遊擊將軍 行右衛扶風郡積善府左果毅 仍留長上 聖主封禪 加宣威將軍 改左威衛河南洛汭府折衝 俄加壯武將軍 授左領軍衛翊府右郞將 未盈五考 加忠武將軍 授左龍武軍翊府中郞將 擧其要也 仍留東京左屯營檢校 時太夫人遘疾彌留 公不脫冠帶 曉夜就養 及屬纊之後 仍在於抱 左右苦奪 捧而不許 及被起事 泣就外除 雖周文之問膳寢門 高柴之未嘗見齒 殆無以過也 會上親拜曜魄 加雲麾將軍 餘如故

所冀坐登軍首 秉節開邊 何圖天不憖遺 梁嶽頹峻 天寶四載二月二十九日 寢疾 薨於東京道政坊私第 春秋六十八 二京名流 聞之莫不垂涕 夫人太原縣君王氏 擢質華宗 分輝李徑 蘭薰雪皎 玉潤金聲 始光四德之規 終應兩門之慶 禮雖判合 命虧偕老 去開元十八載七月四日 終於思恭坊正寢 春秋四十七 昔年半死 已慘龍門之桐 今日全沉 更蒔牛亭之柏 以天寶四載四月二十二日 合葬于洛陽縣平樂鄕之原 從周禮也 哀子西河郡開遠府別將智通等 孝以因心 柴毀骨立 仰思先閥 勒石神遙 僕雖不才 敢述高跡 其詞曰

崇崇厥先 系彼全趙 晉氏東伐 隨軍桑沼 謫罪撫人 父賢子詔 高宗左旴 曜武襄平 搜訪遺逸 攜手同行 公之潛輝 時人未識 天啓宗聖 妖生紫極 衛威慶宮 殄彼韋賊 日月更朗 京華再邑 攀龍得志 受賞淸朝 垂朱曳紫 武烈戎昭 三命戒期 雙轓漸發 薤唱悲露 松門吊月 懍懍貞風 千齡靡歇

處士弘農楊坦撰 (「李懷 墓誌銘」: 『唐代墓誌滙篇』)

신라	夏四月 京都雹 大如鷄子 (『三國史記』 9 新羅本紀 9)
신라	夏四月 京都雹 大如雞子 (『三國史節要』 12)

신라	(天寶四載)四月 新羅 (…) 並遣使來朝貢 (『冊府元龜』 971 外臣部 16 朝貢 4)

신라	五月 旱 中侍惟正退 伊湌大正爲中侍 (『三國史記』 9 新羅本紀 9)
신라	五月 旱 中侍惟正免 以伊湌大正代之 (『三國史節要』 12)

신라	秋七月 葺東宮 (『三國史記』 9 新羅本紀 9)
신라	秋七月 修東宮 (『三國史節要』 12)

신라	(秋七月) 又置司正府少年監典穢宮典 (『三國史記』 9 新羅本紀 9)
신라	(秋七月) 置司正府少年監典穢宮典 (『三國史節要』 12)

백제	(九月戊午) 正五位下百濟王全福爲尾張守 (…) (『續日本紀』 16 聖武紀)

고구려	唐 故安東副都護 高府君墓誌銘幷序

君諱遠望 字幼敏 先殷人也 時主荒湎 攻惟暴政 崇信奸回 賊虐諫輔 比干以忠諫而死 故其(箕)子去國 因家于遼東焉 貞耿冠乎曩時 遺烈光乎史籍 卽君始祖也 其地逼烏丸鮮△ 接夫餘肅愼 東征西討 其邑里或遷于河北 勃海高氏則其宗盟 或留於漠南 曾祖

懷 唐雲麾將軍建安州都督 祖千 唐左玉鈐衛中郎 襲爵建安州都督 父欽德 襲建<安>
州都督 皇右武衛將軍幽州副節度知平盧軍事 承世簪組 禮有聞 方伯家綏 宣和咸秩
君卽將軍第一子也 識自天假 工倫拒材 劍能斷蛟 力可扛鼎 伊歲多事 犬戎不恪 力十
增響 羽書交馳 天心遙矚 王師是討 克一喪百 曷其疇歟 雖策儕甘房 未可此日而議也
君早習弧矢 家傳將率 慕善若愍 疾惡如讎 遂能效節損軀 蒙輪忘性 縱鋏橫掃 島夷底
平 雖曹參勝於凡城 武安坑於趙卒 亦其儔矣 我皇有善必舉 有功必酬 解褐有制 超拜
淨蕃府果毅 兼保塞軍副使 入仕從熏 詎短服而爲恥 白衣拜將 豈埋輪而足榮 集退晏
如 子父同道 公清不滯 博施於人 雖作宦醜夷 亦吾道東也 重虜入塞 △据窮漠 狼心
未革 敢讎大邦 謂我唐不能有也 君六驥先鋒 摧堅却敵 胡人稽首 懼王者有師 帝兪欽
哉 式獎敦效 制授平州盧龍幽州淸化二府折衝都尉 兼安東鎭副使 賜紫金魚袋 未經星
歲 又遷河南慕善府折衝 依舊充副使 國家擇才△△ 授職當人 雖遽達六△ 豈三軍可
奪 無何 制改郊鄗府折衝 依前充副使 是知皇華有譽 漠北塵淸 白駒無△ 胡南底定
夫如是又何加焉 至若論軍容 談秘略 事無不達 舉無遺算 穬苴其儔矣 副將△人 公方
苾物 財莫苟旰 罪無苟容 處劇則以躬以親 在安則先卒後己 灈臺滅明其流也 △敵臨
戈 奇謀應速 盡飛鷄犬 夜呼餘皇 伐木益兵 飮醪增氣 如此而策 渤如泉湧 熏戎者自
古爲患 或齊桓北伐 或魏祖東征 田預被圍於馬城 畢軌喪律於陘北 則其常矣 突厥與
契丹都督△△于迷心未啓 莫晤傾巢 屢能逞暴肆凶 竊擾荒裔 蟻見城響 敢亂大常 君
智懷不疑 △△△△ △戰遽息 謀謨不羈 克效克勤 取捨在我 自左驍衛郎將 帝嘉其功
拜安東大都護府副都護兼松漠使 賜紫金魚袋上柱國 是知稚(椎)論物用 大輅方資 闉外
無憂 長城有寄 大才履位
佇聽於搏風 小疾構薨 遂同於物化 梁木遽朽 魚山倏頹 扁鵲難施 華他(陀)莫喩 去開
元廿八年朱夏五月十八日 終於燕郡公舍 春秋四十有四 縉紳拭目 士庶情悲 知而未知
奚不傷悼 以天寶元載 權措于東京私第 君有季崇節 禮樂特達 允武允文 嗟生死而路
殊 眩二龍而悁悶 鶺鴒義切 斑竹情深 卜宅于北邙 恤孤稚于南畝 嗣子巖嵩等 糜以泣
血 粒食號天 負土增墳 絕漿思孝 以天寶四載十月十三日 會葬于洛陽縣淸風鄕北邙首
原也 察乔親半子 義切懷仁 愧坦腹而無譽 悲泰山而何毀 恭旰榮祖 備犯勳猷 庶陵谷
而遷徙 將刊石而攸在 銘曰
聖人作法 河山是固 獨爾荒戎 迷心轍拒 皇家急賢 徵君將護 才稱天假 識自心晤 策
方枅兮子房 智終同兮甘茂 人皆有死 嗟君無壽 世祿可求 冥途難究 縱平生兮勳芳 而
沒後兮何有 亭亭草樹 杳杳泉扉 萬物皆化 周而復歸 風悲月苦 野晦雲低 儻陵谷而遷
徙 庶銘芳而匪虧 (「高遠望 墓誌銘」: 『唐文補遺』 千唐誌齋新藏專輯)

신라　　　天寶四載乙酉 思仁大角干爲賜 夫只山村 无盡寺鍾成敎受內 成記 時願助在衆邸僧村
　　　　　宅方 一切檀越 幷成在願旨者 一切衆生 苦離樂得敎受 成在節 唯乃 秋長幢主 (「无盡
　　　　　寺鐘銘」)

신라　　　天寶初 祥符發于尹眞人故宅 聲敎遐布 有詔以童誦隨三洞法主秘希一傳經新羅 復于
　　　　　王庭 光錫羽佩 甫廿五歲矣 (「皇甫奉諒 墓誌銘」: 『唐西市博物館藏墓誌』)[3084]

746(丙戌/신라 경덕왕 5/발해 문왕 10 大興 10/唐 天寶 5/日本 天平 18)

신라　　　春二月 遣使入唐賀正 幷獻方物 (『三國史記』 9 新羅本紀 9)
신라　　　春二月 遣使如唐賀正 (『三國史節要』 12)

[3084] 皇甫奉諒은 묘지명에 따르면 大曆12년(777)에 57세로 사망하였으므로, 25세는 32년 전인 天寶 4년
(745)에 해당된다. 그에 따라 745년으로 편년하였다.

신라	(天寶五載)二月 新羅王金憲英遣使來賀正 兼獻方物 (『冊府元龜』971 外臣部 16 朝貢 4)
발해	天寶五載三月 渤海遣使來賀正 (『冊府元龜』971 外臣部 16 朝貢 4)
백제	(夏四月己酉[3085]) 從五位下百濟王敬福爲上總守 (…) (『續日本紀』16 聖武紀)
백제	(夏四月)壬辰 以正五位下百濟王孝忠爲左中弁 (…) (『續日本紀』16 聖武紀)
신라	夏四月 大赦 賜大酺 度僧一百五十人 (『三國史記』9 新羅本紀 9)
신라	夏四月 大赦 賜大酺 度僧一百五十人 (『三國史節要』12)
백제	(九月)癸亥 以從五位下藤原朝臣宿奈麻呂爲上總守 從五位下百濟王敬福爲陸奧守 從五位下大伴宿禰駿河麻呂爲越前守 (『續日本紀』16 聖武紀)
백제	閏九月乙酉 無位鹽燒王授本位正四位下 從五位下百濟王敬福從五位上 (『續日本紀』16 聖武紀)
백제	(十月)癸酉 正五位下百濟王孝忠爲大宰大貳 (『續日本紀』16 聖武紀)
고구려	唐 右武衛將軍 高府君墓誌銘幷序

大君御宇十有四載 天下晏如也 外戶不扃 四郊無壘 以逸預也 復下嫁聖女以結其心 殭屍猶橫於 路隅 胡騎尙寇於城下 蓋戎狄無厭 負我玄德 俗有聳聽 皇心孑然 乃將選 韜鈐 董夫是守 帝惟簡哉 得乎高公矣 公敎人數年 亦可以卽戎也 自寧遠將軍制兼幽 州副節度知平盧軍事 才可爲裨副冠首

公諱欽德 字應休 渤海人也 曾祖瑗 建安州都督 祖懷 襲爵建安州都督 父千 唐左玉 鈐衛中郎 公卽先君仲子也 偉乎冠冕繼踵 世將攸稀 乃子乃孫 克保玆任 何綏授斯美 也 公文武洞達 識弘智深 文能濟時 武可攻亂 此乃羲黃上人 則吾無閒然矣 伊先君身 死王事 鴻澤酬汲 贈一子官 解褐拜陶城府果毅 職自先君遺效也 每夕惕乎位 軋軋在 躬 賀承天休 匪懈惟恪 自束髮從仕 總八任焉 首自果毅 毅可濟時 再授折衝 藝能保 塞 三授郞將 翼侍於天人 四調中郎 武匡於帝里 五登二率 捧左乎儲尊 六事將軍 迺 分憂於閫外 凡此六者 若非雅政特達 焉能致於此乎 世人亦謂騰化霄漢 封歸於高門

大福旋殃 俄先於風燭 秦醫不療 魏使途歸 楨幹遽朽於中巖 哲人忽綿於蒿里 以開元 十一年九月十有九日 終於柳城郡公舍 春秋五十有七 夫人太原王氏河南程氏 繼公逝 亡 幷權措私第 蓋貞德愉敏 閨門令芳 作嬪淑人 克諧婦則 有制各封郡君 迺夫貴妻榮 飾躬泉壤 鴛鴦掩匣 會魄於九原 龍劍雙飛 環精於湘水 粤以天寶歲惟庚戌月在申朔日 辰乙巳 合葬於洛陽縣靑風里北邙洪原 其右禮也 嗣子崇節 器可搏鷙 孝能躍鱗 背土 成丘 頹鷁泥而匪用 負材擇兆 感靈龜而指原 勒石銘勳 萬古無朽 銘曰

彼蒼者天 氣能降賢 君凜其質 與而同年 崇雄者岳 峻自天鑒 君授其性 與而幷邈 厎 厎則文 赳赳則武 君其才也 入仕堪輔 君其毅也 出塞如虎 期鵬化兮丹霄 嗟亡兮螻蛄 起予起予 日居月諸 刊石冥掩 勒碑翁如 列佳城兮廣陌 閉龍劍兮荒墟

孫婿海東徐察撰 (「高欽德 墓誌銘」: 『唐代墓誌滙篇』)[3086]

3085) 같은 달 뒷부분에 己酉(28일)가 한번 더 나오므로, 乙酉(4일)의 오류라고 생각된다.
3086) 이 묘지의 제작시기는 "天寶歲惟庚戌月在申朔日辰乙巳"라고 되어 있는데, 天寶 연간(742~756)에는 庚戌年이 없어서 丙戌年(746) 또는 庚寅年(750)의 오기로 생각된다. 丙戌年에 申으로 1일이 시작되는 달

신라	內司正典 景德王五年置 (…) 議決一人 貞察二人 史四人
	典大舍典 典大舍一人 典翁一人 史四人
	上大舍典 上大舍一人 上翁一人 (『三國史記』39 雜志 8 職官 中)
신라	置內司正典 議決一人 員3087)察二人 史四人 又置典大舍典 大舍一人 典翁一人 史四
	人 又置上大舍典 上大舍一人 上翁一人 (『三國史節要』12)
발해 말갈	是年 渤海人及鐵利摠一千一百餘人慕化來朝 安置出羽國 給衣糧放還 (『續日本紀』1
	6 聖武紀)

747(丁亥/신라 경덕왕 6/발해 문왕 11 大興 11/唐 天寶 6/日本 天平 19)

백제	(春正月丙申) 授 (…) 正五位下石川朝臣麻呂百濟王孝忠紀朝臣宇美 竝正五位上 (…)
	(『續日本紀』17 聖武紀)
신라	春正月 改中侍爲侍中 置國學諸業博士助敎 (『三國史記』9 新羅本紀 9)
신라	春正月 改執事省中侍爲侍中 位自大阿飡至伊飡爲之 又改執事省典大等爲侍郞 位自
	奈麻至阿飡爲之 置國學諸業博士助敎
	權近曰 周之文武 建學設敎 始於定都之初 以顯胎孫之謀 以致作人之効 敎化大行 而
	民咸服 新羅有國三十代 至神文王元年 始置國學 聖德王十五年 大監守忠入中國 求
	文宣王諸弟子畫像以來 二十六年 王弟金嗣宗請子弟入學 景德王五年 始置諸博士 其
	後 强首薛聰輩 通曉義理 以方言講九經 訓道後學 爲東方一時之傑 而其季葉 有崔孤
	雲者 精敏好學 游於中國 同時儕輩盛稱其文章 可謂尙友天下士矣 新羅在三國時 文
	獻可稱 然當初立國 政令制度 不本文敎 其後雖慕華風 僅有一二之可觀者 嗚呼 亦晩
	矣 (『三國史節要』12)
신라	執事省 (…) 中侍一人 (…) 景德王六年 改爲侍中 位自大阿飡至伊飡爲之 典大等二人
	(…) 景德王六年 改爲侍郞 位自奈麻至阿飡爲之 (…)
	國學 (…) 博士[若干人 數不定] 助敎[若干人 數不定] (『三國史記』38 雜志 7 職官
	上)3088)
신라	(春正月) 遣使入唐賀正 並獻方物 (『三國史記』9 新羅本紀 9)
신라	(春正月) 遣使如唐賀正 (『三國史節要』12)
신라 발해 말갈	
	天寶六載正月 新羅渤海 (…) 黃頭室韋黑水靺鞨 並遣使來賀正 各獻方物 (『冊府元龜
	』971 外臣部 16 朝貢 4)
발해	龍集丁亥律中姑洗壬午3089) (…) 驃騎大將軍員外置同正員兼范陽郡長史柳城郡太守
	平盧節度支度營田陸運兩蕃四府河北海運兼范陽節度經略支度營田副大使採訪處置使
	兼御史大夫上柱國柳城縣開國伯 常樂安公曰祿山 國之英也 八柱承天 三門出將 風順
	遼海 霜明憲秋 山戎朝鮮 繫頸請命 (「封安天王銘」: 『全唐文』364)

은 12월이고, 庚寅年에 申으로 1일이 시작되는 달은 2월인데, 모두 己巳日은 있으나 乙巳日은 없다. 따라
서 날짜를 확정할 수 없으므로, 746년 12월22일(己巳)와 750년 2월10일(己巳)에 모두 배치하였다.
3087) 저본에는 '員'으로 되어 있으나, 『三國史記』에 의거하여 '貞'으로 수정해야 한다.
3088) 이 기사에는 월 표기가 없으나, 『三國史記』新羅本紀 등에 의거하여 1월로 편년하였다.
3089) 天寶 6년(747) 3월 6일(壬午)을 가리킨다.

신라	三月 震眞平王陵 (『三國史記』9 新羅本紀 9)
신라	三月 震眞平王陵 (『三國史節要』12)

신라	秋 旱 (『三國史記』9 新羅本紀 9)
신라	秋 旱 (『三國史節要』12)

신라	冬 無雪 民饑且疫 出使十道安撫 (『三國史記』9 新羅本紀 9)
신라	冬 無雪 民饑且疫 遣使十道安撫 (『三國史節要』12)

748(戊子/신라 경덕왕 7/발해 문왕 12 大興 12/唐 天寶 7/日本 天平 20)

신라	春正月 天狗落地 (『三國史記』9 新羅本紀 9)
신라	春正月 天狗隕 (『三國史節要』12)

말갈　　(天寶七載正月) 黑水靺鞨等 並遣使朝貢 (『冊府元龜』971 外臣部 16 朝貢 4)

백제　　二月己未 授 (…) 正五位上石川朝臣麻呂百濟王孝忠紀朝臣宇美 竝從四位下 (…) 正六位上百濟王元忠藤原朝臣魚名 (…) 日下部宿禰大麻呂 竝從五位下 (…) (『續日本紀』17 聖武紀)

말갈　　(天寶七載)三月 黃頭室韋和解室韋賂丹室韋如者室韋黑水靺鞨等 並遣使獻金銀及六十綜布魚牙紬朝霞紬牛黃頭髮人參 (『冊府元龜』971 外臣部 16 朝貢 4)

발해　　故投降首領諾思計
勅賜盧性 名庭賓 望范陽郡 扶餘府大首領 游擊將軍守左領軍衛京兆府文學府果毅 守左武衛潞州臨璋府左果毅同正 餘如故 跳盪功 子將 游擊將軍守右衛蒲州陶城府折衝員外同正 寧遠將軍守左威衛鄇州龍文府折衝賜紫金魚袋 守右驍衛翊府郎將員外同正明衛將軍 餘如故 攝物管 宣威將軍守驍衛翊府中郎員外同正賞紫金魚袋上柱國 壯武將軍 守左領軍衛將員外同正忠武將軍 餘如故 守右羽林軍將軍員外同正 守右羽林軍雲麾將軍員外同正杖內射生供奉上柱國 冠軍大將軍行左羽林軍將軍 仍与一官同 隴右節度使經略大使上柱國
盧庭賓望稱△△ 仰志南勳 唯岳之秀 自天謹身 名利絶群 挺△△國 英名聞於海外 雄職詮於杖內 辨無望空 矢不單煞 鳥則驚透 獸則破散 迄迄勇夫 心神必引 將△百齡偕老 豈其一夕纏痾 積善無懲 祈禱無校 形神異滅 風燭難留 淼淼黃川 罕停東逝 何其永△金歇 長瘞玉泉 自古△△ △△於謹以銘鋕 勒金爲記
天寶七載五月日 終於京兆府萬年縣△康坊之里 嗣子卅 (「諾思計 墓誌銘」: 『全唐文補遺』5; 『全唐文新編』997; 『全唐代墓誌滙篇續集』)

신라	秋八月 太后移居永明新宮 (『三國史記』9 新羅本紀 9)
신라	秋八月 大后移居永明新宮 (『三國史節要』12)

신라	(秋八月) 始置貞察一員 糾正百宮 (『三國史記』9 新羅本紀 9)
신라	(秋八月) 始置員[3090]察一員 糾正百官 (『三國史節要』12)

3090) 저본에는 ‘員’으로 되어 있으나, 『三國史記』에 의거하여 ‘貞’으로 수정해야 한다.

신라	(秋八月) 遣阿湌貞節等檢察北邊 始置大谷城等十四郡縣 (『三國史記』9 新羅本紀 9)
신라	(秋八月) 遣阿湌貞節等檢察北邊 始置大谷城等十四郡縣 (『三國史節要』12)

신라	(天寶)七載 遣使獻金銀及六十總布魚牙納朝霞紬牛黃頭髮人參 (『唐會要』95 新羅)

신라	天寶初 有大雲寺新羅和尚者 崇啓道門 夫人禮謁至誠 廻向便爲上足 一心齋戒 十載 住持 契不二之門 以寂滅爲樂 究歸一之義 明色卽是空 (「瑯琊王氏夫人 墓誌銘」: 2004 『碑林集刊』10)[3091]

749(己丑/신라 경덕왕 8/발해 문왕 13 大興 13/唐 天寶 8/日本 天平 21, 天平感寶 1, 天平勝寶 1)

신라	春三月 暴風拔木 (『三國史記』9 新羅本紀 9)
신라	春三月 暴風拔木 (『三國史節要』12)

신라	三月 置天文博士一員 漏刻博士六員 (『三國史記』9 新羅本紀 9)
신라	三月 置天文博士一員 漏刻博士六員 (『三國史節要』12)

발해	天寶八載三月 渤海遣使獻鷹 (『冊府元龜』971 外臣部 16 朝貢 4)

백제	夏四月甲午朔 天皇幸東大寺 御盧舍那佛像前殿 北面對像 皇后太子竝侍焉 群臣百寮 及士庶分頭 行列殿後 勅遣左大臣橘宿禰諸兄 白佛 三寶乃 奴止仕奉流天皇羅我命盧 舍那佛像能大前仁奏賜部止奏久 此大倭國者天地開闢以來爾黃金波人國用理獻言波有 登毛 斯地者無物止念部流仁 聞看食國中能東方陸奧國守從五位上百濟王敬福伊部內 少田郡仁黃金出在奏弖獻 此遠聞食驚岐悅備貴備念久波 盧舍那佛乃慈賜比福波部賜 物爾有止念閉受賜理恐理戴持百官乃人 等率天禮拜仕奉事遠挂畏三寶乃大前爾恐無恐 無毛奏賜波久止奏 (…) 授 (…) 從五位上百濟王敬福從三位 (…) (『續日本紀』17 聖 武紀)

백제	(夏四月)乙卯 陸奧守從三位百濟王敬福貢黃金九百兩 (『續日本紀』17 聖武紀)

백제	(八月辛未) 從四位下百濟王孝忠 式部大輔從四位下巨勢朝臣堺麻呂 中衛少將從四位 下背奈王福信竝爲兼少弼 (…) (『續日本紀』17 孝謙紀)

발해	(十二月)丁亥 八幡大神禰宜尼大神朝臣杜女[其輿紫色 一同乘輿] 拜東大寺 天皇 太上 天皇 皇太后 同亦行幸 是日 百官及諸氏人等咸會於寺 請僧五千禮佛請經 作大唐渤 海吳樂 五節田儛 久米儛 因奉大神一品 比咩神二品 (…) (『續日本紀』17 孝謙紀)

750(庚寅/신라 경덕왕 9/발해 문왕 14 大興 14/唐 天寶 9/日本 天平勝寶 2)

고구려	(春正月)丙辰 從四位上背奈王福信等六人 賜高麗朝臣姓 (…) (『續日本紀』18 孝謙 紀)

신라	春正月 侍中大正免 伊湌朝良爲侍中 (『三國史記』9 新羅本紀 9)

3091) 이 기사에는 연대 표기가 없으나, 天寶 연간(742~756)의 일이고 王氏夫人은 749년에 사망하였다. 그에 따라 742~748년으로 기간편년하고 마지막해인 748년에 배치하였다.

신라   春正月 侍中大正免 以伊飡朝良代之 (『三國史節要』12)

말갈   天寶九載正月 黑水靺鞨黃頭室韋 並遣使賀正 (『冊府元龜』971 外臣部 16 朝貢 4)

고구려   唐 右武衛將軍 高府君墓誌銘幷序
               大君御宇十有四載 天下晏如也 外戶不扃 四郊無壘 以逸預也 復下嫁聖女以結其心
               殭屍猶橫於 路隅 胡騎尙寇於城下 蓋戎狄無厭 負我玄德 俗有聾聽 皇心孑然 乃將選
               韜鈐 董夫是守 帝惟簡哉 得乎高公矣 公敎人數年 亦可以卽戎也 自寧遠將軍制兼幽
               州副節度知平盧軍事 才可爲裨副冠首
               公諱欽德 字應休 渤海人也 曾祖瑗 建安州都督 祖懷 襲爵建安州都督 父千 唐左玉
               鈐衛中郎 公卽先君仲子也 偉乎冠冕繼踵 世將攸稀 乃子乃孫 克保玆任 何綬授斯美
               也 公文武洞達 識弘智深 文能濟時 武可攻亂 此乃義黃上人 則吾無閒然矣 伊先君身
               死王事 鴻澤酬汲 贈一子官 解褐拜陶城府果毅 職自先君遺效也 每夕惕乎位 軋軋在
               躬 賀承天休 匪懈惟恪 自束髮從仕 總八任焉 首自果毅 毅可濟時 再授折衝 藝能保
               塞 三授郎將 翼侍於天人 四調中郎 武匡於帝里 五登二率 捧左乎儲尊 六事將軍 迺
               分憂於閫外 凡此六者 若非雅政特達 焉能致於此乎 世人亦謂騰化霄漢 封歸於高門
               大福旋殃 俄先於風燭 秦醫不療 魏使途歸 楨幹遽朽於中巖 哲人忽綿於蒿里 以開元
               卄一年九月十有九日 終於柳城郡公舍 春秋五十有七 夫人太原王氏河南程氏 繼公逝
               亡 幷權措私第 蓋貞德愉敏 閨門令芳 作嬪淑人 克諧婦則 有制各封郡君 迺夫貴妻榮
               飾躬泉壤 鴛鸞掩匣 會魄於九原 龍劍雙飛 環精於湘水 粵以天寶歲惟庚戌月在申朔日
               辰乙巳 合葬於洛陽縣靑風里北邙洪原 其右禮也 嗣子崇節 器可搏鷙 孝能躍鱗 背土
               成丘 頹鵜泥而匪用 負材擇兆 感靈龜而指原 勒石銘勳 萬古無朽 銘曰
               彼蒼者天 氣能降賢 君凜其質 與而同年 崇雄者岳 峻自天鑒 君授其性 與而幷遒 尫
               尫則文 赳赳則武 君其才也 入仕堪輔 君其毅也 出塞如虎 期鵬化兮丹霄 嗟亡兮螻蛄
               起予起予 日居月諸 刊石冥掩 勒碑翁如 列佳城兮廣陌 閉龍劍兮荒墟
               孫婿海東徐察撰 (「高欽德 墓誌銘」: 『唐代墓誌滙篇』)[3092]

신라   二月 置御龍省奉御二員 (『三國史記』9 新羅本紀 9)
신라   二月 置御龍省奉御二員 (『三國史節要』12)
신라   御龍省 (…) 御伯郎二人 景德王九年 改爲奉御 (『三國史記』39 雜志 8 職官 中)[3093]

백제   (三月庚子) 從四位下百濟王孝忠爲出雲守 (…) (『續日本紀』18 孝謙紀)

발해   (天寶九載)三月 渤海遣使獻鷹 (『冊府元龜』971 外臣部 16 朝貢 4)

백제   (五月)辛丑 以從三位百濟王敬福爲宮內卿 (…) (『續日本紀』18 孝謙紀)

백제   大唐虢州金門府折衝祢君墓誌銘幷序
               随末有莱州刺史祢善者 盖東漢平原処士之後也 知天猒随德 乗桴竄海 逐至百済国 王
               中其説 立為丞相 以国聴之 洎子寔進 世官象賢也 有唐受命 東討不庭 即引其王 帰

3092) 이 묘지의 제작시기는 "天寶歲惟庚戌月在申朔日辰乙巳"라고 되어 있는데, 天寶 연간(742~756)에는 庚戌年이 없어서 丙戌年(746) 또는 庚寅年(750)의 오기로 생각된다. 丙戌年에 申으로 1일이 시작되는 달은 12월이고, 庚寅年에 申으로 1일이 시작되는 달은 2월인데, 모두 己巳日은 있으나 乙巳日은 없다. 따라서 날짜를 확정할 수 없으므로, 746년 12월22일(己巳)와 750년 2월10일(己巳)에 모두 배치하였다.
3093) 이 기사에는 월 표기가 없으나, 『三國史記』新羅本紀 등에 의거하여 2월로 편년하였다.

義于高宗皇帝 由是 拜左威衛大将軍 封来遠郡開国公 父子之事珠所會時也 去就之理 合所由道也 語云 賢者避地 書云 必有忍 其乃有済 傳曰 不在其身 其在後嗣 是之謂 乎 寔進有素士 襲父封 仕至左武衛将軍

君諱仁秀 即武衛府君之長子也 少以将種 銀印赤韍 累授明威将軍右驍衛郎将 尋以元 帥連坐 左為秦州三度府果毅 歷汝州梁川府果毅虢州金門府折衝

稟命不遲 開元十五年 終于臨洮軍之官舍 為壽五十三矣 嗚呼 遺孤未杖 越在異郷 家 僕護喪 帰于旧里 夫人河南若干氏 綏州刺史祢陁之女也 公歿之後 携持露立 保成幼 志 賈用婦功 一男二女 克致婚冠 初夫人送元女子䢵州宜禄 久而不返 遂以廿七年十 一月六日 窆于智氏之別業 春秋六十一 離殯客土 星歳再周 越以天宝載庚寅夏五月戊 子朔廿二日巳酉 克葬于長安県之高陽原 禮也 其子曰適 追報所天 慰茲明靈 志彼幽 壤 銘曰

存離宮没異土 我生鮮歓 王事靡盬二紀 于茲成葬 便時有子克報 于嗟孝恩 (「祢仁秀 墓誌銘」: 2012 『唐史論叢』14)

751(辛卯/신라 경덕왕 10/발해 문왕 15 大興 15/唐 天寶 10/日本 天平勝寶 3)

백제 　　(春正月)己酉 授 (…) 從五位下高丘連河內百濟王元忠大伴宿祢古麻呂縣犬養宿祢古麻 呂中臣朝臣清麻呂 竝從五位上 (…) (『續日本紀』18 孝謙紀)

고구려 　(天寶十年正月甲辰) 安西節度使高仙芝入朝 獻所擒突騎施可汗吐蕃酋長石國王朅師王 加仙芝開府儀同三司 尋以仙芝爲河西節度使 代安思順 (『資治通鑑』216 唐紀 32 玄 宗至道大聖大明孝皇帝)

고구려 　(天寶十載正月)戊申　安西四鎭節度使高仙芝執突騎施可汗及石國王 (『新唐書』5 本紀 5 玄宗)

고구려 　(紀) 天寶十載正月戊申 高仙芝執突騎施可汗及石國王 (『玉海』191 兵捷 兵捷 兵捷 露布 3 唐安西四鎭節度使執突騎施石國王開遠門獻俘)

고구려 　其川西頭有城名曰 怛羅斯 石國大鎭 卽天寶十年 高仙芝軍 敗之地 (『太平寰宇記』1 86 四夷 15 石國)

고구려 　(天寶十載)七月 高仙芝及大食戰于恆邏斯城 敗績 (『新唐書』5 本紀 5 玄宗)

신라 　　天寶十載△十一月 (전면)
　　　韓舍 (후면) (「안압지 182호 목간」)

신라 　　古鄕傳所載如上 而寺中有記云 景德王代 大相大城 以天寶十年辛卯 始創佛國寺 歷 惠恭世 以大歷九年甲寅十二月二日大城卒 國家乃畢成之 (…) 與古傳不同 未詳孰是 (『三國遺事』5 孝善 9 大城孝二世父母)

752(壬辰/신라 경덕왕 11/발해 문왕 16 大興 16/唐 天寶 11/日本 天平勝寶 4)

신라 　　(春正月)癸卯 以正七位下山口忌寸人麻呂爲遣新羅使 (『續日本紀』18 孝謙紀)

신라 　　釋眞表完山州[今全州牧] 萬頃縣人 (…) 表旣受聖莂 來住金山 每歳開壇 恢張法施 壇 席精嚴 末季未之有也 風化旣周 遊渉到阿瑟羅州 島嶼間魚鼈成橋 迎入水中 講法受 戒 卽天寶十一載壬辰二月望日也 或本云元和六年 誤矣 元和在憲德王代[去聖德幾七 十年矣] 景德王聞之 迎入宮闥 受菩薩戒 嚫租七萬七千石 椒庭列岳皆受戒品 施絹五

百端黃金五十兩 皆容受之 分施諸山 廣興佛事 其骨石今在鉢淵寺 即爲海族演戒之地
得法之袖領 曰永深 寶宗 信芳 体珍 珍海 眞善 釋忠等 皆爲山門祖 深則眞表簡子
住俗離山爲克家子 作壇之法 與占察六輪稍異 修如山中所傳本規 (…) 據此 則與占察
經擲輪得相之事 奚以異哉 乃知表公翹懺得簡 聞法見佛可謂不誣 況此經若僞妄 則慈
氏何以親授表師 又此経如可禁 舍利問經亦可禁乎 琮輩可謂攫金不見人 讀者詳焉
讚曰 現身澆季激憁聾 靈岳仙溪感應通 莫謂翹懃傳搭懺 作橋東海化魚龍 (『三國遺事』
4 義解 5 眞表傳簡)

| 신라 | 春三月 以級飡原神龍方爲大阿飡 (『三國史記』9 新羅本紀 9) |
| 신라 | 三月 以級飡原神龍方爲大阿飡 (『三國史節要』12) |

신라　(閏三月)己巳 大宰府奏 新羅王子韓阿飡金泰廉 貢調使大使金暄及送王子使金弼言等
七百餘人 乘船七艘來泊 (『續日本紀』18 孝謙紀)

신라　(閏三月)乙亥 遣使於大內山科惠我直山等陵 以告新羅王子來朝之狀 (『續日本紀』18
孝謙紀)

백제　(五月辛未) 從三位百濟王敬福爲常陸守 (…) (『續日本紀』18 孝謙紀)

신라　六月己丑 新羅王子金泰廉等拜朝 幷貢調 因奏曰 新羅國王言日本照臨天皇朝庭 新羅
國者 始自遠朝 世世不絶 舟楫竝連 來奉國家 今欲國王親來朝貢進御調 而顧念 一日
無主 國政弛亂 是以 遣王子韓阿飡泰廉 代王爲首 率使下三百七十餘人入朝 兼令貢
種種御調 謹以申聞 詔報曰 新羅國始自遠朝 世世不絶 供奉國家 今復遣王子泰廉入
朝 兼貢御調 王之勤誠 朕有嘉焉 自今長遠 當加撫存 泰廉又奏言 普天之下無匪王土
率土之濱無匪王臣 泰廉幸逢聖世 來朝供奉 不勝歡慶 私自所備國土微物 謹以奉進
詔報 泰廉所奏聞之 (『續日本紀』18 孝謙紀)

신라　(六月壬辰)是日 饗新羅使於朝堂 詔曰 新羅國來奉朝庭者 始自氣長足媛皇太后平定彼
國 以至于今 爲我蕃屛 而前王承慶 大夫思恭等 言行怠慢 闕失恒禮 由欲遣使問罪之
間 今彼王軒英 改悔前過 冀親來庭 而爲顧國政 因遣王子孝廉等 代而入朝 兼貢御調
朕所以嘉歡勤款 進位賜物也 又詔 自今以後 國王親來 宜以辭奏 如遣餘人入朝 必須
令齎表文 (『續日本紀』18 孝謙紀)

신라　(六月)丁酉 泰廉等就大安寺東大寺禮佛 (『續日本紀』18 孝謙紀)

신라　(秋七月)戊辰 泰廉等還在難派館 勅遣使賜絁布幷酒肴 (『續日本紀』18 孝謙紀)

신라	秋八月 置東宮衙官 (『三國史記』9 新羅本紀 9)
신라	秋八月 置東宮衙官 上大舍一人 次大舍一人 御龍省 大舍二人 稚省六人 洗宅 大舍 四人 從舍知二人 給帳典 典四人 稚四人 僧房典 大舍二人 從舍知二人 庖典 大舍二 人 史二人 從舍知二人 月池嶽典 大舍二人 水主一人 龍主[3094]典 大舍二人 史二人 (『三國史節要』12)
신라	東宮官 東宮衙 景德王十一年 置 上大舍一人 次大舍一人 御龍省 大舍二人 稚省六

3094) 저본에는 '主'로 되어 있으나, 『三國史記』에 의거하여 '王'으로 수정해야 한다

人 洗宅 大舍四人 從舍知二人 給帳典[一云△典] 典四人 稚四人 月池典[闕] 僧房典 大舍二人 從舍知二人 庖典 大舍二人 史二人 從舍知二人 月池嶽典 大舍二人 水主 一人 龍王典 大舍二人 史二人 (『三國史記』39 雜志 8 職官 中)3095)

발해   (九月)丁卯 渤海使輔國大將軍慕施蒙等著于越後國佐渡嶋 (『續日本紀』18 孝謙紀)

백제   (冬十月)戊寅 以常陸守從三位百濟王敬福爲檢習西海道兵使 判官二人 錄事二人 (『續日本紀』18 孝謙紀)

발해   (冬十月)庚辰 遣左大使正六位上坂上忌寸老人等於越後國 問渤海客等消息 (『續日本紀』18 孝謙紀)

발해   孝謙皇帝 天平勝寶 四年 九月 丁卯[二十] 十月 庚辰[七] (『類聚國史』193 殊俗部 渤海 上)

신라   冬十月 加置倉部史三人 (『三國史記』9 新羅本紀 9)
신라   冬十月 加置倉部史三人 (『三國史節要』12)
신라   倉部 (…) 史八人 (…) 景德王十一年 加三人 (『三國史記』38 雜志 7 職官 上)3096)

말갈   (天寶十一載十一月) 黑水靺鞨遣使來朝 (『冊府元龜』971 外臣部 16 朝貢 4)

고구려 발해   今舉天寶十一載地理 唐土東至安東府 西至安西府 南至日南郡 北至單于府 南北如前漢之盛 東則不及 西則過之[漢地東至樂浪玄菟 今高麗渤海是也 今在遼東 非唐土也 漢境西至燉煌郡 今沙州 是唐土 又龜玆 是西過漢之盛也] (『舊唐書』38 志 18 地理 1)

753(癸巳/신라 경덕왕 12/발해 문왕 17 大興 17/唐 天寶 12/日本 天平勝寶 5)

신라   二月辛巳 以從五位下小野朝臣田守爲遣新羅大使 (『續日本紀』19 孝謙紀)

발해   (天寶十二載三月) 牂牁羘勒日本等國渤海 並遣使賀正 (『冊府元龜』971 外臣部 16 朝貢 4)

발해   (五月)乙丑 渤海使輔國大將軍慕施蒙等拜朝 幷貢信物 奏稱 渤海王言日本照臨聖天皇朝 不賜使命 已經十餘歲 是以 遣慕施蒙等七十五人 齎國信物 奉獻闕庭 (『續日本紀』19 孝謙紀)

발해   (天平勝寶)五年 五月 乙丑[十五] 六月 丁丑[八] (『類聚國史』193 殊俗部 渤海 上)

발해   (五月)丁卯 饗慕施蒙等於朝堂 授位賜祿各有差 (『續日本紀』19 孝謙紀)

발해   六月丁丑 慕施蒙等還國 賜璽書曰 天皇敬問渤海國王 朕以寡德虔奉寶圖 亭毒黎民 照臨八極 王僻居海外 遠使入朝 丹心至明 深可嘉尚 但省來啓 無稱臣名 仍尋高麗舊記 國平之日 上表文云 族惟兄弟 義則君臣 或乞援兵 或賀踐祚 修朝聘之恒式 效忠款之懇誠 故先朝善其貞節 待以殊恩 榮命之隆 日新無絶 想所知之 何假一二言也 由

3095) 이 기사에는 월 표기가 없으나, 『三國史記』 新羅本紀 등에 의거하여 8월로 편년하였다
3096) 이 기사에는 월 표기가 없으나, 『三國史記』 新羅本紀 등에 의거하여 10월로 편년하였다

	是 先廻之後 旣賜勅書 何其今歲之朝 重無上表 以禮進退 彼此共同 王熟思之 季夏
	甚熱 比無恙也 使人今還 指宣往意 幷賜物如別 (…) (『續日本紀』 19 孝謙紀)
발해	(天平勝寶)五年 五月 乙丑[卄五] 六月 丁丑[八] (『類聚國史』193 殊俗部 渤海 上)

신라	瑜珈祖大德大賢 住南山茸長寺 寺有慈氏石丈六 賢常旋繞 像亦隨賢轉面 賢惠辯精敏
	決擇了然 大抵相宗銓量 旨理幽深 難爲剖拆 中國名士白居易 嘗窮之未能 乃曰 唯識
	幽難破 因明擘不開 是以 學者難承稟者尚矣 賢獨刊定邪謬 暫開幽奧 恢恢游刀 東國
	後進 咸遵其訓 中華學士 往往得此 爲眼目 景德王天寶十二年癸巳夏 大旱 詔入內殿
	講金光經 以祈甘霍 一日齋次 展鉢良久而淨水獻遲 監吏詰之 供者曰 宮井枯涸 汲遠
	故遲爾 賢聞之曰 何不早云 及晝講時 捧爐黙然 斯須井水湧出 高七丈許 與刹幢齊
	闔宮驚駭 因名其井曰金光井 賢嘗自號靑丘沙門
	讚曰 遶佛南山像逐旋 靑丘佛日再中懸 解敎宮井淸波湧 誰識金爐一炷烟 (『三國遺事』
	4 義解 5 賢瑜珈 海華嚴)

신라	秋八月 日本國使至 慢而無禮 王不見之 乃廻 (『三國史記』9 新羅本紀 9)
신라	秋八月 日本國使至 慢而無禮 王不見 乃還 (『三國史節要』12)

신라	(秋八月) 武珍州獻白雉 (『三國史記』9 新羅本紀 9)
신라	(秋八月) 武珍州獻白雉 (『三國史節要』12)

신라	稟法十二人 的嗣曰荊溪 新羅傳道者 法融理應純英 (『佛祖統紀』 7 東土九祖紀 3-2
	八祖左溪尊子玄朗 新羅傳道者)[3097]
신라	新羅法融禪師[下三人左溪紀] 新羅理應禪師 新羅純英禪師 (『佛祖統紀』10 諸祖旁出
	世家 5-2 左溪旁出世家目錄)
신라	新羅法融禪師新羅理應禪師新羅純英禪師 (『佛祖統紀』24 佛祖世繫表 10 八祖左溪
	大禪師 下)

고려	金寬毅編年通錄云 有名虎景者 自號聖骨將軍 自白頭山遊歷 至扶蘇山左谷 娶妻家焉
	富而無子 善射以獵爲事 一日與同里九人 捕鷹平那山 會日暮 就宿巖竇 有虎當竇口
	大吼十人相謂曰 虎欲啗我輩 試投冠 攬者當之 遂皆投之 虎攬虎景冠 虎景出 欲與虎
	鬪 虎忽不見 而竇崩 九人皆不得出 虎景還告平那郡 來葬九人 先祀山神 其神見曰
	予以寡婦主此山 幸遇聖骨將軍 欲與爲夫婦 共理神政 請封爲此山大王 言訖 與虎景
	俱隱不見 郡人因封虎景爲大王 立祠祭之 以九人同亡 改山名曰九龍 虎景不忘舊妻
	夜常如夢來合 生子曰康忠 康忠體貌端嚴 多才藝 娶西江永安村富人女名具置義 居五
	冠山摩訶岬 時新羅監干八元 善風水 到扶蘇郡 郡在扶蘇山北 見山形勝而童 告康忠
	曰 若移郡山南 植松使不露巖石 則統合三韓者出矣 於是 康忠與郡人 徙居山南 栽松
	遍嶽 因改名松嶽郡 遂爲郡上沙粲 且以摩訶岬第 爲永業之地 往來焉 家累千金 生二
	子 季曰損乎述 改名寶育 寶育性慈惠 出家 入智異山修道 還居平那山北岬 又徙摩訶
	岬 嘗夢登鵠嶺 向南便旋 溺溢三韓山川 變成銀海 明日 以語其兄伊帝建 伊帝建曰
	汝必生支天之柱 以其女德周妻之 遂爲居士 仍於摩訶岬 構木菴 有新羅術士見之曰
	居此 必大唐天子來作壻矣 後生二女 季曰辰義 美而多才智 年甫笄 其姊夢登五冠山
	頂而旋 流溢天下 覺與辰義說 辰義曰 請以綾裙買之 姊許之 辰義令更說夢 攬而懷之

3097) 玄朗은 692년에 출가하여 天寶13載(753)에 입적하였으므로, 692~753년으로 기간편년하고 마지막해인
753년에 배치하였다

者三 旣而身動若有得 心頗自負 唐肅宗皇帝潛邸時 欲遍遊山川 以明皇天寶十二載癸
巳春 涉海到浿江西浦 方潮退 江渚泥淖 從官取舟中錢 布之 乃登岸 後名其浦爲錢浦
[閔漬編年綱目 引碧巖等禪錄云 宣宗年十三 當穆宗朝 戲登御床 作揖群臣勢 穆宗子
武宗心忌 及武宗卽位 宣宗遇害於宮中 絶而後蘇 潛出遠遁 周遊天下 備嘗險阻 塩官
安禪師默識龍顔 待遇特厚 留塩官最久 又宣宗嘗爲光王 光卽楊州屬郡 塩官杭州屬縣
皆接東海 爲商船往來之地方 當懼禍 猶恐藏之不深 故以遊覽山水爲名 隨商船渡海
時唐史未撰 於唐室之事 無由得詳 但聞肅宗宣皇帝時 有祿山之亂 未聞宣宗遭亂出奔
之事 誤以宣宗皇帝 爲肅宗宣皇帝云 又世傳 忠宣王在元 有翰林學士從王遊者 謂王
曰 嘗聞王之先出於唐肅宗 何所據耶? 肅宗自幼未嘗出閤 祿山之亂 卽位靈武 何時東
遊 至有子乎? 王大慚不能對 閔漬從旁對曰 此我國史誤書耳 非肅宗 乃宣宗也 學士
曰 若宣宗 久勞于外 庶或然也] 遂至松嶽郡 登鵠嶺南望曰 此地必成都邑 從者曰 此
八眞仙住處也 抵摩詞岬養子洞 寄宿寶育第 見兩女悅之 請縫衣綻 寶育認是中華貴人
心謂 果符術士言 卽令長女應命 纔踰閾 鼻衄而出 代以辰義 遂薦枕 留期月[閔漬編年
或云一年] 覺有娠 臨別云 我是大唐貴姓 與弓矢曰 生男則與之 果生男曰作帝建 後追
尊寶育爲國祖元德大王 其女辰義爲貞和王后 (『高麗史』高麗世系)

신라 何處歸且遠 送君東悠悠 滄溟千萬里 日夜一孤舟 曠望絶國所 微茫天際愁 有時近仙
境 不定若夢遊 或見靑色古[一作石] 孤山百里[一作丈]秋 前心方杳眇 後路勞夷猶 離
別惜吾道 風波敬皇休 春浮花氣遠 思逐海水流 日暮驪歌後 永懷空滄洲 (『全唐詩』4
函 8冊 劉春虛 海上詩送薛文學歸海東)3098)

754(甲午/신라 경덕왕 13/발해 문왕 18 大興 18/唐 天寶 13/日本 天平勝寶 6)

신라 (春正月)丙寅 副使大伴宿禰古麻呂自唐國至 古麻呂奏曰 大唐天寶十二載 歲在癸巳正
月朔癸卯 百官諸蕃朝賀 天子於蓬萊宮含元殿受朝 是日 以我次西畔第二吐蕃下 以新
羅使次東畔第一大食國上 古麻呂論曰 自古至今 新羅之朝貢大日本國久矣 而今列東
畔上 我反在其下 義不合得 時將軍吳懷實見知古麻呂不肯色 卽引新羅使 次西畔第二
吐蕃下 以日本使次東畔第一大食國上 (『續日本紀』19 孝謙紀)

발해 天寶十三載正月 渤海遣使賀正 (『冊府元龜』971 外臣部 16 朝貢 4)

백제 二月己卯 正六位上百濟王理伯授從五位下 (『續日本紀』19 孝謙紀)

백제 (夏四月庚午) 從五位下百濟王理伯爲亮 (…) (『續日本紀』19 孝謙紀)

신라 夏四月 京都雹 大如鷄卵 (『三國史記』9 新羅本紀 9)
신라 夏四月 京都雹 大如雞卵 (『三國史節要』12)

신라 五月 立聖德王碑 (『三國史記』9 新羅本紀 9)
신라 五月 立聖德王碑 (『三國史節要』12)

신라 (五月) 牛頭州獻瑞芝 (『三國史記』9 新羅本紀 9)
신라 (五月) 牛頭州獻芝 (『三國史節要』12)

3098) 薛文學은 신라 사람으로 누구인지는 알 수 없다 따라서 작자인 劉春虛가 당 현종 천보 12년(753)이잔
에 사망했다는 점에서 753년에 편제하였다

신라　(景德王天寶十二年癸巳)明年甲午夏　王又請大德法海於皇龍寺　講華嚴經　駕幸行香　從
　　　容謂曰　前夏大賢法師講金光經　井水湧七丈　此公法道如何　海曰　特爲細事　何足稱乎
　　　直使傾滄海　襄東岳　流京師　亦非所難　王未之信　謂戱言爾　至午講　引爐沉寂　須臾內
　　　禁忽有哭泣聲　宮吏走報曰　東池已溢　漂流內殿五十餘間　王罔然自失　海笑謂之曰　東
　　　海欲傾　水脉先漲爾　王不覺興拜　翌日　感恩寺奏　昨日午時海水漲溢　至佛殿階前　晡時
　　　而還　王益信敬之
　　　讚曰　法海波瀾法界寬　四海盈縮未爲難　莫言百億湏彌大　都在吾師一指端[石海云]　(『
　　　三國遺事』4　義解 5　賢瑜珈　海華嚴)

신라　秋七月　王命官　修葺永興元延二寺 (『三國史記』9　新羅本紀 9)
신라　秋七月　王命官　修永興元迎二寺 (『三國史節要』12)

신라　八月　旱蝗　侍中朝良退 (『三國史記』9　新羅本紀 9)
신라　八月　旱蝗　侍中朝良辭 (『三國史節要』12)

신라　天寶十三載九月十九日　就滅　春秋八十二　僧夏六十四　(…)　入室弟子　本州開元寺僧行
　　　宣常州妙樂寺僧湛然　見如來性　傳左谿之法門新羅僧法融理應英純　理應歸國　化行東
　　　表　弘左谿之妙願 (「左谿大師碑」:『全唐文』320;『李遐叔文集』;『唐文粹』61)

신라　新羅第三十五景德大王　以天寶十三甲午　鑄皇龍寺鐘　長一丈三寸　厚九寸　入重四十九
　　　萬七千五百八十一斤　施主孝貞伊王三毛夫人　匠人里上宅下典[肅宗朝　重成新鍾　長六
　　　尺八寸] (『三國遺事』3　塔像 4　皇龍寺鐘芬皇寺藥師奉德寺鍾)
신라　鑄皇龍寺鐘　長一丈三寸　厚九寸　重四十九萬七千五百八十一斤 (『三國史節要』12)

755(乙未/신라 경덕왕 14/발해 문왕 19 大興 19/唐 天寶 14/日本 天平勝寶 7)

신라　春　穀貴民饑 (『三國史記』9　新羅本紀 9)
신라　春　穀貴民飢 (『三國史節要』12)

신라　(春)　熊川州向德　貧無以爲養　割股肉飼其父　王聞　賜賚頗厚　仍使旌表門閭 (『三國史
　　　記』9　新羅本紀 9)
신라　(春)　旌表孝子向德門閭　向德熊川州板積鄕人也　父善　天資溫良　鄕里推其行　向德亦以
　　　孝順　爲時所稱　時年荒民饑　加以疫癘　父母飢且病　瀕死　向德日夜不解衣　盡誠安慰
　　　無以爲養　乃刲髀肉以食之　母發癰　向德吮之　皆致平安　事聞王　下敎　賜租三百斛　宅
　　　一區　口分田若干　命有司立石紀事　後人號其地云孝家里
　　　金富軾曰　宋祈唐書云　善乎　韓愈之論也　曰　父母疾　烹藥餌　以是爲孝　未聞毁支體者
　　　也　苟不傷義　則聖賢先衆而爲之　是不幸因而且死　則毁傷滅絶之罪　有歸矣　安可旌其
　　　門　以表異之　雖然　委巷之陋　非有學術禮義之資　能忘身以及其親　出於誠心　亦足稱者
　　　故列焉　則若向德者　亦可書者乎 (『三國史節要』12)
신라　向德　熊川州板積鄕人也　父名善　字潘吉　天資溫良　鄕里推其行　母則失其名　向德亦以
　　　孝順　爲時所稱　天寶十四年乙未　年荒民饑　加之以疫癘　父母飢且病　母又發癰　皆瀕於
　　　死　向德　日夜不解衣　盡誠安慰　而無以爲養　乃刲髀肉以食之　又吮母癰　皆致之平安
　　　鄕司報之州　州報於王　王下敎　賜租三百斛宅一區口分田若干　命有司立石紀事　以標之
　　　至今　人號其地云孝家里
　　　論曰　宋祁唐書云　善乎　韓愈之論也　曰　父母疾　烹藥餌　以是爲孝　未聞毁支體者也　苟

	不傷義 則聖賢先衆而爲之 是不幸因而且死 則毀傷滅絶之罪 有歸矣 安可旌其門 以表異之 雖然 委巷之陋 非有學術禮義之資 能忘身以及其親 出於誠心 亦足稱者 故列焉 則若向德者 亦可書者乎 (『三國史記』48 列傳 8 向德聖覺)3099)
신라	能川州有向得舍知者 年凶 其父幾於餒死 向得割股以給養 州人具事奏聞 景德王賞賜租五百石 (『三國遺事』5 孝善 9 向得舍知割股供親 景德王代)3100)
신라	(春) 望德寺塔動[唐令狐澄新羅國記曰 其國爲唐立此寺 故以爲名 兩塔相對高十三層 忽震動開合 如欲傾倒者數日 其年祿山亂 疑其應也] (『三國史記』9 新羅本紀 9)
신라	夏四月 遣使入唐賀正 (『三國史記』9 新羅本紀 9)
신라	夏四月 遣使如唐賀正 (『三國史節要』12)
신라	(天寶十四載)四月 新羅突騎施 並遣使賀正 (『冊府元龜』971 外臣部 16 朝貢 4)
신라	秋七月 赦罪人 存問老疾鰥寡孤獨 賜穀有差 (『三國史記』9 新羅本紀 9)
신라	秋七月 赦 存問老疾鰥寡孤獨 賜穀有差 (『三國史節要』12)
신라	(秋七月) 以伊飡金耆爲侍中 (『三國史記』9 新羅本紀 9)
신라	(秋七月) 以伊飡金耆爲侍中 (『三國史節要』12)
고구려	(天寶十四年十一月)丁丑 榮王琬爲東討元帥 高仙芝副之 (『新唐書』5 本紀 5 玄宗)
고구려	(天寶十四年十一月)丁丑 以榮王琬爲元帥 右金吾大將軍高仙芝副之 統諸軍東征3101) 出內府錢帛 於京師募兵十一萬 號曰天武軍 旬日而集 皆市井子弟也 (『資治通鑑』217 唐紀 33 玄宗至道大聖大明孝皇帝)
고구려	(天寶十四年十一月)是日 以京兆牧榮王琬爲討賊元帥 仙芝爲副 命仙芝領飛騎彍騎及朔方河西隴右應赴京兵馬 幷召募關輔五萬人 繼封常淸出潼關進討 仍以仙芝兼御史大夫 (『舊唐書』149 列傳 54 高仙芝)3102)
고구려	(唐書) (天寶)十四載十一月 反於范陽 矯稱奉恩 (…) 乃以高仙芝封常淸等擊之 (『太平御覽』111 皇王部 36 唐 玄宗明皇帝 附 安祿山)3103)
고구려	(唐書 又曰) 其月 制以琬爲征討元帥 高仙芝爲副令 仙芝徵河隴兵 募屯於陝郡 以禦之數日 (…) (『太平御覽』149 皇親部 15 太子 4)3104)
고구려	(天寶十四載十一月)甲申 以京兆牧榮王琬爲元帥 命高仙芝副之 於京城召募 號曰天武軍 其衆十萬 (『舊唐書』9 本紀 9 玄宗 下)
고구려	(天寶十四載十二月)丙戌 高仙芝等進軍 上御勤政樓送之 (『舊唐書』9 本紀 9 玄宗 下)
고구려	(天寶十四年)十二月丙戌 高仙芝將飛騎彍騎及新募兵邊兵在京師者合五萬人 發長安 上遣宦者監門將軍邊令誠監其軍 屯於陝3105) (『資治通鑑』217 唐紀 33 玄宗至道大

3099) 이 기사에는 연대 표기가 없으나, 『三國史記』新羅本紀 등에 의거하여 景德王14년(755) 1~3월로 기간편년하고 3월에 배치하였다

3100) 이 기사에는 연대 표기가 없으나, 『三國史記』新羅本紀 등에 의거하여 景德王14년(755) 1~3월로 기간편년하고 3월에 배치하였다

3101) 帥 所類翻

3102) 이 기사에는 일자 표기가 없으나, 『新唐書』本紀 등에 의거하여 11월22일(丁丑)로 편년하였다.

3103) 이 기사에는 일자 표기가 없으나, 『新唐書』本紀 등에 의거하여 11월22일(丁丑)로 편년하였다.

3104) 이 기사에는 월일 표기가 없으나, 『新唐書』本紀 등에 의거하여 11월22일(丁丑)로 편년하였다.

聖大明孝皇帝)

| 고구려 | (天寶十四載)十二月 師發 玄宗御望春亭慰勞遣之 仍令監門將軍邊令誠監其軍 屯於陝州 (『舊唐書』 149 列傳 54 高仙芝)3106) |

| 고구려 | (天寶十四載十二月)辛卯 陷陳留郡 殺張介然 (『舊唐書』 9 本紀 9 玄宗 下) |

| 고구려 | (天寶十四載十二月)甲午 陷滎陽郡 殺太守崔無詖 (『舊唐書』 9 本紀 9 玄宗 下) |

| 고구려 | (天寶十四載十二月)丙申 封常淸與賊戰于成皐罌子谷 官軍敗績 常淸奔於陝郡 (『舊唐書』 9 本紀 9 玄宗 下) |

| 고구려 | (天寶十四載十二月)是月十一日 封常淸兵敗於汜水 (『舊唐書』 149 列傳 54 高仙芝) |

| 고구려 | (天寶十四載十二月)丁酉 祿山陷東京 殺留守李憕中丞盧奕判官蔣淸 時高仙芝鎭陝郡 棄城西保潼關 (『舊唐書』 9 本紀 9 玄宗 下) |

| 고구려 | (天寶十四載十二月)十三日 祿山陷東京 常淸以餘衆奔陝州 謂仙芝曰 累日血戰 賊鋒不可當 且潼關無兵 若狂寇奔突 則京師危矣 宜棄此守 急保潼關 常淸仙芝乃率見兵取太原倉錢絹 分給將士 餘皆焚之 俄而賊騎繼至 諸軍惶駭 棄甲而走 無復隊伍 仙芝至關 繕修守具 又令索承光守善和戍 賊騎至關 已有備矣 不能攻而去 仙芝之力也 (『舊唐書』 149 列傳 54 高仙芝) |

| 고구려 | (天寶十四年十二月) 封常淸帥餘衆至陝3107) 陝郡太守竇廷芝已奔河東 吏民皆散 常淸謂高仙芝曰 常淸連日血戰 賊鋒不可當 且潼關無兵 若賊豕突入關 則長安危矣 陝不可守 不如引兵先據潼關以拒之仙芝乃帥見兵西趣潼關3108) 賊尋至 官軍狼狽走 無復部伍 士馬相騰踐 死者甚衆 至潼關 脩完守備 賊至 不得入而去 祿山使其將崔乾祐屯陝3109) (『資治通鑑』 217 唐紀 33 玄宗至道大聖大明孝皇帝)3110) |

| 고구려 | (天寶十四年十二月) 高仙芝之東征也 監軍邊令誠數以事干之 仙芝多不從 令誠入奏事 具言仙芝常淸橈敗之狀3111) 且云 常淸以賊搖衆 而仙芝棄陝地數百里 又盜減軍士糧賜上大怒 (『資治通鑑』 217 唐紀 33 玄宗至道大聖大明孝皇帝)3112) |

| 고구려 | (天寶十四載十二月)癸卯 封常淸高仙芝伏誅 (『新唐書』 5 本紀 5 玄宗)3113) |
| 고구려 | (天寶十四年十二月)癸卯 遣令誠齎敕卽軍中斬仙芝及常淸 (『資治通鑑』 217 唐紀 33 玄宗至道大聖大明孝皇帝) |

| 고구려 | (天寶十四載十二月)丙午 斬封常淸高仙芝于潼關 以哥舒翰爲太子先鋒兵馬元帥 領河隴兵募守潼關以拒之 (『舊唐書』 9 本紀 9 玄宗 下)3114) |

3105) 將 卽亮翻 騎 奇寄翻 曠 虛郭翻 又古博翻 監 古銜翻 陝 失冉翻 舊志: 陝郡 在京師東西百九十里 至東都三百三十里
3106) 이 기사에는 일자 표기가 없으나, 『舊唐書』 本紀 등에 의거하여 12월 1일(丙戌)로 편년하였다.
3107) 帥 讀曰率
3108) 見 賢遍翻 趣 七喻翻 考異曰: 肅宗實錄云:「仙芝領大軍初至陝 方欲進師 會常淸軍敗至 欲廣其賊勢以雪己罪 勸仙芝班師 仙芝素信常淸言 卽日夜走保潼關 朝野大駭」今從本傳
3109) 復 扶又翻 踐 悉銑翻 潼 音同 將 卽亮翻 陝 失冉翻
3110) 이 기사에는 일자 표기가 없으나, 『舊唐書』 高仙芝傳에 의거하여 12월13일로 편년하였다.
3111) 數 所角翻 橈 奴敎翻
3112) 이 기사에는 일자 표기가 없으나, 『舊唐書』 高仙芝傳에 의거하여 12월13일로 편년하였다.
3113) 『舊唐書』 本紀에는 12월21일(丙午)로 되어 있다.
3114) 『新唐書』 本紀 등에는 12월18일(癸卯)로 되어 있다.

신라	(天寶十三甲午) 又明年乙未 鑄芬皇藥師銅像 重三十萬六千七百斤 匠人本彼部强古乃末 (『三國遺事』3 塔像 4 皇龍寺鐘芬皇寺藥師奉德寺鍾)

고구려	(天寶)十四載 進封密雲郡公 (『舊唐書』149 列傳 54 高仙芝)
고구려	尋除武威太守 代安思順爲河西節度使 羣胡固留思順 更拜右羽林軍大將軍 封密雲郡公 (『新唐書』135 列傳 60 高仙芝)[3115]

756(丙申/신라 경덕왕 15/발해 문왕 20 大興 20/唐 天寶 15, 至德 1/日本 天平勝寶 8)

신라	春二月 上大等金思仁 以比年災異屢見 上疏極論時政得失 王嘉納之 (『三國史記』9 新羅本紀 9)
신라	春二月 上大等金思仁 以災異屢見 上疏極論時政得失 王嘉納之 (『三國史節要』12)

신라	(春二月) 王聞玄宗在蜀 遣使入唐 泝江至成都朝貢 玄宗御製御書五言十韻詩 賜王曰 嘉新羅王歲修朝貢 克踐禮樂名義 賜詩一首 四維分景緯 萬象含中樞 玉帛遍天下 梯航歸上都 緬懷阻靑陸 歲月勤黃圖 漫漫窮地際 蒼蒼連海隅 興言名義國 豈謂山河殊 使去習風敎 人來習典謨 衣冠知奉禮 忠信識尊儒 誠矣天其鑑 賢哉德不孤 擁旄同作牧 厚貺比生蒭 益重靑靑志 風霜恒不渝 [帝辛蜀時 新羅能不遠千里 朝聘行在所 故嘉其至誠 賜之以詩 其云益重靑靑志 風霜恒不渝者 豈古詩疾風知勁草 板蕩識貞臣之意乎 宣和中 入朝使臣金富儀將刻本 入汴京 示舘伴學士李邴 李邴上皇帝 因宣示兩府及諸學士訖 傳宣曰 進奉侍郞所上詩 眞明皇書 嘉嘆不已] (『三國史記』9 新羅本紀 9)
신라	(春二月) 王聞帝在蜀 遣使如唐 泝江至成都朝貢 帝親製十韻詩 手扎 賜王曰 嘉新羅王歲修朝貢 克踐禮樂名義 賜詩一首 其詩曰 四維分景緯 萬象含中樞 玉帛遍天下 梯航歸上都 緬懷阻靑陸 歲月勤黃圖 漫漫窮地際 蒼蒼連海隅 興言名義國 豈謂山河△ △去習風敎 人來習典暮 衣冠知奉禮 忠信識尊儒 誠矣天其鑑 賢哉德不孤 擁旄同作牧 厚貺比生蒭 益重靑靑志 風霜恒不渝[金富軾云 帝辛蜀時 新羅能不遠千里 朝貢行在 故嘉其至誠 賜之以詩 其云益重靑靑志 風霜恒不渝者 豈古詩疾風知勁草 板蕩識貞臣之意乎 宣和中 高麗使臣金富儀將刻本 入△京 示舘伴學士李邴 邴以聞 帝因宣示兩府及諸學士訖 傳宣曰 進奉侍郞所上詩 眞明皇手書 嘉嘆不已] (『三國史節要』12)
신라	帝在蜀 遣使泝江至成都 朝正月 (『新唐書』220 列傳 145 東夷 新羅)[3116]

신라	夏四月 大雹 (『三國史記』9 新羅本紀 9)
신라	夏四月 大雹 (『三國史節要』12)

신라	(夏四月) 大永郞獻白狐 授位南邊第一 (『三國史記』9 新羅本紀 9)
신라	(夏四月) 大永郞獻白狐 授位南邊第一 (『三國史節要』12)

고구려 백제	(五月)丙辰 遣使固守三關 (…) 從三位多治比眞人廣足百濟王敬福 正四位下鹽燒王 從四位下山背王 正四位下大伴宿禰古麻呂 從四位上高麗朝臣福信 正五位上佐伯宿禰今毛人 從五位下小野朝臣田守大伴宿禰伯麻呂爲山作司 (…) (『續日本紀』19 孝謙紀)

3115) 이 기사에는 연대 표기가 없으나, 『舊唐書』高仙芝傳에 의거하여 天寶14載(755)로 편년하였다.
3116) 이 기사에는 연대 표기가 없으나, 『三國史記』新羅本紀 등에 의거하여 天寶15년(756) 2월로 편년하였다

신라	第三世四十九人 (…) 益州無相禪師[資州處寂禪師出四人]益州長松山馬禪師超禪師梓州曉了禪師 (『景德傳燈錄』4 第三十二祖弘忍大師五世 旁出一百七人)3117)
신라	益州保唐寺無住禪師[無相禪師出四人 一人見錄]荊州明月山融禪師漢州雲頂山王頭陀益州淨衆寺神會禪師武誠禪師[墇界愼徽禪師出已上四人無機緣語句不錄] (『景德傳燈錄』4 第三十二祖弘忍大師五世 旁出一百七人 第四世七人 前益州無相禪師等法嗣五人)
신라	前資州處寂禪師復出四人 益州無相禪師益州長松山馬禪師超禪師梓州曉了禪師 (『景德傳燈錄』4 第三十二祖弘忍大師五世 旁出一百七人 第三世四十九人)
신라	前益州無相禪師法嗣五人[一人見錄] 益州保唐寺無住禪師荊州明月山融禪師漢州雲頂山王頭陀益州淨衆寺神會禪師 (『景德傳燈錄』4 第三十二祖弘忍大師五世 旁出一百七人 第四世七人)
신라	釋無相 本新羅國人也 是彼土王第三子 於本國正朔年月生 (…) 以至德元年建午月3118)十九日 無疾示滅 春秋七十七 臨終或問之曰 何人可繼住持乎 乃索筆書百數字 皆隱不可知 諧而叶韻 記荊八九十年事 驗無差失 先是 武宗廢敎 成都止留大慈一寺 淨衆例從除毀 其寺巨鐘 乃移入大慈矣 洎乎宣宗 中興釋氏 其鐘却還淨衆 以其鐘大 隔江 計功兩日方到 明日方欲爲齋辰 去迎取巳時已至 推挽之勢 直若飛焉 咸怪神速 非人力之所致也 原其相之舍利 分塑眞形 爾日面皆流汗 上足李僧以巾旋拭 有染指者 其汗頗鹹 乃知相之神力 自曳鐘也 變異如此 一何偉哉 後號東海大師塔焉 乾元三年 資州刺史韓汯撰碑 至開成中 李商隱作梓州四證堂碑 推相爲一證也 (『宋高僧傳』19 感通 6-2 唐成都淨衆寺無相)3119)
신라	唐無相 新羅國王之子也 (…) 至德元年五月十九日 無疾而終 春秋七十七 塔號東海大師 乾元間 刺史韓汯撰碑 (『新修科分六學僧傳』30 定學禪化科 唐無相)
신라	釋無相 新羅國人也 是彼土王第三子 (…) 以至德元年 卒 壽七十七 (『神僧傳』7 無相)3120)
발해	天寶末 欽茂徙上京 直舊國三百里忽汗河之東 訖帝世 朝獻者二十九 (『新唐書』219 列傳 144 北狄 渤海)3121)
발해	(傳) (…) 玄宗世 朝獻者二十九 (『玉海』153 朝貢 外夷來朝內附 唐渤海遣子入侍)
말갈	訖帝世 朝獻者十五 (『新唐書』219 列傳 144 北狄 黑水靺鞨)3122)
발해 말갈	其拂涅利等諸部落 自國初至天寶末 亦嘗朝貢 或隨渤海使而來 唯郡利莫曳皆三兩部未至 及渤海浸强 黑水亦爲其所屬 (『唐會要』96 靺鞨)
발해 말갈	其拂涅鐵利等諸部落 自唐初天寶末 亦嘗朝貢 或隨渤海使而來 惟郡利莫曳皆三兩部未至 及渤海浸强 黑水亦爲其役 (『太平寰宇記』175 四夷 4 勿吉國)
말갈	(實錄) (…) 拂涅 開元天寶間 八來 獻鯨睛貂鼠白兎皮 (『玉海』153 朝貢 外夷來朝內附 唐葛邏祿內屬)

3117) 無相禪師가 至德元年(756) 5월19일에 사망하였으므로, 그 앞에 배치하였다
3118) 5월을 가리킨다 그에 따라 편년하였다
3119) 『歷代法寶記』에는 寶應元年(762) 5월19일로 되어 있다
3120) 이 기사에는 월일 표기가 없으나, 『宋高僧傳』 등에 의거하여 5월19일로 편년하였다
3121) 天寶 연호는 天寶14년(756) 7월12일(甲子)까지 사용되었다 그 기간에 따라 이 기사를 742~756년으로 기간편년하고 마지막해인 756년의 7월12일(甲子)에 배치하였다
3122) 天寶 연호는 天寶14년(756) 7월12일(甲子)까지 사용되었다 그 기간에 따라 이 기사를 742~756년으로 기간편년하고 마지막해인 756년의 7월12일(甲子)에 배치하였다

말갈	(傳) (…) 訖玄宗世 朝獻者十五 (『冊府元龜』153 朝貢 外夷來朝內附 唐靺鞨入朝)
발해	唐置羈縻諸州 皆傍塞外 或寓名於夷落 而四夷之與中國通者甚衆 若將臣之所征討 救使之所慰賜 宜有以記其所從出 天寶中 玄宗問諸蕃國遠近 鴻臚卿王忠嗣以西域圖對 纔十數國 其後貞元宰相賈耽考方域道里之數最詳 從邊州入四夷 通譯于鴻臚者莫不畢紀 其入四夷之路與關戍走集 最要者七 一曰營州入安東道 二曰登州海行入高麗渤海道 三曰夏州塞外通大同雲中道 四曰中受降城入回鶻道 五曰安西入西域道 六曰安南通天竺道 七曰廣州通海夷道 其山川聚落 封略遠近 皆概擧其目 州縣有名而前所不錄者 或夷狄所自名云 (『新唐書』43下 志 33下 地理 7下 河北道)
발해	(地理志) 唐置羈縻諸州 皆傍塞外 或寓名於夷落 而四夷之與中國通者甚衆 若將臣所征討 勅使所慰賜 宜有以記其所從出 天寶中 元[3123)宗問諸蕃國遠近 鴻臚卿王忠嗣以西域圖對 纔十數國[見後] 其後正[3124)元宰相賈耽考方域道里之數最詳 從邊州入四夷 通譯于鴻臚者莫不畢紀 其入四夷之路與關戍走集 最要者七 一曰營州入安東道 二曰登州海行入高麗渤海道 三曰夏州塞外通大同雲中道 四曰中受降城入回鶻道 五曰安西入西域道 六曰安南通天竺道 七曰廣州通海夷道 其山川聚落 封略遠近 皆槩擧其目 州縣有名而前所不錄者 或夷狄所自名 (『冊府元龜』15 地理 地理書 唐皇華四達記西域圖)[3125)
신라	釋元表 本三韓人也 天寶中 來遊華土 仍往西域瞻禮聖跡 遇心王菩薩指示支提山靈府 遂負華嚴經八十卷 尋訪霍童禮天冠菩薩 至支提石室而宅焉 先是 此山不容人居 居之必多霆震猛獸毒蟲 不然鬼魅惑亂於人 曾有未得道僧輒居一宿 爲山神驅斥 明旦 止見身投山下數里間 表齎經棲泊澗飮木食 後不知出處之蹤矣 (『宋高僧傳』30 雜科聲德 10-2 唐高麗國元表)[3126)
신라	唐元表 高麗人 天寶中 西遊中國 且將往天竺巡禮聖跡 遇心王菩薩 語以支提山 卽天冠菩薩所住處 於是頂戴華嚴經八十卷 南造閩越而居是山 異日 是山猛獸毒虫鬼魅充斥 非人所居地 嘗有僧宿 且見其身乃在山麓十數里外 蓋神明擲置之也 (『新修科分六學僧傳』28 定學證悟科 唐元表)[3127)
신라	天寶已後 海路多爲新羅絶隔 朝貢乃由明州越州等路 (『太平寰宇記』174 四夷 3 東夷 3 倭國)
신라	秋七月 皇太子卽位于靈武 是爲肅宗 旬日諸鎭節度兵至者數十萬 乃以房琯爲相 兼元帥討賊 未幾爲祿山所敗 于時寇難方劇 或言宜憑福祐 帝納之引沙門百餘人 行宮結道場 朝夕諷唄 帝一夕夢沙門身金色 誦寶勝如來名 以問左右 或對曰 賀蘭(山)白草谷有新羅僧名無漏者 常誦此佛 頗有神異 帝益訝之 有旨追見無漏 固辭不赴 尋勅節度郭子儀諭旨 無漏乃來見于行在 帝悅曰 眞夢中所見僧也 旣而三藏不空亦見于行宮 帝倂留之託以祈禳 (『佛祖歷代通載』13 唐肅宗 新羅無漏)
신라	時寇難方盛 或勸帝宜憑佛祐 詔沙門百人 入行宮朝夕諷唄 帝一夕夢 沙門身金色 誦

3123) 저본에는 '元'으로 되어 있으나, '玄'의 避諱이다
3124) 저본에는 '正'으로 되어 있으나, '貞'의 避諱이다
3125) 天寶 연호는 天寶14년(756) 7월12일(甲子)까지 사용되었다 그 기간에 따라 이 기사를 742~756년으로 기간편년하고 마지막해인 756년의 7월12일(甲子)에 배치하였다
3126) 天寶 연호는 天寶14년(756) 7월12일(甲子)까지 사용되었다 그 기간에 따라 이 기사를 742~756년으로 기간편년하고 마지막해인 756년의 7월12일(甲子)에 배치하였다
3127) 天寶 연호는 天寶14년(756) 7월12일(甲子)까지 사용되었다 그 기간에 따라 이 기사를 742~756년으로 기간편년하고 마지막해인 756년의 7월12일(甲子)에 배치하였다

	寶勝如來 以問左右 或對曰 賀蘭白草谷 有新羅僧無漏 常誦此名 召見行在 既而不空 至 遂幷留之託以祈福 (『佛祖統紀』40 法運通塞志 17-7 唐肅宗至德元載)[3128]
신라	釋無漏 姓金氏 新羅國王第三子也 (…) 無何安史兵亂兩京版蕩 玄宗幸蜀 肅宗訓兵靈武 帝屢夢有金色人念寶勝佛於御前 翌日 以夢中事問左右 或對曰 有沙門行迹 不群居于北山 兼恒誦此佛號 肅宗乃宣徵不起 命朔方副元帥中書令郭子儀親往諭之 漏乃爰來 帝視之曰 眞夢中人也 迨乎羯虜盪平翠華旋復 置之內寺供養 (『宋高僧傳』21 感通 6-4 唐朔方靈武下院無漏傳)[3129]
신라	唐無漏 姓金氏 新羅國王子也 (…) 安史之亂 肅宗治兵靈武 屢夢金色人前唱寶勝如來名號 詢之群臣 擧以漏對 卽徵聘不爲起 後命朔方副元帥中書令郭子儀 躬至諭旨 始奉詔 逮陞謁 上睠視曰 此誠夢中所見者 留之內道場供養 (『新修科分六學僧傳』28 定學證悟科 唐無漏)[3130]
신라	釋無漏 姓金氏 新羅國王之次子也 (…) 無何安史兵亂 肅宗訓兵靈武 屢夢有金色人念寶勝佛於御前 翼日 以夢中事問左右 或對曰 有沙門行迹 不群居于此山 恒誦此佛號 召至 帝視之曰 眞夢中人也 及旋 置之內寺供養 (『神僧傳』8 無漏)[3131]
신라	釋地藏 姓金氏 新羅國王之支屬也 (…) 至德年初 有諸葛節 率村父自麓登高 深極無人 雲日鮮明 居唯藏孤然 閉目石室 其房有折足鼎 鼎中白土和少米烹而食之 郡老驚歎曰 和尚如斯苦行 我曹山下列居之咎耳 相與同構禪宇 不累載而成大伽藍 (『宋高僧傳』20 感通 6-3 唐池州九華山化城寺地藏)
신라	唐地藏 姓金氏 新羅國王族子也 (…) 至德初 檀越諸葛節偶登絶頂 觀覽形勝 見藏獨坐巖穴 殊可念 閱其有 僅一鼎已折足 問安所食 則曰 日以米少許 和白土作糜而已 節大駭 亟拜曰 和尚苦行如此 我曹不知則罪深矣 於是徧告近遠 相率以施 不累歲而成梵宇焉 (『新修科分六學僧傳』6 傳宗科 唐地藏)
신라	釋地藏 俗姓金氏 新羅國王之支屬也 (…) 至德年初 有諸葛節 率村父自麓登高 深極無人 唯藏孤然 閉目石室 其房有折足鼎 鼎中白土和少米烹而食之 群老驚嘆曰 和尚如斯苦行 我曹山下列居之咎耳 相與同構禪宇 不累載而成大伽藍 (『神僧傳』8 地藏)
신라	至德初 諸葛節爲之建殿宇 厥後僧徒日衆 (『九華山志』2 形勝門 2 民國蔣維喬九華山紀遊)
신라	金地藏塔 在化城寺西之神光嶺 卽菩薩一期應化安葬全身之肉身塔 金地藏者 唐時新羅國王金憲英之近族也 自幼出家 法名喬覺 (…) 逮至德初 有諸葛節等見之 遂羣相驚歎曰 和尚苦行如此 某等深過已 乃買僧檀公舊地 建化城寺請居之 (『九華山志』3 梵刹門 3 1 叢林 金地藏塔)
신라	化城寺 在天台峯西南 (…) 唐至德初 諸葛節等 買僧檀公舊地 爲金地藏建 (…) 釋地藏 俗姓金氏 新羅國王之支屬也 (…) 至德初 有諸葛節 率村父自麓登高 深極舞人 唯藏孤然 閉目石室 其旁有折足鼎 鼎中白土和少米烹而食之 羣老驚歎曰 和尚如斯苦行 我曹山下列居之咎耳 相與同構禪宇 不累載而成大伽藍 (『九華山志』3 梵刹門 3 1 叢林 化城寺)
신라	(開元末)時有僧地藏 則新羅王子金氏近屬 項聳奇骨 軀長七尺 而力倍百夫 (…) 逮至德初 有諸葛節等 自麓登峰 山深無人 雲日雖鮮明 居唯一僧 閉目石室 其旁折足鼎中 唯白土少米烹而食之 羣老投地號泣 和尚苦行若此 某等深過已 出泉布 買檀公舊地 敢冒死請 大師從之 近山之人 聞者四集 伐木築室 煥乎禪居 有上首僧勝瑜等 同建臺

3128) 이 기사에는 월 표기가 없으나, 『佛祖歷代通載』에 의거하여 7월로 편년하였다
3129) 이 기사에는 연대 표기가 없으나, 『佛祖歷代通載』에 의거하여 至德元年(756) 7월로 편년하였다
3130) 이 기사에는 연대 표기가 없으나, 『佛祖歷代通載』에 의거하여 至德元年(756) 7월로 편년하였다
3131) 이 기사에는 연대 표기가 없으나, 『佛祖歷代通載』에 의거하여 至德元年(756) 7월로 편년하였다

	殿 梗枏豫章 土地生焉 斷而䣠之 珷玞琪瓊 不求他山 肆其磨礱 開鑿濬澗 盡成稻田 相水攸瀦 爲放生池 乃當殿設釋迦文像 左右備飾 次立朱臺 挂蒲牢於其中 立樓門以 冠其寺 丹素交彩 層層倚空 嵒巒隊起於前面 松檜陣横於後嶺 日月晦明以增其色 雲 霞聚散而變其狀 松聲猨嘯 相與斷續 都非人間也 (『九華山志』6 檀施門 6 2 財施 唐費冠卿 九華山創建化城寺記)
신라	唐至德初 地藏自新羅國航海而來 卓錫九華 聚其學徒 屢著靈異 太守張巖 身親護法 爲之創寺 奏請賜額化城 後此 高僧名賢 流連化城 趾相錯 其擔簦而拈花壇坫者不一 人 留玉帶以鎭山門者不一事 (…) 更盛于前 柱其功者 爲太守喻公 公分理是邦 德信 而風和 政暇 時一來遊 與山僧證可 矚化城之頹敝不立者 悉去而鼎新之 自庀材 及落 成 凡若干月[用] 塗以丹漆 像以泥金 銘禪師杯 而駐地藏錫 自有華以來 騎驢伏虎有 石 (『九華山志』6 檀施門 6 2 財施 淸吳國柱重建九華化城寺碑記)
신라	至德初 諸葛節等 拓僧檀公舊地 建殿宇 延地藏居之 (『九華山志』6 檀施門 6 2 財 施 淸劉含芳重修化城寺記)
신라	上皇駐蹕成都 内侍高力士奏 城南市有僧英幹 於廣衢施粥以救貧餒 願國運再淸克復 疆土 欲於府東立寺爲國崇福 上皇說 御書大聖慈寺額 賜田一千畝 勅新羅全[金]禪師 爲立規制 凡九十六院 八千五百區 全[金]禪師後往池州九華山坐逝 全身不壞 骨如金 鎖 壽九十九 (『佛祖統紀』40 法運通塞志 17-7 唐肅宗至德元載)[3132]
신라	至德 維[3133]不行 猶用天寶 (『三國史記』31 年表 下)
신라	君家東海東 君去因秋風 漫漫指鄉路 悠悠如夢中 煙霧積孤島 波濤連太空 冒險當不 懼 皇恩措爾躬 (『全唐詩』3函 9册 沈頌 送金文學還日東)[3134]

757(丁酉/신라 경덕왕 16/발해 문왕 21 大興 21/唐 至德 2/日本 天平勝寶 9, 天平寶字 1)

신라	春正月 上大等思仁病免 伊湌信忠爲上大等 (『三國史記』9 新羅本紀 9)
신라	春正月 上大等思仁病免 以伊湌信忠代之 (『三國史節要』12)
신라	三月 除內外群官月俸 復賜祿邑 (『三國史記』9 新羅本紀 9)
신라	三月 除內外群官月俸 復賜祿邑 (『三國史節要』12)
고구려 백제 신라	
	(夏四月辛巳) 勅曰 (…) 其高麗百濟新羅人等 久慕聖化 來附我俗 志願給姓 悉聽許之 其戶籍記 無姓及族字 於理不穩 宜爲改正 (…) (『續日本紀』20 孝謙紀)
고구려 백제	(五月丁卯) 從四位上文室眞人大市阿倍朝臣沙彌麻呂高麗朝臣福信 竝正四位下 (…) 從五位上藤原朝臣千尋百濟王元忠阿倍朝臣嶋麻呂粟田朝臣奈勢麻呂大伴宿禰犬養中 臣朝臣淸麻呂石川朝臣名人勤臣東人葛木宿禰戶主 竝正五位下 從五位下日下部宿禰 子麻呂下毛野朝臣稻麻呂縣犬養宿禰小山守小野朝臣東人多治比眞人土作藤原朝臣宿 奈麻呂藤原朝臣魚名石上朝臣宅嗣大倭忌寸東人百濟朝臣足人播美朝臣奧人 竝從五位 上 (…) (『續日本紀』20 孝謙紀)

3132) 이 기사에는 월 표기가 없으나, 『佛祖歷代通載』에 의거하여 7월로 편년하였다

3133) 문맥상 維는 新羅를 의미하는 羅가 분명하므로, 羅로 표기함이 옳다.

3134) 본문의 김문학은 신라 사람으로 누구인지는 알 수 없다. 하지만 심송이 당 현종대(712~756)의 인물인 점으로 미루어 712~756년으로 기간편년하고 756년에 편제하였다.

백제   (六月壬辰) 從三位百濟王敬福爲出雲守 (…) (『續日本紀』20 孝謙紀)

고구려   (秋七月戊申)是日夕 中衛舍人從八位上上道臣斐太都告內相云 今日未時 備前國前守 小野東人喚斐太都 謂云 有王臣謀殺皇子及內相 汝能從乎 斐太都問云 王臣者爲誰等 耶 東人答云 黃文王 安宿王 橘奈良麻呂 大伴古麻呂等 徒衆甚多 斐太都又問云 衆 所謀者將若爲耶 東人答云 所謀有二 一者 驅率精兵四百 將圍田村宮 二者 陸奧將軍 大伴古麻呂今向任所 行至美濃關 詐稱病請欲相見一二親情 蒙官聽許 仍卽塞關 斐太 都良久答云 不敢違命 先是 去六月 右大弁巨勢朝臣堺麻呂密奏 爲問藥方 詣答本忠 節宅 忠節回語云 大伴古麻呂告小野東人云 有人欲劫內相 汝從乎 東人答云 從命 忠 節聞斯語 以告右大臣 大臣答云 大納言年少也 吾加敎誨宜莫殺之 是日 內相藤原朝 臣仲麻呂具奏其狀 警衛內外諸門 乃遣高麗朝臣福信等 率兵追捕小野東人 答本忠節 等 竝皆捉獲 禁着左衛士府 又遣兵圍道祖王於右京宅 (『續日本紀』20 孝謙紀)

고구려 백제   (七月庚戌) 又問佐伯古比奈 款云 賀茂角足請高麗福信 奈貴王 坂上苅田麻呂 巨勢苗 麿 牡鹿嶋足 於額田部宅飮酒 其意者爲令此等人莫會發逆之期也 又角足與逆賊謀 造 田村宮圖 指授入道 於是 一皆下獄 又分遣諸衛 掩捕逆黨 更遣出雲守從三位百濟王 敬福 大宰帥正四位下船王等五人 率諸衛人等 防衛獄囚 拷掠窮問 (…) (『續日本紀』 20 孝謙紀)

신라   按神僧傳云 佛滅度一千五百年 菩薩降迹於新羅國王家 姓金 號喬覺 (…) 菩薩入定二 十年 至至德二年七月三十日 顯聖 起塔 至今成大道場[見百丈淸規證義] (…) 神僧傳 大士於永徽四年 來華 時二十四歲 端坐七十五載 至開元十六年 年九十九 成道入定 考之唐史 歲數不悞 然謂入定二十年 至至德二年 顯聖 考唐史有三十年 是其所記有 十年之錯 宋傳不載來華之歲 (…) 明嘉靖九華志 更謂大士於建中元年來漢 則在至德 二年 造寺後之二十二年 (…) 與地藏爲同時同地之人 其所記 自足爲千秋信史 各傳之 訛 不待辯矣 (『九華山志』1 聖迹門 16 應化)

신라   秋七月 重修永昌宮 (『三國史記』9 新羅本紀 9)
신라   秋七月 修永昌宮 (『三國史節要』12)

신라   八月 加調府史二人 (『三國史記』9 新羅本紀 9)
신라   八月 加調府史二人 (『三國史節要』12)

신라   至德二載十月 從北靈出 向定遠城 及豊寧軍使揚含璋處 出行文 軍使苦留問和上 佛 法爲當只在劍南 爲復此間亦有 若彼此一種 緣何故去 和上答 若識心見性 佛法遍一 切處 無住爲在學地 善知識在劍南 所以遠投 軍使又問和上 善知識是誰 和上答 是無 相和上 俗姓金 時人號金和上也 (『歷代法寶記』劍南城都府大曆保唐寺無住和上)

백제   (十二月)壬子 太政官奏曰 旌功 錫命 聖典攸重 褒善行封 明王所務 我天下也 乙巳以 來 人人立功 各得封賞 但大上中下雖載令條 功田記文或落其品 今故比校昔今 議定 其品 (…) 正五位上大和宿禰長岡 從五位下陽胡史眞身 竝養老二年修律令功田各四町 外從五位下失集宿禰蟲麻呂 外從五位下鹽屋連古麻呂 竝同年功田各五町 正六位上百 濟人成同年功田四町 五人竝執持刀筆刪定科條 成功雖多 事匪匡難 比校一同下毛野 朝臣古麻呂等 依令下功 合傳其子以上一十四條當今所定 (『續日本紀』20 孝謙紀)

신라　冬十二月　改沙伐州爲尙州　領州一郡十縣三十　歃良州爲良州　領州一小京一郡十二縣
三十四　菁州爲康州　領州一郡十一縣二十七　漢山州爲漢州　領州一小京一郡二十七縣
四十六　首若州爲朔州　領州一小京一郡十一縣二十七　熊川州爲熊州　領州一小京一郡
十三縣二十九　河西州爲溟州　領州一郡九縣二十五　完山州爲全州　領州一小京一郡十
縣三十一　武珍州爲武州　領州一郡十四縣四十四[良州一作梁州] (館國史記』9 新羅
本紀 9)

신라　冬十二月　置九州　改郡縣名　以沙伐州爲尙州　領州一　郡十　縣三十[三國史　尙州　領縣
三　靑驍縣　本音里火縣　多仁縣　本達已縣[或云多已]　化昌縣　本知乃彌知縣　醴泉郡　本
水酒郡　領縣四　永安縣　本下枝縣[高麗史　右下枝山　一名豊岳]　安仁縣　本蘭山縣　嘉猷
縣　本近[一作巾]品[高麗史　一作岩]縣　殷正縣　本赤牙縣　古昌郡　本古陁耶郡　領縣三
直寧縣　本一直縣　日谿縣　本熱兮縣[或云泥兮]　高丘縣　本仇火縣[或云高近]　聞韶郡　本
召文國　領縣四　眞實3135)縣　本柒巴火縣　比屋縣　本阿火屋縣[一云并屋]　安賢縣　本阿
尸兮縣[一云阿乙△]　單[高麗史　一作丹]密縣　本武冬彌知[一云△冬彌知]　嵩善郡　本一
善郡　領縣三　孝靈縣　△芼兮縣　尒同兮縣　軍威縣　本奴同覓縣[一云如豆覓]　開寧郡　古
甘文小國也　領縣四　禦侮縣　本今勿縣[一云陰達]　金山縣　知禮縣　本知品川縣　茂豊縣
本茂山縣　永同郡　本吉同郡　領縣二　陽山縣　本助比川縣　黃澗縣　本召羅縣　管城郡　本
古尸山郡　領縣二　利山縣　本所利山縣　縣貞縣　本阿冬号縣　三年郡　本三年山郡　領縣
二　淸川縣　本薩買縣　耆山縣　本屈山[高麗史　一云△山]縣　古寧郡　本古寧加耶國　新羅
取之　爲古冬攬郡[一云古陵縣]　領縣三　嘉善縣　本加害縣　冠山縣　本冠縣[一云冠文縣
高麗史　一云高思葛伊城]　虎溪縣　本虎側縣[高麗史　一云拜山城]　化寧郡　本荅達匕郡
[一云沓達]　領縣一　道安縣　本刀良縣]
歃良州爲良州　領州一　小京一　郡十二　縣三十四[三國史　良州　領縣一　巘陽縣　本居知
火縣　金海小京　古金官國[一云伽落國　一云伽耶]　義安郡　本屈自郡　領縣三　漆堤縣　本
漆吐縣　合浦縣　本骨浦縣　熊神縣　本熊只縣　密城郡　本推火郡　領縣五　尙藥縣　本西火
縣　密津縣　本推浦縣[一云竹山]　烏丘山縣　本烏也山縣[一云仇道　一云烏礼山]　荊山縣
本驚山縣　蘇山縣　本率已山縣　火王郡　本比自火郡[一云比斯伐]　領縣一　玄驍縣　本推
良火縣[一云三良火]　壽昌郡[壽一作嘉]　本喟火郡[高麗史　一云上村昌郡]　領縣四　大丘
縣　本達句火縣　八里縣　本八居里縣[一云北耻長里　一云仁里]　河濱縣　本△斯只縣[一
云沓只]　花園縣　本古火縣　獐山郡　領縣三　觧顔縣　本雉省火縣[一云美里]　餘粮縣　本
麻珍[一作弥]良縣　慈仁縣　本奴斯火縣　臨皐郡　本切也火郡　領縣五　長鎭縣　臨川縣　道
同縣　本刀冬火縣　新寧縣　本史丁火縣　黽白縣　本買熱次縣　東萊郡　本柒山郡　領縣二
東平縣　本大甑縣　機張縣　本甲火良谷縣　東安郡　本生西良郡　領縣一　虞風縣　本于火
縣　臨關郡　本毛火[一作蚊化]郡　領縣二　東津縣　本栗浦縣　河曲[一作西]縣　義昌郡　本
退火郡　領縣六　安康縣　本比火縣　鬐立縣　本只沓縣　神光縣　本東仍音[高麗史　一云神
乙]縣　臨汀縣　本斤烏友[高麗史　一作烏良友]縣　杞溪縣　本芼兮縣[一云化雞]　音汁火縣
婆娑王時取音汁伐國　置縣　大城郡　本仇刀城境內　率伊山城　茄山縣[一云驚山城]　烏刀
山城等三城　約章縣　本惡支縣　東畿停　本毛只停　商城郡　本西兄山郡　南畿停　本道品
兮停　中畿停　本根乃停　西畿停　本豆良彌知停　北畿　本雨谷停　莫耶停　本官阿良支停
[一云北阿良]]
菁州爲康州　領州一　郡十一　縣二十七[三國史　康州　分晉州　領縣二　嘉壽[高麗史　嘉
樹]縣　本加主火縣　屈村縣　南海郡　領縣二　蘭浦縣　本內浦縣[高麗史　在南海島]　平山
縣　本平西山縣[一云西平　高麗史　在南海島]　河東郡　本韓多沙郡　領縣三　省良縣　嶽陽

3135) 저본에는 ‘實’로 되어 있으나, 館國史記』에 의거하여 ‘寶’로 수정해야 한다

縣 本小多沙縣 河邑縣 本浦村縣 固城郡 本[高麗史 小加耶國 新羅取之置]古自郡 領
縣三 蚊火良縣 泗水縣 本史勿縣 尙善縣 本一善縣 咸安郡 領縣二 玄武縣 本召彡縣
宜寧縣 本獐含縣 巨濟郡 領縣三 鵝洲縣 本巨老縣[高麗史 在巨濟島] 溟珍縣 本買珍
伊縣[高麗史 在巨濟島] 南垂縣 本松邊縣[高麗史 在巨濟島] 闕城郡 本關△郡 領縣二
丹邑縣 本赤村縣 山陰縣 本知品川縣 天嶺郡 本速含郡 領縣二 雲峰縣 本母山縣[或
云阿英城 或云阿莫城] 利安縣 本馬利縣 居昌郡 本居烈郡[或云居陁] 領縣二 餘善縣
本南內縣 咸陰縣 大3136)加召縣 高靈郡 本大加耶國 領縣二 冶爐縣 本赤火縣 新復
縣 本加尸兮縣 江陽郡 本大良[一作耶]州郡 領縣三 三岐縣 本三支縣[一云麻杖] 八△
△ 本草八兮縣 宜桑縣 本辛尒縣[一云朱△村 一云泉△縣] 星山郡 本一利郡[一云里
山郡] 領縣四 壽同縣 本斯同火縣 谿子縣 本大木[高麗史 一云七村]縣 新安縣 本本
彼縣 都川3137)縣 本狄山縣]

漢山州爲漢州 領州一 小京一 郡二十七 縣四十六 [三國史 漢州本高句麗漢山郡 領縣
二 黃武縣 本高句麗南川[高麗史 一云 南買]縣 巨黍縣 本高句麗駒城[高麗史 一云滅
烏]縣 中原京 本高句麗國原城 槐壤郡 本高句麗仍斤內郡 泝[一作沂]川郡 本高句麗
述川[高麗史 一云省知買]郡 領縣二 黃驍縣 本高句麗骨乃斤縣 濵陽縣 本高句麗楊根
[高麗史 一云恒陽]縣 黑壤郡[一云黃壤郡] 本高句麗今勿奴郡[高麗史 一云萬弩郡 一
云△知 一云新知] 領縣二 都西縣 本高句麗道西縣 陰城縣 本高句麗仍忽縣 介山郡
本高句麗皆次山郡 領縣一 陰竹縣 本高句麗奴音竹縣 白城郡 本高句麗奈兮忽 領縣
二 赤城縣 本高句麗沙伏忽 蛇山縣 水城郡 本高句麗買忽郡 唐恩郡 本高句麗唐城郡
領縣二 車城縣 本高句麗上[一作車]忽縣 振威縣 本高句麗釜山縣[高麗史 古△達部曲
一云金山縣 又松村活達] 栗津郡 本高句麗栗木[高麗史 一云冬斯兮]郡 領縣三 穀壤
縣 本高句麗仍伐奴縣 孔巖縣 本高句麗濟次巴3138)衣縣 邵城縣 本高句麗買召忽縣[高
麗史 一云弥趙忽] 獐口郡 本高句麗獐項口縣 長堤郡 本高句麗主夫吐郡 領縣四 戍城
縣 本高句麗首尒忽 金浦 本高句麗黔浦縣 童城縣 本高句麗童子忽[一云幢山縣 高麗
史 一云仇斯波衣]縣 分津縣 本高句麗平唯[高麗史 平淮]押縣[高麗史 一名北史城 一
云別史波衣] 漢陽郡 本高句麗北漢山郡[一云平壤] 領縣二 荒壤縣 本高句麗骨衣奴縣
遇王[高麗史 一云王逢]縣 本高句麗皆伯縣 來△郡 本高句麗買省縣[高麗史 一云昌化
郡] 領縣二 重城縣 本高句麗七重縣 波平縣[高麗史 一作坡] 本高句麗波害平史3139)
縣 交河郡 本高句麗泉井口縣[高麗史 一云△火郡 一云△乙買串] 領縣二 峯城縣 本
高句麗述尒忽縣 高烽[高麗史 高峯]縣 本高句麗達乙省縣 堅城郡 本高句麗馬忽[高麗
史 一云命旨]郡 領縣二 沙川縣 本高句麗內乙買[高麗史 一云內尒米]縣 洞陰縣 本高
句麗梁骨縣 鐵城郡 本高句麗鐵圓[高麗史 一云毛乙冬非]郡 領縣二 㠉梁縣 本高句麗
僧梁[高麗史 一云非勿]縣 功成縣 本高句麗功木達[高麗史 一云熊閃山]縣 富平郡 本
高句麗夫如郡 領縣一 廣平縣 本高句麗斧壤縣[高麗史 一云於斯內縣] 兎山郡 本高句
麗烏斯含達縣 領縣三 安峽縣 本高句麗阿珍押[高麗史 一云△岳]縣 朔邑縣 本高句麗
所邑豆縣 伊川縣 本高句麗伊珍買縣 牛峯郡 本高句麗牛岑[高麗史 一云牛嶺 一云首
知衣]郡 領縣三 臨江縣 本高句史獐項[高麗史 一云古斯也忽次]縣 長湍縣 本高句麗
長淺城[高麗史 一云耶耶 一云夜牙]縣 臨端縣 本高句麗麻田淺[高麗史 一云泥沙波忽]
縣 松岳郡 本高句麗扶蘇岬 領縣二 如羆縣 本高句麗若豆恥[高麗史 △云之蟠 一云朔
頭]縣 江陰縣 本高句麗屈押[高麗史 一云江西]縣 開城郡 本高句麗冬比忽 領縣二 德
水縣 本高句麗德勿縣[高麗史 一云仁勿縣] 臨津縣 本高句麗津臨城[高麗史 一云烏阿

3136) 저본에는 ‘大’로 되어 있으나, 『三國史記』에 의거하여 ‘本’으로 수정해야 한다
3137) 저본에는 ‘川’으로 되어 있으나, 『三國史記』에 의거하여 ‘山’으로 수정해야 한다
3138) 저본에는 ‘已’로 되어 있으나, 『三國史記』에 의거하여 ‘巴’로 수정해야 한다
3139) 저본에는 ‘吏’로 되어 있으나, 『三國史記』에 의거하여 ‘史’로 수정해야 한다

忽] 海口郡 本高句麗穴口[高麗史 一云甲比古次]郡 在海中 領縣三 江陰縣 本高句麗冬音奈縣[高麗史 一云芽音縣] 在穴口島內 喬橋[3140]縣 本高句麗高木根縣[高麗史 一名戴雲島 一云高林 一云△乙斬] 守鎭[高麗史 首鎭]縣 本高句麗首知縣[高麗史 在江華島內] 永豐郡 本高句麗大谷[高麗史 一云多知忽]郡 領縣 檀溪縣 本高句麗水谷城[高麗史 一云買且忽]縣 鎭湍縣 本高句麗十谷△縣[高麗史 一云德頓忽 一云谷城縣 一云古谷郡] 海皐郡 本高句麗冬彡[一作音]忽郡[高麗史 一云豉塩城] 領縣一 雊澤縣 本高句麗刀臘縣[高麗史 一云雉岳城] 瀑池郡 本高句麗內米忽[高麗史 一云池城 一云艮池]郡 重盤郡 本高句麗息成郡[高麗史 一云漢城郡 一云漢忽 一云乃忽] 栖嵒郡 本高句麗鵂嵒郡[高麗史 一云△坡衣 一云△△城] 五開[3141]郡 本高句麗五谷[高麗史 一云于次呑忽]郡 領縣一 獐塞縣[高麗史 一云△所於]

首若州爲朔州 領州一 小京一 郡十一 縣二十七[三國史 朔州領縣三 綠驍縣 本高句麗伐力川縣 潢川縣 本高句麗横川[高麗史 一云於斯買]縣 砥平懸 本高句麗砥峴縣 北原京 奈隄郡 本高句麗奈吐郡 領縣二 淸風縣 本高句麗沙熱伊縣[高麗史 一云赤城縣] 奈靈郡 領縣二 善谷縣 本高句麗買谷縣 王馬縣 本高麗句古斯馬縣 岌山郡 本高句麗及伐山郡 領縣一 鄰豐縣 本高句麗伊伐支縣 嘉平[高麗史 一作加]郡 本高句麗斤平[高麗史 一云並平]郡 領縣一 浚水縣 本高句麗深川[高麗史 一云伏斯買]縣 楊麓郡 本高句麗楊口[高麗史 一云要隂忽次]郡 領縣三 狶蹄縣 本高句麗猪足[高麗史 二云烏斯△]縣 馳道縣 本高句麗玉岐[高麗史 一云皆次丁]縣 三嶺縣 本高句麗三峴[高麗史 一云密波兮]縣 狼川郡 本高句麗狌川[高麗史 一云也尸買]郡 大楊郡 本高句麗大楊菅[高麗史 一云馬斤押]郡 領縣二 藪川縣 本高句麗藪狌川縣 文登縣 本高句麗文峴縣[高麗史 文見縣 一示斤尸波兮] 益城郡 本高句麗母城郡[高麗史 一云也次忽] 岐城郡 本高句麗冬斯忽郡 領縣一 通溝縣[高麗史 溝一作口] 本高句麗大△縣[高麗史 一云 買伊縣] 連城郡 本高句麗各[一作客]連城[高麗史 一云加兮牙]郡 領縣△ 丹松縣 本高句麗赤木鎭[高麗史 一云沙非斤乙] 軼雲縣 本高句麗管述縣 狶領縣 本高句麗猪守峴縣 朔庭郡 本高句麗比列忽郡 領縣五 瑞谷縣 本高句麗庌谷[高麗史 一云首乙呑縣] 蘭山縣 本高句麗昔達縣 霜陰縣 本高句麗薩寒縣 菁山縣 本高句麗加支達縣 翊溪縣 本高句麗翊谷縣 井泉郡 本高句麗泉井郡 築炭項關門 領縣三 蒜山縣 本高句麗買尸達縣 松山縣 本高句麗扶斯達縣 幽居縣 本高句麗東墟縣]

河西州爲溟洲 領州一 郡九 縣二十五[三國史 溟州本高句麗河西良[一作阿瑟羅] 領縣四 旌善縣 本高句麗仍買縣 掠[一作棟]隄縣 本高句麗束吐縣 支山縣 洞山縣 本高句麗穴山縣 曲城郡 本高句麗屈火郡 領縣一 緣武縣 本高句麗伊火兮縣 △城郡 本高句麗也尸忽郡 領縣二 眞安縣 本高句麗助攬縣 積善縣 本高句麗靑已縣 有鄰郡 本高句麗于尸郡 領縣一 海阿縣 本高句麗阿兮縣 蔚珍郡 本高句麗于珍也縣[高麗史 一云古亏伊郡] 領縣一 海曲[一作西]縣 本高句麗波昗[3142]縣 奈城郡 本高句麗奈生郡 領縣三 子春縣 本高句麗乙阿旦縣 白烏縣 本高句麗郁烏縣[高麗史 一云于烏縣] 酒泉縣 本高句麗酒淵縣 三陟郡 本悉直國 領縣四 竹嶺縣 本高句麗竹峴縣 滿卿[一作鄕]縣 本高句麗滿若縣 羽谿縣 本高句麗羽谷縣 海利縣 本高句麗波利縣 守城郡 本高句麗迣城郡[高麗史 一云加羅忽] 領縣二 童山縣 本高句麗僧山[高麗史 一云所勿達]縣 翼嶺縣 本高句麗翼峴縣[高麗史 一云伊文縣] 高城郡 本高句麗達忽 領縣二 豢猳縣 本高句麗猪迣穴[高麗史 一云烏斯押]縣 偏嶮縣 本高句麗平珍峴[高麗史 一云遷峴]縣 金壤郡 本高句麗休壤[高麗史 一云金惱]郡 領縣五 習谿縣 本高句麗習比谷[高麗史 谷一作呑]縣 隄上縣 本高句麗吐上縣 臨道縣 本高句麗道臨[高麗史 一云助乙浦]縣 派

3140) 저본에는 '橋'로 되어 있으나, 『三國史記』에 의거하여 '桐'으로 수정해야 한다
3141) 저본에는 '開'로 되어 있으나, 『三國史記』에 의거하여 '關'으로 수정해야 한다
3142) 저본에는 '昗'으로 되어 있으나, 『三國史記』에 의거하여 '且'로 수정해야 한다

川縣 本高句麗改淵縣 鶴浦縣 本高句麗鵠浦縣]

熊川州爲熊州 領州一 小京一 郡十三 縣二十九[三國史 本百濟舊都 領縣二 尼山縣
本百濟熱也山縣 淸音縣 本百濟伐音支縣[高麗史 一云武夫縣] 西原京 大麓郡 本百濟
大木岳郡 領縣二 馴雉縣 本百濟甘買縣 金池縣 本百濟仇知縣 嘉林郡 本百濟嘉林郡
領縣二 馬山縣 本翰山縣 本百濟大山縣 西林郡 本百濟舌林[高麗史 一云南陽]郡 領
縣二 藍浦縣 本百濟寺浦縣 庇仁縣 本高麗比衆縣 伊山郡 本百濟馬尸山郡 領縣二
目牛縣 本百濟牛見縣 今武縣 本百濟今勿縣 槥城郡 本百濟槥郡 領縣三 唐津縣 本
百濟伐首只縣[高麗史 一云夫只郡] 餘邑縣 本百濟餘村縣 新平縣 本百濟沙平縣 扶餘
郡 領縣二 石山縣 本百濟珍惡山縣 悅城縣 本百濟悅已縣[高麗史 一云豆陵尹城] 任
城郡 本百濟任存城[高麗史 一云今州] 領縣二 靑正縣 本百濟古良夫里縣 孤山縣 本
百濟烏山縣 黃山郡 本百濟黃等也山郡 領縣二 鎭嶺縣 本百濟眞峴縣[眞一作貞] 珍同
[高麗史 同一作洞]縣 比豐郡 本百濟雨述[高麗史 一云△淺]郡 領縣二 儒城縣 本百濟
奴斯[高麗史 斯一作叱]只縣 赤鳥縣 本百濟所比浦縣 潔城郡 本百濟結已郡 領縣二
新邑縣 本百濟新村縣[高麗史 一云沙村縣] 新良縣 本百濟沙尸良縣[高麗史 一云沙羅
縣] 燕山郡 本百濟一牟山郡 領縣二 燕岐縣 本百濟豆仍只縣 昧谷縣 本百濟未谷縣
富城郡 百濟基郡 領縣二 蘇泰縣 本百濟省大分縣 地育縣 本百濟六縣 湯井郡 領縣
二 陰峯[一云陰岑]縣 本百濟牙述縣 祈梁縣 本百濟屈直縣]

完山州爲全州 領州一 小京一 郡十 縣三十一[三國史 全州本百濟完山 領縣三 杜城縣
本百濟豆伊[高麗史 一云往武]縣 金溝縣 本百濟仇知只山縣 高山縣[高麗史 一云難等
良] 南原小京 本百濟古龍郡 大山郡 本百濟大尸山郡 領縣三 井邑縣 本百濟井村 斌
城縣 本百濟賓屈縣[高麗史 一云賦城縣] 野西縣 本百濟也西伊縣 古阜郡 本百濟古沙
夫里郡 領縣三 扶寧縣 本百濟皆火縣 喜安縣 本百濟欣良買縣 尙質縣 本百濟上柒縣
進禮郡 本百濟進仍乙[高麗史 進乃]郡 領縣三 伊城 本百濟豆尸伊[高麗史 一云當尸
伊]縣 淸渠縣 本百濟勿居縣 丹川縣 本百濟赤川縣 德殷郡 本百濟德近郡 領縣三 市
津縣 本百濟加知奈縣[高麗史 一云加乙乃 一云薪浦] 礪良[高麗史 良作陽]縣 本百濟
良肖縣 雲梯縣 本百濟只伐只[高麗史 一云只失只]縣 臨陂郡 本百濟屎山[高麗史 一
云昕文 一云所島 一云失烏出 一云陂山]郡 領縣三 咸悅縣 本百濟甘勿阿縣 沃溝縣
本百濟馬西良縣 澮尾縣 本百濟夫夫里縣 金堤郡 本百濟碧骨縣 領縣四 萬頃縣 本百
濟豆乃山縣 平皐縣 本百濟首冬山縣 利城縣 本百濟乃利阿縣 武邑縣 本百濟武斤村
縣 淳化郡[淳一作淳△] 本百濟道實郡 領縣二 磧城[高麗史 赤城 又作磧]縣 本百濟礫
坪縣 九皐縣 本百濟埃[高麗史 埃一作淚]坪縣 金馬郡 本百濟金馬渚郡 領縣三 沃野
縣 本百濟所力只縣 野山縣 本百濟閼也山縣 紆[高麗史 紆一作汚]州縣 本百濟于
渚3143)渚縣 壁谿郡 本百濟伯伊[一作海]郡 領縣二 鎭安縣 本百濟難珍阿縣[高麗史
一云月良縣] 高澤縣 本百濟雨坪縣 任實郡 領縣二 馬靈縣 本百濟△突[高麗史 一云
△珍 一云馬等良]縣 靑雄縣 本百濟居斯勿縣]

武珍州爲武州 領州一 郡十四 縣四十四[三國史 武州本百濟地 領△三 玄雄△ 本百濟
未冬夫里縣 龍山縣 本百濟伏龍[高麗史 一云盃龍]縣 祈陽[高麗史 一云鳴平]縣 百濟
屈支縣 分嶺郡 本百濟分嵯[高麗史 一云△△]郡 領縣四 忠烈縣 本百濟助助禮縣 兆
陽縣 本百濟冬老縣 薑原縣 本百濟豆肹縣 栢舟縣 本百濟比史縣 寶郡 本百濟伏忽
郡 領縣四 代勞縣 本百濟馬斯良縣 季水縣 本百濟季川縣 烏兒縣 本百濟烏次縣 馬
邑縣 本百濟古馬彌知縣 秋成郡 本百濟秋子兮郡 領縣二 玉菓縣 本百濟菓支[高麗史
一云果兮]縣 栗原縣 本百濟栗支縣 靈岩郡 本百濟月奈郡 潘南郡 本百濟半奈夫里縣
領縣二 野老縣 本百濟阿老谷縣 昆湄縣 本百濟古彌縣 岬城郡 本百濟古尸伊縣 領縣

3143) 저본에는 '渚'로 되어 있으나, 『三國史記』에 의거하여 '召'로 수정해야 한다

二　珍原縣　本百濟丘斯珍兮縣　森溪縣　本百濟所非兮縣[麗史　一云所乙夫縣]　武靈郡
本百濟武尸伊郡　領縣三　長沙縣　本百濟上老縣　高敞縣　本百濟毛良夫里縣　茂松縣　本
百濟松彌知縣　昇平[一云昇州]郡　本百濟欿[高麗史　△一作沙　一作武]平郡　領縣三　海
邑縣　本百濟猿村縣　晞陽縣　本百濟馬老縣　廬山縣　本百濟突山縣　谷城郡　本百濟欲乃
郡　領縣三　富有縣　本百濟遁支縣　求禮縣　本百濟仇次禮縣　同福縣　本百濟豆夫只縣
陵城郡　本百濟尒陵夫里[高麗史　一云竹樹夫里　一云仁夫里]郡　領縣二　富里縣　本百濟
波夫里郡　汝湄[高麗史　一云海濱]縣　本百濟仍利阿縣　錦山郡　本百濟發羅郡　領縣三
會津縣　本百濟豆肹縣　鐵冶縣　本百濟實於山縣　艅艎縣　本百濟水川[高麗史　一云水入
伊]縣　陽武郡　本百濟道武郡　領縣四　固[一作同]安縣　本百濟古西伊縣　航津縣　本百濟
冬音縣　浸溟[高麗史　一云投濱]縣　本百濟塞琴縣　黃原縣　本百濟黃述縣　務安郡　本百
濟勿阿兮郡　領縣四　咸豐縣　本百濟屈乃縣　多岐縣　本百濟多只縣　海際縣　本百濟道際
[高麗史　一云島海　一云大峯]縣　珍島縣　本百濟因△島郡　△△△　△百濟徒山[高麗史
一云猿山]縣　領縣一　△△縣　本百濟買仇里縣　壓[高麗史　△△△△]海郡　本百濟阿次山
縣　領縣三　碣△△　△△△阿老[高麗史　一云葛草　一云△△]縣　塩海△　△百濟古祿只
縣　安波縣　本百濟居知山縣[△一作屈]　三國史地志云　始與高句麗　百△△錯犬牙　或相
和親　或相寇鈔　後與唐侵滅二邦　平其土地　遂置九州　本國界置三州　王城東北當唐恩
浦路曰尙州　王城南曰良州　西曰康州　故百濟國界置三州　百濟故城北熊津口曰熊州　次
西南曰全州　次南曰武州　△高句麗南界置三州　從西第一曰漢州　次東曰朔州　又次東曰
溟州　九州所管郡縣　無△四百五十　方言所謂鄉部曲等　不復具錄　新羅地理之廣袤　斯
爲極矣]　(籒國史節要』12)

신라　尙州　沾解王時　取沙伐國爲州　法興王十一年　梁普通六年　初置軍主爲上州　眞興王十
八年　州廢　神文王七年　唐垂拱三年　復置　築城　周一千一百九步　景德王十六年　改名
尙州　今因之　領縣三　青驍縣　本音里火縣　景德王改名　今青理縣　多仁縣　本達巳縣[或
云多巳]　景德王改名　今因之　化昌縣　本知乃彌知縣　景德王改名　今未詳

醴泉郡　本水酒郡　景德王改名　今甫州　領縣四　永安縣　本下枝縣　景德王改名　今豐山
縣　安仁縣　本蘭山縣　景德王改名　今未詳　嘉猷縣　本近[一作巾]品縣　景德王改名　今山
陽縣　殷正縣　本赤牙縣　景德王改名　今殷豐縣

古昌郡　本古陁耶郡　景德王改名　今安東府　領縣三　直寧縣　本一直縣　景德王改名　今
復故　日谿縣　本熱兮縣[或云泥兮]　景德王改名　今未詳　高丘縣　本仇火縣[或云高近]　景
德王改名　今合屬義城府

聞韶郡　本召文國　景德王改名　今義城府　領縣四　眞寶縣　本柒巴火縣　景德王改名　今
甫城　比屋縣　本阿火屋縣[一云并屋]　景德王改名　今因之　安賢縣　本阿尸兮縣[一云阿
乙兮]　景德王改名　今安定縣　單密縣　本武冬彌知[一云曷冬彌知]　景德王改名　今因之

嵩善郡　本一善郡　眞平王三十六年爲一善州　置軍主　神文王七年　州廢　景德王改名　今
善州　領縣三　孝靈縣　本芼兮縣　景德王改名　今因之　尒同兮縣　今未詳　軍威縣　本奴同
覓縣[一云如豆覓]　景德王改名　今因之

開寧郡　古甘文小國也　眞興王十八年　梁永定元年　置軍主爲青州　眞平王時　州廢　文武
王元年　置甘文郡　景德王改名　今因之　領縣四　禦侮縣　本今勿縣[一云陰達]　景德王改
名　今因之　金山縣　景德王改州縣名及今　並因之　知禮縣　本知品川縣　景德王改名　今
因之　茂豐縣　本茂山縣　景德王改名　今因之

永同郡　本吉同郡　景德王改名　今因之　領縣二　陽山縣　本助比川縣　景德王改名　今因
之　黃澗縣　本召羅縣　景德王改名　今因之

管城郡　本古尸山郡　景德王改名　今因之　領縣二　利山縣　本所利山縣　景德王改名　今
因之　安貞縣　本阿冬兮縣　景德王改名　今安邑縣

三年郡　本三年山郡　景德王改名　今保齡郡　領縣二　清川縣　本薩買縣　景德王改名　今

因之 耆山縣 本屈縣 景德王改名 今靑山縣

古寧郡 本古寧加耶國 新羅取之 爲古冬攬郡[一云古陵縣] 景德王改名 今咸寧郡 領縣三 嘉善縣 本加害縣 景德王改名 今加恩縣 冠山縣 本冠縣[一云冠文縣] 景德王改名 今聞慶縣 虎溪縣 本虎側縣 景德王改名 今因之

化寧郡 本答達匕郡[一云沓達] 景德王改名 今因之 領縣一 道安縣 本刀良縣 景德王改名 今中牟縣

良州 文武王五年 麟德二年 割上州下州地 置歃良州 神文王七年 築城 周一千二百六十步 景德王改名良州 今梁州 領縣一 巘陽縣 本居知火縣 景德王改名 今因之

金海小京 古金官國[一云伽落國 一云伽耶] 自始祖首露王至十世仇亥王 以梁中大通四年新羅法興王十九年 率百姓來降 以其地爲金官郡 文武王二十年 永隆元年 爲小京 景德王改名金海京 今金州

義安郡 本屈自郡 景德王改名 今因之 領縣三 漆隄縣 本漆吐縣 景德王改名 今漆園縣 合浦縣 本骨浦縣 景德王改名 今因之 熊神縣 本熊只縣 景德王改名 今因之

密城郡 本推火郡 景德王改名 今因之 領縣五 尙藥縣 本西火縣 景德王改名 今靈山縣 密津縣 本推浦縣[一云竹山] 景德王改名 今未詳 烏丘山縣 本烏也山縣[一云仇道 一云烏禮山] 景德王改名 今合屬淸道郡 荊山縣 本驚山縣 景德王改名 今合屬淸道郡 蘇山縣 本率已山縣 景德王改名 今合屬淸道郡

火王郡 本比自火郡[一云比斯伐] 眞興王十六年置州 名下州 二十六年 州廢 景德王改名 今昌寧郡 領縣一 玄驍縣 本推良火縣[一云三良火] 景德王改名 今玄豐縣

壽昌郡[壽一作嘉] 本喟火郡 景德王改名 今壽城郡 領縣四 大丘縣 本達句火縣 景德王改名 今因之 八里縣 本八居里縣[一云北耻長里 一云仁里] 景德王改名 今八居縣 河濱縣 本多斯只縣[一云沓只] 景德王改名 今因之 花園縣 本舌火縣 景德王改名 今因之

獐山郡 祇味王時 伐取押梁[一作督]小國 置郡 景德王改名 今章山郡 領縣三 解顏縣 本雉省火縣[一云美里] 景德王改名 今因之 餘粮縣 本麻珍[一作彌]良縣 景德王改名 今仇史部曲 慈仁縣 本奴斯火縣 景德王改名 今因之

臨臯郡 本切也火郡 景德王改名 今永州 領縣五 長鎭縣 今竹長伊部曲 臨川縣 助賁王時 伐得骨火小國 置縣 景德王改名 今合屬永州 道同縣 本刀冬火縣 景德王改名 今合屬永州 新寧縣 本史丁火縣 景德王改名 今因之 黽白縣 本買熱次縣 景德王改名 今合屬新寧縣

東萊郡 本居柒山郡 景德王改名 今因之 領縣二 東平縣 本大甑縣 景德王改名 今因之 機張縣 本甲火良谷縣 景德王改名 今因之

東安郡 本生西良郡 景德王改名 今合屬慶州 領縣一 虞風縣 本于火縣 景德王改名 今合屬蔚州

臨關郡 本毛火[一作蚊化]郡 聖德王築城 以遮日本賊路 景德王改名 今合屬慶州 領縣二 東津縣 本栗浦縣 景德王改名 今合屬蔚州 河曲[一作西]縣 婆娑王時 取屈阿火村 置縣 景德王改名 今蔚州

義昌郡 本退火郡 景德王改名 今興海郡 領縣六 安康縣 本比火縣 景德王改名 今因之 鬐立縣 本只沓縣 景德王改名 今長鬐縣 神光縣 本東仍音縣 景德王改名 今因之 臨汀縣 本斤烏支縣 景德王改名 今迎日縣 杞溪縣 本芼兮縣[一云化雞] 景德王改名 今因之 音汁火縣 婆娑王時 取音汁伐國 置縣 今合屬安康縣

大城郡 本仇刀城 境內 率伊山城 茄山縣[一云驚山城] 烏刀山城等三城 今合屬淸道郡 約章縣 本惡支縣 景德王改名 今合屬慶州 東畿停 本毛只停 景德王改名 今合屬慶州

商城郡 本西兄山郡 景德王改名 今合屬慶州 南畿停 本道品兮停 景德王改名 今合屬慶州 中畿停 本根乃停 景德王改名 今合屬慶州 西畿停 本豆良彌知停 景德王改名

今合屬慶州 北畿停 本雨谷停 景德王改名 今合屬慶州 莫耶停 本官阿良支停[一云北阿良] 景德王改名 今合屬慶州

康州 神文王五年 唐垂拱元年 分居陁州 置菁州 景德王改名 今晉州 領縣二 嘉壽縣 本加主火縣 景德王改名 今因之 屈村縣 今未詳

南海郡 神文王初 置轉也山郡 海中島也 景德王改名 今因之 領縣二 蘭浦縣 本內浦縣 景德王改名 今因之 平山縣 本平西山縣[一云西平] 景德王改名 今因之

河東郡 本韓多沙郡 景德王改名 今因之 領縣三 省良縣 今金良部曲 嶽陽縣 本小多沙縣 景德王改名 今因之 河邑縣 本浦村縣 景德王改名 今未詳

固城郡 本古自郡 景德王改名 今因之 領縣三 蚊火良縣 今未詳 泗水縣 本史勿縣 景德王改名 今泗州 尙善縣 本一善縣 景德王改名 今永善縣

咸安郡 法興王以大兵滅阿尸良國[一云阿那加耶] 以其地爲郡 景德王改名 今因之 領縣二 玄武縣 本召彡縣 景德王改名 今召彡部曲 宜寧縣 本獐含縣 景德王改名 今因之

巨濟郡 文武王初置裳郡 海中島也 景德王改名 今因之 領縣三 鵝洲縣 本巨老縣 景德王改名 今因之 溟珍縣 本買珍伊縣 景德王改名 今因之 南垂縣 本松邊縣 景德王改名 今復故

闕城郡 本闕支郡 景德王改名 今江城縣 領縣二 丹邑縣 本赤村縣 景德王改名 今丹溪縣 山陰縣 本知品川縣 景德王改名 今因之

天嶺郡 本速含郡 景德王改名 今咸陽郡 領縣二 雲峰縣 本母山縣[或云阿英城 或云阿莫城] 景德王改名 今因之 利安縣 本馬利縣 景德王改名 今因之

居昌郡 本居烈郡[或云居陁] 景德王改名 今因之 領縣二 餘善縣 本南內縣 景德王改名 今感陰縣 咸陰縣 本加召縣 景德王改名 今復故

高靈郡 本大加耶國 自始祖伊珍阿豉王[一云內珍朱智]至道設智王 凡十六世五百二十年 眞興大王侵滅之 以其地爲大加耶郡 景德王改名 今因之 領縣二 冶爐縣 本赤火縣 景德王改名 今因之 新復縣 本加尸兮縣 景德王改名 今未詳

江陽郡 本大良[一作耶]州郡 景德王改名 今陜州 領縣三 三岐縣 本三支縣[一云麻杖] 景德王改名 今因之 八谿縣 本草八兮縣 景德王改名 今草谿縣 宜桑縣 本辛尒縣[一云朱烏村 一云泉州縣] 景德王改名 今新繁縣

星山郡 本一利郡[一云里山郡] 景德王改名 今加利縣 領縣四 壽同縣 本斯同火縣 景德王改名 今未詳 谿子縣 本大木縣 景德王改名 今若木縣 新安縣 本本彼縣 景德王改名 今京山府 都山縣 本狄山縣 景德王改名 今未詳 (『三國史記』34 雜志 3 地理 1)3144)

신라 漢州 本高句麗漢山郡 新羅取之 景德王改爲漢州 今廣州 領縣二 黃武縣 本高句麗南川縣 新羅幷之 眞興王爲州 置軍主 景德王改名 今利川縣 巨黍縣 本高句麗駒城縣 景德王改名 今龍駒縣

中原京 本高句麗國原城 新羅平之 眞興王置小京 文武王時築城 周二千五百九十二步 景德王改爲中原京 今忠州

槐壤郡 本高句麗仍斤內郡 景德王改名 今槐州

泝[一作沂]川郡 本高句麗述川郡 景德王改名 今川寧郡 領縣二 黃驍縣 本高句麗骨乃斤縣 景德王改名 今黃驪縣 濱陽縣 本高句麗楊根縣 景德王改名 今復故

黑壤郡[一云黃壤郡] 本高句麗今勿奴郡 景德王改名 今鎭州 領縣二 都西縣 本高句麗道西縣 景德王改名 今道安縣 陰城縣 本高句麗仍忽縣 景德王改名 今因之

介山郡 本高句麗皆次山郡 景德王改名 今竹州 領縣一 陰竹縣 本高句麗奴音竹縣 景

德王改名 今因之

白城郡 本高句麗奈兮忽 景德王改名 今安城郡 領縣二 赤城縣 本高句麗沙伏忽 景德王改名 今陽城縣 蛇山縣 本高句麗縣 景德王因之 今稷山縣

水城郡 本高句麗買忽郡 景德王改名 今水州

唐恩郡 本高句麗唐城郡 景德王改名 今復故 領縣二 車城縣 本高句麗上[一作車]忽縣 景德王改名 今龍城縣 振威縣 本高句麗釜山縣 景德王改名 今因之

栗津郡 今高句麗栗木郡 景德王改名 今菓州 領縣三 穀壤縣 本高句麗仍伐奴縣 景德王改名 今黔州 孔巖縣 本高句麗濟次巴衣縣 景德王改名 今因之 邵城縣 本高句麗買召忽縣 景德王改名 今仁州[一云慶原 買召一作彌鄒]

獐口郡 本高句麗獐項口縣 景德王改名 今安山縣

長堤郡 本高句麗主夫吐郡 景德王改名 今樹州 領縣四 戍城縣 本高句麗首尒忽 景德王改名 今守安縣 金浦縣 本高句麗黔浦縣 景德王改名 今因之 童城縣 本高句麗童子忽[一云幢山縣]縣 景德王改名 今因之 分津縣 本高句麗平唯押縣 景德王改名 今通津縣

漢陽郡 本高句麗北漢山郡[一云平壤] 眞興王爲州 置軍主 景德王改名 今楊州舊墟 領縣二 荒壤縣 本高句麗骨衣奴縣 景德王改名 今豐壤縣 遇王縣 本高句麗皆伯縣 景德王改名 今幸州

來蘇郡 本高句麗買省縣 景德王改名 今見州 領縣二 重城縣 本高句麗七重縣 景德王改名 今積城縣 波平縣 本高句麗波害平史縣 景德王改名 今因之

交河郡 本高句麗泉井口縣 景德王改名 今因之 領縣二 峯城縣 本高句麗述尒忽縣 景德王改名 今因之 高烽縣 本高句麗達乙省縣 景德王改名 今因之

堅城郡 本高句麗馬忽郡 景德王改名 今抱州 領縣二 沙川縣 本高句麗內乙買縣 景德王改名 今因之 洞陰縣 本高句麗梁骨縣 景德王改名 今因之

鐵城郡 本高句麗鐵圓郡 景德王改名 今東州 領縣二 嶂梁縣 本高句麗僧梁縣 景德王改名 今僧嶺縣 功成縣 本高句麗功木達縣 景德王改名 今獐州

富平郡 本高句麗夫如郡 景德王改名 今金化縣 領縣一 廣平縣 本高句麗斧壤縣 景德王改名 今平康縣

兎山郡 本高句麗烏斯含達縣 景德王改名 今因之 領縣三 安峽縣 本高句麗阿珍押縣 景德王改名 今因之 朔邑縣 本高句麗所邑豆縣 景德王改名 今朔寧縣 伊川縣 本高句麗伊珍買縣 景德王改名 今因之

牛峯郡 本高句麗牛岑郡 景德王改名 今因之 領縣三 臨江縣 本高句麗獐項縣 景德王改名 今因之 長湍縣 本高句麗長淺城縣 景德王改名 今因之 臨端縣 本高句麗麻田淺縣 景德王改名 今麻田縣

松岳郡 本高句麗扶蘇岬 孝昭王三年築城 景德王因之 我太祖開國爲王畿 領縣二 如羆縣 本高句麗若豆恥縣 景德王改名 今松林縣 第四葉光宗創置佛日寺於其地 移其縣於東北 江陰縣 本高句麗屈押縣 景德王改名 今因之

開城郡 本高句麗冬比忽 景德王改名 今開城府 領縣二 德水縣 本高句麗德勿縣 景德王改名 今因之 第十一葉文宗代 創置興王寺於其地 移其縣於南 臨津縣 本高句麗津臨城 景德王改名 今因之

海口郡 本高句麗穴口郡 在海中 景德王改名 今江華縣 領縣三 沍陰縣 本高句麗冬音奈縣 景德王改名 在穴口島內 今河陰縣 喬桐縣 本高句麗高木根縣 海島也 景德王改名 今因之 守鎭縣 本高句麗首知縣 景德王改名 今鎭江縣

永豐郡 本高句麗大谷郡 景德王改名 今平州 領縣二 檀溪縣 本高句麗水谷城縣 景德王改名 今俠溪縣 鎭湍縣 本高句麗十谷城縣 景德王改名 今谷州

海皐郡 本高句麗冬彡[一作音]忽郡 景德王改名 今鹽州 領縣一 雊澤縣 本高句麗刀臘

縣 景德王改名 今白州

瀑池郡 本高句麗內米忽郡 景德王改名 今海州

重盤郡 本高句麗息成郡 景德王改名 今安州

栖嵒郡 本高句麗鵂嵒郡 景德王改名 今鳳州

五關郡 本高句麗五谷郡 景德王改名 今洞州 領縣一 獐塞縣 本高句麗縣 景德王因之 今遂安郡

朔州 賈耽古今郡國志云 句麗之東南 濊之西 古貊地 盖今新羅北朔州 善德王六年 唐貞觀十一年 為牛首州 置軍主[一云 文武王十三年 唐咸亨四年 置首若州] 景德王改為朔州 今春州 領縣三 綠驍縣 本高句麗伐力川縣 景德王改名 今洪川縣 潢川縣 本高句麗橫川縣 景德王改名 今復故 砥平縣 本高句麗砥峴縣 景德王改名 今因之

北原京 本高句麗平原郡 文武王置北原小京 神文王五年築城 周一千三十一步 景德王因之 今原州

奈堤郡 本高句麗奈吐郡 景德王改名 今堤州 領縣二 淸風縣 本高句麗沙熱伊縣 景德王改名 今因之 赤山縣 本高丘麗縣 景德王因之 今丹山縣

奈靈郡 本百濟奈已郡 婆娑王取之 景德王改名 今剛州 領縣二 善谷縣 本高句麗買谷縣 景德王改名 今未詳 玉馬縣 本高句麗古斯馬縣 景德王改名 今奉化縣

岋山郡 本高句麗及伐山郡 景德王改名 今興州 領縣一 鄰豐縣 本高句麗伊伐支縣 景德王改名 今未詳.

嘉平郡 本高句麗斤平郡 景德王改名 今因之 領縣一 浚水縣 本高句麗深川縣 景德王改名 今朝宗縣

楊麓郡 本高句麗楊口郡 景德王改名 今陽溝縣 領縣三 狶蹄縣 本高句麗猪足縣 景德王改名 今麟蹄縣 馳道縣 本高句麗玉岐縣 景德王改名 今瑞禾縣 三嶺縣 本高句麗三峴縣 景德王改名 今方山縣

狼川郡 本高句麗狌川郡 景德王改名 今因之

大楊郡 本高句麗大楊菅郡 景德王改名 今長楊郡 領縣二 藪川縣 本高句麗藪狌川縣 景德王改名 今和川縣 文登縣 本高句麗文峴縣 景德王改名 今因之

益城郡 本高句麗母城郡 景德王改名 今金城郡

岐城郡 本高句麗冬斯忽郡 景德王改名 今因之 領縣一 通溝縣 本高句麗水入縣 景德王改名 今因之

連城郡 高句麗各[一作客]連城郡 景德王改名 今交州 領縣三 丹松縣 本高句麗赤木鎭 景德王改名 今嵐谷縣 軼雲縣 本高句麗管述縣 景德王改名 今未詳 狶領縣 本高句麗猪守峴縣 景德王改名 今未詳

朔庭郡 本高句麗比列忽郡 眞興王十七年 梁太平元年 為比列州 置軍主 孝昭王時築城 周一千一百八十步 景德王改名 今登州 領縣五 瑞谷縣 本高句麗原谷縣 景德王改名 今因之 蘭山縣 本高句麗昔達縣 景德王改名 今未詳 霜陰縣 本高句麗薩寒縣 景德王改名 今因之 菁山縣 本高句麗加支達縣 景德王改名 今汶山縣 翊谿縣 本高句麗翼谷縣 景德王改名 今因之

井泉郡 本高句麗泉井郡 文武王二十一年取之 景德王改名 築炭項關門 今湧州 領縣三 蒜山縣 本高句麗買尸達縣 景德王改名 今未詳 松山縣 本高句麗夫斯達縣 景德王改名 今未詳 幽居縣 本高句麗東墟縣 景德王改名 今未詳

溟州 本高句麗河西良[一作何瑟羅] 後屬新羅 賈耽古今郡國志云 今新羅北界溟州 盖濊之古國 前史以扶餘為濊地 盖誤 善德王時為小京 置仕臣 太宗王五年 唐顯慶三年 以何瑟羅地連靺鞨 罷京為州 置軍主以鎭之 景德王六十年改為溟州 今因之 領縣四 旌善縣 本高句麗仍買縣 景德王改名 今因之 棟[一作棟]隄縣 本高句麗束吐縣 景德王改名 今未詳 支山縣 本高句麗縣 景德王因之 今連谷縣 洞山縣 本高句麗穴山縣 景

德王改名 今因之

曲城郡 本高句麗屈火郡 景德王改名 今臨河郡 領縣一 綠[一作椽]武縣 本高句麗伊火兮縣 景德王改名 今安德縣

野城郡 本高句麗也尸忽郡 景德王改名 今盈德郡 領縣二 眞安縣 本高句麗助欖縣 景德王改名 今甫城府 積善縣 本高句麗靑已縣 景德王改名 今靑鳧縣

有鄰郡 本高句麗于尸郡 景德王改名 今禮州 領縣一 海阿縣 本高句麗阿兮縣 景德王改名 今淸河縣

蔚珍郡 本高句麗于珍也縣 景德王改名 今因之 領縣一 海曲[一作西]縣 本高句麗波旦縣 景德王改名 今未詳

奈城郡 本高句麗奈生郡 景德王改名 今寧越郡 領縣三 子春縣 本高句麗乙阿旦縣 景德王改名 今永春縣 白鳥縣 本高句麗郁鳥縣 景德王改名 今平昌縣 酒泉縣 本高句麗酒淵縣 景德王改名 今因之

三陟郡 本悉直國 婆娑王世來降 智證王六年 梁天監四年爲州 以異斯夫爲軍主 景德王改名 今因之 領縣四 竹嶺縣 本高句麗竹峴縣 景德王改名 今未詳 滿卿[一作鄕]縣 本高句麗滿若縣 景德王改名 今未詳 羽谿縣 本高句麗羽谷縣 景德王改名 今因之 海利縣 本高句麗波利縣 景德王改名 今未詳

守城郡 本高句麗㺵城郡 景德王改名 今杆城縣 領縣二 童山縣 本高句麗僧山縣 景德王改名 今烈山縣 翼嶺縣 本高句麗翼峴縣 景德王改名 今因之

高城郡 本高句麗達忽 眞興王二十九年 爲州 置軍主 景德王改名 今因之 領縣二 豢猳縣 本高句麗猪㺵穴縣 景德王改名 今因之 偏嶮縣 本高句麗平珍峴縣 景德王改名 今雲巖縣

金壤郡 本高句麗休壤郡 景德王改名 今因之 領縣五 習谿縣 本高句麗習比谷縣 景德王改名 今歙谷縣 隄上縣 本高句麗吐上縣 景德王改名 今碧山縣 臨道縣 本高句麗道臨縣 景德王改名 今因之 派川縣 本高句麗改淵縣 景德王改名 今因之 鶴浦縣 本高句麗鵠浦縣 景德王改名 今因之 (『三國史記』35 雜志 4 地理 2)[3145]

신라 | 熊州 本百濟舊都 唐高宗遣蘇定方平之 置熊津都督府 新羅文武王取其地有之 神文王改爲熊川州 置都督 景德王十六年 改名熊州 今公州 領縣二 尼山縣 本百濟熱也山縣 景德王改名 今因之 淸音縣 本百濟伐音支縣 景德王改名 今新豐縣

西原京 神文王五年 初置西原小京 景德王改名西原京 今淸州

大麓郡 本百濟大木岳郡 景德王改名 今木州 領縣二 馴雉縣 本百濟甘買縣 景德王改名 今豐歲縣 金池縣 本百濟仇知縣 景德王改名 今全義縣

嘉林郡 本百濟嘉林郡 景德王改加爲嘉 今因之 領縣二 馬山縣 本百濟縣 景德王改州郡名及今 並因之 翰山縣 本百濟大山縣 景德王改名 今鴻山縣

西林郡 本百濟舌林郡 景德王改名 今因之 領縣二 藍浦縣 本百濟寺浦縣 景德王改名 今因之 庇仁縣 本百濟比衆縣 景德王改名 今因之

伊山郡 本百濟馬尸山郡 景德王改名 今因之 領縣二 目牛縣 本百濟牛見縣 景德王改名 今未詳 今武縣 本百濟今勿縣 景德王改名 今德豐縣

槥城郡 本百濟槥郡 景德王改名 今因之 領縣三 唐津縣 本百濟伐首只縣 景德王改名 今因之 餘邑縣 本百濟餘村縣 景德王改名 今餘美縣 新平縣 本百濟沙平縣 景德王改名 今因之

扶餘郡 本百濟所夫里郡 唐將蘇定方與庾信平之 文武王十二年置摠管 景德王改名 今因之 領縣二 石山縣 本百濟珍惡山縣 景德王改名 今石城縣 悅城縣 本百濟悅已縣

3145) 이 기사에는 연대 표기가 없으나, 『三國史記』新羅本紀 등에 의거하여 景德王16년(757) 12월로 편년하였다

景德王改名 今定山縣

任城郡 本百濟任存城 景德王改名 今大興郡 領縣二 靑正縣 本百濟古良夫里縣 景德
王改名 今靑陽縣 孤山縣 本百濟烏山縣 景德王改名 今禮山縣

黃山郡 本百濟黃等也山郡 景德王改名 今連山縣 領縣二 鎭嶺縣 本百濟眞峴縣[眞一
作貞] 景德王改名 今鎭岑縣 珍同縣 本百濟縣 景德王改州郡名及今 並因之

比豐郡 本百濟雨述郡 景德王改名 今懷德郡 領縣二 儒城縣 本百濟奴斯只縣 景德王
改名 因之 赤鳥縣 本百濟所比浦縣 景德王改名 今德津縣

潔城郡 本百濟結已郡 景德王改名 今因之 領縣二 新邑縣 本百濟新村縣 景德王改名
今保寧縣 新良縣 本百濟沙尸良縣 景德王改名 今黎陽縣

燕山郡 本百濟一牟山郡 景德王改名 今因之 領縣二 燕岐縣 本百濟豆仍只縣 景德王
改名 今因之 眛谷縣 本百濟未谷縣 景德王改名 今懷仁縣

富城郡 本百濟基郡 景德王改名 今因之 領縣二 蘇泰縣 本百濟省大兮縣 景德王改名
今因之 地育縣 本百濟知六縣 景德王改名 今北谷縣

湯井郡 本百濟郡 文武王十一年 唐咸亨二年 爲州 置摠管 咸亨十二年 廢州爲郡 景
德王因之 今溫水郡 領縣二 陰峯[一云陰岑]縣 本百濟牙述縣 景德王改名 今牙州 祁
梁縣 本百濟屈直縣 景德王改名 今新昌縣

全州 本百濟完山 眞興王十六年爲州 二十六年 州廢 神文王五年 復置完山州 景德王
十六年改名 今因之 領縣三 杜城縣 本百濟豆伊縣 景德王改名 今伊城縣 金溝縣 本
百濟仇知只山縣 景德王改名 今因之 高山縣 本百濟縣 景德王改州郡名及今 因之

南原小京 本百濟古龍郡 新羅幷之 新文王五年 初置小京 景德王十六年 置南原小京
今南原府

大山郡 本百濟大尸山郡 景德王改名 今泰山郡 領縣三 井邑縣 本百濟井村 景德王改
名 今因之 斌城縣 本百濟賓屈縣 景德王改名 今仁義縣 野西縣 本百濟也西伊縣 景
德王改名 今巨野縣

古阜郡 本百濟古沙夫里郡 景德王改名 今因之 領縣三 扶寧縣 本百濟皆火縣 景德王
改名 今因之 喜安縣 本百濟欣良買縣 景德王改名 今保安縣 尙質縣 本百濟上柒縣
景德王改名 今因之

進禮郡 本百濟進仍乙郡 景德王改名 今因之 領縣三 伊城縣 本百濟豆尸伊縣 景德王
改名 今富利縣 淸渠縣 本百濟勿居縣 景德王改名 今因之 丹川縣 本百濟赤川縣 景
德王改名 今朱溪縣

德殷郡 本百濟德近郡 景德王改名 今德恩郡 領縣三 市津縣 本百濟加知奈縣 景德王
改名 今因之 礪良縣 本百濟只良肖縣 景德王改名 今因之 雲梯縣 本百濟只伐只縣
景德王改名 今因之

臨陂郡 本百濟屎山郡 景德王改名 今因之 領縣三 咸悅縣 本百濟甘勿阿縣 景德王改
名 今因之 沃溝縣 本百濟馬西良縣 景德王改名 今因之 澮尾縣 本百濟夫夫里縣 景
德王改名 今因之

金堤郡 本百濟碧骨縣 景德王改名 今因之 領縣四 萬頃縣 本百濟豆乃山縣 景德王改
名 今因之 平皐縣 本百濟首冬山縣 景德王改名 今因之 利城縣 本百濟乃利阿縣 景
德王改名 今因之 武邑縣 本百濟武斤村縣 景德王改名 今富潤縣

淳化郡[淳一作淳] 本百濟道實郡 景德王改名 今淳昌縣 領縣二 磧城縣 本百濟礫坪縣
景德王改名 今因之 九皐縣 本百濟埃坪縣 景德王改名 今因之

金馬郡 本百濟金馬渚郡 景德王改名 今因之 領縣三 沃野縣 本百濟所力只縣 景德王
改名 今因之 野山縣 本百濟關也山縣 景德王改名 今朗山縣 紆洲縣 本百濟于召渚縣
景德王改名 今紆州

壁谿郡 本百濟伯伊[一作海]郡 景德王改名 今長溪縣 領縣二 鎭安縣 本百濟難珍阿縣

景德王改名 今因之 高澤縣 本百濟雨坪縣 景德王改名 今長水縣

任實郡 本百濟郡 景德王改州郡名及今 並因之 領縣二 馬靈縣 本百濟馬突縣 景德王改名 今因之 靑雄縣 本百濟居斯勿縣 景德王改名 今巨寧縣

武州 本百濟地 神文王六年 爲武珍州 景德王改爲武州 今光州 領縣三 玄雄縣 本百濟未冬夫里縣 景德王改名 今南平郡 龍山縣 本百濟伏龍縣 景德王改名 今復故 祁陽縣 本百濟屈支縣 景德王改名 今昌平縣

分嶺郡 本百濟分嵯郡 景德王改名 今樂安都 領縣四 忠烈縣 本百濟助助禮縣 景德王改名 今南陽縣 兆陽縣 本百濟冬老縣 景德王改名 今因之 薑原縣 本百濟豆肹縣 景德王改名 今荳原縣 栢舟縣 本百濟比史縣 景德王改名 今泰江縣

寶城郡 本百濟伏忽郡 景德王改名 今因之 領縣四 代勞縣 本百濟馬斯良縣 景德王改名 今會寧縣 季水縣 本百濟季川縣 景德王改名 今長澤縣 烏兒縣 本百濟烏次縣 景德王改名 今定安縣 馬邑縣 本百濟古馬弥知縣 景德王改名 今遂寧縣

秋成郡 本百濟秋子兮郡 景德王改名 今潭陽郡 領縣二 玉菓縣 本百濟菓支縣 景德王改名 今因之 栗原縣 本百濟栗支縣 景德王改名 今原栗縣

靈巖郡 本百濟月奈郡 景德王改名 今因之

潘南郡 本百濟半奈夫里縣 景德王改名 今因之 領縣二 野老縣 本百濟阿老谷縣 景德王改名 今安老縣 昆湄縣 本百濟古彌縣 景德王改名 今因之

岬城郡 本百濟古尸伊縣 景德王改名 今長城郡 領縣二 珍原縣 本百濟丘斯珍兮縣 景德王改名 今因之 森溪縣 本百濟所非兮縣 景德王改名 今因之

武靈郡 本百濟武尸伊郡 景德王改名 今靈光郡 領縣三 長沙縣 本百濟上老縣 景德王改名 今因之 高敞縣 本百濟毛良夫里縣 景德王改名 今因之 茂松縣 本百濟松彌知縣 景德王改名 今因之

昇平郡 本百濟欿平郡 景德王改名 今因之[一云昇州] 領縣三 海邑縣 本百濟猿村縣 景德王改名 今麗水縣 晞陽縣 本百濟馬老縣 景德王改名 今光陽縣 廬山縣 本百濟突山縣 景德王改名 今復故

谷城郡 本百濟欲乃郡 景德王改名 今因之 領縣三 富有縣 本百濟遁支縣 景德王改名 今因之 求禮縣 本百濟仇次禮縣 景德王改名 今因之 同福縣 本百濟豆夫只縣 景德王改名 今因之

陵城郡 本百濟尒陵夫里郡 景德王改名 今因之 領縣二 富里縣 本百濟波夫里郡 景德王改名 今福城縣 汝湄縣 本百濟仍利阿縣 景德王改名 今和順縣

錦山郡 本百濟發羅郡 景德王改名 今羅州牧 領縣三 會津縣 本百濟豆肹縣 景德王改名 今因之 鐵冶縣 本百濟實於山縣 景德王改名 今因之 艅艎縣 本百濟水川縣 景德王改名 今因之

陽武郡 本百濟道武郡 景德王改名 今道康郡 領縣四 固[一作同]安縣 本百濟古西伊縣 景德王改名 今竹山縣 耽津縣 本百濟冬音縣 景德王改名 今因之 浸溟縣 本百濟塞琴縣 景德王改名 今海南縣 黃原縣 本百濟黃述縣 景德王改名 今因之

務安郡 本百濟勿阿兮郡 景德王改名 今因之 領縣四 咸豐縣 本百濟屈乃縣 景德王改名 今因之 多岐縣 本百濟多只縣 景德王改名 今牟平縣 海際縣 本百濟道際縣 景德王改名 今因之 珍島縣 本百濟因珍島郡 景德王改名 今因之

牢山郡 本百濟徒山縣 景德王改名 今嘉興縣 領縣一 瞻耽縣 本百濟買仇里縣 景德王改名 今臨淮縣

壓海郡 本百濟阿次山縣 景德王改名 今因之 領縣三 碣島縣 本百濟阿老縣 景德王改名 今六昌縣 鹽海縣 本百濟古祿只縣 景德王改名 今臨淄縣 安波縣 本百濟居知山縣 [居一作屈] 景德王改名 今長山縣 (『三國史記』 36 雜志 5 地理 3)3146)

신라 於界內 置尙良康熊金武漢朔溟等九州 (『太平寰宇記』 174 四夷 3 東夷 3 新羅)3147)

신라　　　　天寶十四年乙未 新羅景德德王卽位[古記云 天鑑二十四年乙未法興卽即位 何先後倒錯
　　　　　　之甚如此] 聞斯事 以丁酉歲 遣使創大伽藍 號白月山南寺 (『三國遺事』3 塔像 4 南
　　　　　　白月二聖 努肹夫得 怛怛朴朴)

발해　　　　咸和 (「咸和銘絞釉葫蘆酒瓶」)[3148]

신라　　　　至德二年 長史盧公元俗奏置此寺 以菩提爲號焉 先是 僧衆鄕黨耆舊 相厥林野 將興
　　　　　　塔廟 徘徊凝睇 漠然無所 乃誚於草堂寺無相大師以質之 大師傳繼七祖 於坐得三昧
　　　　　　以不思議之知見 破羣心之蒙惑 遂指玆地 宜開法門 夫風行地上 而萬毅自號 大師一
　　　　　　言 而天心感悅 故得廣輪棟宇 版築垣墉 翦榛莽以立宏規 撩荒墟以羅物象 (「菩提寺
　　　　　　置立記」: 『全唐文』617)

신라 고구려　賤 君子哉 若人 魯 (1면)
　　　　　　吾斯之未能信 子說 (2면)
　　　　　　也 不知其仁也 求何 (3면)
　　　　　　也 聞一以知十 賜也 (4면)
　　　　　　於予與改是 子曰 吾 (5면) (「계양산성 『論語』목간」)[3149]

758(戊戌/신라 경덕왕 17/발해 문왕 22 大興 22/唐 至德 3, 乾元 1/日本 天平寶字 2)

신라　　　　春正月 侍中金耆卒 伊湌廉相爲侍中 (『三國史記』9 新羅本紀 9)
신라　　　　春正月 侍中金耆卒 以伊湌廉相代之 (『三國史節要』12)

고구려　　　安東都護府 (…) 至德後廢 (『舊唐書』39 志 19 地理 2)[3150]
고구려　　　安東上都護府 (…) 至德後廢 (『新唐書』39 志 29 地理 3)
고구려　　　(地理志) (…) 至德後廢 (『玉海』133 官制 屬國都護都督 唐安東上都護府)

발해　　　　(天平寶字二年)二月十日 於內相 餞渤海大使小野田守朝臣等 宴歌一數 阿乎宇奈波良
　　　　　　加是奈美奈姓伎 由久左久佐 都都牟許等奈久 包稱波波夜家無 [右一首 右中弁大伴宿
　　　　　　祢家持 未誦之] (『萬葉集』20,4514)

신라　　　　二月 下敎 內外官請暇滿六十日者 聽解官 (『三國史記』9 新羅本紀 9)
신라　　　　二月 內外請暇滿六十日者 解官 (『三國史節要』12)

고구려 백제　(夏四月)己巳 內藥司佑兼出雲國員外掾正六位上難波藥師奈良等一十一人言 奈良等遠
　　　　　　祖德來 本高麗人 歸百濟國 昔泊瀨朝倉朝廷詔百濟國 訪求才人 爰以德來貢進聖朝

3146) 이 기사에는 월 표기가 없으나, 『三國史記』新羅本紀 등에 의거하여 12월로 편년하였다
3147) 이 기사에는 연대 표기가 없으나, 『三國史記』新羅本紀 등에 의거하여 至德 2년(757) 12월로 편년하였
　　　다
3148) 자기(磁器) 바닥에 먹으로 '咸和'라는 두 글자가 쓰여져 있다 그 연대는 831년 ~ 857년(大彝震 연간)으
　　　로 추정하고 있다
3149) 이 목간은 2005년에 인천의 계양산성 유적에서 출토되었는데, 해당 유적에서 '主夫吐'가 새겨진 기와
　　　가 발견되어 그 지명이 사용된 475~757년에 제작된 것으로 추정된다 그에 따라 475~757년으로 기간편
　　　년하고 마지막해인 757년에 배치하였다 참고로 이 지역은 475~551년에는 고구려가, 553~757년에는 신
　　　라가 차지하였다
3150) 至德 연호는 至德 3년(758) 2월 5일(丁未)까지 사용되었다 그 기간에 따라 이 기사를 756~758년으로
　　　기간편년하고 마지막해인 758년의 2월 5일(丁未)에 배치하였다

德來五世孫惠日 小治田朝廷御世 被遣大唐 學得醫術 因號藥師 遂以爲姓 今愚闇子孫 不論男女 共蒙藥師之姓 竊恐名實錯亂 伏願 改藥師字 蒙難波連 許之 (『續日本紀』20 孝謙紀)

신라　夏四月 選醫官精究者 充內供奉 置律令博士二員 (『三國史記』9 新羅本紀 9)

신라　夏四月 選醫官精熟者 充內供奉 置律令博士二員 (『三國史節要』12)

고구려 백제　六月甲辰 大宰陰陽師從六位下餘益人 造法華寺判官從六位下餘東人等四人賜百濟朝臣姓 越後目正七位上高麗使主馬養 內侍典侍從五位下高麗使主淨日等五人多可連 散位大屬正六位上狛廣足 散位正八位下狛淨成等四人長背連 (『續日本紀』20 孝謙紀)

고구려　(七月)乙丑 大和國葛上郡人從八位上桑原史年足等男女九十六人 近江國神埼郡人正八位下桑原史人勝等男女一千一百五十五人同言曰 伏奉去天平勝寶九歲五月廿六日勅書稱 內大臣 太政大臣之名不得稱者 今年足人勝等先祖後漢苗裔鄧言興幷帝利等 於難波高津宮御宇天皇之世 轉自高麗 歸化聖境 本是同祖 今分數姓 望請 依勅一改史字 因蒙同姓 於是 桑原史 大友桑原史 大友史 大友部使 桑原史戶 史戶六氏同賜桑原直姓 船史船直姓 (『續日本紀』20 孝謙紀)

신라　秋七月二十三日 王子生 (『三國史記』9 新羅本紀 9)

신라　秋七月 王子乾運生 (『三國史節要』12)[3151]

신라　玉玉莖長八寸 無子廢之 封沙梁夫人 後妃滿月夫人 諡景垂太后 依忠角干之女也[3152] 王一日詔表訓大德曰 朕無祜 不獲其嗣 願大德請於上帝而有之 訓上告於天帝 還來奏云 帝有言 求女卽可 男卽不宜 王曰 願轉女成男 訓再上天請之 帝曰 可則可矣 然有男則國殆矣 訓欲下時 帝又召曰 天與人不可亂 今師往來如鄰里 漏洩天機 今後宜更不通 訓來以天語諭之 王曰 國雖殆 得男而爲嗣足矣 於是 滿月王后生太子 王喜甚 (『三國遺事』2 紀異 2 景德王忠談師表訓大德)[3153]

신라　(秋七月) 大雷電 震佛寺十六所 (『三國史記』9 新羅本紀 9)

신라　(秋七月) 大雷電 震佛寺十六 (『三國史節要』12)

신라　(八月)癸亥 歸化新羅僧卅二人 尼二人 男十九人 女廿一人 移武藏國閑地 於是 始置新羅郡焉 (『續日本紀』21 淳仁紀)

신라　(乾元元年)八月丁卯 新羅國使來朝 歸仁國使來朝 並宴于紫宸殿 (『冊府元龜』976 外臣部 21 褒異 3)

신라　八月 遣使入唐朝貢 (『三國史記』9 新羅本紀 9)[3154]

신라　八月 遣使如唐朝貢 (『三國史節要』12)[3155]

발해　(九月)丁亥 小野朝臣田守等至自渤海 渤海大使輔國大將軍兼將軍行木底州刺史兼兵署

3151) 이 기사에는 일자 표기가 없으나, 『三國史記』新羅本紀에 의거하여 7월23일로 편년하였다
3152) "玉玉莖長八寸 ~ 依忠角干之女也"는 『삼국사기』에 따르면 경덕왕 2년(743) 4월조에 보인다.
3153) 이 기사에는 연대 표기가 없으나, 『三國史記』新羅本紀에 의거하여 景德王17년(758) 7월23일로 편년하였다
3154) 이 기사에는 일자 표기가 없으나, 『冊府元龜』에 의거하여 8월28일(丁卯)로 편년하였다
3155) 이 기사에는 일자 표기가 없으나, 『冊府元龜』에 의거하여 8월28일(丁卯)로 편년하였다

발해 　少正開國公揚承慶已下廿三人 隨田守來朝 便於越前國安置 (『續日本紀』21 淳仁紀)

발해 　廢帝 天平寶字 二年 九月 丁亥[十八] 十月 丁卯[廿八] 十二月 壬戌[廿四] (『類聚國
　　　史』193 殊俗部 渤海 上)

발해 　(冬十月)丁卯 授遣渤海大使從五位下小野朝臣田守從五位上 副使正六位下高橋朝臣老
　　　麻呂從五位下 其餘六十六人各有差 (…) (『續日本紀』21 淳仁紀)

발해 　廢帝 天平寶字 二年 九月 丁亥[十八] 十月 丁卯[廿八] 十二月 壬戌[廿四] (『類聚國
　　　史』193 殊俗部 渤海 上)

발해 　(十二月)戊申 遣渤海使小野朝臣田守等奏唐國消息曰 天寶十四載歲次乙未十一月九日
　　　御史大夫兼范陽節度使安祿山反 擧兵作亂 自稱大燕聖武皇帝 改范陽作靈武郡 其宅
　　　爲潛龍宮 年號聖武 留其子安鄉緖 知范陽郡事 自將精兵廿餘万騎 啓行南往 十二月
　　　直入洛陽 署置百官 天子遣安西節度使哥舒翰 將卅萬衆 守潼津關 使大將軍封常清
　　　將十五萬衆 別圍洛陽 天寶十五載 祿山遣將軍孫孝哲等 帥二萬騎攻潼津關 哥舒翰壞
　　　潼津岸 以墜黃河 絶其通路而還 孝哲鑿山開路 引兵入至于新豊 六月六日 天子遜于
　　　劍南 七月甲子 皇太子璵卽皇帝位于靈武郡都督府 改元爲至德元載 己卯 天子至于益
　　　州 平盧留後事徐歸道 遣果毅都尉行柳城縣兼四府經略判官張元澗 來聘渤海 且徵兵
　　　馬曰 今載十月 當擊祿山 王須發騎四萬 來援平賊 渤海疑其有異心 且留未歸 十二月
　　　丙午 徐歸道果鴆劉正臣于北平 潛通祿山 幽州節度使史思明謀擊天子 安東都護王玄
　　　志仍知其謀 帥精兵六千餘人 打破柳城斬徐歸道 自稱權知平盧節度 進鎭北平 至德三
　　　載四月 王玄志遣將軍王進義 來聘渤海 且通國故曰 天子歸于西京 迎太上天皇于蜀
　　　居于別宮 彌滅賊徒 故遣下臣來告命矣 渤海王爲其事難信 且留進義遣使詳問 行人未
　　　至 事未「至」可知 其唐王賜渤海國王勅書一卷 亦副狀進 於是 勅大宰府曰 安祿山者
　　　是狂胡狡竪也 違天起逆 事必不利 疑是不能計西 還更掠於海東 古人曰 蜂蠆猶毒 何
　　　況人乎 其府帥船王 及大貳吉備朝臣眞備 俱是碩學 名顯當代 簡在朕心 委以重任 宜
　　　知此狀 預設奇謀 縱使不來 儲備無悔 其所謀上策 及應備雜事 一一具錄報來 (『續日
　　　本紀』21 淳仁紀)

발해 　(十二月)壬戌 渤海使揚承慶等入京 (『續日本紀』21 淳仁紀)
발해 　廢帝 天平寶字 二年 九月 丁亥[十八] 十月 丁卯[廿八] 十二月 壬戌[廿四] (『類聚國
　　　史』193 殊俗部 渤海 上)

신라 　二塔天寶十七年戊戌中立在之 娚姉妹三人業以成在之 娚者零妙寺言寂法師在於 姉者
　　　照文皇太后君妳在於 妹者 敬信太王妳在也 (「葛項寺石塔記」塔記)

신라 　[四十三 戊戌] 是歲 新羅僧無漏 示寂于右閤門 合掌凌空而立 足去地尺許 左右以聞
　　　帝驚異降蹕臨視 得遺表乞歸葬舊谷 有詔護送舊居建塔 至懷遠縣下院 輒擧不動 遂以
　　　香泥塑全身 留之下院 (『佛祖歷代通載』13 唐肅宗 新羅無漏凌空立化)

신라 　諒乎猴輕金鎖鳥厭雕籠 累上表章願還舊隱 帝心眷重答詔遲留 (『宋高僧傳』21 感通
　　　6-4 唐朔方靈武下院無漏傳)[3156]

신라 　寇平 百官扈蹕歸京師 漏上表乞還山 上優答不允 (『新修科分六學僧傳』28 定學證悟
　　　科 唐無漏)[3157]

3156) 이 기사에는 연대 표기가 없으나, 『佛祖歷代通載』에 의거하여 至德 3년(758)으로 편년하였다
3157) 이 기사에는 연대 표기가 없으나, 『佛祖歷代通載』에 의거하여 至德 3년(758)으로 편년하였다

신라　　　累上表章 願還舊隱 帝心眷重 (『神僧傳』8 無漏)[3158]

759(己亥/신라 경덕왕 18/발해 문왕 23 大興 23/唐 乾元 2/日本 天平寶字 3)

발해　　　春正月戊辰朔 御大極殿受朝 文武百官 及高麗蕃客等 各依儀拜賀 (『續日本紀』22 淳仁紀)

발해　　　(春正月)庚午 帝臨軒 高麗使揚承慶等貢方物 奏曰 高麗國王大欽茂言 承聞 在於日本 照臨八方聖明皇帝 登遐天宮 攀號感慕 不能默止 是以 差輔國將軍揚承慶歸德將軍揚 泰師等 令齎表文幷常貢物入朝 詔曰 高麗國王遙聞先朝登遐天宮 不能默止 使揚承慶 等來慰 聞之感通 永慕益深 但歲月旣改 海內從吉 故不以其禮相待也 又不忘舊心 遣 使來貢 勤誠之至 深有嘉尙 (『續日本紀』22 淳仁紀)

발해　　　三年正月庚午[三] 乙酉[十八] 丙戌[十九] 甲午[廿七] 二月戊戌朔癸丑[十六] 十月辛亥 [十八] 丙辰[廿二] 十二月辛亥[十九] 丙辰[廿四] (『類聚國史』193 殊俗部 渤海 上)

발해　　　(春正月)乙酉 帝臨軒 授高麗大使揚承慶正三位副使揚泰師從三位 判官馮方禮從五位 下 錄事已下十九人各有差 賜國王及大使已下祿有差 饗五位已上 及蕃客 幷主典已上 於朝堂 作女樂於舞臺 奏內敎坊蹋歌於庭 事畢賜綿各有差 (『續日本紀』22 淳仁紀)

발해　　　三年正月庚午[三] 乙酉[十八] 丙戌[十九] 甲午[廿七] 二月戊戌朔癸丑[十六] 十月辛亥 [十八] 丙辰[廿二] 十二月辛亥[十九] 丙辰[廿四] (『類聚國史』193 殊俗部 渤海 上)

발해　　　(春正月)丙戌 內射 喚客 亦令同射 (『續日本紀』22 淳仁紀)
발해　　　三年正月庚午[三] 乙酉[十八] 丙戌[十九] 甲午[廿七] 二月戊戌朔癸丑[十六] 十月辛亥 [十八] 丙辰[廿二] 十二月辛亥[十九] 丙辰[廿四] (『類聚國史』193 殊俗部 渤海 上)

발해　　　(春正月)甲午 大保藤原惠美朝臣押勝宴蕃客於田村第 勅賜內裏女樂幷綿一萬屯 當代 文士賦詩送別 副使揚泰師作詩和之 (『續日本紀』22 淳仁紀)
발해　　　三年正月庚午[三] 乙酉[十八] 丙戌[十九] 甲午[廿七] 二月戊戌朔癸丑[十六] 十月辛亥 [十八] 丙辰[廿二] 十二月辛亥[十九] 丙辰[廿四] (『類聚國史』193 殊俗部 渤海 上)

발해　　　(春正月) 丁酉 授正六位上高元度外從五位下 爲迎入唐大使使 (『續日本紀』22 淳仁 紀)

신라　　　春正月 改兵部倉部卿監爲侍郞 大舍爲郞中 改執事舍知爲執事員外郞 執事史爲執事 郞 改調府禮部乘府船府領客府左右議方府司正位和府例作典大學監大道署永昌宮等大 舍爲主簿 賞賜署典祀署音聲署工匠府彩典等大舍爲主書 (『三國史記』9 新羅本紀 9)
신라　　　春正月 改官號 以兵部倉部卿監爲侍郞 大舍爲郞中 以執事舍知爲執事員外郞 執事史 爲執事郞 以調府禮部乘府船府領客府左右議方府司正位和府例作典大學監大道署永昌 宮等大舍爲主簿 賞賜署典祀署音聲署工匠府彩典等大舍爲主書 (『三國史節要』12)
신라　　　執事省 (…) 大舍二人 (…) 景德王十八年 改爲郞中[一云眞德王五年改] 位自舍知至奈 麻爲之 舍知二人 (…) 景德王十八年 改爲員外郞 (…) 位自舍知至大舍爲之 史十四人 (…) 景德王改爲郞 (…) 位自先沮知至大舍爲之
　　　　　兵部 (…) 大監二人 (…) 景德王改爲侍郞 (…) 位自級飡至阿飡爲之 弟監二人 (…) 太宗王五年 改爲大舍 景德王改爲郞中 (…) 位自舍知至奈麻爲之 (…)

3158) 이 기사에는 연대 표기가 없으나, 『佛祖歷代通載』에 의거하여 至德 3년(758)으로 편년하였다

調府 (…) 大舍二人 (…) 景德王改爲主簿 (…) 位自舍知至奈麻爲之 (…)

倉部 (…) 卿二人 (…) 景德王改爲侍郞 (…) 位與兵部大監同 (…) 大舍二人 (…) 景德王改爲郞中 (…) 位與兵部大舍同 (…)

禮部 (…) 大舍二人 (…) 景德王改爲主簿 (…) 位與調府大舍同 (…)

乘府 (…) 大舍二人 景德王改爲主簿 (…) 位與兵部大舍同 (…)

例作府 (…) 大舍四人 (…) 景德王改爲主簿 (…) 位與兵部大舍同 (…)

船府 (…) 大舍二人 景德王改爲主簿 (…) 位與調府大舍同 (…)

領客府 (…) 大舍二人 景德王改爲主簿 (…) 位與調府大舍同 (…)

位和府 (…) 大舍二人 景德王改爲主簿 (…) 位與調府大舍同 (…)

賞賜署 (…) 大舍二人 (…) 景德王改爲主書 (…) 位自舍知至奈麻爲之 (…)

大道署 (…) 主書二人 景德王改爲主事 位自舍知至奈麻爲之 (…)

永昌宮成典 (…) 大舍二人 景德王改爲主簿 (…) 位自舍知至奈麻爲之 (…)

國學 (…) 大舍二人 (…) 景德王改爲主簿 (…) 位自舍知至奈麻爲之 (…)

音聲署 (…) 大舍二人 (…) 景德王改爲主簿 (…) 位自舍知至奈麻爲之 (…)

工匠府 (…) 主書二人[或云主事 或云大舍] (…) 位自舍知至奈麻爲之 (…)

彩典 (…) 主書二人 (…) 位自舍知至奈麻爲之 (…)

典祀署 (…) 大舍二人 (…) 位自舍知至奈麻爲之 (…)

東市典 (…) 大舍二人 景德王改爲主事 (…) 位自舍知至奈麻爲之 (…)

西市典 (…) 大舍二人 景德王改爲主事 (…)

南市典 (…) 大舍二人 景德王改爲主事 (…)

司範署 (…) 大舍二人[或云主書] 景德王改爲主事 (…) 位與調府舍知同 (『三國史記』 38 雜志 7 職官 上)[3159]

신라 　乾元二年正月 到城都府淨泉寺 初到之時 逢安乾師 引見金和上 和上見非常歡喜 令遣安乾師作主人 安置在鐘樓下院 其時正是受緣之日 當夜隨衆受緣 經三日三夜 金和上每日於大衆中 高聲唱言 緣何不入山去 久住何益 左右親事弟子怪 金和上不曾有此語 緣何忽出此言 無住和上默然入山 後金和上憶緣何不來 空上座奏上座 欲得相識 恐後相逢 彼此不知是誰 和上向倪朝說 吾雖此間 每常與金和上相見 若欲不相識 對面千里 吾重爲汝說一緣起 (『歷代法寶記』 劍南城都府大曆保唐寺無住和上)

신라 　益州保唐寺無住禪師 初得法於無相大師 乃居南陽白崖山 (…) (唐 相國 杜鴻漸)公曰 弟子聞金和尚說無憶無念莫妄 三句法門 是否 曰然 公曰 此三句 是一是三 曰無憶名戒 無念名定 莫妄名慧 一心不生 具戒定慧 非一非三也 公曰 後句妄字 莫是從心之忘乎 曰從女者是也 (『景德傳燈錄』 4 益州無相禪師法嗣忍大師[第四世])[3160]

신라 　三十二祖之四世 曰無相禪師 其所出法嗣四人 一曰益州無住者 (『傳法正宗記』 9 旁出略 上)[3161]

발해 　二月戊戌朔 賜高麗王書曰 天皇敬問高麗國王 使揚承慶等遠涉滄海 來弔國憂 誠表慇懃 深增酷痛 但隨時變禮 聖哲通規 從吉履新 更無餘事 兼復所貽信物 依數領之 卽因還使 相酬土毛絹卅疋 美濃絁卅疋 絲二百絇 綿三百屯 殊嘉爾忠 更加優 賜錦四疋 兩面二疋 纈羅四疋 白羅十疋 彩帛卅疋 白綿一百帖 物雖輕尠 寄思良深 至宜垃納 國使附來 無船駕去 仍差單使送還本蕃 便從彼鄕達於大唐 欲迎前年入唐大使藤原朝臣河清 宜知相資 餘寒未退 想王如常 遣書指不多及 (…) (『續日本紀』 22 淳仁紀)

3159) 이 기사에는 월 표기가 없으나, 『三國史記』 新羅本紀 등에 의거하여 1월로 편년하였다
3160) 이 기사에는 연대 표기가 없으나, 『歷代法寶記』에 의거하여 乾元 2년(759) 정월로 편년하였다
3161) 이 기사에는 연대 표기가 없으나, 『歷代法寶記』에 의거하여 乾元 2년(759) 정월로 편년하였다

발해	三年正月庚午[三] 乙酉[十八] 丙戌[十九] 甲午[廿七] 二月戊戌朔癸丑[十六] 十月辛亥 [十八] 丙辰[廿二] 十二月辛亥[十九] 丙辰[廿四] (『類聚國史』193 殊俗部 渤海 上)
발해	(二月)癸丑 揚承慶等歸蕃 高元度等亦相隨而去 (『續日本紀』22 淳仁紀)
발해	三年正月庚午[三] 乙酉[十八] 丙戌[十九] 甲午[廿七] 二月戊戌朔癸丑[十六] 十月辛亥 [十八] 丙辰[廿二] 十二月辛亥[十九] 丙辰[廿四] (『類聚國史』193 殊俗部 渤海 上)
신라	二月 改禮部舍知爲司禮 調府舍知爲司庫 領客府舍知爲司儀 乘府舍知爲司牧 船府舍 知爲司丹 例作府舍知爲司例 兵部弩舍知爲司兵 倉部租舍知爲司倉 (『三國史記』9 新 羅本紀 9)
신라	二月 以禮部舍知爲司禮 調府舍知爲司庫 領客府舍知爲司儀 乘府舍知爲司牧 船府舍 知爲司丹 例作府舍知爲司例 兵部弩舍知爲司兵 倉部租舍知爲司倉 (『三國史節要』1 2)
신라	兵部 (…) 弩舍知一人 (…) 景德王改爲司兵 (…) 位自舍知至大舍爲之 (…) 弩幢一人 (…) 景德王改爲小司兵 (…) 位與史同 (…) 調府 (…) 景德王改爲大府 (…) 舍知一人 (…) 景德王改爲司庫 (…) 位自舍知至大舍 爲之 (…) 京城周作典 景德王改爲修城府 (…) 大舍六人 景德王改爲主簿 (…) 位自舍知至大奈 麻爲之 (…) 舍知一人 景德王改爲司功 (…) 位自舍知至大舍爲之 (…) 四天王寺成典 景德王改爲監四天王寺府 (…) 衿荷臣一人 景德王改爲監令 (…) 位自 大阿湌至角干爲之 上堂一人 景德王改爲卿 (…) 位自奈麻至阿湌爲之 赤位一人 景德 王改爲監 (…) 靑位二人 景德王改爲主簿 (…) 位自舍知至奈麻爲之 (…) 奉聖寺成典 景德王改爲修營奉聖寺使院 (…) 衿荷臣一人 景德王改爲檢校使 (…) 上 堂一人 景德王改爲副使 (…) 赤位一人 景德王改爲判官 (…) 靑位一人 景德王改爲錄 事 (…) 史二人 景德王改爲典 (…) 感恩寺成典 景德王改爲修營感恩寺使院 (…) 衿荷臣一人 景德王改爲檢校使 (…) 上 堂一人 景德王改爲副使 (…) 赤位一人 景德王改爲判官 (…) 靑位一人 景德王改爲錄 使 (…) 史二人 景德王改爲典 (…) 奉德寺成典 景德王十八年 改爲修營奉德寺使院 (…) 衿荷臣一人 景德王改爲檢校使 (…) 上堂一人 景德王改爲副使 (…) 赤位一人 景德王改爲判官 (…) 靑位二人 景德王 改爲錄使 (…) 史六人 後省四人 景德王改爲典 (…) 靈廟寺成典 景德王十八年 改爲修營靈廟寺使院 (…) 上堂一人 景德王改爲判官 (…) 靑位一人 景德王改爲錄事 (…) 永興寺成典 (…) 景德王十八年 改爲監永興寺館 大奈麻一人 景德王改爲監 (…) 倉部 (…) 租舍知一人 (…) 景德王改爲司倉 (…) 位與弩舍知同 (…) 禮部 (…) 舍知一人 景德王改爲司禮 (…) 位與調府舍知同 (…) 乘府 景德王改爲司馭府 (…) 舍知一人 景德王改爲司牧 (…) 位與調府舍知同 (…) 司正府 (…) 景德王改爲肅正臺 (…) 佐二人 (…) 景德王改爲評事 (…) 位自奈麻至大 奈麻爲之 (…) 例作府[一云例作典] 景德王改爲修例府 (…) 舍知二人 景德王改爲司例 (…) 位與弩舍 知同 (…) 船府 (…) 景德王改爲利濟府 (…) 舍知一人 景德王改爲司舟 (…) 位與調府舍知同 (…) 領客府 (…) 景德王又改爲司賓府 (…) 舍知一人 景德王改爲司儀 (…) 位與調府舍知 同 (…)

位和府 (…) 景德王改爲司位府 (…)

左理方府 (…) 佐二人 (…) 景德王改爲評事 (…) 位與司正佐同 (…)

賞賜署 屬倉部 景德王改爲司勳監 (…) 大正一人 (…) 景德王改爲正 (…) 位自級飡至
阿飡爲之 (…)

大道署 (…) 大正一人 (…) 景德王改爲正 (…) 位自級飡至阿飡爲之[一云大正下有大
舍二人] (…)

典邑署 景德王改爲典京府 (…)

永昌宮成典 (…) 上堂一人 景德王置 又改爲卿 (…) 位自級飡至阿飡爲之 (…)

國學 屬禮部 (…) 景德王改爲大學監 (…) 卿一人 景德王改爲司業 (…) 位與他卿同
(…)

音聲署 屬禮部 景德王改爲大樂監 (…) 長二人 (…) 景德王又改爲司樂 (…) 位與他卿
同 (…)

大日任典 (…) 景德王合典京府 (…) 大都司六人 景德王改爲大典儀 (…) 位自舍知至
奈麻爲之 小都司二人 景德王改爲小典儀 (…) 位自舍知至大舍爲之 都事大舍二人 景
德王改爲大典事 (…) 位自舍知至奈麻爲之 都事舍知四人 景德王改爲中典事 (…) 位
自舍知至大舍爲之 都謁舍知八人 景德王改爲典謁 (…) 位自舍知至大舍爲之 都引舍
知一 景德王改爲典引 (…) 位與弩舍知同 幢六人 景德王改爲小典事 (…) 位與調府史
同 (…)

工匠府 景德王改爲典祀署 (…)

彩典 景德王改爲典彩署 (…)

新宮 (…) 景德王改爲典設館 (…)

東市典 (…) 書生二人 景德王改爲司直 (…) 位與調府史同 (…)

西市典 (…) 書生二人 景德王改爲司直 (…)

南市典 (…) 書生二人 景德王改爲司直 (…)

京都驛 景德王改爲都亭驛 (『三國史記』38 雜志 7 職官 上)[3162]

신라　內省 景德王十八年 改爲殿中省 (…) 私臣一人 (…) 位自衿荷至太大角干 (…) 景德王
又改爲殿中令 (…)

內司正典 景德王五年 置 十八年 改爲建平省 (…)

黑鎧監 景德王改爲衛武監 (…)

引道典 景德王改爲禮成典 (…)

平珍音典 景德王改爲埽宮 (…)

詳文師 (…) 景德王又改爲翰林 後置學士 (…)

靑淵宮典 景德王改爲造秋亭 (…)

屏村宮典 景德王改爲玄龍亭 (…)

小年監典 景德王改爲釣天省 (…)

會宮典 景德王改爲北司設 (…)

穢宮典 景德王改爲珍閣省 (…)

錦典 景德王改爲織錦房 (…)

鐵鍮典 景德王改爲築冶房 (…)

漆典 景德王改爲飾器房 (…)

手典 景德王改爲聚毬房 (…)

皮典 景德王改爲鞄人房 (…)

皮打典 景德王改爲鞞[3163]工房 (…)

3162) 이 기사에는 월 표기가 없으나, 『三國史記』 新羅本紀 등에 의거하여 2월로 편년하였다

磨典 景德王改爲梓人房 (…)

御龍省 (…) 洗宅 景德王改爲中事省 (…)

廩典 景德王改爲天祿司 (…)

藥典 景德王改爲保命司 (…)

麻典 景德王十八年 改爲織紡局 (…)

肉典 景德王改爲尙膳局 (…)

綺典 景德王改爲別錦房 (…)

席典 景德王改爲奉座局 (…)

机槪典 景德王改爲机盤局 (…)

楊典 景德王改爲司篚局 (…)

瓦器典 景德王改爲陶登局 (…)

南下所宮 景德王改爲雜工司 (『三國史記』39 雜志 8 職官 中)[3164]

신라 　諸軍官 將軍共三十六人 (…) 至景德王時 熊川州停加置三人 (『三國史記』40 雜志 9 職官 下)[3165]

신라 　(三月)庚寅 大宰府言 府官所見 方有不安者四 據警固式 於博多大津 及壹岐 對馬等 要害之處 可置船一百隻以上以備不虞 而今無船可用 交關機要 不安一也 大宰府者 三面帶海 諸蕃是待 而自罷東國防人 邊戍日以荒散 如不慮之表 萬一有變 何以應卒 何以示威 不安二也 (…) (『續日本紀』22 淳仁紀)

신라 　三月 彗星見 至秋乃滅 (『三國史記』9 新羅本紀 9)

신라 　三月 彗星見 至秋乃滅 (『三國史節要』12)

신라 　(六月)壬子 令大宰府造行軍式 以將伐新羅也 (『續日本紀』22 淳仁紀)

백제 　(秋七月丁卯) 從三位百濟王敬福爲伊豫守 (『續日本紀』22 淳仁紀)

신라 　八月己亥 遣大宰帥三品船親王於香椎廟 奏應伐新羅之狀 (『續日本紀』22 淳仁紀)

신라 　九月丁卯 勅大宰府 頃年新羅歸化舳艫不絶 規避賦役之苦 遠棄墳墓之鄕 言念其意 豈無顧戀 宜再三引問 情願還者 給糧放却 (『續日本紀』22 淳仁紀)

신라 　(九月)壬午 造船五百艘 北陸道諸國八十九艘 山陰道諸國一百卅五艘 山陽道諸國一百六十一艘 南海道諸國一百五艘 竝逐閑月營造 三年之內成功 爲征新羅也 (『續日本紀』22 淳仁紀)

발해 　(冬十月)辛亥 迎藤原河淸使判官內藏忌寸全成 自渤海却廻 海中遭風 漂着對馬 渤海使輔國大將軍兼將軍玄菟州刺史兼押衙官開國公高南申相隨來朝 其中臺牒曰 迎藤原河淸使摠九十九人 大唐祿山先爲逆命 思明後作亂常 內外騷荒 未有平殄 卽欲放還 恐被害殘 又欲勒還 慮違隣意 仍放頭首高元度等十一人 往大唐迎河淸 卽差此使 同爲發遣 其判官全成等竝放歸鄕 亦差此使隨往 通報委曲 (『續日本紀』22 淳仁紀)

3163) 저본에는 ‘鞾’으로 되어 있으나, ‘鞾’으로 수정해야 한다
3164) 이 기사에는 월 표기가 없으나, 『三國史記』 新羅本紀 등에 의거하여 2월로 편년하였다
3165) 이 기사에는 연대 표기가 없으나, 『三國史記』 新羅本紀 등에 의거하여 景德王18년(759) 2월로 편년하였다

발해	三年正月庚午[三] 乙酉[十八] 丙戌[十九] 甲午[廿七] 二月戊戌朔癸丑[十六] 十月辛亥[十八] 丙辰[廿二] 十二月辛亥[十九] 丙辰[廿四] (『類聚國史』193 殊俗部 渤海 上)
발해	(冬十月)丙辰 徵高麗使於大宰 (『續日本紀』22 淳仁紀)
발해	三年正月庚午[三] 乙酉[十八] 丙戌[十九] 甲午[廿七] 二月戊戌朔癸丑[十六] 十月辛亥[十八] 丙辰[廿二] 十二月辛亥[十九] 丙辰[廿四] (『類聚國史』193 殊俗部 渤海 上)
발해	(十二月)辛亥 高麗使高南申 我判官內藏忌寸全成等到着難波江口 (『續日本紀』22 淳仁紀)
발해	三年正月庚午[三] 乙酉[十八] 丙戌[十九] 甲午[廿七] 二月戊戌朔癸丑[十六] 十月辛亥[十八] 丙辰[廿二] 十二月辛亥[十九] 丙辰[廿四] (『類聚國史』193 殊俗部 渤海 上)
발해	(十二月)丙辰 高南申入京 (『續日本紀』22 淳仁紀)
발해	三年正月庚午[三] 乙酉[十八] 丙戌[十九] 甲午[廿七] 二月戊戌朔癸丑[十六] 十月辛亥[十八] 丙辰[廿二] 十二月辛亥[十九] 丙辰[廿四] (『類聚國史』193 殊俗部 渤海 上)
고려	作帝建幼而聰睿神勇 年五六 問母曰 我父誰? 曰 唐父 盖未知其名故耳 及長 才兼六藝 書射尤絶妙 年十六 母與以父所遺弓矢 作帝建大悅 射之百發百中 世謂神弓 於是欲覲父 寄商船 行至海中 雲霧晦暝 舟不行三日 舟中人卜曰 宜去高麗人[閔漬編年或云 新羅金良貞 奉使入唐 因寄其船 良貞夢 白頭翁曰 留高麗人 可得順風]作帝建執弓矢 自投海 下有巖石 立其上 霧開風利 船去如飛 俄有一老翁拜曰 我是西海龍王 每日晡 有老狐作熾盛光如來像 從空而下 羅列日月星辰於雲霧閒 吹螺擊鼓 奏樂而來 坐此巖 讀臃腫經 則我頭痛甚 聞郞君善射 願除吾害 作帝建許諾[閔漬編年 或云 作帝建於巖邊 見有一徑 從其徑 行一里許 又有一巖 巖上復有一殿 門戶洞開 中有金字寫經處 就視之 筆點猶濕 四顧無人 作帝建就其坐 操筆寫經 有女忽來前立 作帝建謂是觀音現身 驚起下坐 方將拜禮 忽不見 還就坐 寫經良久 其女復見而言 我是龍女 累載寫經 今猶未就 幸郞君善寫 又能善射 欲留君 助吾功德 又欲除吾家難 其難則待七日 可知] 及期 聞空中樂聲 果有從西北來者 作帝建疑是眞佛 不敢射 翁復來曰 正是老狐 願勿復疑 作帝建撫弓撚箭 候而射之 應弦而墜 果老狐也 翁大喜 迎入宮 謝曰 賴郞君 吾患已除 欲報大德 將西入唐 觀天子父乎 富有七寶 東還奉母乎 曰 吾所欲者 王東土也 翁曰 王東土 待君之子孫三建必矣 其他惟命 作帝建聞其言 知時命未至 猶豫未及答 坐後有一老嫗戲曰 何不娶其女而去 作帝建乃悟請之 翁以長女翥旻義妻之 作帝建賚七寶將還 龍女曰 父有楊杖與豚勝七寶 盍請之? 作帝建請還七寶 願得楊杖與豚 翁曰 此二物 吾之神通 然君有請 敢不從 乃加與豚 於是 乘漆船 載七寶與豚 泛海㶚到岸 卽昌陵窟前江岸也 白州正朝劉相晞等聞曰 作帝建娶西海龍女來 實大慶也 率開貞塩白四州 江華喬桐河陰三縣人 爲築永安城 營宮室 龍女初來 卽往開州東北山麓 以銀盂掘地 取水用之 今開城大井是也 居一年 豚不入牢 乃語豚曰 若此地不可居 吾將隨汝所之 詰朝 豚至松嶽南麓而臥 遂營新第 卽康忠舊居也 往來永安城 而居者三十餘年 龍女嘗於松嶽新第寢室窓外鑿井 從井中 往還西海龍宮 卽廣明寺東上房北井也 常與作帝建約曰 吾返龍宮時 愼勿見 否則不復來 一日 作帝建密伺之 龍女與少女入井 俱化爲黃龍 興五色雲 異之 不敢言 龍女還怒曰 夫婦之道 守信爲貴 今旣背約 我不能居此 遂與少女 復化龍入井 不復還 作帝建晚居俗離山長岬寺, 常讀釋典而卒 後追尊爲懿祖景康大王 龍女爲元昌王后 (『高麗史』高麗世系)3166)

3166) 당 숙종(肅宗)이 천보(天寶) 12년 계사년(753) 봄에 패강(浿江)의 서쪽 나루터에 이르렀고 이후 송악군

760(庚子/신라 경덕왕 19/발해 문왕 24 大興 24/唐 乾元 3, 上元 1/日本 天平寶字 4)

발해	春正月癸亥朔 御大極殿受朝 文武百官及渤海蕃客 各依儀拜賀 是日 宴五位已上於內裏 賜祿有差 (『續日本紀』 22 淳仁紀)
발해	四年正月癸亥朔 丁卯[五] 己巳[七] 己卯[十七] 二月辛亥[二十] 十一月丁酉[十一] (『類聚國史』 193 殊俗部 渤海 上)

백제	(春正月丙寅) 勅曰 盡命事君 忠臣至節 隨勞酬賞 聖主格言 昔先帝數降明詔 造雄勝城 其事難成 前將旣困 然今陸奧國按察使兼鎭守將軍正五位下藤原惠美朝臣朝獵等 敎導荒夷 馴從皇化 不勞一戰 造成旣畢 又於陸奧國牡鹿郡 跨大河凌峻嶺 作桃生柵 奪賊肝膽 眷言惟績 理應褒昇 宜擢朝獵 特授從四位下 陸奧介兼鎭守副將軍從五位上 百濟朝臣足人 出羽守從五位下小野朝臣竹良 出羽介正六位上百濟王三忠 竝進一階 (…) (『續日本紀』 22 淳仁紀)

발해	(春正月)丁卯 帝臨軒 渤海國使高南申等貢方物 奏曰 國王大欽茂言 爲獻日本朝遣唐大使特進兼秘書監藤原朝臣河淸上表幷恒貢物 差輔國大將軍高南申等 充使入朝 詔曰 遣唐大使藤原河淸久不來歸 所鬱念也 而高麗王差南申令齎河淸表文入朝 王之款誠 實有嘉焉 (…) (『續日本紀』 22 淳仁紀)
발해	四年 正月 癸亥朔 丁卯[五] 己巳[七] 己卯[十七] 二月 辛亥[二十] 十一月 丁酉[十一] (『類聚國史』 193 殊俗部 渤海 上)

발해	(春正月)己巳 高野天皇及帝御閣門 五位已上及高麗使依儀陳列 詔授高麗國大使高南申正三位 副使高興福正四位下 判官李能本解臂鷹安貴寶竝從五位下 錄事已下各有差 賜國王絁卅疋 美濃絁卅疋 絲二百絇 調綿三百屯 大使已下各有差 賜宴於五位已上及蕃客 賜祿有差 (『續日本紀』 22 淳仁紀)
발해	四年正月癸亥朔 丁卯[五] 己巳[七] 己卯[十七] 二月辛亥[二十] 十一月丁酉[十一] (『類聚國史』 193 殊俗部 渤海 上)

고구려	(春正月戊寅) 正四位下高麗朝臣福信爲信部大輔 (…) (『續日本紀』 22 淳仁紀)

발해	(春正月己卯) 饗文武百官主典已上於朝堂 是日內射 因召蕃客令觀射禮 (『續日本紀』 22 淳仁紀)
발해	四年正月癸亥朔 丁卯[五] 己巳[七] 己卯[十七] 二月辛亥[二十] 十一月丁酉[十一] (『類聚國史』 193 殊俗部 渤海 上)

신라	春正月 都城寅方 有聲如伐鼓 衆人謂之鬼鼓 (『三國史記』 9 新羅本紀 9)
신라	春正月 都城寅方 有聲如伐鼓 人謂之鬼鼓 (『三國史節要』 12)

발해	(二月辛亥)是日 渤海使高南申等歸蕃 (『續日本紀』 22 淳仁紀)
발해	四年正月癸亥朔 丁卯[五] 己巳[七] 己卯[十七] 二月辛亥[二十] 十一月丁酉[十一] (『類聚國史』 193 殊俗部 渤海 上)

신라	二月 宮中穿大池 又於宮南蚊川之上 起月淨春陽二橋 (『三國史記』 9 新羅本紀 9)

에 가서 보육의 딸인 진의와 동침하여 이후 작제건이 태어났다고 한다 따라서 여기에 편년한다

신라 　二月 宮中穿大池 又於宮南蚊川上 起月淨春陽二橋 (『三國史節要』12)

신라 　景德王十九年庚子四月朔二日 現 挾旬不滅 日官奏請緣僧 作散花功德則可禳 於是潔
　壇於朝元殿 駕幸靑陽樓 望緣僧 時有月明師 行于阡陌時之南路 王使召之 命開壇作
　啓 明奏云 臣僧但屬於國仙之徒 只解鄕歌 不閑聲梵 王曰 旣卜緣僧 雖用鄕歌可也
　明乃作兜率歌賦之
　其詞曰 今日此矣散花唱良巴寶白乎隱花良汝隱 直等隱心音矣命叱使以惡只 彌勒座主
　陪立羅良 解曰 龍樓此日散花歌 挑送靑雲一片花 殷重直心之所使 遠邀兜率大僊家
　今俗謂此爲散花歌 誤矣 宜云兜率歌 別有散花歌 文多不載
　旣而日 在卽滅 王嘉之 賜品茶一襲 水精念珠百八箇 忽有一童子 儀形鮮潔 奉茶珠
　從殿西小門出 明謂是內宮之使 王謂師之從者 及玄徵而俱非 王甚異之 使人追之 童
　入內院塔中而隱 茶珠在南壁 慈氏像前 知明之至德至誠 能昭假于至聖也如此 朝野莫
　不聞知 王益敬之 更 絹一百疋 以表鴻誠
　又嘗爲亡妹營齋 作鄕歌祭之 忽有驚颷吹紙錢 飛擧向西而没 歌曰 生死路隱 此矣有
　阿米次肹伊遣 吾隱去內如辭叱都 毛如云遣去內尼叱古 於內秋察早隱風未 此矣彼矣
　浮良落尸葉如 一等隱枝良出古 去奴隱處毛冬乎丁 阿也 彌陁刹良逢乎吾 道修良待是
　古如
　明常居四天王寺 善吹笛 嘗月夜吹過門前大路 月馭爲之停輪 因名其路曰月明里 師亦
　以是著名 師卽能俊大師之門人也 羅人尙鄕歌者尙矣 蓋詩頌之類歟 故往往能感動天
　地鬼神者非一
　讚曰 風送飛錢資逝妹 笛搖明月住姮娥 莫言兜率連天遠 萬德花迎一曲歌 (『三國遺事』
　5 感通 7 月明師兜率歌)

신라 　(夏四月)戊午 置歸化新羅一百卅一人於武藏國 (『續日本紀』22 淳仁紀)

신라 　夏四月 侍中廉相退 伊湌金邕爲侍中 (『三國史記』9 新羅本紀 9)
신라 　夏四月 侍中廉相免 以伊湌邕金伐[3167]之 (『三國史節要』12)

신라 　庚子年五月十六日 (전면)
　原△△史 武 (후면) (「안압지 210호 목간」)[3168]

신라 　秋七月 封王子乾運爲王太子 (『三國史記』9 新羅本紀 9)
신라 　秋七月 立子乾運爲太子 (『三國史節要』12)

신라 　九月癸卯 新羅國遣級湌金貞卷朝貢 使陸奧按察使從四位下藤原惠美朝臣朝獦等問其
　來朝之由 貞卷言曰 不脩職貢 久積年月 是以 本國王令齎御調貢進 又無知聖朝風俗
　言語者 仍進學語二人 問曰 凡是執玉帛行朝聘 本以副忠信通禮義也 新羅旣無言信
　又闕禮義 棄本行末 我國所賤 又王子泰廉入朝之日 申云 每事遵古迹將供奉 其後遣
　小野田守時 彼國闕禮 故田守不行使事而還歸 王子尙猶無信 況復輕使 豈足爲據 貞
　卷曰 田守來日 貞卷出爲外官 亦復賤人不知細旨 於是 告貞卷曰 使人輕微 不足賓待
　宜從此却廻 報汝本國 以專對之人 忠信之禮 仍舊之調 明驗之言 四者備具 乃宜來朝

3167) 저본에는 '伐'로 되어 있으나, '代'로 수정해야 한다
3168) 이 목간은 1975~1976년 경주의 안압지 유적에서 출토되어, 庚子年은 674년 안압지 조성 후인 700년
　또는 760년으로 판단된다 이 중 안압지 출토의 다른 목간에서 연대가 명확한 것들이 750~760년대라는
　점을 고려하여 760년으로 편년하였다

(『續日本紀』23 淳仁紀)

발해   (十一月)丁酉 送高南申使外從五位下陽侯史玲璆至自渤海 授從五位下 餘各有差 (『續
      日本紀』23 淳仁紀)

발해   四年正月癸亥朔 丁卯[五] 己巳[七] 己卯[十七] 二月辛亥[二十] 十一月丁酉[十一]
      (『類聚國史』193 殊俗部 渤海 上)

신라   眞表律師 全州碧骨郡都那山村大井里人也 年至十二志 求出家 父許之 師往徃金山藪
      順濟法師處零染 濟授沙彌戒法 傳教供養次第秘法一卷占察善惡業報經二卷曰 汝持此
      戒法 於彌勒地藏兩聖前 懇求懺悔 親受戒法 流傳於世 師奉教辭退 遍歷名山 年已二
      十七歲 於上元元年庚子 蒸二十斗米 乃乾爲粮 詣保安縣 入邊山不思議房 以五合米
      爲一日費 除一合米養鼠 師勤求戒法於彌勒像前 三年而未得授記 (『三國遺事』4 義解
      5 關東楓岳鉢淵藪石記)